Arquitetura e Organização de Computadores

10ª edição

Arquitetura e Organização de Computadores

10ª edição

WILLIAM STALLINGS

Contribuição de
Peter Zeno
Universidade de Bridgeport

Apresentação de
Chris Jesshope
Professor emérito da Universidade de Amsterdã

Tradução
Sérgio Nascimento

Revisão técnica
Ricardo Pannain
Professor Doutor da área de Arquitetura de Computadores da PUC-Campinas e da UNICAMP

© 2018 by Pearson Education do Brasil Ltda.
© 2016, 2013, 2010 by Pearson Education, Inc.

Todos os direitos reservados. Nenhuma parte desta publicação poderá ser reproduzida ou transmitida de qualquer modo ou por qualquer outro meio, eletrônico ou mecânico, incluindo fotocópia, gravação ou qualquer outro tipo de sistema de armazenamento e transmissão de informação, sem prévia autorização, por escrito, da Pearson Education do Brasil.

Gerente de produtos Alexandre Mattioli
Supervisora de produção editorial Silvana Afonso
Coordenador de produção editorial Jean Xavier
Editor de texto Luiz Salla
Editoras assistentes Karina Ono e Mariana Rodrigues
Estagiário Rodrigo Orsi
Preparação Regiane Monteiro Stefanelli
Revisão Lígia Nakayama
Capa Natália Gaio
Diagramação e projeto gráfico Casa de Ideias

Dados Internacionais de Catalogação na Publicação (CIP)
(Câmara Brasileira do Livro, SP, Brasil)

Stallings, William.
 Arquitetura e organização de computadores / William Stallings; com contribuição de Peter Zeno; com prefácio de Chris Jesshope ; tradução Sérgio Nascimento ; revisão técnica Ricardo Pannain. -- 10. ed. -- São Paulo: Pearson Education do Brasil, 2017.

 Título original: Computer organization and architecture : designing for performance
 ISBN 978-85-430-2053-2

 1. Arquitetura de computador 2. Organização de computador I. Zeno, Peter. II. Jesshope, Chris. III. Título.

17-06355   CDD-004.22

Índice para catálogo sistemático:
1. Computadores : Arquitetura : Ciência da computação 004.22

Direitos exclusivos cedidos à
Pearson Education do Brasil Ltda.,
uma empresa do grupo Pearson Education
Avenida Francisco Matarazzo, 1400
Torre Milano – 7o andar
CEP: 05033-070 -São Paulo-SP-Brasil
Telefone 19 3743-2155
pearsonuniversidades@pearson.com

Distribuição
Grupo A Educação
www.grupoa.com.br
Fone: 0800 703 3444

SUMÁRIO

INTRODUÇÃO – PARTE I

1. **CONCEITOS BÁSICOS E EVOLUÇÃO DO COMPUTADOR** 1
   1.1 Organização e arquitetura 2
   1.2 Estrutura e função 2
   1.3 Uma breve história dos computadores 9
   1.4 A evolução da arquitetura Intel x86 23
   1.5 Sistemas embarcados 24
   1.6 Arquitetura ARM 28
   1.7 Computação em nuvem 32
   1.8 Termos-chave, questões de revisão e problemas 34

2. **QUESTÕES DE DESEMPENHO** 37
   2.1 Elaboração do projeto visando o desempenho 38
   2.2 Multicore, MICs e GPGPUs 42
   2.3 Duas leis que proporcionam *insights*: lei de Amdahl e lei de Little 43
   2.4 Medidas básicas de desempenho do computador 46
   2.5 Cálculo da média 48
   2.6 Benchmarks e SPEC 55
   2.7 Termos-chave, questões de revisão e problemas 61

O SISTEMA DE COMPUTAÇÃO – PARTE II

3. **VISÃO DE ALTO NÍVEL DA FUNÇÃO E INTERCONEXÃO DO COMPUTADOR** 67
   3.1 Componentes do computador 68
   3.2 Função do computador 70
   3.3 Estruturas de interconexão 81
   3.4 Interconexão de barramento 82
   3.5 Interconexão ponto a ponto 84
   3.6 PCI Express 88
   3.7 Termos-chave, questões de revisão e problemas 94

4. **MEMÓRIA CACHE** 99
   4.1 Visão geral do sistema de memória do computador 100
   4.2 Princípios da memória cache 105
   4.3 Elementos de projeto da cache 108
   4.4 Organização da cache do Pentium 4 124
   4.5 Termos-chave, questões de revisão e problemas 126
       Apêndice 4A Características de desempenho de memórias de dois níveis 132

5. **MEMÓRIA INTERNA** 137
   5.1 Memória principal semicondutora 138
   5.2 Correção de erro 145
   5.3 DDR-DRAM 150
   5.4 Memória flash 153
   5.5 Novas tecnologias de memória de estado sólido não voláteis 156
   5.6 Termos-chave, questões de revisão e problemas 158

6. **MEMÓRIA EXTERNA** 163
   6.1 Disco magnético 164
   6.2 RAID 171
   6.3 Drives de estado sólido 180
   6.4 Memória óptica 182
   6.5 Fita magnética 187
   6.6 Termos-chave, questões de revisão e problemas 189

7. ENTRADA/SAÍDA 193
- 7.1 Dispositivos externos 195
- 7.2 Módulos de E/S 196
- 7.3 E/S programada 198
- 7.4 E/S controlada por interrupção 201
- 7.5 Acesso direto à memória 209
- 7.6 Acesso direto à cache 214
- 7.7 Processadores e canais de E/S 220
- 7.8 Padrões de interconexão externa 222
- 7.9 Estrutura de E/S do zEnterprise EC12 da IBM 224
- 7.10 Termos-chave, questões de revisão e problemas 227

8. SUPORTE DO SISTEMA OPERACIONAL 233
- 8.1 Visão geral do sistema operacional 234
- 8.2 Escalonamento 243
- 8.3 Gerenciamento de memória 247
- 8.4 Gerenciamento de memória do x86 da Intel 257
- 8.5 Gerenciamento de memória no ARM 262
- 8.6 Termos-chave, questões de revisão e problemas 266

LÓGICA E ARITMÉTICA – PARTE III

9. SISTEMAS NUMÉRICOS 271
- 9.1 O sistema decimal 272
- 9.2 Sistemas numéricos posicionais 273
- 9.3 O sistema binário 273
- 9.4 Conversão entre binário e decimal 274
- 9.5 Notação hexadecimal 276
- 9.6 Termos-chave e problemas 278

10. ARITMÉTICA DO COMPUTADOR 279
- 10.1 Unidade Lógica e Aritmética (ALU) 280
- 10.2 Representação em inteiros 280
- 10.3 Aritmética com inteiros 285
- 10.4 Representação em ponto flutuante 298
- 10.5 Aritmética em ponto flutuante 305
- 10.6 Termos-chave, questões de revisão e problemas 312

11. LÓGICA DIGITAL 317
- 11.1 Álgebra booleana 318
- 11.2 Portas lógicas 320
- 11.3 Circuitos combinacionais 322
- 11.4 Circuitos sequenciais 337
- 11.5 Dispositivos lógicos programáveis 344
- 11.6 Termos-chave e problemas 348

A UNIDADE CENTRAL DO PROCESSAMENTO – PARTE IV

12. CONJUNTOS DE INSTRUÇÕES: CARACTERÍSTICAS E FUNÇÕES 351
- 12.1 Características das instruções de máquina 352
- 12.2 Tipos de operandos 357
- 12.3 Tipos de dados do Intel x86 e do ARM 359
- 12.4 Tipos de operações 362
- 12.5 Tipos de operação do Intel x86 e do ARM 372
- 12.6 Termos-chave, questões de revisão e problemas 379
- Apêndice 12A *Little-endian, big-endian* e *bi-endian* 385

13. CONJUNTOS DE INSTRUÇÕES: MODOS E FORMATOS DE ENDEREÇAMENTO 389
- 13.1 Modos de endereçamento 390
- 13.2 Modos de endereçamento do x86 e do ARM 395

- 13.3 Formatos de instruções 400
- 13.4 Formatos de instruções do x86 e do ARM 406
- 13.5 Linguagem de montagem 410
- 13.6 Termos-chave, questões de revisão e problemas 412

14. ESTRUTURA E FUNÇÃO DO PROCESSADOR 417
- 14.1 Organização do processador 418
- 14.2 Organização dos registradores 419
- 14.3 Ciclo da instrução 424
- 14.4 Pipeline de instruções 427
- 14.5 Família de processadores x86 440
- 14.6 Processador ARM 446
- 14.7 Termos-chave, questões de revisão e problemas 451

15. COMPUTADORES COM CONJUNTO REDUZIDO DE INSTRUÇÕES 457
- 15.1 Características da execução de instruções 458
- 15.2 O uso de um grande banco de registradores 462
- 15.3 Otimização de registradores baseada em compiladores 466
- 15.4 Arquitetura com conjunto reduzido de instruções 468
- 15.5 Pipeline no RISC 472
- 15.6 MIPS R4000 477
- 15.7 SPARC 482
- 15.8 Controvérsia de RISC *versus* CISC 486
- 15.9 Termos-chave, questões de revisão e problemas 486

16. PARALELISMO EM NÍVEL DE INSTRUÇÕES E PROCESSADORES SUPERESCALARES 491
- 16.1 Visão geral 492
- 16.2 aspectos de projeto 496
- 16.3 Microarquitetura Intel Core 503
- 16.4 ARM Cortex-A8 508
- 16.5 ARM Cortex-M3 514
- 16.6 Termos-chave, questões de revisão e problemas 517

ORGANIZAÇÃO PARALELA – PARTE V

17. PROCESSAMENTO PARALELO 523
- 17.1 Organizações de múltiplos processadores 524
- 17.2 Multiprocessadores simétricos 526
- 17.3 Coerência de cache e protocolo MESI 530
- 17.4 *Multithreading* e chips multiprocessadores 534
- 17.5 *Clusters* 539
- 17.6 Acesso não uniforme à memória 544
- 17.7 Computação em nuvem 547
- 17.8 Termos-chave, questões de revisão e problemas 552

18. COMPUTADORES MULTICORE 559
- 18.1 Questões sobre desempenho do hardware 560
- 18.2 Questões sobre desempenho do software 562
- 18.3 Organização multicore 566
- 18.4 Organização multicore heterogênea 568
- 18.5 Intel Core i7-990X 575
- 18.6 ARM Cortex-A15 MPCore 575
- 18.7 Mainframe do zEnterprise EC12 da IBM 580
- 18.8 Termos-chave, questões de revisão e problemas 582

19. UNIDADES DE PROCESSAMENTO GRÁFICO DE USO GERAL 585
- 19.1 Noções básicas sobre a CUDA 586
- 19.2 GPU *versus* CPU 588
- 19.3 Visão geral da arquitetura de uma GPU 589
- 19.4 GPU Gen8 da Intel 596

19.5 Quando usar uma GPU como um coprocessador 598
19.6 Termos-chave e questões de revisão 600

A UNIDADE DE CONTROLE – PARTE VI

20. OPERAÇÃO DA UNIDADE DE CONTROLE **601**
20.1 Micro-operações 602
20.2 Controle do processador 607
20.3 Implementação em hardware 616
20.4 Termos-chave, questões de revisão e problemas 619

21. CONTROLE MICROPROGRAMADO **621**
21.1 Conceitos básicos 622
21.2 Sequenciamento de microinstruções 629
21.3 Execução de microinstruções 634
21.4 TI 8800 643
21.5 Termos-chave, questões de revisão e problemas 651

APÊNDICE A – PROJETOS PARA ENSINAR ARQUITETURA E ORGANIZAÇÃO DE COMPUTADORES **653**

APÊNDICE B – LINGUAGEM DE MONTAGEM E ASSUNTOS RELACIONADOS **659**

REFERÊNCIAS **681**

ACRÔNIMOS **688**

ÍNDICE **689**

CRÉDITOS **710**

SOBRE O AUTOR **711**

APRESENTAÇÃO

Por ter sido atuante na arquitetura e organização de computadores por alguns anos, é um prazer para mim escrever este prefácio para a nova edição deste abrangente livro de William Stallings a respeito do assunto. Ao fazer isso, encontrei-me refletindo sobre as tendências e mudanças ao longo do tempo em que estive envolvido nesse tema. Eu mesmo passei a me interressar em arquitetura de computadores depois de um período de inovações e ruptura significativas. Essa ruptura foi provocada não apenas por avanços tecnológicos, mas talvez de forma mais expressiva pelo acesso a essa tecnologia. A tecnologia VLSI estava aqui e o projeto de VLSI estava disponível aos estudantes em sala de aula. Foram tempos emocionantes. A capacidade de integrar um computador de estilo mainframe em um único chip de silício foi um marco, mas o fato de isso ter sido realizado por uma equipe de pesquisa acadêmica tornou a conquista bastante original. Esse período foi caracterizado por inovação e diversidade na arquitetura de computadores, tendo a área de paralelismo como uma das principais tendências. Na década de 1970, tive uma experiência prática com o Illiac IV, que foi um exemplo inicial do paralelismo explícito na arquitetura de computadores e que, incidentalmente, foi pioneiro em memória semicondutora. Certamente foi essa interação que deu o pontapé inicial em meu próprio interesse em arquitetura e organização de computadores, com particular ênfase no paralelismo explícito na arquitetura de computadores.

Ao longo da década de 1980 e no início da década de 1990, as pesquisas passaram a brotar nesse campo, e houve grandes inovações. A maioria delas chegaram ao mercado pelas *start-ups* de universidades. Contudo, ironicamente, foi a mesma tecnologia que reverteu essa tendência. A diversidade foi gradativamente substituída por uma quase monocultura em sistemas de computador com avanços em apenas algumas arquiteturas de conjunto de instruções. A lei de Moore, uma previsão autorrealizável que se tornou uma diretriz da indústria, significou que as velocidades básicas de dispositivo e as densidades de integração cresceram exponencialmente, com a última dobrando a cada 18 meses. O aumento da velocidade foi o "almoço grátis" para arquitetos de computador, e os níveis de integração permitiram mais complexidade e inovação no nível de microarquitetura. O "almoço grátis" teve, é claro, um custo, que foi o crescimento exponencial do investimento de capital necessário para cumprir a lei de Moore, que mais uma vez limitou o acesso a tecnologias de ponta. No mais, grande parte dos usuários achou mais fácil esperar pela próxima geração de processadores *mainstream* do que investir em inovações em computadores paralelos, com suas armadilhas e dificuldades. As exceções a isso foram as poucas grandes instituições que exigiam desempenho máximo; dois exemplos importantes foram as simulações científicas em larga escala na modelagem climática e também em nossos serviços de segurança para quebrar códigos. Para todos os outros, o nome do jogo era a compatibilidade, e duas arquiteturas de conjunto de instruções que se beneficiaram disso foram a do x86 e a do ARM, o último em sistemas embutidos e o primeiro em quase tudo mais. O paralelismo ainda estava lá na implementação dessas ISAs, apenas implícito, aproveitado pela arquitetura, mas não no fluxo de instruções que a impulsiona.

Ao longo do final da década de 1990 e no início dos anos 2000, essa abordagem para explorar de forma implícita a concorrência em sistemas de computadores de *core* único cresceu. Todavia, apesar do crescimento exponencial da densidade lógica, foi o custo das técnicas exploradas que pôs fim a essa era. Em processadores superescalares, os custos lógicos não aumentam linearmente com a largura de emissão (paralelismo), enquanto alguns componentes crescem ao quadrado ou mesmo ao cubo da largura de emissão. Embora o crescimento exponencial da lógica pudesse sustentar esse desenvolvimento contínuo, havia duas grandes armadilhas: era cada vez mais difícil expor a concorrência de modo implícito com base em programas imperativos e, portanto, a eficiência no uso de slots de emissão de instruções diminuiu. Talvez mais importante ainda, a tecnologia estava experimentando uma nova barreira aos ganhos de desempenho, reconhecidamente, a da dissipação de energia, e vários desenvolvimentos superescalares foram interrompidos porque o silício presente neles teria superaquecido. Tais restrições impuseram a exploração do paralelismo explícito, apesar dos desafios de compatibilidade. Ao que parece, mais uma vez, a inovação e a diversidade estão abrindo essa área para novas pesquisas.

Talvez desde a década de 1980 não tenha sido tão interessante estudar nesse campo. Essa diversidade é uma realidade econômica que pode ser vista pela diminuição da largura de emissão (paralelismo implícito) e aumento no número de *cores* (paralelismo explícito) nos processadores *mainstream*. Contudo, a questão é como explorar isso, tanto na aplicação como em nível de sistema. Esses são desafios significativos que ainda estão sem solução. Os processadores superscalares dependem do processador para extrair o paralelismo de um único fluxo de instruções. E se mudássemos a ênfase e fornecêssemos um fluxo de instruções com o máximo paralelismo, como explorá-lo em diferentes configurações e/ou gerações de processadores que exigem níveis distintos de paralelismo explícito? É possível, portanto, ter uma microarquitetura que sequencialize e escalone essa simultaneidade máxima capturada na ISA para coincidir com a configuração atual de *cores*, de modo que seja possível obter a mesma compatibilidade em um mundo de paralelismo explícito? Ela requer sistemas operacionais em silício para ser eficiente?

Essas são apenas algumas das questões com que nos deparamos hoje em dia. Responder a essas perguntas e mais exige uma base sólida em arquitetura e organização de computadores, e este livro de William Stallings proporciona uma base muito oportuna e abrangente. Ele oferece uma introdução completa aos fundamentos exigidos, abordando o que podem ser temas bem complexos com aparente simplicidade. Além disso, lida com os mais recentes desenvolvimentos nessa área, em que a inovação é constante. A emissão superescalar e os multicores paralelos explícitos são exemplos disso. Além do mais, esta última edição inclui dois tópicos muito recentes: o projeto e a utilização de GPUs para uso geral e as últimas tendências em computação em nuvem, que se tornaram populares apenas recentemente. Em todo o livro há exemplos que destacam as questões teóricas abordadas, e a maioria deles são elaborados a partir dos desenvolvimentos nas duas ISAs mais amplamente utilizadas: x86 e ARM. Para reiterar, é um prazer ler esta obra completa e espero que ela lance mais jovens pesquisadores no mesmo caminho que eu tenho desfrutado ao longo dos últimos 40 anos!

Chris Jesshope
Professor emérito da Universidade de Amsterdã
Autor de Parallel Computers *(com R. W. Hockney), 1981 & 1988*

PREFÁCIO

OBJETIVOS

Este livro é sobre a estrutura e a função de computadores. Seu propósito é apresentar, do modo mais claro e completo possível, a natureza e as características dos sistemas computacionais modernos.

Essa tarefa é desafiadora por várias razões. Primeiro, existe uma enorme variedade de produtos que podem justificadamente reivindicar o nome de computador — desde microprocessadores de um único chip, que custam alguns poucos dólares, a supercomputadores, que custam dezenas de milhões de dólares. Essa variedade aparece não só no custo, mas também no tamanho, no desempenho e na aplicação. Em segundo lugar, o rápido ritmo de mudança que sempre caracterizou a tecnologia de computadores continua sem pausa. Essas mudanças abrangem todos os aspectos da tecnologia computacional, desde a tecnologia básica de circuitos integrados, usada para construir componentes de computadores, até o uso cada vez maior dos conceitos de organização paralela na combinação desses componentes.

Apesar da variedade e do ritmo de mudança no campo da computação, certos conceitos fundamentais aplicam-se consistentemente por toda parte. A aplicação desses conceitos depende do estado atual da tecnologia e dos objetivos de preço/desempenho do desenvolvedor. Este livro tem por intento oferecer uma discussão aprofundada sobre os fundamentos da organização e arquitetura de computadores e relacioná-los com questões contemporâneas de projeto.

O tema desta obra engloba a seguinte questão: sempre foi importante projetar sistemas de computação para que eles alcançassem alto desempenho; porém, nunca tal requisito foi mais forte ou mais difícil de satisfazer que hoje. Todas as características básicas de desempenho de sistemas de computador, incluindo velocidade do processador, velocidade da memória, capacidade de memória e taxas de dados de interconexão estão aumentando rapidamente e em taxas diferentes. Isso torna difícil a concepção de um sistema equilibrado que maximize o desempenho e a utilização de todos os elementos. Desse modo, o projeto de um computador cada vez mais se torna um jogo de mudar a estrutura ou função em uma área para compensar uma incompatibilidade de desempenho em outra área. Veremos exemplo disso em diversas decisões sobre projeto ao longo do livro.

Um sistema de computador, como qualquer sistema, consiste em um conjunto inter-relacionado de componentes. O sistema é mais bem caracterizado em termos de estrutura (a forma como os componentes são interligados) e função (a operação dos componentes individuais). Além disso, a organização de um computador é hierárquica. Cada componente principal pode ser ainda descrito por decomposição em seus subcomponentes principais e descrevendo sua estrutura e função. Para clareza e facilidade de compreensão, essa organização hierárquica é descrita neste livro em uma abordagem *top-down*:

- **Sistema computacional:** os principais componentes são processador, memória e E/S.
- **Processador:** os principais componentes são unidade de controle, registradores, ALU e unidade de execução de instruções.
- **Unidade de controle:** fornece sinais de controle para a operação e coordenação de todos os componentes do processador. Tradicionalmente, foi utilizada uma implementação com microprogramação, na qual os principais componentes são memória de controle, lógica de sequência de microinstrução e registradores. Mais recentemente, a microprogramação tem sido menos proeminente, mas continua a ser uma importante técnica de implementação.

O objetivo é apresentar o conteúdo de uma maneira que mantenha o novo material em um contexto claro. Isso deve minimizar a chance de que o leitor se perca e deve fornecer uma melhor motivação do que uma abordagem *bottom-up*.

Ao longo da discussão, aspectos do sistema são vistos a partir dos pontos de vista de ambas as arquiteturas (os atributos de um sistema visível a um programador de linguagem de máquina) e organização (as unidades operacionais e suas interligações que realizam a arquitetura).

SISTEMAS USADOS COMO EXEMPLO

Este texto destina-se a familiarizar o leitor com os princípios de projeto e com questões de implementação de sistemas operacionais contemporâneos. Consequentemente, um tratamento puramente conceitual ou teórico seria inadequado. Para ilustrar os conceitos e vinculá-los às escolhas de projeto do mundo real, que devem ser feitas, duas famílias de processadores foram escolhidas como exemplos correntes:

- **Arquitetura Intel x86:** a arquitetura x86 é a mais utilizada para sistemas de computador não embarcados. O x86 é essencialmente um computador com conjunto de instruções complexo (CISC) com algumas características RISC. Membros recentes da família x86 usam princípios de projeto superescalar e multicore. A evolução dos recursos na arquitetura x86 fornece um estudo de caso único da evolução da maioria dos princípios de projeto na arquitetura do computador.
- **ARM:** A arquitetura é indiscutivelmente o processador incorporado mais utilizado, usado em telefones celulares, iPods, equipamentos de sensor remoto e muitos outros dispositivos. A ARM é essencialmente um computador com conjunto de instruções reduzido (RISC). Membros recentes da família ARM fazem uso de princípios de projeto superescalar e multicore.

Muitos dos exemplos deste livro, mas não todos, são extraídos dessas duas famílias de computadores. Vários outros sistemas, tanto contemporâneos como históricos, fornecem exemplos de importantes características de projeto de arquitetura de computador

ESTRUTURA DO TEXTO

Este livro é organizado em seis partes:
- Introdução.
- O sistema de computação.
- Lógica e aritmética.
- A unidade central do processamento.
- Organização paralela (incluindo multicore).
- A unidade de controle.

O livro abrange uma série de características pedagógicas, incluindo o uso de simulações interativas e inúmeras figuras e tabelas para enriquecer a discussão. Cada capítulo inclui uma lista de termos-chave, questões de revisão e problemas.

MATERIAL COMPLEMENTAR

No site www.grupoa.com.br professores podem acessar os seguintes materiais adicionais:

Para professores:
- Apresentações em PowerPoint.
- Manual de soluções (em inglês).

Esse material é de uso exclusivo para professores e está protegido por senha. Para ter acesso a ele, os professores que adotam o livro devem entrar em contato através do e-mail divulgacao@grupoa.com.br

- Manual de projetos (em inglês) — veja mais detalhes no Apêndice A.
- Banco de exercícios (em inglês).
- Figuras e tabelas utilizadas no livro (em inglês).

Para estudantes:

- Apêndices C a O (em inglês).
- Simulações interativas — veja no Apêndice A a lista de simulações por capítulo.
- Exercícios de múltipla escolha.
- Documentos úteis (em inglês).
- Recomendações de leitura (em inglês).
- Glossário.

Muitos outros recursos e materiais de suporte podem ser encontrados em inglês no site de apoio: <http://williamstallings.com/ComputerOrganization>.

O QUE HÁ DE NOVO NA DÉCIMA EDIÇÃO

Desde que a última edição deste livro foi publicada, a área tem visto inovações e melhorias contínuas. Nesta nova edição, tento capturar essas mudanças, mantendo uma ampla e abrangente cobertura de todo o campo. Para iniciar esse processo de revisão, a edição anterior deste livro foi amplamente revisada por diversos professores que ensinam o assunto e por profissionais que trabalham na área. O resultado é que, em muitas partes, a narrativa e as ilustrações foram aprimoradas.

Além dessas melhorias que visam a parte pedagógica e proporcionar maior facilidade de utilização, foram feitas outras mudanças significativas ao longo da obra. Grande parte do material foi revisada e foram feitas inserções para atualização. As mudanças mais notáveis são as seguintes:

- **GPGPU — computação de uso geral com unidade de processamento gráfico (GPUs):** Uma das novidades mais importantes na atualidade é a ampla adoção de GPGPUs que funcionem de modo coordenado com as CPUs tradicionais, a fim de lidar com uma vasta gama de aplicações que envolvem grandes arrays de dados. Há um novo capítulo dedicado a esse assunto.
- **Processadores multicore heterogêneos:** o que há de mais novo na arquitetura multicore é o processador multicore heterogêneo. Uma nova seção no capítulo sobre processadores multicore examina os vários tipos de processadores multicore heterogêneos.
- **Sistemas embarcados:** a visão geral dos sistemas embarcados, no Capítulo 1, foi substancialmente revisada e expandida para refletir o estado atual da tecnologia embutida.
- **Microcontroladores:** em termos de números, quase todos os computadores agora em uso são microcontroladores embarcados. A abordagem sobre os sistemas embarcados no Capítulo 1 cobre também a área de microcontroladores. O microcontrolador ARM Cortex-M3 é usado como um exemplo de sistema em todo o texto.
- **Computação em nuvem:** outra novidade nesta edição é a computação em nuvem, com uma introdução no Capítulo 1 e uma abordagem mais detalhada no Capítulo 17.
- **Desempenho do sistema:** as questões sobre desempenho de sistema foram revisadas, expandidas e reorganizadas, ficando ainda mais claras e mais completas. O Capítulo 2 é dedicado a esse assunto, e a questão do desempenho do sistema é abordada no decorrer do livro.
- **Memória flash:** a parte sobre a memória flash foi atualizada e expandida, e agora inclui uma discussão a respeito da tecnologia e organização da memória flash para memória interna (Capítulo 5) e memória externa (Capítulo 6).
- **RAM não volátil:** Mais uma novidade é que são tratadas as três novas e importantes tecnologias RAM em estado sólido não volátil que ocupam diferentes posições na hierarquia da memória: STT-RAM, PCRAM e ReRAM.
- **Acesso direto à cache (DCA — do inglês, *Direct Cache Access*):** para atender às demandas de processamento de protocolos para conexões de rede de alta velocidade, a Intel e outros fabricantes desenvolveram tecnologias DCA que proporcionam uma taxa de transferência muito maior do que as tradicionais

abordagens de acesso direto à memória (DMA — do inglês, *Direct Memory Access*). O Capítulo 7 explora o DCA de modo detalhado.

- **Microarquitetura Intel Core:** como na edição anterior, a família Intel x86 é usada como o principal exemplo de sistema. A abordagem foi atualizada para refletir os novos sistemas da Intel, especialmente a microarquitetura Intel Core, que é usada em produtos de PC e servidores.

SUPORTE PARA A *ACM/IEEE COMPUTER SCIENCE CURRICULA*

A obra está direcionada tanto para o público acadêmico como para o profissional. Como livro-texto, destina-se a um ou dois semestres de cursos de graduação de ciências da computação, engenharia de computadores e engenharia elétrica. Esta edição abrange todos os oito tópicos listados pela *ACM/IEEE Computer Science Curricula 2013* (CS2013). A Tabela P.1 mostra o apoio fornecido neste livro para a Área de Conhecimento AR.

Tabela P.1

Cobertura da área de conhecimento de arquitetura e organização de computadores - CS2013.

Unidades de conhecimento de IAS	Tópicos	Abrangência do livro
Sistemas digital e digital lógico (Nível 2)	▸ Visão geral e história da arquitetura de computadores. ▸ Lógica combnacional *versus* sequencial/arrays de porta programável como um bloco fundamental para construção de lógica sequencial combinacional. ▸ Representações múltiplas/camadas de interpretação (o hardware é apenas outra camada). ▸ Restrições físicas (atrasos de porta, *fan-in*, *fan-out*, energia/potência).	Capítulo 1 Capítulo 11
Representação de dados em nível de máquina (Nível 2)	▸ Bits, bytes e palavras. ▸ Representação de dados numéricos e bases de números. ▸ Sistemas fixos e de ponto flutuante. ▸ Representação sinalizada e em complemento de dois. ▸ Representação de dados não numéricos (códigos de caracteres, dados gráficos).	Capítulo 9 Capítulo 10
Organização de máquina em nível de montagem (Nível 2)	▸ Organização básica da máquina de von Neumann. ▸ Unidade de controle; busca de instrução, decodificação e execução. ▸ Conjunto de instruções e tipos (manipulação de dados, controle, E/S). ▸ Montagem/programação em linguagem de máquina. ▸ Formatos de instrução. ▸ Modos de endereçamento. ▸ Chamada de sub-rotina e mecanismos de retorno (tradução e execução de linguagem de programação, referência cruzada). ▸ E/S e interrupções. ▸ Multiprocessadores de memória compartilhada/organização multicore. ▸ Introdução a SIMD *versus* MIMD e taxonomia de Flynn.	Capítulo 1 Capítulo 7 Capítulo 12 Capítulo 13 Capítulo 17 Capítulo 18 Capítulo 20 Capítulo 21 Apêndice A

Arquitetura e organização de sistemas de memória (Nível 2)	▶ Sistemas de armazenamento e suas tecnologias. ▶ Hierarquia de memória: localidade temporal e espacial. ▶ Organização e operações de memória. ▶ Latência, tempo de ciclo, banda larga e intercalamento. ▶ Memórias cache (mapeamento de endereço, tamanho de bloco, substituição e política de armazenamento). ▶ Consistência de cache de multiprocessadores/usando o sistema de memória para sincronização intercore/operações atômicas de memória. ▶ Memória virtual (tabela de página, TLB). ▶ Confiabilidade e tratamento de falha.	Capítulo 4 Capítulo 5 Capítulo 6 Capítulo 8 Capítulo 17
Comunicação e interface (Nível 2)	▶ Fundamentos de E/S: *handshaking*, *buffering*, E/S programada, E/S orientada por interrupção ▶ Estruturas de interrupção: vetorizada, priorizada, reconhecimento de interrupção. ▶ Armazenamento externo, organização física e drives. ▶ Barramentos: protocolos de barramento, arbitração, acesso direto à memória (DMA). ▶ Arquiteturas RAID.	Capítulo 3 Capítulo 6 Capítulo 7
Organização funcional (Eletiva)	▶ Implementação de caminhos de dados simples, incluindo pipeline de instrução, detecção e resolução de *hazard*. ▶ Unidade de controle: realização por hardware *versus* realização microprogramada. ▶ Pipeline de instrução. ▶ Introdução ao paralelismo de nível de instrução (ILP).	Capítulo 14 Capítulo 16 Capítulo 20 Capítulo 21
Multiprocessamento e arquiteturas alternativas (Eletiva)	▶ Exemplo SIMD e conjunto de instruções e arquiteturas MIMD. ▶ Redes de interconexão. ▶ Sistemas de memória compartilhada de multiprocessadores e consistência de memória. ▶ Coerência de cache de multiprocessador.	Capítulo 12 Capítulo 13 Capítulo 17
Melhorias de desempenho (Eletiva)	▶ Arquitetura superescalar ▶ Previsão de desvio, execução especulativa, execução fora de ordem. ▶ Pré-busca. ▶ Processadores vetoriais e GPU. ▶ Suporte de hardware para *multithreading*. ▶ Escalabilidade.	Capítulo 15 Capítulo 16 Capítulo 19

AGRADECIMENTOS

Esta nova edição foi beneficiada com a revisão de diversas pessoas, que doaram generosamente parte de seu tempo e experiência. Os seguintes professores e instrutores revisaram todo ou grande parte do manuscrito: Molisa Derk (*Dickinson State University*), Yaohang Li (*Old Dominion University*), Dwayne Ockel (*Regis University*), Nelson Luiz Passos (*Midwestern State University*), Mohammad Abdus Salam (*Southern University*) e Vladimir Zwass (*Fairleigh Dickinson University*).

Agradeço também a algumas pessoas que proporcionaram revisões técnicas minuciosas de um ou mais capítulos: Rekai Gonzalez Alberquilla, Allen Baum, Jalil Boukhobza, Dmitry Bufistov, Humberto Calderón, Jesus Carretero, Ashkan Eghbal, Peter Glaskowsky, Ram Huggahalli, Chris Jesshope, Athanasios Kakarountas,

Isil Oz, Mitchell Poplingher, Roger Shepherd, Jigar Savla, Karl Stevens, Siri Uppalapati, Dr. Sriram Vajapeyam, Kugan Vivekanandarajah, Pooria M. Yaghini e Peter Zeno.

Peter Zeno também contribuiu com o Capítulo 19, sobre GPGPUs.

A professora Cindy Norris, da *Appalachian State University*, o professor Bin Mu, da *University of New Brunswick*, e o professor Kenrick Mock, da *University of Alaska*, gentilmente forneceram problemas para deveres de casa.

Aswin Sreedhar, da *University of Massachusetts*, desenvolveu as tarefas de simulação interativa e também escreveu o banco de testes.

O professor Miguel Angel Vega Rodriguez, o professor Dr. Juan Manuel Sanchez Perez e o professor Dr. Juan Antonio Gomez Pulido, todos da *Universidad de Extremadura*, Espanha, prepararam os problemas do SMPCache e escreveram o SMPCache User's Guide, disponíveis no site de apoio.

Todd Bezenek, da *University of Wisconsin*, e James Stine, da *Lehigh University*, prepararam os problemas do SimpleScalar, e Todd também foi o autor do SimpleScalar User's Guide, ambos no site de apoio.

Por fim, gostaria de agradecer às muitas pessoas responsáveis pela publicação da obra, todos que fizeram o seu excelente trabalho habitual. Isso inclui a equipe da Pearson, particularmente a minha editora Tracy Johnson, sua assistente Kelsey Loanes, a gerente de programas Carole Snyder e o gerente de produção Bob Engelhardt. Também agradeço a Mahalatchoumy Saravanan e ao pessoal de produção da Jouve India por mais um trabalho excelente e rápido. Agradeço também ao pessoal de marketing e vendas da Pearson, pois sem o esforço deles este livro não estaria em suas mãos.

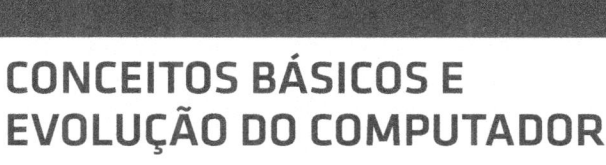

CONCEITOS BÁSICOS E EVOLUÇÃO DO COMPUTADOR

1.1 Organização e arquitetura

1.2 Estrutura e função
Função
Estrutura

1.3 Uma breve história dos computadores
A primeira geração: válvulas
A segunda geração: transistores
A terceira geração: circuitos integrados
Gerações posteriores

1.4 A evolução da arquitetura Intel x86

1.5 Sistemas embarcados
A Internet das Coisas
Sistemas operacionais embarcados
Processadores para aplicações *versus* processadores dedicados
Microprocessadores *versus* microcontroladores
Sistemas embarcados *versus* sistemas fortemente embarcados

1.6 Arquitetura ARM
Evolução da ARM
Arquitetura do conjunto de instrução
Produtos ARM

1.7 Computação em nuvem
Conceitos básicos
Serviços de nuvem

1.8 Termos-chave, questões de revisão e problemas

OBJETIVOS DE APRENDIZAGEM

Após ler este capítulo, você será capaz de:

▶ Explicar as funções gerais e a estrutura de um computador digital.
▶ Apresentar uma visão geral da evolução da tecnologia dos computadores desde os primeiros computadores digitais até os últimos microprocessadores.
▶ Apresentar uma visão geral da arquitetura x86.
▶ Definir sistemas embarcados e listar alguns dos requisitos e das restrições que vários sistemas embarcados podem encontrar.

1.1 ORGANIZAÇÃO E ARQUITETURA

Ao se descreverem computadores, é comum se fazer uma distinção entre *arquitetura de computadores* e *organização de computadores*. Embora seja difícil estabelecer definições precisas para tais termos, existe um consenso a respeito das áreas que abrangem cada um. (Por exemplo, veja VRANESIC; THURBER, 1980, SIEWIOREK; BELL; NEWELL, 1982 e BELL; MUDGE; McNAMARA, 1978a; uma visão alternativa interessante é apresentada em REDDI; FEUSTEL, 1976.)

Arquitetura de computador refere-se aos atributos de um sistema visíveis a um programador ou, em outras palavras, aqueles atributos que possuem um impacto direto sobre a execução lógica de um programa. Um termo que é muitas vezes usado de maneira intercambiável com as arquiteturas de computadores é **arquitetura de conjunto de instrução (ISA — do inglês, *Instruction Set Architecture*)**. O ISA define os formatos de instruções, códigos de operação da instrução (opcodes), registradores, memória de dados e instrução; o efeito das instruções executadas nos registradores e na memória; e um algoritmo para o controle da execução das instruções. **Organização de computador** refere-se às unidades operacionais e suas interconexões que percebam as especificações de arquitetura. Os exemplos de atributos de arquitetura incluem o conjunto de instrução, o número de bits usados para representar vários tipos de dados (por exemplo, números, caracteres), mecanismos de E/S e técnicas para endereçamento de memória. Atributos organizacionais incluem os detalhes do hardware transparentes ao programador, como sinais de controle, interfaces entre o computador e periféricos e a tecnologia de memória utilizada.

Por exemplo, é uma questão de projeto de arquitetura se um computador terá uma instrução de multiplicação. É uma questão de organização se essa instrução será implementada por uma unidade de multiplicação especial ou por um mecanismo que faça uso repetido da unidade de adição do sistema. A decisão organizacional pode ser baseada na previsão da frequência de uso da instrução de multiplicação, na velocidade relativa das duas técnicas e no custo e tamanho físico de uma unidade de multiplicação especial.

Historicamente, e ainda hoje, a distinção entre arquitetura e organização tem sido importante. Muitos fabricantes de computador oferecem uma família de modelos de computador, todos com a mesma arquitetura, mas com diferenças na organização. Consequentemente, os diferentes modelos na família têm diferentes características de preço e desempenho. Além do mais, uma arquitetura em particular pode se espalhar por muitos anos e abranger diversos modelos diferentes de computador, com sua organização variando conforme a mudança da tecnologia. Um exemplo proeminente desses dois fenômenos é a arquitetura IBM System/370. Essa arquitetura foi introduzida pela primeira vez em 1970 e incluía diversos modelos. O cliente com requisitos modernos poderia comprar um modelo mais barato, mais lento e, se a demanda aumentasse, poderia atualizar mais tarde para um modelo mais caro e mais rápido, sem ter que abandonar o software desenvolvido. Com o passar dos anos, a IBM introduziu muitos novos modelos com tecnologia melhorada para substituir outros modelos, oferecendo ao cliente maior velocidade, menor custo ou ambos. Esses modelos mais novos mantinham a mesma arquitetura, de modo que o investimento de software do cliente fosse protegido. O interessante é que a arquitetura System/370, com algumas melhorias, sobreviveu até os dias de hoje como a arquitetura da linha de produtos de mainframe da IBM.

Em uma classe de computadores chamada microcomputadores, o relacionamento entre arquitetura e organização é muito próximo. As mudanças na tecnologia não apenas influenciam a organização, mas também resultam na introdução de arquiteturas mais poderosas e mais complexas. Geralmente, há menor requisito para compatibilidade de geração a geração para essas máquinas menores. Assim, existe mais interação entre decisões de projeto organizacional e de arquitetura. Um exemplo intrigante disso é o computador com conjunto de instruções reduzido (RISC — do inglês, *Reduced Instruction Set Computer*) que examinamos no Capítulo 15.

Este livro examina a organização e a arquitetura do computador. A ênfase talvez seja mais no lado da organização. Porém, como uma organização de computador precisa ser projetada para implementar determinada especificação de arquitetura, um tratamento completo da organização exige um exame detalhado também da arquitetura.

1.2 ESTRUTURA E FUNÇÃO

Um computador é um sistema complexo; computadores contemporâneos contêm milhões de componentes eletrônicos elementares. Como, então, alguém poderia descrevê-los com clareza? A chave é reconhecer a natureza hierárquica dos sistemas mais complexos, incluindo o computador (SIMON, 1996). Um sistema hierárquico é um conjunto de subsistemas inter-relacionados, cada um deles, por sua vez, hierárquico em estrutura até alcançarmos algum nível mais baixo de subsistema elementar.

A natureza hierárquica dos sistemas complexos é essencial para seu projeto e sua descrição. O projetista só precisa lidar com um nível particular do sistema de cada vez. Em cada nível, o sistema consiste em um conjunto de componentes e suas inter-relações. O comportamento em cada nível depende somente de uma caracterização simplificada e resumida do sistema, no próximo nível mais baixo. Em cada nível, o projetista está interessado na estrutura e na função:

- **Estrutura**: o modo como os componentes são inter-relacionados.
- **Função**: a operação individual de cada componente como parte da estrutura.

Em termos de descrição, temos duas escolhas: começar de baixo e subir até uma descrição completa, ou começar com uma visão de cima e decompor o sistema em suas subpartes. A evidência de diversos campos sugere que a abordagem de cima para baixo (ou *top-down*) é a mais clara e mais eficaz (WEINBERG, 1975).

A abordagem usada neste livro vem desse ponto de vista. O sistema de computador será descrito de cima para baixo. Começamos com os componentes principais de um computador, descrevendo sua estrutura e função, e prosseguimos para camadas sucessivamente mais baixas da hierarquia. O restante desta seção oferece uma visão geral muito breve desse plano de ataque.

Função

Tanto a estrutura quanto o funcionamento de um computador são, essencialmente, simples. Em termos gerais, há somente quatro funções básicas que podem ser apresentadas pelo computador:

- **Processamento de dados**: os dados podem ter uma grande variedade de formas, e a amplitude de exigências de processamento é grande. Contudo, devemos ver que há somente poucos métodos fundamentais ou tipos de processamento de dados.
- **Armazenamento de dados**: mesmo que o computador esteja processando dados na hora (isto é, os dados aparecem e são processados, e os resultados saem de imediato), o computador deve temporariamente armazenar pelo menos as peças de dados que estão sendo trabalhadas em um dado momento. Assim, há ao menos uma função de armazenamento de dados de curto prazo. Igualmente importante, o computador apresenta uma função de armazenamento de dados de longo prazo. Arquivos de dados são armazenados no computador para recuperação e atualização.
- **Movimentação de dados**: o ambiente operacional do computador consiste em dispositivos que servem como fontes ou destinos de dados. Quando dados são recebidos de ou entregues a um dispositivo que é diretamente conectado ao computador, o processo é conhecido como entrada-saída (E/S ou, do inglês, *input-output — I/O*), e o dispositivo é referido como um *periférico*. Quando os dados são movimentados por longas distâncias, a ou de um dispositivo remoto, o processo é conhecido como *comunicações de dados*.
- **Controle**: dentro de um computador, uma unidade de controle gerencia os recursos do computador e orquestra o desempenho de suas partes funcionais na resposta às instruções.

A discussão precedente pode parecer absurdamente generalizada. Isto é certamente possível, mesmo em um nível alto de estrutura de computador, a fim de diferenciar uma variedade de funções, mas para citar Siewiorek, Bell e Newell (1982):

> *Notadamente, há poucas modelagens de estrutura de computador para servir a função a ser desempenhada. Na raiz disso reside a natureza do propósito geral dos computadores, na qual toda a especialização funcional ocorre no momento de programar, e não no momento de projetar.*

Estrutura

Agora, vamos dar uma olhada de modo geral na estrutura interna de um computador. Começamos com um computador tradicional com um processador único que emprega uma unidade de controle microprogramada, então examina uma estrutura multicore típica.

COMPUTADOR SIMPLES COM UM ÚNICO PROCESSADOR A Figura 1.1 fornece uma visão hierárquica de uma estrutura interna de um computador de processador único tradicional. Há quatro componentes estruturais principais:

Figura 1.1
Um computador: estrutura de alto nível.

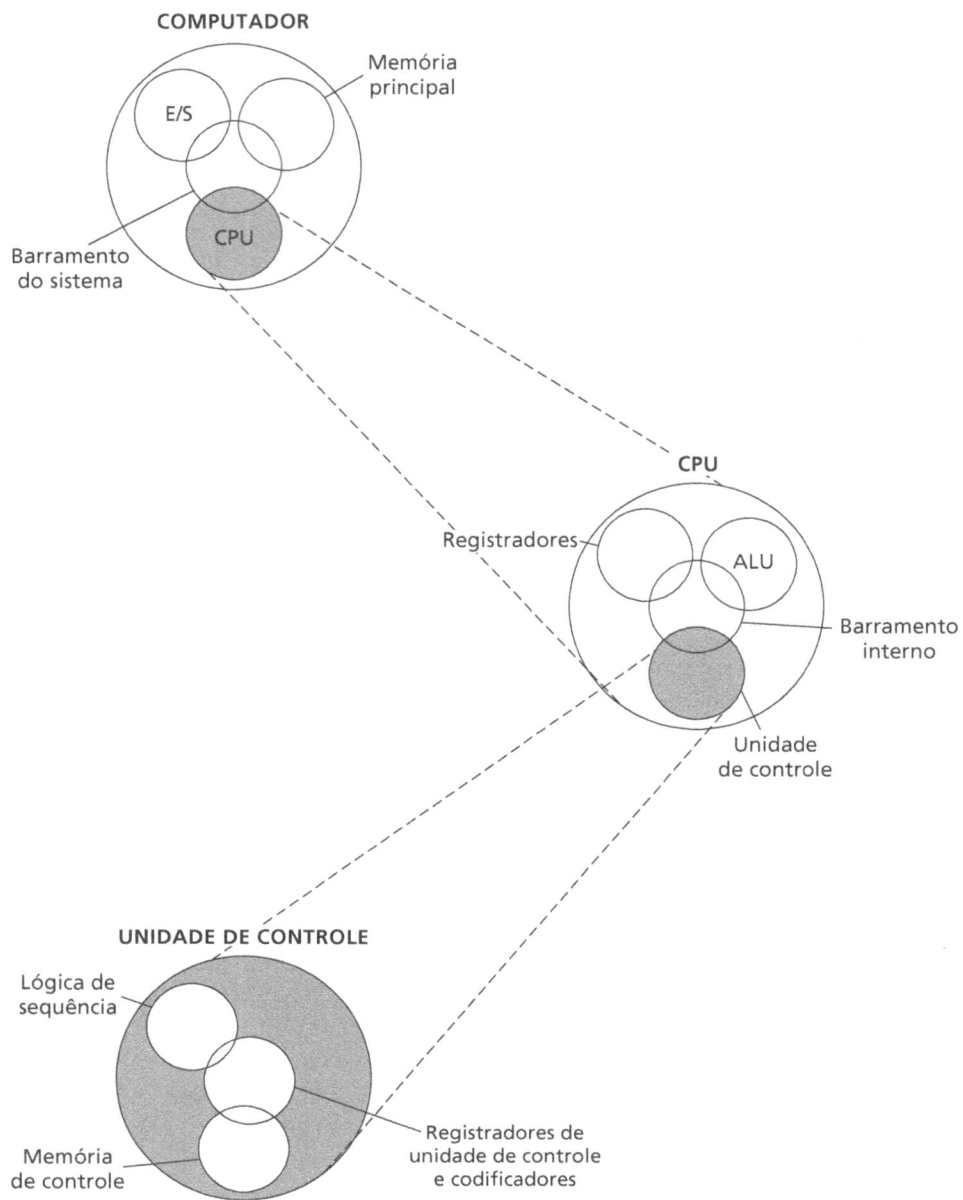

- **Unidade central de processamento (CPU — do inglês, *Central Processing Unit*)**: controla a operação de um computador e realiza suas funções e processamento de dados; costuma ser referida simplesmente como **processador**.
- **Memória principal**: armazena dados.
- **E/S**: move dados entre o computador e seu ambiente externo.
- **Sistema de interconexão**: algum mecanismo que proporciona comunicação entre CPU, memória principal e E/S. Um exemplo comum de um sistema de interconexão é o **barramento do sistema**, que consiste em um número de fios condutores aos quais todos os outros componentes se conectam.

Pode haver um ou mais de cada um dos componentes supracitados. Tradicionalmente, há apenas um único processador. Nos anos recentes, aumentou o uso de múltiplos processadores em um único computador. Algumas regras de projeto relacionadas a diversos processadores surgem de súbito e são discutidas conforme o andamento do texto; a Parte V foca nesses computadores.

Cada um desses componentes pode ser examinado em algum detalhe na Parte II. Contudo, para nossos propósitos, o mais importante e, algumas vezes, o mais complexo componente é a CPU. Seus principais componentes estruturais são os seguintes:

- **Unidade de controle**: controla a operação da CPU e, portanto, do computador.
- **Unidade lógica e aritmética (ALU — do inglês, *Arithmetic and Logic Unit*)**: executa as funções de processamento de dados do computador.
- **Registradores**: proporciona armazenagem interna na CPU.
- **Interconexão da CPU**: alguns mecanismos que proporcionam comunicação entre a unidade de controle, ALU e registradores.

A Parte III trata desses componentes, e nela veremos que a complexidade é adicionada pelo uso de técnicas organizacionais paralelas e de *pipeline*. Por fim, há algumas técnicas para a implementação da unidade de controle; uma técnica comum é a implementação *microprogramada*. Em essência, uma unidade de controle microprogramada opera executando as microinstruções que definem a funcionalidade da unidade de controle. Com essa técnica, a estrutura da unidade de controle pode ser descrita, como na Figura 1.1. Essa estrutura é abordada na Parte IV.

ESTRUTURA DE COMPUTADOR MULTICORE Como mencionado, computadores contemporâneos em geral têm múltiplos processadores. Quando esses processadores todos residem em um único chip, o termo *computador multicore* é usado, e cada unidade de processamento (que consiste em uma unidade de controle, ALU, registradores e talvez cache) é chamada de *core*. Para esclarecer a terminologia, este texto usará as seguintes definições.

- **Unidade central de processamento (CPU)**: é aquela parte do computador que busca e executa instruções. Consiste em uma ALU, uma unidade de controle e registradores. Em um sistema com uma única unidade de processamento, é referida simplesmente como *processador*.
- **Core**: é uma unidade de processamento individual em um chip de processador. Um *core* pode ser equivalente em funcionalidade a uma CPU em um sistema de CPU única. Outras unidades de processamento especializadas, como uma otimizada para operações de vetores ou de matrizes, são também referidas como *cores*.
- **Processador**: trata-se de um pedaço físico de silício que contém um ou mais *cores*. O processador é um componente do computador que interpreta e executa instruções. Se um processador contém múltiplos *cores*, ele é referido como um **processador multicore**.

Após cerca de uma década de discussão, há um amplo consenso da indústria a respeito desse uso.

Outra característica proeminente de computadores contemporâneos é o uso de múltiplas camadas de memória, chamada de *memória cache*, entre o processador e a memória principal. O Capítulo 4 é dedicado à memória cache. Para os nossos propósitos nesta seção, simplesmente observamos que a memória cache é menor e mais rápida que a memória principal e é usada para deixar mais rápido o acesso da memória, ao colocar os dados na cache, a partir da memória principal, que provavelmente poderão ser usados em um futuro próximo. Um maior aprimoramento do desempenho pode ser obtido pelo uso de múltiplos níveis de cache, com o nível 1 (L1), mais próximo do *core*, e os níveis adicionais (L2, L3 e daí por diante), progressivamente mais longe do *core*. Nesse esquema, o nível n é menor e mais rápido que o nível $n + 1$.

A Figura 1.2 é uma visão simplificada dos componentes principais de um computador multicore típico. A maioria dos computadores, inclusive os computadores incorporados a smartphones e tablets, além dos computadores pessoais, laptops e estações de trabalho, é hospedada na placa-mãe. Antes de descrever essa disposição, é preciso definir alguns termos. Uma **placa de circuito impresso (PCB — do inglês, *Printed Circuit Board*)** é uma placa rígida e plana que mantém e interconecta chips e outros componentes eletrônicos. A placa é composta por camadas, geralmente de duas a dez, que interconectam os componentes por caminhos de cobre que são gravados na placa. A placa de circuito impresso principal em um computador é chamada de placa de sistema ou **placa-mãe**, ao passo que as menores que se conectam nas aberturas da placa principal são chamadas de placas de expansão.

Os elementos mais proeminentes na placa-mãe são os chips. Um **chip** é um pedaço único de material semicondutor, em geral de silício, no qual os circuitos eletrônicos e portas lógicas são fabricados. O produto resultante é referido como um **circuito integrado**.

Figura 1.2
Visão simplificada dos principais elementos de um computador multicore.

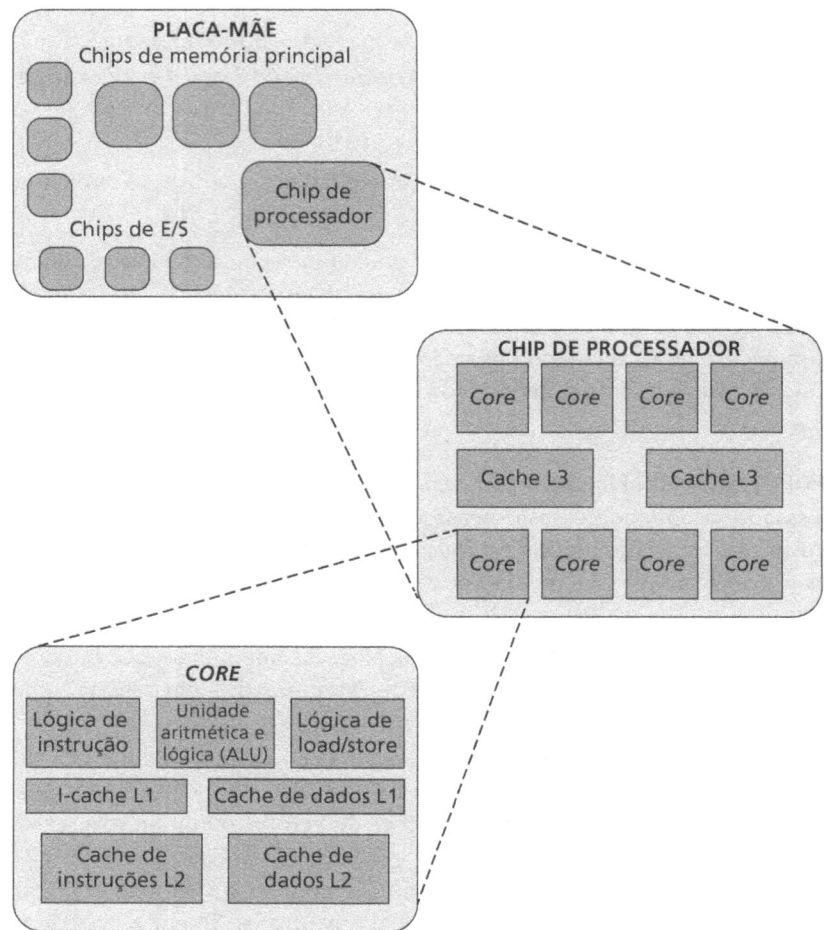

A placa-mãe contém um slot ou um soquete para o chip do processador, o que geralmente contém múltiplos *cores* individuais, que é conhecido como *processador multicore*. Há também slots para os chips da memória, chips de controlador E/S e outros componentes-chave do computador. Para computadores desktop, os slots de expansão permitem a inclusão de mais componentes na placa de expansão. Assim, uma placa-mãe moderna conecta somente poucos componentes individuais, com cada chip contendo de alguns milhares até centenas de milhões de transistores.

A Figura 1.2 mostra um chip de processador que contém oito *cores* e uma memória L3. Não é mostrada a lógica exigida para controlar operações entre os *cores* e a cache e entre os *cores* e o circuito externo na placa-mãe. A figura indica que a cache L3 ocupa duas porções distintas da superfície do chip. Contudo, geralmente, todos os *cores* têm acesso a toda a cache L3 por meio dos já mencionados circuitos de controle. O chip do processador mostrado na Figura 1.2 não representa nenhum produto específico, mas proporciona uma ideia geral sobre como tais chips são dispostos.

Em seguida, daremos foco à estrutura de um único *core*, que ocupa a parte do chip do processador. Em linhas gerais, os elementos funcionais de um *core* são:

- **Lógica de instrução**: inclui as tarefas envolvidas em buscar instruções, e decodificar cada instrução a fim de determinar a operação de instrução e os locais de memória dos operandos.
- **Unidade lógica e aritmética (ALU)**: executa a operação especificada por uma instrução.
- **Lógica de load/store:** gerencia a transferência de dados para e de uma memória principal através da cache.

O *core* também contém uma cache L1, dividida entre uma cache de instrução (I-cache) que é usada para a transferência de instruções para e de uma memória principal, e uma cache de dados L1, para a transferência de operandos e resultados. Geralmente, os chips de processador atuais também incluem uma cache L2 como parte do *core*. Em alguns casos, essa cache é também dividida entre instrução e caches de dados, embora uma cache L2 única e combinada também seja usada.

Tenha em mente que essa representação do *layout* do *core* visa somente dar uma ideia geral da estrutura interna do *core*. Em um dado produto, os elementos funcionais podem não ser dispostos como os três elementos distintos mostrados na Figura 1.2, sobretudo se algumas ou todas essas funções forem implementadas como parte de uma unidade de controle microprogramada.

EXEMPLOS Será instrutivo considerar os exemplos do mundo real que ilustram a estrutura hierárquica dos computadores. A Figura 1.3 é uma fotografia da placa-mãe para um computador elaborado com dois chips de processador Intel Quad-Core Xeon. Alguns dos elementos marcados na fotografia são discutidos adiante neste livro. Aqui, mencionamos o mais importante, além dos soquetes do processador:

- Slots do PCI-express para adaptador de vídeo de alta qualidade e para periféricos adicionais (a Seção 3.6 descreve PCIe).
- Controladores Ethernet e portas Ethernet para conexões de rede.
- Soquetes USB para dispositivos periféricos.
- Soquetes ATA Serial (SATA) para conexão com a memória de disco (a Seção 7.7 discute Ethernet, USB e SATA.
- Interfaces para chips de memória principal DDR (do inglês, *Double Data Rate*) — a Seção 5.3 discute DDR.
- O chipset Intel 3420 é um controlador E/S para operações de acesso direto à memória (DMA — do inglês, *Direct Access Memory*) entre dispositivos periféricos e a memória principal (a Seção 7.5 discute DMA).

Seguindo nossa estratégia de cima para baixo, como ilustrado nas figuras 1.1 e 1.2, podemos agora focar e analisar a estrutura interna do chip do processador. Para variar, consideraremos o chip IBM, em vez do chip do processador Intel. A Figura 1.4 é uma fotografia de um chip de processador para o computador mainframe IBM zEnterprise EC12. Esse chip tem 2,75 bilhões de transistores. As marcas sobrepostas indicam como o silício está realmente alocado. Vemos que esse chip tem seis *cores* ou processadores. Além disso, há duas grandes áreas marcadas como cache L3, que são compartilhadas por seis processadores. A lógica de controle L3 controla o tráfego entre a cache L3 e os *cores* e entre a cache L3 e o ambiente externo. Além disso, há lógica de controle de armazenamento (CA) entre os *cores* e a cache L3. A função do controlador de memória (CM) é controlar o acesso à memória externamente ao chip. O barramento E/S GX controla a interface aos adaptadores de canal, acessando a E/S.

Figura 1.3

Placa-mãe com dois processadores Intel Quad-Core Xeon.

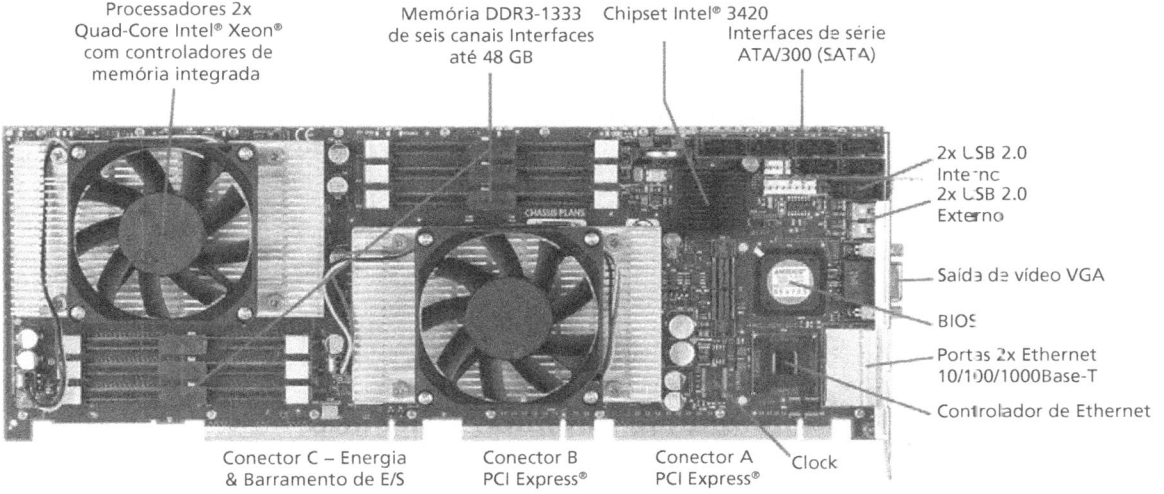

Fonte: Layout de Chassis, www.chassis-plans.com.

Figura 1.4
Diagrama do chip da unidade de processador (UP) zEnterprise EC12.

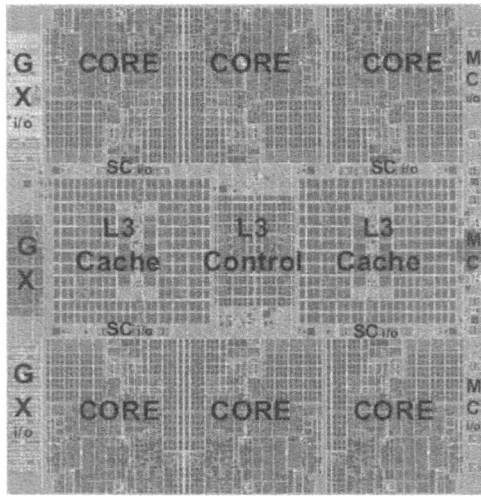

Fonte: Guia Técnico IBM zEnterprise EC12, dezembro de 2013, SG24-8049-01. IBM, reimpresso com permissão.

Descendo a um nível mais profundo, examinamos a estrutura interna de um único *core*, como mostrado na fotografia da Figura 1.5. Tenha em mente que essa é a parte da área de superfície de silício que compõe um chip de processador único. As principais subáreas dentro dessa área do *core* são as seguintes:

- **ISU (unidade de sequência de instrução — do inglês,** *Instruction Sequence Unit***)**: determina a sequência na qual as instruções são executadas no que é referido como arquitetura superescalar (Capítulo 16).
- **IFU (unidade de busca de instrução — do inglês,** *Instruction Fetch Unit***)**: lógica para buscar instruções.
- **IDU (unidade de decodificação de instrução — do inglês,** *Instruction Decode Unit***)**: a IDU é alimentada por buffers IFU e é responsável por analisar e decodificar todos os opcodes de z/Arquitetura.

Figura 1.5
Layout do *core* do zEnterprise EC12.

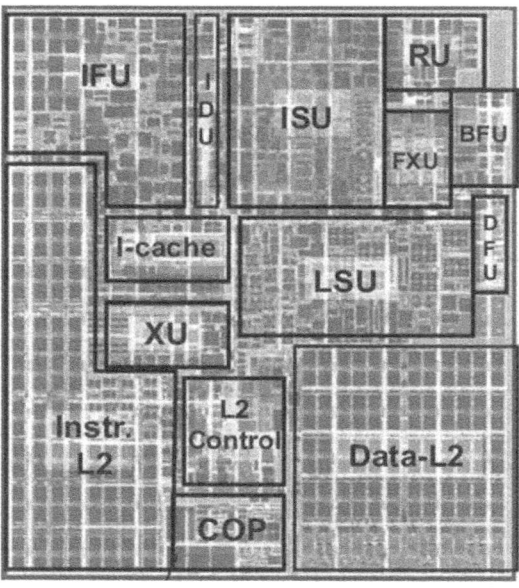

Fonte: Guia Técnico IBM zEnterprise EC12, dezembro de 2013, SG24-8049-01. IBM, reimpresso com permissão.

- **LSU (unidade de load/store — do inglês, *Load-Store Unit*)**: a LSU contém uma cache de dados 96 kB L1,[1] e gerencia o tráfego de dados entre a cache de dados L2 e as unidades de execução funcionais. É responsável por lidar com todos os tipos de acessos de operandos de todas as extensões, modos e formatos, como definido na z/Arquitetura.
- **XU (unidade de tradução — do inglês, *Translation Unit*)**: essa unidade traduz os endereços lógicos a partir de instruções nos endereços físicos na memória principal. A XU também contém o TLB (*Translation Lookaside Buffer*) usado para incrementar o acesso da memória. Os TLBs são discutidos no Capítulo 8.
- **FXU (unidade de ponto fixo — do inglês, *Fixed Point Unit*)**: a FXU executa as operações aritméticas de ponto fixo.
- **BFU (unidade de ponto flutuante binário — do inglês, *Binary Floating-point Unit*)**: a BFU lida com todas as operações de ponto flutuante binário e hexadecimal, bem como com operações de multiplicação de ponto fixo.
- **DFU (unidade de ponto flutuante decimal — do inglês, *Decimal Floating-point Unit*)**: a DFU lida tanto com as operações de ponto fixo como com as de ponto flutuante sobre os números que são armazenados como dígitos decimais.
- **RU (unidade de recuperação — do inglês, *Recovery Unit*)**: a RU mantém a cópia do estado completo do sistema que inclui todos os registradores, coleta sinais de falha de hardware e gerencia as ações de recuperação do hardware.
- **COP (coprocessador dedicado — do inglês, *Dedicated Co-Processor*)**: o COP é responsável pela compressão de dados e funções de criptografia para cada *core*.
- **I-cache**: esta é uma cache de instrução 64 kB L1 que permite que a IFU pré-busque instruções antes que sejam necessárias.
- **Controle L2**: esta é a lógica de controle que gerencia o tráfego através de duas caches L2.
- **Dados-L2**: trata-se de uma cache de dados 1 MB L2 para todo o tráfego de memória diferente das instruções.
- **Instr-L2**: é uma cache de instrução 1 MB L2.

Conforme progredimos pelo livro, os conceitos introduzidos na seção vão se tornando claros.

1.3 UMA BREVE HISTÓRIA DOS COMPUTADORES[2]

Nesta seção, proporcionaremos uma breve visão geral da história do desenvolvimento dos computadores. Essa história é interessante por si, mas, além disso, proporciona uma introdução básica a alguns conceitos importantes com os quais lidaremos no decorrer do livro.

A primeira geração: válvulas

A primeira geração de computadores usou válvulas para elementos lógicos digitais e memória. Uma série de pesquisas e computadores comerciais foram construídos com válvulas. Para nosso propósito, será instrutivo examinar talvez o mais famoso computador de primeira geração, conhecido como computador IAS.

Uma técnica fundamental de projeto implementada em primeiro lugar no computador IAS é conhecida como *conceito de programa armazenado*. Essa ideia é geralmente atribuída ao matemático John von Neumann. Alan Turing desenvolveu a ideia ao mesmo tempo. A primeira publicação da ideia ocorreu em uma proposta em 1945, por von Neumann para um novo computador, o EDVAC (*Electronic Discrete Variable Computer*).[3]

Em 1946, von Neumann e seus colaboradores começaram a desenvolver um novo computador de programa armazenado, referido como computador IAS, no Princeton Institute for Advanced Studies. O computador

---

1 kB = kilobyte = 1024 bytes. Prefixos numéricos são explicados, em inglês, no documento "Numerical Prefixes" sob a aba "Other Useful" em ComputerScienceStudent.com.

2 A página williamstallings.com/ComputerOrganization/styled-6 contém alguns links para sites, em inglês, que proporcionam fotografias de alguns dispositivos e componentes discutidos nesta seção.

3 O artigo de 1945 sobre o EDVAC está disponível, em inglês, em box.com/COA10e.

IAS, embora não tenha sido finalizado até 1952, é o protótipo de todos os computadores de propósito geral subsequentes.[4]

A Figura 1.6 mostra a estrutura do computador IAS (em comparação com a Figura 1.1). Ela consiste em:

▶ Uma **memória principal**, que armazena tanto dados como instruções.[5]
▶ Uma **unidade lógica e aritmética (ALU)** capaz de operar os dados binários.
▶ Uma **unidade de controle**, que interpreta instruções que estão na memória e faz que sejam executadas.
▶ Equipamento de **entrada/saída (E/S)** controlado pela unidade de controle.

Figura 1.6
Estrutura do IAS.

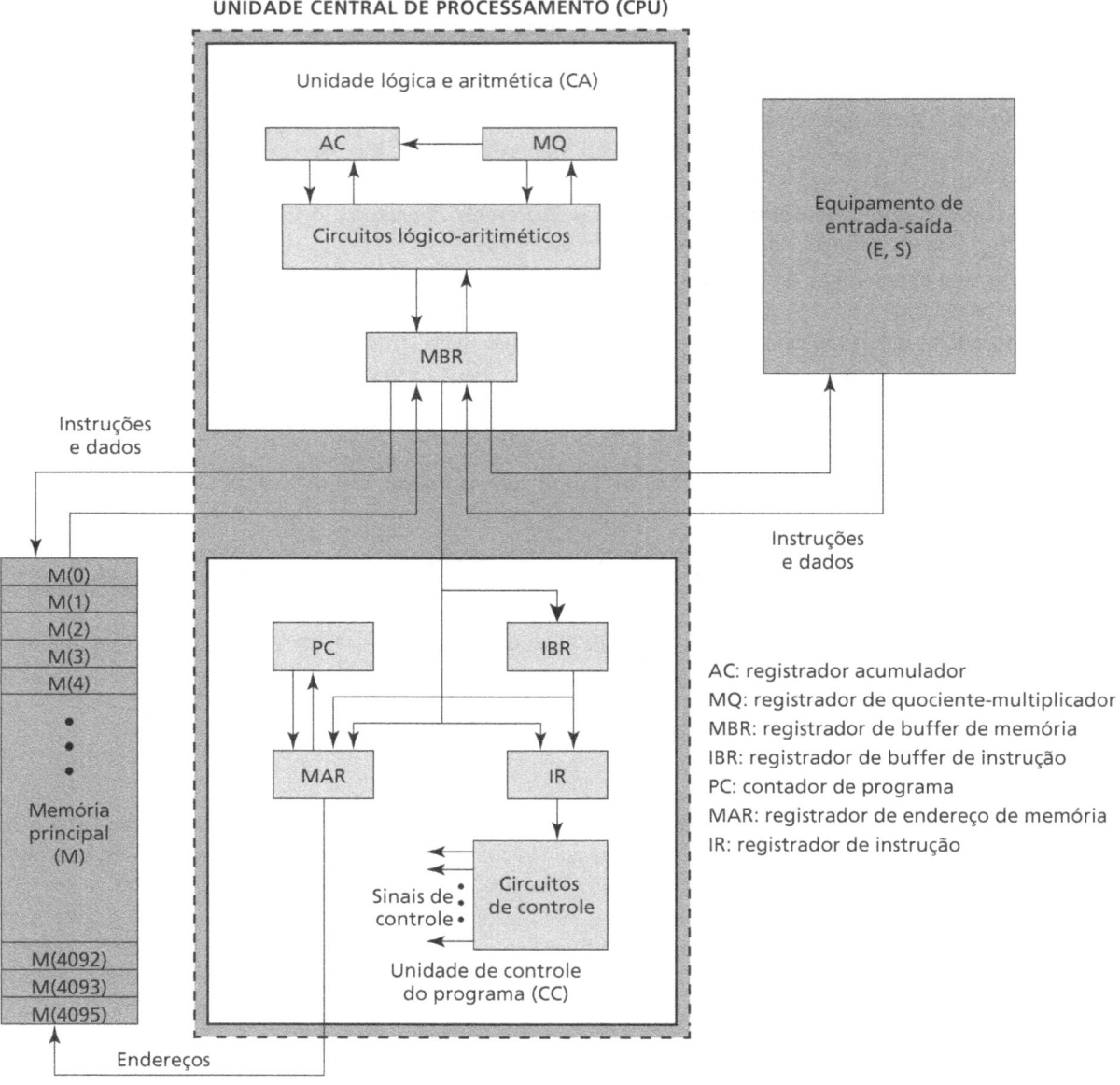

---

4 Um artigo de 1954 (GOLDSTINE; POMERENE; SMITH, 1954) descreve a máquina IAS implementada e lista o conjunto de instruções final. Está disponível, em inglês, em box.com/COA10e.

5 Neste livro, a não ser que se indique o contrário, o termo instrução refere-se a uma instrução de máquina que é diretamente interpretada e executada pelo processador, ao contrário de um comando em uma linguagem de alto nível, como Ada ou C++, que deve ser primeiro compilada em uma série de instruções de máquina antes de ser executada.

Essa estrutura é delineada na proposta antecedente de von Neumann (1945), que vale a pena citar neste ponto:

2.2 **Primeiro**: desde que o dispositivo seja primariamente um computador, ele terá de executar as operações elementares de aritmética de modo mais frequente. Elas consistem em adição, subtração, multiplicação e divisão. Portanto, é razoável que contenha unidades especializadas para essas operações.

Deve ser observado, contudo, que, enquanto esses princípios como tais são provavelmente adequados, a maneira específica como é realizada requer um exame minucioso. A qualquer custo uma parte *aritmética central* do dispositivo vai provavelmente ter de existir, e ela constitui *a primeira parte específica: CA*.

2.3 **Segundo**: o controle lógico do dispositivo, isto é, o sequenciamento adequado de suas operações, pode ser mais especificamente executado por uma unidade central de controle. Se o dispositivo for *elástico*, ou seja, o mais próximo possível *para todos os propósitos*, então deve ser feita uma diferenciação entre as instruções específicas dadas e a definição de um problema particular, e as unidades gerais de controle que verificam que essas instruções — não importa o que sejam — sejam realizadas. O primeiro deve ser armazenado de algum modo; os últimos são representados pelas partes de operação definitivas do dispositivo. Por *controle central* queremos dizer essa última função somente, e unidades que executam formam *a segunda parte específica: CC*.

2.4 **Terceiro**: qualquer dispositivo que for executar sequências longas e complicadas de operações (especificamente de cálculos) deve ter uma memória considerável.

As instruções que controlam um problema complicado podem necessitar de recursos materiais consideráveis, sobretudo se o código for circunstancial (como na maioria das vezes). Esse material deve ser guardado.

De qualquer forma, a *memória* total constitui *a terceira parte específica do dispositivo: M*.

2.6 As três partes específicas CA, CC (juntas a C) e M correspondem aos neurônios *associativos* do sistema nervoso humano. Resta discutir o equivalente dos neurônios *sensórios* ou *aferentes* e dos *motores* ou *eferentes*. Essas são as unidades de *entrada* e *saída* do dispositivo.

O dispositivo deve ser dotado da capacidade de manter o contato de entrada e saída (sensório e motor) com algum meio específico desses tipos. O meio será chamado de *meio de gravação de saída do dispositivo: R*.

2.7 **Quarto**: o dispositivo deve ter unidades para transferir informação a partir de R para as partes específicas C e M. Eles formam sua *entrada*, a *quarta parte específica: I*. Será visto que é melhor fazer todas as transferências de R (por I) dentro de M e nunca diretamente de C.

2.8 **Quinto**: o dispositivo deve ter unidades para transferir de suas partes específicas C e M dentro de R. Essas unidades formam sua *saída, a quinta parte específica: O*. Será visto que novamente é melhor fazer todas as transferências de M (por O) dentro de R, e nunca diretamente de C.

Com raras exceções, todos os computadores de hoje têm essa mesma estrutura e função geral e são, por conseguinte, referidos como *máquinas de von Neumann*. Assim, neste ponto vale a pena descrever de modo breve a operação do computador IAS (BURKS; GOLDSTINE; NEUMANN, 1946 e GOLDSTINE; POMERENE; SMITH, 1954). Seguindo Hayes (1998), a terminologia e notação de von Neumann são mudadas em seguida para se adequar mais proximamente ao uso moderno; os exemplos que acompanham essa discussão são baseados no último texto.

A memória da IAS consiste em 4.096 locais de armazenamento, chamados de *palavras*, de 40 dígitos binários (bits) cada.[6] Tanto os dados como as instruções são armazenados aqui. Os números são representados na forma binária, e cada instrução é um código binário. A Figura 1.7 ilustra esses formatos. Cada número é representado pelo bit de sinal e por um valor de 39 bits. Uma palavra pode, por sua vez, conter duas instruções de 20 bits, com cada instrução consistindo em um opcode de 8 bits que especifica a operação a ser executada e um endereço de 12 bits designando uma das palavras na memória (numerada de 0 a 999).

---

6 Não há definição do termo *palavra*. Em geral, uma palavra é um conjunto ordenado de bytes ou bits que é uma unidade normal em que a informação pode ser armazenada, transmitida ou operada em um dado computador. Tipicamente, se um processador tem um conjunto de instruções com tamanho fixo, então o tamanho da instrução é igual ao tamanho da palavra.

Figura 1.7
Formatos de memória do IAS.

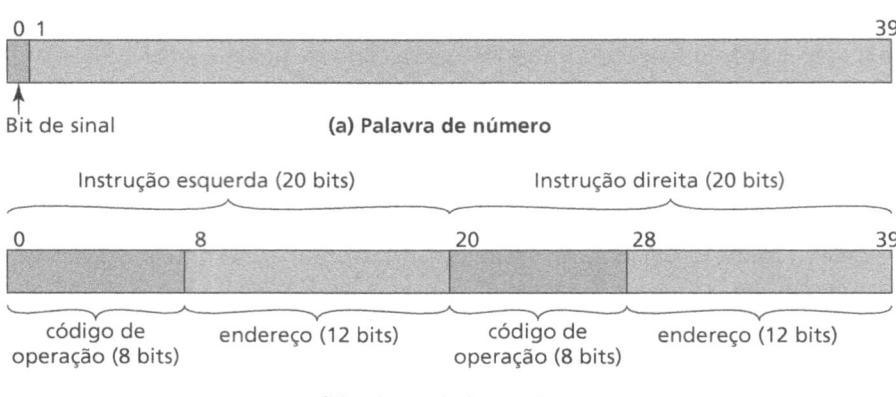

(a) Palavra de número

(b) Palavra de instrução

A unidade de controle comanda o IAS buscando instruções a partir da memória e executando-as uma por vez. Explicamos essas operações com referência à Figura 1.6. Essa figura revela que tanto a unidade de controle como a ALU contêm locais de armazenamento, chamados de *registradores*, definidos desta maneira:

- **Registrador de buffer de memória (MBR)**: contém uma palavra a ser armazenada na memória ou enviada à unidade E/S ou é usado para receber uma palavra a partir da memória ou a partir da unidade E/S.
- **Registrador de endereço de memória (MAR)**: especifica o endereço na memória da palavra a ser escrito a partir ou lido na MBR.
- **Registrador de instruções (IR)**: contém o opcode de 8 bits, da instrução opcode que está sendo executada.
- **Registrador de buffer de instrução (IBR)**: empregado para manter temporariamente a instrução da direita, da palavra da memória.
- **Contador do programa (PC)**: contém o endereço do próximo par de instruções a ser buscado na memória.
- **Acumulador (AC) e quociente-multiplicador (MQ)**: empregado para manter temporariamente os operandos e os resultados das operações da ALU. Por exemplo, o resultado da multiplicação de dois números de 40 bits é um número de 80 bits; os 40 bits mais significativos são armazenados no AC, e os menos significativos no MQ.

O IAS opera executando repetidamente um *ciclo de instrução*, como mostrado na Figura 1.8. Cada ciclo de instrução consiste em dois subciclos. Durante o *ciclo de busca*, o opcode da instrução seguinte é carregado no IR e a parte do endereço é carregada no MAR. Essa instrução pode ser tomada a partir do IBR ou pode ser obtida a partir da memória ao carregar a palavra no MBR e em seguida armazenar no IBR IR e MAR.

Por que esse rodeio? Essas operações são controladas por um circuito eletrônico e resultam no uso de caminhos de dados. Para simplificar os circuitos eletrônicos, há apenas um registrador que é usado a fim de especificar o endereço da memória para ler ou escrever e somente um registrador usado como fonte ou destino.

Uma vez que o código de operação esteja no IR, o *ciclo de execução* é realizado. O circuito de controle interpreta o opcode e executa a instrução ao enviar os sinais de controle apropriados para fazer que os dados sejam movidos ou uma operação seja realizada pela ALU.

O computador IAS tem um total de 21 instruções, que são listadas na Tabela 1.1. Elas podem ser agrupadas da seguinte maneira:

- **Transferência de dados**: move os dados entre a memória e os registradores da ALU ou entre dois registradores da ALU.
- **Saltos incondicionais**: em geral, a unidade de controle executa as instruções em sequência a partir da memória. Essa sequência pode ser mudada por uma instrução de salto, o que facilita as operações repetitivas.
- **Saltos condicionais**: a execução de um salto pode ser dependente de uma condição, permitindo assim pontos de decisão.
- **Aritmética**: operações desempenhadas pela ALU.
- **Modificação do endereço**: permite que os endereços sejam calculados na ALU e então inseridos nas instruções armazenadas na memória. Isso possibilita a um programa uma flexibilidade de endereçamento considerável.

Figura 1.8
Fluxograma da operação do IAS.

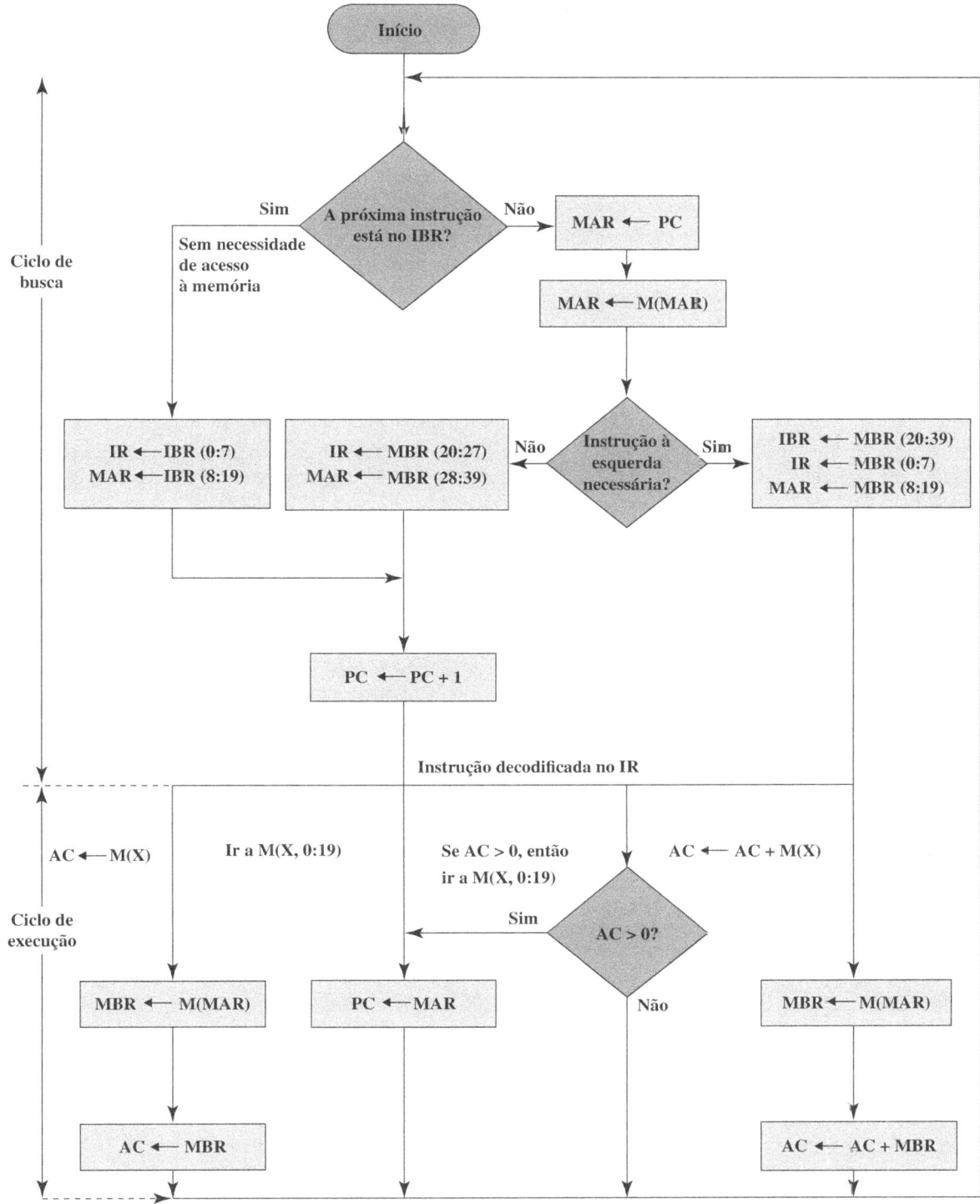

M(X) = conteúdos de localização de memória cujo endereço é X
(i:j) = bits i por meio de j

Tabela 1.1
O conjunto de instrução IAS.

Tipo de instrução	Opcode	Representação simbólica	Descrição
Transferência de dados	00001010	LOAD MQ	Conteúdos de transferência do registrador MQ ao acumulador AC
	00001001	LOAD MQ,M(X)	Conteúdos de transferência do local de memória X a MQ
	00100001	STOR M(X)	Conteúdos de transferências do acumulador ao local da memória X
	00000001	LOAD M(X)	Transferência M(X) ao acumulador
	00000010	LOAD –M(X)	Transferência –M(X) ao acumulador
	00000011	LOAD |M(X)|	Valor absoluto de transferência de M(X) ao acumulador
	00000100	LOAD –|M(X)|	Transferência –|M(X)| ao acumulador
Salto incondicional	00001101	JUMP M(X,0:19)	Leva a próxima instrução a partir da metade esquerda de M(X)
	00001110	JUMP M(X,20:39)	Leva a próxima instrução a partir da metade direita de M(X)
Salto condicional	00001111	JUMP + M(X,0:19)	Se o número no acumulador for não negativo, tome a próxima instrução a partir da metade esquerda de M(X)
	00010000	JUMP + M(X,20:39)	Se o número no acumulador for não negativo, tome a próxima instrução a partir da metade direita de M(X)
Aritmética	00000101	ADD M(X)	Adicionar M(X) a AC; coloque o resultado em AC
	00000111	ADD |M(X)|	Adicionar |M(X)| a AC; coloque o resultado em AC
	00000110	SUB M(X)	Subtrair M(X) a partir de AC; coloque o resultado em AC
	00001000	SUB |M(X)|	Subtrair |M(X)| a partir de AC; coloque o restante em AC
	00001011	MUL M(X)	Multiplique M(X) por MQ; coloque os bits mais significativos do resultado em AC, coloque os bits menos significativos em MQ
	00001100	DIV M(X)	Divida AC por M(X); coloque o quociente em MQ e o restante em AC
	00010100	LSH	Multiplique o acumulador por 2; isto é, desloque para a direita uma posição de bit
	00010101	RSH	Divida o acumulador por 2; isto é, desloque para a direita uma posição
Modificação de endereço	00010010	STOR M(X,8:19)	Substitua o campo de endereço esquerdo em M(X) pelos 12 bits mais à direita de AC
	00010011	STOR M(X,28:39)	Substitua o campo de endereço direito em M(X) pelos 12 bits mais à direita de AC

A Tabela 1.1 apresenta as instruções (excluindo instruções de E/S) em uma forma simbólica fácil de ler. Na forma binária, cada instrução deve estar em conformidade com o formato da Figura 1.7b. A parte do opcode (primeiros 8 bits) especifica qual das 21 instruções está para ser executada. A parte de endereço (12 bits restantes) especifica qual dos 4.096 locais de memória está para ser envolvido na execução da instrução.

A Figura 1.8 mostra alguns exemplos da execução de instrução pela unidade de controle. Observe que cada operação exige alguns passos, alguns deles bastante elaborados. A operação de multiplicação requer 39 suboperações, uma para cada posição de bit, exceto para o bit de sinal.

A segunda geração: transistores

A primeira mudança principal no computador eletrônico vem com a substituição das válvulas pelo transistor. O transistor, que é menor, mais barato e gera menos calor do que a válvula, pode ser usado da mesma maneira que uma válvula para construir computadores. Ao contrário da válvula, que requer fios, placas de metal e cápsula de vidro, além de vácuo, o transistor é um *dispositivo de estado sólido* feito de silício.

O transistor foi inventado nos Bell Labs em 1947, e na década de 1950 houve uma revolução eletrônica. Foi só no final dessa década, no entanto, que computadores totalmente transistorizados estiveram comercialmente disponíveis. O uso de transistor define a *segunda geração* de computadores. Tornou-se amplamente aceito classificar os computadores em gerações com base na tecnologia nos fundamentos de hardware empregados (Tabela 1.2). Cada nova geração é caracterizada por maiores desempenhos de processamento, maior capacidade de memória e menor tamanho do que o anterior.

Mas há também outras mudanças. A segunda geração viu uma introdução de unidades aritméticas e lógicas e unidades de controle, o uso de linguagem de programação de alto nível e a disponibilização dos *softwares de sistema* com o computador. Em termos gerais, o software de sistema proporcionou a capacidade de carregar programas, mover dados a periféricos e bibliotecas para executar computações comuns, similar ao que fazem os sistemas operacionais modernos, como Windows e Linux.

Tabela 1.2
Gerações de computador.

Geração	Datas aproximadas	Tecnologia	Velocidade normal (operações por segundo)
1	1946–1957	Válvula	40.000
2	1957–1964	Transistor	200.000
3	1965–1971	Integração em pequena e média escala	1.000.000
4	1972–1977	Integração em grande escala	10.000.000
5	1978–1991	Integração em escala muito grande	100.000.000
6	1991–	Integração de escala ultra grande	> 1.000.000.000

Será útil examinar um importante integrante da segunda geração: o IBM 7094 (BELL; NEWELL, 1971). A partir da introdução da série 700 em 1952 até a introdução do último integrante da série 7000 em 1964, essa linha de produtos da IBM foi submetida a uma evolução típica dos produtos de computador. Membros sucessivos da linha de produto mostraram maior desempenho, maior capacidade e/ou custos mais baixos.

O tamanho da memória principal, em múltiplos de 2^{10} palavras de 36 bits, cresceu de 2 k (1 k = 2^{10}) para 32 k palavras,[7] ao passo que o tempo para acessar uma palavra da memória, o *tempo de ciclo de memória*, caiu de 30 μs para 1,4 μs. A quantidade de opcodes cresceu de modestos 24 para 185.

Também, durante o tempo de vida útil dessas séries de computadores, a velocidade relativa da CPU aumentou por um fator de 50. Os aumentos na velocidade são conseguidos ao melhorar os dispositivos eletrônicos (por exemplo, uma implementação de transistor é mais rápida que uma implementação de uma válvula) e circuitos mais complexos. Por exemplo, o IBM 7094 inclui um Registrador de Backup de Instrução, usado para armazenar a próxima instrução. A unidade de controle busca duas palavras adjacentes a partir da memória para uma busca de instruções. Exceto para a ocorrência de instrução de salto, que é relativamente pouco frequente (talvez 10 a 15%), isso significa que a unidade de controle tem de acessar a memória para uma instrução somente em metade dos ciclos de instrução. Essa pré-busca reduz de modo significativo o tempo de ciclo de instrução médio.

A Figura 1.9 mostra uma configuração grande (muitos periféricos) para um IBM 7094, que é um integrante representativo de computadores de segunda geração. Algumas diferenças do computador IAS são dignas de nota. A mais importante delas é o uso de *canais de dados*. Um canal de dados é um módulo E/S independente com seu próprio processador e conjunto de instrução. Em um sistema computacional com esses dispositivos, a CPU não executa integralmente as instruções de E/S. Essas instruções são armazenadas em uma memória principal e são executadas por um processador de propósito especial do canal de dados. A CPU inicia uma transferência de E/S enviando um sinal de controle ao canal de dados, instruindo a executar uma sequência

---

7 Uma discussão dos usos de prefixos numéricos, como quilo e giga, está em um documento de apoio, em inglês, no site da Computer Science Student Resource em ComputerScienceStudent.com.

Figura 1.9

Configuração de um IBM 7094.

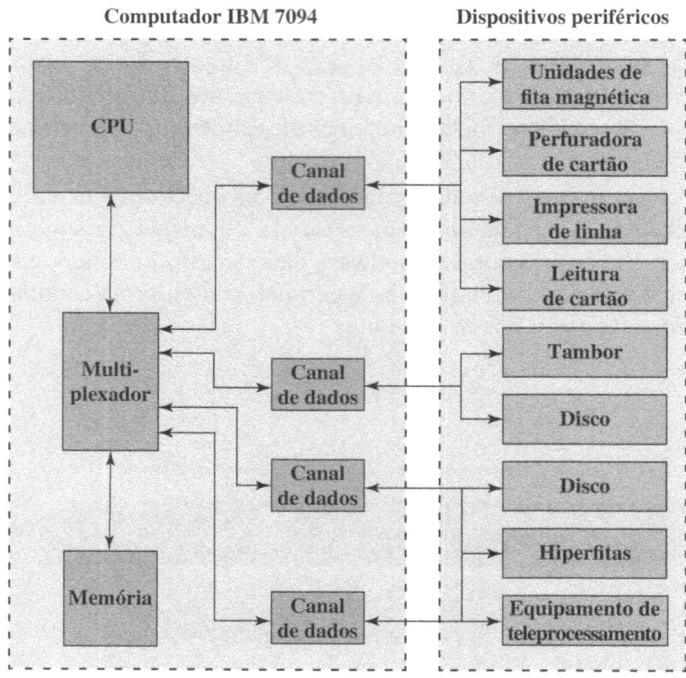

de instruções em memória. O canal de dados executa suas tarefas independentemente da CPU e dos sinais da CPU até a operação ser concluída. Isso alivia a CPU de uma carga de processamento considerável.

Outro recurso novo é o *multiplexador*, que é o ponto de concentração para os canais de dados, a CPU e a memória. O multiplexador escalona o acesso à memória da CPU e dos canais de dados, permitindo que esses dispositivos atuem de maneira independente.

A terceira geração: circuitos integrados

Um transistor isolado, autocontido, é chamado de *componente discreto*. Pelos anos 1950 e início dos anos 1960, o equipamento eletrônico era composto principalmente de componentes discretos — transistores, resistores, capacitores e assim por diante. Os componentes discretos eram fabricados separadamente, empacotados em seus próprios invólucros e soldados ou ligados em placas de circuito tipo *masonite*, que eram então instaladas nos computadores, osciloscópios e outros equipamentos eletrônicos. Sempre que um equipamento eletrônico exigia um transistor, um pequeno tubo de metal, contendo uma peça de silício do tamanho de uma cabeça de alfinete, tinha de ser soldado a uma placa de circuito. O processo de manufatura inteiro, do transistor à placa de circuito, era dispendioso e complicado.

Esses fatos da vida estavam começando a criar problemas na indústria do computador. Os primeiros computadores de segunda geração continham cerca de 10.000 transistores. Esse número cresceu para centenas de milhares, tornando a fabricação de máquinas mais novas e mais poderosas cada vez mais difícil.

Em 1958, chegou a realização que revolucionou a eletrônica e iniciou a era da microeletrônica: a invenção do circuito integrado, que define a terceira geração de computadores. Nesta seção, oferecemos uma breve introdução à tecnologia dos circuitos integrados. A seguir, examinamos talvez os dois membros mais importantes da terceira geração, ambos introduzidos no início dessa era: o IBM System/360 e o DEC PDP-8.

MICROELETRÔNICA Microeletrônica significa, literalmente, "pequena eletrônica". Desde os primórdios da eletrônica digital e da indústria da computação, tem havido uma tendência persistente e consistente quanto à redução no tamanho dos circuitos eletrônicos digitais. Antes de examinarmos as implicações e os benefícios dessa tendência, precisamos dizer algo sobre a natureza da eletrônica digital. Uma discussão mais detalhada é encontrada no Capítulo 11.

Os elementos básicos de um computador digital, como sabemos, precisam realizar funções de armazenamento, movimentação, processamento e controle. Somente dois tipos fundamentais de componentes são necessários (Figura 1.10): portas e células de memória. Uma **porta** é um dispositivo que implementa uma função booleana ou lógica simples. Por exemplo, uma porta AND com entradas A e B e saída C implementa a expressão IF A AND B ARE TRUE THEN C IS TRUE. Esses dispositivos são chamados de portas porque controlam o fluxo de dados de modo similar às portas de canal aquático. A **célula de memória** é um dispositivo que pode armazenar 1 bit de dados; ou seja, o dispositivo pode estar em um ou dois estados estáveis em qualquer tempo. Interconectando grandes quantidades desses dispositivos fundamentais, podemos construir um computador. Podemos relacionar isso com nossas quatro funções básicas da seguinte forma:

> **Armazenamento de dados**: fornecidos por células de memória.
> **Processamento de dados**: fornecido pelas portas.
> **Movimento de dados**: os caminhos entre os componentes são usados para movimentar dados da memória para a memória e da memória pelas portas até a memória.
> **Controle**: os caminhos entre os componentes podem transportar sinais de controle. Por exemplo, uma porta terá uma ou duas entradas de dados mais uma entrada de sinal de controle que ativa a porta. Quando o sinal de controle é ON, a porta realiza sua função sobre as entradas de dados e produz uma saída de dados. De modo recíproco, quando o sinal de controle é OFF, a linha de saída é nula, como aquela produzida pelo estado de alta impedância. De modo semelhante, a célula de memória armazenará o bit que está em seu fio de entrada quando o sinal de controle ESCRITA for ON, e colocará o bit que está na célula em seu fio de saída quando o sinal de controle LEITURA for ON.

Assim, um computador consiste em portas, células de memória e interconexões entre esses elementos. As portas e células de memória são, por sua vez, construídas de componentes eletrônicos simples, como transistores e capacitores.

O circuito integrado explora o fato de que componentes como transistores, resistores e condutores podem ser fabricados a partir de um semicondutor como o silício. Isso é meramente uma extensão da arte do estado sólido para fabricar um circuito inteiro em um pequeno pedaço de silício, em vez de montar componentes discretos, feitos de partes separadas de silício no mesmo circuito. Muitos transistores podem ser produzidos ao mesmo tempo em um único wafer de silício. Igualmente importantes, esses transistores podem ser conectados com um processo de metalização para formar circuitos.

A Figura 1.11 representa os conceitos-chave de um circuito integrado. Um *wafer* fino de silício é dividido em uma matriz de pequenas áreas, cada uma com poucos milímetros quadrados. O padrão de circuito idêntico é fabricado em cada área, e o wafer é dividido em *chips*. Cada chip consiste em muitas portas e/ou células de memória mais uma série de pontos de conexão de entrada e saída. Esse chip é então encapsulado em um invólucro que o protege e oferece pinos para conexão com dispositivos além do chip. Diversas dessas cápsulas podem então ser interconectadas em uma placa de circuito impresso para produzir circuitos maiores e mais complexos.

Inicialmente, apenas algumas portas ou células de memória poderiam ser fabricadas e encapsuladas de modo confiável. Esses primeiros circuitos integrados são conhecidos como **integração em pequena escala (SSI — do inglês, *Small-Scale Integration*)**. Com o passar do tempo, foi possível encapsular mais e mais componentes no

Figura 1.10

Elementos fundamentais do computador.

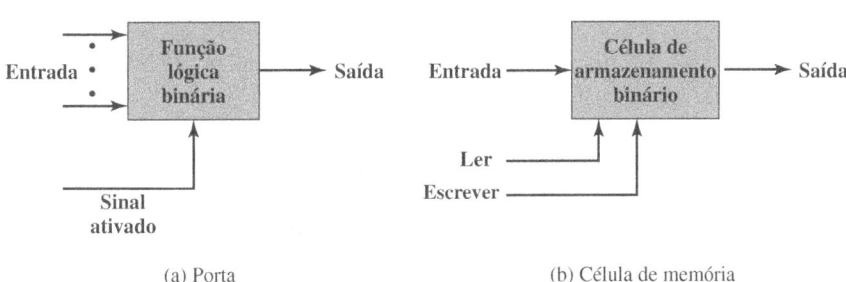

(a) Porta   (b) Célula de memória

Figura 1.11
Relação entre wafer, chip e porta.

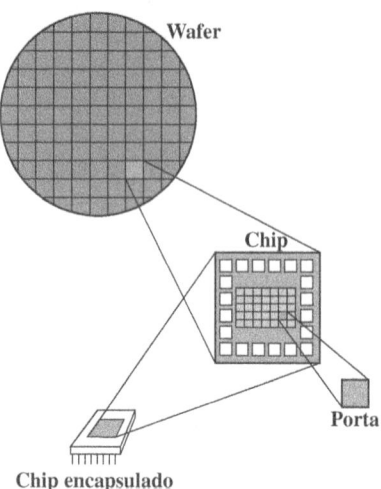

Figura 1.12
Crescimento no número de transistores nos circuitos integrados.

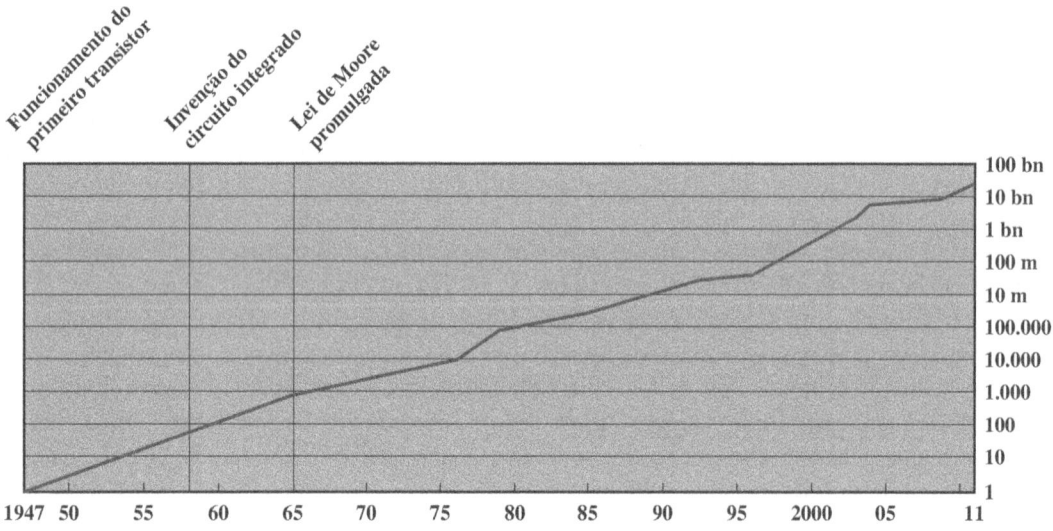

mesmo chip. Tal crescimento na densidade é ilustrado na Figura 1.12; essa é uma das tendências tecnológicas mais marcantes já registradas.[8] Essa figura reflete a famosa lei de Moore, que foi proposta por Gordon Moore, cofundador da Intel, em 1965 (MOOR, 1965). Moore observou que o número de transistores que poderia ser colocado em um único chip dobrava a cada ano e previu corretamente que esse ritmo continuaria no futuro próximo. Para a surpresa de muitos, incluindo Moore, o ritmo continuou ano após ano e década após década. O ritmo diminuiu para dobrar a cada 18 meses na década de 1970, mas sustentou essa taxa desde então.

As consequências da lei de Moore são profundas:

1. O custo de um chip permaneceu praticamente inalterado durante esse período de rápido crescimento na densidade. Isso significa que o custo da lógica do computador e do circuito de memória caiu a uma taxa considerável.

---

8 Observe que o eixo vertical utiliza a escala log. Uma revisão básica das escalas log está no documento "Math Refresher", em inglês, sob a aba "Math" no site da Computer Science Student Resource em ComputerScienceStudent.com.

2. Como os elementos lógicos e da memória são colocados muito próximos em chips mais densamente encapsulados, a extensão do caminho elétrico é diminuída, aumentando a velocidade de operação.
3. O computador torna-se menor, fazendo que seja mais possível colocá-lo em diversos ambientes.
4. Há uma redução nos requisitos de potência.
5. As interconexões no circuito integrado são muito mais confiáveis do que as conexões de solda. Com mais circuitos em cada chip, existem menos conexões entre chips.

IBM SYSTEM/360 Por volta de 1964, a IBM tinha uma grande participação no mercado de computadores, com sua série de máquinas 7000. Nesse ano, a IBM anunciou o System/360, uma nova família de produtos de computador. Embora o anúncio em si não tenha sido surpresa, ele continha algumas notícias desagradáveis para os clientes da IBM: a linha de produtos 360 era incompatível com as máquinas IBM mais antigas. Assim, a transição para o 360 seria difícil para a base de clientes de então, mas a IBM sentiu que era necessário resolver algumas das restrições da arquitetura 7000 e produzir um sistema capaz de evoluir com a nova tecnologia de circuito integrado (PADEGS, 1981, GIFFORD; SPECTOR, 1987). A estratégia compensou financeira e tecnicamente. O 360 foi o sucesso da década e concretizou a IBM como o fornecedor dominante de computadores, com uma fatia de mercado de mais de 70%. E, com algumas modificações e extensões, a arquitetura do 360 permanece até hoje na arquitetura dos computadores mainframe[9] da IBM. Exemplos usando essa arquitetura podem ser encontrados no decorrer deste texto.

O System/360 foi a primeira família de computadores planejados do setor. A família cobria uma grande faixa de desempenho e custo. Os modelos são compatíveis quanto à capacidade de um programa escrito para um modelo ser executado por outro modelo da série, com apenas uma diferença no tempo que leva para ser executado.

O conceito de uma família de computadores compatíveis foi moderno e extremamente bem-sucedido. Um cliente com requisitos modestos e um orçamento correspondente poderia começar com um Modelo 30 relativamente barato. Mais tarde, se as necessidades do cliente aumentassem, seria possível atualizar para uma máquina mais rápida com mais memória, sem sacrificar o investimento no software já desenvolvido. As características de uma família são as seguintes:

- **Conjunto de instruções semelhante ou idêntico**: em alguns casos, exatamente o mesmo conjunto de instruções de máquina é aceito em todos os membros da família. Assim, um programa que executa em uma máquina também será executado em qualquer outra. Em alguns casos, o extremo inferior da família tem um conjunto de instruções que é um subconjunto daquele do topo da família. Isso significa que os programas podem subir, mas não descer.
- **Sistema operacional semelhante ou idêntico**: o mesmo sistema operacional básico está disponível para todos os membros da família. Em alguns casos, recursos adicionais são acrescentados aos membros de mais alto nível.
- **Maior velocidade**: a taxa de execução de instruções aumenta, dos membros mais baixos aos mais altos da família.
- **Número cada vez maior de portas de E/S**: o número de portas de E/S aumenta, dos membros mais baixos aos mais altos da família.
- **Aumento do tamanho de memória**: o tamanho da memória principal aumenta, dos membros mais baixos aos mais altos da família.
- **Maior custo**: em determinado ponto no tempo, o custo de um sistema aumenta, dos membros mais baixos aos mais altos da família.

Como esse conceito de família poderia ser implementado? As diferenças foram conseguidas com base em três fatores: velocidade básica, tamanho e grau de simultaneidade (STEVENS, 1964). Por exemplo, velocidade maior na execução de determinada instrução poderia ser obtida pelo uso de um circuito mais complexo na ALU, permitindo a execução das suboperações em paralelo. Outra forma de aumentar a velocidade era aumentar a largura do caminho de dados entre a memória principal e a CPU. No Modelo 30, somente 1 byte (8 bits) poderia ser buscado na memória principal de cada vez, contra 8 bytes por vez no Modelo 75.

---

9 O termo *mainframe* é usado para os computadores maiores e mais poderosos, além dos supercomputadores. Como características típicas de um mainframe, temos que ele suporta uma grande base de dados, tem hardware E/S elaborado e é usado como instalação de processamento de data centers.

O System/360 não apenas ditou o curso futuro da IBM, mas também teve um impacto profundo sobre a indústria inteira. Muitos de seus recursos tornaram-se padrão de outros computadores grandes.

DEC PDP-8 No mesmo ano que a IBM entregou o primeiro System/360, ocorreu outra primeira remessa importantíssima: o PDP-8, da Digital Equipment Corporation (DEC). Na época em que o computador padrão exigia uma sala com ar condicionado, o PDP-8 (apelidado de minicomputador pelo setor, em referência à minissaia, da época) era pequeno o suficiente para poder ser colocado sobre uma bancada de laboratório ou embarcado em outro equipamento. Ele não podia fazer tudo o que o mainframe fazia, mas a US$ 16.000, ele era barato o suficiente para que cada técnico de laboratório tivesse um. Ao contrário, a série de computadores mainframe System/360, introduzida apenas alguns meses antes, custava centenas de milhares de dólares.

O baixo custo e o pequeno tamanho do PDP-8 permitiram que outro fabricante adquirisse um PDP-8 e o integrasse a um sistema para revenda. Esses outros fabricantes passaram a ser conhecidos como fabricantes de equipamento original (**OEMs — em inglês,** *Original Equipment Manufacturers*), e o mercado de OEM tornou-se e continua a ser um segmento importante do mercado de computadores.

Ao contrário da arquitetura de chaveamento central (Figura 1.9) usada pela IBM em seus sistemas 700/7000 e 360, os modelos mais recentes do PDP-8 usavam uma estrutura que agora é praticamente universal para microcomputadores: a estrutura de barramento. Ela é ilustrada na Figura 1.13. O barramento do PDP-8, chamado Omnibus, consiste em 96 caminhos de sinal separados, usados para transportar sinais de controle, endereço e dados. Como todos os componentes do sistema compartilham um conjunto comum de caminhos de sinal, seu uso precisa ser controlado pela CPU. Essa arquitetura é altamente flexível, permitindo que os módulos sejam conectados ao barramento para criar várias configurações. Somente nos anos recentes é que a estrutura de barramento tem dado forma a uma estrutura conhecida como interconexão ponto a ponto, descrita no Capítulo 3.

Gerações posteriores

Além da terceira geração, existe pouco consenso geral sobre a definição das gerações de computadores. A Tabela 1.2 sugere ter havido diversas gerações posteriores, com base nos avanços na tecnologia de circuito integrado. Com a introdução da **integração em grande escala (LSI)**, mais de 1.000 componentes podem ser colocados em um único chip de circuito integrado. A integração em escala muito grande (VLSI — do inglês, *Very-Large-Scale Integration*) alcançou mais de 10.000 componentes por chip, enquanto os chips com integração em escala ultragrande (ULSI — do inglês, *Ultra-Large-Scale Integration*) podem conter mais de um bilhão de componentes.

Com o rápido ritmo da tecnologia, a alta taxa de introdução de novos produtos e a importância do software e das comunicações, além do hardware, a classificação por geração torna-se menos clara e menos significativa. Nesta seção, mencionamos dois dos mais importantes desses resultados.

MEMÓRIA SEMICONDUTORA A primeira aplicação da tecnologia de circuito integrado aos computadores foi a construção do processador (a unidade de controle e a unidade lógica e aritmética) em chips de circuito integrado. Mas também se descobriu que essa mesma tecnologia poderia ser usada para construir memórias.

Figura 1.13

Estrutura de barramento PDP-8.

Nas décadas de 1950 e 1960, a maior parte da memória do computador era construída a partir de pequenos anéis de material ferromagnético, cada um com cerca de 1/16 de polegada de diâmetro. Esses anéis eram montados em grades de pequenos fios suspensos em pequenas telas dentro do computador. Magnetizado em uma direção, um anel (chamado *core*) representava 1; magnetizado na outra direção, ele representava 0. A memória de *core* magnético era relativamente rápida; era necessário apenas um milionésimo de segundo para ler um bit armazenado na memória. Mas ela era cara, volumosa e usava leitura destrutiva: o simples ato de ler um *core* apagava os dados armazenados nele. Portanto, era necessário instalar circuitos para restaurar os dados assim que eles fossem extraídos.

Então, em 1970, a Fairchild produziu a primeira memória relativamente grande semicondutora. Esse chip, com o tamanho aproximado de um único *core*, poderia manter 256 bits de memória. Ela era não destrutiva e muito mais rápida que o *core*; levava apenas 70 bilionésimos de segundo para ler um bit. Porém, o custo por bit era mais alto do que o do *core*.

Em 1974, ocorreu um evento embrionário: o preço por bit da memória semicondutora caiu para menos que o preço por bit da memória *core*. Depois disso, houve um declínio contínuo e rápido no custo da memória acompanhado por um aumento correspondente na densidade da memória física. Isso preparou o caminho para máquinas menores e mais rápidas do que aquelas de alguns anos antes, com memórias maiores e mais caras. Os desenvolvimentos na tecnologia da memória, juntamente com os desenvolvimentos na tecnologia de processador — a serem discutidos em seguida —, mudaram a natureza dos computadores em menos de uma década. Embora os computadores volumosos e caros continuem sendo uma parte do panorama, o computador também foi levado ao "usuário final", como máquinas de escritório e computadores pessoais.

Desde 1970, a memória semicondutora tem passado por 13 gerações: 1 k, 4 k, 16 k, 64 k, 256 k, 1 M, 4 M, 16 M, 64 M, 256 M, 1 G, 4 G, e, no momento em que este livro era escrito, 8 Gb em um único chip (1 k = 2^{10}, 1 M = 2^{20}, 1 G = 2^{30}). Cada geração forneceu quatro vezes a densidade de armazenamento da geração anterior, acompanhada pelo custo por bit e tempo de acesso em declínio. As densidades são projetadas para atingir 16 Gb por volta de 2018 e 32 Gb por volta de 2023 (THE INTERNATIONAL..., 2014).

MICROPROCESSADORES Assim como a densidade dos elementos nos chips de memória continuava a subir, a densidade dos elementos dos chips do processador também subia. Com o passar do tempo, mais e mais elementos eram colocados em cada chip, de modo que menos e menos chips eram necessários para se construir um único processador do computador.

Uma descoberta inovadora foi alcançada em 1971, quando a Intel desenvolveu seu 4004. Ele foi o primeiro chip a conter em si *todos* os componentes de uma CPU em um único chip: nascia o microprocessador.

O 4004 pode somar dois números de 4 bits e pode multiplicar apenas pela adição repetida. Pelos padrões de hoje, o 4004 é desesperadamente primitivo, mas ele marcou o início de uma evolução contínua da capacidade e do poder do microprocessador.

Essa evolução pode ser vista mais facilmente no número de bits com que o processador lida de cada vez. Não existe uma medida clara disso, mas talvez a melhor medida seja a largura do barramento de dados: o número de bits de dados que podem ser trazidos ou enviados do processador de cada vez. Outra medida é o número de bits no acumulador ou no conjunto de registradores de propósito geral. Essas medidas costumam coincidir, mas nem sempre. Por exemplo, vários microprocessadores foram desenvolvidos para operar sobre números de 16 bits nos registradores, mas só podem ler e escrever 8 bits de cada vez.

O próximo passo importante na evolução do microprocessador foi a introdução, em 1972, do Intel 8008. Esse foi o primeiro microprocessador de 8 bits e tinha quase o dobro da complexidade do 4004.

Nenhum desses passos teria o mesmo impacto que o próximo evento importante: a introdução do Intel 8080 em 1974. Este foi o primeiro microprocessador de propósito geral. Enquanto o 4004 e o 8008 tinham sido projetados para aplicações específicas, o 8080 foi projetado para ser a CPU de um microcomputador de uso geral. Assim como o 8008, o 8080 é um microprocessador de 8 bit. Contudo, o 8080 é mais rápido e tem um conjunto de instrução melhor, além de ter maior capacidade de endereçamento.

Praticamente na mesma época, microprocessadores de 16 bits começaram a ser desenvolvidos. Porém, somente no final da década de 1970 é que apareceram os poderosos microprocessadores de 16 bits de uso geral. Um deles foi o 8086. O próximo passo nessa tendência ocorreu em 1981, quando a Bell Laboratórios e a Hewlett-Packard desenvolveram microprocessadores de 32 bits, de único chip. A Intel introduziu seu microprocessador de 32 bits, o 80386, em 1985 (Tabela 1.3).

Tabela 1.3
Evolução dos microprocessadores Intel.

	(a) Processadores da década de 1970				
	4004	8008	8080	8086	8088
Introduzido	1971	1972	1974	1978	1979
Velocidade de clock	108 kHz	108 kHz	2 MHz	5 MHz, 8 MHz, 10 MHz	5 MHz, 8 MHz
Largura do barramento	4 bits	8 bits	8 bits	16 bits	8 bits
Número de transistores	2.300	3.500	6.000	29.000	29.000
Dimensão da tecnologia de fabricação (μm)	10	8	6	3	6
Memória endereçável	640 bytes	16 kB	64 kB	1 MB	1 MB

	(b) Processadores da década de 1980			
	80286	386TM DX	386TM SX	486TM DX CPU
Introduzido	1982	1985	1988	1989
Velocidade de clock	6–12,5 MHz	16–33 MHz	16–33 MHz	25–50 MHz
Largura do barramento	16 bits	32 bits	16 bits	32 bits
Número de transistores	134.000	275.000	275.000	1,2 milhão
Dimensão da tecnologia de fabricação (μm)	1,5	1	1	0,8–1
Memória endereçável	16 MB	4 GB	16 MB	4 GB
Memória virtual	1 GB	64 TB	64 TB	64 TB
Cache	—	—	—	8 kB

	(c) Processadores da década de 1990			
	486TM SX	Pentium	Pentium Pro	Pentium II
Introduzido	1991	1993	1995	1997
Velocidade de clock	16–33 MHz	60–166 MHz,	150–200 MHz	200–300 MHz
Largura do barramento	32 bits	32 bits	64 bits	64 bits
Número de transistores	1,185 milhão	3,1 milhões	5,5 milhões	7,5 milhões
Dimensão da tecnologia de fabricação (μm)	1	0,8	0,6	0,35
Memória endereçável	4 GB	4 GB	64 GB	64 GB
Memória virtual	64 TB	64 TB	64 TB	64 TB
Cache	8 kB	8 kB	512 kB L1 e 1 MB L2	512 kB L2

	(d) Processadores recentes			
	Pentium III	Pentium 4	Core 2 Duo	Core i7 EE 4960X
Introduzido	1999	2000	2006	2013
Velocidade de clock	450–660 MHz	1,3–1,8 GHz	1,06–1,2 GHz	4 GHz
Largura do barramento	64 bits	64 bits	64 bits	64 bits
Número de transistores	9,5 milhões	42 milhões	167 milhões	1,86 bilhão
Dimensão da tecnologia de fabricação (nm)	250	180	65	22
Memória endereçável	64 GB	64 GB	64 GB	64 GB
Memória virtual	64 TB	64 TB	64 TB	64 TB
Cache	512 kB L2	256 kB L2	2 MB L2	1,5 MB L2/15 MB L3
Número de *cores*	1	1	2	6

1.4 A EVOLUÇÃO DA ARQUITETURA INTEL x86

No decorrer deste livro, contamos com muitos exemplos concretos de projeto e implementação de computador para ilustrar os conceitos e esclarecer as escolhas. Diversos sistemas, tanto contemporâneos como históricos, proporcionam exemplos de importantes características de projeto de arquitetura de computador. Mas o livro conta com exemplos de duas famílias de computadores: o Intel x86 e a arquitetura ARM. As propostas dos x86 atuais representam os resultados de décadas de esforço de projeto em **computadores com conjunto complexo de instruções (CISC — do inglês, *Complex Instruction Set Computers*)**. O x86 atual incorpora os sofisticados princípios de projeto antigamente encontrados apenas em mainframes e supercomputadores e serve como um excelente exemplo de projeto CISC. Uma técnica alternativa para o projeto do processador é o **computador com conjunto de instruções reduzido (RISC — do inglês, *Reduced Instruction Set Computers*)**. A arquitetura ARM é usada em uma grande variedade de sistemas embarcados e é um dos sistemas baseados em RISC mais poderosos e bem projetados no mercado. Nesta seção e na seguinte, oferecemos uma rápida visão geral desses dois sistemas.

Em termos de fatia de mercado, a Intel é considerada, há décadas, o fabricante número um de microprocessadores para sistemas não embarcados, uma posição da qual parece improvável recuar. A evolução de seu principal produto microprocessador serve como um bom indicador da tecnologia de computador em geral.

A Tabela 1.3 mostra essa evolução. É interessante que, à medida que os microprocessadores se tornaram mais rápidos e muito mais complexos, a Intel realmente acelerou o ritmo. A Intel costumava desenvolver microprocessadores, um após o outro, a cada quatro anos, mas agora espera manter os concorrentes acuados, retirando um ou dois anos desse tempo de desenvolvimento, como tem feito com a maioria das gerações recentes do x86.[10]

Vale a pena listar alguns dos destaques da evolução da linha de produtos da Intel:

- **8080**: o primeiro microprocessador de propósito geral do mundo. Esta era uma máquina de 8 bits, com um caminho de dados de 8 bits para a memória. O 8080 foi usado no primeiro computador pessoal, o Altair.
- **8086**: uma máquina muito mais poderosa, de 16 bits. Além de um caminho de dados mais largo e registradores maiores, o 8086 ostentava uma cache de instruções, ou fila, que fazia a pré-busca de algumas instruções antes que fossem executadas. Uma variante desse processador, o 8088, foi usado no primeiro computador pessoal da IBM, assegurando o sucesso da Intel. O 8086 é o primeiro aparecimento da arquitetura x86.
- **80286**: esta extensão do 8086 permitia o endereçamento de uma memória de 16 MB, em vez de apenas 1 MB.
- **80386**: a primeira máquina de 32 bits da Intel e uma maior reformulação geral do produto. Com uma arquitetura de 32 bits, o 80386 competia em complexidade e potência com os minicomputadores e mainframes introduzidos alguns anos antes. Este foi o primeiro processador da Intel a aceitar multitarefa, significando que poderia executar vários programas ao mesmo tempo.
- **80486**: o 80486 introduziu o uso de tecnologia de cache muito mais sofisticada e poderosa, bem como pipeline sofisticado de instrução. O 80486 também ofereceu um coprocessador matemático embarcado, tirando da CPU principal operações matemáticas complexas.
- **Pentium**: com o Pentium, a Intel introduziu o uso de técnicas superescalares, que permitem que múltiplas instruções sejam executadas em paralelo.
- **Pentium Pro**: o Pentium Pro continuou o movimento em direção à organização superescalar, iniciada com o Pentium, com o uso agressivo de renomeação de registrador, previsão de desvio, análise de fluxo de dados e execução especulativa.
- **Pentium II**: o Pentium II incorporou a tecnologia Intel MMX, que foi projetada especificamente para processar dados de vídeo, áudio e gráfico de forma eficiente.
- **Pentium III**: o Pentium III incorpora instruções de ponto flutuante adicionais: a extensão de conjunto de instrução The Streaming SIMD Extensions (SSE) adicionou 70 novas instruções projetadas para aumentar o desempenho quando exatamente as mesmas operações estiverem para ser executadas em objetos de dados múltiplos. O processamento de sinal digital e o processamento gráfico são aplicações típicas.

---

10 A Intel refere-se a isso como modelo tique-taque. Usando esse modelo, a Intel entregou de modo bem-sucedido a tecnologia de silício de nova geração e também uma microarquitetura de processador em anos alternados pelos últimos anos. Veja http://www.intel.com/content/www/us/en/silicon-innovations/intel-tick-tock-model-general.html.

- **Pentium 4**: o Pentium 4 inclui ponto flutuante adicional e outras melhorias para multimídia.[11]
- **Core**: este é o primeiro microprocessador Intel x86 com um *dual core*, referindo-se à implementação de dois *cores* em um único chip.
- **Core 2**: o Core 2 estende a arquitetura para 64 bits. O Core 2 Quad oferece quatro processadores em um único chip. As ofertas mais recentes de Core têm até 10 *cores* por chip. O conjunto de instrução Advanced Vector Extensions foi um importante incremento, que ofereceu um conjunto de instruções para processamento eficiente de vetores de dados de 256 bits, e, então, de 512 bits.

Mais de 40 anos após sua introdução em 1978, a arquitetura x86 continua a dominar o mercado de processadores fora dos sistemas embarcados. Embora a organização e a tecnologia das máquinas x86 tenham mudado drasticamente durante as décadas, a arquitetura do conjunto de instruções evoluiu para permanecer compatível com versões anteriores. Assim, qualquer programa escrito em uma versão mais antiga da arquitetura x86 pode ser executado nas versões mais novas. Todas as mudanças na arquitetura do conjunto de instruções envolveram acréscimos ao conjunto de instruções, sem eliminação de instruções. A taxa de mudança tem sido o acréscimo de aproximadamente uma instrução por mês acrescentada à arquitetura (ANTHES, 2008), de modo que existem agora milhares de instruções no conjunto de instruções.

O x86 oferece uma excelente ilustração dos avanços em hardware de computador durante os últimos 35 anos. O 8086 de 1978 foi introduzido com uma velocidade de clock de 5 MHz e tinha 29.000 transistores. Um Core i7 EE 4960X, de seis *cores*, introduzido em 2013, opera a 4 GHz, um ganho de velocidade com um fator de 800, e tem 1,86 bilhão de transistores, cerca de 64.000 vezes a quantidade do 8086. Ainda assim, o Core i7 EE 4960X tem um invólucro ligeiramente maior que o 8086 e tem um custo compatível.

1.5 SISTEMAS EMBARCADOS

O termo *sistema embarcado* refere-se ao uso de eletrônica e software dentro de um produto, ao contrário de um computador de uso geral, como um sistema de laptop ou desktop. Milhões de computadores são vendidos a cada ano, incluindo laptops, computadores pessoais, estações de trabalho, servidores, mainframes e supercomputadores. Por outro lado, bilhões de sistemas computacionais são produzidos a cada ano, sendo embarcados dentro de dispositivos maiores. Hoje em dia, alguns, ou a maioria, dos dispositivos que usam energia elétrica têm um sistema computacional embarcado. É provável que em um futuro próximo virtualmente todos esses dispositivos tenham sistemas computacionais.

Os tipos de dispositivos com sistema embarcado são muito diversos para serem listados. Exemplos incluem celulares, câmeras digitais, câmeras de vídeo, calculadoras, fornos micro-ondas, sistema de segurança domiciliar, máquinas de lavar roupa, sistemas de iluminação, termostatos, impressoras, vários sistemas automotivos (por exemplo, controle de transmissão, controle de velocidade, injeção eletrônica, freios ABS e sistemas de suspensão), raquetes de tênis, escovas de dente e vários tipos de sensores e atuadores em sistemas automatizados.

Muitas vezes, os sistemas embarcados estão fortemente acoplados ao seu ambiente. Isso pode fazer surgir restrições em tempo real impostas pela necessidade de interagir com o ambiente. Restrições, como velocidades de movimento exigidas, precisão de medição e durações de tempo exigidas, ditam a temporização das operações de software. Se múltiplas atividades tiverem de ser gerenciadas simultaneamente, isso leva a restrições mais complexas de tempo real.

A Figura 1.14 mostra em termos gerais uma organização de sistema embarcado. Além do processador e da memória, existem diversos elementos que diferem do desktop ou laptop típico:

- Pode haver uma variedade de interfaces que permitem que o sistema meça, manipule e interaja de outras maneiras com o ambiente externo. Sistemas embarcados muitas vezes interagem (sentem, manipulam e comunicam) com o mundo externo por meio de sensores e atuadores e assim são tipicamente sistemas reativos; um sistema reativo está em interação contínua com o ambiente e executa em um ritmo determinado por esse ambiente.
- A interface humana pode ser tão simples quanto uma luz piscando ou tão complicada quanto a visão robótica em tempo real. Em alguns casos, não há interface humana.

---
11 Com o Pentium 4, a Intel mudou de algarismos romanos para numerais arábicos para os números dos modelos.

Figura 1.14
Possível organização dos sistemas embarcados.

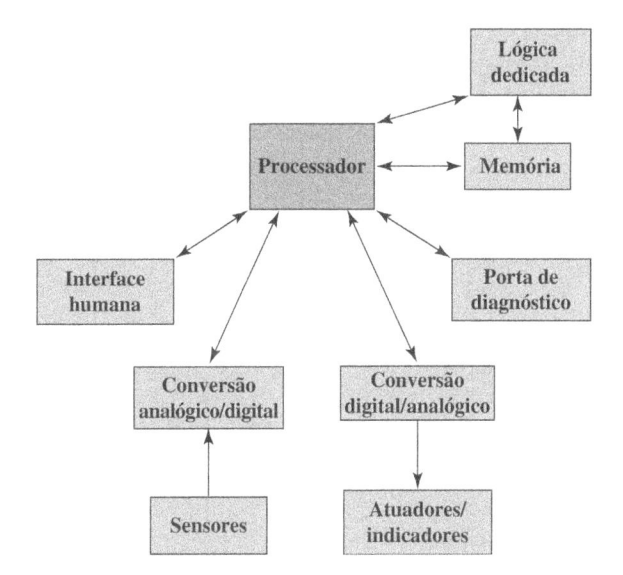

- A porta de diagnóstico pode ser usada para diagnosticar o sistema que está sendo controlado, e não apenas para diagnosticar o computador.
- Circuitos programáveis (FPGA — do inglês, *Field Programmable Gate Array*) para propósito geral, circuitos para aplicação específica (ASIC) ou mesmo circuitos não digitais podem ser utilizados para aumentar o desempenho ou a segurança.
- O software normalmente tem uma função fixa e é específico à aplicação.
- A eficiência é de suprema importância para os sistemas embarcados. Eles são otimizados para energia, tamanho de código, tempo de execução, peso e dimensões, além de custo.

Há também algumas áreas dignas de nota de similaridade para sistemas computacionais de propósito geral:

- Mesmo com software de função nominalmente fixa, a capacidade de promover atualização para consertar erros, melhorar a segurança e adicionar funcionalidade tem se tornado bastante importante para os sistemas embarcados, e não somente em dispositivos de consumo.
- Um desenvolvimento relativamente recente tem sido o de plataformas de sistemas embarcados que suportam uma ampla variedade de aplicativos. Bons exemplos disso são os smartphones e os dispositivos audiovisuais, como as smart TVs.

A Internet das Coisas

Vale a pena nomear separadamente um dos principais condutores da proliferação dos sistemas embarcados. A **Internet das Coisas (IoT — do inglês,** *Internet of Things*) é um termo que se refere à interconexão expansiva dos dispositivos inteligentes, indo de aplicações a minúsculos sensores. Um tema dominante é a incorporação de transceptores móveis de baixo alcance em uma grande variedade de dispositivos e itens do dia a dia, possibilitando novas formas de comunicação entre as pessoas e as coisas, e entre as coisas entre si. A internet agora apoia a interconexão de bilhões de objetos industriais e pessoais, geralmente por meio de sistemas em nuvem. Os objetos enviam informação do sensor, agem em seu ambiente e, em alguns casos, modificam-nos, a fim de criar um gerenciamento geral de um sistema maior, como uma fábrica ou mesmo uma cidade.

A IoT é primeiro dirigida aos dispositivos fortemente embarcados (definidos a seguir). Esses dispositivos são de baixa largura de banda, captura de dados de baixa repetição e aplicações de uso de dados de baixa largura de banda que se comunicam entre si e oferecem dados por meio das interfaces do usuário. Sistemas embarcados, como câmeras de segurança de alta resolução, telefones com VoIP e vários outros, necessitam de capacidades de streaming de alta largura de banda. No entanto, inúmeros produtos simplesmente exigem pacotes de dados que sejam entregues de modo intermitente.

Com referência aos sistemas terminais suportados, a internet passou por cerca de quatro gerações de implantação, culminando na IoT:

1. **Tecnologia da informação (TI)**: PCs, servidores, roteadores, firewalls, e assim por diante, comprados como dispositivos por profissionais de TI e que usam principalmente conectividade com fios.
2. **Tecnologia operacional (TO)**: equipamentos/aplicações com TI embarcada criados por empresas que não são de TI, como equipamentos médicos, SCADA (controle de supervisão e aquisição de dados, do inglês, *Supervisory Control And Data Acquisition*), controle de processo e quiosques, comprados como aplicações por profissionais de empresas de TO, e que usam principalmente conectividade com fios.
3. **Tecnologia pessoal**: smartphones, tablets e leitores de e-Book comprados como dispositivos de TI por consumidores que usam exclusivamente conectividade sem fio e diversas outras formas deste tipo de conectividade.
4. **Tecnologia de sensor/atuador**: dispositivos de uso único comprados por consumidores, pessoas de TI e TO que usam exclusivamente conectividade sem fio, geralmente de forma simples, como parte de sistemas maiores.

A quarta geração costuma ser considerada como a da IoT, e é marcada pelo uso de bilhões de dispositivos embarcados.

Sistemas operacionais embarcados

Há duas técnicas gerais para desenvolver o sistema operacional (SO) embarcado. A primeira técnica é pegar um SO existente e adaptar para a aplicação embarcada. Por exemplo, há versões embarcadas de Linux, Windows e Mac, bem como outros sistemas operacionais comerciais e particulares especializados para sistemas embarcados. A outra técnica é desenvolver e implementar um SO direcionado unicamente para o uso embarcado. Um exemplo é o TinyOS, amplamente usado em redes de sensor sem fio. Esse assunto foi explorado detalhadamente por este autor (STALLINGS, 2015).

Processadores para aplicações *versus* processadores dedicados

Nesta subseção e nas duas próximas, introduziremos de modo breve alguns termos comumente encontrados na literatura sobre sistemas embarcados. **Processadores de aplicações** são definidos pela capacidade do processador de executar sistemas operacionais complexos, como Linux, Android e Chrome. Assim, o processador de aplicações é naturalmente de uso geral. Um bom exemplo do uso de processador de aplicação embarcado é o smartphone. O sistema embarcado é desenvolvido para suportar diversos aplicativos e desempenhar uma ampla variedade de funções.

A maioria dos sistemas embarcados emprega um **processador dedicado**, o qual, como implica o próprio nome, é dedicado a uma ou a algumas poucas tarefas específicas exigidas pelo dispositivo hospedeiro. Por conta de tal sistema embarcado ser dedicado a uma tarefa ou a tarefas específicas, o processador e os componentes associados podem ser construídos para reduzir o tamanho e o custo.

Microprocessadores *versus* microcontroladores

Como visto, os primeiros chips de **microprocessadores** incluíam registradores, uma ALU e algum tipo de unidade de controle ou de lógica de processamento de instrução. À medida que a densidade do transistor aumenta, torna-se possível aumentar a complexidade da arquitetura do conjunto de instruções e, por fim, adicionar memória e mais de um processador. Chips de microprocessadores atuais, como mostrado na Figura 1.2, incluem diversos *cores* e uma quantidade substancial de memória cache.

Um chip **microcontrolador** faz uso substancialmente diferente do espaço de lógica. A Figura 1.15 mostra em termos gerais os elementos tipicamente encontrados em um chip microcontrolador. Como mostrado, um microcontrolador é um chip simples que contém processador, memória não volátil para o programa (ROM), memória volátil para entrada e saída (RAM), um clock e uma unidade de controle de E/S. A parte do processador do microcontrolador tem uma área de silício muito menor do que outro microprocessador e eficiência de energia muito maior. Examinamos a organização do microcontrolador com mais detalhes na Seção 1.6.

Também chamados de "computador em um chip", bilhões de unidades de microcontroladores são embarcadas a cada ano em uma miríade de produtos, de brinquedos a aplicativos para automóveis. Por exemplo, um

Figura 1.15
Elementos de um chip microcontrolador típico.

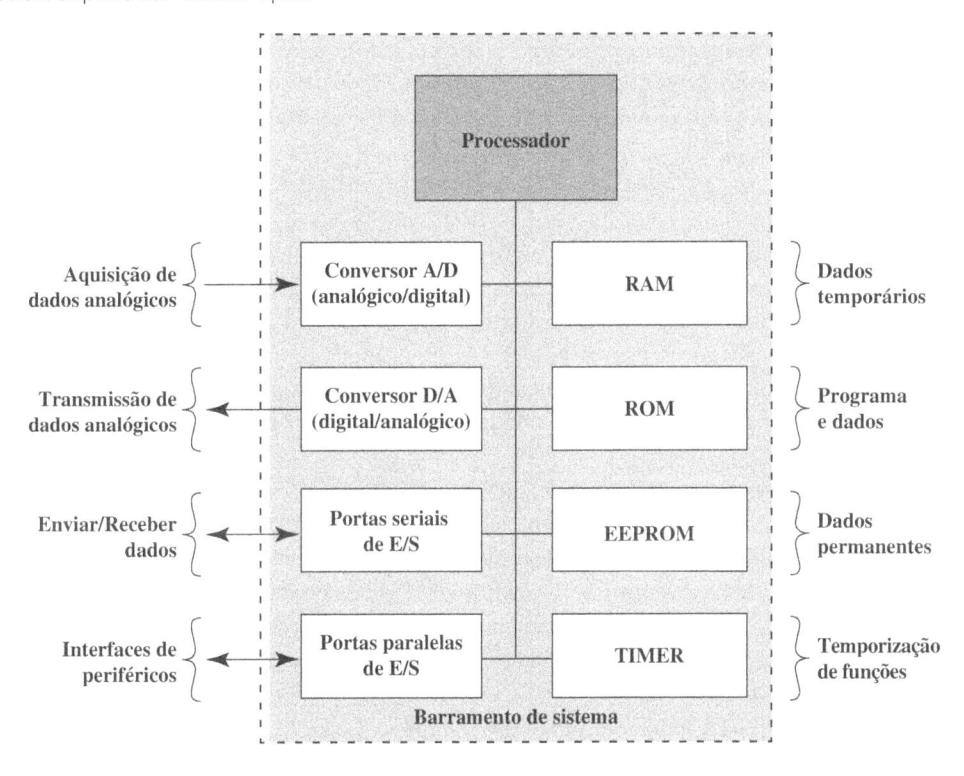

simples veículo pode usar 70 ou mais microcontroladores. Tipicamente, sobretudo para os microcontroladores menores e menos caros, eles são usados como processadores dedicados para tarefas específicas. Por exemplo, microcontroladores são muito utilizados nos processos de automação. Oferecendo reações simples para entrada, eles controlam equipamentos, ligam e desligam ventiladores, abrem e fecham válvulas e assim por diante. Eles são partes integrais da tecnologia industrial moderna e estão entre as formas mais caras da produção de equipamentos que podem lidar com funcionalidades extremamente complexas.

Os microcontroladores estão disponíveis em uma variedade de tamanhos físicos e capacidade de processamento. Os processadores variam de arquiteturas de 4 bits a 32 bits. Os microcontroladores tendem a ser mais lentos que os microprocessadores, em geral operando em MHz em vez de velocidades GHz dos microprocessadores. Outra característica típica de um microcontrolador é que ele não proporciona interação humana. O microcontrolador é programado para uma tarefa específica, embarcada em seu dispositivo, e executa como e quando necessário.

Sistemas embarcados *versus* sistemas fortemente embarcados

Definimos, nesta seção, o conceito de um sistema embarcado. Um subconjunto dos sistemas embarcados, e um subconjunto bastante numeroso, é conhecido como **sistemas fortemente embarcados**. Embora este termo seja amplamente usado na literatura técnica e comercial, uma procura na internet (como eu fiz) para uma definição direta seria em vão. De modo geral, podemos dizer que um sistema fortemente embarcado tem um processador cujo comportamento é difícil de ser observado tanto pelo programador como pelo usuário. Um sistema fortemente embarcado usa um microcontrolador em vez de um microprocessador, não é programável, uma vez que a lógica do programa para o dispositivo foi queimada na ROM (memória somente leitura — do inglês, *Read Only Memory*), e não tem interação com o usuário.

Sistemas fortemente embarcados são dedicados, dispositivos de uso simples que detectam algo no ambiente, executam um nível básico de processamento e, então, fazem algo com os resultados. Sistemas fortemente embarcados muitas vezes têm capacidade de comunicação sem fio e aparecem nas configurações de rede, como redes de sensores instalados em uma grande área (por exemplo, fábricas, campos agrícolas). A Internet das Coisas depende extremamente dos sistemas fortemente embarcados. Em geral, sistemas fortemente embarcados têm restrições extremas de recursos em termos de memória, tamanho do processador e consumo de energia.

1.6 ARQUITETURA ARM

A arquitetura ARM refere-se a uma arquitetura de processador que evoluiu dos princípios de desenvolvimento do RISC e é usada em sistemas embarcados. O Capítulo 15 examina os princípios de desenvolvimento do RISC em detalhes. Nesta seção, damos uma breve visão geral da arquitetura ARM.

Evolução da ARM

A ARM é uma família de RISC baseada em microprocessadores e microcontroladores desenvolvidos pela ARM Holdings, de Cambridge, na Inglaterra. A empresa não faz processadores, mas, em vez disso, desenvolve microprocessador e arquitetura multicore, licenciando-os aos fabricantes. Especificamente, a ARM Holdings tem dois tipos de produtos licenciáveis: processadores e arquitetura de processador. Para processadores, o consumidor compra os direitos de usar o modelo fornecido da ARM em seus próprios chips. Para uma arquitetura de processador, o consumidor compra os direitos de desenvolver seu próprio processador compatível com a arquitetura ARM.

Os chips ARM são processadores de alta velocidade que são conhecidos pelo pequeno tamanho do *die* (pequeno pedaço de silício onde um circuito é implementado) e pelo baixo consumo de energia. Eles são amplamente usados em smartphones e em outros dispositivos *hand-held*, inclusive sistemas de jogos, bem como uma grande variedade de produtos de consumo. Os chips ARM são os processadores dos populares dispositivos Apple, o iPod e o iPhone, e são usados em praticamente todos os smartphones Android. A ARM é provavelmente a arquitetura de processador embarcado mais amplamente usada e de fato a arquitetura de processador mais usada de qualquer tipo no mundo (VANCIE, 2014).

As origens da tecnologia ARM podem ser remetidas à empresa Acorn Computers, baseada na Grã-Bretanha. No início da década de 1980, a Acorn firmou um contrato com a British Broadcasting Corporation (BBC) a fim de desenvolver uma nova arquitetura de microcomputador para o Projeto de Alfabetização Digital da BBC. O sucesso desse contrato possibilitou à Acorn continuar a desenvolver o primeiro processador comercial RISC, o Acorn RISC Machine (ARM). A primeira versão, ARM1, começou a operar em 1985 e foi usada para pesquisa e desenvolvimento interno, além de ser usada como um coprocessador na máquina da BBC.

No estágio inicial, a Acorn usou a empresa VLSI Technology para de fato fazer a fabricação dos chips dos processadores. A VLSI era licenciada para comercializar o chip por conta própria e teve algum sucesso fazendo outras empresas usarem o ARM em seus produtos, particularmente como um processador embarcado.

O projeto ARM combinou com uma necessidade comercial crescente por um processador de alto desempenho, baixo consumo de energia, pequeno tamanho e baixo custo para aplicações embarcadas. Mas o desenvolvimento além disso estava fora do escopo das capacidades da Acorn. Consequentemente, uma nova empresa foi organizada, com Acorn, VLSI e Apple Computer como parceiros fundadores, conhecida como ARM Ltd. A Acorn RISC Machine tornou-se a Advanced RISC Machine.[12]

Arquitetura do conjunto de instrução

O conjunto de instruções ARM é altamente regular, desenvolvido para a implementação eficiente do processador e para a execução eficaz. Todas as instruções são de 32 bits e seguem o formato regular. Isso faz com que o ARM ISA seja adaptável para a implementação em uma grande variedade de produtos.

O conjunto de instruções Thumb aumenta o ARM ISA básico, que é um subconjunto recodificado do conjunto de instrução ARM. O Thumb é desenvolvido para aumentar o desempenho das implementações de ARM que usam um barramento de dados de memória de 16 bits ou mais estreito e permite melhor densidade de código que a proporcionada pelo conjunto de instrução ARM. O conjunto de instruções Thumb contém um subconjunto do conjunto de instruções ARM de 32 bits recodificadas para instruções de 16 bits. A versão atual definida é a Thumb-2.

Os ISAs ARM e a Thumb-2 são discutidas nos capítulos 12 e 13.

---

12 A empresa retirou a designação Advanced RISC Machines no final da década de 1990. Agora, é conhecida simplesmente como Arquitetura ARM.

Produtos ARM

A ARM Holdings licencia um número de microprocessadores especializados e relacionados às tecnologias, mas a maior parte de sua linha de produtos é a família das arquiteturas de microprocessadores Cortex. Há três arquiteturas Cortex, convenientemente denominadas pelas iniciais A, R e M.

CORTEX-A/CORTEX-A50 O Cortex-A e Cortex-A50 são processadores de aplicações direcionados a dispositivos móveis tais como os smartphones e os leitores de eBook, bem como dispositivos de consumo tais como TV digital e gateways residenciais (por exemplo, DSL e modems de internet a cabo). Esses processadores executam em uma frequência alta de clock (acima de 1 GHz) e suportam uma unidade de gerenciamento de memória (MMU — em inglês, *Memory Management Unit*), que é necessária para todos os recursos dos SOs, como Linux, Android, MS Windows e SOs para dispositivos móveis. Uma MMU consiste em um módulo de hardware que suporta memória virtual e paginação ao traduzir endereços virtuais em endereços físicos; esse assunto é explorado no Capítulo 8.

As duas arquiteturas usam tanto os conjuntos de instruções do ARM como o do Thumb-2; a principal diferença é que o Cortex-A é um equipamento de 32 bits e o Cortex-A50 é de 64 bits.

CORTEX-R O Cortex-R é desenvolvido para suportar aplicações em tempo real, em que a temporização de eventos precisa ser controlada com resposta rápida a estes eventos. Eles podem executar em uma frequência de clock elevada (por exemplo, 200 MHz a 800 MHz) e ter uma latência de resposta muito baixa. O Cortex-R inclui acréscimos tanto do conjunto de instruções como da organização do processador a fim de suportar os dispositivos fortemente embarcados de tempo real. A maioria desses processadores não tem MMU; as exigências de dados limitados e os números limitados de processos simultâneos eliminam a necessidade de elaborar apoio de hardware e software para a memória virtual. O Cortex-R não tem uma Unidade de Proteção de Memória (MPU — do inglês, *Memory Protection Unit*), cache e outras características de memória desenvolvidas para as aplicações industriais. Uma MPU é um módulo de hardware que proíbe que um programa na memória acesse acidentalmente uma parte da memória atribuída a outro programa ativo. Ao usar vários métodos, uma barreira de proteção é criada ao redor do programa, e as instruções dentro delas são proibidas de referenciar dados do lado de fora desta barreira.

Exemplos de sistemas embarcados que usariam o Cortex-R são os freios ABS (Automotive Braking Systems), controladores de armazenamento de massa e dispositivos de impressão e de rede.

CORTEX-M Os processadores da série Cortex-M foram desenvolvidos primeiro para o domínio dos microcontroladores, em que a necessidade de gerenciamento rápido, de interrupções altamente determinísticas, está aliada ao desejo por um número extremamente baixo de portas e um consumo de energia mais baixo possível. Com a série Cortex-R, a arquitetura Cortex-M tem uma MPU, mas não uma MMU. O Cortex-M usa somente o conjunto de instrução Thumb-2. O mercado para o Cortex-M inclui dispositivos de IoT, redes de sensores/atuadores sem fio usadas em fábricas e outros tipos de empresas, partes eletrônicas, etc.

Existem, atualmente, quatro versões da série Cortex-M:

- **Cortex-M0**: desenvolvido para aplicações de 8 e 16 bits, esse modelo enfatiza os baixos custos, potência ultrabaixa e simplicidade. É otimizado para pequenos *dies* de silício (começando a partir de 12k portas) e utiliza chips de custos mais baixos.
- **Cortex-M0+**: uma versão melhorada do M0, que é mais eficiente quanto ao uso de energia.
- **Cortex-M3**: desenvolvido para aplicações de 16 e 32 bits, esse modelo enfatiza o desempenho e a eficiência do uso de energia. Ele também tem funcionalidades abrangentes de depuração e trace a fim de possibilitar que os desenvolvedores de software projetem suas aplicações mais rapidamente.
- **Cortex-M4**: esse modelo proporciona todas as características do Cortex-M3, com instruções adicionais para suportar as tarefas de processamento de sinal digital.

Neste texto, em primeiro lugar, usamos a ARM Cortex-M3 como nosso exemplo de processador de sistema embarcado. É mais bem adaptado para todos os modelos ARM de microcontroladores de uso geral. O Cortex-M3 é usado por uma variedade de produtos de microcontroladores. Os dispositivos microcontroladores iniciais dos principais parceiros já combinam o processador Cortex-M3 com flash, SRAM e diversos periféricos a fim de proporcionar uma oferta competitiva ao preço de apenas US$ 1.

A Figura 1.16 proporciona um diagrama em bloco do microcontrolador EFM32 a partir do Silicon Labs. Ela também mostra detalhes do processador Cortex-M3 e dos componentes do *core*. Examinaremos cada nível por vez.

O *core* **Cortex-M3** faz uso de barramentos separados para dados e instruções. Essa disposição costuma ser conhecida como arquitetura de Harvard, em contraste com a arquitetura de von Neumann, que utiliza os mesmos barramentos de sinais e memória tanto para instruções como para dados. Ao ser capaz de ler tanto uma instrução como dados da memória ao mesmo tempo, o processador Cortex-M3 pode desempenhar algumas operações em paralelo, aumentando a velocidade de execução das aplicações. O *core* contém um depurador para instruções do Thumb, uma ALU avançada com suporte para hardware de multiplicação e divisão, lógica de controle

Figura 1.16
Chip de microcontrolador típico baseado no Cortex-M3.

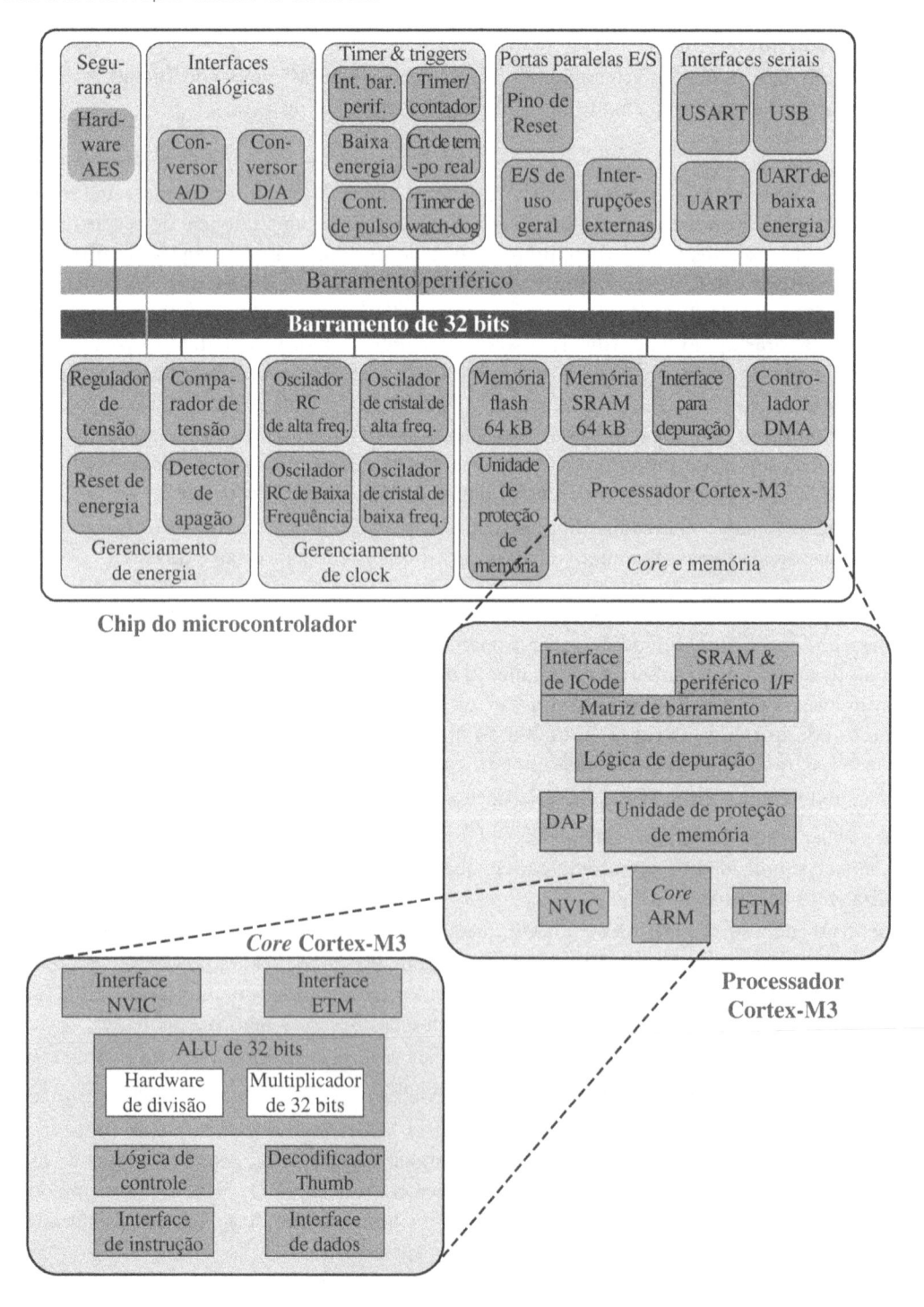

e interfaces com outros componentes do processador. Em particular, há uma interface para o controlador de vetor de interrupção aninhados (NVIC — do inglês, *Nested Vector Interrupt Controller*) e para os módulos de ETM (do inglês, *Embedded Trace Macrocell*).

O *core* é parte de um módulo chamado de **processador Cortex-M3**. Esse termo é de algum modo um equívoco, pois em geral na literatura os termos *core* e processador são vistos como equivalentes. Além do *core*, o processador inclui os seguintes elementos:

- **NVIC**: proporciona capacidades de manuseio de interrupção configuráveis para o processador. Facilita a exceção de baixa latência e o manuseio de interrupção, além de controlar o gerenciamento de energia.
- **ETM**: um componente de depuração opcional que possibilita a reconstrução da execução do programa. A ETM é desenvolvida para ser uma ferramenta de depuração de alta velocidade e baixo uso de energia que apenas apoia o trace de instruções.
- **Porta de acesso ao depurador (DAP — do inglês,** *Debug Access Port***)**: proporciona uma interface para o acesso ao depurador externo ao processador.
- **Lógica de depuração**: funcionalidade básica de depuração que inclui pausa no processo, passo simples, acesso ao registrador do *core* do processador, ponto de parada de software ilimitado e total acesso de memória de sistema.
- **Interface ICode**: busca instruções a partir do espaço de memória de código.
- **SRAM & interface de periféricos**: interface de leitura/escrita para a memória de dados e para dispositivos periféricos.
- **Matriz de barramento**: conecta o *core* e interface da depuração aos barramentos externos no microcontrolador.
- **Unidade de proteção de memória**: protege dados importantes usados pelo sistema operacional de aplicativos do usuário, separando as tarefas de processamento ao desabilitar o acesso aos dados um do outro, impossibilitando o acesso a regiões da memória, permitindo que regiões da memória sejam definidas como de apenas leitura e detectando acessos de memória inesperados que poderiam potencialmente parar o sistema.

A parte superior da Figura 1.16 mostra o diagrama de bloco de um microcontrolador típico construído com o Cortex-M3 — neste caso, o microcontrolador EFM32. Esse microcontrolador é comercializado para uso em uma grande variedade de dispositivos, inclusive medidores de energia, gás e água; sistemas de alarme e segurança; dispositivos de automação industrial; dispositivos de automação domiciliar; acessórios inteligentes; e dispositivos de saúde e ginástica. O chip de silício é composto por dez áreas principais:[13]

- *Core* **e memória**: essa região inclui o processador Cortex-M3, memória RAM estática (SRAM) de dados,[14] e memória flash[15] para armazenar instruções de programa e dados de aplicação não variáveis. A memória flash é não volátil (os dados não são perdidos quando a energia é desligada), sendo, então, ideal para esse propósito. A SRAM armazena dados variáveis. Essa área inclui uma interface de depuração, que torna fácil reprogramar e atualizar o sistema no campo.
- **Portas paralelas E/S**: configurável para uma variedade de esquemas de E/S paralelos.
- **Interfaces seriais**: suporta vários esquemas E/S seriais.
- **Interfaces analógicas**: lógica analógica-para-digital e digital-para-analógica a fim de suportar os sensores e atuadores.
- **Timers e triggers**: mantém o rastreamento da temporização e conta os eventos, gera formas de onda de saída e ações temporizadas por gatilhos em outros periféricos.
- **Gerenciamento de clock**: controla os clocks e osciladores no chip. Clocks múltiplos e osciladores são usados para minimizar o consumo de energia e proporcionar curtos períodos de inicialização.

---

13 Essa discussão não entra em detalhes a respeito dos módulos individuais; para o leitor interessado, uma discussão mais profunda é oferecida no documento EFM32G200.pdf, em inglês, disponível em box.com/COA10e.

14 A RAM estática (SRAM) é uma forma de memória de acesso aleatório usada para a memória cache; veja o Capítulo 5.

15 A memória flash consiste em uma forma versátil de memória usada tanto por microcontroladores como por memória externa; esse assunto é discutido no Capítulo 6.

- **Gerenciamento de energia**: administra os vários modos de operação do processador e de periféricos em baixa energia a fim de oferecer gerenciamento em tempo real das necessidades de energia, de modo a minimizar o consumo de energia.
- **Segurança**: o chip inclui uma implementação de hardware do *Advanced Encryption Standard* (AES).
- **Barramento de 32 bits**: conecta todos os componentes do chip.
- **Barramento de periféricos**: uma rede que leva os módulos periféricos diferentes a se comunicarem diretamente um com o outro sem o envolvimento do processador. Ela suporta a operação de temporização crítica e reduz a sobrecarga de trabalho do software.

Comparando a Figura 1.16 com a Figura 1.2, você verá algumas similaridades e a mesma estrutura hierárquica geral. Contudo, observe que o mais alto nível de um sistema computadorizado com microcontrolador é um único chip, ao passo que para o computador multicore o mais alto nível é a placa-mãe, que contém um número de chips. Outra diferença digna de nota é que não há cache, nem no processador Cortex-M3 nem no microcontrolador como um todo, o que desempenha um papel importante se o código ou dados residirem na memória externa. Embora o número de ciclos para ler a instrução ou os dados varie dependendo da perda ou ganho, a cache aumenta bastante o desempenho quando a memória é usada. Tal sobrecarga não é necessária com o microcontrolador.

1.7 COMPUTAÇÃO EM NUVEM

Embora os conceitos gerais para computação em nuvem remontem à década de 1950, os serviços de computação em nuvem tornaram-se disponíveis pela primeira vez nos anos 2000, direcionados sobretudo a grandes empresas. Desde então, a computação em nuvem expandiu-se para pequenos e médios negócios e mais recentemente tem chegado aos consumidores. O iCloud da Apple foi o primeiro a ser lançado, em 2012, e obteve 20 milhões de usuários, uma semana depois do lançamento. O Evernote, o serviço de arquivamento e ferramenta de notas em nuvem, lançado em 2008, atingiu 100 milhões de usuários em menos de 6 anos. Nesta seção, daremos uma visão geral. A computação em nuvem é examinada em mais detalhes no Capítulo 17.

Conceitos básicos

Há uma tendência proeminente e crescente em algumas organizações a mover a parte substancial ou mesmo toda a operação de tecnologia da informação (TI) para uma infraestrutura conectada à internet, conhecida como computação empresarial em nuvem. Ao mesmo tempo, usuários individuais de PCs e dispositivos móveis estão confiando mais e mais nos serviços de computação em nuvem para fazer backup de dados, sincronizar dispositivos e compartilhar, usando a computação em nuvem pessoal. A NIST define a computação em nuvem, em NIST SP-800-145 (*The NIST Definition of Cloud Computing*), da seguinte maneira:

> ***Computação em nuvem:*** *Um modelo para possibilitar acesso onipresente, conveniente e sob demanda a um grupo compartilhado de recursos de computação configuráveis (por exemplo, redes, servidores, armazenamento, aplicações e serviços) que pode ser rapidamente fornecido e liberado com um esforço mínimo de gerenciamento ou interação do provedor de serviço.*

Basicamente, com a computação em nuvem, consegue-se economia de escala, gerenciamento profissional de rede e gerenciamento profissional de segurança. Essas características podem ser atraentes para as pequenas e grandes empresas, agências governamentais e usuários de PC e de equipamentos móveis. O indivíduo ou empresa somente precisam pagar pela capacidade de armazenamento e pelos serviços de que precisam. O usuário, seja ele empresarial ou individual, não tem o aborrecimento de estabelecer um sistema de base de dados, adquirindo o hardware de que precisa, fazendo manutenção e backup dos dados — tudo isso faz parte do serviço de nuvem.

Em teoria, outra grande vantagem de usar a computação em nuvem para armazenar seus dados e compartilhá-los com os outros é que o provedor da nuvem cuida da segurança. Infelizmente, o consumidor não está sempre protegido. Tem havido várias falhas de segurança entre os provedores da nuvem. O Evernote lançou comunicado no início de 2013, quando solicitou que todos os seus usuários reinicializassem suas senhas, depois que uma invasão foi descoberta.

A **rede em nuvem** refere-se às redes e funcionalidades de gerenciamento de rede que devem estar em ordem para possibilitar a computação em nuvem. A maioria das soluções de computação em nuvem se baseia na internet, mas há somente uma parte da infraestrutura de rede. Um exemplo da rede de nuvem é a necessidade de rede de alto desempenho e/ou alta confiabilidade entre os provedores e os assinantes. Nesse caso, parte ou todo o tráfego entre uma empresa e a nuvem ignora a internet e usa instalações de redes dedicadas privadas ou alugadas pelo provedor do serviço de nuvem. Na grande maioria das vezes, a rede na nuvem se refere a uma coleção de capacidade de rede exigida para acessar a nuvem, incluindo fazer uso de serviços especializados da internet, ligar centros de dados de empresas a uma nuvem e usar firewalls e outros dispositivos de segurança de rede em pontos importantes a fim de reforçar as políticas de segurança de acesso.

Podemos pensar em um **armazenamento na nuvem** como um subconjunto de computação em nuvem. Essencialmente, o armazenamento em nuvem consiste em um armazenamento de base de dados e aplicações de base de dados hospedadas nos servidores da nuvem. O armazenamento na nuvem possibilita que pequenos negócios e usuários individuais tenham vantagem do armazenamento de dados compatível com suas necessidades e de uma variedade de aplicações de base de dados sem ter de pagar, manter e gerenciar ativos de estoque.

Serviços de nuvem

O propósito essencial da computação em nuvem é proporcionar aluguel conveniente de recursos de computação. O provedor de serviço de nuvem (CSP — do inglês, *Cloud Service Provider*) mantém os recursos de computação e armazenamento de dados que estão disponíveis na internet ou em redes privadas. Os consumidores podem alugar uma parte desses recursos, conforme precisarem. Praticamente todos os serviços de nuvem são providos pelo uso de um dos três modelos (Figura 1.17): SaaS, PaaS e IaaS, que são examinados nesta seção.

Figura 1.17

Arquiteturas de tecnologia da informação alternativas.

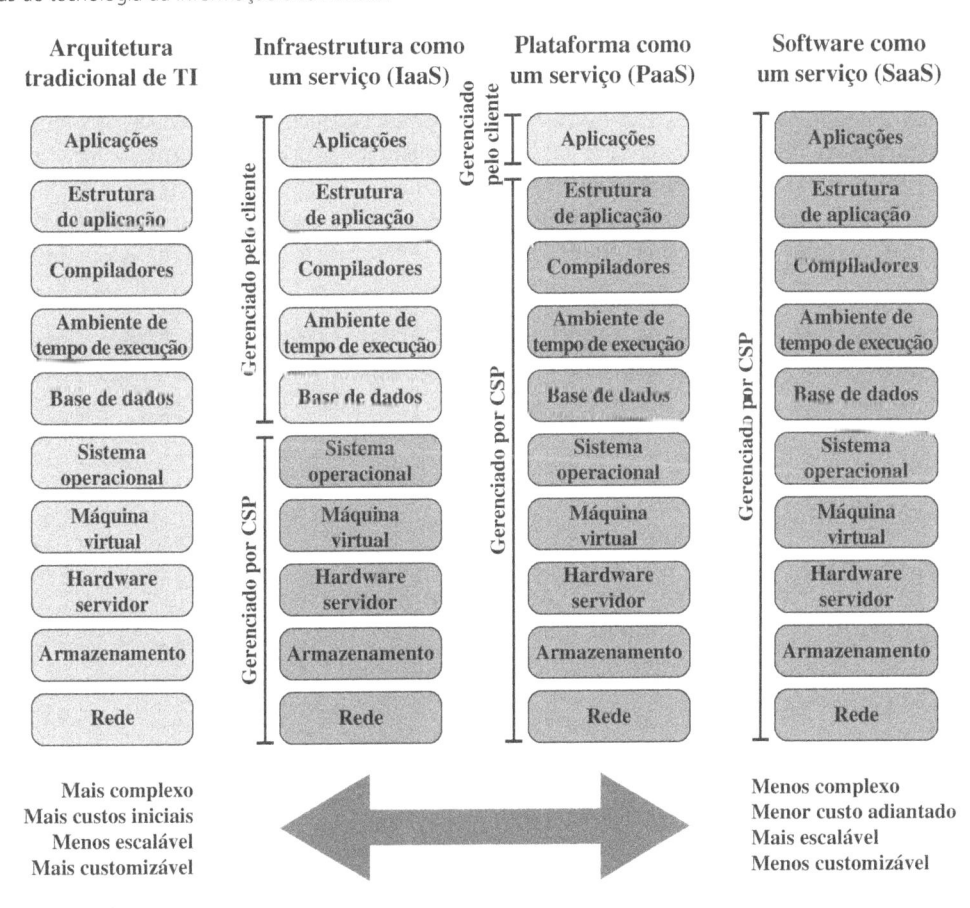

TI = tecnologia da informação
CSP = provedor de serviço de nuvem (do inglês, *Cloud Service Provider*)

SOFTWARE COMO UM SERVIÇO Como o nome sugere, uma nuvem SaaS (do inglês, *Software as a Service*) oferece serviço aos consumidores na forma de software, especificamente o software de aplicação, sendo executado e acessível na nuvem. O SaaS segue o modelo familiar dos serviços de Web, no caso aplicado aos recursos de nuvem. O SaaS possibilita que o consumidor use aplicações de provedor na nuvem, executadas na infraestrutura de nuvem do provedor. As aplicações são acessíveis a partir de vários dispositivos do cliente por meio de uma interface simples, como um browser da Web. Em vez de obter licenças de desktops e servidores para os produtos que usa, a empresa obtém as mesmas funções a partir dos serviços na nuvem. O SaaS salva a complexidade da instalação de software, manutenção, atualizações e patches. Exemplos de serviços desse nível são o Gmail, serviço de e-mail do Google, e a Salesforce.com, que ajuda as empresas a manter o controle de seus clientes.

Os assinantes costumeiros do SaaS são organizações que querem proporcionar a seus funcionários acesso a típicos softwares de produtividade de escritório, como gerenciamento de documento e e-mail. Os individuais também costumam usar o modelo SaaS para adquirir recursos na nuvem. Geralmente, os assinantes usam aplicações específicas sob demanda. O provedor de nuvem também costuma oferecer configurações relacionadas aos dados, como backup automático e compartilhamento de dados entre os assinantes.

PLATAFORMA COMO UM SERVIÇO Uma nuvem PaaS (do inglês, *Platform as a Service*) proporciona serviço aos consumidores na forma de uma plataforma em que as aplicações do consumidor são executadas. A PaaS possibilita que o consumidor implante na infraestrutura de nuvem aplicações adquiridas ou criadas por ele. Uma nuvem PaaS proporciona blocos de construção de software úteis, além de uma série de ferramentas de desenvolvimento, como linguagens de programação, ambientes de tempo de execução e outras ferramentas que auxiliam na implementação de novas aplicações. De fato, a PaaS é um sistema operacional na nuvem. A PaaS é útil para uma organização que quer desenvolver aplicações novas e adaptadas enquanto paga somente pelos recursos de computação necessários e apenas por quanto tempo precisar. O Google App Engine e a Salesforce1 Platform da Salesforce.com são exemplos de PaaS.

INFRAESTRUTURA COMO UM SERVIÇO Com a IaaS (do inglês, *Infrastructure as a Service*), o consumidor tem acesso à infraestrutura de nuvem subjacente. A IaaS proporciona máquinas virtuais e outros hardwares abstratos e sistemas operacionais, que podem ser controlados por meio da interface de programação de aplicação (API, do inglês, *Application Programming Interface*). A IaaS oferece ao cliente processamento, armazenamento, redes e recursos de computação fundamentais, de modo que ele esteja apto a implantar e executar um software arbitrário, que pode incluir sistemas operacionais e aplicações. A IaaS possibilita aos consumidores combinar serviços de computação básica, como operações estatísticas e armazenamento de dados, a fim de construírem sistemas de computador altamente adaptáveis. O Amazon Elastic Compute Cloud (Amazon EC2) e o Windows Azure são exemplos de IaaS.

1.8 TERMOS-CHAVE, QUESTÕES DE REVISÃO E PROBLEMAS

ARM, 28	Infraestrutura como um serviço (IaaS), 34	Plataforma como um serviço (PaaS), 34
Armazenamento em nuvem, 33	Intel x86, 23	Porta, 17
Arquitetura de computador, 2	Internet das Coisas (IoT), 25	Processador, 4
Arquitetura de conjunto de instrução (ISA), 2	Memória principal, 4	Processador de aplicação, 26
Barramento de sistema, 4	Memória semicondutora, 21	Processador dedicado, 24
Célula de memória, 17	Microcontrolador, 26	Processador multicore, 5
Chip, 5	Microeletrônica, 16	Rede em nuvem, 32
Circuito integrado, 5	Microprocessador, 21	Registradores, 5
Computação em nuvem, 32	Multicore, 5	Semicondutor, 5
Core, 5	Organização de computador, 2	Sistema embarcado, 24
Entrada/saída (E/S), 3	Placa de circuito impresso, 5	Sistema de interconexão, 4
Fabricante de equipamento original (OEM), 20	Placa-mãe, 5	Sistema fortemente embarcado, 27

Software como um serviço (SaaS), 34

Unidade lógica e aritmética (ALU), 5

Unidade central de processamento (CPU), 4

Unidade de controle, 3

Unidade de gerenciamento de memória (MMU), 29

Unidade de proteção de memória (MPU), 29

Válvulas, 9

QUESTÕES DE REVISÃO

1.1. Qual é, em termos gerais, a distinção entre a organização e a arquitetura do computador?
1.2. Qual é, em termos gerais, a distinção entre a estrutura e a função do computador?
1.3. Quais são as quatro funções principais de um computador?
1.4. Liste e defina resumidamente os principais componentes estruturais de um computador.
1.5. Liste e defina resumidamente os principais componentes estruturais de um processador.
1.6. O que é um computador de programa armazenado?
1.7. Explique a lei de Moore.
1.8. Liste e explique as principais características de uma família de computadores.
1.9. Qual é a principal característica que distingue um microprocessador?

PROBLEMAS

1.1. Você está para escrever um programa IAS para computar os resultados da equação a seguir.

$$Y = \sum_{X=1}^{N} X$$

Suponha que a computação não resulte em um overflow aritmético e que X, Y e N são inteiros positivos com N ≥ 1. Obs.: O IAS não tem linguagem de montagem, somente linguagem de máquina.

  a. Use a equação $\text{Sum}(Y) = \dfrac{N(N+1)}{2}$ ao escrever no programa IAS.
  b. Faça da "maneira difícil", sem usar a equação a partir da parte (a).

1.2. **a.** No IAS, o que a instrução em código de máquina pareceria para carregar conteúdos de memória de endereço 2 para o acumulador.?
  b. Quantos acessos à memória a CPU precisa fazer para completar essa instrução durante o ciclo de instrução?

1.3. No IAS, descreva em português o processo que a CPU deve realizar para ler o valor a partir da memória e para escrever um valor na memória em termos do que está colocado em MAR, MBR, barramento de endereço, barramento de dados e barramento de controle.

1.4. Dados os conteúdos de memória do computador IAS mostrados a seguir,

Endereço	Conteúdos
08A	010FA210FB
08B	010FA0F08D
08C	020FA210FB

mostre o código em linguagem de montagem para o programa, começando pelo endereço 08A. Explique o que o programa faz.

1.5. Na Figura 1.6, indique a largura, em bits, de cada caminho de dados (por exemplo, entre AC e ALU).

1.6. No IBM 360 Modelos 65 e 75, os endereços são espalhados em duas unidades separadas da memória principal (por exemplo, todas as palavras de número par em uma unidade e todas as palavras de número ímpar em outra). Qual poderia ser a finalidade dessa técnica?

1.7. O desempenho relativo do IBM 360 Modelo 75 é 50 vezes o do 360 Modelo 30, embora o tempo de ciclo de instrução seja apenas 5 vezes mais rápido. Como você explica essa discrepância?

1.8. Enquanto analisa a loja de computadores de Billy Bob, você escuta um cliente perguntando a ele qual é o computador mais rápido na loja que ele possa comprar. Billy Bob responde: "Você está olhando para nossos Macintoshes. O Mac mais rápido que temos trabalha com uma velocidade de clock de 1,2 GHz. Se você realmente quer a máquina mais rápida, então deve comprar nosso Intel Pentium IV de 2,4 Ghz". Billy Bob está certo? O que você diria para ajudar esse cliente?

1.9. O ENIAC, um precursor da máquina ISA, foi uma máquina decimal, em que cada registrador era representado por um anel de 10 válvulas. Em qualquer tempo, somente uma válvula estava no estado ON, representando um dos 10 dígitos decimais. Supondo que o ENIAC tivesse a capacidade de ter várias válvulas no estado ON e OFF simultaneamente, por que essa representação é "esbanjadora" e que faixa de valores inteiros poderíamos representar usando 10 válvulas?

1.10. Para cada um dos exemplos a seguir, determine se é um sistema embarcado, explicando por que sim e por que não.

   a. Os programas que entendem física e/ou hardware são embarcados? Por exemplo, um que use métodos de elementos finitos para predizer o fluxo de fluido sobre as asas do avião?

   b. O microprocessador interno que controla um drive de disco é um exemplo de sistema embarcado?

   c. Os drivers de E/S controlam o hardware, então a presença de um driver de E/S significa que o computador que executa o driver está embarcado?

   d. O PDA (*Personal Digital Assistant*) é um sistema embarcado?

   e. O microprocessador que controla o telefone celular é um sistema embarcado?

   f. Os computadores de um grande radar orientado por fases são considerados embarcados? Esses radares são edificações de 10 andares com um a três diâmetros de 100 pés radiando fragmentos nos lados inclinados da construção.

   g. Um sistema de gerenciamento de voo (FMS, do inglês "*flight management system*") tradicional em uma cabine de comando de um avião é considerado embarcado?

   h. Os computadores em um simulador hardware-in-the-loop (HIL) são embarcados?

   i. O computador que controla um marca-passo no peito de uma pessoa é um computador embarcado?

   j. O computador que controla a injeção eletrônica em um motor de automóvel é embarcado?

QUESTÕES DE DESEMPENHO

2.1 ELABORAÇÃO DO PROJETO VISANDO O DESEMPENHO
Velocidade do microprocessador
Balanço do desempenho
Melhorias na organização e na arquitetura do chip

2.2 MULTICORE, MICs E GPGPUs

2.3 DUAS LEIS QUE PROPORCIONAM *INSIGHTS*: LEI DE AMDAHL E LEI DE LITTLE
Lei de Amdahl
Lei de Little

2.4 MEDIDAS BÁSICAS DE DESEMPENHO DO COMPUTADOR
Velocidade de clock
Taxa de execução de instrução

2.5 CÁLCULO DA MÉDIA
Média aritmética
Média harmônica
Média geométrica

2.6 BENCHMARKS E SPEC
Princípios de benchmark
Benchmarks da SPEC

2.7 TERMOS-CHAVE, QUESTÕES DE REVISÃO E PROBLEMAS

OBJETIVOS DE APRENDIZAGEM

Após ler este capítulo, você será capaz de:

▶ Compreender as principais questões de desempenho que se relacionam com o projeto do computador.
▶ Explicar as razões de mudar para a organização multicore e entender a relação entre recursos de cache e de processador em um chip único.
▶ Fazer distinção entre organizações multicore, MIC e GPGPU.
▶ Resumir algumas das questões relacionadas à avaliação do desempenho do computador.
▶ Discutir os benchmarks do SPEC.
▶ Explicar as diferenças entre as médias aritmética, harmônica e geométrica.

Este capítulo é endereçado à questão do desempenho do sistema computacional. Começamos com a consideração sobre a necessidade da utilização balanceada dos recursos do computador, que proporciona uma perspectiva útil no decorrer do livro. Em seguida, conferimos os projetos de organização contemporânea que visam oferecer desempenho para combinar a demanda atual e a projetada. Por fim, consideramos as ferramentas e os modelos que foram desenvolvidos para proporcionar um meio de avaliar o desempenho do sistema computacional comparativo.

2.1 ELABORAÇÃO DO PROJETO VISANDO O DESEMPENHO

Ano após ano, o custo dos sistemas computacionais continua caindo de forma significativa, ao passo que o desempenho e a capacidade vão melhorando drasticamente. Os laptops de hoje em dia têm capacidade de processamento computacional de um mainframe da IBM de 10 ou 15 anos atrás. Ou seja, praticamente "liberamos" a capacidade de processamento computacional. Os processadores são tão baratos que agora jogamos microprocessadores fora. O teste digital de gravidez (usado uma vez e descartado) é um exemplo. E a contínua revolução tecnológica tem possibilitado o desenvolvimento de aplicações de assombrosa complexidade e potência. Por exemplo, as aplicações que requerem grande capacidade de processamento dos sistemas baseados em microprocessador dos dias atuais incluem:

- Processamento de imagem.
- Renderização tridimensional.
- Reconhecimento de linguagem.
- Videoconferência.
- Criação de multimídia.
- Anotação de voz e vídeo em arquivos.
- Modelagem de simulação.

Sistemas de estação de trabalho agora suportam engenharia altamente sofisticada e aplicações científicas, além de ter a capacidade de suportar aplicações de imagem e vídeo. Além disso, os negócios estão se baseando nos servidores com capacidade de processamento crescente para lidar com a transação e o processamento de base de dados e suportar redes de cliente/servidor robustas que substituíram as enormes centrais de computadores de antigamente. Provedores de serviços em nuvem também usam bancos de servidores robustos de alto desempenho para satisfazer as aplicações de alto volume e alta taxa de transação para um amplo espectro de clientes.

O que é fascinante sobre tudo isso, do ponto de vista da arquitetura e da organização de computadores, é que, por um lado, os blocos básicos para os milagres do computador de hoje são praticamente os mesmos daqueles do computador IAS de cinquenta anos atrás, enquanto, por outro lado, as técnicas para espremer a última gota de máximo desempenho dos materiais em mãos têm se tornado cada vez mais sofisticadas.

Essa observação serve como um princípio de orientação para a apresentação neste livro. Enquanto prosseguimos pelos diversos elementos e componentes de um computador, dois objetivos são buscados. Primeiro, o livro explica a funcionalidade fundamental em cada área em consideração, e, segundo, explora as técnicas exigidas para alcançar o máximo de desempenho. No restante desta seção, destacamos alguns dos fatores mais fortes para se alcançar o máximo de desempenho.

Velocidade do microprocessador

O que dá aos processadores Intel x86 ou computadores mainframe da IBM essa potência incrível é a busca implacável de velocidade pelos fabricantes de chip de processador. A evolução dessas máquinas continua a comprovar a lei de Moore, mencionada no Capítulo 1. Como essa lei sustenta, os fabricantes de chips podem desencadear uma nova geração de chips a cada três anos — com quatro vezes a quantidade de transistores. Em chips de memória, isso quadruplicou a capacidade da **memória de acesso aleatório e dinâmico (DRAM — do inglês,** *Dynamic Random Access Memory***)**, ainda a tecnologia básica para a memória principal, a cada três anos. Nos microprocessadores, a adição de novos circuitos, e o aumento de velocidade que vem da redução das distâncias entre eles, melhorou o desempenho de 4 a 5 vezes a cada três anos ou mais desde que a Intel lançou sua família x86 em 1978.

Mas a velocidade básica do microprocessador não alcança seu potencial, a menos que receba um fluxo constante de trabalho para fazer na forma de instruções de computador. Qualquer coisa que atrapalhe esse fluxo suave mina a potência do processador. Consequentemente, enquanto os fabricantes de chips estiverem ocupados aprendendo a fabricar chips com densidade cada vez maior, os projetistas de processadores deverão aparecer com técnicas ainda mais elaboradas para alimentar o monstro. Entre as técnicas embutidas nos processadores contemporâneos estão as seguintes:

- **Realização de pipeline**: a execução de uma instrução envolve uma série de operações, como buscar a instrução, decodificar as diversas partes do código de operação (opcode), buscar operandos, realizar cálculos e assim por diante. Utilizar o pipeline possibilita que um processador trabalhe simultaneamente em diversas instruções ao executar uma fase diferente de cada instrução ao mesmo tempo. O processador sobrepõe as operações ao mover os dados ou instruções em um pipe conceitual com todos os estágios do pipe processando simultaneamente. Por exemplo, enquanto uma instrução está sendo executada, o computador está decodificando a instrução seguinte. Esse é o mesmo princípio visto em uma linha de montagem.
- **Predição de desvio**: o processador antecipa o código de instrução buscado a partir da memória e prediz quais desvios ou grupos de instruções provavelmente serão processados a seguir. Se o processador prediz certo a maior parte do tempo, ele pode pré-buscar as instruções corretas e agrupá-las, de modo que seja mantido ocupado. Os exemplos mais sofisticados dessa estratégia predizem não somente o próximo desvio, mas diversos desvios à frente. Assim, a predição dos desvios potencialmente aumenta a quantidade de trabalho disponível para o processador executar.
- **Execução superescalar**: é a capacidade de enviar mais de uma instrução em todos os ciclos de clock de processador. Em efeito, diversos pipelines paralelos são usados.
- **Análise de fluxo de dados**: o processador analisa quais instruções são dependentes dos resultados, ou dados, umas das outras, a fim de criar uma lista otimizada de instruções. De fato, as instruções são listadas para serem executadas quando prontas, independentemente do pedido do programa original. Isso previne atrasos desnecessários.
- **Execução especulativa**: usando a previsão de desvio e a análise do fluxo de dados, alguns processadores especulativamente executam instruções antes de seu surgimento real na execução do programa, mantendo os resultados em locais temporários. Isso permite que o processador mantenha seus mecanismos de execução ocupados o máximo possível, executando instruções que provavelmente serão necessárias.

Estas e outras técnicas sofisticadas tornam-se necessárias pela capacidade completa do processador. Coletivamente, elas fazem com que seja possível explorar a velocidade básica do processador, em vez de levar alguns ciclos por instrução.

Balanço do desempenho

Embora a capacidade de processamento do processador tenha crescido em uma velocidade espantosa, outros componentes críticos do computador não a acompanharam. O resultado é a necessidade de procurar o balanço do desempenho: um ajuste da organização e da arquitetura para compensar a diferença entre as capacidades dos diversos componentes.

O problema criado por essas diferenças é particularmente importante na interface entre o processador e a memória principal. Embora a velocidade do processador tenha aumentado rapidamente, a velocidade com que os dados podem ser transferidos entre a memória principal e o processador ficou para trás. A interface entre o processador e a memória principal é o caminho mais crítico no computador inteiro, pois é responsável por transportar um fluxo constante de instruções do programa e de dados entre os chips de memória e o processador. Se a memória ou o caminho deixar de manter o desempenho com as demandas insistentes do processador, este entra em um estado de espera, e perde-se um tempo valioso de processamento.

Existem várias maneiras de um arquiteto de sistemas atacar esse problema, todas refletidas nos projetos atuais de computador. Considere os seguintes exemplos:

- Aumentar o número de bits que são recuperados ao mesmo tempo, tornando a DRAM "mais larga" em vez de "mais profunda" e usando caminhos de dados largos no barramento.
- Alterar a interface da DRAM para torná-la mais eficiente, incluindo uma cache[1] ou outro esquema de buffering no chip de DRAM.

---

1 Uma cache é uma memória rápida, relativamente pequena, interposta entre uma memória maior e mais lenta e a lógica que acessa a memória maior. A cache mantém dados acessados recentemente e é projetada para agilizar o acesso subsequente aos mesmos dados. As caches são discutidas no Capítulo 4.

▶ Reduzir a frequência de acesso à memória incorporando estruturas de cache cada vez mais complexas e eficientes entre o processador e a memória principal. Isso inclui a incorporação de uma ou mais caches no chip do processador, bem como uma cache fora do chip, próxima ao chip do processador.
▶ Aumentar a largura de banda de interconexão entre os processadores e a memória usando barramentos de velocidade mais alta e usando uma hierarquia de barramentos para armazenar e estruturar o fluxo de dados.

Outra área de foco de projeto é o tratamento dos dispositivos de E/S. À medida que os computadores se tornam mais rápidos e mais capazes, aplicações mais sofisticadas são desenvolvidas para dar suporte ao uso de periféricos com demandas intensas de E/S. A Figura 2.1 mostra alguns exemplos de dispositivos periféricos típicos em uso nos computadores pessoais e nas estações de trabalho. Esses dispositivos criam demandas consideráveis de fluxo de dados. Embora a geração atual de processadores possa tratar os dados enviados por esses dispositivos, ainda resta o problema de movimentar esses dados entre o processador e o periférico. As estratégias aqui incluem esquemas de caching e buffering, mais o uso de barramentos de interconexão de maior velocidade e estruturas de barramentos mais elaboradas. Além disso, o uso de configurações de múltiplos processadores pode auxiliar a satisfazer as demandas de E/S.

A chave em tudo isso é o equilíbrio. Os projetistas constantemente lutam para equilibrar as demandas de fluxo e processamento dos componentes do processador, memória principal, dispositivos de E/S e estruturas de interconexão. Esse projeto precisa ser constantemente repensado para lidar com dois fatores em constante evolução:

▶ A taxa em que o desempenho está mudando nas diversas áreas da tecnologia (processador, barramentos, memória, periféricos) difere bastante de um tipo de elemento para outro.
▶ Novas aplicações e novos dispositivos periféricos constantemente mudam a natureza da demanda sobre o sistema em termos do perfil de instrução típico e dos padrões de acesso aos dados.

Assim, o projeto do computador é uma forma de arte em constante evolução. Este livro tenta apresentar os fundamentos nos quais essa forma de arte é baseada e uma análise do estado atual dela.

Figura 2.1

Taxas de dados típicas dos dispositivos de E/S.

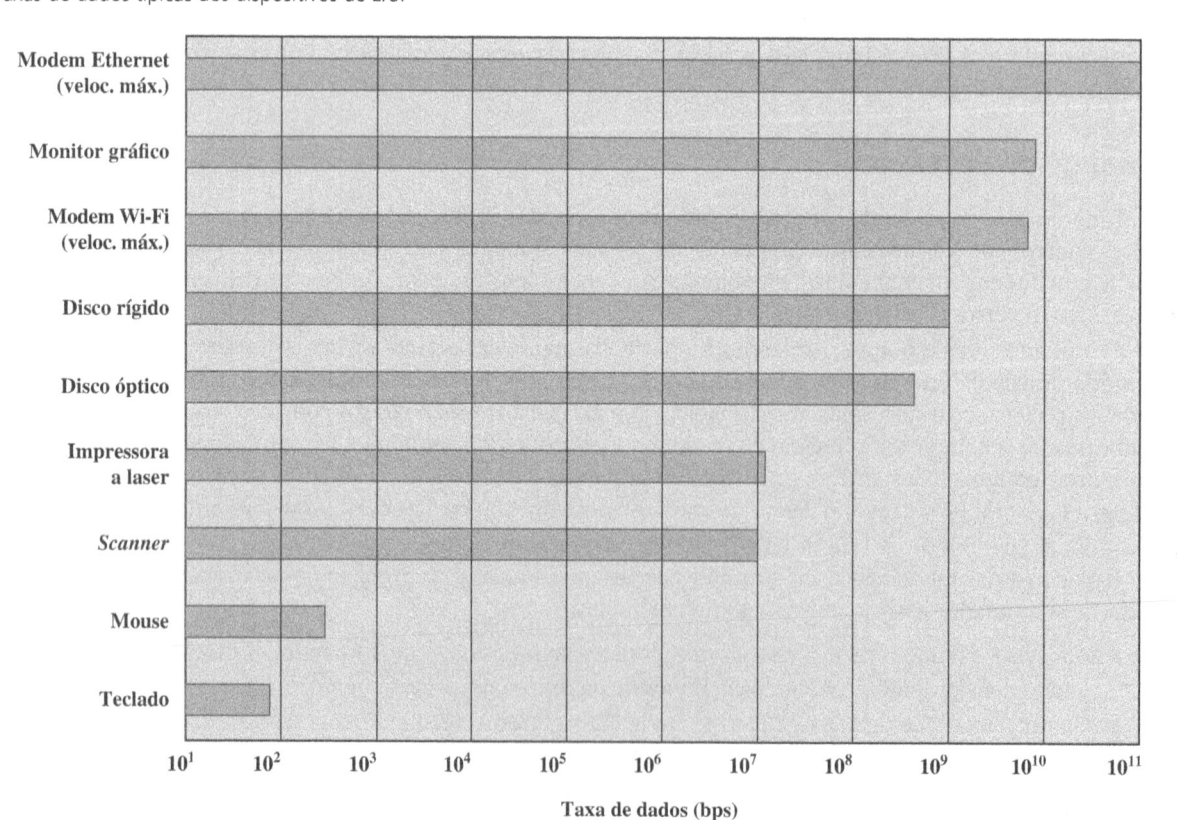

Melhorias na organização e na arquitetura do chip

À medida que os projetistas lutam com o desafio de balancear o desempenho do processador com o da memória principal e de outros componentes do computador, permanece a necessidade de aumentar a velocidade do processador. Para isso, existem três técnicas:

> Aumentar a velocidade de hardware do processador. Esse aumento deve-se fundamentalmente à diminuição do tamanho das portas lógicas no chip do processador, de modo que mais portas possam ser alocadas mais próximas uma das outras, aumentando a frequência do clock. Com portas mais próximas, o tempo de propagação para os sinais é significativamente reduzido, permitindo um aumento de velocidade do processador. Um aumento na frequência do clock significa que operações individuais são executadas mais rapidamente.

> Aumentar o tamanho e a velocidade das caches interpostas entre o processador e a memória principal. Em particular, dedicando uma parte do próprio chip do processador à cache, os tempos de acesso à cache caem significativamente.

> Fazer mudanças na organização e na arquitetura do processador, que aumentam a velocidade efetiva da execução da instrução. Tipicamente, isso envolve o uso do paralelismo de uma forma ou de outra.

Tradicionalmente, o fator dominante nos ganhos de desempenho tem sido em aumentos na velocidade do clock e densidade lógica. Contudo, à medida que a velocidade do clock e a densidade lógica aumentam, diversos obstáculos tornam-se mais significativos (INTEL..., 2004):

> **Potência**: à medida que a densidade da lógica e a velocidade do clock em um chip aumentam, também aumenta a densidade de potência (Watts/cm^2). A dificuldade de dissipar o calor gerado em chips de alta densidade e alta velocidade está se tornando um sério problema de projeto (GIBBS, 2004, BORKAR, 2003).

> **Atraso de RC**: a velocidade com que os elétrons podem se movimentar em um chip entre os transistores é limitada pela resistência e capacitância dos fios de metal que os conectam; especificamente, o atraso aumenta à medida que o produto RC aumenta. À medida que os componentes no chip diminuem de tamanho, as interconexões de fios tornam-se mais finas, aumentando a resistência. Além disso, os fios estão mais próximos, aumentando a capacitância.

> **Latência e taxa de transferência da memória**: a velocidade de acesso à memória (latência) e a taxa de transferência limitam as velocidades do processador, conforme já foi discutido.

Assim, haverá mais ênfase nas abordagens de organização e arquitetura para melhorar o desempenho. Essas técnicas são discutidas em outros capítulos do livro.

A partir do final da década de 1980, e continuando por cerca de quinze anos, duas estratégias principais foram utilizadas para aumentar o desempenho além do que pode ser alcançado simplesmente aumentando a velocidade do clock. Primeiro, houve um aumento na capacidade da cache. Agora, existem em geral dois ou três níveis de cache entre o processador e a memória principal. À medida que a densidade do chip tem aumentado, mais da memória cache tem sido incorporada no chip, permitindo um acesso mais rápido a ela. Por exemplo, o chip Pentium original dedicava cerca de 10% da área do chip a uma cache. Os chips atuais dedicam mais da metade de sua área a caches. E, geralmente, cerca de três quartos da outra metade são para controle e buffering relacionados ao pipeline.

Segundo, a lógica de execução de instrução dentro de um processador tornou-se cada vez mais complexa para permitir a execução paralela das instruções dentro do processador. Duas técnicas de projeto dignas de nota são: pipeline e superescalar. Um pipeline funciona como uma linha de montagem em uma fábrica, permitindo que diferentes estágios de execução de instruções distintas ocorram ao mesmo tempo pelo pipeline. A técnica superescalar basicamente permite múltiplos pipelines dentro de um único processador, de modo que as instruções que não dependem umas das outras possam ser executadas em paralelo.

Em meados dos anos de 1990, essas duas técnicas estavam atingindo o ponto de diminuir os retornos. A organização interna dos processadores atuais é excessivamente complexa e capaz de lidar com a distribuição do paralelismo do fluxo de instruções. Parece provável que aumentos mais significativos nessa direção serão relativamente modestos (GIBBS, 2004). Com três níveis de cache no chip do processador, cada um oferecendo capacidade substancial, também parece que os benefícios da cache estejam chegando a um limite.

Porém, simplesmente contar com o aumento na frequência do clock para aumentar o desempenho faz com que nos deparemos com o problema de dissipação de potência já citado. Quanto maior a frequência do clock, maior a potência a ser dissipada, sem falar que alguns limites físicos fundamentais já estão sendo atingidos.

Figura 2.2

Tendências dos processadores.

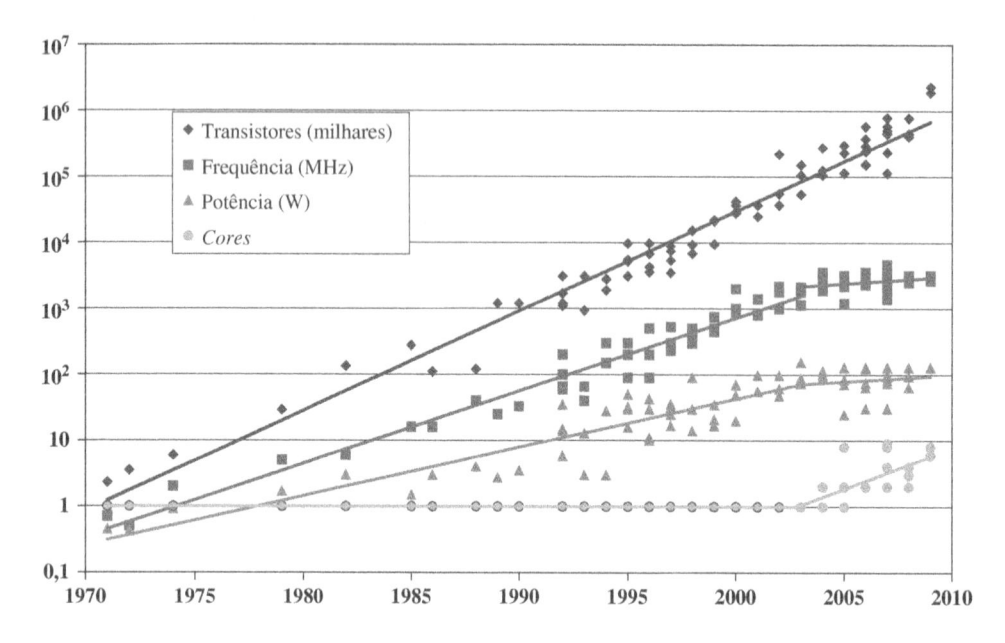

A Figura 2.2 ilustra os conceitos que foram discutidos.[2] A linha superior mostra que, conforme a lei de Moore, o número de transistores em um único chip continua a crescer exponencialmente.[3] Enquanto isso, a velocidade de clock se estabilizou, a fim de evitar uma maior elevação na potência. Para continuar aumentando o desempenho, os desenvolvedores tiveram de encontrar modos de explorar o crescente número de transistores, em vez de simplesmente elaborar um processador mais complexo. A resposta em anos recentes foi o desenvolvimento de computadores multicore.

2.2 MULTICORE, MICs E GPGPUs

Com todas as dificuldades citadas nas seções precedentes em mente, os desenvolvedores recorreram a uma técnica fundamentalmente nova a fim de aprimorar o desempenho: colocar diversos processadores no chip, com uma grande cache compartilhada. O uso de diversos processadores em um único chip, também chamado de múltiplos *cores* ou **multicore**, proporciona o potencial para aumentar o desempenho sem aumentar a frequência do clock. Os estudos indicam que, dentro de um processador, o aumento no desempenho é mais ou menos proporcional à raiz quadrada do aumento na complexidade (BORKAR, 2003). Mas, se o software pode suportar o uso efetivo de múltiplos processadores, então duplicar o número de processadores quase duplica o desempenho. Assim, a estratégia é usar dois processadores simplificados no chip em vez de um processador mais complexo.

Além disso, com dois processadores, as caches grandes são justificadas. Isso se dá porque o consumo de energia da lógica de memória em um chip é muito menor do que da lógica de processamento.

Conforme a densidade da lógica dos chips continua aumentando, a tendência tanto para mais *cores* como para mais cache em um chip único continua. Os chips de dois *cores* foram rapidamente seguidos por chips de quatro *cores*, oito, dezesseis e assim por diante. Conforme a cache se tornou maior, o senso do desempenho criou dois e, então, três níveis de cache em um chip, com, de início, a cache de primeiro nível dedicada a um processador individual e os níveis 2 e 3 sendo compartilhados por todos os processadores. Agora, é comum que a cache de segundo nível também seja privada para cada *core*.

---

2 Sou grato ao Professor Kathy Yelick da UC Berkeley, que gentilmente elaborou o gráfico.

3 O leitor observador notará que os valores numéricos de transistores nesta figura são significativamente menores do que os da Figura 1.12, que mostra o número de transistores para uma forma de memória principal conhecida como DRAM (discutida no Capítulo 5), que suporta maior densidade de transistor do que os chips do processador.

Os fabricantes de chip estão agora no processo de dar um enorme salto com relação ao número de *core* por chip, com mais de 50 *cores* por cada um. O salto no desempenho, bem como os desafios no software de desenvolvimento para explorar esse grande número de *cores*, têm levado ao surgimento de um novo termo: **muitos cores integrados (MIC — do inglês, *Many Integrated Cores*)**.

A estratégia do multicore e do MIC envolve uma coleção homogênea de processadores de uso geral em um único chip. Ao mesmo tempo, os fabricantes de chip estão buscando outra opção de desenvolvimento: um chip com múltiplos processadores de uso geral mais **unidades de processamento gráfico (GPUs — do inglês, *Graphics Processing Units*)** e *cores* especializados para processamento de vídeo e outras tarefas. Em termos gerais, uma GPU é um *core* desenvolvido para desempenhar operações paralelas em dados gráficos. Tradicionalmente encontrada em uma placa plug-in (adaptador de vídeo), ela é usada para codificar e renderizar gráficos 2D e 3D, bem como para processar vídeos.

Uma vez que as GPUs desempenham operações paralelas em múltiplos conjuntos de dados, elas estão sendo cada vez mais usadas como processadores vetoriais para uma variedade de aplicações que requerem computações repetitivas. Isso obscurece a linha entre a GPU e a CPU (ARORA, 2012, FATAHALIAN; HOUSTON, 2008, PROPHET, 2011). Quando uma grande gama de aplicações é suportada por um processador, o termo **GPUs de computação de uso geral (GPGPUs — em inglês, *General-Purpose computing on GPUs*)** é usado.

Discutiremos as características de desenvolvimento dos computadores multicore no Capítulo 18 e as GPGPUs no Capítulo 19.

2.3 DUAS LEIS QUE PROPORCIONAM *INSIGHTS*: LEI DE AMDAHL E LEI DE LITTLE

Nesta seção, consideraremos duas equações, chamadas de "leis". Elas não têm relação uma com a outra, mas ambas proporcionam *insights* quanto ao desempenho dos sistemas paralelos e sistemas multicore.

Lei de Amdahl

Os desenvolvedores de sistema computacional procuram modos de aprimorar o desempenho do sistema por meio de avanços na tecnologia ou mudanças no desenvolvimento. Exemplos incluem o uso de processadores paralelos, o uso de hierarquia de memória cache, *speedup* no tempo de acesso de memória e taxa de transferência de E/S em razão de melhorias na tecnologia. Em todos esses casos, é importante notar que um *speedup* em um aspecto da tecnologia ou desenvolvimento não resulta em um correspondente aumento do desempenho. Essa limitação se expressa de modo sucinto pela lei de Amdahl.

A lei de Amdahl foi proposta primeiro por Gene Amdahl em 1967 (AMDAHL, 1967, 2013) e lida com o potencial *speedup* de um programa usando múltiplos processadores em comparação com um único processador. Considere um programa sendo executado em um único processador de modo que uma fração $(1 - f)$ do tempo de execução envolve o código, que é inerentemente sequencial, e uma fração f que envolve o código que é infinitamente paralelizável sem sobrecarga no escalonamento. Considere que T é o tempo de execução total do programa que usa um único processador. Então, o *speedup* mediante o uso de um processador paralelo com N processadores que exploram completamente a parte paralela do programa se dá da seguinte forma:

$$Speedup = \frac{\text{Tempo para executar o programa em um único processador}}{\text{Tempo para executar o programa em } N \text{ processadores paralelos}}$$

$$= \frac{T(1-f) + Tf}{T(1-f) + \frac{Tf}{N}} = \frac{1}{(1-f) + \frac{f}{N}}$$

Essa equação é ilustrada nas figuras 2.3 e 2.4. Duas conclusões importantes podem ser consideradas:

1. Quando f é pequeno, o uso de processadores paralelos tem pequeno efeito.
2. Conforme N se aproxima do infinito, o *speedup* é limitado por $1/(1-f)$, de modo que há retornos decrescentes para o uso de mais processadores.

Essas conclusões são muito pessimistas, uma afirmação foi primeiramente apresentada por Gustafson (1988). Por exemplo, um servidor pode manter múltiplos *threads* ou diversas tarefas para lidar com vários clientes e executar os *threads* ou tarefas em paralelo até o limite do número de processadores. Algumas aplicações de base de dados envolvem computações em grandes quantidades de dados que são divididas em diversas tarefas paralelas.

Figura 2.3

Ilustração da lei de Amdahl.

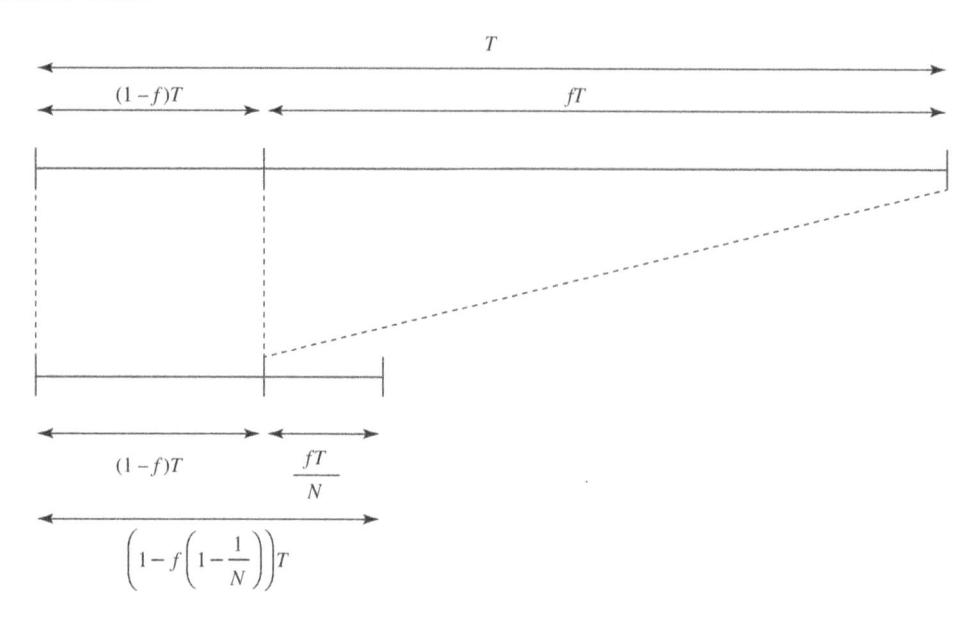

Mesmo assim, a lei de Amdahl ilustra os problemas com que a indústria se depara no desenvolvimento de máquinas multicore com um número sempre crescente de *cores*: o software que executa tais máquinas deve ser adaptado a um ambiente de execução altamente paralelo, a fim de explorar o potencial do processamento paralelo.

A lei de Amdahl pode ser generalizada para avaliar um desenvolvimento ou uma melhoria de técnica em um sistema computacional. Considere qualquer aumento em uma característica de um sistema que resulta em um *speedup*. O *speedup* pode ser expresso como

$$Speedup = \frac{\text{Desempenho depois do aumento}}{\text{Desempenho antes do aumento}} = \frac{\text{Tempo de execução antes do aumento}}{\text{Tempo de execução depois do aumento}} \quad (2.1)$$

Figura 2.4

Lei de Amdahl para multiprocessadores.

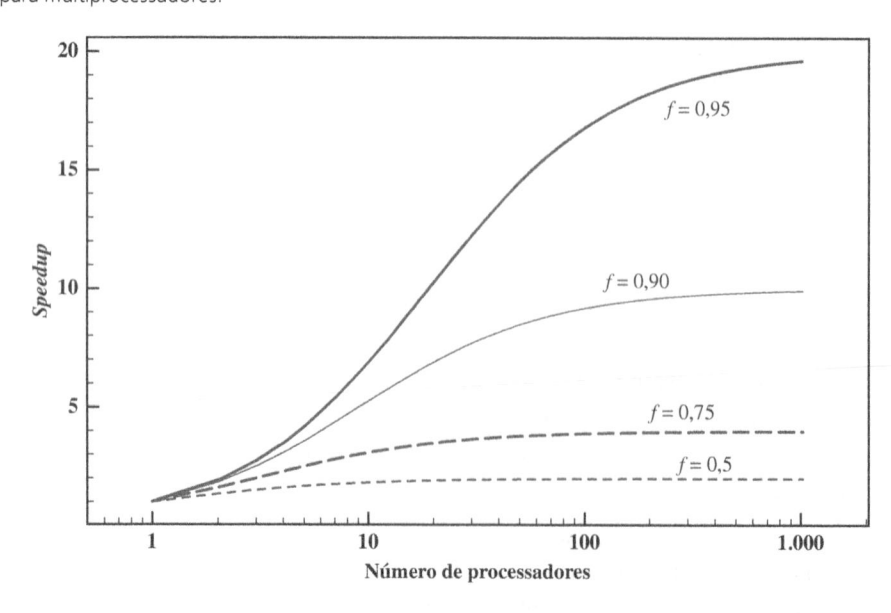

Suponha que uma característica de um sistema é usada durante a execução de uma fração de tempo f, antes do aumento, e que um *speedup* dessa característica depois do aumento é SU_f. Então, o *speedup* geral do sistema é

$$Speedup = \frac{1}{(1-f) + \frac{f}{SU_f}}$$

EXEMPLO 2.1

Suponha que uma tarefa faz uso intensivo de operações de ponto flutuante, com 40% do tempo consumido por operações de ponto flutuante. Com um novo design de hardware, o módulo de ponto flutuante é acelerado por um fator de K. Então, o *speedup* geral fica da seguinte maneira:

$$Speedup = \frac{1}{0,6 + \frac{0,4}{K}}$$

Assim, independentemente de K, o *speedup* máximo é de 1,67.

Lei de Little

Uma relação fundamental e simples com amplas aplicações é a lei de Little (LITTLE, 1961, 2011).[4] Podemos aplicá-la em quase todos os sistemas que estejam estatisticamente estabilizados e nos quais não há desvio. Especificamente, temos um sistema de estado estabilizado para o qual os itens chegam a uma taxa média de λ itens por unidade de tempo. Os itens ficam no sistema em uma média de W unidades de tempo. Por fim, há uma média de L unidades no sistema a cada tempo. A lei de Little relaciona esses três fatores como $L = \lambda W$.

Usando a terminologia da teoria do enfileiramento, a lei de Little aplica-se a um sistema de enfileiramento. O elemento central de um sistema é um servidor que proporciona algum serviço aos itens. Os itens a partir da população de itens chegam aos sistemas para serem servidos. Se o servidor estiver ocioso, um item é servido de imediato. Por sua vez, um item recém-chegado é colocado em uma fila de espera. Pode haver uma única fila para um único servidor, uma única fila para servidores múltiplos ou diversas filas, uma para cada um dos servidores múltiplos. Quando um servidor finalizou a tarefa de servir um item, o item sai. Se há itens esperando na fila, um é imediatamente enviado ao servidor. O servidor nesse modelo pode representar qualquer coisa que desempenhe alguma função ou serviço para uma coleção de itens. Exemplos: um processador proporciona serviço de processar; uma linha de transmissão proporciona um serviço de transmissão para pacotes ou estruturas de dados; e um dispositivo de E/S proporciona um serviço de leitura ou escrita para os pedidos de E/S.

Para entender a fórmula de Little, considere o seguinte argumento, que foca na experiência de um único item. Quando o item chega, ele encontra uma média de L itens à frente dele, um sendo servido e o restante em uma fila. Quando o item deixar o sistema antes de ser servido, ele deixará para trás em média o mesmo número de itens no sistema, nomeadamente L, porque L é definido como número médio de itens em espera. Além disso, o tempo médio que o item esteve no sistema foi W. Desde que os itens chegaram a uma taxa de λ, podemos dizer que no tempo W um total de λW itens deve ter chegado. Assim, $L = \lambda W$.

Para resumir, sob condições estáveis, o número médio de itens em um sistema de enfileiramento é igual à taxa média em que os itens chegam multiplicados pelo tempo médio que um item gasta no sistema. Essa relação requer poucas suposições. Não precisamos saber o que a distribuição de tempo de serviço é, o que a distribuição de tempo de chegada é, ou o pedido ou prioridade em que os itens são servidos. Por conta de sua simplicidade e generalidade, a lei de Little é extremamente útil e tem sido bastante utilizada em virtude do interesse em problemas de desempenho relacionados aos computadores multicore.

Um exemplo muito simples ilustra como a lei de Little deve ser aplicada (LITTLE, 2011). Considere o sistema multicore, onde cada *core* suporta a execução de múltiplos *threads*. Em algum nível, os *cores* compartilham uma memória comum. Os *cores* compartilham uma memória principal comum e costumam também

---

4 A segunda referência é um artigo retrospectivo sobre sua lei, que Little escreveu 50 anos depois de seu artigo original. Ele deve ser único na história da literatura técnica, embora Amdahl chegue perto, com um intervalo de 46 anos entre 1967 e 2013.

compartilhar uma memória cache comum. Em qualquer caso, quando um *thread* está sendo executado, ele pode chegar a um ponto em que deve recuperar uma parte dos dados a partir da memória comum. O *thread* para e envia um pedido para aqueles dados. Todos esses *threads* parados constituem uma fila. Se o sistema está sendo usado como um serviço, um analista pode determinar a demanda em um sistema em termos de taxa de solicitações do usuário e, então, traduzir em taxa de solicitações para dados de *threads* gerados para responder a um pedido individual de usuário. Para esse propósito, cada solicitação do usuário é desmembrada em subtarefas que são implementadas como *threads*. Então, temos λ = a taxa média do processamento total de *thread* necessária depois que todos os pedidos de membros tiverem sido desmembrados em quaisquer subtarefas detalhadas que tenham sido exigidas. L é definido como o número médio de *threads* esperando durante algum tempo relevante. Então, W = tempo médio de resposta. Esse modelo simples pode servir como um guia para desenvolvedores à medida que os pedidos dos usuários estiverem sendo cumpridos, senão, proporciona uma medida quantitativa do volume de melhorias necessário.

2.4 MEDIDAS BÁSICAS DE DESEMPENHO DO COMPUTADOR

Na avaliação do hardware do processador e na definição de requisitos para novos sistemas, o desempenho é um dos principais parâmetros a se considerar, juntamente com custo, tamanho, segurança, confiabilidade e, em alguns casos, consumo de potência.

É difícil fazer comparações de desempenho significativas entre diferentes processadores, mesmo entre os processadores na mesma família. A velocidade é muito menos importante do que como um processador funciona quando executa determinada aplicação. Infelizmente, o desempenho da aplicação depende não apenas da velocidade do processador, mas do conjunto de instruções, da escolha da linguagem de implementação, da eficiência do compilador e da habilidade da programação feita para implementar a aplicação.

Começamos esta seção com uma visão de algumas medidas tradicionais de velocidade do processador. Na próxima seção, estudaremos o benchmarking, que é a técnica mais comum para avaliar o processador e o desempenho do sistema computacional. Na seção seguinte, discutiremos como medir os resultados a partir dos testes múltiplos.

Velocidade de clock

As operações realizadas por um processador, como busca e decodificação de uma instrução, realização de uma operação aritmética e assim por diante, são controladas por um clock do sistema. Normalmente, todas as operações começam com o pulso do clock. Assim, no nível mais fundamental, a velocidade de um processador é ditada pela frequência de pulso produzida pelo clock, medida em ciclos por segundo, ou Hertz (Hz).

Geralmente, os sinais de clock são gerados por um cristal de quartzo, que gera uma onda de sinal constante enquanto uma tensão é aplicada. Essa onda é convertida em um *stream* de pulsos de voltagem digital, que é fornecido em um fluxo constante aos circuitos do processador (Figura 2.5). Por exemplo, um processador de 1 GHz recebe 1 bilhão de pulsos por segundo. A taxa de pulsos é conhecida como **frequência do clock** ou **velocidade de clock**. Um incremento (ou pulso) do clock é conhecido como um **ciclo de clock** ou um **período do clock**. O tempo entre os pulsos é o **tempo de ciclo**.

A frequência do clock não é arbitrária, mas precisa ser apropriada para o layout físico do processador. As ações no processador exigem que os sinais sejam enviados de um elemento do processador para outro. Quando um sinal é colocado em uma linha dentro do processador, é preciso alguma quantidade finita de tempo para os níveis de voltagem se estabilizarem, de modo que um valor preciso (1 ou 0 lógicos) esteja disponível. Além do mais, dependendo do layout físico dos circuitos do processador, alguns sinais podem mudar mais rapidamente do que outros. Assim, as operações precisam ser sincronizadas e cadenciadas de modo que valores de sinal elétrico (voltagem) apropriados estejam disponíveis para cada operação.

A execução de uma instrução envolve uma série de etapas discretas, como buscar a instrução na memória, decodificar as diversas partes da instrução, carregar e armazenar dados e realizar operações aritméticas e lógicas. Assim, grande parte das instruções na maioria dos processadores requer múltiplos ciclos de clock para ser executada. Algumas instruções podem usar apenas alguns ciclos, enquanto outras exigem dezenas. Além disso, quando o pipeline é usado, múltiplas instruções são executadas simultaneamente. Assim, uma comparação direta das velocidades de clock em diferentes processadores não diz muito sobre o desempenho.

Figura 2.5
Clock de sistema.

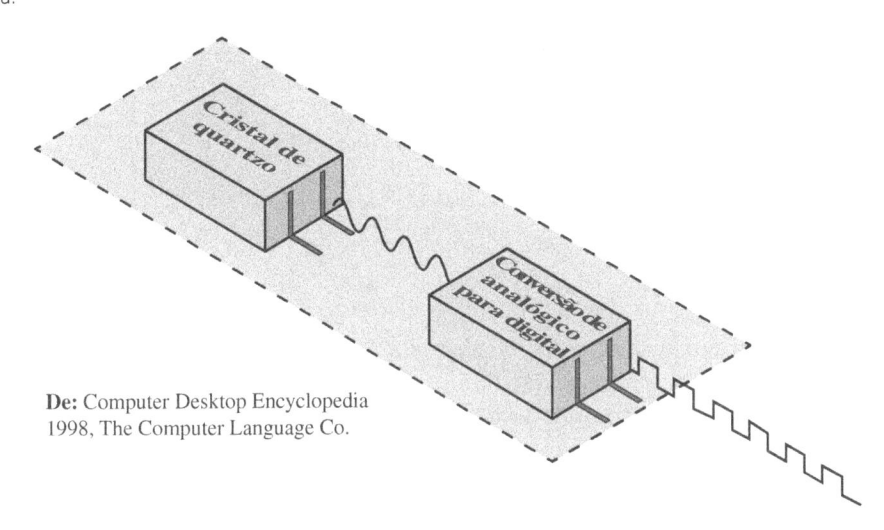

De: Computer Desktop Encyclopedia 1998, The Computer Language Co.

Taxa de execução de instrução

Um processador é controlado por um clock com uma frequência constante f ou, de modo equivalente, um período constante τ onde $\tau = 1/f$. Definimos o número de instruções, I_c, para um programa como o número de instruções de máquina executadas para esse programa até que ele seja executado até o fim ou por algum intervalo de tempo definido. Observe que esse é o número de execuções de instruções, e não o número de instruções no código objeto do programa. Um parâmetro importante é a média de ciclos por instrução (*CPI* — do inglês, *Cycles Per Instruction*) para um programa. Se todas as instruções exigissem o mesmo número de ciclos de clock, então o *CPI* seria um valor constante para um processador. Porém, em determinado processador, o número de ciclos de clock exigido varia para diferentes tipos de instruções, como carga, armazenamento, desvio e assim por diante. Considere que CPI_i seja o número de ciclos exigidos para a instrução tipo i, e I_i seja o número de instruções executadas de tipo i para determinado programa. Então, podemos calcular um *CPI* geral como a seguir:

$$CPI = \frac{\sum_{i=1}^{n}(CPI_i \times I_i)}{I_c} \qquad (2.2)$$

O tempo T do processador necessário para executar determinado programa pode ser expresso como

$$T = I_c \times CPI \times \tau$$

Podemos refinar essa formulação reconhecendo que, durante a execução de uma instrução, parte do trabalho é feita pelo processador, e em parte do tempo uma palavra está sendo transferida da e para a memória. Neste último caso, o tempo para transferir depende do tempo de ciclo da memória, que pode ser maior que o tempo de ciclo do processador. Podemos reescrever a equação anterior como:

$$T = I_c \times [p + (m \times k)] \times \tau$$

em que p é o número de ciclos de processador necessários para decodificar e executar a instrução, m é o número de referências de memória necessárias e k é a razão entre o tempo de ciclo da memória e o tempo de ciclo do processador. Os cinco fatores de desempenho na equação anterior (I_c, p, m, k, τ) são influenciados por quatro atributos do sistema: o projeto do conjunto de instruções (conhecido como *arquitetura do conjunto de instruções*), a tecnologia do compilador (quão efetivo é o compilador para produzir um programa em linguagem de máquina eficiente, a partir de um programa em linguagem de alto nível), a implementação do processador e a hierarquia de memória e cache. A Tabela 2.1 é uma matriz em que uma dimensão mostra os cinco fatores de desempenho e a outra dimensão mostra os quatro atributos dos sistemas. Um X em uma célula indica um atributo do sistema que afeta um fator de desempenho.

Tabela 2.1

Fatores de desempenho e atributos de sistema.

	Ic	p	m	k	τ
Arquitetura do conjunto de instruções	X	X			
Tecnologia do compilador	X	X	X		
Implementação do processador		X			X
Hierarquia de memória e cache				X	X

Uma medida comum do desempenho de um processador é a taxa em que as instruções são executadas, expressa como milhões de instruções por segundo (MIPS — do inglês, *Millions of Instructions per Second*), conhecida como **taxa MIPS**. Podemos expressar a taxa MIPS em termos da frequência do clock e do *CPI* da seguinte maneira:

$$\text{Taxa MIPS} = \frac{I_c}{T \times 10^6} = \frac{f}{CPI \times 10^6} \quad (2.3)$$

EXEMPLO 2.2

Considere a execução de um programa que resulta na execução de 2 milhões de instruções em um processador de 400 MHz. O programa consiste em quatro tipos principais de instruções. Os tipos de instruções e o *CPI* para cada tipo de instrução são mostrados a seguir, com base no resultado de um experimento de *trace* de programa.

Tipo de instrução	CPI	Número de instruções (%)
Aritmética e lógica	1	60
Load/store com acerto (*hit*)	2	18
Desvio	4	12
Referência de memória cache com *miss* de cache	8	10

O *CPI* médio quando o programa é executado em um único processador com os resultados de *trace* mostrados é CPI = 0,6 + (2 × 0,18) + (4 × 0,12) + (8 × 0,1) = 2,24. A taxa MIPS correspondente é (400 × 10⁶)/(2,24 × 10⁶) ≈ 178.

Outra medida de desempenho comum lida apenas com instruções de ponto flutuante. Estas são comuns em muitas aplicações científicas e de jogos. O desempenho do ponto flutuante é expresso como milhões de operações de ponto flutuante por segundo (MFLOPS — do inglês, *Millions of Floating-point Operations Per Second*), definido da seguinte forma:

$$\text{Taxa MFLOPS} = \frac{\text{Número de operações de ponto flutuante executadas em um programa}}{\text{Tempo de execução} \times 10^6}$$

2.5 CÁLCULO DA MÉDIA

Na avaliação de algum aspecto do desempenho do sistema computacional, é frequente o caso em que um número único, como tempo de execução e memória consumida, é usado para caracterizar e comparar os sistemas. Claramente, um número único pode proporcionar somente uma visão simplificada da capacidade do sistema. Ainda assim, e sobretudo no campo do benchmarking, os números únicos costumam ser usados para comparação de desempenho (SMITH, 1988).

Como discutido na Seção 2.6, o uso de benchmarks para comparar os sistemas envolve o cálculo do valor médio do conjunto de pontos de dados relacionados ao tempo de execução. Verifica-se que há diversos algoritmos alternativos que podem ser usados para calcular um valor médio, e tem sido a fonte de alguma controvérsia no campo do benchmarking. Nesta seção, definimos esses algoritmos alternativos e comentamos algumas de suas propriedades. Isso nos prepara para uma discussão, na próxima seção, a respeito do cálculo médio no benchmarking.

As três fórmulas comuns usadas para calcular uma média são: aritmética, geométrica e harmônica. Dado um conjunto de números reais n ($x_1, x_2, ..., x_n$), as três médias são definidas da seguinte maneira:

Média aritmética

$$MA = \frac{x_1 + \cdots + x_n}{n} = \frac{1}{n}\sum_{i=1}^{n} x_i \tag{2.4}$$

Média geométrica

$$MG = \sqrt[n]{x_1 \times \cdots \times x_n} = \left(\prod_{i=1}^{n} x_i\right)^{1/n} = e^{\left(\frac{1}{n}\sum_{i=1}^{n}\ln(x_i)\right)} \tag{2.5}$$

Média harmônica

$$MH = \frac{n}{\left(\frac{1}{x_1}\right) + \cdots + \left(\frac{1}{x_n}\right)} = \frac{n}{\sum_{i=1}^{n}\left(\frac{1}{x_i}\right)} \quad x_i > 0 \tag{2.6}$$

Pode-se mostrar que a desigualdade seguinte é mantida:

$$MA \geq MG \geq MH$$

Os valores são iguais somente se $x_1 = x_2 = ... x_n$.

Podemos obter uma compreensão útil com esses cálculos alternativos definindo a média funcional. Considere que $f(x)$ seja uma função monotônica e contínua definida no intervalo $0 \leq y < \infty$. O meio funcional com respeito à função $f(x)$ para números reais positivos n ($x_1, x_2, ..., x_n$) é definido como:

Média funcional $\quad MF = f^{-1}\left(\frac{f(x_1) + \cdots + f(x_n)}{n}\right) - f^{-1}\left(\frac{1}{n}\sum_{i=1}^{n} f(x_i)\right)$

em que $f^{-1}(x)$ é o inverso de $f(x)$. Os valores médios definidos nas Equações (2.1) por meio da (2.3) são casos especiais da média funcional, como segue:

- MA é MF com relação a $f(x) = x$
- MG é MF com relação a $f(x) = \ln x$
- MH é MF com relação a $f(x) = 1/x$

EXEMPLO 2.3

A Figura 2.6 ilustra as três médias aplicadas aos diversos conjuntos de dados, cada qual tem onze pontos de dados e um valor máximo de pontuação de dados de 11. O valor médio está também incluído no gráfico. Talvez o que mais se destaca nessa figura é que MH tende a produzir um resultado enganoso quando os dados são distorcidos para valores maiores ou quando há uma incongruência de pequeno valor.

Consideremos agora quais médias são apropriadas para dada medida de desempenho. Como um prefácio a essas observações, vale lembrar que diversos artigos (CITRON; HURANI; GNADREY, 2006, FLEMING; WALLACE, 1986, GILADI; AHITUV, 1995, JACOB; MUDGE, 1995, JOHN, 2004, MASHEY, 2004, SMITH, 1988) e livros (HENNESSY; PATTERSON, 2012, HWANG, 1993, JAIN, 1991, LILJA, 2000) ao longo dos anos argumentaram sobre os prós e contras das três médias para análise de desempenho e compararam as conclusões. Para simplificar uma controvérsia completa, apenas observamos que as conclusões obtidas dependem muito dos exemplos escolhidos e do modo como os objetivos são estabelecidos.

Figura 2.6

Comparação de médias em vários conjuntos de dados (cada conjunto tem um ponto de valor de dados máximo).

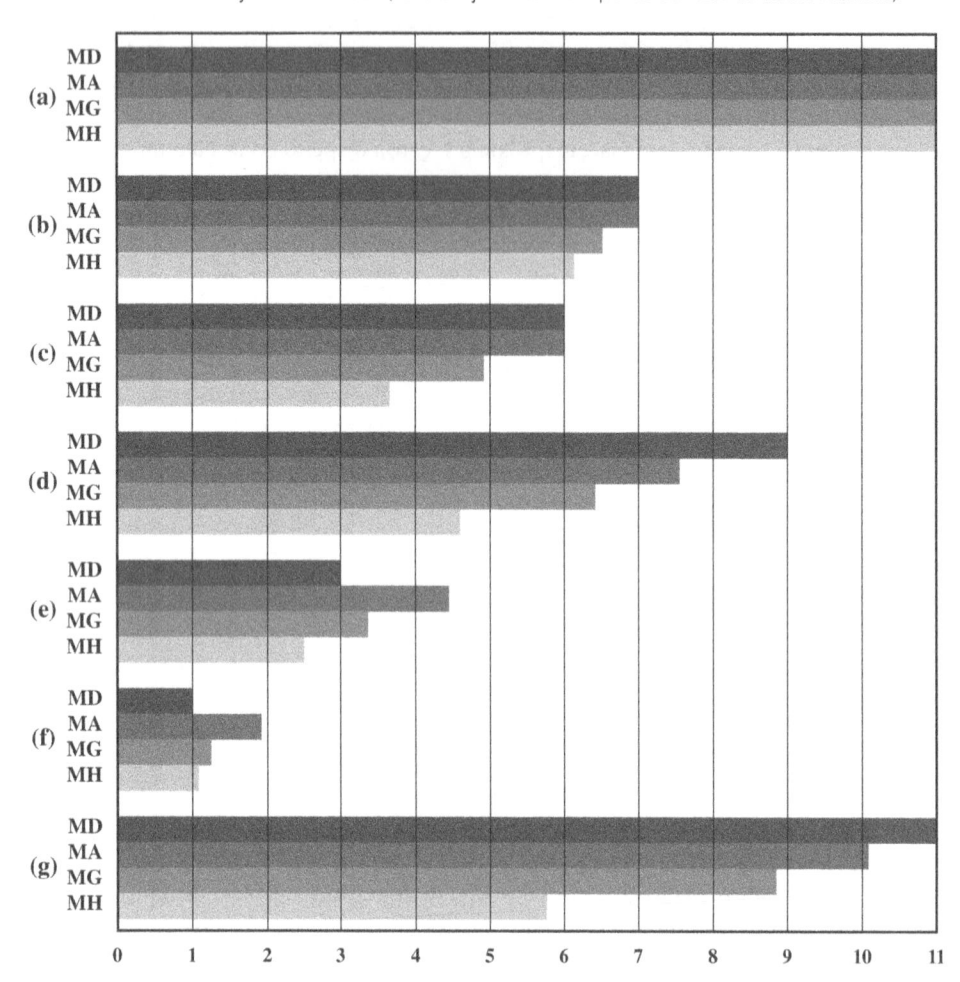

(a) Constante (11, 11, 11, 11, 11, 11, 11, 11, 11, 11, 11)
(b) Agrupamento em torno de um valor central (3, 5, 6, 6, 7, 7, 7, 8, 8, 9, 11)
(c) Distribuição uniforme (1, 2, 3, 4, 5, 6, 7, 8, 9, 10, 11)
(d) Tendência de número grande (1, 4, 4, 7, 7, 9, 9, 10, 10, 11, 11)
(e) Tendência de número pequeno (1, 1, 2, 2, 3, 3, 5, 5, 8, 8, 11)
(f) Incongruência superior (11, 1, 1, 1, 1, 1, 1, 1, 1, 1, 1)
(g) Incongruência inferior (1, 11, 11, 11, 11, 11, 11, 11, 11, 11, 11)

MD = mediano
MA = média aritmética
MG = média geométrica
MH = média harmônica

Média aritmética

Uma MA é uma medida apropriada se a soma de todas as medidas for um valor significativo e interessante. A MA é um bom candidato para comparar o tempo de execução e o desempenho de muitos sistemas. Por exemplo, suponha que estejamos interessados em usar o sistema para estudos de simulação em larga escala e queiramos avaliar vários produtos alternativos. Em cada sistema, podemos executar a simulação diversas vezes com valores de entrada diferentes para cada execução e, então, tomar o tempo de execução médio através de todas as execuções. O uso de diversas execuções com entradas diferentes deve assegurar que os resultados não são bastante influenciados por alguma característica não usual de um dado conjunto de entrada. A MA de todas as execuções é uma boa medida dos desempenhos de sistemas em simulações e um bom número para uso em comparação entre sistemas.

A MA usada como uma variável baseada em tempo (por exemplo, segundos), como tempo de execução de programa, tem uma propriedade importante que é diretamente proporcional ao tempo total. Então, se o tempo total dobra, o valor médio segue o mesmo caminho.

Média harmônica

Para algumas situações, a taxa de execução de um sistema pode ser vista como uma medida útil do valor do sistema. Pode ser a taxa de execução de instruções, medida em MIPS ou MFLOPS, ou uma taxa de execução de programa, que mede a taxa na qual um dado tipo de programa pode ser executado. Considere como gostaríamos que a média calculada se comportasse. Não faz sentido dizer que gostaríamos que a taxa média fosse proporcional à taxa total, onde a taxa total é definida como a soma das taxas individuais. A soma das taxas pode ser uma estatística sem significado. De preferência, gostaríamos que a média fosse inversamente proporcional ao tempo total de execução. Por exemplo, se o tempo total para executar programas de benchmark em um grupo de programas fosse o dobro para o sistema C, assim como para o sistema D, iríamos querer que o valor médio da taxa de execução fosse o mesmo tanto para o sistema C como para o sistema D.

Vamos considerar um exemplo básico e vamos primeiro examinar como a MA se comporta. Suponha que tenhamos um conjunto de n programas de benchmark e gravamos os tempos de execução de cada programa em um dado sistema como $t_1, t_2, ..., t_n$. Para simplificar, suponhamos que cada programa execute o mesmo número de operações Z; poderíamos considerar os programas individuais e fazer o cálculo de acordo, mas isso não mudaria a conclusão de nosso argumento. A taxa de execução para cada programa individual é $R_i = Z/t_i$. Usamos a MA para calcular a taxa de execução média.

$$MA = \frac{1}{n}\sum_{i=1}^{n} R_i = \frac{1}{n}\sum_{i=1}^{n}\frac{Z}{t_i} = \frac{Z}{n}\sum_{i=1}^{n}\frac{1}{t_i}$$

Vemos que a taxa de execução de MA é proporcional à soma dos inversos dos tempos de execução, que não é a mesma conforme for inversamente proporcional à soma de tempos de execução. Assim, a MA não tem a propriedade desejada.

A MH produz o seguinte resultado:

$$MH = \frac{n}{\sum_{i=1}^{n}\left(\frac{1}{R_i}\right)} = \frac{n}{\sum_{i=1}^{n}\left(\frac{1}{Z/t_i}\right)} = \frac{nZ}{\sum_{i=1}^{n} t_i}$$

A MH é inversamente proporcional ao tempo total de execução, que é a propriedade desejada.

EXEMPLO 2.4

Um simples exemplo numérico ilustrará a diferença entre as duas médias no cálculo de um valor médio de taxas, mostrado na Tabela 2.2. A tabela compara o desempenho de três computadores na execução de dois programas. Para simplificar, vamos supor que a execução de cada programa resulta na execução de 10^8 operações de ponto flutuante. A metade esquerda da tabela mostra os tempos de execução para cada computador que executa cada programa, o tempo de execução total e a MA dos tempos de execução. O Computador A executa em menos tempo que o B, que executa em menos tempo que o C, e isso é refletido de maneira precisa na MA.

A metade direita da tabela proporciona uma comparação nos termos de taxas, expressos na MFLOPS. O cálculo de taxa é direto. Por exemplo, o programa 1 executa 100 milhões de operações de ponto flutuante. O Computador A leva 2 segundos para executar o programa para uma taxa de MFLOPS de 100/2 = 50. Em seguida, considere a MA das taxas. O maior valor é para o computador A, o que sugere que A é o computador mais rápido. Em termos de tempo de execução total, A tem o tempo mínimo, então é o computador mais rápido entre os três. Mas a MA das taxas mostra B tão lento quanto C, enquanto B é de fato mais rápido que C. Analisando os valores de MH, vemos que eles refletem corretamente a ordem de velocidade dos computadores. Isso confirma que a MH é preferida ao calcular as taxas.

O leitor pode se perguntar o porquê de passar por todo esse esforço. Se quisermos comparar o tempo de execução, podemos simplesmente comparar os tempos de execução total dos três sistemas. Se quisermos comparar as taxas, podemos simplesmente tomar o inverso do tempo de execução total, como mostrado na tabela. Há duas razões para fazer cálculos individuais em vez de somente analisar os números agregados:

Tabela 2.2

Uma comparação entre a média aritmética e a harmônica para taxas.

	Computador Tempo A (segundos)	Computador Tempo B (segundos)	Computador Tempo C (segundos)	Computador Taxa A (MFLOPS)	Computador Taxa B (MFLOPS)	Computador Taxa C (MFLOPS)
Programa 1 (10^8 FP ops)	2,0	1,0	0,75	50	100	133,33
Programa 2 (10^8 FP ops)	0,75	2,0	4,0	133,33	50	25
Tempo de execução total	2,75	3,0	4,75	—	—	—
Média aritmética de tempos	1,38	1,5	2,38	—	—	—
Inverso do tempo de execução total (1/segundo)	0,36	0,33	0,21	—	—	—
Média aritmética de taxas	—	—	—	91,67	75,00	79,17
Média harmônica de taxas	—	—	—	72,72	66,67	42,11

1. Um cliente ou pesquisador pode estar interessado não só no desempenho médio geral, mas também no desempenho contra diferentes tipos de programas de benchmark, como aplicações de negócios, modelos científicos, aplicações multimídia e programas de sistema. Desse modo, uma análise parcial do tipo de benchmark é necessária, bem como uma análise total.
2. Em geral, os diferentes programas usados para avaliações são levados em conta de modo diferente. Na Tabela 2.2, supõe-se que os dois programas de teste executam o mesmo número de operações. Se não for o caso, podemos querer ponderar de acordo com o número de operações. Ou diferentes programas podem ser ponderados de modo distinto para refletir a importância ou a prioridade.

Vamos ver qual o resultado se os programas de testes forem ponderados de modo proporcional ao número de operações. Seguindo a notação anterior, cada programa i executa Z_i instruções em um tempo t_i. Cada taxa é ponderada pela conta de instruções. A taxa MH ponderada é, portanto:

$$MHP = \frac{1}{\sum_{i=1}^{n}\left(\left(\frac{Z_i}{\sum_{j=1}^{n}Z_j}\right)\left(\frac{1}{R_i}\right)\right)} = \frac{n}{\sum_{i=1}^{n}\left(\left(\frac{Z_i}{\sum_{j=1}^{n}Z_j}\right)\left(\frac{t_i}{Z_i}\right)\right)} = \frac{\sum_{j=1}^{n}Z_j}{\sum_{i=1}^{n}t_i} \quad (2.7)$$

Vemos que a MH ponderada é o quociente da soma do número de operações dividido pela soma dos tempos de execução.

Média geométrica

Considerando as equações para os três tipos de média, é mais fácil adquirir um senso intuitivo do comportamento da MA e da MH do que da MG. Várias observações, de Feitelson (2015), podem ser úteis nesse sentido. Primeiro, observamos que, com relação às mudanças nos valores, a MG confere peso igual para todos os valores no conjunto de dados. Por exemplo, suponha que o conjunto de valores de dados a ser medido inclua alguns valores maiores e mais valores menores. Aqui, a MA é dominada pelos valores maiores. Uma mudança de 10% no valor maior terá um efeito notável, ao passo que uma mudança no valor menor pelo mesmo fator terá um efeito negligenciável. Por outro lado, uma mudança no valor em 10% de qualquer um dos valores dos dados resultará na mesma mudança na MG: $\sqrt[n]{1,1}$.

EXEMPLO 2.5

Esse ponto é ilustrado pelo conjunto de dados (e) na Figura 2.6. Esses são os efeitos de aumentar o valor máximo ou o valor mínimo no conjunto de dados em 10%:

	Média geométrica	Média aritmética
Valor original	3,37	4,45
Aumentar o valor máximo de 11 para 12,1 (+10%)	3,40 (+0,87%)	4,55 (+2,24%)
Aumentar o valor mínimo de 1 para 1,1 (+10%)	3,40 (+0,87%)	4,46 (+0,20%)

Uma segunda observação é que, para a MG de uma razão, a MG das razões iguala a razão das MGs:

$$MG = \left(\prod_{i=1}^{n} \frac{Z_i}{t_i}\right)^{1/n} = \frac{\left(\prod_{i=1}^{n} Z_i\right)^{1/n}}{\left(\prod_{i=1}^{n} t_i\right)^{1/n}} \tag{2.8}$$

Compare com a Equação 2.4.

Para uso com tempos de execução, ao contrário do que se dá com taxas, uma desvantagem da MG é que ela pode ser não monotônica com relação à MA mais intuitiva. Em outras palavras, pode haver casos em que a MA de um conjunto de dados é maior que aquela do outro conjunto, mas a MG é menor.

EXEMPLO 2.6

Na Figura 2.6, a MA para o conjunto de dados d é maior que a MA para o conjunto de dados c, mas o oposto também é verdadeiro para a MG.

	Conjunto de dados c	Conjunto de dados d
Média aritmética	7,00	7,55
Média geométrica	6,68	6,42

Uma propriedade da MG que tem tido apelo na análise de benchmark é que ela proporciona resultados consistentes quando mede o desempenho relativo das máquinas. De fato isso é para o que os benchmarks são usados em primeiro lugar: para comparar uma máquina com outra em termos de métricas de desempenho. Os resultados, como temos visto, são expressos em termos de valores que são normalizados para a máquina de referência.

EXEMPLO 2.7

Um simples exemplo ilustrará a forma como a MG mostra a consistência para resultados normalizados. Na Tabela 2.3, usamos os mesmos resultados de desempenho usados na Tabela 2.2. Na Tabela 2.3a, todos os resultados são normalizados ao Computador A, e as médias são calculadas em valores normalizados. Com base no tempo de execução total, A é mais rápido que B, que é mais rápido que C. Tanto as MAs como as GMs dos tempos normalizados refletem isso. Na Tabela 2.3b, os sistemas são agora normalizados a B. Novamente, as GMs refletem corretamente as velocidades relativas dos três computadores, mas a MA produz uma ordem diferente.

Infelizmente, a consistência nem sempre produz resultados corretos. Na Tabela 2.4, alguns dos tempos de execução são alterados. Uma vez mais, a MA relata os resultados conflitantes para as duas normalizações. A MG relata resultados compatíveis, mas o resultado é que B é mais rápido que A e C, que são iguais.

Tabela 2.3

Uma comparação entre as médias aritmética e geométrica para resultados normalizados.

	(a) Resultados normalizados para o Computador A		
	Tempo do Computador A	Tempo do Computador B	Tempo do Computador C
Programa 1	2,0 (1,0)	1,0 (0,5)	0,75 (0,38)
Programa 2	0,75 (1,0)	2,0 (2,67)	4,0 (5,33)
Tempo total de execução	2,75	3,0	4,75
Média aritmética de tempos normalizados	1,00	1,58	2,85
Média geométrica de tempos normalizados	1,00	1,15	1,41

	(b) Resultados normalizados para o Computador B		
	Tempo do Computador A	Tempo do Computador B	Tempo do Computador C
Programa 1	2,0 (2,0)	1,0 (1,0)	0,75 (0,75)
Programa 2	0,75 (0,38)	2,0 (1,0)	4,0 (2,0)
Tempo total de execução	2,75	3,0	4,75
Média aritmética de tempos normalizados	1,19	1,00	1,38
Média geométrica de tempos normalizados	0,87	1,00	1,22

Tabela 2.4

Outra comparação das médias aritmética e geométrica para os resultados normalizados.

	(a) Resultados normalizados para o Computador A		
	Tempo do Computador A	Tempo do Computador B	Tempo do Computador C
Programa 1	2,0 (1,0)	1,0 (0,5)	0,20 (0,1)
Programa 2	0,4 (1,0)	2,0 (5,0)	4,0 (10,0)
Tempo total de execução	2,4	3,00	4,2
Média aritmética de tempos normalizados	1,00	2,75	5,05
Média geométrica de tempos normalizados	1,00	1,58	1,00

	(b) Resultados normalizados para o Computador B		
	Tempo do Computador A	Tempo do Computador B	Tempo do Computador C
Programa 1	2,0 (2,0)	1,0 (1,0)	0,20 (0,2)
Programa 2	0,4 (0,2)	2,0 (1,0)	4,0 (2,0)
Tempo total de execução	2,4	3,00	4,2
Média aritmética de tempos normalizados	1,10	1,00	1,10
Média geométrica de tempos normalizados	0,63	1,00	0,63

São exemplos como este que têm abastecido as "guerras de média de benchmark" nas citações já listadas. É seguro dizer que nenhum número único pode proporcionar todas as informações necessárias para comparar resultados entre sistemas. Contudo, apesar das opiniões conflitantes na literatura, a SPEC (do inglês, *Standard Performance Evaluation Corporation*) tem escolhido usar a MG, por várias razões:

1. Como mencionado, a MG dá resultados compatíveis, independentemente de qual sistema seja usado como referência. Por ser o benchmark em primeiro lugar uma análise comparativa, esta é uma característica importante.
2. Como documentado por McMahon (1993) e confirmado em análises subsequentes dos analistas da SPEC (MASHEY, 2004), a MG é menos propensa a inconsistências que a MH ou MA.
3. Mashey (2004) demonstra que as distribuições das razões de desempenho são mais bem modeladas pelas distribuições lognormais do que pelas normais, por causa da distribuição geralmente equivocada dos números normalizados. Isso é confirmado por Citron e Hurani (2006). E, como mostrado na Equação (2.5), a MG pode ser descrita como uma média retransformada da distribuição lognormal.

2.6 BENCHMARKS E SPEC

Princípios de benchmark

Medidas como MIPS e MFLOPS provaram ser inadequadas para avaliar o desempenho dos processadores. Por causa de diferenças nos conjuntos de instruções, a taxa de execução de instrução não é um meio válido de comparar o desempenho de diferentes arquiteturas.

EXEMPLO 2.8

Considere esta instrução em linguagem de alto nível:

```
A = B + C   /* considere todas as quantidades na memória principal */
```

Com uma arquitetura de conjunto de instruções tradicional, conhecida como CISC, essa instrução pode ser compilada em uma instrução de processador:

```
add mem(B), mem(C), mem(A)
```

Em uma típica máquina RISC, a compilação pareceria com algo como:

```
load  mem(B), reg(1);
load  mem(C), reg(2);
add   reg(1), reg(2), reg(3);
store reg(3), mem(A)
```

Por conta da natureza da arquitetura RISC (discutida no Capítulo 15), ambas as máquinas podem executar a instrução original em linguagem de alto nível aproximadamente no mesmo tempo. Se este exemplo for representativo das duas máquinas, então, caso a máquina CISC seja classificada com 1 MIPS, a máquina RISC será classificada com 4 MIPS. Mas ambas realizam a mesma quantidade de trabalho em linguagem de alto nível na mesma quantidade de tempo.

Outra consideração é que o desempenho de certo processador em determinado programa pode não ser útil para determinar como esse processador funcionará em um tipo de aplicação muito diferente. Consequentemente, a partir do final da década de 1980 e início da seguinte, o interesse industrial e acadêmico passou para a medição do desempenho dos sistemas usando um conjunto de programas de benchmark. O mesmo conjunto de programas pode ser executado em diferentes máquinas, com os tempos de execução comparados. Os benchmarks proporcionam orientações para os clientes que tentam decidir qual sistema comprar e pode ser útil para vendedores e desenvolvedores na determinação de como desenvolver sistemas para atingir as metas de benchmark.

Weicker (1990) lista as características desejadas de um programa de benchmark:

1. É escrito em uma linguagem de alto nível, tornando-o portável entre diferentes máquinas.
2. Representa um tipo particular de estilo de programação, como programação de sistemas, programação numérica ou programação comercial.
3. Pode ser medido com facilidade.
4. Tem ampla distribuição.

Benchmarks da SPEC

A necessidade comum nas comunidades industrial, acadêmica e de pesquisa para medidas de desempenho de computador geralmente aceitas tem levado ao desenvolvimento de pacotes de benchmark padronizados. Um pacote de benchmark é uma coleção de programas, definidos em uma linguagem de alto nível, que, juntos, tentam oferecer um teste representativo de um computador em determinada área de aplicação ou de programação de sistema. O mais conhecido conjunto de pacotes de benchmark é definido e mantido pela Standard Performance Evaluation Corporation (SPEC), um consórcio da indústria. Essa organização define vários pacotes que visam à avaliação dos sistemas computacionais. As medidas de desempenho SPEC são bastante usadas para fins de comparação e pesquisa.

O pacote de benchmark mais conhecido da SPEC é o SPEC CPU2006. Trata-se do pacote padrão da indústria para aplicações com uso intensivo do processador. Ou seja, o SPEC CPU2006 é apropriado para medir o desempenho de aplicações que gastam a maior parte de seu tempo realizando cálculos, em vez de E/S.

Outros pacotes SPEC são os seguintes:

- **SPECviewperf**: padrão para medir o desempenho de gráficos 3D com base em aplicações profissionais.
- **SPECwpc**: benchmark para medir todos os aspectos-chave do desempenho da estação de trabalho com base em diversas aplicações profissionais, incluindo mídia e entretenimento, desenvolvimento de produtos, ciências da vida, serviços financeiros e energia.
- **SPECjvm2008**: visa avaliar o desempenho do hardware combinado e os aspectos do software da plataforma de cliente Java Virtual Machine (JVM).
- **SPECjbb2013 (Java Business Benchmark)**: um benchmark para avaliar as aplicações de e-commerce de servidor baseadas em Java.
- **SPECsfs2008**: desenvolvido para avaliar a velocidade e as capacidades de solicitação de manuseio dos servidores de arquivo.
- **SPECvirt_sc2013**: avaliação de desempenho de servidores de data centers usados na consolidação de virtualização de servidores. Medidas de desempenho de ponta a ponta de todos os componentes de sistema, incluindo hardware, plataforma de visualização, sistema operacional hospedeiro virtualizado e software de aplicação. O benchmark suporta a visualização do hardware, a visualização do sistema operacional e os esquemas de particionamento de hardware.

O pacote CPU2006 é baseado em aplicações existentes que já foram utilizadas em uma grande variedade de plataformas pelos membros do setor SPEC. Para que os resultados do benchmark sejam confiáveis e realistas, os benchmarks da CPU2006 são delineados a partir de aplicações de vida real, em vez de usarem programas com loops artificiais ou benchmarks sintéticos. O pacote consiste em 12 benchmarks inteiros escritos em C e C++, e em 17 benchmarks de ponto flutuante escritos em C, C++ e Fortran (tabelas 2.5 e 2.6). O pacote contém mais de 3 milhões de linhas de código. Essa é a quinta geração dos pacotes de processadores intensivos da SPEC, substituindo SPEC CPU2000, SPEC CPU95, SPEC CPU92 e SPEC CPU89 (HENNING, 2007).

Tabela 2.5
Benchmarks inteiros SPEC CPU2006.

Benchmark	Tempo de referência (horas)	Número instr. (bilhões)	Linguagem	Área de aplicações	Breve descrição
400.perlbench	2,71	2.378	C	Linguagem de programação	Interpretador da linguagem de programação PERL, utilizado em um conjunto de três programas
401.bzip2	2,68	2.472	C	Compressão	Compressor de dados de uso geral com mais trabalho feito em memória em vez de E/S
403.gcc	2,24	1.064	C	Compilador C	Com base na versão gcc Version 3.2, gera código para Opteron
429.mcf	2,53	327	C	Otimização combinatória	Algoritmo de escalonamento de veículos

(Continua)

(Continuação)

Benchmark				Área	Descrição
445.gobmk	2,91	1.603	C	Inteligência artificial	Jogo Go, um jogo descrito como simples, mas profundamente complexo
456.hmmer	2,59	3.363	C	Procura a sequência de gene	Análise de sequência de proteína usando os modelos de Markov de perfil escondido
458.sjeng	3,36	2.383	C	Inteligência artificial	Um programa de xadrez altamente recomendado que também segue diversas variações do jogo
462.libquantum	5,76	3.555	C	Física / computação quântica	Simula um computador quântico executando algoritmos de fatoração em tempo polinomial de Shor
464.h264ref	6,15	3.731	C	Compressão de vídeo	H.264/ Compressão de vídeo AVC (*Advanced Video Coding*)
471.omnetpp	1,74	687	C++	Simulação de evento discreto	Usa o simulador de evento discreto OMNet++ para modelar uma rede grande de campo Ethernet
473.astar	1,95	1.200	C++	Algoritmos pathfinding	Biblioteca pathfinding para mapas 2D
483.xalancbmk	1,92	1.184	C++	Processamento de XML	Uma versão modificada do Xalan-C++, que transforma os documentos XML em outros tipos de documentos

Tabela 2.6
Benchmarks de ponto flutuante SPEC CPU2006.

Benchmark	Tempo de referência (horas)	Número instr. (bilhões)	Linguagem	Área de aplicações	Breve descrição
410.bwaves	3,78	1.176	Fortran	Dinâmica de fluidos	Calcula o transiente laminar 3D de fluxo viscoso
416.gamess	5,44	5.189	Fortran	Química quântica	Cálculos de química quântica
433.milc	2,55	937	C	Física / cromodinâmica quântica	Simula o comportamento de quarks e glúons
434.zeusmp	2,53	1.566	Fortran	Física / CFD	Simulação computacional da dinâmica de fluido de fenômeno astrofísico
435.gromacs	1,98	1.958	C, Fortran	Bioquímica / dinâmica molecular	Simula equações newtonianas de movimento para centenas a milhões de partículas
436. cactusADM	3,32	1.376	C, Fortran	Física / relatividade geral	Resolve as equações de evolução de Einstein
437.leslie3d	2,61	1.273	Fortran	Dinâmica de fluido	Modela os fluxos de injeção eletrônica
444.namd	2,23	2.483	C++	Biologia / dinâmica molecular	Simula grandes sistemas biomoleculares
447.dealII	3,18	2.323	C++	Análise elementar finita	Biblioteca de programa voltada para elementos finitos adaptativos e estimação de erro

(Continua)

(Continuação)

450.soplex	2,32	703	C++	Programação linear, otimização	Casos de teste que incluem planejamento de estrada de ferro e modelos de transporte aéreo militar.
453.povray	1,48	940	C++	Desenho de raio de imagem	Renderização de imagem 3D
454.calculix	2,29	3,04	C, Fortran	Mecânica estrutural	Código de elemento finito para aplicações 3D estruturais lineares e não lineares
459. GemsFDTD	2,95	1.320	Fortran	Eletromagnética computacional	Resolve as equações de Maxwell em 3D
465.tonto	2,73	2.392	Fortran	Química quântica	Conjunto de química quântica, adaptado a tarefas cristalográficas
470.lbm	3,82	1.500	C	Dinâmica defluido	Simula fluidos incompressíveis em 3D
481.wrf	3,10	1.684	C, Fortran	Tempo	Modelo de previsão do tempo
482.sphinx3	5,41	2.472	C	Reconhecimento de linguagem	Software de reconhecimento de linguagem

Para entender melhor os resultados publicados de um sistema usando CPU2006, definimos os seguintes termos usados na documentação da SPEC:

- **Benchmark**: um programa escrito em uma linguagem de alto nível que pode ser compilado e executado em qualquer computador que implemente o compilador.
- **Sistema em teste**: é o sistema a ser avaliado.
- **Máquina de referência**: é um sistema usado pela SPEC a fim de estabelecer o desempenho base para todos os benchmarks. Cada benchmark é executado e medido em sua máquina para estabelecer o tempo de referência para tal benchmark. Um sistema em teste é avaliado pela execução de benchmarks da CPU2006 e pela comparação dos resultados com a execução dos mesmos programas na máquina de referência.
- **Métrica de base**: é exigida para todos os resultados relatados e tem diretrizes estritas para compilação. Essencialmente, o compilador padrão com mais ou menos configurações padrão deve ser usado em cada sistema em teste para atingir resultados comparativos.
- **Métrica de pico**: possibilita aos usuários tentar otimizar o desempenho do sistema ao otimizar a saída do compilador. Por exemplo, diferentes opções de compilador podem ser usadas em cada benchmark, e é permitida a otimização direcionada pelo feedback.
- **Métrica de velocidade**: é simplesmente uma medida do tempo que leva para a execução de um benchmark compilado. A métrica de velocidade é usada para se comparar a capacidade do computador de completar tarefas simples.
- **Métrica de taxa**: é uma medida de quantas tarefas um computador pode cumprir em certa quantidade de tempo; isso é chamado de **taxa de transferência**, capacidade ou medida de taxa. A métrica de taxa permite que o sistema em teste execute tarefas simultâneas para levar vantagem dos múltiplos processadores.

A SPEC usa o histórico sistema Sun, o "Ultra Enterprise 2", que foi apresentado em 1997, como a máquina de referência. A máquina de referência usa um processador 296-MHz UltraSPARC II. Leva cerca de 12 dias para fazer uma execução de conformidade de regra das métricas base para CINT2006 e CFP2006 na máquina de referência da CPU2006. As tabelas 2.5 e 2.6 mostram a quantidade de tempo para executar um benchmark usando uma máquina de referência. As tabelas também mostram os números de instruções dinâmicas na máquina de referência, como relatado por Phanslkar, Joshi e John (2007). Esses valores são o número atual de instruções realizadas durante a execução de cada programa.

Agora, consideremos os cálculos específicos que são feitos na avaliação de um sistema. Consideremos os benchmarks inteiros; os mesmos procedimentos são usados para criar um valor de benchmark de ponto flutuante. Para os benchmarks inteiros, há 12 programas no pacote de teste. O cálculo é um processo de três etapas (Figura 2.7):

1. A primeira etapa na avaliação de um sistema em teste é compilar e executar cada programa no sistema três vezes. Para cada programa, o tempo de execução é medido e o valor médio é selecionado. A razão de usar três execuções e pegar o valor médio é para considerar as variações no tempo de execução que não

Figura 2.7
Fluxograma de avaliação da SPEC.

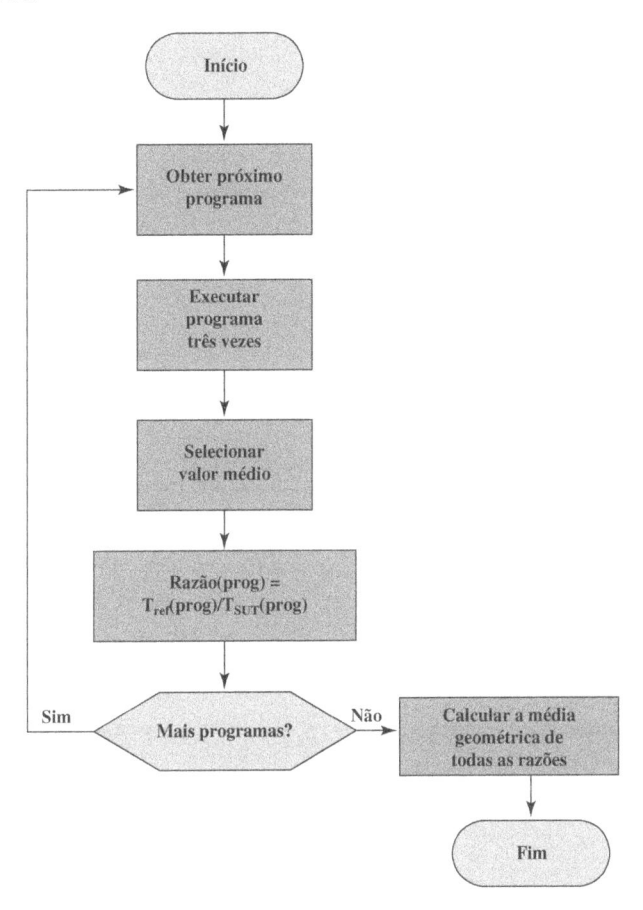

[Fluxograma: Início → Obter próximo programa → Executar programa três vezes → Selecionar valor médio → Razão(prog) = T_ref(prog)/T_SUT(prog) → Mais programas? (Sim: retorna a Obter próximo programa; Não: Calcular a média geométrica de todas as razões → Fim)]

é intrínseco ao programa, como as variações de tempo de acesso de disco, e as variações de execução do núcleo do SO a partir de uma para outra execução.

2. Em seguida, cada um dos 12 resultados é normalizado ao se calcular a razão do tempo de execução de referência com o tempo de execução do sistema. Essa razão é calculada da seguinte maneira:

$$r_I = \frac{Tref_i}{Tsut_i} \quad (2.9)$$

em que $Tref_i$ é o tempo de execução do programa de benchmark i no sistema de referência e $Tsut_i$ é o tempo de execução do programa de benchmark i no sistema em teste. Desse modo, as razões são maiores para máquinas mais rápidas.

3. Por fim, a média geométrica de 12 razões de tempo de execução é calculada para descobrir a métrica geral:

$$r_G = \left(\prod_{i=1}^{12} r_i\right)^{1/12}$$

Para benchmarks inteiros, quatro métricas diferentes podem ser calculadas:

- **SPECint2006**: a média geométrica de 12 razões normalizadas quando os benchmarks são compilados com ajuste de pico.
- **SPECint_base2006**: a média geométrica de 12 razões normalizadas quando os benchmarks são compilados com ajuste de base.
- **SPECint_rate2006**: a média geométrica de 12 razões de taxa de transferência normalizadas quando os benchmarks são compilados com ajuste de pico.
- **SPECint_rate_base2006**: a média geométrica de 12 razões de taxa de transferência normalizada quando os benchmarks são compilados com sintonização de base.

EXEMPLO 2.9

Os resultados para o Sun Blade 1000 são mostrados na Tabela 2.7a. Um dos benchmarks inteiros do SPEC CPU2006 é o 464.h264ref. Esta é uma implementação de referência da H.264/AVC (*Advanced Video Coding*), o estado de arte em padrão de compressão de vídeo. O Sun Blade 1000 executa esse programa em um tempo médio de 5.259 segundos. A implementação da referência requer 22.130 segundos. A razão é calculada como: 22.130/5.259 = 4,21. A métrica de velocidade é calculada ao considerar a duodécima raiz do produto de razões:

$$(3{,}18 \times 2{,}96 \times 2{,}98 \times 3{,}91 \times 3{,}17 \times 3{,}61 \times 3{,}51 \times 2{,}01 \times 4{,}21 \times 2{,}43 \times 2{,}75 \times 3{,}42)^{1/12} = 3{,}12$$

As métricas de taxa levam em conta um sistema com diversos processadores. Para testar a máquina, um número de cópias *N* é selecionado — geralmente, ele é igual ao número de processadores de *threads* simultâneas da execução no sistema de teste. Cada taxa de programa de teste individual é determinada tomando a média das três execuções. Cada execução consiste em *N* cópias do programa executando simultaneamente no sistema de teste. O tempo de execução é o tempo que leva para todas as cópias finalizarem (por exemplo, o tempo entre o início da primeira cópia e o fim da última). A métrica de taxa para o programa é calculada pela seguinte fórmula:

$$taxa_i = N \times \frac{Tref_i}{Tsut_i}$$

A pontuação de taxa para o sistema em teste é determinada a partir de uma média geométrica de taxas para cada programa no pacote de teste.

EXEMPLO 2.10

Os resultados para o Sun Blade X6250 são mostrados na Tabela 2.7b. Esse sistema tem dois chips de processador, com dois *cores* por chip, com o total de quatro *cores*. Para adquirir a métrica de taxa, cada programa de benchmark é executado simultaneamente em quatro *cores*, com o tempo de execução sendo o tempo a partir do começo de todas as quatro cópias até o fim da execução mais lenta. A razão de velocidade é calculada como antes, e o valor de taxa é simplesmente quatro vezes a razão de velocidade. A métrica de taxa final é encontrada tomando-se a média geométrica dos valores de taxa:

$$(78{,}63 \times 62{,}97 \times 60{,}87 \times 77{,}29 \times 65{,}87 \times 83{,}68 \times 76{,}70 \times 134{,}98 \times 106{,}65 \times 40{,}39 \times 48{,}41 \times 65{,}40)^{1/12} = 71{,}59$$

Tabela 2.7
Alguns resultados da SPEC CINT2006.

Benchmark	(a) Sun Blade 1000				
	Tempo de execução (segundos)	Tempo de execução (segundos)	Tempo de execução (segundos)	Tempo de referência (segundos)	Razão
400.perlbench	3.077	3.076	3.080	9.770	3,18
401.bzip2	3.260	3.263	3.260	9.650	2,96
403.gcc	2.711	2.701	2.702	8.050	2,98
429.mcf	2.356	2.331	2.301	9.120	3,91
445.gobmk	3.319	3.310	3.308	10.490	3,17
456.hmmer	2.586	2.587	2.601	9.330	3,61
458.sjeng	3.452	3.449	3.449	12.100	3,51
462.libquantum	10.318	10.319	10.273	20.720	2,01
464.h264ref	5.246	5.290	5.259	22.130	4,21

(Continua)

(Continuação)

471.omnetpp	2.565	2.572	2.582	6.250	2,43
473.astar	2.522	2.554	2.565	7.020	2,75
483.xalancbmk	2.014	2.018	2.018	6.900	3,42

	(b) Sun Blade X6250					
Benchmark	Tempo de execução (segundos)	Tempo de execução (segundos)	Tempo de execução (segundos)	Tempo de referência (segundos)	Razão	Taxa
400.perlbench	497	497	497	9.770	19,66	78,63
401.bzip2	613	614	613	9.650	15,74	62,97
403.gcc	529	529	529	8.050	15,22	60,87
429.mcf	472	472	473	9.120	19,32	77,29
445.gobmk	637	637	637	10.490	16,47	65,87
456.hmmer	446	446	446	9.330	20,92	83,68
458.sjeng	631	632	630	12.100	19,18	76,70
462.libquantum	614	614	614	20.720	33,75	134,98
464.h264ref	830	830	830	22.130	26,66	106,65
471.omnetpp	619	620	619	6.250	10,10	40,39
473.astar	580	580	580	7.020	12,10	48,41
483.xalancbmk	422	422	422	6.900	16,35	65,40

2.7 TERMOS-CHAVE, QUESTÕES DE REVISÃO E PROBLEMAS

Benchmark, 55	Média geométrica (MG), 52	Sistema em teste, 58
Ciclo de clock, 46	Média harmônica (MH), 51	SPEC, 56
Ciclos por instrução (*CPI*), 47	Métrica de base, 58	Taxa de execução de instruções, 47
Computação de uso geral em GPU (GPGPU), 43	Métrica de pico, 58	Taxa de transferência, 58
Frequência do clock, 46	Métrica de taxa, 58	Taxa MIPS, 48
Lei de Amdahl, 43	Métrica de velocidade, 58	Tempo de ciclo de clock, 46
Lei de Little, 45	Microprocessador, 38	Unidade de processamento de gráfico (GPU), 43
Máquina de referência, 58	Muitos cores integrados (MIC), 43	Velocidade de clock, 46
Média aritmética (MA), 50	Multicore, 62	
Média funcional (MF), 49	Período do clock, 46	

QUESTÕES DE REVISÃO

2.1. Liste e defina brevemente algumas das técnicas usadas nos processadores atuais para aumentar a velocidade.
2.2. Explique o conceito do balanço do desempenho.
2.3. Explique as diferenças entre o sistema multicore, MICs e GPGPUs.
2.4. Caracterize brevemente a lei de Amdahl.
2.5. Caracterize brevemente a lei de Little.
2.6. Defina MIPS e FLOPS.
2.7. Liste e defina três métodos para se calcular o valor médio de um conjunto de valores de dados.
2.8. Liste as características desejáveis de um programa de benchmark.
2.9. Quais são os benchmarks SPEC?
2.10. Quais são as diferenças entre métrica de base, métrica de pico, métrica de velocidade e métrica de taxa?

PROBLEMAS

2.1. Um programa de benchmark é executado em um processador a 40 MHz. O programa executado consiste em 100.000 execuções de instrução, com os seguintes tipos de instruções e número de ciclos de clock:

Tipo de instrução	Número de instruções	Ciclos por instrução
Aritmética de inteiros	45.000	1
Transferência de dados	32.000	2
Ponto flutuante	15.000	2
Controle de fluxo de execução	8.000	2

Determine o *CPI* efetivo, a taxa de MIPS e o tempo de execução para esse programa.

2.2. Considere duas máquinas diferentes, com dois conjuntos de instruções diferentes, ambos tendo uma frequência do clock de 200 MHz. As medições a seguir são registradas nas duas máquinas executando um determinado conjunto de programas de benchmark:

Tipo de instrução	Número de instruções (milhões)	Ciclos por tipo de instrução
Máquina A		
Aritmética e lógica	8	1
Load e store	4	3
Desvios	2	4
Outros	4	3
Máquina B		
Aritmética e lógica	10	1
Load e store	8	2
Desvios	2	4
Outros	4	3

    k. Determine o *CPI* efetivo, a taxa MIPS e o tempo de execução para cada máquina.
    l. Comente os resultados.

2.3. Os primeiros exemplos de projeto CISC e RISC são o VAX 11/780 e o IBM RS/6000, respectivamente. Usando um programa de benchmark típico, eis o resultado das seguintes características de máquina:

Processador	Frequência de clock (MHz)	Desempenho (MIPS)	Tempo de CPU (segundos)
VAX 11/780	5	1	12 x
IBM RS/6000	25	18	x

A coluna final mostra que o VAX exigia 12 vezes mais tempo que o IBM, medido em tempo de CPU.
    a. Qual é o tamanho relativo do número de instruções do código de máquina para esse programa de benchmark rodando nas duas máquinas?
    b. Quais são os valores de *CPI* para as duas máquinas?

2.4. Quatro programas de benchmark são executados em três computadores com os seguintes resultados:

	Computador A	Computador B	Computador C
Programa 1	1	10	20
Programa 2	1.000	100	20
Programa 3	500	1.000	50
Programa 4	100	800	100

A tabela mostra o tempo de execução em segundos, com 100.000.000 de instruções executadas em cada um dos quatro programas. Calcule os valores em MIPS para cada computador para cada programa. Depois, calcule as médias aritmética e harmônica considerando pesos iguais para os quatro programas e classifique os computadores com base na média aritmética e na média harmônica.

2.5. A tabela a seguir, baseada em dados relatados na literatura (HEATH, 1984), mostra os tempos de execução, em segundos, para cinco diferentes programas de benchmark em três máquinas.

Benchmark	Processador		
	R	M	Z
E	417	244	134
F	83	70	70
H	66	153	135
I	39.449	35.527	66.000
K	772	368	369

a. Calcule a métrica de velocidade para cada processador para cada benchmark, normalizada para a máquina R. Ou seja, os valores de razão para R são todos iguais a 1,0. Outras razões são calculadas por meio da Equação 2.5, com R tratado como o sistema de referência. Depois, calcule o valor da média aritmética para cada sistema usando a Equação 2.3. Essa é a técnica utilizada por Heath (1984).

b. Repita a parte (a) usando M como máquina de referência. Esse cálculo não foi tentado por Heath (1984).

c. Qual máquina é a mais lenta, com base em cada um dos dois cálculos anteriores?

d. Repita os cálculos das partes (a) e (b) usando a média geométrica, definida na Equação 2.6. Qual máquina é a mais lenta, com base nos dois cálculos?

2.6. Para esclarecer os resultados do problema anterior, examinamos um exemplo mais simples.

Benchmark	Processador		
	X	Y	Z
1	20	10	40
2	40	80	20

a. Calcule o valor da média aritmética para cada sistema usando X como a máquina de referência e depois usando Y como a máquina de referência. Demonstre que, intuitivamente, as três máquinas têm um desempenho relativamente equivalente e que a média aritmética gera resultados enganosos.

b. Calcule o valor da média geométrica para cada sistema usando X como a máquina de referência e depois usando Y como a máquina de referência. Demonstre que os resultados são mais realistas do que com a média aritmética.

2.7. Considere o exemplo na Seção 2.5 para o cálculo da taxa média de *CPI* e MIPS, que produziram o resultado de *CPI* = 2,24 e taxa MIPS = 178. Agora, suponha que o programa possa ser executado em oito tarefas paralelas ou *threads* com aproximadamente o mesmo número de instruções executadas em cada tarefa. A execução é em um sistema com 8 processadores, em que cada processador (*core*) tem o mesmo desempenho do único processador usado originalmente. A coordenação e a sincronização entre as partes acrescentam mais 25.000 execuções de instrução a cada tarefa. Considere os mesmos tipos de instruções do exemplo para cada tarefa, mas aumente o *CPI* para referência à memória com cada *miss* de cache para 12 ciclos, em virtude da concorrência com a memória.

a. Determine o *CPI* médio.

b. Determine a taxa MIPS correspondente.

c. Calcule o fator de *speedup*.

d. Compare o fator de *speedup* real com o fator de *speedup* teórico determinado pela lei de Amdahl.

2.8. Um processador acessa a memória principal com um tempo de acesso médio de T_2. Uma memória cache menor é interposta entre o processador e a memória principal. A cache tem um tempo de acesso significativamente mais rápido de $T_1 < T_2$. A cache mantém, a qualquer momento, cópias de algumas palavras da memória principal e é projetada de modo que as palavras mais prováveis de serem acessadas no futuro próximo estejam na cache. Suponha que a probabilidade de que a próxima palavra acessada pelo processador esteja na cache seja H, conhecido como razão de acerto (*hit rate*).

a. Para qualquer acesso à memória isolado, qual é o *speedup* teórico de acessar uma palavra na cache em vez da memória principal?

b. Considere que T seja o tempo médio de acesso. Expresse T como uma função de T_1, T_2 e H. Qual é o *speedup* geral em função de H?

c. Na prática, um sistema pode ser projetado de modo que o processador deva primeiro acessar a cache para determinar se a palavra está na cache e, se não estiver, então acessar a memória principal, de modo que, em uma perda, *miss* (ao contrário de um acerto — *hit*), o tempo de acesso à memória é $T_1 + T_2$. Expresse T como uma função de T_1, T_2 e H. Agora, calcule o *speedup* e compare o resultado produzido na parte (b).

2.9. O proprietário de uma loja observa que em média 18 clientes chegam por hora e há geralmente 8 clientes na loja. Qual a extensão média de tempo que cada cliente passa na loja?

2.10. Poderemos obter mais *insights* a respeito da lei de Little ao considerar a Figura 2.8a. Durante um período de tempo T, um total de C itens chega ao sistema, espera pelo serviço e o completa. A linha sólida superior mostra a sequência de tempo de chegadas, e a linha sólida inferior mostra o tempo de partidas. A área sombreada limitada por duas linhas representa o "trabalho" total feito pelo sistema em unidades de trabalho, *jobs*, por segundo; considere que A é o trabalho total. Queremos derivar a relação entre L, W e λ.

a. A Figura 2.8b divide a área total em retângulos horizontais, cada qual com a altura de um job. Imagine deslizar todos esses retângulos para a esquerda, de modo que seus limites esquerdos se alinhem em $t = 0$. Desenvolva uma equação que relacione A, C e W.

Figura 2.8

Ilustração da lei de Little.

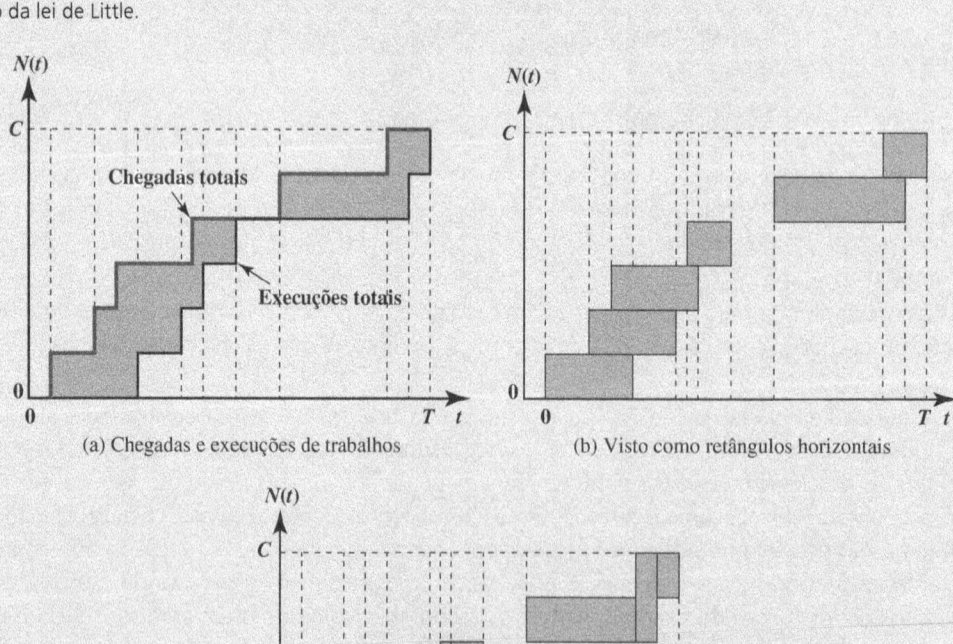

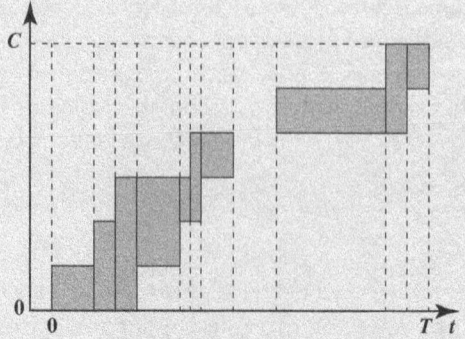

(a) Chegadas e execuções de trabalhos

(b) Visto como retângulos horizontais

(c) Visto como retângulos verticais

- b. A Figura 2.8c divide a área total nos retângulos verticais, definida como os limites de transição vertical indicados pelas linhas pontilhadas. Imagine deslizar todos esses retângulos inferiormente, de modo que os limites se alinhem em $N(t) = 0$. Desenvolva uma equação que relacione A, T e L.
- c. Por fim, derive $L = \lambda W$ a partir dos resultados de (a) e (b).

2.11. Na Figura 2.8a, os jobs chegam nos tempos $t = 0$; 1; 1,5; 3,25; 5,25; e 7,75. Os tempos de execução correspondentes são $t = 2$; 3; 3,5; 4,25; 8,25; e 8,75.
- a. Determine a área de cada um dos seis retângulos na Figura 2.8b e some para obter a área total A. Mostre o desenvolvimento de sua solução.
- b. Determine a área de cada um dos 10 retângulos na Figura 2.8c e some para obter uma área total A. Mostre o desenvolvimento de sua solução.

2.12. Na Seção 2.6, especificamos que a razão base usada para comparar um sistema em teste com um sistema de referência é:

$$r_i = \frac{Tref_i}{Tsut_i}$$

- a. A equação anterior proporciona uma medida do *speedup* do sistema em teste em comparação com o sistema de referência. Suponha que o número de operações de ponto flutuante executado no programa de teste seja I_i. Agora, mostre o *speedup* como uma função da taxa de execução de instrução $FLOPS_i$.
- b. Outra técnica para normalizar o desempenho é expressar o desempenho de um sistema como uma mudança percentual relativa ao desempenho de outro sistema. Expresse essa mudança relativa primeiro como uma função da taxa de execução de instrução e, então, como uma função dos tempos de execução.

2.13. Suponha que um programa de benchmark seja executado em 480 segundos em uma máquina de referência A. O mesmo programa é executado em sistemas B, C e D em 360, 540 e 210 segundos, respectivamente.
- a. Mostre o *speedup* de cada um dos três sistemas em teste relativos a A.
- b. Agora, mostre o *speedup* relativo dos três sistemas. Comente as três maneiras de comparar máquinas (tempo de execução, *speedup* e *speedup* relativo).

2.14. Repita o problema anterior usando uma máquina D como máquina de referência. Como isso afeta os *rankings* relativos dos quatro sistemas?

2.15. Recalcule os resultados na Tabela 2.2 usando os dados de tempo de computador da Tabela 2.4 e comente os resultados.

2.16. A Equação 2.5 mostra duas formulações diferentes na média geométrica, uma usando um operador de produto e outra usando um operador de soma.
- a. Mostre que as duas fórmulas são equivalentes.
- b. Por que a formulação de soma seria preferida para calcular a média geométrica?

2.17. Projeto. A Seção 2.5 lista várias referências que documentam as "guerras de média de benchmark". Todos os artigos de referência estão disponíveis em box.com/COA10e. Leia esses artigos e resuma o caso a favor e contra o uso da média geométrica para os cálculos da SPEC.

VISÃO DE ALTO NÍVEL DA FUNÇÃO E INTERCONEXÃO DO COMPUTADOR

3.1 COMPONENTES DO COMPUTADOR

3.2 FUNÇÃO DO COMPUTADOR
Busca e execução de instruções
Interrupções
Função de E/S

3.3 ESTRUTURAS DE INTERCONEXÃO

3.4 INTERCONEXÃO DE BARRAMENTO

3.5 INTERCONEXÃO PONTO A PONTO
QPI – Camada física
QPI – Camada de ligação
QPI – Camada de roteamento
QPI – Camada de protocolo

3.6 PCI EXPRESS
PCI – Arquitetura física e lógica
PCIe – Camada física
PCIe – Camada de transação
PCIe – Camada de ligação do dados

3.7 TERMOS-CHAVE, QUESTÕES DE REVISÃO E PROBLEMAS

OBJETIVOS DE APRENDIZAGEM

Após ler este capítulo, você será capaz de:

- Entender os elementos básicos de um ciclo de instrução e o papel das interrupções.
- Descrever o conceito de interconexão dentro de um sistema computacional.
- Avaliar as vantagens relativas da interconexão ponto a ponto em comparação com a interconexão de barramento.
- Apresentar uma visão geral da QPI.
- Apresentar uma visão geral da PCIe.

Em um nível superior, um computador consiste em CPU (unidade de processamento central), memória e componentes de E/S, com um ou mais módulos de cada tipo. Esses componentes são interconectados de alguma forma para conseguir a função básica do computador, que é executar programas. Assim, em um nível mais alto, podemos descrever um sistema de computação (1) explicando o comportamento externo de cada componente, ou seja, os dados e sinais de controle que ele troca com outros componentes; e (2) detalhando a estrutura de interconexão e os controles exigidos para gerenciar o uso da estrutura de interconexão.

Essa visão de alto nível da estrutura e da função é importante por causa de seu poder explicativo na compreensão da natureza de um computador. Igualmente importante é seu uso para entender as questões cada vez mais complexas da avaliação de desempenho. Ter conhecimento da estrutura e função de alto nível gera compreensão dos gargalos do sistema, caminhos alternativos, da magnitude de falhas do sistema caso um componente falhe e da facilidade de acrescentar melhorias de desempenho. Em muitos casos, os requisitos para maior poder do sistema e capacidades à prova de falhas estão sendo atendidos pela mudança do projeto, em vez de simplesmente aumentar a velocidade e a confiabilidade dos componentes individuais.

Este capítulo enfoca as estruturas básicas utilizadas para a interconexão dos componentes do computador. Como base, o capítulo começa com uma breve análise dos componentes básicos e de suas exigências de interface. Temos, então, um panorama funcional e, em seguida, somos capacitados para examinar o uso de barramentos para interconectar os componentes do sistema.

3.1 COMPONENTES DO COMPUTADOR

Conforme discutimos no Capítulo 1, praticamente todos os projetos de computadores modernos são baseados em conceitos desenvolvidos por John von Neumann no Institute for Advanced Studies, em Princeton. Um projeto como esse é conhecido como *arquitetura de von Neumann* e é baseado em três conceitos principais:

- Dados e instruções são armazenados em uma única memória de leitura e escrita.
- O conteúdo dessa memória é endereçável pela localização, sem considerar o tipo de dados contido ali.
- A execução ocorre em um padrão sequencial (a menos que modificado explicitamente) de uma instrução para a seguinte.

O raciocínio por trás desses conceitos foi discutido no Capítulo 2, mas merece ser resumido aqui. Existe um pequeno conjunto de componentes lógicos básicos que podem ser combinados de diversas maneiras para armazenar dados binários e realizar operações aritméticas e lógicas sobre esses dados. Se houver um cálculo em particular a ser feito, uma configuração de componentes lógicos projetados especificamente para este cálculo poderia ser construída. Podemos pensar no processo de conectar vários componentes na configuração desejada como uma forma de programação. O "programa" resultante está na forma de hardware e é chamado de *programa hardwired*.

Agora, considere esta alternativa: suponha que queremos construir uma configuração de propósito geral das funções aritméticas e lógicas. Esse conjunto de hardware realizará diversas funções sobre os dados, dependendo dos sinais de controle aplicados ao hardware. No caso original do hardware customizado, o sistema aceita dados e produz resultados (Figura 3.1a). Com o hardware de propósito geral, o sistema aceita dados e sinais de controle e produz resultados. Assim, em vez de religar o hardware para cada novo programa, o programador simplesmente precisa fornecer um novo conjunto de sinais de controle.

Como os sinais de controle devem ser fornecidos? A resposta é simples, porém sutil. O programa inteiro, na realidade, é uma sequência de etapas. Em cada etapa, alguma operação aritmética ou lógica é realizada sobre alguns dados. Para cada pessoa, um novo conjunto de sinais de controle é necessário. Vamos oferecer um código exclusivo para cada conjunto possível de sinais de controle, e vamos acrescentar ao hardware de uso geral um segmento que pode aceitar um código e gerar sinais de controle (Figura 3.1b).

A programação agora é muito mais fácil. Em vez de religar o hardware para cada novo programa, tudo o que precisamos fazer é oferecer uma nova sequência de códigos. Cada código, com efeito, é uma instrução, e parte do hardware interpreta cada instrução e gera sinais de controle. Para distinguir esse novo método de programação, uma sequência de códigos ou instruções é chamada de *software*.

A Figura 3.1b indica dois componentes importantes do sistema: um interpretador de instrução e um módulo para funções aritméticas e lógicas de propósito geral. Esses dois constituem a CPU. Vários outros componentes

Figura 3.1
Abordagens de hardware e software.

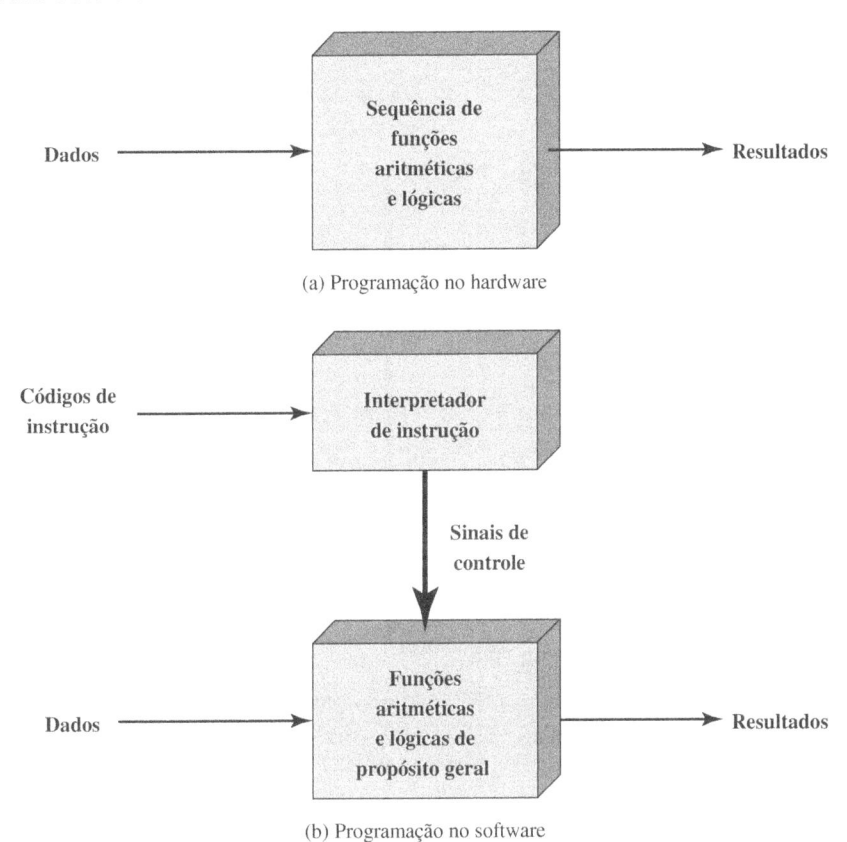

(a) Programação no hardware

Dados → Sequência de funções aritméticas e lógicas → Resultados

(b) Programação no software

Códigos de instrução → Interpretador de instrução

Sinais de controle ↓

Dados → Funções aritméticas e lógicas de propósito geral → Resultados

são necessários para resultar em um computador funcionando. Dados e instruções precisam ser colocados no sistema. Para isso, precisamos de algum tipo de módulo de entrada. Esse módulo contém componentes básicos para aceitar dados e instruções em alguma forma e convertê-los para uma forma interna de sinais que possam ser usados pelo sistema. Também é necessário um meio de informar resultados, e este tem a forma de um módulo de saída. Juntos, estes são chamados de *componentes de E/S*.

Mais um componente é necessário: um dispositivo de entrada que trará dados e instruções sequencialmente. Mas um programa não é invariavelmente executado de forma sequencial; ele pode saltar (por exemplo, a instrução *jump* do IAS). De modo semelhante, as operações sobre dados podem exigir acesso a mais do que apenas um elemento de cada vez em uma sequência predeterminada. Assim, deverá haver um lugar para armazenar instruções e dados temporariamente. Esse módulo é chamado de *memória*, ou *memória principal*, para distingui-la do armazenamento externo, ou dispositivos periféricos. Von Neumann indicou que a mesma memória poderia ser usada para armazenar tanto instruções quanto dados.

A Figura 3.2 ilustra esses componentes de alto nível e sugere as interações entre eles. A CPU troca dados com a memória. Para essa finalidade, ela normalmente utiliza dois registradores internos (à CPU): um **registrador de endereço de memória (MAR)**, que especifica o endereço na memória para a próxima leitura ou escrita, e um **registrador de buffer de memória (MBR)**, que contém os dados a serem escritos na memória ou recebe os dados lidos da memória. De modo semelhante, um registrador de endereço de E/S (I/O AR) especifica um dispositivo de E/S em particular. Um registrador de buffer de E/S (I/O BR) é usado para a troca de dados entre um módulo de E/S e a CPU.

Um módulo de memória consiste em um conjunto de locais, definidos por endereços numerados de maneira sequencial. Cada local contém um número binário que pode ser interpretado como uma instrução ou um dado. Um módulo de E/S transfere dados dos dispositivos externos para a CPU e a memória, e vice-versa. Ele contém buffers internos para manter esses dados temporariamente, até que possam ser enviados.

Tendo examinado rapidamente esses principais componentes, agora, vamos passar a uma visão geral de como esses componentes funcionam juntos para executar programas.

Figura 3.2

Componentes do computador: vista de nível superior.

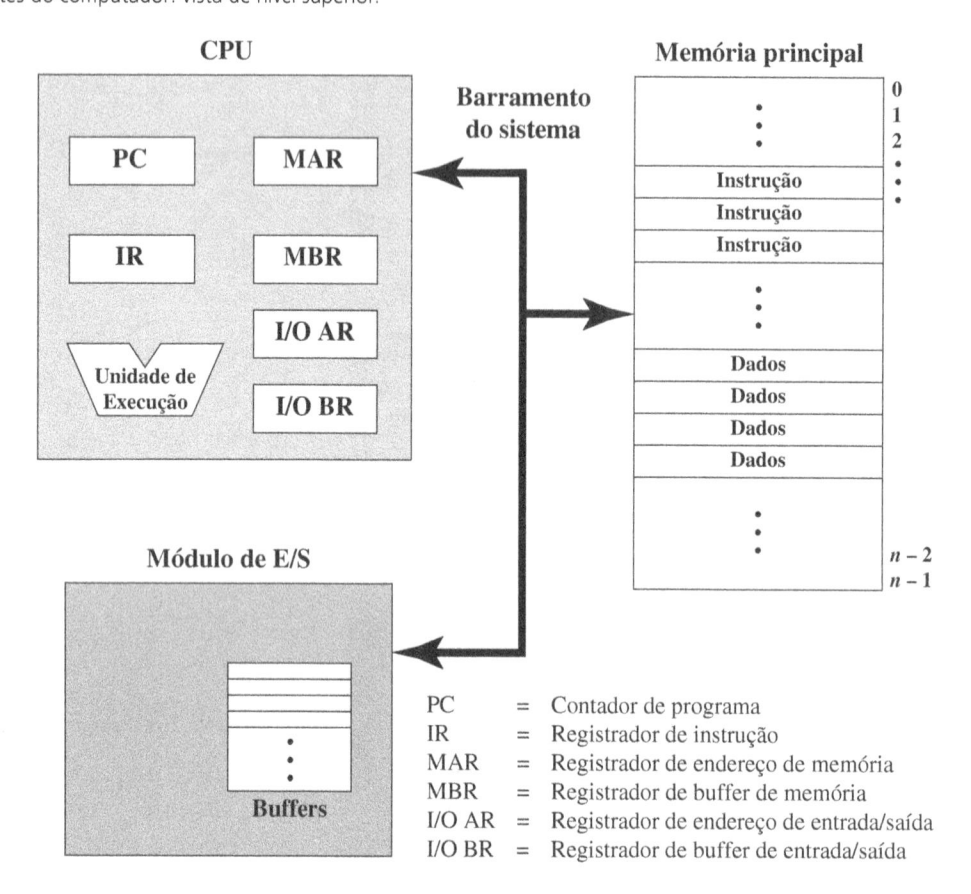

```
           CPU                              Memória principal
                         Barramento                          0
                         do sistema                          1
     PC        MAR                                           2
                                          Instrução          ·
                                          Instrução          ·
     IR        MBR                        Instrução          ·
                                              ·
              I/O AR                          ·
  Unidade de                              Dados
  Execução    I/O BR                      Dados
                                          Dados
                                          Dados
                                              ·
      Módulo de E/S                           ·           n − 2
                                                          n − 1


                             PC    = Contador de programa
                             IR    = Registrador de instrução
         Buffers             MAR   = Registrador de endereço de memória
                             MBR   = Registrador de buffer de memória
                             I/O AR = Registrador de endereço de entrada/saída
                             I/O BR = Registrador de buffer de entrada/saída
```

3.2 FUNÇÃO DO COMPUTADOR

A função básica realizada por um computador é a execução de um programa, que consiste em um conjunto de instruções armazenadas na memória. O processador faz o trabalho real executando instruções especificadas no programa. Esta seção oferece uma visão geral dos principais elementos da execução do programa. Em sua forma mais simples, o processamento de instrução consiste em duas etapas: o processador lê (*busca*) instruções da memória, uma de cada vez, e executa cada instrução. A execução do programa consiste em repetir o processo de busca e execução de instrução. A execução da instrução pode envolver diversas operações e depende da natureza da instrução (ver, por exemplo, a parte inferior da Figura 2.4).

O processamento exigido para uma única instrução é chamado de **ciclo de instrução**. Usando a descrição simplificada em duas etapas dada anteriormente, o ciclo de instrução é representado na Figura 3.3. As duas etapas são conhecidas como **ciclo de busca (*fetch*)** e **ciclo de execução**. A execução do programa só termina se a máquina for desligada, se houver algum tipo de erro irrecuperável ou se for encontrada uma instrução do programa que interrompa o computador.

Figura 3.3

Ciclo de instrução básico.

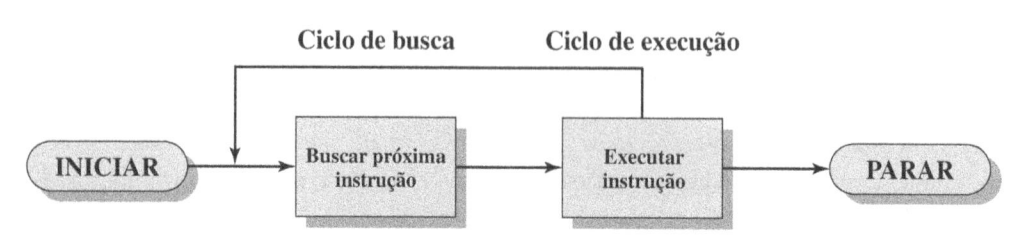

```
              Ciclo de busca      Ciclo de execução

              Buscar próxima      Executar
  INICIAR  →   instrução      →   instrução     →  PARAR
```

Busca e execução de instruções

No início de cada ciclo de instrução, o processador busca uma instrução da memória. Em um processador típico, um registrador chamado contador de programa (PC) mantém o endereço da instrução a ser buscada em seguida. A menos que seja solicitado de outra maneira, o processador sempre incrementa o PC após cada busca de instrução, de modo que buscará a próxima instrução em sequência (ou seja, a instrução localizada no próximo endereço de memória mais alto). Assim, por exemplo, considere um computador em que cada instrução ocupa uma palavra de memória de 16 bits. Suponha que o contador de programa esteja definido no local de memória 300, onde o endereço local se refere a uma palavra de 16 bits. O processador em seguida buscará a instrução no local 300. Nos ciclos de instrução seguintes, ele buscará instruções dos locais 301, 302, 303 e assim por diante. Essa sequência pode ser alterada, como explicamos logo a seguir.

A instrução lida é carregada em um registrador no processador, conhecido como registrador de instrução (IR). A instrução contém bits que especificam a ação que o processador deve tomar. O processador interpreta a instrução e realiza a ação solicitada. Em geral, essas ações estão em uma destas quatro categorias:

- **Processador-memória**: os dados podem ser transferidos do processador para a memória ou da memória para o processador.
- **Processador-E/S**: os dados podem ser transferidos de ou para um dispositivo periférico, transferindo entre o processador e um módulo de E/S.
- **Processamento de dados**: o processador pode realizar alguma operação aritmética ou lógica sobre os dados.
- **Controle**: uma instrução pode especificar que a sequência de execução seja alterada. Por exemplo, o processador pode buscar uma instrução do local 149, que especifica que a próxima instrução seja do local 182. O processador se lembrará desse fato definindo o contador de programa como 182. Assim, no próximo ciclo de busca, a instrução será lida do local 182, em vez de 150.

A execução de uma instrução pode envolver uma combinação dessas ações.

Considere um exemplo simples, usando uma máquina hipotética, que inclui as características listadas na Figura 3.4. O processador contém um único registrador de dados, chamado acumulador (AC). Instruções e dados possuem 16 bits de extensão. Assim, é conveniente organizar a memória usando palavras de 16 bits. O formato de instrução oferece 4 bits para o opcode, de modo que pode haver até $2^4 = 16$ opcodes diferentes, e até $2^{12} = 4096$ (4K) palavras de memória podem ser endereçadas diretamente.

Figura 3.4

Características de uma máquina hipotética.

```
 0        3 4                                    15
 ┌──────────┬──────────────────────────────────────┐
 │  Opcode  │              Endereço                │
 └──────────┴──────────────────────────────────────┘
```
(a) Formato de instrução

```
 0  1                                              15
 ┌───┬────────────────────────────────────────────┐
 │ S │               Magnitude                    │
 └───┴────────────────────────────────────────────┘
```
(b) Formato inteiro

Contador de programa (PC) = endereço de instrução
Registrador de instrução (IR) = instrução sendo executada
Acumulador (AC) = armazenamento temporário

(c) Registradores internos da CPU

0001 = carrega AC da memória
0010 = armazena AC na memória
0101 = adiciona ao AC da memória

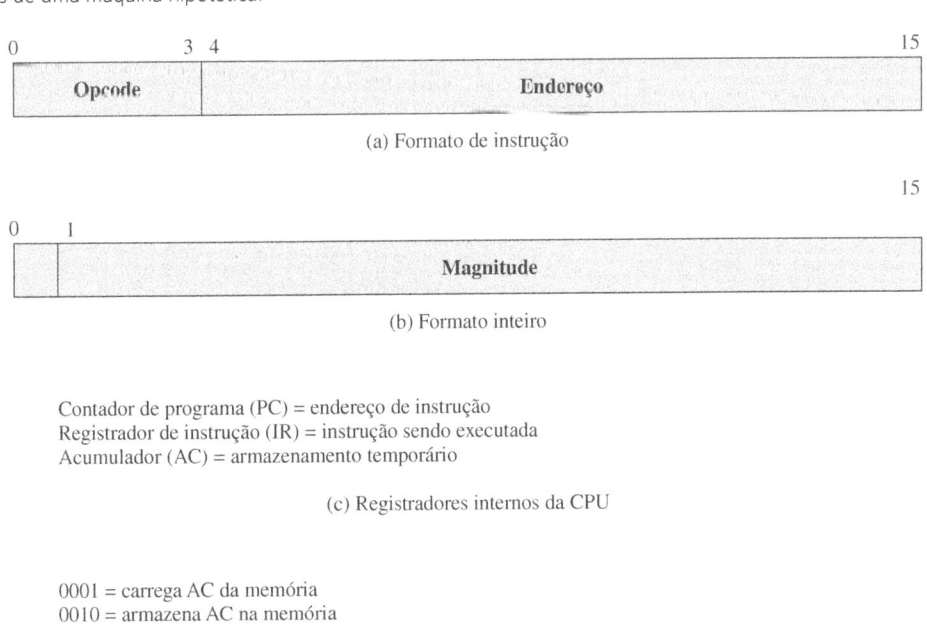

(d) Lista parcial de opcodes

A Figura 3.5 ilustra uma execução parcial de programa, mostrando as partes relevantes dos registradores de memória e processador.[1] O fragmento de programa mostrado soma o conteúdo da palavra de memória no endereço 940 ao conteúdo da palavra de memória no endereço 941 e armazena o resultado no segundo local. Três instruções, que podem ser descritas como três ciclos de busca e três de execução, são necessárias:

1. O PC contém 300, o endereço da primeira instrução. Essa instrução (o valor 1940 em hexadecimal) é carregada no registrador de instrução IR, e o PC é incrementado. Observe que esse processo envolve o uso do registrador de endereço de memória (MAR) e o registrador de buffer de memória (MBR). Para simplificar, esses registradores intermediários são ignorados.
2. Os 4 primeiros bits (primeiro dígito hexadecimal) no IR indicam que o AC deve ser carregado. Os 12 bits restantes (três dígitos hexadecimais) especificam o endereço (940) de onde os dados devem ser carregados.
3. A próxima instrução (5941) é buscada do local 301, e o PC é incrementado.
4. O conteúdo antigo do AC e o conteúdo do local 941 são somados, e o resultado é armazenado no AC.
5. A próxima instrução (2941) é buscada do local 302, e o PC é incrementado.
6. O conteúdo do AC é armazenado no local 941.

Neste exemplo, três ciclos de instrução, cada um consistindo em um ciclo de busca e um ciclo de execução, são necessários para somar o conteúdo do local 940 ao conteúdo de 941. Com um conjunto de instruções mais complexo, menos ciclos seriam necessários. Alguns processadores mais antigos, por exemplo, incluíam instruções contendo mais de um endereço de memória. Assim, o ciclo de execução para determinada instrução em tais processadores poderia envolver mais de uma referência à memória. Além disso, em vez de referências à memória, uma instrução pode especificar uma operação de E/S.

Por exemplo, o processador PDP-11 inclui uma instrução, expressa simbolicamente como ADD B,A, que armazena a soma do conteúdo dos locais de memória B e A ao local de memória A. Ocorre um único ciclo de instrução com as seguintes etapas:

Figura 3.5

Exemplo da execução do programa (conteúdos da memória e registradores em hexadecimal).

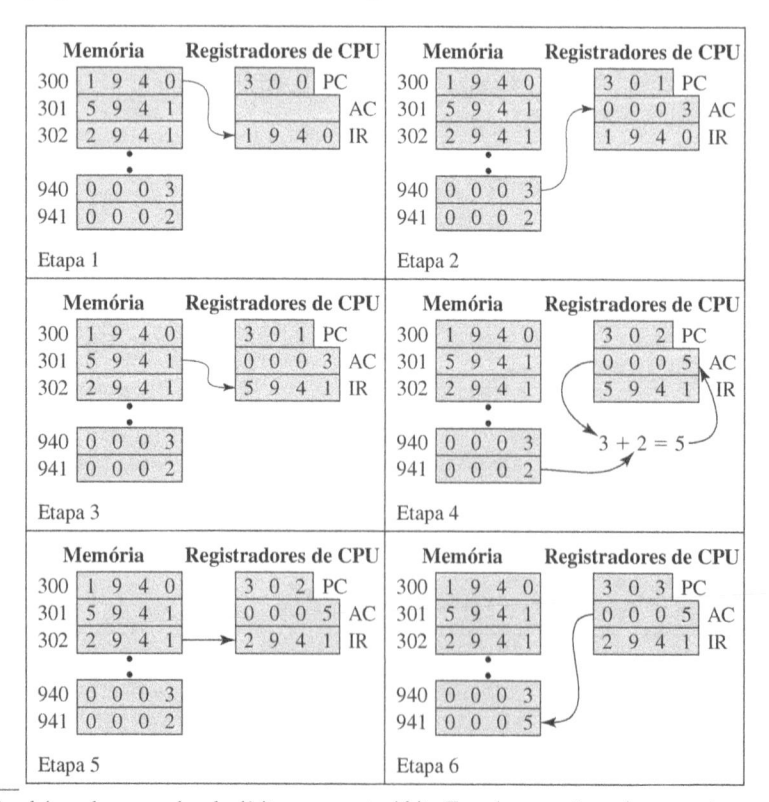

---

[1] A notação hexadecimal é usada, na qual cada dígito representa 4 bits. Essa é a notação mais conveniente para representar os conteúdos da memória e registradores quando a extensão da palavra é múltipla de 4. Veja o Capítulo 9 para revisar brevemente os sistemas e números (decimais, binários e hexadecimais).

- Buscar a instrução ADD.
- Ler o conteúdo do local de memória A no processador.
- Ler o conteúdo do local de memória B no processador. Para que o conteúdo de A não seja perdido, o processador precisa ter pelo menos dois registradores para armazenar valores de memória, em vez de um único acumulador.
- Somar os dois valores.
- Escrever o resultado do processador no local de memória A.

Assim, o ciclo de execução para determinada instrução pode envolver mais de uma referência à memória. Além disso, em vez de referências à memória, uma instrução pode especificar uma operação de E/S. Lembrando essas considerações adicionais, a Figura 3.6 oferece uma visão mais detalhada do ciclo de instrução básico da Figura 3.3. A figura está na forma de um diagrama de estado. Para qualquer ciclo de instrução dado, alguns estados podem ser nulos e outros podem ser visitados mais de uma vez. Os estados podem ser descritos da seguinte forma:

- **Cálculo de endereço de instrução (iac, do inglês, *instruction address calculation*)**: determina o endereço da próxima instrução a ser executada. Normalmente, isso envolve acrescentar um número fixo ao endereço da instrução anterior. Por exemplo, se cada instrução tem 16 bits de extensão e a memória é organizada em palavras de 16 bits, então some 1 ao endereço anterior. Se, em vez disso, a memória é organizada em bytes (palavras de 8 bits) endereçáveis individualmente, então some 2 ao endereço anterior.
- **Busca da instrução (if, do inglês, *instruction fetch*)**: lê a instrução de seu local da memória para o processador.
- **Decodificação da operação da instrução (iod, do inglês, *instruction operation decoding*)**: analisa a instrução para determinar o tipo de operação a ser realizado e o operando ou operandos a serem utilizados.
- **Cálculo do endereço do operando (oac, do inglês, *operation address calculation*)**: se a operação envolve referência a um operando na memória ou disponível via E/S, então determina o endereço do operando.
- **Busca do operando (of, do inglês, *operation fetch*)**: busca o operando da memória ou o lê da E/S.
- **Operação dos dados (do, do inglês, *data operation*)**: realiza a operação indicada na instrução.
- **Armazenamento do operando (os, do inglês, *operand store*)**: escreve o resultado na memória ou envia para a E/S.

Os estados na parte superior da Figura 3.6 envolvem uma troca entre o processador e a memória ou um módulo de E/S. Os estados na parte inferior do diagrama envolvem apenas operações internas do processador. O estado oac aparece duas vezes, pois uma instrução pode envolver uma leitura, uma escrita ou ambos. Porém, a ação realizada durante esse estado é fundamentalmente a mesma nos dois casos, e, por isso, apenas um único identificador de estado é necessário.

Figura 3.6
Diagrama de estado de ciclo de instrução.

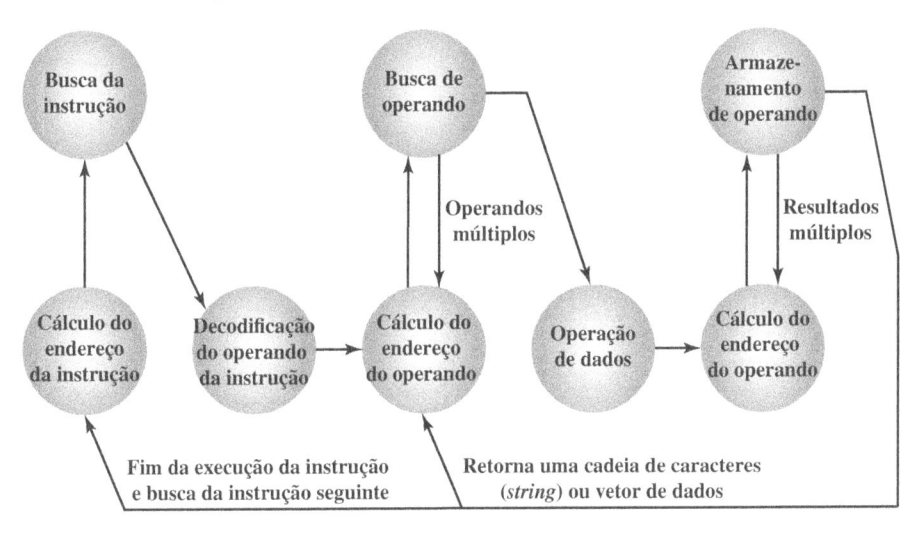

Observe também que o diagrama possibilita múltiplos operandos e resultados, pois algumas instruções em algumas máquinas exigem isso. Por exemplo, a instrução ADD A,B do PDP-11 resulta na seguinte sequência de estados: iac, if, iod, oac, of, oac, of, do, oac, os.

Finalmente, em algumas máquinas, uma única instrução pode especificar uma operação a ser realizada sobre um vetor (array unidimensional) de números ou uma string (array unidimensional) de caracteres. Como a Figura 3.6 indica, isso envolveria operações repetitivas de busca e/ou armazenamento de operando.

Interrupções

Praticamente todos os computadores oferecem um mecanismo por meio do qual outros módulos (E/S, memória) podem **interromper** o processamento normal do processador. A Tabela 3.1 lista as classes mais comuns de interrupções. A natureza específica dessas interrupções será examinada mais adiante neste livro, em especial nos capítulos 7 e 14. Contudo, é preciso introduzir o conceito agora, para se entender mais claramente a natureza do ciclo de instrução e as implicações das interrupções sobre a estrutura de interconexão. O leitor não precisa se preocupar neste estágio com os detalhes da geração e processamento de interrupções, mas apenas se concentrar na comunicação entre os módulos, resultante das interrupções.

As interrupções são fornecidas em primeiro lugar como um modo de melhorar a eficiência do processamento. Por exemplo, a maioria dos dispositivos externos é muito mais lenta do que o processador. Suponha que o processador esteja transferindo dados a uma impressora usando o esquema de ciclo de instrução da Figura 3.3. Após cada operação de escrita, o processador deve parar e permanecer ocioso até que a impressora o alcance. A extensão dessa pausa pode estar na ordem de muitas centenas ou mesmo milhares de ciclos de instrução que não envolvem memória. Claramente, esse é um grande desperdício de uso do processador.

A Figura 3.7a ilustra esse estado de coisas. O programa do usuário realiza uma série de chamadas WRITE intercaladas com processamento. Os segmentos de código 1, 2 e 3 referem-se às sequências de instruções que não envolvem E/S. As chamadas WRITE são para um programa de E/S que é um utilitário do sistema e que realizará a operação de E/S real. O programa de E/S consiste em três seções:

- Uma sequência de instruções, rotuladas como 4 na figura, para preparar para a operação de E/S real. Isso pode incluir a cópia dos dados para a saída em um buffer especial e a preparação dos parâmetros para um comando de dispositivo.
- O comando de E/S real. Sem o uso de interrupções, quando esse comando é emitido o programa precisa esperar pelo dispositivo de E/S para realizar a função solicitada (ou sondar o dispositivo periodicamente). O programa poderia esperar simplesmente realizando uma operação de teste repetidamente, para determinar se a operação de E/S terminou.
- Uma sequência de instruções, rotulada como 5 na figura, para completar a operação. Isso pode incluir a marcação de um flag, indicando o sucesso ou a falha da operação.

Tabela 3.1
Classes de interrupções.

Programa	Gerada por alguma condição que ocorre como resultado da execução de uma instrução, como o *overflow* aritmético, divisão por zero, tentativa de executar uma instrução de máquina ilegal ou referência fora do espaço de memória permitido para o usuário.
Timer	Gerada por um timer dentro do processo. Isso permite que o sistema operacional realize certas funções regularmente.
E/S	Gerada por um controlador de E/S para sinalizar o término normal de uma operação ou para sinalizar uma série de condições de erro.
Falha de hardware	Gerada por uma falha como falta de energia ou erro de paridade de memória.

Como a operação de E/S pode levar um tempo relativamente longo para terminar, o programa de E/S fica preso, esperando que a operação termine; daí o programa de E/S ser interrompido no ponto da chamada WRITE por algum período considerável.

Figura 3.7
Fluxo de controle de um programa sem e com interrupções.

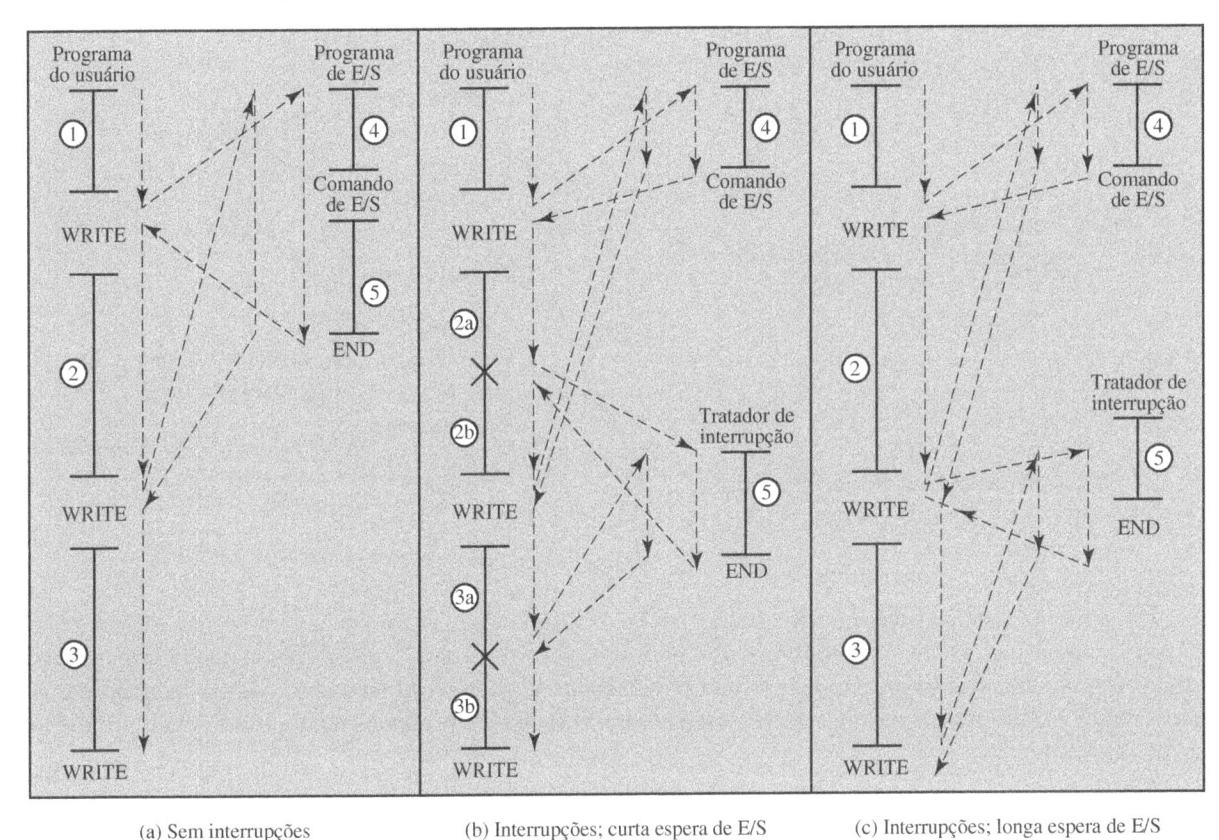

| (a) Sem interrupções | (b) Interrupções; curta espera de E/S | (c) Interrupções; longa espera de E/S |

✗ = interrupção ocorre durante o curso de execução do programa do usuário

INTERRUPÇÕES E O CICLO DE INSTRUÇÃO Com as interrupções, o processador pode estar engajado na execução de outras instruções enquanto uma operação de E/S está em andamento. Considere o fluxo de controle na Figura 3.7b. Como antes, o programa do usuário alcança um ponto em que faz uma chamada do sistema na forma de uma chamada WRITE. O programa de E/S que é invocado, nesse caso, consiste apenas no código de preparação e no comando de E/S real. Depois que essas poucas instruções tiverem sido executadas, o controle retorna ao programa do usuário. Enquanto isso, o dispositivo externo está ocupado aceitando e imprimindo dados vindos da memória do computador. Essa operação de E/S é realizada simultaneamente com a execução de instruções no programa do usuário.

Quando o dispositivo externo está pronto para ser atendido — ou seja, quando estiver pronto para aceitar mais dados do processador —, o módulo de E/S para o dispositivo externo envia um sinal de *requisição de interrupção* ao processador. O processador responde suspendendo a operação do programa atual, desviando para um programa para atender a esse dispositivo de E/S em particular, conhecido como **tratador de interrupção**, e retomando a execução original depois que o dispositivo for atendido. Os pontos em que essas interrupções ocorrem são indicados por um asterisco na Figura 3.7b.

Vamos tentar esclarecer o que se passa na Figura 3.7. Temos um programa de usuário que contém dois comandos WRITE. Há um segmento de código no início, então um comando WRITE, então um segundo segmento de código, então um segundo comando WRITE, então um terceiro e final segmento de código. O comando WRITE invoca o programa de E/S fornecido pelo SO. De modo similar, o programa E/S consiste em um segmento de código, seguido por um comando E/S, seguido por outro segmento de código. O comando E/S invoca uma operação de hardware de E/S.

PROGRAMA DO USUÁRIO

⟨ comando ⟩
⟨ comando ⟩ } Segmento de
⋮   código 1
⟨ comando ⟩

WRITE

⟨ comando ⟩
⟨ comando ⟩ } Segmento de
⋮   código 2
⟨ comando ⟩

WRITE

⟨ comando ⟩
⟨ comando ⟩ } Segmento de
⋮   código 3
⟨ comando ⟩

PROGRAMA DE E/S

⟨ comando ⟩
⟨ comando ⟩ } Segmento de
⋮   código 4
⟨ comando ⟩

Comando de E/S

⟨ comando ⟩
⟨ comando ⟩ } Segmento de
⋮   código 5
⟨ comando ⟩

Do ponto de vista do programa do usuário, uma interrupção é apenas isto: uma interrupção da sequência de execução normal. Quando o processamento da interrupção termina, a execução é retomada (Figura 3.8). Assim, o programa do usuário não precisa conter qualquer código especial para acomodar as interrupções; o processador e o sistema operacional são responsáveis por suspender o programa do usuário e depois retomá-lo no mesmo ponto.

Para acomodar as interrupções, um *ciclo de interrupções* é acrescentado ao ciclo de instrução, como mostra a Figura 3.9. No ciclo de interrupção, o processador verifica se houve alguma interrupção, que é indicada pela presença de um sinal de interrupção. Se nenhuma interrupção estiver pendente, o processador prossegue para o ciclo de busca, lendo a próxima instrução do programa atual. Se uma interrupção estiver pendente, o processador faz o seguinte:

▶ Suspende a execução do programa que está sendo executado e salva seu contexto. Isso significa salvar o endereço da próxima instrução a ser executada (conteúdo atual do contador de programa) e quaisquer outros dados relevantes à atividade atual do processador.

▶ Armazena no contador do programa o endereço inicial de uma rotina de *tratamento de interrupções*.

Figura 3.8

Transferência de controle via interrupções.

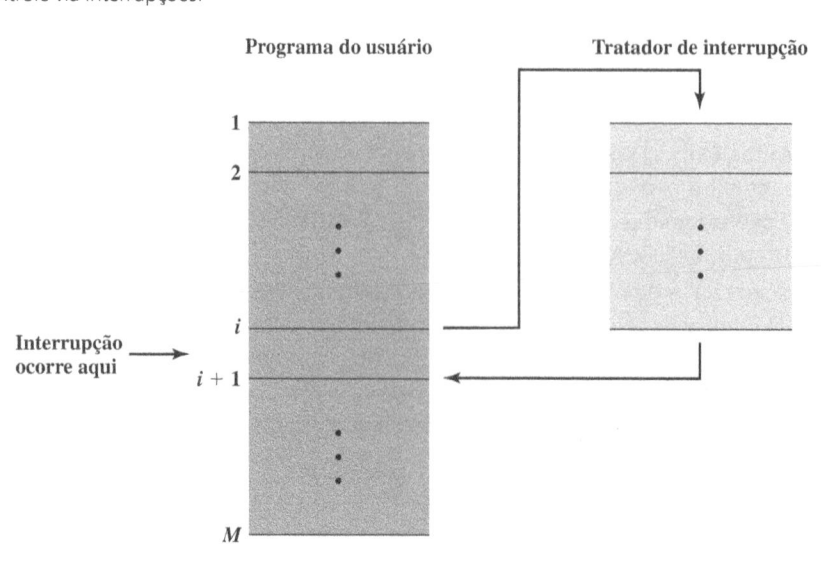

Figura 3.9
Ciclo de instruções com interrupção.

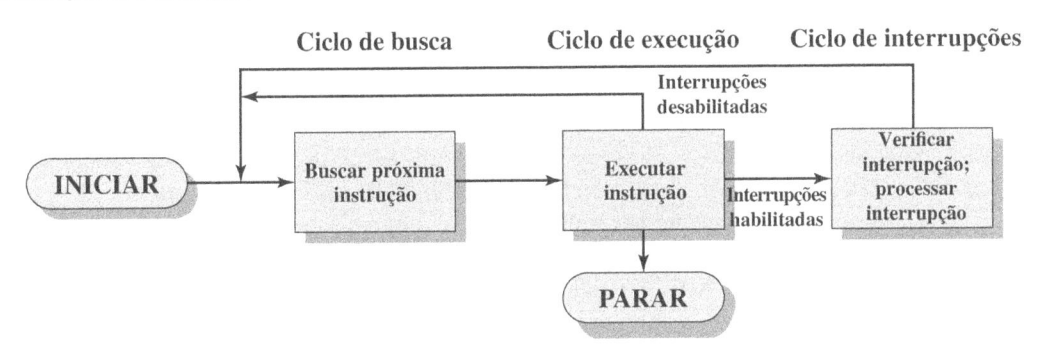

O processador, agora, continua com o ciclo de busca, obtendo a primeira instrução da rotina de tratamento de interrupção, que tratará a interrupção. É comum o programa tratador de interrupção fazer parte do sistema operacional. Normalmente, esse programa determina a natureza da interrupção e realiza quaisquer ações necessárias. No exemplo que usamos, o tratador determina qual módulo de E/S gerou a interrupção e pode desviar-se para um programa que escreverá mais dados nesse módulo de E/S. Quando a rotina de tratamento de interrupção terminar, o processador poderá retomar a execução do programa do usuário no ponto da interrupção.

É evidente que existe algum overhead envolvido nesse processo. Instruções extras precisam ser executadas (no tratador de interrupção) para se determinar a natureza da interrupção e se decidir sobre a ação apropriada. Apesar disso, em razão do tempo relativamente grande que seria desperdiçado pela simples espera por uma operação de E/S, o processador pode ser empregado de modo muito mais eficiente com o uso de interrupções.

Para apreciar o ganho na eficiência, considere a Figura 3.10, que é um diagrama de tempo baseado no fluxo de controle nas figuras 3.7a e 3.7b. Nessa figura, os segmentos do código de programa do usuário estão destacados em cinza escuro, e os segmentos do código de programa de E/S estão destacados em cinza claro. A Figura 3.10a mostra o caso em que as interrupções são empregadas. O processador deve esperar enquanto a operação de E/S é realizada.

Figura 3.10
Temporização do programa: curta espera de E/S.

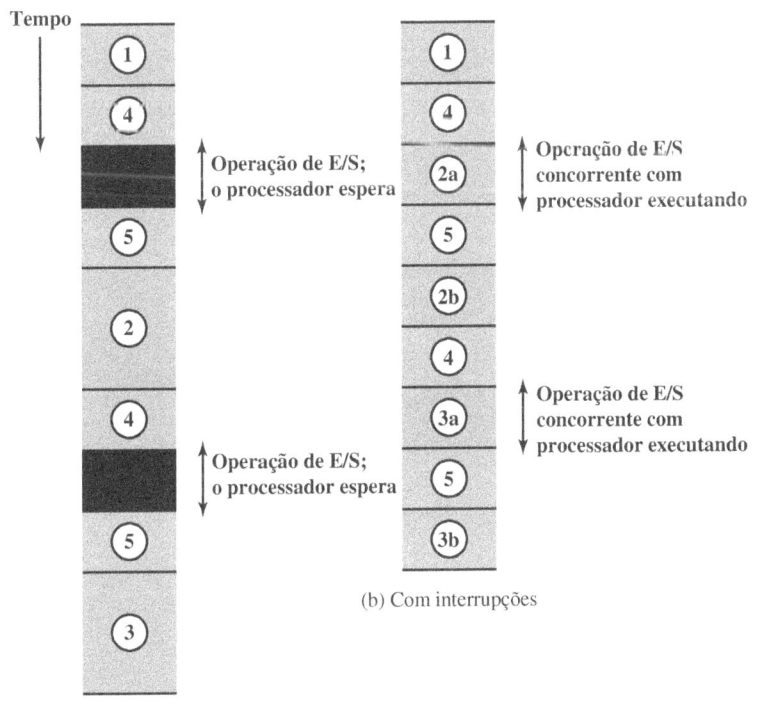

As figuras 3.7b e 3.10b consideram que o tempo exigido para a operação de E/S é relativamente curto: menos do que para completar a execução das instruções entre as operações de escrita no programa do usuário. Nesse caso, o segmento do código etiquetado 2 é interrompido. Uma porção do código (2a) executa (enquanto a operação de E/S é realizada) e, então, a interrupção ocorre (após a conclusão da operação de E/S). Após a interrupção ser atendida, a execução é retomada com o restante do segmento de código 2 (2b).

O caso mais típico, sobretudo para um dispositivo lento como uma impressora, é a operação de E/S levar muito mais tempo do que a execução de uma sequência de instruções do usuário. A Figura 3.7c indica esse estado de coisas. Nesse caso, o programa do usuário alcança a segunda chamada WRITE antes que a operação de E/S gerada pela primeira chamada termine. O resultado é que o programa do usuário está travado nesse ponto. Quando a operação de E/S anterior terminar, essa nova chamada WRITE poderá ser processada, e uma nova operação de E/S poderá ser iniciada. A Figura 3.11 mostra a temporização para essa situação com e sem o uso de interrupções. Podemos ver que ainda existe um ganho na eficiência, pois parte do tempo durante o qual a operação de E/S está sendo realizada se sobrepõe à execução das instruções do usuário.

A Figura 3.12 mostra um diagrama de estado do ciclo de instruções revisado, que inclui o processamento do ciclo de interrupção.

INTERRUPÇÕES MÚLTIPLAS A discussão até aqui focou apenas a ocorrência de uma única interrupção. Suponha, porém, que ocorram múltiplas interrupções. Por exemplo, um programa pode estar recebendo dados de uma linha de comunicações e imprimindo resultados. A impressora gerará uma interrupção toda vez que completar uma operação de impressão. O controlador da linha de comunicação gerará uma interrupção toda vez que uma unidade de dados chegar. A unidade poderia ser um único caractere ou um bloco, dependendo da natureza do controle das comunicações. De qualquer forma, é possível que uma interrupção de comunicações ocorra enquanto uma interrupção de impressora esteja sendo processada.

Figura 3.11

Temporização de programa: longa espera de E/S.

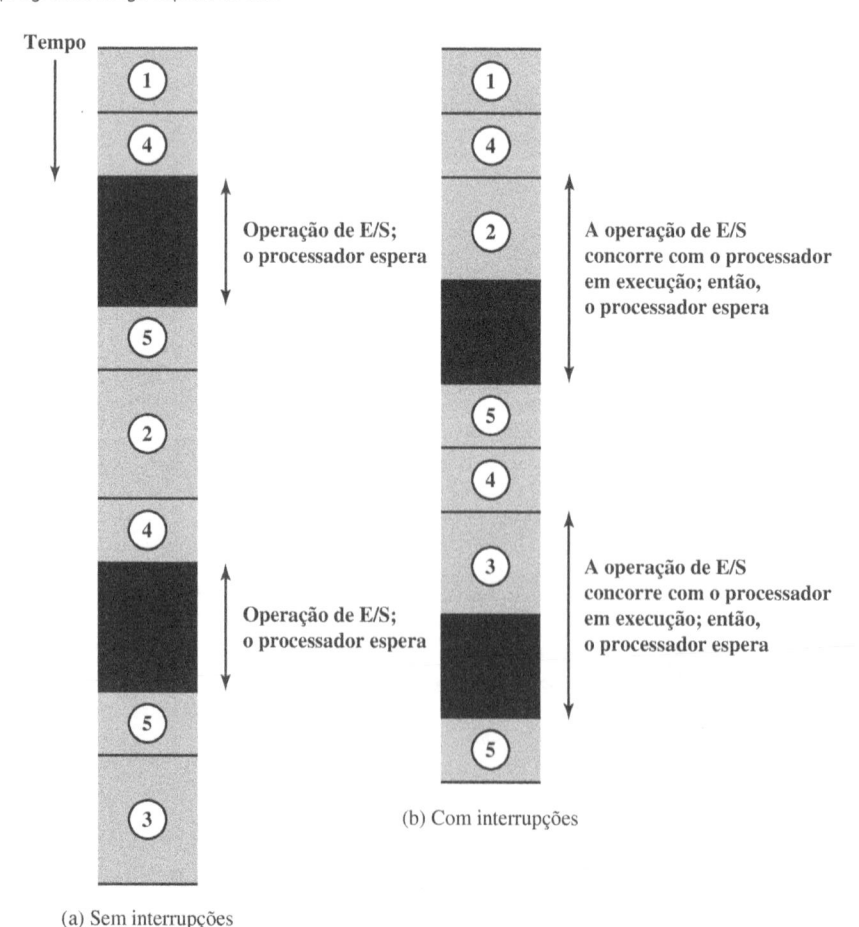

Figura 3.12
Diagrama do estado de ciclo de instruções, com interrupções.

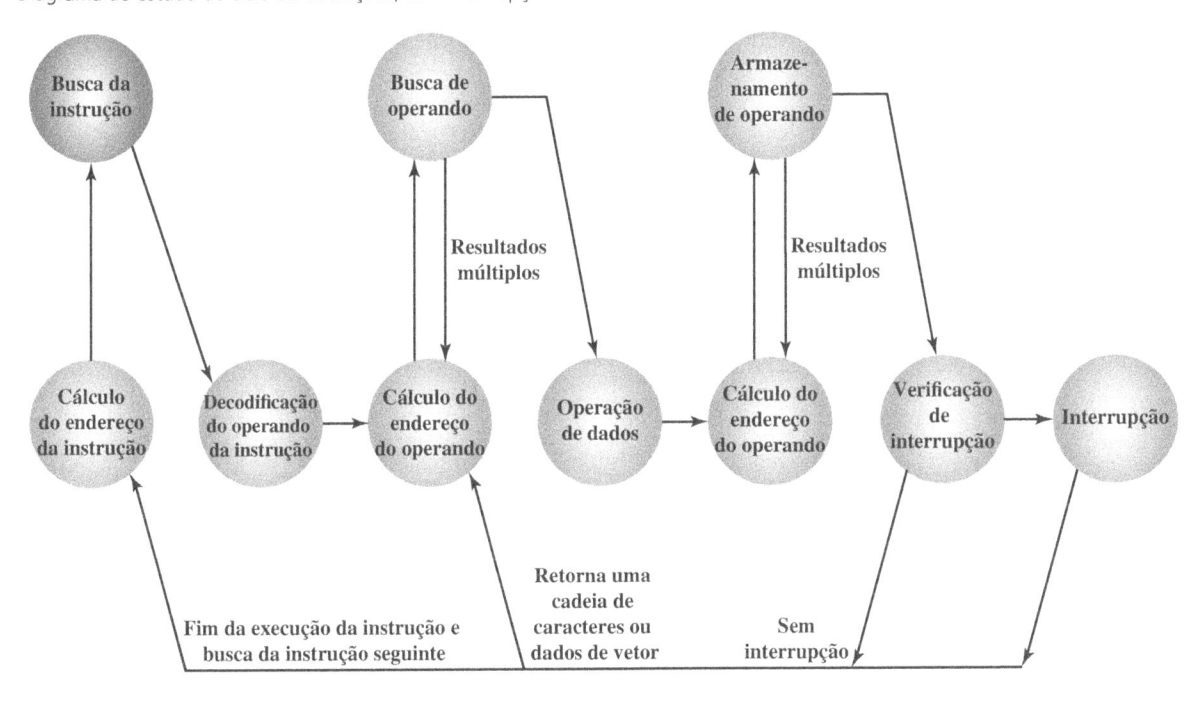

Duas técnicas podem ser utilizadas para lidar com múltiplas interrupções. A primeira é desativar as interrupções enquanto uma interrupção estiver sendo processada. Uma **interrupção desabilitada** significa simplesmente que o processador pode ignorar e ignorará esse sinal de requisição de interrupção. Se uma interrupção ocorrer durante esse tempo, ela, de modo geral, permanecerá pendente e será verificada pelo processador depois que ele tiver habilitado as interrupções. Assim, quando um programa do usuário estiver sendo executado e houver uma interrupção, as interrupções serão imediatamente desabilitadas. Depois que a rotina de tratamento de interrupção terminar, as interrupções serão habilitadas antes que o programa do usuário retome, e o processador verificará se houve interrupções adicionais. Essa técnica é boa e simples, pois as interrupções são tratadas em ordem estritamente sequencial (Figura 3.13a).

A desvantagem da técnica mencionada é que ela não leva em consideração a prioridade relativa ou necessidades de tempo crítico. Por exemplo, quando a entrada chega da linha de comunicações, ela pode precisar ser absorvida rapidamente, para dar espaço para mais entrada. Se o primeiro lote de entrada não for processado antes que o segundo lote chegue, dados poderão ser perdidos.

Uma segunda técnica é definir prioridades para interrupções e permitir que uma interrupção de maior prioridade faça com que um tratamento de interrupção com menor prioridade seja interrompido (Figura 3.13b). Como um exemplo dessa segunda técnica, considere um sistema com três dispositivos de E/S: uma impressora, um disco e uma linha de comunicações, com prioridades cada vez maiores de 2, 4 e 5, respectivamente. A Figura 3.14 ilustra uma possível sequência. Um usuário começa em $t = 0$. Em $t = 10$, ocorre uma interrupção da impressora; a informação do usuário é colocada na pilha do sistema, e a execução continua na **rotina de serviço de interrupção (ISR — do inglês, *Interrupt Service Routine*)**. Enquanto essa rotina ainda está sendo executada, em $t = 15$, ocorre uma interrupção de comunicação. Como a linha de comunicações tem prioridade mais alta que a impressora, a interrupção é considerada. A ISR da impressora é interrompida, seu estado é colocado na pilha, e a execução continua na ISR de comunicação. Enquanto essa rotina está sendo executada, ocorre uma interrupção de disco ($t = 20$). Como essa interrupção tem prioridade menor, ela é simplesmente retida, e a ISR de comunicação é executada até o final.

Quando a ISR de comunicação termina ($t = 25$), o estado anterior do processador, que é a execução da ISR de impressora, é restaurado. Porém, antes mesmo que uma única instrução nessa rotina possa ser executada, o processador aceita a interrupção de disco de maior prioridade e transfere o controle para a ISR de disco. Somente quando essa rotina termina ($t = 35$) é que a ISR de impressora é retomada. Quando a última rotina termina ($t = 40$), o controle finalmente retorna ao programa do usuário.

Figura 3.13

Transferência de controle com múltiplas interrupções.

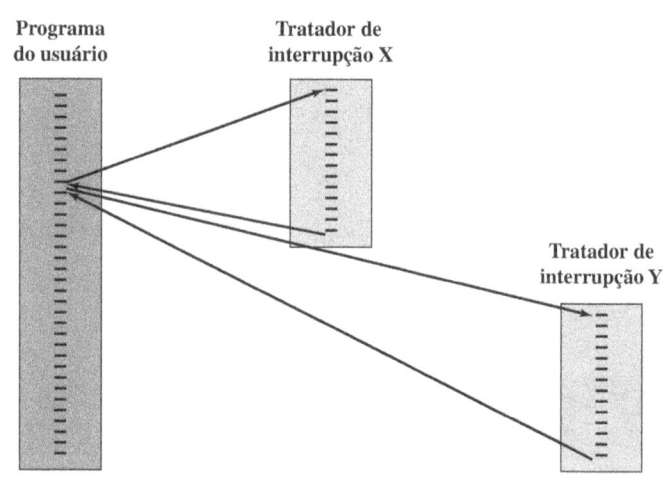

(a) Processamento de interrupção sequencial

(b) Processamento de interrupção aninhado

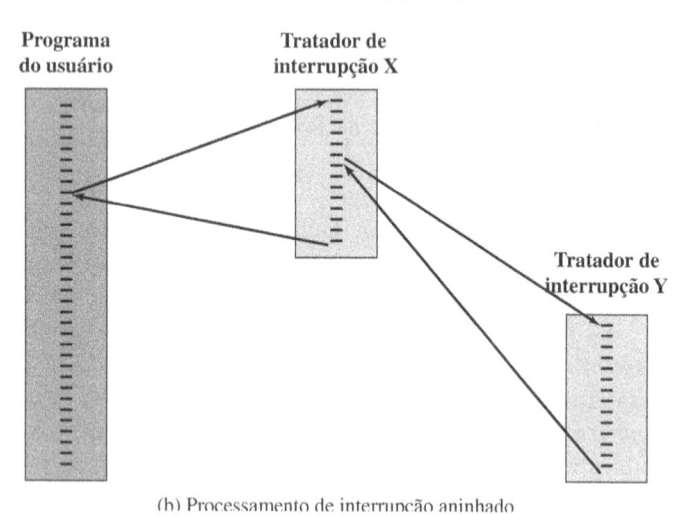

Figura 3.14

Exemplo de sequência de tempo de múltiplas interrupções.

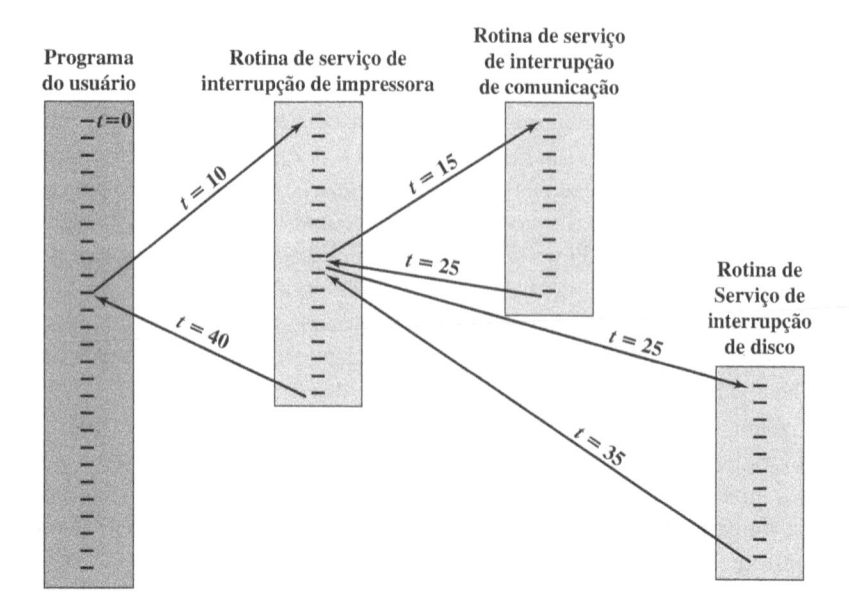

Função de E/S

Até aqui, discutimos a operação do computador de acordo com o controle do processador e vimos principalmente a interação entre processador e memória. A discussão apenas aludiu ao papel do componente de E/S. Esse papel é discutido com detalhes no Capítulo 7, mas apresentamos um rápido resumo aqui.

Um módulo de E/S (por exemplo, um controlador de disco) pode trocar dados diretamente com o processador. Assim como o processador pode iniciar uma leitura ou escrita com a memória, designando o endereço de um local específico, o processador também pode ler ou escrever dados em um módulo de E/S. Neste último caso, o processador identifica um dispositivo específico que é controlado por um módulo de E/S em particular. Assim, poderia ocorrer uma sequência de instruções semelhante em formato à da Figura 3.5, com instruções de E/S em vez de instruções de referência à memória.

Em alguns casos, é desejável permitir que as trocas de E/S ocorram diretamente com a memória. Nesse caso, o processador concede a um módulo de E/S a autoridade de ler ou escrever na memória, de modo que a transferência entre E/S e memória pode ocorrer sem que o processador fique preso à operação de E/S. Durante essa transferência, o módulo de E/S emite comandos de leitura ou escrita à memória, tirando do processador a responsabilidade pela troca. Essa operação é conhecida como acesso direto à memória (DMA, do inglês *Direct Memory Access*) e é examinada no Capítulo 7.

3.3 ESTRUTURAS DE INTERCONEXÃO

Um computador consiste em um conjunto de componentes ou módulos de três tipos básicos (processador, memória e E/S) que se comunicam entre si. Com efeito, um computador é uma rede de módulos básicos. Assim, é preciso haver caminhos para a conexão dos módulos.

O conjunto de caminhos conectando os diversos módulos é chamado de *estrutura de interconexão*. O projeto dessa estrutura depende das trocas que precisam ser feitas entre os módulos.

A Figura 3.15 sugere os tipos de trocas que são necessárias, indicando as principais formas de entrada e saída para cada tipo de módulo:[2]

- **Memória:** normalmente, um módulo de memória consiste em N palavras de mesmo tamanho. Cada palavra recebe um endereço numérico exclusivo $(0, 1, ..., N-1)$. Uma palavra de dados pode ser lida ou escrita na memória. A natureza da operação é indicada por sinais de controle de leitura e escrita. O local para a operação é especificado por um endereço.
- **Módulo de E/S**: partindo de um ponto de vista interno (ao sistema de computação), a E/S é funcionalmente semelhante à memória. Existem duas operações, leitura e escrita. Além disso, um módulo de E/S pode controlar mais de um dispositivo externo. Podemos nos referir a cada uma das interfaces para um dispositivo externo como uma *porta* dando a cada uma um endereço exclusivo (por exemplo, $0, 1, ..., M-1$). Além disso, existem caminhos de dados externos para entrada e saída de dados com um dispositivo externo. Por fim, um módulo de E/S pode ser capaz de enviar sinais de interrupção ao processador.
- **Processador**: o processador lê instruções e dados, escreve dados após o processamento e usa sinais de controle para controlar a operação geral do sistema. Ele também recebe sinais de interrupção.

A lista anterior define os dados a serem trocados. A estrutura de interconexão deve admitir os seguintes tipos de transferências:

- **Memória para processador**: o processador lê uma instrução ou uma unidade de dados da memória.
- **Processador para memória**: o processador escreve uma unidade de dados na memória.
- **E/S para processador**: o processador lê dados de um dispositivo de E/S por meio de um módulo de E/S.
- **Processador para E/S**: o processador envia dados para o dispositivo de E/S.
- **E/S de ou para a memória**: para esses dois casos, um módulo de E/S tem permissão para trocar dados diretamente com a memória, sem passar pelo processador, usando o DMA.

---

[2] As setas grossas representam múltiplas linhas de sinal transportando múltiplos bits de informação em paralelo. Cada seta estreita representa uma única linha de sinal.

Figura 3.15

Módulos do computador.

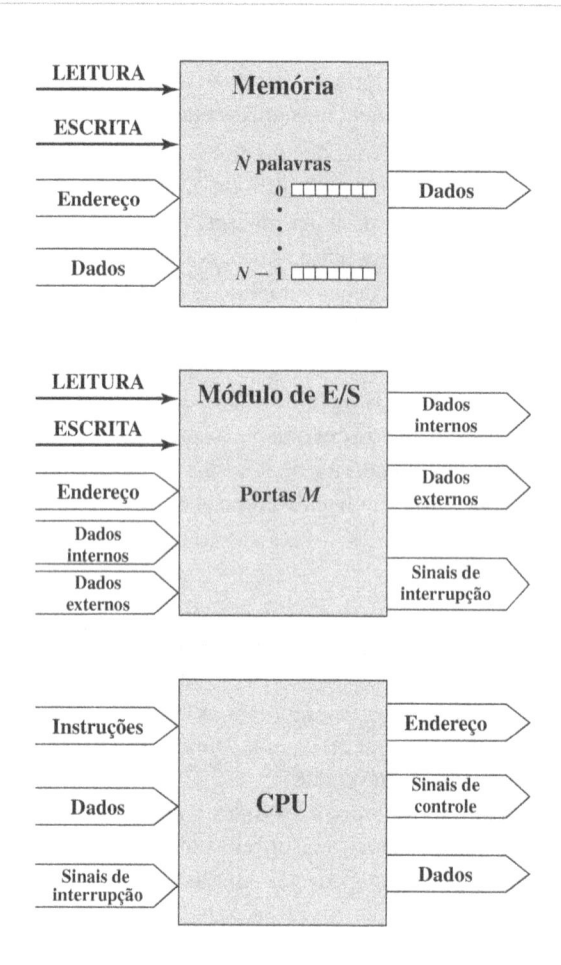

Com o passar dos anos, diversas estruturas de interconexão foram experimentadas. De longe, a mais comum é (1) o **barramento** e diversas estruturas de barramento múltiplo, e (2) as estruturas de interconexão ponto a ponto com transferência de dados em pacotes. O restante deste capítulo é dedicado a uma discussão sobre essas estruturas.

3.4 INTERCONEXÃO DE BARRAMENTO

O barramento foi o meio dominante da interconexão de componentes de sistema computacional por décadas. Para computadores de propósito geral, ele deu lugar gradualmente a várias estruturas de interconexão ponto a ponto, que agora dominam o desenvolvimento do sistema computacional. Contudo, as estruturas de barramento ainda são comumente usadas para os sistemas embarcados, sobretudo os microcontroladores. Nesta seção, damos uma visão geral da estrutura de barramento. O Apêndice C (disponível em inglês na Sala Virtual) proporciona mais detalhes.

Um barramento é um caminho de comunicação que conecta dois ou mais dispositivos. Uma característica-chave de um barramento é que ele é um meio de transmissão compartilhado. Diversos dispositivos conectam-se ao barramento, e um sinal transmitido por qualquer um dos dispositivos está disponível para recepção por todos os outros dispositivos conectados ao barramento. Se dois dispositivos transmitem durante o mesmo período de tempo, seus sinais serão sobrepostos e ficarão distorcidos. Assim, somente um dispositivo de cada vez pode transmitir com sucesso.

Tipicamente, um barramento consiste em múltiplos caminhos de comunicação, ou linhas. Cada linha é capaz de transmitir sinais representando o binário 1 e o binário 0. Com o tempo, uma sequência de dígitos binários pode ser transmitida por uma única linha. Juntas, várias linhas de um barramento podem ser usadas para transmitir dígitos binários simultaneamente (em paralelo). Por exemplo, uma unidade de dados de 8 bits pode ser transmitida por oito linhas de barramento.

Os sistemas de computação contêm diversos barramentos diferentes, que oferecem caminhos entre os componentes em diversos níveis da hierarquia do sistema de computação. Um barramento que conecta os principais componentes do computador (processador, memória, E/S) é chamado de **barramento do sistema**. As estruturas de interconexão de computador mais comuns são baseadas no uso de um ou mais barramentos do sistema.

Um barramento do sistema consiste, normalmente, em cerca de 50 a centenas de linhas separadas. Cada linha recebe um significado ou função em particular. Embora existam muitos projetos de barramento diferentes, em qualquer barramento as linhas podem ser classificadas em três grupos funcionais (Figura 3.16): linhas de dados, endereços e controle. Além disso, pode haver linhas de distribuição de tensão, que fornecem tensão elétrica aos módulos conectados.

As **linhas de dados** oferecem um caminho para movimentação de dados entre os módulos do sistema. Essas linhas, coletivamente, são chamadas de **barramento de dados**. O barramento de dados pode consistir em 32, 64, 128 ou ainda mais linhas separadas, sendo que o número de linhas é conhecido como a *largura* do barramento de dados. Como cada linha só pode transportar 1 bit de cada vez, o número de linhas determina quantos bits podem ser transferidos de uma só vez. A largura do barramento de dados é um fator-chave para determinar o desempenho geral do sistema. Por exemplo, se o barramento de dados tiver 32 bits de largura e cada instrução tiver um tamanho de 64 bits, então o processador precisará acessar o módulo de memória duas vezes durante cada ciclo de instrução.

As **linhas de endereço** são usadas para designar a origem ou o destino dos dados no barramento de dados. Por exemplo, se o processador deseja ler uma palavra (8, 16 ou 32 bits) de dado da memória, ele coloca o endereço da palavra desejada nas linhas de endereço. Claramente, a largura do **barramento de endereços** determina a capacidade de memória máxima possível do sistema. Além do mais, as linhas de endereço também costumam ser usadas para endereçar portas de E/S. Normalmente, os bits de ordem mais alta são usados para selecionar um módulo em particular no barramento, e os bits de ordem mais baixa selecionam um local de memória ou porta de E/S dentro do módulo. Por exemplo, em um barramento de endereço de 8 bits, o endereço 01111111 e mais baixos poderiam referenciar locais em um módulo de memória (módulo 0) com 128 palavras de memória, e o endereço 10000000 e mais altos poderiam referenciar dispositivos conectados a um módulo de E/S (módulo 1).

As **linhas de controle** são usadas para controlar o acesso e o uso das linhas de dados e endereço. Como as linhas de dados e endereço são compartilhadas por todos os componentes, é preciso haver um meio de controlar seu uso. Os sinais de controle transmitem informações de comando e temporização entre os módulos do sistema. Os sinais de temporização indicam a validade da informação de dados e endereço. Os sinais de comando especificam operações a serem realizadas. As linhas de controle típicas incluem:

- **Escrita de memória**: permite que os dados no barramento sejam escritos no local endereçado.
- **Leitura de memória**: permite que os dados do local endereçado sejam colocados no barramento.
- **Escrita de E/S**: permite que os dados no barramento sejam enviados para a porta de E/S endereçada.
- **Leitura de E/S**: permite que os dados da porta de E/S endereçada sejam colocados no barramento.
- **ACK de transferência**: indica que dados foram aceitos ou colocados no barramento.
- **Solicitação de barramento** (*bus request*): indica que um módulo precisa obter controle do barramento.
- **Concessão de barramento** (*bus grant*): indica que um módulo solicitante recebeu controle do barramento.
- **Requisição de interrupção** (*interrupt request*): indica que uma interrupção está pendente.

Figura 3.16

Esquema de interconexão de barramento.

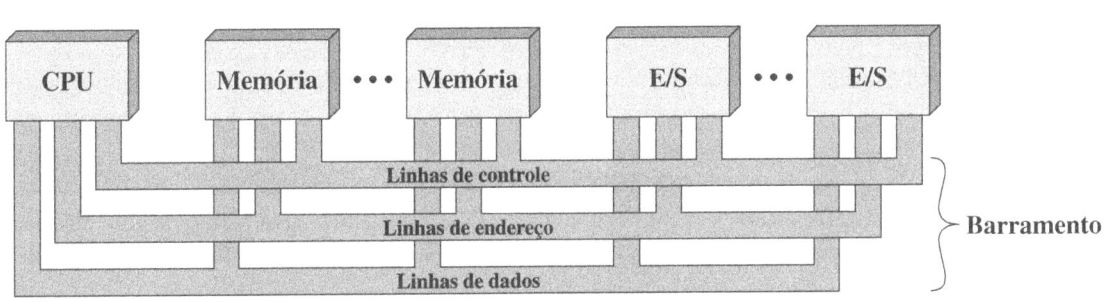

- **ACK de interrupção** (*interrupt acknowledge*): confirma que a interrupção pendente foi reconhecida.
- **Clock**: é usado para operações de sincronização.
- **Reset**: inicializa todos os módulos.

A operação do barramento é a seguinte. Se um módulo deseja enviar dados para outro, ele precisa fazer duas coisas: (1) obter o uso do barramento e (2) transferir dados por meio do barramento. Se um módulo quiser requisitar dados de outro módulo, ele deve (1) obter o uso do barramento e (2) transferir uma requisição ao outro módulo pelas linhas de controle e endereço apropriadas. Depois, ele deve esperar que esse segundo módulo envie os dados.

3.5 INTERCONEXÃO PONTO A PONTO

A arquitetura de barramento compartilhada foi por décadas a técnica padrão para a interconexão entre o processador e outros componentes (memória, E/S e assim por diante). Mas os sistemas contemporâneos se baseiam cada vez mais na interconexão de sistema ponto a ponto, em vez de se basearem nos barramentos compartilhados.

A principal razão que conduz essa mudança foram as restrições elétricas encontradas com o aumento da frequência dos barramentos sincronizados largos. Em taxas cada vez mais altas, tornou-se cada vez mais difícil realizar as funções de sincronização e arbitração em tempo hábil. Além do mais, com o advento dos chips multicore, com diversos processadores e memória significativa em um único chip, percebeu-se que o uso de um barramento compartilhado convencional no mesmo chip aumentou as dificuldades da elevação da taxa de dados e da redução da latência do barramento para acompanhar o processador. Em comparação com o barramento compartilhado, a interconexão ponto a ponto tem menor latência, maior taxa de dados e melhor escalabilidade.

Nesta seção, analisamos um exemplo importante e representativo da técnica de interconexão ponto a ponto: **QuickPath Interconnect (QPI)**, da Intel, que foi apresentada em 2008.

A seguir, apresentamos características significativas da QPI e de outros esquemas de interconexão ponto a ponto:

- **Conexões diretas múltiplas**: múltiplos componentes dentro de um sistema aproveitam as conexões diretas emparelhadas de outros componentes. Isso elimina a necessidade de arbitração encontrada em sistemas de transmissão compartilhada.
- **Arquitetura de protocolo em camadas**: como encontrado em ambientes de rede, como redes de dados baseados em TCP/IP, essas interconexões em nível de processador usam uma arquitetura de protocolo em camadas, em vez do simples uso de sinais de controle encontrado nas disposições de barramento compartilhado.
- **Transferência de dados em pacotes**: os dados não são enviados simplesmente como um *stream* de bits. Em vez disso, eles são enviados como uma sequência de pacotes, cada um contendo cabeçalho de controle e códigos de controle de erro.

A Figura 3.17 ilustra o uso típico da QPI em um computador multicore. As ligações de QPI (indicadas pelos pares de seta cinza escuro na figura) formam uma estrutura de troca que possibilita que os dados se movam através da rede. As conexões de QPI diretas podem ser estabelecidas entre cada par de processadores de *core*. Se o *core* A na Figura 3.17 precisa acessar o controlador da memória no *core* D, ele envia seus pedidos por meio dos *cores* B e C, que devem, por sua vez, encaminhar o pedido ao controlador de memória no *core* D. De modo similar, os sistemas maiores, com oito ou mais processadores, podem ser construídos usando processadores com três ligações e roteando por meio dos processadores intermediários.

Além disso, a QPI é usada para conectar a um módulo de E/S, chamado de concentrador de entrada e saída (IOH; em inglês, *I/O hub*). A IOH age como uma chave direcionando o tráfego para e a partir dos dispositivos de E/S. Geralmente, nos sistemas mais novos, a ligação da IOH para o controlador do dispositivo de E/S usa uma tecnologia de interconexão chamada de PCI Express (PCIe), descrita adiante neste capítulo. A IOH traduz os protocolos de QPI e seus formatos para os protocolos de PCIe e seus formatos. Um *core* também se liga a uma memória principal (geralmente, a memória usa uma tecnologia de memória aleatória de acesso dinâmico [DRAM]) usando um barramento de memória dedicado.

Figura 3.17
Configuração multicore usando QPI.

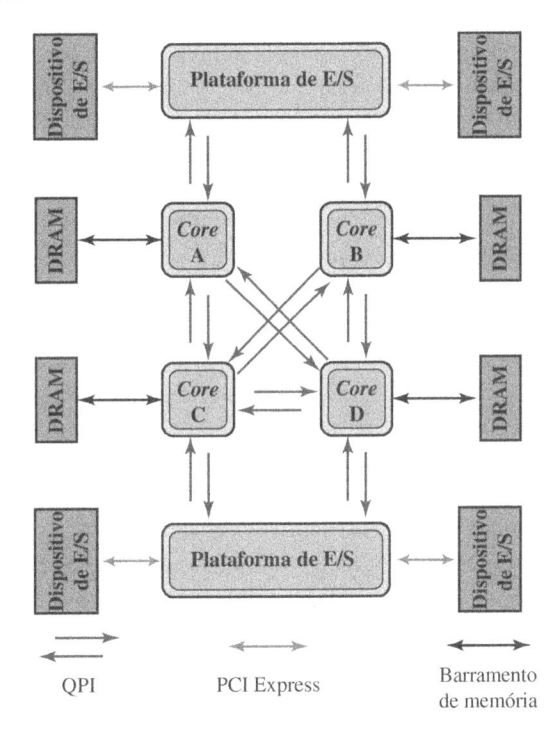

Define-se QPI como uma arquitetura de protocolo de quatro camadas,[3] que abrange as seguintes camadas (Figura 3.18):

- **Física**: consiste em fios reais que carregam os sinais, bem como circuitos e lógica para suportar as características necessárias para a transmissão e recepção de 1s e 0s. A unidade de transferência da camada física é de 20 bits, que é chamada de **Phit** (unidade física [em inglês, *physical unit*]).
- **Ligação**: responsável pela transmissão confiável e pelo controle de fluxo. A unidade de camada de ligação de transferência consiste em uma **Flit** (unidade de controle de fluxo [em inglês, *flow control unit*]) de 80 bits.
- **Roteamento**: proporciona a estrutura de redirecionamento dos pacotes através dos caminhos.
- **Protocolo**: um conjunto de regras de alto nível para troca de **pacotes** de dados entre os dispositivos. Um pacote é compreendido por um número inteiro de Flits.

Figura 3.18
Camadas de QPI.

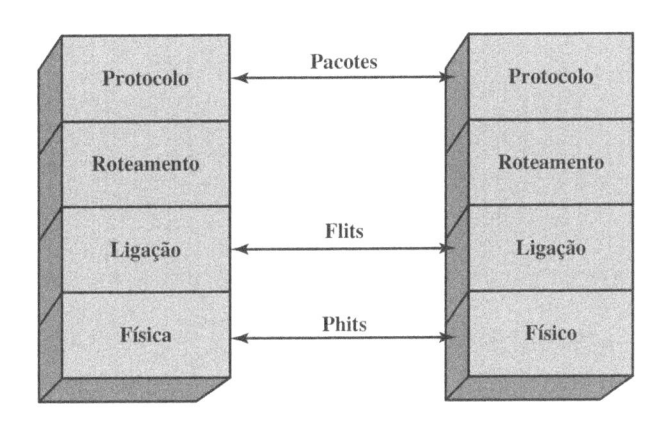

---

[3] O leitor não familiarizado com esse conceito de arquitetura de protocolo vai encontrar uma breve visão geral no Apêndice D (disponível em inglês na Sala Virtual).

QPI – Camada física

A Figura 3.19 mostra a arquitetura física da porta QPI. Essa porta consiste em 84 ligações individuais, agrupadas da seguinte forma. Cada caminho de dados consiste em um par de fios que transmitem dados de um bit por vez; o par é chamado de **via**. Há 20 vias de dados em cada direção (transmite e recebe), além de uma via de clock em cada direção. Assim, A QPI é capaz de transmitir 20 bits em paralelo em cada direção. A unidade de 20 bits é chamada de *phit*. As velocidades de sinalização típicas da ligação em produtos atuais solicitam operações de 6,4 GT/s (transferências por segundo). Com 20 bits por transferência, que somam até 16 GB/s, e desde que as ligações envolvam pares bidirecionais dedicados, a capacidade total é de 32 GB/s.

As vias em cada direção são agrupadas em quatro quadrantes de 5 vias cada. Em algumas aplicações, a ligação pode também operar em metade ou um quarto da largura a fim de reduzir o consumo de energia ou contornar as falhas.

A forma de transmissão em cada via é conhecida como **sinalização diferencial** ou **transmissão balanceada**. Com a transmissão balanceada, os sinais são transmitidos como uma corrente que se move por um condutor e retorna por outro. O valor binário depende da diferença de tensão. Em geral, uma linha tem um valor de tensão positiva e a outra linha tem tensão zero, e uma linha está associada ao binário 1 e a outra ao binário 0. Especificamente, a técnica usada pela QPI é conhecida como *sinalização diferencial de baixa tensão* (LVDS [em inglês, *Low-Voltage Differential Signaling*]). Em uma implementação comum, o transmissor injeta uma pequena corrente em um fio ou pelo outro, dependendo do nível lógico a ser enviado. A corrente passa por um resistor no ponto de recepção e, então, retorna na direção oposta pelo outro fio. O receptor sente a polaridade da tensão por meio de um transistor para determinar o nível lógico.

Outra função desempenhada pela camada física é que ela gerencia a conversão entre flits de 80 bits e fhits de 20 bits, usando a técnica conhecida como **distribuição multivia**. Os flits podem ser considerados um *stream* de bits que é distribuído através das linhas de dados, por meio do método round robin (primeiro bit para a primeira via, segundo bit para a segunda via etc.), como ilustrado na Figura 3.20. Essa técnica possibilita que a QPI atinja taxas de dados muito altas ao implementar ligação física entre duas portas como canais paralelos múltiplos.

Figura 3.19
Interface física da interconexão da Intel QPI.

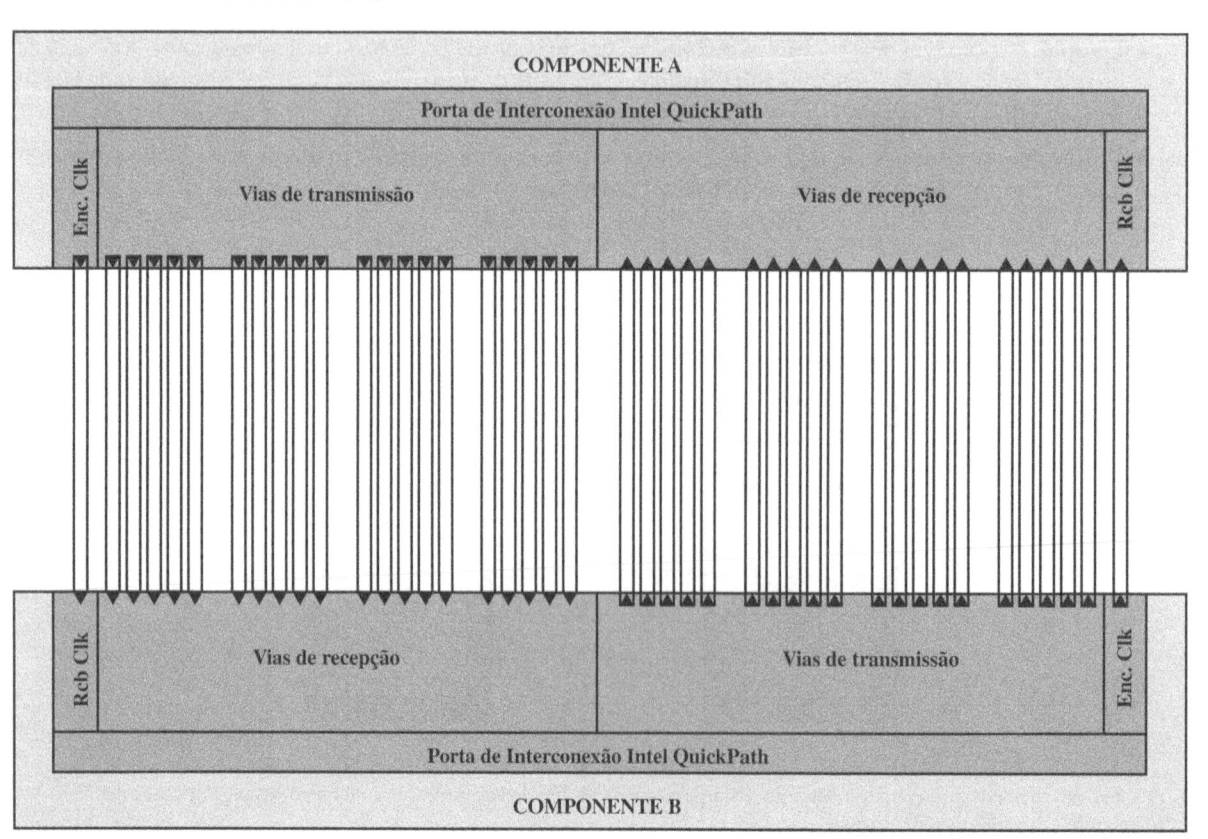

Figura 3.20
Distribuição multivia da QPI.

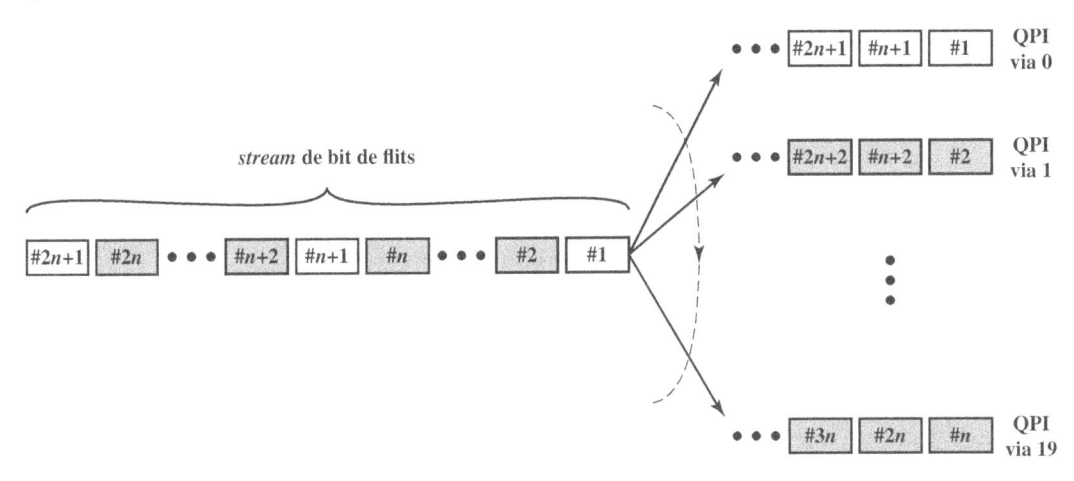

QPI – Camada de ligação

A camada de ligação QPI desempenha duas funções-chave: controle de fluxo e controle de erro. Essas funções são desempenhadas como parte do protocolo de camada de ligação QPI e operam no nível da flit (unidade de controle de fluxo). Cada flit consiste em um corpo de mensagem de 72 bits e um código de controle de erro de 8 bits, chamado de CRC (em inglês, *Cyclic Redundancy Check*). Discutimos os códigos de controle de erro no Capítulo 5.

O corpo do flit consiste em informação de dados ou de mensagem. As flits de dados transferem os bits reais de dados entre os *cores* e entre um *core* e o IOH. As flits de mensagem são usadas para algumas funções como controle de erro e coerência de cache. Discutimos a coerência de cache nos capítulos 5 e 17.

A **função de controle de fluxo** é necessária para assegurar que a entidade de QPI de envio não sobrecarregue uma entidade de QPI de recebimento ao enviar dados mais rápido do que o receptor pode processar e para limpar os buffers para receberem mais dados. Para controlar o fluxo de dados, a QPI faz uso de um esquema de créditos. Durante a inicialização, é dado a um remetente um número de conjunto de créditos para enviar flits a um receptor. Sempre que uma flit for enviada ao receptor, o remetente diminui seus contadores de crédito por um crédito. Sempre que um buffer for liberado no receptor, um crédito é retornado ao remetente para aquele buffer. Desse modo, o receptor controla o ritmo no qual os dados são transmitidos sobre uma ligação de QPI.

Ocasionalmente, um bit transmitido por uma camada física é mudado durante a transmissão, por conta do ruído ou de algum outro fenômeno. A **função de controle de erro** em uma camada de ligação detecta e recupera a partir desses erros de bits, e então isola camadas mais altas a partir da experiência de erros de bits. O procedimento funciona da seguinte maneira para um fluxo de dados a partir do sistema A ao sistema B:

1. Como mencionado, cada flit de 80 bits inclui um campo de CR de 8 bits. O CRC é uma função de valor do restante de 72 bits. Na transmissão, A calcula um valor de CRC para cada flit e insere o valor no flit.
2. Quando uma flit é recebida, B calcula um valor de CRC para corpo de 72 bits e compara o valor com o valor de CRC recebido na flit. Se os dois valores de CRC não baterem, um erro terá sido detectado.
3. Quando B detecta um erro, ele envia um pedido a A para retransmitir uma flit que está com erro. Contudo, por A poder ter tido crédito suficiente para enviar um *stream* de flits, de modo que flits adicionais tenham sido transmitidas depois de uma flit com erro e antes de A receber um pedido de retransmissão, o pedido é para A fazer backup e retransmitir a flit danificada, além de todas as flits subsequentes.

QPI – Camada de roteamento

A camada de roteamento é usada para determinar o caminho que um pacote vai trafegar através de interconexões disponíveis do sistema. Tabelas de rota são definidas por um firmware e descrevem os possíveis caminhos que um pacote pode seguir. Em pequenas configurações, como uma plataforma de duas ligações, as opções de roteamento são limitadas e as tabelas de roteamento são bastante simples. Para sistemas maiores, as opções de tabela de roteamento são mais complexas, dando a flexibilidade de roteamento e tráfego de rerroteamento, dependendo de como (1) dispositivos são alocados na plataforma, (2) recursos do sistema são divididos e (3) eventos de confiabilidade resultam no mapeamento em torno de um recurso de falha.

QPI – Camada de protocolo

Na camada, o pacote é definido como uma unidade de transferência. A definição de conteúdo de pacote é padronizada com alguma flexibilidade permitida ao atender pedidos diferentes de segmentos de mercado. Uma função-chave desempenhada nesse nível é um protocolo de coerência de cache, que age se certificando de que os valores da memória principal mantidos em diversas caches são consistentes. Uma carga útil de pacote de dados comum é um bloco de dados enviados para e a partir de uma cache.

3.6 PCI EXPRESS

O **barramento PCI** (do inglês, *Peripheral Component Interconnect*) é um barramento de grande largura de banda, independente de processador, que pode funcionar como uma unidade intermediária ou barramento de periféricos. Em comparação com outras especificações de barramento comuns, a PCI oferece melhor desempenho de sistema para subsistemas de E/S de alta velocidade (por exemplo, adaptadores gráficos de vídeo, controladores de interface de rede, controladores de disco e assim por diante).

A Intel começou a trabalhar na PCI em 1990, para seus sistemas baseados no Pentium e logo lançou todas as patentes ao domínio público, promovendo a criação de uma associação da indústria, a PCI Special Interest Group (PCI SIG), para desenvolver melhor e manter a compatibilidade das especificações da PCI. O resultado é que a PCI tem sido bastante adotada e está encontrando uso cada vez maior nos sistemas de computadores pessoais, estações de trabalho e servidores. Como a especificação é de domínio público e é adotada por grande parte da indústria de microprocessadores e periféricos, produtos PCI criados por diferentes fornecedores são compatíveis.

Como no barramento de sistema discutido nas seções precedentes, o esquema de PCI baseado em barramento não tem sido apto para manter o ritmo com as demandas de taxa de dados dos dispositivos conectados. Portanto, uma nova versão, conhecida como **PCI Express (PCIe)** foi desenvolvida. A PCIe, como na QPI, é um esquema de interconexão ponto a ponto que visa substituir os esquemas baseados em barramento, como a PCI.

O requisito-chave para o PCIe é a alta capacidade de suportar as necessidades de dispositivos de E/S com taxas de dados mais altas, como a Gigabit Ethernet. Outro pedido diz respeito à necessidade de suportar *streams* de dados dependentes de tempo. Aplicações como vídeo sob demanda e redistribuição de áudio estão colocando restrições de tempo real também nos servidores. Algumas aplicações de comunicação e sistemas de controle com PC embarcado também processam dados em tempo real. As plataformas de hoje em dia devem também lidar com diversas transferências concorrentes em taxas sempre crescentes de dados. Não é mais aceitável tratar todos os dados com igualdade — é mais importante, por exemplo, processar os dados de *streaming* primeiro, desde que os últimos dados de tempo real sejam tão sem uso como se não tivessem informações. Os dados precisam ser etiquetados de modo que um sistema de E/S possa priorizar seu fluxo ao longo da plataforma.

PCI – Arquitetura física e lógica

A Figura 3.21 mostra uma configuração comum que suporta o uso de PCIe. Um dispositivo **complexo root**, também conhecido como um *chipset* ou uma *host bridge*, conecta o processador e o subsistema da memória ao dispositivo de comutação do PCI Express, compreendendo um ou mais PCIe e dispositivos de comutação PCIe. O complexo root age como um dispositivo de buffering, para lidar com a diferença nas taxas de dados entre os controladores E/S e a memória e os componentes do processador. O complexo root também converte entre formatos de transação PCIe e o sinal de processador e a memória e solicitações de controle. O chipset vai geralmente apoiar as diversas portas PCIe, algumas das quais se fixam diretamente ao dispositivo PCIe, ou uma ou mais que se fixam a um comutador que gerencia diversos *streams* de PCIe. As ligações de PCIe a partir do chipset podem se fixar aos seguintes tipos de dispositivos que implementam a PCIe:

- **Comutador**: o comutador gerencia diversos *streams* de PCIe.
- **Terminal de PCIe**: um dispositivo de E/S ou controlador que implementa a PCIe, como um comutador de ethernet Gigabit, um controlador de gráficos e vídeo, interface de disco ou um controlador de comunicações.

Figura 3.21
Configuração comum usando PCIe.

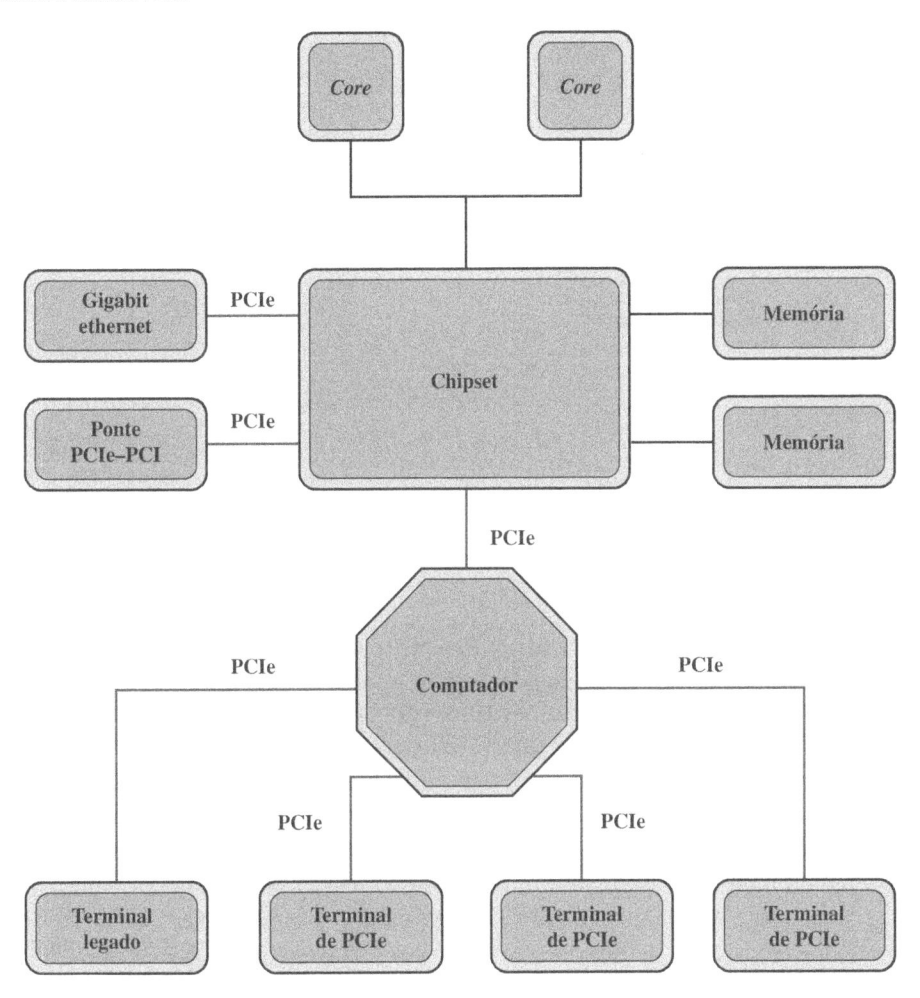

- **Terminal legado**: a categoria de terminal legado visa aos projetos existentes que migraram para a PCI Express, e isso permite comportamentos legado, como uso de espaço de E/S e transações bloqueadas. Os terminais de PCI Express não têm permissão para solicitar o uso de espaço de E/S em um tempo de execução e não devem usar transações bloqueadas. Ao distinguir essas categorias, não é possível para um desenvolvedor de sistema restringir ou eliminar os comportamentos legado que têm impacto negativo na robustez e no desempenho do sistema.
- **Ponte PCIe/PCI**: permite que dispositivos antigos de PCI sejam conectados aos sistemas baseados em PCIe.

Como na QPI, as interações de PCIe são definidas usando uma arquitetura de protocolo. A arquitetura de protocolo de PCIe abrange as seguintes camadas (Figura 3.22):

- **Física**: consiste em fios reais que carregam os sinais, bem como circuitos e lógica para suportar os requisitos para a transmissão e recepção de 1s e 0s.
- **Ligação de dados**: é responsável pela transmissão confiável e pelo controle de fluxo. Pacotes de dados gerados e consumidos pela DLL são chamados de Pacotes de Camada de Ligação de Dados (DLLPs — do inglês, *Data Link Layer Packets*).
- **Transação**: gera e consome pacotes de dados usados para implementar mecanismos de transferência de dados de armazenamento de carga e também gerencia o controle de fluxo daqueles pacotes entre os dois componentes em um link. Pacotes de dados gerados e consumidos pela TL são chamados de Pacotes de Camada de Transação (TLPs — do inglês, *Transaction Layer Packets*).

Acima da TL estão camadas de software que geram pedidos de leitura e escrita que são transportados pela camada de transação aos dispositivos de E/S usando protocolo de transação baseada em pacote.

Figura 3.22

Camadas de protocolo de PCIe.

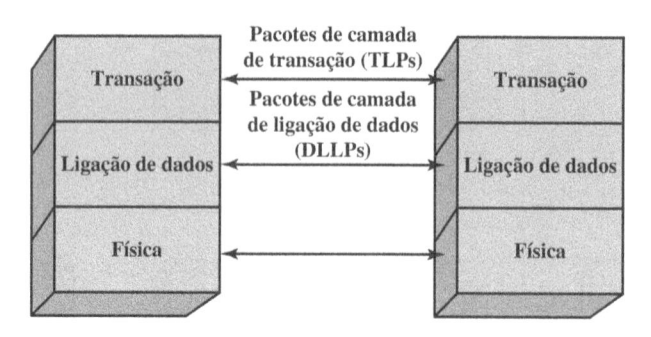

PCIe – Camada física

Semelhante à QPI, a PCIe é uma arquitetura ponto a ponto. Cada porta de PCIe consiste em um número de vias bidirecionais (observe que na QPI a via se refere à transferência em somente uma direção). A transferência em cada direção em uma via é feita por meio de sinalização diferencial sobre um par de fios. Uma porta PCI pode proporcionar 1, 4, 6, 16 ou 32 vias. A seguir, referimo-nos à especificação PCIe 3.0, lançada no final da década de 2010.

Como na QPI, a PCIe usa uma técnica de distribuição multivia. A Figura 3.23 mostra um exemplo para uma porta PCIe, consistindo em quatro vias. Os dados são distribuídos pelas quatro vias 1 byte por vez, usando um esquema round robin simples. Em cada via física, os dados são bufferizados e processados em 16 bytes (128 bits) por vez. Cada bloco de 128 bits é codificado em uma única palavra de código de 130 bits para transmissão; isso é conhecido como codificação de 128b/130b. Desse modo, uma taxa de dados efetiva de uma via individual é reduzida pelo fator de 128/130.

Para entender a razão para a codificação de 128b/130b, observe que, ao contrário da QPI, a PCIe não usa a linha de clock para sincronizar o *stream* de bits. Ou seja, a linha de clock não é usada para determinar o começo e o término de cada novo bit; é usada somente para outros propósitos de sinalização. Contudo, é necessário que o receptor seja sincronizado com o transmissor, de modo que o receptor saiba quando cada bit começa e termina. Se houver algum desvio entre os clocks usados para a transmissão de bits e recepção do transmissor e receptor, podem ocorrer erros. Para compensar a possibilidade de desvio, a PCIe faz a sincronização do receptor com o transmissor, baseado no sinal transmitido. Como na QPI, a PCIe usa sinalização diferenciada sobre um par de fios. A sincronização pode ser adquirida por um receptor que busque transições nos dados e que sincronize seu clock à transição. Contudo, considere que com uma longa cadeia de 1s ou 0s usando uma sinalização diferenciada, a saída é uma tensão constante sobre um longo período de tempo. Sob essas circunstâncias, qualquer diferença entre os clocks do transmissor e do receptor resultará em perda da sincronização entre ambos.

Figura 3.23

Técnica de distribuição multivia do PCIe.

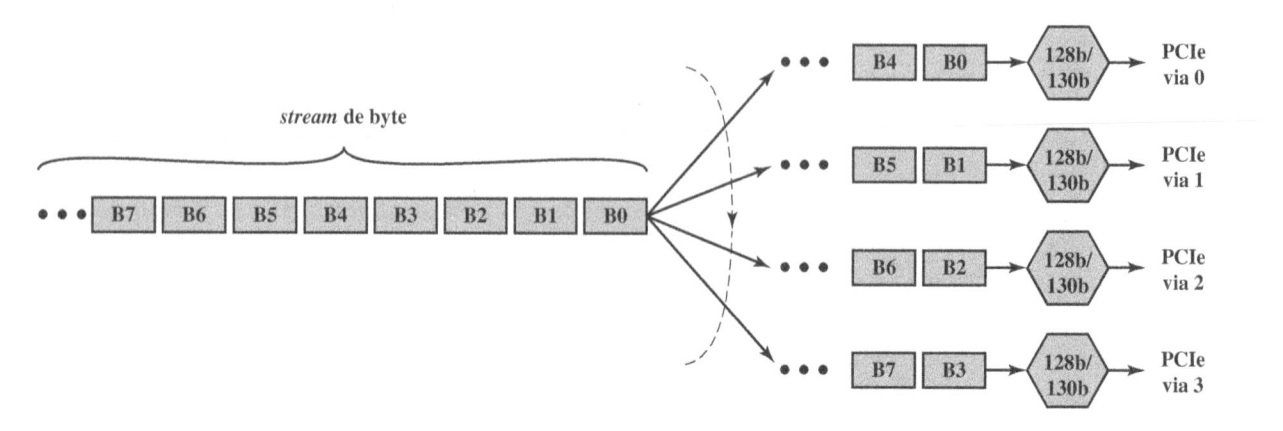

Uma técnica comum, e a única usada na PCIe 3.0, para superar o problema de uma longa cadeia de bits de um valor é a cifragem. A cifragem, que não aumenta o número de bits a serem transmitidos, é uma técnica de mapeamento que tende a fazer os dados aparecerem de modo mais aleatório. A cifragem tende a distribuir o número de transições de modo que apareçam no receptor espaçadas de modo mais uniforme, o que é bom para a sincronização. Além disso, outras propriedades de transmissão, como propriedades de espectro, são melhoradas se os dados forem mais próximos aleatoriamente do que constantes e repetitivos. Para mais discussão sobre cifragem, veja o Apêndice E (disponível em inglês na Sala Virtual).

Outra técnica que pode auxiliar na sincronização é a codificação, em que bits adicionais são inseridos no *stream* de bits para forçar transições. Para a PCIe 3.0, cada grupo de 128 bits de entrada é mapeado no bloco de 130 bits ao adicionar cabeçalho de sincronização de blocos. O valor de cabeçalho é 10 para bloco de dados e 01 para o que é chamado de *bloco de conjunto solicitado*, que se refere ao bloco de informação em nível de ligação.

A Figura 3.24 ilustra o uso da cifragem e da codificação. Os dados a serem transmitidos são supridos em um cifrador. A saída cifrada é, então, suprida em um codificador de 128b/130b, que bufferiza 128 bits e, então, mapeia o bloco de 128 bits em um bloco de 130 bits. Esse bloco, então, passa através de um conversor paralelo-série e transmite um bit por vez usando a sinalização diferenciada.

No receptor, um clock é sincronizado aos novos dados para recuperar o *stream* de bits. Então, passa pelo conversor de série-paralelo para produzir um *stream* de blocos de 130 bit. Cada bloco é passado por um decodificador de 128b/130b para recuperar o padrão de bits cifrados original, que é, então, decodificado para produzir o *stream* de bit original.

Ao usar essas técnicas, a taxa de dados de 16 GB/s pode ser atingida. Um detalhe final deve ser mencionado: cada transmissão de um bloco de dados sobre uma ligação de PCI começa e termina com uma sequência de estrutura de 8 bits para dar ao receptor tempo para sincronizar com a nova *stream* de bits da camada física.

Figura 3.24

Diagramas de bloco de transmissão e recepção da PCIe.

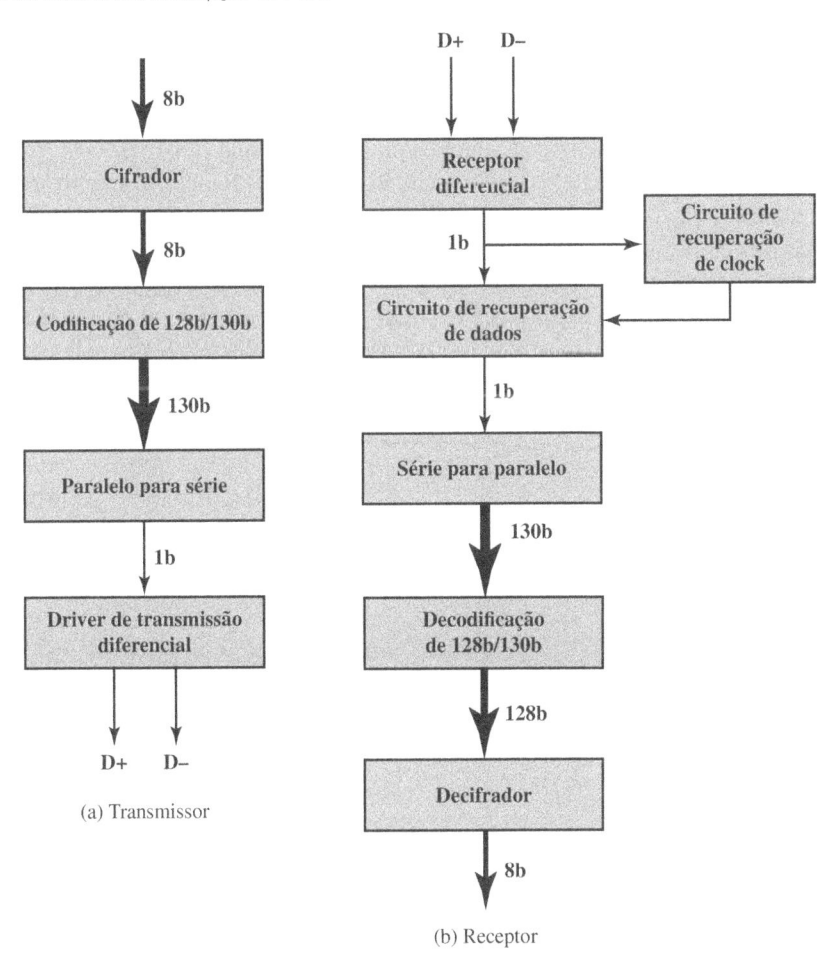

PCIe – Camada de transação

A camada de transação (TL) recebe pedidos de leitura e escrita a partir do software acima da TL e cria pacotes de solicitação de transmissão para um destino por meio da camada de ligação. A maioria das transações usa uma técnica de *transação dividida*, que funciona da seguinte maneira. Um pacote solicitado é enviado por um dispositivo de PCIe fonte, que então espera por uma resposta, chamada de *pacote de realização*. A realização seguida de um pedido é iniciada pelo realizador somente quando tem dados e/ou estado "pronto para entrega". Cada pacote tem um único identificador, que possibilita que os pacotes de realização sejam direcionados ao originador de correção. Com a técnica de transação dividida, a realização é separada em tempo a partir do pedido, ao contrário de uma operação de barramento comum, na qual ambos os lados de uma transação devem estar disponíveis para pegar e usar o barramento. Entre o pedido e a realização, outro tráfego de PCIe pode usar a ligação.

As mensagens da TL e algumas transações de escrita são *transações postadas*, significando que não se espera resposta.

O formato de pacote da TL suporta endereçamento de memória de 32 bits e endereçamento de memória estendida de 64 bits. Os pacotes também têm atributos como "não espiar", "pedido flexibilizado" e "prioridade", que podem ser usados para rotear de modo ideal esses pacotes por meio do subsistema de E/S.

ESPAÇOS ENDEREÇADOS E TIPOS DE TRANSAÇÃO A TL suporta quatro espaços endereçados:

- **Memória**: o espaço da memória inclui memória principal de sistema. Isso inclui dispositivos de E/S da PCIe. Alguns intervalos de endereçamento de memória são mapeados nos dispositivos de E/S.
- **E/S**: esse espaço de endereço é usado para dispositivos de PCI legado, com intervalos de endereços de memória reservados para endereçar os dispositivos de E/S legado.
- **Configuração**: esse espaço de endereço possibilita que a TL leia/escreva registros de configuração associados aos dispositivos de E/S.
- **Mensagem**: esse espaço de endereço é para sinais de controle relacionados a interrupções, manuseio de erro e gerenciamento de potência.

A Tabela 3.2 mostra os tipos de transação fornecidos pela TL. Para espaços de endereço de memória, E/S e configuração, há transações de leitura e escrita. No caso de transações de memória, há também uma função de solicitação de bloqueio de leitura. As operações bloqueadas ocorrem como o resultado de condutores de dispositivo que solicitam acesso atômico a registradores em um dispositivo de PCIe. Um condutor de dispositivo, por exemplo, pode ler, modificar e, então, ler atomicamente um registro de dispositivo. Para cumprir isso, o condutor do dispositivo faz que o processador execute uma instrução ou um conjunto de instruções. O complexo root converte essas instruções de processador em uma sequência de transações de PCIe, que realiza leitura individual e pedidos de escrita para o driver do dispositivo. Se as transações podem ser executadas atomicamente, o complexo root bloqueia a ligação de PCIe enquanto executa as transações. Esse bloqueio previne que ocorram transações que não são parte da sequência. Essa sequência de transações é chamada de operação bloqueada. Um conjunto de instruções de processador particular que pode causar uma operação bloqueada depende do chip set do sistema e da arquitetura do processador.

Tabela 3.2
Tipos de transação PCIe TLP.

Espaço de endereço	Tipo de TLP	Propósito
Memória	Pedido de leitura de memória	Transfere os dados para ou a partir de um local no mapa de memória do sistema
	Pedido de bloqueio de leitura de memória	
	Pedido de escrita de memória	
E/S	Pedido de leitura de E/S	Transfere os dados para ou a partir de um local no mapa de memória do sistema para dispositivos legado
	Pedido de escrita de E/S	

(Continua)

(Continuação)

Configuração	Pedido de leitura de tipo de configuração 0	Transfere os dados para e a partir de um local no espaço de configuração de um dispositivo PCIe
	Pedido de escrita de tipo de configuração 0	
	Pedido de leitura de tipo de configuração 1	
	Pedido de escrita de tipo de configuração 1	
Mensagem	Pedido de mensagem	Proporciona uma mensagem em banda e um relato de evento
	Pedido de mensagem com dados	
Memória, E/S, Configuração	Finalização	Retornado para certos pedidos
	Finalização com dados	
	Finalização bloqueada	
	Finalização bloqueada para dados	

Para manter a compatibilidade com a PCI, a PCIe suporta tanto os ciclos de configuração do tipo 1 como do tipo 2. O ciclo do tipo 1 propaga na direção oposta ao complexo root, até atingir a interface da ponte que hospeda o barramento (ligação) em que o dispositivo visado reside. A transação de configuração é convertida na ligação de destino a partir do tipo 0 da ponte.

Por fim, as mensagens de realização são usadas com transações divididas para memória, E/S e transações de configuração.

MONTAGEM DE PACOTE TLP As transações de PCIe são transmitidas usando pacotes de camadas de transação que são ilustrados na Figura 3.25a. Um TLP origina-se na camada de transação do dispositivo de envio e termina na camada de transação do dispositivo de recebimento.

Figura 3.25

Formato de unidade de dados de protocolo PCIe.

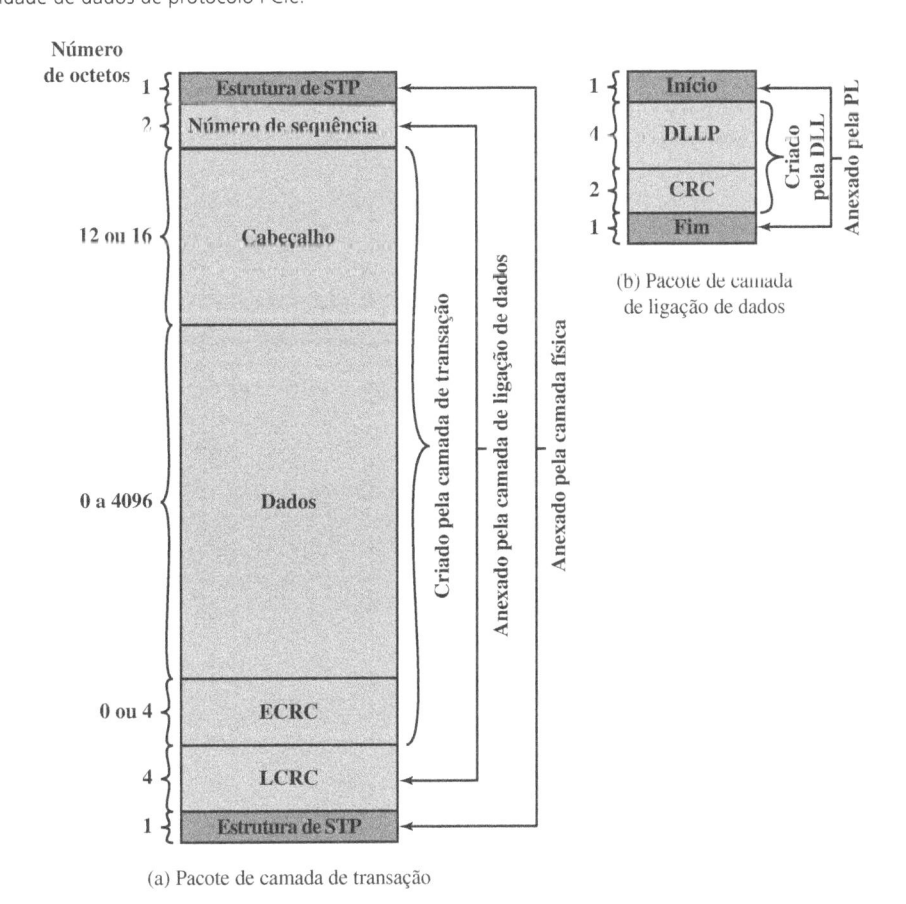

(a) Pacote de camada de transação

(b) Pacote de camada de ligação de dados

O software de camada superior envia à TL a informação necessária para que ela crie o *core* do TLP, que consiste nos seguintes campos:

- **Cabeçalho**: o cabeçalho descreve o tipo de pacote e inclui a informação necessária para que o receptor processe o pacote, inclusive quando for preciso uma informação de roteamento. O formato de cabeçalho interno é discutido posteriormente.
- **Dados**: um campo de dados de até 4096 bytes pode ser incluído no TLP. Alguns TLPs não contêm um campo de dados.
- **ECRC**: um campo opcional de CRC ponta a ponta possibilita que a camada de destino TL verifique os erros no cabeçalho e as partes de dados de TLP.

PCIe – Camada de ligação de dados

O propósito da camada de ligação de dados PCIe é assegurar a entrega confiável pela ligação de PCIe. A DLL participa na formação de TLPs e também transmite DLLPs.

PACOTES DE CAMADA DE LIGAÇÃO DE DADOS Os pacotes de camada de ligação de dados originam-se na camada de ligação de dados de um dispositivo de transmissão e terminam na DLL do dispositivo no outro final da ligação. A Figura 3.25b mostra o formato do DLLP. Há três grupos importantes de DLLPs usados para gerenciar a ligação: pacotes de controle de fluxo, pacotes de gerenciamento de potência e pacotes TLP ACK e NAK. Os pacotes de gerenciamento de potência são usados no gerenciamento no planejamento da plataforma de energia. Os pacotes de controle de fluxo regulam a taxa em que TLPs e DLLPs podem ser transmitidas pelas ligações. Os pacotes de ACK e NAK são usados no processamento de TLP, que será discutido a seguir.

PROCESSAMENTO DE PACOTES DE CAMADA DE TRANSAÇÃO A DLL adiciona dois campos ao *core* do TLP, criado pela TL (Figura 3.25a): um número de sequência de 16 bits e um CRC de 32 bits da camada de ligação (LCRC). Enquanto os campos do *core* criados na TL são somente usados na TL de destino, os dois campos adicionados pela DLL são processados em cada nó intermediário na via a partir da fonte ao destino.

Quando um TLP chega ao dispositivo, a DLL descobre o número de sequência e os campos de LCRC, além de verificar a LCRC. Existem duas possibilidades:

1. Se não forem detectados erros, a parte do *core* do TLP é levada até a camada de transação local. Se esse dispositivo de recebimento for o destino pretendido, então a TL processa o TLP. Por sua vez, a TL determina uma rota para o TLP e a retorna para a DLL para transmissão durante a próxima ligação na via ao destino.
2. Se um erro for detectado, a DLL programa um pacote de NAK DLL para retornar ao transmissor remoto. O TLP é eliminado.

Quando a DLL transmite um TLP, ela retém uma cópia do TLP. Se recebe NAK para TLP com esse número de sequência, retransmite o TLP. Quando recebe ACK, descarta o TLP bufferizado.

3.7 TERMOS-CHAVE, QUESTÕES DE REVISÃO E PROBLEMAS

Arbitração, 84	Flit, 85	Phit, 85
Arbitração distribuída, 96	Função de controle de erro, 87	QuickPath Interconnect (QPI), 84
Barramento, 82	Função de controle de fluxo, 87	Registrador de buffer de memória (MBR), 69
Barramento de dados, 83	Interrupção, 74	Registrador de endereço de memória (MAR), 69
Barramento de endereço, 83	Interrupção desabilitada, 79	Rotina de serviço de interrupção (ISR), 79
Barramento do sistema, 83	Linhas de controle, 83	Sinalização diferencial, 86
Ciclo de busca, 70	Linhas de dados, 83	Transmissão balanceada, 86
Ciclo de execução, 70	Linhas de endereço	Tratador de interrupção, 75
Ciclo de instrução, 70	Pacotes, 85	Via, 86
Complexo root, 88	PCI Express (PCIe), 88	
Distribuição multivia, 86	Peripheral Component Interconnect (PCI), 88	

QUESTÕES DE REVISÃO

3.1. Que categorias gerais de funções são especificadas pelas instruções do computador?
3.2. Liste e defina resumidamente os estados possíveis que definem a execução de uma instrução.
3.3. Liste e defina resumidamente duas técnicas para lidar com múltiplas interrupções.
3.4. Que tipos de transferências a estrutura de interconexão de um computador (por exemplo, barramento) precisa aceitar?
3.5. Liste e defina brevemente as camadas de protocolo de QPI.
3.6. Liste e defina brevemente as camadas de protocolo de PCIe.

PROBLEMAS

3.1. A máquina hipotética da Figura 3.4 também tem duas instruções de E/S:
0011 = Carregar AC de E/S
0111 = Armazenar AC em E/S
Nesses casos, o endereço de 12 bits identifica um dispositivo de E/S em particular. Mostre a execução do programa (usando o formato da Figura 3.5) para o programa a seguir:
1. Carregar AC do dispositivo 5.
2. Somar o conteúdo do local de memória 940.
3. Armazenar AC no dispositivo 6.
Suponha que o próximo valor apanhado do dispositivo 5 seja 3 e que o local 940 contenha o valor 2.

3.2. A execução do programa da Figura 3.5 é descrita no texto usando seis etapas. Expanda essa descrição para mostrar o uso do MAR e do MBR.

3.3. Considere um microprocessador de 32 bits hipotético com instruções de 32 bits, compostas de dois campos: o primeiro byte contém o opcode e o restante, o operando imediato ou o endereço de um operando.
  c. Qual é a capacidade de memória máxima endereçável diretamente (em bytes)?
  d. Discuta o impacto sobre a velocidade do sistema se o barramento do microprocessador tiver:
    1. Um barramento de endereço local de 32 bits e um barramento de dados local de 16 bits, ou
    2. Um barramento de endereço local de 16 bits e um barramento de dados local de 16 bits.
  e. Quantos bits são necessários para o contador de programa e o registrador de instrução?

3.4. Considere um microprocessador hipotético gerando um endereço de 16 bits (por exemplo, suponha que o contador de programa e os registradores de endereço tenham 16 bits de largura) e tendo um barramento de dados de 16 bits.
  a. Qual é o espaço de endereço de memória máximo que o processador pode acessar diretamente se estiver conectado a uma "memória de 16 bits"?
  b. Qual é o espaço de endereço de memória máximo que o processador pode acessar diretamente se estiver conectado a uma "memória de 8 bits"?
  c. Que recursos de arquitetura permitirão que esse microprocessador acesse um "espaço de E/S" separado?
  d. Se uma instrução de entrada e saída pode especificar um número de porta de E/S de 8 bits, quantas portas de E/S de 8 bits o microprocessador pode aceitar? Quantas portas de E/S de 16 bits? Explique.

3.5. Considere um microprocessador de 32 bits, com um barramento de dados de 16 bits, controlado por um clock de entrada de 8 MHz. Suponha que esse microprocessador tenha um ciclo de barramento cuja duração mínima seja igual a quatro ciclos de clock. Qual é a taxa de transferência de dados máxima pelo barramento que esse microprocessador pode sustentar, em bytes/s? Para aumentar seu desempenho, seria melhor tornar seu barramento de dados externo de 32 bits ou dobrar a frequência de clock externa fornecida ao microprocessador? Informe quaisquer outras suposições que você faça e explique. *Dica*: determine o número de bytes que podem ser transferidos por ciclo de barramento.

3.6. Considere um sistema de computação que contenha um módulo de E/S controlando um simples teletipo teclado/impressora. Os registradores a seguir estão contidos no processador e conectados diretamente ao barramento do sistema:

INPR: Registrador de entrada, 8 bits
OUTR: Registrador de saída, 8 bits
FGI: Flag de entrada, 1 bit
FGO: Flag de saída, 1 bit
IEN: Ativação de interrupção, 1 bit

A entrada de teclado do teletipo e a saída da impressora no teletipo são controladas pelo módulo de E/S. O teletipo é capaz de codificar um símbolo alfanumérico para uma palavra de 8 bits e decodificar uma palavra de 8 bits para um símbolo alfanumérico.

a. Descreva como o processador, usando os quatro primeiros registradores listados neste problema, pode alcançar a E/S com o teletipo.

b. Descreva como a função pode ser realizada de forma mais eficiente empregando também a IEN.

3.7. Considere dois microprocessadores tendo barramentos de dados externos de 8 e 16 bits, respectivamente. Os dois processadores são idênticos em outros aspectos e seus ciclos de barramento ocupam o mesmo espaço.

a. Suponha que todas as instruções e operandos tenham 2 bytes de extensão. Por que fator diferem as taxas de transferência de dados máximas?

b. Repita considerando que metade dos operandos e instruções tenham 1 byte de extensão.

3.8. A Figura 3.26 indica um esquema de arbitração distribuída que pode ser usado com um barramento obsoleto conhecido como Multibarramento I. Os agentes são encadeados fisicamente em forma de margarida (*daisy chain*) em ordem de prioridade. O agente mais à esquerda no diagrama recebe um sinal de *bus priority in* (BPRN), indicando que nenhum agente com prioridade mais alta deseja o barramento. Se o agente não requisitar o barramento, ele ativa sua linha *bus priority out* (BPRO). No início de um ciclo de clock, qualquer agente pode requisitar o controle do barramento reduzindo sua linha BPRO. Isso abaixa a linha BPRN do próximo agente na cadeia, que, por sua vez, precisa abaixar sua linha BPRO. Assim, o sinal propaga a extensão da cadeia. Ao final dessa reação em cadeia deverá haver apenas um agente cujo BPRN está ativado e cujo BPRO não está. Esse agente tem prioridade. Se, no início de um ciclo de barramento, o barramento não estiver ocupado (BUSY inativo), o agente que tem prioridade pode apanhar o controle do barramento ativando a linha BUSY.

É preciso certo tempo para que o sinal BPR se propague do agente de prioridade mais alta para o de prioridade mais baixa. Esse tempo deve ser menor que o ciclo de clock? Explique.

Figura 3.26

Arbitração distribuída do multibarramento I.

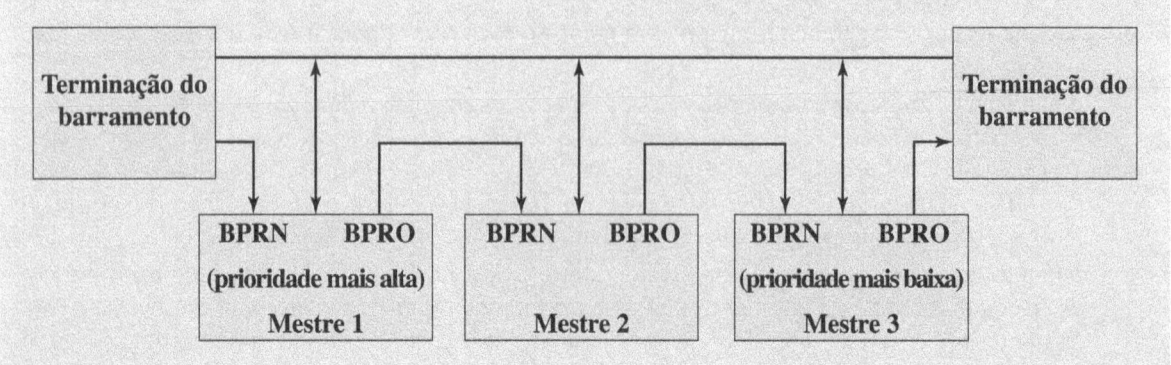

3.9. O barramento SBI do VAX utiliza um esquema de arbitração distribuída e síncrona. Cada dispositivo SBI (ou seja, processador, memória, módulo de E/S) tem uma prioridade exclusiva e recebe uma linha de requisição de transferência (TR) exclusiva. O SBI tem 16 dessas linhas (TR0, TR1, ..., TR15), com TR0 tendo a prioridade mais alta. Quando um dispositivo deseja usar o barramento, ele coloca uma reserva para um futuro intervalo de tempo (*time slot*) ativando sua linha TR durante o intervalo de tempo atual. No final do intervalo de tempo atual, cada dispositivo com uma reserva pendente examina as linhas TR; o dispositivo com prioridade mais alta com uma reserva utiliza o próximo intervalo de tempo.

No máximo, 17 dispositivos podem ser conectados ao barramento. O dispositivo com prioridade 16 não tem linha TR. Por que não?

3.10. No SBI do VAX, o dispositivo com menor prioridade em geral tem o menor tempo médio de espera. Por essa razão, o processador normalmente recebe a prioridade mais baixa no SBI. Por que o dispositivo de prioridade 16 geralmente tem o menor tempo médio de espera? Em que circunstâncias isso não seria verdadeiro?

3.11. Para uma operação de leitura síncrona (Figura C.18, do Apêndice C — disponível em inglês na Sala Virtual), o módulo de memória precisa colocar os dados no barramento suficientemente antes da transição de descida do sinal Read para permitir o estabelecimento do sinal. Suponha que o barramento do microprocessador tenha um clock de 10 MHz e que o sinal Read comece a cair no meio da segunda metade de T_3.

  a. Determine o tamanho do ciclo de instrução de leitura de memória.
  b. Quando, no máximo, os dados da memória devem ser colocados no barramento? Permita 20 ns para que se estabilizem as linhas de dados.

3.12. Considere um microprocessador que tenha uma sincronização de leitura de memória conforme mostra a Figura C.18. Após algumas análises, um projetista determina que a memória não consegue disponibilizar dados de leitura a tempo por cerca de 180 ns.

  a. Quantos estados de espera (ciclos de clock) precisam ser inseridos para a operação apropriada do sistema se a frequência do sinal de clock do barramento é de 8 MHz?
  b. Para forçar os estados de espera, uma linha de estado Ready é empregada. Quando o processador tiver emitido um comando Read, ele precisa esperar até que a linha Ready seja ativada antes de tentar ler dados. Em que intervalo de tempo devemos manter a linha Ready baixa a fim de forçar o processador a inserir o número requisitado de estados de espera?

3.13. Um microprocessador tem uma temporização de escrita na memória conforme mostra a Figura C.18. Seu fabricante especifica que a largura do sinal Write pode ser determinada por $T-50$, onde T é o período de clock em ns.

  a. Que largura devemos esperar para o sinal Write se a frequência do sinal de clock do barramento for de 5 MHz?
  b. O manual do microprocessador especifica que os dados permanecem válidos por 20 ns após a transição de descida do sinal Write. Qual é a duração total da apresentação de dados válida para a memória?
  c. Quantos estados de espera devemos inserir se a memória exigir a apresentação de dados válida por pelo menos 190 ns?

3.14. Um microprocessador tem uma instrução direta de incremento de memória, que soma 1 ao valor em um local da memória. A instrução tem cinco estágios: busca do opcode (quatro ciclos de clock do barramento), busca do endereço do operando (três ciclos), busca do operando (três ciclos), soma de 1 ao operando (três ciclos) e armazenamento do operando (três ciclos).

  a. Quanto (em porcentagem) a duração da instrução aumentará se tivermos que inserir dois estados de espera do barramento em cada operação de leitura e escrita de memória?
  b. Repita considerando que a operação de incremento use 13 ciclos em vez de 3.

3.15. O microprocessador Intel 8088 tem uma temporização de barramento de leitura semelhante à da Figura 3.18, mas requer quatro ciclos de clock do processador. Os dados válidos estão no barramento por uma quantidade de tempo que se estende para o quarto ciclo de clock do processador.

Considere uma frequência do sinal de clock do processador de 8 MHz.

    a. Qual é a taxa máxima de transferência de dados?
    b. Repita, mas considere a necessidade de inserir um estado de espera por byte transferido.

3.16. O Intel 8086 é um processador de 16 bits semelhante, de várias maneiras, ao 8088 de 8 bits. O 8086 utiliza um barramento de 16 bits que pode transferir 2 bytes de cada vez, desde que o byte de mais baixa ordem tenha um endereço par. Porém, o 8086 permite operandos de palavra com alinhamento par ou ímpar. Se uma palavra com alinhamento ímpar for referenciada, dois ciclos de memória, cada um consistindo em quatro ciclos de barramento, são necessários para transferir a palavra. Considere uma instrução no 8086 que envolva dois operandos de 16 bits. Quanto tempo é necessário para buscar os operandos? Dê a faixa de respostas possíveis. Considere uma frequência de sinal de clock de 4 MHz e nenhum estado de espera.

3.17. Considere um microprocessador de 32 bits cujo ciclo de barramento tenha a mesma duração de um microprocessador de 16 bits. Suponha que, na média, 20% dos operandos e instruções tenham 32 bits de tamanho, 40% tenham 16 bits de tamanho e 40% tenham 8 bits de tamanho. Calcule o ganho alcançado ao buscar instruções e operandos com o microprocessador de 32 bits.

3.18. O microprocessador do Problema 3.14 inicia o estágio de busca de operando da instrução de incremento direto da memória ao mesmo tempo que um teclado ativa uma linha de requisição de interrupção. Depois de quanto tempo o processador entra no ciclo de processamento de interrupção? Considere uma frequência do sinal de clock do barramento de 10 MHz.

MEMÓRIA CACHE

4.1 Visão geral do sistema de memória do computador
Características dos sistemas de memória
A hierarquia de memória

4.2 Princípios da memoria cache

4.3 Elementos de projeto da cache
Endereços da cache
Tamanho da memória cache
Função de mapeamento
Algoritmos de substituição
Política de escrita
Tamanho da linha
Número de caches

4.4 Organização da cache do Pentium 4

4.5 Termos-chave, questões de revisão e problemas
Apêndice 4A Características de desempenho de memórias de dois níveis
Localidade
Operação da memória de dois níveis
Desempenho

OBJETIVOS DE APRENDIZAGEM

Após ler este capítulo, você será capaz de:

▸ Apresentar uma visão geral das principais características dos sistemas de memória do computador e do uso da hierarquia da memória.
▸ Descrever os conceitos básicos e o objetivo da memória cache.
▸ Discutir os elementos-chave do projeto da cache.
▸ Fazer distinção entre mapeamento direto, mapeamento associativo e mapeamento associativo por conjunto.
▸ Explicar as razões para usar diversos níveis de cache.
▸ Compreender as implicações do desempenho dos diversos níveis de memória.

Embora aparentemente simples em conceito, a memória do computador apresenta talvez a mais variada gama de tipos, tecnologia, organização, desempenho e custo comparado com qualquer outro recurso de um sistema de computação. Nenhuma tecnologia em si é ideal para os requisitos de memória de um computador. Como consequência, o sistema de computação típico é equipado com uma hierarquia de subsistemas de memória, algumas internas ao sistema (acessíveis diretamente pelo processador) e algumas externas (acessíveis pelo processador por meio de um módulo de E/S).

Este capítulo e o seguinte destacam os elementos da memória interna, enquanto o Capítulo 6 é dedicado à memória externa. Para começar, a primeira seção examina as principais características das memórias de computador. O restante do capítulo examina um elemento essencial de todos os sistemas de computação modernos: a memória cache.

4.1 VISÃO GERAL DO SISTEMA DE MEMÓRIA DO COMPUTADOR

Características dos sistemas de memória

O complexo assunto da memória de computador pode ser mais bem compreendido se classificarmos os sistemas de memória de acordo com suas principais características. As mais importantes estão listadas na Tabela 4.1.

O termo **localização** na Tabela 4.1 indica se a memória é interna ou externa ao computador. A memória interna em geral significa a memória principal, mas existem outras formas de memória interna. O processador necessita de uma memória local própria, na forma de registradores (por exemplo, veja a Figura 2.3). Além do mais, como será visto, a parte da unidade de controle do processador também pode exigir sua própria memória interna. Vamos deixar a discussão desses dois últimos tipos de memória interna para capítulos posteriores. A cache é outra forma de memória interna. A memória externa consiste em dispositivos de armazenamento periféricos, como discos e fitas, que são acessíveis ao processador por meio de controladores de E/S.

Uma característica óbvia da memória é a sua **capacidade**. Para a memória interna, isso costuma ser expresso em termos de bytes (1 byte = 8 bits) ou palavras. Os tamanhos comuns de palavra são 8, 16 e 32 bits. A capacidade da memória externa normalmente é expressa em termos de bytes.

Tabela 4.1
Principais características dos sistemas de memória do computador.

Localização	Desempenho
Interna (por exemplo, registradores do processador, memória principal, cache)	Tempo de acesso
Externa (por exemplo, discos ópticos, discos magnéticos, fitas)	Tempo de ciclo
	Taxa de transferência
Método de acesso	**Tipo físico**
Sequencial	Semicondutor
Direto	Magnético
Aleatório	Óptico
Associativo	Magneto-óptico
Unidade de transferência	**Características físicas**
Palavra	Volátil/não volátil
Bloco	Apagável/não apagável
Capacidade	**Organização**
Número de palavras	Módulos de memória
Número de bytes	

Um conceito relacionado é a **unidade de transferência**. Para a memória interna, a unidade de transferência é igual ao número de linhas elétricas que chegam e que saem do módulo de memória. Isso pode ser igual ao tamanho da palavra, mas em geral é maior, como 64, 128 ou 256 bytes. Para esclarecer esse ponto, considere três conceitos relacionados à memória interna:

> **Palavra**: a unidade "natural" de organização da memória. O tamanho da palavra costuma ser igual ao número de bits usados para representar um inteiro e ao tamanho da instrução. Infelizmente, existem muitas exceções. Por exemplo, o CRAY C90 (um modelo de supercomputador CRAY mais antigo) tem um tamanho de palavra de 64 bits, mas usa a representação de inteiros com 46 bits. A arquitetura Intel x86 tem uma grande variedade de tamanhos de instrução, expressos como múltiplos de bytes e uma palavra com tamanho de 32 bits.

> **Unidades endereçáveis**: em alguns sistemas, a unidade endereçável é a palavra. Porém, muitos sistemas permitem o endereçamento no nível de byte. De qualquer forma, o relacionamento entre o tamanho em bits A de um endereço e o número N de unidades endereçáveis é $2^A = N$.

> **Unidade de transferência**: para a memória principal, este é o número de bits lidos ou escritos na memória de uma só vez. A unidade de transferência não precisa ser igual a uma palavra ou uma unidade endereçável. Para a memória externa, os dados em geral são transferidos em unidades muito maiores que uma palavra, e estas são chamadas de blocos.

Outra distinção entre os tipos de memória é o **método de acesso** das unidades de dados. Ele inclui:

> **Acesso sequencial**: a memória é organizada em unidades de dados chamadas registros. O acesso é feito em uma sequência linear específica. Uma informação de endereçamento armazenada é usada para separar registros e auxiliar no processo de recuperação. Usa-se um mecanismo compartilhado de leitura-escrita, o qual precisa ser movido de seu local atual para o local desejado, passando e rejeitando cada registro intermediário. Assim, o tempo para acessar um registro qualquer é altamente variável. As unidades de fita, discutidas no Capítulo 6, são de acesso sequencial.

> **Acesso direto**: assim como o acesso sequencial, o acesso direto envolve um mecanismo compartilhado de leitura-escrita. Porém, os blocos ou registros individuais têm um endereço exclusivo, baseado no local físico. O acesso é realizado pelo acesso direto, para alcançar uma vizinhança geral, mais uma busca sequencial, contagem ou espera, até chegar ao local final. Novamente, o tempo de acesso é variável. As unidades de disco, discutidas no Capítulo 6, são de acesso direto.

> **Acesso aleatório**: cada local endereçável na memória tem um mecanismo de endereçamento exclusivo, fisicamente interligado. O tempo para acessar determinado local é independente da sequência de acessos anteriores e é constante. Assim, qualquer local pode ser selecionado aleatoriamente, bem como endereçado e acessado diretamente. A memória principal e alguns sistemas de cache são de acesso aleatório.

> **Associativo**: este é o tipo de memória de acesso aleatório que permite fazer uma comparação de um certo número de bits, dentro de uma palavra, com uma combinação específica, fazendo isso com todas as palavras simultaneamente. Assim, uma palavra é recuperada com base em uma parte de seu conteúdo, em vez de seu endereço. Assim como a memória de acesso aleatório comum, cada local tem seu próprio mecanismo de endereçamento, e o tempo de recuperação é constante, independentemente do local ou padrões de acesso anteriores. As memórias cache podem empregar o acesso associativo.

Do ponto de vista do usuário, as duas características mais importantes da memória são capacidade e **desempenho**. Três parâmetros de desempenho são usados:

> **Tempo de acesso (latência)**: para a memória de acesso aleatório, esse é o tempo gasto para realizar uma operação de leitura ou escrita, ou seja, o tempo desde o instante em que um endereço é apresentado à memória até o instante em que os dados foram armazenados ou se tornaram disponíveis para uso. Para a memória de acesso não aleatório, o tempo de acesso é o tempo gasto para posicionar o mecanismo de leitura-escrita no local desejado.

> **Tempo de ciclo de memória**: esse conceito é aplicado principalmente à memória de acesso aleatório, e consiste no tempo de acesso mais qualquer tempo adicional antes que um segundo acesso possa ter início. Esse tempo adicional pode ser exigido para a extinção de transientes nas linhas de sinal ou para a regeneração de dados, se eles forem lidos destrutivamente. Observe que o tempo de ciclo de memória se refere ao barramento do sistema, e não do processador.

> **Taxa de transferência**: é a taxa em que os dados podem ser transferidos para dentro ou fora de uma unidade de memória. Para a memória de acesso aleatório, ela é igual a 1/(tempo de ciclo). Para a memória de acesso não aleatório, existe a seguinte relação:

$$T_n = T_A + \frac{n}{R} \tag{4.1}$$

em que

T_n = tempo médio para ler ou escrever n bits
T_A = tempo de acesso médio
n = número de bits
R = taxa de transferência em bits por segundo (bps)

Uma variedade de **tipos físicos** da memória tem sido empregada. As mais comuns hoje em dia são memória semicondutora, memória de superfície magnética, usada para disco e fita, e óptica e magneto-óptica.

Várias **características físicas** de armazenamento de dados são importantes. Em uma memória volátil, a informação se deteriora naturalmente ou se perde quando a energia elétrica é desligada. Em uma memória não volátil, a informação, uma vez gravada, permanece sem deterioração até que seja deliberadamente mudada; nenhuma energia elétrica é necessária para reter a informação. As memórias com superfície magnética são não voláteis. A memória semicondutora (memória em circuitos integrados) pode ser volátil ou não. A memória não apagável não pode ser alterada, exceto destruindo-se a unidade de armazenamento. A memória semicondutora desse tipo é conhecida como *memória somente de leitura* (ROM — do inglês, *Read-Only Memory*). Inevitavelmente, na prática uma memória não apagável também precisa ser não volátil.

Para a memória de acesso aleatório, a **organização** é um aspecto-chave do projeto. Nesse contexto, *organização* refere-se à disposição física de bits para formar palavras. A disposição óbvia nem sempre é usada, conforme explicado no Capítulo 5.

A hierarquia de memória

As restrições de projeto sobre a memória de um computador podem ser resumidas por três questões: Quanto? Com que velocidade? A que custo?

A questão da quantidade é, de certa forma, livre. Se houver capacidade, as aplicações provavelmente serão desenvolvidas para utilizá-la. A questão da velocidade, de certa forma, é mais fácil de responder. Para conseguir maior desempenho, a memória deve ser capaz de acompanhar a velocidade do processador. Ou seja, enquanto o processador está executando instruções, não gostaríamos que ele tivesse que parar, aguardando por instruções ou operandos. A questão final também precisa ser considerada. Para um sistema prático, o custo da memória deve ser razoável em relação a outros componentes.

Como se pode esperar, existe uma relação entre as três principais características da memória, a saber: capacidade, tempo de acesso e custo. Diversas tecnologias são usadas para implementar sistemas de memória e, por meio desse espectro de tecnologias, existem as seguintes relações:

- Tempo de acesso mais rápido, maior custo por bit.
- Maior capacidade, menor custo por bit.
- Maior capacidade, tempo de acesso mais lento.

O dilema que o projetista enfrenta é claro. O projetista gostaria de usar tecnologias de memória que oferecessem grande capacidade de memória, tanto porque a capacidade é necessária quanto porque o custo por bit é baixo. Porém, para atender aos requisitos de desempenho, ele precisa usar memórias caras, relativamente com menor capacidade e com menores tempos de acesso.

Para sair desse dilema, é preciso não contar com um único componente ou tecnologia de memória, mas empregar uma **hierarquia de memória**. Uma hierarquia típica é ilustrada na Figura 4.1. Conforme se desce na hierarquia, ocorre o seguinte:

a. Diminuição do custo por bit.
b. Aumento da capacidade.
c. Aumento do tempo de acesso.
d. Diminuição da frequência de acesso à memória pelo processador.

Assim, memórias menores, mais caras e mais rápidas são complementadas por memórias maiores, mais baratas e mais lentas. A chave para o sucesso dessa organização é o item (d): diminuição na frequência de acesso. Veremos esse conceito com mais detalhes quando discutirmos sobre a memória cache, mais adiante neste capítulo, e a memória virtual, no Capítulo 8. Neste ponto, oferecemos uma rápida explicação.

Figura 4.1
A hierarquia de memória.

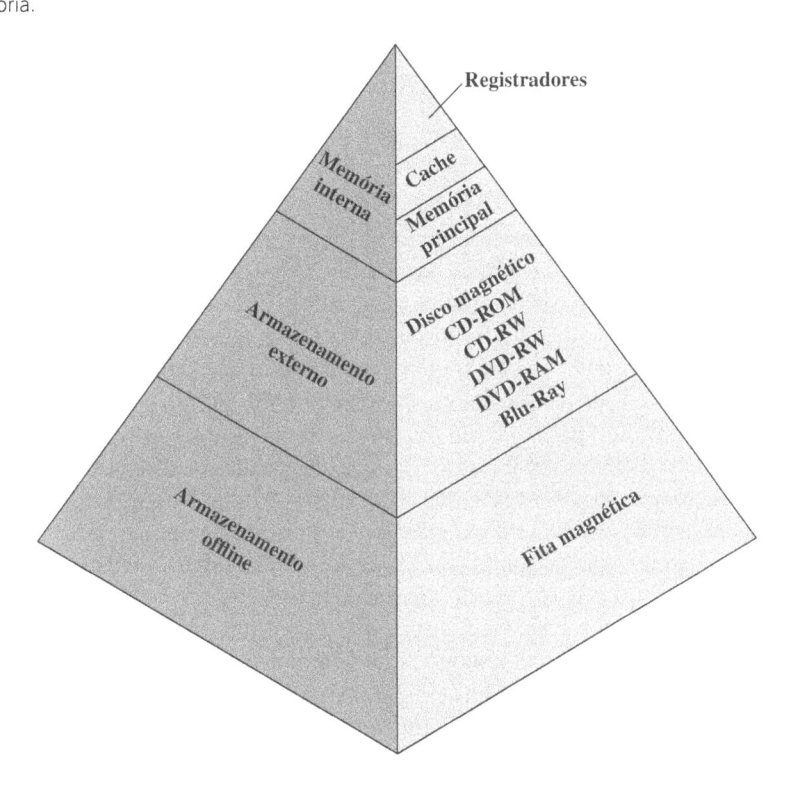

- Registradores
- Memória interna: Cache, Memória principal
- Armazenamento externo: Disco magnético, CD-ROM, CD-RW, DVD-RW, DVD-RAM, Blu-Ray, Fita magnética
- Armazenamento offline

O uso de dois níveis de memória para reduzir o tempo médio de acesso funciona em princípio, mas somente se as condições (a) a (d) se aplicarem. Empregando diferentes tecnologias, existe um espectro de sistemas de memória que satisfaz às condições (a) a (c). Felizmente, a condição (d) também costuma ser válida.

A base para a validade da condição (d) é um princípio conhecido como **localidade de referência** (DENNING, 1968). Durante a execução de um programa, as referências de memória pelo processador, para instruções e para dados, tendem a se agrupar. Os programas em geral contêm uma série de loops iterativos e sub-rotinas. Quando um loop ou sub-rotina inicia sua execução, existem referências repetidas a um pequeno conjunto de instruções. De modo semelhante, operações sobre tabelas e arrays envolvem o acesso a um conjunto de palavras de dados agrupadas. Após um longo período os conjuntos mudam, mas para um pequeno período de tempo o processador trabalha com conjuntos fixos de referências à memória.

EXEMPLO 4.1

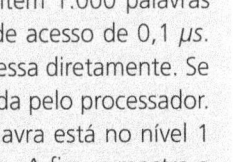

Suponha que o processador tenha acesso a dois níveis de memória. O nível 1 contém 1.000 palavras e tem tempo de acesso de 0,01 μs; o nível 2 contém 100.000 palavras e tem tempo de acesso de 0,1 μs. Suponha que, se uma palavra a ser acessada estiver no nível 1, então o processador a acessa diretamente. Se estiver no nível 2, então a palavra primeiro é transferida para o nível 1 e depois é acessada pelo processador. Para simplificar, ignoramos o tempo necessário para o processador determinar se a palavra está no nível 1 ou no nível 2. A Figura 4.2 mostra o formato geral da curva que representa essa situação. A figura mostra o tempo médio de acesso para uma memória de dois níveis como uma função da razão de acerto H, em que H é definido como a fração de todos os acessos à memória que são encontrados na memória mais rápida (por exemplo, a cache), T_1 é o tempo de acesso ao nível 1, e T_2 é o tempo de acesso ao nível 2[1]. Como podemos ver, para altas porcentagens de acesso ao nível 1, o tempo médio de acesso total é muito mais próximo daquele do nível 1 do que do nível 2.

---

1 Se a palavra acessada for encontrada na memória mais rápida, tem-se um **acerto** (*hit*). Uma **falha** (*miss*) ocorre se a palavra acessada não for encontrada na memória mais rápida.

> Em nosso exemplo, suponha que 95% dos acessos à memória sejam encontrados no nível 1. Então, o tempo médio para acessar uma palavra pode ser expresso como
>
> $(0,95)(0,01\ \mu s) + (0,05)(0,01\ \mu s + 0,1\ \mu s) = 0,0095 + 0,0055 = 0,015\ \mu s$
>
> O tempo de acesso médio é muito mais próximo de 0,01 μs do que de 0,1 μs, como desejado.

Desta forma, é possível organizar dados pela hierarquia em que a porcentagem de acessos em cada nível imediatamente inferior é muito menor que para o nível acima. Considere o exemplo de dois níveis, já apresentado. Considere que a memória de nível 2 contenha todas as instruções e dados do programa. Os conjuntos atuais podem ser temporariamente colocados no nível 1. De vez em quando, um dos conjuntos no nível 1 terá de ser passado para o nível 2, para dar espaço para um novo conjunto chegando ao nível 1. Porém, na média, a maioria das referências será para instruções e dados contidos no nível 1.

Esse princípio pode ser aplicado para mais de dois níveis de memória, conforme sugerido pela hierarquia mostrada na Figura 4.1. O tipo de memória mais rápido, menor e mais caro consiste nos registradores internos ao processador. Em geral, um processador terá poucas dúzias desses registradores, embora algumas máquinas contenham centenas de registradores. A memória principal é o principal sistema de memória interna do computador. Cada localização na memória principal tem um endereço exclusivo. A memória principal costuma ser estendida com uma memória cache menor, de maior velocidade. A cache normalmente não é visível ao programador ou, na verdade, ao processador. Esse é um dispositivo para organizar a movimentação de dados entre a memória principal e os registradores do processador, para melhorar o desempenho.

As três formas de memória que descrevemos em geral são voláteis e empregam a tecnologia semicondutora. O uso de três níveis explora o fato de que existem diversos tipos de memória semicondutora, que diferem em velocidade e custo. Os dados são armazenados de forma mais permanente em dispositivos externos, de armazenamento em massa, sendo os mais comuns o disco rígido e a mídia removível, como disco magnético removível, fita e armazenamento óptico. A memória externa, não volátil, também é chamada de **memória secundária** ou **memória auxiliar**. Estas são usadas para armazenar arquivos de programa e dados e, normalmente, são visíveis ao programador apenas em termos de arquivos e registros, ao contrário de bytes ou palavras individuais. O disco também é usado para oferecer uma extensão à memória principal, conhecida como memória virtual, que será discutida no Capítulo 8.

Outras formas de memória podem ser incluídas na hierarquia. Por exemplo, grandes mainframes IBM incluem uma forma de memória interna conhecida como armazenamento expandido. Este usa uma tecnologia semicondutora que é mais lenta e menos dispendiosa do que a da memória principal. Estritamente falando, essa

Figura 4.2

Desempenho dos acessos envolvendo apenas o nível 1 (razão de acerto).

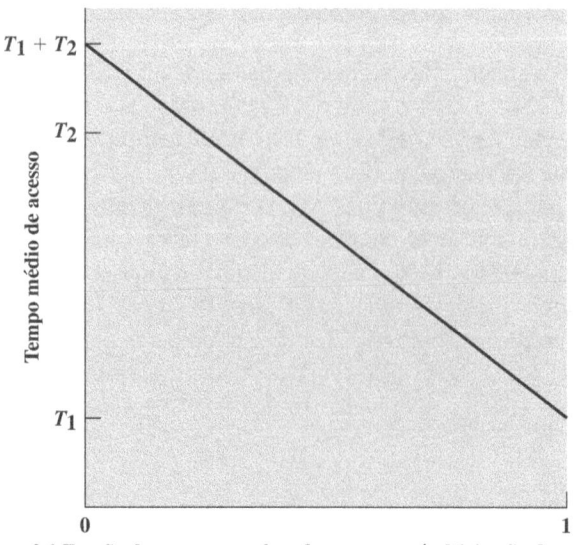

0 1 Fração de acessos envolvendo apenas o nível 1 (razão de acerto)

memória não se encaixa na hierarquia, mas é um apêndice: os dados podem ser movidos entre a memória principal e o armazenamento expandido, mas não entre o armazenamento expandido e a memória externa. Outras formas de memória secundária incluem os discos ópticos e magneto-ópticos. Finalmente, outros níveis podem ser efetivamente introduzidos à hierarquia por meio do uso de software. Uma parte da memória principal pode ser usada como um buffer para manter temporariamente os dados que devem ser levados ao disco. Essa técnica, às vezes chamada de cache de disco,[2] melhora o desempenho de duas maneiras:

▶ As gravações em disco são agrupadas. Em vez de muitas transferências de dados pequenas, temos algumas transferências de dados grandes. Isso melhora o desempenho do disco e minimiza o envolvimento do processador.

▶ Alguns dados destinados para escrita podem ser referenciados por um programa antes da próxima cópia no disco. Nesse caso, os dados são recuperados rapidamente da cache de disco, ao invés de lentamente do disco.

O Apêndice 4A, no final deste capítulo, examina as implicações de desempenho das estruturas de memória multinível.

4.2 PRINCÍPIOS DA MEMÓRIA CACHE

A memória cache é desenvolvida para combinar o tempo de acesso de memórias de alto custo e alta velocidade com as memórias de menor velocidade, maior tamanho e mais baixo custo. O conceito é ilustrado na Figura 4.3a. Existe uma memória principal relativamente grande e lenta junto com a memória cache, menor e mais rápida. A cache contém uma cópia de partes da memória principal. Quando o processador tenta ler uma palavra da memória, é feita uma verificação para determinar se a palavra está na cache. Se estiver, ela é entregue ao processador. Se não, um bloco da memória principal, consistindo em algum número fixo de palavras, é transferido para a cache, e depois a palavra é fornecida ao processador. Em virtude do fenômeno da localidade de referência, quando um bloco de dados é levado para a cache para satisfazer uma única referência de memória, é provável que haja referências futuras a esse mesmo local da memória ou a outras palavras no mesmo bloco.

A Figura 4.3b representa o uso de múltiplos níveis de cache. A cache L2 é mais lenta e em geral maior que a cache L1, e a cache L3 é mais lenta e normalmente maior que a cache L2.

A Figura 4.4 representa a estrutura de um sistema de cache/memória principal. A memória principal consiste em até 2^n palavras endereçáveis, com cada palavra tendo um endereço distinto de n-bits. Para fins de mapeamento, essa memória é considerada como sendo uma série de blocos de tamanho fixo com K palavras cada. Ou seja, existem $M = 2^n/K$ blocos na memória principal. A cache consiste em m blocos, chamados de **linhas**.[3] Cada uma contém K palavras, mais um tag de alguns bits. Cada linha também inclui bits de controle (não mostrados), como um bit para indicar se a linha foi modificada desde que foi carregada na cache. A extensão de uma linha, sem incluir tag e bits de controle, é o **tamanho da linha**. O tamanho da linha pode ter apenas 32 bits, com cada "palavra" sendo um único byte; nesse caso, o tamanho da linha é de 4 bytes. O número de linhas é consideravelmente menor que o número de blocos da memória principal ($m << M$). A qualquer momento, algum subconjunto dos blocos de memória reside nas linhas na cache. Se uma palavra em um bloco de memória for lida, esse bloco é transferido para uma das linhas da cache. Como existem mais blocos do que linhas, uma linha individual não pode ser dedicada exclusiva e permanentemente a determinado bloco. Assim, cada linha inclui um **tag** que identifica qual bloco em particular está atualmente sendo armazenado. O tag em geral é uma parte do endereço da memória principal, conforme descrito posteriormente nesta seção.

A Figura 4.5 ilustra a operação de leitura. O processador gera o endereço de leitura (RA — do inglês, *Read Address*) de uma palavra a ser lida. Se a palavra estiver na cache, ela é entregue ao processador. Caso contrário, o bloco contendo essa palavra é carregado na cache e então a palavra é entregue ao processador. A Figura 4.5 mostra essas duas operações ocorrendo em paralelo e reflete a organização mostrada na Figura 4.6, que é típica das organizações modernas de cache. Nessa organização, a cache conecta-se ao processador por meio de linhas de dados, controle e endereço. As linhas de dados e endereços também se conectam a buffers de dados e endereços, que se conectam a um barramento do sistema, do qual a memória principal é acessada. Quando ocorre um

---

2 Em geral, a cache de disco é uma técnica puramente de software, e não é examinada neste livro. Isso é discutido em outro livro deste autor (STALLINGS, 2015).

3 Referindo-se à unidade básica da cache, o termo *linha*, em vez de bloco, é usado por dois motivos: (1) para evitar confusão com um bloco da memória principal, que contém o mesmo número de palavras de dados que uma linha de cache; e (2) porque uma linha de cache inclui não apenas K palavras de dados, e um bloco da memória principal, mas também inclui tag e bits de controle.

Figura 4.3
Cache e memória principal.

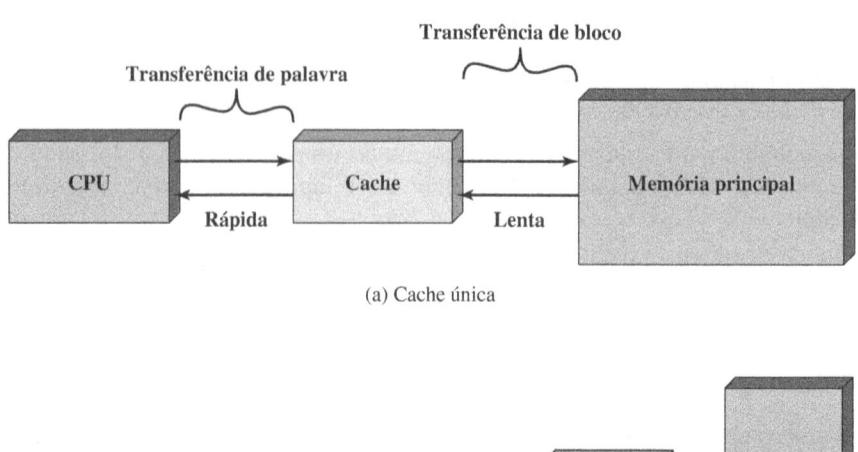

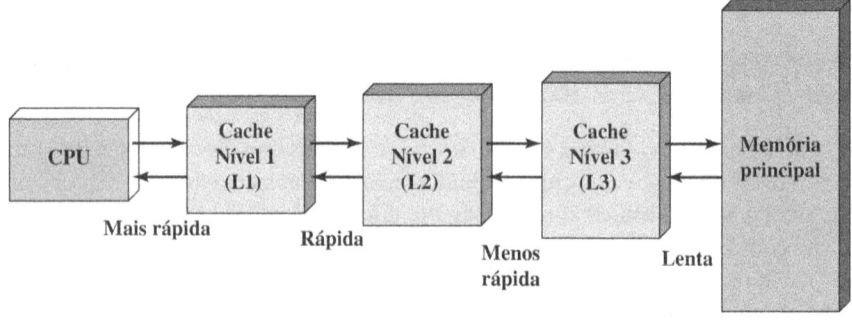

(a) Cache única

(b) Organização de cache de três níveis

Figura 4.4
Estrutura de cache/memória principal.

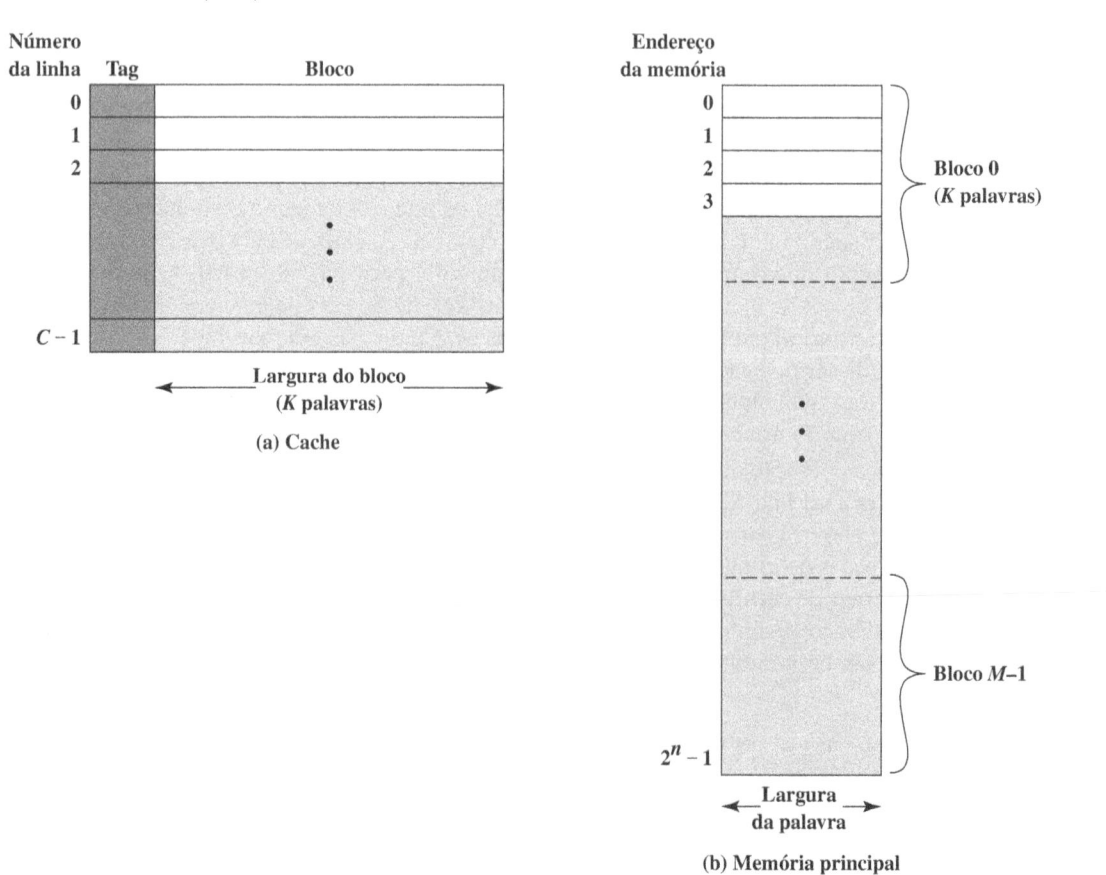

(a) Cache

(b) Memória principal

Figura 4.5
Operação de leitura de cache.

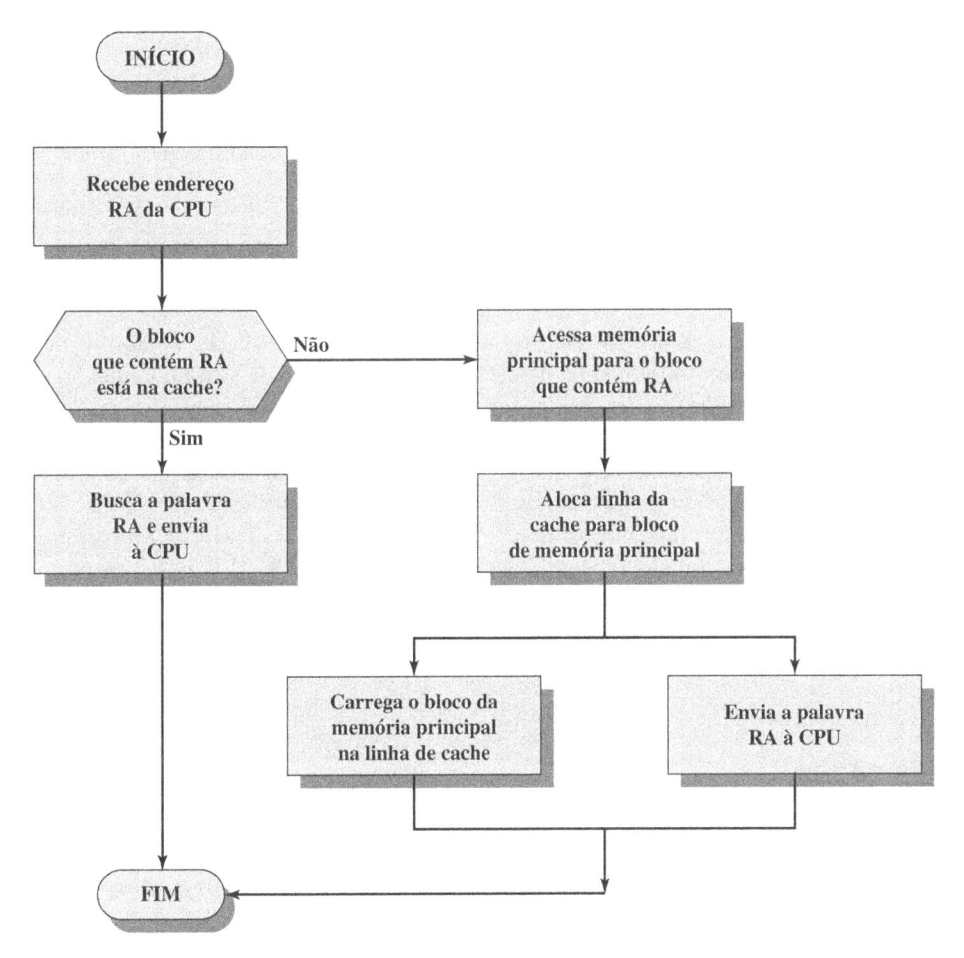

Figura 4.6
Organização típica da memória cache.

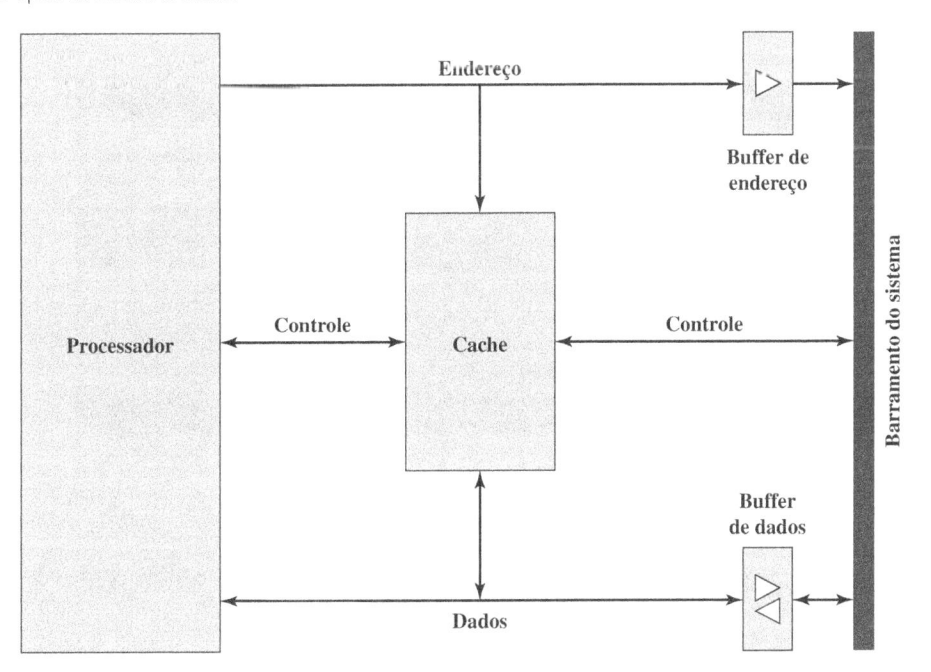

acerto de cache, os buffers de dados e endereço são desativados e a comunicação é apenas entre o processador e a memória cache, sem tráfego no barramento do sistema. Quando ocorre uma falha de cache, o endereço desejado é carregado no barramento do sistema e os dados são transferidos através do buffer de dados para a cache e para o processador. Em outras organizações, a cache é fisicamente interposta entre o processador e a memória principal para todas as linhas de dados, endereço e controle. Nesse último caso, para uma falha de cache, a palavra desejada primeiro é transferida para a cache e depois transferida da cache para o processador.

Uma discussão sobre os parâmetros de desempenho relacionados ao uso da cache pode ser vista no Apêndice 4A.

4.3 ELEMENTOS DE PROJETO DA CACHE

Esta seção oferece uma visão geral dos parâmetros de projeto de memória cache e informa alguns resultados típicos. Ocasionalmente, nos referimos ao uso de caches na **computação de alto desempenho (HPC — do inglês,** *High Performance Computing*). A HPC lida com supercomputadores e seus softwares, especialmente para aplicações científicas, que envolvem grandes quantidades de dados, cálculos de vetores e matrizes e uso de algoritmos paralelos. O projeto de memória cache para HPC é muito diferente daquele para outras plataformas de hardware e aplicações. Na verdade, muitos pesquisadores descobriram que aplicações HPC não funcionam bem em arquiteturas de computador que empregam memórias caches (BAILEY, 1993). Outros pesquisadores, desde então, têm demonstrado que uma hierarquia de memória cache pode ser útil para melhorar o desempenho se o software de aplicação for ajustado para explorar a cache (WANG; TAFTI, 1999, PRESSEL, 2001).[4]

Embora haja um grande número de implementações de memória cache, existem alguns elementos básicos de projeto que servem para classificar e diferenciar as arquiteturas de memórias cache. A Tabela 4.2 lista os principais elementos.

Endereços da cache

Quase todos os processadores não embarcados, e muitos processadores embarcados, suportam memória virtual, um conceito discutido no Capítulo 8. Basicamente, a memória virtual é uma facilidade que permite que os programas endereçem a memória a partir de um ponto de vista lógico, sem considerar a quantidade de memória principal disponível fisicamente. Quando a memória virtual é usada, os campos de endereço das instruções de máquina contêm endereços virtuais. Para leituras e escritas da memória principal, uma unidade de gerenciamento da memória (MMU — do inglês, *Memory Management Unit*) traduz cada endereço virtual para um endereço físico na memória principal.

Tabela 4.2

Elementos do projeto de cache.

Endereços da cache	Política de escrita
Lógico	Write through
Físico	Write back
Tamanho da memória cache	Tamanho da linha
Função de mapeamento	Número de caches
Direto	Um ou dois níveis
Associativo	Unificada ou separada
Associativo em conjunto	
Algoritmo de substituição	
Usado menos recentemente (LRU — do inglês, *Least Recently Used*)	
Primeiro a entrar, primeiro a sair (FIFO — do inglês, *First In, First Out*)	
Usado menos frequentemente (LFU — do inglês, *Least Frequently Used*)	
Aleatória	

---

4 Para ver uma discussão geral sobre HPC, consulte a obra de Dowd e Severance (1998).

Quando são usados endereços virtuais, o projetista do sistema pode escolher colocar a cache entre o processador e a MMU ou entre a MMU e a memória principal (Figura 4.7). Uma **cache lógica**, também conhecida como **cache virtual**, armazena dados usando **endereços virtuais**. O processador acessa a cache diretamente, sem passar pela MMU. Uma **cache física** armazena dados usando **endereços físicos** da memória principal.

Uma vantagem óbvia da cache lógica é que a velocidade de acesso a ela é maior do que para uma cache física, pois a cache pode responder antes que a MMU realize uma tradução de endereço. A desvantagem é que a maioria dos sistemas de memória virtual fornece, a cada aplicação, o mesmo espaço de endereços de memória virtual. Ou seja, cada aplicação vê uma memória virtual que começa no endereço 0. Assim, o mesmo endereço virtual em duas aplicações diferentes refere-se a dois endereços físicos diferentes. A memória cache, portanto, precisa ser completamente esvaziada a cada troca de contexto da aplicação, ou então bits extras precisam ser adicionados a cada linha da cache para identificar a que espaço de endereço virtual esse endereço se refere.

O assunto de cache lógica *versus* física é complexo, e está fora do escopo deste livro. Para obter uma discussão mais profunda, consulte Cekleov (1997) e Jacob (2008).

Tamanho da memória cache

O primeiro item na Tabela 4.2, o tamanho da memória cache, já foi discutido. Gostaríamos que o tamanho da cache fosse pequeno o suficiente para que o custo médio geral por bit fosse próximo do custo médio da memória principal isolada e grande o suficiente para que o tempo de acesso médio geral fosse próximo do tempo de acesso médio da cache isolada. Existem várias outras motivações para minimizar o tamanho da cache. Quanto maior a cache, maior o número de portas envolvidos no endereçamento da cache. O resultado é que caches grandes tendem a ser ligeiramente mais lentas que as pequenas — mesmo quando construídas com a mesma tecnologia de circuito integrado e colocadas no mesmo lugar no chip e na placa de circuito. A área disponível do chip e da placa também limita o tamanho da cache. Como o desempenho da cache é muito sensível à natureza da carga de trabalho, é impossível chegar a um único tamanho ideal de cache. A Tabela 4.3 lista os tamanhos de cache de alguns processadores atuais e antigos.

Figura 4.7

Caches lógicas e físicas.

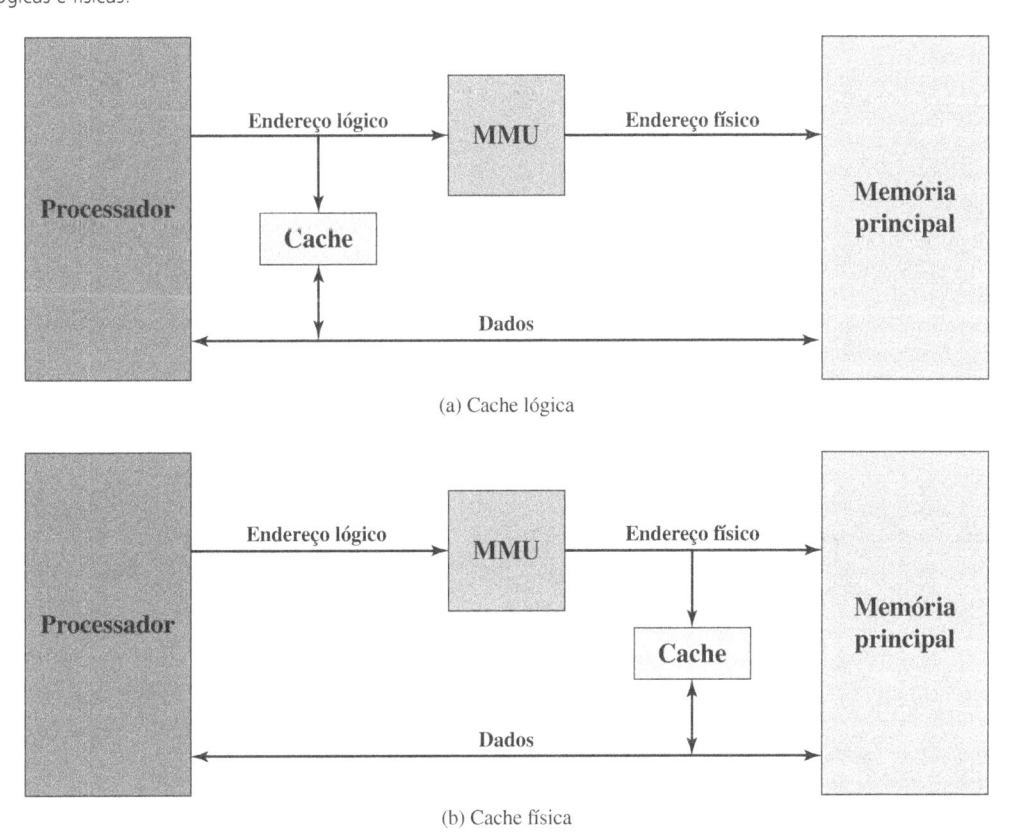

(a) Cache lógica

(b) Cache física

Função de mapeamento

Como existem menos linhas de cache do que blocos da memória principal, é necessário haver um algoritmo para mapear os blocos da memória principal às linhas de cache. Além do mais, é preciso haver um meio para determinar qual bloco da memória principal atualmente ocupa uma linha da cache. A escolha da função de mapeamento dita como a cache é organizada. Três técnicas podem ser utilizadas: direta, associativa e associativa por conjunto. Vamos examinar uma por vez. Em cada caso, examinamos a estrutura geral e depois um exemplo específico.

EXEMPLO 4.2

Para todos os três casos, o exemplo inclui os seguintes elementos:

- A cache pode manter 64 kB.
- Os dados são transferidos entre a memória principal e a cache em blocos de 4 bytes cada. Isso significa que a cache é organizada como 16 K = 2^{14} linhas de 4 bytes cada.
- A memória principal consiste em 16 MB, com cada byte endereçável diretamente por um endereço de 24 bits (2^{24} = 16 M). Assim, para fins de mapeamento, podemos considerar que a memória principal consiste em 4 M blocos de 4 bytes cada.

Tabela 4.3
Tamanhos de cache de alguns processadores.

Processador	Tipo	Ano de introdução	Cache L1[a]	Cache L2	Cache L3
IBM 360/85	Mainframe	1968	16–32 kB	—	—
PDP-11/70	Minicomputador	1975	1 kB	—	—
VAX 11/780	Minicomputador	1978	16 kB	—	—
IBM 3033	Mainframe	1978	64 kB	—	—
IBM 3090	Mainframe	1985	128–256 kB	—	—
Intel 80486	PC	1989	8 kB	—	—
Pentium	PC	1993	8 kB/8 kB	256–512 kB	—
PowerPC 601	PC	1993	32 kB	—	—
PowerPC 620	PC	1996	32 kB/32 kB	—	—
PowerPC G4	PC/servidor	1999	32 kB/32 kB	256 kB a 1 MB	2 MB
IBM S/390 G6	Mainframe	1999	256 kB	8 MB	—
Pentium 4	PC/servidor	2000	8 kB/8 kB	256 kB	—
IBM SP	Servidor avançado/ supercomputador	2000	64 kB/32 kB	8 MB	—
CRAY MTA[b]	Supercomputador	2000	8 kB	2 MB	—
Itanium	PC/servidor	2001	16 kB/16 kB	96 kB	4 MB
Itanium 2	PC/servidor	2002	32 kB	256 kB	6 MB
IBM POWER5	Servidor avançado	2003	64 kB	1.9 MB	36 MB
CRAY XD-1	Supercomputador	2004	64 kB/64 kB	1 MB	—
IBM POWER6	PC/servidor	2007	64 kB/64 kB	4 MB	32 MB
IBM z10	Mainframe	2008	64 kB/128 kB	3 MB	24–48 MB
Intel Core i7 EE 990	Estação de trabalho/ servidor	2011	6 × 32 kB/ 32kB	1,5 MB	12 MB
IBM zEnterprise 196	Mainframe/ servidor	2011	24 × 64 kB/ 128 kB	24 × 1,5 MB	24 MB L3 192 MB L4

[a] Dois valores separados por uma barra referem-se a caches de instrução e dados. [b] As duas caches são apenas de instrução; não há caches de dados.

MAPEAMENTO DIRETO A técnica mais simples, conhecida como mapeamento direto, mapeia cada bloco da memória principal a apenas uma linha de cache possível. O mapeamento é expresso como:

$$i = j \bmod m$$

em que
$\quad i$ = número da linha da cache
$\quad j$ = número do bloco da memória principal
$\quad m$ = número de linhas da cache

A Figura 4.8a mostra o mapeamento para os primeiros m blocos de memória principal. Cada bloco da memória principal mapeia uma linha exclusiva da cache. Os próximos m blocos da memória principal mapeiam a cache da mesma forma; ou seja, o bloco B_m da memória principal mapeia a linha L_0 da cache, o bloco B_{m+1} mapeia a linha L_1, e assim por diante.

A função de mapeamento é facilmente implementada por meio do endereço da memória principal. A Figura 4.9 ilustra o mecanismo geral. Para fins de acesso à cache, cada endereço da memória principal pode ser visto como consistindo em três campos. Os w bits menos significativos identificam uma palavra ou um byte dentro de um bloco da memória principal; na maioria das máquinas modernas, o endereço está no nível de byte. Os s bits restantes especificam um dos 2^s blocos da memória principal. A lógica de cache interpreta esses s bits como uma tag de $s - r$ bits (parte mais significativa) e um campo de linha de r bits. O segundo campo identifica uma das $m = 2^r$ linhas da cache. Resumindo:

Figura 4.8

Mapeamento da memória principal para a cache: direto e associativo.

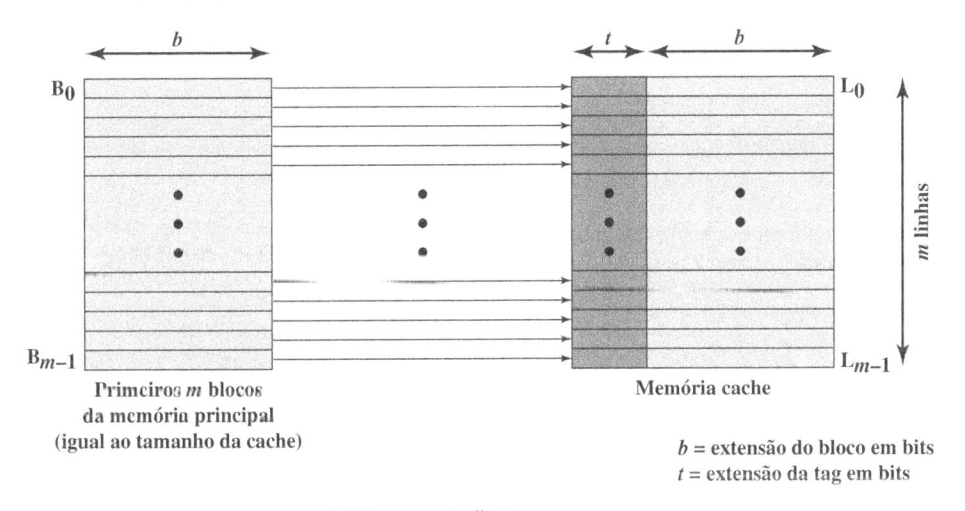

(a) Mapeamento direto

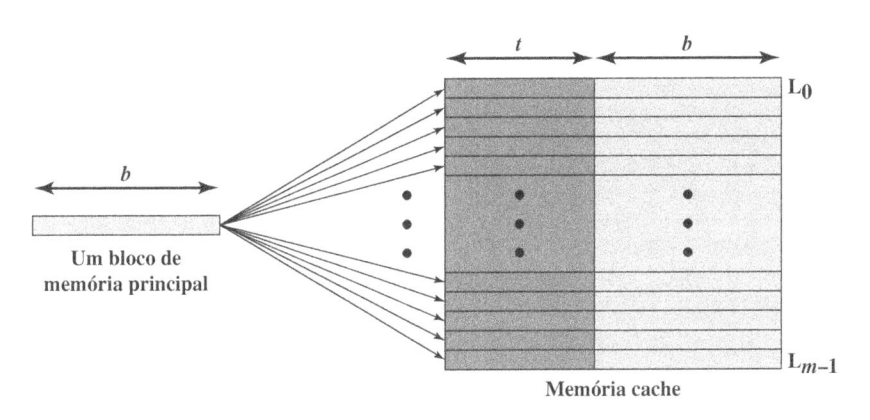

b = extensão do bloco em bits
t = extensão da tag em bits

(b) Mapeamento associativo

Figura 4.9
Organização de cache com mapeamento direto.

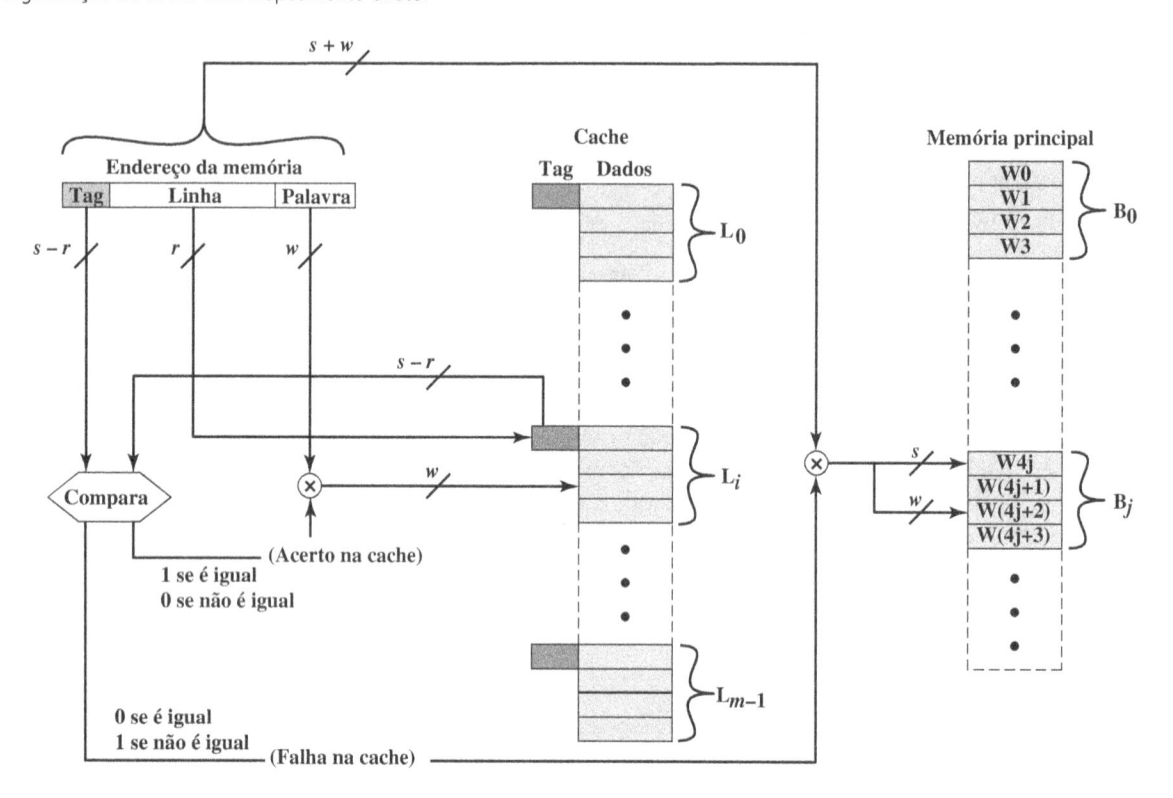

- Tamanho do endereço = $(s + w)$ bits.
- Número de unidades endereçáveis = 2^{s+w} palavras ou bytes.
- Tamanho do bloco = tamanho da linha = 2^w palavras ou bytes.
- Número de blocos na memória principal = $\dfrac{2^{s+w}}{2^w} = 2^s$.
- Número de linhas na cache = $m = 2^r$.
- Tamanho da cache = 2^{r+w} palavras ou bytes.
- Tamanho da tag = $(s - r)$ bits.

EXEMPLO 4.2a

A Figura 4.10 mostra nosso sistema exemplo usando o mapeamento direto[5]. No exemplo, $m = 16K = 2^{14}$ e $i = j$ módulo 2^{14}. O mapeamento torna-se:

Linha de cache	Endereço de memória inicial do bloco
0	000000, 010000, ..., FF0000
1	000004, 010004, ..., FF0004
⋮	⋮
$2^{14} - 1$	00FFFC, 01FFFC, ..., FFFFFC

Observe que não existem dois blocos mapeados para o mesmo número de linha que tenham o mesmo número de tag. Assim, os blocos com endereços iniciais 000000, 010000, ..., FF0000 possuem números de tag 00, 01, ..., FF, respectivamente.

---

5 Nesta e nas figuras seguintes, os valores de memória são representados em notação hexadecimal. Veja, no Capítulo 9, um manual básico sobre sistemas numéricos (decimal, binário, hexadecimal).

Retornando à Figura 4.5, uma operação de leitura funciona da seguinte forma. O sistema da memória cache recebe um endereço de 24 bits. O número de linha com 14 bits é usado como um índice para a cache acessar uma linha em particular. Se o número de tag com 8 bits for igual ao número de tag atualmente armazenado nessa linha, então o número da palavra com 2 bits é usado para selecionar um dos 4 bytes nessa linha. Caso contrário, o campo de tag-mais-linha com 22 bits é usado para buscar um bloco da memória principal. O endereço real que é usado para a busca é o campo de tag-mais-linha com 22 bits concatenado com dois bits 0, de modo que 4 bytes sejam apanhados a partir do início do bloco.

O efeito desse mapeamento é que os blocos da memória principal são alocados nas linhas da cache, como mostrado a seguir:

Linha de cache	Blocos de memória principal mapeados
0	$0, m, 2m, ..., 2^s - m$
1	$1, m + 1, 2m + 1, ..., 2^s - m + 1$
⋮	⋮
$m - 1$	$m - 1, 2m - 1, 3m - 1, ..., 2^s - 1$

Figura 4.10
Exemplo de mapeamento direto.

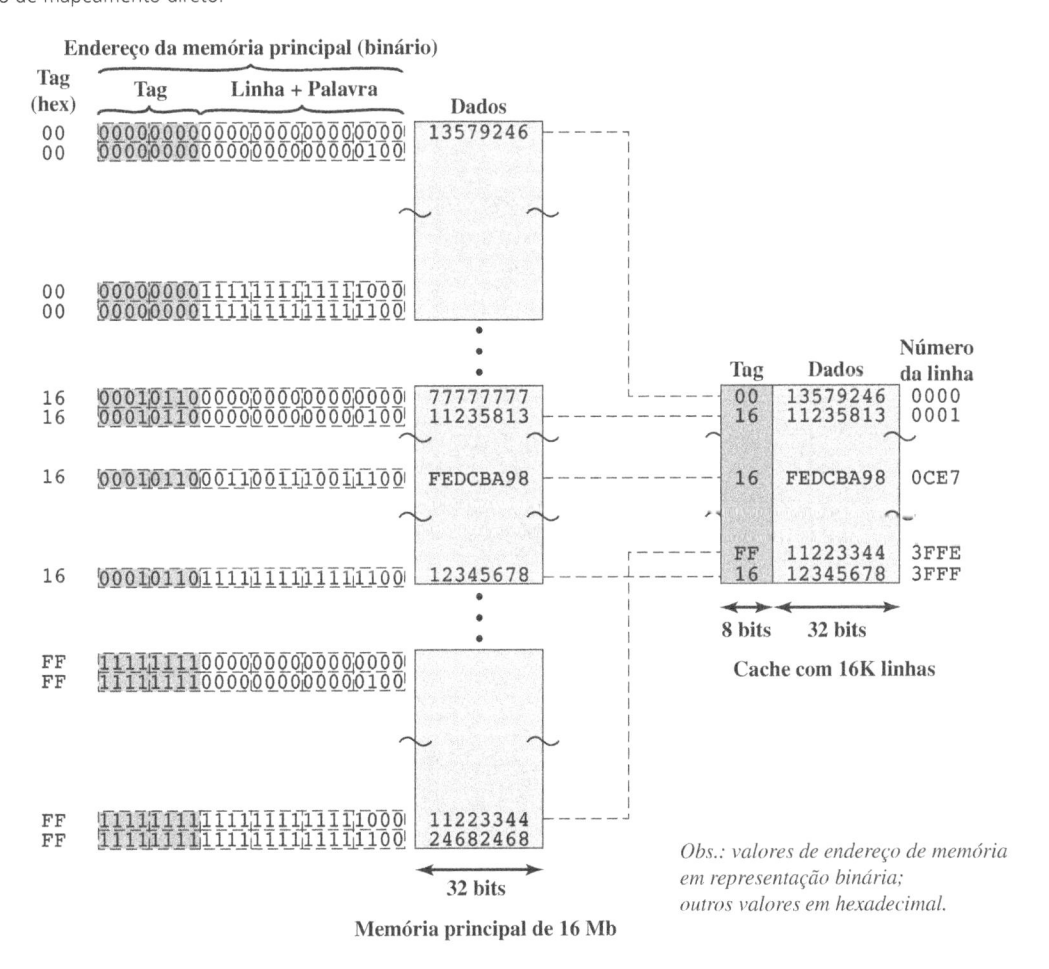

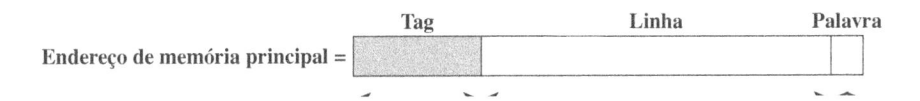

Obs.: valores de endereço de memória em representação binária; outros valores em hexadecimal.

Assim, o uso de uma parte do endereço como o número da linha oferece um mapeamento exclusivo de cada bloco da memória principal à cache. Quando um bloco é armazenado em sua respectiva linha, é necessário marcar os dados para distingui-los de outros blocos que podem ser alocados nessa linha. Os $s - r$ bits mais significativos têm esse propósito.

A técnica de mapeamento direto é simples e pouco dispendiosa para se implementar. Sua principal desvantagem é que existe um local de cache fixo para cada bloco. Assim, se um programa referenciar palavras repetidamente de dois blocos diferentes, mapeados para a mesma linha, então os blocos serão continuamente trocados na cache, e a razão de acerto será baixa (um fenômeno conhecido como *thrashing*).

Uma técnica para diminuir a penalidade de **falha** é guardar o que foi descartado caso seja necessário novamente. Como os dados descartados já foram lidos, podem ser usados novamente a um custo pequeno. Essa reciclagem é possível usando uma *victim cache*. A *victim cache* foi proposta primeiro como um método de reduzir as perdas de conflito das caches mapeadas diretamente sem afetar seu tempo de acesso. Trata-se de uma cache totalmente associativa, cujo tamanho em geral é de 4 a 16 linhas de cache, residindo entre uma cache L1 mapeada diretamente e o próximo nível de memória. Esse conceito é explorado no Apêndice F (disponível em inglês na Sala Virtual).

MAPEAMENTO ASSOCIATIVO O mapeamento associativo compensa a desvantagem do mapeamento direto, permitindo que cada bloco da memória principal seja carregado em qualquer linha da cache (Figura 4.8b). Nesse caso, a lógica de controle da cache interpreta um endereço de memória simplesmente como um campo Tag e um campo Palavra. O campo Tag identifica o bloco da memória principal. Para determinar se um bloco está na cache, a lógica de controle da cache precisa comparar simultaneamente o tag de cada linha. A Figura 4.11 ilustra a lógica.

Figura 4.11

Organização da memória cache totalmente associativa.

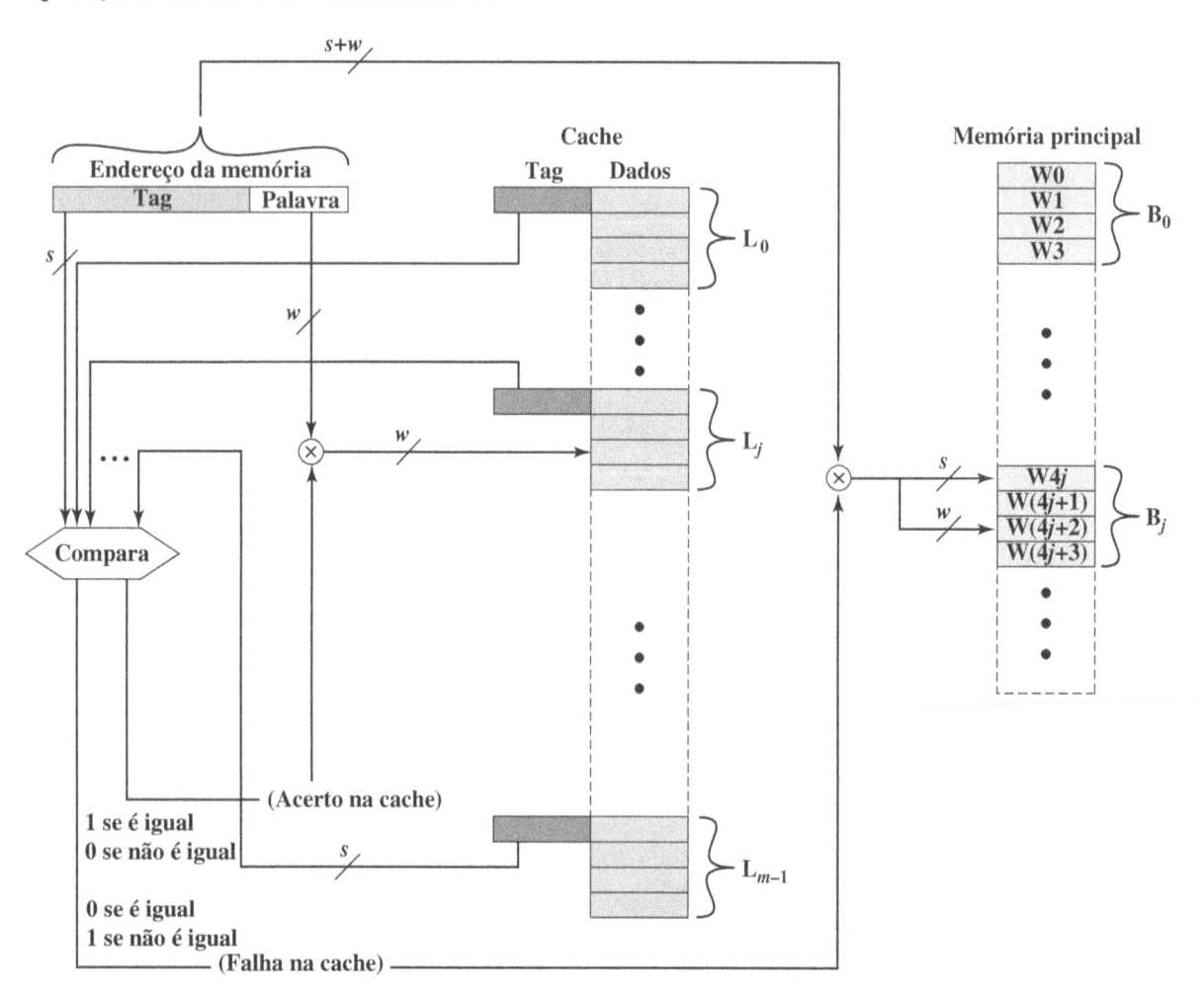

CAPÍTULO 4 ▸ Memória cache

EXEMPLO 4.2b

A Figura 4.12 mostra nosso exemplo usando o mapeamento associativo. Um endereço da memória principal consiste em um tag de 22 bits e um número do byte de 2 bits. O tag de 22 bits precisa ser armazenado com o bloco de dados de 32 bits para cada linha na cache. Observe que são os 22 bits mais à esquerda (mais significativos) do endereço que formam o tag. Assim, o endereço hexadecimal de 24 bits 16339C tem o tag de 22 bits 058CE7. Isso pode ser visto facilmente na notação binária:

Endereço da memória	0001	0110	0011	0011	1001	1100	(binário)
	1	6	3	3	9	C	(hexa)
Tag (22 bits mais à esquerda)	00	0101	1000	1100	1110	0111	(binário)
	0	5	8	C	E	7	(hexa)

Figura 4.12
Exemplo de mapeamento associativo.

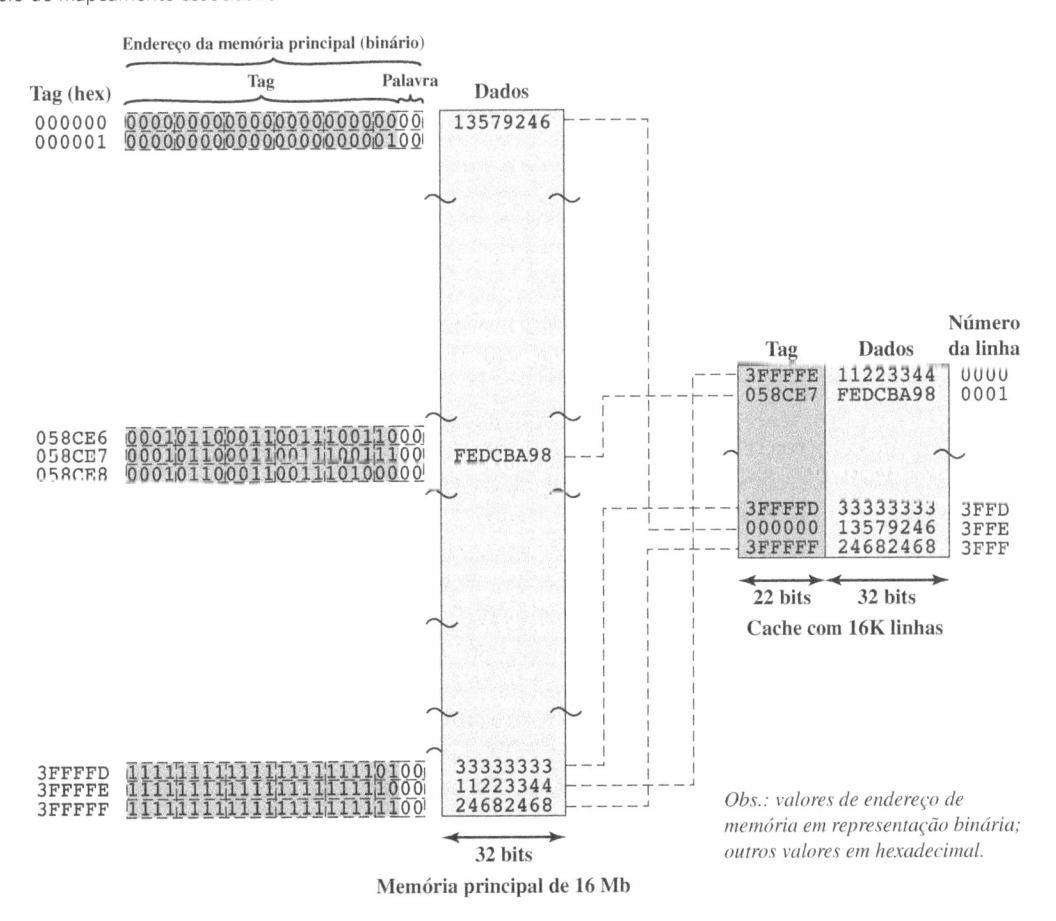

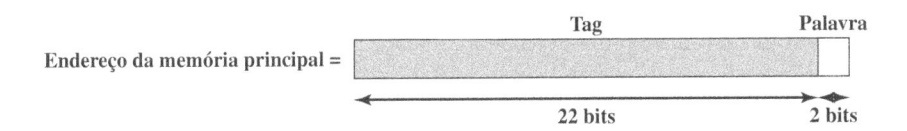

Obs.: valores de endereço de memória em representação binária; outros valores em hexadecimal.

Observe que nenhum campo no endereço corresponde ao número de linha, de modo que o número de linhas na cache não é determinado pelo formato do endereço. Resumindo,

- Tamanho do endereço = $(s + w)$ bits.
- Número de unidades endereçáveis = 2^{s+w} palavras ou bytes.
- Tamanho do bloco = tamanho da linha = 2^w palavras ou bytes.
- Número de blocos na memória principal = $\dfrac{2^{s+w}}{2^w} = 2^s$.
- Número de linhas na cache = indeterminado.
- Tamanho da tag = s bits.

Com o mapeamento associativo, existe flexibilidade em relação a qual bloco substituir quando um novo bloco for lido para a cache. Os algoritmos de substituição, discutidos mais adiante nesta seção, são projetados para maximizar a razão de acerto. A principal desvantagem do mapeamento associativo é a complexidade do circuito necessário para examinar as tags de todas as linhas da cache em paralelo.

MAPEAMENTO ASSOCIATIVO POR CONJUNTO O mapeamento associativo por conjunto é um meio-termo que realça os pontos fortes das técnicas direta e associativa, enquanto reduz suas desvantagens.

Neste caso, a cache é uma série de conjuntos, cada um consistindo em uma série de linhas. As relações são:

$$m = v \times k$$

$$i = j \text{ módulo } v$$

em que

  i = número do conjunto de cache
  j = número de bloco da memória principal
  m = número de linhas na cache
  v = número de conjuntos
  k = número de linhas em cada conjunto

Isso é conhecido como mapeamento associativo em conjunto com k-linhas. Com o mapeamento associativo em conjunto, o bloco B_j pode ser mapeado para qualquer uma das linhas do conjunto j. A Figura 4.13a ilustra esse mapeamento para os primeiros v blocos da memória principal. Assim como no mapeamento associativo, cada palavra é mapeada para múltiplas linhas de cache. Para o mapeamento associativo em conjunto, cada palavra é mapeada para todas as linhas de cache em um conjunto específico, de modo que o bloco B_0 da memória principal é mapeado no conjunto 0, e assim por diante. Assim, a cache associativa em conjunto pode ser implementada fisicamente como v caches associativas. Também é possível implementar a cache associativa em conjunto como k caches de mapeamento direto, como mostrado na Figura 4.13b. Cada cache mapeada diretamente é conhecida como uma *via*, consistindo em v linhas. As primeiras v linhas da memória principal são mapeadas diretamente nas v linhas de cada *via*; o próximo grupo de v linhas da memória principal é mapeado de modo similar, e assim por diante. A implementação mapeada diretamente em geral é usada para pequenos graus de associatividade (valores pequenos de k), enquanto a implementação com mapeamento associativo costuma ser usada para graus de associatividade mais altos (JACOB; WANG, 2008).

Para o mapeamento associativo em conjunto, a lógica de controle de cache interpreta um endereço de memória como três campos: Tag, Conjunto e Palavra. Os d bits especificam um dos $v = 2^d$ conjuntos. Os s bits dos campos Tag e Conjunto especificam um dos 2^s blocos da memória principal. Figura 4.14 ilustra a lógica de controle de cache. Com o mapeamento totalmente associativo, a tag em um endereço de memória é muito grande e precisa ser comparada à tag de cada linha na cache. Com o mapeamento associativo em conjunto com k linhas (k-way), a tag em um endereço de memória é muito menor e só é comparada com as k tags dentro de um único conjunto. Resumindo:

- Tamanho do endereço = $(s + w)$ bits.
- Número de unidades endereçáveis = 2^{s+w} palavras ou bytes.
- Tamanho do bloco = tamanho da linha = 2^w palavras ou bytes.
- Número de blocos na memória principal = $\dfrac{2^{s+w}}{2^w} = 2^s$.

- Número de linhas no conjunto = k.
- Número de conjuntos = $v = 2^d$.
- Número de linhas na cache = $m = kv = k \times 2^d$.
- Tamanho da cache = $k \times 2^{d+w}$ palavras ou bytes.
- Tamanho da tag = $(s - d)$ bits.

Figura 4.13
Mapeamento da memória principal na cache: associativa em conjunto com k linhas (*k-way*).

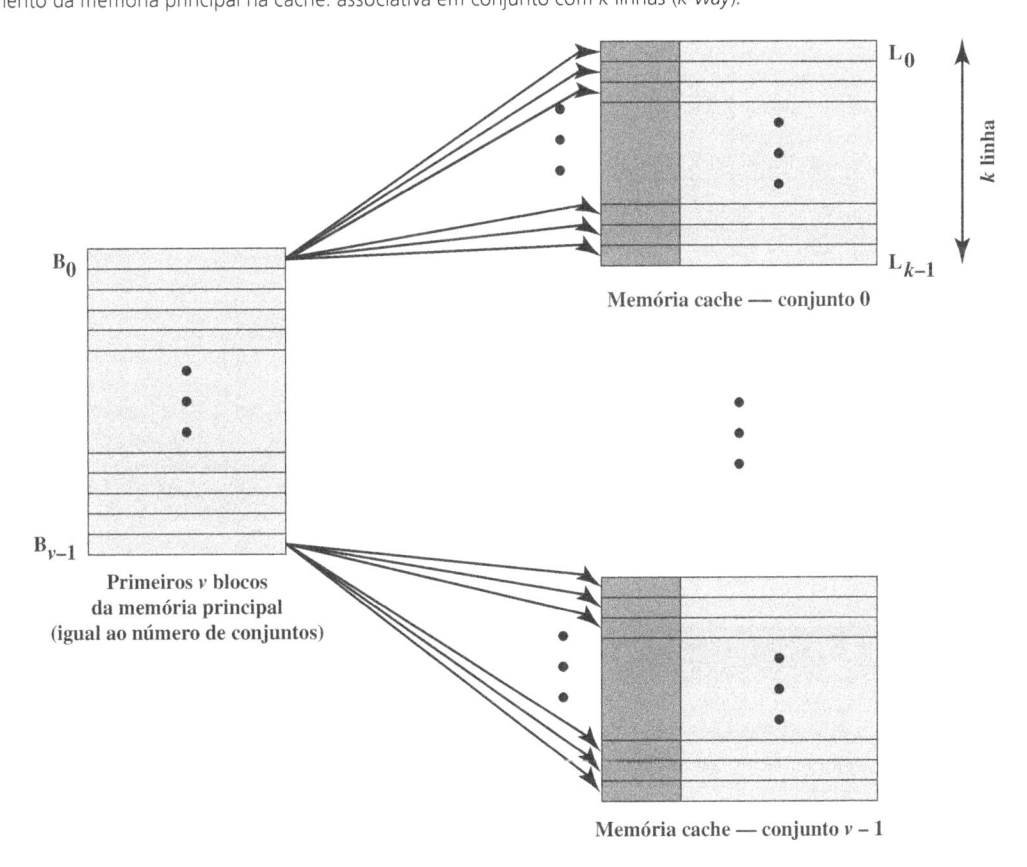

(a) Caches mapeadas associativamente com v conjuntos

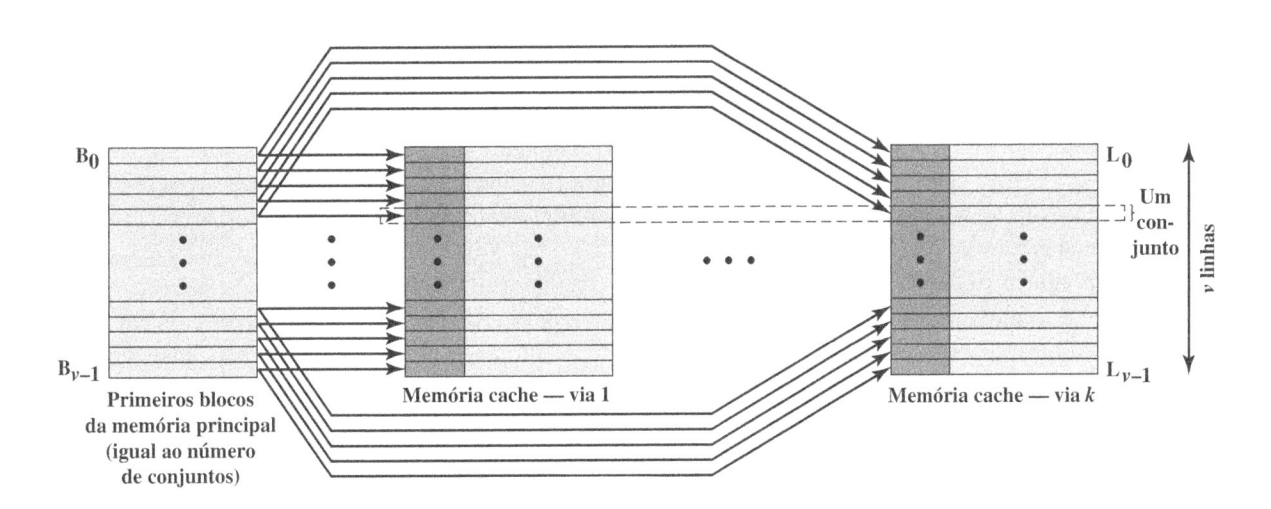

(b) Caches mapeadas diretamente com k linhas

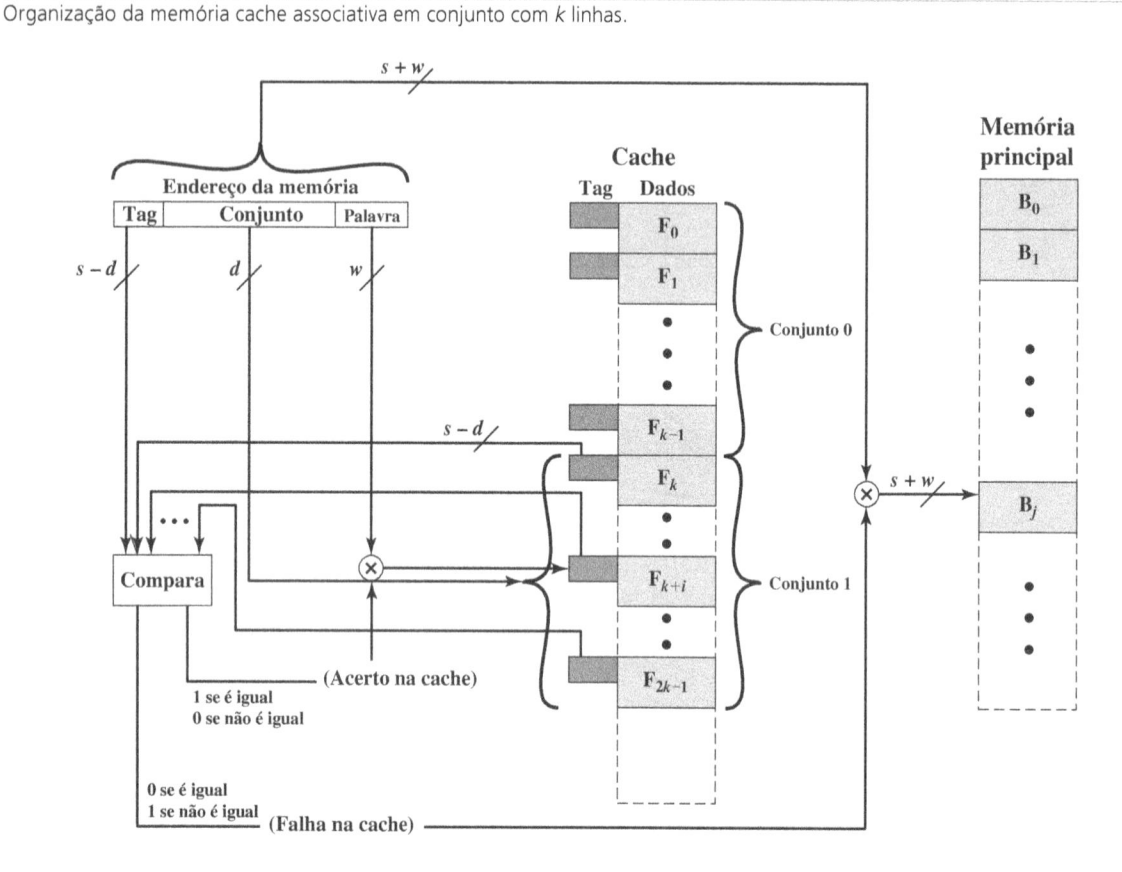

Figura 4.14
Organização da memória cache associativa em conjunto com *k* linhas.

EXEMPLO 4.2c

A Figura 4.15 mostra nosso exemplo usando o mapeamento associativo em conjunto com duas linhas em cada conjunto, denominado associativo em conjunto 2-*way*. O número de 13 bits identifica um conjunto exclusivo de duas linhas dentro da cache. Ele também oferece o número do bloco na memória principal, módulo 2^{13}. Isso determina o mapeamento dos blocos nas linhas. Assim, os blocos 000000, 008000, ..., FF8000 da memória principal são mapeados no conjunto 0 da cache. Qualquer um desses blocos pode ser carregado em qualquer uma das duas linhas no conjunto. Observe que nenhum dos dois blocos mapeados no mesmo conjunto de cache possui o mesmo número de tag. Para uma operação de leitura, o número de 13 bits é usado para determinar qual conjunto de duas linhas deve ser examinado. As duas linhas no conjunto são examinadas comparando-as com o número do tag do endereço a ser acessado.

No caso extremo de $v = m, k = 1$, a técnica associativa em conjunto se reduz ao mapeamento direto, e para $v = 1, k = m$, ela se reduz ao mapeamento associativo. O uso de duas linhas por conjunto ($v = m/2, k = 2$) é a organização associativa em conjunto mais comum. Ela melhora significativamente a razão de acerto em relação ao mapeamento direto. A associação em conjunto com quatro linhas por conjunto ($v = m/4, k = 4$) cria uma melhoria adicional modesta por um custo adicional relativamente pequeno (MAYBERRY; EFLAND, 1984, HILL, 1989). Outros aumentos no número de linhas por conjunto têm pouco efeito.

A Figura 4.16 mostra os resultados de um estudo de simulação do desempenho da cache associativa em conjunto em função do tamanho da cache (GENU, 2004). A diferença no desempenho entre mapeamento direto e associativo em conjunto com duas linhas por conjunto é significativa até pelo menos um tamanho de cache de 64 kB. Observe também que a diferença entre duas linhas por conjunto e quatro linhas a 4 kB é muito menor do que a diferença ao passar de 4 kB para 8 kB no tamanho da cache. A complexidade da cache aumenta em proporção com a associatividade e, nesse caso, não seria justificável contra o aumento no tamanho da cache para 8 ou mesmo 16 kB. Um ponto final a ser observado é que, além de cerca de 32 kB, o aumento no tamanho da cache não ocasiona aumento significativo no desempenho.

CAPÍTULO 4 ▶ Memória cache

Figura 4.15
Exemplo de mapeamento associativo em conjunto com duas linhas.

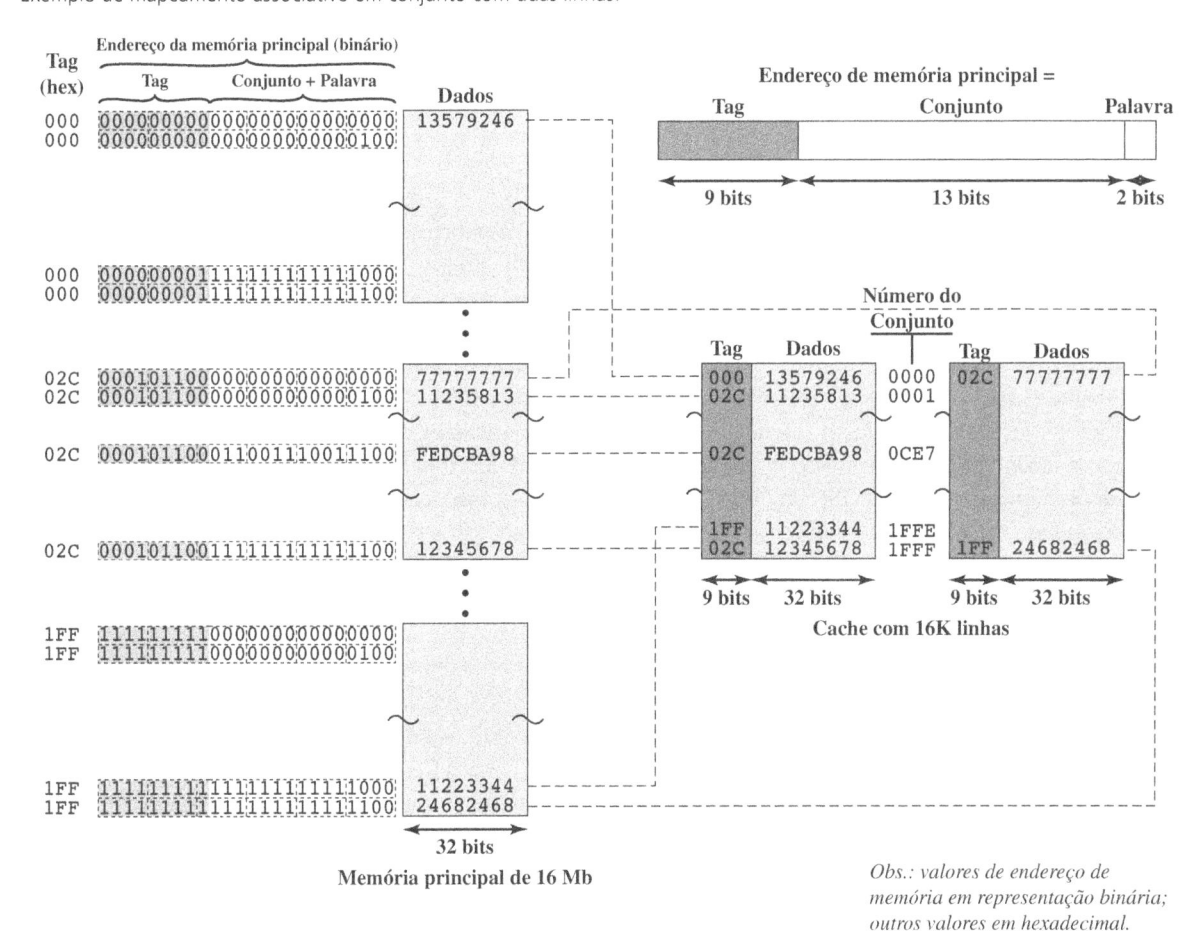

Figura 4.16
Associatividade variável pelo tamanho da cache.

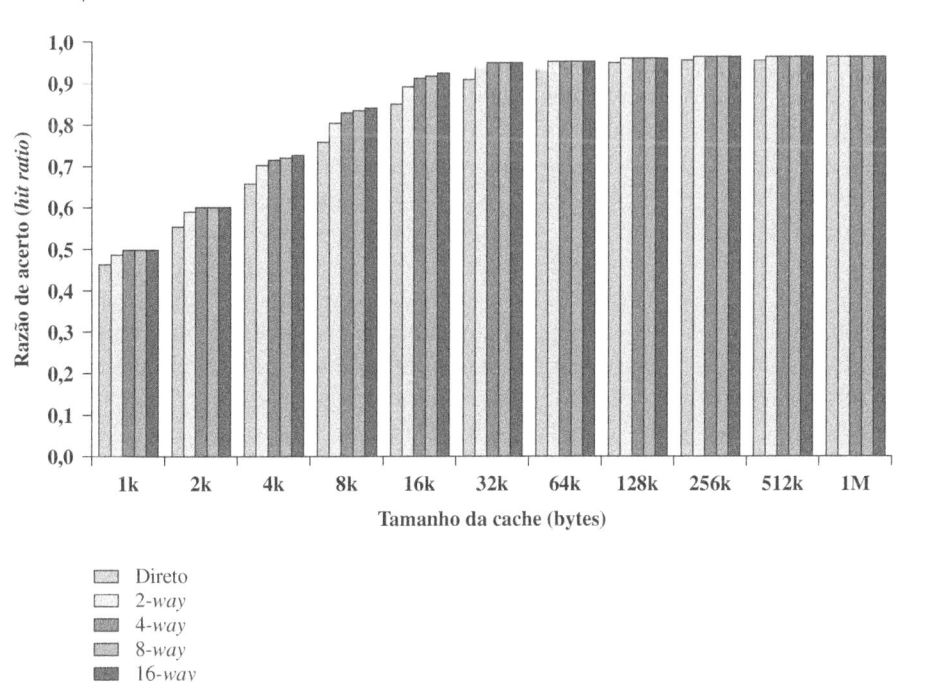

Os resultados da Figura 4.16 são baseados na simulação da execução de um compilador GCC. Diferentes aplicações podem gerar resultados diferentes. Por exemplo, Cantin e Hill (2001) relatam os resultados para o desempenho da cache usando muitos dos benchmarks SPEC CPU2000. Os resultados de Cantin e Hill na comparação da razão de acerto com o tamanho da cache seguem o mesmo padrão da Figura 4.16, mas os valores específicos são ligeiramente diferentes.

Algoritmos de substituição

Uma vez que a cache esteja cheia, e um novo bloco seja trazido para a cache, um dos blocos existentes precisa ser substituído. Para o mapeamento direto, existe apenas uma linha possível para qualquer bloco em particular, e nenhuma escolha é possível. Para as técnicas associativa e associativa em conjunto, um algoritmo de substituição é necessário. Para alcançar alta velocidade, tal algoritmo precisa ser implementado em hardware. Diversos algoritmos foram experimentados. Mencionamos quatro dos mais comuns. Provavelmente, o mais eficaz é o **usado menos recentemente (LRU — do inglês,** *Least Recently Used***)**: substitua aquele bloco no conjunto que permaneceu na cache por mais tempo sem qualquer referência a ele. Para a associatividade em conjunto com duas linhas por conjunto, isso é facilmente implementado. Cada linha inclui um bit USE. Quando uma linha é referenciada, seu bit USE é definido como 1, e o bit USE da outra linha nesse conjunto é definido como 0. Quando um bloco lido for direcionado para um conjunto, a linha cujo bit USE for 0 é utilizada para este bloco. Como estamos supondo que os locais de memória usados mais recentemente são mais prováveis de serem referenciados, o LRU deverá dar a melhor razão de acerto. O LRU também é relativamente fácil de implementar para uma cache totalmente associativa. O mecanismo de cache mantém uma lista separada de índices para todas as linhas na cache. Quando uma linha é referenciada, ela passa para a frente da lista. Para substituição, a linha no final da lista é usada. Por conta de sua simplicidade de implementação, o LRU é o algoritmo de substituição mais popular.

Outra possibilidade é **"primeiro a entrar, primeiro a sair" (FIFO — do inglês,** *First In, First Out***)**: substitua o bloco no conjunto que esteve na cache por mais tempo. O algoritmo FIFO é facilmente implementado como uma técnica *round-robin* ou de buffer circular. Outra possibilidade de algoritmo, ainda, é o **usado menos frequentemente (LFU — do inglês,** *Least Frequently Used***)**: substitua aquele bloco no conjunto que teve menos referências. O algoritmo LFU poderia ser implementado associando um contador a cada linha. Uma técnica não baseada no uso (ou seja, não LRU, LFU, FIFO ou alguma variante) é escolher uma linha aleatória entre as linhas candidatas. Estudos de simulação têm mostrado que a substituição aleatória oferece um desempenho apenas ligeiramente inferior a um algoritmo baseado no uso (SMITH, 1982).

Política de escrita

Quando um bloco que está residente na cache estiver para ser substituído, existem dois casos a serem considerados. Se o bloco antigo na cache não tiver sido alterado, então ele pode ser substituído por um novo bloco sem primeiro atualizar o bloco antigo. Se pelo menos uma operação de escrita tiver sido realizada em uma palavra nessa linha da cache, então a memória principal precisa ser atualizada escrevendo a linha de cache no bloco de memória antes de trazer o novo bloco. Diversas políticas de escrita são possíveis, com escolhas econômicas e de desempenho. Existem dois problemas a serem considerados. Primeiro, mais de um dispositivo pode ter acesso à memória principal. Por exemplo, um módulo de E/S pode ser capaz de ler-escrever diretamente na memória. Se uma palavra tiver sido alterada apenas na cache, então a palavra correspondente da memória é inválida. Além do mais, se o dispositivo de E/S tiver alterado a memória principal, então a palavra da cache é inválida. Um problema mais complexo ocorre quando múltiplos processadores são conectados ao mesmo barramento e cada processador tem sua própria cache local. Então, se uma palavra for alterada em uma cache, ela possivelmente poderia invalidar esta palavra em outras caches.

A técnica mais simples é denominada ***write through***. Usando esta técnica, todas as operações de escrita são feitas na memória principal e também na cache, garantindo que a memória principal sempre seja válida. Qualquer outro módulo processador-cache pode monitorar o tráfego para a memória principal para manter a consistência dentro de sua própria cache. A principal desvantagem dessa técnica é que ela gera um tráfego de memória considerável e pode criar um gargalo. Uma técnica alternativa, conhecida como ***write back***, minimiza as escritas na memória. Com *write back*, as atualizações são feitas apenas na cache. Quando ocorre uma atualização, um **bit de modificação**, ou **bit de uso**, associado à linha, é marcado. Depois, quando um bloco é substituído, ele é escrito de volta na memória principal se, e somente se, o bit de modificação estiver marcado.

O problema com *write back* é que partes da memória principal podem ficar inválidas, e daí os acessos pelos módulos de E/S só podem ser permitidos pela cache. Isso exige circuitos complexos e gera um gargalo em potencial. A experiência tem mostrado que a porcentagem de referências à memória que são escritas está na ordem de 15% (SMITH, 1982). Porém, para aplicações de HPC, esse número pode se aproximar a 33% (multiplicação de vetores), e pode chegar a 50% (transposição de matrizes).

EXEMPLO 4.3

Considere uma cache com um tamanho de linha de 32 bytes e uma memória principal que requer 30 ns para transferir uma palavra de 4 bytes. Para qualquer linha que seja escrita pelo menos uma vez antes de ser retirada da cache, qual é o número médio de vezes que a linha precisa ser escrita antes de ser retirada para que uma cache *write back* seja mais eficiente do que uma cache *write through*?

Para o caso *write back*, cada linha modificada é escrita de volta uma vez, no momento da troca, usando $8 \times 30 = 240$ ns. Para o caso *write through*, cada atualização da linha requer que uma palavra seja escrita na memória principal, usando 30 ns. Portanto, se a linha que é escrita pelo menos uma vez for escrita mais de 8 vezes antes de ser trocada, então *write back* é mais eficiente.

Em uma organização de barramento em que mais de um dispositivo (em geral, um processador) tem uma cache e a memória principal é compartilhada, um novo problema é introduzido. Se os dados em uma cache forem alterados, isso invalida não apenas a palavra correspondente na memória principal, mas também essa mesma palavra em outras caches (se qualquer outra cache tiver essa mesma palavra). Mesmo que uma política *write through* seja usada, as outras caches podem conter dados inválidos. Diz-se que um sistema que impede esse problema mantém coerência de cache. Algumas das técnicas possíveis para a coerência de cache são:

- **Observação do barramento com *write through***: cada controlador de cache monitora as linhas de endereço para detectar as operações de escrita para a memória por outros mestres de barramento. Se outro mestre escrever em um local na memória compartilhada que também reside na memória cache, o controlador de cache invalida essa entrada da cache. Essa estratégia depende do uso de uma política *write through* por todos os controladores de cache.
- **Transparência do hardware**: um hardware adicional é usado para garantir que todas as atualizações na memória principal por meio da cache sejam refletidas em todas as caches. Assim, se um processador modificar uma palavra em sua cache, essa atualização é escrita na memória principal. Além disso, quaisquer palavras correspondentes em outras caches são atualizadas de maneira semelhante.
- **Memória não cacheável**: somente uma parte da memória principal é compartilhada por mais de um processador, e esta é designada como não cacheável. Neste tipo de sistema, todos os acessos à memória compartilhada são falhas de cache, pois a memória compartilhada nunca é copiada para a cache. A memória não mantida em cache pode ser identificada usando lógica de seleção de chip ou os bits mais significativos de endereço.

A coerência de cache é um campo de pesquisa atual. Esse assunto é explorado com mais detalhes na Parte V.

Tamanho da linha

Outro elemento de projeto é o tamanho da linha. Quando um bloco de dados é recuperado e colocado na cache, não apenas a palavra desejada, mas também algumas palavras adjacentes são armazenadas. À medida que o tamanho do bloco aumenta, de tamanhos muito pequenos para maiores, a razão de acerto a princípio aumentará por causa do princípio da localidade, que diz que os dados nas vizinhanças de uma palavra referenciada provavelmente serão referenciados no futuro próximo. À medida que o tamanho do bloco aumenta, dados mais úteis são trazidos para a cache. Contudo, a razão de acerto começará a diminuir enquanto o bloco se torna ainda maior e a probabilidade de uso da informação recém-trazida se torna menor que a probabilidade de reutilizar as informações que foram substituídas. Dois efeitos específicos entram em cena:

- Blocos maiores reduzem o número de blocos que cabem em uma cache. Como cada busca de bloco escreve sobre o conteúdo antigo da cache, um número pequeno de blocos resulta em dados sendo modificados pouco depois de serem buscados.
- À medida que o bloco se torna maior, cada palavra adicional fica mais distante da palavra solicitada e, portanto, tem menos probabilidade de ser necessária no futuro próximo.

O relacionamento entre o tamanho do bloco e a razão de acerto é complexo, dependendo das características de localidade de um programa em particular, e nenhum valor ideal definitivo foi encontrado. Um tamanho de 8 a 64 bytes parece ser razoavelmente próximo do ideal (SMITH, 1987, PRZYBYLSKI; HOROWITZ, HENNESSY, 1988, PRZYBYLSKI, 1990, HANDY, 1998). Para sistemas HPC, tamanhos de linha de cache com 64 e 128 bytes são usados com mais frequência.

Número de caches

Quando as memórias caches foram originalmente introduzidas, o sistema de memória típico tinha uma única cache. Mais recentemente, o uso de múltiplas caches tem se tornado comum. Dois aspectos de projeto dizem respeito ao número de níveis de memórias caches e ao uso de caches unificadas ou separadas.

CACHES MULTINÍVEL À medida que a densidade lógica aumenta, torna-se possível ter uma cache no mesmo chip que o processador: a cache no chip. Em comparação com uma cache conectada por meio de um barramento externo, a cache no chip reduz a atividade do barramento externo do processador e, portanto, agiliza o tempo de execução e aumenta o desempenho geral do sistema. Quando a instrução ou dados necessários são encontrados na cache no chip, não existe o acesso ao barramento. Como os caminhos de dados internos ao processador são curtos, em comparação com o tamanho do barramento, os acessos à cache no chip serão feitos mais rapidamente que os ciclos de barramento com estado *zero-wait* (tempo de espera nulo). Além do mais, durante esse período, o barramento estará livre para aceitar outras transferências.

A inclusão de uma cache no chip deixa aberta a questão de se uma cache fora do chip, ou externa, ainda é desejável. Em geral, a resposta é sim, e a maior parte dos projetos atuais inclui caches dentro e fora do chip. A organização mais simples desse tipo é conhecida como uma cache de dois níveis, com a cache interna designada como nível 1 (L1 – *level* 1) e a cache externa designada como nível 2 (L2). O motivo para incluir uma cache L2 é o seguinte: se não houver cache L2 e o processador fizer uma solicitação de acesso para um local de memória que não esteja na cache L1, então o processador precisa acessar a memória DRAM ou ROM pelo barramento. Em razão da baixa velocidade do barramento e do alto tempo de acesso à memória, tem-se um desempenho fraco. Por outro lado, se uma cache L2 SRAM (RAM estática) for usada, então normalmente a informação que falta pode ser recuperada rapidamente. Se a SRAM for rápida o suficiente para igualar sua velocidade à do barramento, então os dados podem ser acessados usando uma transação no estado *zero-wait*, o tipo mais rápido de transferência de barramento.

Dois recursos de projeto moderno de cache para caches multinível são dignos de nota. Primeiro, para uma cache L2 fora do chip, muitos projetos não usam o barramento do sistema como caminho para transferência entre a cache L2 e o processador, mas usam um caminho de dados separado, a fim de reduzir a carga sobre o barramento do sistema. Segundo, com o encolhimento contínuo dos componentes do processador, diversos processadores agora incorporam a cache L2 no chip do processador, melhorando o desempenho.

A economia em potencial em razão do uso de uma cache L2 depende das taxas de acerto nas caches L1 e L2. Vários estudos têm mostrado que, em geral, o uso de uma cache de segundo nível melhora o desempenho (por exemplo, ver AZIMI; PRASAD; BHAT, 1992, NOVITSKY; AZIMI; GHAZNAVI, 1993, HANDY, 1998). Porém, o uso de caches multinível complica todas as questões de projeto relacionadas a caches, incluindo tamanho, algoritmo de substituição e política de escrita; veja algumas discussões relacionadas a isso nas obras de Handy (1998) e Peir, Hsu e Smith (1999).

A Figura 4.17 mostra os resultados de um estudo de simulação de desempenho da cache de dois níveis em função do tamanho da cache (GENU, 2004). A figura pressupõe que as duas caches têm o mesmo tamanho de linha e mostra a razão de acerto total. Ou seja, um acerto é contado se os dados desejados aparecerem na cache L1 ou L2. A figura mostra o impacto da L2 sobre os acertos totais com relação ao tamanho da L1. L2 tem pouco efeito sobre o número total de acertos de cache até que seja pelo menos o dobro do tamanho da cache L1. Observe que a parte mais íngreme da inclinação para uma cache L1 de 8 kB é para uma cache

Figura 4.17

Razão de acerto total (L1 e L2) para L1 de 8 kB e 16 kB.

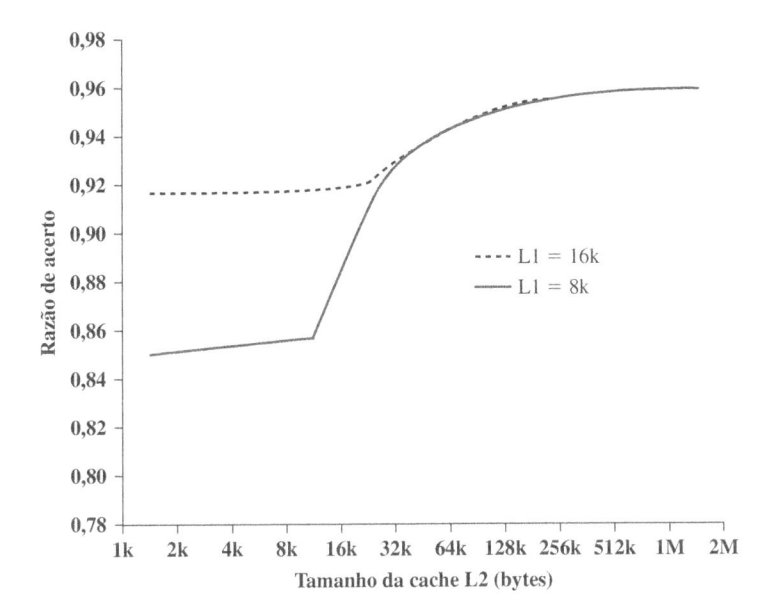

[Gráfico: eixo Y "Razão de acerto" de 0,78 a 0,98; eixo X "Tamanho da cache L2 (bytes)" de 1k a 2M. Duas curvas: L1 = 16k (tracejada) e L1 = 8k (contínua).]

L2 de 16 kB. Novamente para uma cache L1 de 16 kB, a parte mais íngreme da curva é para um tamanho de cache L2 de 32 kB. Antes desse ponto, a cache L2 tem pouco ou nenhum impacto sobre o desempenho da cache total. A necessidade de a cache L2 ser maior que a cache L1 para afetar o desempenho faz sentido. Se a cache L2 tiver o mesmo tamanho de linha e capacidade da cache L1, seu conteúdo mais ou menos espelhará o da cache L1.

Com a disponibilidade cada vez maior de área no chip, a maior parte dos microprocessadores modernos passou a cache L2 para dentro do chip processador e acrescentou uma cache L3. Originalmente, a cache L3 era acessível pelo barramento externo. Mais recentemente, a maioria dos microprocessadores incorporou uma cache L3 no chip. De qualquer forma, parece haver uma vantagem no desempenho em acrescentar um terceiro nível (por exemplo, ver GHAI; JOYNER; JOHN, 1998). Além disso, sistemas maiores, como os sistemas mainframe da IBM zEnterprise, atualmente incorporam 3 níveis de cache no chip e um quarto nível de cache compartilhada por outros diversos chips (CURRAN, 2011).

CACHES UNIFICADAS *VERSUS* SEPARADAS Quando a cache no chip apareceu, inicialmente, muitos dos projetos consistiam em uma única cache usada para armazenar referências a dados e instruções. Mais recentemente, tornou-se comum dividir a cache em duas: uma dedicada a instruções e uma dedicada a dados. Essas duas caches existem no mesmo nível, normalmente como duas caches L1. Quando o processador tenta buscar uma instrução da memória principal, ele primeiro consulta a cache L1 de instrução, e quando o processador tenta buscar dados da memória principal, ele primeiro consulta a cache L1 de dados.

Existem duas vantagens em potencial de uma cache unificada:

- Para determinado tamanho de cache, uma cache unificada tem uma taxa de acerto mais alta que as caches divididas, pois ela equilibra automaticamente a carga entre buscas de instruções e dados. Ou seja, se um padrão de execução envolve muito mais buscas de instruções do que buscas de dados, então a cache tenderá a ser preenchida com instruções, e se um padrão de execução envolve relativamente mais buscas de dados, acontecerá o oposto.
- Somente uma cache precisa ser projetada e implementada.

A tendência é em direção a caches separadas no L1 e caches unificadas para altos níveis, particularmente para máquinas superescalares, que enfatizam a execução de instrução paralela e a pré-busca de instruções futuras previstas. A principal vantagem do projeto de cache separada é que isso elimina a disputa pela cache entre a unidade de busca/decodificação de instrução e a unidade de execução. Isso é importante em qualquer projeto que conta com o pipeline de instruções. Em geral, o processador buscará instruções antes da hora e preencherá um buffer, ou pipeline, com instruções a serem executadas. Suponha, agora, que tenhamos uma cache de instrução/dados unificada. Quando a unidade de execução realiza um acesso à memória para carregar e armazenar dados, a solicitação é submetida à cache unificada. Se, ao mesmo tempo, o mecanismo de pré-busca de instrução emitir uma solicitação de leitura à cache para uma instrução, essa solicitação será temporariamente bloqueada para que a cache possa atender à unidade de execução primeiro, permitindo que ela complete a instrução atualmente em execução. Essa disputa pela cache pode diminuir o desempenho, interferindo com o uso eficiente da pipeline de instruções. A estrutura de cache separada contorna essa dificuldade.

4.4 ORGANIZAÇÃO DA CACHE DO PENTIUM 4

A evolução da organização da memória cache é vista claramente na evolução dos microprocessadores Intel (Tabela 4.4). O 80386 não inclui uma cache no chip. O 80486 inclui uma única cache de 8 kB no chip, usando um tamanho de linha de 16 bytes e uma organização associativa em conjunto com quatro linhas (4-*way*). Todos os processadores Pentium incluem duas caches L1 no chip, uma para dados e uma para instruções. Para o Pentium 4, a cache de dados L1 tem 16 kB, usando um tamanho de linha de 64 bytes e uma organização associativa em conjunto com quatro linhas. A cache de instruções do Pentium 4 é descrita mais adiante. O Pentium II também inclui uma cache L2 que alimenta ambas as caches L1. A cache L2 é associativa em conjunto com oito linhas por conjuntos, com um tamanho de 512 kB e um tamanho de linha de 128 bytes. Uma cache L3 foi acrescentada para o Pentium III, e passou a residir no chip com as versões avançadas do Pentium 4.

A Figura 4.18 contém uma visão simplificada da organização do Pentium 4, destacando o posicionamento das três caches. O *core* do processador consiste em quatro componentes principais:

Unidade de busca/decodificação: busca instruções do programa em ordem a partir da cache L2, decodifica-as para uma série de micro-operações e armazena os resultados na cache de instruções L1.

Tabela 4.4
Evolução de cache da Intel.

Problema	Solução	Processador em que o recurso apareceu inicialmente
Memória externa mais lenta que o barramento do sistema	Acrescentar cache externa usando tecnologia de memória mais rápida	386
Maior velocidade do processador torna o barramento externo um gargalo para o acesso à cache L2	Mover a cache externa para o chip, trabalhando na mesma velocidade do processador	486
Cache interna um tanto pequena, por conta do espaço limitado no chip	Acrescentar cache L2 externa usando tecnologia mais rápida que a memória principal	486
Quando ocorre uma disputa entre o mecanismo de pré-busca de instruções e a unidade de execução no acesso simultâneo à memória cache. Nesse caso, a busca antecipada é adiada até o término do acesso da unidade de execução aos dados	Criar caches separadas para dados e instruções	Pentium
Maior velocidade do processador torna o barramento externo um gargalo para o acesso à cache L2	Criar barramento *back-side* separado, que trabalha com velocidade mais alta que o barramento externo principal (*front-side*). O barramento *back-side* é dedicado à cache L2	Pentium Pro
	Mover cache L2 para o chip do processador	Pentium II
Algumas aplicações lidam com bancos de dados enormes, e precisam ter acesso rápido a grandes quantidades de dados. As caches no chip são muito pequenas	Acrescentar cache L3 externa	Pentium III
	Mover cache L3 para o chip	Pentium 4

Figura 4.18
Diagrama em bloco do Pentium 4.

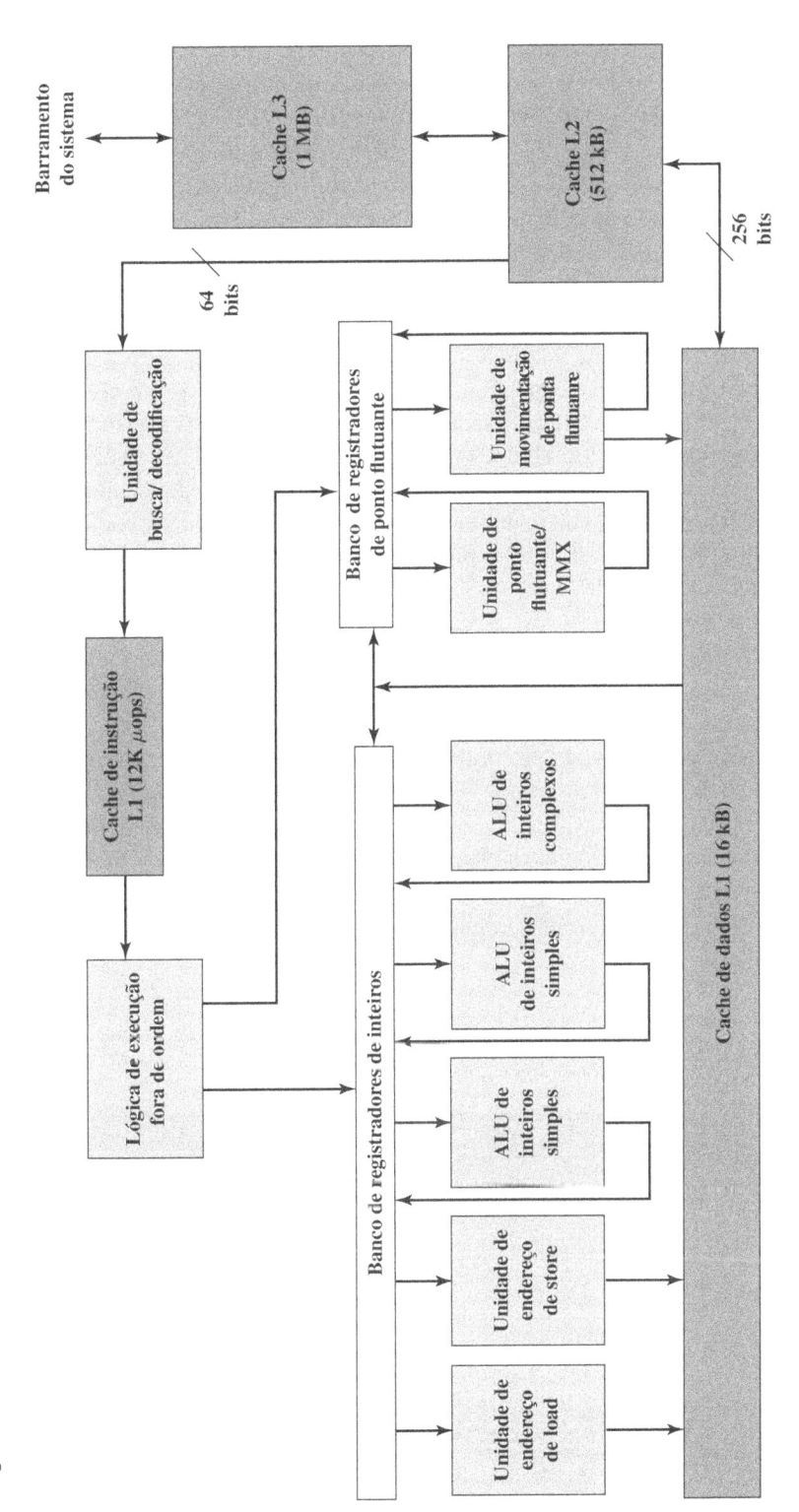

Lógica de execução fora da ordem: escalona a execução das micro-operações, sujeita a dependências de dados e disponibilidade de recursos; assim, as micro-operações podem ser escalonadas para execução em uma ordem diferente daquela em que foram obtidas da sequência de instruções. Se o tempo permitir, essa unidade escalona a execução especulativa de micro-operações que podem ser solicitadas no futuro.

Unidades de execução: essas unidades executam micro-operações, buscando os dados solicitados da cache de dados L1 e armazenando os resultados temporariamente em registradores.

Subsistema de memória: essa unidade inclui as caches L2 e L3 e o barramento do sistema, que é usado para acessar a memória principal quando as caches L1 e L2 tiverem uma falta de cache e para acessar os recursos de E/S do sistema.

Diferente do que ocorre com a organização usada em todos os modelos Pentium anteriores, e na maioria dos outros processadores, a cache de instruções do Pentium 4 localiza-se entre a lógica de decodificação de instrução e o *core* de execução. O raciocínio por trás dessa decisão de projeto é o seguinte: conforme discutiremos com mais detalhes no Capítulo 16, o processo do Pentium decodifica, ou traduz, instruções de máquina do Pentium para instruções simples tipo RISC, chamadas de micro-operações. O uso de micro-operações simples, de tamanho fixo, permite o uso do pipeline superescalar e técnicas de escalonamento que melhoram o desempenho. Contudo, as instruções de máquina do Pentium são difíceis de decodificar; elas têm um número variável de bytes e muitas opções diferentes. Acontece que o desempenho é melhorado se essa decodificação for feita independentemente da lógica de escalonamento e do pipeline. Retornaremos a esse tópico no Capítulo 16.

A cache de dados emprega uma política *write back*: os dados são escritos na memória principal apenas quando são removidos da cache e quando houver uma atualização. O processador Pentium 4 pode ser configurado dinamicamente para aceitar a política *write through*.

A cache de dados L1 é controlada por dois bits em um dos registradores de controle, rotulados como bits CD (cache disable) e NW (*not write through*) (Tabela 4.5). Há também duas instruções do Pentium 4 que podem ser usadas para controlar a cache de dados: INVD invalida (esvazia) a memória cache interna e sinaliza a cache externa (se houver) para invalidar. WBINVD escreve de volta e invalida a cache interna e depois escreve de volta e invalida a cache externa.

As caches L2 e L3 são associativas em conjunto com oito linhas, com um tamanho de linha de 128 bytes.

Tabela 4.5
Modos de operação da cache do Pentium 4.

Bits de controle		Modo de operação		
CD	NW	Preenchimento da cache	*Write throughs*	Invalidado
0	0	Habilitado	Habilitado	Habilitado
1	0	Desabilitado	Habilitado	Habilitado
1	1	Desabilitado	Desabilitado	Desabilitado

Obs.: CD = 0; NW = 1 é uma combinação inválida.

4.5 TERMOS-CHAVE, QUESTÕES DE REVISÃO E PROBLEMAS

Acerto (*hit*), 103	Cache de instrução, 123	Cache separada, 123
Acerto (*hit*) de cache, 108	Cache física, 109	Cache unificada, 123
Acesso aleatório, 101	Cache L1, 105	Cache virtual, 109
Acesso direto, 101	Cache L2, 105	Computação de alto desempenho (HPC), 108
Acesso sequencial, 101	Cache L3, 105	Conjunto de cache, 116
Algoritmo de substituição, 120	Cache lógica, 109	Endereço físico, 109
Cache de dados, 126	Cache multinível, 122	Endereço virtual, 109

Falha (*miss*), 103	Localidade espacial, 134	Memória secundária, 104
Falha (*miss*) de cache, 108	Localidade temporal, 134	Razão de acerto, 114
Hierarquia de memória, 102	Mapeamento associativo, 114	Tag, 105
Linha, 105	Mapeamento associativo em conjunto, 116	Tempo de acesso, 101
Linha de cache, 105	Mapeamento direto, 111	*Write back,* 120
Localidade, 132	Memória cache, 105	*Write through,* 120

QUESTÕES DE REVISÃO

4.1. Quais são as diferenças entre acesso sequencial, acesso direto e acesso aleatório?

4.2. Qual é a relação entre tempo de acesso, custo de memória e capacidade?

4.3. Como o princípio de localidade se relaciona com o uso de múltiplos níveis de memória?

4.4. Quais são as diferenças entre mapeamento direto, mapeamento associativo e mapeamento associativo em conjunto?

4.5. Para uma cache mapeada diretamente, um endereço de memória principal é visto como consistindo em três campos. Liste e defina os três campos.

4.6. Para uma cache associativa, um endereço de memória principal é visto como consistindo em dois campos. Liste e defina os dois campos.

4.7. Para uma cache associativa em conjunto, um endereço da memória principal é visto como consistindo em três campos. Liste e defina os três campos.

4.8. Qual é a diferença entre localidade espacial e localidade temporal?

4.9. Em geral, quais são as estratégias para explorar a localidade espacial e a localidade temporal?

PROBLEMAS

4.1. Uma cache associativa em conjunto consiste em 64 linhas, ou slots, divididas em conjuntos de quatro linhas. A memória principal contém 4 K blocos de 128 palavras cada. Mostre o formato dos endereços da memória principal.

4.2. Uma cache associativa em conjunto com duas linhas por conjunto possui linhas de 16 bytes e um tamanho total de 8 kB. A memória principal de 64 MB é endereçável por byte. Mostre o formato dos endereços da memória principal.

4.3. Para os endereços hexadecimais da memória principal 111111, 666666, BBBBBB, mostre a seguinte informação, em formato hexadecimal:

    c. Valores de Tag, Linha e Palavra para uma cache de mapeamento direto, usando o formato da Figura 4.10.

    d. Valores de Tag e Palavra para uma cache associativa, usando o formato da Figura 4.12.

    e. Valores de Tag, Conjunto e Palavra para uma cache associativa em conjunto com duas linhas, usando o formato da Figura 4.15.

4.4. Liste os seguintes valores:

    a. Para o exemplo de cache direta da Figura 4.10: tamanho do endereço, número de unidades endereçáveis, tamanho de bloco, número de blocos na memória principal, número de linhas na cache e tamanho da tag.

    b. Para o exemplo de cache associativa da Figura 4.12: tamanho do endereço, número de unidades endereçáveis, tamanho de bloco, número de blocos na memória principal, número de linhas na cache e tamanho da tag.

c. Para o exemplo de cache associativa em conjunto com duas linhas por conjunto da Figura 4.15: tamanho do endereço, número de unidades endereçáveis, tamanho de bloco, número de blocos na memória principal, número de linhas no conjunto, número de conjuntos, número de linhas na cache e tamanho da tag.

4.5. Considere um microprocessador de 32 bits que tem uma cache associativa em conjunto de 16 kB no chip com quatro linhas por conjunto. Suponha que a cache tenha um tamanho de linha de quatro palavras de 32 bits. Desenhe um diagrama de blocos dessa cache, mostrando sua organização e como os diferentes campos de endereço são usados para determinar um acerto/falha de cache. Onde, na cache, a palavra no local de memória ABCDE8F8 é mapeada?

4.6. São dadas as seguintes especificações para uma memória cache externa: associativa em conjunto com quatro linhas; tamanho de linha de duas palavras de 16 bits; capaz de acomodar um total de 4 K palavras de 32 bits da memória principal; usada com um processador de 16 bits que emite endereços de 24 bits. Projete a estrutura de cache com todas as informações pertinentes e mostre como ela interpreta os endereços do processador.

4.7. O Intel 80486 tem uma cache unificada no chip. Ela contém 8 kB e tem uma organização associativa em conjunto com quatro linhas por conjunto e uma extensão de bloco de quatro palavras de 32 bits. A cache é organizada em 128 conjuntos. Existe um único "bit de validade de linha" e três bits, B0, B1 e B2 (os bits "LRU"), por linha. Em uma falha de cache, o 80486 lê uma linha de 16 bytes da memória principal em apenas uma leitura de memória pelo barramento. Desenhe um diagrama simplificado da cache e mostre como os diferentes campos do endereço são interpretados.

4.8. Considere uma máquina com uma memória principal endereçável por byte com 2^{16} bytes e um tamanho de bloco de 8 bytes. Suponha que uma cache mapeada diretamente, consistindo em 32 linhas, seja usada com essa máquina.

   a. Como um endereço de memória de 16 bits é dividido em tag, número de linha e número de byte?
   b. Em que linha seriam armazenados os bytes com cada um dos seguintes endereços?

0001	0001	0001	1011
1100	0011	0011	0100
1101	0000	0001	1101
1010	1010	1010	1010

   c. Suponha que o byte com endereço 0001 1010 0001 1010 seja armazenado na cache. Quais são os endereços dos outros bytes armazenados junto com ele?
   d. Quantos bytes de memória no total podem ser armazenados na cache?
   e. Por que a tag também é armazenada na cache?

4.9. Para sua cache no chip, o Intel 80486 usa um algoritmo de substituição conhecido como **pseudo-LRU** (**pseudo Least Recently Used**). Associados a cada um dos 128 conjuntos de quatro linhas (rotuladas como L0, L1, L2, L3), existem três bits, B0, B1 e B2. O algoritmo de substituição funciona da seguinte maneira: quando uma linha tiver de ser substituída, a cache primeiro determinará se o uso mais recente foi de L0 e L1 ou L2 e L3. Depois, a cache determinará qual do par de blocos foi usado menos recentemente e o marcará para substituição. A Figura 4.19 ilustra a lógica.

   a. Especifique como os bits B0, B1 e B2 são definidos e depois descreva, em palavras, como eles são usados no algoritmo de substituição representado na Figura 4.19.
   b. Mostre que o algoritmo do 80486 se aproxima de um algoritmo LRU verdadeiro. *Dica*: considere o caso em que a ordem de uso mais recente é L0, L2, L3, L1.
   c. Demonstre que um algoritmo LRU verdadeiro exigiria 6 bits por conjunto.

4.10. Uma cache associativa em conjunto tem um tamanho de bloco de quatro palavras de 16 bits e um tamanho de conjunto de 2. A cache pode acomodar um total de 4.096 palavras. O tamanho da memória principal que pode ser mantido em cache é de 64K × 32 bits. Projete a estrutura da cache e mostre como os endereços do processador são interpretados.

4.11. Considere um sistema de memória que usa um endereço de 32 bits para endereçar em nível de byte, mais uma cache que usa um tamanho de linha de 64 bytes.

Figura 4.19
Estratégia de substituição de cache no chip do Intel 80486.

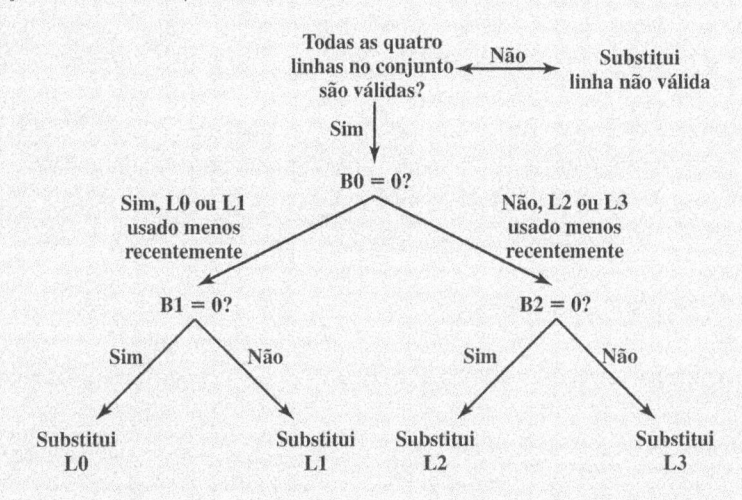

```
                    Todas as quatro       Não      Substitui
                    linhas no conjunto ←——————→  linha não válida
                    são válidas?
                         │ Sim
                         ▼
                      B0 = 0?
         Sim, L0 ou L1           Não, L2 ou L3
         usado menos             usado menos
         recentemente            recentemente
              ↙     ↘                 ↙     ↘
           B1 = 0?                 B2 = 0?
          Sim   Não               Sim    Não
          ↓      ↓                 ↓      ↓
       Substitui Substitui    Substitui Substitui
          L0       L1             L2       L3
```

a. Considere uma cache mapeada diretamente com um campo de tag no endereço de 20 bits. Mostre o formato de endereço e determine os seguintes parâmetros: número de unidades endereçáveis, número de blocos na memória principal, número de linhas na cache e tamanho da tag.

b. Considere uma cache associativa. Mostre o formato de endereço e determine os seguintes parâmetros: número de unidades endereçáveis, número de blocos na memória principal, número de linhas na cache e tamanho da tag.

c. Considere uma cache associativa em conjunto com quatro linhas por conjunto, com um campo de tag no endereço de 9 bits. Mostre o formato de endereço e determine os seguintes parâmetros: número de unidades endereçáveis, número de blocos na memória principal, número de linhas no conjunto, número de conjuntos na cache, número de linhas na cache e tamanho da tag.

4.12. Considere um computador com as seguintes características: total de 1 MB de memória principal; tamanho de palavra de 1 byte; tamanho de bloco de 16 bytes; e tamanho de cache de 64 kB.

a. Para os endereços de memória principal F0010, 01234 e CABBE, indique os valores correspondentes ao tag, ao endereço de linha de cache e ao offset da palavra, para uma cache mapeada diretamente.

b. Indique dois endereços quaisquer da memória principal com diferentes tags que são mapeados para a mesma linha de cache para uma cache mapeada diretamente.

c. Para os endereços da memória principal F0010 e CABBE, indique os valores correspondentes de tag e offset para uma cache totalmente associativa.

d. Para os endereços da memória principal F0010 e CABBE, indique os valores correspondentes ao tag, ao conjunto de cache e ao offset, para uma cache associativa em conjunto com duas linhas.

4.13. Descreva uma técnica simples para implementar um algoritmo de substituição LRU em uma cache associativa em conjunto com quatro linhas por conjunto.

4.14. Considere novamente o Exemplo 4.3. Como a resposta mudaria se a memória principal usasse uma capacidade de transferência em bloco com um tempo de acesso da primeira palavra de 30 ns e um tempo de acesso de 5 ns para cada palavra subsequente?

4.15. Considere o código a seguir:

$$\textbf{for}(i = 0; i < 20; i++)$$
$$\textbf{for}(j = 0; j < 10; j++)$$
$$a[i] = a[i]*j$$

a. Dê um exemplo da localidade espacial no código.

b. Dê um exemplo da localidade temporal no código.

4.16. Generalize as equações 4.2 e 4.3, no Apêndice 4A, para hierarquias de memória de N níveis.

4.17. Um sistema de computação contém uma memória principal de 32 K palavras de 16 bits. Ele também tem uma cache de 4 K palavras, dividida em conjuntos de quatro linhas com 64 palavras por linha. Considere que a cache esteja inicialmente vazia.

O processador busca palavras das localizações 0, 1, 2, ... , 4351, nessa ordem. Depois, ele repete essa sequência de busca mais nove vezes. A cache é 10 vezes mais rápida que a memória principal. Estime a melhoria resultante do uso da cache. Considere uma política de LRU para a substituição em bloco.

4.18. Considere uma cache de 4 linhas de 16 bytes cada. A memória principal é dividida em blocos de 16 bytes cada. Ou seja, o bloco 0 tem bytes com endereços de 0 a 15, e assim por diante. Agora, considere um programa que acessa a memória na seguinte sequência de endereços:

Uma vez: 63 até 70.

Loop dez vezes: 15 até 32; 80 até 95.

   a. Suponha que a cache seja organizada como mapeada diretamente. Os blocos de memória 0, 4 e assim por diante são atribuídos à linha 1; os blocos 1, 5 e assim por diante à linha 2; e assim sucessivamente. Calcule a razão de acerto.

   b. Suponha que a cache seja organizada como associativa em conjunto com duas linhas por conjunto, com dois conjuntos de duas linhas cada. Os blocos de numeração par são atribuídos a um conjunto 0, e os blocos de numeração ímpar são atribuídos ao conjunto 1. Calcule a razão de acerto para a cache associativa em conjunto com duas linhas usando o esquema de substituição LRU ("usado menos recentemente").

4.19. Considere um sistema de memória com os seguintes parâmetros:

$$T_c = 100 \text{ ns} \qquad C_c = 10^{-4} \text{ \$/bit}$$
$$T_m = 1.200 \text{ ns} \qquad C_m = 10^{-5} \text{ \$/bit}$$

   a. Qual é o custo de 1 MB de memória principal?

   b. Qual é o custo de 1 MB de memória principal usando a tecnologia de memória cache?

   c. Se o tempo de acesso efetivo for 10% maior que o tempo de acesso à cache, qual será a razão de acerto H?

4.20. **a.** Considere uma cache L1 com um tempo de acesso de 1 ns e uma razão de acerto de $H = 0{,}95$. Suponha que possamos mudar o projeto da cache (tamanho da cache, organização) de modo que aumentem o H para 0,97, mas aumentando o tempo de acesso para 1,5 ns. Quais condições deverão ser atendidas para que essa mudança resulte em um desempenho melhorado?

   b. Explique por que esse resultado faz sentido intuitivamente.

4.21. Considere uma cache de um único nível com um tempo de acesso de 2,5 ns, um tamanho de linha de 64 bytes e uma razão de $H = 0{,}95$. A memória principal tem uma capacidade de transferência em bloco com um tempo de acesso da primeira palavra (4 bytes) de 50 ns e um tempo de acesso de 5 ns para cada palavra subsequente.

   a. Qual é o tempo de acesso quando existe uma falha de cache? Suponha que a cache espere até que a linha tenha sido buscada da memória principal e depois reexecute para um acerto.

   b. Suponha que aumentar o tamanho da linha para 128 bytes aumente o H para 0,97. Isso reduz o tempo de acesso médio à memória?

4.22. Um computador tem uma cache, uma memória principal e um disco usado para memória virtual. Se uma palavra referenciada estiver na cache, 20 ns serão necessários para acessá-la. Se estiver na memória principal, mas não na cache, 60 ns serão necessários para carregá-la para a cache, e depois a referência é iniciada novamente. Se a palavra não estiver na memória principal, 12 ms serão necessários para buscar a palavra do disco, seguidos por 60 ns para copiá-la para a cache e depois a referência é iniciada novamente. A razão de acerto da cache é 0,9 e a razão de acerto da memória principal é 0,6. Qual é o tempo médio em nanossegundos necessário para acessar uma determinada palavra nesse sistema?

4.23. Considere uma cache com um tamanho de linha de 64 bytes. Suponha que, na média, 30% das linhas na cache estejam modificadas. Uma palavra consiste em 8 bytes.

a. Suponha que haja uma taxa de falha de 3% (razão de acerto de 0,97). Calcule a quantidade de tráfego da memória principal, em termos de bytes por instrução para políticas *write through* e *write back*. A memória é lida na cache uma linha por vez. Porém, para *write back*, uma única palavra pode ser escrita da cache para a memória principal.
   b. Repita a parte (a) para uma taxa de 5%.
   c. Repita a parte (a) para uma taxa de 7%.
   d. Com esses resultados, a que conclusão você pode chegar?

4.24. No microprocessador Motorola 68020, um acesso à cache leva dois ciclos de clock. O acesso a dados da memória principal pelo barramento até o processador leva três ciclos de clock no caso de nenhuma inserção de estado de espera; os dados são entregues ao processador em paralelo com a entrega à cache.
   a. Calcule o tamanho efetivo de um ciclo de memória dada uma razão de acerto de 0,9 e uma frequência de clock de 16,67 MHz.
   b. Repita os cálculos considerando a inserção de dois estados de espera de um ciclo cada por ciclo de memória. Com esses resultados, a que conclusão você pode chegar?

4.25. Considere um processador que possui um tempo de ciclo de memória de 300 ns e uma taxa de processamento de instrução de 1 MIPS. Na média, cada instrução requer um ciclo de memória do barramento para busca de instrução e um para o operando envolvido.
   a. Calcule a utilização do barramento pelo processador.
   b. Suponha que o processador esteja equipado com uma cache de instruções e a razão de acerto associada seja 0,5. Determine o impacto sobre a utilização do barramento.

4.26. O desempenho de um sistema de cache de um único nível para uma operação de leitura pode ser caracterizado pela seguinte equação:

$$T_a = T_c + (1 - H)T_m$$

em que T_a é o tempo médio de acesso, T_c é o tempo de acesso à cache, T_m é o tempo de acesso à memória (memória ao registrador do processador) e H é a razão de acerto. Para simplificar, consideramos que a palavra em questão é carregada na cache em paralelo com o carregamento para o registrador do processador. Essa é a mesma forma da Equação 4.2.
   a. Defina T_b = tempo para transferir uma linha entre a cache e a memória principal, e W = fração de referências de escrita. Revise a equação anterior para considerar as escritas e também as leituras, usando uma política *write through*.
   b. Defina W_b como a probabilidade de que uma linha na cache tenha sido alterada. Ofereça uma equação para T_a para a política *write back*.

4.27. Para um sistema com dois níveis de cache, defina T_{c_1} = tempo de acesso da cache de primeiro nível; T_{c_2} = tempo de acesso da cache de segundo nível; T_m = tempo de acesso à memória; H_1 = razão de acerto da cache de primeiro nível; H_2 = razão de acerto da cache de primeiro e segundo níveis combinadas. Ofereça uma equação para T_a para uma operação de leitura.

4.28. Considere as seguintes características de desempenho em uma falha de leitura de cache: um ciclo de clock para enviar um endereço à memória principal e quatro ciclos de clock para acessar uma palavra de 32 bits da memória principal e transferi-la para o processador e a cache.
   a. Se o tamanho da linha de cache for uma palavra, qual é a penalidade de falha (ou seja, o tempo adicional exigido para uma leitura no evento de uma falha de leitura)?
   b. Qual é a penalidade de falha se um tamanho de linha de cache tiver quatro palavras e for executada uma transferência múltipla, não repetitivamente (*burst mode*)?
   c. Qual é a penalidade de falha se o tamanho da linha de cache for quatro palavras e uma transferência for executada com um ciclo de clock por transferência de palavra?

4.29. Para o projeto de cache do problema anterior, suponha que aumentar o tamanho da linha de uma palavra para quatro palavras resulta em uma diminuição da taxa de falha de leitura de 3,2% para 1,1%. Para os casos de transferência sem repetição e com repetição, qual é a penalidade média de falha, considerando todas as leituras, para os dois tamanhos de linha diferentes?

APÊNDICE 4A CARACTERÍSTICAS DE DESEMPENHO DE MEMÓRIAS DE DOIS NÍVEIS

Neste capítulo, é feita uma referência a uma cache que atua como um buffer entre a memória principal e o processador, criando uma memória interna de dois níveis. Essa arquitetura de dois níveis explora uma propriedade conhecida como localidade, para oferecer melhor desempenho comparada a uma memória de um nível.

O mecanismo de cache da memória principal faz parte da arquitetura do computador, implementada no hardware e normalmente invisível ao sistema operacional. Existem dois outros casos de uma técnica de memória de dois níveis que também exploram a localidade e que são, pelo menos parcialmente, implementadas no sistema operacional: memória virtual e a cache de disco (Tabela 4.6). A memória virtual é explorada no Capítulo 8; a cache de disco está fora do escopo deste livro, mas é examinada em outra obra deste autor (STALLINGS, 2015). Neste apêndice, examinamos algumas das características de desempenho das memórias de dois níveis que são comuns às três técnicas.

Localidade

A base para a vantagem de desempenho de uma memória de dois níveis é um princípio conhecido como **localidade de referência** (DENNING, 1968). Esse princípio afirma que as referências à memória tendem a se agrupar. Por um longo período, os agrupamentos em uso mudam, mas, por um período curto, o processador está trabalhando principalmente com grupos fixos de referências à memória.

Intuitivamente, o princípio de localidade faz sentido. Considere a seguinte linha de raciocínio:

1. Com exceção das instruções de desvio e chamada, que constituem apenas uma pequena fração de todas as instruções do programa, a execução do programa é sequencial. Logo, na maior parte dos casos, a próxima instrução a ser buscada vem imediatamente após a última instrução buscada.
2. É raro ter uma longa sequência ininterrupta de chamadas de procedimento seguidas pela sequência de retornos correspondente. Em vez disso, um programa permanece confinado a uma janela de procedimento de profundidade um tanto pequena. Assim, por um curto período, as referências às instruções tendem a estar localizadas em alguns poucos procedimentos.
3. A maioria das construções iterativas consiste em um número relativamente pequeno de instruções repetidas muitas vezes. Pela duração da iteração, o cálculo é, portanto, confinado a uma pequena parte contígua de um programa.
4. Em muitos programas, grande parte do cálculo envolve processamento de estruturas de dados, como arrays ou sequências de registros. Em muitos casos, referências sucessivas a essas estruturas de dados serão localizadas em itens de dados próximos.

Tabela 4.6

Características das memórias de dois níveis.

	Cache de memória principal	Memória virtual (paginação)	Cache de disco
Razões típicas de tempo de acesso	5:1 (memória principal vs. cache)	10^6:1 (memória principal vs. disco)	10^6:1 (memória principal vs. disco)
Sistema de gerenciamento de memória	Implementada por hardware especial	Combinação de hardware e software de sistema	Software de sistema
Tamanhos típicos de bloco ou página	4 a 128 bytes (bloco de cache)	64 a 4096 bytes (página de memória virtual)	64 a 4096 bytes (bloco ou páginas de disco)
Acesso do processador ao segundo nível	Acesso direto	Acesso indireto	Acesso indireto

Essa linha de raciocínio tem sido confirmada em muitos estudos. Com referência ao ponto 1, diversos estudos têm analisado o comportamento dos programas em linguagem de alto nível. A Tabela 4.7 inclui os principais resultados, medindo o surgimento de vários tipos de instruções durante a execução, a partir dos estudos a seguir. O estudo mais antigo do comportamento da linguagem de programação, realizado por Knuth (1971), examinou uma coleção de programas FORTRAN usados como exercícios para alunos. Tanenbaum (1978) publicou medidas coletadas de mais de 300 procedimentos usados em sistemas operacionais e escritos em uma linguagem que aceita programação estruturada (SAL). Patterson e Sequin (1982a) analisaram um conjunto de medições tomadas de compiladores e programas para editoração, projeto auxiliado por computador (CAD), classificação e comparação de arquivos. As linguagens de programação C e Pascal foram estudadas. Huck (1983) analisou quatro programas que representam uma mistura de computação científica de uso geral, incluindo transformação rápida de Fourier e a integração de sistemas de equações diferenciais. Existe um acordo tão bom sobre os resultados dessa mistura de linguagens e aplicações que as instruções de desvio e chamada representam apenas uma fração das instruções executadas durante o tempo de vida de um programa. Assim, esses estudos confirmam a afirmação 1.

Com relação à afirmação 2, os estudos relatados por Patterson (1985a) confirmam. Isso é ilustrado na Figura 4.20, que mostra o comportamento de chamada-retorno. Cada chamada é representada pela linha descendo para a direita, e cada retorno, pela linha subindo para a direita. Na figura, uma *janela* com profundidade igual a 5 é definida. Somente uma sequência de chamadas e retornos com um movimento de profundidade 6 em qualquer direção faz com que a janela se mova. Como podemos ver, o programa em execução pode permanecer dentro de uma janela estacionária por longos períodos. Um estudo feito pelos mesmos analistas de programas C e Pascal mostrou que uma janela de profundidade 8 precisará se deslocar apenas em menos de 1% das chamadas ou retornos (TAMIR; SEQUIN, 1983).

Tabela 4.7

Frequência dinâmica relativa das operações em linguagens de alto nível.

Carga de trabalho da linguagem em estudo	HUCKI, 1983 Pascal Científico	KNUTH, 1971 FORTRAN Estudante	PATTERSON; SEQUIN, 1982a		TANENBAUM, 1978 Sistema SAL
			Sistema Pascal	Sistema C	
Assinalamento	74	67	45	38	42
Loop	4	3	5	3	4
Call	1	3	15	12	12
IF	20	11	29	43	36
GOTO	2	9	—	3	—
Outras	—	7	6	1	6

Figura 4.20

Exemplo de comportamento de chamada-retorno de um programa.

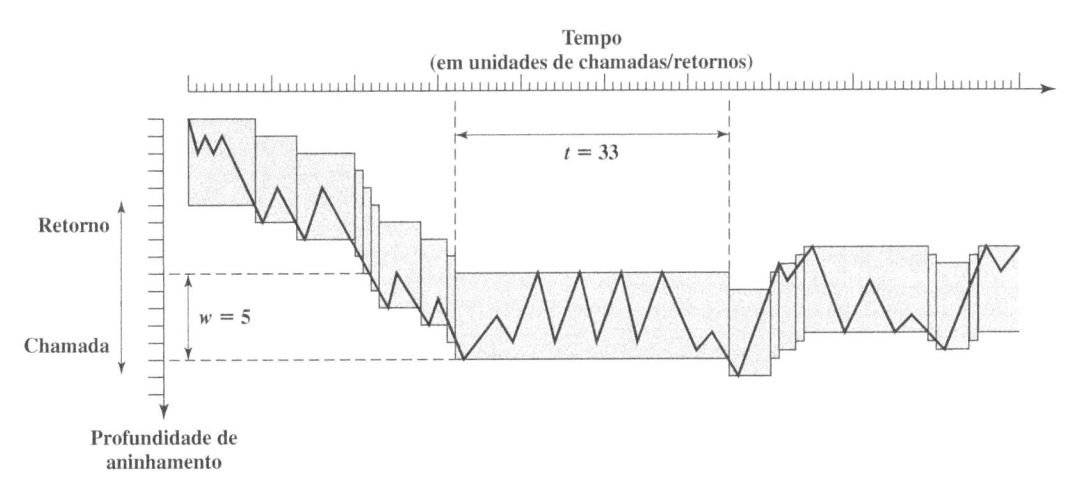

A literatura faz uma distinção entre localidade espacial e localidade temporal. A **localidade espacial** refere-se à tendência da execução de envolver uma série de locais de memória que estão agrupados. Isso reflete a tendência de um processador de acessar as instruções sequencialmente. A localidade espacial também reflete a tendência de um programa de acessar locais de dados sequencialmente, como ao processar uma tabela de dados. A **localização temporal** refere-se à tendência de um processador de acessar locais de memória que foram usados recentemente. Por exemplo, quando um loop é executado, o processador executa o mesmo conjunto de instruções repetidamente.

Tradicionalmente, a localidade temporal é explorada mantendo valores de dados e instruções usados recentemente na memória cache e explorando uma hierarquia de cache. A localidade espacial geralmente é explorada usando blocos de cache maiores e incorporando mecanismos de pré-busca (buscando itens de uso antecipado) na lógica de controle da cache. Recentemente, tem havido uma pesquisa considerável sobre o refinamento dessas técnicas para alcançar maior desempenho, mas as estratégias básicas continuam sendo as mesmas.

Operação da memória de dois níveis

A propriedade de localidade pode ser explorada na formação de uma memória de dois níveis. A memória de nível superior (M1) é menor, mais rápida e mais cara (por bit) do que a memória de nível inferior (M2). M1 é usada como um armazenamento temporário para parte do conteúdo da M2 maior. Quando é feita uma referência à memória, é feita uma tentativa de acessar o item em M1. Se isso tiver sucesso, então é feito um acesso rápido. Se não, então um bloco de locais de memória é copiado de M2 para M1, e o acesso então ocorre através de M1. Em razão da localidade, quando um bloco é trazido para M1, deve haver uma série de acessos a locais nesse bloco, resultando em um atendimento geral mais rápido.

Para expressar o tempo médio para acessar um item, temos de considerar não apenas as velocidades dos dois níveis de memória, mas também a probabilidade de que determinada referência possa ser encontrada em M1. Temos:

$$T_s = H \times T_1 + (1 - H) \times (T_1 + T_2) = T_1 + (1 - H) \times T_2 \quad \textbf{(4.2)}$$

em que

T_s = tempo médio de acesso (sistema)

T_1 = tempo de acesso de M1 (por exemplo, *cache, cache de disco*)

T_2 = tempo de acesso de M2 (por exemplo, *memória principal, disco*)

H = razão de acerto (*hit ratio* — a fração de tempo da referência encontrada em M1)

A Figura 4.2 mostra o tempo médio de acesso como uma função da razão de acerto. Como podemos ver, para uma alta porcentagem de acertos, o tempo médio de acesso total é muito mais próximo ao do M1 do que do M2.

Desempenho

Vejamos alguns dos parâmetros relevantes a uma avaliação de um mecanismo de memória de dois níveis. Primeiro, considere o custo. Temos:

$$C_s = \frac{C_1 S_1 + C_2 S_2}{S_1 + S_2} \quad \textbf{(4.3)}$$

em que

C_s = custo médio por bit para a memória de dois níveis combinados

C_1 = custo médio por bit da memória de nível superior M1

C_2 = custo médio por bit da memória de nível inferior M2

S_1 = tamanho de M1

S_2 = tamanho de M2

Gostaríamos que $C_s \approx C_2$. Dado que $C_1 >> C_2$, isso exige $S_1 < S_2$. A Figura 4.21 mostra essa relação.

Em seguida, considere o tempo de acesso. Para que uma memória de dois níveis ofereça uma melhoria de desempenho significativa, precisamos ter T_s aproximadamente igual a $T_1 (T_s \approx T_1)$. Dado que T_1 é muito menor que $T_2 (T_1 << T_2)$, uma razão de acerto próxima de 1 é necessária.

Figura 4.21
Relação do custo médio de memória com tamanho relativo de memória para uma memória de dois níveis.

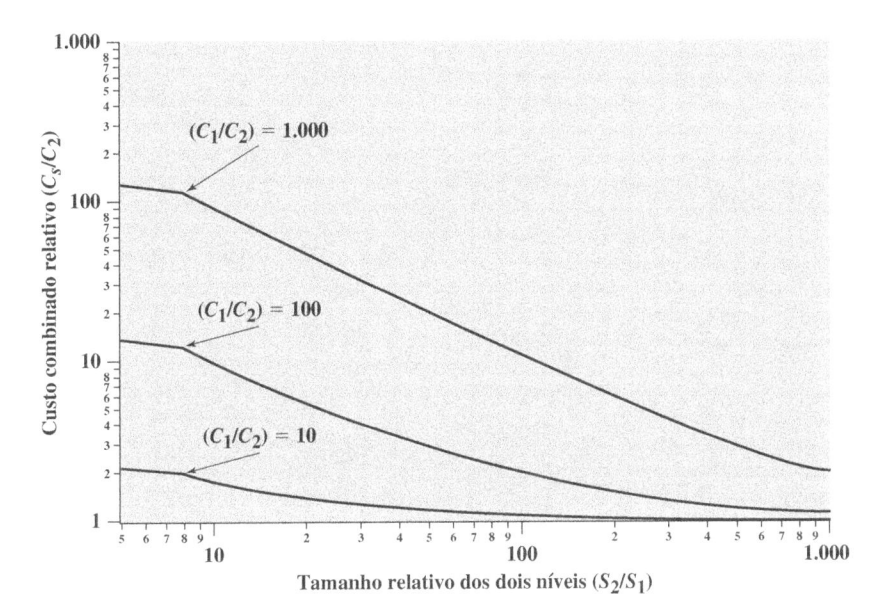

[Gráfico: Custo combinado relativo (C_s/C_2) vs. Tamanho relativo dos dois níveis (S_2/S_1), com curvas para $(C_1/C_2) = 1.000$, $(C_1/C_2) = 100$, e $(C_1/C_2) = 10$.]

Assim, gostaríamos que M1 fosse pequena para reduzir o custo, e grande para melhorar a razão de acerto e, portanto, o desempenho. Existe um tamanho de M1 que satisfaça os dois requisitos de um modo razoável? Podemos responder a essa questão com uma série de subquestões:

- Que valor de razão de acerto é necessário para que $T_s \approx T_1$?
- Que tamanho de M1 garantirá a razão de acerto necessária?
- Esse tamanho satisfaz o requisito de custo?

Para conseguir isso, considere a quantidade T_1/T_s, que é conhecida como *eficiência de acesso*. Essa é uma medida da proximidade entre o tempo de acesso médio (T_s) e o tempo de acesso de M1 (T_1). Pela Equação (4.2),

$$\frac{T_1}{T_s} = \frac{1}{1 + (1 - H)\frac{T_2}{T_1}} \qquad (4.4)$$

A Figura 4.22 representa T_1/T_s como uma função da razão de acerto H, com a quantidade T_2/T_1 como um parâmetro. Em geral, o tempo de acesso à cache no chip é de cerca de 25 a 50 vezes mais rápido que o tempo de acesso à memória principal (ou seja T_2/T_1 é 25 a 50), o tempo de acesso à cache fora do chip é cerca de 5 a 15 vezes mais rápido que o tempo de acesso à memória principal (ou seja, T_2/T_1 é 5 a 15), e o tempo de acesso à memória principal é cerca de 1.000 vezes mais rápido que o tempo de acesso ao disco $T_2/T_1 = 1.000$). Assim, uma razão de acerto na faixa de algo em torno de 0,9 parece ser necessária para satisfazer o requisito de desempenho.

Agora, podemos formular a questão sobre o tamanho relativo da memória com mais exatidão. Uma razão de acerto de, digamos, 0,8 ou melhor, é razoável para $S_1 << S_2$? Isso dependerá de diversos fatores, incluindo a natureza do software sendo executado e dos detalhes do projeto da memória de dois níveis. O principal determinante, logicamente, é o grau de localidade. A Figura 4.24 sugere o efeito que a localidade tem sobre a razão de acerto. Claramente, se M1 tiver o mesmo tamanho que M2, então a razão de acerto será 1,0: todos os itens em M2 sempre são armazenados também em M1. Agora, suponha que não haja localidade, ou seja, as referências são completamente aleatórias. Neste caso, a razão de acerto deverá ser uma função estritamente linear do tamanho relativo da memória. Por exemplo, se M1 tiver a metade do tamanho de M2, então, a qualquer momento, metade dos itens de M2 também estarão em M1, e a razão de acerto será 0,5. Na prática, porém, existe algum grau de localidade nas referências. Os efeitos da localidade moderada e forte são indicados na figura. Observe que a Figura 4.23 não é derivada de qualquer dado ou modelo específico; a figura sugere o tipo de desempenho que é visto com diversos graus de localidade.

Figura 4.22

Eficiência de acesso como uma função da taxa de acerto ($r = T_2/T_1$).

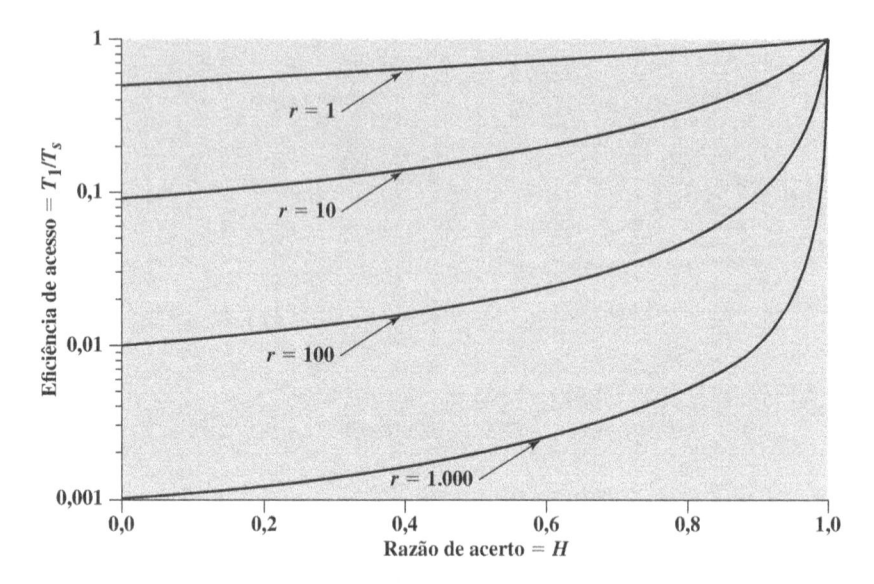

Assim, se houver localidade forte, é possível alcançar altos valores de razão de acerto, mesmo com um tamanho de memória de nível superior relativamente pequeno. Por exemplo, diversos estudos têm mostrado que tamanhos de cache pequenos gerarão uma razão de acerto acima de 0,75, *independentemente do tamanho da memória principal* (por exemplo, AGARWAL, 1989, PRZYBYLSKI; HOROWITZ; HENNESSY, 1988, STRECKER, 1983 e SMITH, 1982). Uma cache na faixa de 1 K a 128 K palavras em geral é adequada, enquanto a memória principal agora normalmente está na faixa dos gigabytes. Quando considerarmos a memória virtual e a cache de disco, citaremos outros estudos que confirmam o mesmo fenômeno, sobretudo que um M1 relativamente pequeno gera um valor alto de razão de acerto, por conta da localidade.

Isso nos leva à última pergunta listada anteriormente: o tamanho relativo das duas memórias satisfaz o requisito de custo? A resposta é clara: sim. Se só precisarmos de uma memória de nível superior relativamente pequena para conseguir um bom desempenho, então o custo médio por bit dos dois níveis de memória se aproximará do menor custo da memória de nível inferior.

Por favor, observe que, com o envolvimento de cache L2, ou, ainda, de caches L2 e L3, a análise é muito mais complexa. Consulte as obras de Peir, Hsu e Smith (1999) e Handy (1998) para mais discussões a esse respeito.

Figura 4.23

Razão de acerto como uma função do tamanho de memória relativo.

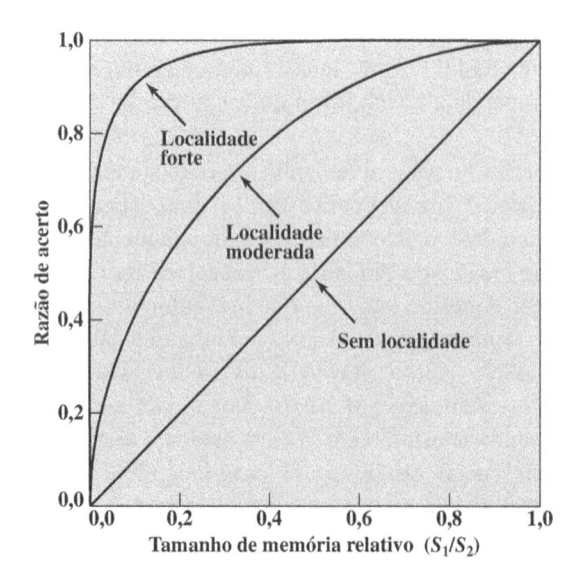

MEMÓRIA INTERNA

5.1 MEMÓRIA PRINCIPAL SEMICONDUTORA
Organização
DRAM e SRAM
Tipos de ROM
Lógica do chip
Encapsulamento do chip
Organização do módulo
Memória intercalada

5.2 CORREÇÃO DE ERRO

5.3 **DDR-DRAM**
DRAM síncrona
SDRAM DDR

5.4 MEMÓRIA FLASH
Operação
Memória flash NOR e NAND

5.5 NOVAS TECNOLOGIAS DE MEMÓRIA DE ESTADO SÓLIDO NÃO VOLÁTEIS
STT-RAM
PCRAM
ReRAM

5.6 TERMOS-CHAVE, QUESTÕES DE REVISÃO E PROBLEMAS

OBJETIVOS DE APRENDIZAGEM

Após ler este capítulo, você será capaz de:

- Apresentar uma visão geral dos tipos fundamentais de memória principal semicondutora.
- Entender a operação de um código básico que pode detectar e corrigir erros de bit único em palavras de 8 bits.
- Resumir as propriedades das organizações modernas DDR-DRAM.
- Entender a diferença entre memória flash NOR e NAND.
- Apresentar uma visão geral das novas tecnologias de memórias de estado sólido não volátil.

Começamos este capítulo com uma análise dos subsistemas de memória principal semicondutora, incluindo memórias ROM, DRAM e SRAM. Depois, examinamos as técnicas de controle de erro usadas para melhorar a confiabilidade da memória. Em seguida, examinamos arquiteturas DRAM mais avançadas.

5.1 MEMÓRIA PRINCIPAL SEMICONDUTORA

Em computadores mais antigos, a maneira mais comum de armazenamento de acesso aleatório para memória principal empregava um array de anéis ferromagnéticos em forma de rosquinha, conhecidos como *cores*. Por isso, a memória principal foi frequentemente referida como *core*, um termo que persiste até hoje. Com o advento da microeletrônica, e suas vantagens, o uso da memória de *core* magnética foi então superada. Hoje em dia, o uso de chips semicondutores para memória principal é quase universal. Os aspectos-chave dessa tecnologia são explorados nesta seção.

Organização

O elemento básico de uma **memória semicondutora** é a célula de memória. Embora diversas tecnologias eletrônicas sejam utilizadas, todas as células de memória semicondutora compartilham certas propriedades:

- Apresentam dois estados estáveis (ou semiestáveis), que podem ser usados para representar o binário 1 e 0.
- São capazes de serem gravadas (pelo menos uma vez), para definir o estado.
- São capazes de serem lidas, para verificar o estado.

A Figura 5.1 representa a operação de uma célula da memória. Em geral, a célula tem três terminais funcionais, capazes de transportar um sinal elétrico. O terminal de seleção, como o nome sugere, seleciona uma célula de memória para uma operação de leitura ou escrita. O terminal de controle indica leitura ou escrita. Para a escrita, o outro terminal fornece um sinal elétrico que define o estado da célula como 1 ou 0. Para a leitura, o terminal é usado para a saída do estado da célula. Os detalhes da organização interna, funcionalidade e tempo de acesso da célula de memória dependem da tecnologia específica de circuito integrado usada e estão fora do escopo deste livro, exceto por um breve resumo. Para os nossos propósitos, vamos considerar que as células individuais podem ser selecionadas para operações de leitura e gravação.

Figura 5.1
Operação de uma célula de memória.

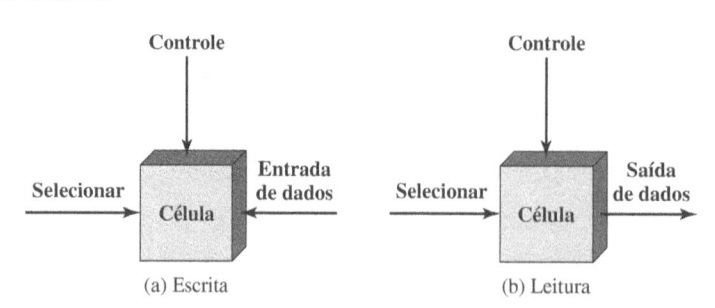

(a) Escrita (b) Leitura

DRAM e SRAM

Todos os tipos de memória que exploraremos neste capítulo são de acesso aleatório. Ou seja, palavras individuais da memória são acessadas diretamente por meio da lógica de endereçamento interna.

A Tabela 5.1 lista os principais tipos de memória semicondutora. A mais comum é conhecida como **memória de acesso aleatório (RAM — do inglês, *Random Access Memory*)**. Este, logicamente, é um uso incorreto do termo, pois todos os tipos listados na tabela são de acesso aleatório. Uma característica distinta da memória que é designada como RAM é a possibilidade tanto de ler dados como escrever novos dados na memória de um modo fácil e rápido. Tanto a leitura como a escrita são realizadas por meio de sinais elétricos.

Tabela 5.1

Tipos de memória semicondutora.

Tipo de memória	Categoria	Apagamento	Mecanismo de gravação	Volatilidade
Memória de acesso aleatório (RAM)	Memória de leitura-gravação	Eletricamente, em nível de byte	Eletricamente	Volátil
Memória somente de leitura (ROM)	Memória somente de leitura	Não é possível	Máscaras	Não volátil
ROM programável (PROM — do inglês, *Programmable ROM*)				
PROM apagável (EPROM — do inglês, *Erasable PROM*)	Memória principalmente de leitura	Luz UV, Em nível de chip	Eletricamente	
PROM eletricamente apagável (EEPROM — do inglês, *Electrically Erasable PROM*)		Eletricamente, em nível de byte		
Memória flash		Eletricamente, em nível de bloco		

Outra característica distinta da RAM é que ela é volátil. Uma RAM deve receber uma fonte de alimentação constante. Se a energia for interrompida, os dados são perdidos. Assim, a RAM só pode ser usada como armazenamento temporário. As duas formas tradicionais de RAM usadas nos computadores são DRAM e SRAM. As mais novas formas de RAM, discutidas na Seção 5.5, não são voláteis.

RAM DINÂMICA A tecnologia RAM é dividida em duas tecnologias: dinâmica e estática. Uma **RAM dinâmica (DRAM — do inglês, *Dynamic RAM*)** é feita com células que armazenam dados como carga em capacitores. A presença ou ausência de carga em um capacitor é interpretada como um binário 1 ou 0. Como os capacitores possuem uma tendência natural para descarregar, as RAM dinâmicas exigem atualização (*refresh*) periódica para manter o dado armazenado. O termo *dinâmica* refere-se a essa tendência de perda da carga armazenada, mesmo com energia aplicada continuamente.

A Figura 5.2a é uma estrutura de DRAM típica para uma célula individual, que armazena 1 bit. A linha de endereço é ativada quando o valor do bit dessa célula deve ser lido ou escrito. O transistor atua como uma chave que é fechada (permitindo o fluxo da corrente) se uma tensão for aplicada à linha de endereço e é aberta (sem fluxo de corrente) se nenhuma tensão estiver presente na linha de endereço.

Para a operação de escrita, um sinal de tensão é aplicado à linha de bit; uma tensão alta representa 1, e uma tensão baixa representa 0. Um sinal é, então, aplicado à linha de endereço, permitindo que uma carga seja transferida ao capacitor.

Para a operação de leitura, quando a linha de endereço é selecionada, o transistor é ligado e a carga armazenada no capacitor é transferida por uma linha de bit e para um amplificador sensor. O amplificador sensor compara a tensão do capacitor com um valor de referência e determina se a célula contém um 1 lógico ou um 0 lógico. A leitura da célula descarrega o capacitor, que precisa ser restaurado para completar a operação.

Embora a célula da memória DRAM seja usada para armazenar um único bit (0 ou 1), ela é basicamente um dispositivo analógico. O capacitor pode armazenar qualquer valor de carga dentro de um intervalo; um valor limite determina se a carga é interpretada como 1 ou 0.

RAM ESTÁTICA Ao contrário, uma **RAM estática (SRAM)** é um dispositivo que usa os mesmos elementos lógicos usados no processador. Em uma SRAM, os valores binários são armazenados por meio de configurações das portas lógicas de um *flip-flop* tradicional (veja uma descrição dos *flip-flops* no Capítulo 11). Uma RAM estática manterá seus dados enquanto houver energia fornecida a ela.

A Figura 5.2b é uma estrutura de SRAM típica para uma célula individual. Quatro transistores (T_1, T_2, T_3, T_4) são conectados de maneira cruzada em um arranjo que produz um estado lógico estável. No estado lógico 1,

Figura 5.2

Estruturas típicas de célula de memória.

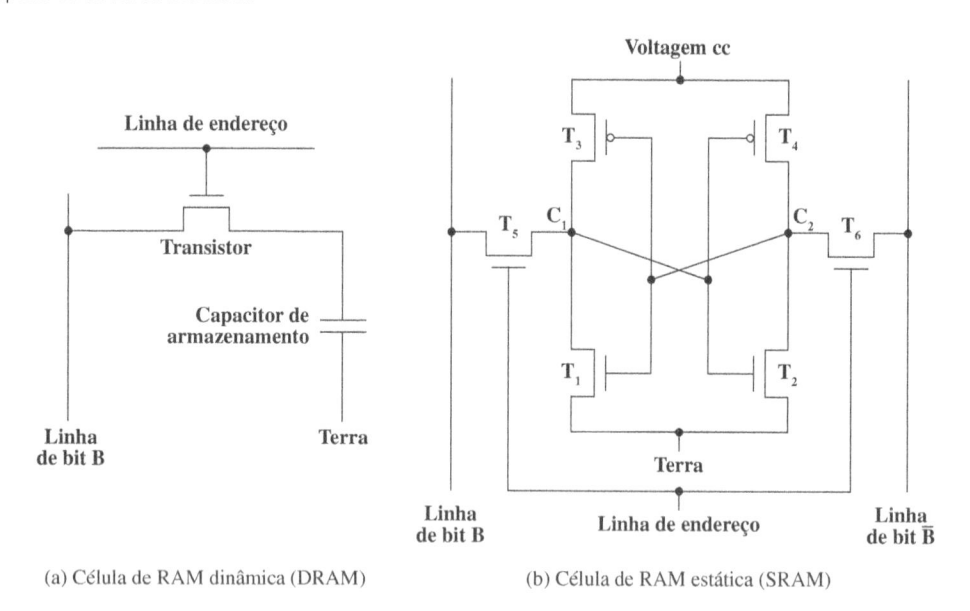

(a) Célula de RAM dinâmica (DRAM) (b) Célula de RAM estática (SRAM)

o ponto C_1 é alto e o ponto C_2 é baixo; nesse estado, T_1 e T_4 estão desligados e T_2 e T_3 estão ligados.[1] No estado lógico 0, o ponto C_1 é baixo e o ponto C_2 é alto; nesse estado, T_1 e T_4 estão ligados e T_2 e T_3 estão desligados. Os dois estados são estáveis desde que uma tensão de corrente contínua (cc) seja aplicada. Diferentemente da DRAM, nenhuma atualização é necessária para reter dados.

Assim como na DRAM, a linha de endereço da SRAM é usada para abrir ou fechar uma chave. A linha de endereço controla dois transistores (T_5 e T_6). Quando um sinal é aplicado a essa linha, os dois transistores são ligados, permitindo uma operação de leitura ou gravação. Para uma operação de leitura, o valor de bit desejado é aplicado à linha B, enquanto seu complemento é aplicado à linha $\overline{B}$. Isso força os quatro transistores (T_1, T_2, T_3, T_4) a atingirem o estado correto. Para uma operação de leitura, o valor de bit é lido da linha B.

SRAM *VERSUS* DRAM   RAMs estáticas e dinâmicas são voláteis, ou seja, a tensão de alimentação precisa ser fornecida continuamente à memória para preservar os valores do bit. Uma célula de memória dinâmica é mais simples e menor que uma célula de memória estática. Assim, a DRAM é mais densa (células menores = mais células por unidade de área) e mais barata que uma SRAM correspondente. Contudo, uma DRAM requer o suporte de um circuito de *refresh* (atualização). Para memórias maiores, o custo fixo do circuito de *refresh* é mais do que compensado pelo menor custo variável das células de DRAM. Assim, as DRAMs tendem a ser favorecidas para as exigências de memórias grandes. Outro ponto é que as SRAMs geralmente são um pouco mais rápidas que as DRAMs. Em razão dessas características, a SRAM é usada para a memória cache (no chip e fora dele), e a DRAM é usada para a memória principal.

Tipos de ROM

Como o nome sugere, uma **memória somente de leitura (ROM — do inglês, *Read-Only Memory*)** contém um padrão permanente de dados, que não pode ser mudado. Uma ROM é **não volátil**, ou seja, nenhuma fonte de energia é necessária para manter os valores dos bits na memória. Embora seja possível ler uma ROM, não é possível escrever algo novo nela. Uma aplicação importante das ROMs é a microprogramação, discutida na Parte IV. Outras aplicações em potencial incluem:

- Sub-rotinas de biblioteca para funções frequentemente utilizadas.
- Programas do sistema.
- Tabelas de função.

---

1 Os círculos associados com T_3 e T_4 na Figura 5.2b indicam negação de sinal.

Para uma necessidade de tamanho moderado, a vantagem da ROM é que os dados ou programa estão permanentemente na memória principal e nunca precisam ser carregados de um dispositivo de armazenamento secundário.

Uma ROM é criada como qualquer outro chip de circuito integrado, com os dados gravados fisicamente no chip como parte do processo de fabricação. Isso gera dois problemas:

- A etapa de inserção de dados inclui um custo fixo relativamente grande, não importa se são fabricadas uma ou milhares de cópias de determinada ROM.
- Não há espaço para erro. Se um bit estiver errado, o lote inteiro de ROM precisará ser descartado.

Quando apenas um pequeno número de ROM com determinado conteúdo de memória é necessário, uma alternativa mais barata é a **ROM programável (PROM)**. Assim como a ROM, a PROM é não volátil e pode ser gravada apenas uma vez. Para a PROM, o processo de gravação é realizado eletricamente, e pode ser realizado por um fornecedor ou cliente após a fabricação original do chip. Um equipamento especial é necessário para o processo de gravação ou "programação". As PROMs oferecem flexibilidade e conveniência. A ROM continua sendo atraente para a produção em grandes volumes.

Outra variação na memória somente de leitura é a **memória principalmente de leitura**, que é útil para aplicações em que operações de leitura são muito mais frequentes do que operações de gravação, mas para as quais o armazenamento não volátil é necessário. Existem três formas comuns de memória principalmente de leitura: EPROM, EEPROM e memória flash.

A **memória somente de leitura programável e apagável (EPROM)** opticamente é lida e gravada eletricamente, assim como a PROM. No entanto, antes de uma operação de gravação, todas as células de armazenamento precisam ser apagadas para retornar ao mesmo estado inicial, pela exposição do chip encapsulado à radiação ultravioleta. O apagamento é feito pela exposição do chip de memória, que contém uma janela, à luz ultravioleta intensa. Esse processo de apagamento pode ser realizado repetidamente; cada apagamento pode levar até 20 minutos para ser realizado. Assim, a EPROM pode ser alterada múltiplas vezes e, como a ROM e a PROM, mantém seus dados quase indefinidamente. Para quantidades comparáveis de armazenamento, a EPROM é mais cara que a PROM, mas tem a vantagem da capacidade de múltiplas atualizações.

Uma forma mais atraente de memória principalmente de leitura é a **memória somente de leitura programável e apagável eletricamente (EEPROM)**. Essa é uma memória principalmente de leitura que pode ser gravada a qualquer momento sem apagar o conteúdo anterior; somente o byte ou os bytes endereçados são atualizados. A operação de gravação leva muito mais tempo do que a operação de leitura, na ordem de muitas centenas de microssegundos por byte. A EEPROM combina a vantagem da não volatilidade com a flexibilidade de ser atualizável no local, usando as linhas comuns de controle, endereço e dados do barramento. A EEPROM é mais cara que a EPROM e também é menos densa, admitindo menos bits por chip.

Outra forma de memória de semicondutor é a **memória flash** (assim nomeada por causa da velocidade com que pode ser reprogramada). Introduzida inicialmente em meados da década de 1980, a memória flash é intermediária entre a EPROM e a EEPROM tanto no custo quanto na funcionalidade. Assim como a EEPROM, a memória flash é apagada com tecnologia elétrica. Uma memória flash inteira pode ser apagada em um ou alguns segundos, o que é muito mais rápido que a EPROM. Além disso, é possível apagar apenas blocos de memória, em vez de um chip inteiro. A memória flash recebeu esse nome porque o microchip é organizado de modo que uma seção das células de memória é apagada em uma única ação, ou "em um flash". No entanto, a memória flash não pode ser apagada no nível de byte. Assim como a EPROM, a memória flash usa apenas um transistor por bit e, portanto, consegue ter a alta densidade da EPROM (em comparação com a EEPROM).

Lógica do chip

Assim como outros produtos de circuito integrado, a memória semicondutora vem em chips encapsulados (Figura 1.11). Cada chip contém um array de células de memória.

Na hierarquia de memória como um todo, vimos que existem escolhas a se fazer entre velocidade, capacidade e custo. Essas escolhas também existem quando consideramos a organização das células de memória e a lógica funcional em um chip. Para memórias semicondutoras, uma das principais questões de projeto é o número de bits de dados que podem ser lidos/escritos de cada vez. Em um extremo está uma organização em que o arranjo físico das células no array é o mesmo que o arranjo lógico (percebido pelo processador) de palavras na memória. O array é organizado em W palavras de B bits cada.

Por exemplo, um chip de 16 Mbits poderia ser organizado como 1 M palavras de 16 bits. No outro extremo está a chamada organização de 1 bit por chip, em que os dados são lidos/escritos 1 bit de cada vez. Vamos ilustrar a organização do chip de memória com uma DRAM; a organização da ROM é semelhante, embora mais simples.

A Figura 5.3 mostra uma organização típica de uma DRAM de 16 Mbits. Nesse caso, 4 bits são lidos ou escritos de cada vez. Logicamente, o array de memória é organizado como quatro arrays de 2.048 por 2.048 elementos. Diversos arranjos físicos são possíveis. De qualquer forma, os elementos do array são conectados por linhas horizontais (linha) e verticais (colunas). Cada linha horizontal se conecta ao terminal Select de cada célula em sua linha; cada linha vertical se conecta ao terminal Data-In/Sense de cada célula em sua coluna.

As linhas de endereço fornecem o endereço da palavra a ser selecionada. Um total de $\log_2 W$ linhas são necessárias. Em nosso exemplo, 11 linhas de endereço são necessárias para selecionar uma das 2.048 linhas. Essas 11 linhas são alimentadas em um decodificador de linha, que tem 11 linhas de entrada e 2.048 linhas de saída. A lógica do decodificador ativa uma das 2.048 saídas, dependendo do padrão de bits nas 11 linhas de entrada (2^{11} = 2.048).

Outras 11 linhas de endereço selecionam uma das 2.048 colunas de 4 bits por coluna. Quatro linhas de dados são usadas para entrada e saída de 4 bits de e para um buffer de dados. Na entrada (escrita), o bit driver de cada linha de bit é ativado para um 1 ou 0, de acordo com o valor da linha de dados correspondente. Na saída (leitura), o valor de cada linha de bit é passado por um amplificador sensor e colocado às linhas de dados. A linha (*row*) seleciona qual linha de células é usada para leitura ou escrita.

Como somente 4 bits são lidos/escritos nessa DRAM, é preciso haver múltiplas DRAMs conectadas ao controlador de memória para a leitura/gravação de uma palavra de dados no barramento.

Observe que existem apenas 11 linhas de endereço (A0–A10), metade do número que você esperaria para um array de 2.048 × 2.048. Isso é feito para economizar o número de pinos. As 22 linhas de endereço exigidas são passadas por uma lógica de seleção externa ao chip e multiplexadas nas 11 linhas de endereço. Primeiro, 11 sinais de endereço são passados ao chip para definir o endereço de linha do array, e depois os outros 11 sinais de endereço são apresentados para o endereço de coluna. Esses sinais são acompanhados por sinais de seleção de endereço de linha ($\overline{RAS}$ — do inglês, *Row Address Select*) e seleção de endereço de coluna ($\overline{CAS}$ — do inglês, *Column Address Select*) para permitir a temporização do chip.

Os pinos de habilitação de escrita ($\overline{WE}$ — do inglês, *Write Enable*) e habilitação de saída ($\overline{OE}$ — do inglês, *Output Enable*) determinam se uma operação de gravação ou leitura é realizada. Dois outros pinos, que não aparecem na Figura 5.3, são terra (Vss) e uma fonte de tensão (Vcc).

Figura 5.3
DRAM típica de 16 Mbits (4 M × 4).

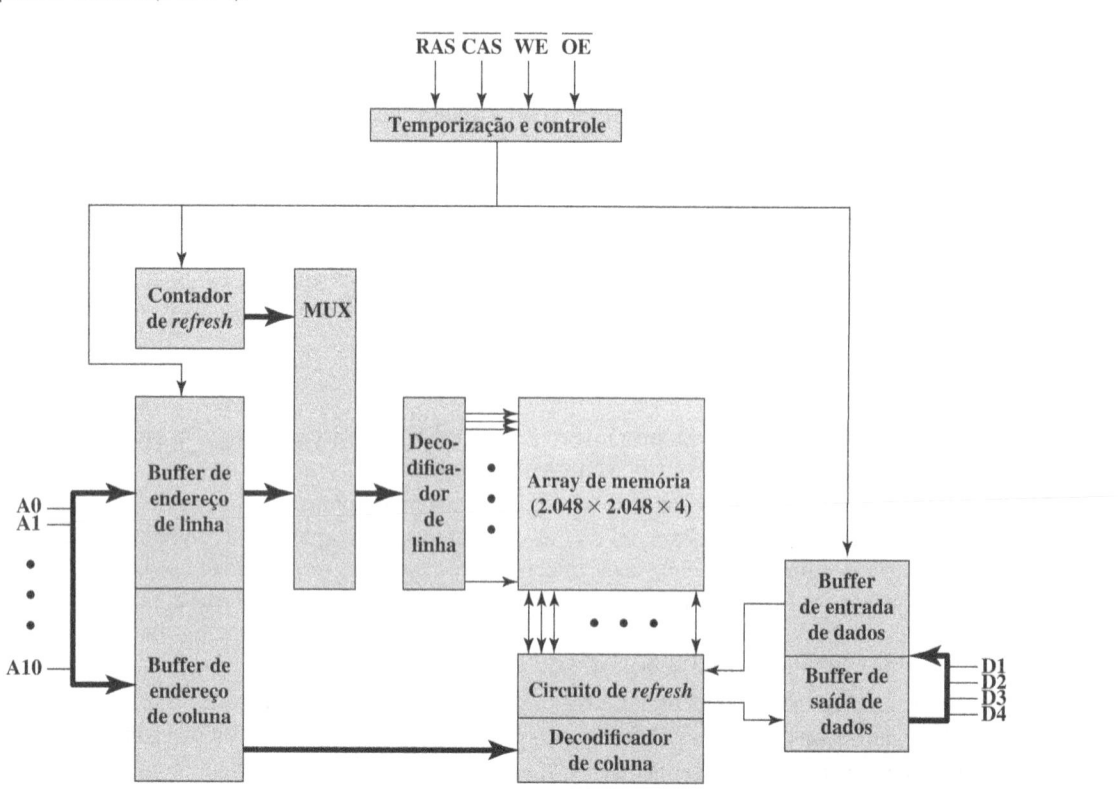

Como um aparte, o endereçamento multiplexado mais o uso de arrays quadrados resulta em quadruplicar o tamanho da memória com cada nova geração de chips de memória. Mais um pino dedicado ao endereçamento dobra o número de linhas e coluna e, portanto, o tamanho da memória em chip cresce por um fator de 4.

A Figura 5.3 também indica a inclusão de circuitos de *refresh*. Todas as DRAMs exigem uma operação de *refresh*. Uma técnica simples de *refresh* é desativar o chip da DRAM quando todas as células de dados são atualizadas. O contador de *refresh* percorre todos os valores de linha. Para cada linha, as linhas de saída do contador de *refresh* são fornecidas ao decodificador de linha e a linha RAS é ativada. Os dados são lidos e escritos de volta ao mesmo local. Isso faz com que cada célula na linha seja atualizada.

Encapsulamento do chip

Conforme mencionado no Capítulo 2, um circuito integrado é montado em uma cápsula que contém pinos para conexão com o mundo exterior.

A Figura 5.4a mostra um exemplo de cápsula de EPROM, que é um chip de 8 Mbits organizado como 1 M × 8. Nesse caso, a organização é tratada como uma palavra por chip encapsulado. A cápsula inclui 32 pinos, que é um dos tamanhos de cápsula de chip padrão. Os pinos suportam as linhas de sinais apresentadas a seguir:

- O endereço da palavra sendo acessada. Para palavras de 1 M, um total de 20 (2^{20} = 1 M) pinos são necessários (A0–A19).
- Os dados a serem lidos, consistindo em 8 linhas (D0–D7).
- A fonte de tensão para o chip (V_{cc}).
- Um pino de terra (V_{ss}).
- Um pino para habilitação do chip (CE). Como pode haver mais de um chip de memória, cada um conectado ao mesmo barramento de endereço, o pino CE é usado para indicar se o endereço é válido ou não para esse chip. O pino CE é ativado pela lógica conectada aos bits de mais alta ordem do barramento de endereço (ou seja, os bits de endereço acima de A19). O uso desse sinal é ilustrado adiante na seção *Organização do módulo*.
- Uma tensão de programa (V_{pp}) que é fornecida durante a programação (operações de gravação).

Figura 5.4

Pinos e sinais do pacote de memória típico.

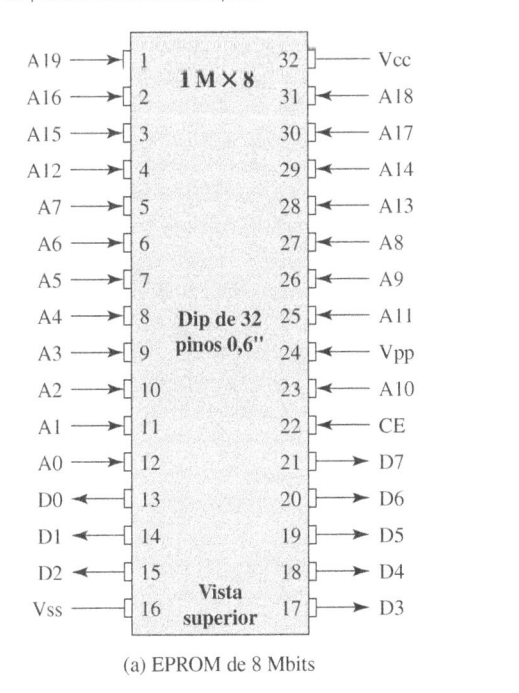

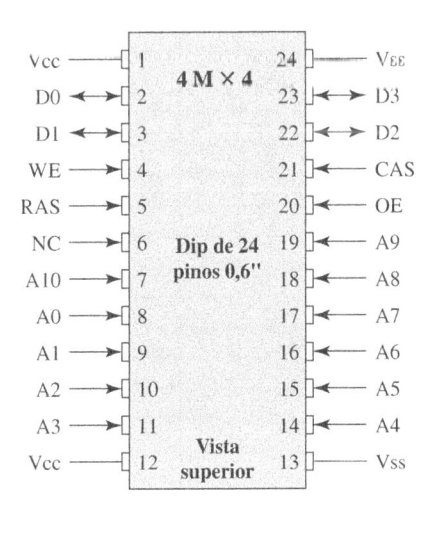

(a) EPROM de 8 Mbits

(b) DRAM de 16 Mbits

Uma configuração de pinos típica de DRAM aparece na Figura 5.4b, para um chip de 16 Mbits organizado como 4 M × 4. Existem várias diferenças quando consideramos um chip de ROM. Como uma RAM pode ser atualizada, os pinos de dados são de entrada/saída. Os pinos de habilitação de escrita WE e de saída OE indicam se essa é uma operação de escrita ou leitura.

Como a DRAM é acessada por linha e coluna, e o endereço é multiplexado, somente 11 pinos de endereço são necessários para especificar as 4 M combinações de linha/coluna ($2^{11} \times 2^{11} = 2^{22} = 4$ M). As funções dos pinos de seleção de linhas (RAS) e seleção de colunas (CAS) já foram explicadas. Por fim, o pino de nenhuma conexão (NC) é fornecido para que haja um número par de pinos.

Organização do módulo

Se um chip de RAM contém apenas 1 bit por palavra, então claramente precisaremos de pelo menos um número de chips igual ao número de bits por palavra. Como um exemplo, a Figura 5.5 mostra como um módulo de memória consistindo em 256 K palavras de 8 bits poderia ser organizado. Para 256 K palavras, um endereço de 18 bits é necessário, sendo fornecido ao módulo a partir de alguma fonte externa (por exemplo, as linhas de endereço de um barramento ao qual o módulo está conectado). O endereço é apresentado a 8 chips de 256 K × 1 bit, cada um disponibilizando uma entrada/saída de 1 bit.

Essa organização funciona desde que o tamanho da memória nas palavras seja igual ao número de bits por chip. No caso em que uma memória maior é necessária, um array de chips é necessário. A Figura 5.6 mostra a organização possível de uma memória consistindo em 1 M palavra por 8 bits por palavra. Nesse caso, temos quatro colunas de chips, cada coluna contendo 256 K palavras organizadas como na Figura 5.5. Para 1 M palavra, 20 linhas de endereço são necessárias. Os 18 bits menos significativos são direcionados para todos os 32 módulos. Os 2 bits de alta ordem são entrada para um módulo lógico de seleção de grupo que envia um sinal *chip enable* (CE) a uma das quatro colunas de módulos.

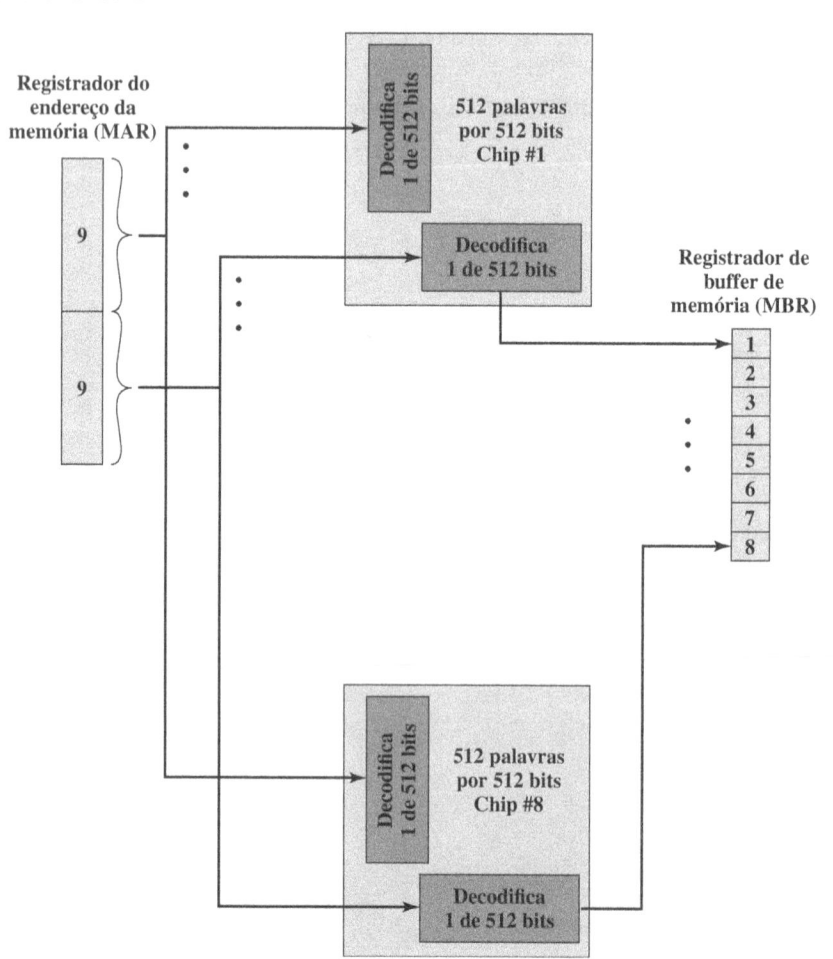

Figura 5.5

Organização de memória de 256 kB.

Figura 5.6

Organização de memória de 1 MB.

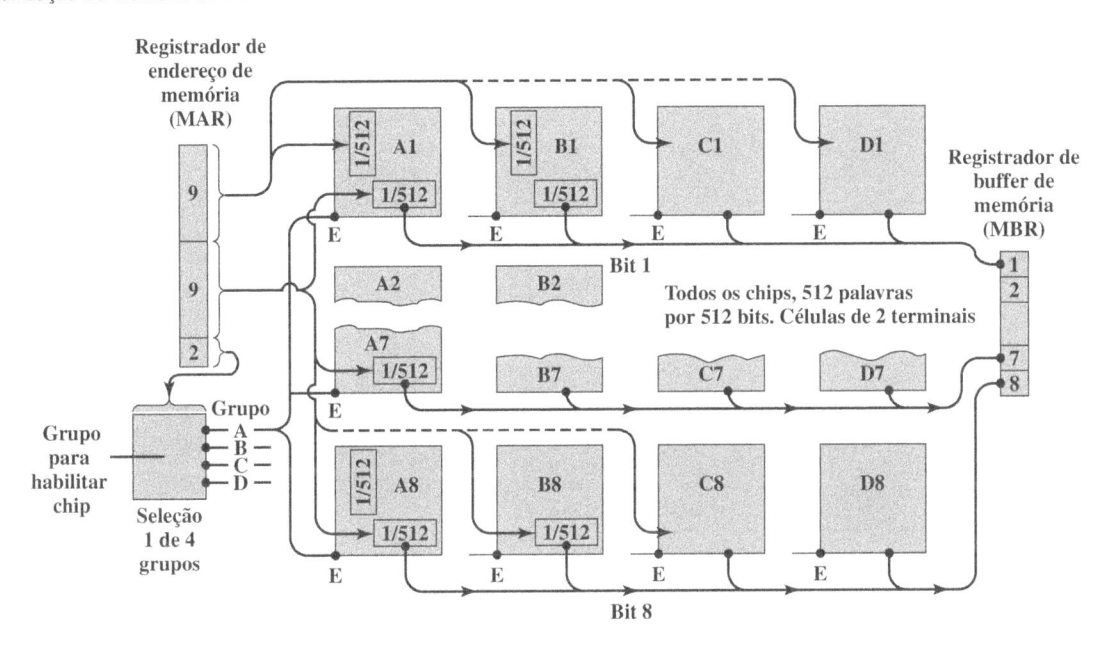

Memória intercalada

A memória principal é composta de uma coleção de chips de memória DRAM. Diversos chips podem ser agrupados para formar um *banco de memória*. É possível organizar os bancos de memória de um modo conhecido como memória intercalada. Cada banco independentemente é capaz de atender a uma solicitação de leitura ou gravação da memória, de modo que um sistema com K bancos pode atender a K solicitações de maneira simultânea, aumentando as taxas de leitura ou gravação de memória por um fator de K. Se palavras consecutivas de memória forem armazenadas em diferentes bancos, então a transferência de um bloco de memória será agilizada. O Apêndice G (disponível em inglês na Sala Virtual) explora o assunto de memória intercalada.

5.2 CORREÇÃO DE ERRO

Um sistema de memória semicondutora está sujeito a erros. Eles podem ser categorizados como falhas permanentes ou erros não permanentes. A **falha permanente** é um defeito físico permanente, de modo que a célula ou células de memória afetadas não podem armazenar dados de modo confiável, mas ficam presas em 0 ou 1, ou alternam erroneamente entre 0 e 1. Os erros permanentes podem ser causados por uso intenso em ambiente impróprio, defeitos de fabricação ou desgaste. Um **erro não permanente** é um evento aleatório, não destrutivo, que altera o conteúdo de uma ou mais células de memória sem danificar a memória. Os erros não permanentes podem ser causados por problemas de fonte de alimentação ou partículas alfa. Essas partículas resultam de uma degradação radioativa e são terrivelmente comuns, pois os núcleos radioativos são encontrados em pequenas quantidades em quase todos os materiais. Erros permanentes e não permanentes certamente são indesejáveis, e a maioria dos sistemas de memória modernos inclui lógica para detectar e corrigir erros.

A Figura 5.7 ilustra, em termos gerais, como o processo é executado. Quando os dados tiverem de ser lidos para a memória, um cálculo, representado como uma função f, é realizado sobre os dados para produzir um código. O código e os dados são armazenados. Assim, se uma palavra de M-bits de dados tiver de ser armazenada e o código tiver K bits, então o tamanho real da palavra armazenada será $M + K$ bits.

Quando a palavra armazenada anteriormente é lida, o código é usado para detectar e, possivelmente, corrigir erros. Um novo conjunto de K de código é gerado a partir dos M bits de dados e comparado com os bits de código lidos. A comparação gera um de três resultados:

Figura 5.7
Função do código de correção de erro.

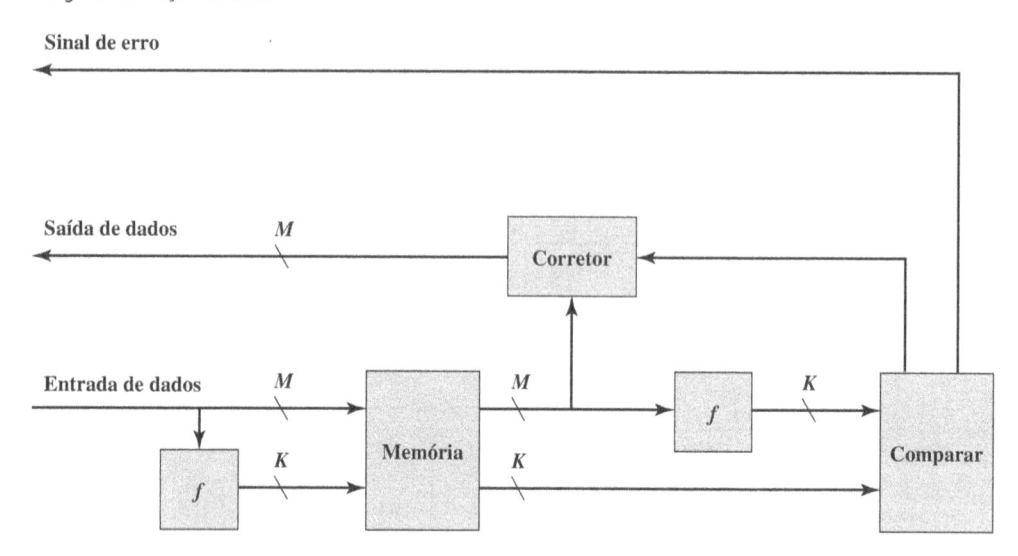

- Nenhum erro é detectado. Os bits de dados buscados são enviados.
- Um erro é detectado e é possível corrigi-lo. Os bits de dados mais os bits de **correção de erro** são alimentados em um corretor, que produz um conjunto correto de *M* bits a serem enviados.
- Um erro é detectado, mas não é possível corrigi-lo. Essa condição é relatada.

Os códigos que operam nesse padrão são conhecidos como **códigos de correção de erros**. Um código é caracterizado pelo número de erros de bit em uma palavra que pode ser corrigido e detectado.

O mais simples dos códigos de correção de erro é o **código de Hamming**, idealizado por Richard Hamming, no Bell Laboratories. A Figura 5.8 usa diagramas de Venn para ilustrar o uso desse código em palavras de 4 bits ($M = 4$). Com três círculos em interseção, existem sete compartimentos. Atribuímos os 4 bits de dados aos compartimentos internos (Figura 5.8a). Os compartimentos restantes são preenchidos com o que chamamos de *bits de paridade*. Cada bit de paridade é escolhido de modo que o número total de 1s em seu círculo seja par (Figura 5.8b). Assim, como o círculo A inclui três dados 1s, o bit de paridade no círculo é definido como 1. Agora, se um erro muda um dos bits de dados (Figura 5.8c), ele é facilmente encontrado. Verificando os bits de paridade, as discrepâncias são encontradas no círculo A e no círculo C, mas não no círculo B. Somente uma das sete regiões está em A e C, mas não em B (Figura 5.8d). O erro, portanto, pode ser corrigido alterando-se esse bit.

Para esclarecer os conceitos envolvidos, desenvolveremos um código que pode detectar e corrigir erros de único bit em palavras de 8 bits.

Para começar, vamos determinar o tamanho que o código deverá ter. Com referência à Figura 5.7, a lógica de comparação recebe como entrada dois valores de *K* bits. Uma comparação bit a bit é feita tomando-se o OU-EXCLUSIVO das duas entradas. O resultado é chamado de *palavra síndroma*. Desse modo, cada bit da palavra **síndroma** é 0 ou 1, dependendo se existe ou não uma correspondência nessa posição de bit para as duas entradas.

A palavra síndroma, portanto, tem *K* bits de largura e tem um intervalo entre 0 e $2^K - 1$. O valor 0 indica que nenhum erro foi detectado, deixando $2^K - 1$ valores para indicar se houve um erro e qual bit estava com erro. Agora, como um erro poderia ocorrer em qualquer um dos *M* bits de dados ou *K* bits de verificação, devemos ter:

$$2^K - 1 \geq M + K$$

Essa desigualdade gera o número de bits necessários para corrigir um erro de um único bit em uma palavra contendo *M* bits de dados. Por exemplo, para uma palavra de 8 bits de dados ($M = 8$), temos:

- $K = 3: 2^3 - 1 < 8 + 3$
- $K = 4: 2^4 - 1 > 8 + 4$

Assim, oito bits de dados exigem quatro bits de verificação. As três primeiras colunas da Tabela 5.2 listam o número de bits de verificação exigidos para diversas extensões de palavra de dados.

Figura 5.8
Código de correção de erro de Hamming.

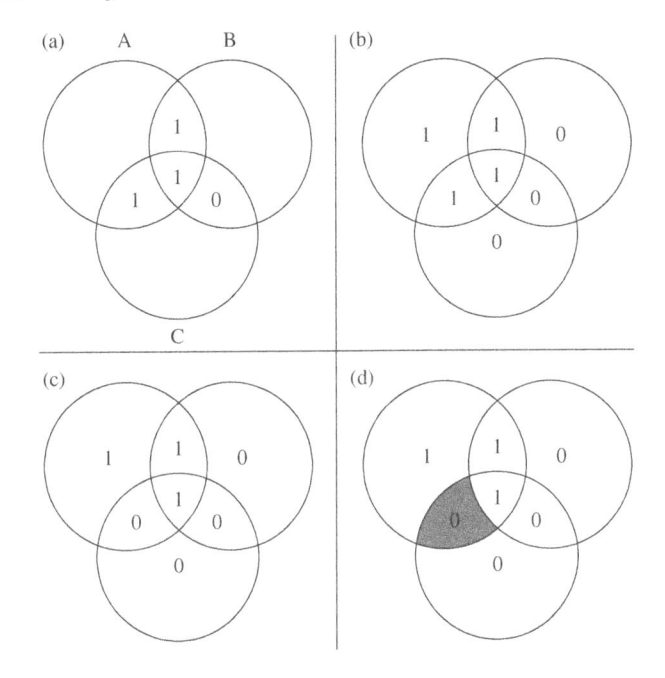

Por conveniência, gostaríamos de gerar uma palavra síndroma de 4 bits para uma palavra de dados de 8 bits com as seguintes características:

- Se a palavra síndroma contém apenas 0s, nenhum erro foi detectado.
- Se a palavra síndroma contém um e apenas um bit definido como 1, então houve um erro em um dos 4 bits de verificação. Nenhuma correção é necessária.
- Se a palavra síndroma contém mais de um bit definido como 1, então o valor numérico da palavra síndroma indica a posição do bit de dados com erro. Esse bit de dados é invertido para a correção.

Tabela 5.2
Aumento no tamanho da palavra com correção de erro.

Bits de dados	Correção de erro único		Correção de erro único/ detecção de erro duplo	
	Bits de verificação	% de aumento	Bits de verificação	% de aumento
8	4	50,0	5	62,5
16	5	31,25	6	37,5
32	6	18,75	7	21,875
64	7	10,94	8	12,5
128	8	6,25	9	7,03
256	9	3,52	10	3,91

Para conseguir essas características, os bits de dados e de verificação são dispostos em uma palavra de 12 bits, conforme representado na Figura 5.9. As posições de bit são numeradas de 1 a 12. Essas posições de bit cujos números de posição são potências de 2 são designadas como bits de verificação. Os bits de verificação são calculados da seguinte forma, onde o símbolo ⊕ designa a operação OU-EXCLUSIVO:

Figura 5.9

Layout de bits de dados e bits de verificação.

Posição de bit	12	11	10	9	8	7	6	5	4	3	2	1
Número de posição	1100	1011	1010	1001	1000	0111	0110	0101	0100	0011	0010	0001
Bit de dados	D8	D7	D6	D5		D4	D3	D2		D1		
Bits de verificação					C8				C4		C2	C1

$$C1 = D1 \oplus D2 \oplus \quad D4 \oplus D5 \oplus \quad D7$$

$$C2 = D1 \oplus \quad D3 \oplus D4 \oplus \quad D6 \oplus D7$$

$$C4 = \quad D2 \oplus D3 \oplus D4 \oplus \quad D8$$

$$C8 = \quad \oplus D5 \oplus D6 \oplus D7 \oplus D8$$

Cada bit de verificação opera sobre todo bit de dados cujo número de posição contém um 1 na mesma posição de bit que o número de posição desse bit de verificação. Assim, todas as posições de bit de dados 3, 5, 7, 9 e 11 (D1, D2, D4, D5, D7) contêm um 1 no bit menos significativo de seu número de posição, assim como C1; as posições de bit 3, 6, 7, 10 e 11 contêm um 1 na segunda posição de bit, assim como C2; e assim por diante. Vendo por esse lado, a posição de bit n é verificada por aqueles bits C_i tais que $\Sigma_i = n$. Por exemplo, a posição 7 é verificada pelos bits na posição 4, 2 e 1; e 7 = 4 + 2 + 1.

Vamos verificar se esse esquema funciona com um exemplo. Suponha que a palavra de entrada de 8 bits seja 00111001, com o bit de dados D1 na posição mais à direita. Os cálculos são os seguintes:

$$C1 = 1 \oplus 0 \oplus 1 \oplus 1 \oplus 0 = 1$$

$$C2 = 1 \oplus 0 \oplus 1 \oplus 1 \oplus 0 = 1$$

$$C4 = 0 \oplus 0 \oplus 1 \oplus 0 = 1$$

$$C8 = 1 \oplus 1 \oplus 0 \oplus 0 = 0$$

Suponha, agora, que o bit de dados 3 sustente um erro e seja mudado de 0 para 1. Quando os bits de verificação forem recalculados, teremos:

$$C1 = 1 \oplus 0 \oplus 1 \oplus 1 \oplus 0 = 1$$

$$C2 = 1 \oplus 1 \oplus 1 \oplus 1 \oplus 0 = 0$$

$$C4 = 0 \oplus 1 \oplus 1 \oplus 0 = 0$$

$$C8 = 1 \oplus 1 \oplus 0 \oplus 0 = 0$$

Quando os novos bits de verificação forem comparados com os bits de verificação antigos, a palavra síndroma será formada:

```
        C8  C4  C2  C1
         0   1   1   1
    ⊕    0   0   0   1
        ─────────────
         0   1   1   0
```

O resultado é 0110, indicando que a posição de bit 6, que contém o bit de dados 3, está com erro.

A Figura 5.10 ilustra o cálculo anterior. Os bits de dados e verificação são posicionados corretamente na palavra de 12 bits. Quatro dos bits de dados têm um valor 1 (sombreado na tabela), e seus valores de posição de bit são aplicados à função OU-EXCLUSIVO para produzir o código de Hamming 0111, que forma os quatro dígitos de verificação. O bloco inteiro que é armazenado é 001101001111. Suponha agora que o bit de dados 3, na posição de bit 6, sustente um erro e seja mudado de 0 para 1. O bloco resultante é 001101101111, com um código Hamming de 0001. Um OU-EXCLUSIVO do código de Hamming e todos os valores de posição de bit para bits de dados não zero resulta em 0110. O resultado diferente de zero detecta um erro e indica que o erro está na posição de bit 6.

O código que descrevemos é conhecido como um **código de correção de único erro (SEC — do inglês, *Single-Error-Correcting*)**. Em geral, a memória semicondutora é equipada com um **código de correção de único erro, detecção de duplo erro (SEC-DED — do inglês, *Double-Error-Detecting*)**. Conforme mostra a Tabela 5.2, esses códigos exigem um bit adicional em comparação com os códigos SEC.

A Figura 5.11 ilustra como esse código funciona, novamente com uma palavra de dados de 4 bits. A sequência mostra que, se houver dois erros (Figura 5.11c), o procedimento de verificação se perde (d) e piora o problema, criando um terceiro erro (e). Para contornar o problema, um oitavo bit é acrescentado, definido de modo que o número total de 1s no diagrama seja par. O bit de paridade extra detecta o erro (f).

Um código de correção de erro melhora a confiabilidade da memória à custa de maior complexidade. Com uma organização de 1 bit por chip, um código SEC-DED geralmente é considerado adequado. Por exemplo, as implementações IBM 30xx usavam um código SEC-DED de 8 bits para cada 64 bits de dados na memória principal. Assim, o tamanho da memória principal é, na realidade, cerca de 12% maior do que fica disponível ao usuário. Os computadores VAX usavam um SEC-DED de 7 bits para cada 32 bits de memória, para um overhead de 22%. Os sistemas DRAM modernos podem ter em qualquer lugar um overhead de 7% a 20% (SHARMA, 2003).

Figura 5.10
Cálculo do bit de verificação.

Posição de bit	12	11	10	9	8	7	6	5	4	3	2	1
Número de posição	1100	1011	1010	1001	1000	0111	0110	0101	0100	0011	0010	0001
Bit de dados	D8	D7	D6	D5		D4	D3	D2		D1		
Bits de verificação					C8				C4		C2	C1
Palavra armazenada como	0	0	1	1	0	1	0	0	1	1	1	1
Palavra buscada como	0	0	1	1	0	1	1	0	1	1	1	1
Número de posição	1100	1011	1010	1001	1000	0111	0110	0101	0100	0011	0010	0001
Bits de verificação					0				0		0	1

Figura 5.11
Código SEC-DEC de Hamming.

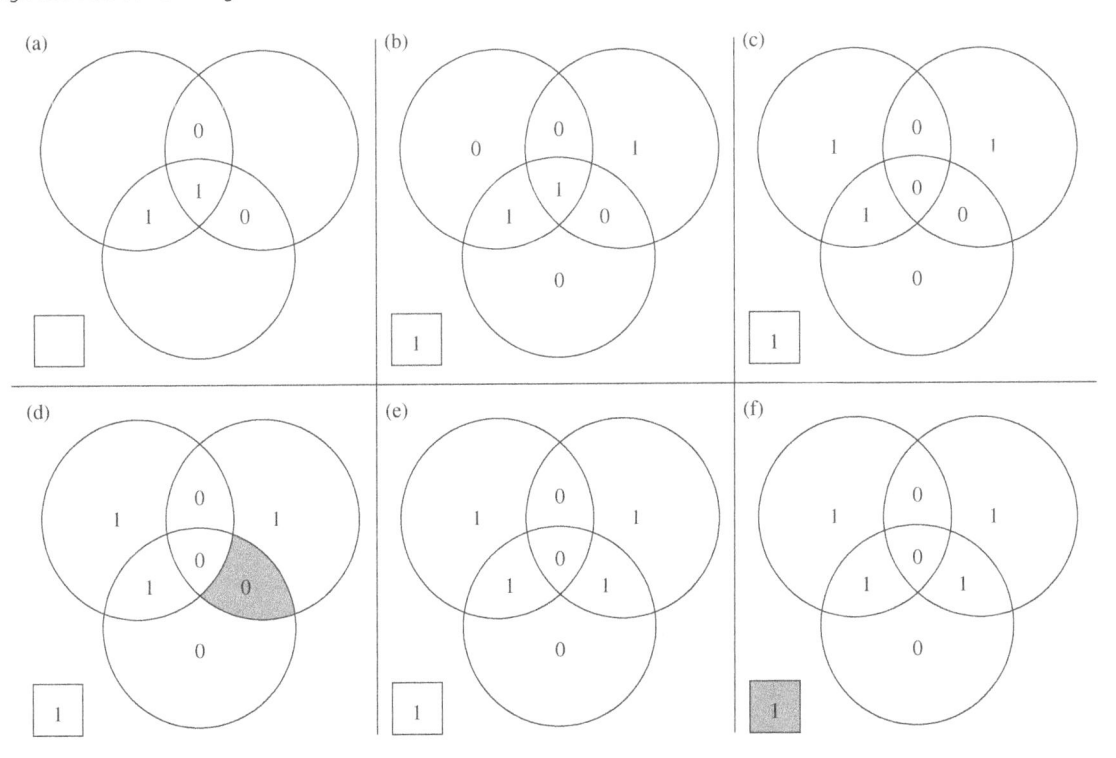

5.3 DDR-DRAM

Como discutido no Capítulo 1, um dos gargalos de sistema mais críticos ao usar processadores de alto desempenho é a interface com a memória principal. Essa interface é o caminho mais importante em todo o sistema computacional. O bloco básico da memória principal permanece sendo o chip DRAM, como tem sido por décadas; até recentemente, não houve mudanças significativas na arquitetura DRAM, que vem desde o início dos anos de 1970. O chip DRAM tradicional é restringido tanto pela arquitetura interna como por sua interface ao barramento da memória do processador.

Temos visto que um avanço na solução do problema de desempenho da memória principal DRAM tem sido inserir um ou mais níveis de cache de SRAM de alta velocidade entre a memória principal DRAM e o processador. Mas a SRAM é muito mais cara que a DRAM, e expandir o tamanho da cache além de certo ponto ocasiona diminuição de retorno.

Nos anos recentes, várias melhorias na arquitetura básica da DRAM têm sido exploradas. Os esquemas que atualmente dominam o mercado são a SDRAM e a DDR-DRAM. Examinaremos cada uma delas em separado.

DRAM síncrona

Uma das formas mais utilizadas de DRAM é a **DRAM síncrona (SDRAM — do inglês, *Synchronous DRAM*)**. Diferentemente da DRAM tradicional, que é assíncrona, a SDRAM troca dados com o processador sincronizado com um sinal de clock externo e executando na velocidade plena do barramento do processador/memória, sem imposição de estados de espera.

Em uma DRAM típica, o processador apresenta endereços e níveis de controle à memória, indicando que um conjunto de dados em determinado local na memória deve ser lido da DRAM ou escrito nela. Após uma espera, isto é, o tempo de acesso, a DRAM escreve ou lê os dados. Durante o atraso do tempo de acesso, a DRAM realiza diversas funções internas, como ativar a alta capacitância das linhas e colunas, verificar os dados e roteá-los através dos buffers de saída. O processador deve simplesmente esperar por esse atraso, diminuindo o desempenho do sistema.

Com o acesso síncrono, a DRAM move dados para dentro e para fora sob o controle do clock do sistema. O processador ou outro mestre envia a instrução e a informação de endereço, que são pegas pela DRAM. A DRAM, então, responde após determinado número de ciclos de clock. Nesse meio-tempo, o mestre pode seguramente realizar outras tarefas enquanto a SDRAM está processando a solicitação.

A Figura 5.12 mostra a lógica interna da SDRAM de 256 Mb, que é uma organização típica da SDRAM, e a Tabela 5.3 define as diversas atribuições dos pinos. A SDRAM emprega um modo de rajada (*burst mode*) para eliminar o tempo de configuração de endereço e tempo de *setup* da linha e da coluna após o primeiro acesso. No modo de rajada, uma série de bits de dados pode ser enviada rapidamente após o primeiro bit ter sido acessado.

Tabela 5.3

Atribuições dos pinos da SDRAM.

A0 a A13	Entradas de endereço
BA0, BA1	Linhas de endereço de banco
CLK	Entrada de clock
CKE	Habilitação de clock
$\overline{CS}$	Seleção de chip
$\overline{RAS}$	Strobe de endereço de linha
$\overline{CAS}$	Strobe de endereço de coluna
$\overline{WE}$	Habilitação de escrita
DQ0 a DQ7	Entrada/saída de dados
DQM	Máscara de dados

Figura 5.12
RAM dinâmica síncrona (SDRAM) de 256 Mb.

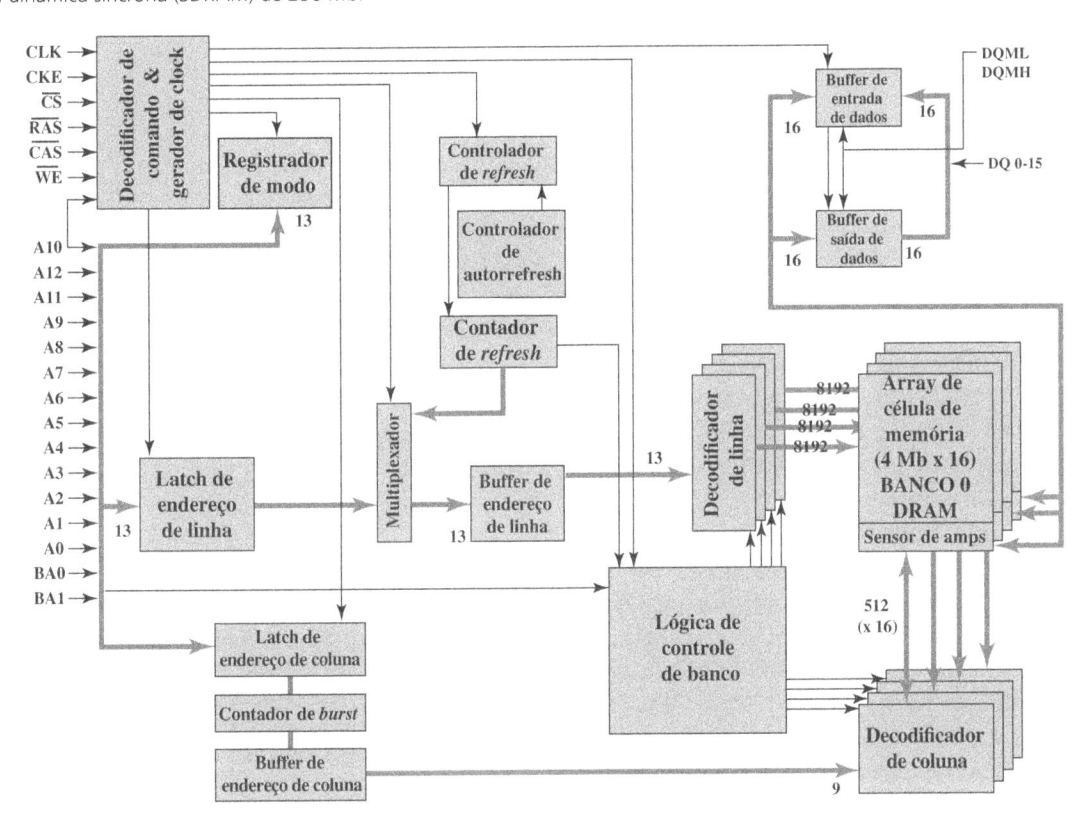

Esse modo é útil quando todos os bits a serem acessados estiverem na sequência e na mesma linha do array do acesso inicial. Além disso, a SDRAM tem uma arquitetura interna de múltiplos bancos, que melhora oportunidades para paralelismo no chip.

O registrador de modo (MR — do inglês, *Mode Register*) e a lógica de controle associada são outros recursos fundamentais que diferenciam as SDRAMs das DRAMs convencionais. Eles oferecem um mecanismo para personalizar a SDRAM ajustando às necessidades específicas do sistema. O registrador de modo especifica o tamanho da rajada, que é o número de unidades separadas de dados, alimentadas sincronamente no barramento. O registrador também permite que o programador ajuste a latência entre o recebimento de uma solicitação de leitura e o início da transferência de dados.

A SDRAM funciona melhor quando está transferindo grandes blocos de dados de forma serial, como para aplicações como processamento de textos, planilhas e multimídia.

A Figura 5.13 mostra um exemplo de operação da SDRAM. Nesse caso, o tamanho de rajada é 4 e a latência é 2. O comando de leitura de rajada é iniciado com CS e CAS baixos, enquanto se mantêm RAS e WE altos na transição de subida do clock. As entradas de endereço determinam o endereço de coluna inicial para a

Figura 5.13
Temporização de leitura da SDRAM (extensão de rajada = 4, latência de CAS = 2).

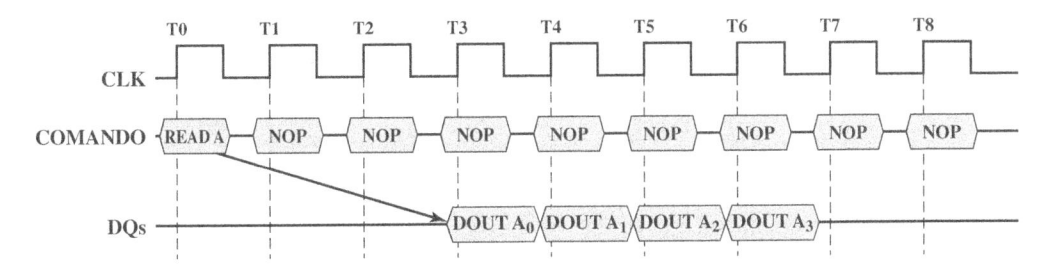

rajada, e o registrador de modo define o tipo da rajada (sequencial ou intercalada) e o tamanho da rajada (1, 2, 4, 8, página completa). O atraso a partir do início do comando até quando os dados da primeira célula aparecem nas saídas é igual ao valor da latência de CAS que é definida no registrador de modo.

DDR-SDRAM

Embora a SDRAM seja uma significativa melhora na RAM assíncrona, ela ainda tem deficiências que desnecessariamente limitam a taxa de E/S de dados. Para suprir essas deficiências, uma nova versão da SDRAM, referida como *Double-Data-Rate DRAM* (DDR-DRAM), proporciona características que aumentam a taxa de dados. A DDR-SDRAM foi desenvolvida pela JEDEC Solid State Technology Association, a agência de padronização de engenharia de semicondutores da Electronic Industries Alliance. Diversas empresas fabricam chips DDR, que são muito usados nos computadores desktop e servidores.

A DDR alcança taxas mais altas de dados de três maneiras. Primeiro, a transferência de dados é sincronizada tanto na borda de subida como na de descida do clock, em vez de somente na borda de subida. Isso dobra a taxa de dados; por isso o termo *taxa dupla de dados*. Em segundo lugar, a DDR usa frequência de clock mais alta no barramento para aumentar a taxa de transferência. Em terceiro lugar, um esquema de buffering é usado, como explicado posteriormente.

Assim, a JEDEC definiu quatro gerações da tecnologia da DDR (Tabela 5.4). A versão inicial da DDR faz uso de um buffer de pré-busca de 2 bits. O buffer de pré-busca consiste em uma memória cache localizada no chip da SDRAM. Isso possibilita que o chip da SDRAM preposicione os bits a serem colocados no barramento de dados o mais rápido possível. O barramento de E/S da DDR usa a mesma frequência de clock que o chip da memória, mas pode tratar dois bits por ciclo, alcançando uma taxa de dados que é o dobro da frequência de clock. O buffer de pré-busca de 2 bits possibilita que o chip da SDRAM acompanhe o barramento de E/S.

Para entender a operação do buffer de pré-busca, é preciso considerar isso a partir do ponto de vista de uma transferência de palavra. O tamanho do buffer de pré-busca determina como algumas palavras de dados são buscadas (por meio dos diversos chips de SDRAM) cada vez que um comando de coluna é realizado nas memórias DDR. Pelo fato de o *core* da DRAM ser mais lento que a interface, a diferença é compensada pelo acesso da informação em paralelo e, então, por sua serialização para fora da interface por meio de um multiplexador (MUX). Desse modo, a DDR pré-busca duas palavras, o que significa que, cada vez que uma operação de leitura ou escrita é realizada, isso é feito em duas palavras de dados, e ocasiona a rajada para fora, ou para dentro, da SDRAM ao longo de um ciclo de clock em ambas as bordas de clock para um total de duas operações consecutivas. Como resultado, a interface de E/S do DDR é duas vezes mais rápida que o *core* da SDRAM.

Embora cada nova geração da SDRAM resulte em muito mais capacidade, a velocidade do *core* da SDRAM não mudou de modo significativo de uma geração para a outra. Para alcançar maiores taxas de dados do que aquelas conseguidas por aumentos mais modestos na frequência de clock da SDRAM, a JEDEC aumentou o tamanho do buffer. Para a DDR2, um buffer de 4 bits é usado, permitindo que palavras sejam transferidas em paralelo, de modo a aumentar a taxa de dados efetiva por um fator de 4. Para a DDR3, um buffer de 8 bits é usado, e um fator de *speedups* 8 é alcançado (Figura 5.14).

A desvantagem da pré-busca é que ela determina efetivamente a extensão mínima de rajada para as SDRAMs. Por exemplo, é muito difícil ter uma extensão de rajada efetiva para quatro palavras com pré-busca de DDR3 de 8. Portanto, os desenvolvedores da JEDEC escolheram não aumentar o tamanho do buffer para 16 bits para a DDR4, mas sim introduzir o conceito de um **grupo de banco** (ALLAIN, 2013). Grupos de banco são entidades separadas que permitem que um ciclo de coluna se complete dentro de um

Tabela 5.4

Características da DDR.

	DDR1	DDR2	DDR3	DDR4
Buffer de pré-busca (bits)	2	4	8	8
Nível de voltagem (V)	2,5	1,8	1,5	1,2
Taxas de dados do barramento frontal (Mbps)	200–400	400–1.066	800–2.133	2.133–4.266

Figura 5.14
Gerações de DDR.

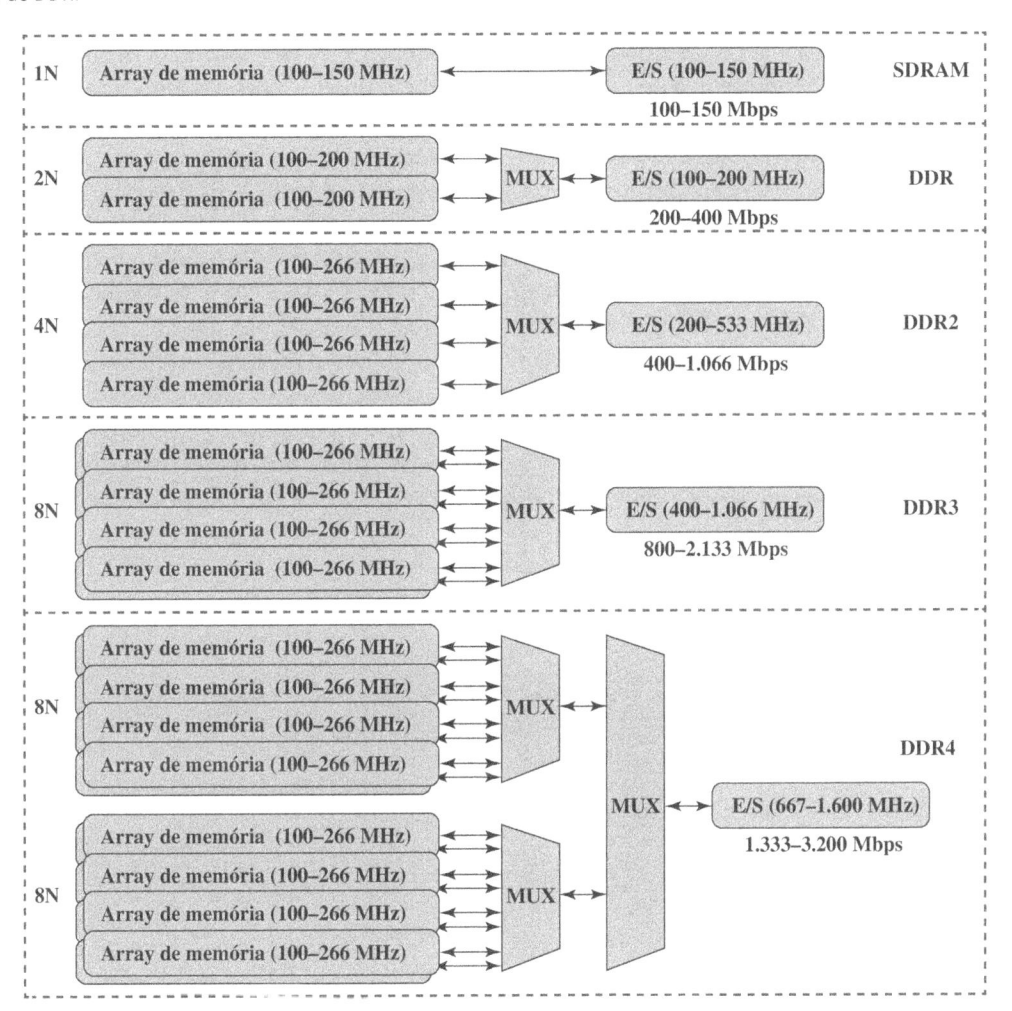

	Array de memória (100–150 MHz) ↔ E/S (100–150 MHz)	SDRAM
1N	100–150 Mbps	
2N	Array de memória (100–200 MHz) / Array de memória (100–200 MHz) → MUX ↔ E/S (100–200 MHz) — 200–400 Mbps	DDR
4N	4× Array de memória (100–266 MHz) → MUX ↔ E/S (200–533 MHz) — 400–1.066 Mbps	DDR2
8N	4× Array de memória (100–266 MHz) → MUX ↔ E/S (400–1.066 MHz) — 800–2.133 Mbps	DDR3
8N / 8N	2 grupos de 4× Array de memória (100–266 MHz) → MUX → MUX ↔ E/S (667–1.600 MHz) — 1.333–3.200 Mbps	DDR4

deles, mas esse ciclo de coluna não impacta no que está acontecendo em outro grupo de banco. Desse modo, duas pré-buscas de 8 podem estar operando em paralelo em dois grupos de banco. Essa disposição mantém o tamanho do buffer de pré-busca como o mesmo da DDR3, ao passo que aumenta o desempenho como se a pré-busca fosse maior.

A Figura 5.14 mostra uma configuração com dois grupos de banco. Com a DDR4, até 4 grupos de banco podem ser usados.

5.4 MEMÓRIA FLASH

Outra forma de memória semicondutora é a memória flash. Ela é usada nas aplicações tanto como memória interna como externa. Aqui, vamos proporcionar uma visão técnica geral e considerar seu uso como memória interna.

Introduzida pela primeira vez em meados dos anos de 1980, a memória flash é intermediária entre a EPROM e a EEPROM, tanto em custo como em funcionalidade. Como a EEPROM, a memória flash usa uma tecnologia de apagamento elétrico. Uma memória flash inteira pode ser apagada em um ou alguns segundos, o que é muito mais rápido que a EPROM. Além disso, é possível apagar apenas blocos de memória, em vez de um chip inteiro. A memória flash tem esse nome porque um microchip é organizado de modo que uma seção de células de memória seja apagada em uma única ação. Contudo, a memória flash não proporciona apagamento em nível de byte. Assim como a EPROM, a memória flash usa apenas um transistor por bit e, portanto, consegue ter a alta densidade da EPROM (em comparação com a EEPROM).

Operação

A Figura 5.15 ilustra a operação básica de uma memória flash. Para comparação, a Figura 5.15a descreve a operação de um transistor. Os transistores exploram as propriedades dos semicondutores, de modo que uma pequena voltagem aplicada à porta pode ser usada para controlar o fluxo de uma corrente grande entre a fonte e o dreno.

Em uma célula de memória, uma segunda porta — chamada de porta flutuante, porque é isolada por uma camada fina de óxido — é adicionada ao transistor. De início, a porta flutuante não interfere na operação do transistor (Figura 5.15b). Nesse estado, considera-se que a célula representa o binário 1. Aplicar uma grande voltagem através da camada de óxido faz com que os elétrons atravessem por ela e fiquem presos na porta flutuante, onde permanecem mesmo se a energia for desconectada (Figura 5.15c). Nesse estado, considera-se que a célula representa o binário 0. O estado da célula pode ser lido usando circuito externo para testar se o transistor está trabalhando ou não. Aplicar uma grande voltagem na direção oposta remove os elétrons a partir da porta flutuante, retornando ao estado de binário 1.

Uma característica importante da memória flash é que ela é uma memória permanente, o que significa que ela retém dados quando não há energia aplicada à memória. Desse modo, é útil para o armazenamento secundário (externo) e como uma alternativa para a memória de acesso aleatório nos computadores.

Figura 5.15
Operação da memória flash.

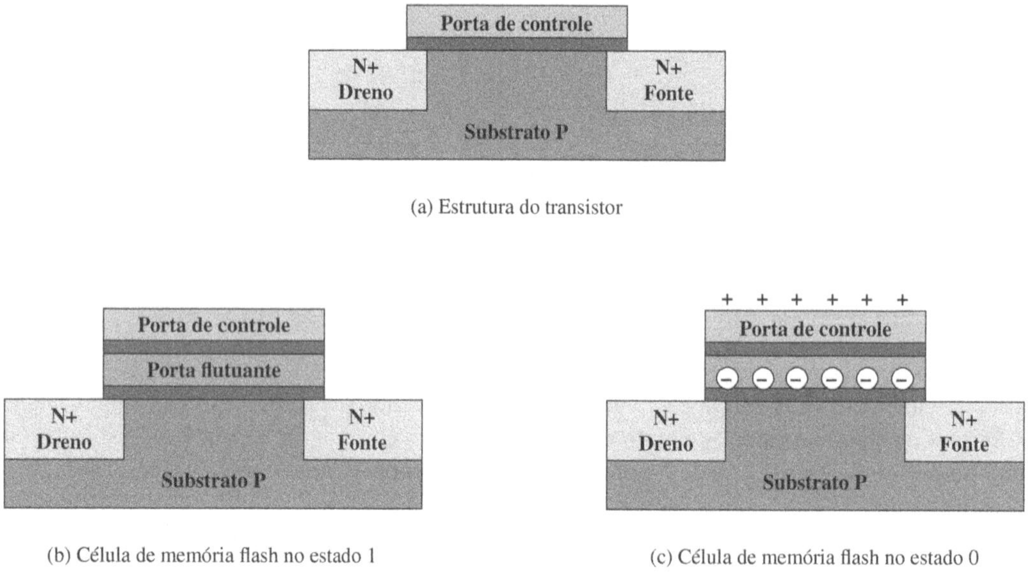

(a) Estrutura do transistor

(b) Célula de memória flash no estado 1

(c) Célula de memória flash no estado 0

Memória flash NOR e NAND

Há dois tipos distintos de memória flash, designados como NOR e NAND (Figura 5.16). Na **memória flash NOR**, a unidade básica de acesso é um bit, referido como uma *célula de memória*. As células na flash NOR são conectadas em paralelo às linhas de bit, de modo que cada célula pode ser lida/gravada/apagada individualmente. Se qualquer célula de memória do dispositivo for ligada pela linha de palavra correspondente, a linha de bit diminui. Isso é similar em função a uma porta lógica NOR.[2]

A **memória flash NAND** é organizada em arrays de transistor com 16 ou 32 transistores em séries. A linha de bit diminui somente se todos os transistores nas linhas de palavra correspondente forem ligados. Isso é similar em função a uma porta lógica NAND.

---

2 Os círculos associados com e na Figura 5.2b indicam a negação de sinal.

Embora os valores quantitativos específicos de várias características de NOR e NAND estejam mudando ano a ano, as diferenças relativas entre os dois tipos têm se mantido estáveis. Essas diferenças são utilmente ilustradas pelos gráficos de Kiviat[3] mostrados na Figura 5.17.

Figura 5.16
Estruturas da memória flash.

(a) Estrutura da flash NOR

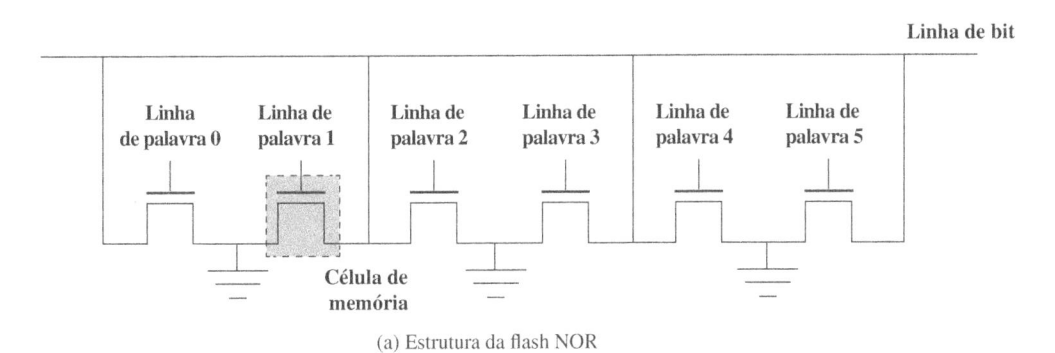

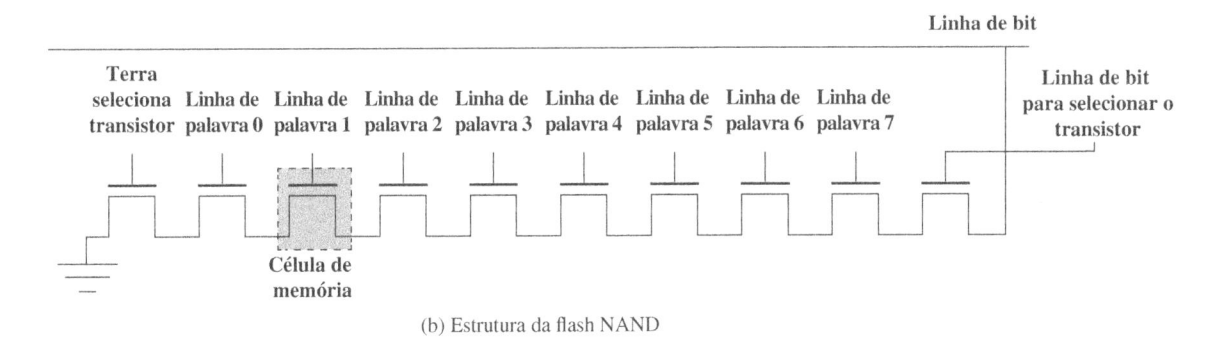

(b) Estrutura da flash NAND

Figura 5.17
Gráficos de Kiviat para a memória flash.

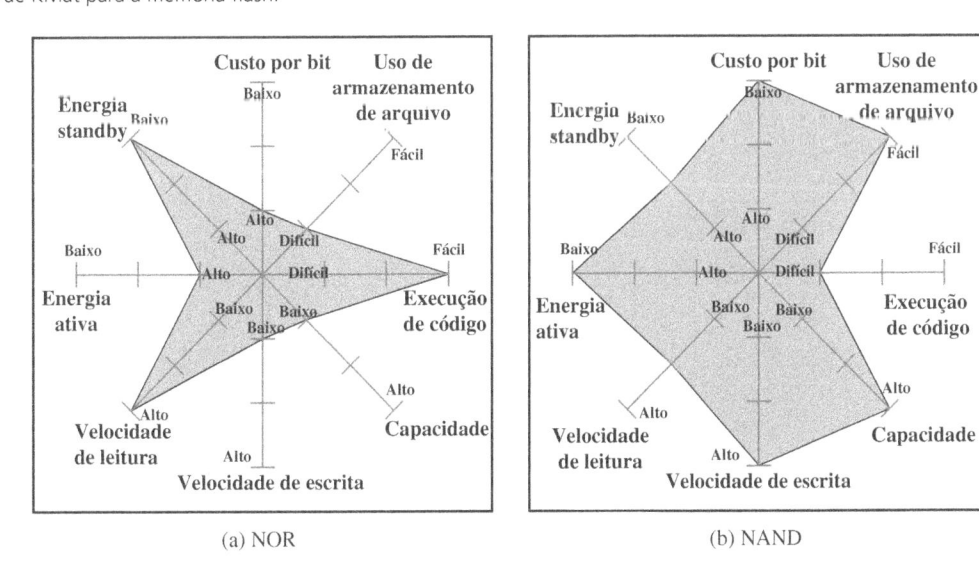

(a) NOR

(b) NAND

---

[3] Um gráfico de Kiviat proporciona uma média pictórica da comparação dos sistemas ao longo de múltiplas variáveis (MORRIS, 1974). As variáveis são liberadas como linhas de intervalos de ângulos iguais dentro de um círculo, cada linha indo do centro do círculo até a circunferência. Um dado sistema é definido por um ponto em cada linha; quanto mais próximo da circunferência, melhor o valor. Os pontos são conectados para produzir uma forma que é característica daquele sistema. Quanto mais área estiver anexada na forma, "melhor" é o sistema.

A memória flash NOR proporciona acesso aleatório de alta velocidade. Pode ler e escrever dados para locais específicos e recuperar um único byte. A NAND lê e escreve em pequenos blocos. Ela fornece densidade de bits mais alta e maior velocidade de gravação. A flash NAND não oferece barramento de endereço externo de acesso aleatório, de modo que os dados devem ser lidos em um bloco básico (também conhecida como acesso de página), em que cada bloco mantém centenas a milhares de bits.

Para a memória interna nos sistemas embarcados, a memória flash NOR tem sido tradicionalmente preferida. A memória NAND fez algumas incursões, mas a NOR permanece a tecnologia dominante para a memória interna. É idealmente adequado para microcontroladores em que a quantidade de código de programa é relativamente pequena e uma certa quantidade de dados de aplicações não varia. Por exemplo, a memória flash na Figura 1.16 é memória NOR.

A memória NAND é mais bem adequada para a memória externa, como drives flash USB, cartões de memória (em câmeras digitais, tocadores de MP3 etc.), e neles são chamados de discos em estado sólido (SSDs). Discutimos as SSDs no Capítulo 6.

5.5 NOVAS TECNOLOGIAS DE MEMÓRIA DE ESTADO SÓLIDO NÃO VOLÁTEIS

A hierarquia tradicional da memória consiste em três níveis (Figura 5.18):

- **RAM estática (SRAM)**: a SRAM proporciona tempo de acesso rápido, mas é a mais cara e menos densa (densidade de bit). A SRAM é adequada para a memória cache.
- **RAM dinâmica (DRAM)**: mais barata, mais densa e mais lenta do que a SRAM, a DRAM tem sido tradicionalmente a escolha como memória principal off-chip.
- **Disco rígido**: o disco magnético proporciona densidade de bit mais alta e custo muito menor por bit, com tempos de acesso relativamente menores. É a escolha tradicional para armazenamento externo, como parte da hierarquia da memória.

Nessa miscelânea, como temos visto, a memória flash tem sido adicionada. Ela tem a vantagem sobre a memória tradicional, que é não volátil. A flash NOR é mais adequada ao armazenamento de programas e dados estáticos de aplicações em sistemas embarcados, ao passo que a flash NAND tem características intermediárias entre a DRAM e os discos rígidos.

Figura 5.18

RAM não volátil dentro da hierarquia da memória.

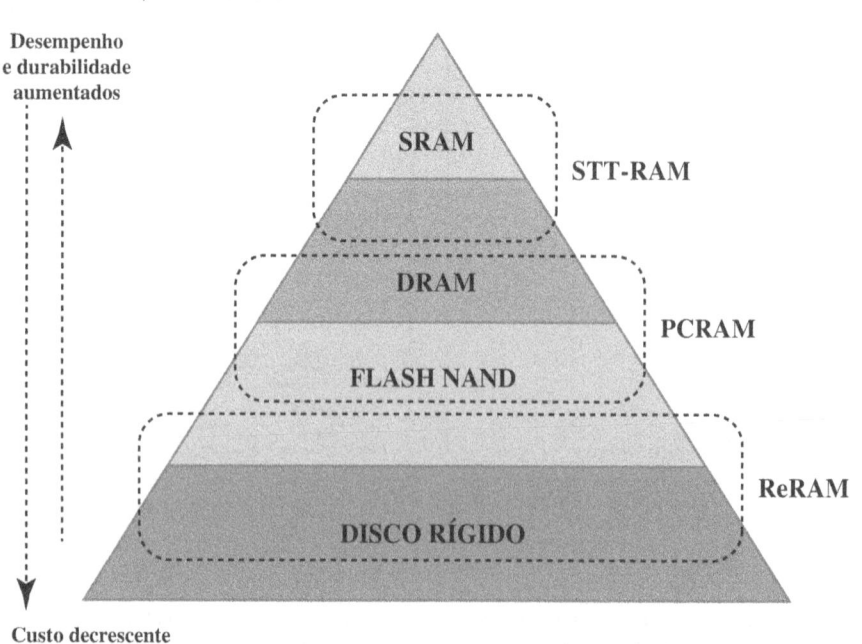

Ao longo do tempo, cada uma dessas tecnologias tem visto melhorias em escala: densidade de bit mais alta, velocidade mais alta, menor consumo de energia e menor custo. Contudo, para a memória semicondutora, está se tornando cada vez mais difícil continuar o ritmo de melhora (THE INTERNATIONAL..., 2014).

Recentemente, houve avanços no desenvolvimento de novas formas de memória semicondutora não volátil, que continuam a crescer em escala além da memória flash. As tecnologias mais promissoras são a RAM de torque de transferência de rotação (STT-RAM), a RAM de mudança de fase (PCRAM) e a RAM resistiva (ReRAM) (THE INTERNATIONAL..., 2014, GOERING, 2012). Todas elas são para produção em volume. Contudo, como a flash NAND e algumas extensões de flash NOR estão ainda dominando as aplicações, essas memórias emergentes têm sido usadas em aplicações especiais e ainda não cumpriram sua promessa original de se tornarem a tendência dominante em memória não volátil de alta densidade. É provável que isso mude nos próximos anos.

A Figura 5.18 mostra como essas tecnologias provavelmente se encaixam na hierarquia da memória.

STT-RAM

A STT-RAM é um novo tipo de **RAM magnética (MRAM)**, que caracteriza não volatilidade, velocidade rápida de leitura/escrita (< 10 ns), bem como programação de alta durabilidade (> 10^{15} ciclos) e energia em *standby* em 0 (KULTURSAY, 2013). A capacidade de armazenamento ou programabilidade da MRAM surge a partir da junção túnel magnética (MTJ), na qual um dielétrico fino de túnel é compactado entre duas camadas ferromagnéticas. Uma camada ferromagnética (camada fixa ou de referência) é desenvolvida para ter sua magnetização fixa, ao passo que a magnetização da outra camada (camada livre) pode ser girada por um evento de escrita. Uma MTJ terá baixa/alta resistência se as magnetizações das três camadas e da camada fixada estiverem paralelas/não paralelas. Na primeira geração do projeto MRAM, a magnetização da camada livre é mudada pelo campo magnético induzido pela corrente. Na STT-RAM, um novo mecanismo de gravação, chamado de *comutação da magnetização induzida pela polarização da corrente,* é introduzido. Para a STT-RAM, a magnetização das três camadas é girada diretamente pela corrente elétrica. Por conta de a corrente necessária para comutar uma resistência de estado de MTJ ser proporcional à área de célula de MTJ, acredita-se que a STT-RAM tenha melhor propriedade de escala do que a MRAM de primeira geração. A Figura 5.19a ilustra a configuração geral.

A STT-RAM é uma boa candidata tanto para a cache como para a memória principal.

PCRAM

A **RAM de mudança de fase (PCRAM)** é a mais madura das novas tecnologias, com uma literatura técnica extensa (RAOUK, 2009, ZHOU, 2009, LEE, 2010).

A tecnologia PCRAM é baseada em um material de liga de calcogeneto, que é similar aos usados em geral nos meios de armazenamento óptico (CDs e discos digitais versáteis). A capacidade de armazenamento de dados é alcançada a partir das diferenças de resistência entre uma fase amorfa (alta resistência) e uma fase cristalina (baixa resistência) do material baseado em calcogeneto. Na operação SET, o material de mudança de fase é cristalizado ao aplicar o pulso elétrico que aquece uma porção significativa da célula acima de sua temperatura de cristalização. Na posição RESET, uma corrente elétrica maior é aplicada e então abruptamente cortada, de modo a derreter e então extinguir o material, deixando-o no estado amorfo. A Figura 5.19b ilustra a configuração geral.

A PCRAM é uma boa candidata para substituir ou suplementar a DRAM para a memória principal.

ReRAM

A ReRAM (também conhecida como RRAM) trabalha criando resistência em vez de carga direta de armazenamento. Uma corrente elétrica é aplicada a um material, mudando a resistência desse material. O estado de resistência pode então ser mensurado, e 1 ou 0 é lido como resultado. Muito dos trabalhos feitos na ReRAM para dados focou em encontrar materiais apropriados e medir o estado de resistência das células. Os projetos de ReRAM são de baixa voltagem; a resistência é de longe superior à da memória flash, e as células são muito menores — pelo menos, em teoria. A Figura 5.19c mostra uma configuração ReRAM.

A ReRAM é uma boa candidata para substituir ou suplementar tanto o armazenamento secundário como a memória principal.

Figura 5.19
Tecnologias de RAM não volátil.

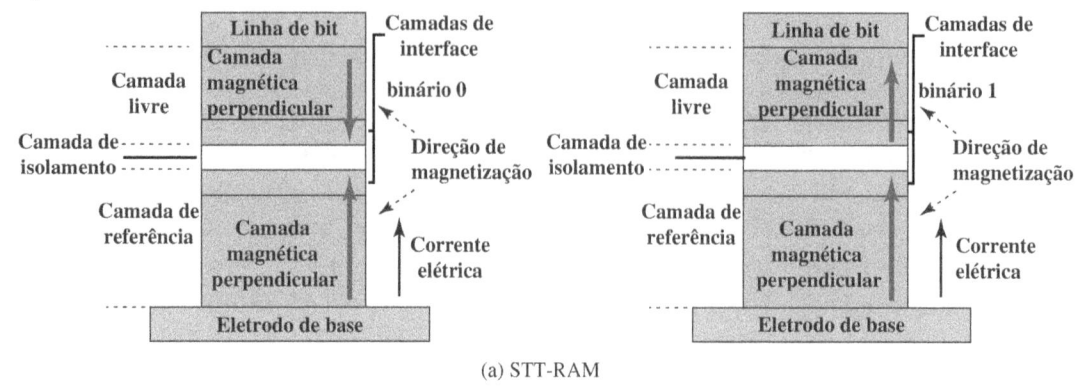

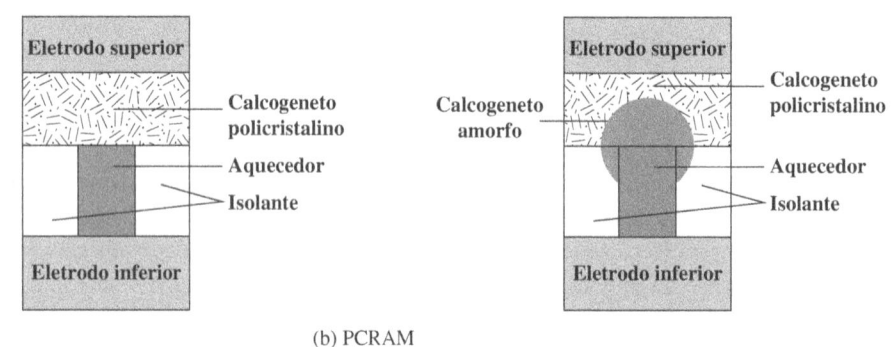

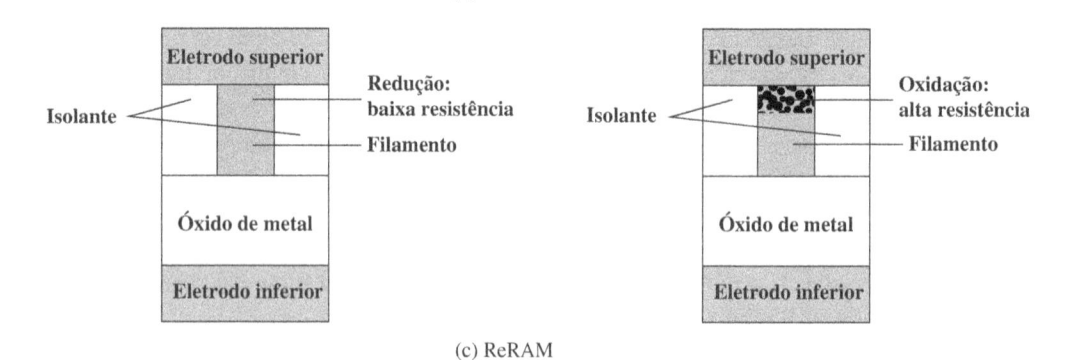

(a) STT-RAM

(b) PCRAM

(c) ReRAM

5.6 TERMOS-CHAVE, QUESTÕES DE REVISÃO E PROBLEMAS

Código de correção de erro (ECC), 146	Memória de acesso aleatório (RAM), 138	RAM de torque de transferência de rotação (STT-RAM), 157
Código de correção de único erro (SEC), 149	Memória flash, 141	RAM dinâmica (DRAM), 139
Código de correção de único erro, detecção de duplo erro (SEC-DED), 149	Memória flash NAND, 154	RAM estática (SRAM), 139
Correção de erro, 146	Memória flash NOR, 154	RAM magnética (MRAM), 157
Código de Hamming, 146	Memória não volátil, 140	RAM resistiva (ReRAM), 157
DRAM de taxa dupla de dados (DDR-DRAM), 152	Memória principalmente de leitura, 141	ROM programável e apagável (EPROM), 141
DRAM síncrona (SDRAM), 150	Memória semicondutora, 138	ROM programável eletricamente apagável (EEPROM), 141
Erro não permanente, 145	Memória somente de leitura (ROM), 140	ROM programável (PROM), 141
Falha permanente, 145	Memória volátil, 139	Síndroma, 146
Grupo de banco, 152	RAM de mudança de fase (PCRAM), 157	

QUESTÕES DE REVISÃO

5.1. Quais são as principais propriedades da memória semicondutora?
5.2. Quais são as duas interpretações do termo *memória de acesso aleatório*?
5.3. Qual é a diferença entre DRAM e SRAM em termos de aplicação?
5.4. Qual é a diferença entre DRAM e SRAM em termos das características como velocidade, tamanho e custo?
5.5. Explique por que um tipo de RAM é considerado como analógico e o outro digital.
5.6. Quais são algumas aplicações para a ROM?
5.7. Quais são as diferenças entre EPROM, EEPROM e memória flash?
5.8. Explique a função de cada pino na Figura 5.4b.
5.9. O que é bit de paridade?
5.10. Como a síndroma para o código de Hamming é interpretada?
5.11. Como a SDRAM difere de uma DRAM comum?
5.12. O que é DDR-RAM?
5.13. Qual a diferença entre memória flash NAND e NOR?
5.14. Liste e defina brevemente as três mais novas tecnologias de estado sólido não voláteis.

PROBLEMAS

5.1. Sugira motivos pelos quais as RAMs têm sido tradicionalmente organizadas como 1 bit por chip, enquanto as ROMs em geral são organizadas com múltiplos bits por chip.

5.2. Considere uma RAM dinâmica que deve ter um ciclo de *refresh* de 64 vezes por ms. Cada operação de *refresh* exige 150 ns; um ciclo de memória exige 250 ns. Que porcentagem do tempo de operação total da memória deve ser dada aos *refresh*es?

5.3. A Figura 5.20 mostra um diagrama de temporização simplificado para uma operação de leitura de DRAM por um barramento. O tempo de acesso é considerado de t_1 a t_2. Então, existe um tempo de atualização, durante de t_2 a t_3, durante o qual os chips de DRAM terão de ser atualizados antes que o processador possa acessá-los novamente.

    d. Suponha que o tempo de acesso é de 60 ns e o tempo de atualização é 40 ns. Qual é o tempo de ciclo da memória? Qual é o valor máximo da taxa de transferência de dados que essa DRAM pode sustentar, supondo que temos 1 bit de saída?

    e. Construindo um sistema com 32 bits de memória usando esses chips, qual será o valor de transferência de dados?

5.4. A Figura 5.6 indica como construir um módulo de chips que pode armazenar 1 MB com base em um grupo de quatro chips de 256 kB. Digamos que esse módulo de chips seja encapsulado como um único chip de 1 MB, onde o tamanho da palavra é de 1 byte. Faça um diagrama de alto nível do chip mostrando como construir uma memória de computador de 8 MB usando oito chips de 1 MB. Não se esqueça de mostrar as linhas de endereços no seu diagrama e indicar para que são usadas as linhas de endereço.

Figura 5.20

Temporização de leitura de DRAM simplificada.

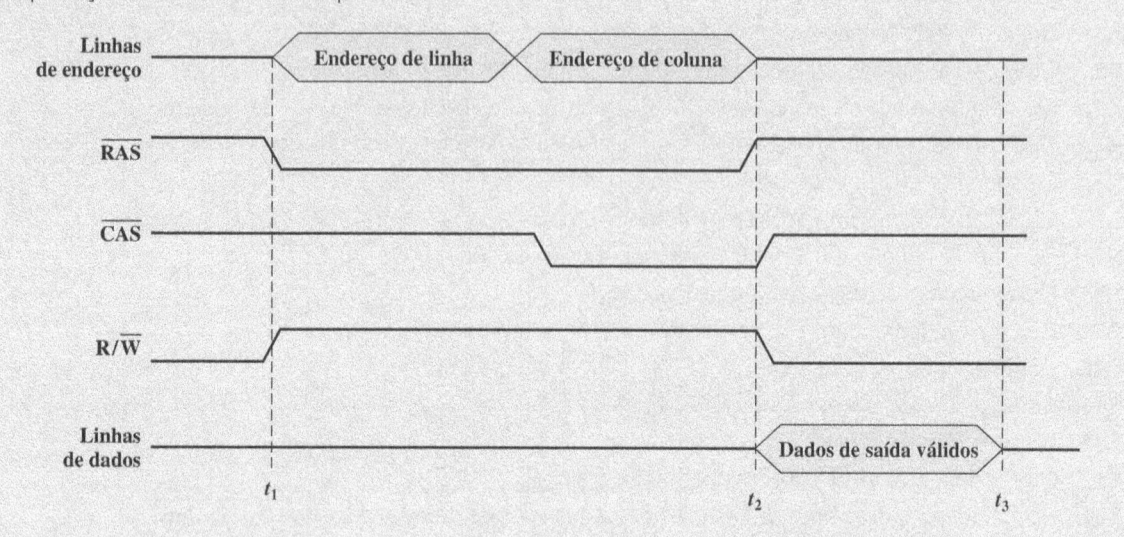

5.5. Em um sistema típico baseado no Intel 8086, conectado via barramento do sistema à memória DRAM, para uma operação de leitura, $\overline{RAS}$ é ativado pela transição final do sinal Address Enable (Figura C.1 no Apêndice C — disponível em inglês na Sala Virtual). Contudo, por conta da propagação e de outros atrasos, $\overline{RAS}$ não é ativo até 50 ns após Address Enable retornar para o estado baixo. Suponha que esse último ocorra no meio da segunda metade do estado T_1 (um pouco antes que na Figura C.1). Os dados são lidos pelo processador ao final de T_3. Contudo, para que o processador possa receber os dados em tempo, esses dados devem ser fornecidos 60 ns antes pela memória. Esse intervalo leva em conta os atrasos de propagação ao longo dos caminhos de dados (da memória ao processador) e os requisitos de *hold time* dos dados para o processador. Considere uma frequência de clock de 10 MHz.

   a. Que velocidade (tempo de acesso) as DRAMs devem ter se nenhum estado de espera tiver que ser inserido?

   b. Quantos estados de espera temos de inserir por operação de leitura da memória se o tempo de acesso das DRAMs for 150 ns?

5.6. A memória de um microcomputador em particular é montada a partir de DRAM 64 K × 1. De acordo com o manual da memória, o array de células da DRAM é organizado em 256 linhas. Cada linha precisa ter o *refresh* pelo menos uma vez a cada 4 ms. Suponha que se faça *refresh* da memória em uma base estritamente periódica.

   a. Qual é o período entre as solicitações de *refresh* sucessivas?

   b. Por quanto tempo precisamos de um contador de endereço de *refresh*?

5.7. A Figura 5.21 mostra uma das primeiras SRAMs, o chip Signetics 7489 de 16 × 4, que armazena 16 palavras de 4 bits.

   a. Liste o modo de operação do chip para cada pulso de entrada $\overline{CS}$ mostrado na Figura 5.21c.

   b. Liste o conteúdo de memória dos locais de palavra de 0 a 6 após o pulso n.

   c. Qual é o estado dos terminais de dados de saída para os pulsos de entrada de h até m?

5.8. Projete uma memória de 16 bits com capacidade total de 8.192 bits usando chips de SRAM de tamanho 64 × 1 bit. Dê a configuração do array dos chips na placa de memória mostrando todos os sinais de entrada e saída exigidos para atribuir essa memória ao espaço de endereço mais baixo. O projeto deve permitir acessos de byte e palavra de 16 bits.

5.9. Uma unidade de medida comum para taxas de falha de componentes eletrônicos é a **unidade de falha** (FIT — do inglês, *Failure unIT*), expressa como a taxa de falhas por bilhão de horas do dispositivo. Outra medida bem conhecida, porém pouco usada, é o **tempo médio entre falhas (MTBF — do inglês, *Mean Time Between Failures*)**, que é o tempo médio de operação de determinado componente até que ele falhe. Considere uma memória de 1 MB de um microprocessador de 16 bits com 256 K × 1 DRAM. Calcule seu MTBF supondo 2.000 FIT para cada DRAM.

5.10. Para o código de Hamming mostrado na Figura 5.10, mostre o que acontece quando um bit de verificação, em vez de um bit de dados, tem um erro.

5.11. Suponha que uma palavra de dados de 8 bits armazenada na memória seja 11000010. Usando o algoritmo de Hamming, determine quais bits de verificação seriam armazenados na memória com a palavra de dados. Mostre como você chegou a sua resposta.

5.12. Para uma palavra de 8 bits 00111001, os bits de verificação armazenados com ela seriam 0111. Suponha, quando a palavra for lida da memória, que os bits de verificação são calculados como 1101. Qual palavra de dados foi lida da memória?

5.13. Quantos bits de verificação serão necessários se o código de correção de erro de Hamming for usado para detectar erros de único bit em uma palavra de dados de 1.024 bits?

5.14. Desenvolva um código SEC para uma palavra de dados de 16 bits. Gere o código para a palavra de dados 0101000000111001. Mostre que o código identificará corretamente um erro no bit de dados 5.

Figura 5.21
A SRAM Signetics 7489.

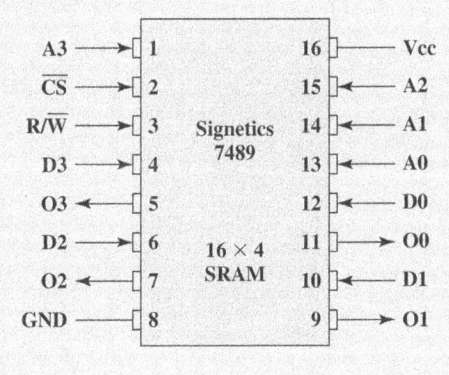

Modo de operação	Entradas			Saídas
	$\overline{CS}$	$R/\overline{W}$	Dn	On
Gravação	L	L	L	L
	L	L	H	H
Leitura	L	H	X	Dados
Inibe a gravação	H	L	L	H
	H	L	H	L
Armazenamento – desabilita saídas	H	H	X	H

H = nível de alta voltagem
L = nível de baixa voltagem
X = não importa (*don't care*)

(a) Layout dos pinos

(b) Tabela verdade

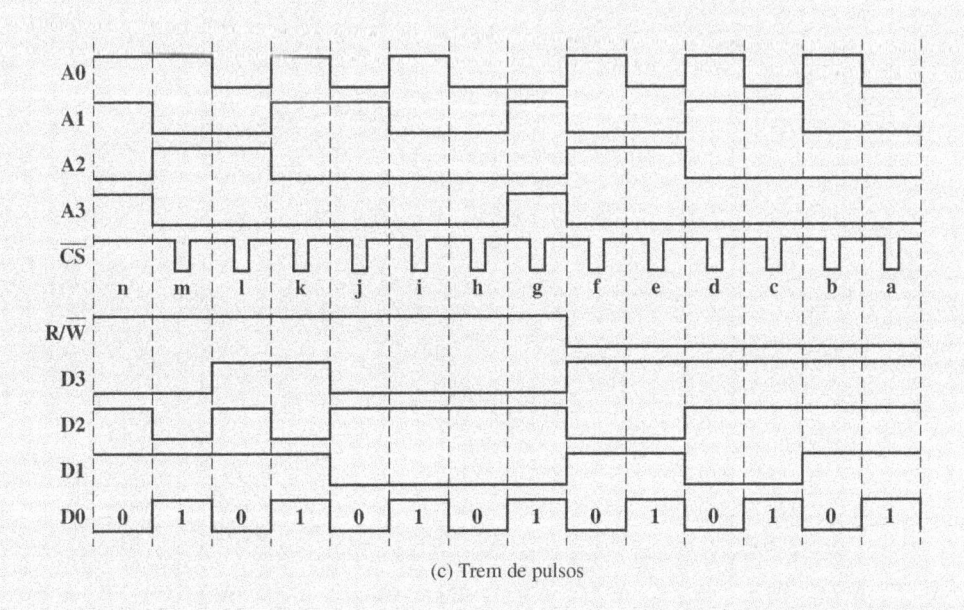

(c) Trem de pulsos

MEMÓRIA EXTERNA

6.1 Disco magnético
   Leitura magnética e mecanismos de gravação
   Organização e formatação de dados
   Características físicas
   Parâmetros de desempenho de disco

6.2 RAID
   RAID nível 0
   RAID nível 1
   RAID nível 2
   RAID nível 3
   RAID nível 4
   RAID nível 5
   RAID nível 6

6.3 Drives de estado sólido
   SSD comparado a HDD
   Organização de SSD
   Questões práticas

6.4 Memória óptica
   Disco compacto (CD)
   Disco versátil digital (DVD)
   Discos ópticos de alta definição

6.5 Fita magnética

6.6 Termos-chave, questões de revisão e problemas

OBJETIVOS DE APRENDIZAGEM

Após ler este capítulo, você será capaz de:
- Compreender as propriedades-chave dos discos magnéticos.
- Entender as questões de desempenho envolvidas no acesso ao disco magnético.
- Explicar o conceito de RAID e descrever seus vários níveis.
- Comparar os drives de discos rígidos com os drives de disco sólido.
- Descrever em termos gerais a operação da memória flash.
- Compreender as diferenças entre as mídias de armazenamento de disco óptico.
- Apresentar uma visão geral sobre a tecnologia de armazenamento da fita magnética.

Este capítulo examina diversos dispositivos e sistemas de memória externa. Começamos com o dispositivo mais importante, o disco magnético. Os discos magnéticos são a base da memória externa em praticamente todos os sistemas de computação. A seção seguinte analisa o uso de arrays de discos para alcançar maior desempenho, examinando especificamente a família de sistemas conhecida como RAID (do inglês, *Redundant Array of Independent Disks* — array redundante de discos independentes). Um componente cada vez mais importante de muitos sistemas computacionais é o disco de estado sólido, que será discutido neste capítulo. Então, analisaremos a **memória óptica** externa. Por fim, abordaremos a fita magnética.

6.1 DISCO MAGNÉTICO

Um disco é um **prato** circular construído de material não magnético, chamado de **substrato**, coberto por um material magnetizável. Tradicionalmente, o substrato tem sido alumínio ou um material de liga de alumínio. Mais recentemente, foram introduzidos substratos de vidro. O substrato de vidro apresenta diversos benefícios, incluindo os seguintes:

- Melhoria na uniformidade da superfície do filme magnético, aumentando a confiabilidade do disco.
- Redução significativa nos defeitos gerais da superfície, ajudando a diminuir os erros de leitura-gravação.
- Capacidade de aceitar alturas de voo mais baixas (descritas mais adiante).
- Melhor rigidez, para reduzir a dinâmica do disco.
- Maior capacidade de suportar choque e danos.

Leitura magnética e mecanismos de gravação

Os dados são gravados e, mais tarde, recuperados do disco por meio de uma bobina condutora, denominada de **cabeça**; em muitos sistemas, existem duas cabeças, uma de leitura e uma de gravação. Durante uma operação de leitura ou gravação, a cabeça fica estacionária, enquanto a placa gira por baixo dela.

O mecanismo de gravação explora o fato de que a eletricidade que passa pela bobina produz um campo magnético. Os pulsos elétricos são enviados à cabeça de gravação, e os padrões magnéticos resultantes são gravados na superfície abaixo, com diferentes padrões para correntes positivas e negativas. A própria cabeça de gravação é feita de material facilmente magnetizável e tem a forma de um anel retangular com um espaço em um lado e algumas voltas de fio condutor no lado oposto (Figura 6.1). Uma corrente elétrica no fio induz um campo magnético no espaço, que, por sua vez, magnetiza uma pequena área do meio de gravação. Reverter a direção da corrente reverte a direção da magnetização no meio de gravação.

Figura 6.1

Cabeça indutora de gravação/leitura magnetorresistiva.

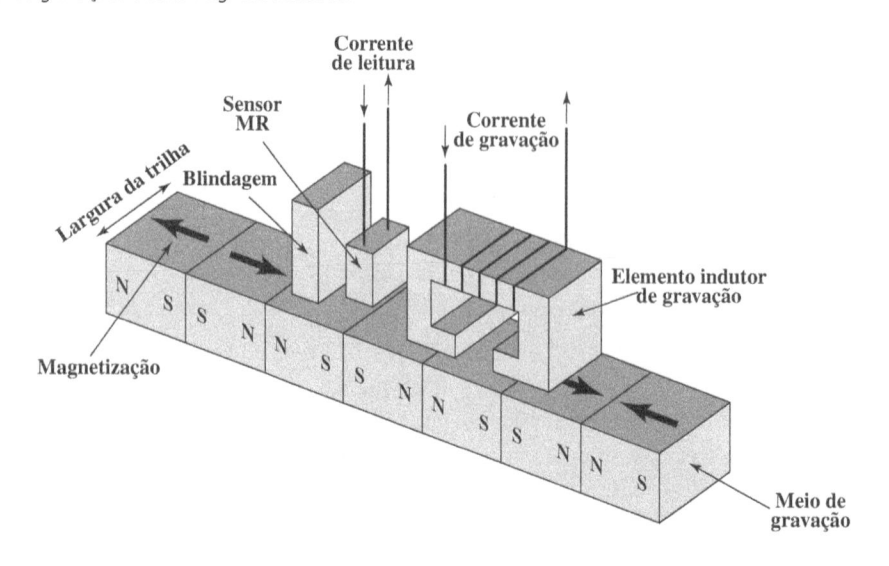

O mecanismo de leitura tradicional explora o fato de que um campo magnético movendo-se em relação a uma bobina produz uma corrente elétrica na bobina. Quando a superfície do disco passa sob a cabeça, ela gera uma corrente com a mesma polaridade daquela já gravada. A estrutura da cabeça de leitura, nesse caso, é basicamente a mesma daquela de gravação e, portanto, a mesma cabeça pode ser usada para ambos. Essas cabeças únicas são usadas em sistemas de disquete e em sistemas de disco rígido mais antigos.

Os sistemas de disco rígido modernos utilizam um mecanismo de leitura diferente, exigindo uma cabeça de leitura separada, posicionada por conveniência perto da cabeça de gravação. A cabeça de leitura consiste em um **sensor magnetorresistivo (MR)** parcialmente blindado. O material MR tem uma resistência elétrica que depende da direção da magnetização do meio que se move por baixo dele. Passando uma corrente pelo sensor MR, as mudanças de resistência são detectadas como sinais de tensão. O projeto MR permite uma operação em frequência mais alta, que se traduz em maiores densidades de armazenamento e velocidades de operação.

Organização e formatação de dados

A cabeça é um dispositivo relativamente pequeno, capaz de ler e gravar em uma parte do prato girando por baixo dela. Isso sugere a organização dos dados no prato em um conjunto concêntrico de anéis, chamados de **trilhas**. Cada trilha tem a mesma largura da cabeça. Existem milhares de trilhas por superfície.

A Figura 6.2 representa esse layout de dados. As trilhas adjacentes são separadas por **lacunas (*gaps*) intertrilhas**. Isso impede ou, pelo menos, minimiza os erros causados pela falta de alinhamento da cabeça ou

Figura 6.2

Layout do disco de dados.

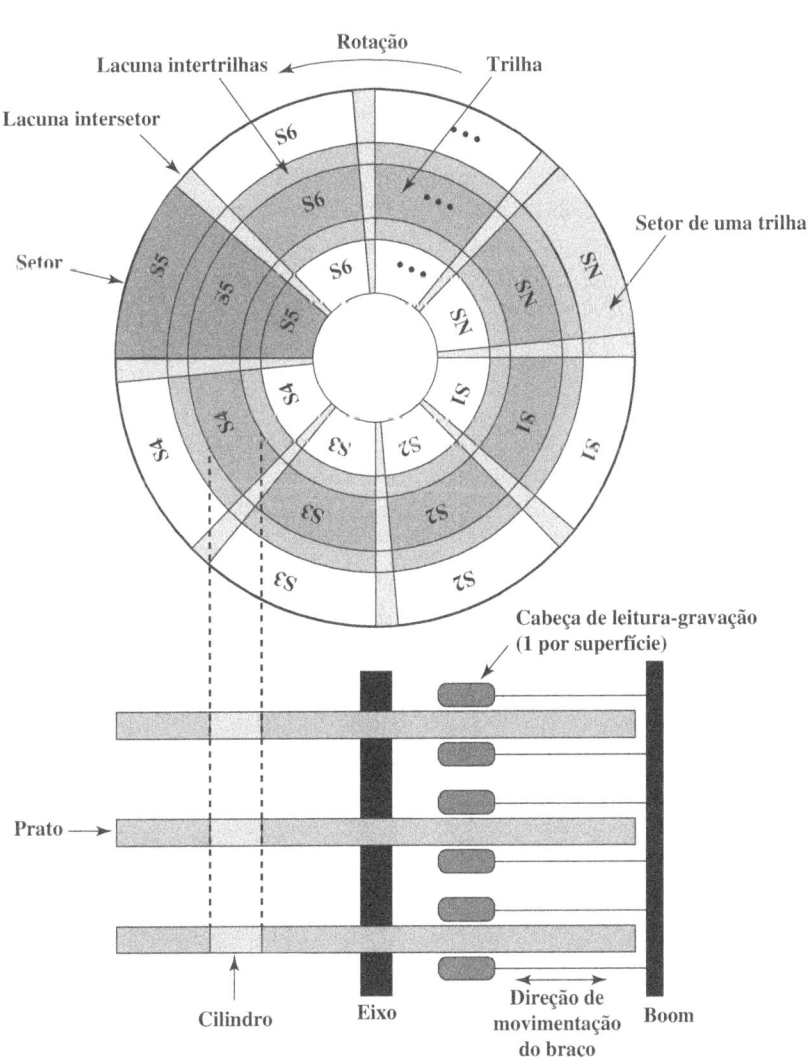

simplesmente pela interferência dos campos magnéticos. Os dados são transferidos de e para o disco em **setores**. Em geral, existem centenas de setores por trilha, e estes podem ter extensão fixa ou variável. Na maioria dos sistemas modernos, são usados setores de extensão fixa, com 512 bytes, sendo o tamanho de setor quase universal. Para evitar imposições de excessivos requisitos de precisão no sistema, os setores adjacentes são separados por lacunas intersetores.

Um bit próximo do centro de um disco em rotação passa por um ponto fixo (como uma cabeça de leitura-gravação) mais lentamente do que um bit na extremidade. Portanto, é preciso haver algum meio de compensar a variação na velocidade, para que a cabeça possa ler todos os bits na mesma velocidade. Isso pode ser feito definindo-se um espaçamento variável entre os bits de informação gravados no disco, de uma maneira que as trilhas mais externas tenham setores com um espaçamento maior. A informação pode, então, ser varrida com a mesma taxa, girando o disco a uma velocidade fixa, conhecida como **velocidade angular constante (CAV — do inglês,** *Constant Angular Velocity*). A Figura 6.3a mostra o layout de um disco usando CAV. O disco é dividido em uma série de setores em forma de torta e em uma série de trilhas concêntricas. A vantagem de usar a CAV é que os blocos individuais de dados podem ser endereçados diretamente por trilha e setor. Para mover a cabeça do seu local atual para um endereço específico é preciso apenas um pequeno movimento da cabeça para uma trilha específica e uma pequena espera até que o setor correto passe sob a cabeça. A desvantagem da CAV é que a quantidade de dados que pode ser armazenada nas trilhas externas longas é exatamente a mesma que pode ser armazenada nas trilhas internas mais curtas.

Como a **densidade**, em bits por polegada linear, aumenta na passagem da trilha mais externa para a trilha mais interna, a capacidade de armazenamento de disco em um sistema com CAV é limitada pela densidade de gravação máxima que pode ser obtida na trilha mais interna. Para aumentar a capacidade de armazenamento, é preferível ter a mesma densidade de bits linear em cada trilha. Isso exigiria um circuito inaceitavelmente complexo. Os sistemas de disco rígido atuais usam técnicas mais simples, que aproximam a densidade de bits iguais por trilha, conhecidas como **gravação em múltiplas zonas (MZR — em inglês,** *Multiple Zone Recording*), em que a superfície é dividida em uma série de zonas concêntricas (16 é um número típico). Cada zona contém várias trilhas contíguas, em geral em milhares. Dentro de uma zona, o número de bits por trilha é constante. As zonas mais distantes do centro contêm mais bits (mais setores) do que as zonas próximas do centro. As zonas são definidas de um modo que a densidade linear de bits seja aproximadamente a mesma em todas as trilhas do disco. Isso permite maior capacidade de armazenamento geral, à custa de um circuito um pouco mais complexo. À medida que a cabeça do disco se move de uma zona para outra, o tamanho (ao longo da trilha) dos bits individuais muda, causando uma alteração no tempo para leituras e gravações.

A Figura 6.3b apresenta uma cama de MZR simplificada, com 15 trilhas organizadas em 5 zonas. As 2 zonas mais internas têm 2 trilhas, cada uma com 9 setores; a zona mais próxima tem 3 trilhas, cada uma com 12 setores; e as 2 zonas mais externas têm 4 trilhas, cada uma com 16 setores.

Figura 6.3

Comparação de métodos de layout de disco.

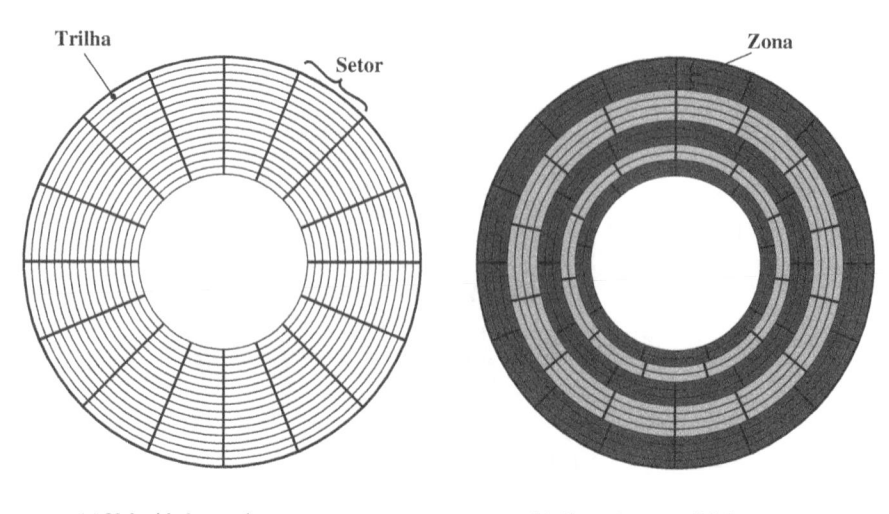

(a) Velocidade angular constante

(b) Gravação em múltiplas zonas

É preciso haver algum meio de localizar as posições dos setores dentro de uma trilha. Nitidamente, é preciso haver algum ponto de partida na trilha e um modo de identificar o início e o fim de cada setor. Esses requisitos são tratados por meio de dados de controle, gravados no disco. Desse modo, o disco é formatado com alguns dados extras, usados apenas pelo drive de disco, que não podem ser acessados pelo usuário.

Um exemplo de formatação de disco aparece na Figura 6.4. Nesse caso, cada trilha contém 30 setores de tamanho fixo, com 600 bytes cada. Cada setor mantém 512 bytes de dados mais informações de controle, úteis para o controlador de disco. O campo ID é um identificador ou endereço exclusivo, usado para localizar um setor em particular. O byte SYNCH é um padrão de bits especial, que delimita o início do campo. O número da trilha identifica uma trilha em uma superfície. O número da cabeça identifica uma cabeça, pois esse disco tem múltiplas superfícies (explicadas a seguir). Cada um dos campos de ID e de dados contém um código de detecção de erro.

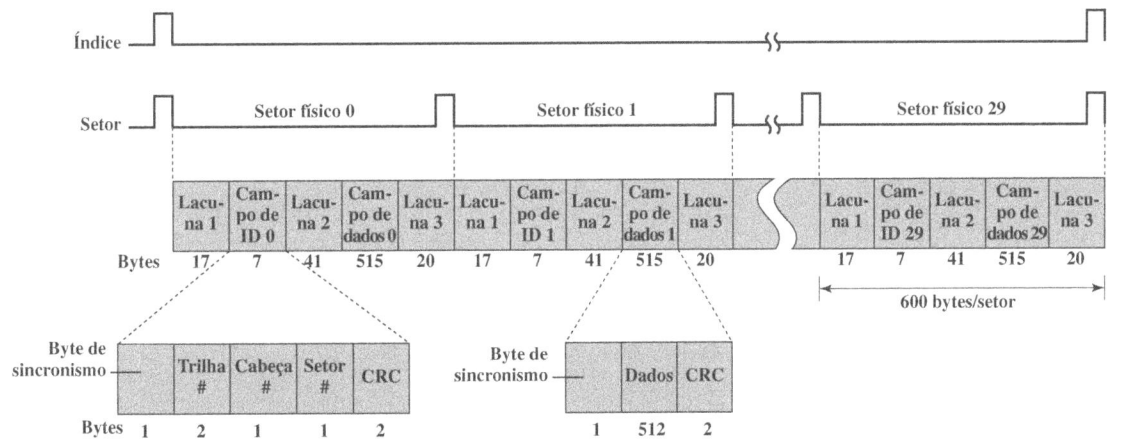

Características físicas

A Tabela 6.1 lista as principais características que diferenciam os vários tipos de discos magnéticos. Primeiro, a cabeça pode ser fixa ou móvel com relação à direção radial do prato. Em um **disco com cabeça fixa**, existe uma cabeça de leitura-gravação por trilha. Todas as cabeças são montadas em um braço rígido que cobre todas as trilhas; esses sistemas são raros hoje em dia. Em um **disco com cabeça móvel**, há somente uma cabeça de leitura-gravação. Novamente, a cabeça é montada em um braço. Como a cabeça precisa ser capaz de ser posicionada acima de qualquer trilha, o braço pode ser estendido ou retraído para essa finalidade.

O disco em si é montado em um drive de disco, que consiste no braço, um eixo que faz o disco girar e o circuito eletrônico necessário para entrada e saída de dados binários. Um **disco não removível** é permanentemente montado no drive de disco; o disco rígido em um computador pessoal não é removível. Um **disco removível** pode ser removido e substituído por outro disco. A vantagem desse segundo tipo é que quantidades ilimitadas de dados estão disponíveis com um número limitado de sistemas de disco. Além do mais, esse disco pode ser movido de um sistema de computador para outro. Os disquetes e os cartuchos de disco ZIP são alguns exemplos de discos removíveis.

Para a maioria dos discos, a cobertura magnetizável é aplicada nos dois lados do prato, quando o disco é chamado de **dupla face**. Alguns sistemas de disco mais baratos utilizam discos de **única face**.

Alguns drives de disco acomodam **diversos pratos** empilhados verticalmente, com uma fração de polegada de distância um do outro. Múltiplos braços são utilizados (Figura 6.2). Discos com múltiplos pratos empregam uma cabeça móvel, com uma cabeça de leitura-gravação por superfície de prato. Todas as cabeças são fixadas mecanicamente, de modo que todas estão na mesma distância do centro do disco e se movem juntas. De tal maneira, a qualquer momento, todas as cabeças são posicionadas sobre as trilhas que estão à mesma distância do centro do disco. O conjunto de todas as trilhas na mesma posição relativa na placa é conhecido como um **cilindro**. Isso é ilustrado na Figura 6.2.

Figura 6.4

Formato de disco Winchester (Seagate ST506).

Tabela 6.1

Características físicas dos sistemas de disco.

Movimento da cabeça	Pratos
Cabeça fixa (uma por trilha)	Único prato
Cabeça móvel (uma por superfície)	Múltiplos pratos
Mecanismo da cabeça	**Portabilidade do disco**
Contato (disquete)	Disco não removível
Lacuna fixa	Disco removível
Lacuna aerodinâmica (Winchester)	
Faces	
Única face	
Dupla face	

Por fim, o mecanismo da cabeça oferece uma classificação dos discos em três tipos. Tradicionalmente, a cabeça de leitura-gravação tem sido posicionada a uma distância fixa acima do prato, permitindo a existência de uma lacuna de ar. No outro extremo, está o mecanismo de cabeça que de fato entra em contato físico com o meio durante uma operação de leitura ou gravação. Esse mecanismo é usado no **disquete**, que é um prato pequeno e flexível, sendo o tipo mais barato de disco.

Para entender o terceiro tipo de disco, precisamos comentar sobre o relacionamento entre a densidade dos dados e o tamanho da lacuna de ar. A cabeça precisa gerar ou detectar um campo eletromagnético de magnitude suficiente para gravar e ler de modo correto. Quanto mais estreita a cabeça, mais perto ela precisa estar da superfície do prato para funcionar corretamente. Uma cabeça estreita significa trilhas mais estreitas e, portanto, maior densidade de dados, o que é desejável. Contudo, quanto mais perto do disco estiver a cabeça, maior o risco de erro decorrente de impurezas e imperfeições. Para impulsionar a tecnologia, foi desenvolvido o disco Winchester. As cabeças Winchester são usadas em montagens seladas, que são quase livres de agentes contaminadores. Elas são projetadas para operar mais perto da superfície do disco do que as cabeças de disco rígido convencionais, permitindo assim uma maior densidade de dados. A cabeça, na realidade, é uma folha aerodinâmica que se apoia levemente na superfície do prato quando o disco está sem movimento. A pressão do ar gerada pelo disco girando é suficiente para fazer a folha subir acima da superfície. O sistema sem contato resultante pode ser preparado para usar cabeças mais estreitas, que operam mais perto da superfície do prato do que as cabeças de disco rígido convencionais.

A Tabela 6.2 contém parâmetros para os discos modernos de alto desempenho.

Tabela 6.2

Parâmetros típicos do drive de disco rígido.

Características	Seagate Enterprise	Seagate Barracuda XT	Seagate Cheetah NS	Seagate Laptop HDD
Aplicações	Empresarial	Desktop	Armazenamento ligado à rede, servidores de aplicação	Laptop
Capacidade	6 TB	3 TB	600 GB	2 TB
Tempo médio de busca	4,16 ms	N/A	Leitura de 3,9 ms Gravação de 4,2 ms	13 ms
Velocidade de eixo	7.200 rpm	7.200 rpm	10.075 rpm	5.400 rpm
Latência média	4,16 ms	4,16 ms	2,98	5,6 ms
Máxima taxa sustentada de transferência	216 MB/seg	149 MB/seg	97 MB/seg	300 MB/seg
Bytes por setor	512/4.096	512	512	4.096
Trilhas por cilindro (número de superfícies do prato)	8	10	8	4
Cache	128 MB	64 MB	16 MB	8 MB

Parâmetros de desempenho de disco

Os detalhes reais da operação de E/S de disco dependem do sistema de computação, do sistema operacional e da natureza do canal de E/S e hardware do controlador de disco. O diagrama de temporização geral da transferência de E/S de disco aparece na Figura 6.5.

Quando o drive de disco está operando, o disco está girando em velocidade constante. Para ler ou gravar, a cabeça deve ser posicionada na trilha desejada e no início do setor desejado nessa trilha. A seleção de trilha envolve mover a cabeça em um sistema de cabeça móvel ou selecionar eletronicamente uma cabeça em um sistema de cabeça fixa. Em um sistema de cabeça móvel, o tempo gasto para posicionar a cabeça na trilha é conhecido como **tempo de busca** (*seek time*). De qualquer forma, quando a trilha é selecionada, o controlador de disco espera até que o setor apropriado fique alinhado com a cabeça. O tempo gasto até que o início do setor alcance a direção da cabeça é conhecido como **atraso rotacional** ou *latência rotacional*. A soma do tempo de busca, se houver, com o atraso rotacional é igual ao **tempo de acesso**, que é o tempo gasto para o posicionamento para leitura ou gravação. Quando a cabeça está na posição, a operação de leitura ou gravação é, então, realizada enquanto o setor se move sob a cabeça; essa é a parte de transferência de dados da operação; o tempo necessário para a transferência é o **tempo de transferência**.

Além do tempo de acesso e do tempo de transferência, existem vários atrasos de enfileiramento em geral associados a uma operação de E/S de disco. Quando um processo emite uma solicitação de E/S, ele primeiro precisa esperar em uma fila até que o dispositivo esteja disponível. Nesse momento, o dispositivo é atribuído ao processo. Se o dispositivo compartilha um único canal de E/S ou um conjunto de canais de E/S com outros drives de disco, então pode haver uma espera adicional para que o canal esteja disponível. Nesse ponto, a busca é realizada para iniciar o acesso ao disco.

Em alguns sistemas avançados para servidores, uma técnica conhecida como detecção de posição rotacional (RPS — do inglês, *Rotational Positional Sensing*) é utilizada. Ela funciona da seguinte forma: quando o comando de busca tiver sido emitido, o canal é liberado para tratar das outras operações de E/S. Quando a busca se completa, o dispositivo determina quando os dados vão ser rotacionados sob a cabeça. À medida que esse setor se aproxima da cabeça, o dispositivo tenta restabelecer o caminho de comunicação de volta com o hospedeiro. Se o drive de controle ou o canal estiver ocupado com outra E/S, então a tentativa de reconexão falha, e o dispositivo precisa girar por mais uma volta inteira antes que possa tentar reconectar-se, o que é chamado de falha de RPS. Esse é um elemento extra de atraso, que deve ser somado à linha de tempo da Figura 6.5.

TEMPO DE BUSCA É o tempo exigido para mover o braço do disco até a trilha solicitada. Essa quantidade, contudo, é difícil de ser precisada. O tempo de busca consiste em dois componentes: o tempo de partida inicial e o tempo gasto para atravessar as trilhas que precisam ser cruzadas quando o braço de acesso estiver com a velocidade necessária. Infelizmente, o tempo de travessia não é uma função linear do número de trilhas, mas inclui um tempo de estabelecimento (tempo após o posicionamento do cabeamento sobre a trilha de destino, até que a identificação da trilha seja confirmada).

Houve uma grande melhoria com o uso de componentes de disco menores e mais leves. Há alguns anos, um disco típico tinha 14 polegadas (36 cm) de diâmetro, enquanto o tamanho mais comum hoje é de 3,5 polegadas (8,9 cm), diminuindo a distância que o braço tem de atravessar. O tempo de busca médio típico nos discos rígidos modernos é abaixo de 10 ms.

Figura 6.5

Temporização de uma transferência de E/S de disco.

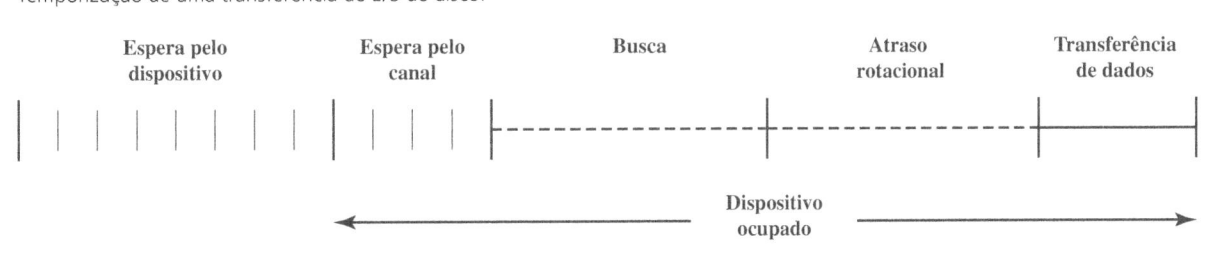

ATRASO ROTACIONAL Os discos, que não sejam disquetes, giram em velocidades que variam de 3.600 rpm (para dispositivos portáteis, como câmeras digitais) até, no momento em que este livro foi escrito, 20.000 rpm; nessa última velocidade, há uma rotação a cada 3 ms. Desse modo, na média, o atraso rotacional será de 1,5 ms.

TEMPO DE TRANSFERÊNCIA O tempo de transferência de ou para o disco depende da velocidade de rotação do disco no seguinte padrão:

$$T = \frac{b}{rN}$$

em que

    T = tempo de transferência
    b = número de bytes a serem transferidos
    N = número de bytes em uma trilha
    r = velocidade de rotação, em rotações por segundo

De tal maneira, o tempo médio total de leitura ou gravação T_{total} pode ser expresso como:

$$T_{total} = T_s + \frac{1}{2r} + \frac{b}{rN} \tag{6.1}$$

em que T_s é o tempo médio de busca. Observe que, em um drive em zonas, o número de bytes por trilha é variável, complicando o cálculo.[1]

UMA COMPARAÇÃO DO TEMPO DE ACESSO Depois de definirmos esses parâmetros, vejamos duas operações diferentes de E/S que ilustram o perigo de confiar nos valores médios. Considere um disco com um tempo de busca médio anunciado de 4 ms, velocidade de rotação de 15.000 rpm e setores de 512 bytes, com 500 setores por trilha. Suponha que queiramos ler um arquivo consistindo em 2.500 setores, com um total de 1,28 MB. Gostaríamos de estimar o tempo total para a transferência.

Primeiro, vamos supor que o arquivo esteja armazenado da forma mais compacta possível no disco. Ou seja, o arquivo ocupa todos os setores em cinco trilhas adjacentes (5 trilhas × 500 setores/trilha = 2.500 setores). Isso é conhecido como *organização sequencial*. Agora, o tempo para leitura da primeira trilha é o seguinte:

Busca média	4 ms
Atraso rotacional médio	2 ms
Leitura de 500 setores	4 ms
	10 ms

Suponha que as trilhas restantes agora possam ser lidas basicamente sem tempo de busca. Ou seja, a operação de E/S pode acompanhar o fluxo do disco. Então, no máximo, precisamos lidar com o atraso rotacional para as quatro trilhas restantes. Desse modo, cada trilha subsequente é lida em 2 + 4 = 6 ms. Para ler um arquivo inteiro,

Tempo total = 10 + (4 × 6) = 34 ms = 0,034 segundos

Agora, vamos calcular o tempo necessário para ler os mesmos dados usando o acesso aleatório, em vez do acesso sequencial; ou seja, os acessos aos setores são distribuídos aleatoriamente pelo disco. Para cada setor, temos:

Busca média	4	ms
Atraso rotacional	2	ms
Leitura de 1 setor	0,008	ms
	6,008	ms

Tempo total = 2.500 × 6,008 = 15.020 ms = 15,02 segundos

---

1 Compare as duas equações anteriores com a Equação 4.1.

É claro que a ordem em que os setores do disco são lidos tem um efeito tremendo sobre o desempenho da E/S. No caso do acesso ao arquivo em que múltiplos setores são lidos ou gravados, temos algum controle sobre o modo como os setores de dados são distribuídos. Contudo, mesmo no caso de um acesso ao arquivo, em um ambiente de multiprogramação, haverá solicitações de E/S concorrendo pelo mesmo disco. De tal maneira, vale a pena examinar modos de melhorar o desempenho da E/S de disco em relação ao que se consegue com o acesso puramente aleatório ao disco. Isso nos leva a uma consideração sobre algoritmos de escalonamento de disco (STALLINGS, 2015), que é o âmbito do sistema operacional e está fora do escopo deste livro.

6.2 RAID

Conforme já explicamos, o ritmo de melhoria no desempenho do armazenamento secundário tem sido muito menor do que o ritmo das melhorias alcançadas para os processadores e memória principal. Talvez, essa divergência tem tornado o sistema de armazenamento de disco a principal preocupação para a melhoria geral do desempenho do sistema de computação.

Assim como em outras áreas de desempenho do computador, os desenvolvedores de armazenamento de disco reconhecem que, se um componente só pode ser avançado até certo ponto, ganhos adicionais no desempenho precisam ser obtidos usando-se múltiplos componentes paralelos. No caso do armazenamento em disco, isso levou ao desenvolvimento de arrays de discos que operam independentemente e em paralelo. Com vários discos, as solicitações de E/S separadas podem ser tratadas em paralelo, desde que os dados solicitados residam em discos separados. Além do mais, uma única solicitação de E/S pode ser executada em paralelo se o bloco de dados a ser acessado for distribuído por vários discos.

Com o uso de vários discos, há uma grande variedade de modos como os dados podem ser organizados, em que a redundância pode ser acrescentada para aprimorar a confiabilidade. Isso pode dificultar o desenvolvimento de esquemas de banco de dados que sejam úteis em várias plataformas e sistemas operacionais. Felizmente, a indústria acordou sobre um esquema padronizado para o projeto de banco de dados para múltiplos discos, conhecido como RAID (do inglês, *Redundant Array of Independent Disks* — array redundante de discos independentes). O esquema RAID consiste em sete níveis,[2] de zero a seis. Esses níveis não implicam um relacionamento hierárquico, mas designam diferentes arquiteturas de projeto, que compartilham três características comuns:

1. RAID é um conjunto de drives de discos físicos, vistos pelo sistema operacional como um único drive lógico.
2. Os dados são distribuídos pelos discos físicos de um array em um esquema conhecido como *striping* (distribuição de dados), descrito mais adiante.
3. A capacidade de disco redundante é usada para armazenar informações de paridade, o que garante a facilidade de recuperação dos dados no caso de uma falha de disco.

Os detalhes da segunda e terceira características diferem para os níveis distintos de RAID. O RAID 0 e o RAID 1 não aceitam a terceira característica.

O termo *RAID* originalmente foi citado em um artigo escrito por um grupo de pesquisadores na Universidade da Califórnia, em Berkeley (PATTERSON, 1988).[3] O artigo esboçava diversas configurações e aplicações de RAID e introduzia as definições dos níveis de RAID que ainda são usadas. A estratégia RAID emprega vários drives de disco e distribui os dados de modo a permitir o acesso simultâneo aos dados a partir das vários drives, aprimorando assim o desempenho de E/S e possibilitando aumentos na capacidade de maneira mais fácil.

A contribuição exclusiva da proposta RAID é resolver efetivamente a necessidade de redundância. Embora permita que várias cabeças e atuadores operem simultaneamente e gere taxas de E/S e transferência mais altas,

---

2 Níveis adicionais foram definidos por alguns pesquisadores e algumas empresas, mas os sete níveis descritos nesta seção são os aceitos universalmente.

3 Nesse artigo, o acrônimo RAID significava *Redundant Array of Inexpensive Disks* (array redundante de discos baratos). O termo *barato* foi usado para comparar os pequenos discos relativamente baratos no array RAID com relação à outra alternativa, um único disco grande e caro (SLED — do inglês, *Single Large Expensive Disk*). O SLED é basicamente algo do passado, com uma tecnologia de disco semelhante sendo usada para configurações RAID e não RAID. Por conseguinte, a indústria adotou o termo *independente* para enfatizar que o array RAID cria ganhos significativos no desempenho e na confiabilidade.

o uso de múltiplos dispositivos aumenta a probabilidade de falha. Para compensar essa menor confiabilidade, o RAID utiliza informações de paridade armazenadas, possibilitando a recuperação de dados perdidos em razão das falhas no disco.

Agora, vamos examinar cada um dos níveis de RAID. A Tabela 6.3 oferece um guia inicial para os sete níveis. Na tabela, o desempenho de E/S aparece em termos de capacidade de transferência de dados, ou capacidade para mover dados, e taxa de solicitação de E/S, ou capacidade de satisfazer as solicitações de E/S, pois esses níveis RAID inerentemente funcionam de formas diferentes em relação a essas duas métricas. O ponto forte de cada nível RAID é destacado por um sombreado mais escuro. A Figura 6.6 ilustra o uso dos sete esquemas RAID para dar suporte a uma capacidade de dados exigindo quatro discos sem redundância. As figuras destacam o layout dos dados do usuário e dados redundantes e indicam os requisitos de armazenamento relativos dos diversos níveis. Vamos nos referir a essas figuras no decorrer da discussão. Dos sete níveis de RAID descritos, somente quatro são comumente usados: os níveis 0, 1, 5 e 6.

RAID nível 0

O RAID nível 0 não é um membro verdadeiro da família RAID, pois não inclui redundância para melhorar o desempenho. Contudo, existem algumas aplicações, como em supercomputadores, em que o desempenho e a capacidade são as principais preocupações e o baixo custo é mais importante do que a melhoria da confiabilidade.

Para o RAID 0, os dados do usuário e do sistema são distribuídos por todos os discos no array. Isso tem uma vantagem notável em relação ao uso de um único disco grande: se duas solicitações de E/S diferentes estiverem pendentes para dois blocos de dados diferentes, então existe uma boa chance de que os blocos solicitados estejam em discos distintos. Desse modo, as duas solicitações podem ser emitidas em paralelo, reduzindo o tempo de enfileiramento de E/S.

Mas o RAID 0, assim como todos os níveis de RAID, vai além de simplesmente distribuir os dados por um array de discos: os dados são *distribuídos* pelos discos disponíveis. Isso é bem compreendido ao se considerar a Figura 6.7. Todos os dados do usuário e do sistema são vistos como estando armazenados em um disco lógico. O disco lógico é dividido em *strips* (faixas); esses *strips* podem ser blocos físicos, setores físicos ou algum outro drive. Os *strips* são mapeados no padrão *round-robin* aos discos físicos consecutivos no array RAID. Um conjunto de *strips* logicamente consecutivos, que mapeia exatamente um *strip* em cada membro do array, é conhecido como um **stripe**. Em um array com *n* discos, os primeiros *n strips* lógicos são armazenados fisicamente como o primeiro *strip* em cada um dos *n* discos, formando o primeiro *stripe*; os próximos *n strips* são distribuídos como os segundos *strips* em cada disco; e assim por diante. A vantagem desse layout é que, se uma única solicitação de E/S consistir em múltiplos *strips* logicamente contíguos, então até *n strips* para essa solicitação podem ser tratados em paralelo, reduzindo bastante o tempo de transferência de E/S.

A Figura 6.7 indica o uso de software de gerenciamento de array para mapear o espaço entre o disco lógico e físico. Esse software pode ser executado no subsistema de disco ou em um computador hospedeiro.

RAID 0 PARA ALTA CAPACIDADE DE TRANSFERÊNCIA DE DADOS O desempenho de qualquer um dos níveis de RAID depende criticamente dos padrões de solicitação do sistema principal e do layout dos dados. Essas questões podem ser resolvidas mais claramente no RAID 0, em que o impacto da redundância não interfere na análise. Em primeiro lugar, vamos considerar o uso do RAID 0 para conseguir uma alta taxa de transferência de dados. Para que as aplicações possam ter uma alta taxa de transferência, dois requisitos devem ser atendidos. Primeiro, deve haver uma grande capacidade de transferência ao longo do caminho inteiro entre a memória hospedeira e os drives individuais. Isso inclui barramentos, controladores internos, barramentos de E/S do sistema principal, adaptadores de E/S e barramentos da memória hospedeira.

O segundo requisito é que a aplicação deve fazer solicitações de E/S que controlem o array de disco de modo eficaz. Esse requisito é atendido se a solicitação típica for para grandes quantidades de dados logicamente contíguos, em comparação com o tamanho de um *strip*. Nesse caso, uma única solicitação de E/S envolve a transferência paralela de dados de vários discos, aumentando a taxa de transferência efetiva em comparação com uma transferência de único disco.

RAID 0 PARA ALTA TAXA DE SOLICITAÇÃO DE E/S Em um ambiente orientado à transação, o usuário em geral se preocupa mais com o tempo de resposta do que com a taxa de transferência. Para uma solicitação de E/S individual para uma pequena quantidade de dados, o tempo de E/S é dominado pelo movimento das cabeças de disco (tempo de busca) e pelo movimento do disco (latência rotacional).

Tabela 6.3
Níveis de RAID.

Categoria	Nível	Descrição	Discos exigidos	Disponibilidade de dados	Grande capacidade de transferência de dados de E/S	Pequena taxa de solicitação de E/S
Striping	0	Não redundante	N	Inferior a um único disco	Muito alta	Muito alta tanto para leitura como para gravação
Espelhamento	1	Espelhado	2N	Mais alta que a RAID 2, 3, 4 ou 5; inferior ao RAID 6	Mais alta que o disco rígido para leitura; similar a um único disco para gravação	Até o dobro de um único disco para leitura; similar a um disco único para gravação
Acesso paralelo	2	Redundante via código de Hamming	N + m	Mais alta que um único disco; comparável ao RAID 3, 4 ou 5	Mais alta de todas as alternativas listadas	Aproximadamente o dobro de um único disco
	3	Paridade intercalada por bit	N + 1	Mais alta que um único disco; comparável ao RAID 2, 4 ou 5	Mais alta de todas as alternativas listadas	Aproximadamente o dobro de um único disco
Acesso independente	4	Paridade intercalada por bloco	N + 1	Mais alta que um único disco; comparável ao RAID 2, 3 ou 5	Similar ao RAID 0 para leitura; significativamente menor que um único disco para gravação	Similar ao RAID 0 para leitura; significativamente inferior a um único disco para gravação
	5	Paridade distribuída intercalada por bloco	N + 1	Mais alta que um único disco; comparável ao RAID 2, 3 ou 4	Similar ao RAID 0 para leitura; inferior a um único disco para gravação	Similar ao RAID 0 para leitura; geralmente inferior a um único disco para gravação
	6	Paridade dupla distribuída intercalada por bloco	N + 2	Mais alta de todas as alternativas listadas	Similar ao RAID 0 para leitura; inferior ao RAID 5 para gravação	Similar ao RAID 0 para leitura; significativamente inferior ao RAID 5 para gravação

Obs.: N = número de discos de dados; m proporcional a $\log N$.

Figura 6.6
Níveis de RAID.

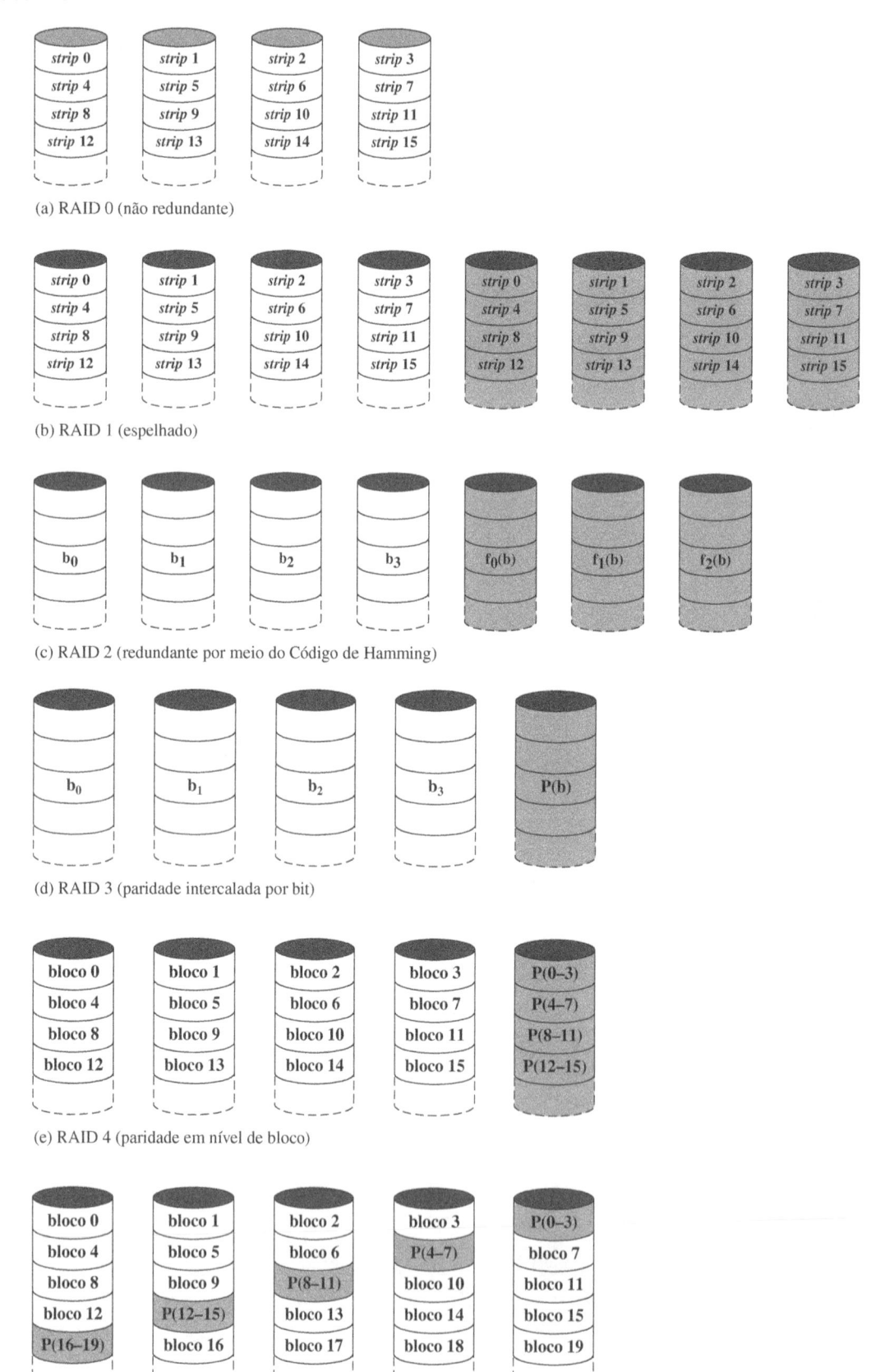

(a) RAID 0 (não redundante)

(b) RAID 1 (espelhado)

(c) RAID 2 (redundante por meio do Código de Hamming)

(d) RAID 3 (paridade intercalada por bit)

(e) RAID 4 (paridade em nível de bloco)

(f) RAID 5 (paridade distribuída em nível de bloco)

(Continua)

(Continuação)

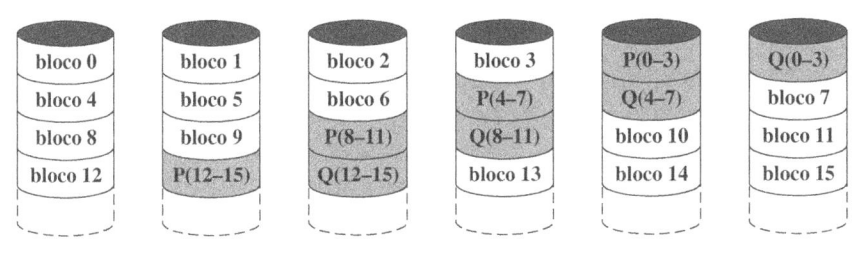

bloco 0	bloco 1	bloco 2	bloco 3	P(0–3)	Q(0–3)
bloco 4	bloco 5	bloco 6	P(4–7)	Q(4–7)	bloco 7
bloco 8	bloco 9	P(8–11)	Q(8–11)	bloco 10	bloco 11
bloco 12	P(12–15)	Q(12–15)	bloco 13	bloco 14	bloco 15

(g) RAID 6 (redundância dupla)

Figura 6.7
Mapeamento de dados para um array RAID nível 0.

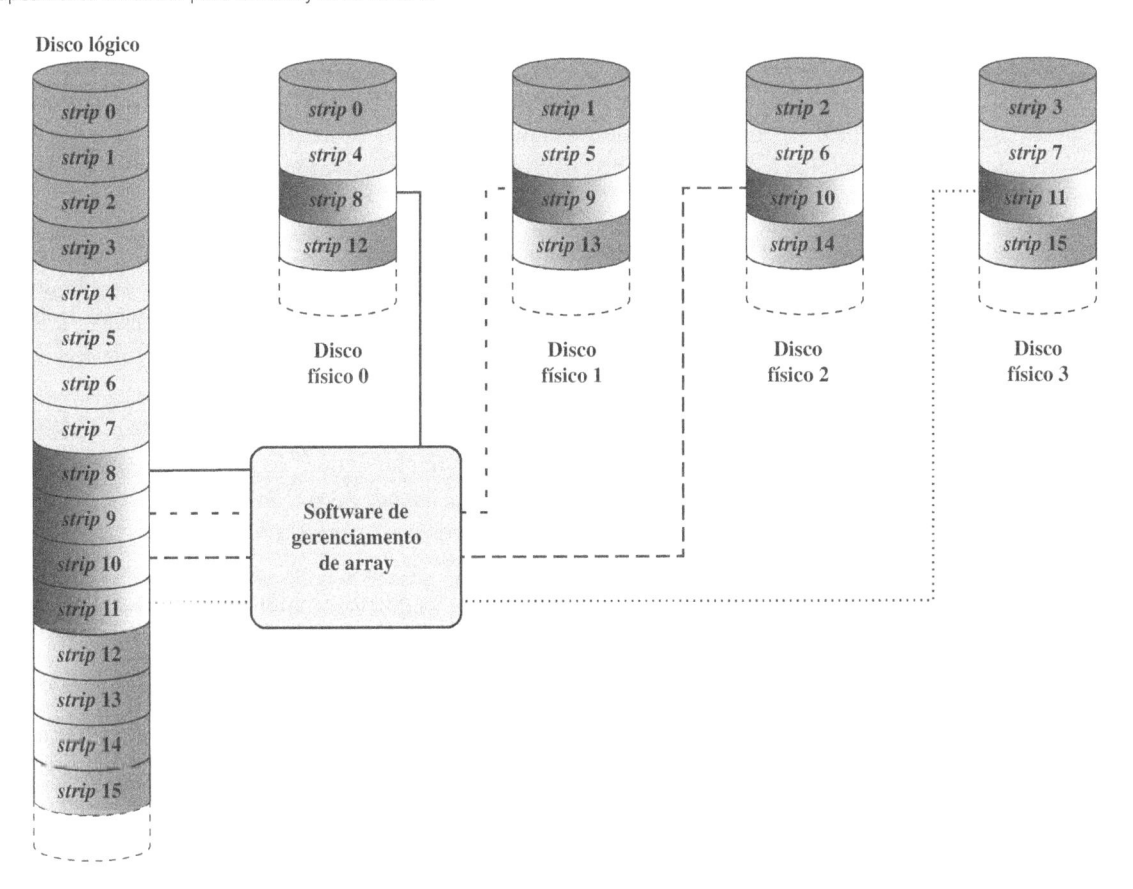

Em um ambiente de transação, pode haver centenas de solicitações de E/S por segundo. Um array de disco pode oferecer altas taxas de execução de E/S equilibrando a carga de E/S pelos diversos discos. O balanceamento de carga efetivo só é alcançado se existir um número considerável de múltiplas requisições de E/S. Isso, por sua vez, implica que existam múltiplas aplicações independentes ou uma única aplicação orientada à transação que é capaz de realizar múltiplas solicitações de E/S assíncronas. O desempenho também será influenciado pelo tamanho do *strip*. Se o tamanho do *strip* for relativamente grande, de modo que uma única solicitação de E/S só envolva um único acesso ao disco, então múltiplas solicitações de E/S que estão aguardando podem ser tratadas em paralelo, diminuindo o tempo de enfileiramento para cada solicitação.

RAID nível 1

O RAID 1 difere dos níveis dos RAIDs de 2 a 6 no modo como a redundância é obtida. Nesses outros esquemas RAID, alguma forma de cálculo de paridade é usada para introduzir redundância, enquanto no RAID 1 a redundância é obtida simplesmente duplicando todos os dados. Como mostra a Figura 6.6b, o *striping* de dados é utilizado como no RAID 0. Mas, neste caso, cada *strip* lógico é mapeado para dois discos físicos separados, de modo que cada disco no array tenha um disco espelho que contém os mesmos dados. O RAID 1 também pode ser implementado sem o *striping* de dados, embora isso seja menos comum.

Existem diversos aspectos positivos da organização RAID 1:

1. Uma solicitação de leitura pode ser atendida por qualquer um dos dois discos que contenha os dados solicitados, aquele que exigir o mínimo de tempo de busca mais latência rotacional.
2. Uma solicitação de gravação requer que os dois *strips* correspondentes sejam atualizados, mas isso pode ser feito em paralelo. De tal maneira, o desempenho da gravação é ditado pela mais lenta das duas gravações (ou seja, aquela que envolve o maior tempo de busca mais latência rotacional). Contudo, não existe uma "penalidade na gravação" com o RAID 1. Os RAIDs níveis 2 a 6 envolvem o uso de bits de paridade. Portanto, quando um único *strip* é atualizado, o software de gerenciamento do array deve primeiro calcular e atualizar os bits de paridade, além de atualizar o *strip* real em questão.
3. A recuperação de uma falha é simples. Quando um drive falha, os dados ainda podem ser acessados pelo segundo drive.

A principal desvantagem do RAID 1 é o custo; ele requer o dobro de espaço em disco que a capacidade lógica do disco a que ele dá suporte. Em razão disso, uma configuração RAID 1 provavelmente será limitada a drives que armazenam software e dados do sistema, e outros arquivos muito críticos. Nessas ocasiões, o RAID 1 oferece cópia em tempo real de todos os dados, de forma que, no caso de uma falha no disco, todos os dados críticos ainda estarão imediatamente disponíveis.

Em um ambiente orientado à transação, o RAID 1 pode alcançar altas taxas de solicitação de E/S se a maior parte das solicitações for para leituras. Nessa situação, o desempenho do RAID 1 pode alcançar o dobro daquele do RAID 0. Contudo, se uma fração substancial das solicitações de E/S for com solicitações de gravação, então pode não haver ganho significativo no desempenho em relação ao RAID 0. O RAID 1 também pode oferecer melhor desempenho em relação ao RAID 0 para aplicações com uso intenso de transferência de dados, com uma alta porcentagem de leituras. A melhoria ocorre se a aplicação puder dividir cada solicitação de leitura de modo que os dois discos participem.

RAID nível 2

Os RAIDs níveis 2 e 3 utilizam uma técnica de acesso paralelo. No array com acesso paralelo, todos os discos participam na execução de cada solicitação de E/S. Em geral, os eixos de drives individuais são sincronizados de modo que cada cabeça de disco esteja na mesma posição em cada disco a qualquer instante.

Assim como nos outros esquemas de RAID, o *striping* de dados é usado. No caso dos RAIDs 2 e 3, os *strips* são muito pequenos, frequentemente como um único byte ou palavra. Com o RAID 2, um código de correção de erro é calculado para os bits correspondentes em cada disco de dados, e os bits do código são armazenados nas posições dos bits correspondentes nos vários discos de paridade. Costuma-se usar um código de Hamming, que é capaz de corrigir erros de único bit e detectar erros duplos de bits.

Embora o RAID 2 exija menos discos que o RAID 1, ele é bem mais caro. O número de discos redundantes é proporcional ao logaritmo do número de discos de dados. Em uma única leitura, todos os discos são acessados simultaneamente. Os dados solicitados e o código de correção de erro associado são entregues ao controlador do array. Se houver um erro de único bit, o controlador pode reconhecer e corrigir o erro instantaneamente, de modo que o tempo de acesso de leitura não é prolongado. Em uma única gravação, todos os discos de dados e discos de paridade devem ser acessados para a operação de gravação.

O RAID 2 só seria uma escolha eficaz em um ambiente em que ocorressem muitos erros de disco. Dada a alta confiabilidade dos discos individuais, e drives de disco, o RAID 2 é um exagero, e normalmente não é implementado.

RAID nível 3

O RAID 3 é organizado de uma forma semelhante ao RAID 2. A diferença é que o RAID 3 exige apenas um único disco redundante, não importa o tamanho do array de discos. O RAID 3 emprega o acesso paralelo, com dados distribuídos em pequenos *strips*. Em vez de um código de correção de erro, um bit de paridade simples é calculado para o conjunto de bits individuais na mesma posição em todos os discos de dados.

REDUNDÂNCIA No caso de uma falha de drive, o drive de paridade é acessado e os dados são reconstituídos a partir dos dispositivos restantes. Quando o drive que falhou é substituído, os dados que faltam podem ser restaurados no novo drive e a operação continua.

A reconstituição de dados é simples. Considere um array de cinco drives, em que X0 a X3 contêm dados e X4 é o disco de paridade. A paridade para o bit *i* é calculada da seguinte forma:

$$X4(i) = X3(i) \oplus X2(i) \oplus X1(i) \oplus X0(i)$$

em que $\oplus$ é a função OU-EXCLUSIVO.

Suponha que o drive X1 tenha falhado. Se adicionarmos a função $X4(i) \oplus X1(i)$ aos dois lados da equação anterior, obteremos:

$$X1(i) = X4(i) \oplus X3(i) \oplus X2(i) \oplus X0(i)$$

Desse modo, o conteúdo de cada *strip* de dados em X1 pode ser regenerado a partir do conteúdo dos *strips* correspondentes nos discos restantes no array. Esse princípio é verdadeiro para os RAIDs de níveis 3 a 6.

No caso de uma falha do disco, todos os dados ainda estão disponíveis no que é chamado de modo reduzido. Nesse modo, para leituras, os dados que faltam são regenerados no ato, usando o cálculo do OU-EXCLUSIVO. Quando os dados são gravados em um array RAID 3 reduzido, a consistência da paridade precisa ser mantida para regeneração posterior. O retorno à operação plena requer que o disco que falhou seja substituído e seu conteúdo inteiro seja regenerado no novo disco.

DESEMPENHO Como os dados são armazenados em *strips* muito pequenos, o RAID 3 pode alcançar taxas de transferência de dados muito altas. Qualquer solicitação de E/S envolverá a transferência paralela de dados de todos os discos de dados. Para transferências grandes, a melhoria no desempenho é especialmente notável. Por outro lado, somente uma solicitação de E/S pode ser executada de cada vez. De tal maneira, em um ambiente orientado para transação, o desempenho é prejudicado.

RAID nível 4

Os RAIDs de níveis 4 a 6 utilizam uma técnica de acesso independente. Em um array de acesso independente, cada disco membro opera independentemente, de modo que solicitações de E/S separadas podem ser satisfeitas em paralelo. Por causa disso, arrays com acesso independente são mais adequados para aplicações que exigem altas taxas de solicitação de E/S, e são relativamente menos adequados para aplicações que exigem altas taxas de transferência de dados.

Assim como nos outros esquemas RAID, o *striping* de dados é usado. No caso dos RAIDs de níveis 4 a 6, os *strips* são relativamente grandes. Com o RAID 4, um *strip* de paridade bit a bit é calculado por meio dos *strips* correspondentes em cada disco de dados, e os bits de paridade são armazenados no *strip* correspondente no disco de paridade.

O RAID 4 envolve uma penalidade de gravação quando uma solicitação de gravação de E/S de pequeno tamanho é realizada. Toda vez que ocorre uma gravação, o software de gerenciamento do array deve atualizar não apenas os dados do usuário, mas também os bits de paridade correspondentes. Considere um array de cinco drives em que os dados estejam armazenados em X0 a X3 e X4 seja o disco de paridade. Suponha que uma gravação seja realizada envolvendo apenas um *strip* no disco X1. Inicialmente, para cada bit i, temos o seguinte relacionamento:

$$X4(i) = X3(i) \oplus X2(i) \oplus X1(i) \oplus X0(i) \tag{6.2}$$

Após a atualização, com bits potencialmente alterados indicados por um símbolo primário:

$$X4'(i) = X3(i) \oplus X2(i) \oplus X1'(i) X0(i)$$
$$= X3(i) \oplus X2(i) \oplus X1'(i) \oplus X0(i) \oplus X1(i) \oplus X1(i)$$
$$= X3(i) \oplus X2(i) \oplus X1(i) \oplus X0(i) \oplus X1(i) \oplus X1'(i)$$
$$= X4(i) \oplus X1(i) \oplus X1'(i)$$

Esse conjunto de equações é derivado da seguinte forma: a primeira linha mostra que uma mudança em X1 também afetará o disco de paridade X4. Na segunda linha, adicionamos os termos $\oplus X1(i) \oplus X1(i)$. Como o OU-EXCLUSIVO de qualquer valor com ele mesmo é 0, isso não afeta a equação. Contudo, essa é uma conveniência usada para criar a terceira linha, pela reordenação. Finalmente, a Equação 6.1 é usada para substituir os quatro primeiros termos por X4(i).

Para calcular a nova paridade, o software de gerenciamento de array deve ler o *strip* antigo do usuário e o de paridade. Depois, ele pode atualizar esses dois *strips* com os dados novos e a paridade recém-calculada. De tal maneira, cada gravação de *strip* envolve duas leituras e duas gravações.

No caso de uma gravação de E/S de tamanho maior, que envolva *strips* em todos os drives de disco, a paridade é facilmente calculada somente com o uso dos novos bits de dados. Desse modo, o drive de paridade pode ser atualizado em paralelo com os drives de dados, e não existem leituras ou gravações extras.

De qualquer modo, cada operação de gravação deve envolver o disco de paridade, que, portanto, pode tornar-se um gargalo.

RAID nível 5

O RAID 5 é organizado de uma forma semelhante ao RAID 4. A diferença é que o RAID 5 distribui os *strips* de paridade por todos os discos. Uma alocação típica é um esquema *round-robin*, conforme ilustrado na Figura 6.6f. Para um array de n discos, o *strip* de paridade está em um disco diferente para os primeiros n *stripes*, e o padrão então se repete.

A distribuição dos *strips* de paridade por todos os drives evita o potencial gargalo de E/S encontrado no RAID 4.

RAID nível 6

O RAID 6 foi introduzido em um artigo subsequente pelos pesquisadores em Berkeley (KATZ; GIBSON; PATERSON, 1989). No esquema RAID 6, dois cálculos de paridade distintos são executados e armazenados em blocos separados em discos diferentes. De tal maneira, um array RAID 6 cujos dados do usuário exigem N discos consiste em $N + 2$ discos.

A Figura 6.6g ilustra o esquema. P e Q são dois algoritmos de verificação de dados diferentes. Um dos dois é o cálculo de OU-EXCLUSIVO, usado nos RAIDs 4 e 5. Mas o outro é um algoritmo de verificação de dados independente. Isso possibilita regenerar os dados mesmo que haja falha em dois discos contendo dados do usuário.

A vantagem do RAID 6 é que ele oferece uma disponibilidade de dados extremamente alta. Três discos teriam que falhar dentro do intervalo de tempo médio para reparo (MTTR — do inglês, *Mean Time To Repair*) para que os dados fossem perdidos. Por outro lado, o RAID 6 exige uma penalidade de gravação substancial, pois cada gravação afeta dois blocos de paridade. Benchmarks de desempenho (EISCHEN, 2007) mostram que um controlador RAID 6 pode sofrer mais de 30% de queda no desempenho geral da gravação em comparação com uma implementação RAID 5. Os desempenhos de leitura do RAID 5 e do RAID 6 são semelhantes.

A Tabela 6.4 é um resumo comparativo dos sete níveis.

Tabela 6.4
Comparação de RAID.

Nível	Vantagens	Desvantagens	Aplicações
0	O desempenho de E/S é bastante melhorado ao distribuir a carga de E/S por muitos canais e drives Não há *overhead* de cálculo de paridade envolvido Projeto muito simples Fácil de implementar	A falha de apenas um drive resultará na perda de todos os dados em um array	Produção e edição de vídeo Edição de imagens Aplicações de pré-impressão Qualquer aplicação exigindo grande largura de banda
1	100% de redundância de dados significa que não é preciso reconstruir em caso de falha do disco, apenas uma cópia para o disco substituto Sob certas circunstâncias, o RAID 1 pode sustentar múltiplas falhas simultâneas Projeto mais simples do subsistema de armazenamento RAID	*Overhead* de disco mais alto de todos os tipos de RAIDs (100%) — ineficaz	Contabilidade Folha de pagamento Financeiras Qualquer aplicação exigindo disponibilidade muito alta
2	Taxas de transferência de dados extremamente altas são possíveis Quanto mais alta a taxa de transferência de dados exigida, melhor a razão entre discos de dados e discos de ECC Projeto de controlador relativamente simples em comparação com os RAIDs de nível 3, 4 e 5	Razão muito alta entre discos de ECC e discos de dado com menores tamanhos de palavra — ineficazes Custo muito alto para cada nível — necessita requisitos de taxa de transferência muito altos para justificar	Nenhuma implementação comercial; inviável comercialmente
3	Taxa de transação de dados muito alta para leitura Taxa de transferência de dados para gravação muito alta A falha de disco tem um impacto insignificante sobre o *throughput* Baixa razão entre discos de ECC (paridade) e discos de dados significa alta eficiência	Taxa de transação igual a de um único drive no máximo (se os eixos forem sincronizados) Projeto de controlador muito complexo	Produção de vídeo e *streaming* ao vivo Edição de imagens Edição de vídeo Aplicações de pré-impressão Qualquer aplicação exigindo alta taxa de transferência
4	Taxa de transação de dados muito alta para leitura Baixa razão entre discos de ECC (paridade) e discos de dados significa alta eficiência	Projeto de controlador muito complexo Pior taxa de transação de gravação e taxa de transferência de gravação agregada Reconstituição de dados difícil e ineficaz no caso de falha de disco	Nenhuma implementação comercial; inviável comercialmente

(*Continua*)

(Continuação)

5	Mais alta taxa de transação de dados para leitura Baixa razão entre discos de ECC (paridade) e discos de dados significa alta eficiência Bom tempo de transferência agregado	Projeto de controlador mais complexo de todos Difícil reconstituição no evento de uma falha de disco (comparado com RAID nível 1)	Servidores de arquivo e aplicação Servidores de banco de dados Servidores Web, de e-mails e de notícias Servidores de Intranet Nível RAID mais versátil
6	Oferece uma tolerância a falhas extremamente alta e pode sustentar múltiplas falhas de drives simultâneos	Projeto de controlador mais complexo *Overhead* do controlador para o endereço de paridade do computador extremamente alta	Solução perfeita para aplicações de tarefa crítica

6.3 DRIVES DE ESTADO SÓLIDO

Um dos desenvolvimentos mais significativos da arquitetura do computador nos anos recentes é o uso crescente dos drives de estado sólido (SSDs — do inglês, *Solid State Drives*) para complementar ou mesmo substituir os **drives de disco rígido (HDDs — do inglês, *Hard Disk Drives*)**, ambos como memória secundária interna ou externa. O termo *estado sólido* diz respeito ao circuito eletrônico construído com semicondutores. Um SSD é um dispositivo de memória feito com componentes de estado sólido que pode ser usado em substituição ao drive de disco rígido. Os SSDs que estão agora no mercado, e os que estão entrando em produção, usam memória flash NAND, descrita no Capítulo 5.

SSD comparado a HDD

Como o custo de SSDs com base em flash caiu e o desempenho e a densidade de bits aumentaram, os SSDs tornaram-se mais competitivos que os HDDs. A Tabela 6.5 mostra medidas típicas da comparação durante o período em que este livro foi escrito.

Os SSDs têm as seguintes vantagens sobre os HDDs:

- **Operações de entrada/saída por segundo de alto desempenho (IOPS — do inglês, *high-performance input/output operations per second*)**: aumenta significativamente o desempenho dos subsistemas de E/S.
- **Durabilidade**: menos suscetível a choque físico e vibração.
- **Longa vida útil**: SSDs não são suscetíveis a desgaste mecânico.
- **Baixo consumo de energia**: SSDs usam consideravelmente menos energia que HDDs de tamanhos comparáveis.
- **Capacidades de funcionamento mais silenciosas e resfriadas**: menos espaço exigido, menores custos de energia e empresas mais ecológicas.
- **Menores tempos de acesso e taxas de latência**: acima de 10 vezes mais rápido que os discos giratórios em um HDD.

Atualmente, os HDDs possuem uma vantagem de custo por bit, mas essas diferenças estão diminuindo.

Organização de SSD

A Figura 6.8 ilustra uma visão geral dos componentes de sistemas de arquiteturas comuns associados com algum sistema SSD. No sistema hospedeiro, o sistema operacional invoca o software de sistema de arquivo para acessar dados no disco. O sistema de arquivos, por sua vez, invoca o software do driver de E/S. Este proporciona acesso hospedeiro ao produto de SSD em particular. O componente de interface na Figura 6.8 refere-se à interface física e elétrica entre o processador hospedeiro e o dispositivo periférico SSD. Se o dispositivo é um drive rígido interno, uma interface comum é a PCIe. Para dispositivos externos, a interface comum é o USB.

Tabela 6.5
Comparação de drives de estado sólido e drives de disco.

	Drives de Flash NAND	HDD interno do laptop da Seagate
Cópia de arquivo/ velocidade de leitura	200–550 Mbps	50–120 Mbps
Consumo de energia/ tempo útil da bateria	Menor consumo de energia, média de 2–3 watts, resultando em mais de 30 minutos de aumento da bateria	Maior consumo de energia, média de 6–7 watts e, portanto, usa mais bateria
Capacidade de armazenamento	Geralmente, não maior que 512 GB para drives de tamanho de notebook; 1 TB, no máximo, para desktops	Geralmente, cerca de 500 GB e 2 TB, no máximo, para drives de tamanho de notebook; 4 TB, no máximo, para desktops
Custo	Cerca de US$ 0,50 por GB para um drive de 1 TB	Cerca de US$ 0,15 por GB para um drive de 4 TB

Figura 6.8
Arquitetura de drive de estado sólido.

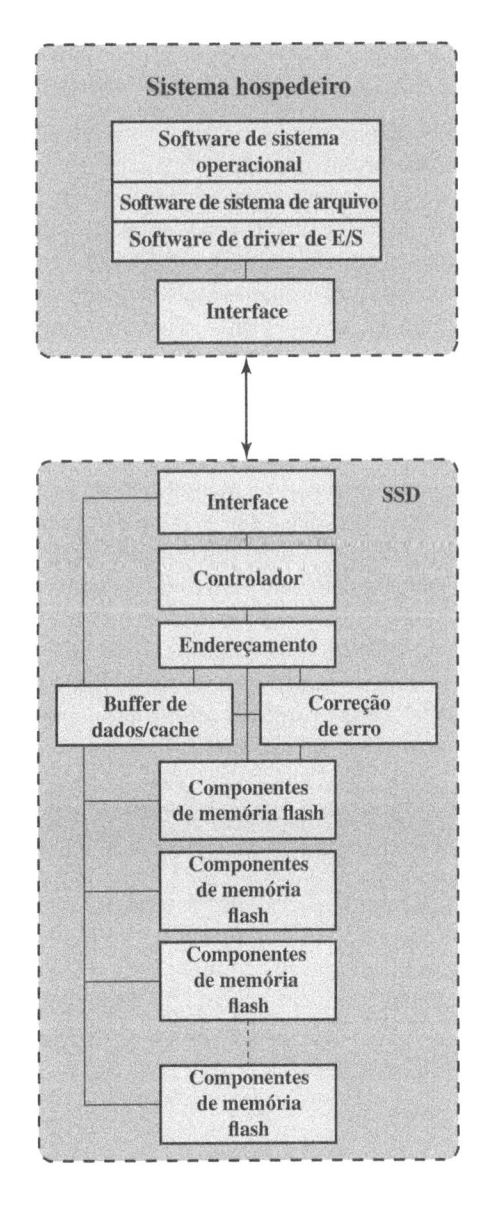

Além da interface ao sistema hospedeiro, o SSD contém os seguintes componentes:

- **Controlador**: proporciona o interfaceamento e a execução do firmware do dispositivo de SSD.
- **Endereçamento**: a lógica que apresenta a função de seleção nos componentes de memória flash.
- **Buffer de dados/cache**: componentes de memória RAM de alta velocidade usados para combinação da compatibilização da velocidade e para o aumento da taxa de transferência (*throughput*) de dados.
- **Correção de erros**: a lógica para a detecção e correção de erros.
- **Componentes de memória flash**: chips individuais de flash NAND.

Questões práticas

Há duas questões práticas peculiares a SSDs que são encaradas pelos HDDs. A primeira é que o desempenho do SSD tem uma tendência a desacelerar conforme o dispositivo é usado. Para entender a razão disso, é preciso saber que os arquivos são armazenados no disco como um conjunto de páginas, em geral de 4 kB de extensão. Essas páginas não são necessariamente, e de fato não normalmente, armazenadas como um conjunto contíguo de páginas no disco. A razão para essa disposição é explicada em nossa discussão sobre a memória virtual no Capítulo 8. Contudo, a memória flash é acessada em blocos, com um tamanho de blocos típico de 512 kB, de modo que há, em geral, 128 páginas por bloco. Agora, considere o que deve ser feito para gravar uma página na memória flash.

1. Todo o bloco deve ser lido a partir da memória flash e colocado no buffer de RAM. Então, uma página apropriada no buffer de RAM é atualizada.
2. Antes que o bloco seja escrito de volta na memória flash, todo o bloco da memória flash deve ser apagado — não é possível apagar apenas uma página da memória flash.
3. Todo o bloco a partir do buffer é agora gravado de volta na memória flash.

Agora, quando o drive de flash está relativamente vazio e um novo arquivo é criado, as páginas desses arquivos são gravadas no drive de forma contínua, de modo que um ou somente poucos blocos sejam afetados. No entanto, ao longo do tempo, por conta da maneira como a memória virtual funciona, os arquivos se tornam fragmentados, com páginas espalhadas ao longo dos blocos. Conforme o drive se torna mais ocupado, há mais fragmentação, então a gravação do novo arquivo pode afetar diversos blocos. Desse modo, a gravação de várias páginas a partir de um bloco se torna mais lenta, quanto mais ocupado o disco estiver. Os fabricantes desenvolveram uma série de técnicas para compensar essa propriedade da memória flash, como colocar ao lado uma parte substancial do SSD como espaço extra para as operações de gravação (chamado de *excesso de provisionamento*), e então apagar as páginas inativas durante o tempo ocioso usado para desfragmentar o disco. Outra técnica é o comando TRIM, que permite que um sistema operacional informe a um SSD quais blocos de dados não são mais considerados em uso e podem ser limpos internamente.[4]

Uma segunda questão prática quanto aos drives da memória flash é que ela se torna inútil depois de certa quantidade de gravações. Conforme as células flash são estressadas, elas perdem, então, sua capacidade de gravar e reter valores. Um limite típico é de 100.000 gravações (GSOEDL, 2008). As técnicas para o prolongamento da vida útil de um drive SSD incluem colocar uma cache na entrada-saída da flash para agrupar e retardar as operações de gravação, usando algoritmos de níveis de desgaste que as distribuem de modo uniforme no bloco das células, bem como técnicas sofisticadas de gerenciamento de blocos ruins. Além disso, os fornecedores estão implantando SSDs nas configurações de RAID para reduzir mais a probabilidade de perda de dados. A maioria dos dispositivos flash é também capaz de estimar seu próprio tempo de vida restante, de modo que os sistemas possam antecipar falhas e tomar ações preventivas.

6.4 MEMÓRIA ÓPTICA

Em 1983, um dos produtos mais bem-sucedidos de todos os tempos destinados aos consumidores foi apresentado: o sistema de áudio digital de disco compacto (CD — do inglês, *Compact Disk*). O CD é um disco não apagável que pode armazenar mais de 60 minutos de informação de áudio em um lado. O imenso sucesso comercial do CD permitiu o desenvolvimento da tecnologia de armazenamento de disco óptico de baixo custo, que revolucionou o armazenamento de dados em computador. Diversos sistemas de disco óptico foram introduzidos (Tabela 6.6). Vamos rever rapidamente cada um deles.

---

4 Embora TRIM seja muitas vezes referido em letras maiúsculas, não é um acrônimo e, sim, somente um nome de comando.

Tabela 6.6

Produtos de disco óptico.

CD
Disco compacto (CD — do inglês, *Compact Disk*). Um disco não apagável que armazena informações de áudio digitalizadas. O sistema padrão utiliza discos de 12 cm e pode gravar mais de 60 minutos de tempo de execução sem interrupção
CD-ROM
Disco compacto apenas para leitura (CD-ROM — do inglês, *Compact Disk Read-Only Memory*). Um disco não apagável para armazenar dados de computador. O sistema padrão utiliza discos de 12 cm e pode manter mais de 650 MB
CD-R
CD gravável. Semelhante a um CD-ROM. O usuário pode gravar no disco apenas uma vez
CD-RW
CD regravável. Semelhante a um CD-ROM. O usuário pode apagar e regravar no disco várias vezes
DVD
Disco versátil digital (DVD — do inglês, *Digital Versatile Disk*). Uma tecnologia para produzir representação digitalizada e compactada de informações de vídeo, além de grandes volumes de outros dados digitais. São usados diâmetros de 8 e 12 cm, com capacidade de dupla face chegando até a 17 GB. O DVD básico é somente de leitura (DVD-ROM)
DVD-R
DVD gravável. Semelhante a um DVD-ROM. O usuário pode gravar no disco apenas uma vez. Só podem ser usados discos de uma face
DVD-RW
DVD regravável. Semelhante a um DVD-ROM. O usuário pode apagar e regravar no disco várias vezes. Só podem ser usados discos de uma face
DVD blu-ray
Disco de vídeo de alta definição. Oferece densidade de armazenamento de dados muito maior que o DVD, usando um laser de 405 nm (azul violeta). Uma única camada em uma única face pode armazenar 25 GB

Disco compacto (CD)

CD-ROM Tanto o CD de áudio quanto o **CD-ROM** compartilham uma tecnologia semelhante. A principal diferença é que os aparelhos de reprodução de CD-ROM são mais resistentes e possuem dispositivos de correção de erro para garantir que os dados sejam transferidos corretamente do disco ao computador. Os dois tipos de disco são fabricados da mesma forma. O disco é formado por uma resina, como o policarbonato. Informações registradas digitalmente (música ou dados do computador) são impressas como uma série de sulcos microscópicos na superfície do policarbonato. Isso é feito, em primeiro lugar, com um laser de precisão e alta intensidade, para criar um disco mestre. O mestre é usado, por sua vez, para criar um substrato para estampar cópias no policarbonato. A superfície furada é, então, coberta com uma superfície altamente refletora, geralmente alumínio ou ouro. Essa fina superfície é protegida contra poeira e arranhões por uma camada externa de acrílico claro. Por fim, um rótulo pode ser aplicado por serigrafia (*silkscreen*) sobre o acrílico.

As informações são recuperadas de um CD ou CD-ROM por um laser de baixa potência, acomodado em um aparelho de disco óptico, ou drive de disco. O laser incide no policarbonato claro enquanto um motor gira o disco (Figura 6.9). A intensidade da luz refletida do laser muda quando encontra um **sulco (*pit*)**. Especificamente, se o feixe de laser cair em um sulco, que tem uma superfície áspera, a luz se espalha e uma baixa intensidade é refletida de volta à origem. As áreas entre os sulcos são chamadas de **pistas (*lands*)**. Uma pista é uma superfície lisa, que reflete o raio com maior intensidade. A mudança entre sulcos e pistas é detectada por um fotossensor e convertida em um sinal digital. O sensor testa a superfície em intervalos regulares. O início ou o final de um sulco representa um 1; quando não ocorre qualquer mudança na elevação entre os intervalos, um 0 é registrado.

Lembre-se de que, em um disco magnético, a informação é registrada em trilhas concêntricas. Com o sistema de velocidade angular constante (CAV), o número de bits por trilha é constante. Um aumento na densidade é obtido com a gravação em múltiplas zonas, em que a superfície é dividida em uma série de zonas, com

Figura 6.9

Operação do CD.

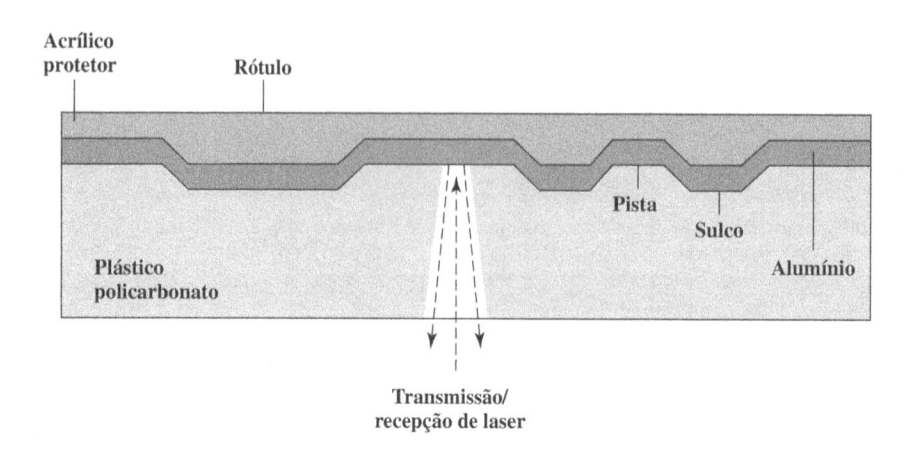

as mais distantes do centro contendo mais bits que aquelas mais próximas do centro. Embora essa técnica aumente a capacidade, ela ainda não é ideal.

Para conseguir maior capacidade, CDs e CD-ROMs não organizam informações sobre trilhas concêntricas. Em vez disso, o disco contém uma única trilha espiral, começando próximo ao centro e espiralando para a borda externa do disco. Os setores perto da margem externa do disco têm o mesmo tamanho daqueles perto do interior. Desse modo, as informações são empacotadas por igual pelo disco em segmentos do mesmo tamanho, e estes são varridos na mesma velocidade, girando o disco em uma velocidade variável. Os sulcos são, então, lidos pelo laser a uma **velocidade linear constante (CLV — do inglês,** *Constant Linear Velocity*). O disco gira mais lentamente para os acessos perto da margem externa do que para aqueles próximos ao centro. De tal maneira, a capacidade de uma trilha e o atraso rotacional aumentam para as posições perto da margem externa do disco. A capacidade de disco para um CD-ROM é cerca de 680 MB.

Os dados no CD-ROM são organizados como uma sequência de blocos. Um formato de bloco típico aparece na Figura 6.10. Ele consiste nos seguintes campos:

- **Sync**: o campo de sincronismo identifica o início de um bloco. Ele consiste em um byte apenas com 0s, 10 bytes apenas com 1s e um byte apenas com 0s.
- **Cabeçalho**: o cabeçalho contém o endereço de bloco e o byte de modo. O modo 0 especifica um campo de dados em branco; o modo 1 especifica o uso de um código de correção de erro e 2.048 bytes de dados; o modo 2 especifica 2.336 bytes de dados do usuário sem código de correção de erro.
- **Dados**: dados do usuário.
- **Auxiliar**: dados adicionais do usuário no modo 2. No modo 1, este é um código de correção de erro com 288 bytes.

Figura 6.10

Formato de bloco do CD-ROM.

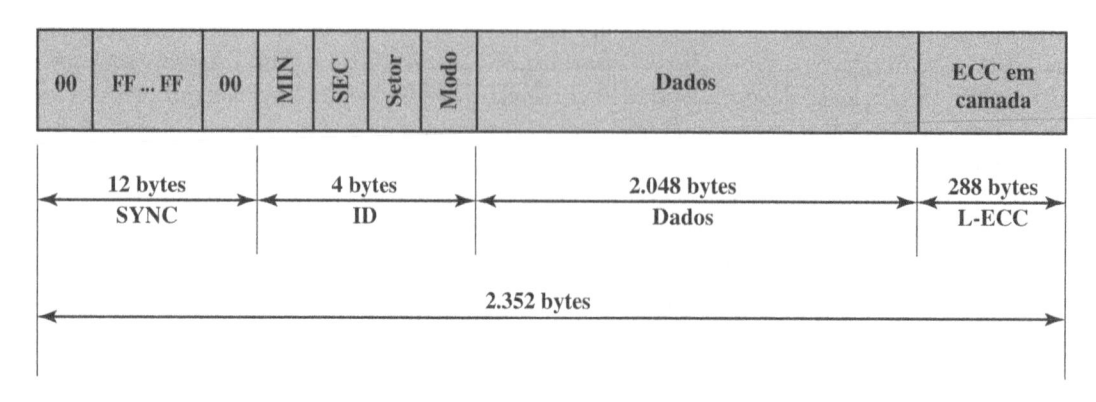

Com o uso de CLV, o acesso aleatório torna-se mais difícil. Localizar um endereço específico envolve mover a cabeça para a área geral, ajustar a velocidade de rotação e ler o endereço, e depois fazer pequenos ajustes para encontrar e acessar o setor específico.

O CD-ROM é apropriado para a distribuição de grandes quantidades de dados para um grande número de usuários. Por conta do custo do processo de gravação inicial, ele não é apropriado para aplicações individualizadas. Em comparação com os discos magnéticos tradicionais, o CD-ROM tem duas vantagens:

- O disco óptico, junto com a informação nele armazenada, pode ser replicado em massa de modo pouco dispendioso — diferente de um disco magnético. O banco de dados em um disco magnético precisa ser reproduzido copiando um disco de cada vez, usando dois drives de disco.
- O disco óptico é removível, permitindo que o próprio disco seja usado para arquivamento. A maioria dos discos magnéticos é não removível. A informação nos discos magnéticos não removíveis precisa ser primeiro copiada para outro meio de armazenamento, antes que o drive de disco — e, portanto, o disco — possa ser usado para armazenar novas informações.

As desvantagens do CD-ROM são as seguintes:

- Ele é apenas de leitura e não pode ser atualizado.
- Ele tem um tempo de acesso muito maior que o de um drive de disco magnético, de até meio segundo.

CD GRAVÁVEL Para acomodar aplicações em que apenas um ou um pequeno número de cópias de um conjunto de dados é necessário, foi desenvolvido o CD que grava uma vez e lê muitas vezes, conhecido como **CD gravável (CD-R — do inglês, *CD Recordable*)**. Para o CD-R, um disco é preparado de modo que possa mais tarde ser gravado uma vez com um feixe de laser de intensidade moderada. Então, com um controlador de disco um pouco mais caro que para o CD-ROM, o cliente pode gravar uma vez além de ler o disco.

O meio do CD-R é semelhante, mas não idêntico ao de um CD ou CD-ROM. Para CDs e CD-ROMs, a informação é gravada pelo sulco da superfície do meio que muda a refletividade. Para um CD-R, o meio inclui uma camada de substrato. O substrato é usado para mudar a refletividade e é ativado por um laser de alta intensidade. O disco resultante pode ser lido em um drive de CD-R ou em um drive de CD-ROM.

O disco óptico de CD-R é atraente para arquivamento de documentos e arquivos. Ele oferece um registro permanente de grandes volumes de dados do usuário.

CD REGRAVÁVEL O disco óptico **CD-RW (do inglês, *CD Rewritable*)** pode ser gravado e regravado repetidamente, assim como um disco magnético. Embora diversas técnicas tenham sido experimentadas, a única técnica óptica pura que provou ser atraente é denominada **mudança de fase**. O disco por mudança de fase usa um material que possui duas refletividades significativamente diferentes em dois estados de fase diferentes. Existe um estado amorfo, em que as moléculas exibem uma orientação aleatória que mal reflete a luz, e um estado cristalino, que tem uma superfície lisa, que reflete bem a luz. Um feixe de luz de laser pode mudar o material de uma fase para a outra. A principal desvantagem dos discos ópticos por mudança de fase é que o material por fim perde permanentemente essas propriedades. Os materiais atuais podem ser usados para algo entre 500.000 e 1.000.000 de ciclos de apagamento.

O CD-RW tem a vantagem óbvia em relação ao CD-ROM e ao CD-R de poder ser regravado e, portanto, é usado como um verdadeiro armazenamento secundário. Dessa forma, ele concorre com o disco magnético. A principal vantagem do disco óptico é que as restrições de engenharia para os discos ópticos são muito menos severas do que para os discos magnéticos de alta capacidade. Desse modo, eles exibem confiabilidade mais alta e vida mais longa.

Disco versátil digital (DVD)

Com o abrangente **disco versátil digital (DVD — do inglês, *Digital Versatile Disk*)**, a eletrônica por fim encontrou na indústria uma substituição aceitável para a fita de vídeo VHS analógica. O DVD substituiu a fita de vídeo usada nos gravadores de videocassete (VCR — do inglês, *Video Cassete Recorder*) e, mais importante para esta discussão, substituiu o CD-ROM nos computadores pessoais e servidores. O DVD leva o vídeo para a era digital. Ele oferece filmes com qualidade de imagem impressionante e pode ser acessado aleatoriamente, como os CDs de áudio, que as máquinas de DVD também podem reproduzir. Grandes volumes de dados podem ser colocados no disco, atualmente sete vezes mais que um CD-ROM. Com a imensa capacidade de armazenamento e a excelente qualidade de imagem do DVD, os jogos para PC tornaram-se mais realistas e softwares educacionais incorporaram mais vídeo. Em seguida, na onda desse desenvolvimento, tem havido um novo pico de tráfego pela internet e intranets corporativas, à medida que esse material é incorporado nos sites Web.

Figura 6.11

CD-ROM e DVD-ROM.

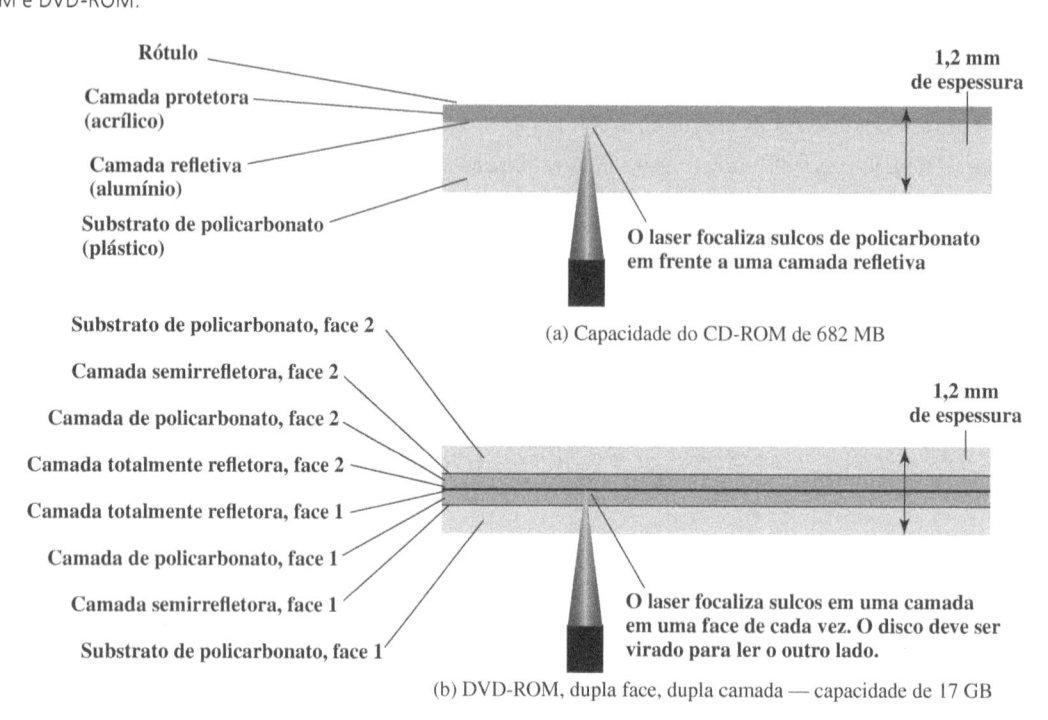

Rótulo
Camada protetora (acrílico)
Camada refletiva (alumínio)
Substrato de policarbonato (plástico)
1,2 mm de espessura
O laser focaliza sulcos de policarbonato em frente a uma camada refletiva

(a) Capacidade do CD-ROM de 682 MB

Substrato de policarbonato, face 2
Camada semirrefletora, face 2
Camada de policarbonato, face 2
Camada totalmente refletora, face 2
Camada totalmente refletora, face 1
Camada de policarbonato, face 1
Camada semirrefletora, face 1
Substrato de policarbonato, face 1
1,2 mm de espessura
O laser focaliza sulcos em uma camada em uma face de cada vez. O disco deve ser virado para ler o outro lado.

(b) DVD-ROM, dupla face, dupla camada — capacidade de 17 GB

A maior capacidade do DVD deve-se a três diferenças dos CDs (Figura 6.11):

1. Os bits são acomodados mais de perto em um DVD. O espaçamento entre os loops de uma espiral em um CD é de 1,6 μm e a distância mínima entre os sulcos ao longo da espiral é de 0,834 μm.
2. O DVD usa um laser com comprimento de onda mais curto e alcança um espaçamento de loop de 0,74 μm e uma distância mínima entre os sulcos de 0,4 μm. O resultado dessas duas melhorias é um aumento de cerca de sete vezes na capacidade, para algo em torno de 4,7 GB.
3. O DVD emprega uma segunda camada de sulcos e pistas em cima da primeira camada. Um DVD de camada dupla tem uma camada semirrefletora em cima da camada refletora e, ajustando o foco, os lasers nos drives de DVD podem ler cada camada separadamente. Essa técnica quase dobra a capacidade do disco, para cerca de 8,5 GB. A menor refletividade da segunda camada limita sua capacidade de armazenamento, de modo que não é possível dobrar a capacidade total.
4. O DVD-ROM pode ser de dois lados, enquanto os dados são gravados em apenas um lado de um CD. Isso leva a capacidade total para até 17 GB.

Assim como o CD, os DVDs possuem versões graváveis e também somente de leitura (Tabela 6.6).

Discos ópticos de alta definição

Os discos ópticos de alta definição são projetados para armazenar vídeos de alta definição e oferecem uma capacidade de armazenamento muito maior em comparação com os DVDs. A densidade de bits mais alta é alcançada usando um laser com um comprimento de onda mais curto, na faixa do azul violeta. Os sulcos de dados, que constituem os 1s e 0s digitais, são menores nos discos ópticos de alta definição em comparação com o DVD, em razão do comprimento do laser mais curto.

Dois formatos e tecnologias de disco concorrentes competiram inicialmente pela aceitação do mercado: HD DVD e **Blu-ray** DVD. O esquema Blu-ray finalmente conseguiu o domínio do mercado. O esquema HD DVD pode armazenar 15 GB em uma única camada em uma única face. O Blu-ray posiciona a camada de dados no disco mais perto do laser (mostrado no lado direito de cada diagrama da Figura 6.12). Isso permite foco mais estreito e menos distorção e, portanto, menores sulcos e trilhas. O Blu-ray pode armazenar 25 GB em uma única camada. Existem três versões: somente leitura (BD-ROM), gravável uma vez (BD-R) e regravável (BD-RE).

Figura 6.12

Características da memória óptica.

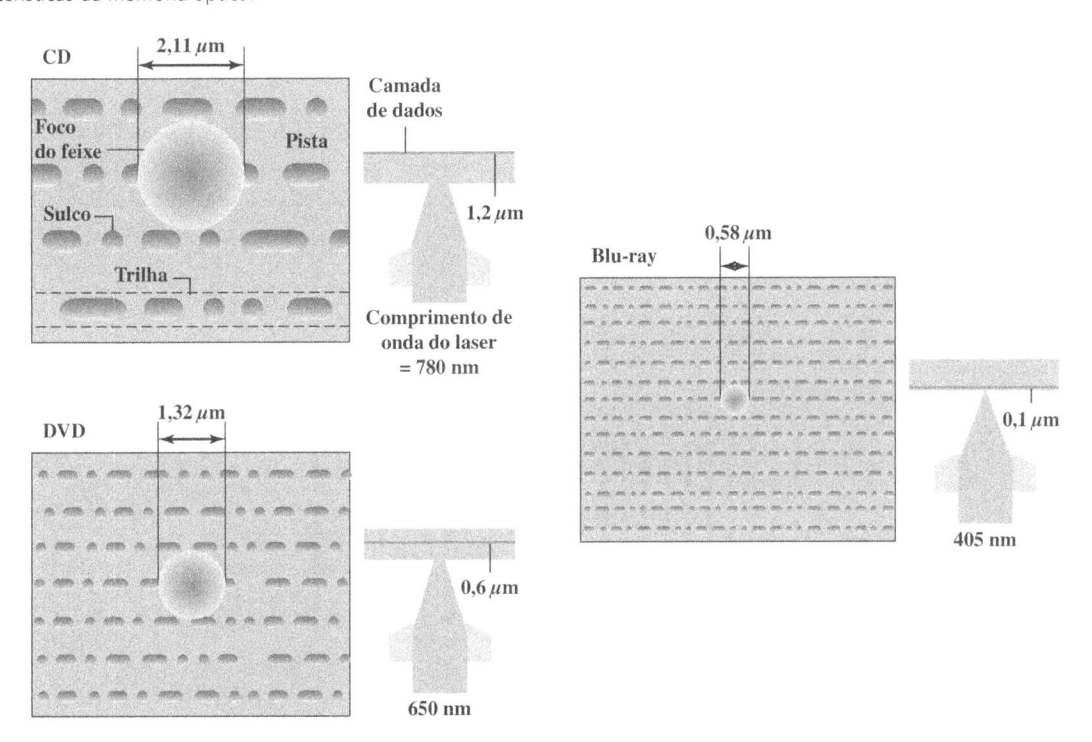

6.5 FITA MAGNÉTICA

Os sistemas de fita utilizam as mesmas técnicas de leitura e gravação que os sistemas de disco. O meio é uma fita de poliéster flexível (semelhante ao que é usado em alguns tecidos) coberta com material magnetizável. A cobertura pode consistir em partículas de metal puro em pastas especiais ou filmes de vapor de metal. A fita e o drive de fita são semelhantes a um sistema de gravador de fita doméstico. As larguras de fita variam de 0,38 a 1,27 cm. As fitas costumavam vir em carrretéis abertos que precisavam ser rebobinados para um segundo rolo para serem usadas. Hoje, praticamente todas elas são acomodadas em cartuchos.

Os dados na fita são estruturados como uma série de trilhas paralelas no sentido do comprimento da fita. Os sistemas de fita mais antigos em geral usavam nove trilhas. Isso possibilitava o armazenamento de dados um byte de cada vez, com um bit de paridade adicional sendo a nona trilha. Isso foi substituído por sistemas de fita usando 18 ou 36 trilhas, correspondendo a uma palavra digital ou a uma palavra dupla. A gravação de dados dessa forma é conhecida como **gravação paralela**. A maioria dos sistemas modernos, em vez disso, usa a **gravação serial**, em que os dados são dispostos como uma sequência de bits ao longo de cada trilha, como é feito com os discos magnéticos. Assim como o disco, os dados são lidos e gravados em blocos contíguos, chamados *registros físicos*, em uma fita. Os blocos na fita são separados por lacunas (*gaps*) conhecidas como *lacunas entre registro*. Assim como o disco, a fita é formatada para auxiliar na localização dos registros físicos.

A técnica de gravação típica usada nas fitas seriais é conhecida como **gravação em serpentina**. Nessa técnica, quando os dados estão sendo gravados, o primeiro conjunto de bits é gravado ao longo de toda a extensão da fita. Quando o final da fita é alcançado, as cabeças são reposicionadas para gravar uma nova trilha, e a fita é novamente gravada em sua extensão completa, desta vez na direção oposta. Esse processo continua, indo e voltando, até que a fita esteja cheia (Figura 6.13a). Para aumentar a velocidade, a cabeça de leitura-gravação é capaz de ler e gravar uma série de trilhas adjacentes simultaneamente (em geral, duas a oito trilhas). Os dados ainda são gravados de forma serial ao longo das trilhas individuais, mas os blocos em sequência são armazenados em trilhas adjacentes, conforme sugere a Figura 6.13b.

Um drive de fita é um dispositivo de *acesso sequencial*. Se a cabeça da fita estiver posicionada no registro 1, então, para ler o registro *N*, é preciso ler os registradores físicos de 1 até *N* – 1, um de cada vez. Se em um determinado momento a cabeça estiver posicionada além do registro desejado, é preciso rebobinar a fita por certa distância e começar a ler para a frente. Diferentemente do disco, a fita fica em movimento apenas durante uma operação de leitura ou gravação.

Ao contrário da fita, o drive de disco é denominado dispositivo de *acesso direto*. Um drive de disco não deve ler sequencialmente todos os setores em um disco para chegar àquele que deseja. Ele só precisa esperar pelos setores intermediários dentro de uma trilha e pode fazer acessos sucessivos a qualquer trilha.

A fita magnética foi o primeiro tipo de memória secundária. Ela ainda é muito usada como o componente mais lento e de mais baixo custo da hierarquia de memória.

Figura 6.13
Características de uma fita magnética típica.

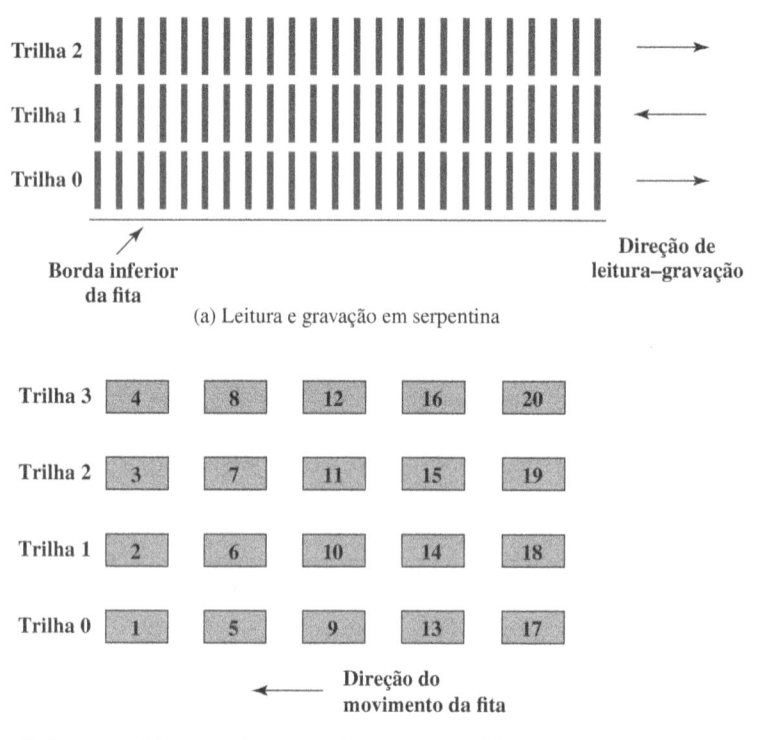

(a) Leitura e gravação em serpentina

(b) Layout em bloco para sistema que lê-grava quatro trilhas simultaneamente

Tabela 6.7
Drives de fita LTOs.

	LTO-1	LTO-2	LTO-3	LTO-4	LTO-5	LTO-6	LTO-7	LTO-8
Data de lançamento	2000	2003	2005	2007	2010	2012	TBA	TBA
Capacidade compactada	200 GB	400 GB	800 GB	1.600 GB	3,2 TB	8 TB	16 TB	32 TB
Taxa de transferência compactada	40 MB/s	80 MB/s	160 MB/s	240 MB/s	280 MB/s	400 MB/s	788 MB/s	1,18 GB/s
Densidade linear (bits/mm)	4.880	7.398	9.638	13.250	15.142	15.143		
Trilhas de fita	384	512	704	896	1.280	2.176		
Extensão da fita (m)	609	609	680	820	846	846		
Largura da fita (cm)	1,27	1,27	1,27	1,27	1,27	1,27		
Elementos de gravação	8	8	16	16	16	16		
WORM (*Write Once, Read Many*)?	Não	Não	Sim	Sim	Sim	Sim	Sim	Sim
Capacidade de Criptografia?	Não	Não	Não	Sim	Sim	Sim	Sim	Sim
Particionamento?	Não	Não	Não	Não	Sim	Sim	Sim	Sim

A tecnologia de fita dominante nos dias de hoje é um sistema de cartucho conhecido como fita linear aberta (LTO — do inglês, *Linear Tape Open*). A LTO foi desenvolvida no final da década de 1990 como uma alternativa de fonte aberta para os diversos sistemas patenteados no mercado. A Tabela 6.7 mostra os parâmetros para as diversas gerações de LTO. Veja mais detalhes no Apêndice J (disponível em inglês na Sala Virtual).

6.6 TERMOS-CHAVE, QUESTÕES DE REVISÃO E PROBLEMAS

Atraso rotacional, 169	Disquete, 168	Pista (*land*), 183
Blu-ray, 186	Drive de disco rígido (HDD), 180	Prato, 164
Cabeça, 164	Drive de estado sólido (SSD), 180	RAID, 171
CD, 182	DVD, 185	Setor, 166
CD-R, 185	DVD-R, 183	Substrato, 164
CD-ROM, 183	DVD-ROM, 186	Sulco (*pit*), 183
CD-RW, 185	DVD-RW, 183	Tempo de acesso, 169
Cilindro, 167	Fita magnética, 187	Tempo de busca (*seek time*), 169
Dados distribuídos (*striping*), 172	Gravação em múltiplas zonas, 166	Tempo de transferência, 169
Disco com cabeça fixa, 167	Gravação em serpentina, 187	Trilha, 165
Disco com cabeça móvel, 167	Lacuna (*gap*), 165	Velocidade angular constante (CAV), 166
Disco magnético, 164	Magnetorresistivo, 165	Velocidade linear constante (CLV), 184
Disco não removível, 167	Memória flash, 182	
Disco removível, 167	Memória óptica, 182	

QUESTÕES DE REVISÃO

6.1. Quais são as vantagens de usar um substrato de vidro para um disco magnético?
6.2. Como os dados são gravados em um disco magnético?
6.3. Como os dados são lidos de um disco magnético?
6.4. Explique a diferença entre um sistema CAV simples e um sistema com gravação em múltiplas zonas.
6.5. Defina os termos *trilha*, *cilindro* e *setor*.
6.6. Qual é o tamanho típico de um setor de disco?
6.7. Defina os termos *tempo de busca*, *atraso rotacional*, *tempo de acesso* e *tempo de transferência*.
6.8. Que características comuns são compartilhadas por todos os níveis de RAID?
6.9. Defina resumidamente os sete níveis de RAID.
6.10. Explique o termo *striping* (*dados distribuídos*).
6.11. Como a redundância é obtida em um sistema RAID?
6.12. No contexto do RAID, qual é a distinção entre acesso paralelo e acesso independente?
6.13. Qual é a diferença entre CAV e CLV?
6.14. Que diferenças entre um CD e um DVD são responsáveis pela maior capacidade de armazenamento do último?
6.15. Explique a gravação em serpentina.

PROBLEMAS

6.1. Justifique a Equação 6.1. Ou seja, explique como cada um dos três termos do lado direito da equação contribui para o valor no lado esquerdo.

6.2. Considere um disco com *N* trilhas numeradas de 0 a (*N* – 1) e suponha que os setores requisitados são distribuídos de forma aleatória e uniforme pelo disco. Queremos calcular o número médio de trilhas atravessadas por uma busca.

    d. Primeiro, calcule a probabilidade de uma busca de extensão *j* quando a cabeça está posicionada sobre a trilha *t*. *Dica*: Isso é uma questão de determinar o número total de combinações, reconhecendo que todas as posições de trilha para o destino da busca são igualmente prováveis.

    e. Em seguida, calcule a probabilidade de uma busca de tamanho *K*. *Dica*: Isso envolve o somatório de todas as combinações possíveis de *K* trilhas.

    f. Calcule o número médio de trilhas atravessadas por uma busca, usando a fórmula para o valor esperado.

$$E[x] = \sum_{i=0}^{N-1} i \times \Pr[x = i]$$

Dica: use a igualdade: $\sum_{i=1}^{n} i = \frac{n(n+1)}{2}; \sum_{i=1}^{n} i^2 = \frac{n(n+1)(2n+1)}{6}.$

    g. Mostre que, para valores grandes de *N*, o número médio de trilhas atravessadas por uma busca se aproxima de *N*/3.

6.3. Defina o seguinte para um sistema de disco:

ts = tempo de busca; tempo médio para posicionamento da cabeça sobre a trilha

r = velocidade de rotação do disco, em rotações por segundo

n = número de bits por setor

N = capacidade de uma trilha, em bits

t_{setor} = tempo para acessar um setor

Desenvolva uma fórmula para t_{setor} como uma função dos outros parâmetros.

6.4. Considere um drive de disco magnético com 8 superfícies, 512 trilhas por superfície e 64 setores por trilha. O tamanho do setor é de 1 kB. O tempo de busca médio é de 8 ms, o tempo de acesso de uma trilha para outra é de 1,5 ms, e o drive gira a 3.600 rpm. As trilhas sucessivas em um cilindro podem ser lidas sem movimento da cabeça.

    a. Qual é a capacidade do disco?

    b. Qual é o tempo médio de acesso? Suponha que esse arquivo seja armazenado em setores sucessivos e trilhas de cilindros sucessivos, começando no setor 0, trilha 0 do cilindro *i*.

    c. Estime o tempo necessário para transferir um arquivo de 5 MB.

    d. Qual é a taxa de transferência de rajada (*burst transfer*)?

6.5. Considere um disco com único prato, com os seguintes parâmetros: velocidade de rotação: 7.200 rpm; número de trilhas em um lado da placa: 30.000; número de setores por trilha: 600; tempo de busca: 1 ms para cada 100 trilhas atravessadas. Considere que o disco recebe uma solicitação para acessar um setor aleatório em uma trilha aleatória e suponha que a cabeça do disco comece na trilha 0.

    a. Qual é o tempo médio de busca?

    b. Qual é a latência rotacional média?

    c. Qual é o tempo de transferência para um setor?

    d. Qual é o tempo total médio para atender a uma solicitação?

6.6. Existe uma distinção entre registros físicos e registros lógicos. Um **registro lógico** é uma coleção de elementos de dados relacionados, tratados como uma unidade conceitual, independentemente de como e onde a informação é armazenada. Um **registro físico** é uma área contígua do espaço de armazenamento, definida pelas características do dispositivo de armazenamento e do sistema operacional. Considere um sistema de disco em que cada registro físico contenha 30 registros lógicos de 120 bytes. Calcule quanto espaço em disco (em setores, trilhas e superfícies) será necessário para armazenar 300.000

registros lógicos se o disco tiver um tamanho fixo de 512 bytes/setor, com 96 setores/trilha, 110 trilhas por superfície e 8 superfícies utilizáveis. Ignore qualquer gravação de cabeçalho de arquivo(s) e índices de trilha, e suponha que as gravações não possam alcançar dois setores.

6.7. Considere um disco que gira a 3.600 rpm. O tempo de busca para mover a cabeça entre trilhas adjacentes é de 2 ms. Existem 32 setores por trilha, que são armazenados em ordem linear a partir do setor 0 até o setor 31. A cabeça vê os setores em ordem ascendente. Suponha que a cabeça de leitura/gravação esteja posicionada no início do setor 1 na trilha 8. Existe um buffer de memória principal grande o suficiente para manter uma trilha inteira. Os dados são transferidos entre os locais do disco pela leitura da trilha de origem e pelo buffer da memória principal e depois ao gravar os dados do buffer na trilha de destino.
  a. Quanto tempo levará para transferir o setor 1 na trilha 8 para o setor 1 na trilha 9?
  b. Quanto tempo levará para transferir todos os setores da trilha 8 para os setores correspondentes da trilha 9?

6.8. Deve ter ficado claro que a distribuição de dados de disco pode melhorar a taxa de transferência de dados quando o tamanho do *strip* é pequeno em comparação com o tamanho da solicitação de E/S. Também deve estar claro que RAID 0 oferece melhor desempenho em relação a um único disco grande, pois múltiplas solicitações de E/S podem ser tratadas em paralelo. No entanto, nesse último caso, a distribuição de dados de disco é necessária? Ou seja, a distribuição de dados de disco melhora o desempenho da taxa de solicitação de E/S em comparação com um array de disco sem distribuição de dados?

6.9. Considere um array RAID com 4 drives, com 200 GB por drive. Qual é a capacidade de armazenamento de dados disponível para cada um dos níveis de RAID 0, 1, 3, 4, 5 e 6?

6.10. Para um CD, o áudio é convertido para digital com amostras de 16 bits, e é tratado como um fluxo de bytes (8 bits) para armazenamento. Um esquema simples para armazenar esses dados, chamado gravação direta, seria representar um 1 por uma pista e um 0 por um sulco. Em vez disso, cada byte é expandido para um número binário de 14 bits. Acontece que exatamente 256 (2^8) do total de 16.134 (2^{14}) números de 14 bits possuem pelo menos dois 0s entre cada par de 1s, e esses são os números selecionados para a expansão de 8 para 14 bits. O sistema óptico detecta a presença de 1s detectando uma transição de sulco a pista ou de pista a sulco. Ele detecta 0s medindo as distâncias entre as mudanças de intensidade. Esse esquema requer que não haja 1s sucessivos; daí o uso do código de 8 para 14.

6.11. A vantagem desse esquema é a seguinte. Para determinado diâmetro do feixe do raio laser, existe um tamanho de sulco mínimo, independentemente de como os bits são representados. Com esse esquema, esse tamanho mínimo do sulco armazena 3 bits, pois pelo menos dois 0s vêm após cada 1. Com a gravação direta, o mesmo sulco seria capaz de armazenar apenas um bit. Considerando tanto o número de bits armazenados por sulco quanto a expansão de 8 para 14, que esquema armazena mais bits e por que fator?

6.12. Projete uma estratégia de backup para um sistema de computação. Uma opção é usar discos externos removíveis, que custam US$ 150 para cada drive de 500 GB. Outra opção é comprar um drive de fita por US$ 2.500, e fitas de 400 GB por US$ 50 a peça. (Estes eram preços reais em 2008.) Uma estratégia de backup típica é ter dois conjuntos de mídia de backup no local, com backups gravados alternadamente neles, de maneira que, se o sistema falhar enquanto se faz o backup, a versão anterior ainda estará intacta. Há também um terceiro conjunto mantido fora do local, com o conjunto fora do local trocado periodicamente por um conjunto no local.
  a. Suponha que você tenha 1 TB (1.000 GB) de dados para fazer backup. Quanto custaria um sistema de backup de disco?
  b. Quanto custaria um sistema de backup em fita para 1 TB?
  c. Que tamanho cada backup precisaria ter para que a estratégia de fita fosse menos cara?
  d. Que tipo de estratégia de backup favorece as fitas?

ENTRADA/SAÍDA

7.1 DISPOSITIVOS EXTERNOS
Teclado/monitor
Drive de disco

7.2 MÓDULOS DE E/S
Função do módulo
Estrutura do módulo de E/S

7.3 E/S PROGRAMADA
Visão geral da E/S programada
Comando de E/S
Instruções de E/S

7.4 E/S CONTROLADA POR INTERRUPÇÃO
Processamento de interrupção
Aspectos de projeto
Controlador de interrupção Intel 82C59A
A interface de periférico programável Intel 8255A

7.5 ACESSO DIRETO À MEMÓRIA
Desvantagens da E/S programada e controlada por interrupção
Função do DMA
Controlador de DMA Intel 8237A

7.6 ACESSO DIRETO À CACHE
DMA usando cache compartilhada de último nível

Aspectos do desempenho relacionado à cache
Estratégias de acesso direto à cache
E/S de Dados Diretos

7.7 PROCESSADORES E CANAIS DE E/S
A evolução da função de E/S
Características dos canais de E/S

7.8 PADRÕES DE INTERCONEXÃO EXTERNA
Barramento serial universal (USB)
Barramento serial FireWire
Small Computer System Interface (SCSI)
Thunderbolt
InfiniBand
PCI Express
SATA
Ethernet
Wi-Fi

7.9 ESTRUTURA DE E/S DO zENTERPRISE EC12 DA IBM
Estrutura do canal
Organização de sistema de E/S

7.10 TERMOS-CHAVE, QUESTÕES DE REVISÃO E PROBLEMAS

OBJETIVOS DE APRENDIZAGEM

Após ler este capítulo, você será capaz de:

▶ Explicar o uso dos módulos de E/S como parte da organização de computador.
▶ Entender a diferença entre E/S programada e E/S controlada por interrupção e discutir suas vantagens relativas.
▶ Apresentar uma visão geral da operação do acesso direto à memória.
▶ Apresentar uma visão geral do acesso direto à cache.
▶ Explicar a função e o uso dos canais de E/S.

Além do processador e um conjunto de módulos de memória, o terceiro elemento-chave de um sistema de computação é um conjunto de módulos de E/S. Cada módulo tem interface com o barramento do sistema ou com o comutador central e controla um ou mais dispositivos periféricos. Um módulo de E/S não é simplesmente um conjunto de conectores mecânicos que liga um dispositivo fisicamente ao barramento do sistema. Em vez disso, o módulo de E/S contém uma lógica para realizar a função de comunicação entre o periférico e o barramento.

O leitor poderá se perguntar por que os periféricos não são conectados diretamente no barramento do sistema. As razões são as seguintes:

- Existe uma grande variedade de periféricos, com diversos métodos de operação. Seria impraticável incorporar a lógica necessária dentro do processador para controlar todos os tipos de dispositivos.
- A taxa de transferência de dados dos periféricos frequentemente é muito mais lenta do que a da memória ou do processador. Desse modo, é impraticável usar o barramento de alta velocidade do sistema para se comunicar diretamente com um periférico.
- Contudo, a taxa de transferência de dados de alguns periféricos é maior do que a da memória ou do processador. Novamente, uma diferença levaria a ineficiências se não fosse controlada corretamente.
- Os periféricos muitas vezes utilizam formatos de dados e extensões de palavras diferentes do que é usado pelo computador ao qual estão conectados.
- Assim, um módulo de E/S é necessário. Esse módulo tem duas funções principais (Figura 7.1):
  - Interface com o processador e a memória via barramento do sistema ou comutador central.
  - Interface com um ou mais dispositivos periféricos por conexões de dados adequadas.

Vamos começar este capítulo com uma breve discussão sobre os dispositivos externos, seguida por uma visão geral da estrutura e função de um módulo de E/S. Depois, veremos as diversas maneiras como a função de E/S pode ser realizada em cooperação com o processador e a memória: a interface de E/S interna. Em seguida, examinaremos em alguns detalhes o acesso direto à memória e as mais recentes inovações do acesso direto à cache. Por fim, examinaremos a interface de E/S externa, entre o módulo de E/S e o mundo exterior.

Figura 7.1

Modelo genérico de um módulo de E/S.

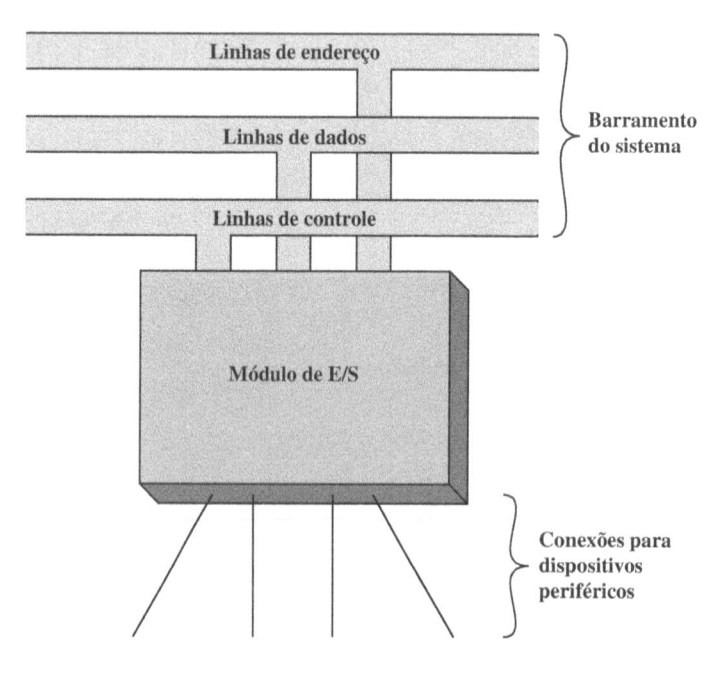

7.1 DISPOSITIVOS EXTERNOS

As operações de E/S são realizadas por meio de uma grande variedade de dispositivos externos, que oferecem um meio de trocar dados entre o ambiente externo e o computador. Um dispositivo externo conecta-se ao computador por uma conexão com um módulo de E/S (Figura 7.1). A conexão é usada para trocar sinais de controle, estado e dados entre os módulos de E/S e o dispositivo externo. Um dispositivo externo conectado a um módulo de E/S costuma ser chamado de *dispositivo periférico* ou, simplesmente, de *periférico*.

Podemos classificar os dispositivos externos em geral em três categorias:

- **Inteligíveis ao ser humano**: adequados para a comunicação com usuários de computador.
- **Inteligíveis à máquina**: adequados para a comunicação com equipamentos.
- **Comunicação**: adequados para a comunicação com dispositivos remotos.

Alguns exemplos de dispositivos inteligíveis ao ser humano são monitores de vídeo e impressoras. Alguns exemplos de dispositivos inteligíveis à máquina são sistemas de disco e de fita magnética, e sensores e atuadores, como aqueles usados em uma aplicação de robótica. Observe que estamos vendo os sistemas de disco e fita como dispositivos de E/S neste capítulo, enquanto, no Capítulo 6, eles são vistos como dispositivos de memória. Do ponto de vista funcional, esses dispositivos fazem parte da hierarquia de memória, e seu uso é discutido apropriadamente no Capítulo 6. Do ponto de vista estrutural, esses dispositivos são controlados por módulos de E/S e, por isso, devem ser considerados neste capítulo.

Dispositivos de comunicação permitem que um computador troque dados com um dispositivo remoto, que pode ser um dispositivo inteligível ao ser humano, como um terminal, um dispositivo inteligível à máquina ou até mesmo outro computador.

Em termos muito gerais, a natureza de um dispositivo externo é indicada na Figura 7.2. A interface com o módulo de E/S ocorre na forma de sinais de controle, de dados e de estado. Os *sinais de controle* determinam a função que o dispositivo realizará, como enviar dados ao módulo de E/S (INPUT ou READ), aceitar dados do módulo de E/S (OUTPUT ou WRITE), informar o estado ou realizar alguma função de controle particular ao dispositivo (por exemplo, posicionar uma cabeça de disco). Os *dados* estão na forma de um conjunto de bits a serem enviados ou recebidos do módulo de E/S. Os *sinais de estado* indicam o estado do dispositivo. Alguns exemplos são READY/NOT-READY, para indicar se o dispositivo está pronto para uma transferência de dados.

A *lógica de controle*, associada ao dispositivo, controla a operação do dispositivo em resposta ao módulo de E/S. O *transdutor* converte dados elétricos para outras formas de energia durante a saída e de outras formas para elétrico durante a entrada. Em geral, um buffer é associado ao transdutor para manter temporariamente os dados sendo transferidos entre o módulo de E/S e o ambiente externo. Um tamanho de buffer de 8 a 16 bits

Figura 7.2

Diagrama em blocos de um dispositivo externo.

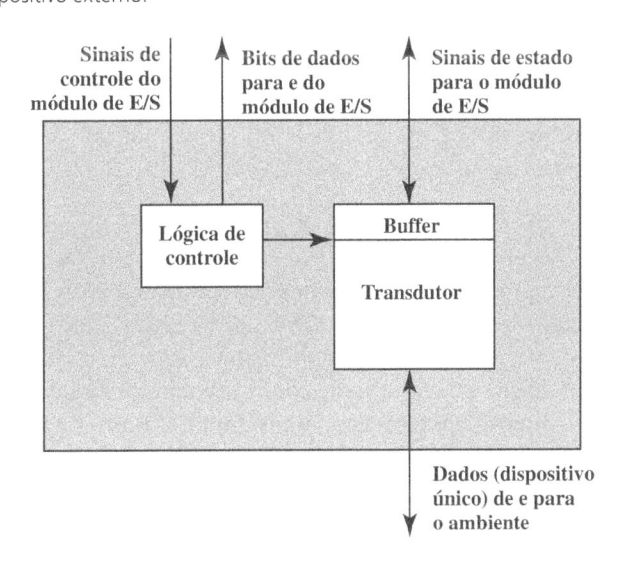

é comum para dispositivos seriais, enquanto os dispositivos orientados por blocos, como controladores de drives de disco, podem ter buffers muito maiores.

A interface entre o módulo de E/S e o dispositivo externo será examinada na Seção 7.7. A interface entre o dispositivo externo e o ambiente está fora do escopo deste livro, mas vamos mostrar alguns exemplos rapidamente.

Teclado/monitor

O meio mais comum de interação entre computador/usuário é o conjunto teclado/monitor. O usuário fornece entrada pelo teclado. Essa entrada é, então, transmitida ao computador e também pode ser exibida no monitor. Além disso, o monitor exibe dados fornecidos pelo computador.

A unidade de troca básica é o caractere. Associado a cada caractere existe um código, em geral com tamanho de 7 ou 8 bits. O código de texto mais utilizado é o International Reference Alphabet (IRA).[1] Cada caractere nesse código é representado por um código binário exclusivo com 7 bits; desse modo, 128 caracteres diferentes podem ser representados. Os caracteres são de dois tipos: imprimíveis e de controle. Os caracteres imprimíveis são os caracteres alfabéticos, numéricos e especiais, que podem ser impressos em papel ou exibidos em um monitor. Alguns dos caracteres de controle têm a ver com o controle da impressão ou exibição de caracteres; um exemplo é o *carriage return*. Outros caracteres de controle tratam dos procedimentos de comunicação. Veja mais detalhes no Apêndice H (disponível em inglês na Sala Virtual).

Para a entrada do teclado, quando o usuário pressiona uma tecla, isso gera um sinal eletrônico que é interpretado pelo transdutor no teclado e traduzido para o padrão de bits do código IRA correspondente. Esse padrão de bits é, então, transmitido ao módulo de E/S no computador, onde o texto pode ser armazenado no mesmo código IRA. Na saída, os caracteres do código IRA são transmitidos para um dispositivo externo do módulo de E/S. O transdutor no dispositivo interpreta esse código e envia os sinais eletrônicos exigidos ao dispositivo de saída, ou para exibir o caractere indicado, ou para realizar a função de controle solicitada.

Drive de disco

Uma unidade de disco contém a eletrônica para trocar sinais de dados, controle e estado com um módulo de E/S mais a eletrônica para controlar os mecanismos de leitura/gravação de disco. Em um disco de cabeça fixa, o transdutor é capaz de converter os padrões magnéticos na superfície do disco móvel em bits no buffer do dispositivo (Figura 7.2). Um disco com cabeça móvel também deve ser capaz de fazer o braço do disco se mover radialmente para dentro e fora pela superfície do disco.

7.2 MÓDULOS DE E/S

Função do módulo

As principais funções ou requisitos para um módulo de E/S encontram-se nas seguintes categorias:

- Controle e temporização.
- Comunicação com o processador.
- Comunicação com o dispositivo.
- Buffering de dados.
- Detecção de erro.

Durante qualquer período, o processador pode comunicar-se com um ou mais dispositivos externos em padrões imprevisíveis, dependendo da necessidade de E/S do programa. Os recursos internos, como a memória principal e o barramento do sistema, precisam ser compartilhados entre uma série de atividades, incluindo E/S de dados. Assim, a função de E/S inclui um requisito de **controle e temporização** para coordenar o fluxo de tráfego entre os recursos internos e dispositivos externos. Por exemplo, o controle da transferência de dados de um dispositivo externo ao processador poderia envolver a seguinte sequência de etapas:

---

[1] IRA é definido na ITU-T Recommendation T.50, e era conhecido originalmente como International Alphabet Number 5 (IA5). A versão do IRA para os Estados Unidos é conhecida como American Standard Code for Information Interchange (ASCII).

1. O processador interroga o módulo de E/S para verificar o estado do dispositivo conectado.
2. O módulo de E/S retorna o estado do dispositivo.
3. Se o dispositivo estiver operacional e pronto para transmitir, o processador solicita a transferência de dados por meio de um comando ao módulo de E/S.
4. O módulo de E/S obtém uma unidade de dados (por exemplo, 8 ou 16 bits) do dispositivo externo.
5. Os dados são transferidos do módulo de E/S ao processador.

Se o sistema emprega um barramento, então cada uma das interações entre o processador e o módulo de E/S envolve uma ou mais arbitrações de barramento.

Esse cenário simplificado também ilustra que o módulo de E/S precisa se comunicar com o processador e com o dispositivo externo. A **comunicação do processador** envolve o seguinte:

- **Decodificação de comando**: o módulo de E/S aceita comandos do processador, em geral enviados como sinais no barramento de controle. Por exemplo, um módulo de E/S para uma unidade de disco deve aceitar os seguintes comandos: READ SECTOR, WRITE SECTOR, SEEK número de trilha e SCAN ID de registro. Cada um dos dois últimos comandos inclui um parâmetro que é enviado no barramento de dados.
- **Dados**: os dados são trocados entre o processador e o módulo de E/S pelo barramento de dados.
- **Informação de estado**: como os periféricos são muito lentos, é importante conhecer o estado do módulo de E/S. Por exemplo, se um módulo de E/S tiver de enviar dados ao processador (leitura), ele pode não ser capaz de fazer isso porque ainda está trabalhando no comando de E/S anterior. Esse fato pode ser informado por meio de um sinal de estado, sendo os mais comuns BUSY e READY. Também pode haver sinais para informar diversas condições de erro.
- **Reconhecimento de endereço**: assim como cada palavra de memória tem um endereço, cada dispositivo de E/S também tem. Desse modo, um módulo de E/S deve reconhecer um endereço exclusivo para cada periférico que controla.

Por outro lado, o módulo de E/S também deve ser capaz de realizar **comunicação com o dispositivo**. Essa comunicação envolve comandos, informação de estado e dados (Figura 7.2).

Uma tarefa essencial de um módulo de E/S é o **buffering de dados**. A necessidade dessa função fica evidente na Figura 2.1. Enquanto a taxa de transferência para entrada e saída na memória principal ou no processador é muito alta, as taxas da maioria dos dispositivos periféricos compreendem uma grande faixa. Os dados vindos da memória principal são enviados para um módulo de E/S em uma rajada rápida. Os dados são mantidos em um buffer no módulo de E/S e depois enviados ao dispositivo periférico em sua taxa de dados. Na direção oposta, os dados são mantidos em buffer para não reterem a memória com uma operação de transferência lenta. Desse modo, o módulo de E/S deve ser capaz de operar em ambas as velocidades do dispositivo e da memória. De modo semelhante, se o dispositivo de E/S opera em uma taxa mais alta que a taxa de acesso à memória, então o módulo de E/S realiza a operação de buffering necessária.

Por fim, um módulo de E/S em geral é responsável pela **detecção de erro** e, subsequentemente, por relatar erros ao processador. Uma classe de erros inclui defeitos mecânicos e elétricos relatados pelo dispositivo (por exemplo, papel emperrado, trilha de disco com defeito). Outra classe consiste em mudanças não intencionais no padrão de bits quando são transmitidos do dispositivo ao módulo de E/S. Alguma forma de código de detecção de erro normalmente é usada para detectar erros de transmissão. Um exemplo simples é o uso de um bit de paridade em cada caractere de dados. Por exemplo, o código de caracteres IRA ocupa 7 bits de um byte. O oitavo bit é definido a fim de que o número total de 1s no byte seja par (paridade par) ou ímpar (paridade ímpar). Quando um byte é recebido, o módulo de E/S verifica a paridade para determinar se ocorreu um erro.

Estrutura do módulo de E/S

Os módulos de E/S variam de modo considerável em complexidade e em número de dispositivos externos controlados por eles. Aqui, tentaremos apenas dar uma descrição. (Um dispositivo específico, o Intel 8255A, é descrito na Seção 7.4.) A Figura 7.3 oferece um diagrama de blocos geral de um módulo de E/S. O módulo conecta-se ao restante do computador por meio de um conjunto de linhas de sinal (por exemplo, linhas de barramento do sistema). Os dados transferidos de e para o módulo são armazenados em um ou mais registradores de dados. Também pode haver um ou mais registradores de estado que oferecem informações do estado atual. Um registrador de estado também pode funcionar como um registrador de controle, para aceitar informações

Figura 7.3

Diagrama do bloco de um módulo de E/S.

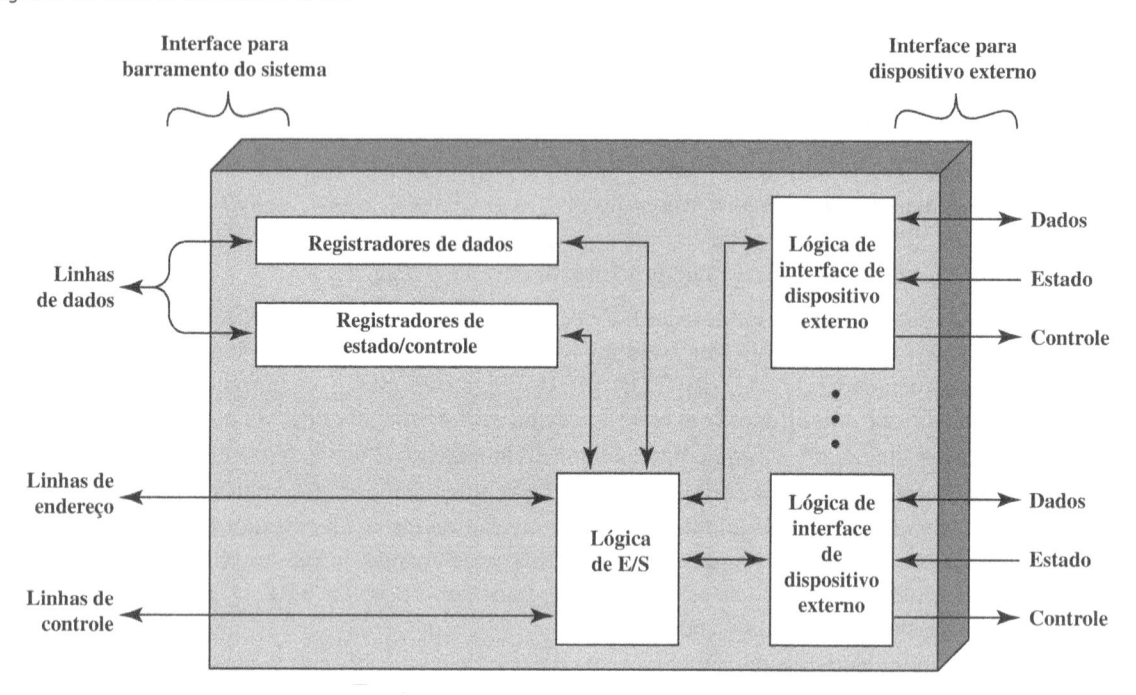

de controle detalhadas do processador. A lógica dentro do módulo interage com o processador por meio de um conjunto de linhas de controle. O processador usa as linhas de controle para enviar comandos ao módulo de E/S. Algumas das linhas de controle podem ser usadas pelo módulo de E/S (por exemplo, para sinais de arbitração e de estado). O módulo também precisa ser capaz de reconhecer e gerar endereços associados aos dispositivos que ele controla. Cada módulo de E/S tem um endereço exclusivo ou, se controlar mais de um dispositivo externo, um conjunto exclusivo de endereços. Por fim, o módulo de E/S contém uma lógica específica à interface com cada dispositivo que ele controla.

Um módulo de E/S funciona para permitir que o processador veja uma grande variedade de dispositivos de uma maneira simples. Existe um espectro de capacidades que podem ser oferecidas. O módulo de E/S pode ocultar os detalhes de temporização, formatos e eletromecânica de um dispositivo externo, de modo que o processador pode funcionar em termos de comandos simples de leitura e escrita, e possivelmente comandos para abrir e fechar arquivo. Em sua forma mais simples, o módulo de E/S ainda pode ter grande parte do trabalho de controlar um dispositivo (por exemplo, rebobinar uma fita) visível ao processador.

Um módulo de E/S, que assume a maior parte do processamento, apresentando uma interface de alto nível ao processador, é geralmente conhecido como canal de E/S ou *processador de E/S*. Um módulo de E/S que é muito primitivo e requer controle específico, normalmente é conhecido como *controlador de E/S* ou *controlador de dispositivo*. Os controladores de E/S em geral são vistos nos microcomputadores, enquanto os canais de E/S são usados em mainframes.

A seguir, usaremos o termo genérico *módulo de E/S* quando não houver confusão, e usaremos termos mais específicos onde for necessário.

7.3 E/S PROGRAMADA

Três técnicas são possíveis para operações de E/S. Com a *E/S programada*, os dados são trocados entre o processador e o módulo de E/S. O processador executa um programa que lhe dá controle direto da operação de E/S, incluindo verificação do estado de dispositivo, envio de um comando de leitura ou escrita e transferência dos dados. Quando o processador emite um comando ao módulo de E/S, ele deve esperar até que a operação de E/S termine. Se o processador for mais rápido que o módulo de E/S, isso desperdiça o tempo do processador. Com a E/S controlada por interrupção, o processador emite um *comando de E/S*, continua a executar outras instruções e é interrompido pelo módulo de E/S quando o último tiver completado seu trabalho. Com a E/S programada e por *interrupção*, o processador é responsável por obter dados da memória principal para saída e por armazenar dados na memória principal da entrada. A alternativa a estes modos é conhecida como **acesso direto à memória (DMA)**. Nesse modo, o módulo de E/S e a memória principal trocam dados diretamente, sem envolvimento do processador.

A Tabela 7.1 indica a relação entre essas três técnicas. Nesta seção, exploramos a E/S programada. A E/S por interrupção e DMA são exploradas nas duas seções seguintes, respectivamente.

Tabela 7.1
Técnicas de E/S.

	Sem interrupções	Uso de interrupções
Transferência de E/S para memória via processador	E/S programada	E/S controlada por interrupção
Transferência direta de E/S para memória		Acesso direto à memória (DMA)

Visão geral da E/S programada

Quando o processador está executando um programa e encontra uma instrução relacionada a E/S, ele executa essa instrução emitindo um comando ao módulo de E/S apropriado. Com a E/S programada, o módulo de E/S realizará a ação exigida e depois definirá os bits apropriados no registrador de estado de E/S (Figura 7.3). O módulo de E/S não toma outra ação para alertar o processador. Em particular, ele não interrompe o processador. Desse modo, é responsabilidade do processador verificar periodicamente o estado do módulo de E/S até descobrir se a operação terminou.

Para explicar a técnica de E/S programada, primeiro a veremos do ponto de vista dos comandos de E/S enviados pelo processador ao módulo de E/S, e depois do ponto de vista das instruções de E/S executadas pelo processador.

Comando de E/S

Para executar uma instrução relacionada a E/S, o processador envia um endereço, especificando um determinado módulo de E/S e dispositivo externo, e um comando de E/S. Existem quatro tipos de comandos de E/S que um módulo de E/S pode receber quando é endereçado por um processador:

- **Controle**: usado para ativar um periférico e dizer-lhe o que fazer. Por exemplo, uma unidade de fita magnética pode ser instruída a rebobinar ou mover para um registro à frente. Esses comandos são ajustados ao tipo específico de dispositivo periférico.
- **Teste**: usado para testar diversas condições de estado associadas a um módulo de E/S e seus periféricos. O processador precisará saber se o periférico de interesse está ligado e disponível para uso. Ele também precisará saber se a operação de E/S mais recente terminou e se houve algum erro.
- **Leitura**: faz com que o módulo de E/S obtenha um item de dados do periférico e o coloque em um buffer interno (representado como um registrador de dado na Figura 7.3). O processador pode obter o item de dado solicitando que o módulo de E/S o coloque no barramento de dados.
- **Escrita**: faz com que o módulo de E/S apanhe um item de dado (byte ou palavra) do barramento de dados e depois transmita esse item de dado ao periférico.

A Figura 7.4a dá um exemplo do uso da E/S programada para ler um bloco de dados de um dispositivo periférico (por exemplo, um registro da fita) para a memória. Os dados são lidos em uma palavra (por exemplo, 16 bits) de cada vez. Para cada palavra lida, o processador deve permanecer em um ciclo de verificação de estado até que determine que a palavra está disponível no registrador de dados do módulo de E/S. Esse fluxograma destaca a principal desvantagem dessa técnica: é um processo demorado, que mantém o processador ocupado desnecessariamente.

Figura 7.4

Três técnicas para entrada de um bloco de dados.

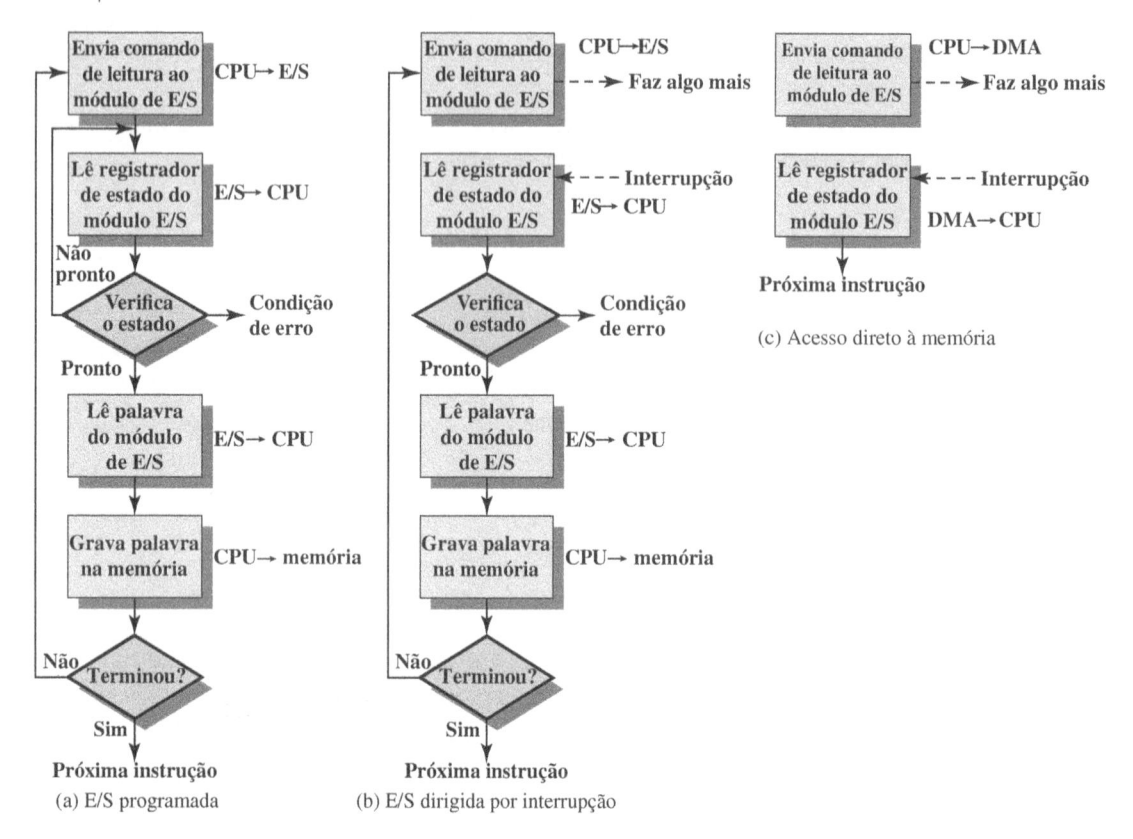

(a) E/S programada
(b) E/S dirigida por interrupção
(c) Acesso direto à memória

Instruções de E/S

Com a E/S programada, existe uma correspondência próxima entre as instruções relacionadas à E/S que o processador busca na memória e os comandos de E/S que o processador envia a um módulo de E/S para executar as instruções. Ou seja, as instruções são facilmente mapeadas em comandos de E/S, e em geral existe uma simples relação um para um. A forma da instrução depende do modo como os dispositivos externos são endereçados.

Em geral, haverá muitos dispositivos de E/S conectados, por meio dos módulos de E/S, ao sistema. Cada dispositivo recebe um identificador ou endereço exclusivo. Quando o processador emite um comando de E/S, o comando contém o endereço do dispositivo desejado. Desse modo, cada módulo de E/S deve interpretar as linhas de endereço para determinar se o comando é para ele mesmo.

Quando o processador, a memória principal e a E/S compartilham um barramento comum, dois modos de endereçamento são possíveis: mapeado na memória e independente. Com a **E/S mapeada na memória**, existe um único espaço de endereço para locais de memória e dispositivos de E/S. O processador trata os registradores de estado e dados dos módulos de E/S como locais de memória e usa as mesmas instruções de máquina para acessar a memória e os dispositivos de E/S. Assim, por exemplo, com dez linhas de endereço, um total combinado de $2^{10} = 1.024$ locais de memória e endereços de E/S podem ser aceitos, em qualquer combinação.

Com a E/S mapeada na memória, uma única linha de leitura e uma única linha de escrita são necessárias no barramento. Como alternativa, o barramento pode ter linhas de leitura e escrita de memória além das linhas de comando de entrada e saída. A linha de comando especifica se o endereço se refere a um local de memória ou a um dispositivo de E/S. A faixa completa de endereços pode estar disponível para ambos. Novamente, com dez linhas de endereço, o sistema agora pode aceitar 1.024 locais de memória e 1.024 endereços de E/S. Como o espaço de endereço para E/S é independente do espaço da memória, isso é chamado de **E/S independente**.

A Figura 7.5 compara essas duas técnicas de E/S programada. A Figura 7.5a mostra como a interface para um dispositivo de entrada simples, como um teclado de um terminal, poderia aparecer a um programador usando a E/S mapeada na memória. Suponha um endereço de 10 bits, com uma memória de 512 bits (locais 0–511) e até 512 endereços de E/S (locais 512–1.023). Dois endereços são dedicados à entrada do teclado de um terminal em

Figura 7.5

E/S mapeada na memória e isolada.

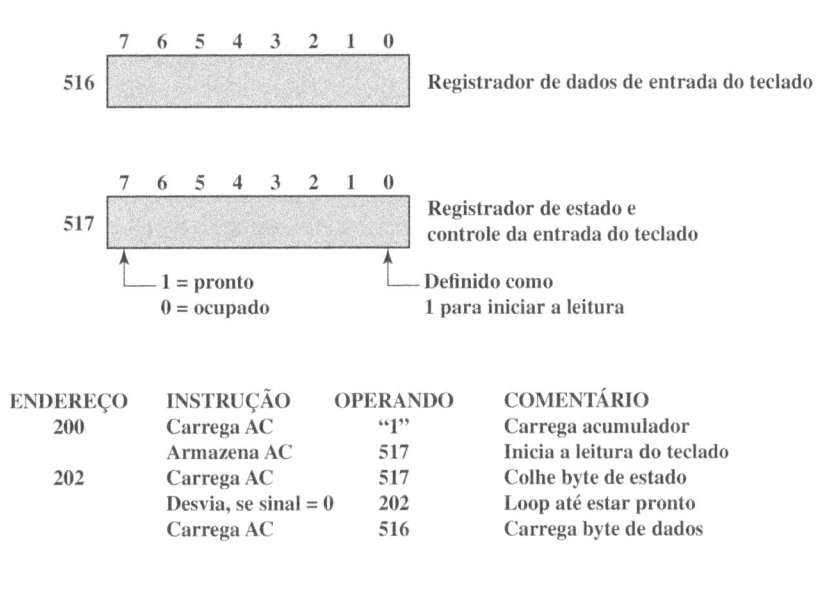

```
       7  6  5  4  3  2  1  0
516  [                        ]   Registrador de dados de entrada do teclado


       7  6  5  4  3  2  1  0
517  [                        ]   Registrador de estado e
           ↑              ↑       controle da entrada do teclado
           1 = pronto     Definido como
           0 = ocupado    1 para iniciar a leitura
```

ENDEREÇO	INSTRUÇÃO	OPERANDO	COMENTÁRIO
200	Carrega AC	"1"	Carrega acumulador
	Armazena AC	517	Inicia a leitura do teclado
202	Carrega AC	517	Colhe byte de estado
	Desvia, se sinal = 0	202	Loop até estar pronto
	Carrega AC	516	Carrega byte de dados

(a) E/S mapeada na memória

ENDEREÇO	INSTRUÇÃO	OPERANDO	COMENTÁRIO
200	Carrega E/S	5	Inicia a leitura do teclado
201	Testa E/S	5	Checa término
	Desvia se não pronto	201	Loop até estar pronto
	Entrada	5	Carrega byte de dados

(b) E/S independente

particular. O endereço 516 refere-se ao registrador de dados e o endereço 517 refere-se ao registrador de estado, que também funciona como um registrador de controle para receber comandos do processador. O programa mostrado lerá 1 byte de dados do teclado para um registrador acumulador no processador. Observe que o processador entra em um loop até que o byte de dados esteja disponível.

Com a E/S independente (Figura 7.5b), as portas de E/S são acessíveis apenas por comandos de E/S especiais, que ativam as linhas de comando de E/S no barramento.

Para a maioria dos tipos de processadores, existe um conjunto relativamente grande de diferentes instruções para referenciar a memória. Se a E/S independente for usada, haverá apenas algumas instruções de E/S. Desse modo, uma vantagem da E/S mapeada na memória é que esse grande repertório de instruções pode ser usado, permitindo uma programação mais eficiente. Uma desvantagem é que um espaço de endereços de memória valioso é utilizado. Tanto a E/S mapeada na memória quanto a E/S independente são comumente utilizadas.

7.4 E/S CONTROLADA POR INTERRUPÇÃO

O problema com a E/S programada é que o processador tem de esperar muito tempo para que o módulo de E/S de interesse esteja pronto para recepção ou transmissão de dados. O processador, enquanto espera, deve verificar repetidamente o estado do módulo de E/S. Como resultado, o nível de desempenho do sistema inteiro é bastante degradado.

Uma alternativa é que o processador envie um comando de E/S para um módulo e depois continue realizando algum outro trabalho útil. O módulo de E/S, então, interromperá o processador para solicitar atendimento quando estiver pronto para trocar dados com o processador. O processador, então, executará a transferência de dados, como antes, e depois retomará seu processamento anterior.

Vamos considerar como isso funciona, primeiro do ponto de vista do módulo de E/S. Para a entrada, o módulo de E/S recebe um comando READ do processador. O módulo de E/S, então, prossegue para ler dados de um periférico associado. Quando os dados estão no registrador de dados do módulo, o módulo envia um sinal de interrupção ao processador por uma linha de controle. O módulo, então, espera até que seus dados sejam solicitados pelo processador. Quando a solicitação é feita, o módulo coloca seus dados no barramento de dados e, então, está pronto para outra operação de E/S.

Do ponto de vista do processador, a ação para entrada é a seguinte. O processador emite um comando READ. Depois, ele prossegue com outras tarefas (por exemplo, o processador pode estar trabalhando em vários programas diferentes ao mesmo tempo). Ao final de cada ciclo de instrução, o processador checa se há interrupções (Figura 3.9). Quando ocorre uma interrupção do módulo de E/S, o processador salva o contexto (por exemplo, o contador de programa e os registradores do processador) do programa atual e processa a interrupção. Nesse caso, o processador lê a palavra de dados do módulo de E/S e a armazena na memória. Depois, ele restaura o contexto do programa em que estava trabalhando (ou de algum outro programa) e retoma a execução.

A Figura 7.4b mostra o uso da E/S por interrupção para leitura de um bloco de dados. Compare isso com a Figura 7.4a. A E/S por interrupção é mais eficiente do que a E/S programada, pois elimina a espera desnecessária. Contudo, a E/S por interrupção ainda consome muito tempo do processador, pois cada palavra de dados que vem da memória para o módulo de E/S ou do módulo de E/S para a memória deve passar pelo processador.

Processamento de interrupção

Vamos examinar com mais detalhes o papel do processador na E/S controlada por interrupção. O surgimento de uma interrupção dispara uma série de eventos, tanto no hardware do processador quanto no software. A Figura 7.6 mostra uma sequência típica. Quando o dispositivo de E/S completa uma operação de E/S, ocorre a seguinte sequência de eventos de hardware:

1. O dispositivo emite um sinal de interrupção ao processador.
2. O processador termina a execução da instrução atual antes de responder à interrupção, conforme indicado na Figura 3.9.
3. O processador checa a existência de uma interrupção, constata que existe interrupção e envia um sinal de confirmação ao dispositivo que a emitiu. A confirmação possibilita que o dispositivo remova seu sinal de interrupção.
4. O processador agora precisa se preparar para transferir o controle à rotina de interrupção. Para começar, ele precisa salvar as informações necessárias para retornar ao programa atual no ponto da interrupção. As informações mínimas exigidas são (a) o estado do processador, que está contido em um registrador chamado **palavra de estado do programa (PSW —** *Program Status Word***)**, e (b) o local da próxima instrução a ser executada, que está contida no contador de programa. Estas podem ser colocadas na pilha de controle do sistema.[2]
5. O processador agora carrega o contador de programa com o local de endereço inicial da rotina de tratamento de interrupção que responderá a essa interrupção. Dependendo da arquitetura do computador e do projeto do sistema operacional, pode haver uma única rotina, uma rotina para cada tipo de interrupção ou uma rotina para cada dispositivo e cada tipo de interrupção. Se houver mais de uma rotina de tratamento de interrupção, o processador deve determinar qual chamará. Essa informação pode ter sido incluída no sinal de interrupção original, ou o processador pode ter de emitir uma solicitação ao dispositivo que emitiu a interrupção, para obter uma resposta que contenha a informação necessária.

Quando o contador de programa tiver sido carregado, o processador segue para o próximo ciclo de instrução, que começa com uma busca de instrução. Como a busca de instrução é determinada pelo conteúdo do contador de programa, o resultado é que o controle é transferido para o programa de tratamento de interrupção. A execução desse programa resulta nas seguintes operações:

6. Nesse ponto, o contador de programa e PSW relacionados ao programa interrompido foram salvos na pilha do sistema. Todavia, existe outra informação que é considerada parte do "estado" do programa em execução. Em particular, os conteúdos dos registradores do processador precisam ser salvos, pois esses registradores podem ser usados pela rotina de manipulação de interrupção. Assim, todos os valores, mais

---

[2] Veja no Apêndice I (disponível em inglês na Sala Virtual) uma discussão a respeito da operação da pilha.

Figura 7.6

Processamento de interrupção simples.

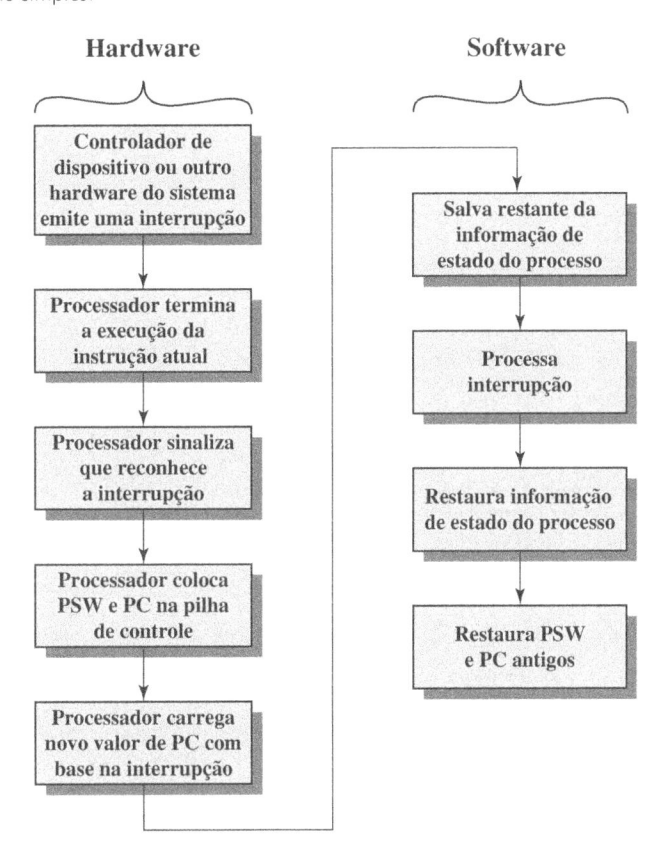

```
         Hardware                              Software
┌─────────────────────────┐
│ Controlador de          │
│ dispositivo ou outro    │
│ hardware do sistema     │────────┐
│ emite uma interrupção   │        │
└───────────┬─────────────┘        ▼
            │            ┌─────────────────────┐
            ▼            │ Salva restante da   │
┌─────────────────────┐  │ informação de       │
│ Processador termina │  │ estado do processo  │
│ a execução da       │  └──────────┬──────────┘
│ instrução atual     │             │
└──────────┬──────────┘             ▼
           │              ┌───────────────────┐
           ▼              │ Processa          │
┌─────────────────────┐   │ interrupção       │
│ Processador sinaliza│   └─────────┬─────────┘
│ que reconhece       │             │
│ a interrupção       │             ▼
└──────────┬──────────┘   ┌───────────────────┐
           │              │ Restaura informação│
           ▼              │ de estado do processo│
┌─────────────────────┐   └─────────┬─────────┘
│ Processador coloca  │             │
│ PSW e PC na pilha   │             ▼
│ de controle         │   ┌───────────────────┐
└──────────┬──────────┘   │ Restaura PSW      │
           │              │ e PC antigos      │
           ▼              └───────────────────┘
┌─────────────────────┐
│ Processador carrega │
│ novo valor de PC com│
│ base na interrupção │
└─────────────────────┘
```

qualquer outra informação de estado, devem ser salvos. Em geral, a rotina de tratamento de interrupção começará salvando o conteúdo dos registradores na pilha. A Figura 7.7a mostra um exemplo simples. Nesse caso, um programa do usuário é interrompido após a instrução no local *N*. O conteúdo de todos os registradores mais o endereço da próxima instrução (*N* + 1) são colocados na pilha. O ponteiro de pilha é atualizado para apontar para o novo topo da pilha, e o contador de programa é atualizado para apontar para o início da rotina de serviço de interrupção.

7. A rotina de tratamento de interrupção em seguida processa a interrupção. Isso inclui uma verificação da informação de estado relacionada à operação de E/S ou outro evento que causou uma interrupção. Ele também pode envolver o envio de comandos ou confirmações adicionais ao dispositivo de E/S.

8. Quando o processamento da interrupção termina, os valores dos registradores salvos são recuperados da pilha e restaurados aos registradores (por exemplo, ver Figura 7.7b).

9. O ato final é restaurar os valores do PSW e do contador de programa da pilha. Como resultado, a próxima instrução a ser executada será do programa previamente interrompido.

Observe que é importante salvar todas as informações de estado do programa interrompido para a retomada posterior, pois a interrupção não é uma rotina chamada pelo programa. Em vez disso, ela pode ocorrer a qualquer momento e, portanto, em qualquer ponto na execução de um programa do usuário. Sua ocorrência é imprevisível. Na verdade, conforme veremos no próximo capítulo, os dois programas podem não ter algo em comum e podem pertencer a dois usuários diferentes.

Aspectos de projeto

Dois aspectos de projeto surgem na implementação da E/S por interrupção. O primeiro é, considerando que quase sempre haverá vários módulos de E/S, como o processador determina qual dispositivo emitiu a interrupção? E o segundo é: se houver várias interrupções, como o processador decide qual deverá processar?

Figura 7.7

Mudanças na memória e registradores para uma interrupção.

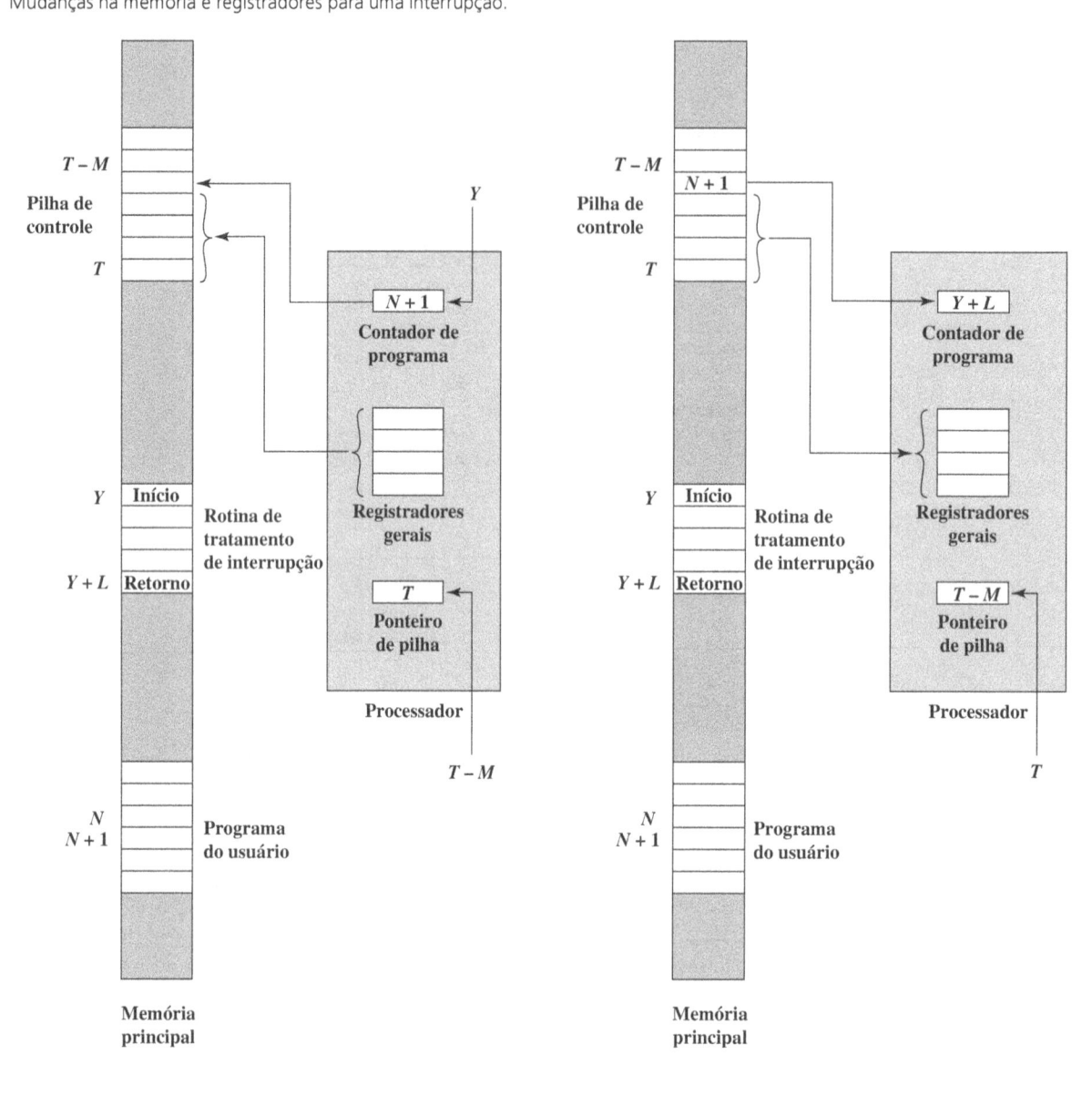

(a) Interrupção ocorre após instrução no local

(b) Retorno da interrupção

Vamos considerar primeiro a identificação do dispositivo. Quatro categorias gerais de técnicas são comumente utilizadas:

- Múltiplas linhas de interrupção.
- Verificação por software.
- *Daisy chain* (verificação por hardware, vetorizado).
- Arbitração de barramento (vetorizado).

A técnica mais simples para o problema é oferecer **múltiplas linhas de interrupção** entre o processador e os módulos de E/S. Todavia, é impraticável dedicar mais do que algumas poucas linhas de barramento ou pinos de processador às linhas de interrupção. Consequentemente, mesmo que várias linhas sejam usadas, é provável que cada uma terá múltiplos módulos de E/S conectados a ela. Assim, uma das outras três técnicas deve ser usada em cada linha.

Uma alternativa é a **verificação por software**. Quando o processador detecta uma interrupção, ele desvia para uma rotina de tratamento de interrupção cuja tarefa é verificar cada módulo de E/S para determinar qual módulo causou a interrupção. A verificação poderia ser por uma linha de comando separada (por exemplo, TESTI/O). Nesse caso, o processador levanta TESTI/O e coloca o endereço de um módulo de E/S em particular nas linhas de endereço. O módulo de E/S responde positivamente se solicitou a interrupção. Como alternativa, cada módulo de E/S poderia conter um registrador de estado endereçável. O processador, então, lê o registrador de estado de cada módulo de E/S para identificar o módulo que gerou a interrupção. Quando o módulo é identificado, o processador inicia a execução da rotina de tratamento de interrupção para este dispositivo.

A desvantagem da verificação por software é que ele é demorado. Uma técnica mais eficiente é usar uma configuração *daisy chain*, que oferece uma verificação por hardware. Um exemplo de uma configuração *daisy chain* aparece na Figura 3.26. Para interrupções, todos os módulos de E/S compartilham uma linha de requisição de interrupção comum. A linha de confirmação de interrupção é estruturada em forma de uma cadeia circular através dos módulos. Quando o processador reconhece uma interrupção, ele envia uma confirmação de interrupção. Esse sinal se propaga por uma série de módulos de E/S até ser recebido pelo módulo requisitante. O módulo requisitante normalmente responde colocando uma palavra das linhas de dados. Essa palavra é conhecida como *vetor* e é o endereço do módulo de E/S ou algum outro identificador exclusivo. De qualquer forma, o processador usa o vetor como um ponteiro para a rotina apropriada de serviço de dispositivo. Isso evita a necessidade de executar uma rotina de tratamento de interrupção geral primeiro. Essa técnica é chamada de *interrupção vetorada*.

Existe outra técnica que utiliza interrupções *vetoradas*, que é a **arbitração de barramento**. Com a arbitração de barramento, um módulo de E/S deve primeiro ganhar o controle do barramento, antes de poder ativar a requisição de interrupção. Assim, somente um módulo pode ativar a linha de cada vez. Quando o processador detecta a interrupção, ele responde na linha de reconhecimento de interrupção. O módulo requisitante, então, coloca seu vetor nas linhas de dados.

As técnicas que mencionamos servem para identificar o módulo de E/S requisitante. Elas também oferecem um modo de atribuir prioridades quando mais de um dispositivo está requisitando serviço de interrupção. Com múltiplas linhas, o processador apenas apanha a linha de interrupção com a prioridade mais alta. Com a verificação por software, a ordem em que os módulos são verificados determina suas prioridades. De modo semelhante, a ordem dos módulos em uma *daisy chain* determina suas prioridades. Por fim, a arbitração de barramento pode empregar um esquema de prioridade, conforme discutimos na Seção 3.4.

Agora, vamos examinar dois exemplos de estruturas de interrupção.

Controlador de interrupção Intel 82C59A

O Intel 80386 oferece uma única linha para *Interrupt Request* (INTR) e uma única linha para *Interrupt Acknowledge* (INTA). Para permitir que o 80386 trate de diversos dispositivos e estruturas de prioridade, ele costuma ser configurado com um arbitrador externo de interrupção, o 82C59A. Os dispositivos externos são conectados ao 82C59A, que, por sua vez, se conecta ao 80386.

A Figura 7.8 mostra o uso do 82C59A para conectar múltiplos módulos de E/S para o 80386. Um único 82C59A pode tratar de até oito módulos. Se for preciso controlar mais de oito módulos, um arranjo em cascata pode ser usado, para tratar até 64 módulos.

A única responsabilidade do 82C59A é o gerenciamento de interrupções. Ele aceita requisições de interrupção dos módulos conectados, determina qual interrupção tem a maior prioridade e depois sinaliza o processador levantando a linha INTR. O processador confirma por meio da linha INTA. Isso leva o 82C59A a colocar a informação apropriada do vetor no barramento de dados. O processador pode, então, prosseguir para processar a interrupção e se comunicar diretamente com o módulo de E/S para ler ou gravar dados.

O 82C59A é programável. O 80386 determina o esquema de prioridade a ser usado definindo uma palavra de controle no 82C59A. Os seguintes modos de interrupção são possíveis:

▶ **Totalmente aninhado**: as requisições de interrupção são ordenadas na prioridade de 0 (IR0) até 7 (IR7).
▶ **Rotação**: em algumas aplicações, diversos dispositivos que geram interrupções têm a mesma prioridade. Nesse modo, um dispositivo, depois de ser atendido, recebe a menor prioridade no grupo.
▶ **Máscara especial**: isso permite que o processador iniba interrupções de certos dispositivos.

Figura 7.8

Uso do controlador de interrupção 82C59A.

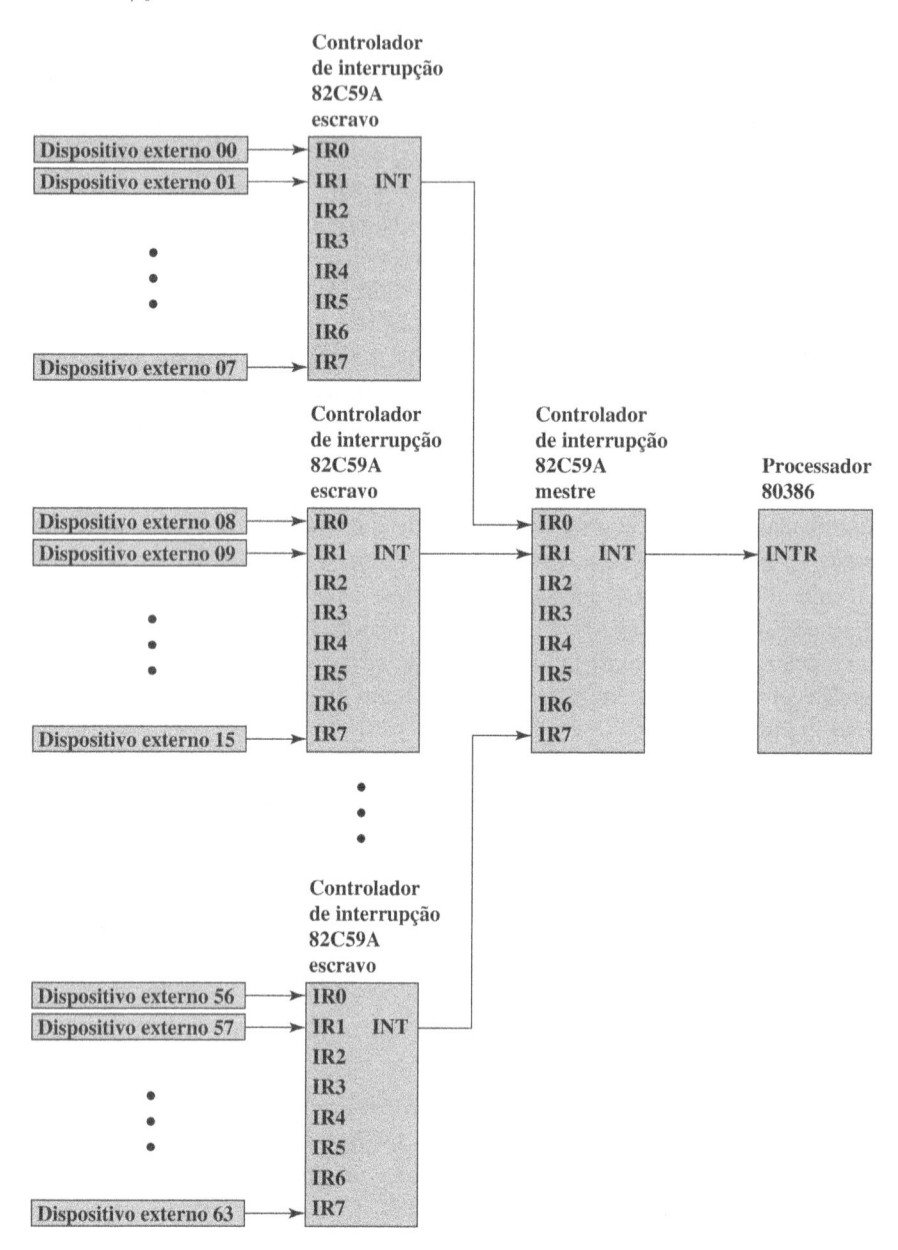

[Diagrama: Controladores de interrupção 82C59A escravos conectados ao 82C59A mestre, que se conecta ao Processador 80386 via INTR. Dispositivos externos 00–07 no primeiro escravo, 08–15 no segundo, 56–63 no terceiro.]

A interface de periférico programável Intel 8255A

Como um exemplo de um módulo de E/S usado para a E/S programada e E/S controlada por interrupção, consideramos o módulo Intel 8255A Programmable Peripheral Interface. O 8255A é um módulo de E/S de uso geral em um único chip, projetado para uso com o processador Intel 80386. Tem sido desde então clonado por outros fabricantes e é um chip de controlador periférico amplamente usado. Seu uso inclui um controlador para dispositivos simples de E/S para microprocessadores e em sistemas embarcados, incluindo sistemas com microcontroladores.

ARQUITETURA E OPERAÇÃO A Figura 7.9 mostra um diagrama de bloco geral e o assinalamento dos pinos para uma cápsula de 40 pinos, onde o chip é montado. Conforme mostrado no layout da disposição dos pinos, o 8255A inclui as seguintes definições:

- **D0–D7**: essas são as linhas de E/S de dados para o dispositivo. Toda a informação lida e gravada no 8255A ocorre por meio dessas oito linhas.

Figura 7.9
Interface de periférico programável Intel 8255A.

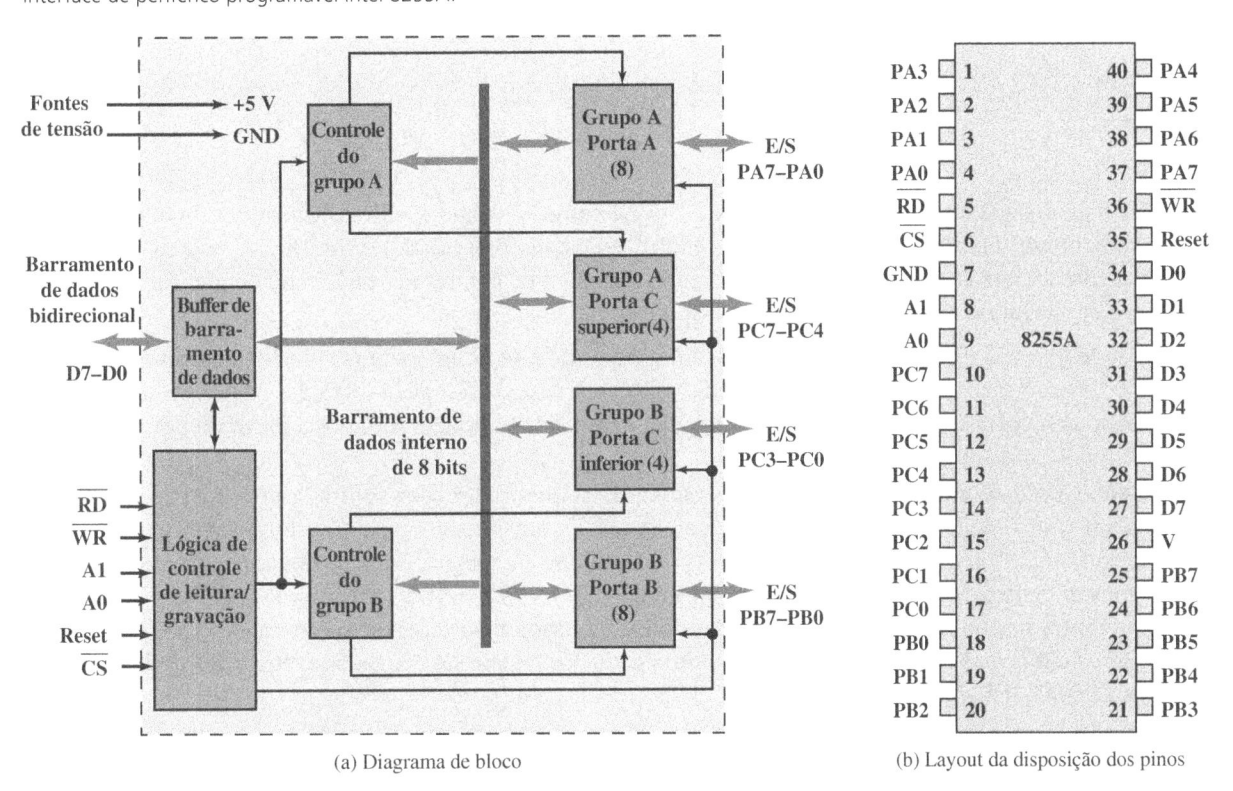

(a) Diagrama de bloco

(b) Layout da disposição dos pinos

- **CS (entrada de seleção de chip)**: se essa linha é um 0 lógico, o microprocessador pode ler e escrever no 8255A.
- **RD (entrada de leitura)**: se essa linha é um 0 lógico e a entrada de CS é um 0 lógico, as saídas de dados do 8255A são habilitadas no barramento dos dados do sistema.
- **WR (entrada de gravação)**: se essa linha de entrada é um 0 lógico e a entrada de CS é um 0 lógico, os dados são escritos no 8255A a partir do barramento de dados do sistema.
- **RESET**: o 8255A é colocado em seu estado de reset se a linha de entrada é um 1 lógico. Todas as portas periféricas são inicializadas no modo de entrada.
- **PA0–PA7, PB0–PB7, PC0–PC7**: as linhas de sinal são usadas como portas de E/S de 8 bits. Elas podem ser conectadas aos dispositivos periféricos.
- **A0, A1**: a combinação lógica dessas duas linhas de entrada determina em qual registrador interno do 8255A os dados são escritos ou lidos.

O lado direito do diagrama de blocos da Figura 7.9a é a interface externa do 8255A. As 24 linhas de E/S são divididas em três grupos de 8 bits (A, B, C). Cada grupo pode funcionar como uma porta de E/S de 8 bits, proporcionando, assim, conexão de dispositivos periféricos. Além disso, o grupo C é subdividido em grupos de 4 bits (C_A e C_B), que podem ser usados em conjunto com as portas de E/S A e B. Configuradas dessa forma, as linhas do grupo C são utilizadas para sinais de controle e de estado.

O lado esquerdo do diagrama em blocos é a interface interna para o barramento do sistema do microprocessador. Ele inclui um barramento de dados bidirecional de 8 bits (D0 até D7), usado para transferir dados entre o microprocessador e as portas de E/S e para transferir informações de controle.

O processador controla o 8255A por meio do registrador de controle de 8 bits no processador. O processador pode definir o valor do registrador de controle para especificar a variedade dos modos e configuração de operação. Do ponto de vista do processador, há uma porta de controle, e os bits do registrador de controle são definidos no processador e, então, enviados para a porta de controle por meio das linhas D0–D7. As duas linhas de endereço especificam uma das três portas de E/S ou o registrador de controle, do seguinte modo:

A1	A2	Seleciona
0	0	Porta A
0	1	Porta B
1	0	Porta C
1	1	Registrador de controle

Desse modo, quando o processador define tanto A1 como A2 como 1, o 8255A interpreta o valor de 8 bits no barramento de dados como uma palavra de controle. Quando o processador transfere a palavra de controle de 8 bits com a linha D7 definida a 1 (Figura 7.10a), a palavra de controle é usada para configurar o modo de operação das 24 linhas de E/S. Os três modos são:

- **Modo 0**: esse é o modo de E/S básico. Os três grupos de oito linhas externas funcionam como três portas de E/S de 8 bits. Cada porta pode ser projetada como entrada ou saída. Os dados só podem ser enviados para uma porta se ela for definida como saída, e os dados só podem ser lidos a partir da porta se ela for definida como entrada.
- **Modo 1**: nesse modo, as portas A e B podem ser configuradas como entrada ou saída, e as linhas da porta C servem como linhas de controle para A e B. Os sinais de controle têm dois propósitos principais: *handshaking* e requisição de interrupção. O *handshaking* é um mecanismo de temporização simples. Uma linha de controle é usada pelo emissor como uma linha DATA READY, para indicar quando os dados estão presentes nas linhas de dados de E/S. Outra linha é usada pelo receptor como um ACKNOWLEDGE, indicando que os dados foram lidos e as linhas de dados podem ser apagadas. Outra linha pode ser designada como uma linha INTERRUPT REQUEST e ligada de volta ao barramento do sistema.
- **Modo 2**: esse é o modo bidirecional. Nesse modo, uma porta A pode ser configurada tanto como linhas de entrada como de saída para o tráfego bidirecional, com as linhas da porta B sendo definidas na direção oposta. De novo, as linhas da porta C são usadas para a sinalização de controle.

Figura 7.10

Palavra de controle do Intel 8255A.

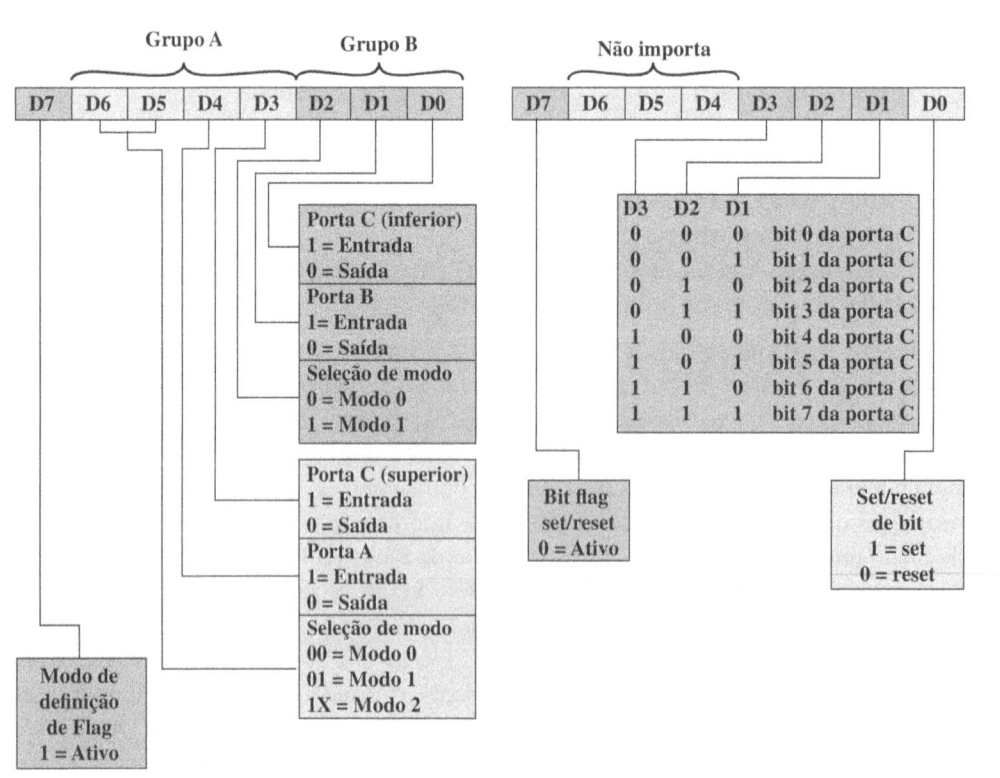

(a) Modo de definição do registrador de controle 8255 para configurar o 8255

(b) Definições de bits do registrador de controle 8255 para modificar os bits da porta C

Figura 7.11

Interface de teclado/monitor para o 8255A.

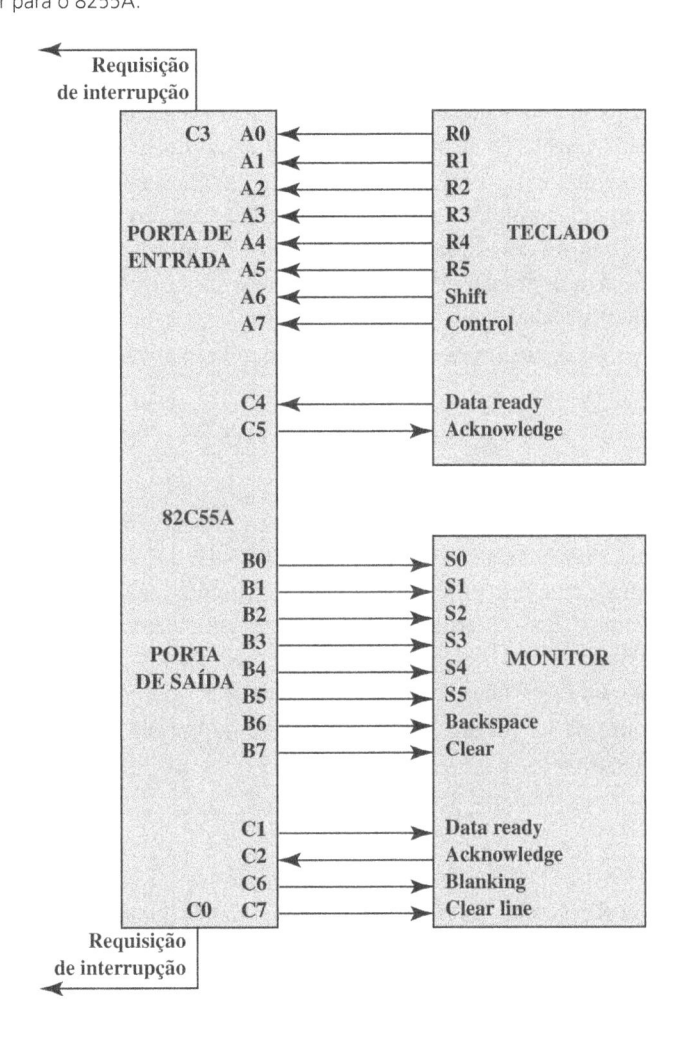

Quando o processador define D7 igual a 0 (Figura 7.10b), a palavra de controle é usada para programar os valores de bit da porta C de modo individual. Essa característica é raramente usada.

EXEMPLO DE TECLADO/MONITOR DE VÍDEO Por conta de o 8255A ser programável pelo registrador de controle, pode ser usado para controlar uma série de dispositivos periféricos simples. A Figura 7.11 ilustra seu uso para controlar um terminal com teclado e monitor de vídeo. O teclado oferece 8 bits de entrada. Dois desses bits, SHIFT e CONTROL, possuem significado especial ao programa de tratamento de teclado executado pelo processador. Contudo, essa interpretação é transparente ao 8255A, que simplesmente aceita os 8 bits de dados e os apresenta no barramento de dados do sistema. Duas linhas de controle de *handshaking* são fornecidas para uso com o teclado.

O monitor também é ligado por uma porta de dados de 8 bits. Novamente, dois dos bits possuem significados especiais, que são transparentes ao 8255A. Além das duas linhas de *handshaking*, duas linhas oferecem funções de controle adicionais.

7.5 ACESSO DIRETO À MEMÓRIA

Desvantagens da E/S programada e controlada por interrupção

A E/S controlada por interrupção, embora mais eficiente que a E/S programada, ainda requer a intervenção ativa do processador para transferir dados entre a memória e um módulo de E/S. Além disso, quaisquer transferências de dados precisam atravessar um caminho passando pelo processador. Assim, essas duas formas de E/S têm duas desvantagens inerentes:

1. A taxa de transferência de E/S é limitada pela velocidade com a qual o processador pode testar e atender a um dispositivo.
2. O processador fica ocupado no gerenciamento de uma transferência de E/S; diversas instruções precisam ser executadas para cada transferência de E/S (como um exemplo, veja a Figura 7.5).

Existe uma espécie de escolha entre essas duas desvantagens. Considere a transferência de um bloco de dados. Usando a E/S programada simples, o processador é dedicado à tarefa de E/S e pode mover dados em uma taxa relativamente alta, à custa de não fazer mais nada. A E/S por interrupção libera o processador até certo ponto, mas depende da taxa de transferência de E/S. Apesar disso, os dois métodos possuem um impacto negativo sobre a atividade do processador e a taxa de transferência de E/S.

Quando grandes volumes de dados precisam ser movidos, uma técnica mais eficiente é necessária: acesso direto à memória (DMA).

Função do DMA

O DMA envolve um módulo adicional no barramento do sistema. O módulo de DMA (Figura 7.12) é capaz de imitar o processador e, na realidade, assumir o controle do sistema do processador. Ele precisa fazer isso para transferir dados de e para a memória pelo barramento do sistema. Para esse propósito, o módulo de DMA deve usar o barramento apenas quando o processador não precisa dele, ou então deve forçar o processador a suspender a operação temporariamente. Essa última técnica é mais comum e é conhecida como *roubo de ciclo* (*cycle stealing*), pois o módulo de DMA efetivamente rouba um ciclo do barramento.

Quando o processador deseja ler ou escrever um bloco de dados, ele envia um comando ao módulo de DMA com as seguintes informações:

- Se uma leitura ou escrita é solicitada, usando o controle de leitura e escrita entre o processador e o módulo de DMA.
- O endereço do dispositivo de E/S envolvido, comunicado nas linhas de dados.
- O local inicial na memória para ler ou escrever, comunicado nas linhas de dados e armazenado pelo módulo de DMA em seu registrador de endereço.
- O número de palavras a serem lidas ou gravadas, novamente comunicado por meio das linhas de dados e armazenado no contador de dados.

Figura 7.12

Diagrama em blocos típico do DMA.

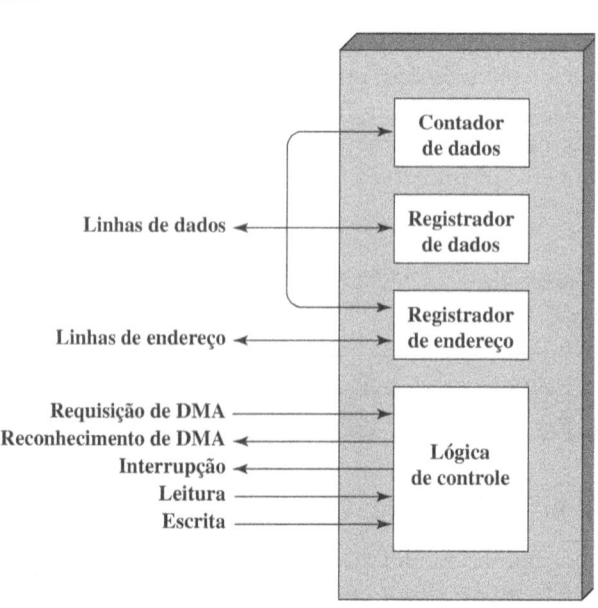

O processador, então, continua com outro trabalho. Ele delegou essa operação de E/S a um módulo de DMA. O módulo de DMA transfere o bloco de dados inteiro, uma palavra de cada vez, diretamente de ou para a memória, sem passar pelo processador. Quando a transferência termina, o módulo de DMA envia um sinal de interrupção ao processador. Desse modo, o processador é envolvido apenas no início e no final da transferência (Figura 7.4c).

A Figura 7.13 mostra onde, no ciclo de instrução, o processador pode ser suspenso. Em cada caso, o processador é suspenso exatamente antes de precisar usar o barramento. O módulo de DMA, então, transfere uma palavra e retorna o controle ao processador. Observe que isso não é uma interrupção; o processador não salva o contexto e faz algo mais. Em vez disso, o processador é interrompido por um ciclo do barramento. O efeito geral é fazer com que o processador execute mais lentamente. Apesar disso, para uma transferência de E/S de múltiplas palavras, o DMA é muito mais eficiente do que a E/S controlada por interrupção ou programada.

O mecanismo de DMA pode ser configurado de diversas maneiras. Algumas possibilidades aparecem na Figura 7.14. No primeiro exemplo, todos os módulos compartilham o mesmo barramento do sistema. O módulo de DMA, atuando como um processador substituto, utiliza E/S programada para trocar dados entre a memória e um módulo de E/S por meio do módulo de DMA. Essa configuração, embora possa ser pouco dispendiosa, certamente é ineficaz. Assim como a E/S programada controlada pelo processador, cada transferência de uma palavra consome dois ciclos de barramento.

O número de ciclos de barramento exigidos pode ser reduzido substancialmente integrando as funções de DMA e E/S. Como a Figura 7.14b indica, isso significa que existe um caminho entre o módulo de DMA e um ou mais módulos de E/S, que não inclui o barramento do sistema. A lógica de DMA pode realmente fazer parte de um módulo de E/S, ou pode ser um módulo separado que controla um ou mais módulos de E/S. Esse conceito pode ser levado um passo adiante conectando módulos de E/S a um módulo de DMA, usando um barramento de E/S (Figura 7.14c). Isso reduz o número de interfaces de E/S no módulo de DMA para um e oferece uma configuração facilmente expansível. Nesses dois casos (figuras 7.14b e c), o barramento do sistema, que o módulo de DMA compartilha com o processador e a memória, é usado pelo módulo de DMA somente para trocar dados com a memória. A troca de dados entre os módulos de DMA e E/S ocorre fora do barramento do sistema.

Figura 7.13

DMA e pontos de interrupção durante um ciclo de instrução.

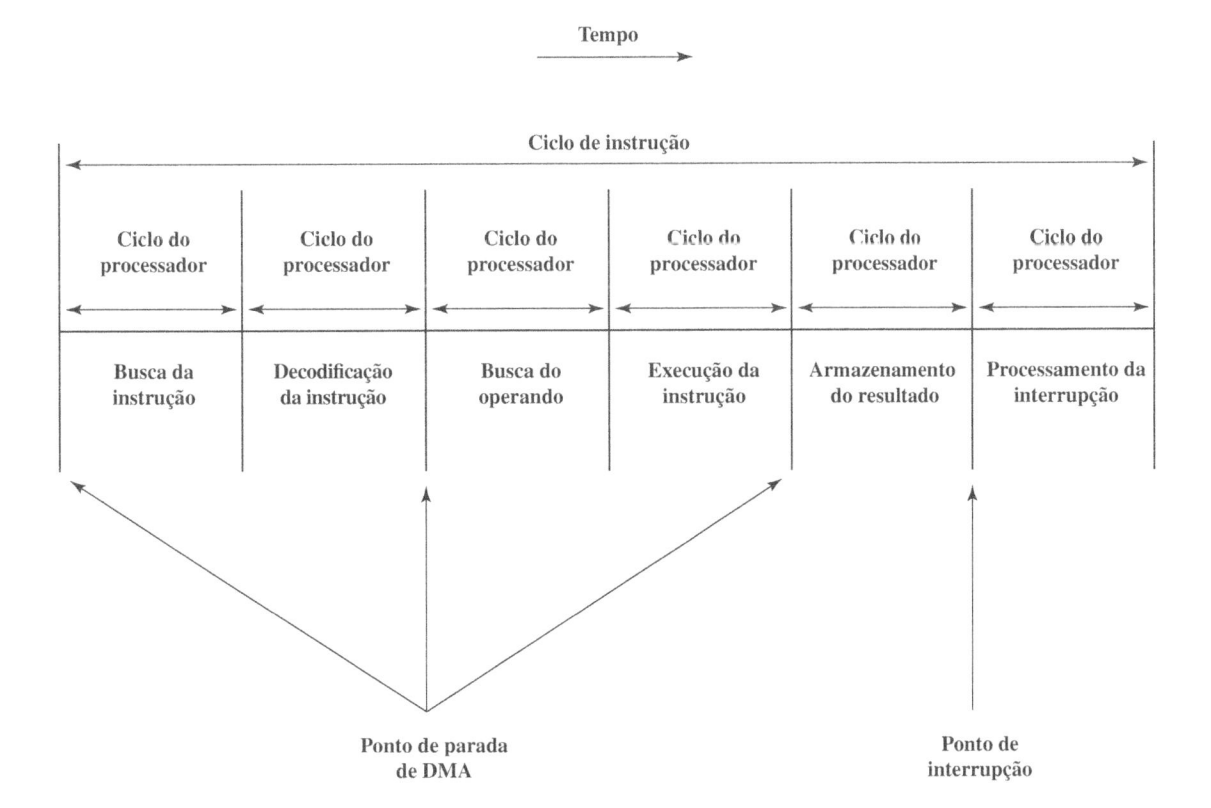

Figura 7.14
Configurações de DMA alternativas.

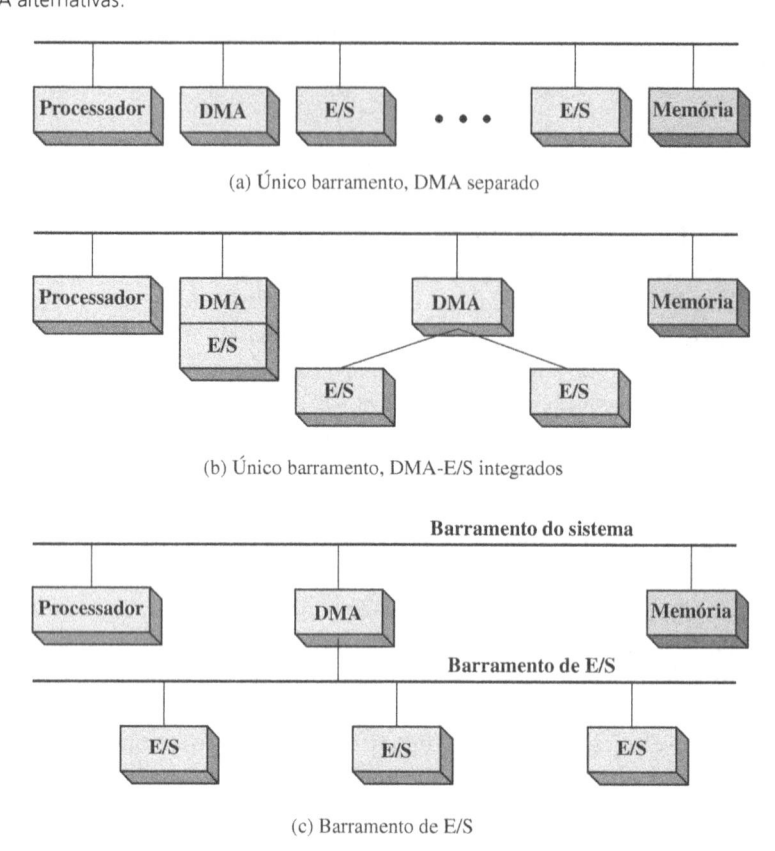

(a) Único barramento, DMA separado

(b) Único barramento, DMA-E/S integrados

(c) Barramento de E/S

Controlador de DMA Intel 8237A

O controlador de DMA Intel 8237A realiza a interface com a família de processadores 80x86 e com uma memória DRAM, para oferecer uma capacidade de DMA. A Figura 7.15 indica o local do módulo de DMA. Quando o módulo de DMA precisa usar os barramentos do sistema (dados, endereço e controle) para transferir dados, ele envia um sinal denominado HOLD ao processador. O processador responde com o sinal HLDA (*hold acknowledge*), indicando que o módulo de DMA pode usar os barramentos. Por exemplo, se o módulo de DMA tiver que transferir um bloco de dados da memória ao disco, ele fará o seguinte:

1. O dispositivo periférico (como o controlador de disco) requisitará o serviço de DMA levantando o sinal DREQ (requisição de DMA).
2. O DMA levantará sua linha HRQ (requisição de HOLD), sinalizando à CPU através de seu pino HOLD que ele precisa usar os barramentos.
3. A CPU terminará o ciclo de barramento atual (não necessariamente a instrução atual) e responderá à solicitação de DMA levantando sua linha HDLA (confirmação de HOLD), dizendo, assim, ao DMA 8237 que ele pode seguir em frente e usar os barramentos para realizar sua tarefa. A linha de HOLD deve permanecer ativa enquanto o DMA estiver realizando sua tarefa.
4. O DMA ativará a linha DACK (confirmação de DMA), que diz ao dispositivo periférico que ele começará a transferir os dados.
5. O DMA começa a transferir os dados da memória para o periférico, colocando o endereço do primeiro byte do bloco no barramento de endereço e ativando MEMR, lendo, assim, o byte da memória para o barramento de dados; depois, ele ativa IOW para gravá-lo no periférico. Em seguida, o DMA decrementa o contador e incrementa o ponteiro de endereço, repetindo esse processo até que a contagem chegue a zero e a tarefa esteja encerrada.
6. Depois que o DMA terminar seu trabalho, ele desativará HRQ, sinalizando à CPU que ela pode retomar o controle de seus barramentos.

Figura 7.15
Uso do barramento do sistema pelo controlador de DMA 8237.

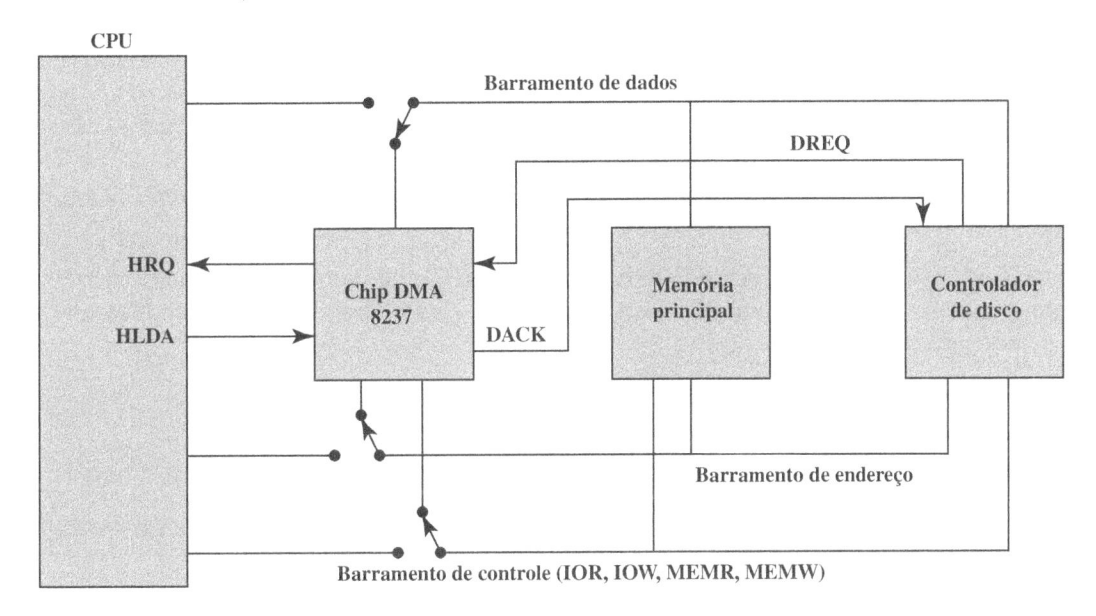

DACK = DMA *acknowledge* (reconhecimento de DMA)
DREQ = DMA *request* (requisição de DMA)
HLDA = HOLD *acknowledge* (reconhecimento de HOLD)
HRQ = HOLD *request* (requisição de HOLD)

Enquanto o DMA está usando os barramentos para transferir dados, o processador fica ocioso. De modo semelhante, quando o processador está usando o barramento, o DMA fica ocioso. O DMA 8237 é conhecido como um controlador de DMA flutuante. Isso significa que os dados movidos de um local para outro não passam pelo chip de DMA e não são armazenados nele. Portanto, o DMA só pode transferir dados entre uma porta de E/S e um endereço de memória, mas não entre duas portas de E/S ou dois locais de memória. Todavia, conforme explicamos mais adiante, o chip de DMA pode realizar uma transferência de memória a memória por meio de um registrador.

O 8237 contém quatro canais de DMA, que podem ser programados independentemente, e qualquer um deles pode estar ativo a qualquer momento. Esses canais são numerados com 0, 1, 2 e 3.

O 8237 tem um conjunto de cinco registradores de controle/comando para programar e controlar a operação de DMA por um de seus canais (Tabela 7.2):

- **Comando**: o processador carrega esse registrador para controlar a operação do DMA. D0 habilita uma transferência de memória para memória, em que o canal 0 é usado para transferir um byte para um registrador temporário do 8237 e o canal 1 é usado para transferir o byte do registrador para a memória. Quando a transferência de memória para memória está habilitada, D1 pode ser usado para desativar o incremento/decremento no canal 0, de modo que um valor fixo pode ser gravado em um bloco de memória. D2 habilita ou desabilita o DMA.
- **Estado**: o processador lê esse registrador para determinar o estado do DMA. Os bits D0–D3 são usados para indicar se os canais 0–3 atingiram sua contagem final TC (do inglês, *Terminal Count*). Os bits D4–D7 são usados pelo processador para determinar se algum canal possui uma requisição de DMA pendente.
- **Modo**: o processador define esse registrador para determinar o modo de operação do DMA. Os bits D0 e D1 são usados para selecionar um canal. Os outros bits selecionam diversos modos de operação para o canal selecionado. Os bits D2 e D3 determinam se a transferência é de um dispositivo de E/S para a memória (escrita) ou da memória para a E/S (leitura), ou uma operação de verificação. Se D4 estiver definido em 1, então o registrador de endereço de memória e o registrador contador são recarregados com seus valores originais ao final de uma transferência de dados por DMA. Os bits D6 e D7 determinam o modo como o 8237 é utilizado. No modo único (*single*), um único byte de dados é transferido. Os modos bloco (*block*) e demanda (*demand*) são usados para uma transferência em bloco, com o modo demanda

permitindo o término prematuro da transferência. O modo cascata (*cascade*) permite que vários 8237s sejam dispostos em cascata, expandindo o número de canais para mais de 4.

▶ **Máscara única**: o processador define esse registrador. Os bits D0 e D1 selecionam o canal. O bit D2 limpa ou define em 1 o bit de máscara para esse canal. É através desse registrador que a entrada DREQ de um canal específico pode ser mascarada (desabilitada) ou desmascarada (habilitada). Enquanto o registrador *comando* pode ser usado para desabilitar o chip de DMA inteiro, o registrador *máscara única* permite que o programador desabilite ou habilite um canal específico.

▶ **Máscara total**: esse registrador é semelhante ao registrador máscara única, exceto que todos os canais podem ser mascarados ou desmascarados com uma operação de escrita.

Além disso, o 8237A tem oito registradores de dados: um registrador de endereço de memória e um contador para cada canal. O processador define esses registradores para indicar o local da memória principal a ser afetado pelas transferências.

Tabela 7.2
Registradores do Intel 8237A.

Bit	Comando	Estado	Modo	Máscara única	Máscara total
D0	H/D memória para memória	Canal 0 atingiu TC	Seleção de canal	Seleção de canal	Limpa/define em 1 o bit de máscara do canal 0
D1	H/D manutenção de endereço do canal 0	Canal 1 atingiu TC			Limpa/define em 1 o bit de máscara do canal 1
D2	H/D controlador	Canal 2 atingiu TC	Verificar/escrever/ler transferência	Limpa/define em 1 o bit de máscara	Limpa/define em 1 o bit de máscara do canal 2
D3	Temporização normal/ comprimida	Canal 3 atingiu TC			Limpa/define em 1 o bit de máscara do canal 3
D4	Prioridade fixa/ rotativa	Requisição do canal 0	H/D de autoinicialização		
D5	Seleção de gravação adiada/ estendida	Requisição do canal 1	Seleção de incremento/ decremento de endereço	Não usado	Não usado
D6	Percepção de DREQ ativo alto/ baixo	Requisição do canal 2			
D7	Percepção de DACK ativo alto/ baixo	Requisição do canal 3	Seleção de modo demanda/único/bloco/ cascata		

H/D = habilita/desabilita
TC = contagem final

7.6 ACESSO DIRETO À CACHE

O DMA provou ser um meio efetivo de aprimorar o desempenho da E/S com dispositivos periféricos e tráfego de E/S em redes. Contudo, para os aumentos significativos nas taxas de dados para a E/S em redes, ele não está apto a fazer escala para atender à crescente demanda. Essa demanda vem sobretudo da implantação generalizada de comutadores Ethernet de 10 Gbps e 100 Gbps para lidar com grandes quantidades de transferência de dados para e dos servidores de banco de dados e outros sistemas de alto desempenho (STALLINGS, 2014a).

Uma fonte secundária de tráfego, mas cada vez mais importante, é decorrente do WiFi com velocidade de gigabits. Os dispositivos de rede WiFi que lidam com 3,2 Gbps e 6,76 Gbps estão se tornando bastante disponíveis e produzindo demanda nos sistemas empresariais (STALLINGS, 2014b).

Nesta seção, vamos mostrar como habilitar a função de E/S para ter acesso direto à cache pode aprimorar o desempenho, uma técnica chamada de **acesso direto à cache (DCA)**. Durante esta seção, estamos preocupados somente com a cache que está mais próxima da memória principal, chamada de **cache de último nível**. Em alguns sistemas, será uma cache L2, em outros, uma cache L3.

Para começar, descrevemos o modo como sistemas multicore modernos usam cache compartilhada no chip para aprimorar o desempenho do DMA. Essa técnica envolve habilitar a função do DMA a fim de ter acesso direto à cache de último nível. A seguir, examinamos os aspectos de desempenho relacionados à cache que se manifestam quando o tráfego de rede de alta velocidade é processado. A partir daí, consideraremos algumas estratégias diferentes para o DCA que são designadas para melhorar o desempenho de processamento de protocolo de rede. Por fim, esta seção descreve uma técnica de DCA implementada pela Intel, conhecida como E/S de Dados Diretos.

DMA usando cache compartilhada de último nível

Como discutido no Capítulo 1 (veja Figura 1.2), os sistemas multicore modernos incluem tanto a cache dedicada a cada *core* como um nível adicional da cache compartilhada, seja L2 ou L3. Com o tamanho crescente da cache de último nível disponível, os desenvolvedores de sistema aprimoraram a função do DMA, de modo que o controlador de DMA tem acesso à cache compartilhada em uma maneira semelhante à dos *cores*. Para esclarecer a interação do DMA e da cache, será útil primeiro descrever uma arquitetura de sistema específica. Para esse propósito, apresentamos a seguir uma visão geral do sistema Xeon da Intel.

PROCESSADOR MULTICORE XEON Trata-se de uma família de processadores de tecnologia de ponta e de alto desempenho usada nos servidores, estações de trabalho de alto desempenho e supercomputadores. Alguns dos membros da família Xeon usam o sistema de interconexão em anel, como ilustrados para o Xeon E5-2600/4600 na Figura 7.16.

O E5-2600/4600 pode ser configurado com até oito *cores* em um chip único. Cada *core* tem caches dedicadas L1 e L2. Existe uma cache L3 de até 20 MB. A cache L3 é dividida em faixas, cada uma associada com cada *core*, embora cada um possa se referir a toda a cache. Além do mais, cada faixa tem seu próprio pipeline de cache, de tal maneira que os pedidos podem ser enviados em paralelo a essas faixas.

A interconexão em anel bidirecional de alta velocidade liga os *cores*, cache de último nível, PCIe e controlador integrado de memória (IMC).

Em essência, o anel opera da seguinte forma:

1. Cada componente que se fixa ao anel bidirecional (QPI, PCIe, cache L3 e cache L2) é considerado um agente de anel, e implementa a lógica do agente de anel.
2. Os agentes de anel cooperam por meio de um protocolo distribuído para solicitar e alocar acesso ao anel, na forma de slots de tempo.
3. Quando um agente tem dados a enviar, ele escolhe uma direção de anel que resulte em um caminho mais curto ao destino e transmite quando um escalonamento de um slot estiver disponível.

A arquitetura em anel proporciona bom desempenho e tem boa escala para os diversos *cores*, até um ponto. Para sistemas com grande número de *cores*, diversos anéis são usados, com cada anel suportando alguns *cores*.

USO DE DMA COM A CACHE Na operação tradicional de DMA, os dados são trocados entre a memória principal e o dispositivo de E/S por meio da estrutura de interconexão de sistema, como um barramento, anel ou matriz QPI ponto a ponto. Então, por exemplo, se o Xeon E5-2600/4600 tiver usado uma técnica de DMA tradicional, a saída se processaria da seguinte maneira. Um driver de E/S que está sendo executado em um *core* enviaria um comando de E/S ao controlador de E/S (PCIe na Figura 7.16) com o local e o tamanho do buffer na memória principal contendo os dados a serem transferidos. O controlador de E/S envia uma solicitação de leitura que é roteada à plataforma do controlador de memória (MCH), a qual acessa os dados na memória DDR3 e os coloca no anel de sistema para entrega ao controlador de E/S. A cache L3 não está envolvida nessa transação, e uma ou mais leituras de memória off-chip são requisitadas. De modo semelhante, para entrada, os dados chegam a partir do controlador de E/S e são entregues pelo anel de sistema à MCH e escritos na memória principal. A MCH deve também invalidar quaisquer linhas

Figura 7.16

Arquitetura de chip Xeon E5-2600/4600.

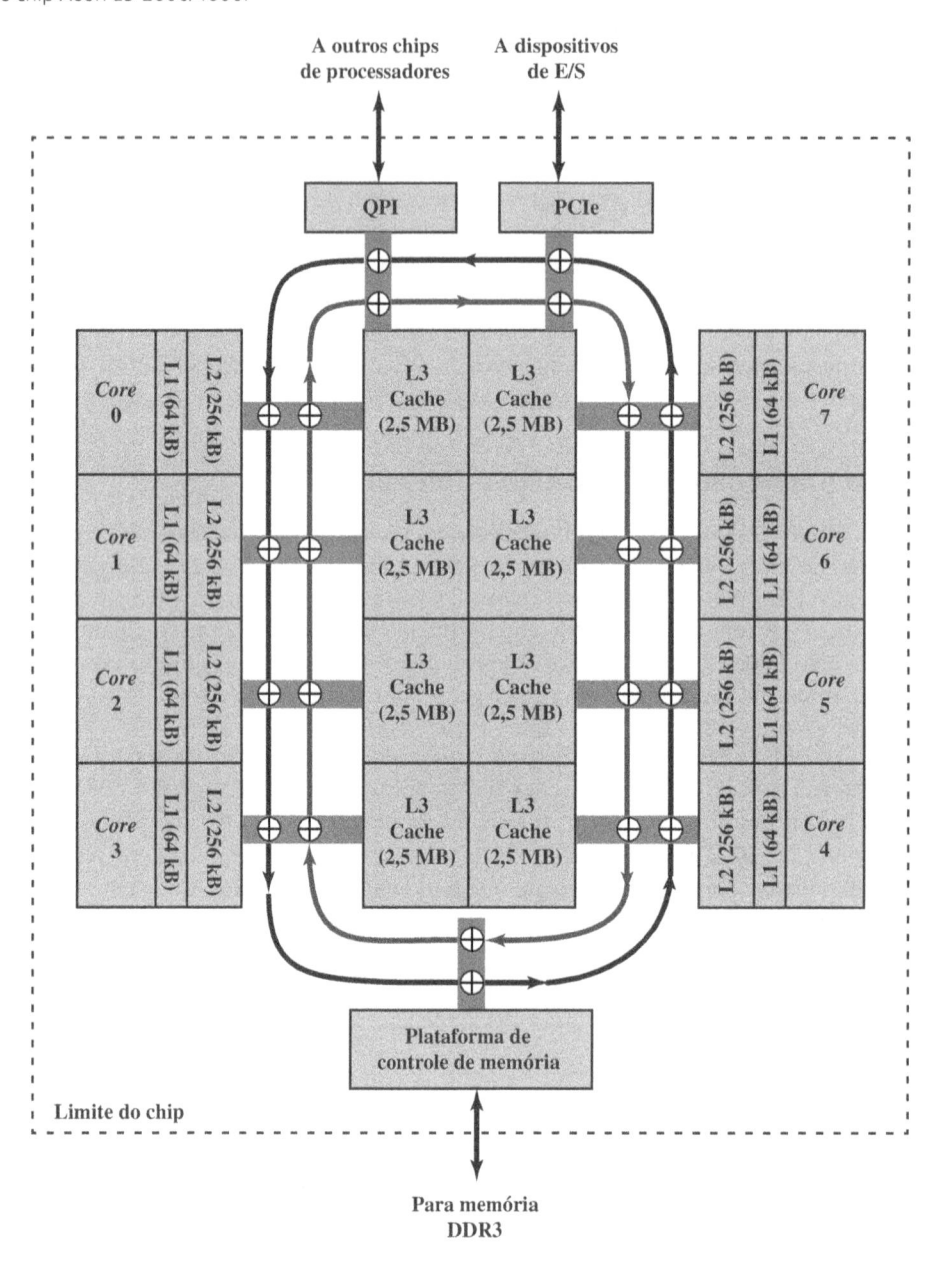

de cache L3 que correspondam aos locais de memória atualizados. Nesse caso, uma ou mais gravações de memórias off-chip são necessárias. Além disso, se uma aplicação quiser acessar os novos dados, uma leitura de memória principal é necessária.

Com a disponibilidade de grandes quantidades de caches de último nível, uma técnica mais eficiente é possível, e é usada pelo Xeon E5-2600/4600. Para saída, quando o controlador de E/S emite uma requisição de leitura, a MCH primeiro checa para ver se os dados estão na cache L3. Esse provavelmente é o caso se uma aplicação tiver recentemente escrito dados no bloco de memória que seria saída. Nesse caso, a MCH direciona os dados a partir da cache L3 ao controlador de E/S; não são necessários acessos à memória principal. No entanto, isso também faz com que os dados sejam retirados da cache, ou seja, o ato de ler por um dispositivo de E/S ocasiona que os dados sejam retirados. Desse modo, a operação de E/S procede de modo eficiente porque ela não requer acesso à memória principal. Todavia, se uma aplicação de fato precisar desses dados no futuro, eles devem ser lidos de volta na cache L3 a partir da memória principal. A operação de entrada no E5-2600/4600 opera como descrito no parágrafo anterior; a cache L3 não é envolvida. De tal maneira, o aprimoramento do desempenho envolve somente as operações de saída.

Um ponto final. Embora a transferência de saída seja diretamente da cache para o controlador de E/S, o termo *acesso direto à cache* não é usado para esse aspecto. Ainda, o termo é reservado para a aplicação de protocolo de E/S, como descrito no restante desta seção.

Aspectos do desempenho relacionado à cache

O tráfego de rede é transmitido na forma de uma sequência de blocos de protocolo, chamados de pacotes ou unidades de dados de protocolo. O menor protocolo de nível, ou de ligação, é geralmente o Ethernet, de modo que cada bloco de dados que chegue ou parta consiste em um pacote de Ethernet que contém o *payload* do pacote de protocolo de mais alto nível. Os protocolos de mais alto nível são em geral o protocolo de internet (IP — do inglês, *Internet Protocol*), que opera no topo da Ethernet, e o protocolo de controle de transmissão (TCP — em inglês, *Transmission Control Protocol*), que opera no topo do IP. Por conseguinte, o bloco da Ethernet consiste em um bloco de dados com um cabeçalho de TCP e um cabeçalho de IP. Para os dados de saída, os pacotes de Ethernet são formados em um componente periférico, como um controlador de E/S ou um controlador de interface de rede (NIC — em inglês, *Network Interface Controller*). De maneira similar, para o tráfego de entrada, o controlador de E/S retira da informação da Ethernet e entrega o pacote de TCP/IP à CPU hospedeira.

Tanto para o tráfego de saída como de entrada, o *core*, a memória principal e a cache estão envolvidos. Em um esquema de DMA, quando uma aplicação deseja transmitir dados, ela os coloca em um buffer de aplicação específica na memória principal. O *core* transfere isso para um buffer de sistema em uma memória principal e cria o TCP necessário e os cabeçalhos de IP, que também são bufferizados na memória de sistema. O pacote é, então, apanhado por DMA para transferir por NIC. Essa atividade não se dedica somente à memória principal, mas também à cache. Para o tráfego de entrada, as transferências similares entre o sistema e os buffers de aplicação são necessárias.

Quando grandes volumes de tráfego de protocolo são processados, dois fatores nesse cenário degradam o desempenho. Primeiro, o *core* consome ciclos de clock valiosos copiando dados entre o sistema e os buffers de aplicação. Em segundo lugar, por conta de as velocidades de memória não serem mantidas nas velocidades de CPU, o *core* perde tempo esperando por leituras e escritas de memória. Nessa via tradicional de processar o tráfego de protocolo, a cache não ajuda porque os dados e os cabeçalhos de protocolo estão constantemente mudando e, assim, a cache deve ser sempre atualizada.

Para esclarecer a questão do desempenho e explicar o benefício de DCA como uma maneira de aprimorar o desempenho, vamos analisar o processo de tráfego de protocolo em mais detalhes para o tráfego de entrada. Em termos gerais, ocorrem as seguintes etapas:

1. **Chegada de pacote**: o NIC recebe como entrada um pacote Ethernet. Ele processa e extrai informações de controle da Ethernet. Isso inclui fazer um cálculo de detecção de erro. O pacote restante de TCP/IP é, então, transferido ao módulo do DMA do sistema, que, em geral, é parte do NIC. O NIC também cria um descritor de pacote com informação acerca do pacote, como seu local de buffer na memória.
2. **DMA**: o módulo de DMA transfere dados, inclusive o descritor de pacote, para a memória principal. Ele deve também invalidar as linhas de cache correspondentes, se houve alguma.
3. **NIC interrompe o host**: depois que vários pacotes tiverem sido transferidos, o NIC emite uma interrupção ao processador do host.
4. **Cabeçalhos e descritores de recuperação**: o *core* processa a interrupção, invocando um processo de tratamento de interrupção, o qual lê o descritor e o cabeçalho dos pacotes recebidos.
5. **Ocorrências de falha de cache**: por ser a chegada de novos dados, as linhas de cache correspondentes ao sistema de buffer que contém novos dados são invalidadas. De tal maneira, o *core* deve parar de ler os dados a partir da memória principal na cache e, então, aos registradores de *core*.
6. **O cabeçalho é processado**: o software de protocolo é executado no *core* para analisar os conteúdos de TCP e de cabeçalho de IP. Isso provavelmente vai incluir o acesso ao bloco de controle de transporte (TCB), que contém informação de conteúdo relacionada ao TCP. O acesso ao TCB pode ou não causar uma falha de cache, necessitando de acesso de memória principal.
7. **Transferência do bloco**: a porção de dados do pacote é transferida a partir do buffer de sistema para o buffer de aplicação apropriado.

Uma sequência similar de etapas ocorre para o tráfego de saída de pacote, mas há algumas diferenças que afetam o modo como a cache é gerenciada. Para o tráfego de saída, ocorrem as seguintes etapas:

1. **Solicitação de transferência de pacote**: quando uma aplicação tem um bloco de dados para transferir a um sistema remoto, ela coloca os dados em um buffer de aplicação e alerta o SO com algum tipo de chamada do sistema.

2. **Criação do pacote**: o SO invoca um processo de TCP/IP a fim de criar o pacote de TCP/IP para transmissão. O processo do TCP/IP acessa o TCB (que pode envolver uma falha de cache) e cria cabeçalhos apropriados. Também lê dados a partir do buffer da aplicação e, então, coloca o pacote completo (cabeçalhos mais dados) em um buffer do sistema. Observe que os dados que são escritos no buffer do sistema também existem na cache. O processo de TCP/IP também cria um descritor de pacote que é colocado na memória compartilhada com o módulo de DMA.
3. **Chamada de uma operação de saída**: usa um programa de driver de dispositivo para sinalizar ao módulo de DMA que a saída está pronta para o NIC.
4. **Transferência de DMA**: o módulo de transferência de DMA lê o descritor de pacote, então a transferência de dados é realizada a partir da memória principal ou da cache de último nível ao NIC. Observe que as transferências de DMA invalidam a linha de cache em uma cache, mesmo no caso de uma leitura (pelo módulo de DMA). Se a linha estiver modificada, ela causa um *write back*. O *core* não faz as validações. As validações acontecem quando o módulo de DMA lê os dados.
5. **Sinais de NIC de finalização**: depois que uma transferência estiver completa, o NIC sinaliza ao driver no *core* que originou o sinal de envio.
6. **O driver libera buffer**: uma vez que o driver receba o aviso de finalização, ele libera espaço do buffer para reúso. O *core* deve também invalidar as linhas de cache que contêm dados de buffer.

Como pode ser visto, a E/S de rede envolve uma série de acessos à memória principal e à memória cache, além de movimentar os dados entre um buffer de aplicação e um sistema de buffer. O grande envolvimento da memória principal torna-se um gargalo, à medida que o desempenho tanto do *core* como da rede aceleram os ganhos nos tempos de acesso à memória.

Estratégias de acesso direto à cache

Várias estratégias têm sido propostas para fazer uso mais eficiente das caches para E/S de rede, com o termo geral *acesso direto à cache* aplicado para todas elas.

A mais simples é uma que foi implementada como um protótipo em uma série de processadores Xeon da Intel entre 2006 e 2010 (KUMAR, 2007, e INTEL CORP., 2008). Essa forma de DCA aplica-se apenas ao tráfego proveniente de rede. A função DCA no controlador de memória envia uma dica de pré-busca ao *core* tão logo os dados estejam disponíveis na memória do sistema. Isso habilita o *core* a fazer pré-busca de pacote de dados a partir do buffer do sistema, evitando, assim, falhas na cache e desperdícios relacionados aos ciclos do *core*.

Enquanto essa forma simples de DCA proporciona alguma melhoria, ganhos muito mais substanciais podem ser obtidos ao se evitar completamente o sistema de buffer na memória principal. Para a função específica do processamento do protocolo, observe que o pacote e a informação de descritor de pacote são acessados somente uma vez no buffer do sistema pelo *core*. Para pacotes recebidos, o *core* lê os dados a partir do buffer e transfere a carga útil do pacote a um buffer de aplicação. Ele não tem necessidade de acessar dados no buffer de sistema de novo. De maneira similar, para os pacotes de saída, uma vez que o *core* tenha colocado os dados no buffer de sistema, ele não precisa acessar os dados novamente. Supõe-se, portanto, que o sistema de E/S foi equipado não somente com uma capacidade de acessar diretamente a memória principal, mas também de acessar a cache, tanto para operações de entrada como de saída. Então, seria possível usar a cache de último nível em vez da memória principal para buffer dos pacotes e descritores de pacotes de entrada e de saída.

Essa última técnica, que é um DCA verdadeiro, foi proposta por Huggahalli (2005). Também tem sido descrita como **injeção de cache** (LEONARD, 2007). Uma versão dessa forma mais completa de DCA é implementada na linha de processador Xeon da Intel, conhecida como **E/S de Dados Diretos** (INTEL..., 2012).

E/S de Dados Diretos

A E/S de Dados Diretos da Intel (DDIO — em inglês, *Intel Direct Data I/O*) é implementada em toda a família Xeon E5 de processadores. Sua operação é mais bem explicada com a comparação lado a lado de transferências com e sem DDIO.

PACOTE DE ENTRADA Primeiro, analisamos o caso de um pacote que chega ao NIC a partir da rede. A Figura 7.17a mostra as etapas envolvidas na operação de DMA. A NIC inicia uma gravação na memória (1).

Então, o NIC invalida as linhas de cache que correspondem ao buffer de sistema (2). A seguir, a operação de DMA é realizada, depositando o pacote diretamente na memória principal (3). Por fim, depois de o *core* apropriado receber um sinal de interrupção de DMA, o *core* pode ler os pacotes de dados a partir da memória por meio da cache (4).

Antes de discutir o processamento do pacote de entrada usando DDIO, é preciso resumir a discussão da política de gravação de cache a partir do Capítulo 4, e apresentar uma nova técnica. Para a discussão a seguir, há aspectos relacionados à coerência da cache que surgem em um ambiente de multiprocessador ou multicore. Eles são discutidos no Capítulo 17, mas seus detalhes não precisam causar preocupação por ora. Vale lembrar que existem duas técnicas para lidar com a atualização para uma linha de cache:

- ▸ ***Write through***: todas as operações de gravação são feitas para a memória principal e também para a cache, assegurando que a memória principal seja sempre válida. Qualquer outro módulo *core*-cache pode monitorar o tráfego para a memória principal e manter a consistência dentro de sua própria cache local.
- ▸ ***Write back***: atualizações são feitas somente na cache. Quando ocorre uma atualização, um bit de atualização (*dirty bit*) associado à linha é definido. Então, quando um bloco é substituído, é feito um *write back* para a memória principal se, e somente se, o bit de atualização for definido.

A DDIO usa a estratégia de *write back* na cache L3.

Uma operação de gravação na cache pode encontrar uma falha de cache, a qual pode ser tratada por uma destas duas estratégias:

- ▸ ***Write allocate***: a linha requerida é carregada na cache a partir da memória principal. Então, a linha na cache é atualizada pela operação de escrita. Esse esquema é tipicamente usado com o método de *write back*.
- ▸ ***Non-write allocate***: o bloco é modificado na memória principal. Não há alteração feita na cache. Esse esquema é geralmente usado com o método de *write through*.

Considerando essas informações, descreveremos a estratégia de DDIO para transferências de entrada iniciadas pelo NIC.

1. Se houver um acerto de cache, a linha de cache é atualizada, mas não a memória principal; essa é simplesmente a estratégia de *write back* para o acerto de cache. A literatura da Intel refere-se a isso como **atualização de escrita**.
2. Se houver uma falha de cache, a operação de gravação ocorre para uma linha na cache que não vai fazer *write back* para a memória principal. As gravações subsequentes atualizam a linha de cache, novamente

Figura 7.17

Comparação de DMA e DDIO.

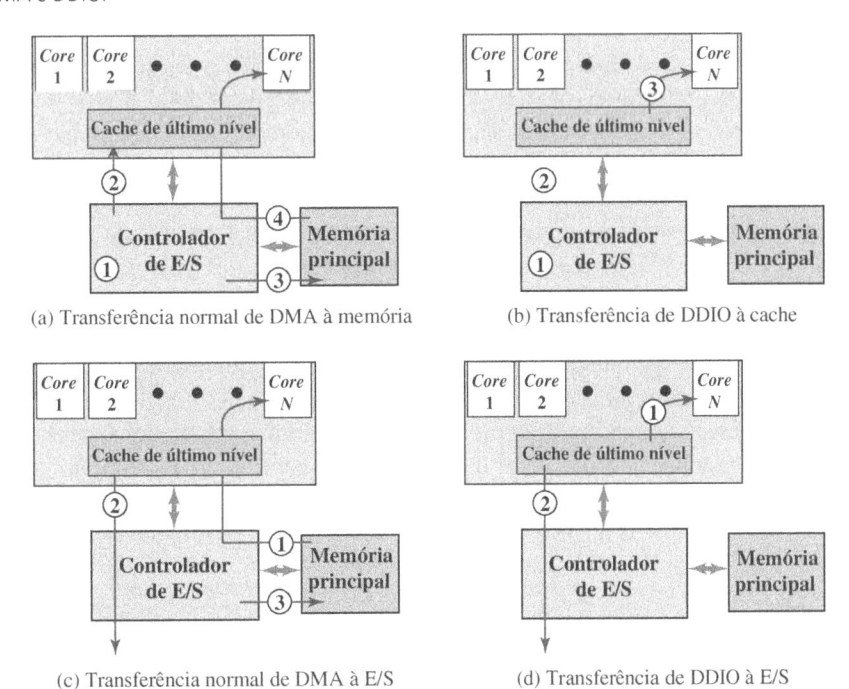

(a) Transferência normal de DMA à memória

(b) Transferência de DDIO à cache

(c) Transferência normal de DMA à E/S

(d) Transferência de DDIO à E/S

sem referência à memória principal ou sem ação futura que escreva esses dados na memória principal. A documentação da Intel (INTEL..., 2012) refere-se a isso como *write allocate*, que infelizmente não tem o mesmo significado para o termo na literatura geral da cache.

A estratégia de DDIO é efetivamente para a aplicação do protocolo de rede, porque os dados de entrada não precisam ser retidos para uso futuro. A aplicação do protocolo vai gravar os dados em um buffer de aplicação, e não há necessidade de armazenar temporariamente em um buffer de sistema.

A Figura 7.17b mostra a operação para a entrada de DDIO. O NIC inicia uma gravação na memória (1). Então, o NIC invalida as linhas de cache que correspondem a um buffer de sistema e deposita os dados de entrada na cache (2). Por fim, depois que o *core* apropriado recebe um sinal de interrupção de DCA, o *core* pode ler os dados de pacote a partir da cache (3).

PACOTE DE SAÍDA A Figura 7.17c mostra as etapas que envolvem a operação de DMA para transmissão de pacote de saída. O manuseio de protocolo de TCP/IP que é executado no *core* lê os dados a partir do buffer de aplicação e grava no buffer de sistema. Esses acessos de dados resultam em falhas de cache e ocasionam que os dados sejam lidos na memória e na cache L3 (1). Quando o NIC recebe a notificação para iniciar uma operação de transmissão, lê os dados a partir da cache e os transmite (2). O acesso da cache pelo NIC possibilita que os dados sejam desalojados a partir da cache e é feito *write back* na memória principal (3).

A Figura 7.17d mostra as etapas envolvidas em uma operação de DDIO para transmissão de pacote. O manuseio do protocolo de TCP/IP cria o pacote a ser transmitido e armazena no espaço alocado na cache L3 (1), mas não na memória principal (2). A operação de leitura iniciada pelo NIC é satisfeita pelos dados a partir da cache, sem causar retiradas na memória principal.

Deveria estar claro a partir dessas comparações lado a lado que a DDIO é mais eficiente que o DMA para pacotes tanto de entrada como de saída e, portanto, mais apta para manter a taxa de tráfego de pacote alta.

7.7 PROCESSADORES E CANAIS DE E/S

A evolução da função de E/S

Com a evolução dos sistemas de computação, tem havido um crescimento no padrão de complexidade e sofisticação dos componentes individuais. Em nenhum outro lugar isso é mais evidente do que na função de E/S. Já vimos parte dessa evolução. As etapas dessa evolução podem ser resumidas da seguinte forma:

1. A CPU controla diretamente o dispositivo periférico. Isso é visto em dispositivos simples controlados por microprocessador.
2. Um controlador ou módulo de E/S é acrescentado. A CPU usa a E/S programada sem interrupções. Com essa etapa, a CPU fica por fora dos detalhes específicos das interfaces do dispositivo externo.
3. A mesma configuração da etapa 2 é utilizada, mas agora as interrupções são empregadas. A CPU não precisa gastar tempo esperando que uma operação de E/S seja realizada, aumentando, assim, sua eficiência.
4. O módulo de E/S recebe acesso direto à memória, por meio de DMA. Ele agora pode mover um bloco de dados de ou para a memória sem envolver a CPU, exceto no início e no final da transferência.
5. O módulo de E/S é aprimorado para se tornar um processador por conta própria, com um conjunto especializado de instruções, ajustado para E/S. A CPU direciona o processador de E/S a executar um programa de E/S armazenado na memória. O processador de E/S busca e executa essas instruções sem intervenção da CPU. Isso permite que a CPU especifique uma sequência de atividades de E/S e seja interrompida somente quando a sequência inteira tiver sido executada.
6. O módulo de E/S tem uma memória local própria e, de fato, é um computador separado. Com essa arquitetura, um grande conjunto de dispositivos de E/S pode ser controlado, com o mínimo de envolvimento da CPU. Um uso comum para essa arquitetura tem sido no controle da comunicação com terminais interativos. O processador de E/S cuida da maior parte das tarefas envolvidas no controle dos terminais.

Enquanto se prossegue nesse caminho de evolução, cada vez mais a função de E/S é realizada sem envolvimento da CPU. A CPU fica cada vez mais livre das tarefas relacionadas a E/S, melhorando o desempenho. Com as duas últimas etapas (5-6), ocorre uma grande mudança com a introdução do conceito de um módulo de E/S capaz de executar um programa. Para a etapa 5, o módulo de E/S em geral é conhecido como um *canal de E/S*.

Para a etapa 6, o termo *processador de E/S* é muitas vezes usado. Contudo, os dois termos ocasionalmente são aplicados às duas situações. No texto seguinte, usaremos o termo *canal de E/S*.

Características dos canais de E/S

O canal de E/S representa uma extensão do conceito de DMA. Um canal de E/S tem a capacidade de executar instruções de E/S, o que lhe oferece um controle completo sobre as operações de E/S. Em um sistema de computação com esses dispositivos, a CPU não executa instruções de E/S. Essas instruções são armazenadas na memória principal para serem executadas por um processador de uso específico no próprio canal de E/S. Desse modo, a CPU inicia uma transferência de E/S instruindo o canal de E/S a executar um programa na memória. O programa especificará o dispositivo ou os dispositivos, a área ou as áreas da memória para armazenamento, as prioridades e ações a serem tomadas para certas condições de erro. O canal de E/S segue essas instruções e controla a transferência de dados.

Dois tipos de canais de E/S são comuns, conforme ilustramos na Figura 7.18. Um *canal seletor* controla diversos dispositivos de alta velocidade e, a qualquer momento, é dedicado à transferência de dados com um desses dispositivos. Assim, o canal de E/S seleciona um dispositivo e efetua a transferência de dados. Cada dispositivo, ou pequeno grupo de dispositivos, é tratado por um *controlador*, ou módulo de E/S, que é semelhante aos módulos de E/S que discutimos até aqui. Desse modo, o canal de E/S atua no lugar da CPU para controlar esses controladores de E/S. Um *canal multiplexador* pode tratar da E/S com vários dispositivos ao mesmo tempo. Para dispositivos de baixa velocidade, um *multiplexador de byte* aceita ou transmite caracteres o mais rápido

Figura 7.18

Arquitetura de canal de E/S.

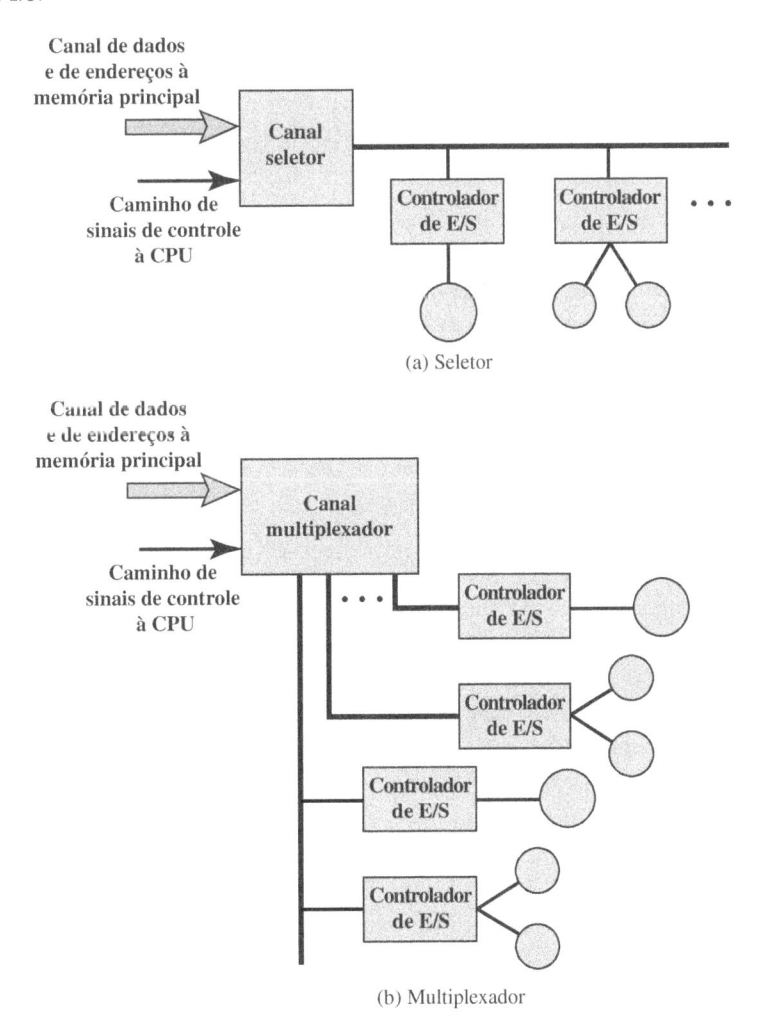

possível a diversos dispositivos. Por exemplo, o fluxo de caracteres resultante de três dispositivos com diferentes velocidades e fluxos individuais $A_1A_2A_3A_4$ ..., $B_1B_2B_3B_4$ ..., e $C_1C_2C_3C_4$ ... poderia ser $A_1B_1C_1A_2C_2A_3B_2C_3A_4$, e assim por diante. Para dispositivos de alta velocidade, um *multiplexador de bloco* intercala os blocos de dados de vários dispositivos.

7.8 PADRÕES DE INTERCONEXÃO EXTERNA

Nesta seção, proporcionaremos uma breve visão geral dos padrões de interface externa mais amplamente usados para dar suporte a E/S. Dois deles, Thunderbolt e InfiniBand, são examinados em detalhes no Apêndice J (disponível em inglês na Sala Virtual).

Barramento serial universal (USB)

O USB (do inglês, *Universal Serial Bus*) é bastante usado para conexões periféricas. É a interface padrão para dispositivos de velocidade mais lenta, como teclado e dispositivos apontadores, mas também é comumente usada para E/S de alta velocidade, incluindo impressoras, drives de disco e adaptadores de rede.

Ele vem de várias gerações. A primeira versão, USB 1.0, definiu uma taxa de dados de *baixa velocidade* de 1,5 Mbps e uma taxa de *velocidade completa* de 12 Mbps. O USB 2.0 proporciona uma taxa de dados de 480 Mbps. O USB 3.0 inclui um novo barramento de maior velocidade chamado de *SuperSpeed* em paralelo com o barramento do USB 2.0. A velocidade de sinalização do Super-Speed é de 5 Gbps, mas, em razão da sobrecarga de sinalização, a taxa de dados úteis é de até 4 Gbps. A mais recente especificação é USB 3.1, que inclui o modo de transferência mais rápido, chamado de *SuperSpeed+*. Esse modo de transferência atinge uma taxa de sinalização de 10 Gbps e uma taxa de dados teóricos úteis de 9,7 Gbps.

O sistema USB é controlado por um controlador host central, que é conectado aos dispositivos para criar uma rede local com uma topologia hierárquica em árvore.

Barramento serial FireWire

O FireWire foi desenvolvido como uma alternativa para a interface SCSI (do inglês, *Small Computer System Interface*), a fim de ser usado em sistemas menores, como computadores pessoais, estações de trabalho e servidores. O objetivo foi atender às demandas crescentes por taxas de E/S mais altas nesses sistemas, enquanto evita as tecnologias de canais de E/S robustas e caras desenvolvidas para os sistemas baseados em mainframes e em supercomputadores. O resultado é o padrão IEEE 1394, para um barramento serial de alto desempenho (*high performance serial bus*), em geral conhecido como FireWire.

O FireWire usa uma configuração *daisy-chain*, com até 63 dispositivos conectados em uma única porta. Além do mais, até 1.022 barramentos FireWire podem ser interconectados usando pontes, permitindo que um sistema aceite tantos periféricos quantos forem necessários.

O FireWire permite o que é conhecido como conexão a quente (*hot plugging*), que significa que é possível conectar e desconectar periféricos sem ter que desligar o sistema de computação ou reconfigurar o sistema. Além disso, FireWire permite configuração automática; não é necessário definir manualmente IDs de dispositivo ou se preocupar com a posição relativa dos dispositivos. Com FireWire, não existem terminações, e o sistema executa automaticamente uma função de configuração para atribuir endereços. Observe também que um barramento FireWire não precisa ser rigorosamente uma *daisy chain*. Em vez disso, é possível usar uma configuração estruturada em forma de árvore.

Um recurso importante do padrão FireWire é que ele especifica um conjunto de três camadas de protocolos para padronizar o modo como o sistema host interage com os dispositivos periféricos pelo barramento serial. A camada física define os meios de transmissão que são permitidos pelo FireWire e as características elétricas e de sinalização de cada um. Taxas de dados de 25 Mbps a 3,2 Gbps são definidas. A camada de ligação descreve a transmissão de dados em pacotes. A camada de transação define um protocolo de requisição e resposta que esconde os detalhes de camada mais baixa do FireWire das aplicações.

Small Computer System Interface (SCSI)

A interface SCSI é um padrão comum para conectar dispositivos periféricos (discos, modems, impressoras etc.) a computadores pequenos e médios. Embora envolva taxas de dados mais altas, ela perdeu popularidade para competidores como USB e FireWire em sistemas menores. No entanto, as versões de alta velocidade da SCSI permanecem populares para o suporte à memória de massa em sistemas empresariais. Por exemplo, o zEnterprise EC12 da IBM e outros mainframes da IBM oferecem suporte para a SCSI, e uma série de sistemas Seagate de drive de disco rígido usa SCSI.

A organização física da SCSI é um barramento compartilhado, que pode suportar até 16 ou 32 dispositivos, dependendo da geração do padrão. O barramento proporciona transmissão paralela em vez de serial, com uma largura de barramento de 16 bits nas primeiras gerações e 32 bits nas últimas gerações. A velocidade varia de 5 Mbps na especificação original de SCSI-1 a 160 Mbps na SCSI-3 U3.

Thunderbolt

A mais recente, e uma das mais rápidas, tecnologia de conexão de periféricos a se tornar disponível para uso de propósito geral é o Thunderbolt, desenvolvido pela Intel em colaboração com a Apple. Um cabo Thunderbolt pode gerenciar o trabalho anteriormente requerido de diversos cabos. A tecnologia combina dados, vídeos, áudios e energia em uma única conexão de alta velocidade para periféricos como drives de disco rígidos, conjuntos de RAID (*Redundant Array of Independent Disks*), caixas de captura de vídeo e interfaces de rede. Isso proporciona uma taxa de transferência de até 10 Gbps em cada direção e até 10 watts de potência aos periféricos conectados.

O Thunderbolt é descrito em detalhes no Apêndice J.

InfiniBand

InfiniBand é uma especificação de E/S, voltada para o mercado de servidores de ponta. A primeira versão da especificação foi lançada no início de 2001, atraindo vários fornecedores. Por exemplo, a série de mainframes zEnterprise da IBM se apoia fortemente no InfiniBand há vários anos. O padrão descreve uma arquitetura e especificações para o fluxo de dados entre os processadores e dispositivos de E/S inteligentes. InfiniBand tornou-se uma interface popular para redes de armazenamento de dados e outras configurações de armazenamento de grande capacidade. Basicamente, o InfiniBand permite que servidores, armazenamento remoto e outros dispositivos de rede sejam conectados em uma central de comutadores e links. A arquitetura baseada em comutador pode conectar até 64.000 servidores, sistemas de armazenamento e dispositivos de rede.

O InfiniBand é descrito em detalhes no Apêndice J.

PCI Express

O PCI Express é um sistema de barramento de alta velocidade que conecta periféricos de uma grande variedade de tipos e velocidades. O Capítulo 3 discute o PCI Express de modo detalhado.

SATA

Serial ATA (*Serial Advanced Technology Attachment*) é uma interface para sistemas de armazenamento de disco. Proporciona taxas de dados de até 6 Gbps, com um máximo por dispositivo de 300 Mbps. O SATA é bastante usado em computadores desktop, bem como em aplicações industriais e embarcadas.

Ethernet

É uma tecnologia de rede predominantemente com fios, usada em casas, escritórios, centros de dados, empresas e redes de área ampla. Conforme evoluiu para suportar taxas de dados de até 100 Gbps e distâncias de poucos metros a dezenas de quilômetros, tornou-se essencial para computadores pessoais, estações de trabalho, servidores e dispositivos de armazenamento massivo de dados em grandes e pequenas organizações.

A Ethernet começou como um sistema experimental baseado em barramento de 3 Mbps. Com um sistema de barramento, todos os dispositivos relacionados, como PCs, conectam-se a um cabo coaxial comum, bem como sistemas residenciais de TV a cabo. A primeira Ethernet comercialmente disponível, e a primeira versão do IEEE 802.3, foram os sistemas baseados em barramento que operavam em 10 Mbps. Conforme a tecnologia avançou, a Ethernet mudou de baseada em barramento para baseada em comutação, e a taxa de dados aumentou periodicamente por uma ordem de magnitude. Com os sistemas baseados em comutação, há um comutador central, com todos os dispositivos conectados diretamente a ele. Atualmente, os sistemas de Ethernet estão disponíveis em velocidades de até 100 Gbps. Oferecemos aqui uma breve cronologia.

- 1983: 10 Mbps (megabits por segundo, milhões de bits por segundo).
- 1995: 100 Mbps.
- 1998: 1 Gbps (gigabits por segundo, bilhões de bits por segundo).
- 2003: 10 Gbps.
- 2010: 40 Gbps e 100 Gbps.

Wi-Fi

O Wi-Fi é uma tecnologia de acesso à internet predominantemente sem fio, usado em casas, escritórios e espaços públicos. O Wi-Fi em casa agora conecta computadores, tablets, smartphones e hosts de dispositivos eletrônicos, como câmeras de vídeo, TVs e termostatos. O Wi-Fi nas empresas tem se tornado um meio essencial para aumentar a produtividade dos colaboradores e a efetividade da rede. E os hotspots de Wi-Fi público expandiram-se de modo significativo para proporcionar acesso livre à internet em locais públicos.

Como a tecnologia de antenas, as técnicas de transmissão sem fio e projeto de protocolo sem fio evoluíram, o comitê IEEE 802.11 ficou apto a apresentar padrões para novas versões de Wi-Fi em velocidades ainda maiores. Uma vez que o padrão seja publicado, a indústria rapidamente desenvolve os produtos. Apresentamos aqui uma breve cronologia, começando com o padrão original, que é chamado simplesmente de IEEE 802.11, e mostrando a taxa de dados máxima para cada versão:

- 802.11 (1997): 2 Mbps (megabits por segundo, milhões de bits por segundo).
- 802.11a (1999): 54 Mbps.
- 802.11b (1999): 11 Mbps.
- 802.11n (1999): 600 Mbps.
- 802.11g (2003): 54 Mbps.
- 802.11ad (2012): 6,76 Gbps (bilhões de bits por segundo).
- 802.11ac (2014): 3,2 Gbps.

7.9 ESTRUTURA DE E/S DO zENTERPRISE EC12 DA IBM

O zEnterprise EC12 é o mais recente lançamento de computador mainframe da IBM (isto no momento em que este livro foi escrito). O sistema é baseado no uso do chip de processador zEC12, que é um chip multicore de 5,5-GHz com seis *cores*. A arquitetura do zEC12 pode ter um máximo de 101 chips de processador para um total de 606 *cores*. Nesta seção, analisaremos a estrutura de E/S do zEnterprise EC12.

Estrutura do canal

O zEnterprise EC12 tem um subsistema de E/S dedicado que gerencia todas as operações, descarregando completamente essa carga de processamento e de memória dos processadores principais. A Figura 7.19 mostra a estrutura lógica do subsistema de E/S. Dos 96 processadores *core*, até 4 deles podem ser dedicados para o uso de E/S, criando 4 **subsistemas de canais (CSS — do inglês,** *Channel Subsystems*). Cada CSS é constituído pelos seguintes elementos:

- **Processador de assistência de sistema (SAP — do inglês,** *System Assist Processor*): o SAP é um processador central configurado para operação de E/S. Seu papel é descarregar as operações de E/S e gerenciar canais e filas de operações de E/S. Ele alivia os outros processadores de tarefas de E/S, possibilitando que se dediquem à lógica de aplicação.

Figura 7.19
Estrutura de subsistema de canal de E/S IBM zEC12.

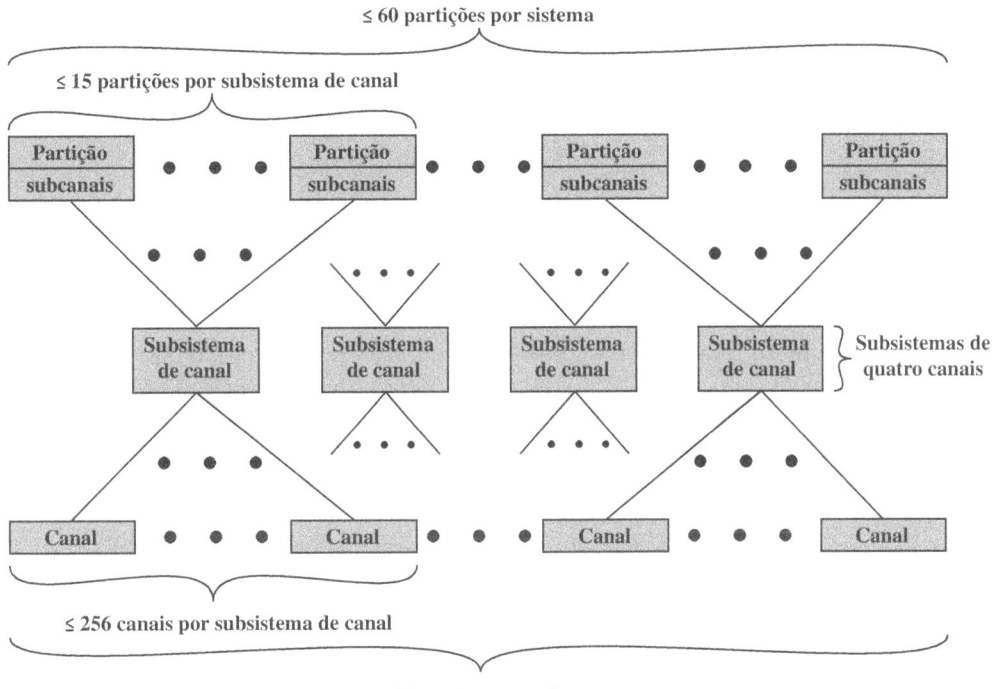

≤ 60 partições por sistema

≤ 15 partições por subsistema de canal

Partição subcanais • • • Partição subcanais • • • Partição subcanais • • • Partição subcanais

Subsistema de canal   Subsistema de canal   Subsistema de canal   Subsistema de canal } Subsistemas de quatro canais

Canal • • • Canal • • • Canal • • • Canal

≤ 256 canais por subsistema de canal

≤ 1.024 partições por sistema

- **Área de sistema de hardware (HSA — do inglês, *Hardware System Area*)**: a HSA é uma parte reservada da memória do sistema que contém a configuração de E/S. É usada pelos SAPs. Uma quantidade fixa de 32 GB é reservada, que não é parte da memória comprada pelo consumidor. Isso proporciona maior flexibilidade de configuração e maior disponibilidade para eliminar interrupções planejadas ou pré-planejadas.
- **Partições lógicas**: uma partição lógica é uma forma de máquina virtual, que é, em essência, um processador lógico definido no nível do sistema operacional.[3] Cada CSS suporta até 16 partições lógicas.
- **Subcanais**: um subcanal aparece a um programa como um dispositivo lógico e contém a informação necessária para realizar a operação de E/S. Um subcanal existe para cada dispositivo de E/S endereçável pelo CSS. Um subcanal é usado pela execução do código de subsistema de canal em uma partição para passar uma requisição de E/S ao subsistema de canal. Um subcanal é assinalado a cada dispositivo definido para a partição lógica. Até 196k subcanais são suportados pelo CSS.
- **Caminho de canal**: um caminho de canal é uma interface única entre o subsistema de canal e uma ou mais unidades de controle, por meio de um canal. Os comandos e dados são enviados através de um caminho de canal para realizar uma requisição de E/S. Cada CSS pode ter até 256 caminhos de canal.
- **Canal**: os canais são pequenos processadores que se comunicam com as unidades de controle (UCs) de E/S. Eles gerenciam a transferência de dados entre a memória e os dispositivos externos.

Essa estrutura elaborada possibilita que o mainframe gerencie um grande número de dispositivos de E/S e de ligações de comunicação. Todo o processamento de E/S é descarregado a partir da aplicação e dos processadores do servidor, melhorando o desempenho. Esses processadores de subsistema de canal são de algum modo gerais em configuração, habilitando-os a gerenciar um amplo leque de tarefas de E/S e a manter os crescentes requisitos. Esses processadores de canal são especificamente programados para as unidades de controle de E/S com as quais eles interfaceiam.

---

3 Uma máquina virtual é uma instância de um sistema operacional ao longo de uma ou mais aplicações executadas em uma partição de memória isolada dentro do computador. Isso possibilita que diferentes sistemas operacionais sejam executados em um mesmo computador ao mesmo tempo, bem como previne que as aplicações interfiram umas com as outras.

Organização de sistema de E/S

Para explicar a organização do sistema de E/S, é preciso primeiro explicar brevemente o layout físico do zEnterprise EC12. A Figura 7.20 apresenta uma visão frontal da versão refrigerada a água (há também uma versão refrigerada a ar). O sistema tem as seguintes características:

- Peso: 2.430 kg (5.358 lbs).
- Largura: 1,568 m (5,14 ft).
- Profundidade: 1,69 m (6,13 ft).
- Altura: 2,015 m (6,6 ft).

Não exatamente um laptop.

O sistema consiste em dois compartimentos, chamados de frames, que hospedam vários componentes da zEnterprise EC12. Um frame A do lado direito inclui duas grandes gaiolas, mais espaço para cabos e outros componentes. A gaiola superior é uma gaiola de processadores, com quatro encaixes para alojar quatro *books* (sistema de acondicionamento de unidades da IBM) de processadores que são totalmente interconectados. Cada *book* contém um módulo de multichip (MCM), cartões de memória e conexões de E/S da gaiola. Cada MCM é uma placa que aloja seis chips multicore e dois chips de controle de armazenamento.

A gaiola inferior no frame A é uma gaiola de E/S, que contém hardware de E/S, inclusive multiplexadores e canais. A gaiola de E/S é uma unidade fixa instalada pela IBM na fábrica, para as especificações do consumidor.

O frame Z, do lado esquerdo, contém baterias internas e fontes de tensão e espaço para um ou mais elementos de suporte, que são usados por um gerenciador de sistema para gerenciamento da plataforma. O frame Z também contém encaixes para duas ou mais gavetas de E/S.

Uma gaveta de E/S contém componentes similares aos da gaiola de E/S. As diferenças são que as gavetas são menores e mais fáceis de serem colocadas e retiradas no local do cliente para atender aos pedidos de alteração.

Com esse fundamento, mostraremos agora uma configuração típica da estrutura do sistema de E/S zEnterprise EC12 (Figura 7.21). Cada *book* de processadores zEC12 suporta duas infraestruturas internas de E/S (ou seja, internas aos frames A e Z): InfiniBand para gaiolas de E/S e gavetas de E/S, bem como PCI Express (PCIe) para gavetas de E/S. Esses controladores de canal são chamados de **fanout**s.

As conexões do InfiniBand do *book* de processadores com as gaiolas de E/S são feitas por meio de um *fanout* do adaptador de canal do host (HCA — do inglês, *Host Channel Adapter*), que tem ligações de InfiniBand para multiplexadores InfiniBand na gaveta ou gaiola de E/S. Os multiplexadores de InfiniBand são usados para servidores de interconexão, equipamento de infraestrutura de comunicação, armazenamento e sistemas embarcados. Além de usar InfiniBand para sistemas de interconexão, todos os quais usam InfiniBand, o multiplexador

Figura 7.20

Frames de E/S do zEC12 da IBM — vista frontal.

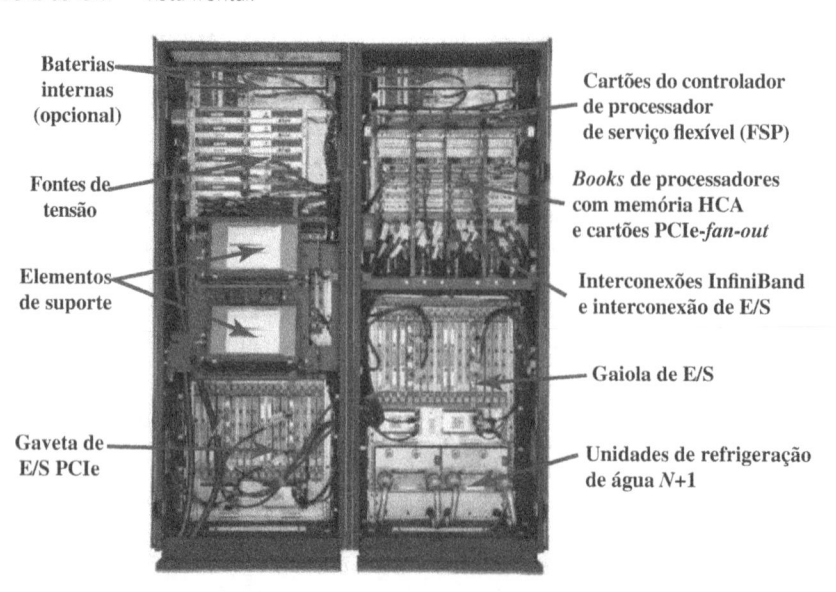

Figura 7.21
Estrutura do sistema de E/S zEC12 da IBM.

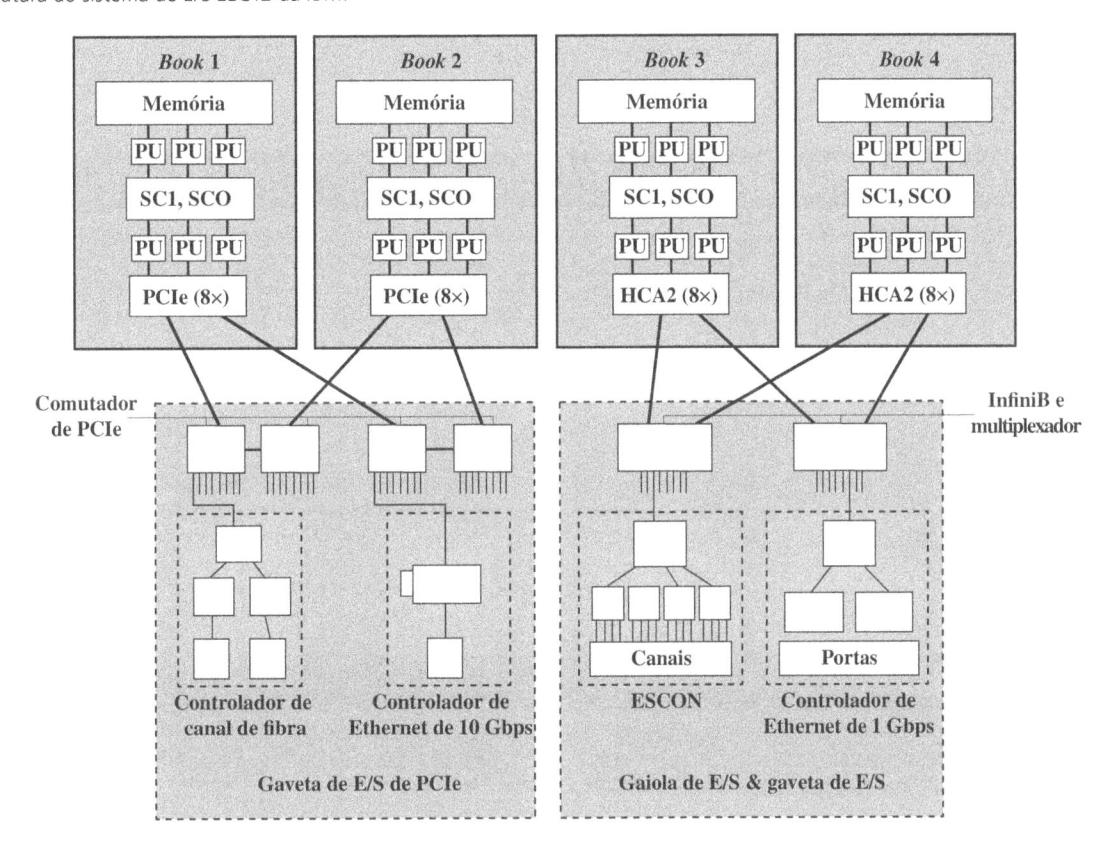

de InfiniBand suporta outras tecnologias de E/S. A ESCON (*Enterprise Systems Connection*) suporta conectividade a discos, fitas e impressoras que usam tecnologia proprietária baseada em fibras. As conexões de Ethernet proporcionam conexões de 1 e 10 Gbps para uma gama de dispositivos que suportam essa tecnologia de rede local. Um uso digno de nota da Ethernet é construir servidores locais maiores, em particular para interconectar servidores blade um com o outro e com outros mainframes.[4]

As conexões de PCIe a partir do *book* de processadores até as gavetas de E/S se dão por meio do PCIe *fanout* para os comutadores de PCIe. Os comutadores de PCIe podem conectar uma gama de controladores de dispositivos de E/S. Exemplos comuns de zEnterprise EC12 são Ethernet de 1 Gbps e 10 Gbps e canal de fibra.

Cada *book* contém uma combinação de até 8 InfiniBand HCA e PCIe *fanouts*. Cada *fanout* suporta até 32 conexões, para um total de 256 conexões por *book* de processadores, cada conexão sendo controlada por um processador de canal.

7.10 TERMOS-CHAVE, QUESTÕES DE REVISÃO E PROBLEMAS

Acesso direto à cache (DCA), 215	Canal seletor, 221	E/S mapeada na memória, 200
Acesso direto à memória (DMA), 199	Comando de E/S, 199	E/S programada, 198
Atualização de escrita, 219	Dispositivo periférico, 195	E/S serial, 222
Cache de último nível, 215	E/S controlada por interrupção, 201	InfiniBand, 223
Canal de E/S, 198	E/S de Dados Diretos, 218	Injeção de cache, 218
Canal multiplexador, 221	E/S independente, 200	Interrupção, 199

---

4 Um servidor blade é uma arquitetura de servidor que hospeda diversos módulos de servidor (*blades*) em um único chassi. É bastante usado em centros de dados para economizar espaço e melhorar o gerenciamento do sistema. Seja independente ou montado em rack, o chassi proporciona a fonte de tensão, e cada lâmina tem sua própria CPU, memória e disco rígido.

Módulo de E/S, 196	Roubo de ciclo, 210	*Write back*, 219
Non-write allocate, 219	Thunderbolt, 223	*Write through*, 219
Processador de E/S, 198	*Write allocate*, 219	

QUESTÕES DE REVISÃO

7.1. Liste três classificações gerais de dispositivos externos ou periféricos.
7.2. O que é o International Reference Alphabet?
7.3. Quais são as principais funções de um módulo de E/S?
7.4. Liste e defina brevemente três técnicas para realizar E/S.
7.5. Qual é a diferença entre E/S mapeada na memória e E/S independente?
7.6. Quando ocorre uma interrupção de dispositivo, como o processador determina qual dispositivo enviou a interrupção?
7.7. Quando um módulo de DMA toma o controle de um barramento, e enquanto ele retém o controle do barramento, o que o processador faz?

PROBLEMAS

7.1. Em um microprocessador típico, um endereço de E/S distinto é usado para se referir aos registradores de dados de E/S e um endereço distinto para os registradores de controle e estado em um controlador de E/S para determinado dispositivo. Esses registradores são conhecidos como **portas**. No Intel 8088, dois formatos de instrução de E/S são utilizados. Em um formato, o opcode de 8 bits especifica uma operação de E/S; isso é seguido por um endereço de porta de 8 bits. Outros opcodes de E/S implicam que o endereço de porta está no registrador DX de 16 bits. Quantas portas o 8088 pode endereçar em cada modo de endereçamento de E/S?

7.2. Um formato de instrução semelhante é usado na família de microprocessadores Zilog Z8000. Nesse caso, existe uma capacidade de endereçamento direto de porta, em que um endereço de porta de 16 bits faz parte da instrução, e uma capacidade de endereçamento indireto de porta, em que a instrução referencia um dos registradores de uso geral de 16 bits, que contém o endereço da porta. Quantas portas o Z8000 pode endereçar em cada modo de endereçamento de E/S?

7.3. O Z8000 também inclui uma capacidade de transferência de E/S em bloco que, diferentemente do DMA, está sob o controle direto do processador. As instruções de transferência em bloco especificam um registrador de endereço de porta (Rp), um registrador de contador (Rc) e um registrador de destino (Rd). Rd contém o endereço da memória principal em que o primeiro byte lido da porta de entrada deve ser armazenado. Rc é qualquer um dos registradores de uso geral de 16 bits. Que tamanho de bloco de dados pode ser transferido?

7.4. Considere um microprocessador que tenha uma instrução de transferência de E/S em bloco, como aquela encontrada no Z8000. Após sua primeira execução, essa instrução leva cinco ciclos de clock para ser reexecutada. Todavia, se empregarmos uma instrução de E/S sem bloqueio, isso exigirá um total de 20 ciclos de clock para a busca e execução. Calcule o aumento na velocidade com a instrução de E/S em bloco para transferir blocos de 128 bytes.

7.5. Um sistema é baseado em um microprocessador de 8 bits e tem dois dispositivos de E/S. Os controladores de E/S para esse sistema utilizam registradores separados para controle e estado. Os dois dispositivos tratam dos dados com 1 byte de cada vez. O primeiro dispositivo tem duas linhas de estado e três linhas de controle. O segundo dispositivo tem três linhas de estado e quatro linhas de controle.
    e. Quantos registradores do módulo de controle de E/S de 8 bits são necessários para leitura de estado e controle de cada dispositivo?

f. Qual é o número total de registradores de módulo de controle necessários, dado que o primeiro dispositivo está apenas no dispositivo de saída?

g. Quantos endereços distintos são necessários para controlar os dois dispositivos?

7.6. Para a E/S programada, a Figura 7.5 indica que o processador fica preso em um loop de espera verificando o estado de um dispositivo de E/S. Para aumentar a eficiência, o software de E/S poderia ser gravado, de modo que o processador periodicamente verificasse o estado do dispositivo. Se o dispositivo não estiver pronto, o processador poderá executar outras tarefas. Após algum intervalo, o processador volta a verificar o estado novamente.

a. Considere o esquema acima para a saída de dados de um caractere de cada vez para uma impressora que opera a 10 caracteres por segundo (cps). O que acontecerá se seu estado for verificado a cada 200 ms?

b. Em seguida, considere um teclado com um único buffer de caracteres. Em média, os caracteres são inseridos a uma taxa de 10 cps. Todavia, o intervalo de tempo entre dois toques de tecla consecutivos pode ser tão curto quanto 60 ms. Em que frequência o teclado deve ser verificado pelo programa de E/S?

7.7. Um microprocessador verifica o estado de um dispositivo de saída a cada 20 ms. Isso é feito por meio de um *timer* que alerta o processador a cada 20 ms. A interface do dispositivo inclui duas portas: uma para estado e uma para saída de dados. Quanto tempo é necessário para verificar e atender ao dispositivo, dada uma taxa de clock de 8 MHz? Suponha, para simplificar, que todos os ciclos de instrução pertinentes sejam de 12 ciclos de clock.

7.8. Na Seção 7.3, listamos uma vantagem e uma desvantagem da E/S mapeada na memória, comparada com a E/S independente. Liste mais duas vantagens e mais duas desvantagens.

7.9. Um sistema em particular é controlado por um operador por meio de comandos digitados em um teclado. O número médio de comandos inseridos em um intervalo de 8 horas é 60.

a. Suponha que o processador verifique o teclado a cada 100 ms. Quantas vezes o teclado será verificado em um período de 8 horas?

b. Por que fração o número de verificações do processador ao teclado seria reduzido se fosse usada a E/S controlada por interrupção?

7.10. Suponha que o 8255A mostrado na Figura 7.9 seja configurado da seguinte maneira: porta A como entrada, porta B como saída e todos os bits da porta C como saída. Mostre os bits do registrador de controle para definir essa configuração.

7.11. Considere um sistema que empregue a E/S controlada por interrupção para determinado dispositivo que transfere dados em uma média de 8 kB/s de forma contínua.

a. Suponha que o processamento da interrupção gaste 100 ms (ou seja, o tempo para saltar até a rotina de tratamento de interrupção — ISR —, executá-la e retornar ao programa principal). Determine que fração do tempo do processador é consumida por esse dispositivo de E/S se ele interromper a cada byte.

b. Agora, suponha que o dispositivo tenha dois buffers de 16 bytes e interrompa o processador quando um dos buffers estiver cheio. Naturalmente, o processamento da interrupção leva mais tempo, pois a ISR deve transferir 16 bytes. Ao executar a ISR, o processador leva cerca de 8 ms para a transferência de cada byte. Determine que fração do tempo do processador é consumida por esse dispositivo de E/S nesse caso.

c. Agora, suponha que o processador seja equipado com uma instrução de E/S para transferência em bloco, como aquela encontrada no Z8000. Isso permite que a ISR associada transfira cada byte de um bloco em apenas 2 ms. Determine que fração do tempo do processador é consumida por esse dispositivo de E/S nesse caso.

7.12. Em praticamente todos os sistemas que incluem módulos de DMA, o acesso por DMA à memória principal recebe prioridade mais alta que o acesso da CPU à memória principal. Por quê?

7.13. Um módulo de DMA está transferindo caracteres para a memória usando o **roubo de ciclo**, a partir de um dispositivo transmitindo a 9.600 bps. O processador está buscando instruções na taxa de 1 milhão de instruções por segundo (1 MIPS). Por quanto tempo o processador será atrasado por conta da atividade de DMA?

7.14. Considere um sistema em que os ciclos do barramento levem 500 ns. A transferência do controle do barramento em qualquer direção, do processador para o dispositivo de E/S ou vice-versa, leva 250 ns. Um dos dispositivos de E/S tem uma taxa de transferência de 50 kB/s e emprega DMA. Os dados são transferidos 1 byte de cada vez.

    a. Suponha que empreguemos DMA em modo de bloco. Ou seja, a interface de DMA ganha controle do barramento antes do início de uma transferência em bloco e mantém o controle do barramento até que o bloco inteiro seja transferido. Por quanto tempo o dispositivo prenderia o barramento ao transferir um bloco de 128 bytes?

    b. Repita o cálculo para o modo de roubo de ciclo.

7.15. O exame do diagrama de tempo do 8237A indica que, quando uma transferência em bloco é iniciada, ela exige três ciclos de clock do barramento por ciclo de DMA. Durante o ciclo de DMA, o 8237A transfere um byte de informações entre a memória e o dispositivo de E/S.

    a. Suponha que usemos uma taxa de clock de 5 MHz no 8237A. Quanto tempo é necessário para transferir um byte?

    b. Qual seria a taxa de transferência de dados máxima alcançável?

    c. Suponha que a memória não seja rápida o suficiente e que tenhamos que inserir dois estados de espera por ciclo de DMA. Qual será a taxa de transferência de dados real?

7.16. Suponha que, no sistema do problema anterior, um ciclo de memória leve 750 ns. Para que valor poderíamos reduzir a frequência do clock do barramento sem afetar a taxa de transferência de dados alcançável?

7.17. Um controlador de DMA atende a quatro ligações de telecomunicação apenas de recepção (uma por canal de DMA) tendo uma velocidade de 64 Kbps cada.

    a. Você operaria o controlador no modo bloco ou no modo de roubo de ciclo?

    b. Que esquema de prioridade você empregaria para o atendimento dos canais de DMA?

7.18. Um computador de 32 bits tem dois canais seletores e um canal multiplexador. Cada canal seletor aceita duas unidades de disco magnético e duas unidades de fita magnética. O canal multiplexador tem duas impressoras de linha, duas leitoras de cartão e 10 terminais VDT conectados a ele. Considere as seguintes taxas de transferência:

Drive de disco	800 Kbytes/s
Drive de fita magnética	200 Kbytes/s
Impressora de linha	6,6 Kbytes/s
Leitora de cartão	1,2 Kbyte/s
VDT	1 Kbyte/s

Estime a taxa de transferência de E/S agregada máxima nesse sistema.

7.19. Um computador consiste em um processador de E/S e um dispositivo D conectado à memória principal M por meio de um barramento compartilhado com uma largura de barramento de dados de uma palavra. O processador pode executar um máximo de 10^6 instruções por segundo. Na média uma instrução necessita de cinco ciclos de máquina, três dos quais utilizam o barramento da memória. Uma operação de leitura ou escrita da memória utiliza um ciclo de máquina. Suponha que o processador esteja continuamente executando programas em "segundo plano" que exigem 95% de sua taxa de execução de instrução, mas não quaisquer instruções de E/S. Suponha que um ciclo de processador seja igual a um ciclo de barramento. Agora, suponha que o dispositivo de E/S deva ser usado para transferir grandes blocos de dados entre M e D.

    a. Se a E/S programada for usada e cada transferência de E/S de uma palavra exigir que o processador execute duas instruções, estime a taxa de transferência de dados de E/S máxima, em palavras por segundo, possível através de D.

    b. Estime a mesma taxa se o DMA for utilizado.

7.20. Uma fonte de dados produz caracteres IRA de 7 bits e, a cada um deles, é anexado um bit de paridade. Derive uma expressão para a taxa de dados efetivos máxima (taxa de bits de dados IRA) por uma linha de R-bps para os seguintes:
   a. Transmissão assíncrona, com um stop bit de 1,5 unidade.
   b. Transmissão síncrona de bit, com um frame consistindo em 48 bits de controle e 128 bits de informação.
   c. O mesmo que (b), com um campo de informação de 1.024 bits.
   d. Caractere síncrono, com 9 caracteres de controle por frame e 16 caracteres de informação.
   e. O mesmo que (d), com 128 caracteres de informação.

7.21. Duas mulheres estão em cada lado de uma cerca alta. Uma das mulheres, chamada Servidora de maçã, tem uma bela macieira carregada de deliciosas maçãs crescendo em seu lado da cerca; ela está contente por fornecer maçãs à outra mulher sempre que preciso. A outra mulher, chamada Comedora de maçã, gosta de comer maçãs, mas não tem nenhuma. Na verdade, ela deve comer suas maçãs em uma velocidade fixa (uma maçã por dia nos mantém longe do consultório médico). Se ela comê-las mais rápido do que essa velocidade, ficará doente. Se comer mais lentamente, terá desnutrição. Nenhuma das duas mulheres pode falar e, portanto, o problema é levar as maçãs da Servidora de maçã para a Comedora de maçã na velocidade correta.
   a. Suponha que haja um relógio despertador em cima da cerca, e que o relógio tenha várias configurações de alarme. Como o relógio pode ser usado para solucionar o problema? Desenhe um diagrama de temporização para ilustrar a solução.
   b. Agora, suponha que não haja um relógio despertador. Em vez disso, a Comedora de maçã tem uma bandeira que ela pode acenar sempre que precisar de uma maçã. Sugira uma nova solução. Seria útil que a Servidora de maçã também tivesse uma bandeira? Se for, incorpore isso à solução. Discuta as desvantagens dessa técnica.
   c. Agora, retire a bandeira e considere a existência de um *string* longo. Sugira uma solução que seja superior à de (b) usando o *string*.

7.22. Suponha que um microprocessador de 16 bits e dois de 8 bits devam ser interligados a um barramento do sistema. Os seguintes detalhes são dados:
   4. Todos os microprocessadores têm os recursos de hardware necessários para qualquer tipo de transferência de dados: E/S programada, E/S dirigida por interrupção e DMA.
   5. Todos os microprocessadores têm um barramento de endereço de 16 bits.
   6. Duas placas de memória, cada uma com 64 KBytes de capacidade, são interligadas ao barramento. O projetista deseja usar uma memória compartilhada que seja a maior possível.
   7. O barramento do sistema admite um máximo de quatro linhas de interrupção e uma linha de DMA.
   Faça quaisquer outras suposições necessárias e:
   a. Dê as especificações do barramento do sistema em termos do número e tipos de linhas.
   b. Descreva um protocolo possível para a comunicação no barramento (ou seja, leitura-escrita, interrupção e sequências de DMA).
   c. Explique como os dispositivos mencionados são interligados ao barramento do sistema.

SUPORTE DO SISTEMA OPERACIONAL

8.1 Visão geral do sistema operacional
   Objetivos e funções do sistema operacional
   Tipos de sistemas operacionais

8.2 Escalonamento
   Escalonamento de longo prazo
   Escalonamento de médio prazo
   Escalonamento de curto prazo

8.3 Gerenciamento de memória
   Troca de processos na memória (*swapping*)
   Particionamento
   Paginação
   Memória virtual
   Translation lookaside buffer
   Segmentação

8.4 Gerenciamento de memória do x86 da Intel
   Espaços de endereço
   Segmentação
   Paginação

8.5 Gerenciamento de memória no ARM
   Organização do sistema de memória
   Tradução de endereço da memória virtual
   Formatos de gerenciamento de memória
   Controle de acesso

8.6 Termos-chave, questões de revisão e problemas

OBJETIVOS DE APRENDIZAGEM

Após ler este capítulo, você será capaz de:

- Resumir, em alto nível, as funções-chave de um *sistema operacional* (SO).
- Discutir a evolução dos sistemas operacionais dos sistemas em lote (*batches*) simples para os sistemas complexos modernos.
- Explicar as diferenças entre escalonamento de longo, médio e curto prazo.
- Compreender a razão para *particionar* a memória e explicar as várias técnicas que são usadas.
- Analisar as vantagens relativas da paginação e da segmentação.
- Definir a memória virtual.

Embora o foco deste texto seja o hardware do computador, existe uma área do software que precisa ser mostrada: o SO do computador. O SO é um programa que gerencia os recursos do computador, oferece serviços para os programadores e escalona a execução de outros programas. Algum conhecimento dos sistemas operacionais é essencial para compreender os mecanismos pelos quais a CPU controla o sistema computacional. Em particular, as explicações do efeito das interrupções e do gerenciamento da hierarquia de memória são mais bem explicadas neste contexto.

O capítulo começa com uma visão geral e uma breve história dos sistemas operacionais. O núcleo do capítulo examina duas funções do SO que são mais relevantes ao estudo da organização e arquitetura do computador: escalonamento e gerenciamento de memória.

8.1 VISÃO GERAL DO SISTEMA OPERACIONAL

Objetivos e funções do sistema operacional

Um SO é um programa que controla a execução dos programas aplicativos e atua como uma interface entre o usuário e o hardware do computador. Ele pode ser imaginado como tendo dois objetivos:

- **Conveniência**: um SO torna um computador mais conveniente para uso.
- **Eficiência**: um SO permite que os recursos do sistema computacional sejam usados de uma maneira eficiente.

Vamos examinar esses dois aspectos do SO, um de cada vez.

O SISTEMA OPERACIONAL COMO UMA INTERFACE USUÁRIO/COMPUTADOR O hardware e o software utilizados para disponibilizar aplicações a um usuário podem ser vistos em um padrão em camadas, ou hierárquico, conforme representado na Figura 8.1. O usuário dessas aplicações — o usuário final — geralmente não se preocupa com a arquitetura do computador. Desse modo, o usuário final vê um sistema computacional em termos de uma aplicação. Essa aplicação pode ser expressa em uma linguagem de programação, e é desenvolvida por um programador de aplicação. Desenvolver um programa aplicativo com um conjunto de instruções do processador, que é completamente responsável por controlar o hardware do computador, é uma tarefa muito complexa. Para facilitar essa tarefa, é oferecido um conjunto de programas de sistemas. Alguns deles são chamados de **utilitários**. Eles implementam funções usadas com frequência, que auxiliam na criação do programa, no gerenciamento de arquivos e no controle de dispositivos de E/S. Um programador utiliza essas facilidades desenvolvendo uma aplicação, e a aplicação, enquanto está sendo executada, chama os utilitários para realizar certas funções. O programa mais importante do sistema é o SO, que

Figura 8.1

Hardware de computador e estrutura de software.

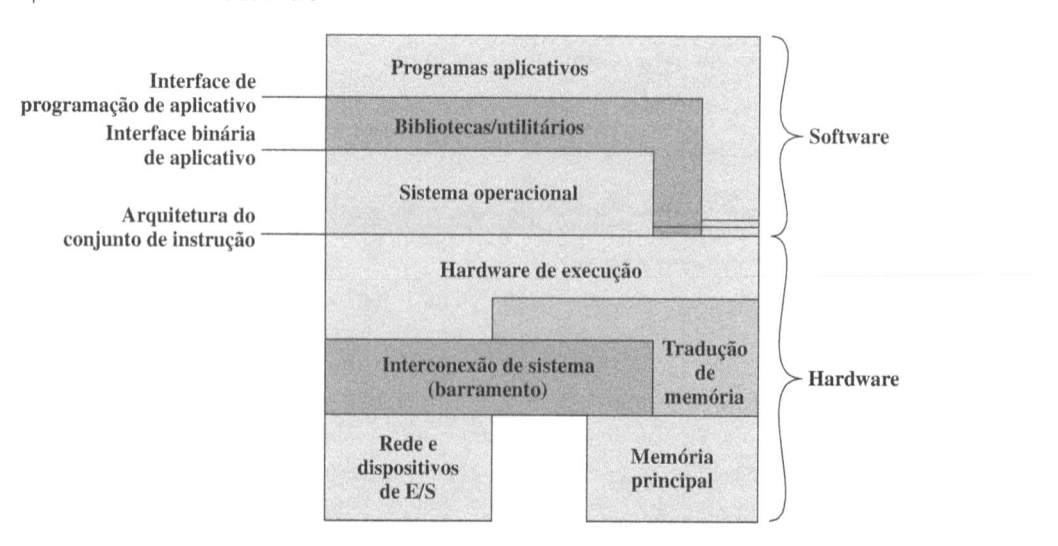

esconde os detalhes do hardware do programador e lhe oferece uma interface conveniente para usar o sistema. Ele atua como um mediador, tornando mais fácil para o programador e os programas aplicativos acessarem e utilizarem essas facilidades e serviços.

Resumindo, o SO normalmente oferece serviços nas seguintes áreas:

- **Criação de programas**: o SO oferece diversas facilidades e serviços, como editores e depuradores, para auxiliar o programador na criação de programas. Em geral, esses serviços são programas **utilitários** que não fazem realmente parte do SO, mas são acessíveis por meio dele.
- **Execução do programa**: uma série de etapas precisam ser realizadas para executar um programa. As instruções e os dados devem ser carregados para a memória principal, os dispositivos de E/S e os arquivos devem ser inicializados, e outros recursos devem ser preparados. O SO trata de tudo isso para o usuário.
- **Acesso aos dispositivos de E/S**: cada dispositivo de E/S exige seu próprio conjunto específico de instruções ou sinais de controle para a operação. O SO cuida dos detalhes, de modo que o programador pode pensar em termos de simples leituras e escritas.
- **Acesso controlado aos arquivos**: no caso dos arquivos, o controle deve incluir um conhecimento não apenas da natureza do dispositivo de E/S (drive de disco, drive de fita), mas também do formato de arquivo no meio de armazenamento. Novamente, o SO se preocupa com os detalhes. Além disso, no caso de um sistema com múltiplos usuários simultâneos, o SO pode oferecer mecanismos de proteção para controlar o acesso aos arquivos.
- **Acesso ao sistema**: no caso de um sistema compartilhado ou público, o SO controla o acesso ao sistema como um todo e a seus recursos específicos. A função de acesso deve oferecer proteção de recursos e dados de usuários não autorizados, e deve resolver conflitos para disputa de recurso.
- **Detecção e resposta a erros**: uma grande variedade de erros pode ocorrer enquanto um sistema computacional está em funcionamento. Alguns desses erros podem ser de hardwares internos e externos, como um erro de memória ou uma falha ou defeito de dispositivo; e outros podem ser de software, como estouro (*overflow*) aritmético, tentativa de acessar um local proibido da memória e incapacidade do SO em conceder a solicitação de uma aplicação. Em cada caso, o SO deve tomar uma medida que encerre a condição de erro com o mínimo de impacto sobre as aplicações em execução. A resposta pode variar desde encerrar o programa que causou o erro, até tentar a operação novamente ou apenas informar o erro à aplicação.
- **Contabilização**: um bom SO coleta estatísticas de uso para diversos recursos e monitora os parâmetros de desempenho, como o tempo de resposta. Em qualquer sistema, essa informação é útil na antecipação da necessidade de melhorias futuras e no ajuste do sistema para melhorar o desempenho. Em um sistema multiusuário, a informação pode ser usada para fins de cobrança. A Figura 8.1 também indica três interfaces-chave em um sistema computacional comum:
    - **Arquitetura do conjunto de instruções (ISA — do inglês, *Instruction Set Architecture*)**: a ISA define o repertório das instruções de linguagem de máquina que um computador pode seguir. Essa interface é o limite entre o hardware e o software. Observe que tanto os programas aplicativos como os utilitários podem acessar a ISA de modo direto. Para tais programas, um subconjunto de repertório de instruções está disponível (ISA de usuário). O SO tem acesso a instruções adicionais de linguagem de máquina que lida com os recursos de sistema de gerenciamento (ISA de sistema).
    - **Interface binária de aplicativo (ABI — do inglês, *Application Binary Interface*)**: a ABI define um padrão para a portabilidade binária dos programas. A ABI define a interface de chamada do sistema ao sistema operacional e aos recursos de hardware e serviços disponíveis em um sistema por meio da ISA de usuário.
    - **Interface de programação de aplicação (API — do inglês, *Application Programming Interface*)**: a API dá ao programa acesso aos recursos de hardware e serviços disponíveis em um sistema por meio da ISA de usuário supridas com as chamadas de bibliotecas de **linguagem de alto nível (HLL — do inglês, *High-Level Language*)**. Quaisquer chamadas de sistema costumam ser realizadas por meio das bibliotecas. Usar uma API possibilita ao software de aplicativo ser portável de forma fácil, por meio de recompilação, a outros sistemas que aceitam a API.

O SISTEMA OPERACIONAL COMO GERENCIADOR DE RECURSOS Um computador é um conjunto de recursos para o movimento, o armazenamento e o processamento de dados e para o controle dessas funções. O SO é responsável por gerenciar esses recursos.

Podemos dizer que o SO controla o movimento, o armazenamento e o processamento de dados? Por um ponto de vista, a resposta é sim. Gerenciando os recursos do computador, o SO está no controle das funções básicas da máquina, mas esse controle é exercido de forma curiosa. Em geral, pensamos em um mecanismo de controle como algo externo àquele que é controlado ou, pelo menos, como algo que é uma parte distinta e separada daquilo que é controlado. (Por exemplo, um sistema de aquecimento residencial é controlado por um termostato, que é completamente distinto do aparelho de geração e distribuição de calor.) Isso não acontece com o SO, que, como um mecanismo de controle, é incomum em dois aspectos:

- O SO funciona da mesma maneira que o software comum do computador; ou seja, ele é um programa executado pelo processador.
- O SO muitas vezes abre mão do controle e deve depender do processador para permitir que ele readquira o controle.

Assim como outros programas, o SO oferece instruções para o processador. A principal diferença está na intenção do programa. O SO direciona o processador no uso dos outros recursos do sistema e na temporização de sua execução dos outros programas. Mas, para que o processador faça alguma dessas coisas, ele deve deixar de executar o programa do SO e executar outros programas. Desse modo, o SO abre mão do controle para o processador realizar algum trabalho "útil" e depois retoma o controle por tempo suficiente para preparar o processador a fim de realizar o próximo trabalho. Os mecanismos envolvidos em tudo isso deverão se tornar claros à medida que prosseguimos no capítulo.

A Figura 8.2 sugere os principais recursos que são gerenciados pelo SO. Uma parte do SO está na memória principal. Isso inclui o **kernel**, ou **núcleo**, que contém as funções mais utilizadas no SO e, em determinado momento, outras partes do SO em uso atualmente. O restante da memória principal contém programas e dados do usuário. A alocação desse recurso (a memória principal) é controlada juntamente pelo SO e pelo hardware de gerenciamento de memória no processador, conforme veremos. O SO decide quando o dispositivo de E/S pode ser usado por um programa em execução, e controla o acesso e o uso dos arquivos. O próprio processador é um recurso, e o SO deve determinar quanto tempo do processador deve ser dedicado à execução de determinado programa do usuário. No caso de um sistema com múltiplos processadores, essa decisão deve abranger todos os processadores.

Figura 8.2

O sistema operacional como gerenciador de recurso.

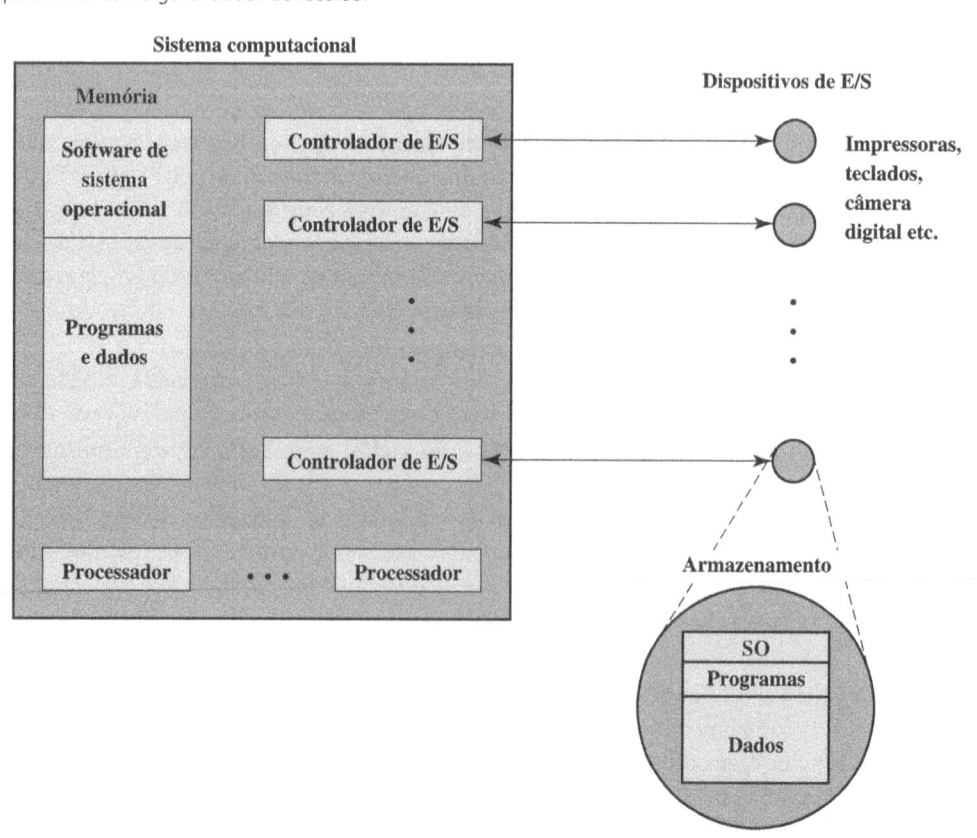

Tipos de sistemas operacionais

Certas características básicas servem para diferenciar diversos tipos de sistemas operacionais. As características espalham-se por duas dimensões independentes. A primeira dimensão especifica se o sistema é em lote ou interativo. Em um sistema **interativo**, o usuário/programador interage diretamente com o computador, normalmente por meio de um terminal com teclado/vídeo, para solicitar a execução de uma tarefa ou realizar uma transação. Além do mais, dependendo da natureza da operação, o usuário pode comunicar-se com o computador durante a execução do job. Um **sistema em lote** é o oposto do interativo. O programa de um usuário é mantido junto com programas de outros usuários e submetido por um operador de computador. Depois que o programa termina, os resultados são impressos para o usuário. Os sistemas puramente em lote são raros hoje em dia. No entanto, será útil para a descrição dos sistemas operacionais atuais examinar os sistemas em lote rapidamente.

Uma dimensão independente especifica se o sistema emprega **multiprogramação** ou não. Com a multiprogramação, tenta-se manter o processador o mais ocupado possível, fazendo-o trabalhar em mais de um programa de cada vez. Vários programas são carregados na memória e o processador alterna rapidamente entre eles. A alternativa é um sistema de **uniprogramação**, que trabalha apenas com um programa de cada vez.

SISTEMAS ANTIGOS Com os computadores mais antigos, desde o final da década de 1940 até meados dos anos 1950, o programador interagia diretamente com o hardware do computador; não havia um SO. Esses processadores eram controlados a partir de um console, consistindo em display com pequenas lâmpadas, chaves de duas posições, alguma forma de dispositivo de entrada e uma impressora. Os programas no código do processador eram carregados por meio de um dispositivo de entrada (por exemplo, uma leitora de cartões). Se um erro interrompesse o programa, a condição era indicada pelas lâmpadas. O programador poderia prosseguir para examinar os registradores e a memória principal, a fim de determinar a causa do erro. Se o programa terminasse normalmente, a saída aparecia na impressora.

Esses primeiros sistemas apresentavam dois problemas principais:

- **Escalonamento**: a maioria das instalações usava uma folha de registro para reservar o tempo do processador. Em geral, um usuário poderia reservar um período de tempo em múltiplos de meia hora ou mais. Um usuário poderia reservar por uma hora e terminar em 45 minutos; isso resultaria em um tempo de computador ocioso desperdiçado. Por outro lado, o usuário poderia encontrar problemas, não terminar no tempo alocado e ser forçado a terminar antes de resolver o problema.
- **Tempo de preparação**: um único programa, chamado de **job**, poderia consistir em carregar o compilador mais o programa na linguagem de alto nível (programa fonte) na memória, salvar o programa compilado (programa objeto) e depois carregar e ligar o programa objeto com as funções comuns. Cada uma dessas etapas poderia envolver a montagem ou desmontagem de fitas, ou preparação de pacotes de cartões. Se houvesse um erro, o "pobre" usuário normalmente tinha de voltar ao início da sequência de preparação De tal maneira, um tempo considerável era gasto apenas na preparação do programa para ser executado.

Esse modo de operação poderia ser chamado de processamento serial, refletindo o fato de que os usuários têm acesso ao computador em série. Com o passar do tempo, diversas ferramentas de software do sistema foram desenvolvidas para tentar tornar o processamento serial mais eficiente. Estas incluem bibliotecas de funções comuns, link-editores, carregadores, depuradores e rotinas de driver de E/S, que se tornaram disponíveis como software comum para todos os usuários.

SISTEMAS EM LOTE SIMPLES Os primeiros processadores eram muito caros e, portanto, era importante maximizar sua utilização. O tempo desperdiçado em razão do tempo de escalonamento e preparação era inaceitável.

Para melhorar a utilização, foram desenvolvidos sistemas operacionais em lote simples. Com esse tipo de sistema, também chamado de **monitor**, o usuário não tem mais acesso direto ao processador. Em vez disso, ele submete o job nos cartões ou em fita a um operador de computador, que dispõe os jobs sequencialmente e coloca o lote inteiro em um dispositivo de entrada, para uso pelo monitor.

Para entender como esse esquema funciona, vamos examiná-lo sob dois pontos de vista: o do monitor e o do processador. Pelo ponto de vista do monitor, este controla a sequência de eventos. Para que isso funcione dessa forma, grande parte do monitor precisa sempre estar na memória principal e disponível para execução (Figura 8.3). Essa parte é conhecida como **monitor residente**. O restante do monitor consiste em utilitários e

Figura 8.3

Layout de memória para um monitor residente.

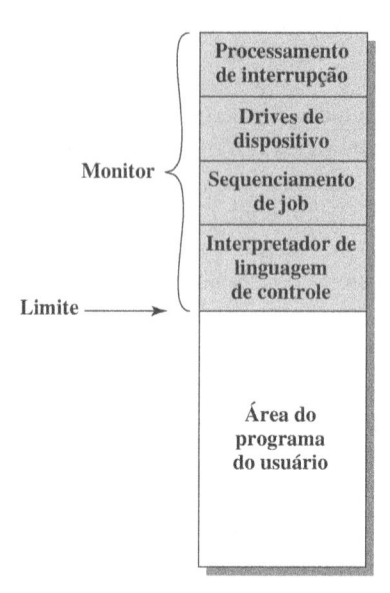

[Diagrama: Monitor contendo Processamento de interrupção, Drives de dispositivo, Sequenciamento de job, Interpretador de linguagem de controle; abaixo do Limite está a Área do programa do usuário]

funções comuns que são carregadas como sub-rotinas para o programa do usuário no início de qualquer job que as requeira. O monitor lê os jobs um de cada vez pelo dispositivo de entrada (em geral, uma leitora de cartões ou uma unidade de fita magnética). Enquanto é lido, o job atual é colocado na área do programa do usuário e o controle é passado para esse job. Quando o job termina, ele retorna o controle ao monitor, que imediatamente lê o job seguinte. Os resultados de cada job são impressos para entrega ao usuário.

Agora, considere essa sequência do ponto de vista do processador. Em certo ponto no tempo, ele está executando instruções a partir da parte da memória principal que contém o monitor. Essas instruções fazem com que o próximo job seja lido para outra parte da memória principal. Quando um job tiver sido lido, o processador encontrará no monitor uma instrução de desvio que instrui o processador a continuar a execução no início do programa do usuário. O processador, então, executará a instrução no programa do usuário até encontrar um final ou uma condição de erro. Qualquer um desses eventos faz o processador buscar sua próxima instrução no programa monitor. De tal maneira, a frase "o controle é passado a um job" simplesmente significa que o processador agora está buscando e executando instruções em um programa do usuário, e "o controle retorna ao monitor" significa que o processador agora está buscando e executando instruções do programa monitor.

Deve ter ficado claro que o monitor resolve o problema do escalonamento. Um lote de jobs é enfileirado, e os jobs são executados o mais rapidamente possível, sem um tempo ocioso intercalado.

E o tempo de preparação? O monitor trata disso também. Com cada job, as instruções são incluídas em uma **linguagem de controle de job (JCL — do inglês,** *Job Control Language***)**. Esse é um tipo especial de linguagem de programação, usada para fornecer instruções ao monitor. Um exemplo simples é o de um usuário submetendo um programa escrito em FORTRAN mais alguns dados a serem usados pelo programa. Cada instrução em FORTRAN e cada item de dados está em um cartão perfurado separado, ou em um registro separado na fita. Além do FORTRAN e das linhas de dados, o job inclui instruções de controle de job, que são indicadas com o início "$". O formato geral do job se parece com o seguinte:

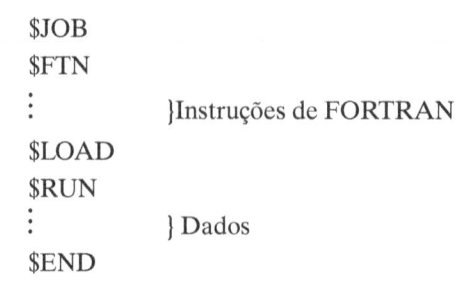

```
$JOB
$FTN
  ⋮        }Instruções de FORTRAN
$LOAD
$RUN
  ⋮        } Dados
$END
```

Para executar esse job, o monitor lê a linha $FTN e carrega o compilador apropriado de seu armazenamento em massa (em geral, fita). O compilador traduz o programa do usuário para um código objeto, que é armazenado na memória ou no armazenamento em massa. Se for armazenado na memória, a operação é chamada de "compilar, carregar e executar". Se for armazenado em fita, então a instrução $LOAD é necessária. Essa instrução é lida pelo monitor, que readquire o controle após a operação de compilação. O monitor chama o *loader* (carregador), que carrega o programa objeto na memória no lugar do compilador e transfere o controle para ele. Dessa maneira, um grande segmento da memória principal pode ser compartilhado entre diferentes subsistemas, embora somente um subsistema possa estar residente e executando de cada vez.

Vemos que o monitor, ou SO em lote, é simplesmente um programa de computador. Ele conta com a capacidade do processador de buscar instruções de várias partes da memória principal, a fim de obter e abrir mão do controle alternadamente. Certos outros recursos do hardware também são desejáveis:

- **Proteção de memória**: enquanto o programa do usuário está sendo executado, ele não pode alterar a área da memória que contém o monitor. Se ocorrer uma tentativa, o hardware do processador deverá detectar um erro e transferir o controle ao monitor. O monitor, então, abortará o job, imprimirá uma mensagem de erro e carregará o próximo job.
- **Timer**: um *timer* é usado para impedir que um único job monopolize o sistema. Ele é definido no início de cada job. Se o *timer* expirar, ocorrerá uma interrupção e o controle retornará ao monitor.
- **Instruções privilegiadas**: certas instruções são designadas como privilegiadas e podem ser executadas apenas pelo monitor. Se o processador encontrar tal instrução enquanto executa um programa do usuário, haverá uma interrupção de erro. Entre as instruções privilegiadas estão as instruções de E/S, de modo que o monitor retém o controle de todos os dispositivos de E/S. Isso impede, por exemplo, que um programa do usuário acidentalmente leia instruções de controle de job do próximo job. Se um programa do usuário quiser realizar E/S, ele terá de solicitar que o monitor realize a operação para ele. Se uma instrução privilegiada for encontrada pelo processador enquanto estiver executando um programa do usuário, o hardware do processador considerará isso como um erro e transferirá o controle ao monitor.
- **Interrupções**: os modelos antigos de computador não tinham essa capacidade. Esse recurso dá ao SO mais flexibilidade para abrir mão do controle para os programas do usuário e readquirir o controle deles.

O tempo do processador alterna entre a execução dos programas do usuário e a execução do monitor. Existem duas penalidades: alguma memória principal agora é dada para o monitor e algum tempo do processador é consumido pelo monitor. Ambas são formas de sobrecarga. Mesmo havendo esse tipo de sobrecarga, o sistema em lote simples melhora a utilização do computador.

SISTEMAS EM LOTE MULTIPROGRAMADOS Mesmo com a sequenciação de job automática fornecida por um SO em lote simples, o processador constantemente fica ocioso. O problema é que os dispositivos de E/S são lentos em comparação com o processador. A Figura 8.4 detalha um cálculo representativo relativo a um programa que processa um arquivo de registradores e realiza, na média, 100 instruções do processador por registro. Neste exemplo, o computador gasta mais de 96% do seu tempo esperando que os dispositivos de E/S terminem de transferir dados! A Figura 8.5a ilustra essa situação. O processador gasta certo tempo executando, até que alcance uma instrução de E/S. Ele precisa, então, esperar até que a instrução de E/S termine para poder prosseguir.

Figura 8.4

Exemplo de utilização do sistema.

Lê um registro do arquivo	15 μs
Executa 100 instruções	1 μs
Grava um registro no arquivo	15 μs
TOTAL	31 μs

Percentual de utilização da CPU $= \dfrac{1}{31} = 0{,}032 = 3{,}2\%$

Figura 8.5
Exemplo de multiprogramação.

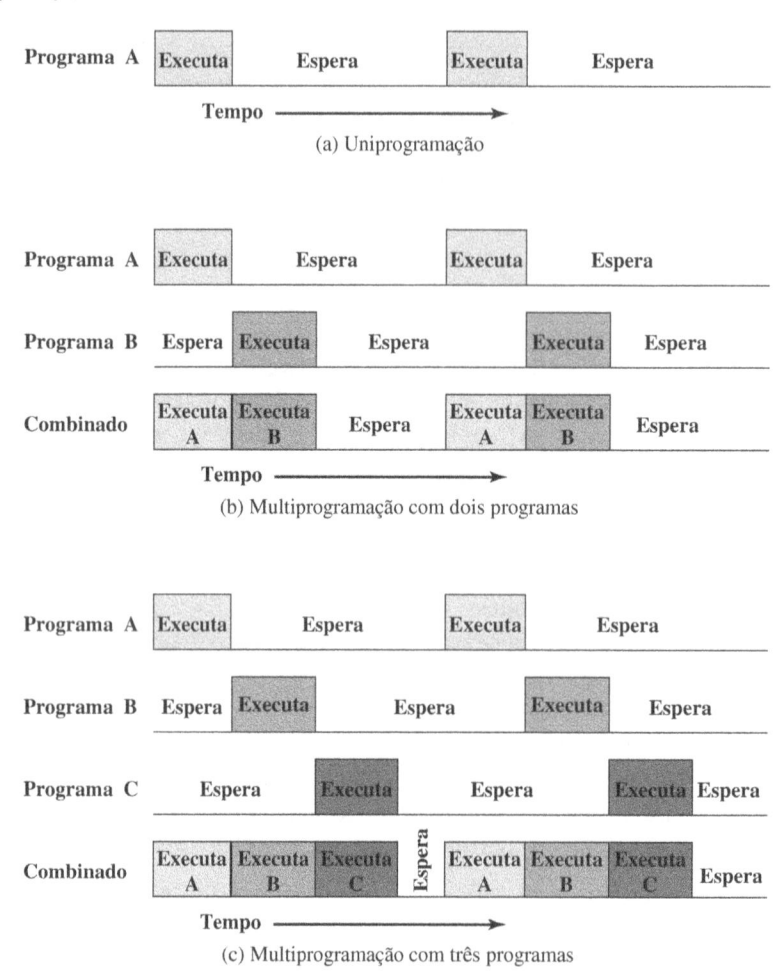

(a) Uniprogramação

Programa A: Executa — Espera — Executa — Espera

(b) Multiprogramação com dois programas

Programa A: Executa — Espera — Executa — Espera
Programa B: Espera — Executa — Espera — Executa — Espera
Combinado: Executa A | Executa B — Espera — Executa A | Executa B — Espera

(c) Multiprogramação com três programas

Programa A: Executa — Espera — Executa — Espera
Programa B: Espera — Executa — Espera — Executa — Espera
Programa C: Espera — Executa — Espera — Executa — Espera
Combinado: Executa A | Executa B | Executa C | Espera | Executa A | Executa B | Executa C | Espera

Essa ineficiência não é necessária. Sabemos que deve haver memória suficiente para manter o SO (monitor residente) e um programa do usuário. Suponha que haja espaço para o SO e dois programas do usuário. Agora, quando um job precisar esperar pela E/S, o processador pode alternar para outro job, que provavelmente não está esperando pela E/S (Figura 8.5b). Além do mais, poderíamos expandir a memória para manter três, quatro ou mais programas e alternar entre eles (Figura 8.5c). Essa técnica é conhecida como **multiprogramação**, ou **multitarefa**.[1] Esse é o tema central dos sistemas operacionais modernos.

EXEMPLO 8.1

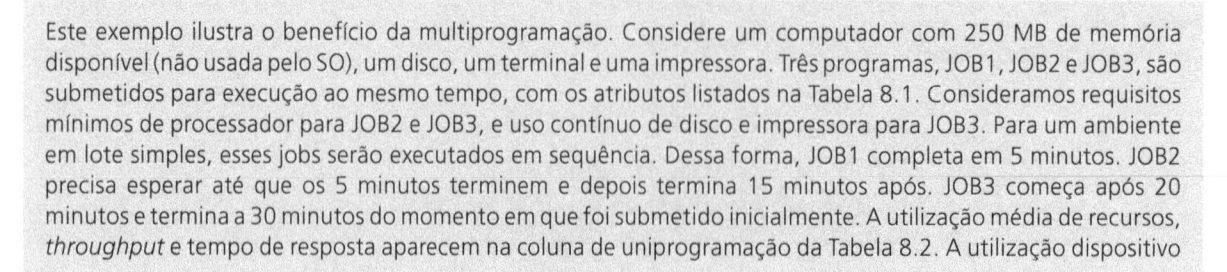

Este exemplo ilustra o benefício da multiprogramação. Considere um computador com 250 MB de memória disponível (não usada pelo SO), um disco, um terminal e uma impressora. Três programas, JOB1, JOB2 e JOB3, são submetidos para execução ao mesmo tempo, com os atributos listados na Tabela 8.1. Consideramos requisitos mínimos de processador para JOB2 e JOB3, e uso contínuo de disco e impressora para JOB3. Para um ambiente em lote simples, esses jobs serão executados em sequência. Dessa forma, JOB1 completa em 5 minutos. JOB2 precisa esperar até que os 5 minutos terminem e depois termina 15 minutos após. JOB3 começa após 20 minutos e termina a 30 minutos do momento em que foi submetido inicialmente. A utilização média de recursos, *throughput* e tempo de resposta aparecem na coluna de uniprogramação da Tabela 8.2. A utilização dispositivo

---

1 O termo *multitarefa*, às vezes, é reservado para indicar múltiplas tarefas dentro do mesmo programa, que podem ser tratadas simultaneamente pelo SO, ao contrário da *multiprogramação*, que se refere a múltiplos processos de múltiplos programas. Contudo, é mais comum igualar os termos *multitarefa* e *multiprogramação*, como é feito na maioria dos dicionários de padrões (por exemplo, IEEE Std 100-1992, The New IEEE Standard Dictionary of Electrical and Electronics Terms).

por dispositivo é ilustrada na Figura 8.6a. É evidente que existe uma subutilização bruta para todos os recursos quando calculados na média pelo período exigido de 30 minutos.

Agora, suponha que os jobs sejam executados simultaneamente sob um SO com multiprogramação. Como existe pouca disputa de recursos entre os jobs, todos eles podem ser executados em um tempo quase mínimo, enquanto coexistem com os outros no computador (supondo que JOB2 e JOB3 tenham recebido tempo de processador suficiente para manter suas operações de entrada e saída ativas). JOB1 exigirá 5 minutos para terminar, mas, ao final desse tempo, JOB2 estará um terço acabado, e JOB3 já estará pela metade. Os três jobs estarão finalizados dentro de 15 minutos. A melhoria é evidente quando examinamos a coluna de multiprogramação da Tabela 8.2, obtida pelo histograma mostrado na Figura 8.6b.

Assim como em um sistema em lote simples, um sistema em lote com multiprogramação deve contar com certos recursos de hardware do computador. O recurso adicional mais relevante, que é útil para a multiprogramação, é o hardware que dá suporte a interrupções de E/S e DMA. Com a E/S controlada por interrupção ou DMA, o processador pode enviar um comando de E/S para um job e prosseguir com a execução de outro job enquanto a E/S é executada pelo controlador de dispositivo. Quando a operação de E/S termina, o processador é interrompido e o controle é passado para uma rotina de tratamento de interrupção no SO. Este, então, passa o controle a outro job.

Os sistemas operacionais com multiprogramação são bastante sofisticados em comparação com os sistemas de único programa, ou **uniprogramação**. Para ter vários jobs prontos para execução, os jobs precisam ser mantidos na memória principal, exigindo alguma forma de **gerenciamento de memória**. Além disso, se vários jobs estiverem prontos para ser executados, o processador deve decidir qual executar, o que requer algum algoritmo para escalonamento. Esses conceitos são discutidos mais adiante neste capítulo.

SISTEMAS DE TEMPO COMPARTILHADO Com o uso da multiprogramação, o processamento em lote pode ser bastante eficiente. No entanto, para muitos jobs, é desejável oferecer um modo em que o usuário inte-

Tabela 8.1
Exemplo de atributos de execução de programa.

	JOB1	JOB2	JOB3
Tipo de job	Computação pesada	E/S pesada	E/S pesada
Duração (min)	5	15	10
Memória necessária (M)	50	100	80
Necessita de disco?	Não	Não	Sim
Necessita de terminal?	Não	Sim	Nao
Necessita de impressora?	Não	Não	Sim

Tabela 8.2
Efeitos da multiprogramação sobre a utilização de recursos.

	Uniprogramação	Multiprogramação
Uso de processador (%)	20	40
Uso de memória (%)	33	67
Uso de disco (%)	33	67
Uso de impressora (%)	33	67
Tempo decorrido (min)	30	15
Taxa de *throughput* (jobs/h)	6	12
Tempo médio de resposta (min)	18	10

Figura 8.6

Histogramas de utilização.

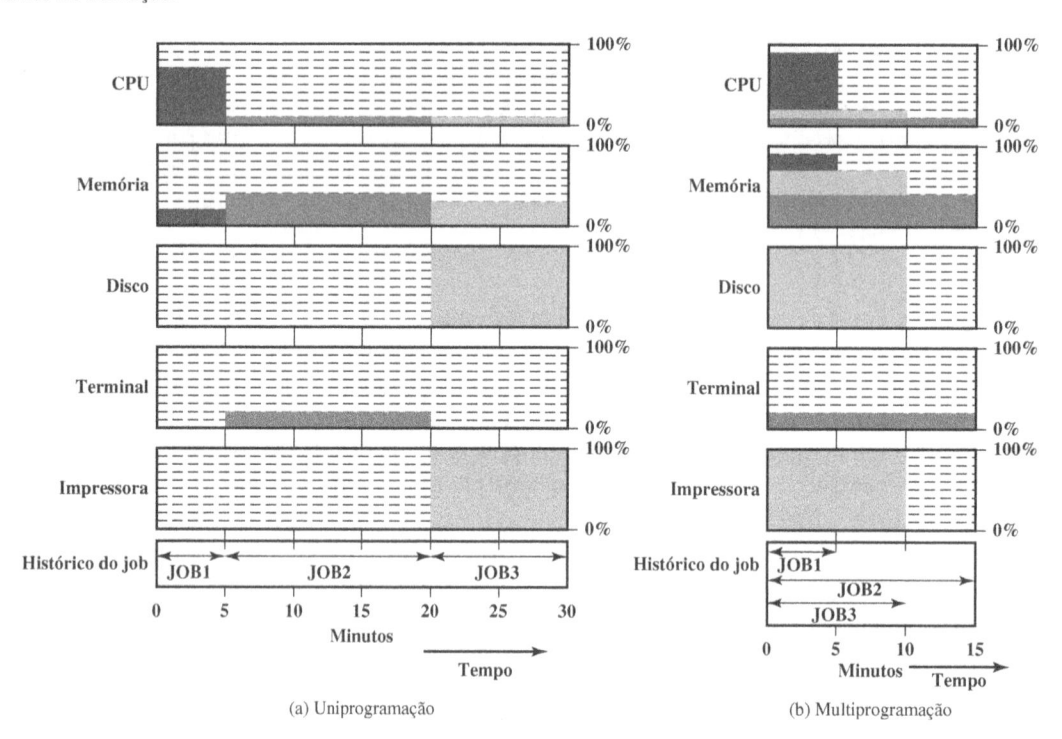

(a) Uniprogramação (b) Multiprogramação

raja diretamente com o computador. Na realidade, para alguns jobs, como o processamento de transações, um modo interativo é essencial.

Hoje, o requisito para uma facilidade de computação interativa pode ser, e às vezes é, atendido pelo uso de um microcomputador dedicado. Essa opção não estava disponível na década de 1960, quando quase todos os computadores eram grandes e caros. Em vez disso, foi desenvolvido o sistema de tempo compartilhado.

Assim como a multiprogramação permite que o processador trate de múltiplos jobs em lote de uma só vez, ela pode ser usada para lidar com múltiplos jobs interativos. Nesse último caso, a técnica é chamada de tempo compartilhado, porque o tempo do processador é compartilhado entre vários usuários. Em um **sistema de tempo compartilhado (*time-sharing system*)**, vários usuários acessam o sistema simultaneamente por meio de terminais, com o SO intercalando a execução de cada programa do usuário em um curto intervalo de tempo ou *quantum* de computação. De tal maneira, se houver *n* usuários ativamente solicitando serviço de uma só vez, cada usuário só verá uma média de 1/*n* da velocidade efetiva do computador, sem contar a sobrecarga do SO. Contudo, dado o tempo de reação relativamente lento do ser humano, o tempo de resposta em um sistema corretamente projetado deverá ser comparável ao de um computador dedicado.

Tanto a multiprogramação em lote quanto o sistema de tempo compartilhado utilizam multiprogramação. As principais diferenças estão listadas na Tabela 8.3.

Tabela 8.3

Multiprogramação em lote *versus* tempo compartilhado.

	Multiprogramação em lote	Tempo compartilhado
Objetivo principal	Maximizar uso do processador	Minimizar tempo de resposta
Origem das diretivas ao sistema operacional	Comandos da JCL fornecidos com a tarefa	Comandos digitados no terminal

8.2 ESCALONAMENTO

A chave para a multiprogramação é o escalonamento. De fato, quatro tipos de escalonamento normalmente são envolvidos (Tabela 8.4), e vamos explorá-los aqui. Mas antes vamos apresentar o conceito de **processo**. Esse termo foi usado inicialmente pelos projetistas do SO MULTICS na década de 1960. O termo *processo* é um pouco mais generalizado do que *job*, e tem recebido muitas definições, incluindo:

- Um programa em execução.
- O "espírito animado" de um programa.
- A entidade à qual um processador é atribuído.

Esse conceito deverá se tornar mais claro à medida que prosseguirmos.

Escalonamento de longo prazo

Um escalonador de longo prazo determina quais programas serão submetidos ao sistema para processamento. Dessa forma, ele controla o grau de multiprogramação (número de processos na memória). Uma vez submetido, um job ou programa do usuário torna-se um processo e é acrescentado à fila para o escalonador de curto prazo. Em alguns sistemas, um processo recém-criado inicia-se em uma condição em que não é carregado na memória principal, mas carregado no disco, neste caso, ele é inserido em uma fila para o escalonador de médio prazo.

Em um sistema em lote, ou para a parte em lote de um SO de uso geral, os jobs recém-submetidos são direcionados para o disco e mantidos em uma fila de lote. O escalonador de longo prazo cria processos a partir da fila, quando possível. Existem duas decisões envolvidas aqui. Primeiro, o escalonador precisa decidir se o SO pode assumir um ou mais processos adicionais. Segundo, o escalonador deve decidir qual job ou jobs aceitará e transformará em processos. Os critérios usados podem incluir prioridade, tempo de execução esperado e requisitos de E/S.

Para programas interativos em um sistema de tempo compartilhado, uma requisição de processo é gerada quando um usuário tenta se conectar ao sistema. Os usuários de tempo compartilhado não são simplesmente enfileirados e mantidos em espera até que o sistema possa aceitá-los. Em vez disso, o SO aceitará todos os que chegam autorizados até que o sistema esteja saturado, usando alguma medida de saturação predefinida. Nesse ponto, uma requisição de conexão é atendida com uma mensagem indicando que o sistema está cheio e que o usuário deverá tentar novamente mais tarde.

Escalonamento de médio prazo

O escalonamento de médio prazo faz parte da função de troca de processo (*swapping*), descrita na Seção 8.3. Em geral, a decisão de entrada no *swapping* é baseada na necessidade de gerenciar o grau de multiprogramação. Em um sistema que não usa memória virtual, o gerenciamento de memória também é um ponto. De tal maneira, a decisão de processo de memória considerará os requisitos de memória dos processos que são removidos para o disco.

Tabela 8.4

Tipos de escalonamento.

Escalonamento de longo prazo	A decisão de acrescentar ao conjunto de processos a serem executados
Escalonamento de médio prazo	A decisão de acrescentar ao número de processos que estão parcial ou totalmente na memória principal
Escalonamento de curto prazo	A decisão sobre qual processo disponível será executado pelo processador
Escalonamento de E/S	A decisão sobre qual solicitação de E/S pendente do processo será tratada por um dispositivo de E/S disponível

Escalonamento de curto prazo

O escalonador de longo prazo é executado, relativamente, com pouca frequência e toma a decisão de granulação grossa de assumir ou não um novo processo, bem como qual deverá assumir. O escalonador de curto prazo, também conhecido como **despachante**, é executado com frequência e toma a decisão de granulação fina de qual tarefa executar em seguida.

ESTADOS DE PROCESSOS Para entender a operação do escalonador de curto prazo, precisamos considerar o conceito de um **estado de processo**. Durante o tempo de vida de um processo, sua condição mudará diversas vezes. Esta condição em determinado momento é conhecida como um *estado*. Este termo é usado porque indica que existe certa informação que define a condição naquele ponto. No mínimo, existem cinco estados definidos para um processo (Figura 8.7):

Novo: o programa é admitido, mas não está pronto para ser executado. O SO iniciará o processo, movendo-o para o estado pronto.

- **Pronto**: o processo está pronto para ser executado e está aguardando o acesso ao processador.
- **Em execução**: o processo está sendo executado pelo processador.
- **Em espera**: o processo está com sua execução suspensa, aguardando por algum recurso do sistema, como a E/S.
- **Terminado**: o processo terminou e será destruído pelo SO.

Para cada processo no sistema, o SO deve manter informações indicando o estado do processo e outras informações necessárias para a execução do processo. Para esse propósito, cada processo é representado pelo SO por um **bloco de controle de processo** (Figura 8.8), que normalmente contém:

Figura 8.7
Modelo de processo com cinco estados.

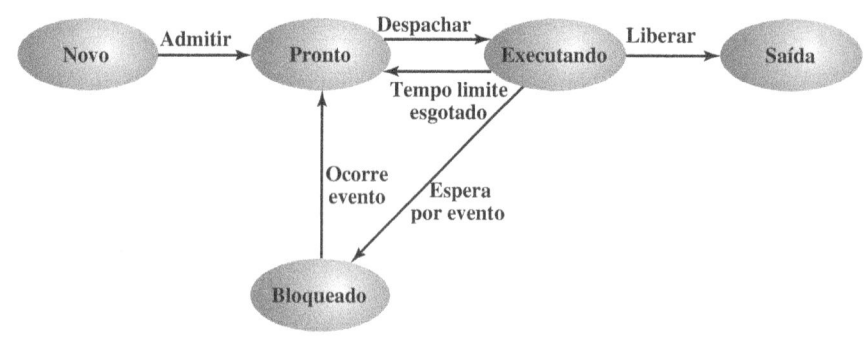

Figura 8.8
Bloco de controle do processo.

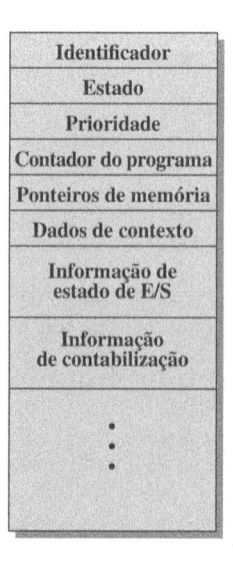

- **Identificador**: cada processo ativo possui um identificador exclusivo.
- **Estado**: o estado atual do processo (novo, pronto etc.).
- **Prioridade**: nível de prioridade relativo.
- **Contador de programa**: o endereço da próxima instrução no programa a ser executado.
- **Ponteiros de memória**: os locais inicial e final do processo na memória.
- **Dados de contexto**: estes são dados que estão presentes nos registradores do processador enquanto o processo está executando, e serão discutidos na Parte III. Por enquanto, basta dizer que esses dados representam o "contexto" do processo. Os dados de contexto mais o contador de programa são salvos quando o processo sai do estado de execução. Eles são recuperados pelo processador quando ele retoma a execução do processo.
- **Informações de estado de E/S**: inclui requisições de E/S pendentes, dispositivos de E/S (por exemplo, unidades de fita) atribuídos a esse processo, uma lista de arquivos atribuídos ao processo, e assim por diante.
- **Informações de contabilização**: podem incluir a quantidade de tempo de processador e tempo de clock utilizado, limites de tempo, números de conta etc.

Quando o escalonador aceita um novo job ou uma requisição de um usuário para execução, ele cria um bloco de controle de processo em branco e coloca o processo associado no estado novo. Depois que o sistema tiver preenchido corretamente o bloco do controle de processo, o processo é transferido para o estado pronto.

TÉCNICAS DE ESCALONAMENTO Para entender como o SO gerencia o escalonamento de diversos jobs na memória, vamos começar considerando o exemplo simples na Figura 8.9. A figura mostra como a memória principal é particionada em determinado momento. O kernel do SO decerto sempre está residente. Além disso, existem diversos processos ativos, incluindo **A** e **B**, cada um recebendo a alocação de uma parte da memória.

Figura 8.9
Exemplo de escalonamento.

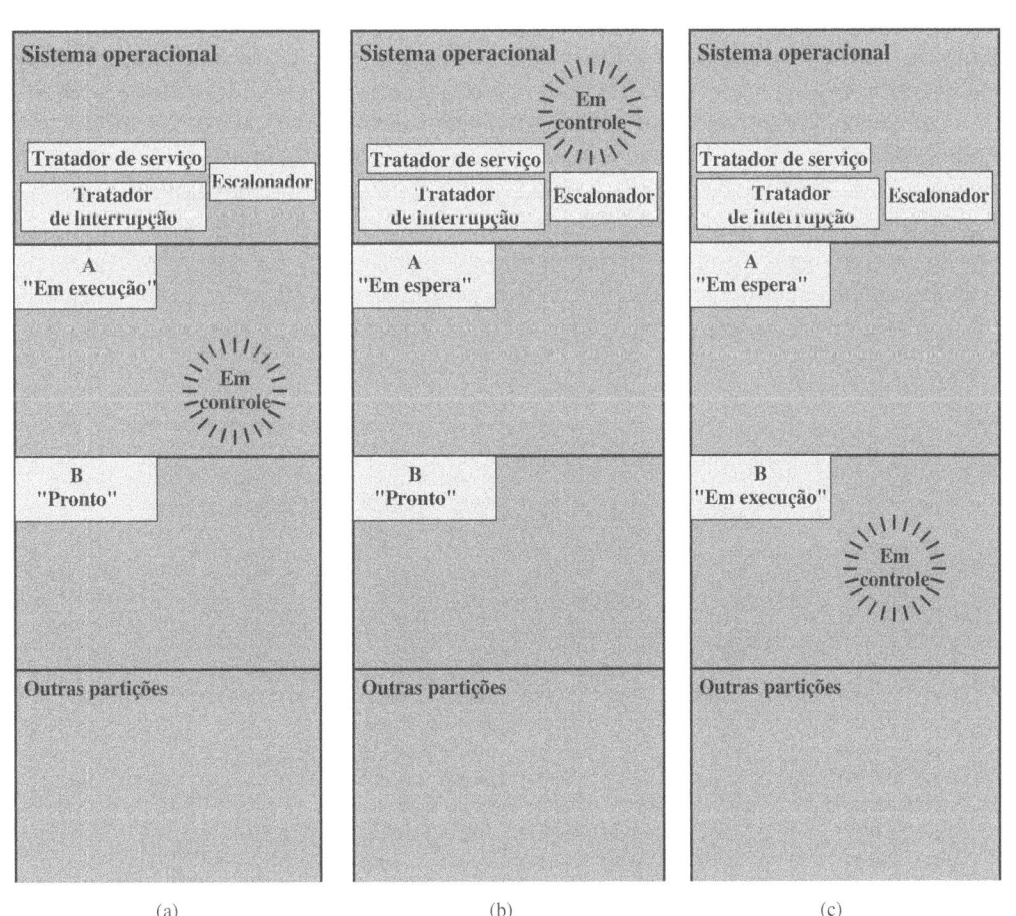

(a)   (b)   (c)

Começamos em um ponto no tempo em que o processo **A** está sendo executado. O processador está executando as instruções do programa contido na partição de memória de **A**. Em algum momento, mais tarde, o processador deixará de executar as instruções de **A** e começará a executar as instruções do SO. Isso acontecerá por uma destas três razões:

1. O processo **A** emite uma chamada de serviço (por exemplo, uma requisição de E/S) ao SO. A execução de **A** é suspensa até que essa chamada seja satisfeita pelo SO.
2. O processo **A** causa uma *interrupção*, que é um sinal gerado pelo hardware ao processador. Quando esse sinal é detectado, o processador deixa de executar **A** e transfere a execução ao tratador de interrupção do SO. Diversos eventos relacionados a **A** causarão uma interrupção. Um exemplo é um erro, como a tentativa de executar uma instrução privilegiada. Outro exemplo é um tempo limite esgotado (*timeout*); para impedir que qualquer processo monopolize o processador, cada processo só recebe a atenção do processador por um curto período de cada vez.
3. Algum evento não relacionado ao processo **A** que requeira atenção causa uma interrupção. Um exemplo é o término de uma operação de E/S.

De qualquer forma, o resultado é o seguinte: o processador salva os dados de contexto atuais e o contador de programa para **A** no bloco de controle do processo de **A**, e depois começa a executar o SO. O SO pode realizar algum trabalho, como iniciar uma operação de E/S. Depois, a parte do escalonador de curto prazo do SO decide qual processo deve ser executado em seguida. Neste exemplo, **B** é escolhido. O SO instrui o processador a restaurar os dados de contexto de **B** e prosseguir com a execução de **B** onde ele parou.

Este exemplo simples destaca o funcionamento básico do escalonador de curto prazo. A Figura 8.10 mostra os principais elementos do SO envolvidos na multiprogramação e escalonamento de processos. O SO recebe o controle do processador no tratamento de interrupção se ocorrer uma interrupção, e no tratamento de chamada de serviço se ocorrer uma chamada de sistema. Quando uma interrupção ou camada de serviço for tratada, o escalonador de curto prazo será chamado para selecionar um processo para execução.

Para realizar sua tarefa, o SO mantém diversas filas. Cada fila é simplesmente uma lista de espera dos processos aguardando por algum recurso. A **fila de longo prazo** é uma lista dos jobs aguardando para usar o sistema. Quando as condições permitirem, o escalonador de alto nível alocará memória e criará um processo para um dos itens que está aguardando. A **fila de curto prazo** consiste em todos os processos no estado pronto. Qualquer um desses processos poderia usar o processador em seguida. Fica a cargo do escalonador de curto prazo escolher um. Geralmente, isso é feito com um algoritmo *round-robin*, dando a cada processo algum tempo, em forma de rodízio. Os níveis de prioridade também podem ser usados. Por fim, existe uma **fila de E/S** para cada dispositivo de E/S. Mais de um processo pode requisitar o uso do mesmo dispositivo de E/S. Todos os processos aguardando para usar cada dispositivo são alinhados na fila desse dispositivo.

A Figura 8.11 sugere como os processos avançam pelo computador sob o controle do SO. Cada requisição de processo (job em lote, job interativo definido pelo usuário) é colocada na fila de longo prazo. Quando os recursos se tornam disponíveis, uma requisição do processo se torna um processo, que é então colocado no estado pronto

Figura 8.10

Principais elementos de um sistema operacional para multiprogramação.

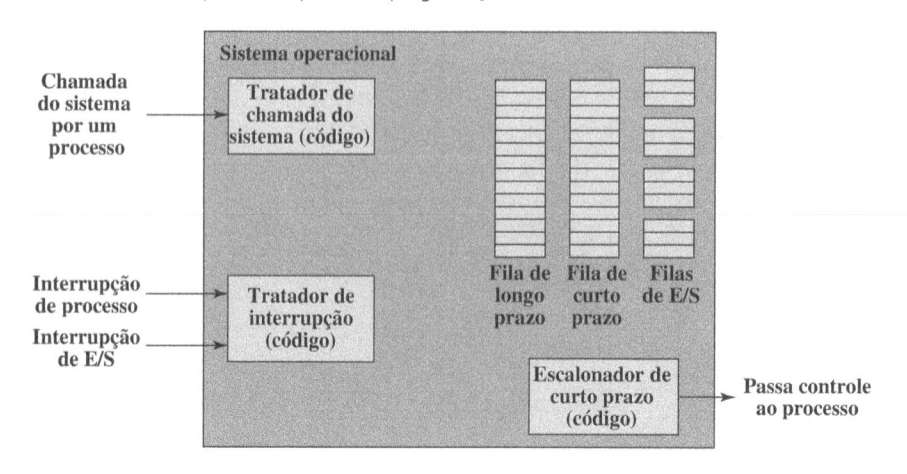

Figura 8.11

Diagrama de filas do escalonamento de processador.

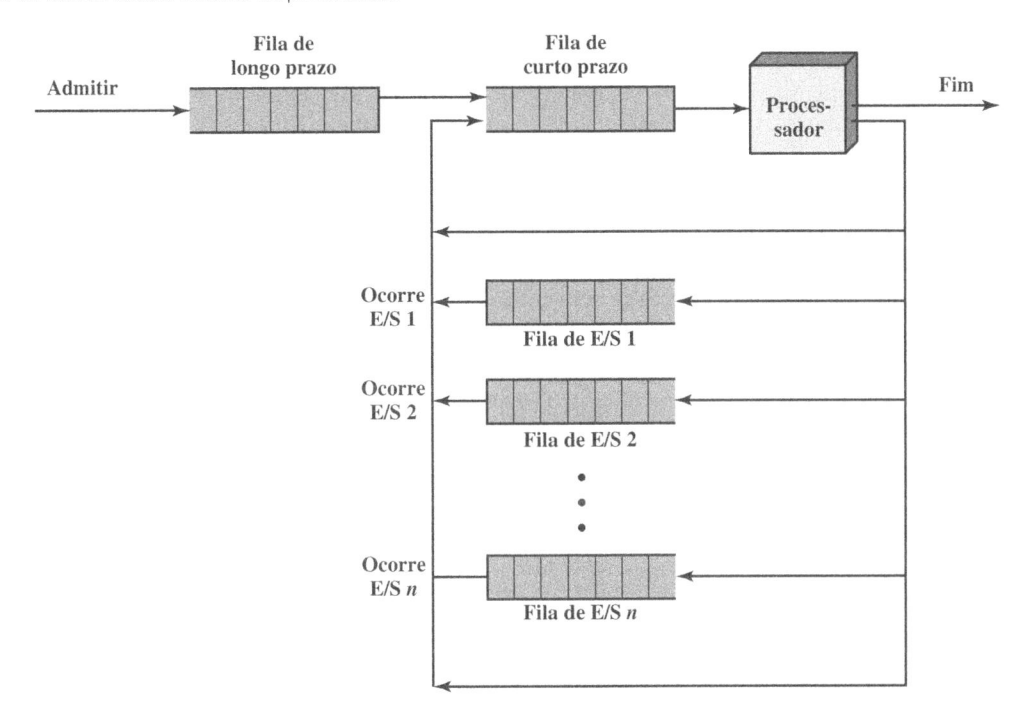

e mantido na fila de curto prazo. O processador alterna entre executar instruções do SO e executar processos do usuário. Enquanto o SO está no controle, ele decide qual processo na fila de curto prazo deve ser executado em seguida. Quando o SO termina suas tarefas imediatas, ele transfere o processador para o processo escolhido.

Como já dissemos, um processo sendo executado pode ser suspenso por diversos motivos. Se ele for suspenso porque o processo requisita E/S, então ele será colocado na fila de E/S apropriada. Se ele for suspenso porque terminou seu tempo ou porque o SO precisa atender a uma atividade urgente, então ele será passado para o estado pronto e colocado na fila de curto prazo.

Finalmente, mencionamos que o SO também gerencia as filas de E/S. Quando uma operação de E/S termina, o SO remove o referido processo atendido dessa fila de E/S e o coloca na fila de curto prazo. Depois, ele seleciona outro processo que está esperando (se houver) e sinaliza o dispositivo de E/S para que atenda à requisição desse processo.

8.3 GERENCIAMENTO DE MEMÓRIA

Em um sistema de uniprogramação, a memória principal é dividida em duas partes: uma parte para o SO (monitor residente) e uma parte para o programa sendo executado naquele momento. Em um sistema de multiprogramação, a parte do "usuário" da memória é subdividida para acomodar diversos processos. A tarefa de subdivisão é executada dinamicamente pelo SO e é conhecida como **gerenciamento de memória**.

Um gerenciamento de memória eficaz é vital em um sistema de multiprogramação. Se apenas alguns processos estiverem na memória, então, em grande parte do tempo, todos os processos estarão esperando pela E/S e o processador estará ocioso. Desse modo, a memória precisa ser alocada de modo eficiente para colocar o máximo possível de processos na memória.

Troca de processos na memória (*swapping*)

Voltando à Figura 8.11, discutimos três tipos de filas: a fila de longo prazo de solicitações de novos processos, a fila de curto prazo de processos prontos para usar o processador e as diversas filas de E/S dos processos que não estão prontos para usar o processador. Lembre-se de que o motivo para esse mecanismo elaborado é que as atividades de E/S são muito mais lentas do que a computação e, portanto, o processador em um sistema de uniprogramação fica ocioso na maior parte do tempo.

No entanto, o arranjo na Figura 8.11 não resolve totalmente o problema. É verdade que, nesse caso, a memória mantém vários processos e que o processador pode passar para outro processo quando um deles estiver esperando. Mas o processador é muitas vezes tão mais rápido que a E/S, que será comum ter *todos* os processos na memória esperando por E/S. De tal maneira, até mesmo com a multiprogramação, um processador poderia estar ocioso na maior parte do tempo.

O que fazer? A memória principal poderia ser expandida, e, portanto, ser capaz de acomodar mais processos. Mas existem duas falhas nessa abordagem. Primeiro, a memória principal é cara, ainda hoje. Segundo, a necessidade dos programas por memória cresceu tão rápido quanto o custo da memória caiu. Desse modo, uma memória maior resulta em processos maiores, e não em mais processos.

Outra solução é a **troca de processo na memória (swapping)**, representada na Figura 8.12. Temos uma fila de longo prazo de requisições de processos, em geral armazenada no disco. Esses processos são trazidos, um por vez, à medida que houver espaço disponível. Quando os processos terminam, eles são removidos da memória principal. Agora surge a situação em que nenhum dos processos na memória estará no estado pronto (por exemplo, todos estão aguardando uma operação de E/S). Em vez de permanecer ocioso, o processador *troca* (*swaps*) um desses processos de volta para o disco em uma *fila intermediária*. Essa é uma fila de processos existentes que foram temporariamente removidos da memória. O SO, então, traz outro processo da fila intermediária, ou então atende à requisição de um novo processo da fila de longo prazo. A execução, então, continua com o processo recém-chegado.

A troca de processo na memória, no entanto, é uma operação de E/S, e, portanto, pode tornar o problema ainda pior, e não melhor. Mas, como a E/S em disco geralmente é a E/S mais rápida em um sistema (por exemplo, em comparação com a E/S de fita ou impressora), a troca de processo na memória normalmente melhorará o desempenho. Um esquema mais sofisticado, envolvendo memória virtual, melhora o desempenho em relação à simples troca de processo na memória. Isso será discutido mais adiante. Primeiro, contudo, temos que preparar o terreno explicando sobre particionamento e paginação.

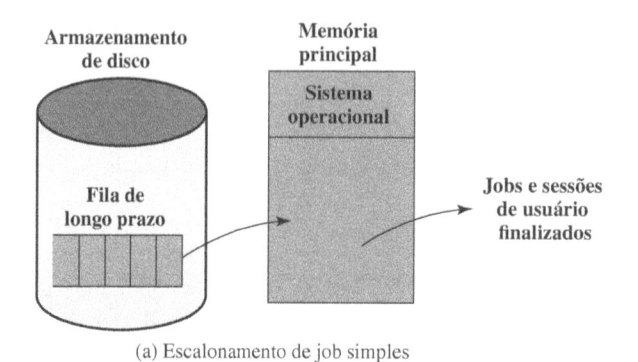

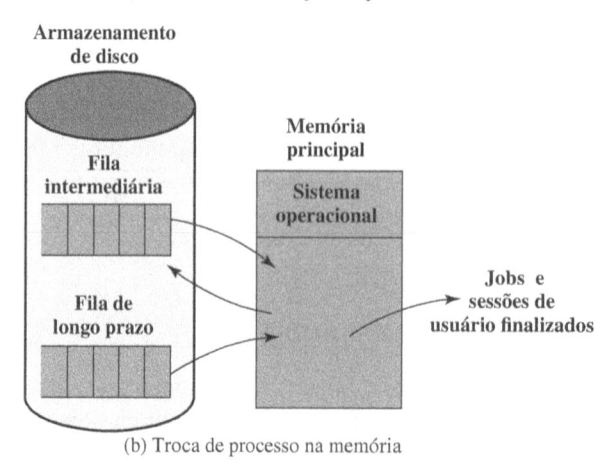

Figura 8.12

O uso da troca de processo na memória.

(a) Escalonamento de job simples

(b) Troca de processo na memória

Particionamento

O esquema mais simples para o particionamento da memória disponível é usar *partições de tamanho fixo*, como mostramos na Figura 8.13. Observe que, embora as partições tenham tamanho fixo, elas não precisam ter o mesmo tamanho. Quando um processo é trazido para a memória, ele é colocado na menor partição possível que o poderá manter.

Mesmo com o uso de partições de tamanho fixo desiguais, haverá memória desperdiçada. Na maioria dos casos, um processo não exigirá tanta memória quanto a fornecida pela partição. Por exemplo, um processo que requer 3 MB de memória seria colocado em uma partição de 4 M da Figura 8.13b, desperdiçando 1 M que poderia ser usado por outro processo.

Uma técnica mais eficiente é usar *partições de tamanho variável*. Quando um processo é levado para a memória, ele recebe exatamente a quantidade de memória exigida, e nada mais.

Figura 8.13
Exemplo de particionamento fixo de uma memória de 64 MB.

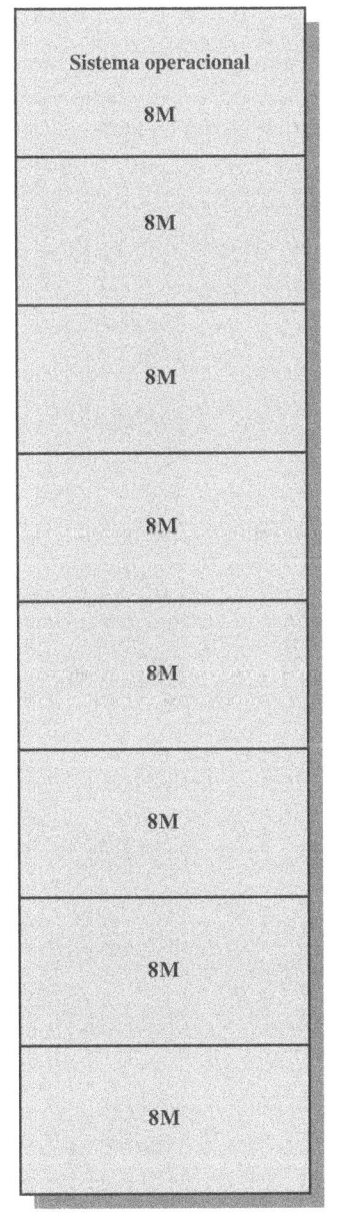

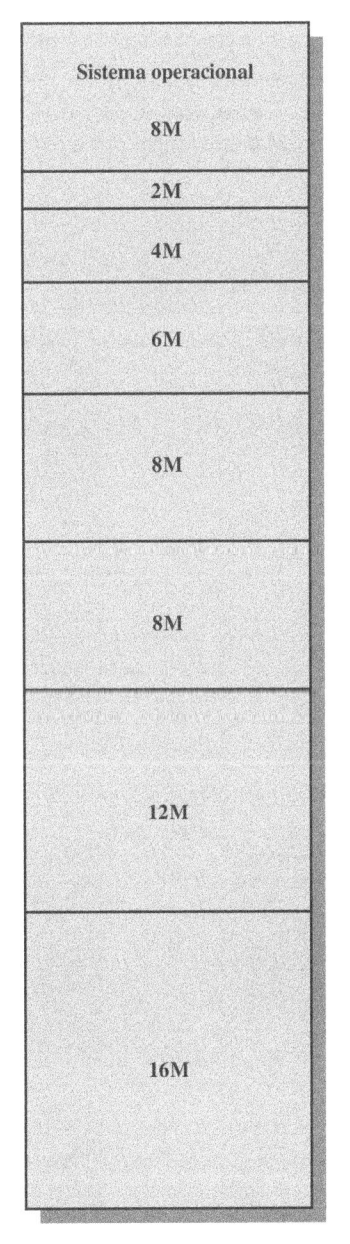

(a) Partições de mesmo tamanho

(b) Partições de tamanhos desiguais

EXEMPLO 8.2

Um exemplo, usando 64 MB de memória principal, aparece na Figura 8.14. De início, a memória principal está vazia, exceto pelo SO (a). Os primeiros três processos são carregados nela, começando onde o SO termina e ocupando apenas o espaço suficiente para cada processo (b, c, d). Isso deixa um "buraco" ao final da memória, que é muito pequeno para um quarto processo. Em algum ponto, nenhum dos processos na memória está pronto. O SO retira o processo 2 (e), o que deixa espaço suficiente para carregar um novo processo, o processo 4 (f). Como o processo 4 é menor que o processo 2, outro buraco pequeno é criado. Mais tarde, chega um ponto em que nenhum dos processos na memória principal está pronto, mas o processo 2, no estado pronto-suspenso, está disponível. Como existe espaço suficiente na memória para o processo 2, o SO retira o processo 1 (g) e devolve o processo 2 para a memória (h).

Como o exemplo mostra, esse método começa bem, mas, por fim, leva a uma situação em que existem muitos buracos pequenos na memória. Com o passar do tempo, a memória torna-se cada vez mais fragmentada, e sua utilização declina. Uma técnica para contornar esse problema é a **compactação**: de vez em quando, o SO desloca os processos na memória para colocar toda a memória livre junta em um só bloco. Esse é um procedimento demorado, que desperdiça o tempo do processador.

Antes de considerarmos algumas maneiras de lidar com as desvantagens do particionamento, devemos acertar um ponto. Considere a Figura 8.14; deve ficar óbvio que um processo provavelmente não será carregado para o mesmo local na memória principal a cada vez que for levado para lá. Além do mais, se houver compacta-

Figura 8.14
O efeito do particionamento dinâmico.

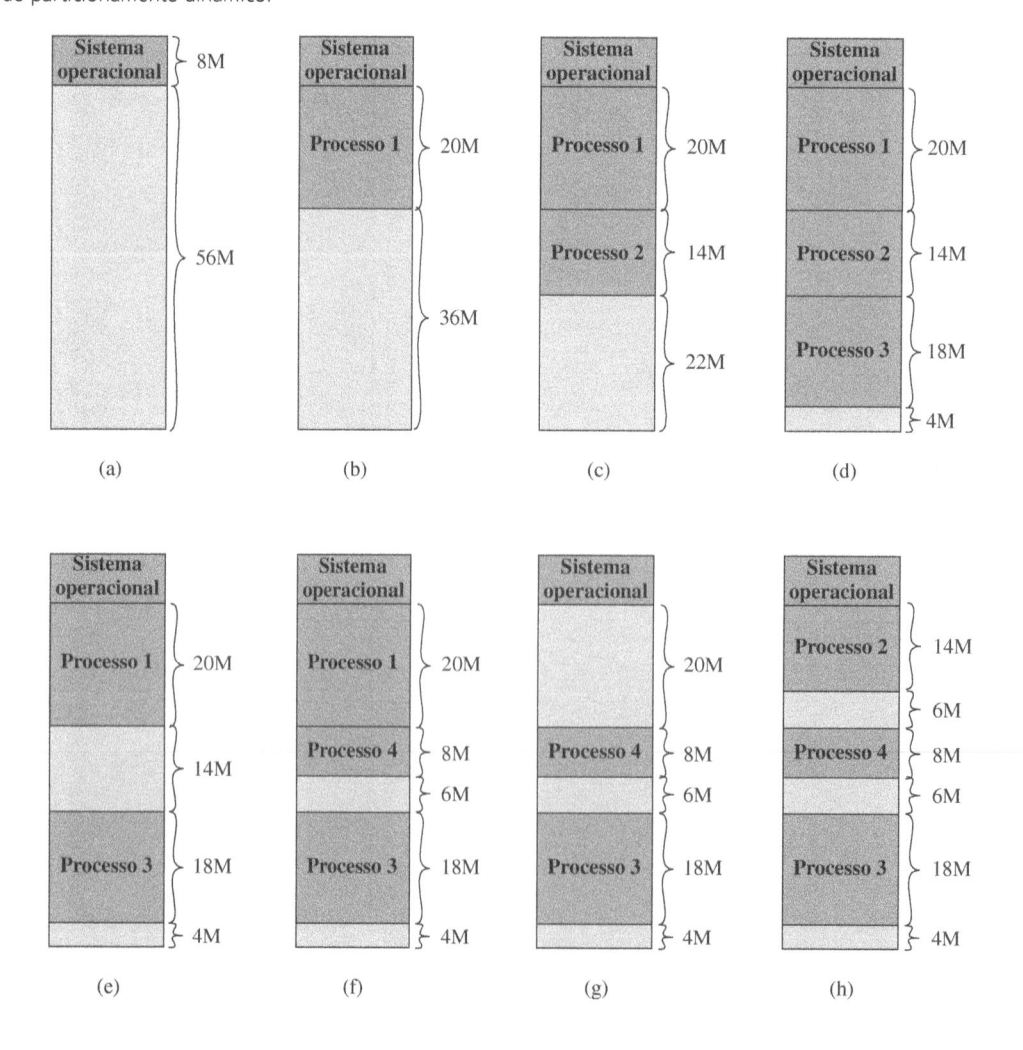

ção, um processo pode ser deslocado enquanto estiver na memória principal. Um processo na memória consiste em instruções mais dados. As instruções terão endereços para locais da memória de dois tipos:

- Endereços de itens de dados.
- Endereços de instruções, usados em instruções de desvio.

Mas esses endereços não são fixos. Eles mudarão toda vez que um processo for levado para a memória. Para resolver esse problema, existe uma distinção entre endereços lógicos e endereços fixos. Um **endereço lógico** é expresso como um local relativo ao início do programa. As instruções no programa contêm apenas endereços lógicos. Um **endereço físico** é um local real na memória principal. Quando o processador executa um processo, ele automaticamente converte do endereço lógico para o físico, somando o local inicial atual do processo, chamado de **endereço base**, a cada endereço lógico. Esse é outro exemplo de um recurso de hardware do processador projetado para atender a um requisito do SO. A natureza exata desse recurso de hardware depende da estratégia de gerenciamento de memória em uso. Veremos vários exemplos mais adiante neste capítulo.

Paginação

Partições desiguais de tamanho fixo e de tamanho variável são ineficazes no uso da memória. Suponha, no entanto, que a memória seja particionada em pedaços iguais de tamanho fixo que sejam relativamente pequenos, e que cada processo também seja dividido em pequenos pedaços de algum tamanho fixo pequeno. Então, os pedaços de um programa, conhecidos como **páginas**, poderiam ser atribuídos aos pedaços disponíveis de memória, conhecidos como **frames**, ou frames de página. No máximo, então, o espaço desperdiçado na memória para esse processo é uma fração da última página.

A Figura 8.15 mostra um exemplo do uso de páginas e frames. Em determinado momento no tempo, alguns dos frames na memória estão em uso e alguns estão livres. A lista dos frames livres é mantida pelo SO. O processo A, armazenado no disco, consiste em quatro páginas.

Figura 8.15

Alocação de frames livres.

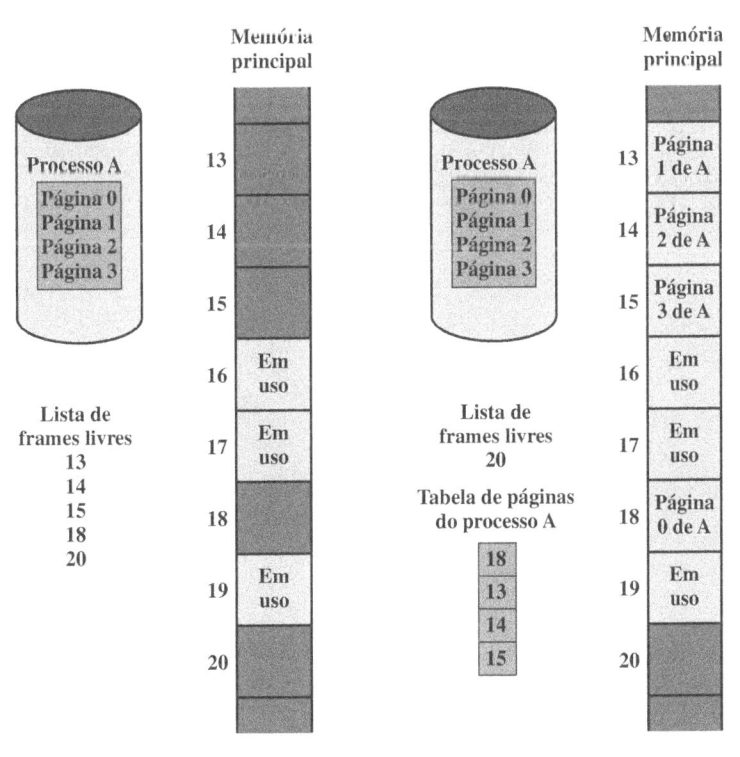

Quando é o momento de carregar esse processo, o SO encontra quatro frames livres e carrega as quatro páginas do processo **A** nos quatro frames.

Agora, suponha, como neste exemplo, que não haja frames contíguos sem uso suficientes para manter o processo. Isso impede o SO de carregar **A**? A resposta é não, porque podemos, mais uma vez, usar o conceito de endereço lógico. Um endereço base simples não será mais suficiente. Em vez disso, o SO mantém uma **tabela de páginas** para cada processo. A tabela de páginas mostra o local de cada página no processo. Dentro do programa, cada endereço lógico consiste em um número de página e um endereço relativo dentro da página. Lembre-se de que, no caso do particionamento simples, um endereço lógico é o local de uma palavra em relação ao início do programa; o processador traduz isso para um endereço físico. Com a paginação, a tradução de endereço de lógico para físico ainda é feita pelo hardware do processador. O processador precisa saber como acessar a tabela de páginas do processo atual. Recebendo um endereço lógico (número de página, endereço relativo), o processador usa a tabela de páginas para produzir um endereço físico (número de frame, endereço relativo). Um exemplo aparece na Figura 8.16.

Essa técnica soluciona os problemas que levantamos anteriormente. A memória principal é dividida em muitos frames pequenos de igual tamanho. Cada processo é dividido em páginas com o tamanho do frame: processos menores exigem menos páginas, processos maiores exigem mais. Quando um processo é trazido, suas páginas são carregadas nos frames disponíveis, e uma tabela de páginas é estabelecida.

Figura 8.16

Endereços lógicos e físicos.

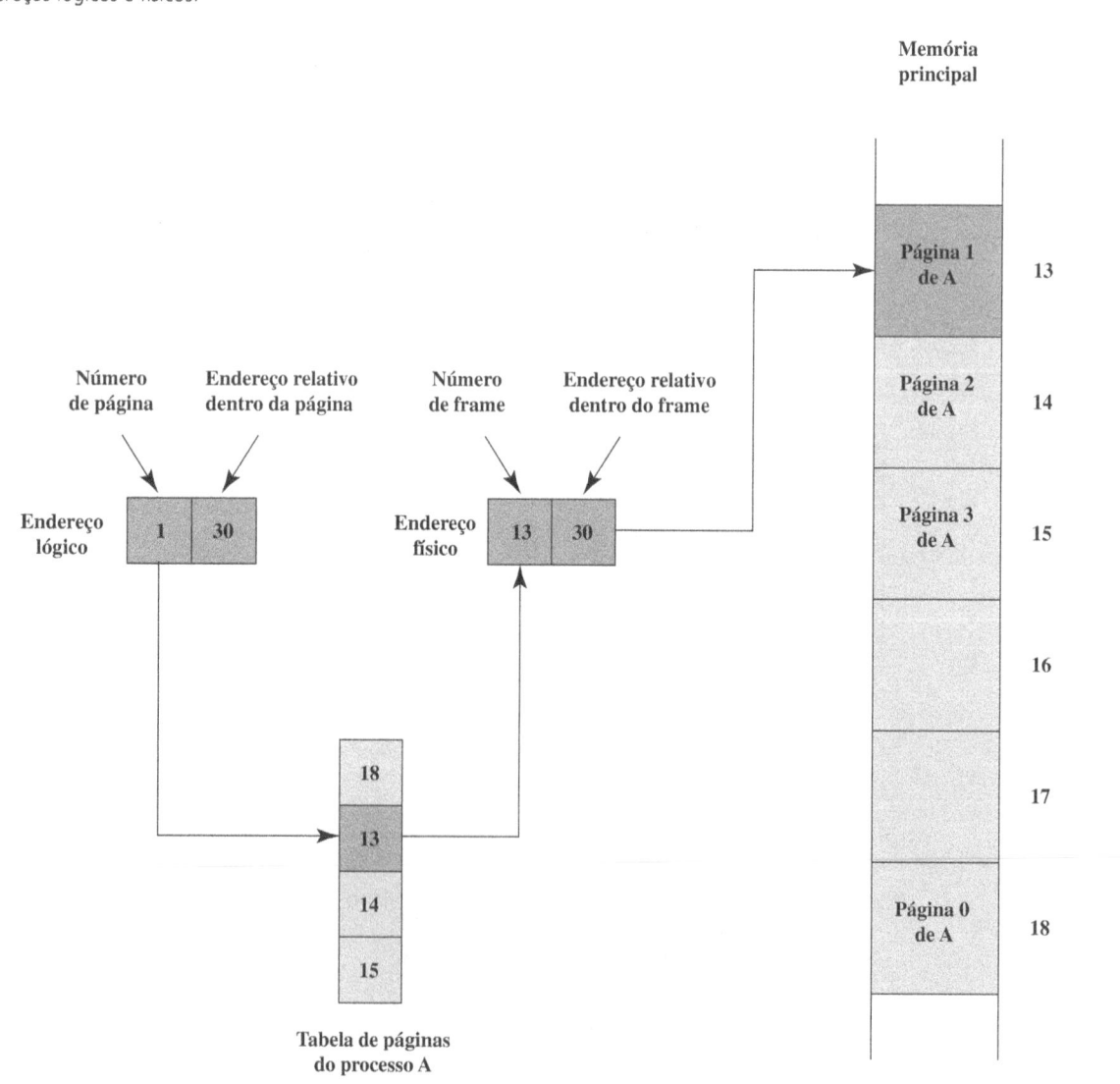

Memória virtual

PAGINAÇÃO POR DEMANDA Com o uso da paginação, sistemas de multiprogramação verdadeiramente eficazes entraram em cena. Além do mais, a simples tática de dividir um processo em páginas levou ao desenvolvimento de outro conceito importante: a memória virtual.

Para entender a memória virtual, devemos acrescentar uma melhoria ao esquema de paginação que discutimos. Essa melhoria é a **paginação por demanda**, que simplesmente significa que cada página de um processo é trazida apenas quando necessária, ou seja, por demanda.

Considere um processo grande, consistindo em um programa longo mais uma série de arrays de dados. Em qualquer período curto de tempo, a execução pode ser restrita a uma pequena seção do programa (por exemplo, uma sub-rotina) e talvez apenas um ou dois arrays de dados estejam sendo usados. Esse é o princípio da localidade, que apresentamos no Apêndice 4A. Logicamente, seria um desperdício carregar dezenas de páginas para esse processo quando apenas algumas páginas serão usadas antes que o programa seja suspenso. Podemos fazer um uso melhor da memória carregando apenas algumas páginas. Depois, se o programa desviar para uma instrução em uma página fora da memória principal, ou se referenciar dados em uma página que não está na memória, uma **falta de página** (*page fault*) ocorrerá. Isso diz ao SO para trazer a página desejada.

Dessa maneira, a qualquer momento, apenas algumas páginas de determinado processo estarão na memória, e, portanto, mais processos podem ser mantidos nela. Além do mais, o tempo é reduzido, pois as páginas não usadas não entram e saem da memória. No entanto, o SO deve ser inteligente sobre como gerenciar esse esquema. Quando ele traz uma página, precisa retirar outra; isso é conhecido como **substituição de página**. Se ele retirar uma página imediatamente antes de ela precisar ser usada, então ele simplesmente terá de obter essa página de novo, quase imediatamente. Muita atividade desse tipo leva a uma condição conhecida como *thrashing*: o processador gasta a maior parte de seu tempo trocando páginas, em vez de executar instruções. Impedir o *thrashing* foi uma área de pesquisa importante na década de 1970, e levou a uma série de algoritmos complexos, porém eficientes. Basicamente, o SO tenta descobrir, com base no histórico recente, quais páginas têm menos probabilidade de serem usadas no futuro próximo.

Uma discussão sobre algoritmos de substituição de página está além do escopo deste capítulo. Uma técnica potencialmente eficaz chama-se "usado menos recentemente" (LRU — do inglês, *Least Recently Used*), o mesmo algoritmo discutido no Capítulo 4 para a substituição de cache. Na prática, o LRU é difícil de implementar para um esquema de paginação de memória virtual. Várias técnicas alternativas que buscam aproximar o desempenho do LRU são utilizadas; veja os detalhes no Apêndice K (disponível em inglês na Sala Virtual).

Com a paginação por demanda, não é necessário carregar um processo inteiro na memória principal. Esse fato tem uma consequência marcante: *é possível que um processo seja maior do que toda a memória principal*. Uma das restrições mais fundamentais na programação foi eliminada. Sem a demanda da paginação, um programador deve estar atento sobre quanta memória está disponível. Se o programa que está sendo escrito for muito grande, o programador deve criar maneiras de estruturar o programa em partes que possam ser carregadas uma de cada vez. Com a paginação por demanda, essa tarefa fica para o SO e o hardware. Já o programador está lidando com uma memória imensa, com o tamanho associado ao armazenamento em disco.

Como um processo só é executado na memória principal, essa memória é conhecida como **memória real ou física**. Mas um programador ou usuário percebe uma memória muito maior — aquela que está alocada no disco. Essa última, portanto, é denominada **memória virtual**. A memória virtual permite uma multiprogramação bastante eficaz e alivia o usuário das restrições desnecessariamente rígidas da memória principal.

ESTRUTURA DA TABELA DE PÁGINAS O mecanismo básico para a leitura de uma palavra da memória envolve a tradução de um endereço virtual, ou lógico, que consiste em número de página e deslocamento, para um endereço físico, que consiste em um número de frame e deslocamento, usando uma tabela de páginas. Como a tabela de páginas tem tamanho variável, dependendo do tamanho do processo, não podemos esperar mantê-la nos registradores. Em vez disso, ela deve estar na memória principal para ser acessada. A Figura 8.16 sugere uma implementação de hardware desse esquema. Quando determinado processo está sendo executado, um registrador mantém o endereço inicial da tabela de páginas para esse processo.

O número de páginas de um endereço virtual é usado para indexar essa tabela e pesquisar o número do frame correspondente. Isso é combinado com a parte de deslocamento do endereço virtual para produzir o endereço real desejado.

Na maioria dos sistemas, existe uma tabela de páginas por processo, mas cada processo pode ocupar grandes quantidades de memória virtual. Por exemplo, na arquitetura VAX, cada processo pode ter até $2^{31} = 2$ GB de memória virtual. Usando páginas de $2^9 = 512$ bytes, isso significa que até 2^{22} entradas da tabela de páginas são exigidas por processo. Claramente, a quantidade de memória dedicada apenas para as tabelas de páginas poderia ser inaceitavelmente alta. Para contornar esse problema, a maioria dos esquemas de memória virtual armazena as tabelas de páginas na memória virtual, e não na memória real. Isso significa que as tabelas de páginas são sujeitas a paginação, assim como as outras páginas. Quando um processo está sendo executado, pelo menos uma parte de sua tabela de páginas deve estar na memória principal, incluindo a entrada da tabela de páginas da página atualmente em execução. Alguns processadores utilizam um esquema de dois níveis para organizar grandes tabelas de páginas. Nesse esquema, existe um diretório de página, em que cada entrada aponta para uma tabela de páginas. De tal maneira, se o tamanho do diretório de página for X, e se o tamanho máximo de uma tabela de páginas for Y, então um processo pode consistir em até $X \times Y$ páginas. Em geral, o tamanho máximo de uma tabela de páginas está restrito ao tamanho de uma página. Veremos um exemplo dessa técnica de dois níveis quando considerarmos o x86 da Intel mais adiante neste capítulo.

Uma técnica alternativa ao uso de tabelas de páginas de um ou dois níveis é o uso de uma estrutura de tabela de páginas invertida (Figura 8.17). As variações nessa técnica são usadas no PowerPC, UltraSPARC e na arquitetura IA-64. Uma implementação do Mach OS no RT-PC também usa essa técnica.

Nessa técnica, a parte do número de página de um endereço virtual é mapeada em um valor de *hash* usando uma função de *hashing* simples.[2] O valor de *hash* é um ponteiro para a tabela de páginas invertida, que contém as entradas da tabela de páginas. Existe uma entrada na tabela de páginas invertida para cada frame de página da memória real, em vez de uma por página virtual. Dessa forma, uma parte fixa da memória

Figura 8.17

Estrutura da tabela de páginas invertida.

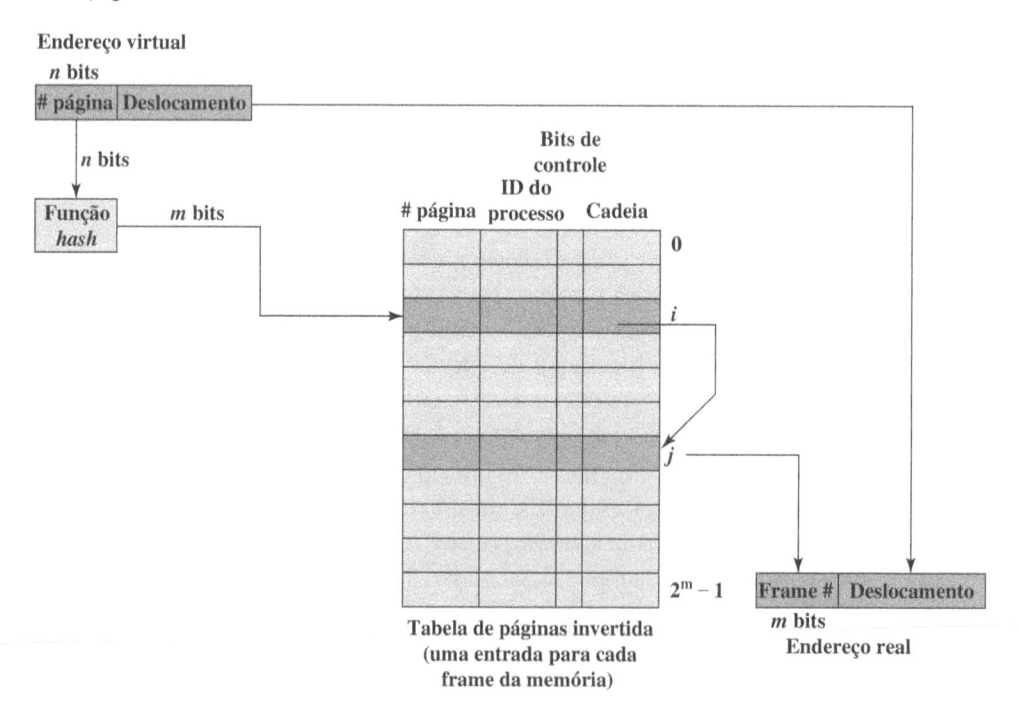

---

[2] Uma função *hash* mapeia números na faixa de 0 a M para números na faixa de 0 a N, onde M > N. A saída da função *hash* é usada como um índice para a tabela de *hash*. Como mais de uma entrada é mapeada para a mesma saída, é possível que um item de entrada seja mapeado para uma entrada da tabela de *hash* que já esteja ocupada. Nesse caso, o novo item precisa "transbordar" (*overflow*) para outro local da tabela *hash*. Em geral, o novo item é colocado no primeiro espaço vazio subsequente, e um ponteiro do local original é fornecido para encadear as entradas. No Apêndice L (disponível em inglês na Sala Virtual), você pode ver mais informações a respeito das funções de *hash*.

real é necessária para as tabelas, independentemente do número de processos ou páginas virtuais suportadas. Como mais de um endereço virtual pode ser mapeado na mesma entrada da tabela *hash*, uma técnica de encadeamento é usada para gerenciar o *overflow*. A técnica de *hashing* resulta em cadeias que normalmente são curtas — entre uma e duas entradas. A estrutura da tabela de páginas é chamada invertida porque indexa as entradas da tabela de páginas pelo número do frame, em vez do número da página virtual.

Translation lookaside buffer (TLB)

Em princípio, então, cada referência de memória virtual pode provocar dois acessos à memória física: um para buscar a entrada da tabela de páginas apropriada e um para buscar os dados desejados. De tal maneira, um esquema direto de memória virtual teria o efeito de dobrar o tempo de acesso à memória. Para contornar esse problema, a maioria dos esquemas de memória virtual utiliza uma cache especial para entradas da tabela de páginas, normalmente chamada de ***translation lookaside buffer*** **(TLB)**. Essa cache funciona da mesma maneira que uma cache de memória e contém as entradas da tabela de páginas que foram usadas recentemente. A Figura 8.18 é um fluxograma que mostra o uso do TLB. Pelo princípio da localidade, a maioria das referências à memória virtual será para locais nas páginas usadas recentemente. Portanto, a maioria das referências envolverá as entradas da tabela de páginas na cache. Os estudos do TLB do VAX mostraram que esse esquema pode melhorar o desempenho significativamente (CLARK; EMER, 1985, SATYANARAYANAN; BHANDARKAR, 1981).

Observe que o mecanismo de memória virtual deve interagir com o sistema de cache (não a cache do TLB, mas a cache da memória principal). Isso é ilustrado na Figura 8.19. Um endereço virtual geralmente estará na forma de um número de página e de um deslocamento. Primeiro, o sistema de memória consulta o TLB para

Figura 8.18

Operação da paginação e do *translation lookaside buffer* (TLB).

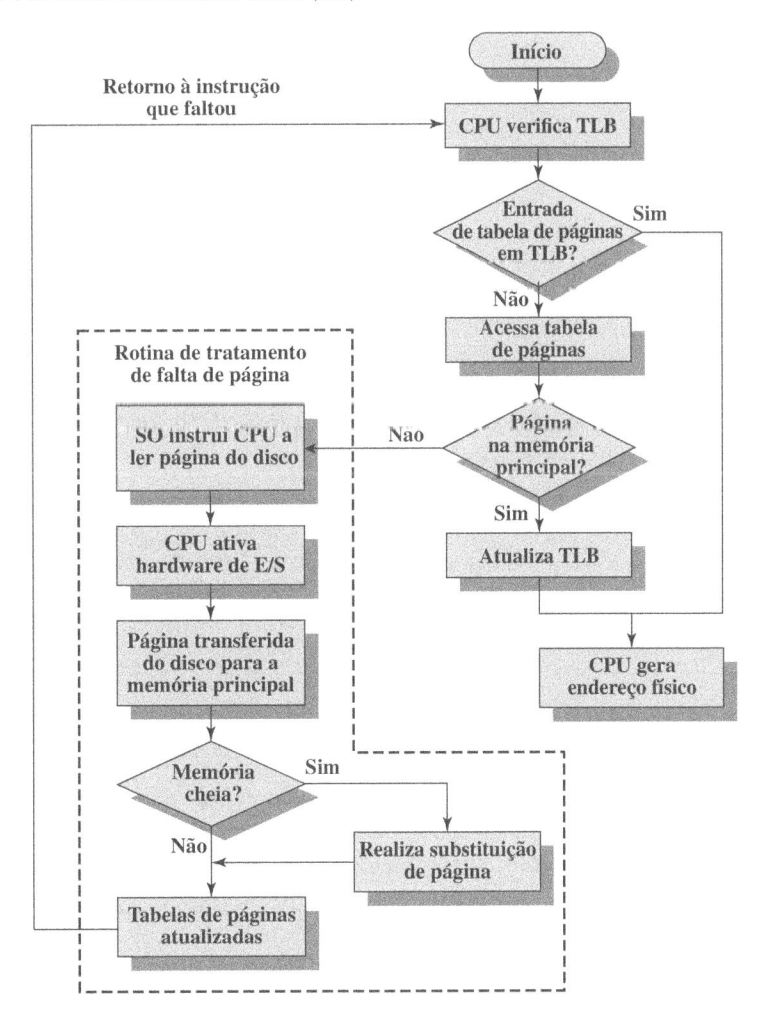

Figura 8.19

Translation lookaside buffer (TLB) e operação da cache.

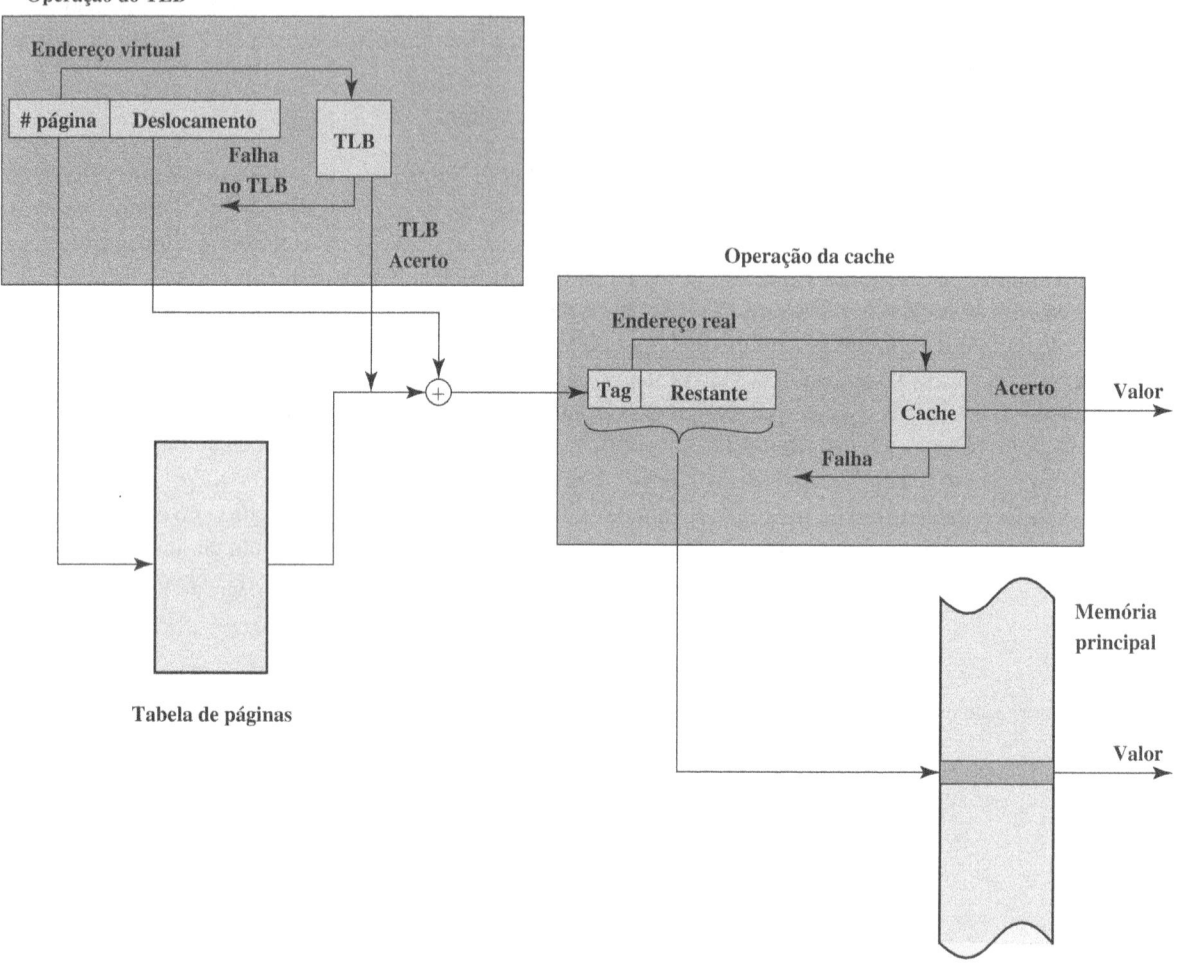

ver se a entrada da tabela de páginas correspondente está presente. Se estiver, o endereço real (físico) é gerado combinando o número do frame com o deslocamento. Se não, a entrada é acessada a partir de uma tabela de páginas. Quando o endereço real for gerado, que está na forma de uma tag e um restante, a cache é consultada para ver se o bloco contendo essa palavra está presente (ver Figura 4.5). Se sim, ela retorna ao processador. Se não, a palavra é recuperada da memória principal.

O leitor deverá ser capaz de apreciar a complexidade do hardware do processador envolvida em uma única referência à memória. O endereço virtual é traduzido para um endereço real. Isso envolve referência a uma tabela de páginas, que pode estar no TLB, na memória principal ou no disco. A palavra referenciada pode estar na cache, na memória principal ou no disco. Nesse último caso, a página contendo a palavra precisa ser carregada para a memória principal e seu bloco carregado na cache. Além disso, a entrada da tabela de páginas para essa página deve ser atualizada.

Segmentação

Existe outra maneira de subdividir a memória endereçável, conhecida como *segmentação*. Enquanto a paginação é invisível ao programador e serve para lhe oferecer um espaço de endereços maior, a segmentação normalmente é visível ao programador e é fornecida como uma conveniência para organizar programas e dados e como um meio de associar atributos de privilégio e proteção com instruções e dados.

A segmentação permite que o programador veja a memória como espaços múltiplos de endereços ou segmentos. Os segmentos têm tamanho variável, realmente dinâmico. Em geral, o programador ou o SO atribuirá programas e dados a diferentes segmentos. Pode haver uma série de segmentos de programa para diversos tipos de programas, além de uma série de segmentos de dados. Cada segmento pode ter direitos de acesso de uso atribuídos. As referências à memória consistem em uma forma de endereço (número de segmento, deslocamento).

Essa organização tem diversas vantagens para o programador em relação a um espaço de endereços não segmentado:

1. Ela simplifica o tratamento de estruturas de dados que crescem. Se o programador não souber antes da hora o tamanho que determinada estrutura de dados terá, não é preciso adivinhar. A estrutura de dados pode receber seu próprio segmento, e o SO expandirá ou encolherá o segmento conforme a necessidade.
2. Ela permite que os programas sejam alterados e recompilados de modo independente, sem exigir que um conjunto inteiro de programas seja novamente religado e recarregado. Novamente, isso é feito usando múltiplos segmentos.
3. Ela permite o compartilhamento entre os processos. Um programador pode colocar um programa utilitário ou uma tabela de dados útil em um segmento que pode ser endereçado por outros processos.
4. Ela serve para proteção. Como um segmento pode ser construído para conter um conjunto bem definido de programas ou dados, o programador ou um administrador do sistema pode atribuir privilégios de acesso de uma maneira conveniente.

Essas vantagens não estão disponíveis com a paginação, que é invisível ao programador. Por outro lado, vimos que a paginação permite uma forma eficiente de gerenciamento de memória. Para combinar as vantagens de ambos, alguns sistemas são equipados com o hardware e o software do SO que permite o uso de ambos.

8.4 GERENCIAMENTO DE MEMÓRIA DO x86 DA INTEL

Desde a introdução da arquitetura de 32 bits, os microprocessadores evoluíram com sofisticados esquemas de gerenciamento de memória, que se baseiam nas lições aprendidas com os sistemas de média e grande escala. Em muitos casos, as versões dos microprocessadores são superiores aos seus antecedentes de sistemas maiores. Como os esquemas foram desenvolvidos pelo fornecedor de hardware do microprocessador e podem ser empregados com diversos sistemas operacionais, eles tendem a ser de uso bastante geral. Um exemplo representativo é o esquema usado na arquitetura do x86 da Intel.

Espaços de endereços

O x86 inclui hardware para segmentação e paginação. Os dois mecanismos podem ser desativados, permitindo que o usuário escolha a partir de quatro visões distintas da memória:

- **Memória não paginada não segmentada**: nesse caso, o endereço virtual é o mesmo que o endereço físico. Isso é útil, por exemplo, em aplicações de controlador de baixa complexidade e alto desempenho.
- **Memória paginada não segmentada**: aqui, a memória é vista como um espaço de endereço linear paginado. A proteção e o gerenciamento de memória são feitos por meio da paginação, o que é utilizado por alguns sistemas operacionais (por exemplo, o UNIX Berkeley).
- **Memória não paginada segmentada**: aqui, a memória é vista como um conjunto de espaços de endereços lógicos. A vantagem dessa visão em relação à abordagem paginada é que ela proporciona proteção até o nível de um único byte, se for preciso. Além do mais, diferentemente da paginação, ela garante que a tabela de tradução necessária (a tabela de segmento) esteja no chip quando o segmento estiver na memória. Logo, a memória não paginada segmentada resulta em tempos de acesso previsíveis.
- **Memória paginada segmentada**: a segmentação é usada para definir partições lógicas de memória, sujeitas a controle de acesso, e a paginação é usada para gerenciar a alocação de memória dentro das partições. Sistemas operacionais como UNIX System V utilizam essa opção.

Segmentação

Quando a segmentação é usada, cada endereço virtual (chamado endereço lógico na documentação do x86) consiste em uma referência de segmento de 16 bits e um deslocamento (*offset*) de 32 bits. Dois bits da referência de segmento lidam com o mecanismo de proteção, deixando 14 bits para especificar um segmento em particular. Desse modo, com a memória não segmentada, a memória virtual do usuário é de $2^{32} = 4$ GB. Com a memória segmentada, o espaço total da memória virtual visto por um usuário é de $2^{46} = 64$ terabytes (TB). O espaço de endereço físico emprega um endereço de 32 bits para um máximo de 4 GB.

A quantidade de memória virtual pode realmente ser maior que 64 TB, porque a interpretação do processador de um endereço virtual depende de qual processo está atualmente ativo. O espaço de endereço virtual é dividido em duas partes. Metade do espaço de endereço virtual (8 K segmentos × 4 GB) é global, compartilhado por todos os processos; o restante é local e distinto para cada processo.

Associadas a cada segmento estão duas formas de proteção: nível de privilégio e atributo de acesso. Existem quatro níveis de privilégio, do mais protegido (nível 0) ao menos protegido (nível 3). O nível de privilégio associado a um segmento de dados é sua "classificação"; o nível de privilégio associado a um segmento de programa é sua "autorização". Um programa em execução só pode acessar segmentos de dados para os quais seu nível de autorização seja menor (mais privilegiado) que ou igual (mesmo privilégio) ao nível de privilégio do segmento de dados.

O hardware não dita como esses níveis de privilégio devem ser usados; isso depende do projeto do SO e da implementação. A intenção foi que o nível de privilégio 1 fosse usado para a maior parte do SO, e o nível 0 fosse usado para aquela pequena parte do SO dedicada ao gerenciamento de memória, proteção e controle de acesso. Isso deixa dois níveis para as aplicações. Em muitos sistemas, as aplicações residirão no nível 3, com o nível 2 não sendo usado. Os subsistemas de aplicação especializados, que devem ser protegidos porque implementam seus próprios mecanismos de segurança, são bons candidatos para o nível 2. Alguns exemplos são sistemas de gerenciamento de banco de dados, sistemas de automação de escritórios e ambientes de softwares para engenharia.

Além de regular o acesso aos segmentos de dados, o mecanismo de privilégio limita o uso de certas instruções. Algumas instruções, como aquelas lidando com registradores de gerenciamento de memória, só podem ser executadas no nível 0. As instruções de E/S só podem ser executadas até certo nível designado pelo SO; em geral, esse será o nível 1.

O atributo de acesso de um segmento de dados especifica se os acessos de leitura/gravação ou apenas leitura são permitidos. Para segmentos de programa, o atributo de acesso especifica o acesso de leitura/execução ou somente leitura.

O mecanismo de tradução de endereço para a segmentação envolve o mapeamento de um endereço virtual que é conhecido como endereço linear (Figura 8.20b). Um endereço virtual consiste no deslocamento de 32 bits e um seletor de segmento de 16 bits (Figura 8.20a). Uma busca de instruções ou um armazenamento de operando é especificado pelo deslocamento e pelo registrador que contém o seletor do segmento. O seletor de segmento consiste nos seguintes campos:

- **Indicador de tabela (TI — do inglês, *Table Indicator*)**: indica se a tabela de segmento global ou uma tabela de segmento local deve ser usada para tradução.
- **Número de segmento**: serve como um índice para a tabela de segmento.
- **Nível de privilégio requisitado (RPL — do inglês, *Requested Privilege Level*)**: o nível de privilégio requisitado para esse acesso.

Cada entrada em uma tabela de segmento consiste em 64 bits, como mostrado na Figura 8.20c. Os campos são definidos na Tabela 8.5.

Figura 8.20
Formatos de gerenciamento de memória do x86 da Intel.

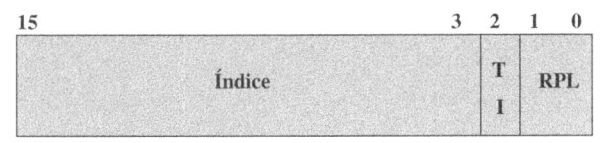

```
15                                          3  2  1  0
┌───────────────────────────────────────┬───┬─────┐
│              Índice                   │ TI│ RPL │
└───────────────────────────────────────┴───┴─────┘
```

TI = Indicador de tabela
RPL = Nível de privilégio requisitado

(a) Seletor de segmento

```
31                    22 21           12 11                    0
┌────────────────────────┬────────────────┬────────────────────┐
│      Diretório         │     Tabela     │     Deslocamento   │
└────────────────────────┴────────────────┴────────────────────┘
```

(b) Seletor de segmento

```
31            24 23 22    20 19      16 15 14 13 12 11     8 7              0
┌──────────────┬──┬───┬───┬─────────────┬──┬─────┬──┬───────┬────────────────┐
│              │  │ D │ A │   Limite    │  │     │  │       │                │
│  Base 31...24│ G│ / │ V │ de segmento │ P│ DPL │ S│ Tipo  │   Base 23...16 │
│              │  │ B │ L │    19...16  │  │     │  │       │                │
├──────────────┴──┴───┴───┴─────────────┼──┴─────┴──┴───────┴────────────────┤
│          Base 15...0                  │          Limite de segmento 15...0 │
└───────────────────────────────────────┴────────────────────────────────────┘
```

AVL = Disponível para uso pelo software do sistema
Base = Endereço base de segmento
D/B = Tamanho de operação padrão
DPL = Tamanho de privilégio do descritor
G   = Granularidade

L   = Segmento de código de 64 bits
       (somente modo de 64 bits)
P   = Segmento presente
Tipo = Tipo de segmento
S   = Tipo de descritor

(c) Descritor de segmento (entrada de tabela de segmento)

```
31                                        12 11  9  7 6 5 4 3 2 1 0
┌────────────────────────────────────────┬─────┬─┬─┬─┬─┬─┬─┬─┬─┬─┐
│                                        │     │P│ │ │P│P│ │ │ │ │
│   Endereço de frame de página  31...12 │ AVL │S│0│A│C│W│U│R│P│ │
│                                        │     │ │ │ │D│T│S│W│ │ │
└────────────────────────────────────────┴─────┴─┴─┴─┴─┴─┴─┴─┴─┴─┘
```

AVL = Disponível para uso pelo software do sistema
P   = Tamanho de página
A   = Acessado
PCD = Cache desabilitada

PWT = *Write through*
US = Usuário/supervisor
RW = *Read-write* (leitura-gravação)
P   = Presente

■ = Reservado

(d) Entrada de diretório de página

```
31                                        12 11  9  7 6 5 4 3 2 1 0
┌────────────────────────────────────────┬─────┬───┬─┬─┬─┬─┬─┬─┬─┐
│                                        │     │   │ │ │P│P│ │ │ │
│   Endereço de frame de página  31...12 │ AVL │   │D│A│C│W│U│R│P│
│                                        │     │   │ │ │D│T│S│W│ │
└────────────────────────────────────────┴─────┴───┴─┴─┴─┴─┴─┴─┴─┘
```

D = *Dirty* (modificado)

(e) Entrada da tabela de páginas

Tabela 8.5

Parâmetros de gerenciamento de memória do x86.

Descritor de segmento (entrada da tabela de segmento)
Base Define o endereço inicial do segmento dentro do espaço de endereço linear de 4 GB.
Bit D/B Em um segmento de código, esse é o bit D e indica se os operandos e modos de endereçamento são de 16 ou 32 bits.
Descritor de nível de previlégio (DPL — do inglês, *Descriptor Privilege Level*) Especifica o nível de privilégio do segmento referenciado por esse descritor de segmento.
Bit de granularidade (G) Indica se o campo Limite deve ser interpretado em unidades de um byte ou 4 kB.
Limite Define o tamanho do segmento. O processador interpreta o campo de limite de duas maneiras, dependendo do bit de detalhamento: em unidades de um byte, até um limite de tamanho de segmento de 1 MB, ou em unidades de 4 kB, até um limite de tamanho de segmento de 4 GB.
Bit S Especifica se determinado segmento é um segmento do sistema ou um segmento de código ou dados.
Bit de segmento presente (P) Usado para sistemas não paginados. Indica se o segmento está presente na memória principal. Para sistemas paginados, esse bit é sempre definido como 1.
Tipo Distingue entre diversos tipos de segmentos e indica os atributos de acesso.
Entrada de diretório de página e entrada de tabela de páginas
Bit de acesso (A) Esse bit é definido como 1 pelo processador nos dois níveis de tabelas de páginas quando ocorre uma operação de leitura ou gravação na página correspondente.
Bit de modificação (D) Esse bit é definido como 1 pelo processador quando ocorre uma operação de escrita na página correspondente.
Endereço de frame de página Oferece o endereço físico da página na memória se o bit presente for 1. Como os frames de página são alinhados em limites de 4 K, os 12 bits inferiores são 0, e somente os 20 bits superiores são incluídos na entrada. Em um diretório de páginas, o endereço é o de uma tabela de páginas.
Bit para desabilitar cache de página (PCD — do inglês, *Page Cache Disable*) Indica se os dados da página podem ser colocados em cache.
Bit de tamanho de página (PS — do inglês, *Page Size*) Indica se o tamanho de página é de 4 kB ou 4 MB.
Bit de *write through* de página (PWT — do inglês, *Page Write Through*) Indica se a política de cache *write through* ou *write back* será usada para os dados na página correspondente.
Bit de presença (P) Indica se a tabela de páginas ou página está presente na memória principal.
Bit de leitura/escrita (RW — do inglês, *Read/Write*) Para páginas em nível de usuário, indica se a página é de acesso apenas de leitura ou acesso de leitura/escrita para programas em nível de usuário.
Bit de usuário/supervisor (US) Indica se a página está disponível apenas para o sistema operacional (nível supervisor) ou se está disponível para o sistema operacional e as aplicações (nível de usuário).

Paginação

A segmentação é um recurso opcional e pode ser desativada. Quando a segmentação está em uso, os endereços usados nos programas são endereços virtuais e são convertidos para endereços lineares, conforme descrevemos. Quando a segmentação não está em uso, os endereços lineares são usados nos programas. Nesse caso, a etapa a seguir é converter esse endereço linear em um endereço real de 32 bits.

Para entender a estrutura do endereço linear, é preciso saber que o mecanismo de paginação do x86 é, de fato, uma operação de pesquisa de tabela em dois níveis. O primeiro nível é um diretório de páginas, que contém até 1.024 entradas. Isso divide o espaço de memória linear de 4 GB em 1.024 grupos de páginas, cada um com sua própria tabela de páginas, e cada um com 4 MB de extensão. Cada tabela de páginas contém até 1.024 entradas; cada entrada corresponde a uma única página de 4 kB. O gerenciamento de memória tem a opção de usar um diretório de páginas para todos os processos, um diretório de páginas para cada processo, ou alguma combinação dos dois. O diretório de páginas para a tarefa atual está sempre na memória principal. As tabelas de páginas podem estar na memória virtual.

A Figura 8.20 mostra os formatos das entradas nos diretórios de páginas e tabelas de páginas, e os campos são definidos na Tabela 8.5. Observe que os mecanismos de controle de acesso podem ser fornecidos com base em uma página ou um grupo de páginas.

O x86 também utiliza um TLB. O buffer pode manter 32 entradas da tabela de páginas. Toda vez que o diretório de página é alterado, o buffer é limpo.

A Figura 8.21 ilustra a combinação de mecanismos de segmentação e paginação. Para que fique mais claro, o TLB e os mecanismos de cache de memória não são mostrados.

Por fim, o x86 inclui uma nova extensão não encontrada no 80386 e anteriores ou no 80486, uma provisão para dois tamanhos de página. Se o bit PSE (extensão de tamanho de página — do inglês, *Page Size Extension*) no registrador de controle 4 estiver definido como 1, então a unidade de paginação permitirá que o programador do SO defina uma página como 4 kB ou 4 MB de tamanho.

Quando páginas de 4 MB são usadas, existe apenas um nível de pesquisa de tabela para páginas. Quando o hardware acessa o diretório de páginas, a entrada do diretório de páginas (Figura 8.20d) tem o bit PS definido como 1. Nesse caso, os bits de 9 a 21 são ignorados, e os bits de 22 a 31 definem o endereço base para uma página de 4 MB na memória. De tal maneira, existe uma única tabela de páginas.

O uso de páginas de 4 MB diminui os requisitos de armazenamento do gerenciamento de memória para grandes memórias principais. Com páginas de 4 kB, uma memória principal completa de 4 GB requer cerca de 4 MB de memória só para as tabelas de páginas. Com páginas de 4 MB, uma única tabela, com 4 kB de extensão, é suficiente para o gerenciamento de memória de páginas.

Figura 8.21

Mecanismos de tradução de endereço de memória no x86 da Intel.

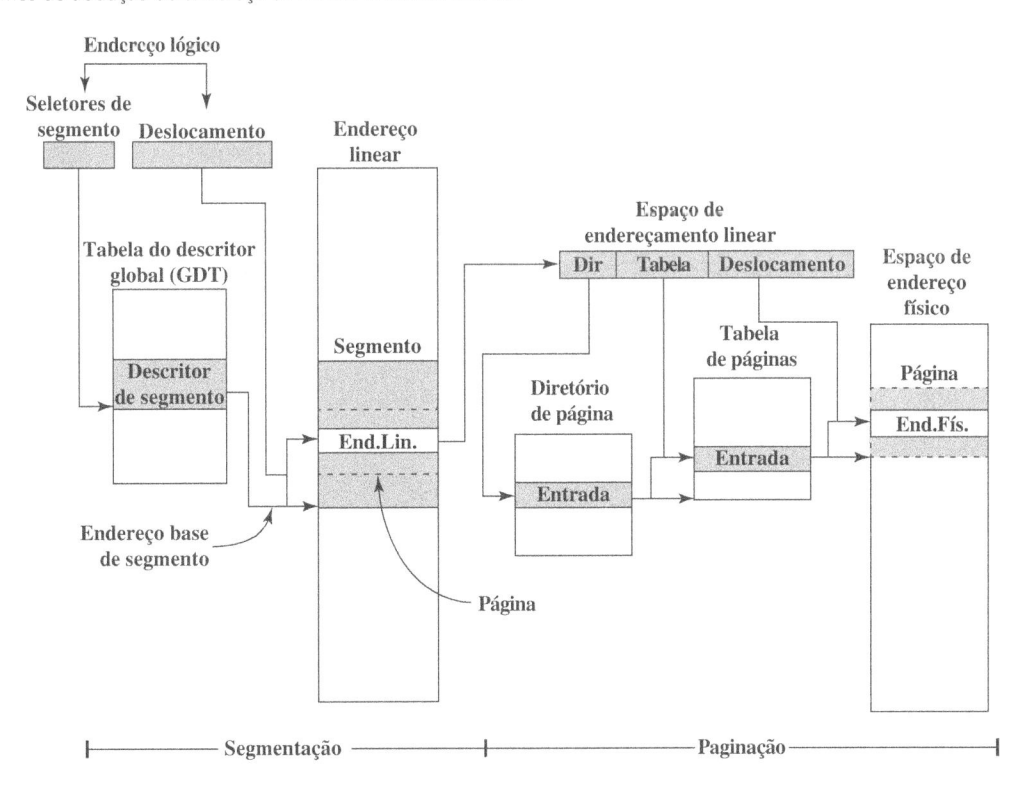

8.5 GERENCIAMENTO DE MEMÓRIA NO ARM

O ARM oferece uma arquitetura versátil de sistema de memória virtual, que pode ser ajustada às necessidades do desenvolvedor de sistema embarcado.

Organização do sistema de memória

A Figura 8.22 oferece uma visão geral do hardware de gerenciamento de memória no ARM para a memória virtual. O hardware de tradução da memória virtual usa um ou dois níveis de tabelas para tradução de endereços virtuais para físicos, conforme explicado à frente. O TLB é uma cache de entradas recentes da tabela de páginas. Se uma entrada estiver disponível no TLB, então ele envia diretamente um endereço físico para a memória principal, para uma operação de leitura ou gravação. Conforme explicamos no Capítulo 4, os dados são trocados entre o processador e a memória principal por meio da cache. Se for usada uma organização lógica de cache (Figura 4.7a), então o ARM fornece esse endereço diretamente à cache, além de fornecê-lo ao TLB quando houver uma perda de cache. Se for usada uma organização física de cache (Figura 4.7b), então o TLB deve fornecer o endereço físico para a cache.

As entradas nas tabelas de tradução também incluem bits de controle de acesso, que especificam se determinado processo pode acessar determinada parte da memória. Se o acesso for negado, o hardware de controle de acesso fornece ao processador ARM um sinal de abortar.

Figura 8.22
Visão geral do sistema de memória do ARM.

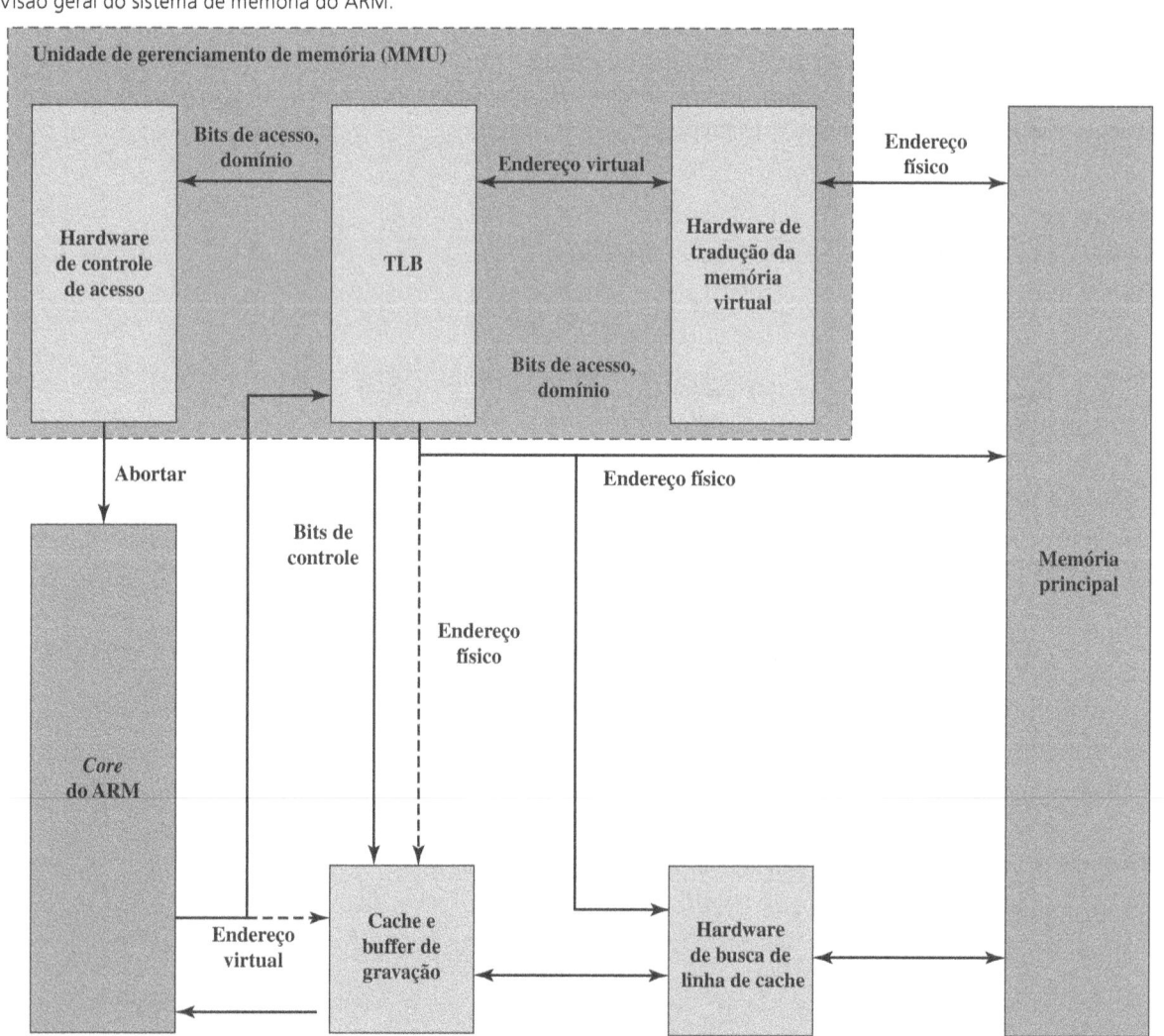

Tradução de endereço da memória virtual

O ARM admite acesso à memória com base em seções ou páginas:

- **Superseções (opcional)**: consistem em blocos de 16 MB de memória principal.
- **Seções**: consistem em blocos de 1 MB de memória principal.
- **Páginas grandes**: consistem em blocos de 64 kB de memória principal.
- **Páginas pequenas**: consistem em blocos de 4 kB de memória principal.

Seções e superseções são usadas para possibilitar o mapeamento de uma grande região da memória enquanto utilizam apenas uma única entrada no TLB. Outros mecanismos de controle de acesso são estendidos dentro das páginas pequenas a subpáginas de 1 kB, e dentro das páginas grandes, a subpáginas de 16 kB. A tabela de tradução mantida na memória principal tem dois níveis:

- **Tabela de nível 1**: mantém descritores de nível 1 que contêm endereço base e propriedades de tradução para uma Seção e Superseção; e propriedades de tradução e ponteiros a uma tabela de nível 2 para uma página grande ou uma pequena.
- **Tabela de nível 2**: mantém descritores de nível 2 que contêm endereço base e propriedades de tradução para uma Página pequena ou uma Página grande. Uma tabela de nível 2 requer 1 kB de memória.

A unidade de gerenciamento de memória (MMU) traduz os endereços virtuais gerados pelo processador em endereços físicos para acessar a memória principal, e também deriva e verifica a permissão de acesso. As traduções ocorrem como resultado de uma falha no TLB, e começam com uma busca de primeiro nível. Um acesso mapeado por seção só requer uma busca de primeiro nível, enquanto um acesso mapeado por página também requer uma busca de segundo nível.

A Figura 8.23 mostra o processo de tradução de endereço de dois níveis para páginas pequenas. Existe uma única tabela de páginas de nível 1 (L1) com 4 K entradas de 32 bits. Cada entrada L1 aponta para uma tabela

Figura 8.23

Tradução de endereço de memória virtual do ARM para páginas pequenas.

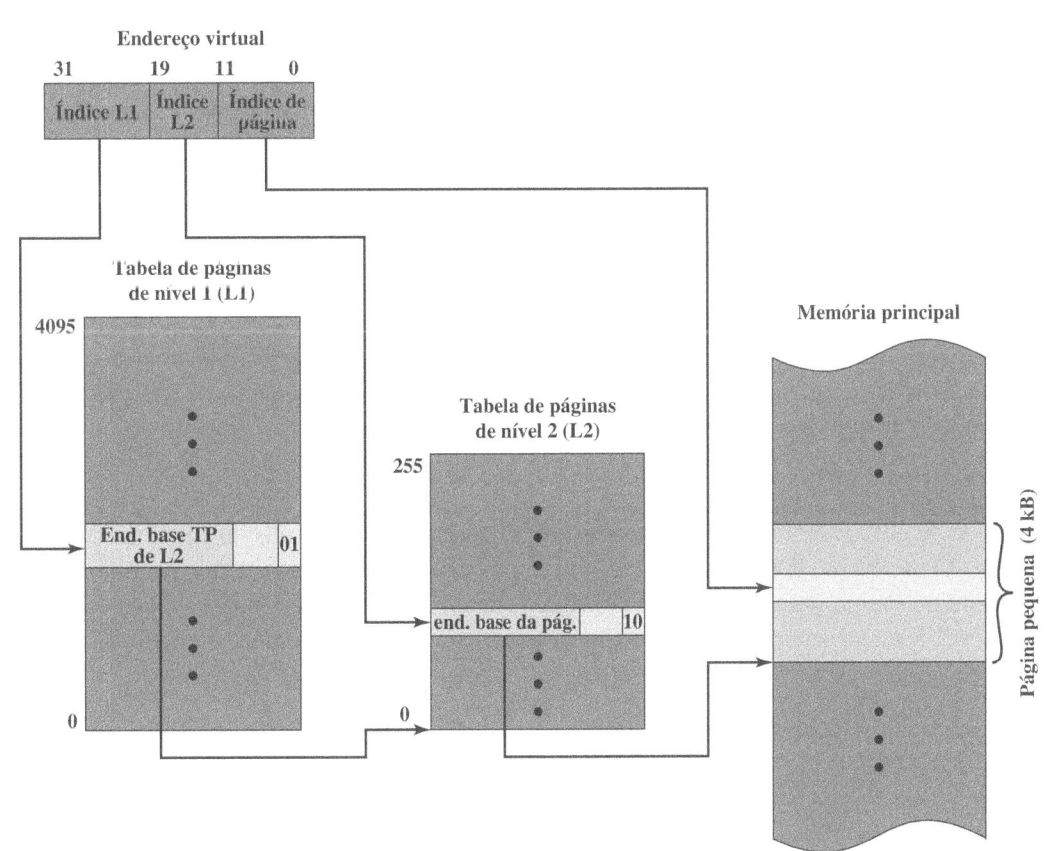

de páginas de nível 2 (L2) com 255 entradas de 32 bits. Cada entrada de L2 aponta para uma página de 4 kB na memória principal. O endereço virtual de 32 bits é interpretado da seguinte forma: os 12 bits mais significativos são um índice para a tabela de páginas L1. Os próximos 8 bits são um índice para a tabela de páginas L2 específica. Os 12 bits menos significativos indexam um byte na página específica da memória principal.

Um procedimento similar de pesquisa de duas páginas é utilizado para páginas grandes. Para seções e superseção, apenas a pesquisa da tabela de páginas L1 é necessária.

Formatos de gerenciamento de memória

Para entender melhor o esquema de gerenciamento de memória do ARM, consideramos os principais formatos, como mostra a Figura 8.24. Os bits de controle mostrados nessa figura são definidos na Tabela 8.6.

Para a tabela L1, cada entrada é um descritor de como sua faixa de endereços virtuais de 1 MB associados é mapeada. Cada entrada tem um dos quatro formatos alternativos:

- **Bits [1:0] = 00**: os endereços virtuais associados são não mapeados, e as tentativas de acessá-los geram uma falha de tradução.
- **Bits [1:0] = 01**: a entrada dá o endereço físico de uma tabela de páginas L2, que especifica como o intervalo de endereço virtual associado é mapeado.
- **Bits [1:0] = 01: e bit 19 = 0**: a entrada é um descritor de seção para seus endereços virtuais associados.
- **Bits [1:0] = 01: e bit 19 = 1**: a entrada é um descritor de superseção para seus endereços virtuais associados.

As entradas com bits [1:0] = 11 são reservadas.

Para a memória estruturada em páginas, é exigido um acesso à tabela de páginas em dois níveis. Os bits [31:10] da entrada de página L1 contêm um ponteiro para uma tabela de páginas L2. Para páginas pequenas, a entrada L2 contém um ponteiro de 20 bits para o endereço base de uma página de 4 kB na memória principal.

Para páginas grandes, a estrutura é mais complexa. Assim como os endereços virtuais para páginas pequenas, um endereço virtual para uma estrutura de página grande inclui um índice de 12 bits para a tabela de nível 1 e um índice de 8 bits para a tabela L2. Para as páginas grandes de 64 kB, a parte de índice de página do endereço virtual precisa ser de 16 bits. A fim de acomodar todos esses bits em um formato de 32 bits, existe uma sobreposição de 4 bits entre o campo de índice de página e o campo de índice de tabela L2. O ARM acomoda essa sobreposição exigindo que cada entrada da tabela de páginas em uma tabela de páginas L2, que aceita páginas grandes, seja replicada 16 vezes. Efetivamente, o tamanho da tabela de páginas L2 é reduzido de 256 entradas a 16 entradas, se todas as entradas se referirem a páginas grandes. Contudo, uma determinada página L2 pode atender a uma mistura de páginas grandes e pequenas, daí a necessidade de replicação para as entradas de página grande.

Para a memória estruturada em seções ou superseções, um acesso à tabela de páginas de um nível é necessário. Para seções, os bits [31:20] da entrada L1 contêm um ponteiro de 12 bits para a base da seção de 1 MB na memória principal.

Para superseções, os bits [31:24] da entrada L1 contêm um ponteiro de 8 bits para a base da seção de 16 MB na memória principal. Assim como as páginas grandes, uma replicação da entrada da tabela de páginas é necessária. No caso de superseções, a parte do índice da tabela L1 do endereço virtual sobrepõe por 4 bits com a parte de índice da superseção do endereço virtual. Portanto, 16 entradas da tabela de páginas L1 idênticas são necessárias.

O intervalo de espaço de endereço físico pode ser expandido por até 8 bits de endereço adicionais (bits [23:20] e [8:5]). O número de bits adicionais depende da implementação. Esses bits adicionais podem ser interpretados como estendendo o tamanho da memória física por até $2^8 = 256$. Desse modo, a memória física de fato pode ser de até 256 vezes o tamanho do espaço de memória disponível a cada processo individual.

Figura 8.24
Formatos de gerenciamento de memória do ARM.

(a) Formatos alternativos de descritor de primeiro nível

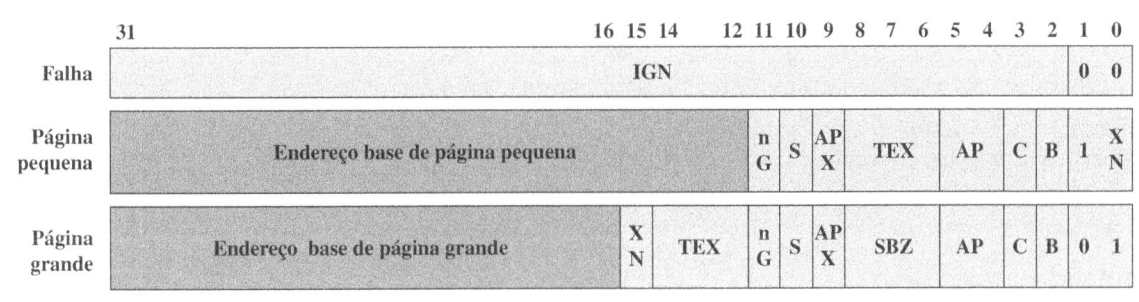

Bits	31 ... 24	23 ... 20	19	18	17	16	15 ... 12	11 10	9	8 ... 5	4	3	2	1	0
Falha	IGN													0	0
Tabela de páginas	Endereço base da tabela de páginas								P	Domínio	SBZ			0	1
Seção	Endereço base de seção		SBZ	0	nG	S	APX	TEX	AP	P	Domínio	XN	C	B	1	0
Superseção	Endereço base de superseção	Endereço base [35:32]	SBZ	1	nG	S	APX	TEX	AP	P	Endereço base [39:36]	XN	C	B	1	0

(b) Formatos alternativos de descritor de segundo nível

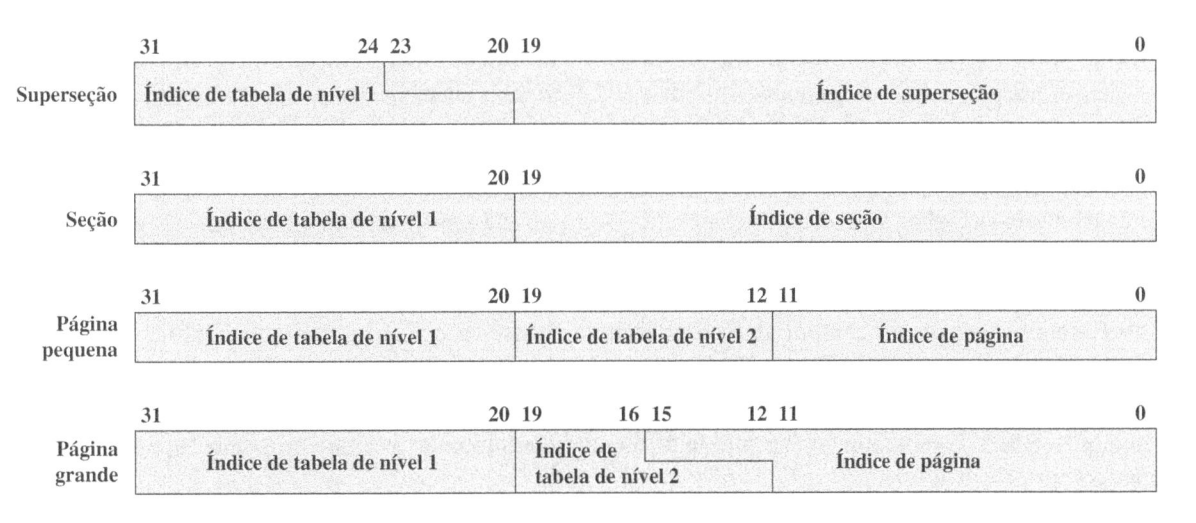

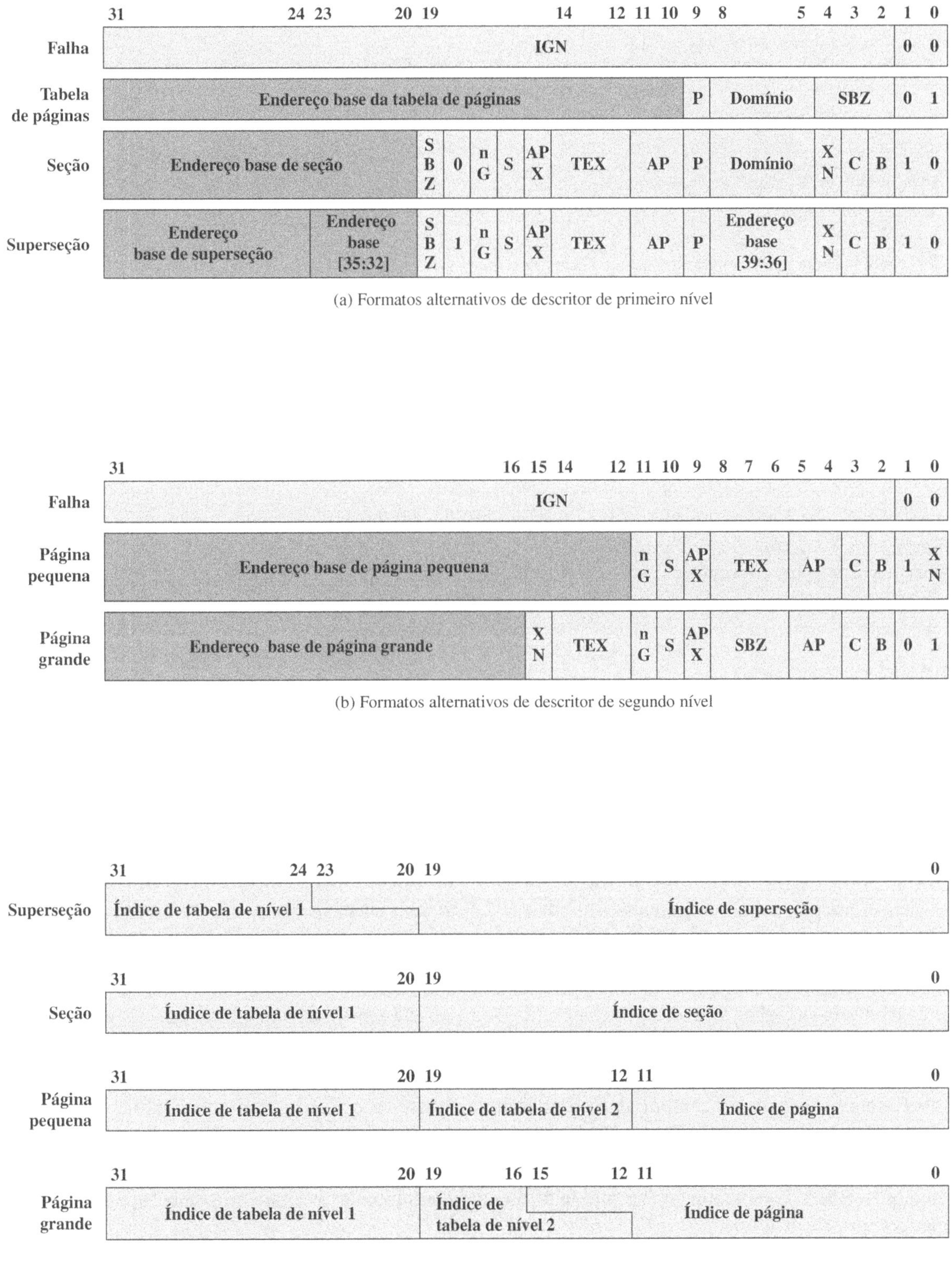

Bits	31 ... 16	15 14	12 11	10	9	8 ... 6	5 4	3	2	1	0
Falha	IGN									0	0
Página pequena	Endereço base de página pequena			nG	S	APX	TEX	AP	C	B	1	XN
Página grande	Endereço base de página grande	XN	TEX	nG	S	APX	SBZ	AP	C	B	0	1

(c) Formatos de endereço de memória virtual

	31 ... 24	23 ... 20	19 ... 12	11 ... 0
Superseção	Índice de tabela de nível 1	Índice de superseção		
Seção	Índice de tabela de nível 1	Índice de seção		
Página pequena	Índice de tabela de nível 1	Índice de tabela de nível 2	Índice de página	
Página grande	Índice de tabela de nível 1	Índice de tabela de nível 2	Índice de página	

Tabela 8.6

Parâmetros de gerenciamento de memória do ARM.

Permissão de acesso (AP — *Access Permission*), extensão de permissão de acesso (APX — *Access Permission eXtension*) Esses bits controlam o acesso à região de memória correspondente. Se um acesso for feito a uma área da memória sem as permissões exigidas, uma Falta de Permissão é levantada.
Bit bufferizável (B) Determina, com os bits TEX, como o buffer de gravação é usado para a memória cacheável.
Bit cacheável (C) Determina se essa região da memória pode ser mapeada pela cache.
Domínio Coleção de regiões da memória. O controle de acesso pode ser aplicado com base no domínio.
não Global (nG) Determina se a tradução deve ser marcada como global (0) ou específica ao processo (1).
Compartilhado (S — *Shared*) Determina se a tradução é para a memória não compartilhada (0) ou compartilhada (1).
SBZ Deverá ser zero (should be zero).
Extensão de tipo (TEX — *Type EXtension*) Esses bits, juntamente com os bits B e C, controlam os acessos às caches, como o buffer de gravação é usado e se a região da memória é compartilhável e, portanto, deve ser mantida coerente.
Executar Nunca (XN — *eXecute Never*) Determina se a região é executável (0) ou não executável (1).

Controle de acesso

Os bits de controle de acesso AP em cada entrada de tabela controlam o acesso a uma região da memória por determinado processo. Uma região da memória pode ser designada como sem acesso, apenas de leitura ou leitura-gravação. Além disso, a região pode ser designada como acesso privilegiado apenas, reservado para uso pelo SO e não pelas aplicações.

O ARM também emprega o conceito de um domínio, que é uma coleção de seções e/ou páginas que possuem permissões de acesso particulares. A arquitetura ARM admite 16 domínios. O recurso de domínio permite que múltiplos processos usem as mesmas tabelas de tradução enquanto mantêm algumas proteções umas das outras.

Cada entrada de tabela de páginas e entrada de TLB contém um campo que especifica em qual domínio a entrada se encontra. Um campo de 2 bits no Registrador de Controle de Acesso ao Domínio (do inglês, *Domain Access Control Register*) controla o acesso a cada domínio. Cada campo permite que o acesso a um domínio inteiro seja ativado ou desativado muito rapidamente, de modo que áreas inteiras da memória possam entrar e sair da memória virtual de modo bastante eficiente. Dois tipos de acesso de domínio são aceitos:

- **Clientes**: usuários de domínios (executam programas e acessam dados) que devem observar as permissões de acesso das seções individuais e/ou páginas que compõem esse domínio.
- **Gerentes**: controlam o comportamento do domínio (as seções e páginas atuais no domínio, e o acesso do domínio), e contornam as permissões de acesso para entradas de tabela nesse domínio.

Um programa pode ser um cliente de alguns domínios, e um gerente de alguns outros, e não ter acesso aos domínios restantes. Isso permite uma proteção de memória bastante flexível para programas que acessam diferentes recursos da memória.

8.6 TERMOS-CHAVE, QUESTÕES DE REVISÃO E PROBLEMAS

Bloco de controle de processo, 244	Endereço lógico, 251	Escalonamento de médio prazo, 243
Endereço base, 251	Escalonamento de curto prazo, 244	Estado de processo, 244
Endereço físico, 251	Escalonamento de longo prazo, 243	Gerenciamento de memória, 241

Instrução privilegiada, 239	Núcleo, 236	Sistema operacional (SO), 234
Interrupção, 239	Paginação, 251	Sistemas operacionais interativos, 237
Kernel, 236	Paginação por demanda, 253	Troca de processos na memória (*swapping*), 248
Linguagem de controle de job (*Job Control Language* — JCL), 238	Particionamento, 249	Tabela de páginas, 252
Memória real, 253	Processo, 243	*Thrashing*, 253
Memória virtual, 253	Proteção de memória, 239	*Translation lookaside buffer* (TLB), 255
Monitor residente, 237	Segmentação, 256	Utilitários, 234
Multiprogramação, 237	Sistema de tempo compartilhado, 242	
Multitarefa, 240	Sistema em lote (*batch*), 237	

QUESTÕES DE REVISÃO

8.1. O que é um sistema operacional?
8.2. Liste e defina de forma resumida os principais serviços fornecidos por um sistema operacional.
8.3. Liste e defina de forma resumida os principais tipos de escalonamento do sistema operacional.
8.4. Qual é a diferença entre um processo e um programa?
8.5. Qual é o propósito da troca de processos na memória?
8.6. Se um processo pode ser atribuído dinamicamente a diferentes locais na memória principal, qual é sua implicação para o mecanismo de endereçamento?
8.7. É necessário que todas as páginas de um processo estejam na memória enquanto o processo está sendo executado?
8.8. As páginas de um processo na memória principal devem ser contíguas?
8.9. É necessário que as páginas de um processo na memória principal estejam em ordem sequencial?
8.10. Qual é o propósito do *translation lookaside buffer* (TLB)?

PROBLEMAS

8.1. Suponha que tenhamos um computador multiprogramado em que cada job tenha características idênticas. Em um período de computação, *T*, para uma tarefa, metade do tempo é gasto na E/S e a outra metade na atividade do processador. Cada job é executado por um total de *N* períodos. Suponha que uma prioridade *round-robin* simples seja usada, e que as operações de E/S possam se sobrepor com a operação do processador. Defina as seguintes quantidades:
  ▶ Tempo de *turnaround* = tempo real para completar um job.
  ▶ *Throughput* = número médio de jobs completados por período *T*.
  ▶ Utilização do processador = porcentagem de tempo em que o processador está ativo (não esperando).
  Calcule essas quantidades para um, dois e quatro jobs simultâneos, supondo que o período *T* seja distribuído em cada uma das seguintes maneiras:
  a. E/S na primeira metade, processador na segunda metade;
  b. E/S nas primeira e quarta partes, processador nas segunda e terceira partes.

8.2. Um programa voltado para E/S é tal que, se executado sozinho, gastaria mais tempo esperando pela E/S do que usando o processador. Um programa voltado para o processador é o oposto. Suponha que o algoritmo de escalonamento de curto prazo favoreça aqueles programas que usaram um pouco de tempo de processador recentemente. Explique por que esse algoritmo favorece os programas voltados para a E/S e ainda assim não reduz de forma permanente o tempo do processador para os programas voltados para o processador.

8.3. Um programa calcula as somas de linhas

$$C_i = \sum_{j=1}^{n} a_{ij}$$

de um array A de 100 por 100. Suponha que o computador use a paginação por demanda com um tamanho de página de 1.000 palavras, e que a quantidade de memória principal alocada para dados seja de cinco frames de página. Existe alguma diferença na taxa de falta de página se A for armazenado na memória virtual, tendo por parâmetro linhas ou colunas? Explique.

8.4. Considere um esquema de particionamento com partições de mesmo tamanho de 2^{16} bytes e um tamanho de memória principal total de 2^{24} bytes. Uma tabela de processo é mantida, que inclui um ponteiro para uma partição para cada processo residente. Quantos bits são exigidos para o ponteiro?

8.5. Considere um esquema de particionamento dinâmico. Mostre que, na média, a memória contém uma quantidade de buracos que é a metade do número de segmentos.

8.6. Suponha que a tabela de páginas para o processo atualmente em execução no processador se pareça com a seguinte. Todos os números são decimais, tudo é numerado a partir de zero e todos os endereços são endereços de byte da memória. O tamanho de página é de 1.024 bytes.

Número da página virtual	Bit de validade	Bit de referência	Bit de modificação	Número do frame de página
0	1	1	0	4
1	1	1	1	7
2	0	0	0	—
3	1	0	0	2
4	0	0	0	—
5	1	0	1	0

   a. Descreva exatamente como, em geral, um endereço virtual gerado pela CPU é traduzido para um endereço físico da memória principal.

   b. A que endereço físico, se houver algum, cada um dos seguintes endereços virtuais corresponde? (Não tente tratar de quaisquer falhas de página, se houver.)

     III. 1.052.

     IV. 2.221.

     V. 5.499.

8.7. Dê motivos para o tamanho de página em um sistema de memória virtual não ser nem muito pequeno nem muito grande.

8.8. Um processo referencia cinco páginas, A, B, C, D e E, na seguinte ordem:

A; B; C; D; A; B; E; A; B; C; D; E

Suponha que o algoritmo de substituição seja "primeiro a entrar, primeiro a sair" (FIFO) e encontre o número de transferências de página durante essa sequência de referências, começando com uma memória principal vazia com três frames de página. Repita para quatro frames de página.

8.9. A sequência de números de página virtual a seguir é encontrada no curso de execução em um computador com memória virtual:

3 4 2 6 4 7 1 3 2 6 3 5 1 2 3

Suponha que seja adotada uma política de substituição de página usada menos recentemente (LRU). Desenhe um gráfico da razão de acerto de página (fração de referências de página em que a página se encontra na memória principal) como uma função da capacidade da página de memória principal n para $1 \leq n \leq 8$. Suponha que a memória principal esteja inicialmente vazia.

8.10. No computador VAX, as tabelas de páginas do usuário estão localizadas nos endereços virtuais no espaço do sistema. Qual é a vantagem de ter tabelas de páginas do usuário na memória virtual, e não na memória principal? Qual é a desvantagem?

8.11. Suponha que a instrução de programa

$$\text{for } (i = 1; i <= n; i +)$$
$$a[i] = b[i] + c[i];$$

seja executada em uma memória com tamanho de página de 1.000 palavras. Considere $n = 1.000$. Usando uma máquina que possui uma espectro completo de instruções registrador-para-registrador e emprega registradores de índice, escreva um programa hipotético para implementar a instrução indicada. Depois, mostre a sequência de referências de página durante a execução.

8.12. A arquitetura do IBM System/370 utiliza uma estrutura de memória de dois níveis e refere-se aos dois níveis como segmentos e páginas, embora a técnica de segmentação não tenha muitos dos recursos descritos anteriormente neste capítulo. Para a arquitetura 370 básica, o tamanho de página pode ser 2 kB ou 4 kB, e o tamanho do segmento é fixo em 64 kB ou 1 MB. Para as arquiteturas 370/XA e 370/ESA, o tamanho de página é de 4 kB e o tamanho de segmento é de 1 MB. Que vantagens da segmentação esse esquema não possui? Qual é o benefício da segmentação para o 370?

8.13. Considere um sistema computacional com segmentação e paginação. Quando um segmento está na memória, algumas palavras são desperdiçadas na última página. Além disso, para um tamanho de segmento s e tamanho de página p, existem s/p entradas de tabela de páginas. Quanto menor o tamanho da página, menor o desperdício na última página do segmento, porém maior a tabela de páginas. Que tamanho de página minimiza a sobrecarga total?

8.14. Um computador tem uma cache, uma memória principal e um disco usado para memória virtual. Se uma palavra referenciada estiver na cache, 20 ns serão necessários para acessá-la. Se estiver na memória principal, mas não na cache, 60 ns serão necessários para carregá-la para a cache, e depois a referência será iniciada novamente. Se a palavra não estiver na memória principal, 12 ms serão necessários para buscar a palavra do disco, seguidos por 60 ns para copiá-la para a cache e depois a referência será iniciada novamente. A razão de acerto de cache é 0,9 e a razão de acerto da memória principal é 0,6. Qual é o tempo médio em ns necessário para acessar uma palavra referenciada nesse sistema?

8.15. Considere que uma tarefa é dividida em quatro segmentos de mesmo tamanho e que o sistema monte uma tabela de descritor de páginas com oito entradas para cada segmento. Dessa forma, o sistema tem uma combinação de segmentação e paginação. Suponha também que o tamanho de página seja de 2 kB.
  a. Qual é o tamanho máximo de cada segmento?
  b. Qual é o espaço de endereço lógico máximo para a tarefa?
  c. Suponha que um elemento no local físico 00021ABC seja acessado por essa tarefa. Qual é o formato do endereço lógico que a tarefa gera para ela? Qual é o espaço de endereço físico máximo para o sistema?

8.16. Considere um microprocessador capaz de acessar até 2^{32} bytes de memória principal física. Ele implementa um espaço de endereço lógico segmentado de tamanho máximo 2^{31} bytes. Cada instrução contém o endereço inteiro em duas partes. Unidades de gerenciamento de memória (MMU) externas são usadas, cujo esquema de endereçamento atribui blocos contíguos de memória física de tamanho fixo de 2^{22} bytes aos segmentos. O endereço físico inicial de um segmento sempre é divisível por 1.024. Mostre a ligação detalhada do mecanismo de mapeamento externo que converte endereços lógicos em endereços físicos usando o número apropriado de MMU, e mostre a estrutura interna detalhada de uma MMU (supondo que cada MMU contenha uma cache de descritor de segmento mapeado diretamente com 128 entradas) e como cada MMU é selecionada.

8.17. Considere um espaço de endereço lógico paginado (composto de 32 páginas de 2 kB cada) mapeado em um espaço de memória física de 1 MB.
  a. Qual é o formato do endereço lógico do processador?
  b. Qual é a extensão e a largura da tabela de páginas (desconsiderando os bits de "direitos de acesso")?
  c. Qual é o efeito sobre a tabela de páginas se o espaço físico de memória for reduzido pela metade?

8.18. No sistema operacional OS/390 de mainframe da IBM, um dos principais módulos no kernel é o System Resource Manager (SRM). Esse módulo é responsável pela alocação de recursos entre os espaços de endereço (processos). O SRM dá ao OS/390 um grau de sofisticação exclusivo entre os sistemas operacionais. Nenhum outro SO de mainframe, e certamente nenhum outro tipo de SO, pode equiparar às funções realizadas pelo SRM. O conceito de recurso inclui processador, memória real e canais de E/S. O SRM acumula estatísticas pertencentes à utilização do processador, canal e diversas estruturas de dados básicas. Seu propósito é oferecer desempenho ideal com base no monitoramento e na análise de desempenho. A instalação destaca diversos objetivos de desempenho, e estes servem como guia para o SRM, que modifica dinamicamente as características de instalação e desempenho do job com base na utilização do sistema. Por sua vez, o SRM oferece relatórios que permitem que o operador treinado refine a configuração e as definições de parâmetros para melhorar o serviço ao usuário.

Este problema trata de um exemplo da atividade do SRM. A memória real é dividida em blocos de mesmo tamanho, chamados frames, dos quais pode haver muitos milhares. Cada frame pode manter um bloco de memória virtual conhecido como página. O SRM recebe o controle aproximadamente 20 vezes por segundo e inspeciona todo e qualquer frame de página. Se a página não tiver sido referenciada ou alterada, um contador é incrementado em 1. Com o passar do tempo, o SRM calcula a média desses números para determinar o número médio de segundos que um frame de página no sistema fica sem ser referenciado. Qual poderia ser o propósito disso, e que ação o SRM poderia tomar?

8.19. Para cada um dos formatos de endereço virtual do ARM mostrados na Figura 8.24, mostre o formato do endereço físico.

8.20. Desenhe uma figura similar à Figura 8.23 para a tradução da memória virtual do ARM quando a memória principal é separada em seções.

SISTEMAS NUMÉRICOS

9.1 O sistema decimal

9.2 Sistemas numéricos posicionais

9.3 O sistema binário

9.4 Conversão entre binário e decimal
Inteiros

Frações

9.5 Notação hexadecimal

9.6 Termos-chave e problemas

OBJETIVOS DE APRENDIZAGEM

Após ler este capítulo, você será capaz de:

- Compreender os conceitos básicos e a terminologia dos sistemas numéricos posicionais.
- Explicar as técnicas para conversão entre decimal e binário tanto para inteiros como para frações.
- Explicar a razão para o uso de notação hexadecimal.

LÓGICA E ARITMÉTICA | PARTE III

9.1 O SISTEMA DECIMAL

No dia a dia, usamos um sistema baseado em dígitos decimais (0, 1, 2, 3, 4, 5, 6, 7, 8, 9) para a representação de números, e nos referimos a esse sistema como sistema **decimal**. Considere o que o número 83 significa. Ele quer dizer oito dezenas mais três:

$$83 = (8 \times 10) + 3$$

O número 4.728 significa quatro milhares, sete centenas, duas dezenas, mais oito:

$$4.728 = (4 \times 1.000) + (7 \times 100) + (2 \times 10) + 8$$

Diz-se que o sistema decimal tem uma **base**, ou **raiz**, de 10. Isso quer dizer que cada dígito no número é multiplicado por 10, elevado a uma potência que corresponde à posição do dígito:

$$83 = (8 \times 10^1) + (3 \times 10^0)$$
$$4.728 = (4 \times 10^3) + (7 \times 10^2) + (2 \times 10^1) + (8 \times 10^0)$$

O mesmo princípio é mantido para frações decimais, mas as potências negativas de 10 são usadas. Desse modo, a fração decimal 0,256 permanece para 2 décimos mais 5 centésimos mais 6 milésimos:

$$0{,}256 = (2 \times 10^{-1}) + (5 \times 10^{-2}) + (6 \times 10^{-3})$$

Um número tanto com uma parte inteira como fracionária tem dígitos elevados tanto para potência positiva como negativa de 10.

$$442{,}256 = (4 \times 10^2) + (4 + 10^1) + (2 \times 10^0) + (2 \times 10^{-1}) + (5 \times 10^{-2}) + (6 \times 10^{-3})$$

Em qualquer número, o dígito mais à esquerda é conhecido como **dígito mais significativo**, pois ele contém o valor mais alto. O dígito mais à direita é chamado de **dígito menos significativo**. No número decimal anterior, o 4 à esquerda é o dígito mais significativo e o 6 à direita é o dígito menos significativo.

A Tabela 9.1 mostra a relação entre cada posição do dígito e o valor atribuído a essa posição. Cada posição é ponderada por 10 vezes o valor da posição à direita e um décimo o valor da posição à esquerda. Dessa forma, as posições representam potências sucessivas de 10. Se as posições forem numeradas como indicado na Tabela 9.1, então a posição i é ponderada pelo valor 10^i.

Tabela 9.1
Interpretação posicional de um número decimal.

4	7	2	2	5	6
100s	10s	1s	décimo	centésimos	milésimos
10^2	10^1	10^0	10^{-1}	10^{-2}	10^{-3}
posição 2	posição 1	posição 0	posição -1	posição -2	posição -3

Em geral, para a representação decimal de $X = \{... d_2 d_1 d_0, d_{-1} d_{-2} d_{-3}...\}$, o valor de X é

$$X = \sum_i (d_i \times 10^i) \tag{9.1}$$

Outra observação é digna de nota. Considere o número 509 e pergunte-se quantas dezenas estão no número. Como há um 0 na posição de dezenas, você pode ser tentado a dizer que não há dezenas. Mas há de fato 50 dezenas. O que o 0 na posição das dezenas significa é que não há dezenas restantes que possam ser agrupadas nas centenas ou milhares, e assim por diante. Portanto, como cada posição mantém somente os números restantes que podem ser agrupados nas posições mais altas, cada posição de dígito precisa ter um valor não maior que nove. Nove é o valor máximo que uma posição pode manter antes que passe para as próximas posições mais altas.

9.2 SISTEMAS NUMÉRICOS POSICIONAIS

Em um **sistema numérico posicional**, cada número é representado por uma cadeia de dígitos em que cada posição i do dígito tem um peso associado r^i, em que r é a raiz, ou base, do sistema numérico. A forma geral de um número em tal sistema com raiz r é

$$(\ldots a_3 a_2 a_1 a_0 , a_{-1} a_{-2} a_{-3} \ldots)_r$$

onde o valor de qualquer dígito a_i é um inteiro no intervalo $0 \leq a_i < r$. A vírgula entre a_0 e a_{-1} é chamada de **vírgula de raiz**. O número é definido para ter o valor

$$\ldots + a_3 r^3 + a_2 r^2 + a_1 r^1 + a_0 r^0 + a_{-1} r^{-1} + a_{-2} r^{-2} + a_{-3} r^{-3} + \ldots$$
$$= \sum_i (a_i \times b^i)$$

(9.2)

O sistema decimal, então, é um caso especial de um sistema numérico posicional com raiz 10 e com dígitos no intervalo 0 a 9.

Como um exemplo de outro sistema posicional, considere o sistema com base 7. A Tabela 9.2 mostra o valor do peso para as posições –1 a 4. Em cada posição, o valor de dígito varia de 0 a 6.

Tabela 9.2

Interpretação posicional de um número na base 7.

Posição	4	3	2	1	0	–1
Valor na forma exponencial	7^4	7^3	7^2	7^1	7^0	7^{-1}
Valor decimal	2.401	343	49	7	1	1/7

9.3 O SISTEMA BINÁRIO

No sistema decimal, 10 dígitos diferentes são usados para representar números com uma base de 10. No sistema **binário**, temos somente dois dígitos, 1 e 0. Dessa maneira, os números no sistema binário são representados para a base 2.

Para evitar confusão, vamos algumas vezes colocar um subscrito em um número a fim de indicar sua base. Por exemplo, 83_{10} e 4.728_{10} são números representados na notação decimal ou, resumidamente, números decimais. Os dígitos 1 e 0 na notação binária têm o mesmo significado na notação decimal:

$$0_2 = 0_{10}$$
$$1_2 = 1_{10}$$

Para representar números maiores, como com a notação decimal, cada dígito em número binário tem um valor que depende de sua posição:

$$10_2 = (1 \times 2^1) + (0 \times 2^0) = 2_{10}$$
$$11_2 = (1 \times 2^1) + (1 \times 2^0) = 3_{10}$$
$$100_2 = (1 \times 2^2) + (0 \times 2^1) + (0 \times 2^0) = 4_{10}$$

e assim por diante. Novamente, os valores fracionários são representados com as potências negativas da raiz:

$$1001,101 = 2^3 + 2^0 + 2^{-1} + 2^{-3} = 9,625_{10}$$

Em geral, para a representação binária do valor de $Y = \{\ldots b_2 b_1 b_0 , b_{-1} b_{-2} b_{-3} \ldots \}$, valor de Y é

$$Y = \sum_i (b_i \times 2^i)$$

(9.3)

9.4 CONVERSÃO ENTRE BINÁRIO E DECIMAL

É uma maneira simples de converter um número de uma notação binária em uma notação decimal. De fato, mostramos exemplos na subseção anterior. Basta multiplicar cada dígito binário pela potência de 2 e adicionar os resultados.

Para converter de decimal a binário, as partes inteiras e fracionais são consideradas em separado.

Inteiros

Para a parte inteira, lembre-se de que na notação binária um inteiro representado por

$$b_{m-1}b_{m-2}...b_2b_1b_0 \quad b_i = 0 \text{ ou } 1$$

tem o valor

$$(b_{m-1} \times 2^{m-1}) + (b_{m-2} \times 2^{m-2}) + ... + (b_1 \times 2^1) + b_0$$

Suponha que seja necessário converter um inteiro decimal N para a forma binária. Se dividirmos N por 2, no sistema decimal, e obtivermos um quociente N_1 e um resto R_0, poderemos escrever

$$N = 2 \times N_1 + R_0 \quad R_0 = 0 \text{ ou } 1$$

Em seguida, dividimos o quociente N_1 por 2. Suponha que um novo quociente seja N_2 e o novo resto R_1. Então

$$N_1 = 2 \times N_2 + R_1 \quad R_1 = 0 \text{ ou } 1$$

de modo que

$$N = 2(2N_2 + R_1) + R_0 = (N_2 \times 2^2) + (R_1 \times 2^1) + R_0$$

Se, em seguida,

$$N_2 = 2N_3 + R_2$$

temos

$$N = (N_3 \times 2^3) + (R_2 \times 2^2) + (R_1 \times 2^1) + R_0$$

Como $N > N_1 > N_2$ ..., continuando essa sequência, produziremos eventualmente um quociente $N_{m-1} = 1$ (exceto pelos inteiros decimais 0 e 1, cujos equivalentes binários são 0 e 1, respectivamente) e um resto R_{m-2}, que é 0 ou 1. Então

$$N = (1 \times 2^{m-1}) + (R_{m-2} \times 2^{m-2}) + ... + (R_2 \times 2^2) + (R_1 \times 2^1) + R_0$$

que é a forma binária de N. Por isso, convertemos da base 10 para a base 2 por divisões repetidas por 2. Os restos e o quociente final, 1, dão-nos, em ordem crescente de significância, os dígitos binários de N. A Figura 9.1 mostra dois exemplos.

Frações

Para a parte fracionária, lembre-se de que na notação binária um número com um valor entre 0 e 1 é representado por

$$0,.b_{-1}b_{-2}b_{-3}... \quad b_i = 0 \text{ ou } 1$$

e tem o valor

$$(b_{-1} \times 2^{-1}) + (b_{-2} \times 2^{-2}) + (b_{-3} \times 2^{-3})...$$

Figura 9.1
Exemplos de conversão de notação decimal em notação binária para inteiros.

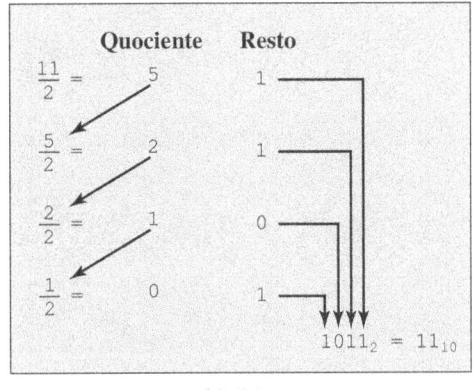

(a) 11_{10}

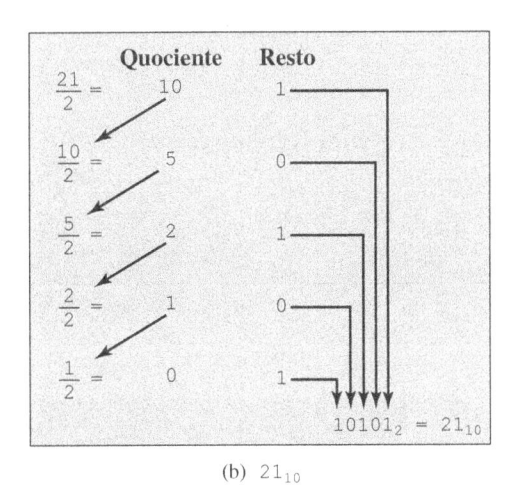

(b) 21_{10}

Isso pode ser reescrito como

$$2^{-1} \times (b_{-1} + 2^{-1} \times (b_{-2} + 2^{-1} \times (b_{-3} + ...) ...))$$

Essa expressão sugere uma técnica para conversão. Suponha que se queira converter um número $F(0 < F < 1)$ da notação decimal para a binária. Sabemos que F pode ser expressada na forma

$$F = 2^{-1} \times (b_{-1} + 2^{-1} \times (b_{-2} + 2^{-1} \times (b_{-3} + ...) ...))$$

Se multiplicarmos F por 2, obteremos,

$$2 \times F = b_{-1} + 2^{-1} \times (b_{-2} + 2^{-1} \times (b_{-3} + ...) ...)$$

A partir dessa equação, vimos que a parte inteira de $(2 \times F)$, que deve ser 0 ou 1 porque $0 < F < 1$, é simplesmente b_{-1}. Então, pode-se dizer $(2 \times F) = b_{-1} + F_1$, em que $0 < F_1 < 1$ e onde

$$F_1 = 2^{-1} \times (b_{-2} + 2^{-1} \times (b_{-3} + 2^{-1} \times (b_{-4} + ...) ...))$$

Para encontrar b_{-2}, repetimos o processo. Portanto, o algoritmo de conversão envolve multiplicação por 2. Em cada etapa, a parte fracionária do número a partir da etapa anterior é multiplicada por 2. O dígito à esquerda da vírgula decimal no produto será 0 ou 1 e contribuirá para a representação binária, começando com o dígito mais significativo. A parte fracionária do produto é usada como o multiplicando na etapa seguinte. A Figura 9.2 mostra dois exemplos.

Esse processo não é necessariamente exato; ou seja, uma fração decimal com um número finito de dígitos pode necessitar de uma fração binária com um número infinito de dígitos. Em tais casos, o algoritmo de conversão é geralmente interrompido depois de um número pré-especificado de etapas, dependendo da precisão desejada.

Figura 9.2

Exemplos de conversão de notação decimal em notação binária para frações.

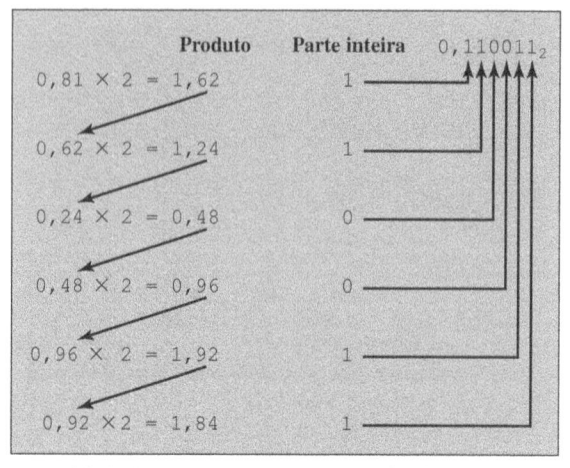

	Produto	Parte inteira	$0,110011_2$
	$0,81 \times 2 = 1,62$	1	
	$0,62 \times 2 = 1,24$	1	
	$0,24 \times 2 = 0,48$	0	
	$0,48 \times 2 = 0,96$	0	
	$0,96 \times 2 = 1,92$	1	
	$0,92 \times 2 = 1,84$	1	

(a) $0,81_{10} = 0,110011_2$ (aproximadamente)

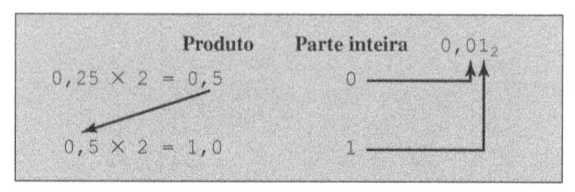

	Produto	Parte inteira	$0,01_2$
	$0,25 \times 2 = 0,5$	0	
	$0,5 \times 2 = 1,0$	1	

(b) $0,25_{10} = 0,01_2$ (exatamente)

9.5 NOTAÇÃO HEXADECIMAL

Por conta da natureza binária inerente dos componentes de computador digital, todas as formas de dados dentro dos computadores são representadas por diversos códigos binários. Todavia, não importa o quão conveniente o sistema binário seja para computadores, ele é excessivamente complicado para seres humanos. Como consequência, a maioria dos profissionais da área que passa tempo trabalhando em dados brutos reais no computador deve preferir uma notação mais compacta.

Qual notação usar? Uma possibilidade é a notação decimal. Ela é certamente mais compacta que a notação binária, mas é inadequada por causa da dificuldade de se converter entre a base 2 e a base 10.

Em vez disso, uma notação conhecida como hexadecimal é adotada. Os dígitos binários são agrupados em conjuntos de quatro bits, chamados de **nibble**. Cada combinação possível de dígitos binários é dada por um símbolo, do seguinte modo:

0000 = 0	0100 = 4	1000 = 8	1100 = C
0001 = 1	0101 = 5	1001 = 9	1101 = D
0010 = 2	0110 = 6	1010 = A	1110 = E
0011 = 3	0111 = 7	1011 = B	1111 = F

Como 16 símbolos são usados, a notação é chamada de **hexadecimal**, e os 16 símbolos são os **dígitos hexadecimais**.

Uma sequência de dígitos hexadecimais pode ser pensada como uma representação de um inteiro na base 16 (Tabela 9.3). Desse modo,

$$2C_{16} = (2_{16} \times 16^1) + (C_{16} \times 16^0)$$
$$= (2_{10} \times 16^1) + (12_{10} \times 16^0) = 44$$

Dessa maneira, vendo os números hexadecimais como números em sistema numérico posicional com base 16, temos

$$Z = \sum_i (h_i \times 16^i) \tag{9.4}$$

onde 16 é a base e cada dígito hexadecimal h_i está em um intervalo decimal de $0 \leq h_i \leq 15$, equivalente ao intervalo hexadecimal de $0 \leq h_i \leq F$.

Tabela 9.3
Decimal, binário e hexadecimal.

Decimal (base 10)	Binário (base 2)	Hexadecimal (base 16)
0	0000	0
1	0001	1
2	0010	2
3	0011	3
4	0100	4
5	0101	5
6	0110	6
7	0111	7
8	1000	8
9	1001	9
10	1010	A
11	1011	B
12	1100	C
13	1101	D
14	1110	E
15	1111	F
16	0001 0000	10
17	0001 0001	11
18	0001 0010	12
31	0001 1111	1F
100	0110 0100	64
255	1111 1111	FF
256	0001 0000 0000	100

A notação hexadecimal não é usada somente para representar inteiros, mas também é utilizada como uma notação concisa para representar qualquer sequência de dígitos binários, estejam eles representando texto, números ou algum tipo de dados. As razões para o uso de notação hexadecimal são as seguintes:

1. É mais compacta que uma notação binária.
2. Na maioria dos computadores, os dados binários ocupam alguns múltiplos de 4 bits e, consequentemente, alguns múltiplos de um único dígito hexadecimal.
3. É bem fácil converter entre a notação binária e a hexadecimal.

Como um exemplo do último ponto, considere a cadeia binária 110111100001. Ela é equivalente a

$$1101 \quad 1110 \quad 0001 = DE1_{16}$$
$$D E 1$$

Esse processo é realizado de modo tão natural que um programador experiente pode mentalmente converter representações visuais de dados binários a seus equivalentes hexadecimais sem grandes esforços.

9.6 TERMOS-CHAVE E PROBLEMAS

Base, 272	Dígito menos significativo, 272	*Nibble*, 276
Binário, 273	Fração, 274	Raiz, 272
Decimal, 272	Hexadecimal, 276	Sistema numérico posicional, 273
Dígito mais significativo, 272	Inteiro, 274	Vírgula de raiz, 273

PROBLEMAS

9.1. Conte de 1 a 20_{10} nas seguintes bases:
   a. 8   b. 6   c. 5   d. 3

9.2. Ordene os números $(1,1)_2$, $(1,4)_{10}$, e $(1,5)_{16}$ a partir do menor para o maior.

9.3. Realize as conversões de base indicadas:
   a. 54_8 a base 5   b. 312_4 a base 7   c. 520_6 a base 7   d. 12212_3 a base 9

9.4. Quais generalizações você pode traçar sobre a conversão de um número a partir de uma base para uma potência desta base; por exemplo, da base 3 para a base 9 (3^2) ou a partir da base 2 para a base 4 (2^2) ou base 8 (2^3)?

9.5. Converta os seguintes números binários em seus equivalentes decimais:
   a. 001100   b. 000011   c. 011100   d. 111100   e. 101010

9.6. Converta os seguintes números binários em seus equivalentes decimais:
   a. 11100,011   b. 110011,10011   c. 1010101010,1

9.7. Converta os seguintes números decimais em seus equivalentes binários:
   a. 64   b. 100   c. 111   d. 145   e. 255

9.8. Converta os seguintes números decimais em seus equivalentes binários:
   a. 34,75   b. 25,25   c. 27,1875

9.9. Prove que todo número real com uma representação binária exata (número finito de dígitos à direita da vírgula binária) também tem uma representação decimal exata (número finito de dígitos à direita da vírgula decimal).

9.10. Expresse os seguintes números octais (número com raiz de 8) na notação hexadecimal:
   a. 12   b. 5655   c. 2550276   d. 76545336   e. 3726755

9.11. Converta os seguintes números hexadecimais em seus equivalentes decimais:
   a. C   b. 9F   c. D52   d. 67E   e. ABCD

9.12. Converta os seguintes números hexadecimais em seus equivalentes decimais:
   a. F,4   b. D3,E   c. 1111,1   d. 888,8   e. EBA,C

9.13. Converta os seguintes números decimais em seus equivalentes hexadecimais:
   a. 16   b. 80   c. 2560   d. 3000   e. 62,500

9.14. Converta os seguintes números decimais em seus equivalentes hexadecimais:
   a. 204,125   c. 631,25
   b. 255,875   d. 10000,00390625

9.15. Converta os seguintes números hexadecimais em seus equivalentes binários:
   a. E   b. 1C   c. A64   d. 1F,C   e. 239,4

9.16. Converta os seguintes números binários em seus equivalentes hexadecimais:
   a. 1001,1111   b. 110101,011001   c. 10100111,111011

ARITMÉTICA DO COMPUTADOR

10.1 Unidade Lógica e Aritmética (ALU)

10.2 Representação em inteiros
Representação em sinal-magnitude
Representação em complemento de dois
Tamanho do intervalo
Representação em ponto fixo

10.3 Aritmética com inteiros
Negação
Adição e subtração
Multiplicação
Divisão

10.4 Representação em ponto flutuante
Princípios
Padrão do IEEE para a representação binária em ponto flutuante

10.5 Aritmética em ponto flutuante
Adição e subtração
Multiplicação e divisão
Considerações de precisão
Padrão do IEEE para a aritmética binária em ponto flutuante

10.6 Termos-chave, questões de revisão e problemas

OBJETIVOS DE APRENDIZAGEM

Após ler este capítulo, você será capaz de:

- Fazer a distinção entre a maneira como números são representados (formato binário) e os algoritmos usados para as operações aritméticas básicas.
- Explicar representação em complemento de dois.
- Apresentar uma visão geral das técnicas para a operação aritmética básica em notação de complemento de dois.
- Compreender o uso de significando, base e expoente na representação de números de ponto flutuante.
- Apresentar uma visão geral do padrão IEEE 754 para a representação em ponto flutuante.
- Entender alguns conceitos-chave relacionados à aritmética de ponto flutuante, inclusive bits de guarda, arredondamento, números subnormais, *underflow* e *overflow*.

Começamos nosso estudo do processador com uma visão geral da unidade lógica e aritmética (ALU — *arithmetic and logic unit*). O capítulo, em seguida, focaliza o aspecto mais complexo da ALU, a aritmética do computador. As implementações das funções lógicas e aritméticas simples na lógica digital são descritas no Capítulo 11, e as funções lógicas que fazem parte da ALU são descritas no Capítulo 12.

A aritmética do computador em geral é realizada sobre dois tipos bem diferentes de números: inteiros e ponto flutuante. Nos dois casos, a representação escolhida é uma questão crucial de projeto e é tratada primeiro, seguida por uma discussão das operações aritméticas.

Este capítulo inclui diversos exemplos, cada um destacado em uma caixa sombreada.

10.1 UNIDADE LÓGICA E ARITMÉTICA (ALU)

A ALU é a parte do computador que realmente realiza operações lógicas e aritméticas sobre os dados. Todos os outros elementos do sistema de computação — unidade de controle, registradores, memória, E/S — existem sobretudo com o objetivo de trazer dados para a ALU processar, e depois levar os resultados de volta. De certa forma, atingimos o núcleo ou a essência de um computador quando consideramos a ALU.

Uma ALU e, na realidade, todos os componentes eletrônicos no computador, são baseados no uso de dispositivos lógicos digitais simples, que podem armazenar dígitos binários e realizar operações lógicas booleanas simples.

A Figura 10.1 indica, em termos gerais, como a ALU é interconectada com o resto do processador. Os operandos para operações aritméticas e lógicas são apresentados à ALU em registradores, e os resultados de uma operação são armazenados também em registradores. Esses registradores são locais de armazenamento temporários dentro do processador, que são conectados por meio de interconexões à ALU (por exemplo, veja a Figura 2.3). A ALU também pode definir *flags* como resultado de uma operação. Por exemplo, uma flag de *overflow* (estouro) é definida como 1 se o resultado de um cálculo ultrapassar o tamanho do registrador no qual ele deve ser armazenado.

Os valores de *flags* também são armazenados nos registradores dentro do processador. A unidade de controle oferece sinais que controlam a operação da ALU e o movimento dos dados para dentro e fora da ALU.

Figura 10.1

Entradas e saídas da ALU.

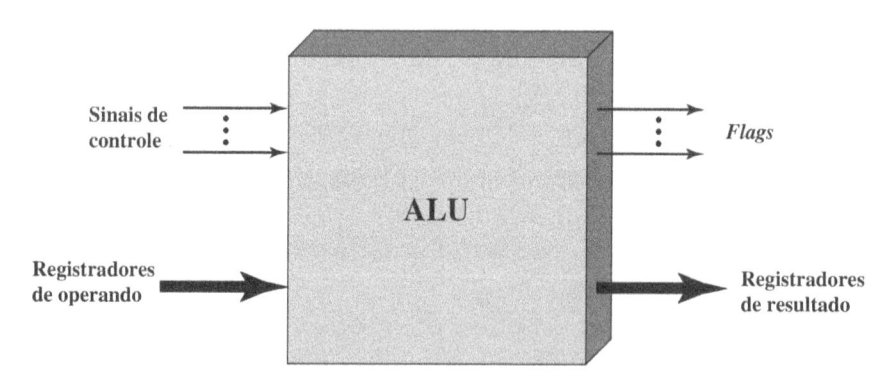

10.2 REPRESENTAÇÃO EM INTEIROS

No sistema numérico binário,[1] números arbitrários podem ser representados apenas com os dígitos zero e um, o sinal de menos (para números negativos) e vírgula, ou **separador de raiz** (para o componente fracionário).

$$-101{,}0101_2 = -13{,}3125_{10}$$

---

[1] Veja no Capítulo 9 uma revisão básica a respeito dos sistemas numéricos (decimal, binário e hexadecimal).

Para os propósitos de armazenamento e processamento no computador, no entanto, não temos o benefício dos sinais de menos e separador de raiz. Somente dígitos binários (0 e 1) podem ser usados para representar os números. Se estivermos limitados a inteiros não negativos, a representação é direta.

Uma palavra de 8 bits pode representar os números de 0 a 255, incluindo

$$00000000 = 0$$
$$00000001 = 1$$
$$00101001 = 41$$
$$10000000 = 128$$
$$11111111 = 255$$

Em geral, se uma sequência de n bits de dígitos binários $a_{n-1}a_{n-2} \ldots a_1 a_0$ for interpretada como um inteiro sem sinal A, seu valor é

$$A = \sum_{i=0}^{n-1} 2^i a_i$$

Representação em sinal-magnitude

Existem diferentes convenções usadas para representar números inteiros negativos e também positivos, e todas envolvem o tratamento do bit mais significativo (mais à esquerda) na palavra como um bit de sinal. Se o bit de sinal for 0, o número é positivo; se o bit de sinal for 1, o número é negativo.

A forma de representação mais simples que emprega um bit de sinal é a representação sinal-magnitude. Em uma palavra de n bits, os $n - 1$ bits mais à direita representam a magnitude do inteiro.

$$+18 = 00010010$$
$$-18 = 10010010 \quad \text{(sinal-magnitude)}$$

O caso geral pode ser expresso da seguinte forma:

Sinal-magnitude $$A = \begin{cases} \sum_{i=0}^{n-2} 2^i a_i & \text{se } a_{n-1} = 0 \\ -\sum_{i=0}^{n-2} 2^i a_i & \text{se } a_{n-1} = 1 \end{cases} \quad (10.1)$$

Existem diversas desvantagens na representação sinal-magnitude. Uma é que adição e subtração precisam considerar os sinais dos números e de suas relativas magnitudes para executar a operação exigida. Isso deverá ficar claro na discussão da Seção 10.3. Outra desvantagem é que existem duas representações do 0:

$$+0_{10} = 00000000$$
$$-0_{10} = 10000000 \quad \text{(sinal-magnitude)}$$

Isso é inconveniente porque é ligeiramente mais difícil testar se um valor é igual a 0 (uma operação realizada frequentemente nos computadores) do que se houvesse uma única representação.

Por causa dessas desvantagens, a representação sinal-magnitude raramente é usada na implementação da parte inteira da ALU. Em vez disso, o esquema mais comum é a representação em complemento de dois.

Representação em complemento de dois

Assim como sinal-magnitude, a representação em complemento de dois utiliza o bit mais significativo como um bit de sinal, tornando mais fácil testar se um inteiro é positivo ou negativo. Ela difere do uso da representação sinal-magnitude no modo como os outros bits são interpretados. A Tabela 10.1 destaca as principais características da representação e da aritmética em complemento de dois, que são detalhadas nesta e na próxima seção.

A maioria dos tratamentos da representação em complemento de dois só define as regras para produzir números negativos, sem prova formal de que o esquema é válido. Em vez disso, nossa apresentação dos inteiros com complemento de dois nesta seção e na Seção 10.3 é baseada em Dattatreya (1993), que sugere que a representação em complemento de dois é mais bem entendida definindo-a em termos de uma soma ponderada de bits, conforme fizemos anteriormente para as representações sem sinal e em sinal-magnitude. A vantagem desse tratamento é que ele não deixa qualquer dúvida de que as regras para operações aritméticas na notação em complemento de dois podem não funcionar para alguns casos especiais.

Considere um inteiro de n bits, A, na representação em complemento de dois. Se A for positivo, então o bit de sinal, a_{n-1}, é zero. Os bits restantes representam a magnitude do número da mesma forma que a representação sinal-magnitude:

$$A = \sum_{i=0}^{n-2} 2^i a_i \quad \text{para} \quad A \geq 0$$

O número zero é identificado como um número positivo e, portanto, tem um bit de sinal 0 e uma magnitude contendo apenas 0s. Podemos ver que o intervalo de inteiros positivos que podem ser representados é de 0 (todos os bits de magnitude são 0) até $2^{n-1} - 1$ (todos os bits de magnitude são 1). Qualquer número maior exigiria mais bits.

Agora, para um número negativo $A(A < 0)$, o bit de sinal, a_{n-1}, é um. Os $n - 1$ bits restantes podem assumir qualquer um dos 2^{n-1} valores. Portanto, o intervalo de inteiros negativos que podem ser representados é de -1 a -2^{n-1}. Gostaríamos de atribuir os valores de bit a inteiros negativos de forma que a aritmética possa ser tratada de um modo simples, semelhante à aritmética de inteiros sem sinal. Na representação inteira sem sinal, para calcular o valor de um inteiro a partir da representação de bits, o peso do bit mais significativo é $+2^{n-1}$. Para uma representação com um bit de sinal, acontece que as propriedades aritméticas desejadas são alcançadas, conforme veremos na Seção 10.3, se o peso do bit mais significativo for -2^{n-1}. Essa é a convenção usada na representação em complemento de dois, gerando a seguinte expressão para números negativos:

Complemento de dois $$A = -2^{n-1} a_{n-1} + \sum_{i=0}^{n-2} 2^i a_i \quad (10.2)$$

A Equação 10.2 define a representação em complemento de dois para números positivos e negativos. Para $a_{n-1} = 0$, o termo $-2^{n-1} a_{n-1} = 0$ e a equação definem um inteiro não negativo. Quando $a_{n-1} = 1$, o termo 2^{n-1} é subtraído do termo do somatório, resultando em um inteiro negativo.

A Tabela 10.2 compara as representações sinal-magnitude e complemento de dois para inteiros de 4 bits. Embora o complemento de dois seja uma representação estranha do ponto de vista humano, veremos que ela facilita as operações aritméticas mais importantes, adição e subtração. Por esse motivo, ela é usada quase universalmente como a representação do processador para inteiros.

Tabela 10.1

Características da representação e aritmética de complemento de dois.

Intervalo	-2^{n-1} a $2^{n-1} - 1$
Número de representações de zero	Um
Negação	Apanhe o complemento booleano de cada bit do número positivo correspondente, depois some 1 ao padrão de bits resultante visto como um inteiro sem sinal.
Expansão da extensão em bits	Acrescente posições de bit adicionais à esquerda e preencha com o valor do bit de sinal original.
Regra de *overflow*	Se dois números com o mesmo sinal (positivo ou negativo) são somados, então o *overflow* ocorre se e somente se o resultado tem o sinal oposto.
Regra de subtração	Para subtrair B de A, pegue o complemento de dois de B e some-o a A.

Tabela 10.2
Representação alternativa para inteiros de 4 bits.

Representação decimal	Representação em sinal-magnitude	Representação em complemento de dois	Expoente polarizado
+8	—	—	1111
+7	0111	0111	1110
+6	0110	0110	1101
+5	0101	0101	1100
+4	0100	0100	1011
+3	0011	0011	1010
+2	0010	0010	1001
+1	0001	0001	1000
+0	0000	0000	0111
−0	1000	—	—
−1	1001	1111	0110
−2	1010	1110	0101
−3	1011	1101	0100
−4	1100	1100	0011
−5	1101	1011	0010
−6	1110	1010	0001
−7	1111	1001	0000
−8	—	1000	—

Uma ilustração útil da natureza da representação em complemento de dois é uma caixa de valores, em que o valor no canto direito da caixa é 1 (2^0) e cada posição sucessiva à esquerda é o dobro em valor, até a posição mais à esquerda, que é negada. Como você pode ver na Figura 10.2a, o número de complemento de dois mais negativo que pode ser representado é -2^{n-1}; se algum dos bits diferentes do bit de sinal for 1, ele soma uma quantidade positiva ao número. Além disso, fica claro que um número negativo deve ter um 1 em sua posição mais à esquerda e um número positivo deve ter um 0 nessa posição. Dessa maneira, o maior número positivo é um 0 seguido por todos os outros iguais a 1, que é igual a $2^{n-1} - 1$.

O restante da Figura 10.2 ilustra o uso da caixa de valores para converter de complemento de dois para decimal e de decimal para complemento de dois.

Figura 10.2
Uso de uma caixa de valores para a conversão entre complemento de dois e decimal.

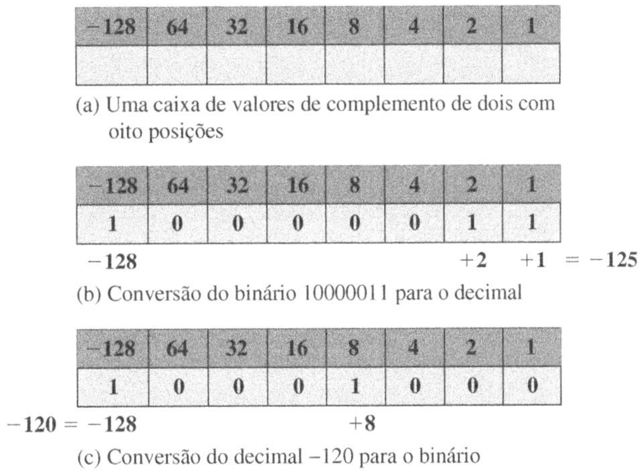

−128	64	32	16	8	4	2	1

(a) Uma caixa de valores de complemento de dois com oito posições

−128	64	32	16	8	4	2	1
1	0	0	0	0	0	1	1

−128   +2   +1 = −125

(b) Conversão do binário 10000011 para o decimal

−128	64	32	16	8	4	2	1
1	0	0	0	1	0	0	0

−120 = −128   +8

(c) Conversão do decimal −120 para o binário

Tamanho do intervalo

Às vezes, é desejável que um inteiro de *n* bits seja armazenado em *m* bits, em que *m* > *n*. Essa expansão do número de bis é conhecida como **tamanho do intervalo**, pois o intervalo de números pode ser expresso pelo aumento do número de bits.

Na notação sinal-magnitude, isso é feito com facilidade: basta mover o bit de sinal para a posição mais à esquerda e preencher com zeros.

+18	=	00010010	(sinal-magnitude, 8 bits)
+18	=	0000000000010010	(sinal-magnitude, 16 bits)
−18	=	10010010	(sinal-magnitude, 8 bits)
−18	=	1000000000010010	(sinal-magnitude, 16 bits)

Esse procedimento não funcionará para inteiros negativos em complemento de dois. Usando o mesmo exemplo,

+18	=	00010010	(complemento de dois, 8 bits)
+18	=	0000000000010010	(complemento de dois, 16 bits)
−18	=	11101110	(complemento de dois, 8 bits)
−32.658	=	1000000001101110	(complemento de dois, 16 bits)

A penúltima linha é facilmente vista usando a caixa de valores da Figura 10.2. A última linha pode ser verificada usando a Equação 10.2 ou uma caixa de valores de 16 bits.

Em vez disso, a regra para inteiros em complemento de dois é mover o bit de sinal para a nova posição mais à esquerda e preencher com cópias do bit de sinal. Para números positivos, preencha com zeros, e para números negativos, preencha com números 1. Isso é chamado de *extensão de sinal*.

−18	=	11101110	(complemento de dois, 8 bits)
−18	=	1111111111101110	(complemento de dois, 16 bits)

Para ver por que essa regra funciona, vamos novamente considerar uma sequência de *n* bits de dígitos binários $a_{n-1} a_{n-2} \ldots a_1 a_0$ interpretada como um inteiro em complemento de dois A, de modo que seu valor é

$$A = -2^{n-1}a_{n-1} + \sum_{i=0}^{n-2} 2^i a_i$$

Se A é um número positivo, a regra claramente funciona. Agora, se A é negativo e quisermos construir uma representação de *m* bits, com *m* > *n*. Então

$$A = -2^{m-1}a_{m-1} + \sum_{i=0}^{m-2} 2^i a_i$$

Os dois valores devem ser iguais:

$$-2^{m-1} + \sum_{i=0}^{m-2} 2^i a_i = -2^{n-1} + \sum_{i=0}^{n-2} 2^i a_i$$

$$-2^{m-1} + \sum_{i=n-1}^{m-2} 2^i a_i = -2^{n-1}$$

$$-2^{n-1} + \sum_{i=n-1}^{m-2} 2^i a_i = 2^{m-1}$$

$$1 + \sum_{i=0}^{n-2} 2^i + \sum_{i=n-1}^{m-2} 2^i a_i = 1 + \sum_{i=0}^{m-2} 2^i$$

$$\sum_{i=n-1}^{m-2} 2^i a_i = \sum_{i=n-1}^{m-2} 2^i$$

$$\Rightarrow a_{m-2} = \ldots = a_{n-2} = a_{n-2} = 1$$

Passando da primeira para a segunda equação, é preciso que os $n - 1$ bits menos significativos não mudem entre as duas representações. Depois, chegamos à penúltima equação, que só é verdadeira se todos os bits nas posições $n - 1$ a $m - 2$ forem 1. Portanto, a regra de extensão de sinal funciona. O leitor poderá achar a regra mais fácil de compreender depois de estudar a discussão a respeito da negação de complemento de dois, no início da Seção 10.3.

Representação em ponto fixo

Finalmente, mencionamos que as representações discutidas nesta seção às vezes são chamadas de *ponto fixo*. Isso porque o separador de raiz (vírgula binária) é fixa na posição à direita do bit menos significativo. O programador pode usar a mesma representação para frações binárias, escalando os números, de modo que a vírgula binária seja implicitamente posicionada em algum outro local.

10.3 ARITMÉTICA COM INTEIROS

Esta seção examina as funções aritméticas comuns dos números na representação em complemento de dois.

Negação

Na representação sinal-magnitude, a regra para formar a negação de um inteiro é simples: inverta o bit de sinal. Na notação de complemento de dois, a negação de um inteiro pode ser formada com as seguintes regras:

1. Apanhe o complemento booleano de cada bit do inteiro (incluindo o bit de sinal). Ou seja, defina cada 1 como 0, e cada 0 como 1.
2. Trate o resultado como um inteiro binário sem sinal, some 1.

Esse processo em duas etapas é conhecido como a **operação de complemento de dois**, ou achar o complemento de dois de um inteiro.

```
              +18   =   00010010   (complemento de dois)
complemento bit a bit =   11101101
                      +          1
                         ────────
                         11101110 = −18
```

Conforme esperado, o negativo do negativo desse número é ele mesmo:

```
              −18   =   11101110   (complemento de dois)
complemento bit a bit =   00010001
                      +          1
                         ────────
                         00010010 = +18
```

Podemos demonstrar a validade da operação recém-descrita usando a definição da representação em complemento de dois na Equação 10.2. Novamente, interprete uma sequência de n bits de dígitos binários $a_{n-1} a_{n-2} \ldots a_1 a_0$ com um inteiro complemento de dois A, de modo que seu valor seja

$$A = -2^{n-1} a_{n-1} + \sum_{i=0}^{n-2} 2^i a_i$$

Agora, forme o complemento booleano bit a bit, $\overline{a_{n-1} a_{n-2}} \ldots \overline{a_0}$, e, tratando isso como um inteiro sem sinal, some 1. Finalmente, interprete a sequência resultante de n bits de dígitos binários como um inteiro de complemento de dois B, de maneira que o seu valor seja

$$B = -2^{n-1}\overline{a_{n-1}} + 1 + \sum_{i=0}^{n-2} 2^i \overline{a_i}$$

Agora, queremos $A = -B$, o que significa que $A + B = 0$. Isso é facilmente demonstrado como verdadeiro:

$$A + B = -(a_{n-1} + \overline{a_{n-1}})2^{n-1} + 1 + \left(\sum_{i=0}^{n-2} 2^i (a_i + \overline{a_i})\right)$$
$$= -2^{n-1} + 1 + \left(\sum_{i=0}^{n-2} 2^i\right)$$
$$= -2^{n-1} + 1 + (2^{n-1} - 1)$$
$$= -2^{n-1} + 2^{n-1} = 0$$

A derivação anterior considera que primeiro podemos tratar o complemento booleano bit a bit de A como um inteiro sem sinal para a finalidade de somar 1 e depois tratar o resultado como um inteiro em complemento de dois. Existem dois casos especiais a considerar. Primeiro, considere $A = 0$. Nesse caso, para uma representação de 8 bits:

```
              0 =  00000000   (complemento de dois)
complemento bit a bit = 11111111
                  +          1
                  100000000 = 0
```

Existe um *carry* a partir da posição do bit mais significativo, que é ignorado. O resultado é que a negação de 0 é 0, como deveria ser.

O segundo caso especial é um problema maior. Se pegarmos a negação do padrão de bits de 1 seguido por $n - 1$ zeros, voltamos ao mesmo número. Por exemplo, para palavras de 8 bits,

```
           +128 =  10000000   (complemento de dois)
complemento bit a bit = 01111111
                  +          1
                  10000000 = -128
```

Alguma anomalia desse tipo é inevitável. O número de padrões de bits diferentes em uma palavra de n bit é $2n$, que é um número par. Queremos representar inteiros positivos e negativos e 0. Se um número igual de inteiros positivos e negativos for representado (sinal-magnitude), então existem duas representações para 0. Se houver apenas uma representação de 0 (complemento de dois), então é preciso haver uma quantidade desigual para representar números negativos e positivos. No caso do complemento de dois, para uma extensão de n bits, existe uma representação para -2^{n-1}, mas não para $+2^{n-1}$.

Adição e subtração

A adição em complemento de dois é ilustrada na Figura 10.3. A adição procede como se os dois números fossem inteiros sem sinal. Os quatro primeiros exemplos ilustram operações bem-sucedidas. Se o resultado da operação for positivo, obteremos um número positivo na forma de complemento de dois, que é o mesmo que na forma de inteiro sem sinal. Se o resultado da operação for negativo, obteremos um número negativo na forma de complemento de dois. Observe que, em alguns casos, existe um bit de *carry* além do final da palavra (indicado pelo sombreado), que é ignorado.

Em qualquer adição, o resultado pode ser maior do que pode ser mantido no tamanho utilizado da palavra. Essa condição é chamada de **overflow**. Quando ocorre *overflow*, a ALU deve sinalizar esse fato de maneira que não haja qualquer tentativa de usar o resultado. Para detectá-lo, a seguinte regra é observada:

Regra do *overflow*: se dois números são somados e ambos são positivos ou ambos são negativos, então o *overflow* ocorre se, e somente se, o resultado tiver o sinal oposto.

Os itens (e) e (f) da Figura 10.3 mostram exemplos de *overflow*. Observe que o *overflow* pode ocorrer havendo ou não um *carry*.

A subtração é facilmente tratada com a seguinte regra:

Regra da subtração: para subtrair um número (subtraendo) de outro (minuendo), pegue o complemento de dois (negação) do subtraendo e some-o ao minuendo.

De tal modo, a subtração é obtida com o uso da adição, como mostrado na Figura 10.4. Os dois últimos exemplos demonstram que a regra do *overflow* ainda se aplica.

Uma ideia melhor da adição e subtração em complemento de dois pode ser obtida examinando uma representação geométrica (BENHAM, 1992), como mostrado na Figura 10.5. O círculo na metade superior de cada uma das partes da figura é formado selecionando o segmento apropriado da linha de número e unindo as extremidades. Observe que, quando os números são dispostos em um círculo, o complemento de dois de qualquer número é horizontalmente o oposto desse número (indicado por linhas horizontais tracejadas). Começando em qualquer número no círculo, podemos somar k positivo (ou subtrair k negativo) a esse número movendo k posições em sentido horário, e podemos subtrair k positivo (ou somar k negativo) desse número movendo k posições em sentido anti-horário. Se uma operação aritmética ultrapassar do ponto onde as extremidades são unidas, a resposta estará incorreta (*overflow*).

Figura 10.3

Adição de números na representação em complemento de dois.

```
      1001 = −7              1100 = −4
     +0101 =  5             +0100 =  4
      1110 = −2             10000 =  0
     (a) (−7) + (+5)        (b) (−4) + (+4)

      0011 = 3               1100 = −4
     +0100 = 4              +1111 = −1
      0111 = 7              11011 = −5
     (c) (+3) + (+4)        (d) (−4) + (−1)

      0101 = 5               1001 = −7
     +0100 = 4              +1010 = −6
      1001 = Overflow       10011 = Overflow
     (e) (+5) + (+4)        (f) (−7) + (−6)
```

Figura 10.4

Subtração de números na representação em complemento de dois (M − S).

$\quad\;\,0010 = 2$ $+1001 = -7$ $\quad\;\,1011 = -5$ (a) $\;M = 2 = 0010$ $\quad\;\;S = 7 = 0111$ $\;\;-S = \quad\;\,1001$	$\quad\;\,0101 = 5$ $+1110 = -2$ $1\,0011 = 3$ (b) $\;M = 5 = 0101$ $\quad\;\;S = 2 = 0010$ $\;\;-S = \quad\;\,1110$
$\quad\;\,1011 = -5$ $+1110 = -2$ $1\,1001 = -7$ (c) $\;M = -5 = 1011$ $\quad\;\;S = \;\;\,2 = 0010$ $\;\;-S = \quad\;\,\;\,1110$	$\quad\;\,0101 = 5$ $+0010 = 2$ $\quad\;\,0111 = 7$ (d) $\;M = \;\;\,5 = 0101$ $\quad\;\;S = -2 = 1110$ $\;\;-S = \quad\;\,\;\,0010$
$\quad\;\,0111 = 7$ $+0111 = 7$ $\quad\;\,1110 = $ Overflow (e) $\;M = \;\;\,7 = 0111$ $\quad\;\;S = -7 = 1001$ $\;\;-S = \quad\;\,\;\,0111$	$\quad\;\,1010 = -6$ $+1100 = -4$ $1\,0110 = $ Overflow (f) $\;M = -6 = 1010$ $\quad\;\;S = \;\;\,4 = 0100$ $\;\;-S = \quad\;\,\;\,1100$

Figura 10.5

Representação geométrica dos inteiros de complemento de dois.

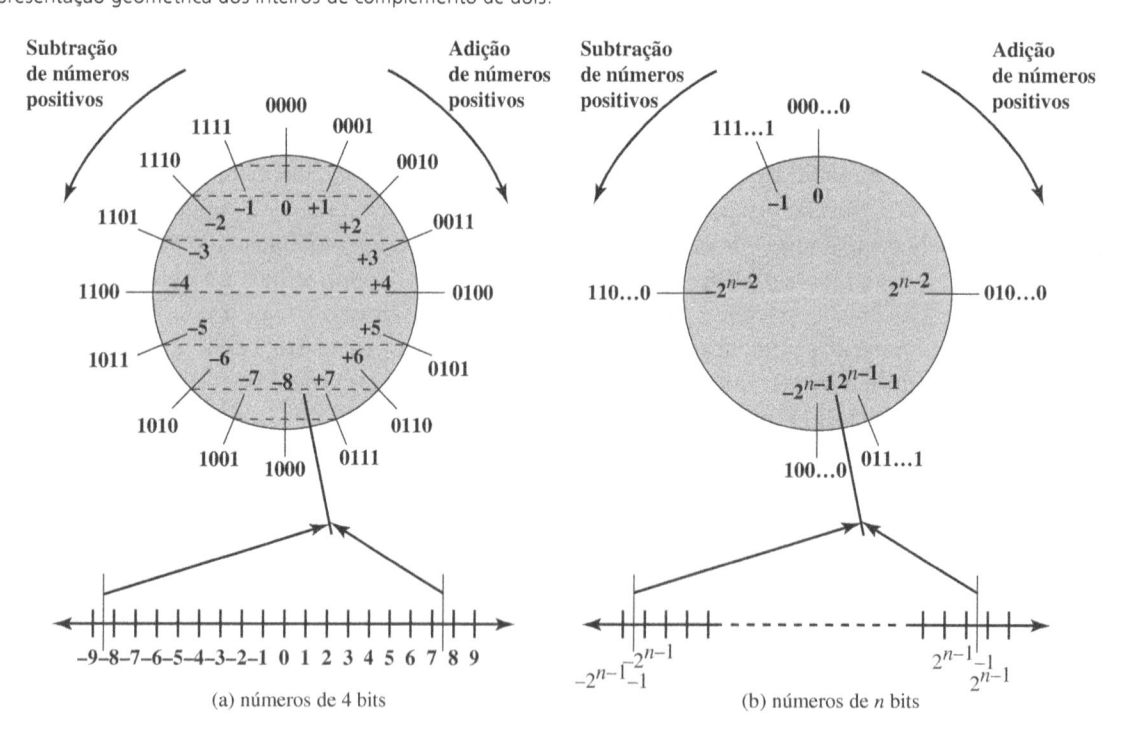

(a) números de 4 bits

(b) números de n bits

Todos os exemplos das figuras 10.3 e 10.4 são facilmente representados no círculo da Figura 10.5.

A Figura 10.6 sugere os caminhos de dados e elementos de hardware necessários para realizar a adição e a subtração. O elemento central é um somador binário, que recebe dois números para adição e produz uma soma e uma indicação de *overflow*. O somador binário trata os dois números como inteiros sem sinal. (Uma implementação de um circuito lógico pelo somador é dada no Capítulo 11.) Para a adição, os dois números são

Figura 10.6

Diagrama em blocos do hardware para adição e subtração.

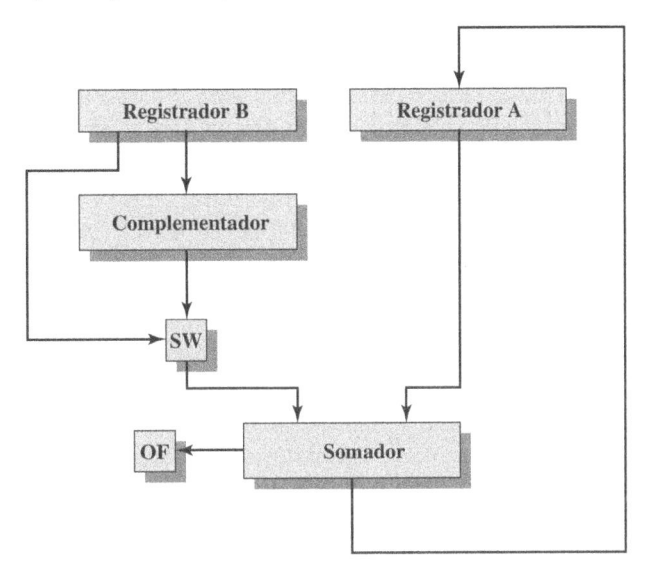

OF = bit de *overflow* (do inglês, *overflow bit*)
SW = seletor (seleciona adição ou subtração; do inglês, *switch*)

apresentados ao somador a partir de dois registradores, neste caso como registradores **A** e **B**. O resultado pode ser armazenado em um desses registradores ou em um terceiro. A indicação de *overflow* é armazenada em um flag de *overflow* de 1 bit (0 = sem *overflow*; 1 = *overflow*). Para a subtração, o subtraendo (registrador **B**) é passado por um circuito que calcula o complementador de dois, de modo que seu complemento de dois é passado ao somador. Observe que a Figura 10.6 só mostra os caminhos de dados. Sinais de controle são necessários para controlar se o complementador é usado ou não, dependendo se a operação é de adição ou subtração.

Multiplicação

Em comparação com a adição e a subtração, a multiplicação é uma operação complexa, seja ela realizada no hardware ou pelo software. Vários algoritmos foram usados em diversos computadores. O propósito desta subseção é dar ao leitor alguma ideia do tipo de técnica em geral utilizado. Começamos com o problema mais simples de multiplicar dois inteiros sem sinal (não negativos) e depois examinamos uma das técnicas mais comuns para a multiplicação de números na representação em complemento de dois.

INTEIROS SEM SINAL A Figura 10.7 ilustra a multiplicação de inteiros binários sem sinal, como poderiam ser executados usando lápis e papel. Várias observações importantes podem ser feitas:

1. A multiplicação envolve a geração de produtos parciais, um para cada dígito no multiplicador. Esses produtos parciais são então somados para produzir o produto final.
2. Os produtos parciais são facilmente definidos. Quando o bit multiplicador é 0, o produto parcial é 0. Quando o multiplicador é 1, o produto parcial é o multiplicando.

Figura 10.7

Multiplicação de inteiros binários sem sinal.

```
      1011      Multiplicando (11)
     ×1101      Multiplicador (13)
     ─────
      1011 ⎫
      0000 ⎪
      1011 ⎬   Produtos parciais
      1011 ⎪
   ─────── ⎭
   10001111    Produto (143)
```

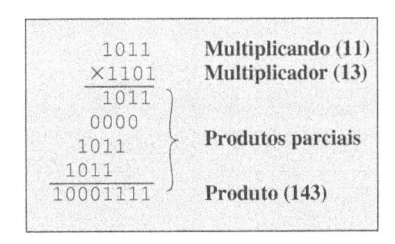

3. O produto total é produzido somando-se os produtos parciais. Para essa operação, cada produto parcial sucessivo é deslocado uma posição à esquerda em relação ao produto parcial anterior.
4. A multiplicação de dois inteiros binários de n bits resulta em um produto de até $2n$ bits de tamanho (por exemplo, $11 \times 11 = 1001$).

Em comparação com a técnica de lápis e papel, existem várias coisas que podemos fazer para tornar a multiplicação computadorizada mais eficiente. Primeiro, podemos realizar uma adição acumulada nos produtos parciais em vez de esperar até o final. Isso elimina a necessidade de armazenar de todos os produtos parciais; menos registradores são necessários. Segundo, podemos economizar algum tempo na geração de produtos parciais. Para cada 1 no multiplicador, uma operação de soma e deslocamento é necessária; mas, para cada 0, somente um deslocamento é necessário.

A Figura 10.8a mostra uma implementação possível empregando essas medidas. O multiplicador e o multiplicando são carregados em dois registradores (Q e M). Um terceiro registrador, o registrador A, também é necessário e é definido inicialmente como 0. Há também um registrador C de 1 bit, inicializado com 0, que mantém um bit de *carry* em potencial, resultante da adição.

A operação do multiplicador é a seguinte. A lógica de controle lê os bits do multiplicador um de cada vez. Se Q_0 for 1, então o multiplicando é somado ao registrador A e o resultado é armazenado no registrador A, com o bit C usado para o *overflow*. Depois, todos os bits dos registradores C, A e Q são deslocados à direita um bit, de modo que o bit C entra em A_{n-1}, A_0 entra em Q_{n-1}, e Q_0 se perde. Se Q_0 for 0, então nenhuma adição é realizada, apenas o deslocamento. Esse processo é repetido para cada bit do multiplicador original. O produto de $2n$ bits resultante está contido nos registradores A e Q. Um fluxograma da operação aparece na Figura 10.9 e um exemplo é dado na Figura 10.8b. Observe que, no segundo ciclo, quando o bit multiplicador é 0, não existe uma operação de adição.

Figura 10.8

Implementação de hardware da multiplicação binária sem sinal.

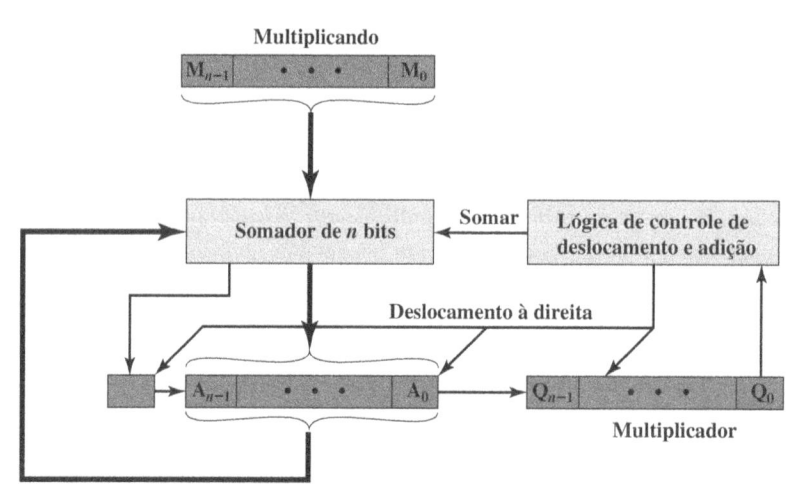

(a) Diagrama de bloco

C	A	Q	M		
0	0000	1101	1011	**Valores iniciais**	
0	1011	1101	1011	Somar	Primeiro ciclo
0	0101	1110	1011	Deslocar	
0	0010	1111	1011	Deslocar	Segundo ciclo
0	1101	1111	1011	Somar	Terceiro ciclo
0	0110	1111	1011	Deslocar	
1	0001	1111	1011	Somar	Quarto ciclo
0	1000	1111	1011	Deslocar	

(b) Exemplo da Figura 10.7 (produto em A, Q)

Figura 10.9
Fluxograma para a multiplicação binária sem sinal.

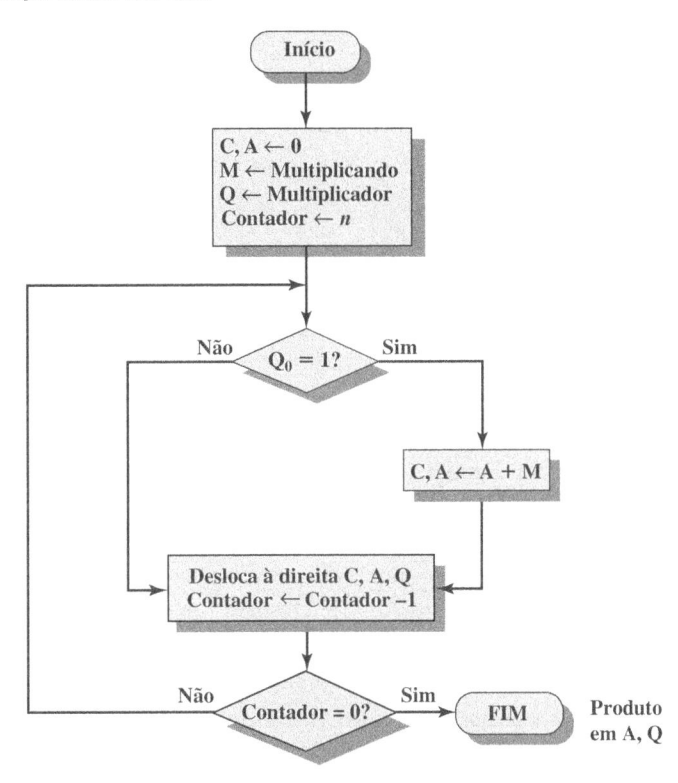

MULTIPLICAÇÃO EM COMPLEMENTO DE DOIS Vimos que a adição e a subtração podem ser realizadas com números na notação de complemento de dois tratando-os como inteiros sem sinal. Considere

$$\begin{array}{r} 1001 \\ +\ 0011 \\ \hline 1100 \end{array}$$

Se esses números forem considerados como inteiros sem sinal, então estamos somando 9 (1001) mais 3 (0011) para obter 12 (1100). Como inteiros de complemento de dois, estamos somando −7(1001) a 3 (0011) para obter −4(1100).

Infelizmente, esse esquema simples não funcionará para a multiplicação. Para ver isso, considere novamente a Figura 10.7. Multiplicamos 11 (1011) por 13 (1101) para obter 143 (10001111). Se interpretarmos estes como números em complemento de dois, teremos −5(1011) vezes −3 (1101) igual a −113 (10001111). Esse exemplo demonstra que a multiplicação direta não funcionará se o multiplicando e o multiplicador forem negativos. De fato, isso não funcionará se o multiplicando ou o multiplicador forem negativos. Para justificar essa afirmação, precisamos retornar à Figura 10.7 e explicar o que está sendo feito em termos das operações com potências de 2. Lembre-se de que qualquer número binário sem sinal pode ser expresso como uma soma de potências de 2. Desse modo,

$$1101 = 1 \times 2^3 + 1 \times 2^2 + 0 \times 2^1 + 1 \times 2^0 = 2^3 + 2^2 + 2^0$$

Além do mais, a multiplicação de um número binário por 2^n é realizada deslocando-se esse número para a esquerda por n bits. Com isso em mente, a Figura 10.10 modifica a Figura 10.7 para tornar explícita a geração de produtos parciais pela multiplicação. A única diferença na Figura 10.10 é que ela reconhece que os produtos parciais devem ser vistos como números de $2n$ gerados a partir do multiplicando de n bits.

Dessa maneira, como um inteiro sem sinal, o multiplicando de 4 bits 1011 é armazenado em uma palavra de 8 bits como 00001011. Cada produto parcial (diferente daquele para 2^0) consiste nesse número deslocado

Figura 10.10

Multiplicação de dois inteiros de 4 bits sem sinal, gerando um resultado de 8 bits.

```
        1011
      × 1101
    00001011    1011 × 1 × 2⁰
    00000000    1011 × 0 × 2¹
    00101100    1011 × 1 × 2²
    01011000    1011 × 1 × 2³
    10001111
```

à esquerda, com as posições desocupadas à direita preenchidas com zeros (por exemplo, um deslocamento à esquerda de duas casas gera 00101100).

Agora podemos demonstrar que a multiplicação direta não funcionará se o multiplicando for negativo. O problema é que cada contribuição do multiplicando negativo como um produto parcial deve ser um número negativo em um campo de $2n$ bits; os bits de sinal dos produtos parciais precisam se alinhar. Isso é demonstrado na Figura 10.11, que mostra a multiplicação de 1001 por 0011. Se esses números forem tratados como inteiros sem sinal, a multiplicação de $9 \times 3 = 27$ prossegue de maneira simples. Todavia, se 1001 for interpretado como o valor em complemento de dois −7, então cada produto parcial precisa ser um número em complemento de dois negativos de $2n$ (8) bits, como mostrado na Figura 10.11b. Observe que isso é realizado preenchendo-se cada produto parcial à esquerda com 1s binários.

Se o multiplicador for negativo, a multiplicação direta também não funcionará. O motivo é que os bits do multiplicador não correspondem mais aos deslocamentos ou multiplicações que devem ocorrer. Por exemplo, o número decimal de 4 bits −3 é escrito como 1101 em complemento de dois. Se simplesmente apanhássemos os produtos parciais com base em cada posição de bit, teríamos a seguinte correspondência:

$$1101 \leftrightarrow -(1 \times 2^3 + 1 \times 2^2 + 0 \times 2^1 + 1 \times 2^0) = -(2^3 + 2^2 + 2^0)$$

De fato, o que desejamos é $-(2^1 + 2^0)$. Dessa maneira, esse multiplicador não pode ser usado diretamente da maneira como descrevemos.

Existem várias maneiras de sair desse dilema. Uma seria converter o multiplicador e o multiplicando em números positivos, realizar a multiplicação e depois apanhar o complemento de dois do resultado se, e somente se, os sinais dos dois números originais forem diferentes. Os implementadores preferiram usar técnicas que não exigem essa etapa de transformação final. Uma das mais comuns dessas técnicas é o algoritmo de Booth (BOOTH, 1951). Esse algoritmo também tem o benefício de agilizar o processo de multiplicação, em relação a uma técnica mais direta.

O algoritmo de Booth é representado na Figura 10.12 e pode ser descrito da seguinte forma. Como antes, o multiplicador e o multiplicando são colocados nos registradores Q e M, respectivamente. Há também um registrador de 1 bit colocado logicamente à direita do bit menos significativo (Q_0) do registrador Q e chamado Q_{-1}; seu uso será explicado em breve. Os resultados da multiplicação aparecerão nos registradores A e Q. A e Q_{-1} são inicializados em 0. Como antes, a lógica de controle verifica os bits do multiplicador um de cada vez. Agora, à medida que cada bit é examinado, o bit à sua direita também é examinado. Se os dois bits forem iguais (1–1 ou

Figura 10.11

Comparação da multiplicação de inteiros sem sinal e em complemento de dois.

```
     1001   (9)                  1001   (-7)
   × 0011   (3)                × 0011   (3)
   00001001  1001 × 2⁰          11111001  (-7) × 2⁰ = (-7)
   00010010  1001 × 2¹          11110010  (-7) × 2¹ = (-14)
   00011011  (27)               11101011  (-21)
```

(a) Inteiros sem sinal   (b) Inteiros em complemento de dois

Figura 10.12
Algoritmo de Booth para a multiplicação em complemento de dois.

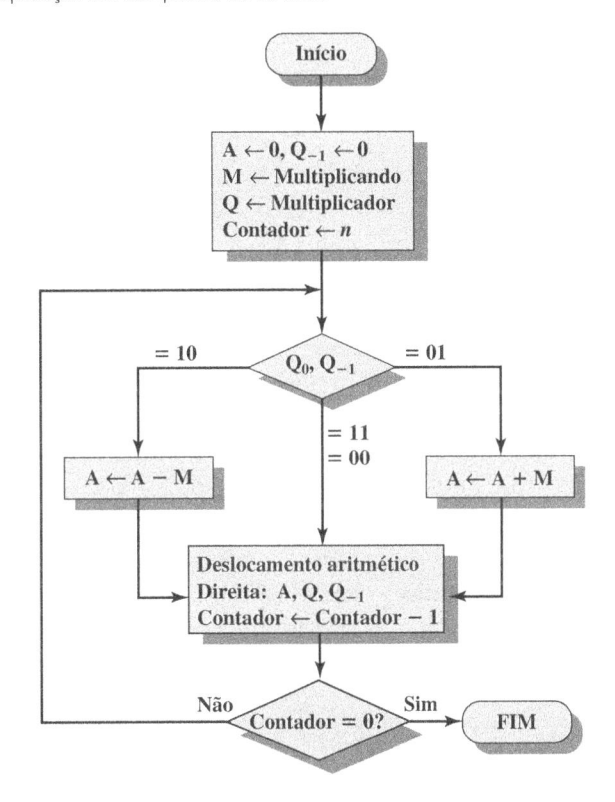

0–0), então todos os bits dos registradores A, Q e Q_{-1} são deslocados à direita por 1 bit. Se os dois bits forem diferentes, então o multiplicando é somado ou subtraído do registrador A, dependendo se os dois bits forem 0–1 ou 1–0. Após a adição ou subtração, ocorre o deslocamento à direita. De qualquer forma, o deslocamento à direita é tal que o bit mais à esquerda de A, a saber, A_{n-1}, não apenas é deslocado para A_{n-2}, mas também permanece em A_{n-1}. Isso é exigido para preservar o sinal do número em A e Q. Esse é conhecido como um **deslocamento aritmético**, pois preserva o bit de sinal.

A Figura 10.13 mostra a sequência de eventos no algoritmo de Booth para a multiplicação de 7 por 3. De forma mais compacta, a mesma operação é representada na Figura 10.14a. O restante da Figura 10.14 mostra outros exemplos do algoritmo. Como podemos ver, isso funciona com qualquer combinação de números positivos e negativos. Observe também a eficiência do algoritmo. Os blocos de 1s ou 0s são pulados, com uma média de apenas uma adição ou subtração por bloco.

Figura 10.13
Exemplo do algoritmo de Booth (7 × 3).

A	Q	Q_{-1}	M		
0000	0011	0	0111	Valores iniciais	
1001	0011	0	0111	A←A – M	Primeiro ciclo
1100	1001	1	0111	Deslocar	
1110	0100	1	0111	Deslocar	Segundo ciclo
0101	0100	1	0111	A←A + M	Terceiro ciclo
0010	1010	0	0111	Deslocar	
0001	0101	0	0111	Deslocar	Quarto ciclo

Figura 10.14
Exemplos com o uso do algoritmo de Booth.

```
      0111                            0111
    × 0011    (0)                   × 1101    (0)
   11111001   1–0                  11111001   1–0
   0000000    1–1                  0000111    0–1
   000111     0–1                  111001     1–0
   00010101   (21)                 11101011   (−21)
```

(a) $(7) \times (3) = (21)$ (b) $(7) \times (-3) = (-21)$

```
      1001                            1001
    × 0011    (0)                   × 1101    (0)
   00000111   1–0                  00000111   1–0
   0000000    1–1                  1111001    0–1
   111001     0–1                  000111     1–0
   11101011   (−21)                00010101   (21)
```

(c) $(-7) \times (3) = (-21)$ (d) $(-7) \times (-3) = (21)$

Por que o algoritmo de Booth funciona? Considere o primeiro caso de um multiplicador positivo. Em particular, considere um multiplicador positivo consistindo em um bloco de 1s cercado por 0s (por exemplo, 00011110). Como sabemos, a multiplicação pode ser obtida somando cópias devidamente deslocadas do multiplicando:

$$\begin{aligned} M \times (00011110) &= M \times (2^4 + 2^3 + 2^2 + 2^1) \\ &= M \times (16 + 8 + 4 + 2) \\ &= M \times 30 \end{aligned}$$

O número dessas operações pode ser reduzido para dois se observamos que

$$2^n + 2^{n-1} + \cdots + 2^{n-K} = 2^{n+1} - 2^{n-K} \tag{10.3}$$

$$\begin{aligned} M \times (00011110) &= M \times (2^5 - 2^1) \\ &= M \times (32 - 2) \\ &= M \times 30 \end{aligned}$$

Dessa maneira, o produto pode ser gerado por uma adição e uma subtração do multiplicando. Esse esquema se estende a qualquer número de blocos de 1s em um multiplicador, incluindo o caso em que um único 1 é tratado como um bloco.

$$\begin{aligned} M \times (01111010) &= M \times (2^6 + 2^5 + 2^4 + 2^3 + 2^1) \\ &= M \times (2^7 - 2^3 + 2^2 - 2^1) \end{aligned}$$

O algoritmo de Booth obedece a esse esquema realizando uma subtração quando o primeiro 1 do bloco for encontrado (1–0) e uma adição quando o final do bloco é encontrado (0–1).

Para mostrar que o mesmo esquema funciona para um multiplicador negativo, precisamos observar o seguinte. Considere que X seja um número negativo na notação em complemento de dois:

$$\text{Representação de } X = \{1x_{n-2}x_{n-3} \ldots x_1 x_0\}$$

Então, o valor de X pode ser expresso da seguinte forma:

$$X = -2^{n-1} + (x_{n-2} \times 2^{n-2}) + (x_{n-3} \times 2^{n-3}) + \cdots (x_1 \times 2^1) + (x_0 \times 2^0) \tag{10.4}$$

O leitor pode verificar isso aplicando o algoritmo aos números na Tabela 10.2.

O bit mais à esquerda de X é 1, pois X é negativo. Suponha que o 0 mais à esquerda esteja na posição k. Desse modo, X tem a forma

$$\text{Representação de } X = \{111 \ldots 10x_{k-1}x_{k-2} \ldots x_1x_0\} \tag{10.5}$$

Então, o valor de X é

$$X = -2^{n-1} + 2^{n-2} + \cdots + 2^{k+1} + (x_{k-1} \times 2^{k-1}) + \cdots + (x_0 \times 2^0) \tag{10.6}$$

Pela Equação 10.3, podemos dizer que

$$2^{n-2} + 2^{n-3} + \cdots + 2^{k-1} = 2^{n-1} - 2^{k-1}$$

Rearrumando

$$-2^{n-1} + 2^{n-2} + 2^{n-3} + \cdots + 2^{k+1} = -2^{k+1} \tag{10.7}$$

Substituindo a Equação 10.7 na Equação 10.6, temos

$$X = -2^{k+1} + (x_{k-1} \times 2^{k-1}) + \cdots + (x_0 \times 2^0) \tag{10.8}$$

Por fim, podemos retornar ao algoritmo de Booth. Lembrando a representação de X (Equação 10.5), fica claro que todos os bits de x_0 até o 0 mais à esquerda são tratados corretamente, pois produzem todos os termos na Equação 10.8 menos (-2^{k+1}) e assim estão na forma apropriada. À medida que o algoritmo passe o 0 mais à esquerda e encontra o próximo 1 (2^{k+1}), ocorre uma transição 1–0 e acontece uma subtração (-2^{k+1}). Esse é o termo restante na Equação 10.8.

Como um exemplo, considere a multiplicação de algum multiplicando por (−6). Na representação em complemento de dois, usando uma palavra de 8 bits, (−6) é representado como 11111010. Pela Equação 10.4, sabemos que

$$-6 = -2^7 + 2^6 + 2^5 + 2^4 + 2^3 + 2^1$$

que o leitor pode facilmente verificar. Desse modo,

$$M \times (11111010) = M \times (-2^7 + 2^6 + 2^5 + 2^4 + 2^3 + 2^1)$$

Usando a Equação 10.7,

$$M \times (11111010) = M \times (-2^3 + 2^1)$$

que, como o leitor pode verificar, ainda é M × (−6). Por fim, seguindo nossa linha de raciocínio anterior,

$$M \times (11111010) = M \times (-2^3 + 2^2 - 2^1)$$

Podemos ver que o algoritmo de Booth está em conformidade com esse esquema. Ele realiza uma subtração quando o primeiro 1 é encontrado (10), uma adição quando (01) é encontrado, e por fim outra subtração quando o primeiro 1 do próximo bloco de 1s é encontrado. Dessa maneira, o algoritmo de Booth realiza menos adições e subtrações do que um algoritmo mais direto.

Divisão

A divisão é um pouco mais complexa que a multiplicação, mas é baseada nos mesmos princípios gerais. Como antes, a base para o algoritmo é a técnica de lápis e papel, e a operação envolve deslocamento repetitivo e adição ou subtração.

A Figura 10.15 mostra um exemplo de uma divisão longa de inteiros binários sem sinal. É instrutivo descrever o processo com detalhes. Primeiro, os bits do dividendo são examinados da esquerda para a direita, até que o conjunto de bits examinados represente um número maior ou igual ao divisor; isso é conhecido como o divisor sendo capaz de dividir o número. Até que esse evento ocorra, 0s são colocados no quociente da esquerda para a direita. Quando o evento ocorre, um 1 é colocado no quociente e o divisor é subtraído do dividendo parcial. O resultado é conhecido como *resto parcial*.

Desse ponto em diante, a divisão segue um padrão cíclico. Em cada ciclo, bits adicionais do dividendo são anexados ao resto parcial até que o resultado seja maior ou igual ao divisor. Como antes, o divisor é subtraído desse número para produzir um novo resto parcial. O processo continua até que os bits do dividendo terminem.

A Figura 10.16 mostra um algoritmo de máquina que corresponde ao processo de divisão. O divisor é colocado no registrador M, o dividendo no registrador Q. Em cada etapa, os registradores A e Q são deslocados

Figura 10.15
Exemplo de divisão de inteiros binários sem sinal.

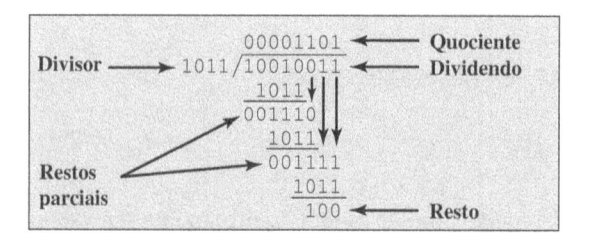

Figura 10.16
Fluxograma para divisão binária sem sinal.

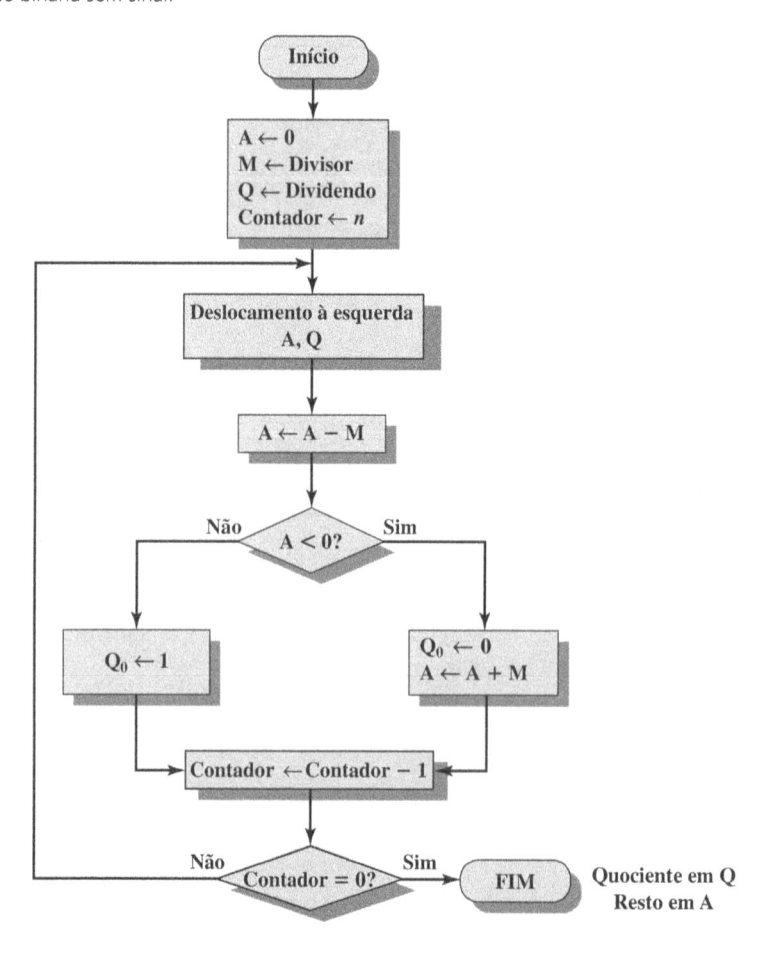

juntos à esquerda por 1 bit. M é subtraído de A para determinar se A divide o resto parcial.[2] Nesse caso, então Q_0 recebe um 1 bit. Caso contrário, Q_0 recebe um bit 0 e M deve ser somado de volta a A para restaurar o valor anterior. O contador é então decrementado e o processo continua por n etapas. Ao final, o quociente está no registrador Q e o resto está no registrador A.

Esse processo pode, com alguma dificuldade, ser estendido a números negativos. Mostramos aqui uma técnica para números em complemento de dois. Um exemplo dessa técnica aparece na Figura 10.17.

O algoritmo considera que o divisor V e o dividendo D são positivos e que $|V| < |D|$. Se $|V| = |D|$, então o quociente $Q = 1$ e o resto $R = 0$. Se $|V| > |D|$, então $Q = 0$ e $R = D$. O algoritmo pode ser resumido da seguinte forma:

1. Carregue o complemento de dois do divisor no registrador M; ou seja, o registrador M contém o negativo do divisor. Carregue o dividendo nos registradores A e Q. O dividendo deve ser expresso como um número positivo de $2n$ bits. Dessa maneira, por exemplo, os 4 bits 0111 tornam-se 00000111.
2. Desloque A e Q à esquerda por 1 posição de bit.
3. Realize A ← A − M. Essa operação subtrai o divisor do conteúdo de A.
4. a. Se o resultado for não negativo (bit mais significativo de A = 0), então defina $Q_0 \leftarrow 1$.
   b. Se o resultado for negativo (bit mais significativo de A = 1), então defina $Q_0 \leftarrow 0$ e restaure o valor anterior de A.
5. Repita as etapas de 2 a 4 tantas vezes quantas posições de bit existirem em Q.
6. O resto está em A e o quociente em Q.

Para tratar com números negativos, sabemos que o resto é definido por

$$D = Q \times V + R$$

Ou seja, o resto é o valor de R necessário para que a equação precedente seja válida. Considere os seguintes exemplos de divisão de inteiros com todas as combinações possíveis de sinais de D e V:

$$D = 7 \quad V = 3 \quad \Rightarrow \quad Q = 2 \quad R = 1$$
$$D = 7 \quad V = -3 \quad \Rightarrow \quad Q = -2 \quad R = 1$$
$$D = -7 \quad V = 3 \quad \Rightarrow \quad Q = -2 \quad R = -1$$
$$D = -7 \quad V = -3 \quad \Rightarrow \quad Q = 2 \quad R = -1$$

Figura 10.17

Exemplo de divisão por restauração em complemento de dois (7/3).

A	Q	
0000	0111	Valor inicial
0000	1110	Deslocamento
1101		Use dois complementos de 0011 para a subtração
1101		Subtraia
0000	1110	Restaure, faça $Q_0 = 0$
0001	1100	Deslocamento
1101		
1110		Subtraia
0001	1100	Restaure, faça $Q_0 = 0$
0011	1000	Deslocamento
1101		
0000	1001	Restaure, faça $Q_0 = 1$
0001	0010	Deslocamento
1101		
1110		Subtraia
0001	0010	Restaure, faça $Q_0 = 0$

[2] Essa é a subtração de inteiros sem sinal. Um resultado que requer um empréstimo do bit mais significativo é um resultado negativo.

O leitor notará, pela Figura 10.17, que (−7)/(3) e (7)/(−3) produzem restos distintos. Vemos que as magnitudes Q e R não são afetadas pelos sinais da entrada e que os sinais de Q e R são facilmente deriváveis a partir dos sinais de D e V. Especificamente, sinal(R) = sinal(D) e sinal(Q) = sinal(D) × sinal(V). Logo, um modo de realizar a divisão em complemento de dois é converter os operandos em valores sem sinal e, ao fim, considerar os sinais por complementação, onde for necessário. Esse é o método escolhido para o algoritmo de divisão por restauração (PARHAMI, 2010).

10.4 REPRESENTAÇÃO EM PONTO FLUTUANTE

Princípios

Com uma notação em ponto fixo (por exemplo, complemento de dois), é possível representar um intervalo de inteiros positivos e negativos centrados em 0. Supondo um binário fixo ou separador de raiz, esse formato permite a representação de números também com um componente fracionário.

Essa técnica tem limitações. Números muito grandes não podem ser representados, nem frações muito pequenas. Além do mais, a parte fracionária do quociente em uma divisão de dois números grandes poderia ser perdida.

Para números decimais, contornamos essa limitação usando a notação científica. Desse modo, 976.000.000.000.000 pode ser representado como $9{,}76 \times 10^{14}$, e 0,0000000000000976 pode ser representado como $9{,}76 \times 10^{-14}$. O que fizemos, com efeito, foi deslocar dinamicamente a vírgula decimal para um local conveniente e usar o expoente de 10 para registrar essa vírgula decimal. Isso permite que um intervalo de números muito grandes e muito pequenos seja representado com apenas alguns dígitos.

Essa mesma técnica pode ser usada com números binários. Podemos representar um número no formato

$$\pm S \times B^{\pm E}$$

Esse número pode ser armazenado em uma palavra binária com três campos:

- Sinal: mais ou menos.
- Significando S.
- Expoente E.

A **base** é implícita e não precisa ser armazenada, pois é a mesma para todos os números. Em geral, considera-se que o separador de raiz está à direita do bit mais à esquerda (ou mais significativo) do significando. Ou seja, existe um bit à esquerda do separador de raiz.

Os princípios utilizados na representação de números em ponto flutuante binários podem ser explicados melhor com um exemplo. A Figura 10.18a mostra um formato típico de ponto flutuante com 32 bits. O bit mais à esquerda armazena o **sinal** do número (0 = positivo, 1 = negativo). O valor do **expoente** é armazenado nos

Figura 10.18

Formato típico de ponto flutuante de 32 bits.

```
                 Sinal do
                significando
                     ↓  ←——— 8 bits ———→ ←——————— 23 bits ———————→
                    |  | Expoente polarizado |       Significando        |
```

(a) Formato

```
 1,1010001 × 2^10100  = 0 10010011 10100010000000000000000 =  1,6328125 × 2^20
-1,1010001 × 2^10100  = 1 10010011 10100010000000000000000 = -1,6328125 × 2^20
 1,1010001 × 2^-10100 = 0 01101011 10100010000000000000000 =  1,6328125 × 2^-20
-1,1010001 × 2^-10100 = 1 01101011 10100010000000000000000 = -1,6328125 × 2^-20
```

(b) Exemplos

8 bits seguintes. A representação usada é conhecida como **representação polarizada**. Um valor fixo, chamado de polarização, é subtraído do campo para obter o verdadeiro valor do expoente. Normalmente, a polarização é igual a ($2^{k-1} - 1$), onde k é o número de bits no expoente binário. Nesse caso, o campo de 8 bits resulta em números de 0 a 255. Com a polarização de 127 ($2^7 - 1$), os valores de expoente verdadeiros estão na faixa de −127 a +128. Neste exemplo, a base é considerada como sendo 2.

A Tabela 10.2 mostra a representação polarizada para inteiros de 4 bits. Observe que, quando os bits de uma representação polarizada são tratados como inteiros sem sinal, as magnitudes relativas dos números não mudam. Por exemplo, nas representações polarizada e sem sinal, o maior número é 1111 e o menor número é 0000. Isso não é verdade com a representação em sinal-magnitude ou em complemento de dois. Uma vantagem da representação polarizada é que os números de ponto flutuante não negativos podem ser tratados como inteiros para propósitos de comparação.

A parte final da palavra (23 bits, neste caso) é o **significando**.[3] Qualquer número de ponto flutuante pode ser expresso de muitas maneiras.

Os seguintes números são equivalentes, onde o significando é expresso em formato binário:

$$0{,}110 \times 2^5$$
$$110 \times 2^2$$
$$0{,}0110 \times 2^6$$

Para simplificar as operações sobre números em ponto flutuante, em geral é exigido que eles sejam normalizados. Um **número normalizado** é aquele em que o dígito mais significativo do significando é diferente de zero. Para a representação na base 2, um número normalizado é, portanto, um número em que o bit mais significativo do significando é 1. Conforme dissemos, a convenção típica é que haja um bit à esquerda do separador de raiz. Dessa maneira, um número normalizado diferente de zero é aquele na forma

$$\pm 1{,}bbb \ldots b \times 2^{\pm E}$$

em que b é qualquer dígito binário (0 ou 1). Como o bit mais significativo é sempre 1, é desnecessário armazenar esse bit; em vez disso, ele é implícito. Desse modo, o campo de 23 bits é usado para armazenar um significando de 24 bits com um valor no intervalo meio aberto [1, 2). Dado um número que não é normalizado, o número pode ser normalizado deslocando o separador de raiz à direita do bit 1 mais à esquerda e ajustando o expoente devidamente.

A Figura 10.18b oferece alguns exemplos de números armazenados nesse formato. Para cada exemplo, à esquerda está o número binário, e o centro é o padrão de bits correspondente; à direita está o valor decimal. Observe as seguintes características:

- O sinal é armazenado no primeiro bit da palavra.
- O primeiro bit do verdadeiro significando é sempre 1 e não precisa ser armazenado no campo de significando.
- O valor 127 é acrescentado ao verdadeiro expoente para ser armazenado no campo de expoente.
- A base é 2.

Por comparação, a Figura 10.19 indica o intervalo de números que podem ser representados em uma palavra de 32 bits. Usando a representação de inteiro em complemento de dois, todos os inteiros de -2^{31} a $2^{31} - 1$ podem ser representados, para um total de 2^{32} números diferentes. Com o exemplo de formato em ponto flutuante da Figura 10.18, os intervalos de números a seguir são possíveis:

- Números negativos entre $-(2 - 2^{-23}) \times 2^{128}$ e -2^{-127}.
- Números positivos entre 2^{-127} e $(2 - 2^{-23}) \times 2^{128}$.

Cinco regiões na linha de números não estão incluídas nesses intervalos:

- Números negativos menores que $-(2 - 2^{-23}) \times 2^{128}$, chamados ***overflow* negativo**.

---

[3] O termo **mantissa**, às vezes usado no lugar de *significando*, é considerado obsoleto. *Mantissa* também significa "a parte fracionária de um logaritmo", de modo que é melhor ser evitado neste contexto.

Figura 10.19

Números expressos em formatos típicos de 32 bits.

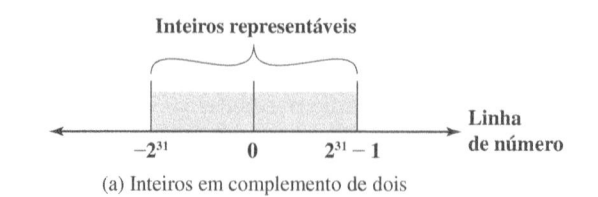

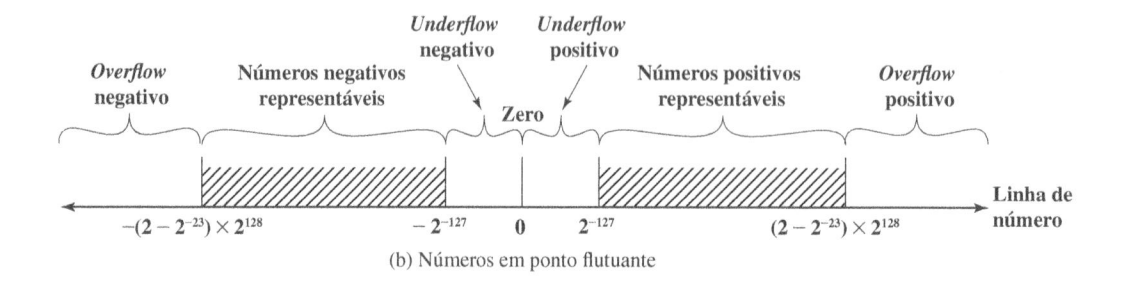

(a) Inteiros em complemento de dois

(b) Números em ponto flutuante

- Números negativos maiores que 2^{-127}, chamados **underflow negativo**.
- Zero.
- Números positivos menores que 2^{-127}, chamados de **underflow positivo**.
- Números positivos maiores que $(2 - 2^{-23}) \times 2^{128}$, chamados de **overflow positivo**.

A representação conforme apresentada não acomodará um valor 0. Contudo, como veremos, as representações reais em ponto flutuante incluem um padrão de bits especial para designar zero. O *overflow* ocorre quando uma operação aritmética resulta em uma magnitude maior do que pode ser expressa com um expoente de 128 (por exemplo, $2^{120} \times 2^{100} = 2^{220}$). O *underflow* ocorre quando a magnitude fracionária é muito pequena (por exemplo, $2^{-120} \times 2^{-100} = 2^{-220}$). O *underflow* é um problema menos sério porque o resultado geralmente pode ser satisfatoriamente aproximado para 0.

É importante observar que não estamos representando mais valores individuais com a notação em ponto flutuante. O número máximo de valores diferentes que podem ser representados com 32 bits ainda é 2^{32}. O que fizemos foi espalhar esses números em dois intervalos, um positivo e um negativo. Na prática, a maioria dos números em ponto flutuante que alguém desejaria representar é representada apenas de forma aproximada. Todavia, para inteiros de tamanho moderado, a representação é exata.

Além disso, observe que os números representados em notação em ponto flutuante não são espaçados uniformemente ao longo da linha de números, como os números de ponto fixo. Os valores possíveis se tornam mais próximos perto da origem e mais distantes à medida que você se afasta, como mostra a Figura 10.20. Essa é uma das desvantagens da matemática de ponto flutuante: muitos cálculos produzem resultados que não são exatos e têm de ser arredondados para o valor mais próximo que a notação pode representar.

No tipo de formato representado na Figura 10.18, existe uma escolha entre intervalo e precisão. O exemplo mostra 8 bits dedicados ao expoente e 23 ao significando. Se aumentarmos o número de bits no expoente, aumentaremos os intervalos de números representáveis. No entanto, como apenas um número fixo de valores diferentes pode ser expresso, reduzimos a densidade desses números e, portanto, a precisão. O único modo de aumentar o intervalo e a precisão é usar mais bits. Dessa maneira, a maioria dos computadores oferece, pelo

Figura 10.20

Densidade dos números de ponto flutuante.

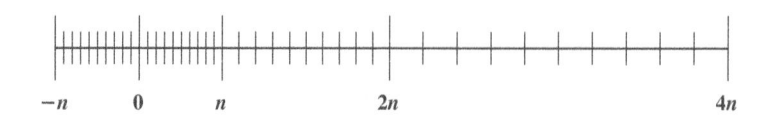

menos, números em precisão simples e números em precisão dupla. Por exemplo, um processador pode aceitar um formato em precisão simples de 64 bits, e um formato em precisão dupla, de 128 bits.

Desse modo, existe uma escolha entre o número de bits no expoente e o número de bits no significando. Mas é ainda mais complicado do que isso. A base implícita do expoente não precisa ser 2. A arquitetura do IBM S/390, por exemplo, usa uma base de 16 (ANDERSON, 1967b). O formato consiste em um expoente de 7 bits e um significando de 24 bits.

No formato de base 16 da IBM,

$$0,11010001 \times 2^{10100} = 0,11010001 \times 16^{101}$$

e o expoente é armazenado para representar 5 em vez de 20.

A vantagem de usar um expoente maior é que um intervalo maior pode ser obtido para o mesmo número de bits de expoente. Mas lembre-se de que não aumentamos o número de valores diferentes que podem ser representados. Dessa maneira, para um formato fixo, uma base com expoente maior oferece um maior intervalo, à custa de menor precisão.

Padrão do IEEE para a representação binária em ponto flutuante

A representação em ponto flutuante mais importante é definida no IEEE Standard 754, adotado em 1985 e revisado em 2008. Esse padrão foi desenvolvido para facilitar a portabilidade dos programas de um processador para outro e encorajar o desenvolvimento de programas sofisticados, orientados numericamente. O padrão tem sido bastante adotado e é usado em praticamente todos os processadores e coprocessadores aritméticos atuais. O IEEE 754 de 2008 cobre tanto a representação em ponto flutuante binária como a decimal. Neste capítulo, lidamos somente com as representações binárias.

O IEEE 754 de 2008 define os seguintes tipos diferentes de formatos de ponto flutuante:

- **Formato aritmético:** Todas as operações obrigatórias definidas pelo padrão são aceitas pelo formato. Ele pode ser usado para representar os operandos em ponto flutuante ou os resultados para as operações descritas no padrão.
- **Formato básico:** Esse formato cobre cinco representações de ponto flutuante, três binárias e duas decimais, cujas codificações são especificadas pelo padrão e podem ser usadas pela aritmética. Ao menos um dos formatos básicos é implementado em alguma implementação de conformidade.
- **Formato de intercâmbio:** Uma codificação de tamanho fixo completamente especificada que possibilita a troca de dados entre plataformas distintas e que pode ser usada para armazenamento.

Esses três formatos binários básicos têm tamanhos em bits de 32, 64 e 128 bits, com expoentes de 8, 11 e 15 bits, respectivamente (Figura 10.21). A Tabela 10.3 resume as características dos três formatos. Os dois formatos decimais básicos têm tamanhos em bits de 64 e 128 bits. Todos os formatos básicos são também tipos de formato aritmético (podem ser usados para operações de aritmética) e tipos de formato de intercâmbio (plataforma independente).

Vários outros formatos são especificados no padrão. O formato binário16 é somente um formato de intercâmbio e tem por objetivo armazenar os valores quando precisões mais altas não são exigidas. O formato binário{k} e o formato binário decimal{k} são formatos de intercâmbio com bits de tamanho total k e com tamanhos definidos para o significando e o expoente. O formato deve ser um múltiplo de 32 bits; dessa forma os formatos são definidos por $k = 160, 192$, e assim por diante. Essas duas famílias de formatos são também formatos aritméticos.

Além disso, o padrão define **os formatos de precisão estendidos**, onde a extensão suporta um formato básico proporcionado pelos bits adicionais no expoente (intervalo estendido) e no significando (precisão estendida). O formato exato é dependente de implementação, mas o padrão coloca certas restrições no tamanho do expoente e do significando. Esses formatos são tipos aritméticos, mas não tipos de intercâmbio. Os formatos estendidos são para serem usados em cálculos intermediários. Com sua maior precisão, os formatos estendidos diminuem a chance de um resultado final que contaminou o erro de arredondamento excessivo; com seu maior intervalo, eles também diminuem a chance de um *overflow* intermediário abortar uma computação cujo resultado final teria sido expresso em um formato básico. Uma motivação adicional para o formato estendido é que ele permite alguns dos benefícios do maior formato básico sem incorrer na penalidade de tempo geralmente associada a maior precisão.

Figura 10.21
Formatos do IEEE 754.

(a) Formato binário32 — Bit de sinal, Expoente polarizado (8 bits), Campo de significando de rastreamento (23 bits)

(b) Formato binário64 — Bit de sinal, Expoente polarizado (11 bits), Campo de significando de rastreamento (52 bits)

(c) Formato binário128 — Bit de sinal, Expoente polarizado (15 bits), Campo de significando de rastreamento (112 bits)

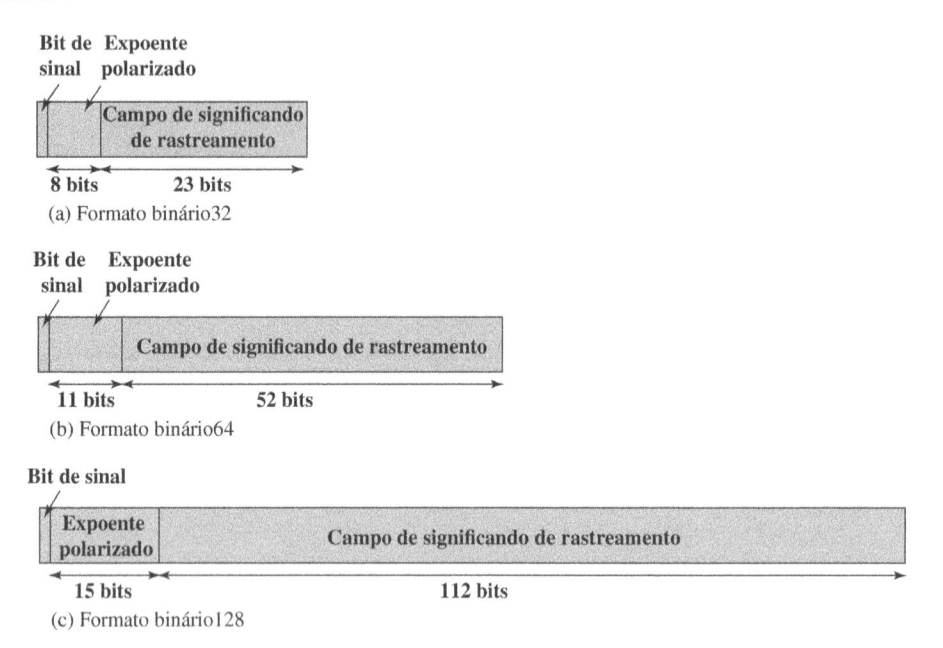

Tabela 10.3
Parâmetros do formato IEEE 754.

Parâmetro	Formato		
	Binário32	Binário64	Binário128
Largura de armazenamento (bits)	32	64	128
Largura de expoente (bits)	8	11	15
Polarização de expoente	127	1023	16383
Expoente máximo	127	1023	16383
Expoente mínimo	−126	−1022	−16382
Intervalo numérico normal aproximado (base 10)	$10^{-38}, 10^{+38}$	$10^{-308}, 10^{+308}$	$10^{-4932}, 10^{+4932}$
Largura do significando de rastreamento (bits)*	23	52	112
Número de expoentes	254	2046	32766
Número de frações	2^{23}	2^{52}	2^{112}
Número de valores	$1,98 \times 2^{31}$	$1,99 \times 2^{63}$	$1,99 \times 2^{128}$
Menor número normal positivo	2^{-126}	2^{-1022}	2^{-16362}
Maior número normal positivo	$2^{128} - 2^{104}$	$2^{1024} - 2^{971}$	$2^{16384} - 2^{16271}$
Menor magnitude subnormal	2^{-149}	2^{-1074}	2^{-16494}

Obs.: * Não inclui bit implícito e bit de sinal.

Por fim, o IEEE 754 de 2008 define um **formato de precisão extensível** como um formato com uma precisão e um intervalo que são definidos sob o controle do usuário. De novo, alguns formatos podem ser usados para cálculos intermediários, mas o padrão não estabelece nenhuma restrição a formato ou tamanho.

A Tabela 10.4 mostra a relação entre formatos definidos e tipos de formato. Nem todos os padrões de bit nos formatos IEEE são interpretados de uma maneira comum; em vez disso, alguns padrões de bit são usados para representar valores especiais. A Tabela 10.5 indica os valores atribuídos a vários padrões de bit. Os valores de expoente com todos os bits zeros (bits 0s) e com todos os bits uns (bits 1s) definem os valores especiais. As seguintes classes de números são representadas:

▶ Para os valores de expoente no intervalo de 1 a 254, para formato de 32 bits, 1 a 2046 para formato de 64 bits e 1 a 16382, os números de ponto flutuante diferentes de zero são representados. O expoente é polarizado, de forma que o intervalo de expoentes é −126 a +127 para formato de 32 bits e assim por diante. Um número normal requer um 1 bit à esquerda do ponto binário; esse bit é implícito, dando um significando efetivo de 24 bits, 53 bits ou 113 bits. Como um dos bits é implícito, o campo correspondente no formato binário é conhecido como **campo de significando de rastreamento**.

▶ Um expoente zero em conjunto com uma fração e zero representa zero negativo ou positivo, dependendo do bit do sinal. Como foi mencionado, é útil ter um valor exato do 0 representado.

▶ Um expoente com todos os bits uns em conjunto com uma fração zero representa infinito positivo ou negativo, dependendo do bit de sinal. Também é útil ter uma representação de infinito. Isso deixa para o usuário decidir se trata o *overflow* como uma condição de erro ou suporta o valor ∞ e prossegue com qualquer programa que esteja sendo executado.

▶ Um expoente zero em conjunto com uma fração diferente de zero representa um número subnormal. Nesse caso, o bit à esquerda da vírgula binária é zero e o expoente verdadeiro é −126 ou −1022. O número é positivo ou negativo, dependendo do bit de sinal.

▶ Um expoente com alguns uns em conjunto com uma fração diferente de zero é dado como valor NaN, o que significa *Não é um número* — do inglês, *Not a Number* —, e é usado para sinalizar várias condições excepcionais.

O significado de números subnormais e NaNs é discutido na Seção 10.5.

Tabela 10.4
Formatos de IEEE.

Formato	Tipo de formato		
	Formato aritmético	Formato básico	Formato de intercâmbio
binário16			X
binário32	X	X	X
binário64	X	X	X
binário128	X	X	X
binário{k} ($k = n \times 32$ para $n > 4$)	X		X
decimal64	X	X	X
decimal128	X	X	X
decimal{k} ($k = n \times 32$ para $n > 4$)	X		X
precisão estendida	X		
precisão extensível	X		

Tabela 10.5
Interpretação de números de ponto flutuante do IEEE 754.

(a) formato binário32

	Sinal	Expoente polarizado	Fração	Valor
zero positivo	0	0	0	0
zero negativo	1	0	0	−0
mais infinito	0	tudo 1	0	∞
menos infinito	1	tudo 1	0	−∞
NaN silencioso	0 ou 1	tudo 1	≠ 0; primeiro bit = 1	qNaN
NaN sinalizador	0 ou 1	tudo 1	≠ 0; primeiro bit = 0	sNaN
normal positivo diferente de zero	0	0 < e < 225	f	$2_e^{-127}(1,f)$
normal negativo diferente de zero	1	0 < e < 225	f	$-2_e^{-127}(1,f)$
subnormal positivo	0	0	f ≠ 0	$2_e^{-126}(0,f)$
subnormal negativo	1	0	f ≠ 0	$-2_e^{-126}(0,f)$

(b) formato binário64

	Sinal	Expoente polarizado	Fração	Valor
zero positivo	0	0	0	0
zero negativo	1	0	0	−0
mais infinito	0	tudo 1	0	∞
menos infinito	1	tudo 1	0	−∞
NaN silencioso	0 ou 1	tudo 1	≠ 0; primeiro bit = 1	qNaN
NaN sinalizador	0 ou 1	tudo 1	≠ 0; primeiro bit = 0	sNaN
normal positivo diferente de zero	0	0 < e < 2047	f	$2_e^{-1023}(1,f)$
normal negativo diferente de zero	1	0 < e < 2047	f	$-2_e^{-1023}(1,f)$
subnormal positivo	0	0	f ≠ 0	$2_e^{-1022}(0,f)$
subnormal negativo	1	0	f ≠ 0	$-2_e^{-1022}(0,f)$

(c) formato binário128

	Sinal	Expoente polarizado	Fração	Valor
zero positivo	0	0	0	0
zero negativo	1	0	0	−0
mais infinito	0	tudo 1	0	∞
menos infinito	1	tudo 1	0	−∞
NaN silencioso	0 ou 1	tudo 1	≠ 0; primeiro bit = 1	qNaN
NaN sinalizador	0 ou 1	tudo 1	≠ 0; primeiro bit = 0	sNaN
normal positivo diferente de zero	0	tudo 1	f	$2^{e-16383}(1,f)$
normal negativo diferente de zero	1	tudo 1	f	$-2^{e-16383}(1,f)$
subnormal positivo	0	0	f ≠ 0	$2^{e-16383}(0,f)$
subnormal negativo	1	0	f ≠ 0	$-2^{e-16383}(1,f)$

10.5 ARITMÉTICA EM PONTO FLUTUANTE

A Tabela 10.6 resume as operações básicas para a aritmética de ponto flutuante. Para adição e subtração, é necessário garantir que ambos os operandos tenham o mesmo valor de expoente. Isso requer deslocar o separador de raiz em um dos operandos para alcançar o alinhamento. A multiplicação e a divisão são mais diretas.

Uma operação de ponto flutuante pode produzir uma dessas condições:

▶ **Overflow de expoente:** um expoente positivo excede o valor máximo possível para expoente. Em alguns sistemas, isso pode ser designado como +∞ ou −∞.

▶ **Underflow de expoente:** um expoente negativo é menor que o valor mínimo possível para expoente (por exemplo, −200 é menor que −127). Isso significa que o número é muito pequeno para ser representado, e pode ser informado como 0.

Tabela 10.6

Números e operações aritméticas de ponto flutuante.

Números de ponto flutuante	Operações aritméticas
$X = X_S \times B^{X_E}$ $Y = Y_S \times B^{Y_E}$	$X + Y = (X_S \times B^{X_E - Y_E} + Y_S) \times B^{Y_E}$ $X - Y = (X_S \times B^{X_E - Y_E} - Y_S) \times B^{Y_E}$ $\Big\} X_E \leq Y_E$ $X \times Y = (X_S \times Y_S) \times B^{X_E + Y_E}$ $\dfrac{X}{Y} = \left(\dfrac{X_S}{Y_S}\right) \times B^{X_E - Y_E}$

Exemplos:
$X = 0,3 \times 10^2 = 30$
$Y = 0,2 \times 10^3 = 200$
$X + Y = (0,3 \times 10^{2-3} + 0,2) \times 10^3 = 0,23 \times 10^3 = 230$
$X - Y = (0,3 \times 10^{2-3} - 0,2) \times 10^3 = (-0,17) \times 10^3 = -170$
$X \times Y = (0,3 \times 0,2) \times 10^{2+3} = 0,06 \times 10^5 = 6000$
$X \div Y = (0,3 \div 0,2) \times 10^{2-3} = 1,5 \times 10^{-1} = 0,15$

▶ *Underflow* **de significando:** no processo de alinhamento dos significandos, os dígitos podem sair pela extremidade direita do significando. Conforme veremos, alguma forma de arredondamento é necessária.

▶ *Overflow* **de significando:** a adição de dois significando com o mesmo sinal pode resultar em um *carry* fora do bit mais significativo. Isso pode ser resolvido pelo realinhamento, como será explicado.

Adição e subtração

Na aritmética de ponto flutuante, adição e subtração são mais complexas do que multiplicação e divisão. Isso se deve à necessidade de alinhamento. Existem quatro fases básicas do algoritmo para adição e subtração:

1. Verificar os zeros.
2. Alinhar os significandos.
3. Somar ou subtrair os significandos.
4. Normalizar o resultado.

Um fluxograma típico aparece na Figura 10.22. Uma descrição passo a passo destaca as principais funções exigidas para a adição e a subtração em ponto flutuante. Consideramos um formato semelhante aos da Figura 10.21. Para a operação de adição ou subtração, os dois operandos precisam ser transferidos aos registradores que serão usados pela ALU. Se o formato de ponto flutuante incluir um bit de significandos implícito, esse bit precisa se tornar explícito para a operação.

Fase 1. Verificação de zero: Como a adição e a subtração são idênticas, exceto por uma mudança de sinal, o processo começa alterando o sinal do subtraendo, se essa for uma operação de subtração. Em seguida, se algum operando for 0, o outro é informado como o resultado.

Fase 2. Alinhamento do significando: A próxima fase é manipular os números de modo que os dois expoentes sejam iguais.

Para ver a necessidade de alinhar os expoentes, considere a seguinte adição em decimal:

$$(123 \times 10^0) + (456 \times 10^{-2})$$

Claramente, não podemos apenas somar os significandos. Os dígitos devem primeiro ser definidos para posições equivalentes, ou seja, o 4 do segundo número deve ser alinhado com o 3 do primeiro. Sob essas condições, os dois expoentes serão iguais, que é a condição matemática sob a qual dois números nesse formato podem ser somados. Desse modo,

$$(123 \times 10^0) + (456 \times 10^{-2}) = (123 \times 10^0) + (4{,}56 \times 10^0) = 127{,}56 \times 10^0$$

O alinhamento pode ser conseguido deslocando-se o número menor para a direita (aumentando seu expoente) ou deslocando o número maior para a esquerda. Como qualquer uma dessas operações pode resultar em perda de dígitos, é o número menor que é deslocado; quaisquer dígitos que forem perdidos, portanto, terão significado relativamente pequeno. O alinhamento é obtido deslocando repetidamente a parte de magnitude do significando 1 dígito para a direita, e aumentando o expoente até que os dois expoentes sejam iguais. (Observe que, se a base pressuposta for 16, um deslocamento de 1 dígito é um deslocamento de 4 bits.) Se esse processo resultar em um valor 0 para o significando, então o outro número é informado como resultado. Dessa maneira, se dois números tiverem expoentes que diferem significativamente, o número menor é perdido.

Fase 3. Adição: Em seguida, os dois significandos são somados, levando em conta seus sinais. Como os sinais podem ser diferentes, o resultado pode ser 0. Há também a possibilidade de *overflow* do significando por 1 dígito. Se isso acontecer, o significando do resultado é deslocado para a direita e o expoente é incrementado. Um *overflow* de expoente poderia ocorrer como resultado; isso seria informado e a operação encerrada.

Fase 4. Normalização: A fase final normaliza o resultado. A normalização consiste no deslocamento dos dígitos do significando para a esquerda até que o dígito mais significativo (bit, ou 4 bits para expoente na base 16) seja diferente de zero. Cada deslocamento causa um decréscimo do expoente e, portanto, poderia causar um *underflow* do expoente. Por fim, o resultado deve ser arredondado e depois informado. Adiamos uma discussão do arredondamento para a discussão da multiplicação e divisão.

Figura 10.22
Adição e subtração em ponto flutuante ($Z \leftarrow X \pm Y$)

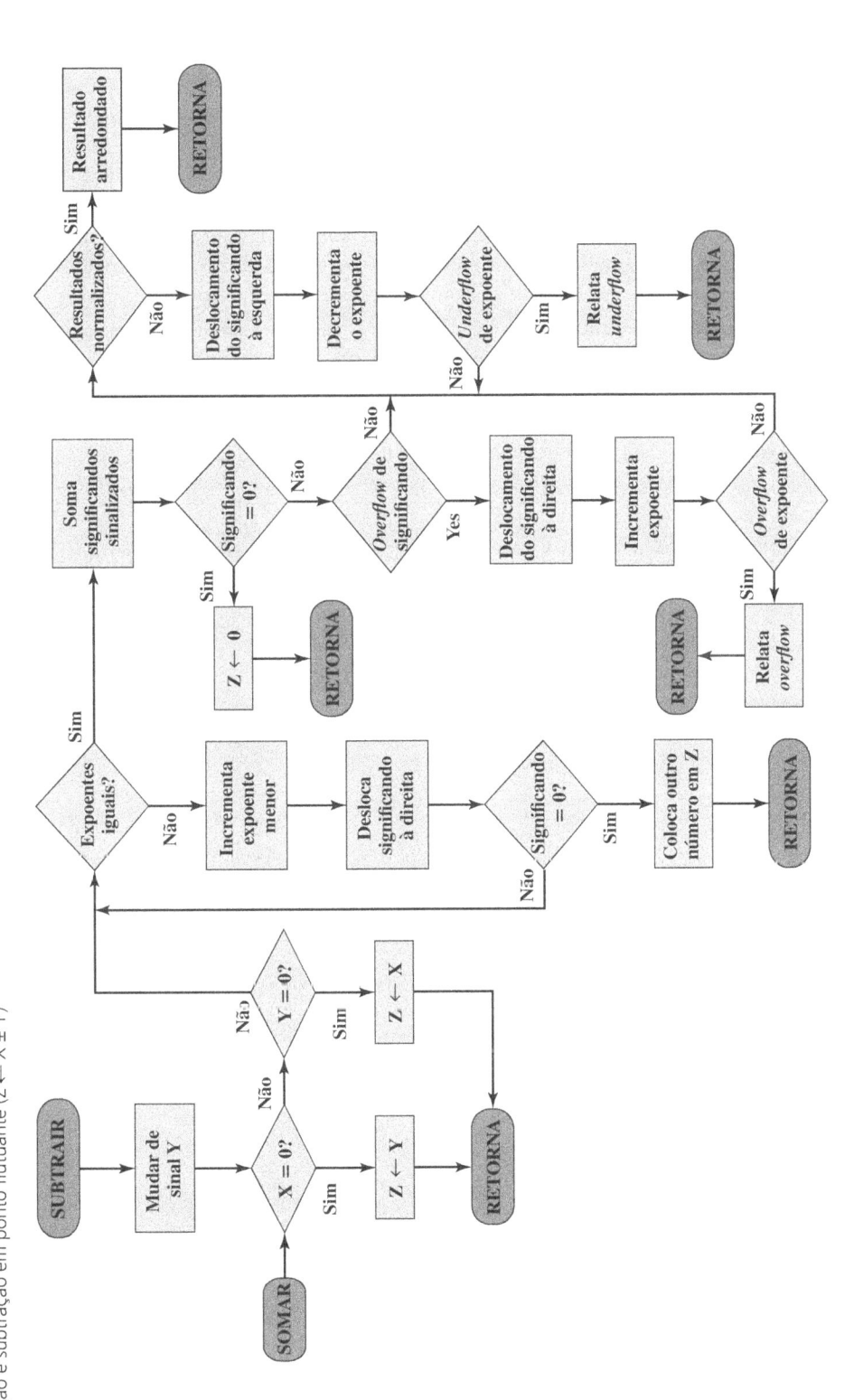

Multiplicação e divisão

A multiplicação e a divisão em ponto flutuante são processos muito mais simples que a adição e a subtração, como indica a discussão a seguir.

Inicialmente, consideramos a multiplicação, ilustrada na Figura 10.23. Primeiro, se qualquer operando for 0, 0 é informado como sendo o resultado. O próximo passo é somar os expoentes. Se os expoentes forem armazenados de forma polarizada, a soma do expoente teria dobrado a polarização. Dessa maneira, o valor da polarização deve ser subtraído da soma. O resultado poderia ser ou um *overflow* ou um *underflow* de expoente, que seria informado, encerrando o algoritmo.

Se o expoente do produto estiver dentro da faixa correta, o próximo passo é multiplicar os significandos, levando em conta seus sinais. A multiplicação é realizada da mesma maneira para inteiros. Nesse caso, estamos lidando com a representação sinal-magnitude, mas os detalhes são semelhantes aos da representação em complemento de dois. O produto será o dobro do tamanho do multiplicador e do multiplicando. Os bits extras serão perdidos durante o arredondamento.

Após o cálculo do produto, o resultado é então normalizado e arredondado, como foi feito para a adição e a subtração. Observe que a normalização poderia resultar em *underflow* do expoente.

Por fim, vamos considerar o fluxograma para divisão, representado na Figura 10.24. De novo, o primeiro passo é testar o 0. Se o divisor for 0, um informe de erro é emitido, ou o resultado é definido como infinito, dependendo da implementação. Um dividendo 0 resulta em 0. Em seguida, o expoente do divisor é subtraído do expoente do dividendo. Isso remove a polarização, que deve ser somada de volta. Em seguida, são feitos testes de *underflow* e *overflow* do expoente.

O próximo passo é dividir os significandos. Isso é acompanhado por normalização e arredondamento normais.

Figura 10.23

Multiplicação em ponto flutuante (Z ← X ± Y).

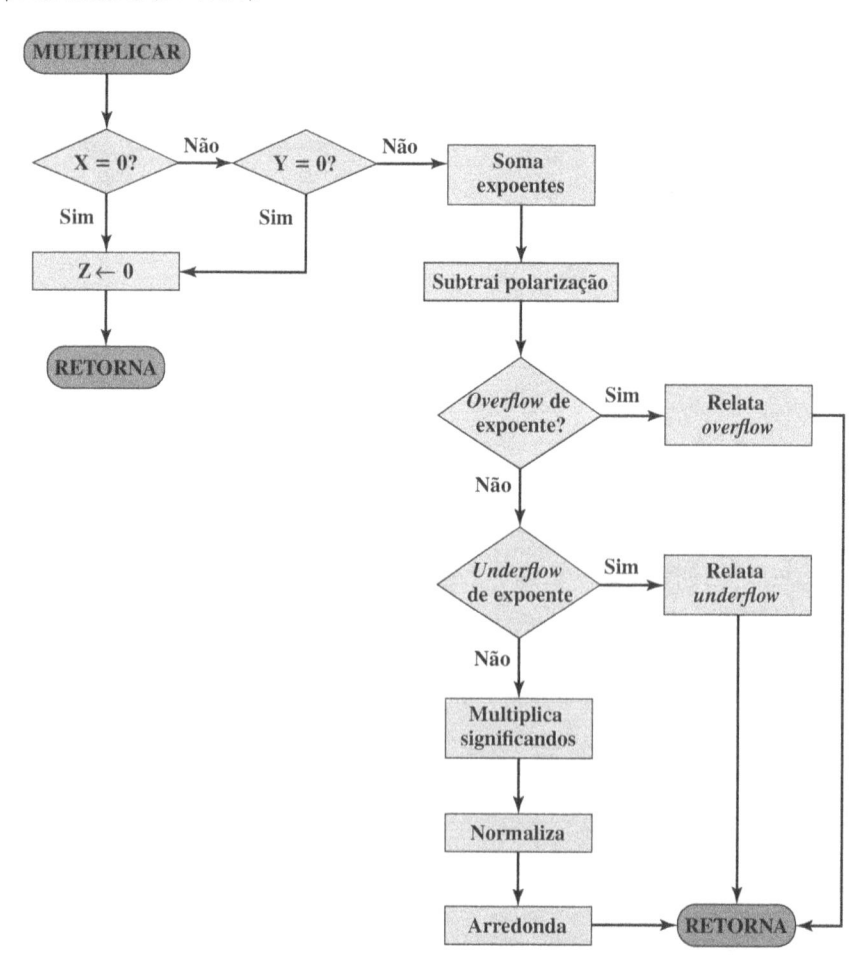

Figura 10.24

Divisão em ponto flutuante (Z ← X/Y).

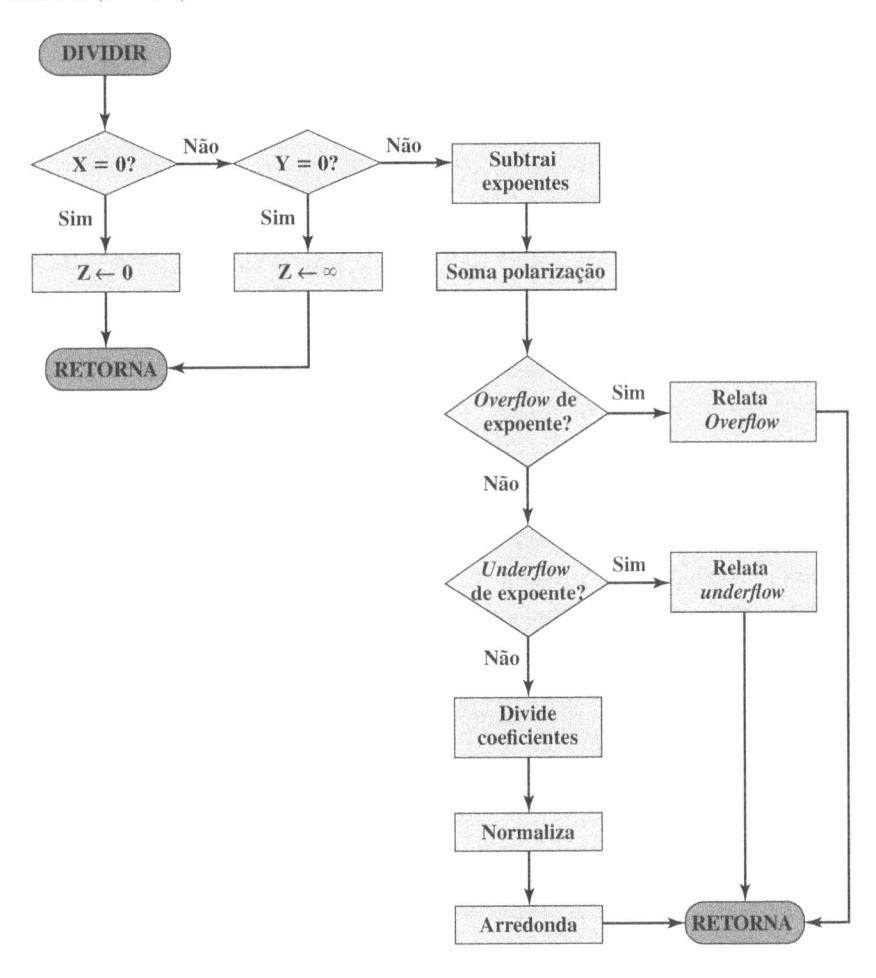

Considerações de precisão

BITS DE GUARDA Mencionamos que, antes da operação em ponto flutuante, o expoente e o significando de cada operando são carregados nos registradores da ALU. No caso do significando, o tamanho do registrador é quase sempre maior que o tamanho do significando mais o bit implícito. O registrador contém bits adicionais, chamados bits de guarda, que são usados para preencher a extremidade direita do significando com 0s.

> O motivo para o uso dos bits de guarda é ilustrado na Figura 10.25. Considere números no formato IEEE, que têm um significando de 24 bits, incluindo um bit 1 implícito à esquerda da vírgula binária. Dois números que são muito próximos em valor são $x = 1,00 \ldots 00 \times 2^1$ e $y = 1,11 \ldots 11 \times 2^0$. Se o número menor tiver que ser subtraído do maior, ele deve ser deslocado 1 bit à direita para alinhar os expoentes. Isso pode ser visto na Figura 10.25a. No processo, y perde 1 bit do significando; o resultado é 2^{-22}. A mesma operação é repetida na parte (b) com a adição dos bits de guarda. Agora, o bit menos significativo não se perde devido ao alinhamento, e o resultado é 2^{-23}, uma diferença de um fator de 2 da resposta anterior. Quando a raiz é 16, a perda de precisão pode ser maior. Como as figuras 10.25c e (d) mostram, a diferença pode ser um fator de 16.

ARREDONDAMENTO Outro detalhe que afeta a precisão do resultado é a política de arredondamento. O resultado de qualquer operação sobre os coeficientes geralmente é armazenado em um registrador maior. Quando o resultado é colocado de volta ao formato de ponto flutuante, os bits extras devem ser descartados de maneira que produza um resultado que esteja próximo do resultado exato. Isso é chamado de **arredondamento**.

Diversas técnicas foram exploradas para realizar o arredondamento. Na verdade, o padrão do IEEE lista quatro técnicas alternativas:

Figura 10.25
O uso dos bits de guarda.

```
x =  1,000.....00      × 2¹
-y =  0,111.....11     × 2¹
 z =  0,000.....01     × 2¹
   =  1,000.....00     × 2⁻²²
```
(a) Exemplo binário, sem bits de guarda

```
x =  ,100000 × 16¹
-y = ,0FFFFF × 16¹
 z = ,000001 × 16¹
   = ,100000 × 16⁻⁴
```
(c) Exemplo hexadecimal, sem bits de guarda

```
x =  1,000.....00 0000  × 2¹
-y =  0,111.....11 1000  × 2¹
 z =  0,000.....00 1000  × 2¹
   =  1,000.....00 0000  × 2⁻²³
```
(b) Exemplo binário, com bits de guarda

```
x =  ,100000 00 × 16¹
-y = ,0FFFFF F0 × 16¹
 z = ,000000 10 × 16¹
   = ,100000 00 × 16⁻⁵
```
(d) Exemplo hexadecimal, com bits de guarda

- **Arredondar para o mais próximo:** o resultado é arredondado para o número representável mais próximo.
- **Arredondar para $+\infty$:** o resultado é arredondado para mais infinito.
- **Arredondar para $-\infty$:** o resultado é arredondado para infinito negativo.
- **Arredondar para 0:** o resultado é arredondado para zero.

Vamos considerar cada uma dessas políticas por vez. **Arredondar para o mais próximo** é o modo de arredondamento padrão e é definido da seguinte forma: o resultado representável mais próximo ao resultado infinitamente exato será entregue.

> Se os bits extras, além dos 23 bits que podem ser armazenados, forem 10010, então os bits extras chegam a mais de metade da última posição de bit representável. Nesse caso, a resposta correta é somar o binário 1 ao último bit representável, arredondando até o próximo número representável. Agora, considere que os bits extras sejam 01111. Nesse caso, os bits extras chegam a menos da metade da última posição de bit representável. A resposta correta é simplesmente descartar os bits extras (truncar), que tem o efeito de arredondar para o próximo número representável.

O padrão também leva em conta o caso especial de bits extras da forma 10000.... Aqui, o resultado está exatamente a meio caminho entre dois valores representáveis possíveis. Uma técnica possível aqui seria sempre truncar, pois essa seria a operação mais simples. Contudo, a dificuldade com essa técnica simples é que ela introduz uma polarização pequena, porém cumulativa, para uma sequência de cálculos. É preciso um método não polarizado de arredondamento. Uma técnica possível seria arredondar para cima ou para baixo com base em um número aleatório, que, na média, o resultado seria não polarizado. O argumento contra essa técnica é que ela não produz resultados previsíveis, determinísticos. A técnica tomada pelo padrão IEEE é forçar o resultado a ser par: se o resultado de um cálculo estiver exatamente a meio caminho entre dois números representáveis, o valor é arredondado para cima se o último bit representável for 1 e não arredondado para cima se for 0.

As duas opções seguintes, **arredondar para mais** e **menos infinito**, são úteis na implementação de uma técnica conhecida como aritmética intervalar. A aritmética de intervalo oferece um método eficiente para monitorar e controlar erros em cálculos de ponto flutuante, produzindo dois valores para cada resultado. Os dois valores correspondem às extremidades inferior e superior de um intervalo que contém o resultado verdadeiro. A largura do intervalo, que é a diferença entre as extremidades superior e inferior, indica a precisão do resultado. Se as extremidades de um intervalo não forem representáveis, então as extremidades do intervalo são arredondadas para baixo e para cima, respectivamente. Embora o tamanho do intervalo possa variar de acordo com a implementação, muitos algoritmos foram projetados para produzir intervalos estreitos. Se o intervalo entre os limites superior e inferior for suficientemente estreito, então um resultado suficientemente preciso foi obtido. Se não, pelo menos sabemos disso e podemos realizar uma análise adicional.

A técnica final especificada no padrão é **arredondar para zero**. Isso, na verdade, é um truncamento simples: os bits extras são ignorados. Esta certamente é a técnica mais simples. No entanto, o resultado é que a magnitude do valor truncado sempre é menor ou igual ao valor original mais preciso, introduzindo uma polarização consistente para zero na operação. Essa é uma polarização séria, pois afeta cada operação para a qual existem bits extras diferentes de zero.

Padrão do IEEE para a aritmética binária em ponto flutuante

O IEEE 754 vai além da simples definição de um formato para estabelecer práticas e procedimentos específicos, de modo que a aritmética de ponto flutuante produza resultados uniformes e previsíveis, independentes da plataforma de hardware. Um aspecto disso já foi discutido, chamado de arredondamento. Esta subseção examinará três outros tópicos: infinito, NaNs e números desnormalizados.

INFINITO A aritmética de infinito é tratada como o caso limitador da aritmética real, com os valores de infinito recebendo a seguinte interpretação:

$$-\infty < (\text{cada número finito}) < +\infty$$

Com a exceção dos casos especiais discutidos mais adiante, qualquer operação aritmética envolvendo infinito gera o resultado óbvio.

Por exemplo:

$$
\begin{array}{ll}
5 + (+\infty) = +\infty & 5 \div (+\infty) = +0 \\
5 - (+\infty) = -\infty & (+\infty) + (+\infty) = +\infty \\
5 + (-\infty) = -\infty & (-\infty) + (-\infty) = -\infty \\
5 - (-\infty) = +\infty & (-\infty) - (+\infty) = -\infty \\
5 \times (+\infty) = +\infty & (+\infty) - (-\infty) = +\infty
\end{array}
$$

NaNs SILENCIOSOS E SINALIZADORES Um NaN é uma entidade simbólica codificada em formato de ponto flutuante, do qual existem dois tipos: sinalizador e silencioso. Um NaN sinalizador sinaliza uma exceção de operação inválida sempre que aparece como um operando. Os NaNs sinalizadores fornecem valores para variáveis não inicializadas e melhorias aritméticas que não sejam assunto do padrão. Um NaN silencioso se propaga por quase todas as operações aritméticas sem sinalizar uma exceção. A Tabela 10.7 indica operações que produzirão um NaN silencioso.

Observe que os dois tipos de NaNs possuem o mesmo formato geral (Tabela 10.4): um expoente com apenas uns e uma fração diferente de zero. O padrão de bits real da fração diferente de zero depende da implementação; os valores de fração podem ser usados para distinguir NaNs silenciosos dos NaNs sinalizadores e especificar condições particulares de exceção.

NÚMEROS SUBNORMAIS Números subnormais são incluídos no IEEE 754 para lidar com casos de *underflow* de expoente. Quando o expoente do resultado se torna muito pequeno (um expoente negativo com uma magnitude muito grande), o resultado é subnormalizado, deslocando a fração para a direita e aumentando o expoente para cada deslocamento, até que o expoente esteja dentro de um intervalo representável.

A Figura 10.26 ilustra o efeito de incluir números subnormais. Os números representáveis podem ser agrupados em intervalos na forma $[2^n, 2^{n+1}]$. Dentro de cada um desses intervalos, a parte do expoente do número permanece constante, enquanto a fração varia, produzindo um espaçamento uniforme de números representáveis dentro do intervalo. Ao nos aproximarmos de zero, cada intervalo sucessivo é a metade da largura do intervalo anterior, mas contém a mesma quantidade de números representáveis. Logo, a densidade dos números representáveis aumenta à medida que nos aproximamos de zero. Contudo, se apenas os números normais forem usados, existe uma lacuna entre o menor número normalizado e 0. No caso do formato IEEE 754 de 32 bits, existem 2^{23} números representáveis em cada intervalo, e o menor número positivo representável é 2^{-126}. Com a inclusão de números subnormais, $2^{23} - 1$ números adicionais são uniformemente acrescentados entre 0 e 2^{-126}.

O uso de números subnormais é conhecido como *underflow gradual* (COONEN, 1981). Sem os números subnormais, a lacuna entre o menor número diferente de zero representável e zero é muito maior do que a lacuna entre o menor número representável e o próximo número maior. O *underflow* gradual preenche essa lacuna e reduz o impacto do *underflow* do expoente a um nível comparável ao arredondamento entre os números normalizados.

Tabela 10.7
Operações que produzem um NaN silencioso.

Operação	NaN silencioso produzido por
Qualquer	Qualquer operação em um NaN sinalizador
Adição ou subtração	Subtração de magnitude de infinitos: $(+\infty) + (-\infty)$ $(-\infty) + (+\infty)$ $(+\infty) - (+\infty)$ $(-\infty) - (-\infty)$
Multiplicação	$0 \times \infty$
Divisão	$\dfrac{0}{0}$ ou $\dfrac{\infty}{\infty}$
Restante	x REM 0 ou ∞ REM y
Raiz quadrada	$\sqrt{x}$, em que $x < 0$

Figura 10.26
O efeito de números subnormais do IEEE 754.

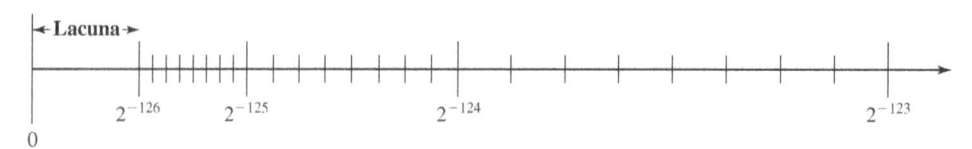

(a) Formato de 32 bits sem números subnormais

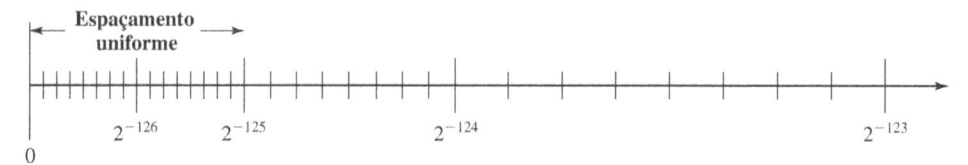

(b) Formato de 32 bits com números subnormais

10.6 TERMOS-CHAVE, QUESTÕES DE REVISÃO E PROBLEMAS

Arredondamento, 309	Mantissa, 299	*Overflow* de significando, 306
Base, 298	Minuendo, 287	*Overflow* negativo, 299
Bit de sinal, 281	Multiplicador, 289	*Overflow* positivo, 300
Bits de guarda, 309	Multiplicando, 289	Produto, 289
Deslocamento aritmético, 293	Número normalizado, 299	Produto parcial, 289
Dividendo, 296	Número subnormal, 311	Quociente, 296
Divisor, 296	*Overflow*, 287	Representação em complemento de dois, 281
Expoente, 298	*Overflow* de expoente, 305	Representação em complemento de um, 313

Representação em ponto fixo, 285	Separador de raiz, 280	*Underflow* de significando, 306
Representação em ponto flutuante, 298	Significando, 299	*Underflow* negativo, 299
Representação em sinal--magnitude, 281	Subtraendo, 287	*Underflow* positivo, 300
Representação polarizada, 298	Tamanho do intervalo, 284	Unidade lógica e aritmética (ALU), 280
Resto, 296	*Underflow* de expoente, 305	

QUESTÕES DE REVISÃO

10.1. Explique resumidamente as seguintes representações: sinal-magnitude, complemento de dois, polarizada.

10.2. Explique como determinar se um número é negativo nas seguintes representações: sinal-magnitude, complemento de dois, polarizada.

10.3. Qual é a regra de extensão de sinal para números de complemento de dois?

10.4. Como você pode formar a negação de um inteiro na representação em complemento de dois?

10.5. Em termos gerais, quando a operação em complemento de dois em um inteiro de *n* bits produz o mesmo inteiro?

10.6. Qual é a diferença entre a representação em complemento de dois de um número e o complemento de dois de um número?

10.7. Se tratarmos 2 números em complemento de dois como inteiros sem sinal para fins de adição, o resultado é correto se interpretado como um número em complemento de dois. Isso não é verdade para a multiplicação. Por quê?

10.8. Quais são os quatro elementos essenciais de um número na notação em ponto flutuante?

10.9. Qual é o benefício de usar a representação polarizada para a parte do expoente de um número em ponto flutuante?

10.10. Quais são as diferenças entre *overflow* positivo, *overflow* do expoente e *overflow* do significando?

10.11. Quais são os elementos básicos da adição e subtração de ponto flutuante?

10.12. Dê um motivo para o uso de bits de guarda.

10.13. Liste quatro métodos alternativos de arredondamento do resultado de uma operação em ponto flutuante.

PROBLEMAS

10.1. Represente os seguintes números decimais em binário na representação sinal-magnitude e em complemento de dois, usando 16 bits: + 512; − 29.

10.2. Represente os seguintes valores em complemento de dois em decimal: 1101011; 0101101.

10.3. Outra representação de inteiros binários que às vezes é encontrada é o **complemento de um**. Inteiros positivos são representados da mesma maneira que sinal-magnitude. Um inteiro negativo é representado tomando-se o complemento booleano de cada bit do número positivo correspondente.

    d. Forneça uma definição de números com complemento de um usando uma soma ponderada de bits, semelhante às equações 10.1 e 10.2.

    e. Qual é o intervalo de números que pode ser representado no complemento de um?

    f. Defina um algoritmo para realizar adição na aritmética de complemento de um. *Obs.:* a aritmética de complemento de um desapareceu do hardware na década de 1960, mas ainda sobrevive nos cálculos de soma de verificação para o Internet Protocol (IP) e o Transmission Control Protocol (TCP).

10.4. Some as colunas da Tabela 10.1 para sinal-magnitude e complemento de um.

10.5. Considere a seguinte operação em uma palavra binária. Comece com o bit menos significativo. Copie todos os bits que são 0 até que o primeiro bit seja alcançado e copie esse bit também. Então, pegue o complemento a cada bit depois disso. Qual é o resultado?

10.6. Na Seção 10.3, a operação em complemento de dois é definida da seguinte forma. Para encontrar o complemento de dois de X, apanhe o complemento booleano de cada bit de X, e depois some 1.

   a. Mostre que o seguinte é uma definição equivalente. Para um inteiro de n bits X, o complemento de dois de X é formado tratando X como um inteiro sem sinal e calculando $(2_n - X)$.

   b. Demonstre que a Figura 10.5 pode ser usada graficamente para dar suporte à afirmação na parte (a), mostrando como um movimento em sentido horário é usado para conseguir a subtração.

10.7. O complemento a r de um número de n dígitos N na base r é definido como $r^n - N$ para $N \neq 0$ e 0 para $N = 0$. Encontre o complemento de dez do número decimal 13.250.

10.8. Calcule (72.530 − 13.250) usando a aritmética em complemento de dez. Considere regras semelhantes àquelas para a aritmética de complemento de dois.

10.9. Considere a adição em complemento de dois de dois números de n bits:

$$z_{n-1}z_{n-2}\ldots z_0 = x_{n-1}x_{n-2}\ldots x_0 + y_{n-1}y_{n-2}\ldots y_0$$

Suponha que a adição bit a bit seja realizada com um bit de *carry* c_i gerado pela adição de x_i, y_i, e c_{i-1}. Considere que v seja uma variável binária indicando *overflow* quando $v = 1$. Preencha os valores na tabela.

Entrada	x_{n-1}	0	0	0	0	1	1	1	1
	y_{n-1}	0	0	1	1	0	0	1	1
	c_{n-2}	0	1	0	1	0	1	0	1
Saída	z_{n-1}								
	v								

10.10. Suponha que os números sejam representados em complemento de dois com 8 bits. Mostre o cálculo do seguinte:

   a. 6 + 13   **b.** −6 + 13   **c.** 6 − 13   **d.** −6 − 13

10.11. Ache as seguintes diferenças usando a aritmética em complemento de dois:

   a. 111000   **b.** 11001100   **c.** 111100001111   **d.** 11000011
       −110011   −101110   −110011110011   −11101000

10.12. A seguinte definição de *overflow* na aritmética em complemento de dois é uma definição alternativa válida?

Se o OU exclusivo dos bits de *carry in* e *carry out* da coluna mais à esquerda for 1, então existe uma condição de *overflow*. Caso contrário, não existe.

10.13. Compare as figuras 10.9 e 10.12. Por que o bit C não é usado na segunda?

10.14. Dados $x = 0101$ e $y = 1010$ na notação em complemento de dois (ou seja, $x = 5$, $y = -6$), calcule o produto $p = x \times y$ com o algoritmo de Booth.

10.15. Use o algoritmo de Booth para multiplicar 23 (multiplicando) por 29 (multiplicador), onde cada número é representado usando 6 bits.

10.16. Prove que a multiplicação de dois números de n dígitos na base B gera um produto de não mais do que 2n dígitos.

10.17. Verifique a validade do algoritmo de divisão binária sem sinal da Figura 10.16 mostrando as etapas envolvidas no cálculo da divisão, representado na Figura 10.15. Use uma apresentação semelhante à da Figura 10.17.

10.18. O algoritmo de divisão de inteiros em complemento de dois, descrito na Seção 10.3, é conhecido como método restaurador, pois o valor no registrador A deve ser restaurado após uma subtração sem sucesso. Uma técnica um pouco mais complexa, conhecida como não restauradora, evita subtrações e adições desnecessárias. Proponha um algoritmo para essa última técnica.

10.19. Sob a aritmética de inteiros por computador, o quociente J/K de dois inteiros J e K é menor ou igual ao quociente normal. Verdadeiro ou falso?

10.20. Divida −145 por 13 em notação em complemento de dois binária, usando palavras de 12 bits. Use o algoritmo descrito na Seção 10.3.

10.21. a. Considere uma representação em ponto fixo usando dígitos decimais, em que o separador de raiz implícito pode estar em qualquer posição (por exemplo, à direita do dígito menos significativo, à direita do dígito mais significativo, e assim por diante). Quantos dígitos decimais são necessários para representar as aproximações da constante de Planck ($6{,}63 \times 10^{-27}$) e do número de Avogadro ($6{,}02 \times 10^{23}$)? O separador de raiz implícito deverá estar na mesma posição para ambos os números.

b. Agora, considere um formato em ponto flutuante decimal com o expoente armazenado em uma representação polarizada com uma polarização de 50. Considera-se uma representação normalizada. Quantos dígitos decimais são necessários para representar essas constantes nesse formato de ponto flutuante?

10.22. Suponha que o expoente e seja restrito a ficar no intervalo de $0 \leq e \leq X$, com uma polarização de q, que a base é b, e que o significando tem p dígitos de tamanho.

a. Qual é o maior e o menor valor positivo que podem ser escritos?

b. Qual é o maior e o menor valor positivo que podem ser escritos como números em ponto flutuante normalizados?

10.23. Expresse os seguintes números em formato IEEE de ponto flutuante com 32 bits:
    a. −5   **b.** −6   **c.** −1,5   **d.** 384   **e.** 1/16   **f.** −1/32

10.24. Os seguintes números utilizam o formato IEEE de ponto flutuante com 32 bits. Qual é o valor decimal equivalente?
    a. 1 10000011 11000000000000000000000
    b. 0 01111110 10100000000000000000000
    c. 0 10000000 00000000000000000000000

10.25. Considere um formato IEEE de ponto flutuante de 7 bits, com 3 bits para o expoente e 3 bits para o significando. Liste todos os 127 valores.

10.26. Expresse os seguintes números no formato em ponto flutuante de 32 bits da IBM, que usa um expoente de 7 bits com uma base implícita de 16 e uma polarização de expoente de 64 (40 hexadecimal). Um número em ponto flutuante normalizado requer que o dígito hexadecimal mais à esquerda seja diferente de zero; o separador de raiz implícito está à esquerda desse dígito.
    a. 1,0   **c.** 1/64   **e.** −15,0   **g.** $7{,}2 \times 10^{75}$
    b. 0,5   **d.** 0,0   **f.** $5{,}4 \times 10^{-79}$ **h.** 65.535

10.27. Considere que 5BCA0000 seja um número de ponto flutuante no formato IBM, expresso em hexadecimal.
Qual é o valor decimal do número?

10.28. Qual seria o valor da polarização para:
    a. Um expoente de base 2 (B = 2) em um campo de 6 bits?
    b. Um expoente de base (B = 8) em um campo de 7 bits?

10.29. Desenhe uma linha de números semelhante à da Figura 10.19b para o formato em ponto flutuante da Figura 10.21b.

10.30. Considere um formato de ponto flutuante com 8 bits para o expoente polarizado e 23 bits para o significando. Mostre o padrão de bits para os seguintes números nesse formato:
    a. −720   **b.** 0,645

10.31. O texto menciona que um formato de 32 bits pode representar um máximo de 2^{32} números diferentes. Quantos números diferentes podem ser representados no formato IEEE de 32 bits? Explique.

10.32. Qualquer representação em ponto flutuante usada em um computador só pode representar certos números reais exatamente; todos os outros precisam ser aproximados. Se A' é o valor armazenado aproximado do valor real A, então o erro relativo, r, é expresso como

$$r = \frac{A - A'}{A}$$

Represente a quantidade decimal +0,4 no seguinte formato de ponto flutuante: base = 2; expoente: polarizado, 4 bits; significando, 7 bits. Qual é o erro relativo?

10.33. Se $A = 1,427$, encontre o erro relativo se A for truncado para 1,42 e se for arredondado para 1,43.

10.34. Quando as pessoas falam sobre imprecisão na aritmética de ponto flutuante, elas em geral atribuem erros ao cancelamento que ocorre durante a subtração de quantidades quase iguais. Mas quando X e Y são aproximadamente iguais, a diferença $X - Y$ é obtida com exatidão, sem erro. O que essas pessoas realmente querem dizer?

10.35. Os valores numéricos A e B são armazenados no computador como aproximações A' e B' Desconsiderando quaisquer outros erros de truncamento ou arredondamento, mostre que o erro relativo do produto é aproximadamente a soma dos erros relativos nos fatores.

10.36. Um dos erros mais sérios nos cálculos de computador ocorre quando dois números quase iguais são subtraídos. Considere $A = 0,22288$ e $B = 0,22211$. O computador trunca todos os valores para quatro dígitos decimais. Assim $A' = 0,2228$ e $B' = 0,2221$.
   a. Quais são os erros relativos para A' e B'?
   b. Qual é o erro relativo para $C' = A' - B'$?

10.37. Para ter uma ideia dos efeitos da desnormalização e *underflow* gradual, considere um sistema decimal que oferece 6 dígitos decimais para o significando e para o qual o menor número normalizado é 10^{-99}. Um número normalizado tem um dígito decimal diferente de zero à esquerda da vírgula decimal. Efetue os seguintes cálculos e desnormalize os resultados. Comente os resultados.
   a. $(2,50000 \times 10^{-60}) \times (3,50000 \times 10^{-43})$
   b. $(2,50000 \times 10^{-60}) \times (3,50000 \times 10^{-60})$
   c. $(5,67834 \times 10^{-97}) - (5,67812 \times 10^{-97})$

10.38. Mostre como as seguintes adições em ponto flutuante são realizadas (onde os significandos são truncados para 4 dígitos decimais). Mostre os resultados em formato normalizado.
   a. $5,566 \times 10^2 + 7,777 \times 10^2$
   b. $3,344 \times 10^1 + 8,877 \times 10^{-2}$

10.39. Mostre como as seguintes subtrações em ponto flutuante são realizadas (onde os significandos são truncados para 4 dígitos decimais). Mostre os resultados em formato normalizado.
   a. $7,744 \times 10^{-3} - 6,666 \times 10^{-3}$ b. $8,844 \times 10^{-3} - 2,233 \times 10^{-1}$

10.40. Mostre como os seguintes cálculos em ponto flutuante são realizados (onde os significandos são truncados para 4 dígitos decimais). Mostre os resultados em formato normalizado.
   a. $(2,255 \times 10^1) \times (1,234 \times 10^0)$ b. $(8,833 \times 10^2) \div (5,555 \times 10^4)$

LÓGICA DIGITAL

11.1 Álgebra booleana

11.2 Portas lógicas

11.3 Circuitos combinacionais
Implementação das funções booleanas
Multiplexadores
Decodificadores
Memória somente de leitura
Somadores

11.4 Circuitos sequenciais
Flip-flops
Registradores
Contadores

11.5 Dispositivos lógicos programáveis
Array lógico programável
Array de porta programável por campo

11.6 Termos-chave e problemas

OBJETIVOS DE APRENDIZAGEM

Após ler este capítulo, você será capaz de:
- Compreender as operações básicas da álgebra booleana.
- Distinguir os diferentes tipos de flip-flops.
- Usar um mapa de Karnaugh a fim de simplificar uma expressão booleana.
- Apresentar uma visão geral dos dispositivos lógicos programáveis.

A operação do computador digital é baseada no armazenamento e no processamento de dados binários. Neste livro, supomos a existência de elementos de armazenamento que podem ocorrer em um dos dois estados estáveis e de circuitos que podem operar dados binários sob o controle de sinais de controle, a fim de implementar as várias funções computacionais. Neste capítulo, sugerimos que esses elementos de armazenamento e de circuitos possam ser implementados na lógica digital, sobretudo com circuitos sequenciais e combinacionais. O capítulo começa com uma breve revisão da álgebra booleana, que é um fundamento matemático da lógica digital. A seguir, o conceito de uma porta é introduzido. Por fim, os circuitos sequenciais e combinacionais, que são construídos a partir de portas lógicas, são descritos.

11.1 ÁLGEBRA BOOLEANA

O circuito digital em computadores digitais e outros sistemas digitais é projetado, e seu comportamento é analisado, com o uso de uma disciplina matemática chamada de **álgebra booleana**. O nome foi dado em homenagem ao matemático inglês George Boole, que propôs os princípios básicos da álgebra em 1854 em seu tratado, *An Investigation of the Laws of Thought on Which to Found the Mathematical Theories of Logic and Probabilities*. Em 1938, Claude Shannon, um pesquisador assistente no Departamento de Energia Elétrica do MIT, sugeriu que a álgebra booleana poderia ser usada para resolver problemas em projetos de circuitos com comutadores (SHANNON, 1938).[1] As técnicas de Shannon foram subsequentemente usadas na análise e no desenvolvimento de circuitos digitais eletrônicos. A álgebra booleana mostra ser uma ferramenta conveniente em duas áreas:

- **Análise:** é um modo econômico de descrever a função do circuito digital.
- **Projeto:** dada uma função desejada, a álgebra booleana pode ser aplicada a desenvolver uma implementação simplificada dessa função.

Como em qualquer álgebra, a álgebra booleana faz uso de variáveis e operações. Nesse caso, as variáveis e operações são lógicas. Dessa maneira, uma variável pode ter o valor 1 (VERDADEIRO) ou 0 (FALSO). As operações de lógica básica são AND, OR e NOT, que são simbolicamente representadas por ponto, sinal de adição e barra sobrescrita:[2]

$$A \text{ AND } B = A \cdot B$$
$$A \text{ OR } B = A + B$$
$$\text{NOT } A = \overline{A}$$

A operação AND produz verdadeiro (valor binário 1) se e somente se seus dois operandos forem verdadeiros. A operação OR produz verdadeiro se algum ou seus dois operandos forem verdadeiros. A operação unária NOT inverte o valor de seus operandos. Por exemplo, considere a equação

$$D = A + (\overline{B} \cdot C)$$

D é igual a 1 se A for 1 ou se B = 0 e C = 1. Caso contrário, D = 0.

Vários pontos relativos à notação são necessários. Na ausência de parênteses, a operação AND tem precedência sobre a operação OR. Além disso, quando não ocorre nenhuma ambiguidade, a operação AND é representada pela simples concatenação em vez do operador de ponto. Desse modo,

$$A + B \cdot C = A + (B \cdot C) = A + BC$$

tudo significa: Considere AND de B e C; então considere OR do resultado e A.

A Tabela 11.1a define operações lógicas básicas de uma forma conhecida como *tabela verdade*, que lista o valor de uma operação para toda possível combinação de valores de operandos. A tabela também lista três outros operadores úteis: XOR, **NAND** e **NOR**. O EXCLUSIVE-OR (XOR) dos dois operandos lógicos é 1 se, e somente se, exatamente um dos operandos tiver o valor 1. A função NAND é o complemento (NOT) da função AND, e NOR é o complemento de OR:

$$A \text{ NAND } B = \text{NOT } (A \text{ AND } B) = \overline{AB}$$
$$A \text{ NOR } B = \text{NOT } (A \text{ OR } B) = \overline{A + B}$$

---

1 O artigo em inglês está disponível em: <box.com/COA10e>. Acesso em: 25 jan. 2017.

2 O NOT lógico é frequentemente indicado por um apóstrofo: NOT A = A'.

Como podemos ver, essas três novas operações podem ser úteis na implementação de certos circuitos digitais.

As operações lógicas, com a exceção do NOT, podem ser generalizadas para mais de duas variáveis, como mostrado na Tabela 11.1b.

A Tabela 11.2 resume as identidades-chave da álgebra booleana. As equações foram dispostas em duas colunas, a fim de mostrar a natureza complementar ou dupla das operações AND e OR. Há duas classes de identidades: regras básicas (ou *pressupostos*), que são estabelecidas sem prova, e outras identidades que podem ser derivadas de pressupostos básicos. Os pressupostos definem o modo como as expressões booleanas são interpretadas. Uma das duas leis distributivas é digna de nota porque difere daquilo que se encontraria em álgebra comum:

$$A + (B \cdot C) = (A + B) \cdot (A + C)$$

As duas expressões mais abaixo são conhecidas como **teorema de DeMorgan**. Podemos reiniciá-las do seguinte modo:

$$A \text{ NOR } B = \overline{A} \text{ AND } \overline{B}$$
$$A \text{ NAND } B = \overline{A} \text{ OR } \overline{B}$$

O leitor pode verificar as expressões na Tabela 11.2 ao substituir os valores reais (1s e 0s) para as variáveis A, B e C.

Tabela 11.1
Operadores booleanos.

(a) Operadores booleanos de duas variáveis de entrada

P	Q	NOT P ($\overline{P}$)	P AND Q ($P \cdot Q$)	P OR Q ($P + Q$)	P NAND Q ($\overline{P \cdot Q}$)	P NOR Q ($\overline{P + Q}$)	P XOR Q ($P \oplus Q$)
0	0	1	0	0	1	1	0
0	1	1	0	1	1	0	1
1	0	0	0	1	1	0	1
1	1	0	1	1	0	0	0

(b) Operadores booleanos estendidos para mais de duas entradas (A, B, ...)

Operação	Expressão	Saída = 1 if
AND	$A \cdot B \cdot ...$	Todos do conjunto {A, B, ...} são 1.
OR	$A + B + ...$	Qualquer um do conjunto {A, B, ...} é 1.
NAND	$\overline{A \cdot B \cdot ...}$	Qualquer um do conjunto {A, B, ...} é 0.
NOR	$\overline{A + B + ...}$	Todos do conjunto {A, B, ...} são 0.
XOR	$A \oplus B \oplus ...$	O conjunto {A, B, ...} contém um número ímpar de uns.

Tabela 11.2
Identidades básicas da álgebra booleana.

Postulados básicos		
$A \cdot B = B \cdot A$	$A + B = B + A$	Propriedade comutativa
$A \cdot (B + C) = (A \cdot B) + (A \cdot C)$	$A + (B \cdot C) = (A + B) \cdot (A + C)$	Propriedade distributiva
$1 \cdot A = A$	$0 + A = A$	Elementos de identidade
$A \cdot \overline{A} = 0$	$A + \overline{A} = 1$	Elementos de inversão
Outras identidades		
$0 \cdot A = 0$	$1 + A = 1$	
$A \cdot A = A$	$A + A = A$	
$A \cdot (B \cdot C) = (A \cdot B) \cdot C$	$A + (B + C) = (A + B) + C$	Propriedade associativa
$\overline{A \cdot B} = \overline{A} + \overline{B}$	$\overline{A + B} = \overline{A} \cdot \overline{B}$	Teorema de DeMorgan

11.2 PORTAS LÓGICAS

O bloco fundamental de construção de todos os circuitos lógicos é a **porta lógica**. As funções lógicas são implementadas pela interconexão de portas lógicas.

Uma porta lógica é um circuito eletrônico que produz um sinal de saída que é uma operação booleana simples em seus sinais de entrada. As portas lógicas básicas usadas na lógica digital são: AND, OR, NOT, NAND, NOR e XOR. A Figura 11.1 descreve essas seis portas lógicas. Cada porta lógica é definida em três modos: símbolo gráfico, notação algébrica e tabela verdade. A simbologia usada neste capítulo vem do padrão IEEE, IEEE Std 91. Observe que a operação de inversão (NOT) é indicada por um círculo.

Cada porta lógica mostrada na Figura 11.1 tem uma ou duas entradas e uma saída. Contudo, como indicado na Tabela 11.1b, todas as portas lógicas, exceto o NOT, podem ter mais de duas entradas. Dessa maneira, $(X + Y + Z)$ pode ser implementada com uma única **porta OR** com três entradas. Quando um ou mais valores na entrada são mudados, o sinal de saída correto aparece quase instantaneamente, atrasado apenas pelo tempo de propagação dos sinais na porta lógica (conhecido como *atraso de porta*). O significado desse atraso é discutido na Seção 11.3. Em alguns casos, uma porta lógica é implementada com duas saídas, uma sendo a negação da outra.

Aqui, apresentamos um termo comum: dizemos que **forçar** um sinal é fazer com que uma linha de sinal faça uma transição a partir do estado logicamente falso (0) para o estado logicamente verdadeiro (1). O estado verdadeiro (1) é um estado de alta ou baixa voltagem, dependendo do tipo de circuito eletrônico.

Em geral, nem todos os tipos de portas lógicas são usados na implementação. Projeto e fabricação são mais simples se somente um ou dois tipos são usados. Dessa maneira, é importante identificar funcionalmente os conjuntos completos de portas lógicas. Isso significa que uma função booleana pode ser implementada usando somente as portas lógicas do conjunto. Os conjuntos a seguir são funcionalmente completos:

Figura 11.1
Portas lógicas básicas.

Nome	Símbolo gráfico	Função algébrica	Tabela verdade
AND	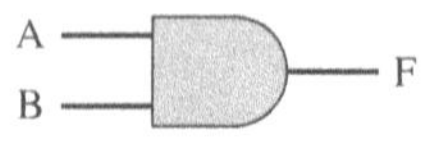 A, B → F	$F = A \cdot B$ ou $F = AB$	A B | F 0 0 | 0 0 1 | 0 1 0 | 0 1 1 | 1
OR	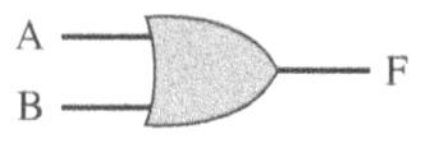 A, B → F	$F = A + B$	A B | F 0 0 | 0 0 1 | 1 1 0 | 1 1 1 | 1
NOT	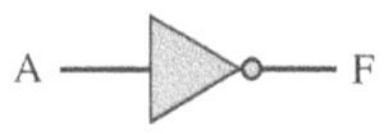 A → F	$F = \overline{A}$ ou $F = A'$	A | F 0 | 1 1 | 0
NAND	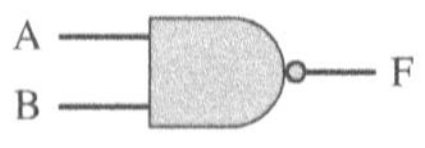 A, B → F	$F = \overline{AB}$	A B | F 0 0 | 1 0 1 | 1 1 0 | 1 1 1 | 0
NOR	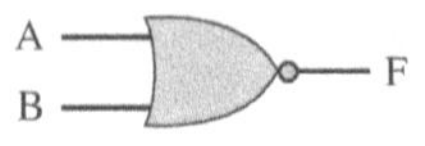 A, B → F	$F = \overline{A + B}$	A B | F 0 0 | 1 0 1 | 0 1 0 | 0 1 1 | 0
XOR	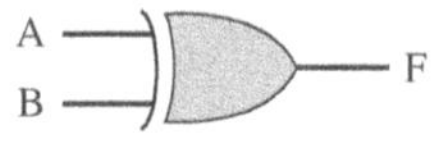 A, B → F	$F = A \oplus B$	A B | F 0 0 | 0 0 1 | 1 1 0 | 1 1 1 | 0

- AND, OR, NOT
- AND, NOT
- OR, NOT
- NAND
- NOR

Deve estar claro que as portas AND, OR e NOT constituem um conjunto funcionalmente completo, pois representam as três operações da álgebra booleana. Para as portas AND e NOT formarem um conjunto funcionalmente completo, deve haver uma forma de sintetizar a operação OR a partir das operações AND e NOT. Isso pode ser feito ao aplicar o teorema de DeMorgan:

$$A + B = \overline{\overline{A} \cdot \overline{B}}$$
$$A \text{ OR } B = \text{NOT}((\text{NOT } A) \text{ AND } (\text{NOT } B))$$

De modo semelhante, as operações OR e NOT são funcionalmente completas porque podem ser usadas para sintetizar a operação AND.

A Figura 11.2 mostra como as funções AND, OR e NOT podem ser implementadas unicamente com as portas NAND, e a Figura 11.3 mostra a mesma coisa para as portas NOR. Por essa razão, os circuitos digitais podem ser, e muitas vezes são, implementados unicamente com portas NAND ou somente com portas NOR.

Figura 11.2
Alguns usos de portas NAND.

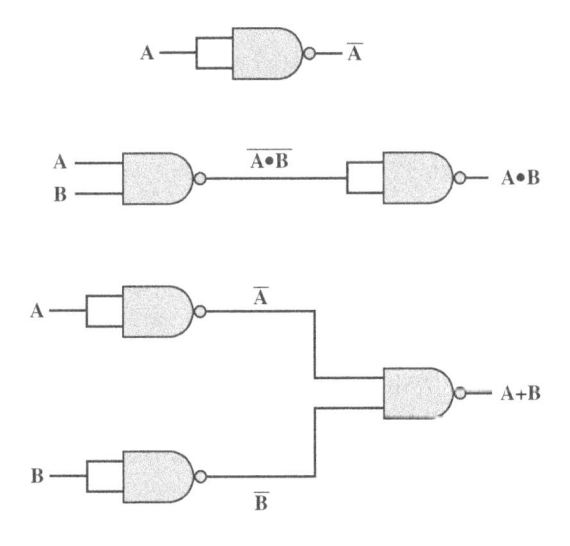

Figura 11.3
Alguns usos de portas NOR.

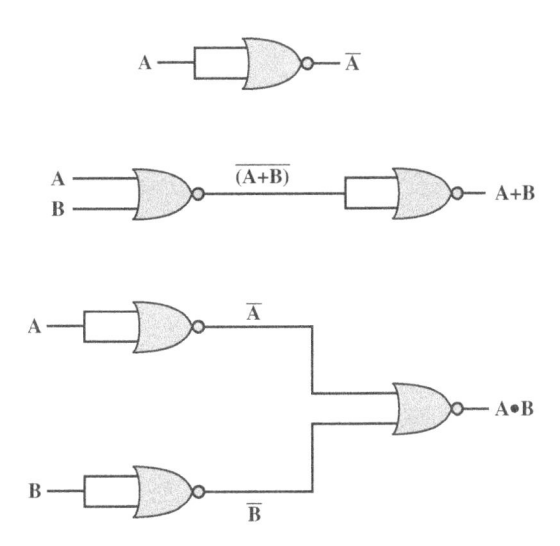

Com as portas lógicas, atingimos o nível de circuito mais primitivo do hardware do computador. Um exame das combinações de transistores usados para construir uma porta lógica sai deste escopo e entra no escopo da engenharia elétrica. Para os nossos propósitos, todavia, nos atemos a descrever como as portas lógicas podem ser usadas como blocos básicos a fim de implementar os circuitos lógicos essenciais de um computador digital.

11.3 CIRCUITOS COMBINACIONAIS

Um **circuito combinacional** é um conjunto de portas lógicas interconectadas cuja saída em qualquer tempo é uma função somente da entrada nesse tempo. Como em uma porta única, o aspecto da entrada é seguido quase de imediato por um aspecto da saída, com somente atrasos de porta.

Em termos gerais, um circuito combinacional consiste em n entradas binárias e m saídas binárias. Como a porta, um circuito combinacional pode ser definido de três maneiras:

- **Tabela verdade:** para cada uma das combinações possíveis de 2^n sinais de entrada, o valor binário de cada um dos sinais de saída m é listado.
- **Símbolos gráficos:** o layout das portas lógicas interconectadas é descrito.
- **Equações booleanas:** cada sinal de saída é expresso como uma função booleana de seus sinais de entrada.

Implementação das funções booleanas

Qualquer função booleana pode ser implementada de forma eletrônica como uma rede de portas lógicas. Para qualquer dada função, existe um número alternativo de execuções. Considere a função booleana representada pela tabela verdade na Tabela 11.3. Podemos expressar essa função simplesmente discriminando as combinações dos valores de A, B e C, que fazem com que F seja 1:

$$F = \overline{A}B\overline{C} + \overline{A}BC + AB\overline{C} \tag{11.1}$$

Existem três combinações de valores de entrada que fazem com que F seja 1, e se alguma dessas combinações ocorrer, o resultado é 1. Essa forma de expressão, por razões evidentes, é conhecida como **soma de produtos (SOP — do inglês *Sum Of Products*)**. A Figura 11.4 mostra uma implementação direta com portas AND, OR e NOT.

Uma outra forma pode também ser derivada da tabela verdade. A forma da SOP expressa que a saída é 1 se qualquer combinação de entrada que produz 1 for verdadeira. Podemos também dizer que a saída é 1 se nenhuma das combinações de entrada que produzem 0 for verdadeira. Desse modo,

$$F = \overline{(\overline{A}\ \overline{B}\ \overline{C})} \cdot \overline{(\overline{A}\ \overline{B}\ C)} \cdot \overline{(A\ \overline{B}\ \overline{C})} \cdot \overline{(A\ \overline{B}\ C)} \cdot \overline{(A\ B\ C)}$$

Isso pode ser reescrito usando a generalização do teorema de DeMorgan:

$$\overline{(X \cdot Y \cdot Z)} = \overline{X} + \overline{Y} + \overline{Z}$$

Tabela 11.3
Uma função booleana de três variáveis.

A	B	C	F
0	0	0	0
0	0	1	0
0	1	0	1
0	1	1	1
1	0	0	0
1	0	1	0
1	1	0	1
1	1	1	0

Figura 11.4
Implementação da soma de produtos da Tabela 11.3.

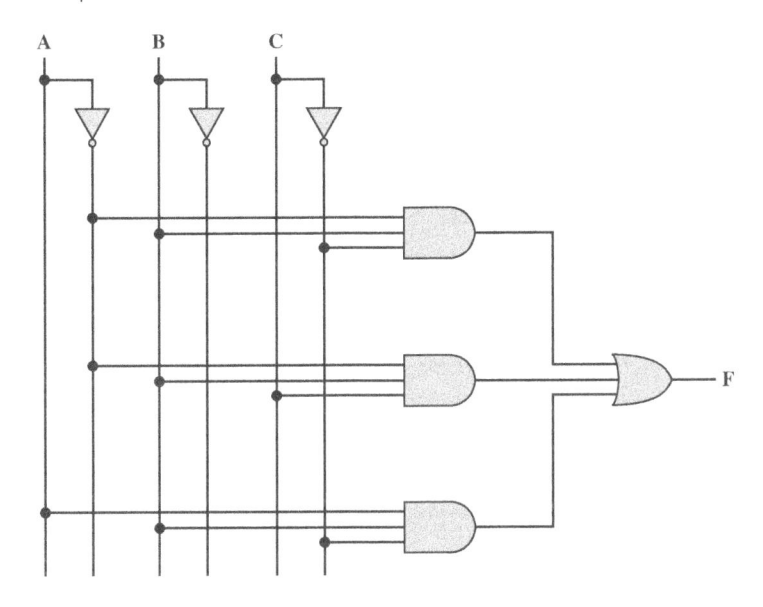

Desse modo,

$$F = (\overline{\overline{A}} + \overline{\overline{B}} + \overline{\overline{C}}) \cdot (\overline{\overline{A}} + \overline{\overline{B}} + \overline{C}) \cdot (\overline{A} + \overline{\overline{B}} + \overline{\overline{C}}) \cdot (\overline{A} + \overline{\overline{B}} + \overline{C}) \cdot (\overline{A} + \overline{B} + \overline{C}) \quad (11.2)$$
$$= (A + B + C) \cdot (A + B + \overline{C}) \cdot (\overline{A} + B + C) \cdot (\overline{A} + B + \overline{C}) \cdot (\overline{A} + \overline{B} + \overline{C})$$

Está na forma do **produto de somas (POS — do inglês, *Product Of Sums*)**, que é ilustrado na Figura 11.5. Para ficar mais claro, as portas NOT não são mostradas. Em vez disso, supõe-se que cada sinal de entrada e seu complemento estejam disponíveis. Isso simplifica o diagrama lógico e torna as entradas às portas bem visíveis.

Dessa maneira, uma função booleana pode ser realizada na forma SOP ou POS. Nesse ponto, poderia parecer que a escolha dependeria de a tabela verdade conter mais 1s ou 0s para a função de saída: a SOP tem um termo para cada 1, e o POS tem um termo para cada 0. Todavia, há outras considerações:

- Muitas vezes é possível derivar uma expressão booleana mais simples a partir da tabela verdade do que de SOP ou POS.
- Pode ser preferível implementar a função com um tipo único de porta (NAND ou NOR).

O significado do primeiro ponto é que, com expressão booleana mais simples, menos portas serão necessárias para implementar a função. Os três métodos que podem ser usados para simplificação são:

- Simplificação algébrica.
- Mapas de Karnaugh.
- Tabelas de Quine-McCluskey.

SIMPLIFICAÇÃO ALGÉBRICA A **simplificação algébrica** envolve a aplicação de identidades da Tabela 11.2 para reduzir a expressão booleana a uma com menos elementos. Por exemplo, considere de novo a Equação 11.1. Algum pensamento deve convencer o leitor de que uma expressão equivalente é

$$F = \overline{A}B + B\overline{C} \quad (11.3)$$

Ou, mesmo mais simples,

$$F = B(\overline{A} + \overline{C})$$

Essa expressão pode ser implementada como mostrado na Figura 11.6. Essa simplificação da Equação 11.1 foi feita essencialmente por observação. Para expressões mais complexas, algumas técnicas mais sistemáticas são necessárias.

Figura 11.5

Implementação do produto de somas da Tabela 11.3.

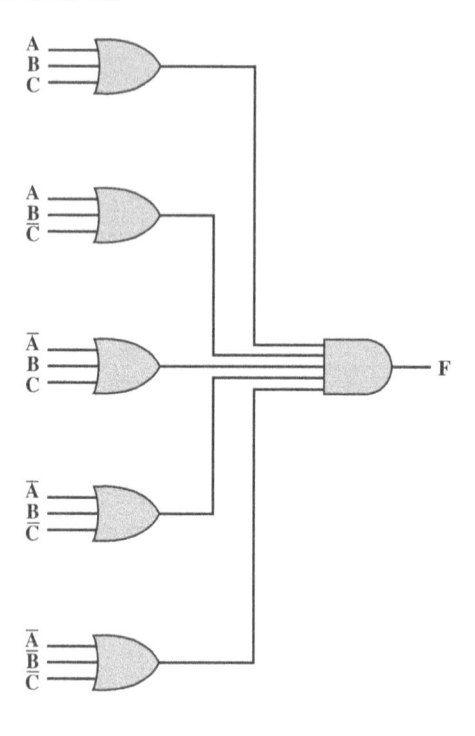

Figura 11.6

Implementação simplificada da Tabela 11.3.

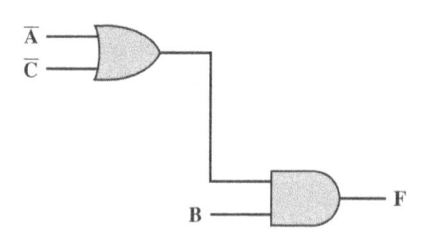

MAPAS DE KARNAUGH Por propósito de simplificação, o **mapa de Karnaugh** é uma maneira conveniente de representar uma função booleana de um pequeno número (até quatro) de variáveis. O mapa é uma matriz de 2^n quadrados, representando todas as combinações possíveis de valores de n variáveis binárias. A Figura 11.7a mostra o mapa de quatro quadrados para uma função de duas variáveis. É fundamental para propósitos posteriores listar as combinações na ordem 00, 01, 11, 10. Como os quadrados que correspondem a combinações estão para serem usados para guardar informação, as combinações são costumeiramente escritas acima deles. No caso de três variáveis, a representação é uma disposição de oito quadrados (Figura 11.7b), com valores para uma das variáveis à esquerda e para as outras duas variáveis acima dos quadrados. Para quatro variáveis, 16 quadrados são necessários, com a disposição indicada na Figura 11.7c.

O mapa pode ser usado para representar qualquer função booleana do seguinte modo. Cada quadrado corresponde a um único produto na forma de soma dos produtos, com um valor 1 correspondendo à variável e um valor 0 correspondendo ao NOT dessa variável. Dessa maneira, o produto $A\overline{B}$ corresponde ao quarto quadrado na Figura 11.7a. Para cada produto na função, 1 é colocado no quadrado correspondente. Dessa forma, para o exemplo de duas variáveis, o mapa corresponde a $A\overline{B} + \overline{A}B$. Dada a tabela verdade de uma função booleana, é uma questão simples construir o mapa: para cada combinação de valores de variáveis que produzem um resultado 1 na tabela verdade, preencha no quadrado correspondente do mapa com 1. A Figura 11.7b mostra o resultado para a tabela verdade da Tabela 11.3. Para converter a expressão booleana em mapa, primeiro é necessário colocar a expressão no que é chamado de *forma canônica*: cada termo na expressão contém cada variável. Então, por exemplo, se temos a Equação 11.3, devemos primeiro expandi-la na forma completa da Equação 11.1 e então converter em um mapa.

Figura 11.7

Uso dos mapas de Karnaugh com o objetivo de representar as funções booleanas.

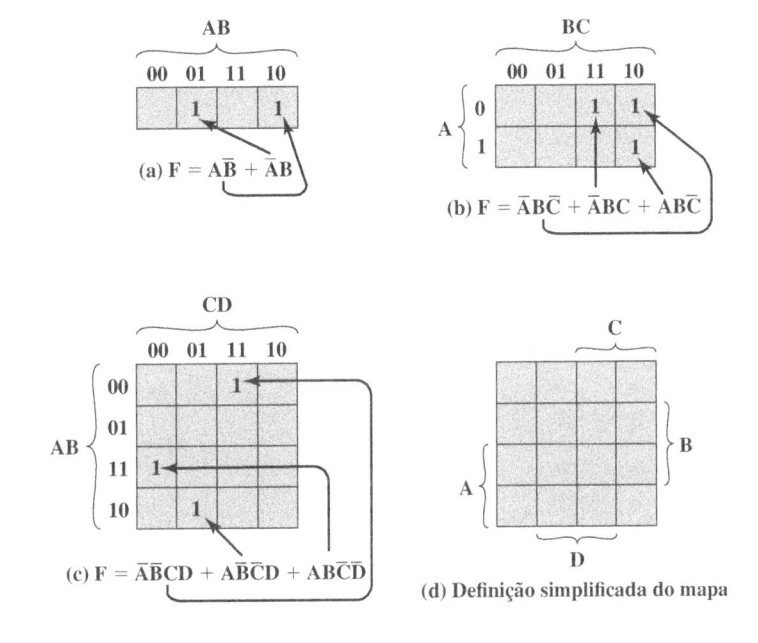

(a) $F = A\bar{B} + \bar{A}B$

(b) $F = \bar{A}B\bar{C} + \bar{A}BC + AB\bar{C}$

(c) $F = \bar{A}\bar{B}CD + A\bar{B}CD + AB\bar{C}D$

(d) Definição simplificada do mapa

A definição usada na Figura 11.7d enfatiza a relação entre as variáveis e as linhas e colunas do mapa. Aqui as duas linhas compreendidas pelo símbolo A são aquelas em que a variável A tem o valor 1; as linhas não compreendidas pelo símbolo A são aquelas em que A é 0; de modo similar a B, C e D.

Quando o mapa de uma função é criado, podemos muitas vezes escrever uma expressão algébrica simples para ele ao notar a disposição de 1s no mapa. O princípio é o seguinte. Quaisquer dois quadrados que estejam adjacentes diferem em somente uma das variáveis. Se houver dois quadrados, ambos têm uma entrada de um, então os termos do produto correspondente diferem em somente uma variável. Em tal caso, os dois termos podem ser mesclados ao eliminar essa variável. Por exemplo, na Figura 11.8a, os dois quadrados adjacentes correspondem aos dois termos $\bar{A}B\bar{C}D$ e $\bar{A}BCD$. Dessa maneira, a função expressa é

$$\bar{A}B\bar{C}D + \bar{A}BCD = \bar{A}BD$$

Esse processo pode ser estendido de várias maneiras. Primeiro, o conceito de adjacência pode ser estendido para incluir a cobertura em torno do limite do mapa. Dessa maneira, o quadrado superior de uma coluna está adjacente ao quadrado inferior, e o quadrado mais à esquerda da linha está adjacente ao quadrado mais à direita. Essas condições são ilustradas na Figura 11.8b e c. Em segundo lugar, podemos agrupar não apenas 2 quadrados, mas 2^n quadrados adjacentes (ou seja, 2, 4, 8 etc.). Os três exemplos seguintes na Figura 11.8 mostram agrupamentos de 4 quadrados. Observe que, nesse caso, duas das variáveis podem ser eliminadas. Os três últimos exemplos mostram agrupamentos de 8 quadrados, que permitem que três variáveis sejam eliminadas.

Podemos resumir as regras para simplificação da seguinte maneira:

1. Entre os quadrados marcados (quadrados com um 1), encontre aqueles que pertencem a um único bloco maior que 1, 2, 4 ou 8 e circule esses blocos.
2. Selecione blocos adicionais de quadrados marcados que são tão grandes quanto possível e tão poucos quanto possível, mas inclua todos os blocos marcados pelo menos uma vez. Os resultados podem não ser únicos em alguns casos. Por exemplo, se um quadrado marcado combinar com exatamente dois outros quadrados e não houver um quarto quadrado marcado para completar o grupo maior, então há uma escolha a ser feita quanto a qual dos dois agrupamentos eleger. Quando se está circulando grupos, tem-se permissão para usar o mesmo valor 1 mais de uma vez.
3. Continue a desenhar alças ao redor dos quadrados marcados sozinhos, dos pares de quadrados marcados ou dos grupos de quatro, oito e assim por diante, de modo que todos os quadrados marcados pertençam a pelo menos um laço; então use o mínimo possível desses blocos para incluir todos os quadrados marcados.

Figura 11.8

Uso dos mapas de Karnaugh.

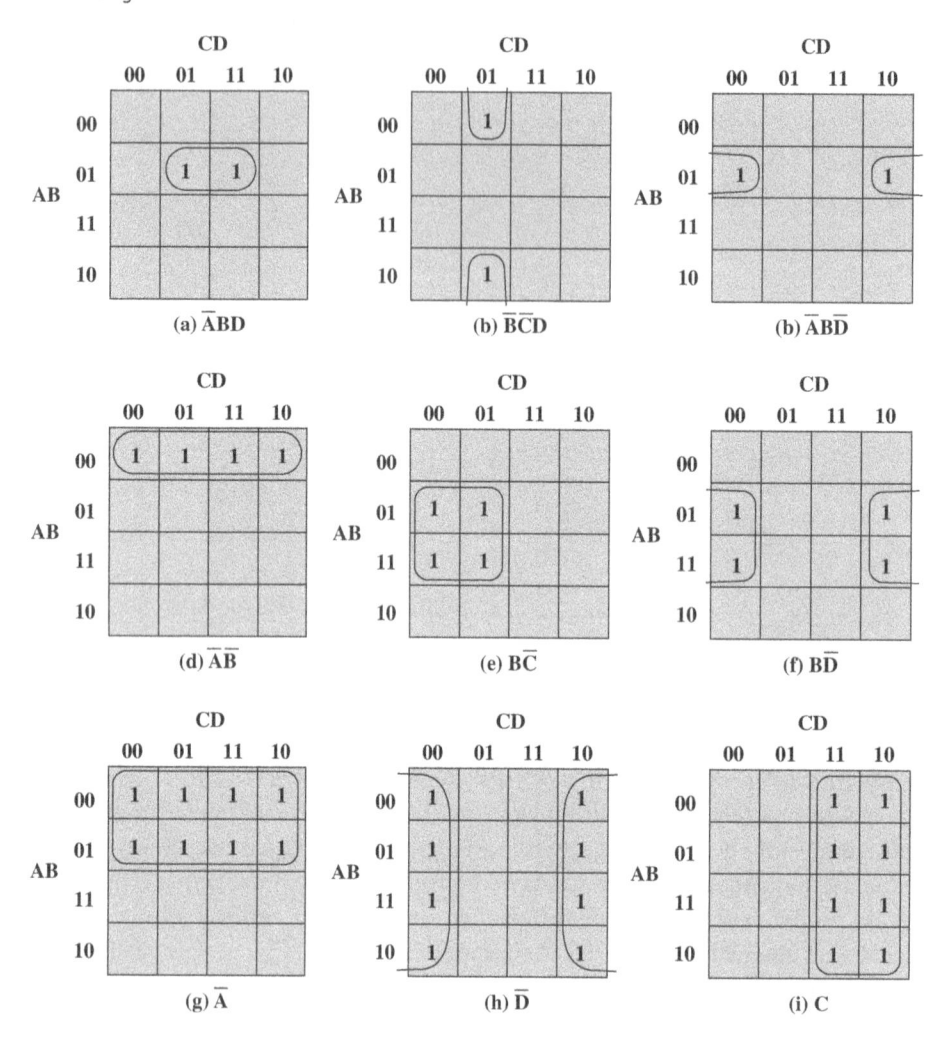

(a) $\overline{A}BD$

(b) $\overline{B}\overline{C}D$

(b) $\overline{A}B\overline{D}$

(d) $\overline{A}\overline{B}$

(e) $B\overline{C}$

(f) $B\overline{D}$

(g) $\overline{A}$

(h) $\overline{D}$

(i) C

A Figura 11.9a, baseada na Tabela 11.3, ilustra o processo de simplificação. Se qualquer 1 permanecer isolado depois desses agrupamentos, então cada um deles é circulado como um grupo de 1s. Por fim, antes de ir do mapa para a expressão booleana simplificada, qualquer grupo de 1s que esteja completamente sobreposto por outros grupos pode ser eliminado. Isso é mostrado na Figura 11.9b. Nesse caso, o grupo horizontal é redundante e pode ser ignorado na criação da expressão booleana.

Uma característica adicional dos mapas de Karnaugh precisa ser mencionada. Em alguns casos, certas combinações de valores de variáveis nunca ocorrem, e, portanto, a saída correspondente nunca acontece. Elas são chamadas de condições "*don't care*" [não importa]. Para cada uma dessas condições, a letra "d" é inserida no quadrado correspondente do mapa. Ao estabelecer o grupo e a simplificação, cada "d" pode ser tratado como um 1 ou 0, qualquer uma delas que levar a uma expressão mais simples.

Um exemplo, apresentado por Hayes (1998), ilustra os pontos que discutimos. Gostaríamos de desenvolver as expressões booleanas para um circuito que some 1 a um dígito decimal empacotado. Para um decimal empacotado, cada dígito decimal é representado por um código de 4 bits, de uma forma óbvia. Dessa maneira, $0 = 0000, 1 = 0001, \ldots, 8 = 1000$ e $9 = 1001$. Os valores de 4 bits restantes, de 1010 a 1111, não são usados. Esse código é também chamado de **Decimal Codificado Binário (BCD — do inglês,** *Binary Coded Decimal*).

A Tabela 11.4 mostra a tabela verdade que produz um resultado de 4 bits, que é mais do que a saída de BCD de 4 bits. A adição é módulo 10. Dessa maneira, $9 + 1 = 0$. Além disso, observe que seis dos códigos de entrada produzem resultados "*don't care*", pois eles não são entradas de BCD válidas. A Figura 11.10 mostra os mapas de Karnaugh resultantes para cada variável de saída. Os quadrados d são usados para atingir os melhores agrupamentos possíveis.

Figura 11.9
Grupos de sobreposição.

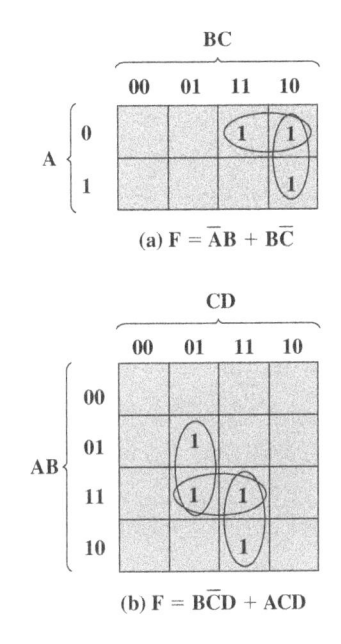

(a) $F = \overline{A}B + B\overline{C}$

(b) $F = B\overline{C}D + ACD$

Tabela 11.4
Tabela verdade para incrementador decimal de um dígito.

	Entrada					Saída			
Número	A	B	C	D	Número	W	X	Y	Z
0	0	0	0	0	1	0	0	0	1
1	0	0	0	1	2	0	0	1	0
2	0	0	1	0	3	0	0	1	1
3	0	0	1	1	4	0	1	0	0
4	0	1	0	0	5	0	1	0	1
5	0	1	0	1	6	0	1	1	0
6	0	1	1	0	7	0	1	1	1
7	0	1	1	1	8	1	0	0	0
8	1	0	0	0	9	1	0	0	1
9	1	0	0	1	0	0	0	0	0
Condição "Don't care"	1	0	1	0		d	d	d	d
	1	0	1	1		d	d	d	d
	1	1	0	0		d	d	d	d
	1	1	0	1		d	d	d	d
	1	1	1	0		d	d	d	d
	1	1	1	1		d	d	d	d

O MÉTODO DE QUINE-MCCLUSKEY Para mais de quatro variáveis, o método do mapa de Karnaugh se torna cada vez mais complicado. Com cinco variáveis, dois mapas de 16 × 16 são necessários, com um mapa considerado como superior ao outro nas três dimensões para atingir a adjacência. Seis variáveis requerem o uso de quatro tabelas 16 × 16 em quatro dimensões! A abordagem alternativa é uma técnica tabular, conhecida como **método de Quine-McCluskey**. O método é adequado para programar um computador para dar uma ferramenta automática a fim de produzir expressões booleanas minimizadas.

Figura 11.10
Mapas de Karnaugh para o incrementador.

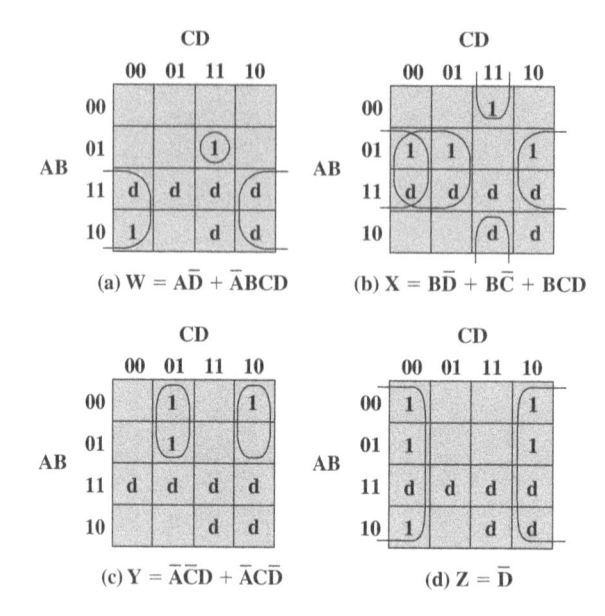

(a) $W = A\overline{D} + \overline{A}BCD$

(b) $X = B\overline{D} + B\overline{C} + BCD$

(c) $Y = \overline{A}\overline{C}D + \overline{A}C\overline{D}$

(d) $Z = \overline{D}$

O método é melhor explicado por meio de um exemplo. Considere a seguinte expressão:

$$ABCD + AB\overline{C}D + AB\overline{C}\,\overline{D} + A\overline{B}CD + \overline{A}BCD + \overline{A}BC\overline{D} + \overline{A}\overline{B}C\overline{D} + \overline{A}\,\overline{B}\,CD$$

Vamos supor que essa expressão seja derivada de uma tabela verdade. Gostaríamos de produzir uma expressão mínima adequada para implementação com portas.

A primeira etapa é construir uma tabela em que cada linha corresponda a um dos termos de produto da expressão. Os termos são agrupados de acordo com o número das variáveis complementadas. Ou seja, começamos com o termo sem complementos, se ele existe, então todos os termos com um complemento, e assim por diante. A Tabela 11.5 apresenta a lista para nossas expressões de exemplo, com linhas horizontais usadas para indicar o agrupamento. Para ficar claro, cada termo é representado por um 1 para cada variável não complementada e 0 para cada variável complementada. Dessa maneira, agrupamos termos de acordo com o número de 1s que eles contêm. A coluna do índice é simplesmente o equivalente decimal e é útil no que segue.

A próxima etapa é encontrar todos os pares de termos que diferem em somente uma variável, ou seja, todos os pares de termos que são os mesmos, exceto que uma variável é 0 em um dos termos e 1 no outro. Por conta da maneira que temos agrupado os termos, podemos fazer isso ao começar com o primeiro grupo e comparar cada termo no primeiro grupo com todos os termos do segundo grupo. Então, compare cada termo do segundo grupo com todos os termos do terceiro grupo e assim por diante. Sempre que uma combinação for encontrada, coloque um sinal de visto perto de cada termo, combine o par ao eliminar a variável que difere nos dois termos e some à próxima lista. Dessa maneira, por exemplo, os termos $\overline{A}BC\overline{D}$ e $\overline{A}BCD$ são combinados para produzir ABC. Esse processo continua até que a tabela original inteira seja examinada. O resultado é uma nova tabela com as seguintes entradas:

$\overline{A}\,\overline{C}D$ $AB\overline{C}$ $ABD\sqrt{}$
 $B\overline{C}D\sqrt{}$ ACD
 $\overline{A}BC$ $BCD\sqrt{}$
 $\overline{A}BD\sqrt{}$

A nova tabela é organizada em grupos, como indicado, da mesma maneira como a primeira tabela. A segunda tabela é então processada da mesma maneira que a primeira. Ou seja, os termos que diferem em somente uma variável são verificados e um novo termo é produzido para a terceira tabela. Nesse exemplo, a terceira tabela que é produzida contém somente um termo: BD.

Em geral, o processo prosseguiria por meio das tabelas sucessivas até que uma tabela sem combinações fosse produzida. Nesse caso, isso envolveria três tabelas.

Uma vez que o processo que descrevemos agora esteja completo, já eliminamos alguns dos possíveis termos da expressão. Aqueles termos que não foram eliminados são usados para construir uma matriz, conforme ilustrado na Tabela 11.6. Cada linha da matriz corresponde a um termo que não foi eliminado (não tem visto) em qualquer uma das tabelas usadas até agora. Cada coluna corresponde a um dos termos na expressão original. Um X é colocado em cada interseção entre uma linha e uma coluna, de modo que o elemento de linha seja "compatível" com o elemento de coluna. Ou seja, as variáveis apresentam um elemento de linha que tem o mesmo valor que as variáveis apresentam no elemento de coluna. Em seguida, circule cada X que esteja sozinho em uma coluna. Então coloque um quadrado ao redor de cada X em uma linha em que haja um X circulado. Se cada coluna agora tiver um X enquadrado ou circulado, então terminou, e esses elementos de linha cujos Xs foram marcados constituem a expressão mínima. Desse modo, em nosso exemplo, a expressão final é

$$AB\overline{C} + ACD + \overline{A}BC + \overline{A}\,\overline{C}D$$

Em casos em que algumas colunas não têm nem um círculo nem um quadrado, o processamento adicional é requerido. Essencialmente, continuamos adicionando elementos de linha até que todas as colunas sejam cobertas.

Vamos resumir o método de Quine-McCluskey para tentar justificar de modo intuitivo por que isso funciona. A primeira fase da operação é razoavelmente direta. O processo elimina variáveis não necessárias nos termos de produto. Dessa maneira, a expressão ABC + AB$\overline{C}$ é equivalente a AB, pois

$$ABC + AB\overline{C} = AB(C + \overline{C}) = AB$$

Após a eliminação das variáveis, ficamos com uma expressão que é claramente equivalente à expressão original. Todavia, pode ser redundante na expressão, como encontramos agrupamentos redundantes nos mapas de Karnaugh. O layout da matriz assegura que cada termo na expressão original seja coberto e faz isso de uma forma que minimiza o número de termos na expressão final.

IMPLEMENTAÇÕES NAND E NOR Outra consideração na implementação das funções booleanas diz respeito aos tipos de portas usados. Às vezes é desejável implementar uma função booleana unicamente com portas NAND ou unicamente com portas NOR. Embora possa não ser a implementação de porta mínima, tem a vantagem da regularidade, que pode simplificar o processo de manufatura. Considere de novo a Equação 11.3:

$$F = B(\overline{A} + \overline{C})$$

Como o complemento do complemento de um valor é apenas o valor original,

$$F = B(\overline{A} + \overline{C}) = \overline{\overline{(\overline{A}B) + (B\overline{C})}}$$

Aplicando o teorema de DeMorgan,

$$F = \overline{\overline{(\overline{A}B)} \cdot \overline{(B\overline{C})}}$$

que tem três formas NAND, como ilustrado na Figura 11.11.

Tabela 11.5

Primeiro estágio do método de Quine-McCluskey (para F = ABCD + AB$\overline{C}$D + AB$\overline{C}\overline{D}$ + A$\overline{B}$CD + $\overline{A}$BCD + $\overline{A}$BC$\overline{D}$ + $\overline{A}$B$\overline{C}$D + $\overline{A}\,\overline{B}\,\overline{C}$D).

Termo de produto	Índice	A	B	C	D	
$\overline{A}\,\overline{B}\,\overline{C}$D	1	0	0	0	1	✓
$\overline{A}$B$\overline{C}$D	5	0	1	0	1	✓
$\overline{A}$BC$\overline{D}$	6	0	1	1	0	✓
AB$\overline{C}\overline{D}$	12	1	1	0	0	✓
$\overline{A}$BCD	7	0	1	1	1	✓
A$\overline{B}$CD	11	1	0	1	1	✓
AB$\overline{C}$D	13	1	1	0	1	✓
ABCD	15	1	1	1	1	✓

Tabela 11.6

Último estágio do método de Quine-McCluskey (para F = ABCD + AB$\overline{C}$D + AB$\overline{C}$ $\overline{D}$ + A$\overline{B}$CD + $\overline{A}$BCD + $\overline{A}$B$\overline{C}$$\overline{D}$ + $\overline{A}$B$\overline{C}$D + $\overline{A}$ $\overline{B}$ $\overline{C}$D).

	ABCD	AB$\overline{C}$D	AB$\overline{C}\overline{D}$	A$\overline{B}\overline{C}\overline{D}$	$\overline{A}$BCD	$\overline{A}$B$\overline{C}$D	$\overline{A}$B$\overline{C}\overline{D}$	$\overline{A}\overline{B}\overline{C}$D
BD	X	X			X		X	
$\overline{AC}$D							⊠	⊗
$\overline{A}$BC					⊠	⊗		
AB$\overline{C}$		⊠	⊗					
A$\overline{C}$D		X		⊗				

Figura 11.11

Implementação de NAND da Tabela 11.3.

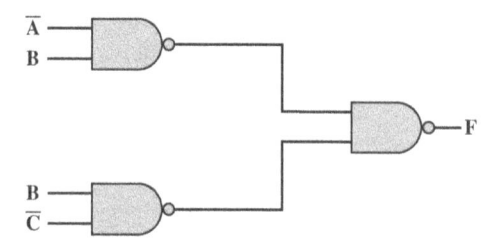

Multiplexadores

O **multiplexador** conecta diversas entradas a uma única saída. Em um dado momento, uma das entradas é selecionada para ser passada para a saída. Uma representação geral de diagrama de bloco é apresentada na Figura 11.12. Ela representa o multiplexador 4 para 1. Existem quatro sinais de entrada, denominados D0, D1, D2 e D3. Uma dessas entradas é selecionada para o sinal de saída F. Para selecionar uma das possíveis quatro entradas, um código de seleção de 2 bits é necessário, e é implementado como duas entradas de seleção denominadas S1 e S2.

Um exemplo do multiplexador 4 para 1 é definido pela tabela verdade na Tabela 11.7. É uma forma simplificada de uma tabela verdade. Em vez de mostrar todas as combinações possíveis das variáveis de entrada, mostra a saída como dado a partir das linhas D0, D1, D2 ou D3. A Figura 11.13 apresenta uma implementação com o uso de portas AND, OR e NOT. S1 e S2 são conectados às portas AND, de modo que, para qualquer combinação de S1 e S2, três das portas AND terão saída 0. A quarta porta AND dá como saída o valor da linha selecionada, que é 0 ou 1. Desse modo, três das entradas à porta OR são sempre 0, e a saída da porta OR vai igualar o valor da porta de entrada selecionada. Usando essa organização regular, é fácil construir multiplexadores de tamanho 8 para 1, 16 para 1, e assim por diante.

Os multiplexadores são usados em circuitos digitais para controlar sinais e rotear dados. Um exemplo é o carregamento de um **contador de programa (PC, do inglês *Program Counter*)**. O valor a ser carregado no contador de programa pode vir de uma de várias fontes distintas:

- Um contador binário, se o PC estiver para ser incrementado para a próxima instrução.
- O **registrador** de instruções, se uma instrução de desvio usando um endereço direto tiver sido executada.
- A saída da ALU, se uma instrução de desvio especificar o endereço usando um modo de deslocamento.

Essas várias entradas podem ser conectadas às linhas de entrada de um multiplexador, com o PC conectado à linha de saída. As linhas de seleção determinam qual valor será carregado no PC. Como o PC contém diversos bits, vários multiplexadores são usados, um por bit. A Figura 11.14 ilustra isso para endereços de 16 bits.

Figura 11.12
Representação do multiplexador 4 para 1.

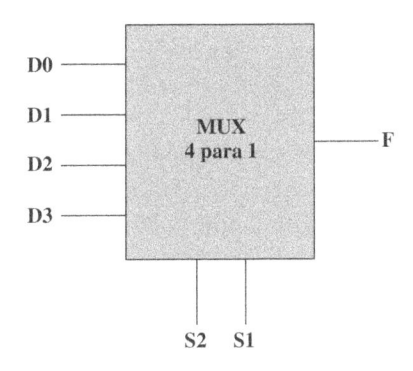

Tabela 11.7
Tabela verdade do multiplexador 4 para 1.

S2	S1	F
0	0	D0
0	1	D1
1	0	D2
1	1	D3

Figura 11.13
Implementação de multiplexador.

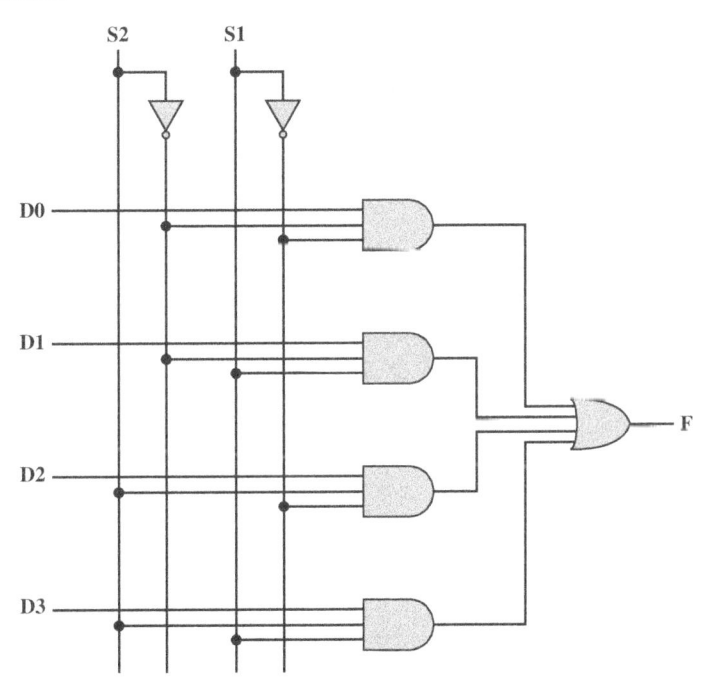

Figura 11.14
Entrada de multiplexador para o contador de programa.

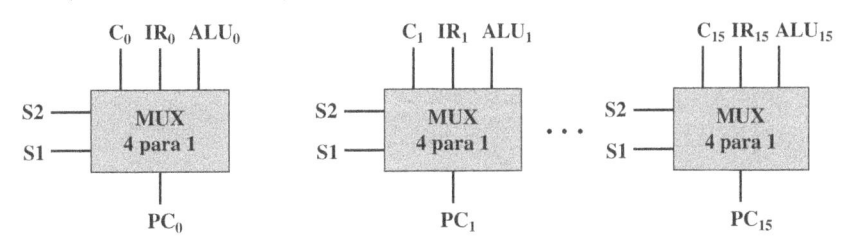

Decodificadores

Um **decodificador** é um circuito combinacional com um número de linhas de saída, em que somente uma delas é acionada por vez. Qual linha de saída será acionada vai depender do padrão das linhas de entrada. Em geral, um decodificador tem n entradas e 2^n saídas. A Figura 11.15 apresenta um decodificador com três entradas e oito saídas.

Os decodificadores são bastante utilizados em computadores digitais. Um exemplo é a decodificação de endereço. Suponha que se queira construir uma memória de 1 kB usando quatro chips de RAM de 256 × 8 bits. Queremos um espaço de endereço único e unificado, que pode ser discriminado do seguinte modo:

Endereço	Chip
0000–00FF	0
0100–01FF	1
0200–02FF	2
0300–03FF	3

Cada chip requer 8 linhas de endereço, e estas são supridas pelos 8 bits de menor ordem do endereço. Os 2 bits de maior ordem do endereço de 10 bits são usados para selecionar um dos quatro chips de RAM. Para esse propósito, um decodificador de 2 para 4 é usado, cuja saída habilita um dos quatro chips, como apresentado na Figura 11.16.

Com uma linha de entrada adicional, um decodificador pode ser usado como um demultiplexador. O demultiplexador desempenha a função inversa de um multiplexador; ele conecta uma entrada única a uma das várias saídas. Isso é mostrado na Figura 11.17. Como antes, as entradas n são decodificadas a fim de produzir uma única saída de 2^n. Todas as linhas de saída de 2^n entram em um AND com uma linha de entrada de dados. Dessa maneira, as n entradas agem como um endereço para selecionar uma linha de saída em particular, e o valor da linha de entrada de dados (0 ou 1) é roteado para essa linha de saída.

Figura 11.15

Decodificador com 3 entradas e $2^3 = 8$ saídas.

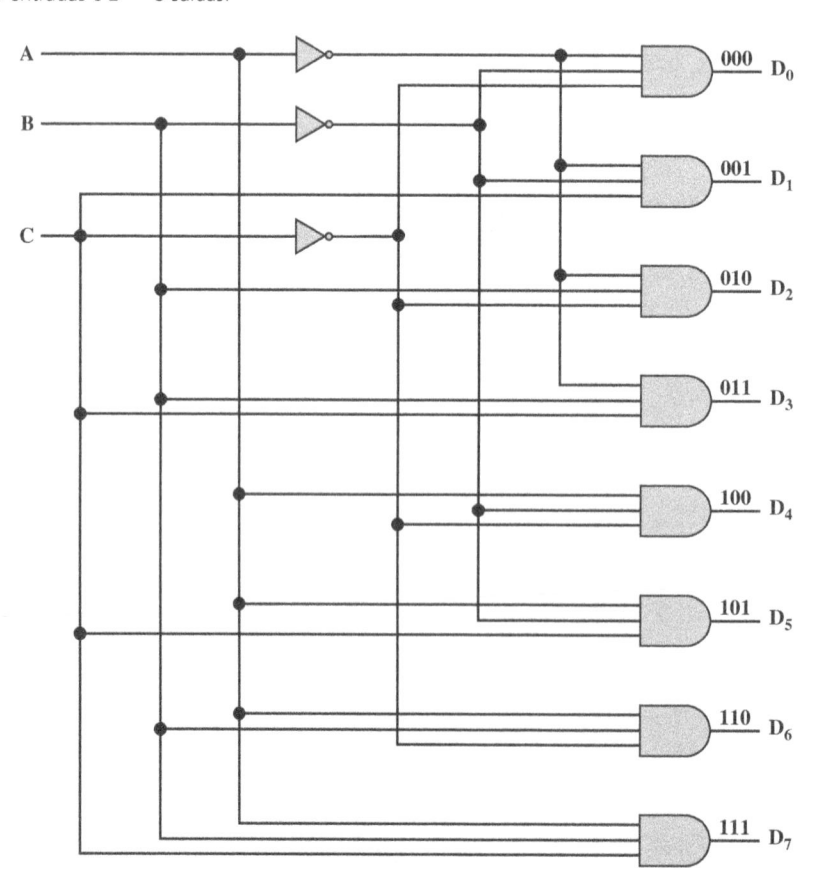

Figura 11.16
Decodificação de endereço.

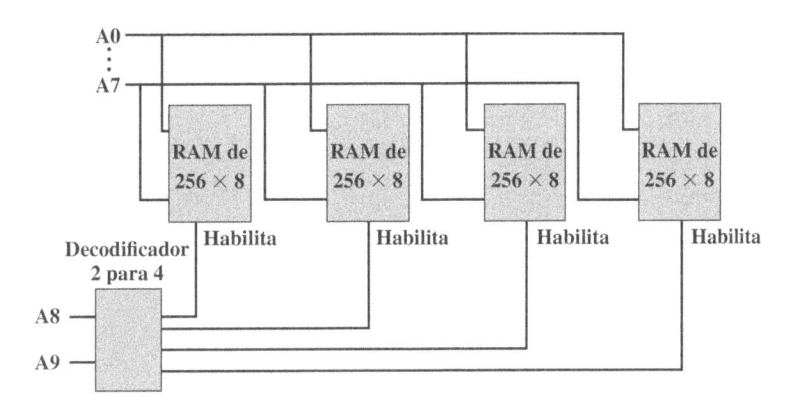

Figura 11.17
Implementação de um demultiplexador usando um decodificador.

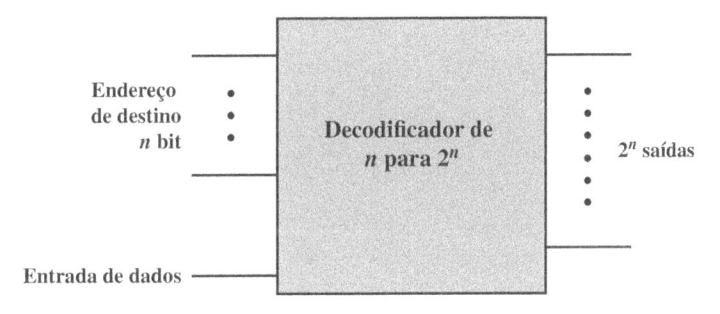

A configuração na Figura 11.17 pode ser vista de outro modo. Mude o nome da nova linha de *Entrada de dados* para *Habilita*. Isso possibilita o controle da temporização do decodificador. A saída decodificada aparece somente quando uma entrada codificada é apresentada *e* a linha habilitada tem um valor de 1.

Memória somente de leitura

Os circuitos combinacionais são muitas vezes conhecidos como circuitos "sem memória", pois sua saída depende apenas de sua entrada atual e nenhum histórico de entradas anteriores é retido. Todavia, existe um tipo de memória que é implementado com circuitos combinacionais, chamado de **memória somente de leitura (ROM — do inglês,** *Read Only Memory*).

Lembre-se de que uma ROM é uma unidade de memória que desempenha somente operação de leitura. Isso implica que a informação binária armazenada em uma ROM é permanente e foi criada durante o processo de fabricação. Desse modo, uma dada entrada à ROM (linhas de endereço) sempre produz a mesma saída (linhas de dados). Como as saídas são uma função somente das entradas presentes, a ROM é na verdade um circuito combinacional.

Uma ROM pode ser implementada com um decodificador e um conjunto de portas OR. Como exemplo, consideremos a Tabela 11.8, que pode ser vista como uma tabela verdade com quatro entradas e quatro saídas. Para cada um dos 16 valores de entrada possíveis, o conjunto correspondente de valores de saídas é mostrado. Isso também pode ser visto como definição de conteúdo de ROM de 64 bits, consistindo em 16 palavras de 4 bits cada. As quatro entradas especificam um endereço, e as quatro saídas especificam os conteúdos do local descrito pelo endereço. A Figura 11.18 mostra como essa memória pode ser implementada usando um decodificador de 4 para 16 e quatro portas OR. Como acontece com um array lógico programável, uma organização regular é usada, e as interconexões são feitas para refletir o resultado desejado.

Tabela 11.8
Tabela verdade para ROM.

Entrada				Saída			
X_1	X_2	X_3	X_4	Z_1	Z_2	Z_3	Z_4
0	0	0	0	0	0	0	0
0	0	0	1	0	0	0	1
0	0	1	0	0	0	1	1
0	0	1	1	0	0	1	0
0	1	0	0	0	1	1	0
0	1	0	1	0	1	1	1
0	1	1	0	0	1	0	1
0	1	1	1	0	1	0	0
1	0	0	0	1	1	0	0
1	0	0	1	1	1	0	1
1	0	1	0	1	1	1	1
1	0	1	1	1	1	1	0
1	1	0	0	1	0	1	0
1	1	0	1	1	0	1	1
1	1	1	0	1	0	0	1
1	1	1	1	1	0	0	0

Figura 11.18
ROM de 64 bits.

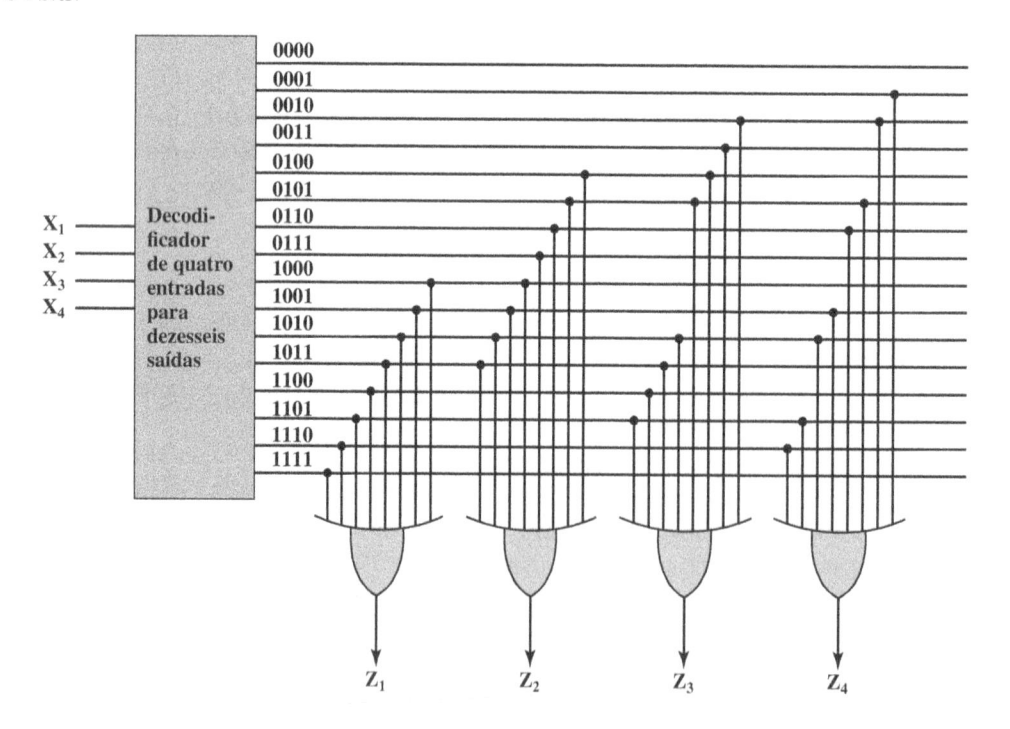

Somadores

Até agora, vimos como as portas lógicas interconectadas podem ser usadas para implementar funções, como roteamento de sinais, decodificação e ROM. Uma área essencial ainda não abordada é a da aritmética. Nessa breve visão geral, vamos nos contentar em observar a função da adição.

Tabela 11.9
Tabelas verdade de adição binária.

(a) Adição de um bit

A	B	Soma	Carry
0	0	0	0
0	1	1	0
1	0	1	0
1	1	0	1

(b) Adição com entrada de *carry*

C_{in}	A	B	Soma	C_{out}
0	0	0	0	0
0	0	1	1	0
0	1	0	1	0
0	1	1	0	1
1	0	0	1	0
1	0	1	0	1
1	1	0	0	1
1	1	1	1	1

A adição binária difere da álgebra booleana porque o resultado inclui um termo de *carry*. Desse modo,

$$\begin{array}{cccc} 0 & 0 & 1 & 1 \\ +0 & +1 & +0 & +1 \\ \hline 0 & 1 & 1 & 10 \end{array}$$

Todavia, a adição pode ser ainda considerada nos termos booleanos. Na Tabela 11.9a, mostramos a lógica para adicionar dois bits de entrada para produzir uma soma de 1 bit e um bit de *carry*. Essa tabela verdade pode ser facilmente implementada na lógica digital. Todavia, não estamos interessados em realizar a adição em apenas um único par de bits. Em vez disso, queremos adicionar dois números de *n* bits. Isso pode ser feito ao juntar um conjunto de somadores de modo que o *carry* de um **somador** seja entrada para o seguinte. Um somador de 4 bits é descrito na Figura 11.19.

Para um somador de múltiplos bits funcionar, cada um dos somadores de um bit deve ter três entradas, inclusive o *carry* a partir do próximo somador de menor ordem. Essa tabela verdade aparece na Tabela 11.9b. As duas saídas podem ser expressas:

$$\text{Soma} = \overline{A}\,\overline{B}C + \overline{A}B\overline{C} + ABC + A\overline{B}\,\overline{C}$$

$$\text{Carry} = AB + AC + BC$$

A Figura 11.20 é uma implementação usando portas AND, OR e NOT.

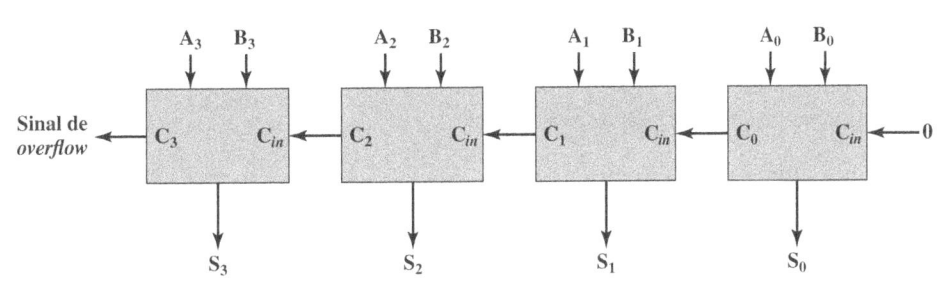

Figura 11.19
Somador de 4 bits.

Figura 11.20

Implementação de um somador.

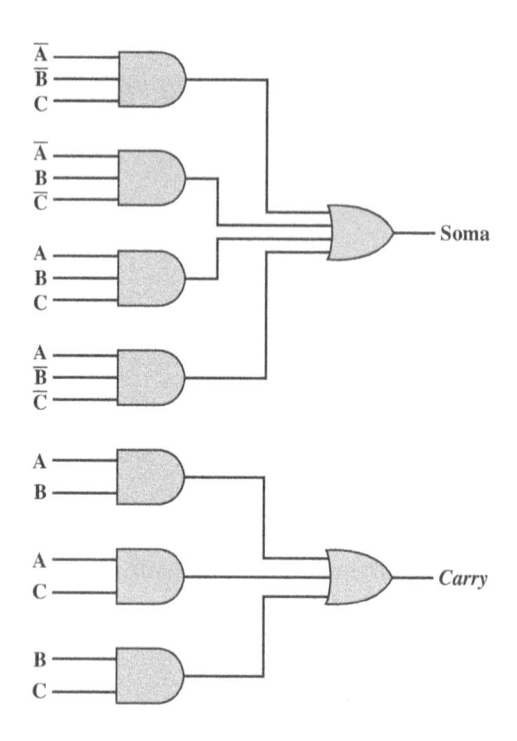

Assim, temos uma lógica necessária para implementar um somador de múltiplos bits, como mostrado na Figura 11.21. Observe que, como a saída de cada somador depende do *carry* a partir do somador anterior, existe um atraso crescente a partir do bit menos significativo para o bit mais significativo. Cada somador de um bit apresenta um certo atraso de porta, e esse atraso se acumula. Para somadores maiores, um atraso acumulado pode se tornar inaceitavelmente alto.

Se os valores de *carry* puderem ser determinados sem ter de voltar ao estágio anterior, então cada somador pode funcionar de modo independente, e o atraso não se acumula. Isso pode ser conseguido com uma técnica chamada de *antecipação de carry* (do inglês, *carry lookahead*). Vamos novamente observar o somador de 4 bits para explicar essa abordagem.

Propomos uma expressão que especifique a entrada de *carry* para algum estágio do somador sem referência a valores prévios de *carry*. Temos:

$$C_0 = A_0 B_0 \tag{11.4}$$

$$C_1 = A_1 B_1 + A_1 A_0 B_0 + B_1 A_0 B_0 \tag{11.5}$$

Seguindo esse procedimento, temos:

$$C_2 = A_2 B_2 + A_2 A_1 B_1 + A_2 A_1 A_0 B_0 + A_2 B_1 A_0 B_0 + B_2 A_1 B_1 + B_2 A_1 A_0 B_0 + B_2 B_1 A_0 B_0$$

Figura 11.21

Construção de um somador de 32 bits usando somadores de 8 bits.

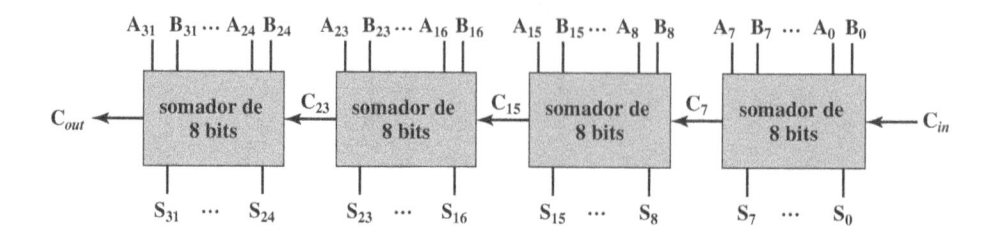

Esse processo pode ser repetido para somadores arbitrariamente longos. Cada termo *carry* pode ser expresso na forma SOP como uma função somente de entradas originais, sem dependência de *carries*. Desse modo, somente dois níveis de atraso de porta ocorrem independentemente da extensão do somador.

Para números longos, essa abordagem se torna excessivamente complicada. Avaliar uma expressão para o bit mais significativo de um somador de *n* bits requer uma porta OR com $2^n - 1$ entradas e $2^n - 1$ portas AND com 2 a $n + 1$ entradas. Por consequência, a antecipação total de *carry* é geralmente feita somente com 4 a 8 bits por vez. A Figura 11.21 mostra como um somador de 32 bits pode ser construído fora dos quatro somadores de 8 bits. Nesse caso, o *carry* deve propagar por meio dos quatro somadores de 8 bits, mas não será substancialmente mais rápido que uma propagação por meio dos trinta e dois somadores de 1 bit.

11.4 CIRCUITOS SEQUENCIAIS

Os circuitos combinacionais implementam as funções essenciais de um computador lógico. Todavia, exceto para o caso especial da ROM, eles não proporcionam nenhuma memória ou informação de estado, elementos também essenciais à operação de um computador digital. Para propósitos posteriores, uma forma mais complexa de circuito lógico digital é usada: o **circuito sequencial**. A saída atual de um circuito sequencial depende não somente da entrada atual, mas também do histórico das entradas. Outra forma, geralmente mais útil, de visualizar isso é que a saída atual do circuito sequencial depende da entrada e do estado atual desse circuito.

Nesta seção, examinamos alguns exemplos simples e úteis de circuitos sequenciais. Como veremos, o circuito sequencial faz uso de circuitos combinacionais.

Flip-flops

A forma mais simples de circuito sequencial é o **flip-flop**. Existe uma ampla gama de flip-flops, e todos eles compartilham duas propriedades:

- O flip-flop é um dispositivo biestável. Existe em um dos dois estados e, na ausência de entrada, permanece no estado. Dessa maneira, o flip-flop pode funcionar como uma memória de 1 bit.
- O flip-flop tem duas saídas, que são sempre complementos uma da outra. Elas são geralmente nomeadas como Q e $\overline{Q}$.

LATCH S-R A Figura 11.22 mostra uma configuração comum, conhecida como flip-flop S R ou **latch S-R**. O circuito tem duas entradas, S (set) e R (reset), e duas saídas, Q e $\overline{Q}$, e consiste em duas portas NOR conectadas com realimentação.

Primeiro, vamos mostrar que o circuito é biestável. Suponha que tanto S como R são 0 e que Q é 0. As entradas para a porta NOR inferior são Q = 0 e S = 0. Dessa maneira, a saída $\overline{Q} = 1$ significa que as entradas para a porta superior NOR são $\overline{Q} = 1$ e R = 0, que tem a saída Q = 0. Dessa maneira, o estado do circuito é internamente consistente e permanece estável enquanto S = R = 0. Uma linha similar de raciocínio mostra que o estado Q = 1, $\overline{Q} = 0$ é também estável para R = S = 0.

Figura 11.22

Latch S-R implementado com portas NOR.

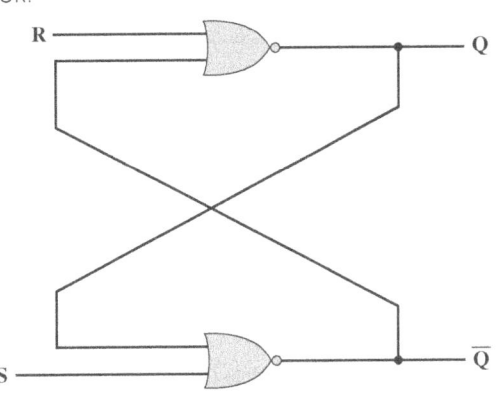

Dessa maneira, esse circuito pode funcionar como uma memória de 1 bit. Podemos ver a saída Q como o "valor" do bit. As entradas S e R servem para escrever os valores 1 e 0, respectivamente, na memória. Para ver isso, considere o estado Q = 0, $\overline{Q}$ = 1, S = 0, R = 0. Suponha que S muda para o valor 1. Agora as entradas para a porta NOR inferior são S = 1, Q = 0. Após algum atraso de tempo Δt, a saída da porta NOR inferior será $\overline{Q}$ = 0 (ver Figura 11.23). Então, nesse ponto no tempo, as entradas para a porta NOR superior se tornam R = 0, $\overline{Q}$ = 0. Depois de outro atraso de porta de Δt, a saída Q se torna 1. De novo, é um estado estável. As entradas para a porta inferior são agora S = 1, Q = 1, o que mantém a saída $\overline{Q}$ = 0. Enquanto S = 1 e R = 0, as saídas permanecerão Q = 1, $\overline{Q}$ = 0. Ademais, se S retorna a 0, as saídas permanecerão sem alterações.

A saída R realiza uma função de oposição. Quando R vai a 1, força Q = 0, $\overline{Q}$ = 1, independentemente do estado anterior de Q e $\overline{Q}$. De novo, um atraso de tempo de $2\Delta t$ ocorre antes que o estado final seja estabelecido (Figura 11.23).

O latch S-R pode ser definido com uma tabela semelhante à tabela verdade, chamada de *tabela característica*, que apresenta o estado seguinte e os estados de um circuito sequencial como uma função de estados atuais e entradas. No caso do latch S-R, o estado pode ser definido pelo valor de Q. A Tabela 11.10a mostra a tabela característica resultante. Observe que as entradas S = 1, R = 1 não são permitidas, pois elas produziriam uma saída incompatível (tanto Q como $\overline{Q}$ igual a 0). A tabela pode ser expressa de modo mais compacto, como na Tabela 11.10b. Um exemplo do comportamento do latch S-R é apresentado na Tabela 11.10c.

FLIP-FLOP S-R COM CLOCK A saída do latch S-R muda, depois de um breve atraso de tempo, em resposta à alteração na entrada. Isso é chamado de operação assíncrona. Mais tipicamente, os eventos no computador digital são sincronizados por um pulso de clock, de modo que as mudanças ocorrem somente quando um pulso de clock acontece. A Figura 11.24 mostra essa disposição. Esse dispositivo é denominado **flip-flop S-R com clock**. Observe que as entradas R e S são passadas para as portas NOR somente durante o pulso de clock.

FLIP-FLOP D Um problema com o flip-flop S-R é que a condição R = 1, S = 1 deve ser evitada. Uma forma de fazer isso é permitir apenas uma única entrada. O **flip-flop D** realiza isso. A Figura 11.25 mostra uma implementação com portas lógicas de um flip-flop D. Pelo uso de um inversor, garante-se que as entradas, que não sejam as entradas do clock, das duas portas AND tenham sempre valores opostos.

O flip-flop D é às vezes conhecido como flip-flop de dados, porque é, em efeito, armazenamento para um bit de dado. A saída do flip-flop é sempre igual ao valor mais recente aplicado na entrada. Por isso, lembra e produz a última entrada. Também é conhecido como flip-flop de atraso, pois atrasa um 0 ou um 1 aplicado em suas entradas em um pulso único de clock. Podemos representar a lógica do flip-flop D com a seguinte tabela verdade:

D	Q_{n+1}
0	0
1	1

Figura 11.23

Diagrama de temporização do latch S-R com NOR.

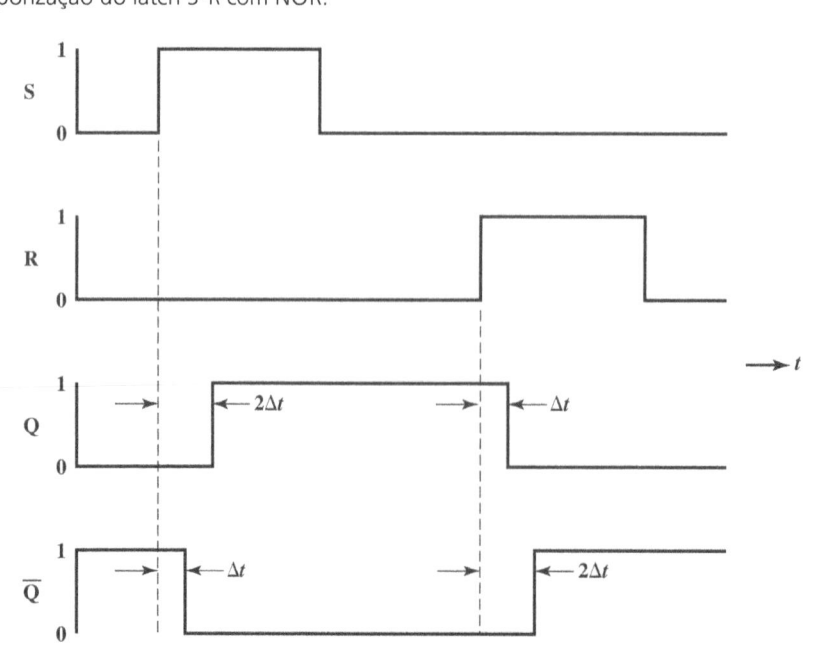

Tabela 11.10
Latch S-R.

(a) Tabela característica

Entradas atuais	Estados atuais	Próximo estado
SR	Q_n	Q_{n+1}
00	0	0
00	1	1
01	0	0
01	1	0
10	0	1
10	1	1
11	0	—
11	1	—

(b) Tabela característica simplificada

S	R	Q_{n+1}
0	0	Q_n
0	1	0
1	0	1
1	1	—

(c) Resposta a uma série de entrada

t	0	1	2	3	4	5	6	7	8	9
S	1	0	0	0	0	0	0	0	1	0
R	0	0	0	1	0	0	1	0	0	0
Q_{n+1}	1	1	1	0	0	0	0	0	1	1

Figura 11.24
Flip-flop de S-R com clock.

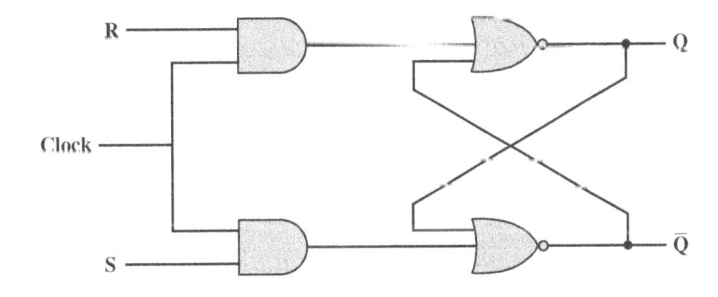

Figura 11.25
Flip-flop D.

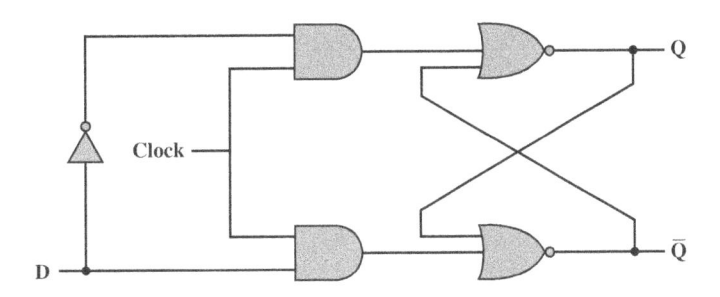

FLIP-FLOP J-K Outro flip-flop útil é o **flip-flop J-K**. Como o flip-flop S-R, ele tem duas entradas. Todavia, nesse caso todas as combinações possíveis nos valores de entrada são válidas. A Figura 11.26 mostra uma implementação com portas lógicas do flip-flop J-K e a Figura 11.27 apresenta sua tabela característica (junto aos flip-flops S-R e D). Observe que as três primeiras combinações são as mesmas do flip-flop S-R. Sem entrada definida com valor lógico 1, a saída é estável. Se somente a entrada J for definida com o valor lógico 1, o resultado é uma função set, fazendo com que a saída seja 1; se somente a entrada K for definida com valor lógico 1, o resultado é uma função de reset, fazendo com que a saída seja 0. Quando tanto J como K são 1, a função realizada é conhecida como função de chaveamento: a saída é inversa. Dessa maneira, se Q for 1 e 1 for aplicado para J e K, então Q se torna 0. O leitor deverá verificar que a implementação da Figura 11.26 produz essa função característica.

Figura 11.26
Flip-flop J-K.

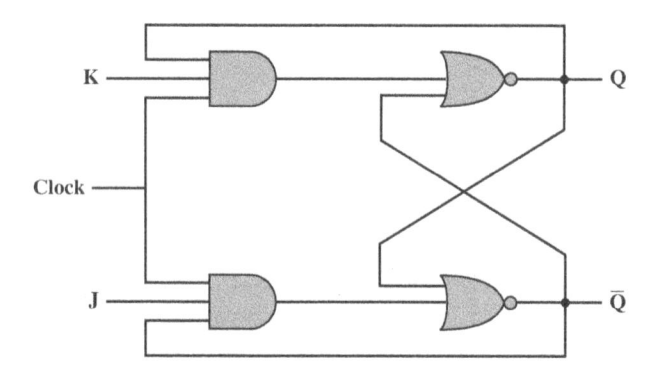

Figura 11.27
Flip-flops básicos.

Nome	Símbolo gráfico	Tabela verdade		
S–R	S Q / >Ck / R Q̄	S	R	Q_{n+1}
		0	0	Q_n
		0	1	0
		1	0	1
		1	1	–
J–K	J Q / >Ck / K Q̄	J	K	Q_{n+1}
		0	0	Q_n
		0	1	0
		1	0	1
		1	1	$\overline{Q_n}$
D	D Q / >Ck / Q̄	D		Q_{n+1}
		0		0
		1		1

Registradores

Como um exemplo do uso de flip-flops, vamos primeiro examinar um dos elementos essenciais da CPU: o **registrador**. Como se sabe, um registrador é um circuito digital usado dentro da CPU para armazenar um ou mais bits de dados. Dois tipos básicos de registradores costumam ser usados: registradores paralelos e registradores de deslocamento.

REGISTRADORES PARALELOS Um **registrador paralelo** consiste em um conjunto de memória de 1 bit que pode ser lido ou escrito de modo simultâneo. É usado para armazenar dados. Os registradores discutidos neste livro são paralelos.

O registrador de 8 bits da Figura 11.28 ilustra a operação do registrador paralelo usando flip-flops D. Um sinal de controle, nomeado como *load*, controla a gravação no registrador a partir das entradas dos sinais, D11 a D18. Essas entradas podem ser as saídas de multiplexadores, de modo que uma grande variedade de fontes pode ser carregada no registrador.

REGISTRADOR DE DESLOCAMENTO Um **registrador de deslocamento** aceita e/ou transfere informação serialmente. Considere, por exemplo, a Figura 11.29, que mostra um registrador de deslocamento de 5 bits construído a partir de flip-flops D. Os dados são inseridos somente no flip-flop mais à esquerda. Com cada pulso de clock, os dados são deslocados para uma posição à direita, e o bit mais à direita é transferido para fora.

Os registradores de deslocamento podem ser usados para fazer a interface com os dispositivos de E/S. Além disso, eles podem ser usados dentro da ALU para realizar deslocamento lógico e as funções de rotação. Para isso, eles precisam ser equipados com circuito de leitura/gravação em paralelo, bem como em série.

Figura 11.28

Registrador paralelo de 8 bits.

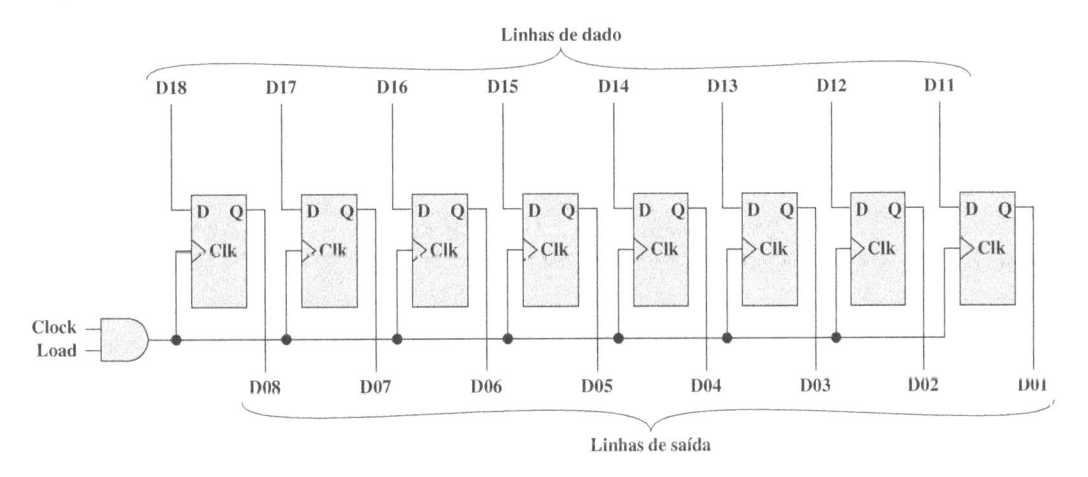

Figura 11.29

Registrador de deslocamento de 5 bits.

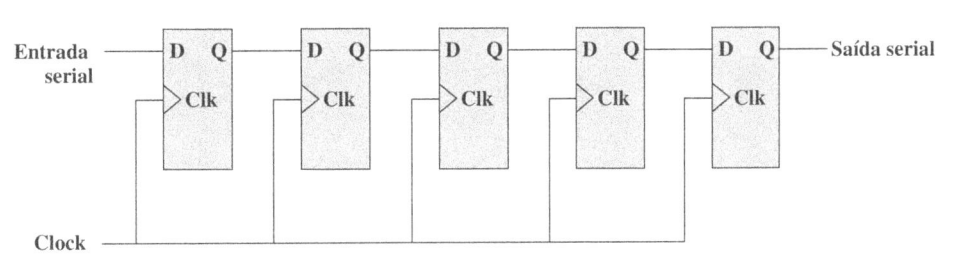

Contadores

Outra categoria de circuito sequencial muito utilizada é o **contador**. O contador é um registrador cujo valor é facilmente incrementado por 1 até atingir seu módulo, que é a capacidade do registrador; ou seja, depois que um valor máximo é atingido, o próximo incremento estabelece o valor do contador para 0. Dessa maneira, um registrador composto por n flip-flops pode contar até $2^n - 1$. Um exemplo de um contador na CPU é o contador do programa.

Os contadores podem ser designados como assíncronos ou síncronos, dependendo do modo como operam. Os contadores assíncronos são relativamente lentos porque a saída de um flip-flop dispara uma mudança no estado do flip-flop seguinte. Em um **contador síncrono**, todos os flip-flops mudam de estado ao mesmo tempo. Como o último tipo é mais rápido, é o tipo usado nas CPUs. Todavia, é útil começar a discussão com uma descrição de um contador assíncrono.

CONTADOR DE PROPAGAÇÃO Um contador assíncrono é também chamado de **contador de propagação**, pois a alteração que ocorre para incrementar o contador começa em uma extremidade e se propaga até a outra. A Figura 11.30 mostra uma implementação de um contador de 4 bits que usa flip-flops J-K, em conjunto com um diagrama de temporização que ilustra seu comportamento. O diagrama de temporização é ideal, de modo que não mostra o atraso de propagação que ocorre conforme os sinais se movem através da série de flip-flops. A saída do flip-flop mais à esquerda (Q_0) é o bit menos significativo. O projeto pode claramente ser estendido para um número arbitrário de bits ao cascatear mais flip-flops.

Na implementação ilustrada, o contador é incrementado a cada pulso de clock. As entradas J e K, de cada flip-flop, são mantidas constantes em 1. Isso significa que, quando existe um pulso de clock, a saída em Q será invertida (1 a 0; 0 a 1). Observe que a alteração no estado é mostrada como ocorrendo na descida do pulso de clock; isso é conhecido como flip-flop sensível à borda. O uso de flip-flops que respondem à transição em um pulso de clock em vez do pulso em si proporciona melhor controle de temporização nos circuitos complexos. Se olharmos os padrões de saída para esse contador, podemos ver que assume, ciclicamente, os valores 0000, 0001, ..., 1110, 1111, 0000, e assim por diante.

CONTADORES SÍNCRONOS O contador assíncrono tem a desvantagem do atraso envolvido na mudança do valor, que é proporcional ao tamanho do contador. Para superar essa desvantagem, as CPUs fazem uso de contadores síncronos, nos quais todos os flip-flops do contador mudam ao mesmo tempo. Nesta subseção, apresentamos um modelo para um contador síncrono de 3 bits. Fazendo isso, ilustramos alguns conceitos básicos no modelo de um circuito síncrono.

Figura 11.30

Contador de propagação.

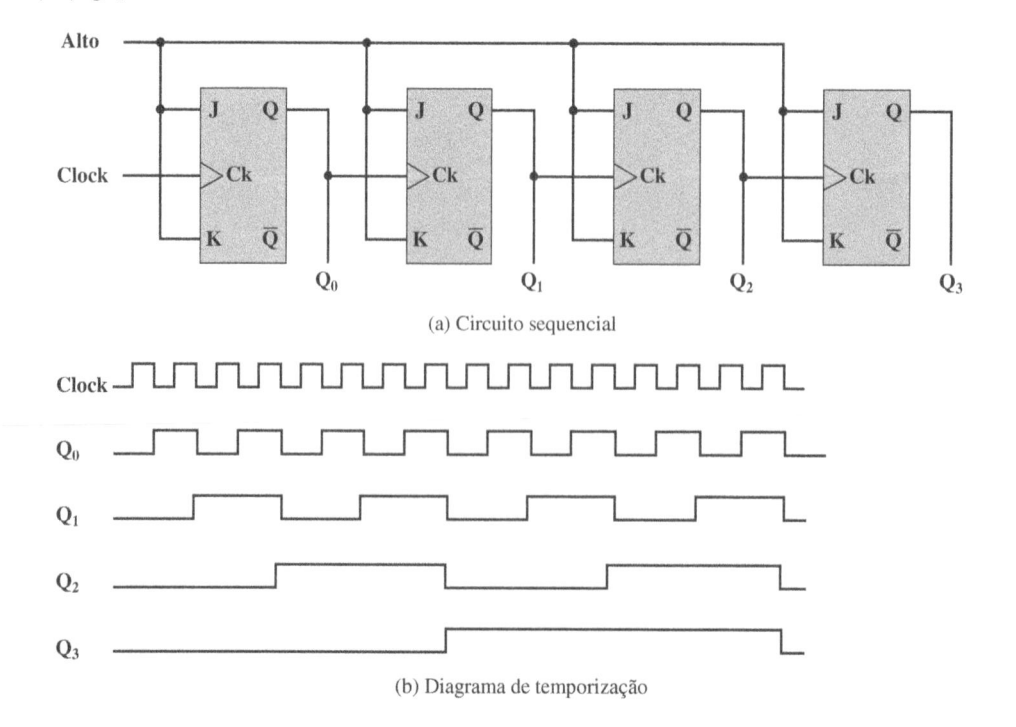

(a) Circuito sequencial

(b) Diagrama de temporização

Para um contador de 3 bits, três flip-flops serão necessários. Vamos usar flip-flops J-K. Nomeie as saídas não complementadas dos três flip-flops de C, B e A, respectivamente, com C representando o bit mais significativo. A primeira etapa é construir uma tabela verdade que mostre as entradas J-K e as saídas para permitir o desenvolvimento do circuito geral. Tal tabela verdade é mostrada na Figura 11.31a. As três primeiras colunas mostram as possíveis combinações das entradas C, B e A. Elas são listadas na ordem que vão aparecer conforme o contador é incrementado. Cada linha lista o valor atual de C, B e A e as entradas para os três flip-flops necessários para que se atinja o próximo valor de C, B e A.

Para entender o modo como a tabela verdade da Figura 11.31a foi construído, pode ser útil reformular a tabela característica para o flip-flop J-K. Recorde que a tabela foi apresentada do seguinte modo:

J	K	Q_{n+1}
0	0	Q_n
0	1	0
1	0	1
1	1	$\overline{Q_{n+1}}$

Figura 11.31
Modelo de um contador síncrono.

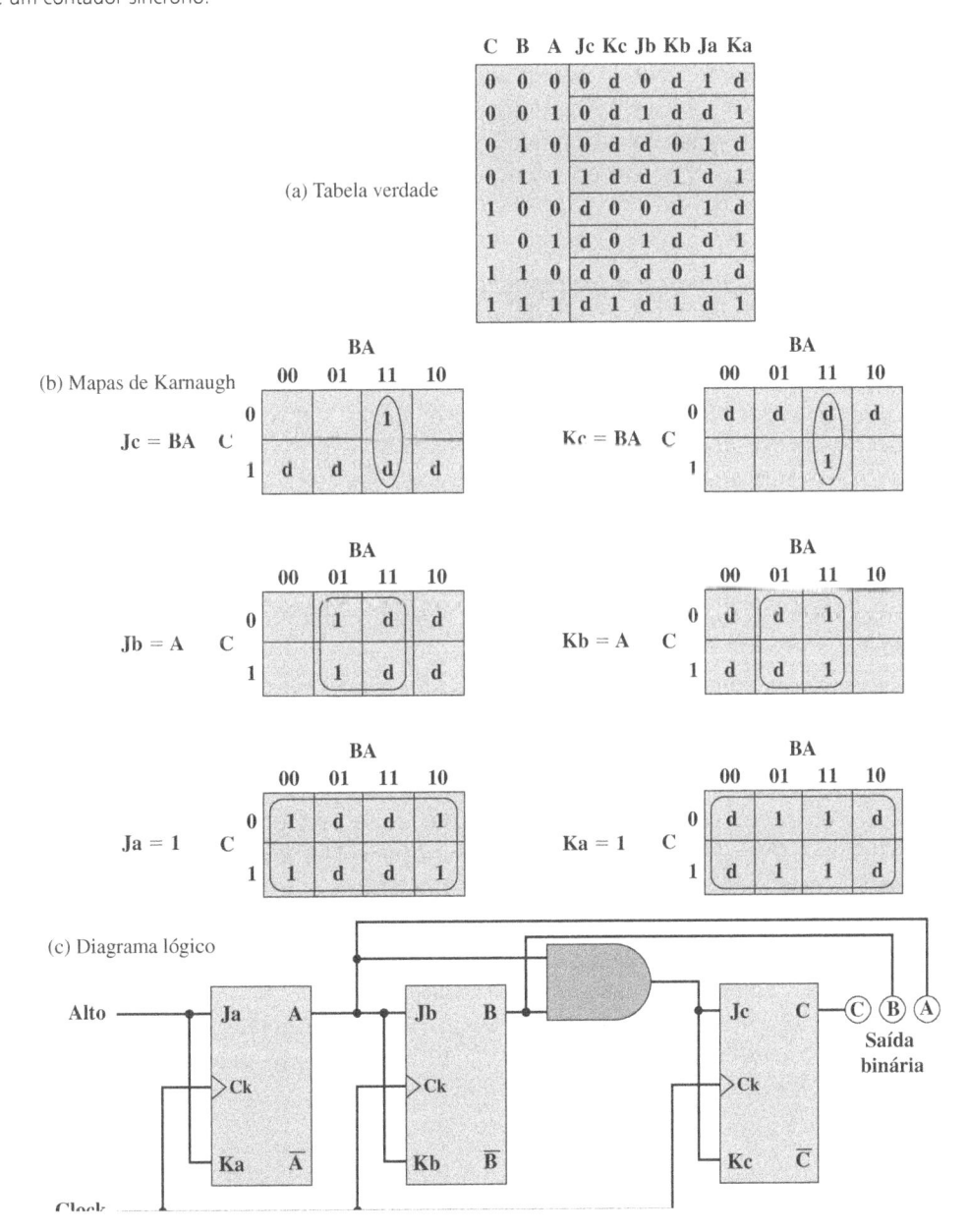

(a) Tabela verdade

C	B	A	Jc	Kc	Jb	Kb	Ja	Ka
0	0	0	0	d	0	d	1	d
0	0	1	0	d	1	d	d	1
0	1	0	0	d	d	0	1	d
0	1	1	1	d	d	1	d	1
1	0	0	d	0	0	d	1	d
1	0	1	d	0	1	d	d	1
1	1	0	d	0	d	0	1	d
1	1	1	d	1	d	1	d	1

(b) Mapas de Karnaugh

Jc = BA

Kc = BA

Jb = A

Kb = A

Ja = 1

Ka = 1

(c) Diagrama lógico

Nessa forma, a tabela mostra o efeito que as entradas J e K têm na saída. Agora considere a seguinte organização da mesma informação:

Q_n	J	K	Q_{n+1}
0	0	d	0
0	1	d	1
1	d	1	0
1	d	0	1

Nessa forma, a tabela proporciona o valor da próxima saída quando as entradas e a saída presente são conhecidas. Essa é exatamente a informação necessária para projetar o contador ou, de fato, qualquer circuito sequencial. Nessa forma, a tabela é conhecida como **tabela de excitação**.

Vamos retornar à Figura 11.31a. Considere a primeira linha. Queremos que o valor de C permaneça como 0, o valor de B permaneça como 0 e o valor de A vá de 0 para 1 com a próxima aplicação do pulso de clock. A tabela de excitação mostra que, para manter uma saída 0, devemos ter entradas de J = 0 e não se importar com K. Para efetuar uma transição de 0 a 1, as entradas devem ser J = 1 e K = d. Esses valores são mostrados na primeira linha da tabela. Por raciocínio similar, o restante da tabela pode ser preenchido.

Tendo construído a tabela verdade da Figura 11.31a, vemos que a tabela mostra os valores necessários de todas as entradas de J e K como funções de valores atuais de C, B e A. Com a ajuda do mapa de Karnaugh, podemos desenvolver expressões booleanas para essas seis funções. Isso é mostrado na Figura 11.31b. Por exemplo, o mapa de Karnaugh para a variável Ja (a entrada J para o flip-flop que produz a saída A) produz a expressão Ja = BC. Quando todas as seis expressões são derivadas, é uma questão direta projetar o circuito real, como mostrado na Figura 11.31c.

11.5 DISPOSITIVOS LÓGICOS PROGRAMÁVEIS

Até agora, tratamos as portas lógicas individuais como blocos básicos, a partir dos quais as funções podem ser realizadas. O projetista pode buscar uma estratégia para minimizar o número de portas a serem usadas pela manipulação das expressões booleanas.

Conforme o nível de integração proporcionado pelos circuitos integrados aumenta, outras considerações se aplicam. Circuitos integrados iniciais, usando integração de pequena escala (SSI — do inglês, *Small-Scale Integration*), proporcionaram de uma a dez portas lógicas em um chip. Cada porta lógica é tratada de modo independente, na abordagem de blocos básicos descrita até agora. Para construir uma função lógica, alguns desses chips são colocados em uma placa de circuito impresso e as interconexões apropriadas dos pinos são feitas.

O aumento dos níveis de integração tornou possível colocar mais portas lógicas em um chip e também fazer interconexões das portas no chip. Isso traz vantagens de diminuição de custos, diminuição do tamanho e o aumento da velocidade (pois os atrasos dentro do chip são de duração mais curta do que os fora do chip). Contudo, surge um problema de projeto. Para cada função lógica em particular ou conjunto de funções, o layout das portas e das interconexões no chip deve ser projetado. O custo e tempo envolvidos em tal projeto de chip customizado são maiores. Dessa maneira, torna-se atrativo desenvolver um chip de uso geral que possa ser prontamente adaptado para propósitos específicos. Essa é a intenção do *dispositivo lógico programável* (PLD — em inglês, *Programmable Logic Device*).

Existem muitos tipos diferentes de PLDs no mercado. A Tabela 11.11 lista alguns dos termos-chave e define alguns dos tipos mais importantes. Nesta seção, primeiro analisamos um dos mais simples, o *array lógico programável* (PLA — em inglês, *Programmable Logic Array*) e então introduzimos talvez o mais importante e amplamente usado tipo de PLD, o *array de porta programável por campo* (FPGA — em inglês, *Field-Programmable Gate Array*).

Tabela 11.11
Terminologia do PLD.

Dispositivo lógico programável (PLD)

Um termo geral que se refere a qualquer tipo de circuito integrado usado para implementar hardware digital, em que o chip pode ser configurado pelo usuário final para realizar diferentes projetos. Programar tal dispositivo muitas vezes envolve colocar o chip em uma unidade de programação especial, mas alguns chips podem também ser configurados no modo "*in-system*". Também conhecido como dispositivo programável por campo (FPD).

Array lógico programável (PLA)

Um PLD relativamente pequeno que contém dois níveis de lógica, um plano AND e um plano OR, em que ambos os níveis são programáveis.

Lógica de array programável (PAL)

Um PLD relativamente pequeno que tem um plano AND programável seguido por um plano OR fixo.

PLD simples (SPLD)

Um PLA ou PAL.

PLD complexo (CPLD)

Um PLD mais complexo consiste em uma disposição de diversos blocos do tipo SPLD em um único chip.

Array de porta programável por campo (FPGA)

Um PLD que faz parte de uma estrutura geral que possibilita alta capacidade lógica. Enquanto os CPLDs têm como características recursos lógicos com um grande número de entradas (planos AND), os FPGAs oferecem recursos mais escassos. FPGAs também oferecem uma maior razão de flip-flops para recursos lógicos do que CPLDs.

Bloco lógico

Um bloco de circuito relativamente pequeno que é replicado em um array em um FPD. Quando um circuito é implementado em um FPD, primeiro é decomposto em subcircuitos menores que podem cada qual ser mapeados em um bloco lógico. O termo *bloco lógico* é mais usado no contexto de FPGAs, mas podem também se referir a bloco de circuito em um CPLD.

Array lógico programável

O PLA é baseado no fato de que qualquer função booleana (tabela verdade) pode ser expressa em uma soma de produtos (SOP), como vimos. O PLA consiste em uma disposição comum de portas NOT, AND e OR em um chip. Cada entrada de chip é passada por uma porta NOT, de modo que cada entrada e seu complemento estejam disponíveis para cada porta AND. A saída de cada porta AND está disponível para cada porta OR, e a saída de cada porta OR é uma saída de chip. Ao fazer as conexões apropriadas, expressões SOP arbitrárias podem ser implementadas.

A Figura 11.32a mostra um PLA com três entradas, oito portas lógicas e duas saídas. Na esquerda está um array programável de AND. O array AND é programado ao estabelecer uma conexão entre qualquer entrada do PLA ou sua negação e qualquer entrada de porta AND pela conexão das linhas correspondentes em seu ponto de interseção. Na direita é um array programável OR, que envolve conectar as saídas da porta AND nas entradas da porta OR. Os maiores PLAs contêm várias centenas de portas, de 15 a 25 entradas e de 5 a 15 saídas. As conexões das entradas para as portas AND e das portas AND paras as portas OR não são especificadas até o momento da programação.

PLAs são fabricados de dois modos diferentes para permitir uma programação fácil (realização das conexões). No primeiro, toda conexão possível é feita por meio de um fusível em cada ponto de interseção. As conexões indesejadas podem então ser depois removidas ao queimar os fusíveis. Esse tipo de PLA é conhecido como *array lógico programável por campo elétrico* (*FPLA*). Alternativamente, as conexões adequadas podem ser feitas durante a fabricação do chip ao usar uma máscara apropriada fornecida por um padrão de interconexão em particular. Em ambos os casos, o PLA proporciona uma maneira flexível e barata de implementar as funções lógicas digitais.

A Figura 11.32b mostra um PLA programado que realiza duas expressões booleanas.

Figura 11.32

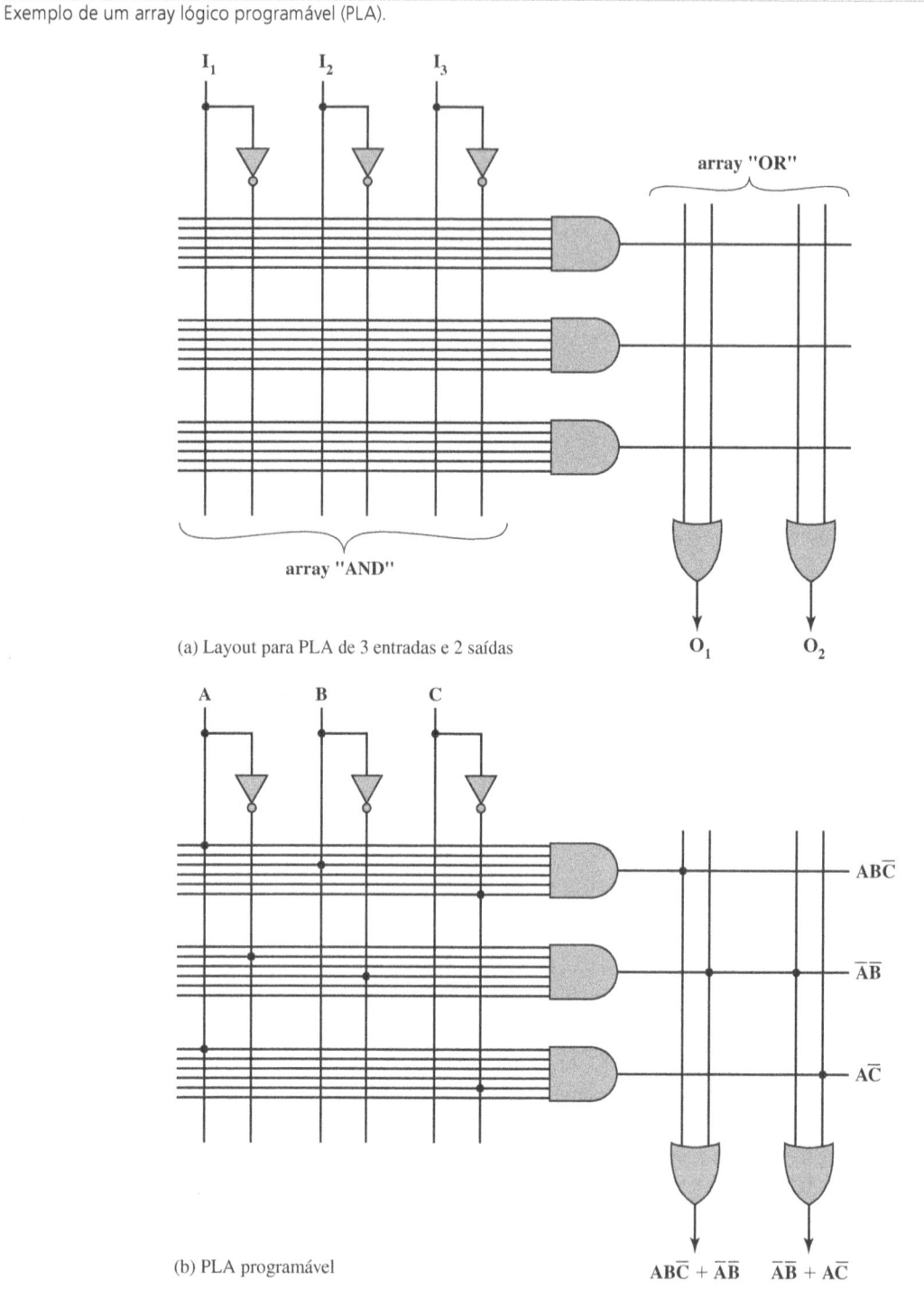

Exemplo de um array lógico programável (PLA).

(a) Layout para PLA de 3 entradas e 2 saídas

(b) PLA programável

Saídas: $AB\overline{C}$, $\overline{A}\overline{B}$, $A\overline{C}$

$AB\overline{C} + \overline{A}\overline{B}$ $\overline{A}\overline{B} + A\overline{C}$

Array de porta programável por campo

O PLA é um exemplo de um PLD simples (SPLD). A dificuldade com a capacidade crescente de uma arquitetura de SPLD estrita é que a estrutura dos planos lógicos programáveis cresce muito rápido em tamanho conforme o número de entradas aumenta. A única maneira viável de proporcionar dispositivos de maior capacidade com base nas arquiteturas é então integrar vários SPLDs em um único chip e proporcionar interconexão para conectar programavelmente os blocos de SPLD em conjunto. Alguns produtos comerciais de PLD existem hoje no mercado com essa estrutura básica, e são chamados de PLDs complexos (CPLDs). O tipo mais importante de CPLD é o FPGA.

Um FPGA consiste em um array de elementos de circuito não interligados, chamado de **blocos lógicos**, com recursos de interconexões. Uma ilustração de uma arquitetura de FPGA típica é mostrada na Figura 11.33. Os componentes-chave de um FPGA são:

- **Bloco lógico:** os blocos lógicos configuráveis são onde a computação do circuito do usuário tem lugar.
- **Bloco de E/S:** os blocos de E/S conectam pinos de E/S ao circuito no chip.
- **Interconexão:** são caminhos de sinal disponíveis para estabelecer conexões entre os blocos de E/S e os blocos lógicos.

O bloco lógico pode ser tanto um circuito combinacional como um circuito sequencial. Em essência, a programação de um bloco lógico é feita por download dos conteúdos de uma tabela verdade para a função lógica. A Figura 11.34 mostra um exemplo de um bloco lógico simples que consiste em um flip-flop D, um multiplexador 2 para 1, e uma tabela de consulta (*lookup table*) de 16 bits. A **tabela de consulta** é uma memória que consiste em 16 elementos de 1 bit, de modo que 4 linhas de saída são necessárias para selecionar um dos 16 bits. Os blocos lógicos maiores têm maiores tabelas de consulta e várias tabelas de consulta interconectadas. A lógica combinacional realizada pela tabela de consulta pode ser utilizada diretamente ou armazenada no flip-flop D e utilizada sincronicamente. Uma memória separada de um bit controla o multiplexador para determinar se a saída vem diretamente de uma tabela ou de um flip-flop.

Ao interconectar vários blocos lógicos, funções lógicas muito complexas podem ser facilmente implementadas.

Figura 11.33
Estrutura de um FPGA.

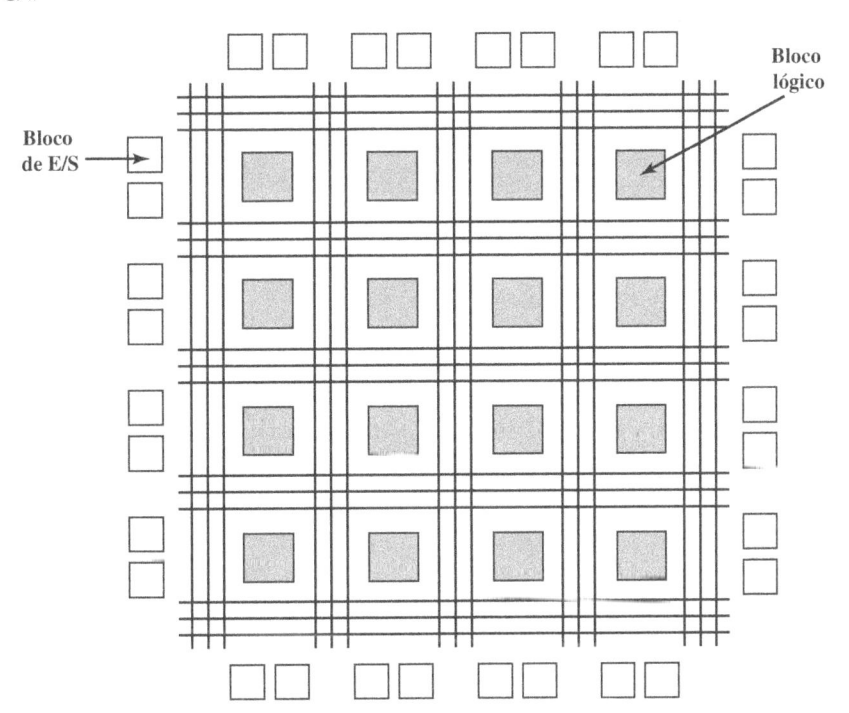

Figura 11.34
Um bloco lógico de FPGA simples.

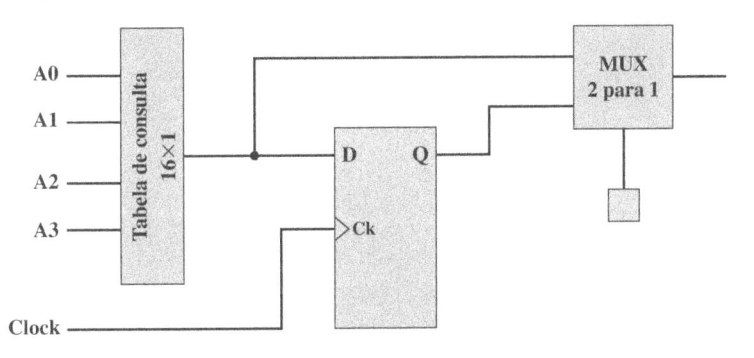

11.6 TERMOS-CHAVE E PROBLEMAS

Álgebra booleana, 318	Flip-flop S-R com clock, 338	Porta XOR, 320
Array de porta programável por campo (FPGA), 346	Forçar, 320	Portas lógicas, 320
Array lógico programável (PLA), 345	Latch S-R, 337	Produto de somas (POS), 323
Bloco lógico, 346	Lógica de array programável (PAL), 345	Registrador, 341
Circuito combinacional, 322	Mapa de Karnaugh, 324	Registrador de deslocamento, 341
Circuito sequencial, 337	Memória somente de leitura (ROM), 333	Registrador paralelo, 341
Contador, 342	Método de Quine-McCluskey, 327	Símbolo gráfico, 320
Contador de propagação, 342	Multiplexador, 330	Simplificação algébrica, 323
Contador síncrono, 342	NOR, 318	Soma de produtos (SOP), 322
Decodificador, 332	PLD complexo (CPLD), 346	Somador, 335
Dispositivo lógico programável (PLD), 344	PLD simples (SPLD), 346	Tabela de consulta (*lookup table*), 347
Flip-flop, 337	Porta AND, 320	Tabela de excitação, 344
Flip-flop D, 338	Porta NAND, 320	Tabela verdade, 318
Flip-flop J-K, 340	Porta OR, 320	Teorema de DeMorgan, 319

PROBLEMAS

11.41. Construa uma tabela verdade para as seguintes expressões booleanas.
  c. $ABC + \overline{A}\,\overline{B}\,\overline{C}$
  d. $ABC + A\overline{B}\,\overline{C} + \overline{A}\,\overline{B}\,\overline{C}$
  e. $A(B\overline{C} + \overline{B}C)$
  f. $(A + B)(A + C)(\overline{A} + \overline{B})$

11.42. Simplifique as seguintes expressões de acordo com a lei comutativa:
  a. $A \cdot \overline{B} + \overline{B} \cdot A + C \cdot D \cdot E + \overline{C} \cdot D \cdot E + E \cdot \overline{C} \cdot D$
  b. $A \cdot B + A \cdot C + B \cdot A$
  c. $(L \cdot M \cdot N)(A \cdot B)(C \cdot D \cdot E)(M \cdot N \cdot L)$
  d. $F \cdot (K + R) + S \cdot V + W \cdot \overline{X} + V \cdot S + \overline{X} \cdot W + (R + K) \cdot F$

11.43. Aplique o teorema de DeMorgan às seguintes equações:
  a. $F = \overline{V + A + L}$
  b. $F = \overline{A} + \overline{B} + \overline{C} + \overline{D}$

11.44. Simplifique as seguintes expressões:
  a. $A = S \cdot T + V \cdot W + R \cdot S \cdot T$
  b. $A = T \cdot U \cdot V + X \cdot Y + Y$
  c. $A = F \cdot (E + F + G)$
  d. $A = (P \cdot Q + R + S \cdot T)T \cdot S$
  e. $A = \overline{D \cdot D \cdot E}$
  f. $A = Y \cdot (W + X + \overline{\overline{Y} + \overline{Z}}) \cdot Z$
  g. $A = (B \cdot E + C + F) \cdot C$

11.45. Construa a operação XOR a partir das operações booleanas AND, OR e NOT.

11.46. Dada uma porta NOR e portas NOT, desenhe um diagrama lógico que realize a função AND de três entradas.

11.47. Escreva a expressão booleana para a **porta NAND** de quatro entradas.

Figura 11.35
Exemplo de display de LED de sete segmentos.

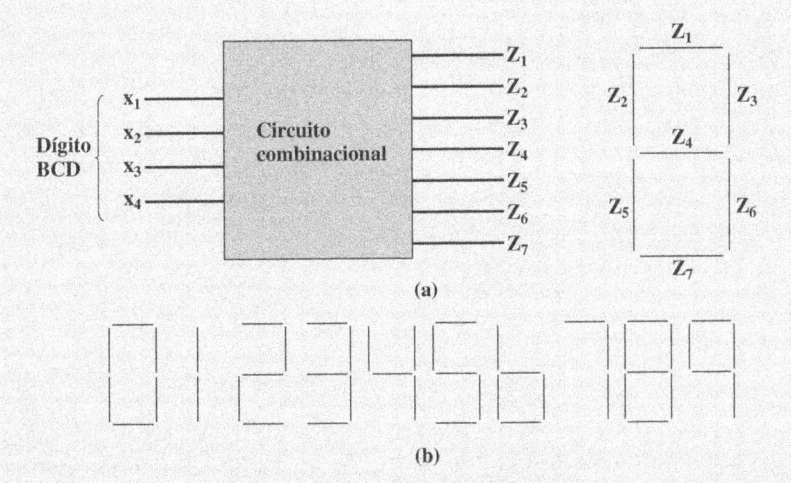

(a)

(b)

11.48. Um circuito combinacional é usado para controlar um display de sete segmentos de dígitos decimais, como mostrado na Figura 11.35. O circuito tem quatro entradas, que proporcionam código de quatro bits usado para representação decimal empacotada (0_{10} = 0000, ..., 9_{10} = 1001). As setes saídas definem quais segmentos serão ativados para mostrar um determinado dígito decimal. Observe que algumas combinações de entradas e saídas não são necessárias.

    a. Desenvolva uma tabela verdade para o circuito.
    b. Expresse a tabela verdade na forma SOP.
    c. Expresse a tabela verdade na forma POS.
    d. Forneça uma expressão simplificada.

11.49. Projete um multiplexador 8 para 1.

11.50. Some uma fila adicional à Figura 11.15, de modo que funcione como um demultiplexador.

11.51. O código de Gray é um código binário para inteiros. Ele difere de uma representação binária simples no sentido de que há apenas uma simples alteração de bit entre as representações de quaisquer dois números subsequentes. Isso é útil para aplicações como contadores ou conversores analógicos digitais em que uma sequência de número é gerada. Como somente um bit muda por vez, nunca existe qualquer ambiguidade em razão de leves diferenças de tempo. Os primeiros oito elementos do código são:

Código binário	Código de Gray
000	000
001	001
010	011
011	010
100	110
101	111
110	101
111	100

Projete um circuito que converta de código binário para código de Gray.

11.52. Projete um decodificador de 5 × 32 usando quatro decodificadores de 3 × 8 (com entradas habilitar) e um decodificador de 2 × 4.

11.53. Implemente o somador completo da Figura 11.20 com apenas cinco portas lógicas. (*Dica:* algumas portas são **portas XOR**.)

11.54. Considere a Figura 11.20. Suponha que cada porta produza um atraso de 10 ns. Dessa maneira, a saída da soma é válida depois de 20 ns e a saída de *carry* depois de 20 ns. Qual é o tempo de adição total para um somador de 32 bits:

   a. implementado sem antecipação de *carry*, como na Figura 11.19?
   b. implementado com antecipação de *carry* e usando somadores de 8 bits, como na Figura 11.21?

11.55. Uma forma alternativa de latch S-R tem a mesma estrutura que a Figura 11.22, mas usa portas NAND em vez de portas NOR.

   a. Refaça as tabelas 11.10a e 11.10b para o latch S-R implementado com portas NAND.
   b. Complete a tabela a seguir, similar à Tabela 11.10c.

t	0	1	2	3	4	5	6	7	8	9
S	0	1	1	1	1	1	0	1	0	1
R	1	1	0	1	0	1	1	1	0	0

11.56. Considere o símbolo gráfico para o flip-flop S-R na Figura 11.27. Some filas adicionais para descrever um flip-flop D ligado ao flip-flop S-R.

11.57. Mostre a estrutura de um PLA com três entradas (C, B, A) e quatro saídas (O_0, O_1, O_2, O_3) com saídas definidas do seguinte modo:

$$O_0 = \overline{A}\,\overline{B}C + A\overline{B} + AB\overline{C}$$
$$O_1 = \overline{A}\,\overline{B}C + AB\overline{C}$$
$$O_2 = C$$
$$O_3 = A\overline{B} + AB\overline{C}$$

11.58. Uma aplicação interessante de um PLA é a conversão dos velhos e obsoletos códigos de caracteres de cartão perfurado para os códigos ASCII. Os cartões perfurados padrão que foram tão populares com os computadores no passado têm 12 linhas e 80 colunas em que os buracos podem ser perfurados. Cada coluna correspondia a um caractere, então cada caractere tinha um código de 12 bits. Todavia, somente 96 caracteres eram realmente usados. Considere uma aplicação que lê cartões perfurados e converte os códigos de caracteres para ASCII.

   a. Descreva uma implementação de PLA dessa aplicação.
   b. Isso pode ser resolvido com uma ROM? Explique.

CONJUNTOS DE INSTRUÇÕES: CARACTERÍSTICAS E FUNÇÕES

12.1 Características das instruções de máquina
Elementos de uma instrução de máquina
Representação da instruções
Tipos de instruções
Número de endereços
Projeto do conjunto de instruções

12.2 Tipos de operandos
Números
Caracteres
Dados lógicos

12.3 Tipos de dados do Intel x86 e do ARM
Tipos de dados do x86
Tipos de dados do ARM

12.4 Tipos de operações
Transferência de dados
Aritmética
Lógica
Conversão
Entrada/saída
Controle do sistema
Transferência de controle

12.5 Tipos de operação do Intel x86 e do ARM
Tipos de operação do x86
Tipos de operação do ARM

12.6 Termos-chave, questões de revisão e problemas
Apêndice 12A *Little-endian*, *big-endian* e *bi-endian*

OBJETIVOS DE APRENDIZAGEM

Após ler este capítulo, você será capaz de:
▶ Apresentar uma visão geral das características essenciais das instruções de máquina.
▶ Descrever os tipos de operandos usados nos conjuntos típicos de instruções de máquina.
▶ Apresentar uma visão geral dos tipos de dados de x86 e ARM.
▶ Descrever os tipos de operandos aceitos pelos conjuntos típicos de instruções de máquina.
▶ Apresentar uma visão geral dos tipos de operação de x86 e ARM.
▶ Compreender as diferenças entre *big-endian*, *little-endian* e *bi-endian*.

Grande parte do que é discutido neste livro não é diretamente visível ao usuário ou programador de um computador. Se um programador estiver usando uma linguagem de alto nível, como Pascal ou Ada, muito pouco da arquitetura da máquina básica é visível.

Um limite onde o projetista de computador e o programador de computador podem ver a mesma máquina é o conjunto de instruções de máquina. Do ponto de vista do projetista, o conjunto de instruções de máquina oferece os requisitos funcionais para o processador: implementar o processador é uma tarefa que em grande parte envolve implementar o conjunto de instruções de máquina. O usuário que escolhe programar em linguagem de máquina (na realidade, em linguagem de montagem; veja Apêndice B) tem que ter conhecimento da estrutura dos registradores e da memória, dos tipos de dados aceitos diretamente pela máquina e do funcionamento da ALU.

Uma descrição do conjunto de instruções de máquina de um computador permite um grande entendimento sobre o processador. Consequentemente, focalizaremos as instruções de máquina neste capítulo e no próximo.

12.1 CARACTERÍSTICAS DAS INSTRUÇÕES DE MÁQUINA

A operação do processador é determinada pelas instruções que ele executa, conhecidas como *instruções de máquina* ou *instruções de computador*. A coleção de diferentes instruções que o processador pode executar é conhecida como *conjunto de instruções*.

Elementos de uma instrução de máquina

Cada instrução deve conter as informações exigidas pelo processador para execução. A Figura 12.1, que repete a Figura 3.6, mostra as etapas envolvidas na execução da instrução e, por consequência, define os elementos de uma instrução de máquina. Esses elementos são os seguintes:

- **Código de operação:** especifica a operação a ser realizada (por exemplo, ADD, E/S). A operação é especificada por um código binário conhecido como código da operação, ou **opcode**.
- **Referência a operando fonte:** a operação pode envolver um ou mais operandos fontes, ou seja, operandos que são entradas para a operação.
- **Referência a operando de resultado:** a operação deve produzir um resultado.
- **Referência à próxima instrução:** isso diz ao processador onde buscar a próxima instrução depois que a execução dessa instrução estiver completa.

O endereço da próxima instrução a ser buscada poderia ser um endereço real ou um endereço virtual, dependendo da arquitetura. Geralmente, a distinção é transparente à arquitetura do conjunto de instruções.

Figura 12.1
Diagrama de estado do ciclo de instrução.

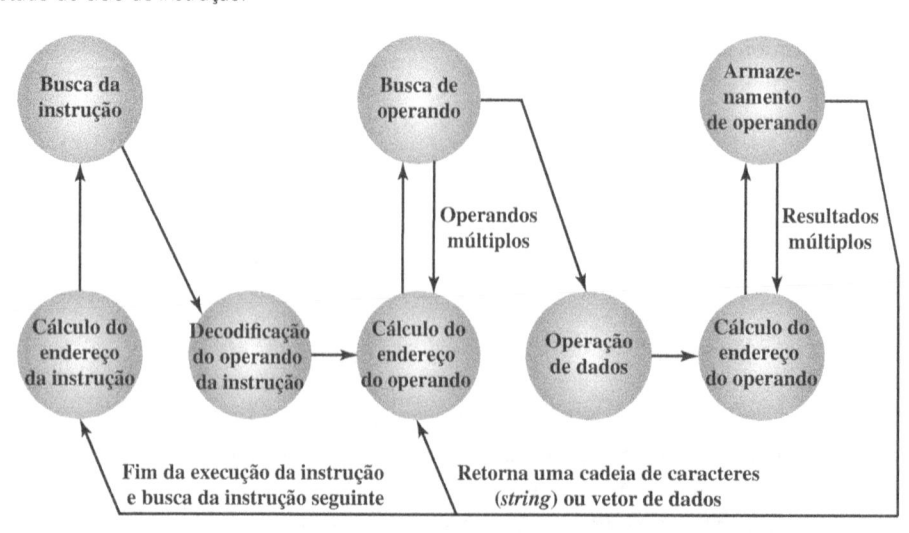

Na maior parte dos casos, a próxima instrução a ser buscada vem imediatamente após a instrução corrente. Nesses casos, não existe uma referência explícita à próxima instrução. Quando uma referência explícita é necessária, então o endereço da memória principal ou da memória virtual deve ser fornecido. A forma como esse endereço é fornecido é discutida no Capítulo 13.

Operandos fonte e resultado podem estar em uma destas quatro áreas:

- **Memória principal ou virtual:** assim como as referências à próxima instrução, o endereço da memória principal ou virtual deve ser fornecido.
- **Registradores do processador:** com raras exceções, um processador contém um ou mais registradores que podem ser referenciados por instruções de máquina. Se houver apenas um registrador, a referência a ele pode ser implícita. Se houver mais de um registrador, então cada registrador recebe um nome ou número exclusivo, e a instrução deve conter o número do registrador desejado.
- **Imediato:** o valor do operando está contido em um campo na instrução sendo executada.
- **Dispositivo de E/S:** a instrução precisa especificar o módulo e o dispositivo de E/S para a operação. Se a E/S mapeada na memória for usada, esse é apenas outro endereço da memória principal ou virtual.

Representação da instrução

Dentro do computador, cada instrução é representada por uma sequência de bits. A instrução é dividida em campos, correspondentes aos elementos constituintes da instrução. Um exemplo simples de um formato de instrução aparece na Figura 12.2. Como outro exemplo, o formato de instrução do IAS é apresentado na Figura 2.2. Na maioria dos conjuntos de instruções, mais de um formato é utilizado. Durante a execução da instrução, uma instrução é lida para um registrador de instrução (IR) no processador. O processador deve ser capaz de extrair os dados dos diversos campos da instrução para realizar a operação exigida.

É difícil tanto para o programador quanto para o leitor de livros-texto lidar com representações binárias das instruções de máquina. Dessa maneira, tornou-se uma prática comum usar uma *representação simbólica* das instruções de máquina. Um exemplo disso foi usado para o conjunto de instruções do IAS, na Tabela 1.1.

Os opcodes são representados por abreviações, chamadas *mnemônicos,* que indicam a operação. Alguns exemplos comuns são

ADD	Adição
SUB	Subtração
MUL	Multiplicação
DIV	Divisão
LOAD	Carrega dados da memória
STOR	Armazena dados na memória

Operandos também são representados simbolicamente. Por exemplo, a instrução

ADD R, Y

pode significar somar o valor contido na localização de dados Y com o conteúdo do registrador R. Neste exemplo, Y refere-se ao endereço de uma localização na memória, e R refere-se a um registrador em particular. Observe que a operação é realizada sobre o conteúdo de uma localização, não sobre seu endereço.

Figura 12.2

Formato de instrução simples.

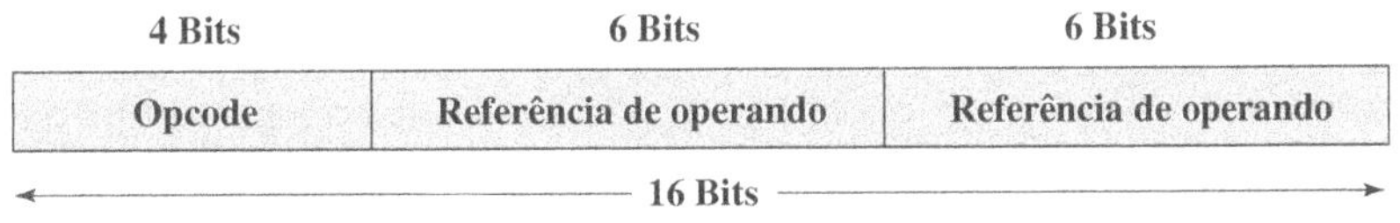

4 Bits	6 Bits	6 Bits
Opcode	Referência de operando	Referência de operando

←──────── 16 Bits ────────→

Desse modo, é possível escrever um programa em linguagem de máquina em forma simbólica. Cada opcode tem uma representação binária fixa e o programador especifica a localização de cada operando simbólico. Por exemplo, o programador poderia começar com uma lista de definições:

$$X = 513$$
$$Y = 514$$

e assim por diante. Um programa simples aceitaria essa entrada simbólica, converteria os opcodes e as referências dos operandos para forma binária e construiria as instruções de máquina binárias.

Os programadores de linguagem de máquina são raros, quase inexistentes. A maioria dos programas hoje é escrita em uma linguagem de alto nível ou então em linguagem de montagem, que é discutida no Apêndice B. Contudo, a linguagem de máquina simbólica continua sendo uma ferramenta útil para descrever instruções de máquina e vamos utilizá-la para esse propósito.

Tipos de instrução

Considere uma instrução em linguagem de alto nível que poderia ser expressa em uma linguagem como BASIC ou FORTRAN. Por exemplo,

$$X = X + Y$$

Essa instrução orienta o computador a somar o valor armazenado em Y ao valor armazenado em X, colocando o resultado em X. Como isso poderia ser feito com instruções de máquina? Vamos supor que as variáveis X e Y correspondam aos locais 513 e 514. Se considerarmos um conjunto simples de instruções de máquina, essa operação poderia ser feita com três instruções:

1. Carregue um registrador com o conteúdo do local de memória 513.
2. Some o conteúdo do local de memória 514 ao registrador.
3. Armazene o conteúdo do registrador no local de memória 513.

Como podemos ver, uma única instrução em BASIC pode exigir três instruções de máquina. Isso é típico do relacionamento entre uma linguagem de alto nível e uma linguagem de máquina. Uma linguagem de alto nível expressa operações em uma forma algébrica concisa, usando variáveis. Uma linguagem de máquina expressa operações em uma forma básica envolvendo a movimentação de dados de e para os registradores.

Com esse exemplo simples para nos guiar, vamos considerar os tipos de instruções que precisam ser incluídas em um computador real. Um computador deve ter um conjunto de instruções que permita ao usuário formular qualquer tarefa de processamento de dados. Outro modo de ver isso é considerar as capacidades de uma linguagem de programação de alto nível. Qualquer programa escrito em uma linguagem de alto nível, para ser executado, precisa ser traduzido para linguagem de máquina. Dessa maneira, o conjunto de instruções de máquina precisa ser suficiente para expressar qualquer uma das instruções de uma linguagem de alto nível. Com isso em mente, podemos categorizar os tipos de instrução da seguinte forma:

- **Processamento de dados:** instruções aritméticas e lógicas.
- **Armazenamento de dados:** movimentação de dados para dentro ou fora do registrador e/ou locais de memória.
- **Movimentação de dados:** instruções de E/S.
- **Controle:** instruções de teste e desvio.

As instruções *aritméticas* oferecem capacidades de cálculo para o processamento de dados numéricos. As instruções *lógicas* (booleanas) operam sobre os bits de uma palavra como bits, e não como números; desse modo, elas oferecem capacidades de processamento de qualquer outro tipo de dado que o usuário possa querer empregar. Essas operações são realizadas principalmente sobre os dados nos registradores do processador. Portanto, deve haver instruções de *memória* para mover dados entre a memória e os registradores. As instruções de *E/S* são necessárias para transferir programas e dados para a memória e os resultados de cálculos de volta ao usuário. As instruções de *teste* são usadas para testar o valor de uma palavra de dados ou o estado de um cálculo. As instruções de *desvio* são então usadas para desviar para um conjunto de instruções diferente, dependendo da decisão tomada.

Vamos examinar os diversos tipos de instruções com mais detalhes mais adiante neste capítulo.

Número de endereços

Uma das formas tradicionais de descrever a arquitetura do processador é em termos do número de endereços contidos em cada instrução. Essa dimensão tornou-se menos significativa com o aumento da complexidade de projeto do processador. Apesar disso, é útil neste ponto considerar e analisar essa distinção.

Qual é o número máximo de endereços que poderia ser preciso em uma instrução? Evidentemente, as instruções aritméticas e lógicas exigirão mais operandos. Praticamente todas as operações aritméticas e lógicas são unárias (um operando de origem) ou binárias (dois operandos de origem). Dessa maneira, precisaríamos de um máximo de dois endereços para referenciar operandos de origem. O resultado de uma operação precisa ser armazenado, sugerindo um terceiro endereço, que define um operando de destino. Finalmente, após o término de uma instrução, a próxima instrução precisa ser buscada, e seu endereço é necessário.

Essa linha de raciocínio sugere que uma instrução poderia razoavelmente ter que conter quatro referências de endereço: dois operandos de origem, um operando de destino e o endereço da próxima instrução. Na maioria das arquiteturas, quase todas as instruções possuem um, dois ou três endereços de operando, com o endereço da próxima instrução sendo implícito (obtido pelo contador de programa — PC). A maioria das arquiteturas também possui algumas instruções de uso especial, com mais operandos. Por exemplo, as instruções de load e store múltiplos da arquitetura ARM, descritas no Capítulo 13, designam até 17 operandos de registrador em uma única instrução.

A Figura 12.3 compara instruções típicas de um, dois e três endereços, que poderiam ser usadas para calcular $Y = (A - B)/[C + (D \times E)]$. Com três endereços, cada instrução especifica dois locais de operandos de origem e um local de operando de destino. Como escolhemos não alterar o valor de qualquer um dos locais de operando, um local temporário, T, é usado para armazenar alguns resultados intermediários. Observe que existem quatro instruções e que a expressão original tinha cinco operandos.

Formatos de instrução de três endereços não são comuns, pois exigem um formato de instrução relativamente longo para manter as três referências de endereço. Com instruções de dois endereços, e para operações binárias, um endereço precisa realizar o trabalho duplo como um operando e como um resultado. Dessa maneira, a instrução SUB Y, B executa o cálculo Y – B e armazena o resultado em Y. O formato de dois endereços reduz o requisito de espaço, mas também introduz algumas coisas estranhas. Para evitar alterar o valor de um operando, a instrução MOVE é usada para mover um dos valores para um resultado ou local temporário antes de realizar a operação. Nosso programa de exemplo se expande para seis instruções.

Mais simples ainda é a instrução de um endereço. Para que esta funcione, um segundo endereço precisa ser implícito. Isso era comum nas máquinas mais antigas, com o endereço implícito sendo um registrador do processador conhecido como **acumulador** (AC). O acumulador contém um dos operandos e é usado para armazenar o resultado. Em nosso exemplo, oito instruções são necessárias para realizar a tarefa.

Figura 12.3

Programas para executar $Y = \dfrac{A - B}{C + (D \times E)}$.

Instrução	Comentário
SUB Y, A, B	$Y \leftarrow A - B$
MPY T, D, E	$T \leftarrow D \times E$
ADD T, T, C	$T \leftarrow T + C$
DIV Y, Y, T	$Y \leftarrow Y \div T$

(a) Instruções de três endereços

Instrução	Comentário
MOVE Y, A	$Y \leftarrow A$
SUB Y, B	$Y \leftarrow Y - B$
MOVE T, D	$T \leftarrow D$
MPY T, E	$T \leftarrow T \times E$
ADD T, C	$T \leftarrow T + C$
DIV Y, T	$Y \leftarrow Y \div T$

(b) Instruções de dois endereços

Instrução	Comentário
LOAD D	$AC \leftarrow D$
MPY E	$AC \leftarrow AC \times E$
ADD C	$AC \leftarrow AC + C$
STOR Y	$Y \leftarrow AC$
LOAD A	$AC \leftarrow A$
SUB B	$AC \leftarrow AC - B$
DIV Y	$AC \leftarrow AC \div Y$
STOR Y	$Y \leftarrow AC$

(c) Instruções de um endereço

Na verdade, é possível termos zero endereços para algumas instruções. Instruções de zero endereços se aplicam a uma organização de memória especial, chamada de pilha. Uma **pilha** é um conjunto de localizações do tipo *last-in-first-out* (último a entrar, primeiro a sair). A pilha está em um local conhecido e, frequentemente, pelo menos os dois elementos do topo estão nos registradores do processador. Desse modo, instruções com zero endereços referenciariam os dois elementos do topo da pilha. As pilhas são descritas no Apêndice I (disponível em inglês na Sala Virtual). Seu uso é melhor explicado mais adiante neste capítulo e no Capítulo 13.

A Tabela 12.1 resume as interpretações das instruções com zero, um, dois ou três endereços. Em cada caso na tabela, considera-se que o endereço da próxima instrução é implícito e que uma operação com dois operandos origem e um operando resultado deve ser realizada.

O número de endereços por instrução é uma decisão básica de projeto. Menos endereços por instrução resulta em instruções que são mais primitivas, exigindo um processador menos complexo. Isso também resulta em instruções de menor tamanho. Por outro lado, os programas contêm mais instruções no total, o que, em geral, resulta em tempos maiores de execução e programas maiores e mais complexos. Além disso, existe um limite importante entre instruções de um endereço e múltiplos endereços. Com instruções de um endereço, o programador geralmente tem à sua disposição apenas um registrador de uso geral, o acumulador. Com instruções de múltiplos endereços, é comum ter múltiplos registradores de uso geral. Isso permite que algumas operações sejam realizadas unicamente sobre registradores. Como as referências a registradores são mais rápidas que as referências à memória, isso acelera a execução. Por motivos de flexibilidade e capacidade de usar múltiplos registradores, a maioria das máquinas contemporâneas emprega uma mistura de instruções de dois e três endereços.

As relações envolvidas na escolha do número de endereços por instrução são complicadas por outros fatores. Existe a questão de que um endereço pode referenciar um local da memória ou um registrador. Como existem menos registradores, menos bits são necessários para uma referência de registrador. Além disso, conforme veremos no Capítulo 13, uma máquina pode oferecer uma série de modos de endereçamento e a especificação do modo exige um ou mais bits. O resultado é que a maioria dos projetos de processador envolve uma série de formatos de instrução.

Tabela 12.1

Utilização de endereços de instrução (instruções sem desvio).

Número de endereços	Representação simbólica	Interpretação
3	OP A, B, C	A ← B OP C
2	OP A, B	A ← A OP B
1	OP A	AC ← AC OP A
0	OP	T ← (T − 1) OP T

AC = acumulador
T = topo da pilha
(T − 1) = segundo elemento da pilha
A, B, C = memória ou locais dos registradores

Projeto do conjunto de instruções

Um dos aspectos mais interessantes e mais analisados do projeto de um computador é o projeto do conjunto de instruções. O projeto de um conjunto de instruções é muito complexo, pois afeta muitos aspectos do sistema de computador. Ele define muitas das funções realizadas pelo processador e, portanto, tem um efeito significativo sobre a implementação do processador. O conjunto de instruções é o meio de o programador controlar o processador. Dessa maneira, os requisitos do programador devem ser considerados no projeto do conjunto de instruções.

Pode ser surpresa para você saber que algumas das questões mais fundamentais em relação ao projeto dos conjuntos de instruções continuam em discussão. Na realidade, nos últimos anos, o nível de divergência com relação a esses fundamentos realmente cresceu. As questões básicas mais importantes de projeto são as seguintes:

▶ **Repertório de operações:** quantas e quais operações oferecer, e qual nível de complexidade as operações deverão ter.

- **Tipos de dados:** os diversos tipos de dados sobre os quais as operações são realizadas.
- **Formato de instrução:** tamanho da instrução (em bits), número de endereços, tamanho dos diversos campos, e assim por diante.
- **Registradores:** número de registradores do processador que podem ser referenciados pelas instruções e seu uso.
- **Endereçamento:** o modo ou os modos pelos quais o endereço de um operando é especificado.

Essas questões são altamente inter-relacionadas e precisam ser consideradas juntas no projeto de um conjunto de instruções. Este livro, naturalmente, precisa considerá-las em alguma sequência, mas tentamos mostrar as inter-relações.

Em virtude da importância desse assunto, muito da Parte IV é dedicado ao projeto do conjunto de instruções. Após esta seção introdutória, este capítulo examina os tipos de dados e o repertório de operações. O Capítulo 13 examina os modos de endereçamento (que inclui uma consideração a respeito dos registradores) e os formatos de instrução. O Capítulo 15 examina o computador com conjunto de instruções reduzido (RISC — do inglês, *Reduced Instruction Set Computer*). A arquitetura RISC põe em dúvida muitas das decisões de projeto do conjunto de instruções tradicionalmente feitas nos computadores comerciais.

12.2 TIPOS DE OPERANDOS

As instruções de máquina operam sobre dados. As categorias gerais de dados mais importantes são:

- Endereços.
- Números.
- Caracteres.
- Dados lógicos.

Veremos, ao discutir os modos de endereçamento no Capítulo 13, que os endereços são, de fato, uma forma de dados. Em muitos casos, alguns cálculos devem ser realizados sobre a referência do operando em uma instrução para determinar o endereço da memória principal ou virtual. Nesse contexto, os endereços podem ser considerados como inteiros sem sinal.

Outros tipos de dados comuns são números, caracteres e dados lógicos, e cada um deles é examinado rapidamente nesta seção. Além disso, algumas máquinas definem tipos de dados ou estruturas de dados especializadas. Por exemplo, pode haver operações de máquina que operam diretamente sobre uma lista ou uma *string* de caracteres.

Números

Todas as linguagens de máquina incluem tipos de dados numéricos. Até mesmo no processamento de dados não numéricos, existe a necessidade de os números atuarem como contadores, tamanhos de campo e assim por diante. Uma distinção importante entre números usados na matemática comum e números armazenados em um computador é que estes últimos são limitados. Isso é verdade em dois sentidos. Primeiro, existe um limite para a magnitude dos números representáveis em uma máquina e, segundo, no caso dos números de ponto flutuante, um limite em sua precisão. Desse modo, o programador se depara com a compreensão das consequências do arredondamento, do *overflow* e do *underflow*.

Três tipos de dados numéricos são comuns nos computadores:

- Inteiros binários ou ponto fixo binário.
- Ponto flutuante binário.
- Decimal.

Examinamos os dois primeiros com alguns detalhes no Capítulo 10. Resta-nos dizer algumas palavras sobre os números decimais.

Embora internamente todas as operações do computador sejam binárias em natureza, os usuários humanos do sistema lidam com números decimais. Dessa maneira, existe a necessidade de converter de decimal para binário na entrada e de binário para decimal na saída. Para aplicações onde existem muitas E/S e, comparativamente, poucos e simples cálculos, é preferível armazenar e operar os números em forma decimal. A representação mais comum para esse propósito é o **decimal empacotado**.[1]

Com o decimal empacotado, cada dígito decimal é representado por um código de 4 bits, no modo óbvio, com dois dígitos armazenados por byte. Dessa maneira, 0 = 000, 1 = 0001, . . . , 8 = 1000 e 9 = 1001. Observe que esse é um código ineficaz, pois somente 10 dos 16 valores possíveis em 4 bits são utilizados. Para formar números, códigos de 4 bits são enfileirados, em geral em múltiplos de 8 bits. Desse modo, o código para 246 é 0000 0010 0100 0110. Esse código certamente é menos compacto que a representação binária direta, mas evita o *overhead* da conversão. Números negativos podem ser representados incluindo-se um dígito de sinal de 4 bits à esquerda ou à direita da sequência de dígitos decimais empacotados. Os valores de sinal padrão são 1100 para positivo (+) e 1101 para negativo (–).

Muitas máquinas oferecem instruções aritméticas para realizar operações diretamente sobre números decimais empacotados. Os algoritmos são muito semelhantes àqueles descritos na Seção 9.3, mas devem considerar a operação de *carry* decimal.

Caracteres

Uma forma de dado comum é o texto, ou *strings* de caracteres. Embora os dados textuais sejam mais convenientes para os seres humanos, eles não podem, em forma de caracteres, ser facilmente armazenados ou transmitidos por sistemas de processamento de dados e comunicações. Esses sistemas são projetados para dados binários. Assim, diversos códigos foram elaborados, nos quais os caracteres são representados por uma sequência de bits. Talvez o exemplo comum mais antigo seja o código Morse. Hoje, o código de caracteres mais utilizado é o International Reference Alphabet (IRA), mais conhecido como American Standard Code for Information Interchange (ASCII; veja o Apêndice H, disponível em inglês na Sala Virtual). Cada caractere nesse código é representado por um padrão exclusivo de 7 bits; dessa maneira, 128 caracteres diferentes podem ser representados. Esse é um número maior do que é necessário para representar os caracteres imprimíveis, e alguns dos padrões representam caracteres de *controle*. Alguns desses caracteres de controle têm a ver com o controle da impressão dos caracteres em uma página. Outros tratam de procedimentos de comunicação. Os caracteres codificados em IRA quase sempre são armazenados e transmitidos usando 8 bits por caractere. O oitavo bit pode ser definido como 0 ou usado como um bit de paridade, para detectar erros. Nesse último caso, o bit é definido de modo que o número total de 1s binários em cada octeto seja sempre ímpar (paridade ímpar) ou sempre par (paridade par).

Observe na Tabela H.1 (Apêndice H) que, para o padrão de bits IRA 011XXXX, os dígitos de 0 a 9 são representados por seus equivalentes binários, 0000 a 1001, nos 4 bits mais à direita. Esse é o mesmo código do decimal empacotado. Isso facilita a conversão entre IRA de 7 bits e a representação decimal empacotada de 4 bits.

Outro código usado para codificar caracteres é o Extended Binary Coded Decimal Interchange Code (EBCDIC). EBCDIC é usado em mainframes IBM. Este é um código de 8 bits. Assim como IRA, EBCDIC é compatível com decimal empacotado. No caso do EBCDIC, os códigos de 11110000 a 11111001 representam os dígitos de 0 a 9.

Dados lógicos

Em geral, cada palavra ou outra unidade endereçável (byte, meia-palavra, e assim por diante) é tratada como uma única unidade de dados. Todavia, às vezes é útil considerar que uma unidade de n bits consiste em n itens de dados de 1 bit, com cada item tendo o valor 0 ou 1. Quando os dados são vistos dessa forma, eles são considerados dados *lógicos*.

Existem duas vantagens na visão orientada a bits. Primeiro, às vezes podemos querer armazenar um array de itens de dados booleanos ou binários, em que cada item pode assumir apenas os valores 1 (verdadeiro) e 0 (falso). Com dados lógicos, a memória pode ser usada de modo mais eficiente para esse armazenamento. Segundo, existem ocasiões em que queremos manipular os bits de um item de dados. Por exemplo, se as operações de ponto flutuante forem implementadas em software, precisamos ser capazes de deslocar bits significativos em algumas operações. Outro exemplo: para converter de IRA para decimal empacotado, precisamos extrair os 4 bits mais à direita de cada byte.

---

1 Os livros-texto em geral referem-se a isso como decimal codificado em binário (BCD — do inglês, *Binary Coded Decimal*). Estritamente falando, o código BCD refere-se à codificação de cada dígito decimal por uma sequência exclusiva de 4 bits. Decimal empacotado refere-se ao armazenamento de dígitos codificados em BCD usando um byte para cada dois dígitos.

Observe que, nos exemplos anteriores, os mesmos dados são tratados às vezes como lógicos e outras vezes como numéricos ou texto. O "tipo" de uma unidade de dados é determinado pela operação que está sendo realizada sobre ele. Embora isso em geral não aconteça em linguagens de alto nível, quase sempre acontece com a linguagem de máquina.

12.3 TIPOS DE DADOS DO INTEL x86 E DO ARM

Tipos de dados do x86

O x86 pode lidar com tipos de dados de 8 (byte), 16 (palavra — *word*), 32 (palavras duplas — *doubleword*), 64 (quatro palavras — *quadword*) e 128 (quatro palavras duplas — *double quadword*) bits de tamanho. Para permitir o máximo de flexibilidade nas estruturas de dados e a utilização de memória eficiente, as palavras não precisam ser alinhadas em endereços de número par; não precisam ser alinhadas em endereços divisíveis uniformemente por 4; quatro palavras não precisam ser alinhadas em endereços divisíveis uniformemente por 8, e assim por diante. Contudo, quando os dados são acessados por um barramento de 32 bits, as transferências de dados ocorrem em unidades de palavras duplas, começando em endereços divisíveis por 4. O processador converte o requisitado para valores desalinhados em uma sequência de solicitações para a transferência do barramento. Assim como todas as máquinas Intel 80x86, o x86 usa o estilo *little-endian*; ou seja, o byte menos significativo é armazenado no endereço mais baixo (veja no Apêndice 12A, no fim deste capítulo, uma discussão sobre os estilos de *endian*).

Byte, palavra, palavras duplas, quatro palavras e quatro palavras duplas são chamados de tipos de dados gerais. Além disso, o x86 admite um conjunto impressionante de tipos de dados específicos, que são reconhecidos e operados por instruções em particular. A Tabela 12.2 resume esses tipos.

Tabela 12.2
Tipos de dados do x86.

Tipo de dados	Descrição
Geral	Byte, palavra (16 bits), palavras duplas (32 bits), quatro palavras (64 bits) e quatro palavras duplas (128 bits) com conteúdo binário arbitrário.
Inteiros	Um valor binário com sinal, contido em um byte, palavra ou palavras duplas, usando a representação de complemento de dois.
Ordinais	Um inteiro sem sinal contido em um byte, palavra ou palavras duplas.
Números em BCD (*Binary Coded Decimal*) não empacotado	Uma representação de um dígito BCD no intervalo de 0 a 9, com um dígito em cada byte.
BCD empacotado	Representação de byte empacotado de dois dígitos BCD; valor no intervalo de 0 a 99.
Ponteiro *near*	Um endereço efetivo de 16, 32 ou 64 bits, que representa o deslocamento dentro de um segmento. Usado para todos os ponteiros em uma memória não segmentada e para referências dentro de um segmento em uma memória segmentada.
Ponteiro *far*	Um endereço lógico consistindo em um seletor de segmento de 16 bits e um deslocamento de 16, 32 ou 64 bits. Ponteiros *far* são usados para referência à memória em um modelo de memória segmentado, em que a identidade de um segmento sendo acessado precisa ser especificada explicitamente.
Campo de bits	Uma sequência contígua de bits em que a posição de cada bit é considerada uma unidade independente. Uma *string* de bits pode começar em qualquer posição de bit de qualquer byte e pode conter até 32 bits.
String de bits	Uma sequência contígua de bits, contendo de zero a $2^{23} - 1$ bits.
String de bytes	Uma sequência contígua de bytes, palavras ou palavras duplas, contendo de zero a $2^{23} - 1$ bytes.
Ponto flutuante	Ver Figura 12.4
SIMD empacotada (do inglês, *Single Instruction, Multiple Data* — única instrução, múltiplos dados)	Tipos de dados de 64 e 128 bits agrupados.

A Figura 12.4 ilustra os tipos de dados numéricos do x86. Os números inteiros com sinal estão em representação de complemento de dois e podem ter 16, 32 ou 64 bits de tamanho. O tipo ponto flutuante na realidade refere-se a um conjunto de tipos que são usados pela unidade de ponto flutuante e operados por instruções de ponto flutuante. As três representações de ponto flutuante estão em conformidade com o padrão IEEE 754.

Os tipos de dados SIMD (única instrução, múltiplos dados) empacotados foram introduzidos à arquitetura x86 como parte das extensões do conjunto de instruções para otimizar o desempenho de aplicações de multimídia. Essas extensões incluem MMX (*multimedia extensions*) e SSE (*streaming SIMD extensions*). O conceito básico é que múltiplos operandos são agrupados em um único item de memória referenciado e que esses múltiplos operandos são operados em paralelo. Os tipos de dados são os seguintes:

- **Byte empacotado e byte de inteiro empacotado:** bytes agrupados em quatro palavras de 64 bits ou quatro palavras duplas de 128 bits, interpretadas como um campo de bit ou como um inteiro.
- **Palavra empacotada e palavra de inteiro empacotada:** palavras de 16 bits agrupadas em quatro palavras de 64 bits ou quatro palavras duplas de 128 bits, interpretadas como um campo de bit ou como um inteiro.
- **Palavras duplas empacotadas e palavras duplas de inteiro empacotadas:** palavras duplas de 32 bits agrupadas em quatro palavras de 64 bits ou quatro palavras duplas de 128 bits, interpretadas como um campo de bit ou como um inteiro.
- **Quatro palavras empacotadas e quatro palavras de inteiro empacotadas:** duas quatro palavras de 64 bits agrupadas em quatro palavras duplas de 128 bits, interpretadas como um campo de bit ou como um inteiro.
- **Ponto flutuante de precisão simples empacotado e ponto flutuante de precisão dupla empacotado:** quatro valores de ponto flutuante de 32 bits ou dois valores de ponto flutuante de 64 bits agrupados em uma quatro palavras duplas de 128 bits.

Figura 12.4

Formatos de dados numéricos do x86.

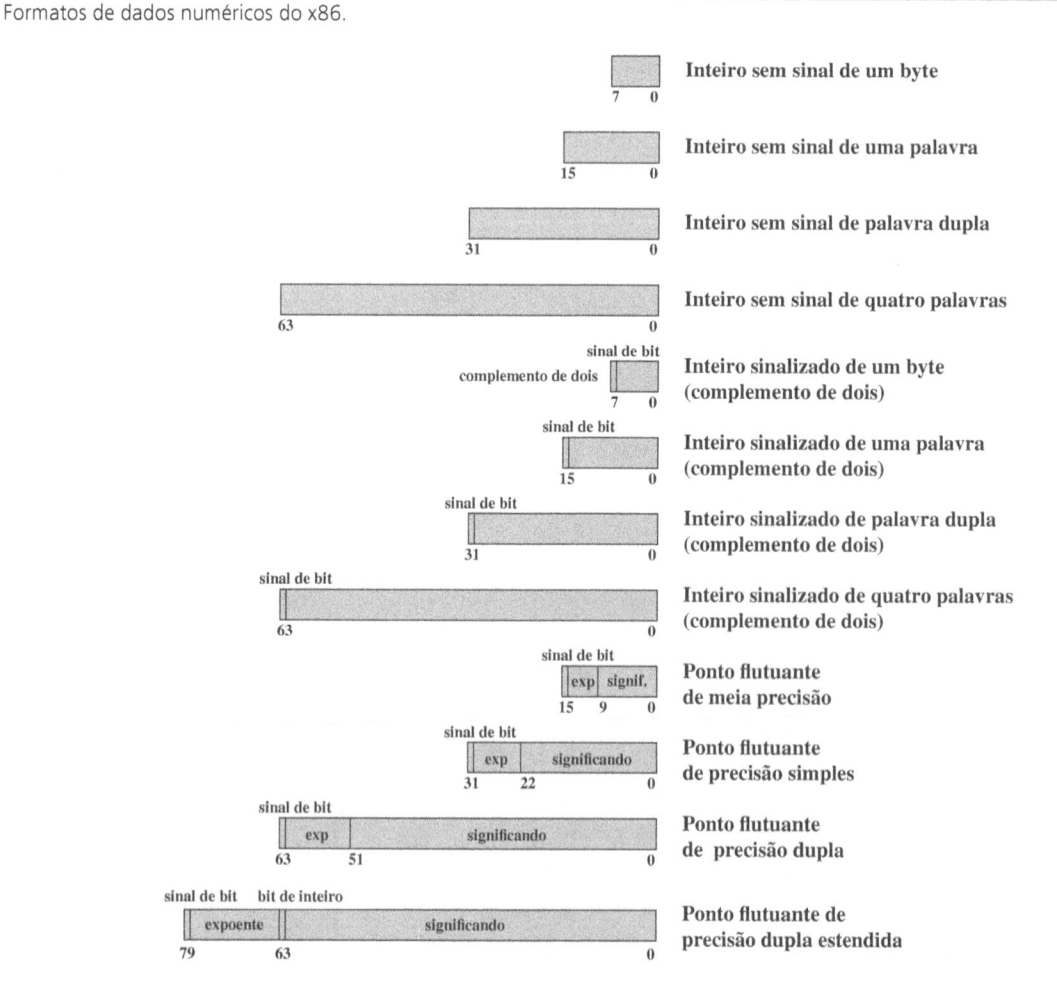

Tipos de dados do ARM

Processadores ARM admitem tipos de dados de 8 (byte), 16 (meia-palavra — *halfword*) e 32 (palavra — *word*) bits de tamanho. Em geral, o acesso de meia-palavra deve ser alinhado por meia-palavra e os acessos de palavra precisam ser alinhados por palavra. Para tentativas de acesso desalinhadas, a arquitetura admite três alternativas.

- Caso padrão:
  – O endereço é tratado como truncado, com os bits de endereço [1:0] tratados como zero para acesso por palavra, e o bit de endereço [0] tratado como zero para acesso por meia-palavra.
  – Instruções ARM de única palavra são arquiteturalmente definidas para rotacionar à direita as palavras de dados alinhadas transferidas por uma palavra não alinhada de endereço de um, dois ou três bytes, dependendo do valor dos dois bits de endereço menos significativos.
- **Verificação de alinhamento:** quando o bit de controle apropriado é definido, um sinal de abortar dados indica uma falha de alinhamento para a tentativa de acesso desalinhado.
- **Acesso desalinhado:** quando essa opção é habilitada, o processador usa um ou mais acessos à memória para gerar a transferência exigida de bytes adjacentes de modo transparente ao programador.

Para os três tipos de dados (byte, meia-palavra e palavra), uma interpretação sem sinal é admitida, em que o valor representa um inteiro sem sinal e não negativo. Os três tipos de dados também podem ser usados para os inteiros com sinal em complemento de dois.

A maioria das implementações de processadores ARM não oferece hardware de ponto flutuante, o que economiza energia e área. Se a aritmética de ponto flutuante for exigida em tais processadores, ela deverá ser implementada em software. O ARM admite um coprocessador de ponto flutuante opcional, que aceita os tipos de dados de ponto flutuante de precisão simples e dupla, definidos no IEEE 754.

SUPORTE A *ENDIAN* Um bit de estado (bit E) no registrador de controle do sistema é colocado em 1 e em zero sob controle do programa, usando a instrução SETEND. O bit E define qual modo *endian* será usado para ler e armazenar dados. A Figura 12.5 ilustra a funcionalidade associada ao bit E para uma operação load ou store de uma palavra. Esse mecanismo permite o load/store eficiente de dados dinâmicos para projetistas de sistemas que sabem que precisam acessar estruturas de dados no tipo de *endian* oposto ao seu sistema operacional/ambiente. Observe que o endereço de cada byte de dados é fixo na memória. Todavia, a ordem de bytes em um registrador é diferente.

Figura 12.5

Suporte a *endian* no ARM — Load/Store de palavra com o bit E.

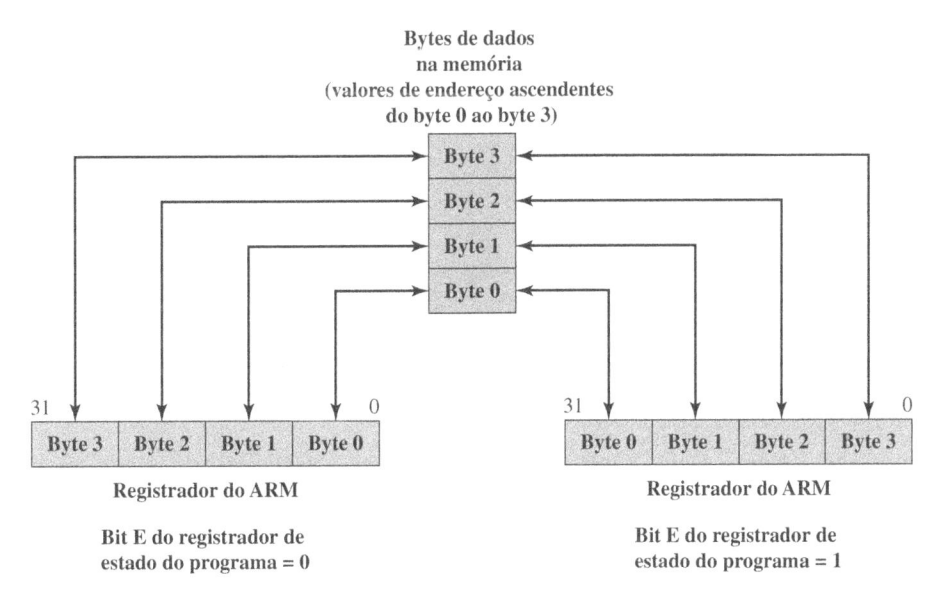

12.4 TIPOS DE OPERAÇÕES

O número de opcodes diferentes varia bastante de uma máquina para outra. Contudo, os mesmos tipos gerais de operações são encontrados em todas as máquinas. Uma categorização prática e comum é a seguinte:

- Transferência de dados.
- Aritmética.
- Lógica.
- Conversão.
- E/S.
- Controle de sistema.
- Transferência de controle.

A Tabela 12.3 (baseada em HAYES, 1998) lista tipos de instruções comuns em cada categoria. Esta seção oferece um breve estudo desses diversos tipos de operações, junto com uma breve discussão das ações tomadas pelo processador para executar determinado tipo de operação (resumidas na Tabela 12.4). Esse último tópico é examinado com mais detalhes no Capítulo 14.

Tabela 12.3
Operações comuns do conjunto de instruções.

Tipo	Nome da operação	Descrição
Transferência de dados	Move (transferência)	Transfere palavra ou bloco da origem ao destino
	Store (armazenamento)	Transfere palavra do processador para a memória
	Load (busca)	Transfere palavra da memória para o processador
	Exchange (troca)	Troca o conteúdo da origem e do destino
	Clear (reset)	Transfere palavra de 0s para o destino
	Set	Transfere palavra de 1s para o destino
	Push	Transfere palavra da origem para o topo da pilha
	Pop	Transfere palavra do topo da pilha para o destino
Aritmética	Soma	Calcula a soma de dois operandos
	Subtração	Calcula a diferença de dois operandos
	Multiplicação	Calcula o produto de dois operandos
	Divisão	Calcula o quociente de dois operandos
	Absoluto	Substitui o operando pelo seu valor absoluto
	Negativo	Troca o sinal do operando
	Incremento	Soma 1 ao operando
	Decremento	Subtrai 1 do operando
Lógica	AND	Realiza o AND lógico
	OR	Realiza o OR lógico
	NOT (complemento)	Realiza o NOT lógico
	Exclusive-OR	Realiza o XOR lógico
	Test	Testa condição especificada; define flag(s) com base no resultado
	Compare	Faz comparação lógica ou aritmética de dois ou mais operandos; define flag(s) com base no resultado
	Definir variáveis de controle	Classe de instruções para definir controles para fins de proteção, tratamento de interrupção, controle de tempo etc.
	Shift	Desloca o operando para a esquerda (direita), introduzindo constantes na extremidade
	Rotate	Desloca ciclicamente o operando para a esquerda (direita), de uma extremidade à outra

(Continua)

(Continuação)

Transferência de controle	Jump (desvio)	Transferência incondicional; carrega PC com endereço especificado
	Jump condicional	Testa condição especificada; ou carrega PC com endereço especificado ou não faz nada, com base na condição
	Jump para sub-rotina	Coloca informação do controle do programa atual em local conhecido; salta para endereço especificado
	Return	Substitui conteúdo do PC por outro registrador de local conhecido
	Execute	Busca operando do local especificado e executa como instrução; não modifica o PC
	Skip	Incrementa o PC para saltar para a próxima instrução
	Skip condicional	Testa condição especificada; ou salta ou não faz nada, com base na condição
	Halt	Termina a execução do programa
	Wait (hold)	Termina a execução do programa; testa condição especificada repetidamente; retoma a execução quando a condição for satisfeita
	No operation	Nenhuma operação é realizada, mas a execução do programa continua
Entrada/saída	Input (leitura)	Transfere dados da porta de E/S ou dispositivo especificado para o destino (por exemplo, memória principal ou registrador do processador)
	Output (escrita)	Transfere dados da origem especificada para porta de E/S ou dispositivo
	Start I/O	Transfere instruções para o processador de E/S para iniciar operação de E/S
	Test I/O	Transfere informações de estado do sistema de E/S para destino especificado
Conversão	Translate	Traduz valores em uma seção da memória com base em uma tabela de correspondências
	Convert	Converte o conteúdo de uma palavra de uma forma para outra (por exemplo, decimal empacotado para binário)

Tabela 12.4
Ações do processador para diversos tipos de operação.

Transferência de dados	Transfere dados de um local para outro
	Se a memória estiver envolvida:
	Determina o endereço da memória
	Realiza transformação de endereço de memória virtual para real
	Verifica cache
	Inicia leitura/escrita da memória
Aritmética	Pode envolver transferência de dados, antes e/ou depois
	Realiza função na ALU
	Define códigos de condição e flags
Lógica	O mesmo que aritmética
Conversão	Semelhante à aritmética e lógica. Pode envolver lógica especial para realizar conversão
Transferência de controle	Atualiza contador de programa. Para chamada/retorno de sub-rotina, gerencia passagem de parâmetros e ligação
E/S	Envia comando para módulo de E/S
	Se E/S mapeada na memória, determina o endereço mapeado na memória

Transferência de dados

O tipo mais fundamental de instrução de máquina é a instrução de transferência. A instrução de transferência de dados deve especificar várias coisas. Em primeiro lugar, o local dos operandos de origem e de destino. O local pode ser a memória, um registrador ou o topo da pilha. Segundo, o tamanho dos dados a serem transferidos deve ser indicado. Terceiro, assim como todas as instruções com operandos, o modo de endereçamento para cada operando deve ser especificado. Esse último ponto é discutido no Capítulo 13.

A escolha das instruções de transferência de dados para incluir em um conjunto de instruções exemplifica os tipos de relações que o projetista deve fazer. Por exemplo, o local geral (memória ou registrador) de um operando pode ser indicado na especificação do opcode ou no operando. A Tabela 12.5 mostra exemplos das instruções de transferência de dados mais comuns do IBM EAS/390. Observe que existem variantes para indicar a quantidade de dados a serem transferidos (8, 16, 32 ou 64 bits). Além disso, existem diferentes instruções para transferências de registrador para registrador, registrador para memória, memória para registrador e memória para memória. Ao contrário, o VAX tem uma instrução de movimentação (MOV) com variantes para diferentes quantidades de dados a serem movidos, mas especifica se um operando é registrador ou memória como parte do operando. A técnica do VAX é um pouco mais fácil para o programador, que precisa lidar com menos mnemônicos. Todavia, ela também é menos compacta que a técnica do IBM EAS/390, pois o local (registrador *versus* memória) de cada operando deve ser especificado separadamente na instrução. Vamos voltar a essa distinção quando discutirmos sobre os formatos de instrução, no Capítulo 13.

Em termos de ação do processador, as operações de transferência de dados talvez sejam o tipo mais simples. Se a origem e o destino forem registradores, então o processador simplesmente faz com que os dados sejam transferidos de um registrador para outro; essa é uma operação interna ao processador. Se um ou ambos operandos estiverem na memória, então o processador deve realizar algumas ou todas as seguintes ações:

1. Calcular o endereço de memória, com base no modo de endereço (discutido no Capítulo 13).
2. Se o endereço se referir à memória virtual, traduzir de endereço virtual para real.
3. Determinar se o item endereçado está na cache.
4. Se não, enviar um comando para o módulo de memória.

Aritmética

A maioria das máquinas oferece as operações aritméticas básicas de adição, subtração, multiplicação e divisão. Estas são invariavelmente disponibilizadas para números inteiros com sinal (ponto fixo). Muitas vezes, elas também são disponibilizadas para números de ponto flutuante e decimal empacotado.

Tabela 12.5

Exemplos de operações de transferência de dados do IBM EAS/390.

Operação	Nome	Número de bits transferidos	Descrição
L	Load	32	Transfere de memória para registrador
LH	Load Halfword	16	Transfere de memória para registrador
LR	Load	32	Transfere de registrador para registrador
LER	Load (short)	32	Transfere de registrador de ponto flutuante para registrador de ponto flutuante
LE	Load (short)	32	Transfere de memória para registrador de ponto flutuante
LDR	Load (long)	64	Transfere de registrador de ponto flutuante para registrador de ponto flutuante
LD	Load (long)	64	Transfere de memória para registrador de ponto flutuante
ST	Store	32	Transfere de registrador para memória
STH	Store Halfword	16	Transfere de registrador para memória
STC	Store Character	8	Transfere de registrador para memória
STE	Store (short)	32	Transfere de registrador de ponto flutuante para memória
STD	Store (long)	64	Transfere de registrador de ponto flutuante para memória

Outras operações possíveis incluem uma série de instruções de único operando, por exemplo:

- **Absoluto:** apanha o valor absoluto do operando.
- **Negativo:** inverte o sinal do operando.
- **Incremento:** soma 1 ao operando.
- **Decremento:** subtrai 1 do operando.

A execução de uma instrução aritmética pode envolver operações de transferência de dados para posicionar operandos na entrada da ALU e entregar a saída da ALU. A Figura 3.5 ilustra as movimentações envolvidas nas operações de transferência de dados e aritméticas. Além disso, naturalmente, a parte ALU do processador realiza a operação desejada.

Lógica

A maioria das máquinas também oferece uma série de operações para manipular bits individuais de uma palavra ou outras unidades endereçáveis, em geral conhecidas como *"bit twiddling"*. Elas são baseadas em operações booleanas (veja Capítulo 11).

Algumas das operações lógicas básicas que podem ser realizadas sobre dados booleanos ou binários aparecem na Tabela 12.6. A operação NOT inverte um bit. AND, OR e EXCLUSIVE-OR (XOR) são as funções lógicas mais comuns com dois operandos. EQUAL é um teste binário útil.

Essas operações lógicas podem ser aplicadas bit a bit a unidades de dados lógicas de *n* bits. Desse modo, se dois registradores contêm os dados

$$(R1) = 10100101$$
$$(R2) = 00001111$$

então,

$$(R1)\ AND\ (R2) = 00000101$$

em que a notação (X) significa o conteúdo do localização X. Desse modo, a operação AND pode ser usada como uma *máscara* que seleciona certos bits em uma palavra e zera os bits restantes. Como outro exemplo, se dois registradores contêm

$$(R1) = 10100101$$
$$(R2) = 11111111$$

então,

$$(R1)\ XOR\ (R2) = 01011010$$

Com uma palavra definida como todos 1s, a operação XOR inverte todos os bits na outra palavra (complemento de um).

Além das operações lógicas bit a bit, a maioria das máquinas oferece uma série de funções de deslocamento e rotação. As operações mais básicas são ilustradas na Figura 12.6. Com um **deslocamento lógico**, os bits de uma

Tabela 12.6

Operações lógicas básicas.

P	Q	NOT P	P AND Q	P OR Q	P XOR Q	P = Q
0	0	1	0	0	0	1
0	1	1	0	1	1	0
1	0	0	0	1	1	0
1	1	0	1	1	0	1

Figura 12.6

Operações de deslocamento e rotação.

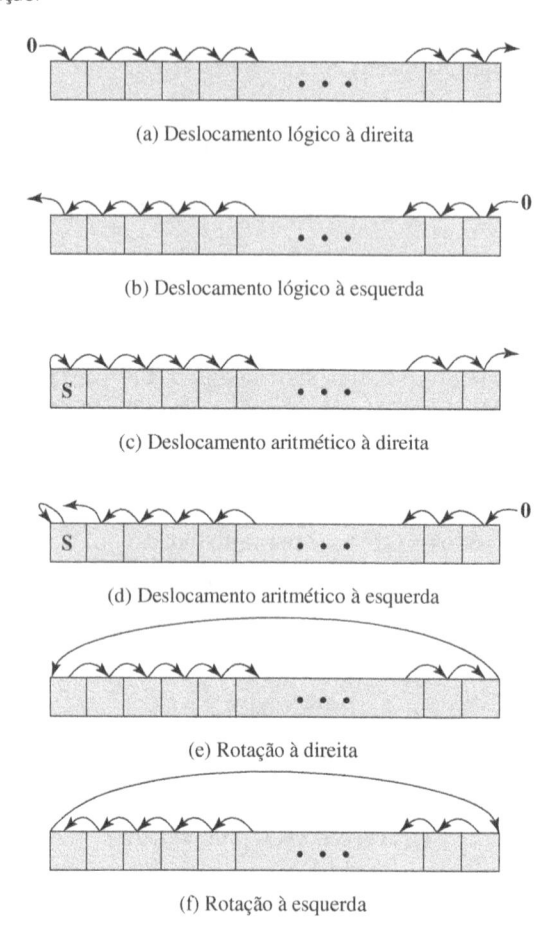

(a) Deslocamento lógico à direita

(b) Deslocamento lógico à esquerda

(c) Deslocamento aritmético à direita

(d) Deslocamento aritmético à esquerda

(e) Rotação à direita

(f) Rotação à esquerda

palavra são deslocados para a esquerda ou para a direita. Em uma extremidade, o bit deslocado para fora se perde. Na outra extremidade, um 0 é inserido. Os deslocamentos lógicos são úteis principalmente para isolar campos dentro de uma palavra. Os 0s que são inseridos em uma palavra removem informações indesejadas, que são deslocadas para fora pela outra extremidade.

Como um exemplo, suponha que queiramos transmitir caracteres de dados para um dispositivo de E/S, um caractere de cada vez. Se cada palavra da memória tiver 16 bits de extensão e dois caracteres, temos que *desagrupar* os caracteres antes que eles possam ser enviados. Para enviar os dois caracteres em uma palavra:

1. Carregue a palavra em um registrador.
2. Desloque para a direita oito vezes. Isso desloca o caractere restante para a metade direita do registrador.
3. Realize a E/S. O módulo de E/S lê os 8 bits de ordem mais baixa do barramento de dados.

As etapas anteriores resultam em enviar os caracteres da esquerda. Para enviar o caractere da direita:

1. Carregue a palavra novamente no registrador.
2. AND com 0000000011111111. Isso mascara o caractere à esquerda.
3. Realize a E/S.

A operação de **deslocamento aritmético** trata os dados como um inteiro com sinal e não desloca o bit de sinal. Em um deslocamento aritmético à direita, o bit de sinal é replicado para a posição de bit à sua direita. Em um deslocamento aritmético à esquerda, um deslocamento lógico à esquerda é realizado sobre todos os bits, menos o bit de sinal, que é retido. Essas operações podem agilizar certas operações aritméticas. Com números na notação em complemento de dois, um deslocamento aritmético à direita corresponde a uma divisão por 2, truncando números ímpares. Um deslocamento aritmético à esquerda e um deslocamento lógico à esquerda correspondem a uma multiplicação por 2 quando não existe *overflow*. Se houver *overflow*, as operações de deslocamento aritmético e lógico à esquerda produzem diferentes resultados, mas o deslocamento aritmético à esquerda retém o sinal do número. Por conta da possibilidade de *overflow*, muitos processadores não incluem essa instrução, incluindo o PowerPC e o Itanium. Outros, como o IBM EAS/390, oferecem a instrução. Curiosamente, a arquitetura x86 inclui um deslocamento aritmético à esquerda, mas o define como sendo idêntico a um deslocamento lógico à esquerda.

As operações de **rotação**, ou **deslocamento cíclico**, preservam todos os bits como operando. Um uso de uma rotação é para trazer cada bit sucessivamente para o bit mais à esquerda, onde pode ser identificado testando o sinal do dado (tratado como um número).

Assim como as operações aritméticas, as operações lógicas envolvem a atividade da ALU e podem envolver operações de transferência de dados. A Tabela 12.7 oferece exemplos de todas as operações de deslocamento e rotação discutidas nesta subseção.

Tabela 12.7
Exemplos de operações de deslocamento e rotação.

Entrada	Operação	Resultado
10100110	Deslocamento lógico à direita (3 bits)	00010100
10100110	Deslocamento lógico à esquerda (3 bits)	00110000
10100110	Deslocamento aritmético à direita (3 bits)	11110100
10100110	Deslocamento aritmético à esquerda (3 bits)	10110000
10100110	Rotação à direita (3 bits)	11010100
10100110	Rotação à esquerda (3 bits)	00110101

Conversão

Instruções de conversão são aquelas que mudam o formato ou operam sobre o formato dos dados. Um exemplo é a conversão de decimal para binário. Um exemplo de uma instrução de edição mais complexa é a instrução Translate (TR) do EAS/390. Essa instrução pode ser usada para converter um código de 8 bits para outro, e utiliza três operandos:

TR R1 (L), R2

O operando R2 contém o endereço do início de uma tabela de códigos de 8 bits. Os L bytes começando no endereço especificado em R1 são traduzidos, cada byte sendo substituído pelo conteúdo de uma entrada de tabela indexada por esse byte. Por exemplo, para traduzir de EBCDIC para IRA, primeiro criamos uma tabela de 256 bytes nos locais de armazenamento, digamos, 1000-10FF hexadecimal. A tabela contém os caracteres do código IRA na sequência da representação binária do código EBCDIC; ou seja, o código IRA é colocado na tabela no local relativo igual ao valor binário do código EBCDIC do mesmo caractere. Dessa maneira, os locais 10F0 a 10F9 terão os valores de 30 a 39, pois F0 é o código EBCDIC para o dígito 0, e 30 é o código IRA para o dígito 0, e assim por diante até o dígito 9. Agora, suponha que tenhamos o EBCDIC para os dígitos 1984 começando no local 2100 e queiramos traduzir para IRA. Considere o seguinte:

- Locais 2100–2103 contêm F1 F9 F8 F4.
- R1 contém 2100.
- R2 contém 1000.

Então, se executarmos

TR R1 (4), R2

os locais 2100–2103 terão 31 39 38 34.

Entrada/saída

As instruções de entrada/saída foram discutidas com alguns detalhes no Capítulo 7. Como vimos, existem diversas técnicas que podem ser usadas, incluindo E/S programada independente, E/S programada mapeada na memória, DMA e o uso de um processador de E/S. Muitas implementações oferecem apenas algumas instruções de E/S, com ações específicas ditadas por parâmetros, códigos ou palavras de comando.

Controle do sistema

As instruções de controle do sistema são aquelas que podem ser executadas apenas enquanto o processador está em um certo estado privilegiado ou está executando um programa em uma área privilegiada especial da memória. Em geral, essas instruções são reservadas para o uso do sistema operacional.

Alguns exemplos de operações de controle do sistema são os seguintes. Uma instrução de controle do sistema pode ler ou alterar um registrador de controle; discutimos os registradores de controle no Capítulo 14. Outro exemplo é uma instrução para ler ou modificar uma chave de proteção de armazenamento, como a que é usada no sistema de memória do EAS/390. Outro exemplo é o acesso para processar blocos de controle em um sistema multiprogramado.

Transferência de controle

Para todos os tipos de operação discutidos até aqui, a próxima instrução a ser realizada é aquela que, na memória, vem imediatamente após a instrução atual. Contudo, uma fração significativa das instruções em um programa tem como função mudar a sequência de execução de instruções. Para essas instruções, a operação realizada pelo processador é atualizar o contador de programa para conter o endereço de alguma instrução na memória.

Existem vários motivos pelos quais as operações de transferência de controle são necessárias. Entre os mais importantes estão os seguintes:

1. No uso prático dos computadores, é essencial poder executar cada instrução mais de uma vez e, talvez, muitos milhares de vezes. Podem ser necessárias milhares ou talvez milhões de instruções para implementar uma aplicação. Seria impensável se cada instrução tivesse que ser escrita separadamente. Se uma tabela ou uma lista de itens tiver que ser processada, um loop de programa é necessário. Uma sequência de instruções é executada repetidamente para processar todos os dados.
2. Praticamente todos os programas envolvem alguma tomada de decisão. Gostaríamos que o computador fizesse uma coisa se uma condição for mantida, e outra coisa se outra condição for mantida. Por exemplo, uma sequência de instruções calcula a raiz quadrada de um número. No início da sequência, o sinal do número é testado. Se o número for negativo, o cálculo não é realizado, mas uma condição de erro é informada.
3. Compor corretamente um programa de computador de tamanho grande, ou mesmo médio, é uma tarefa extremamente difícil. É útil que haja mecanismos para dividir a tarefa em pedaços menores, que possam ser trabalhados um de cada vez.

Agora, vamos passar a uma discussão das operações de transferência de controle mais comuns encontradas nos conjuntos de instruções: desvio, **salto** e **chamada de procedimento**.

INSTRUÇÕES DE DESVIO Uma instrução de desvio, também chamada de instrução de salto, tem como um de seus operandos o endereço da próxima instrução a ser executada. Mais frequentemente, é uma instrução de **desvio condicional**. Ou seja, o desvio é tomado (atualizar o contador de programa para que seja igual ao endereço especificado no operando) somente se a condição for atendida. Caso contrário, a próxima instrução na sequência é executada (incrementar contador de programa normalmente). Uma instrução de desvio em que o desvio sempre é tomado é um **desvio incondicional**.

Existem duas maneiras comuns de gerar a condição a ser testada em uma instrução de desvio condicional. Primeiro, a maioria das máquinas oferece um código de condição de 1 ou mais bits, que é definido como o resultado de algumas operações. Esse código pode ser imaginado como um registrador pequeno, visível ao usuário. Como um exemplo, uma operação aritmética (SOMA, SUBTRAÇÃO e assim por diante) poderia definir um código de condição de 2 bits com um dos quatro valores a seguir: 0, positivo, negativo, *overflow*. Em uma máquina, poderia haver quatro instruções de desvio condicional diferentes:

BRP X   Desvia para local X se resultado for positivo.
BRN X   Desvia para local X se resultado for negativo.
BRZ X   Desvia para local X se resultado for zero.
BRO X   Desvia para local X se houver *overflow*.

Em todos esses casos, o resultado referenciado é o resultado da operação mais recente que define o código de condição.

Outra técnica que pode ser usada com um formato de instrução de três endereços é realizar uma comparação e especificar um desvio na mesma interface. Por exemplo,

BRE R1, R2, X Desvia para X se conteúdo de R1 = conteúdo de R2.

A Figura 12.7 mostra exemplos dessas operações. Observe que um desvio pode ser *para a frente* (uma instrução com um endereço mais alto) ou *para trás* (endereço mais baixo). O exemplo mostra como um desvio incondicional e um desvio condicional podem ser usados para criar um loop repetitivo de instruções. As instruções nos locais de 202 a 210 serão executadas repetidamente, até que o resultado de subtrair Y de X seja 0.

INSTRUÇÕES DE SALTO (*SKIP*)   Outra forma de instrução de transferência de controle é a instrução de salto. A instrução de salto inclui um endereço implícito. Em geral, o salto implica que uma instrução seja pulada; dessa maneira, o endereço implícito é igual ao endereço da próxima instrução mais o tamanho de uma instrução. Como a instrução de salto não exige um campo de endereço de destino, ela está livre para realizar outras coisas. Um exemplo típico é a instrução de incrementar e pular se for zero (ISZ — *Increment-and-Skip-if-Zero*). Considere o seguinte pedaço de programa:

```
301
 .
 .
 .
309   ISZ  R1
310   BR   301
311
```

Nesse pedaço, as duas instruções de transferência de controle são usadas para implementar um loop iterativo. R1 é definido como o negativo do número de iterações a serem realizadas. Ao final do loop, R1 é incrementado. Se não for 0, o programa desvia de volta ao início do loop. Caso contrário, o desvio é pulado, e o programa continua com a próxima instrução após o final do loop.

Figura 12.7

Instruções de desvio.

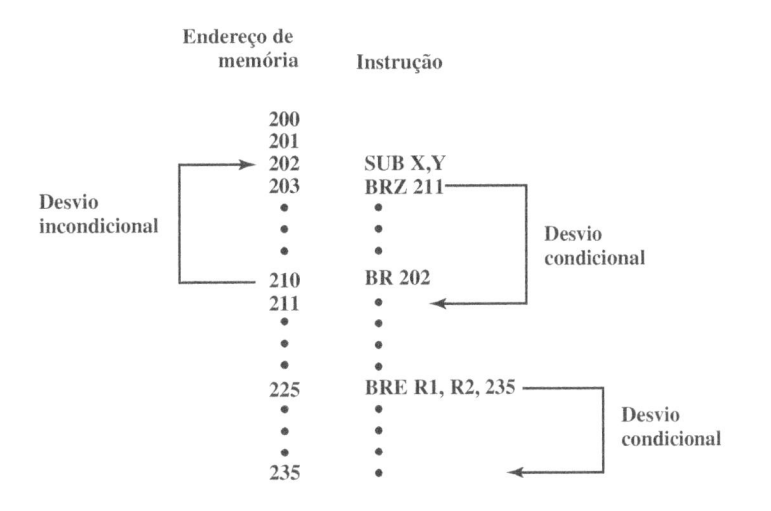

INSTRUÇÕES DE CHAMADA DE PROCEDIMENTO Talvez a inovação mais importante no desenvolvimento de linguagens de programação seja o *procedimento*. Um procedimento é um programa de computação autocontido, que é incorporado em um programa maior. Em qualquer ponto no programa, o procedimento pode ser invocado, ou *chamado*. O processador é instruído a ir e executar o procedimento inteiro e depois retornar ao ponto onde ocorreu a chamada.

Os dois motivos principais para o uso de procedimentos são economia e modularidade. Um procedimento permite que o mesmo trecho de código seja usado muitas vezes. Isso é importante para a economia no esforço de programação e para fazer um uso mais eficiente do espaço de armazenamento no sistema (o programa deve ser armazenado). Os procedimentos também permitem que grandes tarefas de programação sejam subdivididas em unidades menores. Esse uso da *modularidade* facilita bastante a tarefa de programação.

O mecanismo de procedimento envolve duas instruções básicas: uma instrução de chamada que desvia do local atual para o procedimento, e uma instrução de retorno que retorna do procedimento para o local do qual ele foi chamado. Ambas são formas de instruções de desvio.

A Figura 12.8a ilustra o uso de procedimentos para construir um programa. Nesse exemplo, existe um programa principal começando na localização 4000. Esse programa inclui uma chamada ao procedimento PROC1, começando na localização 4500. Quando essa instrução de chamada é encontrada, o processador suspende a execução do programa principal e inicia a execução de PROC1 buscando a próxima instrução da localização 4500. Dentro de PROC1, existem duas chamadas para PROC2 na localização 4800. Em cada caso, a execução de PROC1 é suspensa e PROC2 é executado. A instrução RETURN faz com que o processador retorne ao programa que chamou e continue a execução na instrução após a instrução CALL correspondente. Esse comportamento é ilustrado na Figura 12.8b.

Três pontos precisam ser observados:

1. Um procedimento pode ser chamado de mais de um local.
2. Uma chamada de procedimento pode aparecer em outro procedimento. Isso permite o *aninhamento* de procedimentos até uma profundidade qualquer.
3. Cada chamada de procedimento corresponde a um retorno no programa chamado.

Como gostaríamos de poder chamar um procedimento a partir de diversos pontos, o processador deve, de alguma forma, salvar o endereço de retorno para que este possa ocorrer corretamente. Existem três locais comuns para armazenar o endereço de retorno:

Figura 12.8
Procedimentos aninhados.

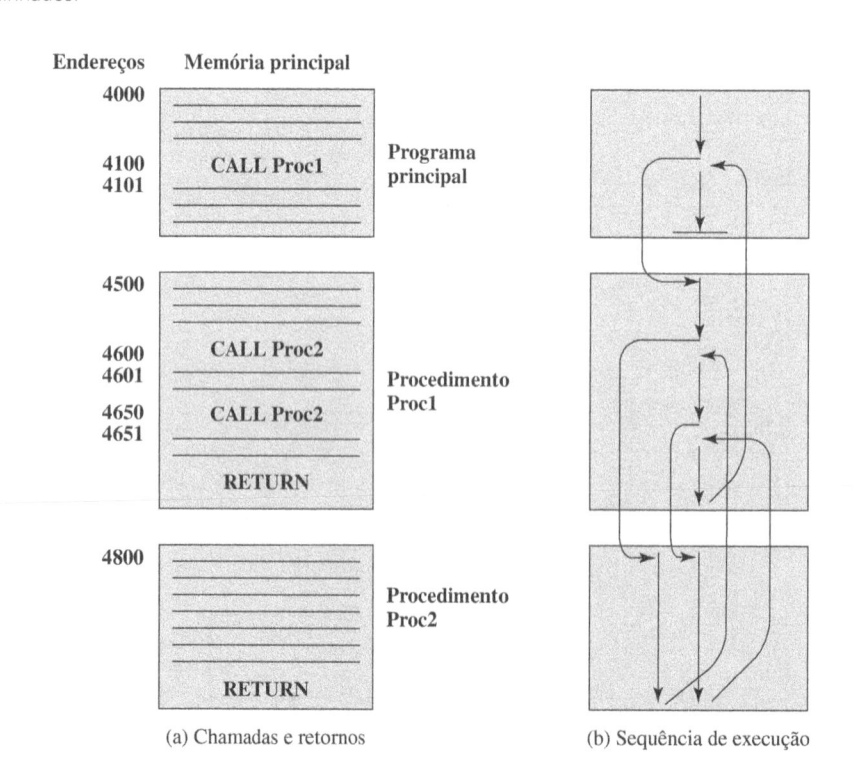

(a) Chamadas e retornos

(b) Sequência de execução

▶ Registrador
▶ Início do procedimento chamado
▶ Topo da pilha

Considere uma instrução em linguagem de máquina CALL X, que significa *chamar procedimento na localização X*. Se a técnica de registrador for usada, CALL X resulta nas seguintes ações:

$$RN \leftarrow PC + \Delta$$
$$PC \leftarrow X$$

em que RN é um registrador que sempre é usado para esse propósito, PC é o contador de programa e Δ é a extensão da instrução. O procedimento chamado agora pode salvar o conteúdo de RN a ser usado para o retorno posterior.

Uma segunda possibilidade é armazenar o endereço de retorno no início do procedimento. Nesse caso, CALL X ocasiona

$$X \leftarrow PC + \Delta$$
$$PC \leftarrow X + 1$$

Isso é muito prático. O endereço de retorno foi armazenado de forma segura.

As duas técnicas anteriores funcionam e têm sido usadas. A única limitação dessas técnicas é que elas complicam o uso dos procedimentos *reentrantes*. Um **procedimento reentrante** é aquele em que é possível ter várias chamadas abertas ao mesmo tempo. Um procedimento recursivo (aquele que chama a si mesmo) é um exemplo do uso desse recurso (veja Apêndice M, disponível em inglês na Sala Virtual). Se os parâmetros forem passados por meio de registradores ou da memória para o procedimento reentrante, algum código deverá ser responsável por salvar os parâmetros, de modo que os registradores ou o espaço da memória estejam disponíveis para outras chamadas de procedimento.

Uma técnica mais geral e poderosa é usar uma pilha (veja, no Apêndice I uma discussão sobre as pilhas). Quando o processador executa uma chamada, ele coloca o endereço de retorno na pilha. Quando ele executa um retorno, usa o endereço armazenado na pilha. A Figura 12.9 ilustra o uso da pilha.

Além de oferecer um endereço armazenado de retorno, muitas vezes também é preciso passar parâmetros com uma chamada de procedimento. Estes podem ser passados por registradores. Outra possibilidade é armazenar os parâmetros na memória logo após a instrução CALL. Nesse caso, o retorno deve ser para o local após os parâmetros. Novamente, essas duas técnicas possuem desvantagens. Se forem usados registradores, o programa chamado e o programa que chama precisam ser escritos de modo a garantir que os registradores sejam usados devidamente. O armazenamento de parâmetros na memória dificulta a troca de um número variável de parâmetros. As duas técnicas impedem o uso de procedimentos reentrantes.

Uma técnica mais flexível para a passagem de parâmetros é a pilha. Quando o processador executa uma chamada, ele não apenas empilha o endereço de retorno, mas também os parâmetros a serem passados ao procedimento chamado. O procedimento chamado pode acessar os parâmetros a partir da pilha. Ao retornar, os parâmetros de retorno também podem ser colocados na pilha. O conjunto inteiro de parâmetros, incluindo endereço de retorno, que é armazenado para uma chamada de procedimento é chamado de *stack frame*.

Figura 12.9

Uso da pilha para implementar sub-rotinas aninhadas da Figura 12.8.

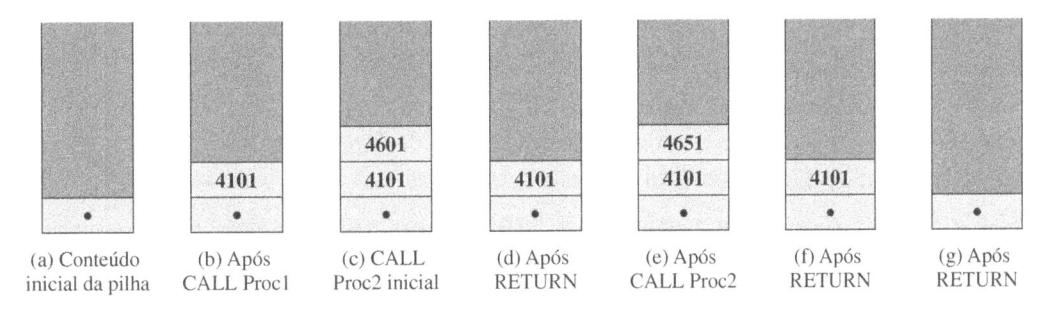

(a) Conteúdo inicial da pilha
(b) Após CALL Proc1
(c) CALL Proc2 inicial
(d) Após RETURN
(e) Após CALL Proc2
(f) Após RETURN
(g) Após RETURN

Figura 12.10

Crescimento do *stack frame* usando procedimentos de exemplo P e Q.

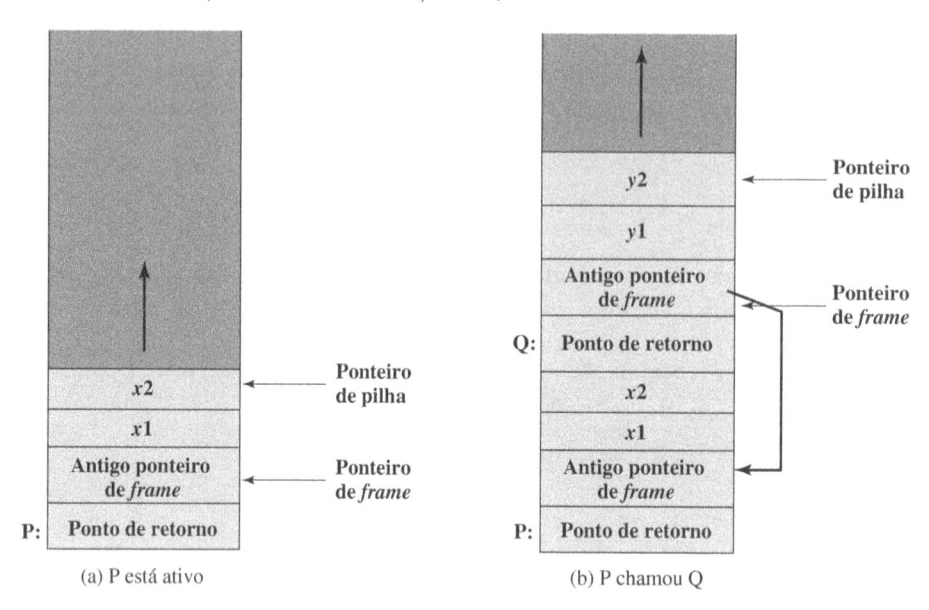

(a) P está ativo

(b) P chamou Q

Um exemplo aparece na Figura 12.10. O exemplo refere-se ao procedimento P em que as variáveis locais $x1$ e $x2$ são declaradas, e o procedimento Q, que P pode chamar e no qual as variáveis locais $y1$ e $y2$ são declaradas. Nessa figura, o ponto de retorno para cada procedimento é o primeiro item armazenado no *stack frame* correspondente. Em seguida, é armazenado um ponteiro para o início do *frame* anterior. Isso é necessário se o número ou o tamanho dos parâmetros a serem empilhados for variável.

12.5 TIPOS DE OPERAÇÃO DO INTEL x86 E DO ARM

Tipos de operação do x86

O x86 oferece um conjunto complexo de tipos de operação, incluindo uma série de instruções especializadas. A intenção foi oferecer ferramentas para o projetista do compilador a fim de produzir códigos otimizados em linguagem de máquina, a partir dos programas em linguagens de alto nível. A maioria destes refere-se a instruções convencionais, encontradas na maioria dos conjuntos de instrução de máquina, mas vários tipos de instruções são ajustados à arquitetura x86 e são de interesse particular. O Apêndice A de *PC Assembly Language* (CARTER, 2006) lista as instruções do x86, junto com os operandos para cada uma delas e o efeito da instrução sobre os códigos de condição. O Apêndice B do manual da linguagem de montagem *The Netwide Assembler* (THE NASM..., 2012) oferece uma descrição mais detalhada de cada instrução do x86. Os dois documentos estão disponíveis em inglês na Sala Virtual.

INSTRUÇÕES CALL/RETURN O x86 oferece quatro instruções para dar suporte à chamada ou ao retorno de procedimento: CALL, ENTER, LEAVE, RETURN. Será instrutivo examinarmos o suporte oferecido por essas instruções. Lembre-se, conforme vimos na Figura 12.10, de que um meio comum de implementar o mecanismo de chamada/retorno de procedimento é por *stack frame*. Quando um novo procedimento é chamado, o seguinte deverá ser realizado na entrada do novo procedimento:

- Levar o ponto de retorno para a pilha.
- Levar o ponteiro do *frame* atual para a pilha.
- Copiar o ponteiro de pilha como o novo valor do ponteiro de *frame*.
- Ajustar o ponteiro de pilha para alocar um *frame*.

A instrução CALL coloca o valor do ponteiro de instrução atual na pilha e causa um salto para o ponto de entrada do procedimento, colocando o endereço do ponto de entrada no ponteiro de instrução. Nas máquinas 8088 e 8086, o procedimento típico começava com a sequência

```
PUSH    EBP
MOV     EBP, ESP
SUB     ESP, space_for_locals
```

em que EBP é o ponteiro de *frame* e ESP é o ponteiro de pilha. No 80286 e em máquinas posteriores, a instrução ENTER realiza todas as operações mencionadas em uma única instrução.

A instrução ENTER foi acrescentada ao conjunto de instruções para oferecer suporte direto para o compilador. A instrução também inclui um recurso para dar suporte aos chamados procedimentos aninhados em linguagens como Pascal, COBOL e Ada (não encontrados em C ou FORTRAN). Acontece que existem melhores maneiras de tratar as chamadas de procedimentos aninhados para essas linguagens. Além do mais, embora a instrução ENTER economize alguns bytes de memória em comparação com a sequência PUSH, MOV, SUB (4 bytes contra 6 bytes), ela na realidade leva mais tempo para executar (10 ciclos de clock contra 6 ciclos de clock). Desse modo, embora possa parecer uma boa ideia para os projetistas de conjunto de instruções acrescentar esse recurso, ele complica a implementação do processador, enquanto oferece pouco ou nenhum benefício. Veremos que, em comparação, uma técnica RISC para o projeto de processador evitaria instruções complexas, como ENTER, e poderia produzir uma implementação mais eficiente com uma sequência de instruções mais simples.

GERENCIAMENTO DE MEMÓRIA   Outro conjunto de instruções especializadas lida com a segmentação da memória. Estas são instruções privilegiadas que só podem ser executadas a partir do sistema operacional. Elas permitem que tabelas de segmento locais e globais (chamadas tabelas de descritores) sejam carregadas e lidas, e permitem que o nível de privilégio de um segmento seja verificado e alterado.

As instruções especiais para lidar com a cache no chip foram discutidas no Capítulo 4.

FLAGS DE ESTADO E CÓDIGOS DE CONDIÇÃO   Os flags de estado são bits em registradores especiais que podem ser definidos por certas operações e usados em instruções de desvio condicional. O termo *código de condição* refere-se às configurações de um ou mais flags de estado. No x86 e em muitas outras arquiteturas, os flags de estado são definidos por operações aritméticas e de comparação. A operação de comparação na maioria das linguagens subtrai dois operandos, assim como uma operação de subtração. A diferença é que uma operação de comparação só define flags de estado, enquanto uma operação de subtração também armazena o resultado da subtração no operando de destino. Algumas arquiteturas também definem os flags de estado para instruções de transferência de dados.

A Tabela 12.8 lista os flags de estado usados no x86. Cada flag, ou combinações de flags, podem ser testados para um salto condicional. A Tabela 12.9 mostra os códigos de condição (combinações de valores de flag de estado) para os quais os opcodes de salto foram definidos.

Várias observações interessantes podem ser feitas sobre essa lista. Primeiro, podemos querer testar dois operandos para determinar se um número é maior que outro. Mas isso dependerá de os números terem sinal ou não. Por exemplo, o número de 8 bits 11111111 é maior que 00000000 se os dois números forem interpretados como

Tabela 12.8
Flags de estado do x86.

Bit de estado	Nome	Descrição
C	Carry	Indica a existência do bit de transporte ou empréstimo (*carry bit* — vai um) na posição do bit mais à esquerda após uma operação aritmética. Também modificado por algumas das operações de deslocamento e rotação.
P	Paridade	Paridade do byte menos significativo do resultado de uma operação aritmética ou lógica. 1 indica paridade par; 0 indica paridade ímpar.
A	*Carry* auxiliar	Representa a existência do bit de transporte ou empréstimo (*carry bit* — vai um) na posição entre dois bytes após uma operação aritmética ou lógica de 8 bits. Usado na aritmética BCD.
Z	Zero	Indica que o resultado de uma operação aritmética ou lógica é 0.
S	Sinal	Indica o sinal do resultado de uma operação aritmética ou lógica.
O	*Overflow*	Indica um *overflow* aritmético após uma adição ou subtração em aritmética de complemento de dois.

Tabela 12.9
Códigos de condição do x86 para instruções de salto condicional e SETcc.

Símbolo	Condição testada	Comentário
A, NBE	C = 0 AND Z = 0	Acima; Não abaixo ou igual (maior que, sem sinal)
AE, NB, NC	C = 0	Acima ou igual; Não abaixo (maior que ou igual, sem sinal); Sem *carry*
B, NAE, C	C = 1	Abaixo; Não acima ou igual (menor que, sem sinal); *Carry* definido
BE, NA	C = 1 OR Z = 1	Abaixo ou igual; Não acima (menor que ou igual, sem sinal)
E, Z	Z = 1	Igual; Zero (com ou sem sinal)
G, NLE	[(S = 1 AND O = 1) OR (S = 0 AND O = 0)]AND[Z = 0]	Maior que; Não menor que ou igual (com sinal)
GE, NL	(S = 1 AND O = 1) OR (S = 0 AND O = 0)	Maior que ou igual; Não menor que (com sinal)
L, NGE	(S = 1 AND O = 0) OR (S = 0 AND O = 0)	Menor que; Não maior que ou igual (com sinal)
LE, NG	(S = 1 AND O = 0) OR (S = 0 AND O = 1) OR (Z = 1)	Menor que ou igual; Não maior que (com sinal)
NE, NZ	Z = 0	Não igual; Não zero (com ou sem sinal)
NO	O = 0	Sem *overflow*
NS	S = 0	Sem sinal (não negativo)
NP, PO	P = 0	Sem paridade; Paridade ímpar
O	O = 1	*Overflow*
P	P = 1	Paridade; Paridade par
S	S = 1	Sinal (negativo)

inteiros sem sinal (255 > 0), mas é menor se eles forem considerados como números de 8 bits em complemento de dois (–1 < 0). Muitas linguagens de montagem (*assembly*), portanto, introduzem dois conjuntos de termos para distinguir os dois casos: se estivermos comparando dois números como inteiros com sinal, usamos os termos *menor que* e *maior que*; se os estivermos comparando como inteiros sem sinal, usamos os termos *abaixo* e *acima*.

Uma segunda observação refere-se à complexidade da comparação de inteiros com sinal. Um resultado com sinal é maior ou igual a zero se: (1) o bit de sinal for zero e não houver *overflow* (S = 0 AND O = 0); ou (2) o bit de sinal for 1 e houver um *overflow*. Um estudo da Figura 10.4 deverá convencê-lo de que as condições testadas para as várias operações com sinal são apropriadas.

INSTRUÇÕES SIMD DO x86 Em 1996, a Intel introduziu a tecnologia MMX em sua linha de produtos Pentium. MMX é um conjunto de instruções altamente otimizado para tarefas de multimídia. Existem 57 novas instruções que tratam de dados em um padrão SIMD (única instrução, múltiplos dados), possibilitando realizar a mesma operação, como adição ou multiplicação, sobre múltiplos elementos de dados ao mesmo tempo. Cada instrução em geral utiliza um único ciclo de clock para ser executada. Para a aplicação correta, essas operações paralelas rápidas podem gerar um ganho de velocidade de 2 a 8 vezes em comparação com algoritmos que não usam as instruções MMX (ATKINS, 1996). Com a introdução da arquitetura x86 de 64 bits, a Intel expandiu essa extensão para incluir operandos de quatro palavras duplas (128 bits) e operações de ponto flutuante. Nesta subseção, descrevemos os recursos do MMX.

O foco do MMX é a programação multimídia. Dados de vídeo e áudio normalmente são compostos de grandes arrays de pequenos tipos de dados, como 8 ou 16 bits, enquanto as instruções convencionais são ajustadas para operar sobre dados de 32 ou 64 bits. Aqui estão alguns exemplos: em gráficos e vídeo, uma única cena consiste em um array de pixels,[2] e existem 8 bits para cada pixel ou 8 bits para cada componente de cor do pixel

---
[2] Um pixel, ou elemento de imagem, é o menor elemento de uma imagem digital que pode receber um nível de cinza. De modo equivalente, um pixel é um ponto individual em uma representação de matriz de pontos de uma figura.

(vermelho, verde, azul). As amostras de áudio típicas são quantizadas usando 16 bits. Para alguns algoritmos gráficos 3D, 32 bits são comuns para os tipos de dados básicos. Para permitir operação paralela sobre esses tamanhos de dados, três novos tipos de dados são definidos em MMX. Cada tipo de dados tem 64 bits de tamanho e consiste em múltiplos campos de dados menores, cada um mantendo um inteiro de ponto fixo. Os tipos são os seguintes:

- **Pacote de bytes:** oito bytes empacotados em uma quantidade de 64 bits.
- **Pacote de palavras:** quatro palavras de 16 bits agrupadas em 64 bits.
- **Pacote de palavras duplas:** duas palavras duplas de 32 bits agrupadas em 64 bits.

A Tabela 12.10 lista o conjunto de instruções MMX. A maior parte das instruções envolve uma operação paralela sobre bytes, palavras ou palavras duplas. Por exemplo, a instrução PSLLW realiza um deslocamento lógico à esquerda separadamente em cada uma das quatro palavras no operando do pacote de palavras; a instrução PADDB apanha os operandos do pacote de bytes como entrada e realiza adições paralelas em cada posição de byte independentemente para produzir uma saída de pacotes de bytes.

Um recurso incomum do novo conjunto de instruções é a introdução da **aritmética de saturação** para operandos de byte e palavra de 16 bits. Com a aritmética comum sem sinal, quando em uma operação ocorre *overflow* (ou seja, um *carry out* no bit mais significativo), o bit extra é truncado. Isso é conhecido como *wraparound*, pois o efeito do truncamento pode ser, por exemplo, produzir um resultado de adição menor que os dois operandos da entrada. Considere a adição das duas palavras, em hexadecimal, F000h e 3000h. A soma seria expressa como

$$\begin{aligned} F000h &= 1111\ 0000\ 0000\ 0000 \\ + 3000h &= \underline{0011\ 0000\ 0000\ 0000} \\ &\ 10010\ 0000\ 0000\ 0000 = 2000h \end{aligned}$$

Se os dois números representassem intensidade de imagem, então o resultado da adição é tornar a combinação dos dois tons escuros mais clara. Isso normalmente não é o que foi intencionado. Com a aritmética de saturação, se a adição resultar em *overflow* ou a subtração resultar em *underflow*, o resultado é definido para o maior ou menor valor representável. Para o exemplo anterior, com a aritmética de saturação, temos

$$\begin{aligned} F000h &= 1111\ 0000\ 0000\ 0000 \\ + 3000h &= \underline{0011\ 0000\ 0000\ 0000} \\ &\ 10010\ 0000\ 0000\ 0000 \\ &\ 1111\ 1111\ \ 1111\ 1111 = FFFFh \end{aligned}$$

Para dar uma ideia para uso de instruções MMX, examinamos um exemplo, tomado de (PELEG; WILKIE; WEISER, 1997). Uma aplicação de vídeo comum é o efeito *fade-out, fade-in*, em que uma cena gradualmente se dissolve em outra. Duas imagens são combinadas com uma média ponderada:

$$\text{Pixel\_resultante} = \text{Pixel\_A} \times \text{fade} + \text{Pixel\_B} \times (1 - \text{fade})$$

Esse cálculo é realizado sobre cada posição do pixel em A e B. Se uma série de *frames* de vídeo for produzida enquanto se muda gradualmente o valor de fade de 1 para 0 (escalados devidamente para um inteiro de 8 bits), o resultado é o fade da imagem A para a imagem B.

A Figura 12.11 mostra a sequência de etapas exigidas para um conjunto de pixels. Os componentes de pixel de 8 bits são convertidos para elementos de 16 bits para acomodar a capacidade de multiplicação em 16 bits do MMX. Se essas imagens utilizarem resolução de 640 × 480, e a técnica de dissolução usar todos os 255 valores possíveis do valor de fade, então o número total de instruções executadas usando MMX é 535 milhões. O mesmo cálculo, realizado sem as instruções MMX, requer 1,4 bilhão de execuções de instruções (INTEL..., 1998).

Tipos de operação do ARM

A arquitetura ARM oferece uma grande variedade de tipos de operação. A seguir estão as principais categorias:

Tabela 12.10
Conjunto de instruções MMX.

Categoria	Instrução	Descrição
Aritmética	PADD [B, W, D]	Adição paralela de oito pacotes de bits, quatro palavras de 16 bits ou duas palavras duplas de 32 bits, com *wraparound*.
	PADDS [B, W]	Adição com saturação.
	PADDUS [B, W]	Adição sem sinal com saturação.
	PSUB [B, W, D]	Subtração com *wraparound*.
	PSUBS [B, W]	Subtração com saturação.
	PSUBUS [B, W]	Subtração sem sinal com saturação.
	PMULHW	Multiplicação paralela de quatro palavras de 16 bits com sinal, com 16 bits de alta ordem do resultado de 32 bits escolhidos.
	PMULLW	Multiplicação paralela de quatro palavras de 16 bits com sinal, com 16 bits de baixa ordem do resultado de 32 bits escolhidos.
	PMADDWD	Multiplicação paralela de quatro palavras de 16 bits com sinal; soma pares adjacentes de resultados de 32 bits.
Comparação	PCMPEQ [B, W, D]	Comparação paralela de igualdade; resultado é máscara de 1s se verdadeiro ou 0s se falso.
	PCMPGT [B, W, D]	Comparação paralela de maior que; resultado é máscara de 1s se verdadeiro ou 0s se falso.
Conversão	PACKUSWB	Agrupa palavras em bytes com saturação sem sinal.
	PACKSS [WB, DW]	Agrupa palavras em bytes, ou palavras duplas em palavras, com saturação com sinal.
	PUNPCKH [BW, WD, DQ]	Desagrupa em paralelo (mesclagem intervalada) bytes, palavras ou palavras duplas de alta ordem do registrador MMX.
	PUNPCKL [BW, WD, DQ]	Desagrupa em paralelo (mesclagem intervalada) bytes, palavras ou palavras duplas de baixa ordem do registrador MMX.
Lógica	PAND	AND lógico bit a bit com 64 bits.
	PNDN	AND NOT lógico bit a bit com 64 bits.
	POR	OR lógico bit a bit com 64 bits.
	PXOR	XOR lógico bit a bit com 64 bits.
Deslocamento	PSLL [W, D, Q]	Deslocamento lógico paralelo à esquerda de pacotes de palavra, palavras duplas ou quatro palavras pela quantidade especificada no registrador MMX ou valor imediato.
	PSRL [W, D, Q]	Deslocamento lógico paralelo à direita de pacotes de palavra, palavras duplas ou quatro palavras agrupadas.
	PSRA [W, D]	Deslocamento aritmético paralelo à direita de pacotes de palavra, palavras duplas ou quatro palavras.
Transferência de dados	MOV [D, Q]	Move palavras duplas ou quatro palavras de/para registrador MMX.
Statemgt	EMMS	Esvazia estado MMX (esvazia bits de tag dos registradores FP).

Nota: se uma instrução aceitar vários tipos de dados [byte (B), palavra (W — do inglês, *Word*), palavra dupla (D — do inglês, *Dobleword*), quatro palavras (Q — do inglês, *Quadword*)], os tipos de dados são indicados entre colchetes.

▶ **Instruções load e store:** na arquitetura ARM, somente instruções load e store acessam locais da memória; instruções aritméticas e lógicas são realizadas apenas sobre registradores e os valores imediatos são codificados na instrução. Essa limitação é característica do projeto RISC e é explorada com mais detalhes no Capítulo 15. A arquitetura ARM admite dois tipos gerais de instruções que carregam ou armazenam o valor de um único registrador, ou um par de registradores, da ou para a memória: (1) carregar ou armazenar

Figura 12.11
Composição de imagem na Representação do Plano de Cores.

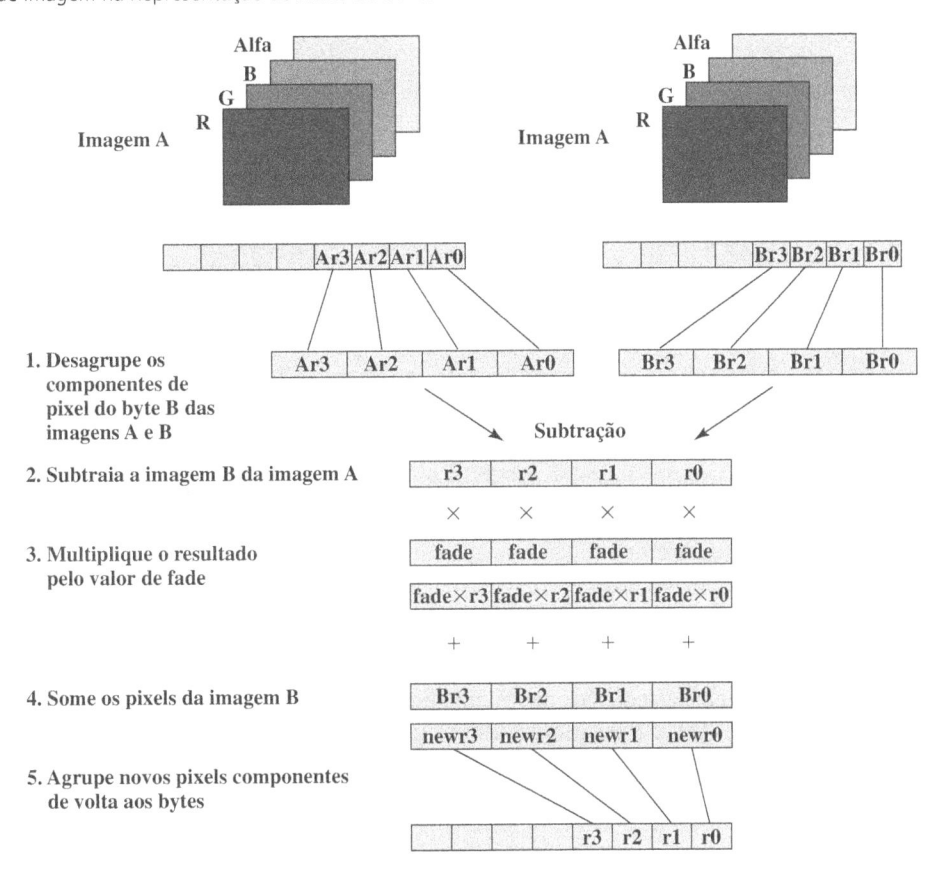

Sequência de código MMX realizando esta operação:

```
pxor       mm7, mm7      ;zera out mm7
movq       mm3, fad_val  ;carrega valor de fade replicado 4 vezes
movd       mm0, imageA   ;carrega 4 componentes de pixel vermelhos da imagem A
movd       mm1, imageB   ;carrega 4 componentes de pixel vermelhos da imagem B
punpckblw  mm0, mm7      ; desagrupa 4 pixels para 16 bits
punpckblw  mm1, mm7      ; desagrupa 4 pixels para 16 bits
psubw      mm0, mm1      ; subtrai imagem B da imagem A
pmulhw     mm0, mm3      ; multiplica o resultado da subtração por valores de fade
padddw     mm0, mm1      ; soma resultado à imagem B
packuswb   mm0, mm7      ; agrupa resultados de 16 bits de volta para bytes
```

uma palavra de 32 bits ou um byte sem sinal de 8 bits, e (2) carregar ou armazenar uma meia-palavra sem sinal de 16 bits, e carregar e estender o sinal de uma meia-palavra de 16 bits ou um byte de 8 bits.

▶ **Instruções de desvio:** o ARM admite uma instrução de desvio que permite um desvio condicional para a frente ou para trás em até 32 MB. Uma chamada de sub-rotina pode ser realizada por uma variante da instrução padrão de desvio. Além de permitir um desvio para a frente ou para trás em até 32 MB, a instrução Branch with Link (BL) guarda o endereço da instrução após o desvio (o endereço de retorno) no LR (R14). Os desvios são determinados por um campo de condição de 4 bits na instrução.

▶ **Instruções de processamento de dados:** essa categoria inclui instruções lógicas (AND, OR, XOR), instruções de adição e subtração, e instruções de teste e comparação.

▶ **Instruções de multiplicação:** as instruções de multiplicação de inteiros operam sobre operandos de uma palavra ou de meia-palavra e podem produzir resultados normais ou grandes. Por exemplo, existe uma instrução de multiplicação que pega dois operandos de 32 bits e produz um resultado de 64 bits.

▶ **Instruções paralelas de adição e subtração:** além das instruções normais de processamento de dados e multiplicação, existe um conjunto de instruções paralelas de adição e subtração, em que partes dos dois operandos são operadas em paralelos. Por exemplo, ADD16 soma as meias-palavras do topo dos dois registradores para formar a meia-palavra superior do resultado e soma as meias-palavras inferiores dos mesmos dois registradores para formar a meia-palavra inferior do resultado. Essas instruções são úteis em aplicações de processamento de imagem, semelhantes às instruções MMX do x86.

- **Instruções de extensão:** existem várias instruções para desagrupar dados, estendendo por sinal ou com zeros, de bytes para meias-palavras ou palavras, ou de meias-palavras para palavras.
- **Instruções de acesso do registrador de estado:** o ARM oferece a capacidade de ler e também escrever em partes do registrador de estado.

CÓDIGOS DE CONDIÇÃO A arquitetura ARM define quatro flags de condição que são armazenados no registrador de estado do programa: N, Z, C e V (Negativo, Zero, *Carry* e *oVerflow*), com significados basicamente iguais aos flags S, Z, C e V na arquitetura x86. Esses quatro flags constituem um código de condição no ARM. A Tabela 12.11 mostra a combinação de condições para as quais a execução condicional é definida.

Existem dois aspectos incomuns no uso dos códigos de condição no ARM:

1. Todas as instruções, não apenas as de desvio, incluem um campo de código de condição, o que significa que praticamente todas as instruções podem ser executadas condicionalmente. Qualquer combinação de valores de flag, exceto 1110 ou 1111, no campo de código de condição de uma instrução significa que a instrução só será executada se a condição for atendida.
2. Todas as instruções de processamento de dados (aritméticas, lógicas) incluem um bit S, que indica se a instrução atualiza os flags de condição.

O uso da execução condicional e de valores condicionais dos flags de condição ajuda no projeto de programas mais curtos, que usam menos memória. Por outro lado, todas as instruções incluem 4 bits para o código de condição, de modo que existe uma relação, porque menos bits na instrução de 32 bits estão disponíveis para o opcode e os operandos. Como o ARM é um projeto RISC que conta bastante com o endereçamento do registrador, essa parece ser uma relação razoável.

Tabela 12.11
Condições do ARM para execução de instrução condicional.

Código	Símbolo	Condição testada	Comentário
0000	EQ	Z = 1	Igual
0001	NE	Z = 0	Não igual
0010	CS/HS	C = 1	*Carry* em um/acima ou igual sem sinal
0011	CC/LO	C = 0	*Carry* zerado/abaixo sem sinal
0100	MI	N = 1	Menos/negativo
0101	PL	N = 0	Mais/positivo ou zero
0110	VS	V = 1	*Overflow*
0111	VC	V = 0	Sem *overflow*
1000	HI	C = 1 AND Z = 0	Acima sem sinal
1001	LS	C = 0 OR Z = 1	Abaixo ou igual sem sinal
1010	GE	N = V [(N = 1 AND V = 1) OR (N = 0 AND V = 0)]	Sinalizado maior que ou igual
1011	LT	N ≠ V [(N = 1 AND V = 0) OR (N = 0 AND V = 1)]	Sinalizado menor que
1100	GT	(Z = 0) AND (N = V)	Sinalizado maior que
1101	LE	(Z = 1) OR (N ≠ V)	Sinalizado menor que ou igual
1110	AL	—	Sempre (incondicional)
1111	—	—	Esta instrução só pode ser executada incondicionalmente

12.6 TERMOS-CHAVE, QUESTÕES DE REVISÃO E PROBLEMAS

Acumulador, 355	Deslocamento lógico, 367	Operando, 357
Aritmética de saturação, 375	Desvio, 354	Pilha, 356
Bi-endian, 387	Desvio condicional, 368	Pop, 362
Big-endian, 385	Desvio incondicional, 368	Procedimento reentrante, 371
Chamada de procedimento, 368	Endereço, 357	Push, 362
Conjunto de instruções, 352	Instrução de máquina, 352	Retorno de procedimento, 372
Decimal empacotado, 358	*Little-endian*, 385	Rotação, 367
Deslocamento aritmético, 366	Operação, 362	Salto, 368

QUESTÕES DE REVISÃO

12.1. Quais são os elementos típicos de uma instrução de máquina?

12.2. Que tipos de locais podem manter operandos de origem e destino?

12.3. Se uma instrução contém quatro endereços, qual poderia ser o propósito de cada endereço?

12.4. Liste e explique resumidamente cinco questões importantes no projeto do conjunto de instruções.

12.5. Que tipos de operandos são típicos nos conjuntos de instruções de máquina?

12.6. Qual é o relacionamento entre o código de caracteres IRA e a representação decimal empacotada?

12.7. Qual é a diferença entre um deslocamento aritmético e um deslocamento lógico?

12.8. Por que são necessárias instruções de transferência de controle?

12.9. Liste e explique resumidamente duas maneiras comuns de gerar a condição a ser testada em uma instrução de desvio condicional.

12.10. O que significa o termo *aninhamento de procedimento*?

12.11. Liste três locais possíveis para armazenar o endereço de retorno para um **retorno de procedimento**.

12.12. O que é um procedimento reentrante?

12.13. O que é notação polonesa reversa?

12.14. Qual é a diferença entre *big-endian* e *little-endian*?

PROBLEMAS

12.1. Mostre em notação hexa:
   a. O formato decimal empacotado para 23.
   b. Os caracteres ASCII 23.

12.2. Para cada um dos seguintes números decimais empacotados, mostre o valor decimal:
   a. 0111 0011 0000 1001
   b. 0101 1000 0010
   c. 0100 1010 0110

12.3. Um determinado microprocessador tem palavras de 1 byte. Mostre qual é o menor e o maior inteiro que pode ser representado nas seguintes representações:
   a. Sem sinal.
   b. Sinal-magnitude.
   c. Complemento de um.
   d. Complemento de dois.
   e. Decimal empacotado sem sinal.
   f. Decimal empacotado com sinal.

12.4. Muitos processadores oferecem uma lógica para realizar aritmética sobre números decimais empacotados. Embora as regras para a aritmética decimal sejam semelhantes àquelas para operações binárias, os resultados decimais podem exigir algumas correções aos dígitos individuais se a lógica binária for usada. Considere a adição decimal de dois números sem sinal. Se cada número consistir em N dígitos, então há 4N bits em cada número. Os dois números devem ser somados usando um somador binário. Sugira uma regra simples para corrigir o resultado. Realize a adição dessa forma sobre os números 1698 e 1786.

12.5. O complemento de dez do número decimal X é definido como sendo $10^N - X$, em que N é a quantidade de dígitos decimais no número. Descreva o uso da representação em complemento de dez para realizar subtração decimal. Ilustre o procedimento subtraindo $(0326)_{10}$ de $(0736)_{10}$.

12.6. Compare máquinas de zero, um, dois e três endereços escrevendo programas para calcular

$$X = (A + B \times C)/(D - E \times F)$$

para cada uma das quatro máquinas. As instruções disponíveis para uso são as seguintes:

0 endereço	1 endereço	2 endereços	3 endereços
PUSH M	LOAD M	MOVE (X ← Y)	MOVE (X ← Y)
POP M	STORE M	ADD (X ← X + Y)	ADD (X ← Y + Z)
ADD	ADD M	SUB (X ← X − Y)	SUB (X ← Y − Z)
SUB	SUB M	MUL (X ← X × Y)	MUL (X ← Y × Z)
MUL	MUL M	DIV (X ← X/Y)	DIV (X ← Y/Z)
DIV	DIV M		

12.7. Considere um computador hipotético com um conjunto de instruções de apenas duas instruções de n bits. O primeiro bit especifica o opcode, e os bits restantes especificam uma das 2^{n-1} palavras de n bits na memória principal. As duas instruções são as seguintes:

SUBS X   Subtrai o conteúdo do local X do acumulador e armazena o resultado no local X e no acumulador.
JUMP X   Coloca o endereço X no contador de programa.

Uma palavra na memória principal pode conter uma instrução ou um número binário na notação em complemento de dois. Demonstre que esse repertório de instruções é razoavelmente completo, especificando como as seguintes operações podem ser programadas:
  a. Transferência de dados: local X para acumulador, acumulador para local X.
  b. Adição: adicionar conteúdo do local X para acumulador.
  c. Desvio condicional.
  d. OR lógico.
  e. Operações de E/S.

12.8. Muitos conjuntos de instruções contêm a instrução NOOP, significando nenhuma operação, a qual não tem efeito sobre o estado do processador, além de incrementar o contador de programa. Sugira alguns usos dessa instrução.

12.9. Na Seção 12.4, afirmamos que um deslocamento aritmético à esquerda e um deslocamento lógico à esquerda correspondem a uma multiplicação por 2 quando não existe *overflow*, e se houver *overflow*, as operações de deslocamento aritmético e lógico à esquerda produzem resultados diferentes, mas o deslocamento aritmético à esquerda retém o sinal do número. Demonstre que essas afirmações são verdadeiras para inteiros em complemento de dois com 5 bits.

12.10. De que maneira os números são arredondados usando o deslocamento aritmético à direita (por exemplo, arredondar para ∞, arredondar para −∞, para zero, para longe de 0)?

12.11. Suponha que uma pilha deva ser usada pelo processador para gerenciar chamadas e retornos de procedimento. O contador de programa pode ser eliminado usando o topo da pilha como um contador de programa?

12.12. A arquitetura x86 inclui uma instrução chamada *Decimal Adjust after Addition* (DAA). DAA realiza a seguinte sequência de instruções:

```
                    if ((AL AND 0FH) >9) OR (AF = 1) then
                        AL ← AL + 6;
                        AF ← 1;
                    else
                        AF ← 0;
                    endif;
                    if (AL > 9FH) OR (CF = 1) then
                        AL ← AL + 60H;
                        CF ← 1;
                    else
                        CF ← 0;
                    endif.
```

"H" indica hexadecimal. AL é um registrador de 8 bits que mantém o resultado da adição de dois inteiros sem sinal com 8 bits. AF é um flag que é definido se houver um *carry* do bit 3 para o bit 4 no resultado de uma adição. CF é um flag definido se houver um *carry* do bit 7 para o bit 8. Explique a função realizada pela instrução DAA.

12.13. A instrução x86 Compare (CMP) subtrai o operando de origem do operando de destino; ela atualiza os flags de estado (C, P, A, Z, S, O), mas não altera operando algum. A instrução CMP pode ser usada para determinar se o operando de destino é maior, igual ou menor que o operando de origem.

a. Suponha que os dois operandos sejam tratados como inteiros sem sinal. Mostre quais flags de estado são relevantes para determinar o tamanho relativo dos dois inteiros e que valores dos flags correspondem a maior, igual ou menor.

b. Suponha que os dois operandos sejam tratados como inteiros com sinal em complemento de dois. Mostre quais flags de estado são relevantes para determinar o tamanho relativo dos dois inteiros e que valores dos flags correspondem a maior, igual ou menor.

c. A instrução CMP pode ser seguida por uma instrução Jump condicional (Jcc) ou Set Condition (SETcc), em que cc refere-se a uma das 16 condições listadas na Tabela 12.11. Demonstre que as condições testadas para uma comparação numérica com sinal são corretas.

12.14. Suponha que queiramos aplicar a instrução CMP do x86 aos operandos de 32 bits que contenham números em um formato de ponto flutuante. Para obter resultados corretos, que requisitos precisam ser atendidos nas áreas a seguir?

a. A posição relativa dos campos de coeficiente, sinal e expoente.

b. A representação do valor zero.

c. A representação do expoente.

d. O formato do IEEE atende esses requisitos? Explique.

12.15. Muitos conjuntos de instruções de microprocessadores incluem uma instrução que testa uma condição e define um operando de destino se a condição for verdadeira. Alguns exemplos incluem o SETcc no x86, o Scc no Motorola MC68000 e o Scond no National NS32000.

a. Existem algumas diferenças entre essas instruções:

▶ SETcc e Scc operam apenas sobre um byte, enquanto Scond opera sobre operandos de byte, palavra e palavra dupla.

▶ SETcc e Scond definem o operando como o inteiro 1 se verdadeiro e zero se falso. Scc define o byte com 1s binários se verdadeiro e 0s se falso. Quais são as vantagens e desvantagens relativas dessas diferenças?

b. Nenhuma dessas instruções define qualquer um dos flags de código de condição, e assim é preciso haver um teste explícito do resultado da instrução para determinar seu valor. Discuta se os códigos de condição devem ser definidos como um resultado dessa instrução.

c. Uma instrução IF simples como IF a > b THEN pode ser implementada com um método de representação numérica, ou seja, tornando o valor booleano explícito, ao contrário de um método de *fluxo de controle*, que representa o valor de uma expressão booleana por um certo ponto no programa. Um compilador poderia implementar IF a > b THEN com o seguinte código x86:

```
         SUB   CX, CX   ;coloca 0 no registrador CX
         MOV   AX, B    ;move o conteúdo do local B para o registrador AX
         CMP   AX, A    ;compara o conteúdo do registrador AX e do local A
         JLE   TEST     ;salta se A ≤ B
         INC   CX       ;soma 1 ao conteúdo do registrador CX
TEST     JCXZ  OUT      ;salta se o conteúdo de CX é igual a 0
THEN           OUT
```

O resultado de (A > B) é um valor booleano mantido em um registrador e disponível posteriormente, fora do contexto do fluxo de código mostrado. É conveniente usar o registrador CX para isso, pois muitos dos opcodes de desvio e loop possuem um teste embutido para CX.

Mostre uma implementação alternativa usando a instrução SETcc que economize memória e tempo de execução. (*Dica:* nenhuma instrução x86 nova é necessária, além de SETcc.)

d. Agora considere a instrução em linguagem de alto nível:

$$A := (B > C)\ OR\ (D = F)$$

Um compilador poderia gerar o seguinte código:

```
         MOV   EAX, B   ;move conteúdo do local B para registrador EAX
         CMP   EAX, C   ;compara conteúdo do registrador EAX e do local C
         MOV   BL, 0    ;0 representa falso
         JLE   N1       ;salta se (B ≤ C)
         MOV   BL, 1    ;1 representa verdadeiro
N1       MOV   EAX, D
         CMP   EAX, F
         MOV   BH, 0
         JNE   N2
         MOV   BH, 1
N2       OR    BL, BH
```

Mostre uma implementação alternativa usando a instrução SETcc que economize memória e tempo de execução.

12.16. Suponha que dois registradores contenham os seguintes valores hexadecimais: AB0890C2, 4598EE50. Qual é o resultado de somá-los usando instruções MMX?
  a. Pacote de bytes.
  b. Pacote de palavras.
  Considere que a aritmética de saturação não é utilizada.

12.17. O Apêndice I indica que não existem instruções orientadas a pilha em um conjunto de instruções se a pilha tiver de ser usada apenas pelo processador para finalidades como tratamento de procedimento. Como o processador pode usar uma pilha para qualquer propósito sem instruções orientadas a pilha?

12.18. As fórmulas matemáticas são geralmente expressas no que é conhecido como notação infixa, na qual o operador binário aparece entre os operandos. Uma técnica alternativa é conhecida como **polonesa reversa** ou **pós-fixa**, notação em que o operador segue seus dois operandos. Veja o Apêndice I para mais detalhes. Converta as seguintes fórmulas da polonesa reversa à infixa:
  a. AB + C + D ×
  b. AB/CD/ +
  c. ABCDE + × × /

d. ABCDE + F/ + G − H/ × +

12.19. Converta as seguintes fórmulas da infixa à polonesa reversa:
   a. A + B + C + D + E
   b. (A + B) × (C + D) + E
   c. (A × B) + (C × D) + E
   d. (A − B) × (((C − D × E)/F)/G) × H

12.20. Converta a expressão A + B − C para a notação pós-fixa usando o algoritmo de Dijkstra. Mostre os passos envolvidos. O resultado é equivalente a (A + B) − C or A + (B − C)? Isso importa?

12.21. Usando o algoritmo para converter infixo para pós-fixo, definido no Apêndice I, mostre as etapas envolvidas na conversão da expressão da Figura I.3 para pós-fixo. Use uma apresentação semelhante à da Figura I.5.

12.22. Mostre o cálculo da expressão na Figura I.5, usando uma apresentação semelhante à da Figura I.4.

12.23. Redesenhe o layout *little-endian* da Figura 12.13 (mais adiante, no Apêndice 12A) de modo que os bytes apareçam como numerados no layout *big-endian*. Ou seja, mostre a memória em linhas de 64 bits, com os bytes listados da esquerda para a direita, de cima para baixo.

12.24. Para as seguintes estruturas de dados, desenhe os layouts *big-endian* e *little-endian*, usando o formato da Figura 12.13, e comente os resultados.

```
a. struct {
      double i;    //0x1112131415161718
   } s1;
b. struct {
      int i;       //0x11121314
      int j;       //0x15161718
   } s2;
c. struct {
      short i;     //0x1112
      short j;     //0x1314
      short k;     //0x1516
      short l;     //0x1718
   } s3;
```

12.25. A especificação de arquitetura IBM Power não dita como um processador deve implementar o modo *little-endian*. Ela especifica apenas a visão da memória que um processador deve ter ao operar no modo *little-endian*. Ao converter uma estrutura de dados de *big-endian* para *little-endian*, os processadores são livres para implementar um mecanismo de troca de byte ou usar algum tipo de mecanismo de modificação de endereço. Os processadores Power atuais são todos máquinas *big-endian* por padrão e usam a modificação de endereço para tratar dados como *little-endian*.

Considere a estrutura s definida na Figura 12.13. O layout na parte inferior direita da figura mostra a estrutura s conforme vista pelo processador. Na verdade, se a estrutura s for compilada no modo *little-endian*, seu layout na memória aparece na Figura 12.12.

Figura 12.12
Estruturas *little-endian* da arquitetura Power na memória.

Endereço de byte	Mapeamento de endereço *little-endian*							
00	00	01	02	03	11	12	13	14
					04	05	06	07
08	21	22	23	24	25	26	27	28
	08	09	0A	0B	0C	0D	0E	0F
10	'D'	'C'	'B'	'A'	31	32	33	34
	10	11	12	13	14	15	16	17
18			51	52	'G'	'F'	'E'	
	18	19	1A	1B	1C	1D	1E	1F
20					61	62	63	64
	20	21	22	23	24	25	26	27

Explique o mapeamento envolvido, descreva um modo fácil de implementar o mapeamento e discuta a eficácia dessa técnica.

12.26. Escreva um pequeno programa para determinar o tipo de *endian* da máquina e informar os resultados. Execute o programa em qualquer computador que lhe esteja disponível e informe a saída.

12.27. O processador MIPS pode ser definido para operar no modo *big-endian* ou *little-endian*. Considere a instrução *Load Byte Unsigned* (LBU), que carrega um byte da memória para os 8 bits de baixa ordem de um registrador e preenche os 24 bits de alta ordem do registrador com zeros. A descrição de LBU é dada no manual de referência do MIPS, usando uma linguagem de transferência de registrador como

```
mem ← LoadMemory(...)
byte ← VirtualAddress1..0
if CONDITION then
    GPR[rt] ← 0^24 ||mem_{31 - 8 × byte .. 24 - 8 × byte}
else
    GPR[rt] ← 0^24 ||mem_{7 + 8 × byte .. 8 × byte}
endif
```

em que *byte* refere-se aos dois bits de baixa ordem do endereço efetivo e *mem* refere-se ao valor carregado da memória. No manual, em vez da palavra CONDITION, uma das duas palavras a seguir é usada: BigEndian, LittleEndian. Qual palavra é usada?

12.28. A maior parte, mas não todos os processadores, utiliza a ordenação de bits *big-endian* ou *little-endian* dentro de um byte que é coerente com a ordenação *big* ou *little-endian* dos bytes dentro de um escalar multibytes. Vamos considerar o Motorola 68030, que usa a ordenação de bytes *big-endian*. A documentação do 68030 referente a formatos é confusa. O manual do usuário explica que a ordenação de bit dos campos de bit é o oposto da ordenação de bit dos inteiros. A maior parte das operações com campo de bit opera com uma ordenação *endian*, mas algumas operações com campo de bit exigem a ordenação oposta. A descrição a seguir, do manual do usuário, ilustra a maior parte das operações de campo de bit:

> Um operando de bit é especificado por um endereço de base que seleciona um byte na memória (o byte de base), e um número de bit que seleciona um bit nesse byte. O bit mais significativo é o bit sete. O operando de campo de bit é especificado por: **(1)** um endereço de base que seleciona um byte na memória; **(2)** um deslocamento de campo de bit que indica o bit mais à esquerda (base) do campo de bit em relação ao bit mais significativo do byte de base; e **(3)** uma largura de campo de bit que determina quantos bits à direita do byte de base estão no campo de bit. O bit mais significativo do byte de base é o deslocamento do campo de bit 0, o bit menos significativo do byte de base é o deslocamento do campo de bit 7.

Essas instruções utilizam a ordenação de bits *big-endian* ou *little-endian*?

APÊNDICE 12A *LITTLE-ENDIAN*, *BIG-ENDIAN* E *BI-ENDIAN*

Um fenômeno incômodo e curioso se relaciona a como os bytes dentro de uma palavra e os bits dentro de um byte são referenciados e representados. Primeiro, examinemos o problema da ordenação de bytes e depois consideremos o dos bits.

Ordenação de byte

O conceito do tipo de *endian* foi discutido inicialmente na literatura por Cohen (1981). Com relação aos bytes, o tipo de *endian* tem a ver com a ordenação dos bytes de valores escalares em múltiplos bytes. A questão é mais bem entendida com um exemplo. Suponha que tenhamos o valor hexadecimal de 32 bits 12345678 e que ele seja armazenado em uma palavra de 32 bits na memória endereçável por byte no local de byte 184. O valor consiste em 4 bytes, com o byte menos significativo contendo o valor 78 e o byte mais significativo contendo o valor 12. Existem duas maneiras óbvias de armazenar esse valor:

Endereço	Valor	Endereço	Valor
184	12	184	78
185	34	185	56
186	56	186	34
187	78	187	12

O mapeamento à esquerda armazena o byte mais significativo no endereço de byte numérico mais baixo; isso é conhecido como **big-endian** e é equivalente à ordem da esquerda para a direita da escrita nas linguagens de cultura ocidental. O mapeamento à direita armazena o byte menos significativo no endereço de byte numérico mais baixo; isso é conhecido como **little-endian** e é um remanescente da ordem da direita para a esquerda das operações aritméticas em unidades aritméticas.[3] Para determinado valor escalar em múltiplos bytes, *big-endian* e *little-endian* são mapeamentos com inversão de bytes um em relação ao outro.

O conceito de tipo de *endian* surge quando é necessário tratar uma entidade de múltiplos bytes como um único item de dados com um único endereço, embora seja composto de unidades endereçáveis menores. Algumas máquinas, como Intel 80x86, x86, VAX e Alpha, são máquinas *little-endian*, enquanto outras, como IBM System 370/390, Motorola 680x0, Sun SPARC e a maioria das máquinas RISC, são *big-endian*. Isso apresenta problemas quando os dados são transferidos de uma máquina de um tipo de *endian* para a outra e quando um programador tenta manipular bytes ou bits individuais dentro de um escalar de múltiplos bytes.

A propriedade de tipo de *endian* não se estende além de uma unidade de dados individual. Em qualquer máquina, agregados como arquivos, estruturas de dados e arrays são compostos de múltiplas unidades de dados, cada uma com um tipo de *endian*. Dessa maneira, a conversão de um bloco de memória de um estilo de tipo de *endian* para outro requer conhecimento da estrutura de dados.

A Figura 12.13 ilustra como o tipo de *endian* determina o endereçamento e a ordem de byte. A estrutura C no topo contém uma série de tipos de dados. O layout da memória no canto inferior esquerdo resulta da compilação da estrutura para uma máquina *big-endian*, e a do canto inferior esquerdo, daquela para uma máquina *little-endian*. De qualquer forma, a memória é representada como uma série de linhas de 64 bits. Para o caso do *big-endian*, a memória em geral é vista da esquerda para a direita, de cima para baixo, enquanto para o caso *little-endian*, a memória normalmente é vista como da direita para a esquerda, de cima para baixo. Observe que esses layouts são arbitrários. Qualquer esquema poderia ser da esquerda para a direita ou da direita para a esquerda dentro de uma linha; essa é uma questão de representação, e não de atribuição de memória. De fato, examinando os manuais de programador para diversas máquinas, diversas representações podem ser encontradas, até mesmo dentro do mesmo manual.

---

[3] Os termos *big-endian* e *little-endian* vêm da Parte I, Capítulo 4, de *As viagens de Gulliver*, de Jonathan Swift. Eles se referem a uma guerra religiosa entre dois grupos, um que quebra ovos na extremidade grande (*big end*) e o outro que quebra ovos na extremidade pequena (*little end*).

```
struct{
    int     a;      //0x1112_1314                      palavra
    int     pad;    //
    double  b;      //0x2122_2324_2526_2728            palavra dupla
    char*   c;      //0x3132_3334                      palavra
    char    d[7];   //'A','B','C','D','E','F','G'     array de byte
    short   e;      //0x5152                           meia palavra
    int     f;      //0x6162_6364                      palavra
} s;
```

Podemos fazer várias observações sobre essa estrutura de dados:

- Cada item de dados tem o mesmo endereço nos dois esquemas. Por exemplo, o endereço da palavra dupla com valor hexadecimal 2122232425262728 é 08.
- Dentro de determinado valor escalar multibyte, a ordenação dos bytes na estrutura *little-endian* é o reverso daquela para a estrutura *big-endian*.
- O tipo de *endian* não afeta a ordenação dos itens de dados dentro de uma estrutura. Desse modo, a palavra de quatro caracteres c exibe reversão de byte, mas o array de bytes de sete caracteres d não. Logo, o endereço de cada elemento individual de d é o mesmo nas duas estruturas.

O efeito do tipo de *endian* talvez seja demonstrado mais claramente quando vemos a memória como um array vertical de bytes, como mostra a Figura 12.14.

Não existe um consenso geral sobre qual é o estilo melhor de tipo de *endian*.[4] Os pontos a seguir favorecem o estilo *big-endian*:

- **Classificação de *string* de caracteres:** um processador *big-endian* é mais rápido em comparação com *strings* de caracteres alinhadas por inteiros; a ALU de inteiros pode comparar múltiplos bytes em paralelo.

Figura 12.13

Exemplo de estrutura de dados em C e seus mapas de *endian*.

```
struct{
    int     a;      //0x1112_1314                      palavra
    int     pad;    //
    double  b;      //0x2122_2324_2526_2728            palavra dupla
    char*   c;      //0x3132_3334                      palavra
    char    d[7];   //'A','B','C','D','E','F','G'     array de byte
    short   e;      //0x5152                           meia palavra
    int     f;      //0x6162_6364                      palavra
} s;
```

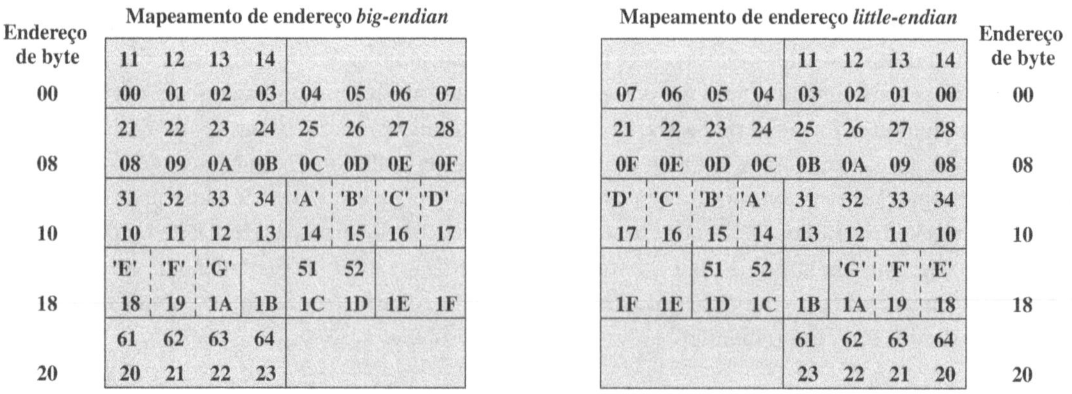

[4] O profeta reverenciado pelos dois grupos nas Guerras *Endian* de *As viagens de Gulliver* disse: "Todos os que acreditam verdadeiramente em mim deverão quebrar seus ovos pela ponta mais conveniente". Isso não foi de muita ajuda!

Figura 12.14
Outra visão da Figura 12.13.

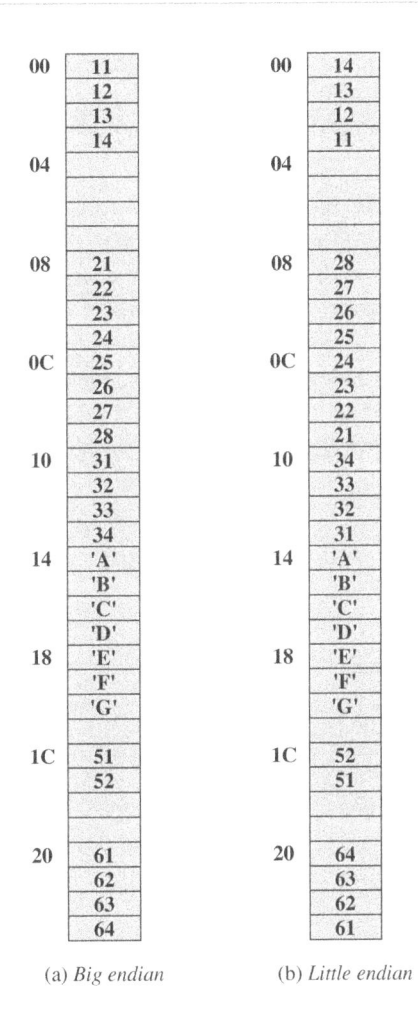

	Big endian		Little endian
00	11	00	14
	12		13
	13		12
	14		11
04		04	
08	21	08	28
	22		27
	23		26
	24		25
0C	25	0C	24
	26		23
	27		22
	28		21
10	31	10	34
	32		33
	33		32
	34		31
14	'A'	14	'A'
	'B'		'B'
	'C'		'C'
	'D'		'D'
18	'E'	18	'E'
	'F'		'F'
	'G'		'G'
1C	51	1C	52
	52		51
20	61	20	64
	62		63
	63		62
	64		61

(a) *Big endian* (b) *Little endian*

- **Listagem de valores decimais IRA:** todos os valores podem ser impressos da esquerda para a direita sem causar confusão.
- **Ordem coerente:** processadores *big-endian* armazenam seus inteiros e *strings* de caracteres na mesma ordem (byte mais significativo vem primeiro).

Os seguintes pontos favorecem o estilo *little endian*:

- O processador *big-endian* precisa realizar adição quando converte um endereço de inteiros de 32 bits para um endereço de inteiros de 16 bits, para usar os bytes menos significativos.
- É mais fácil realizar a aritmética de alta precisão com o estilo *little-endian*; você não precisa encontrar o byte menos significativo e recuperá-lo.

As diferenças são menores e a escolha do estilo de *endian* em geral é mais uma questão de acomodar as máquinas anteriores do que qualquer outra coisa.

O PowerPC é um processador *bi-endian*, que tem suporte para os modos *big-endian* e *little-endian*. A arquitetura *bi-endian* permite que os desenvolvedores de software escolham qualquer um desses modos ao migrar sistemas operacionais e aplicações de outras máquinas. O sistema operacional estabelece o modo de *endian* em que os processos são executados. Quando um modo é selecionado, todos os loads e stores de memória subsequentes são determinados pelo modelo de endereçamento de memória desse modo. Para dar suporte a esse recurso do hardware, 2 bits são mantidos no registrador de estado de máquina (MSR — do inglês, *Machine State Register*) mantido pelo sistema operacional como parte do estado do processo. Um bit especifica o modo de *endian* em que o kernel executa; o outro especifica o modo operacional atual do processador. Dessa maneira, o modo pode ser alterado com base em cada processo.

Ordenação de bit

Na ordenação dos bits dentro de um byte, encaramos imediatamente duas questões:

1. Você conta o primeiro bit como bit zero ou como bit um?
2. Você atribui o número de bit mais baixo ao bit menos significativo do byte (*little-endian*) ou ao bit mais significativo do byte (*big-endian*)?

Essas questões não são respondidas da mesma maneira em todas as máquinas. Na realidade, em algumas máquinas, as respostas são diferentes em diferentes circunstâncias. Além do mais, a escolha da ordenação de bits *big-endian* ou *little-endian* dentro de um byte nem sempre é coerente com a ordenação *big* ou *little-endian* dentro de um escalar de múltiplos bytes. O programador precisa se preocupar com essas questões ao manipular bits individuais.

Outra área de interesse é quando os dados são transmitidos por uma linha serial de bits. Quando um byte individual é transmitido, o sistema transmite primeiro o bit mais significativo ou o bit menos significativo? O projetista precisa garantir que os bits que chegam sejam tratados corretamente. Para uma discussão dessa questão, consulte James (1990).

CONJUNTOS DE INSTRUÇÕES: MODOS E FORMATOS DE ENDEREÇAMENTO

13.1 MODOS DE ENDEREÇAMENTO
   Endereçamento imediato
   Endereçamento direto
   Endereçamento indireto
   Endereçamento por registradores
   Endereçamento indireto por registradores
   Endereçamento por deslocamento
   Endereçamento de pilha

13.2 MODOS DE ENDEREÇAMENTO DO x86 E DO ARM
   Modos de endereçamento do x86
   Modos de endereçamento do ARM

13.3 FORMATOS DE INSTRUÇÕES
   Tamanho da instrução
   Alocação de bits
   Instruções de tamanho variável

13.4 FORMATOS DE INSTRUÇÕES DO x86 E DO ARM
   Formatos de instruções do x86
   Formatos de instruções do ARM

13.5 LINGUAGEM DE MONTAGEM

13.6 TERMOS-CHAVE, QUESTÕES DE REVISÃO E PROBLEMAS

OBJETIVOS DE APRENDIZAGEM

Após ler este capítulo, você será capaz de:

- Descrever os vários tipos de modos de endereçamento comuns nos conjuntos de instruções.
- Apresentar uma visão geral dos modos de endereçamento do x86 e do ARM.
- Resumir as questões e relações envolvidas no desenvolvimento de um formato de instrução.
- Apresentar uma visão geral dos formatos de instruções do x86 e do ARM.
- Compreender a diferença entre a linguagem de máquina e a linguagem de montagem.

No Capítulo 12, focamos *no que* um conjunto de instruções faz. Particularmente, examinamos os tipos de operandos e operações que podem ser especificados pelas instruções da máquina. Este capítulo se concentra na questão de *como* definir operandos e operações das instruções. Duas questões surgem. A primeira: como o endereço de um operando é especificado? E a segunda: como os bits de uma instrução são organizados para definir o endereço do operando e a operação dessa instrução?

13.1 MODOS DE ENDEREÇAMENTO

O campo ou os campos de endereço em um formato de instrução típico são relativamente pequenos. Para que pudéssemos referenciar um grande intervalo de locais da memória principal — ou, em alguns sistemas, da memória virtual —, uma variedade de técnicas de endereçamento foi empregada. Todas envolvem, por um lado, algum tipo de troca entre intervalo de endereços e/ou flexibilidade de endereçamento; e, por outro, o número de referências de memória dentro da instrução e/ou a complexidade de cálculo de endereços. Nesta seção, examinaremos as técnicas ou os modos de endereçamento mais comuns:

- Imediato
- Direto
- Indireto
- Por registrador
- Indireto por registrador
- Por deslocamento
- De pilha

Os modos são ilustrados na Figura 13.1. Nesta seção, utilizamos a seguinte notação:

A (do inglês, *Address*) = conteúdo de um campo de endereço dentro da instrução.
R = conteúdos de um campo de endereço dentro da instrução que se refere a um registrador.
EA (do inglês, *Effective Address*) = endereço real (efetivo) do local que contém o operando referenciado.
(X) = conteúdos do local de memória X ou do registrador X.

A Tabela 13.1 mostra o cálculo de endereço efetuado para cada modo de endereçamento.

Antes de iniciar esta discussão, dois comentários precisam ser feitos. Primeiro: a princípio, todas as arquiteturas de computadores oferecem mais do que um modo de endereçamento. A questão é como o processador pode determinar qual modo de endereçamento está sendo usado em uma determinada instrução. Existem diversas abordagens a serem tomadas. Frequentemente, opcodes diferentes irão usar modos de endereçamento diferentes. Além disso, um ou mais bits dentro do formato da instrução podem ser usados como um *campo de modo*. O valor do campo de modo determina qual modo de endereçamento será usado.

O segundo comentário diz respeito à interpretação do endereço efetivo (EA). Em um sistema sem a memória virtual, o **endereço efetivo** será um endereço da memória principal ou um registrador. Em um sistema com memória virtual, o endereço efetivo é um endereço virtual ou um registrador. O mapeamento para um endereço físico é uma função da unidade de gerenciamento de memória (MMU — do inglês, *Memory Management Unit*) e é transparente para o programador.

Endereçamento imediato

A forma mais simples de endereçamento é o **endereçamento imediato**, no qual o valor do operando está presente na instrução:

$$\text{Operando} = A$$

Este modo pode ser usado para definir e utilizar constantes ou definir valores iniciais das variáveis. Em geral, o número será armazenado em duas formas complementares; o bit à esquerda do campo do operando é usado como bit de sinal. Quando o operando é carregado em um registrador de dados, o bit de sinal é estendido para a esquerda até o tamanho total da **palavra** de dados. Em alguns casos, o valor binário imediato é interpretado como um número inteiro e sem sinal.

Figura 13.1
Modos de endereçamento.

(a) Imediato
(b) Direto
(c) Indireto
(d) Por registrador
(e) Indireto por registrador
(f) Por deslocamento
(g) De pilha

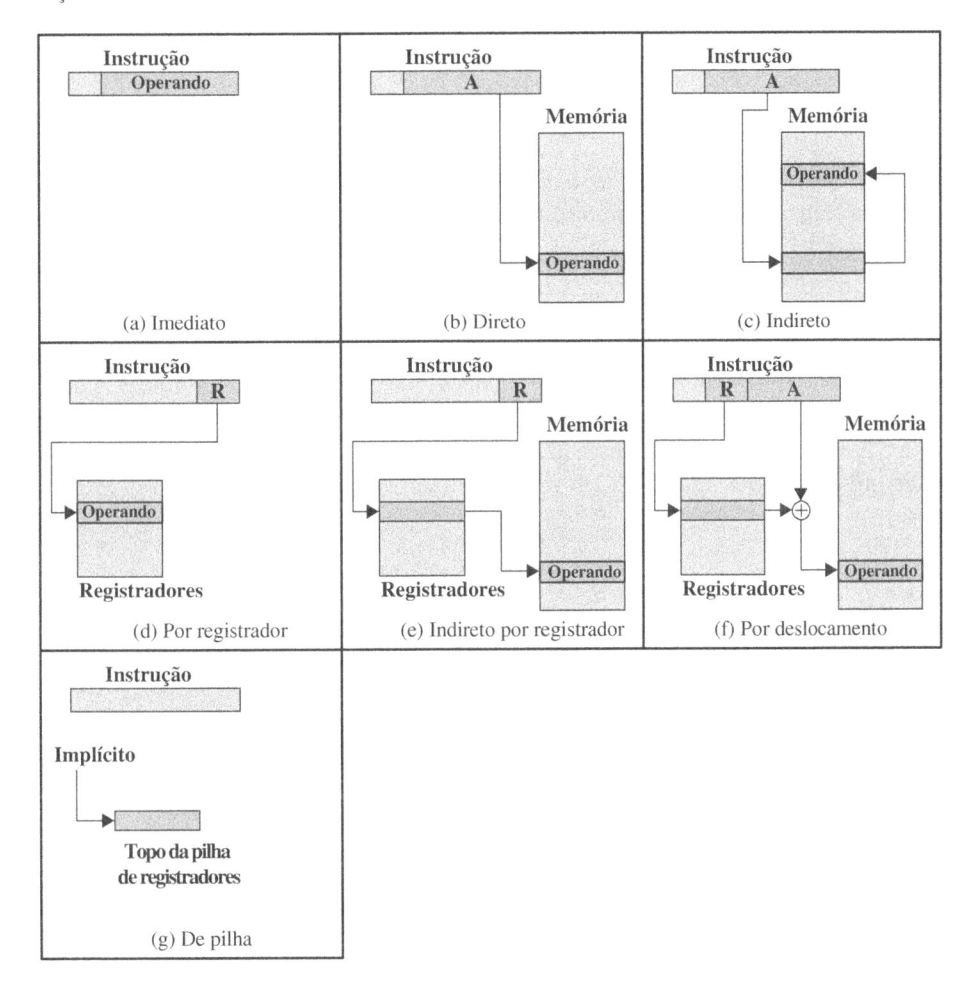

Tabela 13.1
Modos básicos de endereçamento.

Modo	Algoritmo	Principal vantagem	Principal desvantagem
Imediato	Operando = A	Nenhuma referência à memória	Magnitude de operando limitada
Direto	EA = A	Simples	Espaço de endereçamento limitado
Indireto	EA = (A)	Espaço de endereçamento grande	Múltiplas referências à memória
Por registrador	EA = R	Nenhuma referência à memória	Espaço de endereçamento limitado
Indireto por registrador	EA = (R)	Espaço de endereçamento grande	Referência extra de memória
Por deslocamento	EA = A + (R)	Flexibilidade	Complexidade
De pilha	EA = topo da pilha	Nenhuma referência à memória	Aplicabilidade limitada

A vantagem do endereçamento imediato é que nenhuma referência de memória, além de obter a instrução em si, é necessária para obter o operando, economizando dessa forma um ciclo de memória ou de cache dentro do ciclo da instrução. A desvantagem é que o tamanho do número é limitado ao tamanho do campo de endereço, que é, na maioria dos conjuntos de instruções, pequeno se comparado ao tamanho da palavra.

Endereçamento direto

Uma forma muito simples de endereçamento é o **endereçamento direto**, onde o campo de endereço contém o endereço efetivo do operando:

$$EA = A$$

A técnica era comum nas primeiras gerações dos computadores, porém não é comum em arquiteturas atuais. Ela requer apenas uma referência à memória e nenhum cálculo especial. A limitação óbvia é que ela oferece um espaço de endereços limitado.

Endereçamento indireto

No endereçamento direto, o tamanho do campo de endereço é em geral menor do que o tamanho da palavra, limitando dessa forma o intervalo de endereços. Uma solução é ter um campo de endereço se referindo ao endereço de uma palavra na memória, que, por sua vez, contém o endereço completo do operando. Esta técnica é conhecida como **endereçamento indireto**:

$$EA = (A)$$

Como já definido, os parênteses devem ser interpretados como *conteúdos de*. A vantagem óbvia desta abordagem é que, para o tamanho N de uma palavra, um espaço de endereçamento de 2^N estará disponível. A desvantagem é que a execução da instrução requer duas referências à memória para obter o operando: uma para obter seu endereço e outra para obter seu valor.

Embora o número de palavras que agora podem ser endereçadas seja igual a 2^N, o número de endereços efetivos diferentes que podem ser referenciados em qualquer momento é limitado a 2^K, em que K é o tamanho do campo de endereço. Em geral isso não é um empecilho e pode até ser uma vantagem. Em um ambiente de memória virtual, todos os locais de endereços efetivos podem ser colocados na página 0 de qualquer processo. Como o campo de endereço de uma instrução é pequeno, ele irá naturalmente produzir um número reduzido de endereços diretos, que aparecem na página 0. (A única restrição é que o tamanho da página deve ser igual ou maior que 2^K.) Quando um processo está ativo, há referências repetidas na página 0, o que faz com que elas permaneçam na memória real. Dessa forma, uma referência de memória indireta irá envolver, no máximo, uma falha de página em vez de duas.

Uma variante de endereçamento indireto raramente usada é o endereçamento indireto de vários níveis ou em cascata:

$$EA = (\ldots (A) \ldots)$$

Nesse caso, um bit de um endereço de palavra inteira é um flag indireto (I). Se o bit I é 0, então a palavra contém EA. Se o bit I é 1, então outro nível de indireção é usado. Aparentemente não há nenhuma vantagem nessa abordagem, e sua desvantagem é que três ou mais referências à memória podem ser necessárias para obter um operando.

Endereçamento por registradores

Endereçamento por registradores é semelhante ao endereçamento direto. A única diferença é que o campo de endereço se refere a um registrador em vez de um endereço da memória principal:

$$EA = R$$

Para esclarecer mais, se o conteúdo de um campo de endereço de registrador dentro de uma instrução for 5, então o registrador R5 é o endereço pretendido e o valor do operando está contido em R5. Em geral, um campo de endereço que referencia registradores terá de 3 a 5 bits, então um total de 8 a 32 registradores de uso geral pode ser referenciado.

As vantagens de endereçamento por registradores são: (1) apenas um pequeno campo de endereço é necessário dentro da instrução, (2) nenhuma referência à memória que consome tempo é necessária. Conforme discutido no Capítulo 4, o tempo de acesso à memória de um registrador interno do processador é muito menor do que para um endereço da memória principal. A desvantagem do endereçamento por registradores é o espaço de endereçamento muito limitado.

Se o endereçamento por registradores for muito usado em um conjunto de instruções, isso implicará utilização pesada dos registradores do processador. Por causa do número muito limitado de registradores (se comparado ao número de endereços da memória principal), o seu uso desta maneira apenas faz sentido se forem utilizados eficientemente. Se cada operando for trazido para um registrador a partir da memória principal, usado uma vez e depois retornado à memória principal, então um passo intermediário desnecessário será introduzido. Se, por outro lado, o operando permanecer no registrador durante várias operações, então uma economia real será obtida. Um exemplo é o resultado intermediário dentro de uma operação de cálculo. Para este caso, suponha que o algoritmo para multiplicar complementos de dois seja implementado via software. O local, dentro do fluxograma, chamado de A (Figura 10.12) é referenciado muitas vezes e deve ser implementado preferencialmente em um registrador em vez de um local da memória principal.

Cabe ao programador ou ao compilador decidir quais valores devem permanecer em registradores e quais devem ser armazenados na memória principal. A maioria dos processadores modernos implementa vários registradores de uso geral, colocando a responsabilidade de uma execução eficiente nas mãos de um programador de linguagem de montagem (por exemplo, um projetista de compiladores).

Endereçamento indireto por registradores

Assim como o endereçamento por registradores é análogo ao endereçamento direto, o **endereçamento indireto por registradores** é análogo ao endereçamento indireto. Em ambos os casos, a única diferença é se o campo de endereço referencia um local de memória ou um registrador. Assim, temos para endereçamento indireto de registradores:

$$EA = (R)$$

As vantagens e as limitações do endereçamento indireto por registradores são basicamente as mesmas do endereçamento indireto. Em ambos os casos, a limitação do espaço de endereçamento (intervalo de endereços limitado) do campo de endereço é superada fazendo com que o campo se refira a um local de memória do tamanho de uma palavra contendo um endereço. Além disso, o endereçamento indireto por registradores utiliza uma referência à memória a menos do que o endereçamento indireto.

Endereçamento por deslocamento

Uma forma muito poderosa de endereçamento combina as capacidades do endereçamento direto e do endereçamento indireto por registradores. Ela é conhecida por vários nomes dependendo do contexto do seu uso, mas o mecanismo básico é o mesmo. Nós iremos chamá-la de **endereçamento por deslocamento**:

$$EA = A + (R)$$

O endereçamento por deslocamento requer que a instrução tenha dois campos de endereço, dos quais ao menos um é explícito. O valor contido em um campo de endereço (valor = A) é usado diretamente. O outro campo de endereço, ou uma referência implícita baseada em opcode, refere-se a um registrador cujos conteúdos são adicionados a A para produzir um endereço efetivo.

Iremos descrever três dos usos mais comuns do endereçamento por deslocamento:

- Endereçamento relativo
- Endereçamento por registrador base
- Indexação

ENDEREÇAMENTO RELATIVO Para o **endereçamento relativo**, também chamado de **endereçamento relativo ao PC**, o registrador implicitamente referenciado é o contador do programa (PC — do inglês, *Program Counter*). Ou seja, o endereço da próxima instrução é adicionado ao campo de endereço para produzir EA. Em geral, o campo de endereço é tratado como um número complementar para esta operação. Dessa forma, o endereço efetivo é o deslocamento relativo ao endereço da instrução.

O endereçamento relativo explora o conceito de localidade que foi discutido nos capítulos 4 e 8. Se a maioria das referências de memória está relativamente próxima à instrução sendo executada, então o uso de endereçamento relativo economiza bits de endereço dentro da instrução.

ENDEREÇAMENTO POR REGISTRADOR BASE Para o **endereçamento por registrador base**, temos a seguinte interpretação: o registrador base contém um endereço da memória principal e o campo de endereço contém um deslocamento (em geral um número inteiro sem sinal) desse endereço. A referência ao registrador pode ser explícita ou implícita.

O endereçamento por registrador base também explora o local das referências de memória. É um meio conveniente para implementar a segmentação, que foi discutida no Capítulo 8. Em algumas implementações, um único registrador de segmento é empregado e usado implicitamente. Em outras, o programador pode escolher um registrador para guardar o endereço base de um segmento e a instrução deve referenciá-lo explicitamente. Nesse último caso, se o tamanho do campo de endereço é K e o número de possíveis registradores é N, então uma instrução pode referenciar qualquer uma de N áreas de 2^K palavras.

INDEXAÇÃO Para a **indexação**, normalmente temos a seguinte interpretação: o campo de endereço referencia um endereço da memória principal e o registrador referenciado contém um deslocamento positivo desse endereço. Observe que este uso é exatamente o oposto da interpretação do endereçamento por registrador base. É claro que isto é mais do que apenas uma interpretação do usuário. Pelo fato de o campo de endereço ser considerado um endereço de memória na indexação, em geral ele contém mais bits quando comparado a um campo de endereço de uma instrução com endereçamento por registrador base. Além disso, devemos observar que existem alguns refinamentos na indexação que não seriam úteis em um contexto por registrador base. Apesar disso, o método para calcular EA é o mesmo para endereçamento por registrador base e indexação e, em ambos os casos, a referência do registrador é algumas vezes explícita e algumas vezes implícita (para diferentes tipos de processadores).

Um uso importante da indexação é permitir um mecanismo eficiente para efetuar operações iterativas. Considere, por exemplo, uma lista de números armazenada iniciando no local A. Suponha que queiramos adicionar 1 para cada elemento da lista. Precisamos obter cada valor, adicionar 1 a ele e armazená-lo de volta. A sequência de endereços efetivos que precisamos é A, A + 1, A + 2, ..., até o último local da lista. Com indexação, isso é feito facilmente. O valor A é armazenado no campo de endereço da instrução e o registrador escolhido, chamado de *registrador indexador*, é inicializado com 0. Depois de cada operação, o registrador indexador é incrementado por 1.

Como os registradores indexadores são geralmente usados para essas tarefas iterativas, é normal que haja necessidade de incrementar ou decrementar o registrador indexador depois de cada referência a ele. Por ser uma operação tão comum, alguns sistemas farão isso automaticamente como sendo parte do mesmo ciclo de instrução. Isso é conhecido como **autoindexação**. Se determinados registradores forem usados exclusivamente como indexadores, então a autoindexação pode ser chamada implícita e automaticamente. Se registradores de uso geral forem usados, a operação de autoindexação pode precisar ser sinalizada por um bit dentro da instrução. A autoindexação com uso de incremento pode ser descrita da seguinte forma:

$$EA = A + (R)$$
$$(R) \leftarrow (R) + 1$$

Em algumas máquinas, o endereçamento indireto e a indexação são disponibilizados e é possível usar os dois dentro da mesma instrução. Existem duas possibilidades: a indexação é executada antes ou depois da indireção.

Se a indexação for executada depois da indireção, ela é chamada de **pós-indexação**:

$$EA = (A) + (R)$$

Primeiro, os conteúdos dos campos de endereço são usados para acessar o local de memória contendo o endereço direto. Esse endereço é então indexado por um valor do registrador. Esta técnica é útil para acessar um dentro de vários blocos de dados de formato fixo. Por exemplo, foi descrito no Capítulo 8 que os sistemas operacionais precisam implementar um bloco para controle de processos para cada processo. A operação executada é a mesma, independentemente de qual bloco está sendo manipulado. Assim, os endereços nas instruções que referenciam o bloco poderiam apontar para um local (valor = A) contendo um ponteiro variável para o início do bloco de controle de processos. O registrador indexador contém o deslocamento dentro do bloco.

Com **pré-indexação**, esta indexação é executada antes da indireção:

$$EA = (A + (R))$$

Um endereço é calculado da mesma maneira como na indexação simples. Nesse caso, no entanto, o endereço calculado não contém o operando, mas o endereço do operando. Um exemplo do uso desta técnica é a construção de uma tabela com múltiplos endereços de desvios. Em um determinado ponto do programa, pode haver uma ramificação para uma série de locais diferentes, dependendo da condição. Uma tabela de endereços pode ser definida com início em A. Usando indexação nesta tabela, a localização desejada pode ser encontrada.

Em geral, um conjunto de instruções não irá incluir ambos os modos de pré-indexação e pós-indexação.

Endereçamento de pilha

O último modo de endereçamento que iremos considerar é o **endereçamento de pilha**. Conforme definido no Apêndice I (disponível em inglês na Sala Virtual), uma pilha é um array linear de locais. Às vezes, é chamada de *lista de pushdown* ou *lista último a entrar, primeiro a sair* (*last-in-first-out*). A pilha é um bloco reservado de locais. Itens são adicionados ao topo da pilha para que, a qualquer momento, o bloco esteja parcialmente preenchido. Associado à pilha, temos um ponteiro cujo valor é o endereço do topo da pilha. De modo alternativo, dois elementos do topo podem estar nos registradores do processador. Nesse caso, o ponteiro da pilha referencia o terceiro elemento da pilha. O ponteiro da pilha é mantido em um registrador. Dessa forma, as referências dos locais da pilha em memória são na verdade endereços indiretos dos registradores.

O modo de endereçamento de pilha é uma forma de endereçamento implícito. As instruções da máquina não precisam incluir uma referência de memória, e sim operar no topo da pilha.

13.2 MODOS DE ENDEREÇAMENTO DO x86 E DO ARM

Modos de endereçamento do x86

Lembre-se, a partir da Figura 8.21, de que o mecanismo de tradução de endereços do x86 produz um endereço, chamado de endereço virtual ou efetivo, que é um offset dentro de um segmento. A soma do endereço inicial do segmento e do endereço efetivo produz um endereço linear. Se a paginação estiver sendo usada, esse endereço linear tem que passar por um mecanismo de tradução de página para produzir um endereço físico. A seguir, iremos ignorar este último passo porque ele é transparente para o conjunto de instruções e para o programador.

O x86 é equipado com uma série de formas de endereçamento que vieram possibilitar a execução eficiente de linguagens de alto nível. A Figura 13.2 indica a lógica envolvida. O registrador de segmento determina o segmento que é objeto da referência. Existem seis registradores de segmento; aquele usado para uma referência específica depende do contexto da execução e da instrução. Cada registrador de segmento mantém um índice da tabela de descritores de segmentos (Figura 8.20), que, por sua vez, mantém o endereço inicial dos segmentos correspondentes. Associado a cada registrador de segmento visível ao usuário, temos um registrador de descritor de segmento (não visível para o programador), que armazena as permissões de acesso para o segmento assim como o endereço inicial e o limite (tamanho) do segmento. Além disso, existem dois registradores que podem ser usados na construção do endereço: registrador base e registrador indexador.

A Tabela 13.2 lista os modos de endereçamento do x86. Vamos analisar cada um deles. Para o **modo imediato**, o operando é incluído na instrução. O operando pode ser um byte, uma palavra ou uma palavra dupla de dados.

Figura 13.2
Cálculo do modo de endereçamento do x86.

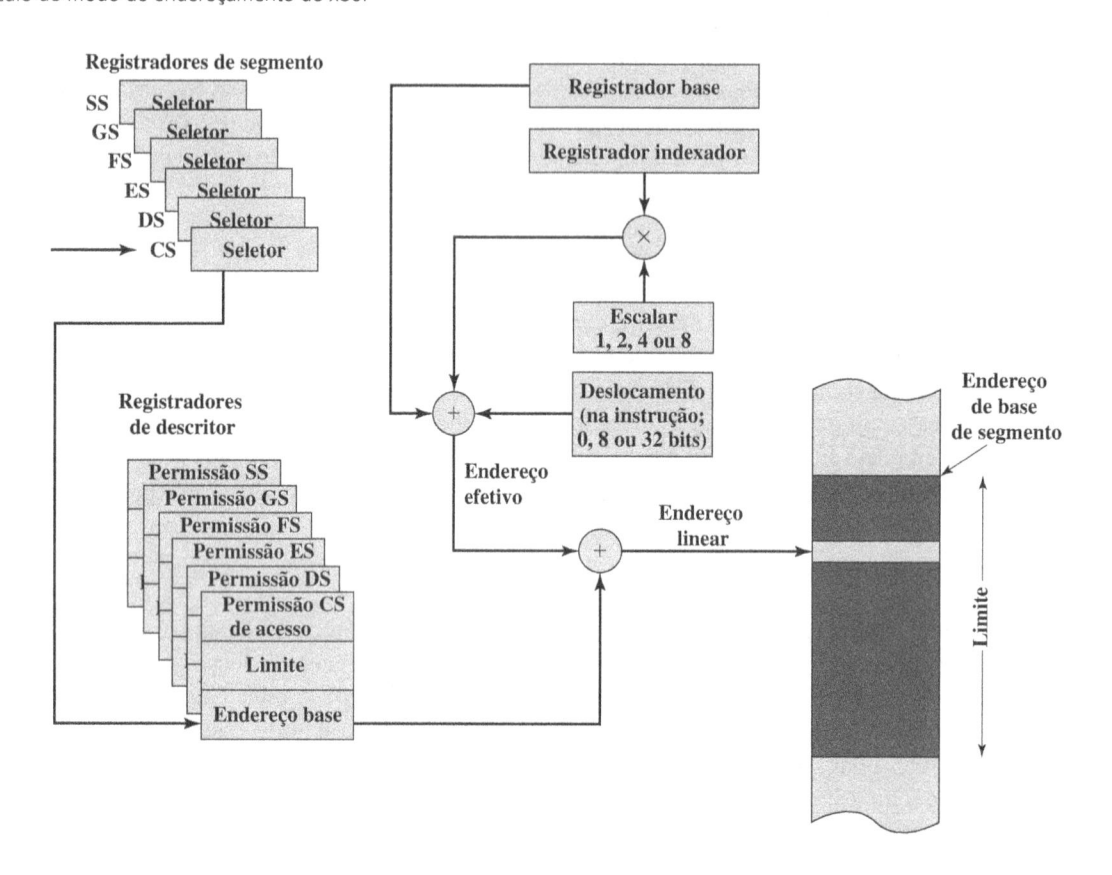

Para o **modo operando em registrador**, o operando está localizado em um registrador. Para instruções gerais, tais como transferência de dados e instruções aritméticas e lógicas, o operando pode ser um dos registradores gerais de 32 bits (EAX, EBX, ECX, EDX, ESI, EDI, ESP, EBP), um dos registradores gerais de 16 bits (AX, BX, CX, DX, SI, DI, SP, BP), ou um dos registradores gerais de 8 bits (AH, BH, CH, DH, AL, BL, CL, DL). Existem também algumas instruções que referenciam registradores selecionadores de segmentos (CS, DS, ES, SS, FS, GS).

Tabela 13.2
Modos de endereçamento x86.

Modo	Algoritmo
Imediato	Operando = A
Operando em registrador	LA = R
Deslocamento	LA = (SR) + A
Base	LA = (SR) + (B)
Base com deslocamento	LA = (SR) + (B) + A
Índice escalado com deslocamento	LA = (SR) + (I) × S + A
Base com índice e deslocamento	LA = (SR) + (B) + (I) + A
Base com índice escalado e deslocamento	LA = (SR) + (I) × S + (B) + A
Relativo	LA = (PC) + A

LA = endereço linear
R = registrador
(X) = conteúdos de X
B = registrador base
SR = registrador de segmento

I = registrador indexador
PC = contador de programa
S = fator de escala
A = conteúdos de um campo de endereço dentro da instrução.

Os modos de endereçamento restantes referenciam locais da memória. O local da memória precisa estar especificado em termos do segmento que contém o local e o deslocamento (offset) do começo do segmento. Em alguns casos, o segmento é especificado explicitamente; em outros, ele é especificado pelas regras simples que definem um segmento padrão.

No **modo por deslocamento**, o offset do operando (o endereço efetivo da Figura 13.2) é mantido como parte da instrução sendo um deslocamento de 8, 16 ou 32 bits. Com segmentação, todos os endereços das instruções se referem meramente a um offset dentro de um segmento. O modo de endereçamento por deslocamento é encontrado em poucas máquinas porque, conforme mencionado anteriormente, leva a instruções longas. No caso do x86, o valor de deslocamento pode ser de 32 bits, gerando uma instrução de 6 bytes. O endereçamento por deslocamento pode ser útil para referenciar variáveis globais.

Os modos de endereçamento restantes são indiretos, porque a parte da instrução que se refere ao endereço diz ao processador onde procurar pelo endereço. O **modo base** especifica que um dos registradores de 8, 16 ou 32 bits contém o endereço efetivo. Isso é equivalente ao que definimos como endereçamento indireto por registradores.

No **modo base com deslocamento**, as instruções incluem um deslocamento a ser adicionado ao registrador base, que pode ser qualquer um dos registradores de uso geral. Seguem os exemplos de uso deste modo:

▶ Usado pelo compilador para apontar o início de uma área de variável local. Por exemplo, o registrador base pode indicar o início de um *frame* de pilha, que contém as variáveis locais para o procedimento correspondente.

▶ Usado para indexar um array quando o número de elementos não for 1, 2, 4 ou 8 bytes e por isso não puder ser indexado usando um registrador indexador. Nesse caso, o deslocamento aponta para o começo do array e o registrador base mantém o resultado do cálculo para determinar o deslocamento até um determinado elemento dentro do array.

▶ Usado para acessar um campo de um registro. O registrador base aponta para o início do registro, enquanto o deslocamento é um offset até o campo.

No **modo de índice escalado com deslocamento**, a instrução inclui um deslocamento a ser adicionado a um registrador, chamado nesse caso de registrador indexador. O registrador indexador pode ser qualquer um dos registradores de uso geral, exceto aquele chamado de ESP, que é em geral usado para processamento de pilha. Ao calcular o endereço efetivo, o conteúdo do registrador indexador é multiplicado por um fator de escala de 1, 2, 4 ou 8 e depois adicionado ao deslocamento. Este modo é muito conveniente para indexar arrays. O fator de escala 2 pode ser usado para um array de inteiros de 16 bits. O fator de escala 4 pode ser usado para inteiros de 32 bits ou números de ponto flutuante. Finalmente, o fator de escala 8 pode ser usado para um array de números de ponto flutuante de precisão dupla.

O **modo base com índice e deslocamento** soma os conteúdos do registrador base, do registrador indexador e o deslocamento para formar um endereço efetivo. Novamente, o registrador base pode ser qualquer um dos registradores de uso geral, exceto ESP. Por exemplo, este modo de endereçamento pode ser usado para acessar um array local dentro de um *frame* de pilha. Ele também pode ser usado para suportar arrays bidimensionais; nesse caso, o deslocamento aponta para o início do array e cada registrador lida com uma dimensão do array.

O **modo base com índice escalado e deslocamento** soma o conteúdo do registrador indexador multiplicado por um fator de escala, o conteúdo do registrador base e o deslocamento. Isso é útil se um array está armazenado dentro de uma pilha; nesse caso, os elementos deste teriam tamanho de 2, 4 ou 8 bytes cada. Este modo possibilita também uma indexação eficiente de um array bidimensional quando os seus elementos têm tamanho de 2, 4 ou 8 bytes.

Por fim, o **endereçamento relativo** pode ser usado em instruções de transferência de controle. Um deslocamento é adicionado ao valor do contador de programa, que aponta para a próxima instrução. Nesse caso, o deslocamento é tratado como um valor com sinal de um byte, palavra ou palavra dupla e esse valor incrementa ou decrementa o endereço dentro do contador de programa.

Modos de endereçamento do ARM

Em geral, uma máquina RISC, diferentemente de uma máquina CISC, usa um conjunto de modos de endereçamento relativamente simples e direto. A arquitetura ARM difere um tanto dessa tradição ao disponibilizar um conjunto de modos de endereçamento relativamente rico. A forma mais conveniente de classificar esses modos é de acordo com o tipo da instrução.[1]

---

1 De acordo com a nossa discussão sobre endereçamento do x86, ignoramos a tradução do endereço virtual para o físico durante a discussão a seguir.

ENDEREÇAMENTO DE LOAD/STORE Instruções para carregar e armazenar são as únicas instruções que referenciam à memória. Isso é feito sempre indiretamente através de um registrador base e um offset. Existem três alternativas no que diz respeito à indexação (Figura 13.3):

> **Offset:** para este modo de endereçamento, a **indexação** não é usada. Um valor de offset é adicionado ou subtraído do valor que está no registrador base para formar o endereço de memória. Como um exemplo, a Figura 13.3a ilustra esse método com a instrução da linguagem de montagem STRB r0, [r1, #12]. Esta é a instrução para armazenar byte.

Nesse caso, o endereço base está no registrador r1 e o deslocamento é o valor imediato 12 decimal. O endereço resultante (base mais offset) é o local onde o byte menos significativo de r0 será armazenado.

> **Pré-indexação:** o endereço de memória é formado da mesma maneira como no endereçamento de offset. O endereço de memória é também armazenado de volta no registrador base. Em outras palavras, o valor do registrador base é incrementado ou decrementado pelo valor do offset. A Figura 13.3b ilustra este método com a instrução da linguagem de montagem STRB r0, [r1, #12]!. O ponto de exclamação significa pré-indexação.

Figura 13.3

Métodos de indexação ARM.

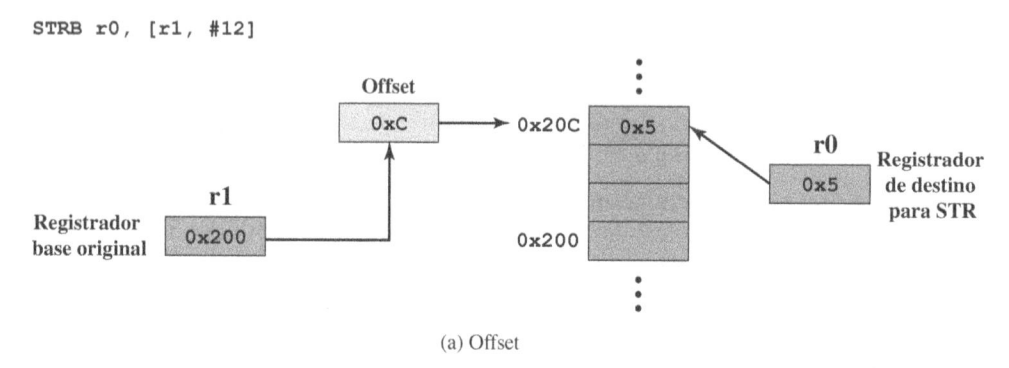

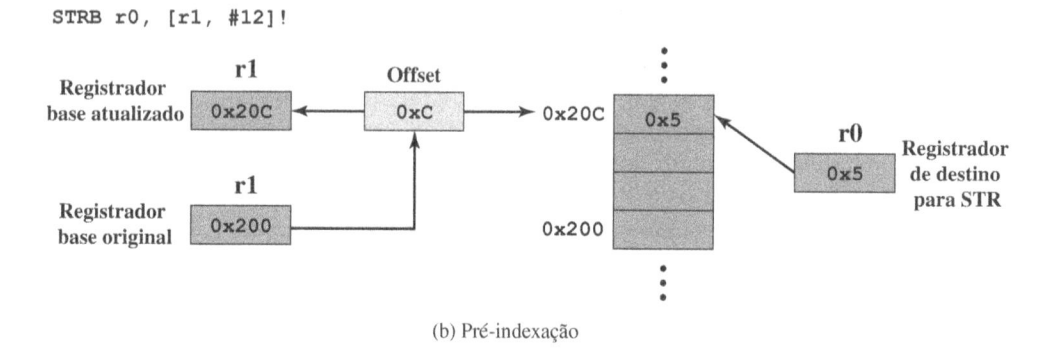

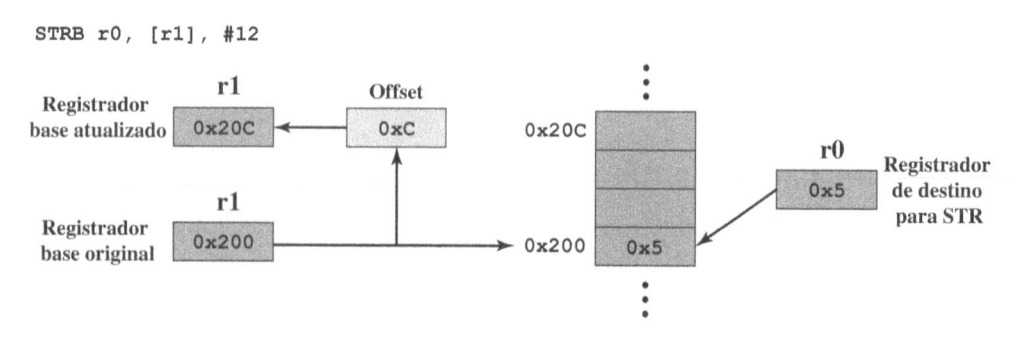

(a) Offset

(b) Pré-indexação

(c) Pós-indexação

▶ **Pós-indexação:** o endereço de memória é o valor do registrador base. Um offset é adicionado ou subtraído do valor do registrador base e o resultado é armazenado de volta no registrador base. A Figura 13.3c ilustra este método com a instrução da linguagem de montagem `STRB r0, [r1], #12`.

Observe que aquilo a que o ARM se refere como registrador base atua, na verdade, como um registrador indexador para endereçamento de pré-indexação e pós-indexação. O valor de offset pode ser ou um valor imediato armazenado na instrução ou pode estar em outro registrador. Se o valor do offset estiver em um registrador, outro recurso útil estará disponível: endereçamento de registrador escalado. O valor no registrador de offset é escalado por um dos operadores de deslocamento: operador de deslocamento lógico à esquerda, operador de deslocamento lógico à direita, operador de deslocamento aritmético à direita, operador de rotação à direita ou operador de rotação à direita estendida (o qual inclui bit de *carry* na rotação). A quantidade de deslocamento é especificada como um valor imediato na instrução.

ENDEREÇAMENTO DE INSTRUÇÕES DE PROCESSAMENTO DE DADOS As instruções de processamento de dados usam endereçamento por registradores ou uma mistura de endereçamento por registradores e endereçamento imediato. Para o endereçamento por registradores, o valor em um dos operandos do registrador pode ser escalado usando um dos cinco operadores de deslocamento definidos no parágrafo anterior.

INSTRUÇÕES DE DESVIOS A única forma de endereçamento para instruções de desvios é o endereçamento imediato. A instrução de desvio contém um valor de 24 bits. Para calcular o endereço, o valor é deslocado à esquerda por 2 bits para que o endereço esteja dentro do limite de uma palavra. Por isso, o intervalo de endereços efetivos é de ±32 MB a partir do contador de programa.

ENDEREÇAMENTO MÚLTIPLO DE LOAD/STORE Instruções de carga múltipla carregam dados da memória para um subconjunto (possivelmente todos) de registradores de uso geral. Instruções de armazenamento múltiplo armazenam dados de um subconjunto (possivelmente todos) de registradores de uso geral na memória. A lista de registradores para carregar ou armazenar é especificada dentro de um campo de 16 bits na instrução onde cada bit corresponde a um dos 16 registradores. Os modos de endereçamento múltiplo de load/store produzem um intervalo sequencial de endereços de memória. O registrador de número mais baixo é armazenado no endereço de memória mais baixo e o registrador de número mais alto no endereço de memória mais alto. Quatro modos de endereçamento são usados (Figura 13.4): incremento depois, incremento antes, decremento depois e decremento antes. Um registrador base especifica um endereço da memória principal onde os valores dos registradores são armazenados ou carregados em posições ascendentes (incremento) ou descendentes (decremento). O incremento ou decremento inicia ou antes ou depois do primeiro acesso à memória.

Essas instruções são úteis para bloqueios de leitura ou escrita, operações de pilha e sequências de saída dos procedimentos.

Figura 13.4

Endereçamento de carga/armazenamento múltiplo ARM.

```
LDMxx r10, {r0, r1, r4}
STMxx r10, {r0, r1, r4}
```

	r10	Incremento depois (IA)	Incremento antes (IB)	Decremento depois (DA)	Decremento antes (DB)	
Registrador base	0x20C					0x218
		(r4)	(r1)			0x214
		(r1)	(r0)			0x210
		(r0)		(r4)		0x20C
				(r1)	(r4)	0x208
				(r0)	(r1)	0x204
					(r0)	0x200

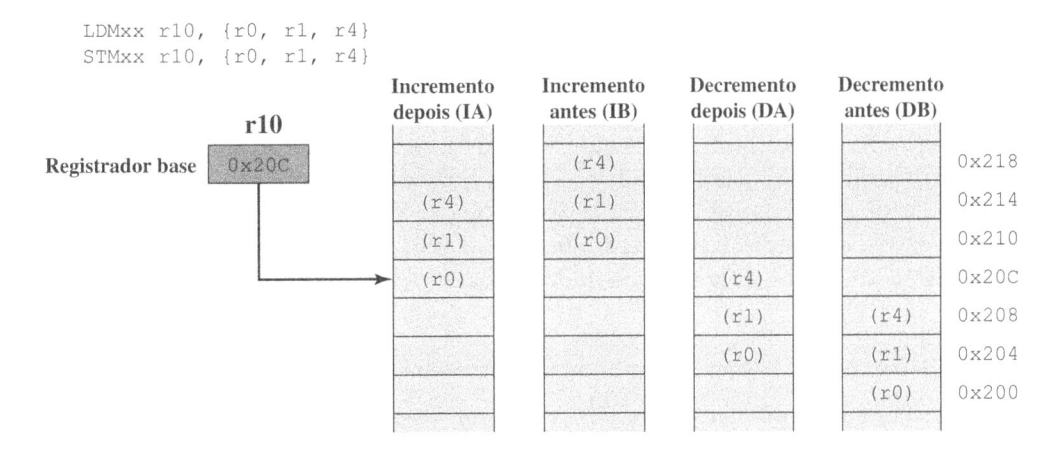

13.3 FORMATOS DE INSTRUÇÕES

O formato de instrução define o layout de bits de uma instrução, no que diz respeito aos campos que a constituem. Um formato de instrução tem que incluir um opcode e, implícita ou explicitamente, zero ou mais operandos. Cada operando explícito é referenciado usando um dos modos de endereçamento descritos na Seção 13.1. O formato deve, implícita ou explicitamente, indicar o modo de endereçamento para cada operando. Na maioria dos conjuntos de instruções, mais do que um formato de instrução é usado.

O projeto de um formato de instrução é uma arte complexa, e uma variedade impressionante de projetos tem sido implementada. Analisaremos os principais pontos de projeto, observando alguns rapidamente para ilustrar esses pontos, e depois analisaremos as soluções do x86 e do ARM em detalhes.

Tamanho da instrução

A questão mais básica enfrentada durante o projeto é o tamanho do formato da instrução. Esta decisão afeta, e é afetada, pelo tamanho da memória, organização da memória, estrutura do barramento, complexidade e velocidade do processador. Tal decisão determina a riqueza e a flexibilidade da máquina do ponto de vista do programador de linguagem de montagem.

A relação mais óbvia aqui está entre o desejo por um conjunto poderoso de instruções e a necessidade de economizar o espaço. Programadores querem mais opcodes, mais operandos, mais modos de endereçamento e maior intervalo de endereços. Mais opcodes e mais operandos tornam a vida do programador mais fácil, porque programas mais curtos podem ser escritos para executar uma determinada tarefa. Da mesma forma, mais modos de endereçamento dão maior flexibilidade ao programador para implementar certas funções, tais como manipulação de tabelas e múltiplos destinos de desvios. E, obviamente, com o aumento do tamanho da memória principal e com o uso crescente da memória virtual, os programadores querem poder endereçar intervalos de memória maiores. Todas essas coisas (opcodes, operandos, modos de endereçamento, intervalos de endereços) requerem bits e levam a tamanhos maiores das instruções. Mas tamanhos maiores das instruções podem ser um desperdício. Uma instrução de 64 bits ocupa o dobro de espaço de uma instrução de 32 bits, mas provavelmente não é duas vezes mais útil.

Por trás dessa relação básica, existem outras considerações. Ou o tamanho da instrução deveria ser igual ao tamanho da transferência de memória (em um sistema de barramento isso seria o tamanho do barramento de dados) ou um deveria ser múltiplo do outro. Caso contrário, não teremos um número inteiro de instruções durante um ciclo de busca. Uma consideração relacionada é a taxa de transferência da memória. Essa taxa não acompanhou o aumento na velocidade dos processadores. Assim, a memória pode se tornar um gargalo se o processador puder executar as instruções mais rapidamente do que as obtém. Uma solução para esse problema é usar memória cache (veja a Seção 4.3); outra é usar instruções mais curtas. Dessa maneira, uma instrução de 16 bits pode ser obtida em uma taxa duas vezes maior do que uma instrução de 32 bits, mas provavelmente será executada em uma velocidade menor do que o dobro da velocidade da instrução de 32 bits.

Um recurso aparentemente mais comum, mas não menos importante, é que a extensão da instrução deve ser um múltiplo do tamanho de um caractere, o que é normalmente de 8 bits, e do tamanho de números de ponto fixo. Para perceber isso, precisamos fazer o uso da definição infeliz da palavra *palavra* (FRAILEY, 1983). O tamanho de memória de uma palavra é, de uma certa forma, uma unidade "natural" de organização. O tamanho de uma palavra em geral determina o tamanho dos números de ponto fixo (muitas vezes os dois são iguais). O tamanho de uma palavra é também comumente igual ou pelo menos totalmente relacionado ao tamanho de transferência da memória. Como uma forma comum de dado é o caractere, gostaríamos que uma palavra armazenasse um número inteiro de caracteres. Caso contrário, haverá bits desperdiçados em cada palavra quando múltiplos caracteres forem armazenados ou um caractere terá de ultrapassar o limite de uma palavra. A importância deste ponto é tanta que a IBM, quando introduziu o System/360 e quis empregar caracteres de 8 bits, tomou a radical decisão de mudar da arquitetura de 36 bits das séries 700/7000 para uma arquitetura de 32 bits.

Alocação de bits

Analisamos alguns dos fatores que devem ser levados em consideração na hora de decidir o tamanho do formato da instrução. Uma questão igualmente difícil é como alocar os bits nesse formato. As relações aqui são complexas.

Para um determinado tamanho da instrução, existe uma relação clara entre o número de opcodes e a capacidade de endereçamento. Mais opcodes obviamente significam mais bits no campo de opcode. Para um formato de instrução de um determinado tamanho, isso reduz o número de bits disponíveis para endereçamento. Existe um refinamento interessante nessa relação: o uso de opcodes de tamanho variável. Nessa abordagem, existe um tamanho mínimo de opcode, mas, para alguns opcodes, operações adicionais podem ser especificadas com o uso de bits na instrução. Para uma instrução de tamanho fixo, isso deixa menos bits para endereçamento. Por isso este recurso é usado para aquelas instruções que requerem menos operandos e/ou endereçamento menos eficazes.

Os seguintes fatores relacionados são importantes para determinar o uso de bits de endereçamento.

- **Número de modos de endereçamento:** às vezes, um modo de endereçamento pode ser indicado implicitamente. Por exemplo, alguns opcodes podem sempre chamar a indexação. Em outros casos, os modos de endereçamento devem ser explícitos e um ou mais bits de modo serão necessários.
- **Número de operandos:** vimos que menos endereços podem produzir programas mais longos e deselegantes (Figura 12.3). Instruções comuns em máquinas atuais fornecem dois operandos. Cada endereço de operando na instrução pode requerer seu próprio indicador de modo ou o uso de um indicador de modo pode ser limitado a apenas um dos campos de endereço.
- **Registrador *versus* memória:** uma máquina deve ter registradores para que os dados possam ser trazidos para dentro do processador a fim de serem processados. Com apenas um único registrador visível ao usuário (em geral chamado de acumulador), o endereço de operando é implícito e não consome nenhum bit da instrução. Contudo, a programação com um único registrador é difícil e requer muitas instruções. Mesmo com vários registradores, apenas alguns poucos bits são necessários para especificar o registrador. Quanto mais esses registradores puderem ser usados para referenciar operandos, menos bits serão necessários. Uma série de estudos indica que um total de 8 a 32 registradores é desejável (LUNDE, 1977 e HUCK, 1983). A maioria das arquiteturas atuais possui pelo menos 32 registradores.
- **Número de conjuntos de registradores:** a maioria das máquinas atuais possui um conjunto de registradores de uso geral, normalmente com 32 ou mais registradores dentro do conjunto. Estes podem ser usados para armazenar dados e endereços para endereçamento por deslocamento. Algumas arquiteturas, incluindo a do x86, possuem dois ou mais conjuntos especializados (como dados e deslocamento). Uma vantagem desta última abordagem é que, para um número fixo de registradores, uma divisão funcional requer menos bits para serem usados na instrução. Por exemplo, com dois conjuntos de oito registradores, apenas 3 bits são necessários para identificar um registrador; o opcode ou registrador de modo irá determinar qual conjunto dos registradores está sendo referenciado.
- **Intervalo de endereços:** para endereços que referenciam a memória, o intervalo de endereços que pode ser referenciado está relacionado com o número de bits de endereço. Como isso impõe uma limitação séria, endereçamento direto é raramente usado. Com endereçamento por deslocamento, o intervalo está aberto até o tamanho do registrador de endereço. Mesmo assim, ainda é conveniente permitir deslocamentos grandes a partir do endereço no registrador, o que requer um número de bits de endereço relativamente grande dentro da instrução.
- **Granularidade do endereço:** para endereços que referenciam memória no lugar de registradores, outro fator é a granularidade do endereçamento. Em um sistema com palavras de 16 ou 32 bits, um endereço pode referenciar uma palavra ou um byte de acordo com a preferência do projeto. Endereçamento de bytes é conveniente para manipulação de caracteres, porém exige mais bits de endereço para um tamanho fixo de memória.

Dessa forma, o desenvolvedor tem de considerar e equilibrar diversos fatores. Não está claro o quão críticas são algumas dessas escolhas. Como exemplo, podemos citar um estudo de Cragon (1979) que comparou várias abordagens de formatos de instruções, inclusive o uso de pilha, registradores de uso geral, um acumulador e abordagens somente memória-para-registrador. Usando um conjunto consistente de hipóteses, nenhuma diferença significativa foi observada no espaço de código ou tempo de execução.

Vamos observar rapidamente como dois projetos históricos de máquinas equilibram esses vários fatores.

PDP-8 Um dos projetos de instrução mais simples para um computador de uso geral foi o do PDP-8 (BELL, 1978b). O PDP-8 usa instruções de 12 bits e trata palavras de 12 bits. Existe um único registrador de uso geral, o acumulador.

Apesar das limitações deste projeto, o endereçamento é bastante flexível. Cada referência de memória consiste em 7 bits mais dois modificadores de 1 bit. A memória é dividida em páginas de tamanho fixo de $2^7 = 128$ palavras cada. O cálculo de endereços é baseado em referências à página 0 ou página atual (página contendo esta instrução), conforme determinado pelo bit de página. O segundo bit modificador indica se endereçamento direto ou indireto está sendo usado. Estes dois modos podem ser usados em conjunto, então um endereço indireto é um endereço de 12 bits contido em uma palavra da página 0 ou na página atual. Além disso, 8 palavras dedicadas na página 0 são "registradores" autoindexados. Quando uma referência indireta é feita a uma dessas posições, ocorre a pré-indexação.

A Figura 13.5 mostra o formato e instrução do PDP-8. Existe um opcode de 3 bits e três tipos de instruções. Para opcodes de 0 a 5, o formato é uma instrução de referência à memória de endereço único incluindo um bit de página e um bit indireto. Dessa forma, existem apenas seis operações básicas. Para aumentar o grupo de operações, o opcode 7 define uma referência de registrador ou *microinstrução*. Nesse formato, os bits restantes são usados para codificar operações adicionais. Em geral, cada bit define uma operação específica (por exemplo, limpar o acumulador) e esses bits podem ser combinados em uma única instrução. A estratégia de microinstrução tem sido usada desde o antigo PDP-1 pela DEC, que é, de certa forma, o precursor das máquinas microprogramadas de hoje, o que será discutido na Parte IV. Opcode 6 é a operação de E/S; 6 bits são usados para selecionar um dos 64 dispositivos e 3 bits especificam um comando de E/S em particular.

O formato das instruções do PDP-8 é incrivelmente eficiente. Ele suporta endereçamento indireto, endereçamento por deslocamento e indexação. Com uso da extensão de opcode, ele suporta um total de aproximadamente 35 instruções. Dada a limitação do tamanho da instrução de 12 bits, os projetistas dificilmente poderiam ter feito algo melhor.

PDP-10 Um grande contraste ao conjunto de instruções PDP-8 é o PDP-10. Ele foi projetado para ser um sistema de tempo compartilhado em grande escala, com ênfase na facilidade de programação, mesmo que hardware adicional fosse envolvido.

Entre os princípios empregados ao se projetar o conjunto de instruções, estão os seguintes (BELL, 1978c):

▸ **Ortogonalidade:** ortogonalidade é o princípio em que duas variáveis são independentes uma da outra. No contexto de um conjunto de instruções, o termo significa que outros elementos de uma instrução são

Figura 13.5

Formatos das instruções do PDP-8.

Instruções de referência à memória

Opcode			D/I	Z/C	Deslocamento						
0		2	3	4	5						11

Instruções de Entrada/Saída

1	1	0	Dispositivo						Opcode		
0		2	3					8	9		11

Instruções de referência aos registradores

Microinstruções de Grupo 1

1	1	1	0	CLA	CLL	CMA	CML	RAR	RAL	BSW	IAC
0	1	2	3	4	5	6	7	8	9	10	11

Microinstruções de Grupo 2

1	1	1	0	CLA	SMA	SZA	SNL	RSS	OSR	HLT	0
0	1	2	3	4	5	6	7	8	9	10	11

Microinstruções de Grupo 3

1	1	1	0	CLA	MQA	0	MQL	0	0	0	1
0	1	2	3	4	5	6	7	8	9	10	11

D/I = endereço direto/indireto
Z/C = página 0 ou atual
CLA = limpar acumulador
CLL = limpar link
CMA = complementar acumulador
CML = complementar link
RAR = rotacionar acumulador para direita
RAL = rotacionar acumulador para esquerda
BSW = trocar byte
IAC = incrementar acumulador
SMA = pular quando acumulador é negativo
SZA = pular quando acumulador é zero
SNL = pular quando link não é zero
RSS = reverter sentido quando pular
OSR = OR com troca de registrador
HLT = parar
MQA = quociente do multiplicador no registrador
MQL = carregar quociente do multiplicador

independentes do (não determinados por) opcode. Os desenvolvedores de PDP-10 usam o termo para descrever o fato de que um endereço é calculado sempre do mesmo jeito, independentemente do opcode. Isso é diferente de muitas máquinas em que o modo de endereçamento às vezes depende implicitamente do operador que está sendo usado.
- **Integridade:** cada tipo aritmético de dados (inteiro, ponto fixo, ponto flutuante) deve ter um conjunto de operações completo e idêntico.
- **Endereçamento direto:** endereçamento básico com deslocamento, que deixa a organização da memória a cargo do programador, foi substituído pelo endereçamento direto.

Cada um desses princípios colabora em atingir o objetivo principal, que é a facilidade de programação.

O PDP-10 possui uma palavra de 36 bits e um tamanho de instrução de 36 bits. O formato fixo da instrução é mostrado na Figura 13.6. O opcode ocupa 9 bits, permitindo até 512 operações. Na verdade, um total de 365 instruções diferentes foi definido. A maioria das instruções possui dois endereços, um dos quais é um dos 16 registradores de uso geral. Dessa forma, a referência desse operando ocupa 4 bits. A referência do outro operando começa com um campo de endereço de memória de 18 bits. Ele pode ser usado como um operando imediato ou um endereço de memória. No último uso, são permitidos endereçamento indireto e indexação. Os mesmos registradores de uso geral são usados também como registradores indexadores.

Uma instrução com tamanho de 36 bits é um verdadeiro luxo. Não há necessidade de inventar coisas inteligentes para obter mais opcodes; um campo de opcode de 9 bits é mais do que suficiente. O endereçamento também é direto. Um campo de endereço de 18 bits torna o endereçamento direto desejável. Indireção é fornecida para tamanhos de memória maiores que 2^{18}. Para facilitar a programação, é fornecida a indexação para manipular tabelas e para programas iterativos. Além disso, com um campo de operando de 18 bits, o endereçamento imediato se torna atraente.

O projeto do conjunto de instruções do PDP-10 atinge os objetivos mencionados anteriormente (LUNDE, 1977). Ele facilita a tarefa do programador ou do compilador com o custo de utilização de espaço ineficiente. Essa foi uma escolha consciente tomada por projetistas e, portanto, não pode ser considerada uma falha no projeto.

Instruções de tamanho variável

Os exemplos que vimos até agora usam um tamanho fixo único de instruções e discutimos as relações implicitamente nesse contexto. Mas, em vez disso, os projetistas poderiam ter escolhido oferecer uma variedade de formatos de instruções de tamanhos diferentes. Esta tática torna fácil fornecer um grande repertório de opcodes com tamanhos diferentes. O endereçamento pode ser mais flexível com várias combinações de referências aos registradores e à memória e com modos de endereçamento. Com instruções de tamanho variável, essas variações podem ser fornecidas de uma forma eficiente e compacta.

O principal preço a ser pago pelas instruções de tamanho variável é o aumento na complexidade do processador. A queda nos preços de hardware, o uso de microprogramação (discutida na Parte IV) e um aumento geral no entendimento dos princípios de projeto dos processadores contribuíram para que esse preço se tornasse pequeno. No entanto, veremos que as máquinas RISC e as superescaláveis podem explorar o uso de instruções de tamanho fixo para melhorar desempenho.

O uso de instruções de tamanho variável não acaba com a necessidade de relacionar integralmente todas as extensões das instruções com o tamanho da palavra. Como o processador não conhece o tamanho da próxima instrução a ser obtida, uma estratégia comum é buscar o número de bytes ou palavras pelo menos igual ao tamanho da maior instrução possível. Isso significa que, às vezes, várias instruções são lidas. Contudo, como veremos no Capítulo 14, esta é uma boa estratégia a ser seguida em todos os casos.

Figura 13.6

Formato da instrução do PDP-10.

Opcode	Registrador	I	Registrador indexador	Endereço da memória
0 8	9 12	14	17	18 35

I = bit indireto

PDP-11 O PDP-11 foi projetado para oferecer um conjunto de instruções eficaz e flexível dentro das limitações de um minicomputador de 16 bits (BELL; CADY; McFARLAND, 1970).

O PDP-11 utiliza um conjunto de oito registradores de uso geral de 16 bits. Dois desses registradores têm uma importância adicional: um é usado como ponteiro de pilha para operações especiais de pilha e outro é usado como contador de programa, que contém o endereço da próxima instrução.

A Figura 13.7 mostra os formatos das instruções do PDP-11. Treze formatos diferentes são usados, incluindo tipos de instrução de zero, um e dois endereços. O opcode pode variar de tamanho de 4 a 16 bits. As referências aos registradores têm o tamanho de 6 bits. Três bits identificam o registrador e 3 bits restantes identificam o modo de endereçamento. O PDP-11 possui um conjunto rico de modos de endereçamento. Uma vantagem de ligar o modo de endereçamento ao operando em vez do opcode, como é feito às vezes, é que qualquer modo de endereçamento pode ser usado com qualquer opcode. Conforme mencionamos, essa independência é conhecida como *ortogonalidade*.

As instruções PDP-11 em geral têm o tamanho de uma palavra (16 bits). Para algumas instruções, um ou dois endereços de memória são adicionados para que instruções de 32 e 42 bits estejam disponíveis. Isso possibilita maior flexibilidade no endereçamento.

O conjunto de instruções e a capacidade de endereçamento do PDP-11 são complexos. Isso aumenta o custo de hardware e a complexidade de programação. A vantagem é que programas mais eficientes e compactos podem ser desenvolvidos.

Figura 13.7

Formatos das instruções do PDP-11.

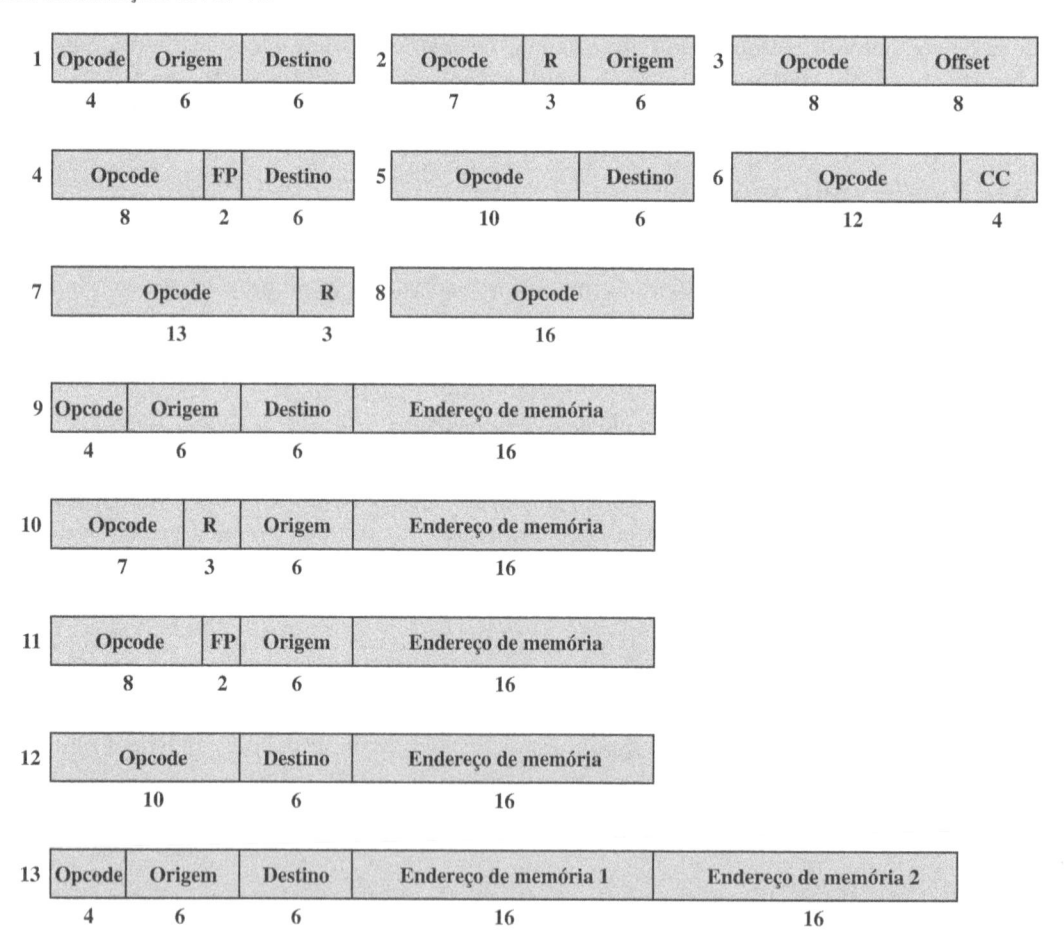

Os números abaixo dos campos indicam o tamanho em bits.
Origem e Destino contêm (cada um) um campo de modo de endereçamento de 3 bits e o número de registrador de 3 bits.
FP indica um dos quatro registradores de ponto flutuante.
R indica um dos registradores de uso geral.
CC é campo de código condicional.

VAX A maioria das arquiteturas fornece um número relativamente pequeno de formatos fixos de instruções. Isso pode causar dois problemas para os programadores. Primeiro, o modo de endereçamento e o opcode não são ortogonais. Por exemplo, para uma certa operação, um operando deve vir a partir de um registrador e outro da memória, ou ambos dos registradores, e assim por diante. Segundo, apenas um número limitado de operandos pode ser acomodado: em geral de dois a três. Como algumas operações inerentemente requerem mais operandos, diversas estratégias devem ser empregadas para alcançar o resultado desejado usando duas ou mais instruções.

Para evitar esses problemas, dois critérios foram usados ao projetar o formato de instrução do VAX (STRECKER, 1978):

1. Todas as instruções devem ter um número "natural" de operandos.
2. Todos os operandos devem ter a mesma generalidade na especificação.

O resultado é um formato de instrução altamente variável. Uma instrução consiste em um opcode de 1 ou 2 bytes seguido de especificadores de operando de 0 a 6, dependendo do opcode. O tamanho mínimo da instrução é 1 byte e instruções até 37 bytes podem ser construídas. A Figura 13.8 mostra alguns exemplos.

A instrução do VAX começa com um opcode de 1 byte. Isso é suficiente para lidar com a maioria das instruções do VAX. Contudo, como existem mais de 300 instruções diferentes, 8 bits não são suficientes. Os códigos hexadecimais FD e FF indicam um opcode estendido, com o opcode atual sendo especificado no segundo byte.

O restante da instrução consiste em até seis especificadores de operandos. Um especificador de operando está, no mínimo, em um formato de 1 byte em que os quatro bits da esquerda representam o modo de endereçamento. A única exceção a esta regra é o modo literal, que é sinalizado com 00 nos dois bits mais à esquerda, deixando um espaço para um literal de 6 bits. Por causa dessa exceção, um total de 12 modos de endereçamento diferentes pode ser especificado.

Figura 13.8

Exemplos de instruções do VAX.

Formato hexadecimal	Explicação	Notação do montador e descrição
0 5 (8 bits)	Opcode para RSB	RSB Retorno da sub-rotina
D 4 5 9	Opcode para CLRL Registrador R9	CLRL R9 Limpar registrador R9
B 0 C 4 6 4 0 1 A B 1 9	Opcode para MOVW Modo de deslocamento da palavra, Registrador R4 356 em hexadecimal Modo de deslocamento de byte Registrador R11 25 em hexadecimal	MOVW 356(R4), 25(R11) Move uma palavra de um endereço que é 356, mais conteúdo de R4, para endereço que é 25, mais conteúdo de R11
C 1 0 5 5 0 4 2 D F 	Opcode para ADDL3 Número 5 literal Registrador de modo R0 Índice pré-fixado R2 Palavra relativa indireta (deslocamento de PC) Quantidade de deslocamento do PC relativa ao local A	ADDL3 #5, R0, @A[R2] Adiciona 5 a um inteiro de 32 bits em R0 e armazena o resultado no local cujo endereço é soma de A e quatro vezes o conteúdo de R2.

Um especificador de operando frequentemente consiste em apenas um byte, em que os 4 bits mais à direita especificam um dos 16 registradores de uso geral. O tamanho do especificador de operando pode ser estendido de duas formas. Primeira: um valor constante de um ou mais bytes pode seguir imediatamente o primeiro byte do especificador de operando. Um exemplo disso é o modo por deslocamento, em que um deslocamento de 8, 16 ou 32 bits é usado. Segunda: um modo indexado de endereçamento pode ser usado. Nesse caso, o primeiro byte do especificador de operando consiste em um código de modo de endereçamento de 4 bits 0100 e de um identificador de um registrador índice de 4 bits. O restante do especificador de operando consiste no especificador básico de endereço, o qual, por sua vez, pode ter um tamanho de um ou mais bytes.

O leitor pode estar se perguntando, assim como fez o autor, que tipo de instrução requer seis operandos? Surpreendentemente, VAX possui uma série dessas instruções. Considere

$$\text{ADDP6 OP1, OP2, OP3, OP4, OP5, OP6}$$

Essa instrução soma dois números decimais agrupados. OP1 e OP2 especificam o tamanho e o endereço inicial de uma cadeia de números decimais; OP3 e OP4 especificam uma segunda *string*. Essas duas *strings* são somadas e o resultado é armazenado na cadeia de números decimais cujo tamanho e posição inicial são especificados por OP5 e OP6.

O conjunto de instruções VAX fornece uma grande variedade de operações e modos de endereçamento. Isso dá ao programador — um desenvolvedor de compiladores, por exemplo — uma ferramenta para desenvolvimento de programas muito poderosa e flexível. Na teoria, isso deveria levar a compilações eficientes de programas escritos em linguagem de alto nível, para a linguagem de máquina e, em geral, ao uso efetivo e eficiente de recursos do processador. O preço a ser pago por esses benefícios é o aumento da complexidade do processador se comparado a um processador com um conjunto de instruções e formatos mais simples.

Retornaremos a este assunto no Capítulo 15, em que examinaremos uma situação para conjuntos de instruções muito simples.

13.4 FORMATOS DE INSTRUÇÕES DO x86 E DO ARM

Formatos de instruções do x86

O x86 é equipado com uma variedade de conjuntos de instruções. Dos elementos descritos nesta seção, apenas o campo opcode está sempre presente. A Figura 13.9 ilustra o formato de instrução geral. As instruções são

Figura 13.9

Formato da instrução do x86.

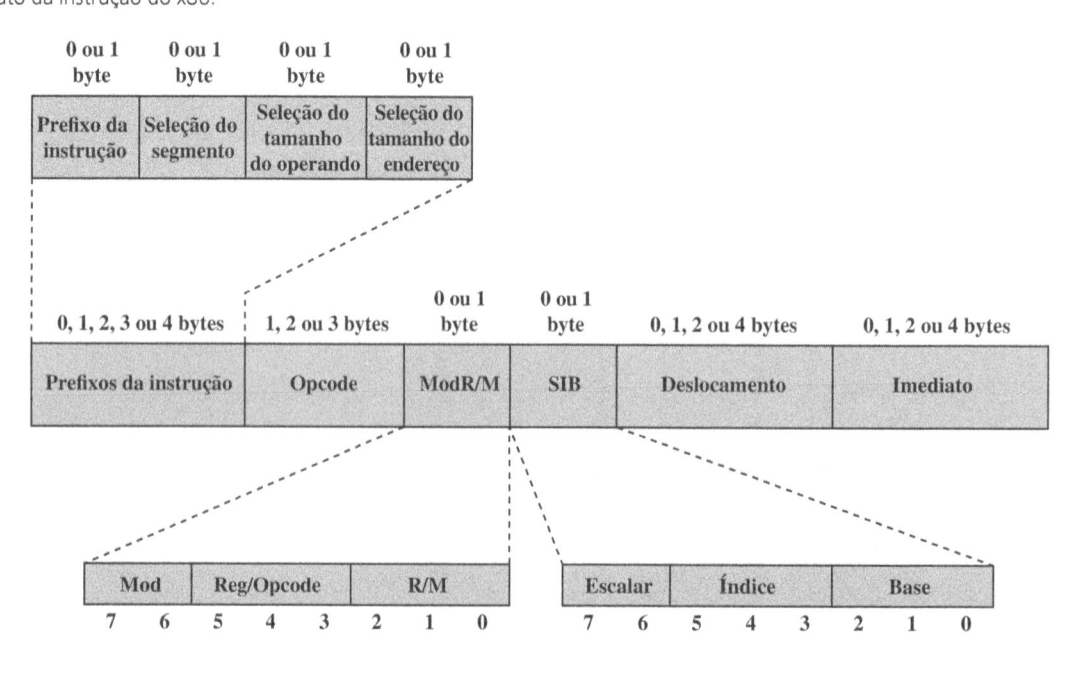

feitas de 0 a 4 prefixos opcionais, um opcode de 1 ou 2 bytes, um especificador de endereço opcional (que consiste em byte ModR/M e byte de Índice Escalar Base), um deslocamento opcional e um campo imediato opcional.

Vamos primeiro considerar os bytes de prefixo:

- **Prefixos da instrução:** o prefixo da instrução, se estiver presente, consiste no prefixo LOCK ou em um dos prefixos de repetição. O prefixo LOCK é usado para garantir o uso exclusivo da memória compartilhada em ambientes multiprocessados. Os prefixos de repetição especificam operações repetidas de uma *string*, o que possibilita que o x86 processe *strings* muito mais rapidamente do que com loops normais de software. Existem cinco prefixos de repetição diferentes: REP, REPE, REPZ, REPNE e REPNZ. Quando o prefixo absoluto REP está presente, a operação especificada na instrução é executada repetidamente em elementos sucessivos da *string*; o número de repetições é especificado no registrador CX. O prefixo REP condicional faz com que a operação seja repetida até que o contador em CX chegue a zero ou até que a condição seja satisfeita.
- **Seleção do segmento:** determina explicitamente qual registrador de segmento que uma instrução deve usar, alterando o registrador do segmento padrão gerado pelo x86 para essa instrução.
- **Tamanho do operando:** uma instrução possui um tamanho padrão de operando de 16 ou 32 bits e o prefixo do operando alterna entre operandos de 32 e 16 bits.
- **Tamanho do endereço:** o processador pode endereçar a memória usando endereços de 16 ou 32 bits. O tamanho do endereço determina o tamanho do deslocamento usado nas instruções e o tamanho dos offsets de endereço gerados durante o cálculo do endereço efetivo. Um desses tamanhos é definido como padrão e o tamanho do prefixo do endereço alterna entre a geração de endereços de 16 e 32 bits.

A instrução em si inclui os seguintes campos:

- **Opcode:** o campo opcode tem o tamanho de 1, 2 ou 3 bytes. O opcode pode também incluir bits que especificam se a informação é byte ou tamanho cheio (16 ou 32 bits dependendo do contexto), direção da operação dos dados (para ou de memória) e se um campo de dados imediato deve ser estendido por um sinal.
- **ModR/M:** este byte, e o próximo, fornece o endereçamento da informação. O byte ModR/M especifica se um operando está em um registrador ou na memória; se estiver na memória, então os campos dentro do byte especificam o modo de endereçamento a ser usado. O byte ModR/M consiste em três campos: campo Mod (2 bits) é combinado com o campo R/M para formar 32 valores possíveis: 8 registradores e 24 modos de indexação; o campo Reg/Opcode (3 bits) especifica ou um número de registrador ou mais três bits da informação do opcode; o campo R/M (3 bits) pode especificar um registrador como sendo o local de um operando ou pode fazer parte do código do modo de endereçamento em combinação com o campo Mod.
- **SIB:** a codificação do byte ModR/M especifica a inclusão do byte SIB para determinar totalmente o modo de endereçamento. O byte SIB consiste em três campos: campo Escalar (2 bits) define o fator de escala para indexação escalar; o campo Índice (3 bits) determina o registrador indexador; campo Base (3 bits) especifica o registrador base.
- **Deslocamento:** quando o especificador do modo de endereçamento indica que o deslocamento é usado, um campo de valor inteiro com sinal para deslocamento de 8, 16 ou 32 bits é adicionado.
- **Imediato:** fornece o valor de um operando de 8, 16 ou 32 bits.

Diversas comparações podem ser úteis aqui. No formato x86, o modo de endereçamento é fornecido como parte da sequência de opcode em vez de com cada operando. Como apenas um operando pode ter a informação sobre o modo de endereçamento, apenas um operando de memória pode ser referenciado em uma instrução. Ao contrário disso, o VAX carrega a informação sobre o modo de endereçamento com cada operando, possibilitando operações do tipo memória-para-memória. Por isso, as instruções do x86 são mais compactas. No entanto, se uma operação memória-para-memória é necessária, o VAX pode executá-la em uma única instrução.

O formato x86 permite o uso de offset para indexação de não apenas 1 byte, mas também de 2 e 4. Embora o uso de offsets maiores para indexação resulte em instruções maiores, esse recurso permite a flexibilidade necessária. Por exemplo, é útil ao endereçar grandes arrays ou grandes *frames* de pilha. Ao contrário disso, o formato de instruções do IBM S/370 não permite offsets maiores que 4 kB (12 bits da informação de offset) e o offset deve ser positivo. Quando um local não está ao alcance desse offset, o compilador precisa de código extra para gerar o endereço necessário. Esse problema aparece sobretudo quando se lida com *frames* de pilha que possuem variáveis locais ocupando um espaço maior que 4 kB. Segundo Dewar e Smosna (1990), "gerar código para S/370 é tão doloroso por causa dessa restrição que houve até compiladores para S/370 que simplesmente optavam por limitar o tamanho do *frame* de pilha a 4 kB".

Como podemos ver, a codificação do conjunto de instruções do x86 é muito complexa. Isso tem a ver parcialmente com a necessidade de manter compatibilidade com as máquinas 8086 e parcialmente com o desejo de uma parte dos desenvolvedores de fornecer toda a assistência possível ao projetista de compiladores para produzir um código eficiente. É uma questão a ser discutida se um conjunto de instruções complexo como este é preferível ao extremo oposto, que é o conjunto de instruções RISC.

Formatos de instruções do ARM

Todas as instruções na arquitetura ARM têm o tamanho de 32 bits e seguem um formato regular (Figura 13.10). Os quatro primeiros bits da instrução são códigos condicionais. Conforme discutido no Capítulo 12, na teoria todas as instruções do ARM podem ser executadas condicionalmente. Os três próximos bits definem o tipo geral da instrução. Para a maioria das instruções, exceto as do tipo desvio, os próximos cinco bits constituem um opcode e/ou bits modificadores para a operação. Os 20 bits restantes são para endereçamento de operando. A estrutura regular dos formatos das instruções facilita o trabalho das unidades de decodificação de instruções.

CONSTANTES IMEDIATAS Para atingir um intervalo maior de valores imediatos, o formato imediato de processamento dos dados especifica o valor imediato e o valor rotacional. O valor imediato de 8 bits é estendido para 32 bits e depois rotacionado para direita por um número de bits igual a duas vezes o valor de rotação de 4 bits. Diversos exemplos são mostrados na Figura 13.11.

CONJUNTO DE INSTRUÇÕES THUMB O conjunto de instruções Thumb é um subconjunto recodificado do conjunto de instruções do ARM. O Thumb foi projetado para aumentar o desempenho das implementações ARM que usam um barramento de dados de memória de 16 bits ou limitado e para permitir uma melhor densidade de código do que a fornecida pelo conjunto de instruções ARM, tanto para processadores de 16 como 32 bits. O conjunto de instruções Thumb foi criado para analisar o conjunto de instruções ARM e derivar o melhor conjunto de instruções de 16 bits, reduzindo assim o tamanho do código. A economia é obtida da seguinte maneira:

Figura 13.10

Formatos das instruções do ARM.

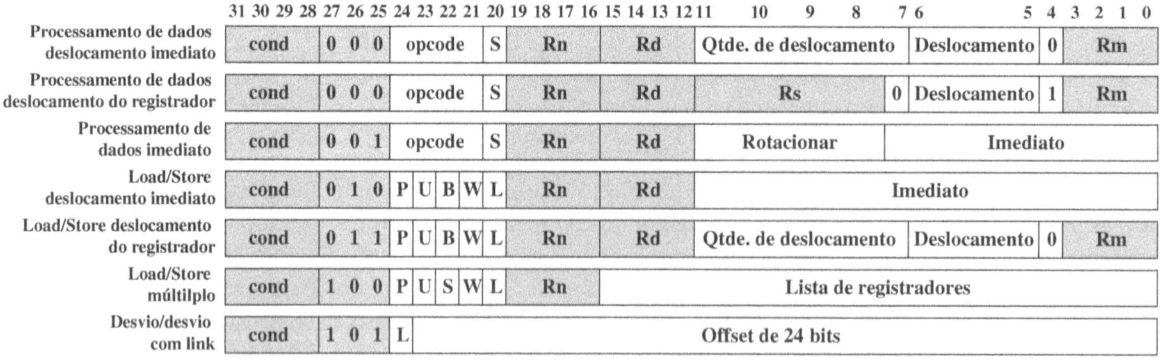

	31 30 29 28	27 26 25	24 23 22 21	20	19 18 17 16	15 14 13 12	11 10 9 8	7 6	5 4 3 2 1 0
Processamento de dados deslocamento imediato	cond	0 0 0	opcode	S	Rn	Rd	Qtde. de deslocamento	Deslocamento 0	Rm
Processamento de dados deslocamento do registrador	cond	0 0 0	opcode	S	Rn	Rd	Rs	0 Deslocamento 1	Rm
Processamento de dados imediato	cond	0 0 1	opcode	S	Rn	Rd	Rotacionar	Imediato	
Load/Store deslocamento imediato	cond	0 1 0	P U B W	L	Rn	Rd	Imediato		
Load/Store deslocamento do registrador	cond	0 1 1	P U B W	L	Rn	Rd	Qtde. de deslocamento	Deslocamento 0	Rm
Load/Store múltiplo	cond	1 0 0	P U S W	L	Rn	Lista de registradores			
Desvio/desvio com link	cond	1 0 1	L		Offset de 24 bits				

S = Para instruções de processamento de dados, significa que a instrução atualiza os códigos de condição.

S = Para instruções de múltiplo load/store, significa se a instrução em execução é restrita ao modo supervisor.

P, U, W = bits que distinguem os diferentes tipos de modos de endereçamentos.

B = Distingue entre um acesso a um byte (B==1) e uma palavra (B==0) sem sinal.

L = Para instruções load/store, distingue entre um carregamento (L==1) e um armazenamento (L==0).

L = Para instruções de desvios, determina se um endereço de retorno está armazenado no registrador de ligação (*link register*).

Figura 13.11

Exemplos de uso de constantes imediatas ARM.

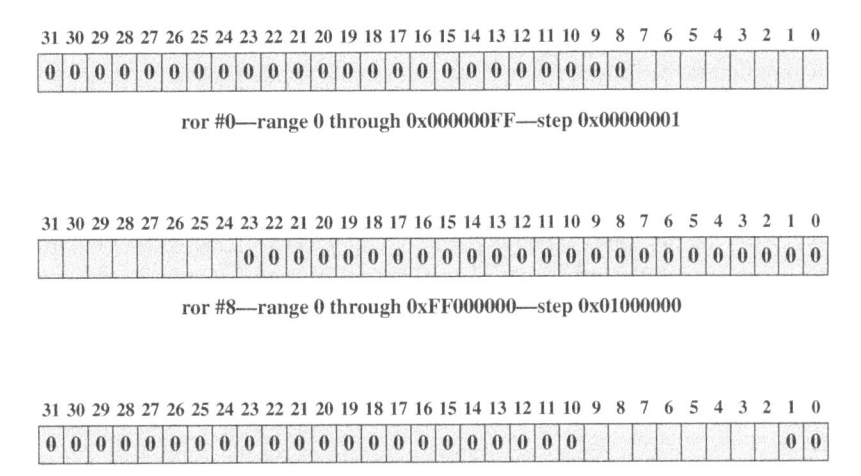

ror #0—range 0 through 0x000000FF—step 0x00000001

ror #8—range 0 through 0xFF000000—step 0x01000000

ror #30—range 0 through 0x000003FC—step 0x00000004

1. As instruções Thumb não são condicionais, então o campo de código da condição não é usado. Além disso, todas as instruções Thumb aritméticas e lógicas atualizam os flags de condição, então o bit para o flag de atualização não é necessário. Economia: 5 bits.
2. O Thumb possui apenas um subconjunto de operações do conjunto de instruções completo e usa apenas um campo de opcode de 2 bits mais um campo de tipo de 3 bits. Economia: 2 bits.
3. A economia restante de 9 bits vem da redução na especificação do operando. Por exemplo, as instruções Thumb referenciam apenas os registradores de r0 até r7, então apenas 3 bits são necessários para referências aos registradores, em vez de 4 bits. Os valores imediatos não incluem um campo rotacional de 4 bits.

O processador ARM pode executar um programa consistindo em uma mistura de instruções Thumb e instruções do ARM de 32 bits. Um bit no registrador de controle do processador determina qual tipo de instrução está sendo executada no momento. A Figura 13.12 mostra um exemplo. A figura mostra tanto o formato geral como uma instância específica de uma instrução em ambos os formatos, 16 e 32 bits.

CONJUNTO DE INSTRUÇÕES THUMB-2 Com a introdução do conjunto de instruções Thumb, foi necessário que o usuário combinasse os conjuntos de instruções ao compilar um código de desempenho crítico para o

Figura 13.12

Expansão de uma instrução Thumb ADD em seu ARM equivalente.

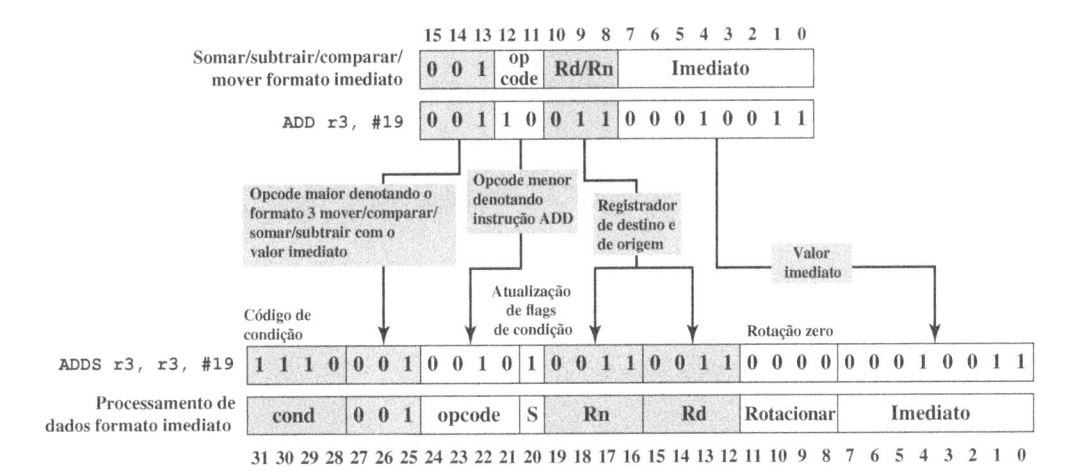

ARM e o restante do Thumb. Essa combinação manual do código requer esforço adicional e é difícil atingir resultados ideais. Para superar os problemas, o ARM desenvolveu o conjunto de instruções Thumb-2, que é o único conjunto de instruções disponível nos produtos microcontroladores Cortex-M.

O Thumb-2 é a principal melhoria na arquitetura do conjunto de instruções (ISA) do Thumb. Ele introduz instruções de 32 bits que podem ser intermixadas livremente com as instruções de 16 bits antigas. Essas novas instruções de 32 bits cobrem quase toda a funcionalidade do conjunto de instruções ARM. A diferença mais importante entre Thumb ISA e ARM ISA é que a maioria das instruções Thumb de 32 bits é incondicional, ao passo que quase todas as instruções ARM podem ser condicionais. Contudo, o Thumb-2 introduz uma nova instrução If-Then (IT) que fornece boa parte da funcionalidade do campo de condição nas instruções ARM. O Thumb-2 possibilita a densidade total de código comparável ao Thumb, em conjunto com níveis de desempenho associados ao ARM ISA. Antes do Thumb 2, os desenvolvedores tinham escolhido entre o Thumb por tamanho e o ARM por desempenho.

Robin (2007) reporta uma análise do conjunto de instruções Thumb-2 em comparação com o ARM e com o conjunto de instruções Thumb original. A análise envolveu compilar e executar o conjunto de benchmark Embedded Microprocessor Benchmark Consortium (EEMBC), usando os três conjuntos de instruções, com os seguintes resultados:

- Com os compiladores otimizados para desempenho, o tamanho do Thumb-2 foi 26% menor que o ARM, e ligeiramente maior que o Thumb original.
- Com os compiladores otimizados para espaço, o tamanho do Thumb-2 foi 32% menor que o ARM, e ligeiramente menor que o Thumb original.
- Com os compiladores otimizados para desempenho, o desempenho do Thumb-2 no conjunto de benchmark foi 98% do desempenho do ARM e 125% do desempenho do Thumb original.

Esses resultados confirmam que o Thumb-2 atende seus objetivos de projeto.

A Figura 13.13 mostra como as novas instruções Thumb de 32 bits são decodificadas. A decodificação é compatível com o desvio incondicional Thumb existente, que tem o padrão de bit 11100 nos cinco bits mais à esquerda da instrução. Nenhuma outra instrução de 16 bits começa com o padrão 111 nos três bits mais à esquerda, então os padrões de bit 11101, 11110 e 11111 indicam que essa é uma instrução Thumb de 32 bits.

Figura 13.13
Codificação Thumb-2.

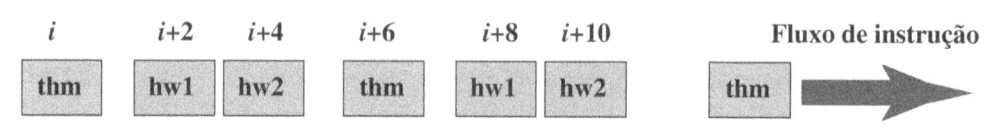

Meia-palavra1 [15:13]	Meia-palavra1 [12:11]	Tamanho	Funcionalidade
Não 111	xx	16 bits (1 meia-palavra)	Instrução Thumb de 16-bit
111	00	16 bits (1 meia-palavra)	Instrução de desvio incondicional
111	Não 00	32 bits (2 meias-palavras)	Instruções Thumb-2 de 32 bits

13.5 LINGUAGEM DE MONTAGEM

Um processador pode entender e executar instruções de máquina. Essas instruções são simples números binários armazenados no computador. Se o programador quisesse programar diretamente na linguagem de máquina, então seria necessário entrar com o programa como dados binários.

Considere a simples instrução BASIC:

$$N = I + J + K$$

Suponha que queiramos programar esta instrução na linguagem de máquina e inicializar I, J e K com 2, 3 e 4, respectivamente. Isso é mostrado na Figura 13.14a. O programa inicia na localização 101 (hexadecimal). A memória é reservada para as quatro variáveis iniciando na localização 201. O programa consiste em quatro instruções:

1. Carrega o conteúdo do local 201 em AC.
2. Adiciona o conteúdo do local 202 a AC.
3. Adiciona o conteúdo do local 203 a AC.
4. Armazena o conteúdo de AC no local 204.

Este é claramente um processo tedioso e propenso a erros.

Uma pequena melhoria seria escrever o programa em hexadecimal no lugar de binário (Figura 13.14b). Podemos escrever o programa como uma série de linhas. Cada linha contém o endereço de um local de memória e o código hexadecimal do valor binário para ser armazenado nesse local. Depois precisamos de um programa que irá aceitar essa entrada, traduzir cada linha em um número binário e armazená-lo em um local específico.

Para melhorar mais, podemos usar o nome simbólico ou o mnemônico de cada instrução. Isso resulta em um *programa simbólico* mostrado na Figura 13.14c. Cada linha de entrada ainda representa um local de memória. Cada linha consiste em três campos, separados por espaços. O primeiro campo contém o endereço de um local. Para uma instrução, o segundo campo contém um símbolo de três letras para opcode. Quando se trata de uma instrução que referencia à memória, então o terceiro campo contém o endereço. Para armazenar dados arbitrários em um local, inventamos uma *pseudoinstrução* com o símbolo DAT. Isso é apenas uma indicação de que o terceiro campo da linha contém um número hexadecimal para ser armazenado no local especificado no primeiro campo.

Para esse tipo de entrada precisamos de um programa um pouco mais complexo. O programa aceita cada linha de entrada, gera um número binário com base no segundo e terceiro (se estiver presente) campos e o armazena no local definido no primeiro campo.

A utilização de um programa simbólico torna a vida muito mais fácil, mas ainda é complicada. Em particular, devemos dar um endereço absoluto para cada palavra. Isso significa que o programa e os dados podem ser carregados em apenas um local da memória e nós devemos saber esse local antecipadamente. Pior ainda, suponha que queiramos mudar o programa um dia adicionando ou excluindo uma linha. Isso irá alterar os endereços de todas as palavras subsequentes.

Figura 13.14

Cálculo da fórmula N = I + J + K.

Endereço	Conteúdo	
101	0010 0010	101 2201
102	0001 0010	102 1202
103	0001 0010	103 1203
104	0011 0010	104 3204
201	0000 0000	201 0002
202	0000 0000	202 0003
203	0000 0000	203 0004
204	0000 0000	204 0000

(a) Programa binário

Endereço	Conteúdo
101	2201
102	1202
103	1203
104	3204
201	0002
202	0003
203	0004
204	0000

(b) Programa hexadecimal

Endereço	Instrução	
101	LDA	201
102	ADD	202
103	ADD	203
104	STA	204
201	DAT	2
202	DAT	3
203	DAT	4
204	DAT	0

(c) Programa simbólico

Rótulo	Operação	Operando
FORMUL	LDA	I
	ADD	J
	ADD	K
	STA	N
I	DATA	2
J	DATA	3
K	DATA	4
N	DATA	0

(d) Programa em linguagem de montagem (*assembly*)

Um sistema bem melhor, e normalmente utilizado, é usar endereços simbólicos. Isso é ilustrado na Figura 13.14d. Cada linha ainda consiste em três campos. O primeiro campo ainda é para endereço, porém um símbolo é usado no lugar de um endereço numérico absoluto. Algumas linhas não possuem endereço, o que implica que o endereço dessa linha é um a mais do que o endereço da linha anterior. Para instruções que referenciam memória, o terceiro campo também contém um endereço simbólico.

Programas escritos em linguagem de montagem (programas *assembly*) são traduzidos para linguagem de máquina por um montador (*assembler*). Esse programa deve não apenas fazer a tradução simbólica discutida anteriormente, mas também atribuir endereços de memória para endereços simbólicos.

O desenvolvimento da linguagem de montagem foi um grande marco na evolução da tecnologia de computadores. Foi o primeiro passo para linguagens de alto nível usadas atualmente. Embora poucos programadores usem linguagem de montagem, teoricamente todas as máquinas fornecem uma. Elas são usadas, quando usadas, para programas de sistema como compiladores e rotinas de E/S.

O Apêndice B fornece uma explicação mais detalhada sobre a linguagem de montagem.

13.6 TERMOS-CHAVE, QUESTÕES DE REVISÃO E PROBLEMAS

Autoindexação, 394	Endereçamento por deslocamento, 393	Indexação, 394
Endereçamento de pilha, 395	Endereçamento por registrador base, 394	Palavra, 390
Endereçamento direto, 392	Endereçamento por registradores, 392	Pós-indexação, 394
Endereçamento imediato, 390	Endereçamento relativo, 394	Pré-indexação, 395
Endereçamento indireto, 392	Endereço efetivo, 390	
Endereçamento indireto por registradores, 393	Formato de instruções, 400	

QUESTÕES DE REVISÃO

13.1. Defina resumidamente endereçamento imediato.
13.2. Defina resumidamente endereçamento direto.
13.3. Defina resumidamente endereçamento indireto.
13.4. Defina resumidamente endereçamento por registradores.
13.5. Defina resumidamente endereçamento indireto por registradores.
13.6. Defina resumidamente endereçamento por deslocamento.
13.7. Defina resumidamente endereçamento relativo.
13.8. Qual é a vantagem da autoindexação?
13.9. Qual é a diferença entre pós-indexação e pré-indexação?
13.10. Quais fatores devem ser levados em conta para determinar o uso de bits de endereçamento de uma instrução?
13.11. Quais são as vantagens e as desvantagens de usar o formato da instrução de tamanho variável?

PROBLEMAS

13.1. Dados os seguintes valores de memória e uma máquina de um endereço com um acumulador, quais valores as instruções a seguir carregam no acumulador?
- Palavra 20 contém 40.
- Palavra 30 contém 50.
- Palavra 40 contém 60.
- Palavra 50 contém 70.

a. CARREGAR IMEDIATO 20.
b. CARREGAR DIRETO 20.
c. CARREGAR INDIRETO 20.
d. CARREGAR IMEDIATO 30.
e. CARREGAR DIRETO 30.
f. CARREGAR INDIRETO 30.

13.2. O endereço armazenado no contador de programa é representado pelo símbolo X1. A instrução armazenada em X1 tem uma parte de endereço (referência de operando) X2. O operando necessário para executar a instrução é armazenado na palavra de memória com endereço X3. Um registrador indexador contém o valor X4. Qual é a relação entre essas diversas grandezas se o modo de endereçamento for: (a) direto; (b) indireto; (c) relativo ao PC; (d) indexado?

13.3. Um campo de endereço em uma instrução contém o valor decimal 14. Onde está o operando correspondente para
a. endereçamento imediato?
b. endereçamento direto?
c. endereçamento indireto?
d. endereçamento por registradores?
e. endereçamento indireto de registradores?

13.4. Considere um processador de 16 bits no qual aparece dentro da memória principal o seguinte conteúdo, começando no local 200:

200	Load para AC	Modo
201	500	
202	Próxima instrução	

A primeira parte da primeira palavra indica que esta instrução carrega um valor em um acumulador. O campo Modo especifica um modo de endereçamento e, se apropriado, indica um registrador de origem; presuma que, quando usado, o registrador de origem é R1 e tem o valor 400. Há também um registrador base que contém o valor 100. O valor 500 no local 201 pode ser uma parte do cálculo do endereço. Suponha que o local 399 contém o valor 999, o local 400 contém o valor 1.000, e assim por diante. Determine o endereço efetivo e o operando a ser carregado para os seguintes modos de endereçamento:

a. Direto.
b. Imediato.
c. Indireto.
d. PC relativo.
e. Deslocamento.
f. Registrador.
g. Indireto por registrador.
h. Autoindexação com incremento usando R1.

13.5. A instrução de desvio no modo relativo ao PC tem o tamanho de 3 bytes. O endereço da instrução, decimal, é 256028. Determine o endereço de destino do desvio se o deslocamento com sinal na instrução for −31.

13.6. A instrução de desvio no modo relativo ao PC é armazenada na memória no endereço 620_{10}. Um desvio é feito para o local 530_{10}. O campo de endereço da instrução tem o tamanho de 10 bits. Qual é o valor binário na instrução?

13.7. Quantas vezes o processador precisa referenciar a memória quando obtém e executa uma instrução no modo de endereçamento indireto se a instrução for: (a) um cálculo requerendo um único operando; (b) um desvio?

13.8. O IBM 370 não oferece endereçamento indireto. Suponha que o endereço de um operando esteja na memória principal. Como você acessaria o operando?

13.9. Cook e Dande (1982) propõem que o modo de endereçamento relativo ao PC seja substituído por outros modos, como o uso de uma pilha. Qual é a desvantagem dessa proposta?

13.10. O x86 inclui a seguinte instrução:

IMUL op1, op2, imediato

Esta instrução multiplica op2, que pode ser registrador ou memória, pelo valor do operando imediato e guarda o resultado em op1, que deve ser um registrador. Não existe nenhuma outra instrução de três operandos deste tipo no conjunto de instruções. Qual o possível uso dessa instrução? (*Dica*: Considere a indexação.)

13.11. Considere um processador que inclui um modo de endereçamento base com indexação. Suponha que uma instrução que emprega esse modo de endereçamento e especifica um deslocamento de 1970, em decimal, seja encontrada. Atualmente, o registrador base e o indexador contêm os números decimais 48.022 e 8, respectivamente. Qual é o endereço do operando?

13.12. Defina: EA = (X)+ é o endereço efetivo igual ao conteúdo do local X, com X sendo incrementado em tamanho de uma palavra depois que o endereço efetivo é calculado; EA = −(X) é o endereço efetivo igual ao conteúdo do local X, com X sendo decrementado em tamanho de uma palavra antes que o endereço efetivo seja calculado; EA = (X)− é o endereço efetivo igual ao conteúdo do local X, com X sendo decrementado em tamanho de uma palavra depois que o endereço efetivo é calculado. Considere as seguintes instruções, cada uma no formato (Operação, Operando de Origem, Operando de Destino) e com o resultado da operação sendo guardado no operando de destino.

a. OP X, (X)
b. OP (X), (X)+
c. OP (X)+, (X)
d. OP − (X), (X)
e. OP − (X), (X)+
f. OP (X)+, (X)+
g. OP (X)−, (X)

Usando X como ponteiro da pilha, qual dessas instruções pode pegar os dois primeiros elementos do topo da pilha, executar uma determinada operação (por exemplo, SOMAR origem com destino e armazenar no destino) e colocar o resultado de volta na pilha? Para cada instrução dessas, a pilha cresce em direção à posição 0 da memória ou na direção oposta?

13.13. Suponha um processador baseado em pilha que inclui as operações de pilha PUSH e POP. As operações aritméticas envolvem automaticamente um ou dois elementos do topo da pilha. Comece com uma pilha vazia. Quais elementos restam na pilha depois que as instruções a seguir são executadas?

PUSH   4
PUSH   7
PUSH   8
ADD
PUSH   10
SUB
MUL

13.14. Justifique a afirmação de que uma instrução de 32 bits é provavelmente menos do que duas vezes mais útil do que uma instrução de 16 bits.

13.15. Por que a decisão da IBM de mudar de 36 bits para 32 bits por palavra foi dolorosa, e para quem ela o foi?

13.16. Suponha um conjunto de instruções que use uma extensão fixa de instrução de 16 bits. Especificadores de operandos têm a extensão de 6 bits. Existem instruções K de dois operandos e instruções L de zero operando. Qual é o número máximo de instruções de um operando que podem ser suportadas?

13.17. Projete um opcode de tamanho variável que permita que tudo que está relacionado a seguir seja codificado em uma instrução de 36 bits:
- instruções com dois endereços de 15 bits e um registrador numérico de 3 bits;
- instruções com um endereço de 15 bits e um registrador numérico de 3 bits;
- instruções sem endereços ou registradores.

13.18. Considere os resultados do Problema 10.6. Suponha que M seja um endereço de memória de 16 bits e que X, Y e Z sejam ou endereços de 16 bits ou registradores numéricos de 4 bits. A máquina de um endereço usa um acumulador e as máquinas de dois e três endereços possuem 16 registradores e instruções operando em todas as combinações de locais de memória e registradores. Supondo opcodes de 8 bits e extensões das instruções que sejam múltiplas de 4 bits, quantos bits cada máquina precisa para calcular X?

13.19. Existe alguma justificativa possível para uma instrução com dois opcodes?

13.20. O Zilog Z8001 de 16 bits possui o seguinte formato geral da instrução:

15 14	13 12 11 10 9	8 7	6 5 4 3	2 1 0
Modo	Opcode	w/b	Operando 2	Operando 1

O campo *modo* especifica como localizar operandos a partir dos campos *operando*. O campo *w/b* é usado em certas instruções para especificar se os operandos são bytes ou palavras de 16 bits. O campo *operando 1* pode (dependendo do conteúdo do campo *modo*) especificar um dos 16 registradores de uso geral. O campo *operando* 2 pode especificar qualquer registrador de uso geral, exceto registrador 0. Quando o campo *operando 2* for todo zero, cada um dos opcodes originais assume um novo significado.

a. Quantos opcodes estão disponíveis no Z8001?
b. Sugira uma maneira eficiente para disponibilizar mais opcodes e indique a relação envolvida.

ESTRUTURA E FUNÇÃO DO PROCESSADOR

14.1 Organização do processador

14.2 Organização dos registradores
Registradores visíveis ao usuário
Registradores de controle e de estado
Exemplos de organizações de registradores de um microprocessador

14.3 Ciclo da instrução
Ciclo indireto
Fluxo de dados

14.4 Pipeline de instruções
Estratégia do pipeline
Desempenho do pipeline
Hazards do pipeline
Lidando com desvios
Pipeline do Intel 80486

14.5 Família de processadores x86
Organização dos registradores
Processamento de interrupções

14.6 Processador ARM
Organização do processador
Modos do processador
Organização dos registradores
Processamento de interrupções

14.7 Termos-chave, questões de revisão e problemas

OBJETIVOS DE APRENDIZAGEM

Após ler este capítulo, você será capaz de:

- Distinguir entre registradores visíveis ao usuário e de controle/estado, e discutir os propósitos dos registradores em cada categoria.
- Resumir o ciclo da instrução.
- Discutir os princípios por trás do pipeline de instruções e como ele funciona na prática.
- Comparar e contrastar as várias formas de hazards de pipeline.
- Apresentar uma visão geral da estrutura do processador x86.
- Apresentar uma visão geral da estrutura do processador ARM.

Este capítulo aborda os aspectos do processador que não foram abrangidos na Parte III e nos prepara para uma discussão sobre as arquiteturas RISC e superescalares nos capítulos 15 e 16.

Iniciamos com um resumo sobre a organização do processador. Em seguida, serão analisados os registradores que formam a memória interna do processador. Estaremos, então, aptos a retornar à discussão (iniciada na Seção 3.2) sobre o ciclo da instrução. Uma descrição do ciclo da instrução e uma técnica comum conhecida como pipeline de instruções completam a nossa descrição. O capítulo termina com uma análise de alguns aspectos das organizações x86 e ARM.

14.1 ORGANIZAÇÃO DO PROCESSADOR

Para entender a organização do processador, vamos considerar os requisitos necessários:

- **Busca da instrução:** o processador lê uma instrução da memória (registrador, cache, memória principal).
- **Interpretação da instrução:** a instrução é decodificada para determinar qual ação é necessária.
- **Busca dos dados:** a execução de uma instrução pode necessitar a leitura de dados da memória ou de um módulo de E/S.
- **Processamento dos dados:** a execução de uma instrução pode necessitar efetuar alguma operação aritmética ou lógica com os dados.
- **Escrita dos dados:** os resultados de uma execução podem necessitar escrever dados para a memória ou para um módulo de E/S.

Para fazer essas coisas, deve estar claro que o processador precisa armazenar alguns dados temporariamente. Ele deve lembrar a posição da última instrução executada para que possa saber onde buscar a próxima instrução a ser executada. Por essa razão, ele precisa armazenar instruções e dados temporariamente enquanto uma instrução está sendo executada. Ou seja, o processador precisa de uma pequena memória interna.

A Figura 14.1 é uma visão simplificada do processador, indicando a sua conexão com o restante do sistema por meio do barramento do sistema. Uma interface similar seria necessária para qualquer estrutura de interconexão entre as descritas no Capítulo 3. O leitor irá lembrar que os principais componentes do processador são uma *unidade lógica e aritmética* (ALU) e uma *unidade de controle* (UC). A ALU faz os cálculos ou o processamento de dados de fato. A unidade de controle controla a movimentação de dados e das instruções que entram e saem do processador e controla a operação da ALU. Além disso, a figura mostra uma memória interna pequena que consiste em um conjunto de locais de armazenamento chamados de *registradores*.

Figura 14.1

CPU com barramento do sistema.

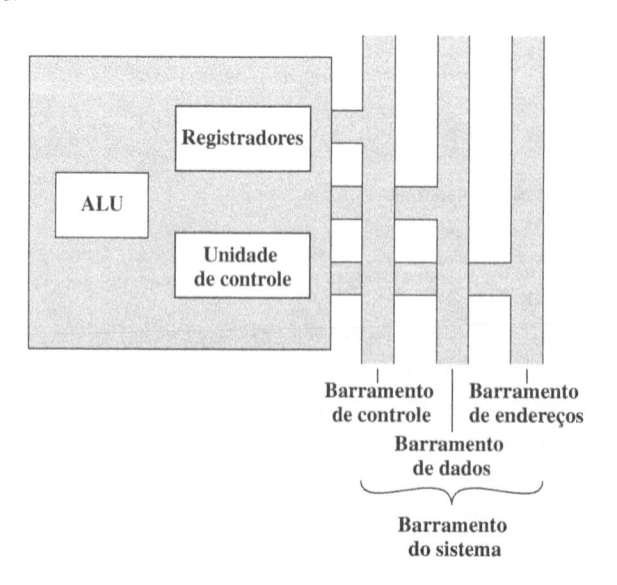

Figura 14.2

Estrutura interna da CPU.

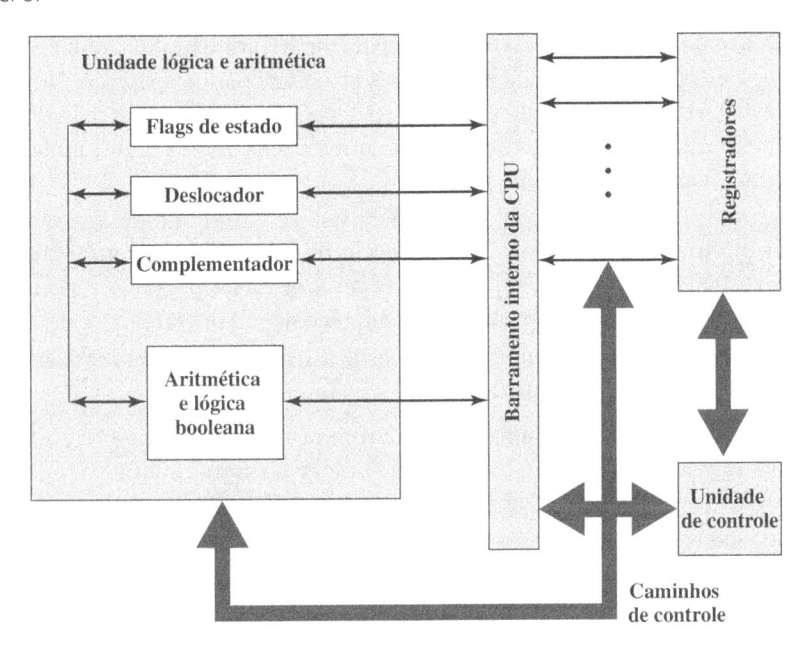

A Figura 14.2 é uma visão um pouco mais detalhada do processador. Os caminhos de transferência de dados e controle lógico são indicados, inclusive um elemento chamado *barramento interno do processador*. Esse elemento é necessário para transferir dados entre vários registradores e a ALU, porque a ALU na verdade opera apenas os dados que estejam na memória interna do processador. A figura mostra também os elementos básicos típicos dela. Observe a semelhança entre a estrutura interna do computador como um todo e a estrutura interna do processador. Em ambos os casos, existe um pequeno conjunto de elementos principais (computador: processador, E/S e memória; processador: unidade de controle, ALU e registradores) conectados por caminhos de dados.

14.2 ORGANIZAÇÃO DOS REGISTRADORES

Conforme discutimos no Capítulo 4, um sistema de computador emprega uma hierarquia de memória. Em níveis mais altos da hierarquia, a memória é mais rápida, menor e mais cara (por bit). Dentro do processador, existe um conjunto de registradores que funcionam como um nível de memória acima da memória principal e da cache dentro dessa hierarquia. Os registradores no processador desempenham dois papéis:

▶ **Registradores visíveis ao usuário:** possibilitam que o programador de linguagem de máquina ou de montagem minimize as referências à memória principal, pela otimização do uso de registradores.
▶ **Registradores de controle e de estado:** usados pela unidade de controle para controlar a operação do processador e por programas privilegiados do Sistema Operacional para controlar a execução de programas.

Não há uma separação clara de registradores nessas duas categorias. Por exemplo, em algumas máquinas, o contador de programas é visível ao usuário (por exemplo, o x86), mas em muitos outros, não é. Contudo, para o propósito da discussão que segue, usaremos essas categorias.

Registradores visíveis ao usuário

Um registrador visível ao usuário é aquele que pode ser referenciado pelos recursos da linguagem de máquina que o processador executa. Podemos dividi-los nas seguintes categorias:

▶ Uso geral.
▶ Dados.

- Endereços.
- Códigos condicionais.

Registradores de uso geral podem ser atribuídos para uma variedade de funções pelo programador. Algumas vezes, seu uso dentro do conjunto de instruções é ortogonal para a operação. Ou seja, qualquer registrador de uso geral pode conter um operando para qualquer opcode. Isso permite o verdadeiro uso dos registradores de uso geral. No entanto, frequentemente existem restrições. Por exemplo, pode haver registradores dedicados para ponto flutuante e operações de pilha.

Em alguns casos, os registradores de uso geral podem ser usados para funções de endereçamento (por exemplo, indireto por registradores e deslocamento). Em outros casos, existe uma separação clara ou parcial entre os registradores de dados e os de endereços. **Registradores de dados** podem ser usados apenas para guardar dados e não podem ser empregados para calcular o endereço de um operando.

Registradores de endereços podem ser, de certa forma, de uso geral ou podem ser dedicados para um modo de endereçamento em particular. Os exemplos incluem o seguinte:

- **Ponteiros de segmento:** em uma máquina com endereçamento segmentado (veja a Seção 8.3), um registrador de segmento guarda o endereço base do segmento. Pode haver múltiplos registradores: por exemplo, um para o sistema operacional e um para o processo atual.
- **Registradores de índice:** estes são usados para indexar endereços e podem ser autoindexados.
- **Ponteiros de pilha:** se houver endereçamento de pilha visível ao usuário, então normalmente haverá um registrador dedicado que aponta para o topo da pilha. Isso permite o endereçamento implícito: ou seja, as instruções de pilha (como push, pop e outras) não precisam conter um operando de pilha explícito.

Existem várias questões de projeto a serem discutidas aqui. Uma questão importante é se devemos usar registradores somente de uso geral ou se devemos especializar seu uso. Nós já tocamos nessas questões em capítulos anteriores, porque isso afeta o projeto do conjunto de instruções. Com a utilização de registradores específicos, em geral pode estar implícito no opcode a que tipo de registrador um determinado especificador de operando se refere. O especificador de operando deve identificar apenas um registrador dentro de um conjunto de registradores específicos, em vez de um conjunto de todos os registradores, o que economiza bits. Por outro lado, essa especialização limita a flexibilidade do programador.

Outra questão de projeto é o número de registradores a serem oferecidos, sejam os registradores de uso geral ou os de dados mais os de endereços. Isso afeta novamente o conjunto de instruções, porque mais registradores requerem mais bits para especificadores de operandos. Conforme discutido anteriormente, algo entre 8 e 32 registradores parece ideal (LUNDE, 1977). Menos registradores resultam em mais referências de memória; mais registradores não reduzem de forma notável as referências de memória (para um exemplo, veja WILLIAMS; STEVEN, 1990). Contudo, uma nova abordagem que encontra vantagem no uso de centenas de registradores é mostrada em alguns sistemas RISC e discutida no Capítulo 15.

Finalmente, temos a questão do tamanho do registrador. Registradores que guardam endereços obviamente devem ter pelo menos o tamanho suficiente para guardar o maior endereço possível. Registradores de dados deveriam ser capazes de guardar valores da maioria de tipos de dados. Algumas máquinas permitem que dois registradores contínuos sejam usados em conjunto para guardar valores de extensão dupla.

Uma categoria final de registradores, que é ao menos parcialmente visível ao usuário, guarda **códigos condicionais** (também chamados de *flags*). Códigos condicionais são bits definidos pelo hardware do processador como resultado das operações. Por exemplo, uma operação aritmética pode produzir um resultado positivo, negativo, zero ou *overflow*. Além do resultado que é guardado no registrador ou na memória, um código condicional também é definido. O código pode ser testado na sequência como parte de uma operação de desvio condicional.

Os bits de códigos condicionais são coletados em um ou mais registradores. Normalmente eles fazem parte do registrador de controle. Geralmente, as instruções de máquina permitem que esses bits sejam lidos por referência implícita, mas o programador não pode alterá-los.

Muitos processadores, inclusive aqueles baseados na arquitetura IA-64 e os processadores MIPS, sequer usam códigos condicionais. Em vez disso, as instruções de desvios condicionais especificam uma comparação para ser feita e atuam no resultado dessa comparação, sem armazenar um código condicional. A Tabela 14.1, baseada na obra de DeRosa e Levy (1987), aponta as principais vantagens e desvantagens dos códigos condicionais.

Tabela 14.1

Códigos condicionais.

Vantagens	Desvantagens
1. Como os códigos condicionais são definidos por instruções normais aritméticas e de movimentação de dados, eles devem reduzir o número de instruções de comparação e teste (COMPARE, TEST) necessárias.	1. Códigos condicionais acrescentam complexidade, tanto para hardware como para software. Os bits dos códigos condicionais são frequentemente modificados de maneiras diferentes por instruções distintas, tornando a vida do microprogramador e do desenvolvedor de compiladores mais difícil.
2. Instruções condicionais, como BRANCH, são simplificadas em relação a instruções compostas como TEST e BRANCH.	2. Códigos condicionais são irregulares; em geral, eles não fazem parte do caminho principal de dados e, por isso, requerem conexões extras de hardware.
3. Códigos condicionais facilitam desvios múltiplos. Por exemplo, uma instrução TEST pode ser seguida de dois desvios, um para menor ou igual a zero e outro para maior que zero.	3. Muitas vezes máquinas com códigos condicionais devem adicionar instruções especiais que não usam códigos condicionais para situações especiais de qualquer forma, como verificação de bits, controle de loop e operações atômicas de semáforos.
4. Códigos condicionais podem ser salvos em uma pilha durante chamadas sub-rotina junto com outra informação de registro.	4. Em uma implementação de pipeline, códigos condicionais requerem sincronização especial para evitar conflitos.

Em algumas máquinas, uma chamada de sub-rotina resultará automaticamente no salvamento de todos os registradores visíveis ao usuário para serem restaurados no retorno. O processador efetua salvamento e restauração como parte da execução das instruções de chamada e retorno. Isso permite que cada sub-rotina use os registradores visíveis ao usuário independentemente. Em outras máquinas, é responsabilidade do programador salvar os conteúdos dos registradores visíveis ao usuário relevantes antes de uma chamada de sub-rotina, incluindo as instruções para esse propósito dentro do programa.

Registradores de controle e de estado

Existe uma variedade de registradores do processador que são empregados para controlar a operação do processador. Grande parte deles, na maioria das máquinas, não é visível ao usuário. Alguns podem ser visíveis às instruções da máquina executadas no modo de controle ou de sistema operacional.

É claro que máquinas diferentes terão organizações distintas dos registradores e usarão terminologia diferente. Mostramos aqui uma lista razoavelmente completa de tipos de registradores com uma breve descrição.

Quatro registradores são essenciais para execução das instruções:

▶ **Contador de programas (PC):** contém o endereço de uma instrução a ser lida.
▶ **Registrador da instrução (IR):** contém a instrução lida mais recentemente.
▶ **Registrador de endereço de memória (MAR):** contém o endereço de um local de memória.
▶ **Registrador de buffer de memória (MBR):** contém uma palavra de dados para ser escrita na memória ou a palavra lida mais recentemente.

Nem todos os processadores possuem registradores internos designados como MAR e MBR, mas é necessário algum mecanismo de armazenamento equivalente pelo qual os bits a serem transferidos ao barramento do sistema sejam processados e os bits a serem lidos do barramento de dados sejam armazenados temporariamente.

Em geral, o processador atualiza o PC depois de ler cada instrução para que o PC sempre aponte para a próxima instrução a ser executada. Uma instrução de desvio ou salto também irá modificar o conteúdo do PC. A instrução lida é colocada em IR, onde o opcode e os especificadores de operando são analisados. Os dados são trocados com a memória com o uso de MAR e MBR. Em um sistema organizado com barramentos, MAR se conecta diretamente ao barramento de endereços e MBR se conecta diretamente ao barramento de dados. Registradores visíveis ao usuário, por sua vez, trocam dados com MBR.

Os quatro registradores mencionados são usados para movimentar dados entre o processador e a memória. Dentro do processador, os dados devem ser apresentados à ALU para serem processados. Ela pode ter acesso direto ao MBR e aos registradores visíveis ao usuário. Como alternativa, pode haver outros registradores para armazenamento na vizinhança da ALU; esses registradores servem como registradores de entrada e saída para a ALU e para trocar dados com o MBR e com os registradores visíveis ao usuário.

Muitos modelos de processador incluem um registrador ou conjunto de registradores frequentemente conhecido como *palavra de estado do programa* (PSW), que contém as informações de estado. Em geral, a PSW contém códigos condicionais e outras informações de estado. Campos comuns ou flags incluem:

- **Sinal:** contém o bit de sinal do resultado da última operação aritmética.
- **Zero:** definido em 1 quando o resultado é 0.
- *Carry*: definido em 1 se uma operação resultou em um *carry* (adição) ou um empréstimo (subtração) de um bit de ordem maior. Usado para operações aritméticas de múltiplas palavras.
- **Igual:** definido em 1 se uma comparação lógica resultou em igualdade.
- *Overflow*: usado para indicar *overflow* aritmético.
- **Habilitar/desabilitar interrupção:** usado para habilitar ou desabilitar interrupções.
- **Supervisor:** indica se o processador está executando no modo supervisor ou usuário. Algumas instruções privilegiadas podem ser executadas apenas no modo supervisor e algumas áreas de memória podem ser acessadas apenas no modo supervisor.

Vários outros registradores relacionados com estado e controle podem ser encontrados em um determinado modelo de processador. Pode haver um ponteiro para um bloco de memória contendo informações adicionais de estado (por exemplo, blocos de controle de processo). Em máquinas que usam interrupções vetoradas, um registrador de interrupção vetorada pode ser disponibilizado. Se uma pilha é usada para implementar algumas funções (por exemplo, chamada de sub-rotinas), então um ponteiro de pilha de sistema é necessário. O ponteiro da tabela de página é usado em um sistema de memória virtual. Finalmente, registradores podem ser usados no controle de operações de E/S.

Uma série de fatores influencia o projeto da organização dos registradores de controle e estado. Uma questão fundamental é o suporte ao sistema operacional. Certos tipos de informações de controle são específicos do sistema operacional. Se o projetista do processador tem o entendimento funcional do sistema operacional a ser usado, então uma parte da responsabilidade da organização dos registradores pode ser designada ao sistema operacional.

Outra decisão fundamental do projeto é a alocação da informação de controle entre registradores e memória. É comum dedicar algumas primeiras centenas (mais baixas) ou milhares de palavras de memória para propósitos de controle. O desenvolvedor deve decidir quanto da informação de controle deve estar nos registradores e quanto em memória. Surge o compromisso comum entre custos *versus* velocidade.

Exemplos de organizações de registradores de um microprocessador

É instrutivo examinar e comparar a organização de registradores entre sistemas semelhantes. Nesta seção, iremos analisar dois microprocessadores de 16 bits que foram projetados quase ao mesmo tempo: Motorola MC68000 (STRITTER; GUNTER, 1979) e Intel 8086 (MORSE; POHLMAN; RAVENEL, 1978). As Figuras 14.3a e b ilustram a organização de registradores de cada um deles; registradores totalmente internos, como um registrador de endereços de memória, não são mostrados.

O MC68000 divide seus registradores de 32 bits em oito registradores de dados e nove registradores de endereços. Os oito registradores de dados são usados principalmente para manipulação de dados e também no endereçamento como registradores indexadores. O tamanho dos registradores permite operações de dados de 8, 16 ou 32 bits determinadas pelo opcode. Os registradores de endereço contêm endereços de 32 bits (sem segmentação); dois desses registradores são usados também como ponteiros da pilha, um para usuários e outro para o sistema operacional, dependendo do atual modo de execução. Os dois registradores são numerados como 7, porque apenas um pode ser usado por vez. O MC68000 inclui também um contador de programa de 32 bits e um registrador de estado de 16 bits.

A equipe da Motorola quis um conjunto de registradores muito regular, sem nenhum registrador de uso específico.

Figura 14.3

Exemplo das organizações de registradores de um microprocessador.

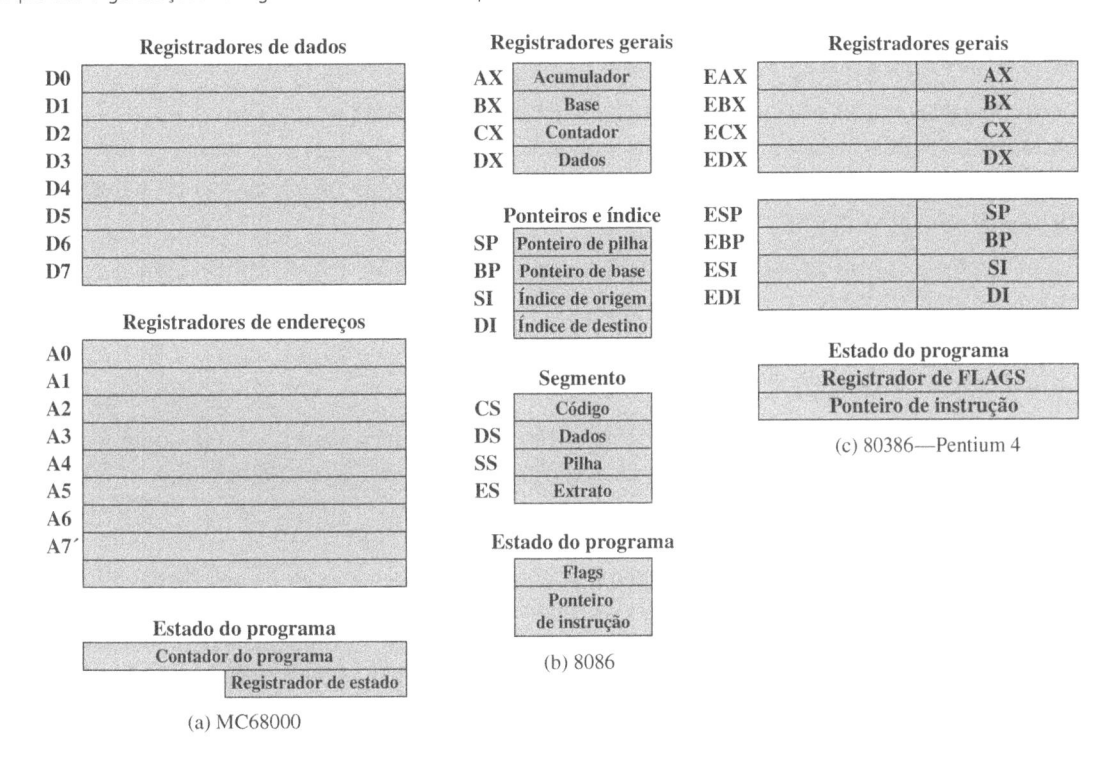

	Registradores de dados
D0	
D1	
D2	
D3	
D4	
D5	
D6	
D7	

	Registradores de endereços
A0	
A1	
A2	
A3	
A4	
A5	
A6	
A7´	

Estado do programa

Contador do programa
Registrador de estado

(a) MC68000

Registradores gerais

AX	Acumulador
BX	Base
CX	Contador
DX	Dados

Ponteiros e índice

SP	Ponteiro de pilha
BP	Ponteiro de base
SI	Índice de origem
DI	Índice de destino

Segmento

CS	Código
DS	Dados
SS	Pilha
ES	Extrato

Estado do programa

Flags
Ponteiro de instrução

(b) 8086

Registradores gerais

EAX		AX
EBX		BX
ECX		CX
EDX		DX
ESP		SP
EBP		BP
ESI		SI
EDI		DI

Estado do programa

Registrador de FLAGS
Ponteiro de instrução

(c) 80386—Pentium 4

A preocupação com a eficiência do código a levou a dividir os registradores em dois componentes funcionais, economizando um bit em cada especificador de registrador. Este parece ser um compromisso razoável entre uma generalidade completa e a compactação do código.

O Intel 8086 usa uma abordagem diferente para a organização de registradores. Cada registrador é de uso específico, embora alguns registradores possam ser usados como registradores de uso geral. O 8086 tem quatro registradores de dados de 16 bits que podem ser endereçados como um byte ou como 16 bits e quatro registradores indexadores e ponteiros de 16 bits. Os registradores de dados podem ser de uso geral em algumas instruções. Em outras, os registradores são usados implicitamente. Por exemplo, uma instrução de multiplicação sempre usa o acumulador. Os quatro registradores de ponteiro também são usados implicitamente em várias operações; cada um contém um offset de segmento. Existem também quatro registradores de segmento de 16 bits. Três dos quatro registradores de segmento são usados de forma dedicada e implícita para apontar o segmento da instrução atual (útil para instruções de desvio), um segmento contendo os dados e um segmento contendo pilha, respectivamente. Esse uso dedicado e implícito possibilita a compactação de código com o custo da redução da flexibilidade. O 8086 inclui também um ponteiro de instrução e um conjunto de flags de estado e de controle de 1 bit.

O objetivo desta comparação deve ser claro. Não há uma filosofia universalmente aceita no que diz respeito à melhor forma para organizar registradores em um processador (TOONG; GUPTA, 1981). Como acontece com o projeto do conjunto de instruções e tantas outras questões sobre o projeto dos processadores, tudo isso é ainda uma questão de gosto e julgamento.

Um segundo ponto instrutivo a respeito do projeto da organização de registradores está ilustrado na Figura 14.3c. Essa figura mostra a organização de registradores visíveis ao usuário para Intel 80386 (EL-AYAT; AGARWAL, 1985), que é um microprocessador de 32 bits projetado como uma extensão do 8086.[1] O 80386 usa registradores de 32 bits. No entanto, para permitir a compatibilidade de programas escritos para máquinas anteriores, o 80386 mantém a organização de registradores original integrada na nova organização. Dada essa limitação do projeto, os projetistas dos processadores de 32 bits tiveram flexibilidade limitada ao projetar a organização dos registradores.

---

1 Como o MC68000 já usava registradores de 32 bits, o MC68020 (MacDOUGALL, 1984), que é uma arquitetura totalmente de 32 bits, usa a mesma organização de registradores.

14.3 CICLO DA INSTRUÇÃO

Na Seção 3.2 descrevemos o ciclo da instrução do processador (Figura 3.9). Para relembrar, um ciclo de instrução inclui os seguintes estágios:

- **Buscar:** lê a próxima instrução da memória para dentro do processador.
- **Executar:** interpreta opcode e efetua a operação indicada.
- **Interromper:** se as interrupções estão habilitadas e uma interrupção ocorre, salva o estado do processo atual e atende a interrupção.

Estamos na posição agora de poder elaborar algo a mais no ciclo da instrução. Primeiro, temos que introduzir um estágio adicional, conhecido como ciclo indireto.

Ciclo indireto

Vimos no Capítulo 13 que a execução de uma instrução pode envolver um ou mais operandos na memória, em que cada um deles requer um acesso à memória. Além disso, se o endereçamento indireto é usado, então acessos adicionais à memória são necessários.

Podemos pensar em buscar um endereço indireto como sendo mais um estágio da instrução. O resultado é mostrado na Figura 14.4. A linha principal da atividade consiste em alternar as atividades de buscar a instrução e executá-la. Depois que uma instrução é lida, ela é examinada para determinar se algum endereçamento indireto está envolvido. Se estiver, os operandos necessários são buscados usando endereçamento indireto. Durante a execução, uma interrupção pode ser processada antes da próxima busca de instrução.

Outra maneira de ver esse processo é mostrada na Figura 14.5, que é uma versão revisada da Figura 3.12. Isso ilustra mais corretamente a natureza do ciclo da instrução. Uma vez lida a instrução, os seus especificadores de operandos devem ser identificados. Cada operando de entrada na memória é, então, buscado, e esse processo pode necessitar de endereçamento indireto. Operandos baseados em registradores não precisam ser lidos da memória. Uma vez que o opcode é executado, um processo semelhante pode ser necessário para armazenar o resultado na memória principal.

Fluxo de dados

A sequência exata de eventos durante um ciclo de instrução depende do modelo do processador. Contudo, podemos indicar de uma maneira geral o que deve acontecer. Vamos supor um processador que emprega um registrador de endereço de memória (MAR), um registrador de buffer de memória (MBR), um contador de programa (PC) e um registrador de instrução (IR).

Durante o *ciclo de busca,* uma instrução é lida da memória. A Figura 14.6 mostra o fluxo de dados durante esse ciclo. PC contém o endereço da próxima instrução a ser lida. Esse endereço é movido para MAR e colocado

Figura 14.4

Ciclo da instrução.

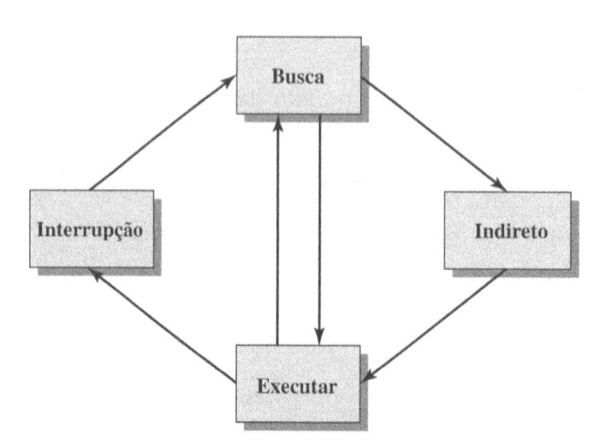

Figura 14.5
Diagrama de estado do ciclo da instrução.

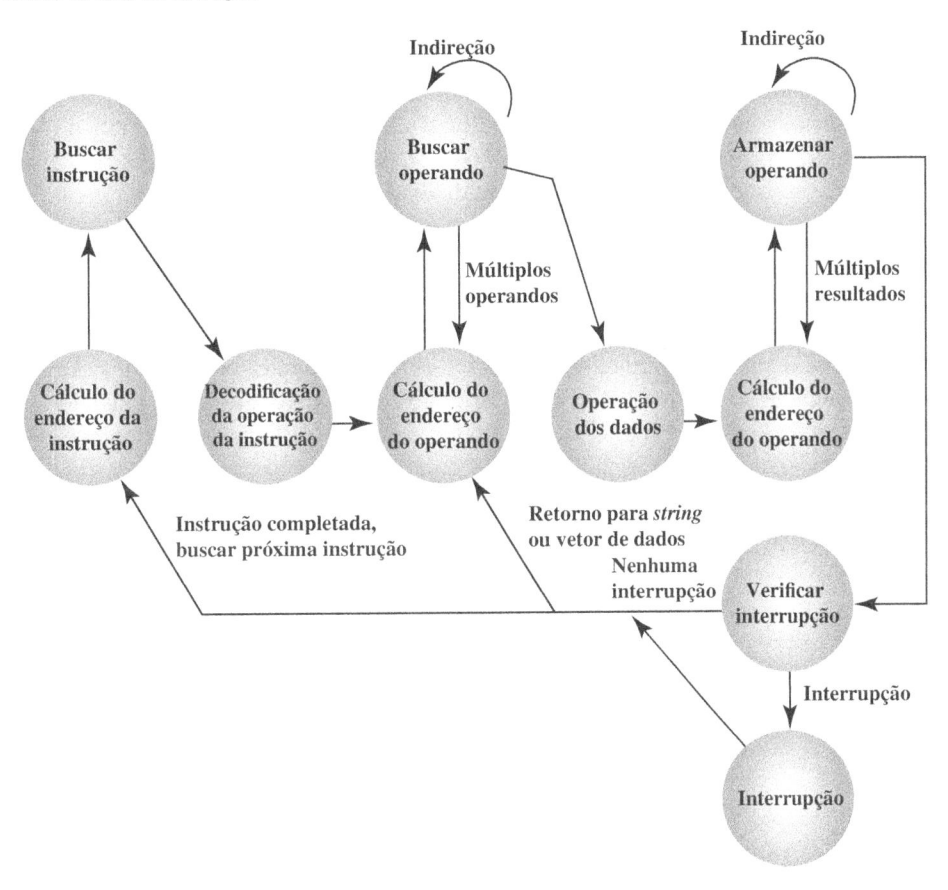

Figura 14.6
Fluxo de dados do ciclo de busca.

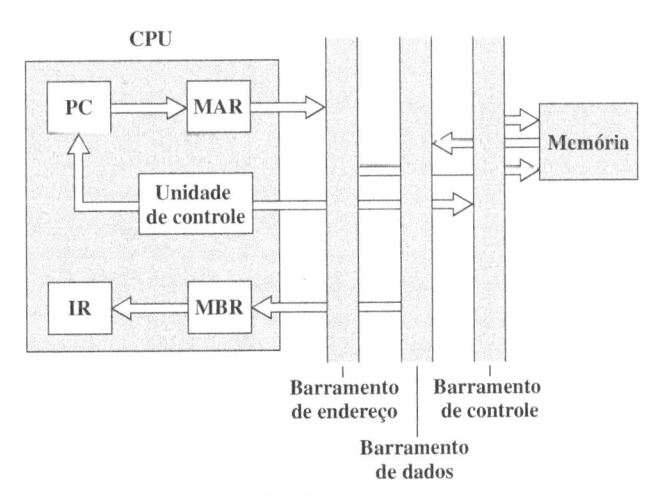

MBR = registrador de buffer de memória
MAR = registrador de endereço de memória
IR = registrador da instrução
PC = contador de programa

no barramento de endereços. A unidade de controle requer uma leitura de memória, o resultado é colocado no barramento e copiado para MBR e depois movido para IR. Enquanto isso, o PC é incrementado por 1, preparando-se para a próxima busca.

Uma vez terminado o ciclo de busca, a unidade de controle examina o conteúdo de IR para determinar se ele contém um especificador de operando que use endereçamento indireto. Se for esse o caso, um *ciclo indireto* é realizado. Como mostrado na Figura 14.7, este é um ciclo simples. Os N bits mais à direita de MBR, que contêm a referência de endereço, são transferidos para o MAR. Depois, a unidade de controle requisita uma leitura de memória para buscar o endereço desejado do operando em MBR.

Os ciclos de busca e indiretos são simples e previsíveis. O *ciclo de execução* assume muitas formas; a forma depende de qual das várias instruções de máquina está em IR. Esse ciclo pode envolver a transferência de dados entre registradores, leitura ou escrita de memória ou E/S e/ou a utilização da ALU.

Assim como o ciclo de leitura e o indireto, o *ciclo de interrupção* é simples e previsível (Figura 14.8). O conteúdo atual de PC deve ser salvo para que o processador possa recomeçar a atividade normal depois da interrupção. Dessa maneira, os conteúdos de PC são transferidos para MBR para serem gravados na memória. A posição especial de memória reservada para esse fim é carregada em MAR a partir da unidade de controle. Isso poderia ser, por exemplo, um ponteiro de pilha. O PC é preenchido com o endereço da rotina de interrupção. Como resultado disso, o próximo ciclo de instrução começará obtendo a instrução apropriada.

Figura 14.7

Fluxo de dados do ciclo indireto.

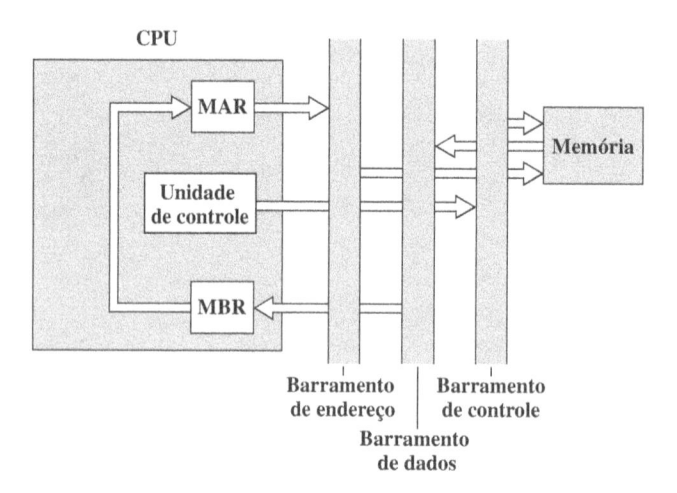

Figura 14.8

Fluxo de dados do ciclo de interrupção.

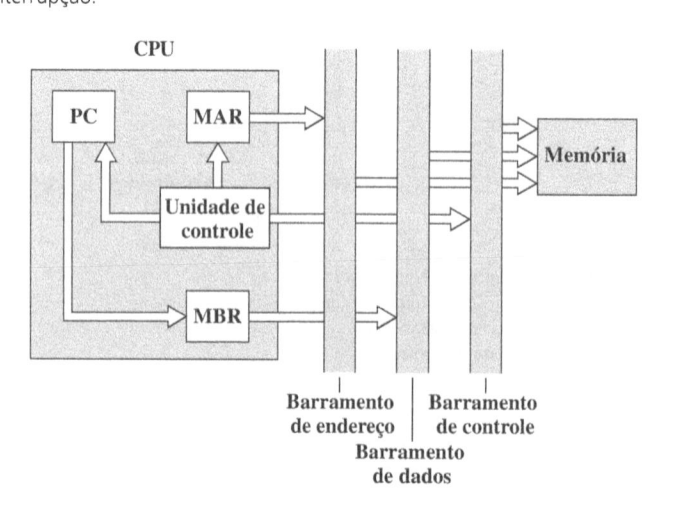

14.4 PIPELINE DE INSTRUÇÕES

À medida que os sistemas computacionais evoluem, um melhor desempenho pode ser obtido tirando vantagens das melhorias na tecnologia, como por exemplo circuitos mais rápidos. Além disso, melhorias organizacionais no processador podem aumentar o desempenho. Nós já vimos alguns exemplos disso, como o uso de múltiplos registradores no lugar de um único acumulador e o uso de memória cache. Outra abordagem organizacional bastante comum é o pipeline de instruções.

Estratégia do pipeline

O **pipeline de instruções** é semelhante ao uso de uma linha de montagem numa planta industrial. Uma linha de montagem tira a vantagem do fato de que um produto passa por vários estágios da produção. Ao implantar o processo de produção em uma linha de montagem, produtos em vários estágios podem ser trabalhados simultaneamente. Este processo é também chamado de *pipeline*, porque assim como em uma tubulação (em inglês: *pipeline*), novas entradas são aceitas num lado antes que as entradas aceitas anteriormente apareçam como saídas do outro lado.

Para aplicar este conceito à execução da instrução, precisamos reconhecer que, de fato, uma instrução possui vários estágios. A Figura 14.5, por exemplo, quebra o ciclo da instrução em 10 tarefas que ocorrem em sequência. Certamente deve existir alguma oportunidade para aplicar o conceito de pipeline.

Como uma abordagem simplificada, considere dividir o processamento da instrução em dois estágios: buscar instrução e executar instrução. Existem momentos durante a execução de uma instrução em que a memória principal não está sendo acessada. Esse tempo poderia ser usado para buscar a próxima instrução paralelamente com a execução da instrução atual. A Figura 14.9a ilustra essa abordagem. O pipeline possui dois estágios independentes. O primeiro obtém a instrução e a coloca no buffer. Quando o segundo estágio está livre, o primeiro passa para ele a instrução do buffer. Enquanto o segundo estágio está executando a instrução, o primeiro estágio aproveita qualquer ciclo de memória não utilizado para buscar a próxima instrução e colocá-la no buffer. Isso é chamado de **busca antecipada (*prefetch*)** ou *busca sobreposta*. Observe que esta abordagem, que envolve armazenamento de instruções em um buffer, requer mais registradores. Em geral, o pipeline requer registradores que guardem os dados entre os estágios.

Deve estar claro que este processo irá acelerar a execução das instruções. Se os estágios de leitura e execução forem de duração igual, o ciclo da instrução será reduzida pela metade. Contudo, se olharmos este pipeline mais de perto (Figura 14.9b), veremos que dobrar essa taxa de execução é pouco provável por dois motivos:

1. O tempo de execução normalmente será maior que o tempo de busca. Execução envolve ler e armazenar operandos e o desempenho de alguma operação. Dessa maneira, o estágio de leitura pode ter de esperar por algum tempo antes de poder esvaziar o seu buffer.

Figura 14.9
Pipeline de instruções de dois estágios.

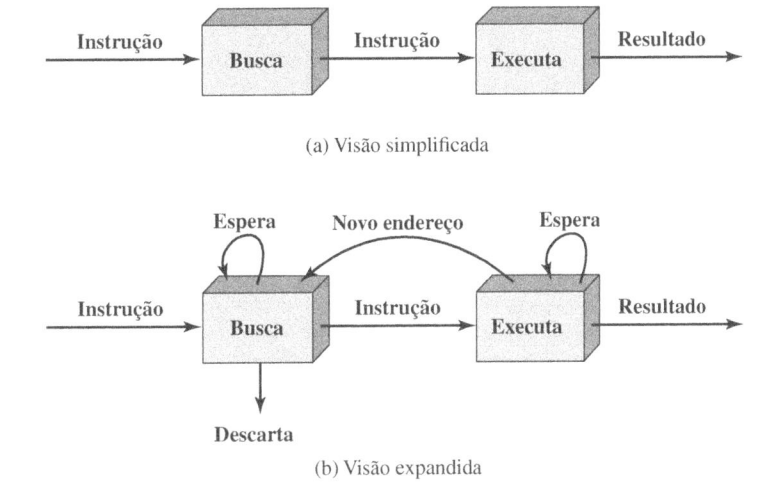

(a) Visão simplificada

(b) Visão expandida

2. Uma instrução de desvio condicional faz com que o endereço da próxima instrução a ser obtida não seja conhecido. Assim, o estágio de busca deve esperar até que receba o endereço da próxima instrução do estágio de execução. O estágio de execução pode então ter de esperar até que a próxima instrução seja lida.

Adivinhar pode reduzir o tempo perdido pelo segundo motivo. Uma regra simples é: quando uma instrução de desvio condicional passa do estágio de leitura para o de execução, o estágio de leitura obtém a próxima instrução na memória depois da instrução de desvio. Então, se o desvio não for tomado, nenhum tempo é perdido. Se o desvio for tomado, a instrução obtida deve ser descartada e uma nova instrução é lida.

Enquanto esses fatores reduzem a potencial eficiência de um pipeline de dois estágios, alguma aceleração ocorre. Para obter mais aceleração, o pipeline deve ter mais estágios. Vamos supor a seguinte decomposição do processamento da instrução:

- **Buscar a instrução (FI — do inglês, *Fetch Instruction*):** ler a próxima instrução esperada em um buffer.
- **Decodificar a instrução (DI):** determinar o opcode e os especificadores dos operandos.
- **Calcular os operandos (CO):** calcular o endereço efetivo de cada operando origem. Isso pode envolver endereçamento por deslocamento, indireto por regsitrador, indireto ou outras formas de cálculo de endereço.
- **Buscar os operandos (FO — do inglês, *Fetch Operands*):** ler cada operando da memória. Operandos que estão nos registradores não precisam ser lidos da memória.
- **Executar a instrução (EI):** efetuar a operação indicada e armazenar o resultado, se houver, na posição do operando destino especificado.
- **Escrever o operando (WO — do inglês, *Write Operands*):** armazenar o resultado na memória.

Com essa decomposição, os vários estágios terão durações aproximadamente iguais.

Para ilustrar isso, vamos assumir que têm a mesma duração. Usando essa suposição, a Figura 14.10 mostra que um pipeline de seis estágios pode reduzir o tempo de execução de 9 instruções de 54 para 14 unidades de tempo.

Vários comentários devem ser levados em consideração: o diagrama supõe que cada instrução passa por todos os seis estágios do pipeline. Este nem sempre será o caso. Por exemplo, uma instrução load não precisa do estágio WO. No entanto, para simplificar o hardware do pipeline, o tempo é ajustado supondo-se que cada instrução requer todos os seis estágios. Além disso, o diagrama supõe que todos os estágios podem ser executados em paralelo. Supõe-se também que não haverá conflitos de memória. Por exemplo, FI, FO e WO envolvem um

Figura 14.10

Diagrama de tempo para operação do pipeline de instrução.

	1	2	3	4	5	6	7	8	9	10	11	12	13	14
Instrução 1	FI	DI	CO	FO	EI	WO								
Instrução 2		FI	DI	CO	FO	EI	WO							
Instrução 3			FI	DI	CO	FO	EI	WO						
Instrução 4				FI	DI	CO	FO	EI	WO					
Instrução 5					FI	DI	CO	FO	EI	WO				
Instrução 6						FI	DI	CO	FO	EI	WO			
Instrução 7							FI	DI	CO	FO	EI	WO		
Instrução 8								FI	DI	CO	FO	EI	WO	
Instrução 9									FI	DI	CO	FO	EI	WO

acesso à memória. O diagrama implica que todos esses acessos podem ocorrer simultaneamente. A maioria de sistemas de memória não permitirá isso.

Contudo, o valor desejado pode estar na cache, ou os estágios FO ou WO podem ser nulos. Dessa maneira, na maioria das vezes, os conflitos de memória não desacelerarão o pipeline.

Vários outros fatores limitam o aumento do desempenho. Se os seis estágios não forem de duração igual, haverá espera em vários estágios do pipeline, conforme discutido anteriormente para pipeline de dois estágios. Outra dificuldade é a instrução de desvio condicional, que pode invalidar várias leituras de instruções. Um evento imprevisível semelhante é a interrupção. A Figura 14.11 ilustra os efeitos do desvio condicional, usando o mesmo programa da Figura 14.10. Suponha que a instrução 3 seja um desvio condicional para instrução 15. Até que a instrução seja executada, não há nenhuma maneira de saber qual instrução virá a seguir. O pipeline, neste exemplo, simplesmente carrega a próxima instrução na sequência (instrução 4) e prossegue. Na Figura 14.10, o desvio não ocorre e obtivemos o benefício total do aumento do desempenho. Na Figura 14.11, o desvio ocorre. Isso não é determinado até o fim da unidade de tempo 7. Neste ponto, devemos limpar o pipeline das instruções que não são úteis. Durante a unidade de tempo 8, a instrução 15 entra no pipeline. Nenhuma instrução é completada durante as unidades de tempo de 9 a 12; esta é uma penalidade de desempenho porque não pudemos antecipar o desvio. A Figura 14.12 indica a lógica necessária para o pipeline computar desvios e interrupções.

Outro problema que não tinha aparecido na nossa organização simples de dois estágios surge agora. O estágio CO pode depender do conteúdo de um registrador que pode ser alterado por uma instrução anterior que ainda esteja no pipeline. Outros conflitos de registradores e memória desse tipo podem ocorrer. O sistema deve conter uma lógica para lidar com esse tipo de conflitos.

Para esclarecer a operação do pipeline, pode ser útil olhar uma solução alternativa. As Figuras 14.10 e 14.11 mostram o progresso de tempo horizontalmente através das figuras, em que cada linha mostra o progresso de uma instrução específica. A Figura 14.13 mostra a mesma sequência de eventos com o tempo sendo mostrado verticalmente e cada linha representando o estado do pipeline em um dado ponto no tempo. Na Figura 14.13a (que corresponde à Figura 14.10), o pipeline está cheio no tempo 6, com 6 instruções diferentes em vários estágios da execução e permanece cheio até o tempo 9; supondo que a instrução I9 seja a última a ser executada. Na Figura 14.13b (que corresponde à Figura 14.11), o pipeline está cheio nos tempos 6 e 7. No tempo 7, a instrução 3 está no estágio de execução e executa um desvio para a instrução 15. Neste ponto, as instruções de I4 até I7 são retiradas do pipeline de tal forma que, no tempo 8, apenas duas instruções estão no pipeline, I3 e I15.

Figura 14.11

O efeito de um desvio condicional na operação do pipeline da instrução.

	1	2	3	4	5	6	7	8	9	10	11	12	13	14
Instrução 1	FI	DI	CO	FO	EI	WO								
Instrução 2		FI	DI	CO	FO	EI	WO							
Instrução 3			FI	DI	CO	FO	EI	WO						
Instrução 4				FI	DI	CO	FO							
Instrução 5					FI	DI	CO							
Instrução 6						FI	DI							
Instrução 7							FI							
Instrução 15								FI	DI	CO	FO	EI	WO	
Instrução 16									FI	DI	CO	FO	EI	WO

Figura 14.12

Pipeline de instrução de uma CPU de seis estágios.

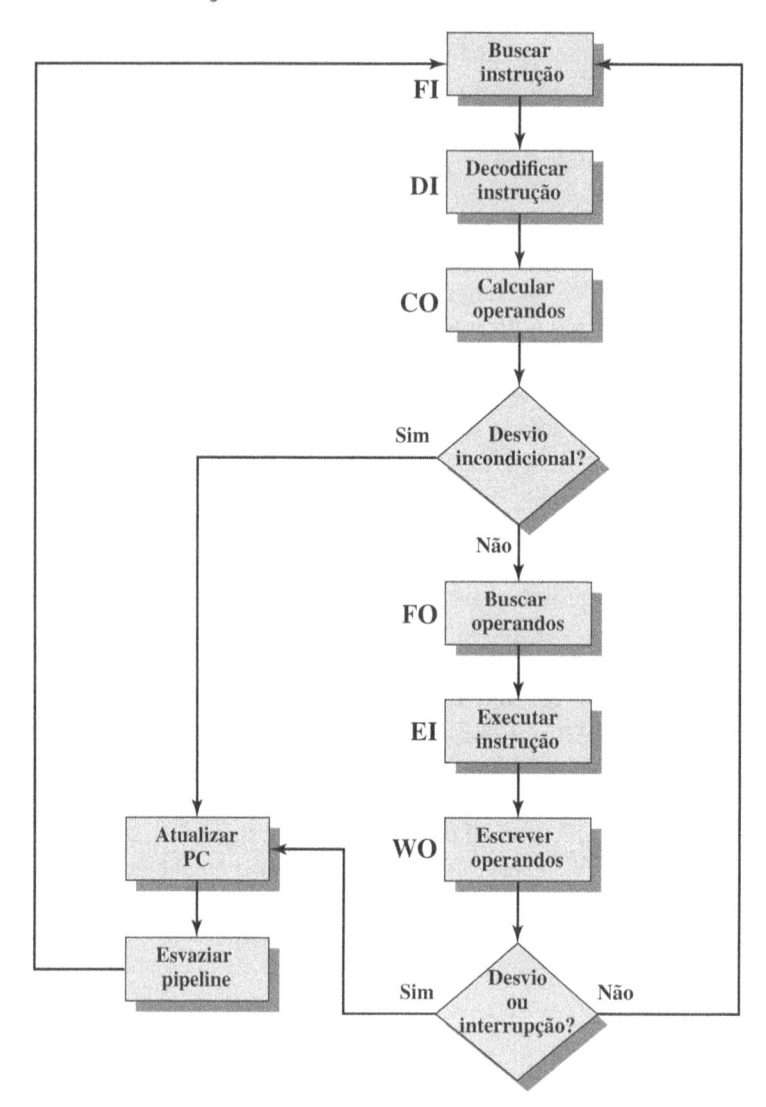

Da discussão anterior, seria possível concluir que, quanto maior o número de estágios no pipeline, maior será a taxa de execução. Alguns dos projetistas do IBM S/360 apontaram dois fatores que frustram este padrão, aparentemente simples, para projetos de alto desempenho (ANDERSON; SPARACIO; TOMASULO, 1967a), ao passo que eles continuam sendo elementos que projetistas ainda precisam considerar:

1. Em cada estágio do pipeline, existe algum esforço extra envolvido na movimentação de dados de buffer para buffer e na realização de várias funções de preparações e entrega de dados. Esse esforço extra pode desacelerar sensivelmente o tempo total de execução de uma única instrução. Isso é significativo quando instruções sequenciais são dependentes logicamente umas das outras, ou pelo uso pesado de desvios ou pelas dependências de acesso à memória.
2. A quantidade de lógica de controle necessária para lidar com dependências de memória e registradores e para otimizar o uso do pipeline aumenta imensamente com o número de estágios. Isso pode levar a uma situação em que a lógica que controla a passagem entre os estágios é mais complexa do que os estágios sendo controlados.

Outra consideração é o tempo de resposta: leva tempo para os buffers do pipeline operarem e isso aumenta o tempo do ciclo da instrução.

Pipeline de instrução é uma técnica poderosa para melhorar o desempenho, porém requer um projeto cuidadoso para alcançar resultados ótimos com uma complexidade razoável.

Figura 14.13
Descrição alternativa de um pipeline.

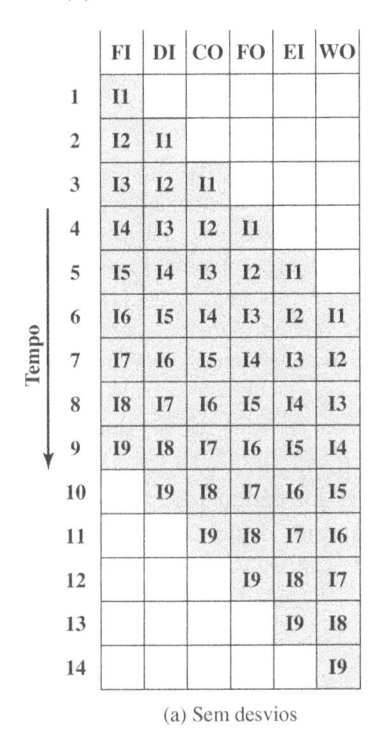

Tempo		FI	DI	CO	FO	EI	WO
	1	I1					
	2	I2	I1				
	3	I3	I2	I1			
	4	I4	I3	I2	I1		
	5	I5	I4	I3	I2	I1	
	6	I6	I5	I4	I3	I2	I1
	7	I7	I6	I5	I4	I3	I2
	8	I8	I7	I6	I5	I4	I3
	9	I9	I8	I7	I6	I5	I4
	10		I9	I8	I7	I6	I5
	11			I9	I8	I7	I6
	12				I9	I8	I7
	13					I9	I8
	14						I9

(a) Sem desvios

	FI	DI	CO	FO	EI	WO
1	I1					
2	I2	I1				
3	I3	I2	I1			
4	I4	I3	I2	I1		
5	I5	I4	I3	I2	I1	
6	I6	I5	I4	I3	I2	I1
7	I7	I6	I5	I4	I3	I2
8	I15					I3
9	I16	I15				
10		I16	I15			
11			I16	I15		
12				I16	I15	
13					I16	I15
14						I16

(b) Com desvio condicional

Desempenho do pipeline

Nesta subseção, desenvolvemos algumas medidas simples de desempenho do pipeline e a aceleração correspondente da velocidade (baseado em uma discussão em HWANG, 1993). O tempo de ciclo τ de um **pipeline de instrução** é o tempo necessário para que a instrução avance um estágio dentro do pipeline; cada coluna nas figuras 14.10 e 14.11 representa um tempo de ciclo. O tempo de ciclo pode ser determinado como

$$\tau = \max_i[\tau_i] + d = \tau_m + d \quad 1 \leq i \leq k$$

em que

τ_i = tempo de atraso da resposta do circuito no estágio i do pipeline.

τ_m = tempo de atraso máximo do estágio (atraso do estágio que apresenta o maior tempo de atraso de resposta).

k = número de estágios do pipeline de instruções.

d = tempo de resposta de um *latch* necessário para avançar sinais e dados de um estágio para o próximo.

Em geral, o tempo de atraso d é equivalente a um pulso de $\tau_m \gg d$. Suponha agora que n instruções são processadas, sem desvios. Seja $T_{k,n}$ o tempo total necessário para que um pipeline com k estágios processe n instruções. Então

$$T_{k,n} = [k + (n-1)]\tau \tag{14.1}$$

Um total de k ciclos é necessário para completar a execução da primeira instrução e o restante de $n-1$ instruções requerem $n-1$ ciclos.[2] Esta equação é facilmente verificada a partir da Figura 14.10. A nona instrução completa no ciclo de tempo 14:

$$14 = [6 + (9-1)]$$

---

[2] Estamos sendo um pouco negligentes aqui. O tempo de ciclo apenas irá se igualar ao valor máximo de τ quando todos os estágios estiverem cheios. No começo, o tempo de ciclo pode ser menor para o primeiro ou alguns primeiros ciclos.

Considere agora um processador com funções equivalentes, mas sem pipeline, e suponha que o tempo do ciclo da instrução seja $k\tau$. O fator de aceleração para o pipeline de instruções comparado com a execução sem pipeline é definido como

$$S_k = \frac{T_{1,n}}{T_{k,n}} = \frac{nk\tau}{[k + (n-1)]\tau} = \frac{nk}{k + (n-1)} \qquad (14.2)$$

A Figura 14.14a mostra o fator de aceleração como sendo uma função do número de instruções que são executadas sem um desvio. Conforme esperado, no limite ($n \to \infty$), temos uma aceleração pelo fator k. A Figura 14.14b mostra o fator de aceleração como uma função do número de estágios no pipeline da instrução.[3] Neste caso, o fator de aceleração se aproxima do número de instruções que podem ser inseridas no pipeline sem desvios. Dessa maneira, quanto maior o número de estágios do pipeline, maior o potencial para aceleração. Contudo, por uma questão prática, os ganhos potenciais dos estágios adicionais do pipeline são confrontados pelo aumento do custo, pelas demoras entre estágios e pelo fato de que os desvios irão requerer o esvaziamento do pipeline.

Hazards do pipeline

Na subseção anterior, mencionamos algumas das situações que podem resultar em um desempenho de pipeline menor que o ideal. Nesta subseção, examinaremos essa questão de uma forma mais sistemática. O Capítulo 16 retoma esta questão em mais detalhes, depois que tivermos introduzido as complexidades encontradas em organizações de pipelines superescalares.

Figura 14.14

Fatores de aceleração com pipeline da instrução.

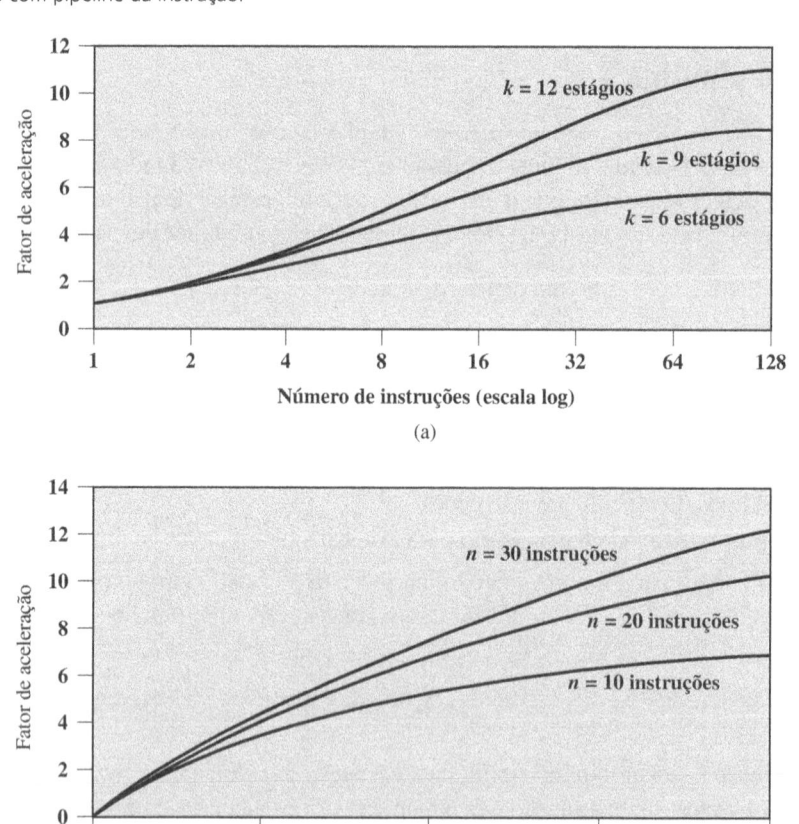

---

[3] Observe que o eixo x é logarítmico na Figura 14.14a e linear na Figura 14.14b.

O **hazard de pipeline** ocorre quando o pipeline, ou alguma parte dele, deve parar porque as condições não permitem a execução contínua. Tal parada do pipeline é também conhecida como *bolha de pipeline*. Existem três tipos de hazards: recursos, dados e controle.

HAZARDS DE RECURSOS Um hazard de recursos ocorre quando duas (ou mais) instruções que já estão no pipeline precisam do mesmo recurso. O resultado é que as instruções devem ser executadas em série em vez de em paralelo para uma parte do pipeline. Um hazard de recursos às vezes é chamado de *hazard estrutural*.

Vamos ver um exemplo simples de um hazard de recursos. Suponha um pipeline simplificado de cinco estágios no qual cada estágio ocupe um ciclo de clock. A Figura 14.15a mostra o caso ideal em que uma nova instrução entra no pipeline a cada ciclo de clock. Suponha agora que a memória principal tenha uma única porta e que todas as leituras e escritas de instruções e dados devam ser executadas uma por vez. Além disso, ignore a memória cache. Nesse caso, uma leitura ou escrita do operando na memória não pode ser executada em paralelo com o processo de se buscar uma instrução. Isso é ilustrado na Figura 14.15b, em que assumimos que o operando de origem para instrução I1 está na memória, em vez de em um registrador. Portanto, o estágio de busca da instrução deve ficar ocioso por um ciclo antes de começar a busca da instrução para a instrução I3. A figura assume que todos os outros operandos estejam nos registradores.

Outro exemplo de um conflito de recursos é uma situação em que várias instruções estão prontas para entrar na fase de execução da instrução e existe apenas uma ALU. Uma solução para tal hazard de recursos é aumentar os recursos disponíveis, como ter múltiplas portas para memória principal ou múltiplas unidades de ALU.

Uma abordagem para analisar conflitos de recursos e ajudar no projeto de pipelines é a tabela de reservas. Nós examinamos as tabelas de reservas no Apêndice N (disponível em inglês na Sala Virtual).

HAZARDS DE DADOS Um hazard de dados ocorre quando há um conflito no acesso de um local de operando. De um modo geral, podemos definir o hazard da seguinte forma: duas instruções em um programa estão para ser executadas na sequência e ambas acessam um determinado operando de memória ou registrador. Se as duas instruções são executadas em estrita sequência, não ocorre nenhum problema. Contudo, se as instruções são executadas em um pipeline, então é possível que a atualização do valor do operando ocorra de tal forma que produza um resultado diferente do que seria com uma execução estritamente sequencial. Em outras palavras, o programa produz um resultado incorreto por causa do uso do pipeline.

Figura 14.15

Exemplo de hazard de recursos.

Ciclo de clock

	1	2	3	4	5	6	7	8	9
I1	FI	DI	FO	EI	WO				
I2		FI	DI	FO	EI	WO			
I3			FI	DI	FO	EI	WO		
I4				FI	DI	FO	EI	WO	

(a) Pipeline de cinco estágios, caso ideal

Ciclo de clock

	1	2	3	4	5	6	7	8	9
I1	FI	DI	FO	EI	WO				
I2		FI	DI	FO	EI	WO			
I3			Ocioso	FI	DI	FO	EI	WO	
I4					FI	DI	FO	EI	WO

(b) Operando de origem de I1 na memória

Como um exemplo, considere a seguinte sequência de instrução de máquina para x86:

```
ADD EAX, EBX  /* EAX = EAX + EBX
SUB ECX, EAX  /* ECX = ECX - EAX
```

A primeira instrução soma o conteúdo dos registradores de 32 bits EAX e EBX e armazena o resultado em EAX. A segunda instrução subtrai o conteúdo de EAX de ECX e armazena o resultado em ECX. A Figura 14.16 mostra o comportamento do pipeline.

A instrução ADD não atualiza EAX até o fim do estágio 5, que ocorre no ciclo 5 de clock. Todavia, a instrução SUB precisa desse valor no começo do seu estágio 2, que ocorre no ciclo 4 de clock. Para manter a operação correta, o pipeline deve atrasar por dois ciclos de clock. Dessa maneira, na falta de hardware especial e de algoritmos específicos para evitar isso, o hazard de dados pode resultar no uso ineficiente do pipeline.

Existem três tipos de hazards de dados:

- **Leitura após escrita ou dependência verdadeira:** uma instrução modifica um registrador ou uma posição de memória e uma instrução subsequente lê os dados dessa posição de memória ou registrador. O hazard ocorre quando a operação de leitura acontece antes de a escrita ter sido completada.
- **Escrita após leitura ou antidependência:** uma instrução lê um registrador ou uma posição de memória e uma instrução subsequente escreve nessa posição. O hazard ocorre se a operação de escrita é completada antes da operação de leitura.
- **Escrita após escrita ou dependência de saída:** duas instruções escrevem na mesma posição. O hazard ocorre se as operações de escrita acontecerem na sequência inversa da esperada.

O exemplo da Figura 14.16 é um hazard de dados do tipo dependência verdadeira. Os outros dois hazards são entendidos melhor no contexto de organizações superescalares, discutidas no Capítulo 16.

HAZARDS DE CONTROLE Um hazard de controle, também conhecido como *hazard de desvio*, acontece quando o pipeline toma uma decisão errada ao prever um desvio e assim acaba trazendo instruções dentro do pipeline que precisam ser descartadas logo em seguida. Discutimos abordagens para lidar com hazards de controle a seguir.

Lidando com desvios

Um dos principais problemas ao se projetar um pipeline de instruções é garantir um fluxo estável de instruções para os estágios iniciais do pipeline. O primeiro impedimento, conforme já vimos, é a instrução de desvio condicional. Até que a instrução seja executada de fato, é impossível dizer se o desvio será tomado ou não.

Uma série de abordagens foram implementadas para lidar com desvios condicionais:

- Múltiplos fluxos.
- Busca antecipada do alvo do desvio.
- Buffer de loops.
- Previsão de desvios.
- Desvios atrasados.

Figura 14.16

Exemplo de hazard de dados.

				Ciclo de clock						
	1	2	3	4	5	6	7	8	9	10
ADD EAX, EBX	FI	DI	FO	EI	WO					
SUB ECX, EAX		FI	DI	Ocioso		FO	EI	WO		
I3			FI			DI	FO	EI	WO	
I4						FI	DI	FO	EI	WO

MÚLTIPLOS FLUXOS Um pipeline simples tem penalidades na execução de uma instrução de desvio, pois deve escolher a busca de uma entre duas instruções e poderá fazer a escolha errada. Uma abordagem tipo força bruta é replicar as partes iniciais do pipeline e permitir que o pipeline busque as duas instruções, fazendo assim uso de dois fluxos. Existem dois problemas com esta abordagem:

- Com múltiplos pipelines, existem atrasos no acesso aos registradores e à memória.
- Instruções de desvio adicionais podem entrar no pipeline (ou em qualquer um dos fluxos) antes que a decisão de desvio original seja resolvida. Cada uma dessas instruções precisa de um fluxo adicional.

Apesar dessas desvantagens, esta estratégia pode melhorar o desempenho. Exemplos de máquinas com dois ou mais fluxos de pipeline são IBM 370/168 e IBM 3033.

BUSCA ANTECIPADA DO ALVO DO DESVIO Quando um desvio condicional é reconhecido, o alvo do desvio é lido antecipadamente, além da instrução que segue o desvio. Esse alvo é então salvo até que a instrução de desvio seja executada. Se o desvio for tomado, o alvo já terá sido lido previamente.

O IBM 360/91 utiliza esta abordagem.

BUFFER DE LOOPS Um buffer de loops é uma memória pequena e extremamente rápida mantida pelo estágio do pipeline de busca da instrução e que contém as *n* instruções mais recentemente lidas na sequência. Se um desvio está para ser tomado, o hardware primeiro verifica se o alvo do desvio já está no buffer. Se estiver, a próxima instrução é buscada do buffer. O buffer de loops possui três benefícios:

1. Com o uso de busca antecipada, o buffer de loop manterá algumas instruções em sequência na frente do endereço da instrução atual. Dessa maneira, as instruções obtidas na sequência estarão disponíveis sem o tempo usual de acesso à memória.
2. Se um desvio para um alvo estiver apenas algumas posições à frente do endereço da instrução de desvio, o alvo já estará no buffer. Isso é útil para ocorrências muito comuns das sequências IF-THEN e IF-THEN-ELSE.
3. Esta estratégia é particularmente bem adaptada para lidar com loops ou iterações; por isso o nome de *buffer de* loops. Se o buffer de loops de repetição for suficientemente grande para conter todas as instruções de um loop, então essas instruções precisam ser obtidas da memória apenas uma vez, na primeira iteração. Para iterações subsequentes, todas as instruções necessárias já estão no buffer.

O buffer de loops é semelhante, em princípio, a uma cache dedicada para instruções. A diferença é que buffer de loop guarda apenas instruções na sequência e tem um tamanho menor, tendo assim um custo menor também.

A Figura 14.17 mostra um exemplo de buffer de loops. Se o buffer contém 256 bytes, e o endereçamento de byte é usado, então os oito bits menos significativos são usados para indexar o buffer. Os bits mais significativos restantes são verificados para determinar se o alvo do desvio se encontra dentro do ambiente capturado pelo buffer.

Entre as máquinas que usam o buffer de loops estão algumas máquinas CDC (Star-100, 6600, 7600) e a CRAY-1. Uma forma especial de buffer de loops está disponível no Motorola 68010 para executar um *loop*

Figura 14.17
Buffer de loops.

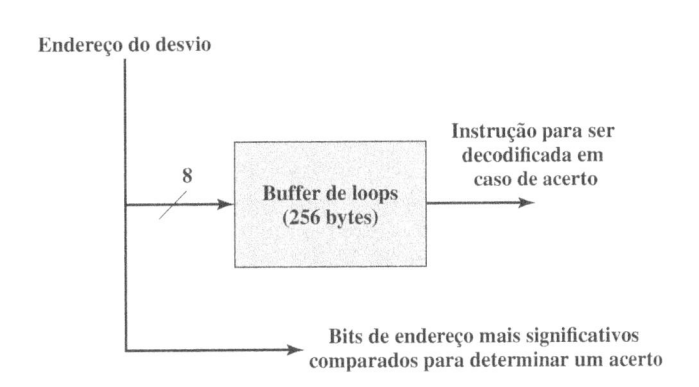

de três instruções envolvendo uma instrução DBcc (decremento e desvio dependendo da condição) — veja o Problema 14.14. Um buffer de três palavras é mantido e o processador executa essas instruções repetidamente até que a condição do loop seja satisfeita.

PREVISÃO DE DESVIO   Várias técnicas podem ser usadas para prever se um desvio será tomado. Entre as mais comuns estão as seguintes:

- Previsão nunca tomada.
- Previsão sempre tomada.
- Previsão por opcode.
- Chave tomada/não tomada.
- Tabela de histórico de desvio.

As três primeiras abordagens são estáticas: elas não dependem do histórico da execução até o momento da instrução do desvio condicional. As duas últimas são dinâmicas: elas dependem do histórico da execução.

As duas primeiras abordagens são mais simples. Ou elas supõem que o desvio nunca será tomado e continuam obtendo as instruções na sequência ou elas sempre supõem que o desvio será tomado e sempre obtêm o alvo do desvio. A abordagem de previsão nunca tomada é a mais popular de todos os métodos de previsão de desvios.

Estudos que analisaram o comportamento dos programas mostraram que os desvios condicionais são tomados em mais que 50% das vezes (LILJA, 1988), então se o custo de busca antecipada dos dois caminhos é o mesmo, fazer a busca antecipada sempre do endereço do alvo do desvio deveria oferecer um desempenho melhor do que sempre fazer busca antecipada do caminho sequencial. No entanto, em uma máquina com paginação, fazer busca antecipada do alvo do desvio terá maior probabilidade de causar uma falha de página do que fazer busca antecipada da próxima instrução na sequência e, por isso, esta penalidade de desempenho deve ser levada em conta. Um mecanismo para evitar isso poderia ser empregado para reduzir tal penalidade.

A abordagem estática final toma a decisão com base no opcode da instrução de desvio. O processador supõe que o desvio será feito para determinados opcodes de desvio e não para outros. Lilja (1988) reporta taxas de sucesso superiores a 75% com esta estratégia.

As estratégias dinâmicas tentam melhorar a precisão da previsão armazenando um histórico de instruções de desvios condicionais de um programa. Por exemplo, um ou mais bits podem ser associados com cada instrução de desvio condicional que reflete o histórico recente da instrução. Esses bits são conhecidos como uma chave tomada/não tomada que direciona o processador a tomar uma determinada decisão na próxima vez que a instrução for encontrada. Em geral, esses bits de histórico não são associados com a instrução na memória principal. Em vez disso, eles são guardados em um armazenamento temporário de alta velocidade. Uma possibilidade é associar esses bits com qualquer instrução de desvio condicional que esteja em uma cache. Quando a instrução é substituída na cache, o seu histórico é perdido. Outra possibilidade é manter uma pequena tabela para instruções de desvio recentemente executadas com um ou mais bits de histórico para cada entrada. O processador poderia acessar a tabela de forma associativa, com uma cache, ou usando os bits de ordem mais baixa do endereço da instrução de desvio.

Com um bit único, tudo o que pode ser guardado é se a última execução dessa instrução resultou em um desvio ou não. Uma desvantagem de usar um bit único aparece no caso de uma instrução de desvio condicional que é quase sempre tomada como uma instrução de loop repetitiva. Com apenas um bit de histórico, um erro de previsão ocorrerá duas vezes para cada uso do loop: uma vez ao entrar no loop e outra vez ao sair.

Se dois bits são usados, eles podem ser utilizados para guardar o resultado das duas últimas instâncias da execução da instrução associada ou para guardar o estado de alguma outra forma. A Figura 14.18 mostra uma abordagem típica (veja o Problema 14.13 para outras possibilidades). Suponha que o algoritmo começa no canto superior esquerdo do fluxograma. À medida que cada instrução de desvio condicional subsequente encontrada é tomada, o processo de decisão prevê que o próximo desvio será tomado. Se uma única previsão for errada, o algoritmo continua prevendo que o próximo desvio será tomado. Apenas se dois desvios seguidos não forem tomados fará com que o algoritmo mude para o lado direito do fluxograma. Subsequentemente, o algoritmo irá prever que desvios não são tomados até que dois desvios em uma linha sejam tomados. Dessa maneira, o algoritmo requer duas previsões erradas em seguida para mudar a decisão da previsão.

O processo de decisão pode ser representado de maneira mais compacta por uma máquina de estados finitos, mostrada na Figura 14.19. A representação de uma máquina de estados finitos é comumente usada na literatura.

O uso de bits de histórico, conforme descrito agora, tem uma desvantagem: se for decidido tomar o desvio, a instrução alvo não pode ser obtida até que o endereço do alvo, que é um operando dentro da instrução de

Figura 14.18

Fluxograma de previsão de desvio.

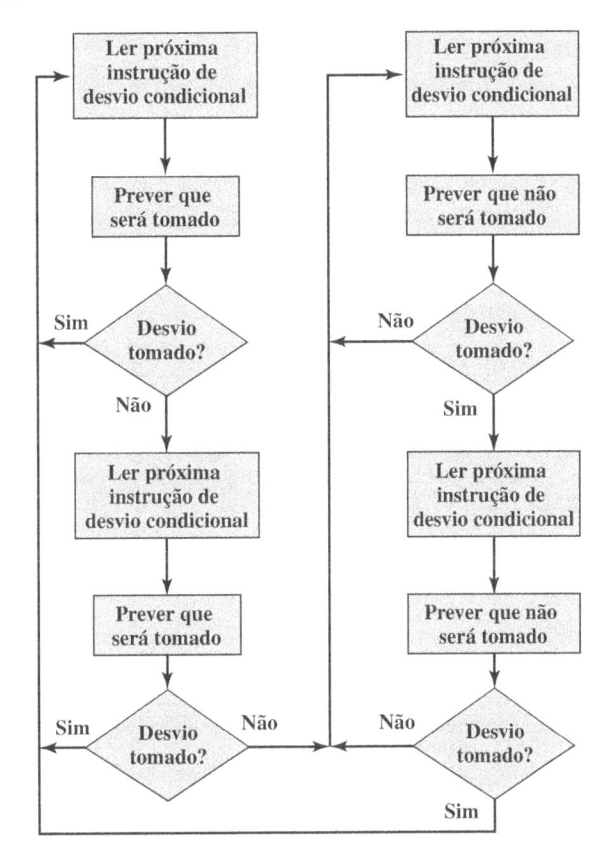

Figura 14.19

Diagrama de estados de previsão de desvio.

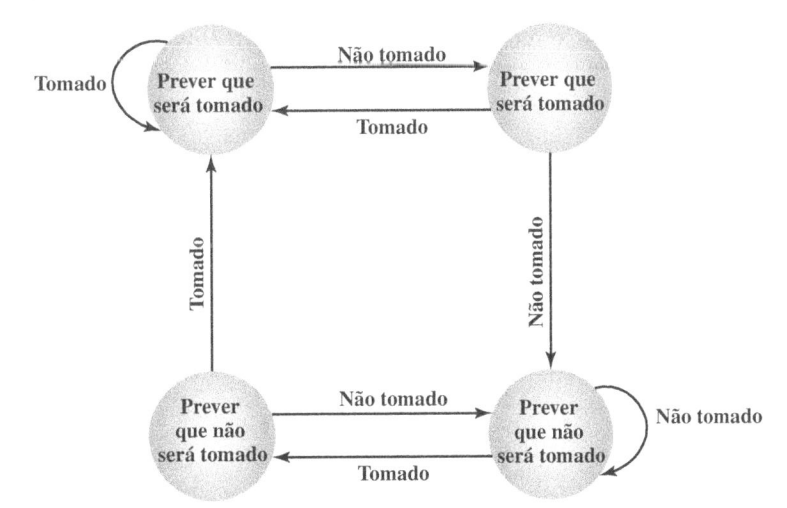

desvio condicional, seja decodificado. Uma eficiência maior pode ser alcançada se a busca da instrução puder ser iniciada assim que a decisão de tomada de desvio for feita. Para este propósito, mais informações precisam ser salvas no que é conhecido como buffer de alvo do desvio ou tabela de histórico de desvio.

A tabela de histórico de desvios é uma pequena memória cache associada com o estágio de busca da instrução do pipeline. Cada entrada da tabela consiste em três elementos: o endereço da instrução de desvio, algum número de bits de histórico que guardam o estado de uso dessa instrução e informação sobre a instrução-alvo.

Na maioria das propostas e das implementações, esse terceiro campo contém o endereço da instrução-alvo. Outra possibilidade é que o terceiro campo contenha a instrução alvo em si. A relação é clara: armazenar o endereço do alvo necessita de uma tabela menor, porém um tempo maior para buscar a instrução se comparado com o de armazenar a instrução alvo (RECHES; WEISS, 1998).

A Figura 14.20 contrasta esse esquema com uma estratégia de prever que nunca será tomada. Com essa estratégia, o estágio de busca da instrução sempre obtém o próximo endereço na sequência. Se um desvio for tomado, alguma lógica no processador detecta isso e instrui que a próxima instrução seja obtida do endereço alvo (além de esvaziar o pipeline). A tabela de histórico de desvio é tratada como uma cache. Cada busca antecipada dispara uma pesquisa na tabela de histórico de desvios. Se nenhuma ocorrência correspondente for encontrada, o próximo endereço sequencial é usado para busca. Se uma ocorrência correspondente for encontrada, uma previsão é feita com base no estado da instrução: ou o próximo endereço sequencial ou o endereço do alvo do desvio é informado para a lógica selecionada.

Quando uma instrução de desvio é executada, o estágio de execução sinaliza a lógica da tabela de histórico de desvios com o resultado. O estado da instrução é atualizado para refletir uma previsão correta ou incorreta. Se a previsão for incorreta, a lógica de seleção é redirecionada para o endereço correto para a próxima busca. Quando uma instrução de desvio condicional que não esteja na tabela é encontrada, ela é adicionada à tabela e uma das entradas existentes é descartada com uso de um dos algoritmos de substituição de cache discutidos no Capítulo 4.

Figura 14.20

Lidando com desvios.

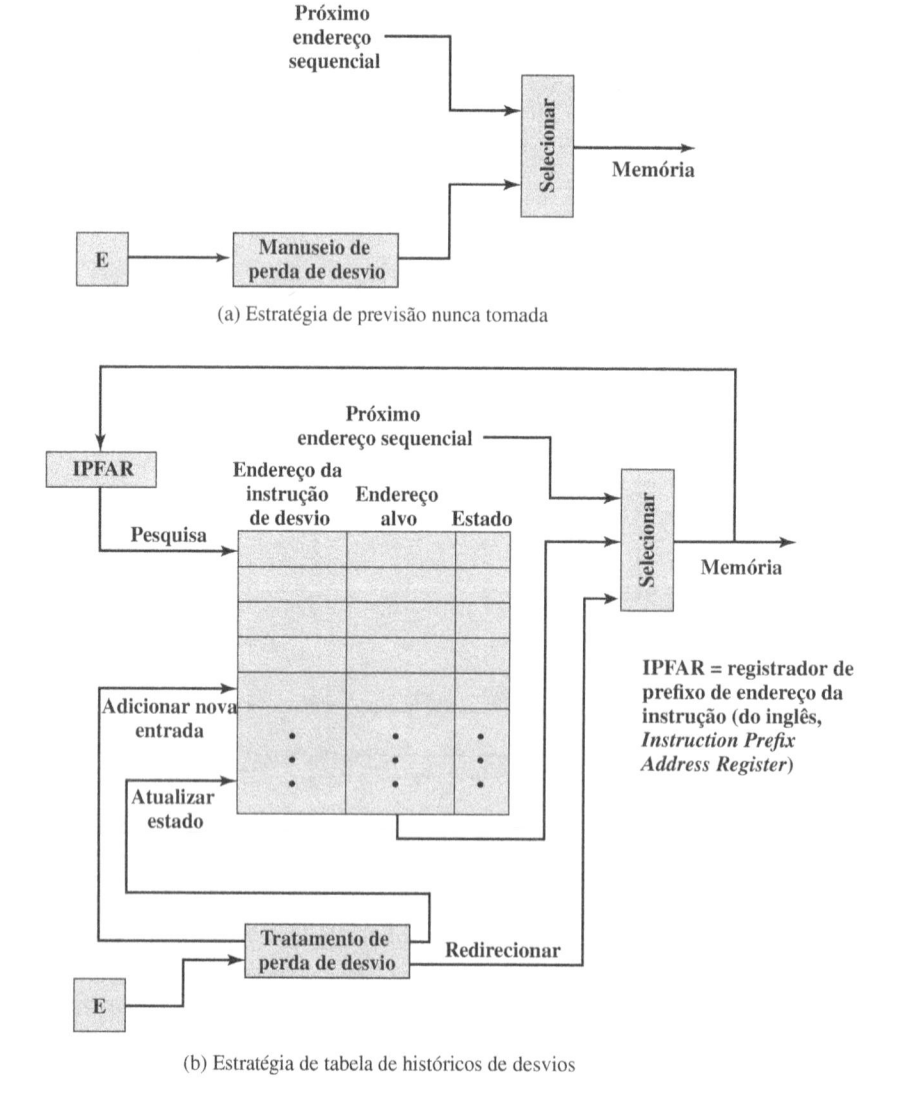

(a) Estratégia de previsão nunca tomada

IPFAR = registrador de prefixo de endereço da instrução (do inglês, *Instruction Prefix Address Register*)

(b) Estratégia de tabela de históricos de desvios

Um refinamento da abordagem do histórico de desvios é referenciado como histórico de desvios de dois níveis ou baseado em correlação (YEH; PATT, 1991). Esta abordagem é baseada na suposição de que, apesar de nos desvios de loop o histórico de uma determinada instrução de desvio ser uma boa forma de previsão de comportamentos futuros, com estruturas de controle de fluxo mais complexas, a direção de um desvio é frequentemente correlacionada com a direção de desvios relacionados. Um exemplo disso é uma estrutura de *if-then-else* ou *case*. Existem diversas estratégias possíveis. Em geral, o histórico global de desvios recentes (ou seja, o histórico de desvios mais recentes e não apenas desta instrução de desvio) é usado junto com o histórico da instrução de desvio atual. A estrutura geral é definida como uma correlação (m, n) que usa o comportamento dos últimos m desvios para escolher de 2^m preditores de n bits para a atual instrução de desvio. Em outras palavras, um histórico de n bits é guardado para um dado desvio para cada combinação possível de desvios tomada por m desvios mais recentes.

DESVIO ATRASADO É possível melhorar o desempenho do pipeline rearranjando automaticamente as instruções dentro de um programa, para que as instruções ocorram depois do que realmente desejado. Esta abordagem intrigante é examinada no Capítulo 15.

Pipeline de Intel 80486

Um exemplo instrutivo de um pipeline de instruções é o do Intel 80486. Ele implementa um pipeline de cinco estágios:

- **Busca:** instruções são obtidas a partir da cache ou da memória externa e são colocadas em um de dois buffers de busca antecipada de 16 bits. O objetivo do estágio de busca é preencher os buffers de busca antecipada com dados novos assim que os dados antigos tenham sido consumidos pelo decodificador da instrução. Como as instruções têm tamanhos variáveis (de 1 a 11 bytes sem contar prefixos), o estado do estágio de busca antecipada em relação a outros estágios varia de instrução para instrução. Em média, em torno de cinco instruções são obtidas com cada carga de 16 bytes (CRAWFORD, 1990). O estágio de leitura opera independentemente de outros estágios para manter os buffers de busca antecipada cheios.
- **Estágio de decodificação 1:** toda a informação de opcode e modo de endereçamento é decodificada no estágio D1. A informação requerida, assim como a informação sobre o tamanho da instrução, é incluída, no máximo, nos 3 primeiros bytes da instrução. Por isso, os 3 bytes são passados para o estágio D1 a partir dos buffers de busca antecipada. O decodificador D1 pode então direcionar o estágio D2 para pegar o restante da instrução (dados imediatos e de deslocamento), que não está envolvida na decodificação em D1.
- **Estágio de decodificação 2:** o estágio D2 traduz cada opcode em sinais de controle para ALU. Ele também controla o cálculo de modos de endereçamento mais complexos.
- **Execução:** este estágio inclui operações da ALU, acesso à cache e atualização de registradores.
- ***Write back*:** este estágio, se necessário, atualiza registradores e flags de estado modificados durante o processo da execução anterior. Se a instrução corrente atualiza a memória, o valor computado é enviado para a cache e a interface de barramento escreve nos buffers ao mesmo tempo.

Com uso de dois estágios de decodificação, o pipeline pode sustentar uma falha de transferência de quase uma instrução por ciclo de clock. Instruções complexas e desvios condicionais podem diminuir essa taxa.

A Figura 14.21 mostra exemplos da operação do pipeline. A Figura 14.21a mostra que não há atraso introduzido no pipeline quando um acesso à memória é necessário. Contudo, conforme a Figura 14.21b mostra, pode haver um atraso para valores usados para calcular endereço de memória. Isto é, se um valor é carregado da memória em um registrador e esse registrador é então usado como um registrador base na próxima instrução, o processador irá atrasar por um ciclo. Nesse exemplo, o processador acessa a cache no estágio EX da primeira execução e armazena o valor obtido no registrador durante o estágio WB. No entanto, a próxima instrução precisa desse registrador no seu estágio D2. Quando o estágio D2 se alinha com o estágio WB da instrução anterior, caminhos alternativos de sinal permitem que o estágio D2 tenha acesso aos mesmos dados usados pelo estágio WB para escrita, economizando um estágio do pipeline.

A Figura 14.21c ilustra a temporização de uma instrução de desvio, supondo que o desvio seja tomado. A instrução de comparação atualiza os códigos condicionais no estágio WB e os caminhos alternativos tornam isso disponível para o estágio EX da instrução de salto ao mesmo tempo. Em paralelo, o processador executa o ciclo de busca especulativo para o alvo do salto durante o estágio EX da instrução de salto. Se o processador determinar uma condição de desvio falsa, ele descarta a busca antecipada e continua a execução com a próxima instrução da sequência (já lida e decodificada).

Figura 14.21

Exemplos de pipeline de instrução do 80486.

Fetch	D1	D2	EX	WB				MOV Reg1, Mem1
	Fetch	D1	D2	EX	WB			MOV Reg1, Reg2
		Fetch	D1	D2	EX	WB		MOV Mem2, Reg1

(a) Nenhum atraso para carregar dados no pipeline

Fetch	D1	D2	EX	WB			MOV Reg1, Mem1
	Fetch	D1		D2	EX		MOV Reg2, (Reg1)

(b) Atraso para carregar o ponteiro

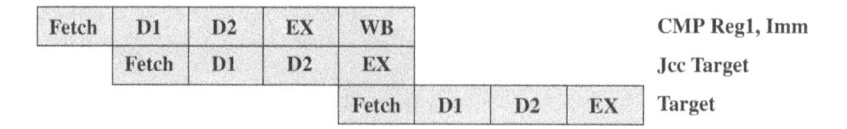

Fetch	D1	D2	EX	WB				CMP Reg1, Imm
	Fetch	D1	D2	EX				Jcc Target
			Fetch	D1	D2	EX		Target

(c) Temporização da instrução de desvio

14.5 FAMÍLIA DE PROCESSADORES x86

A organização x86 evoluiu consideravelmente ao longo dos anos. Nesta seção analisamos alguns dos detalhes das mais recentes organizações dos processadores, focando em elementos comuns em processadores únicos. O Capítulo 16 aborda aspectos superescalares de x86 e o Capítulo 18 analisa organização multicore. Uma visão da organização do processador Pentium 4 é mostrada na Figura 4.18.

Organização dos registradores

A organização dos registradores inclui os seguintes tipos de registradores (Tabela 14.2):

- **Uso geral:** existem oito registradores de 32 bits de uso geral (veja Figura 14.3c). Eles podem ser usados para todos os tipos de instruções x86 e também podem guardar operandos para cálculo de endereços. Além disso, alguns desses registradores servem também para propósitos específicos. Por exemplo, as instruções de *string* usam o conteúdo dos registradores ECX, ESI e EDI como operandos sem precisar referenciar esses registros explicitamente na instrução. Como resultado, uma série de instruções pode ser codificada de forma mais compactada. No modo 64 bits, existem 16 registradores de uso geral de 64 bits.
- **Segmento:** seis registradores de segmento de 16 bits contêm seletores de segmento, os quais indexam as tabelas de segmentos, conforme discutido no Capítulo 8. O registrador de segmento de código (CS) referencia o segmento contendo as instruções a serem executadas. O registrador de segmento de pilha (SS) referencia o segmento contendo uma pilha visível ao usuário. Os registradores de segmento restantes (DS, ES, FS e GS) possibilitam ao usuário referenciar até quatro segmentos de dados separados ao mesmo tempo.
- **Flags:** os registradores EFLAGS de 32 bits contêm códigos condicionais e vários bits de modo. No modo 64 bits, o registrador é estendido para 64 bits e é referenciado como RFLAGS. Na atual definição da arquitetura, os 32 bits superiores de RFLAGS não são usados.
- **Ponteiro de instrução:** contém o endereço da instrução corrente.

Existem também registradores dedicados especialmente para unidade de ponto flutuante:

- **Numérico:** cada registrador guarda um número de ponto flutuante de 80 bits de precisão estendida. Existem 8 registradores que funcionam como uma pilha, com operações push e pop disponíveis no conjunto de instruções.

Tabela 14.2
Registradores do processador x86.

(a) Unidade de inteiros no modo 32-bits

Tipo	Número	Extensão (bits)	Propósito
Geral	8	32	Registradores de uso geral
Segmento	6	16	Contém seletores de segmento
EFLAGS	1	32	Bits de estado e controle
Ponteiro de instrução	1	32	Ponteiro de instrução

(b) Unidade de inteiros no modo 64-bits

Tipo	Número	Extensão (bits)	Propósito
Geral	16	32	Registradores de uso geral
Segmento	6	16	Contém seletores de segmento
RFLAGS	1	64	Bits de estado e controle
Ponteiro de instrução	1	64	Ponteiro de instrução

(c) Unidade de ponto flutuante

Tipo	Número	Extensão (bits)	Propósito
Numérico	8	80	Armazena números de ponto flutuante
Controle	1	16	Bits de controle
Estado	1	16	Bits de estado
Palavra de rótulo	1	16	Especifica o conteúdo de registradores numéricos
Ponteiro de instrução	1	48	Aponta para instrução interrompida pela exceção
Ponteiro de dados	1	48	Aponta para operando quando interrompido pela exceção

▶ **Controle:** o registrador de controle de 16 bits contém bits que controlam a operação da unidade de ponto flutuante, incluindo o tipo de arredondamento; precisão única, dupla ou estendida; e bits para habilitar ou desabilitar diversas condições de exceção.

▶ **Estado:** o registrador de estado de 16 bits contém bits que refletem o atual estado da unidade de ponto flutuante, incluindo um ponteiro de 3 bits para o topo da pilha; códigos condicionais que reportam a saída da última operação; e flags de exceção.

▶ **Palavra de rótulo:** este registrador de 16 bits contém um rótulo de 2 bits para cada registrador numérico de ponto flutuante, que indica a natureza do conteúdo do registrador correspondente. Quatro valores possíveis são: válido, zero, especial (NaN, infinito, desnormalizado) e vazio. Esses marcadores possibilitam que os programas verifiquem o conteúdo de um registrador numérico sem executar decodificação complexa dos dados atuais no registrador. Por exemplo, quando há uma troca de contexto, o processador não precisa salvar nenhum registrador de ponto flutuante que esteja vazio.

O uso da maioria dos registradores previamente mencionados é facilmente compreendido. Vamos analisar brevemente alguns dos registradores.

REGISTRADOR EFLAGS O registrador EFLAGS (Figura 14.22) indica a condição do processador e ajuda a controlar suas operações. Isso inclui os seis códigos condicionais definidos na Tabela 12.9 (*carry*, paridade, auxiliar, zero, sinal e *overflow*), que reportam os resultados de uma operação inteira. Além disso, existem bits no registrador que podem ser chamados de bits de controle:

▶ **Flag de *trap* (TF — do inglês, *Trap Flag*):** quando definida, causa uma interrupção depois da execução de cada instrução. Isso é usado para depuração.

Figura 14.22

Registrador EFLAGS do x86.

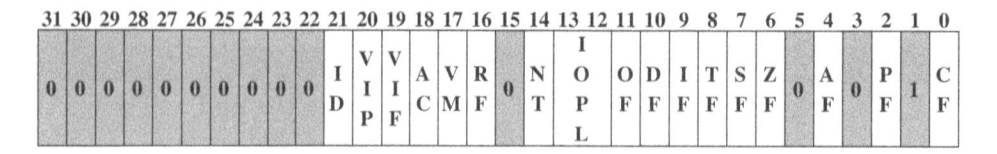

| 31 30 29 28 27 26 25 24 23 22 21 | 20 | 19 | 18 | 17 | 16 | 15 | 14 | 13 12 | 11 | 10 | 9 | 8 | 7 | 6 | 5 | 4 | 3 | 2 | 1 | 0 |

```
 0 0 0 0 0 0 0 0 0 0 ID VIP VIF AC VM RF 0 NT IOPL OF DF IF TF SF ZF 0 AF 0 PF 1 CF
```

X ID = flag de identificação	C DF = flag direcional
X VIP = interrupção virtual pendente	X IF = flag para habilitar interrupção
X VIF = flag de interrupção virtual	X TF = flag de *trap*
X AC = verificação de alinhamento	S SF = flag de sinal
X VM = modo virtual do 8086	S ZF = flag zero
X RF = flag de reinício	S AF = flag de *carry* auxiliar
X NT = flag de tarefa aninhada	S PF = flag de paridade
X IOPL = nível de privilégio de E/S	S CF = flag de *carry*
S OF = flag de *overflow*	

S indica flag de estado.
C indica uma flag de controle.
X indica uma flag de sistema.
Os bits sombreados são reservados.

▶ **Flag para habilitar interrupção (IF — do inglês, *Interrupt Enable Flag*):** quando definida, o processador reconhece interrupções externas.

▶ **Flag direcional (DF — do inglês, *Direction Flag*):** determina se as instruções de processamento de *string* incrementam ou decrementam os registradores de 16 bits SI e DI (para operações de 16 bits) ou os registradores de 32 bits ESI e EDI (para operações de 32 bits).

▶ **Flag de privilégio de E/S (IOPL — do inglês, *I/O Privilege Level*):** quando definida, faz com que o processador gere uma exceção em todos os acessos para dispositivos de E/S durante a operação no modo protegido.

▶ **Flag de reinício (RF — do inglês, *Resume Flag*):** permite que o programador desabilite exceções de depuração para que a instrução possa ser reiniciada depois de uma exceção de depuração, sem causar imediatamente outra exceção de depuração.

▶ **Verificação de alinhamento (AC — do inglês, *Alignment Check*):** ativada se uma palavra ou palavra dupla é endereçada em um limite de não palavra ou não palavra dupla.

▶ **Flag de identificação (ID — do inglês, *Identification Flag*):** se este bit pode ser definido em um ou em zero, então o processador suporta a instrução processorID. Esta instrução provê a informação sobre fabricante, família e modelo.

Além disso, existem 4 bits que são relacionados com o modo de operação. O flag de Tarefa Aninhada (NT — do inglês, *Nested Task*) indica que a tarefa atual é aninhada dentro da outra tarefa no modo de operação protegida. O bit de Modo Virtual (VM — do inglês, *Virtual Mode*) permite ao programador habilitar ou desabilitar o modo virtual do 8086, que determina se o processador está trabalhando como uma máquina 8086. Os flags de Interrupção Virtual (VIF — do inglês, *Virtual Interrupt Flag*) e Interrupção Virtual Pendente (VIP — do inglês, *Virtual Interrupt Pending*) são usados num ambiente multitarefa.

REGISTRADORES DE CONTROLE O x86 usa quatro registradores de controle (o registrador CR1 não é usado) para controlar os vários aspectos da operação do processador (Figura 14.23). Todos os registradores, exceto CR0, têm o tamanho de 32 ou 64 bits, de acordo com a implementação: se ela suporta arquitetura x86 de 64 bits ou não. O registrador CR0 contém flags de controle do sistema que controlam o modo ou indicam estados que se aplicam normalmente ao processador em vez da execução de uma determinada tarefa. Os flags são os seguintes:

▶ **Habilitação de proteção (PE — do inglês, *Protection Enable*):** habilita/desabilita modo de operação protegido.

Figura 14.23
Registradores de controle do x86.

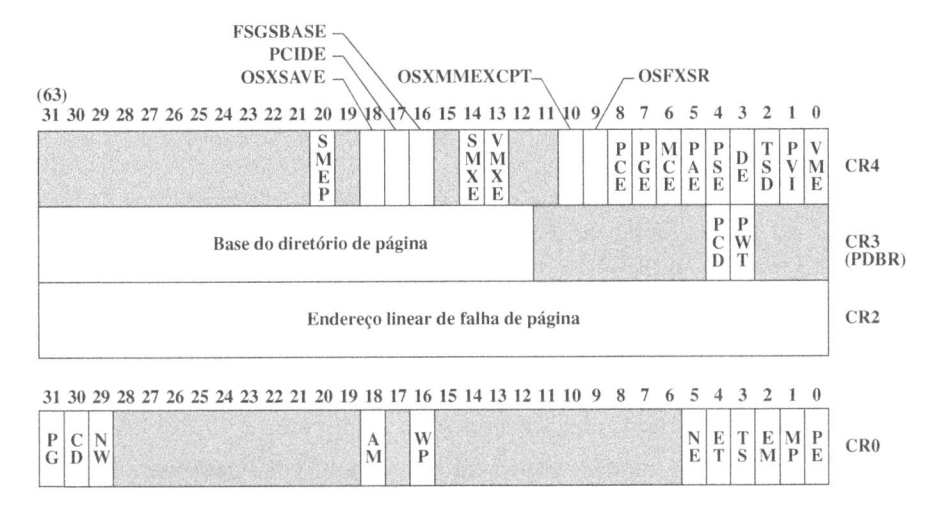

```
                              FSGSBASE
                               PCIDE
              OSXSAVE                OSXMMEXCPT          OSFXSR
(63)
31 30 29 28 27 26 25 24 23 22 21 20 19 18 17 16 15 14 13 12 11 10 9 8 7 6 5 4 3 2 1 0
                              S         S V              P P M P P   T P V
                              M         M M              C G C A S D S V M        CR4
                              E         X X              E E E E E   D I E
                              P         E E
```

Base do diretório de página		P P	CR3
		C W	(PDBR)
		D T	

| Endereço linear de falha de página | CR2 |

```
31 30 29 28 27 26 25 24 23 22 21 20 19 18 17 16 15 14 13 12 11 10 9 8 7 6 5 4 3 2 1 0
P C N                         A     W                      N E T E M P
G D W                         M     P                      E T S M P E      CR0
```

Áreas sombreadas indicam bits reservados.

OSXSAVE	= habilita bit XSAVE	VME	= modo de extensão virtual de 8086
PCIDE	= habilita identificadores contextualizados pelo processo	PCD	= desabilita cache de página
		PWT	= escrita transparente em nível de página
FSGSBASE	= habilita instruções de segmento base	PG	= paginação
SMXE	= habilita extensões do modo de segurança	CD	= desabilita cache
VMXE	= habilita extensões de máquina virtual	NW	= não *write through*
OSXMMEXCPT	= suporta exceções SIMD FP não mascaradas	AM	= máscara de alinhamento
		WP	= proteção de escrita
OSFXSR	= suporta FXSAVE, FXSTOR	NE	= erro numérico
PCE	= habilita contador de desempenho	ET	= tipo de extensão
PGE	= habilita paginação global	TS	= troca de tarefa
MCE	= habilita verificação de máquina	EM	= emulação
PAE	= extensão de endereço físico	MP	= monitor do coprocessador
PSE	= extensões de tamanho de página	PE	= habilitação de proteção
DE	= extensões de depuração		
TSD	= desabilita *time stamp*		
PVI	= interrupções virtuais no modo protegido		

- **Monitor do coprocessador (MP — do inglês, *Monitor Coprocessor*):** interessante apenas quando os programas de máquinas anteriores são executados em x86; ele define a presença de um coprocessador aritmético.
- **Emulação (EM):** definida quando o processador não possui uma unidade de ponto flutuante e causa uma interrupção quando uma tentativa é feita para execução de instruções de ponto flutuante.
- **Troca de tarefa (TS — do inglês, *Task Switched*):** indica que o processador trocou tarefas.
- **Tipo de extensão (ET — do inglês, *Extension Type*):** não é usado em Pentium e máquinas posteriores; usado para indicar suporte para instruções de coprocessador matemático em máquinas anteriores.
- **Erro numérico (NE — do inglês, *Numeric Error*):** habilita o mecanismo padrão para reportar erros de ponto flutuante em linhas de barramento externo.
- **Proteção de escrita (WP — do inglês, *Write Protect*):** quando este bit é igual a zero, páginas de usuário com permissão de somente leitura podem ser escritas por um processo supervisor. Este recurso é útil para suportar a criação de processos em alguns sistemas operacionais.
- **Máscara de alinhamento (AM — do inglês, *Alignment Mask*):** habilita/desabilita verificação de alinhamento.
- **Não *write through* (NW):** seleciona o modo de operação de cache de dados. Quando esse bit é um, a cache de dados é inibida a partir das operações de cache *write through*.
- **Desabilitar cache (CD — do inglês, *Cache Disable*):** habilita/desabilita o mecanismo interno de preenchimento de cache.
- **Paginação (PG):** habilita/desabilita paginação.

Quando a paginação está habilitada, os registradores CR2 e CR3 são válidos. O registrador CR2 guarda o endereço linear de 32 bits da última página acessada antes de uma interrupção de falha de página. Os 20 bits da extrema esquerda de CR3 guardam os 20 bits mais significativos do endereço base do diretório de página; o restante do endereço contém zeros. Dois bits de CR3 são usados como acionadores que controlam a operação de uma cache externa. Desabilitar a cache em nível de página (PCD — do inglês, *Page-level Cache Disable*) habilita ou desabilita a cache externa, e o bit de escrita transparente em nível de página (PWT — do inglês, *Page-level Writer Transparent*) controla a escrita na cache externa. CR4 contém bits de controle adicional.

REGISTRADORES MMX Lembre-se da Seção 10.3, em que o x86 MMX usa vários tipos de dados de 64 bits. As instruções MMX fazem uso de campos de endereço de registrador de 3 bits para que oito registradores MMX sejam suportados. Na verdade, o processador não inclui registradores MMX específicos. Em vez disso, o processador usa uma técnica de mapeamento (Figura 14.24). Os registradores de ponto flutuante existentes são usados para armazenar valores MMX. Especificamente, 64 bits de baixa ordem (mantissa) de cada registrador de ponto flutuante são usados para formar oito registradores MMX. Dessa maneira, a antiga arquitetura x86 de 32 bits é facilmente estendida para suportar a capacidade MMX. Algumas das principais características do uso MMX desses registradores são as seguintes:

- Lembre que registradores de ponto flutuante são tratados como uma pilha para operações de ponto flutuante. Para operações MMX, esses mesmos registradores são acessados diretamente.
- Na primeira vez que uma instrução MMX é executada depois de qualquer operação de ponto flutuante, a palavra de rótulo FP (do inglês, *Floating Point*) é marcada como válida. Isso reflete na mudança de operação de pilha para endereçamento direto de registradores.
- Instrução EMMS (estado MMX vazio) define bits da palavra de rótulo FP para indicar que todos os registradores estão vazios. É importante que o programador insira essa instrução no final de bloco de código MMX para que as operações de ponto flutuante subsequentes funcionem corretamente.
- Quando um valor é escrito para um registrador MMX, os bits [79:64] do registrador FP correspondente (bits de expoente e de sinal) são todos definidos para o valor 1. Isso define o valor no registrador FP para NN (não numérico) ou infinito quando visto como um valor de ponto flutuante. Isso garante que um valor de dados MMX não se pareça com um valor de ponto flutuante válido.

Processamento de interrupções

O processamento de interrupções dentro de um processador é uma facilidade oferecida para suportar o sistema operacional. Isso permite que um programa aplicativo seja suspenso para que uma variedade de condições de interrupções possa ser atendida e depois seja reiniciado.

Figura 14.24

Mapeamento de registradores MMX para registradores de ponto flutuante.

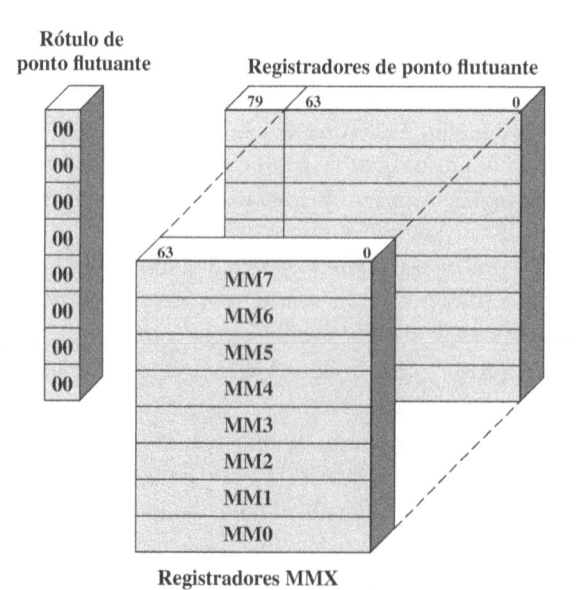

INTERRUPÇÕES E EXCEÇÕES Duas classes de eventos fazem com que o x86 suspenda o fluxo de execução da instrução corrente e responda ao evento: interrupções e exceções. Em ambos os casos, o processador salva o contexto do processo atual e transfere para uma rotina predefinida para atender a condição. Uma *interrupção* é gerada por um sinal de hardware e pode ocorrer um número aleatório de vezes durante a execução de um programa. Uma *exceção* é gerada a partir do software e é provocada pela execução de uma instrução. Existem duas origens das interrupções e duas origens das exceções:

1. **Interrupções**
   - **Interrupções mascaráveis:** recebidas no pino INTR do processador. O processador não reconhece uma interrupção mascarável se o flag de habilitar interrupção (IF) não estiver definido.
   - **Interrupções não mascaráveis:** recebidas no pino NMI do processador. O reconhecimento de tais interrupções não pode ser evitado.
2. **Exceções**
   - **Exceções detectadas pelo processador:** resultam quando o processador encontra um erro enquanto tenta executar uma instrução.
   - **Exceções programadas:** essas são as instruções que geram uma exceção (por exemplo, INTO, INT3, INT e BOUND).

TABELA DE VETORES DE INTERRUPÇÕES O processamento de interrupção em x86 usa uma tabela de vetores de interrupções. Cada tipo de interrupção possui um número vinculado e esse número é usado para indexar a tabela de vetores de interrupções. Essa tabela contém 256 vetores de interrupção de 32 bits, que representa o endereço (segmento e offset) da rotina para atender a interrupção para esse determinado número de interrupção.

A Tabela 14.3 mostra a atribuição de números na tabela de vetores de interrupções; os campos sombreados representam interrupções, enquanto os não sombreados são exceções. A interrupção NMI de hardware é do tipo 2. Às interrupções INTR de hardware são atribuídos os números do intervalo de 32 até 255; quando uma interrupção INTR é gerada, ela precisa ser acompanhada dentro do barramento pelo número do vetor de interrupção para essa interrupção. Os números de vetores restantes são usados para exceções.

Se mais do que uma exceção ou interrupção está pendente, o processador as atende de maneira previsível. A posição de números do vetor dentro da tabela não reflete a prioridade. Em vez disso, a prioridade entre exceções e interrupções é organizada em cinco classes. Em ordem descendente de prioridade aqui estão:
- **Classe 1:** paradas (*traps*) na instrução anterior (vetor número 1).
- **Classe 2:** interrupções externas (2, 32–255).
- **Classe 3:** falhas na busca da próxima instrução (3, 14).
- **Classe 4:** falhas na decodificação da próxima instrução (6, 7).
- **Classe 5:** falhas na execução de uma instrução (0, 4, 5, 8, 10–14, 16, 17).

TRATAMENTO DE INTERRUPÇÕES Assim como acontece com a transferência da execução usando uma instrução CALL, uma transferência para uma rotina de tratamento de interrupção usa a pilha do sistema para armazenar o estado do processador. Quando uma interrupção ocorre e é reconhecida pelo processador, uma sequência de eventos acontece:

1. Se a transferência envolve uma mudança do nível de privilégio, então o registrador atual de segmento de pilha e o registrador atual ponteiro estendido de pilha (ESP) são colocados na pilha.
2. O valor atual do registrador EFLAGS é colocado na pilha.
3. Flags de interrupção (IF) e trap (TF) são definidos com valor zero. Isso desabilita interrupções INTR e o trap ou recurso de passo único.
4. O ponteiro de segmento de código corrente (CS) e o ponteiro da instrução corrente (IP ou EIP) são colocados na pilha.
5. Se a interrupção é acompanhada por um código de erro, então o código de erro é colocado na pilha.
6. O conteúdo do vetor de interrupção é obtido e carregado nos registradores CS e IP ou EIP. A execução continua a partir da rotina que atende a interrupção.

Para retornar de uma interrupção, a rotina que a atende executa uma instrução IRET. Isso faz com que todos os valores salvos na pilha sejam recuperados; a execução continua a partir do ponto da interrupção.

Tabela 14.3

Tabela de vetores de interrupções e exceções para x86.

Número do vetor	Descrição
0	Erro de divisão; estouro de *overflow* ou divisão por zero.
1	Exceção de depuração; inclui várias falhas e *traps* relacionados à depuração.
2	Interrupção do pino NMI; sinal no pino NMI.
3	*Breakpoint*; causado pela instrução INT 3 que é uma instrução de 1 byte, útil para a depuração.
4	*Overflow* detectado em INTO; ocorre quando o processador executa INTO com o flag OF igual a um.
5	Limite em BOUND excedido; instrução BOUND compara um registrador com limites armazenados na memória e gera uma interrupção se o conteúdo do registrador está fora dos limites.
6	Opcode indefinido.
7	Dispositivo indisponível; tentativa de uso da instrução ESC ou WAIT falha por causa da demora do dispositivo externo.
8	Falha dupla; duas interrupções ocorrem durante a mesma instrução e não podem ser tratadas em série.
9	Reservado.
10	Segmento de estado de tarefa inválido; segmento que descreve a tarefa requerida não é inicializado ou não é válido.
11	Segmento ausente; segmento requerido não está presente.
12	Falha de pilha; limite do segmento da pilha excedido ou segmento da pilha ausente.
13	Proteção geral; violação da proteção que não causa outra exceção (por exemplo, escrever no segmento que é somente para leitura).
14	Falha de página.
15	Reservado.
16	Erro de ponto flutuante; gerado por uma instrução aritmética de ponto flutuante.
17	Verificação de alinhamento; acesso a uma palavra armazenada em um endereço de byte ímpar ou uma palavra dupla armazenada em um endereço não múltiplo de 4.
18	Verificação de máquina; específico para cada modelo.
19–31	Reservado.
32–255	Vetores de interrupções de usuário; fornecidos quando sinal INTR é ativado.

Sem sombra: exceções.
Com sombra: interrupções.

14.6 PROCESSADOR ARM

Nesta seção, analisamos alguns elementos-chave da arquitetura e organização ARM. Deixamos a discussão de aspectos mais complexos da organização e do pipeline para o Capítulo 16. Para a discussão desta seção e do Capítulo 16, é útil ter em mente as principais características da arquitetura ARM. O ARM é, em primeiro lugar, um sistema RISC com as seguintes características principais:

- Um conjunto moderado de registradores uniformes, mais do que são encontrados em alguns sistemas CISC, porém menos do que encontrados em muitos sistemas RISC.
- Modelo load/store (carregar/armazenar) de processamento de dados, no qual as operações são executadas apenas com os operandos nos registradores e não diretamente na memória. Todos os dados precisam ser carregados em registradores antes que uma operação possa ser efetuada; o resultado então pode ser usado para o processamento posterior ou armazenado em memória.
- Uma instrução uniforme de tamanho fixo de 32 bits para o conjunto padrão e 16 bits para o conjunto de instruções Thumb.

- Para tornar cada instrução de processamento de dados mais flexível, um deslocamento ou uma rotação pode pré-processar um dos registradores de origem. Para suportar esse recurso eficientemente, a unidade aritmética lógica (ALU) e unidades de deslocamento são separadas.
- Um número pequeno de modos de endereçamento com todos os endereços de load/store sendo determinados a partir dos registradores e campos da instrução. Endereçamento indireto ou indexado envolvendo valores na memória não é usado.
- Modos de endereçamento com autoincremento e autodecremento são usados para melhorar a operação de loops dos programas.
- Execução condicional das instruções minimiza a necessidade das instruções de desvios condicionais, melhorando assim a eficiência do pipeline, porque o esvaziamento do pipeline é reduzido.

Organização do processador

A organização do processador ARM varia substancialmente de uma implementação para outra, particularmente quando são usadas diferentes versões da arquitetura ARM. Contudo, é útil para a discussão desta seção apresentar uma organização ARM simplificada e genérica, que é mostrada na Figura 14.25. Na figura, as setas indicam o fluxo de dados. Cada caixa apresenta uma unidade de hardware funcional ou uma unidade de armazenamento.

Os dados são trocados com o processador a partir da memória externa por meio de um barramento de dados. O valor transferido é um item de dados, como resultado de uma instrução load (carregar) ou store (armazenar), ou uma busca de instrução. Instruções obtidas passam por um decodificador de instruções antes

Figura 14.25

Organização ARM simplificada.

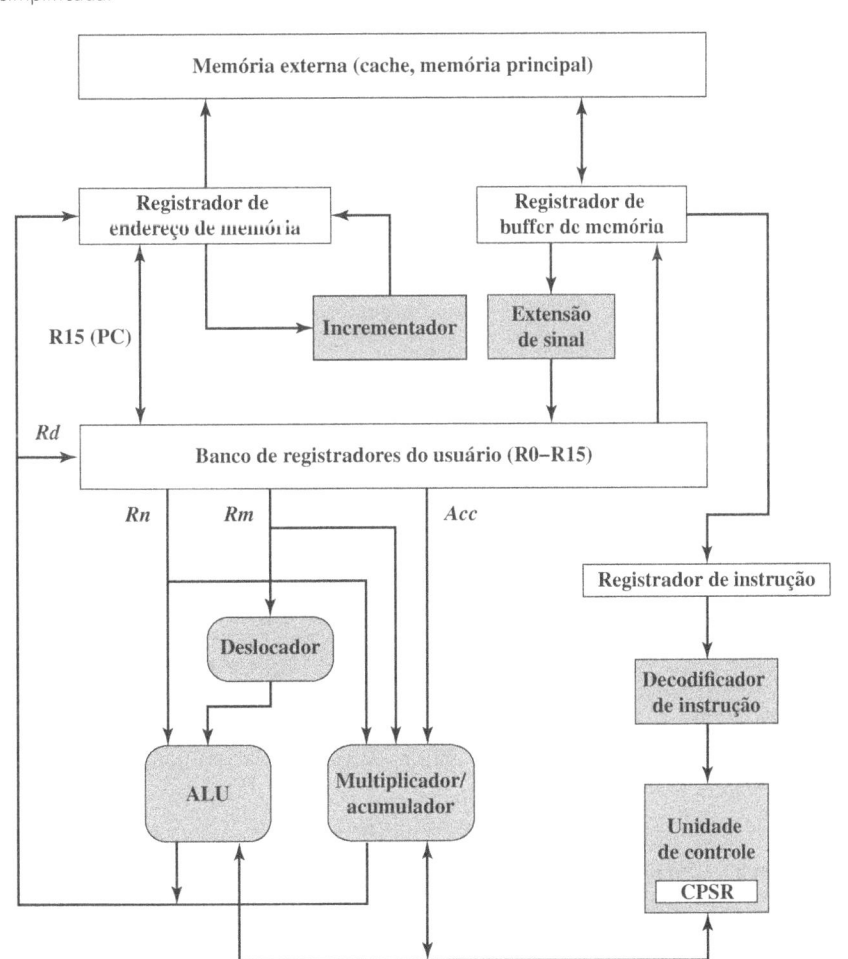

da execução, sob controle de uma unidade de controle. O último inclui a lógica de pipeline e fornece sinais de controle (não mostrados) para todos os elementos de hardware do processador. Itens de dados são colocados no banco de registradores (*register file*), que consiste em um conjunto de registradores de 32 bits. Itens do tamanho de um byte ou meia palavra tratados como números em complemento de dois são estendidos com sinal até 32 bits.

As instruções de processamento de dados ARM em geral têm dois registradores de origem, *Rn* e *Rm*, e um resultado único ou registrador de destino, *Rd*. Os valores dos registradores de origem alimentam a ALU ou uma unidade de multiplicação separada que usa um registrador adicional para acumular resultados parciais. O processador ARM inclui também uma unidade de hardware que pode deslocar ou rotacionar o valor de *Rm* antes de entrar na ALU. Esse deslocamento ou rotação ocorre dentro do tempo de ciclo da instrução e aumenta o poder e a flexibilidade de muitas operações de processamento de dados.

Os resultados de uma operação são retornados para o registrador de destino. As instruções load/store também podem usar a saída das unidades aritméticas para gerar o endereço de memória para carregar ou armazenar.

Modos do processador

É comum para um processador suportar apenas um número pequeno de modos do processador. Por exemplo, muitos sistemas operacionais usam apenas dois modos: modo usuário e modo kernel, este último sendo usado para executar software privilegiado de sistema. Ao contrário disso, a arquitetura ARM permite uma base flexível para que os sistemas operacionais possam impor uma variedade de políticas de proteção.

A arquitetura ARM suporta sete modos de execução. A maioria dos programas aplicativos executa em **modo usuário**. Enquanto o processador está no modo usuário, o programa sendo executado é incapaz de acessar os recursos protegidos do sistema ou de alterar o modo, causando uma exceção nesse caso.

Os seis modos de execução restantes são referidos como modos privilegiados. Esses modos são usados para executar o software de sistema. Existem duas vantagens principais para definir tantos modos privilegiados diferentes: (1) O SO pode adequar o uso do software de sistema para uma variedade de circunstâncias e (2) certos registradores são dedicados para o uso em cada um dos modos privilegiados, permitindo mudanças mais rápidas no contexto.

Os modos de exceção têm acesso total aos recursos do sistema e podem mudar os modos livremente. Cinco desses modos são conhecidos como modos de exceção. Eles são ativados quando exceções específicas ocorrem. Cada um desses modos possui alguns registradores dedicados que substituem alguns registradores do modo usuário e que são usados para evitar a corrupção das informações de estado do modo de usuário quando uma exceção acontece. Os modos de exceção são os seguintes:

- **Modo supervisor:** em geral é o modo em que executa o SO. Ele é ativado quando o processador encontra uma instrução de interrupção de software. Interrupções de software são um jeito padrão para chamar os serviços do sistema operacional no ARM.
- **Modo aborto de acesso:** ativado como resposta a falhas de memória.
- **Modo indefinido:** ativado quando o processador tenta executar uma instrução que não é suportada nem pelo *core* principal nem por um dos coprocessadores.
- **Modo interrupção rápida:** ativado sempre que o processador recebe um sinal de interrupção a partir de uma fonte designada de interrupção rápida. Uma interrupção rápida não pode ser interrompida, porém uma interrupção rápida pode interromper uma interrupção normal.
- **Modo interrupção:** ativado sempre que o processador recebe um sinal de interrupção a partir de qualquer outra origem de interrupção (diferente da interrupção rápida). Uma interrupção apenas pode ser interrompida por uma interrupção rápida.

O modo privilegiado restante é o **modo sistema**. Este não é ativado por nenhuma exceção e usa os mesmos registradores disponíveis no modo usuário. O modo de sistema é usado para executar certas tarefas privilegiadas do sistema operacional. As tarefas do modo sistema podem ser interrompidas por qualquer uma das cinco categorias de exceções.

Organização dos registradores

A Figura 14.26 ilustra os registradores visíveis ao usuário do ARM. O processador ARM possui um total de 37 registradores de 32 bits, classificados como segue:

Figura 14.26
Organização dos registradores do ARM.

Modos						
		Modos privilegiados				
			Modos de exceção			
Usuário	Sistema	Supervisor	Aborto de acesso	Indefinido	Interrupção	Interrupção rápida
R0	R0	R0	R0	R0	R0	R0
R1	R1	R1	R1	R1	R1	R1
R2	R2	R2	R2	R2	R2	R2
R3	R3	R3	R3	R3	R3	R3
R4	R4	R4	R4	R4	R4	R4
R5	R5	R5	R5	R5	R5	R5
R6	R6	R6	R6	R6	R6	R6
R7	R7	R7	R7	R7	R7	R7
R8	R8	R8	R8	R8	R8	R8_fiq
R9	R9	R9	R9	R9	R9	R9_fiq
R10	R10	R10	R10	R10	R10	R10_fiq
R11	R11	R11	R11	R11	R11	R11_fiq
R12	R12	R12	R12	R12	R12	R12_fiq
R13(SP)	R13(SP)	R13_svc	R13_abt	R13_und	R13_irq	R13_fiq
R14(LR)	R14(LR)	R14_svc	R14_abt	R14_und	R14_irq	R14_fiq
R15(PC)	R15(PC)	R15(PC)	R15(PC)	R15(PC)	R15(PC)	R15(PC)

CPSR	CPSR	CPSR	CPSR	CPSR	CPSR	CPSR
		SPSR_svc	SPSR_abt	SPSR_und	SPSR_irq	SPSR_fiq

Sombreado indica que o registrador normal usado pelo modo usuário ou sistema foi substituído por um registrador específico para modo de exceção.
SP = ponteiro de pilha   CPSR = registrador de estado do programa corrente
LR = registrador de ligação   SPSR = registrador de estado do programa salvo
PC = contador de programa

- Trinta e um registradores referenciados no manual de ARM como sendo registradores de uso geral. Na verdade, alguns deles, como contadores de programa, possuem propósitos específicos.
- Seis registradores de estado do programa.

Os registradores são arranjados em bancos parcialmente sobrepostos, e o modo atual do processador define qual banco está disponível. A qualquer momento, 16 registradores numerados e um ou dois registradores de estado do programa estão visíveis, para um total de 17 ou 18 registradores visíveis ao software. A Figura 14.26 é interpretada do seguinte modo:

- Registradores de R0 a R7, registrador R15 (contador de programa) e registrador de estado de programa corrente (CPSR — do inglês, *Current Program Status Register*) são visíveis e compartilhados por todos os modos.
- Registradores de R8 até R12 são compartilhados por todos os modos exceto interrupção rápida, que possui seus próprios registradores dedicados de R8_fiq até R12_fiq.
- Todos os modos de exceção têm suas próprias versões de registradores R13 e R14.
- Todos os modos de exceção têm um registrador próprio dedicado ao estado do programa salvo (SPSR — do inglês, *Saved Program Status Register*).

REGISTRADORES DE USO GERAL O registrador R13 é normalmente usado como ponteiro de pilha e é conhecido também como SP (*Stack Pointer*). Como cada modo de exceção possui um R13 separado, cada modo de exceção pode ter a sua própria pilha dedicada de programa. R14 é conhecido como registrador de ligação (LR — do inglês, *Link Register*) e é usado para guardar endereço de retorno da sub-rotina e retornos do modo de exceção. O registrador R15 é o contador de programa (PC — *Program Counter*).

REGISTRADORES DE ESTADOS DO PROGRAMA O CPSR é acessível em todos os modos do processador. Cada modo de exceção também possui um SPSR dedicado que é usado para preservar o valor de CPSR quando uma exceção associada acontece.

Os 16 bits mais significativos do CPSR contêm flags de usuário visíveis no modo usuário e que podem ser usados para afetar a operação de um programa (Figura 14.27). São os seguintes:

- **Flags de código condicional:** flags N, Z, C e V, discutidas no Capítulo 12.
- **Flag Q:** usado para indicar se um *overflow* e/ou saturação ocorreu em alguma instrução orientada a SIMD.
- **Bit J:** indica o uso de instruções especiais de 8 bits, conhecidas como instruções Jazelle e que estão fora do escopo da nossa discussão.
- **Bits GE[3:0]:** instruções SIMD usam bits[19:16] como flags maior que ou igual (GE — do inglês, *Greater than or Equal*) para bytes individuais ou meias palavras do resultado.

Os 16 bits menos significativos de CPSR contêm flags de controle de sistema que podem ser alterados apenas quando o processador está num modo privilegiado. Os campos estão descritos a seguir:

- **Bit E:** controla carga e armazenamento endianness de dados; ignorado para busca de instruções.
- **Bits para desabilitar interrupção:** o bit A, quando definido com valor 1, desabilita o aborto de acesso impreciso de dados; bit I, quando definido com valor 1, desabilita interrupções IRQ; e bit F, quando definido com valor 1, desabilita interrupções FIQ.
- **Bit T:** indica se a instrução deve ser interpretada como uma instrução ARM normal ou uma instrução Thumb.
- **Bits de modo:** indica o modo do processador.

Processamento de interrupções

Como em qualquer outro processador, o ARM inclui um dispositivo que permite ao processador interromper o programa corrente para lidar com condições de exceção. Exceções são geradas por fontes internas e externas para fazer com que o processador trate um evento. O estado do processador logo antes de tratar uma exceção é normalmente preservado para que o programa original possa ser reiniciado quando a rotina de exceção estiver terminada. Mais de uma exceção pode ocorrer ao mesmo tempo. A arquitetura ARM suporta sete tipos de exceções. A Tabela 14.4 lista os tipos de exceções e o modo do processador que é usado para processar cada tipo. Quando uma exceção ocorre, a execução é forçada de um endereço fixo de memória correspondente ao tipo de exceção. Esses endereços fixos são chamados de vetores de exceção.

Se mais do que uma interrupção está aguardando, elas são tratadas em ordem de prioridade. A Tabela 14.4 mostra as exceções em ordem de prioridade, das mais altas até as mais baixas.

Quando ocorre uma exceção, o processador para a execução depois da instrução corrente. O estado do processador é preservado em SPSR que corresponde ao tipo de exceção, para que o programa original possa ser reiniciado quando a rotina de exceção estiver completa. O endereço da instrução que o processador estava para executar é colocado no registrador de ligação do modo do processador apropriado. Para retornar depois do tratamento da exceção, SPSR é movido para dentro de CPSR e R14 é movido para dentro de PC.

Figura 14.27

Formato de CPSR e SPSR do ARM.

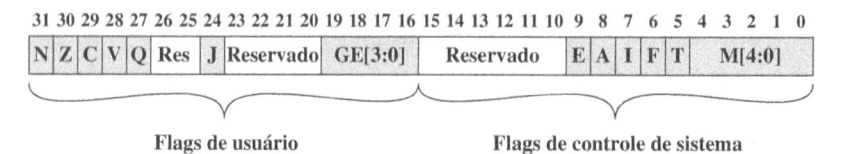

31 30 29 28 27	26 25 24	23	22 21 20	19 18 17 16	15 14 13 12 11 10 9	8	7	6	5	4 3 2 1 0
N Z C V Q	Res	J	Reservado	GE[3:0]	Reservado	E	A	I	F	T	M[4:0]

Flags de usuário   Flags de controle de sistema

Tabela 14.4
Vetor de interrupção ARM.

Tipo de exceção	Modo	Endereço normal de entrada	Descrição
Reset	Supervisor	0x00000000	Ocorre quando o sistema é inicializado.
Aborto de dados	Aborto de acesso	0x00000010	Ocorre quando um endereço de memória inválido foi acessado, como se não houvesse memória física para o endereço, ou falta permissão correta de acesso.
FIQ (interrupção rápida)	FIQ	0x0000001C	Ocorre quando um dispositivo externo ativa o pino FIQ no processador. Uma interrupção não pode ser interrompida exceto por uma FIQ. A FIQ é projetada para suportar uma transferência de dados ou processo de canal e tem registradores privados suficientes para que não haja a necessidade de salvar os registradores em tais aplicações, economizando a sobrecarga da troca de contexto. Uma interrupção rápida não pode ser interrompida.
IRQ (interrupção)	IRQ	0x00000018	Ocorre quando um dispositivo externo ativa o pino IRQ do processador. Uma interrupção não pode ser interrompida, exceto por uma FIQ.
Aborto de busca antecipada	Aborto de acesso	0x0000000C	Ocorre quando uma tentativa de buscar uma instrução resulta em uma falha de memória. A exceção é ativada quando a instrução entra no estágio de execução do pipeline.
Instruções indefinidas	Indefinido	0x00000004	Ocorre quando uma instrução que não esteja no conjunto de instruções atinge o estágio de execução do pipeline.
Interrupção de software	Supervisor	0x00000008	Geralmente usado para permitir que os programas do modo usuário chamem o SO. O programa de usuário executa uma instrução SWI com um argumento que identifica a função que o usuário quer executar.

14.7 TERMOS-CHAVE, QUESTÕES DE REVISÃO E PROBLEMAS

Busca antecipada de instrução, 427
Ciclo de instrução, 424
Código condicional, 420
Desvio atrasado, 439
Flag, 420
Hazard de pipeline, 433
Palavra de estado do programa (PSW), 422
Pipeline de instrução, 427
Previsão de desvio, 436

QUESTÕES DE REVISÃO

14.1. Quais papéis gerais são desempenhados pelos registradores do processador?
14.2. Quais categorias de dados são normalmente suportadas pelos registradores visíveis ao usuário?
14.3. Qual é a função dos códigos condicionais?
14.4. O que é uma palavra de estado do programa?
14.5. Por que um pipeline de instruções de dois estágios dificilmente diminuirá o tempo do ciclo da instrução pela metade, quando comparado a um sistema sem pipeline?
14.6. Liste e explique resumidamente várias formas em que um pipeline de instruções pode lidar com instruções de desvio condicional.
14.7. Como são usados os bits de histórico para previsão de desvios?

PROBLEMAS

14.1. **a.** Se a última operação executada em um computador com uma palavra de 8 bits foi uma adição em que dois operandos eram 00000010 e 00000011, qual seria o valor dos seguintes flags?
- *Carry.*
- *Zero.*
- *Overflow.*
- *Sinal.*
- *Paridade igual.*
- *Half-carry* (*carry* auxiliar).

b. Repita para adição de –1 (complemento a dois) e +1.

14.2. Repita o Problema 14.1 para a operação A – B, em que A contém 11110000 e B contém 0010100.

14.3. Um microprocessador tem um clock de 5 Ghz.
a. Quanto tempo leva um ciclo de clock?
b. Qual é a duração de um tipo particular de instrução de máquina que consiste em três ciclos de clock?

14.4. Um microprocessador fornece uma instrução capaz de mover uma *string* de bytes de uma área de memória para outra. A leitura e decodificação inicial da instrução levam 10 ciclos de clock. Depois demora 15 ciclos de clock para transferir cada byte. O microprocessador possui um clock de 10 Ghz.
a. Determine o tamanho do ciclo da instrução para o caso de uma *string* de 64 bytes.
b. Qual é o pior atraso para aceitar uma interrupção se a instrução não puder ser interrompida?
c. Repita o item (b) assumindo que a instrução possa ser interrompida no começo da transferência de cada byte.

14.5. O Intel 8088 consiste em uma unidade de interface de barramento (UIB) e uma unidade de execução (UE), o que forma um pipeline de dois estágios. A UIB obtém as instruções para uma fila de instruções de 4 bytes. Ela também participa dos cálculos de endereço, busca operandos e escreve os resultados na memória conforme requisitado por UE. Se nenhuma dessas requisições estiver aguardando e o barramento estiver livre, UIB preenche quaisquer folgas na fila de instruções. Quando UE completa a execução de uma instrução, ela passa quaisquer resultados para UIB (destinados para memória ou E/S) e procede com a próxima instrução.
a. Suponha que tarefas executadas por UIB e UE levem o mesmo tempo. Com que fator o pipeline melhora o desempenho do 8088? Ignore os efeitos de instruções de desvio.
b. Repita os cálculos supondo que UE demore duas vezes mais que UIB.

14.6. Suponha que um 8088 esteja executando um programa no qual a probabilidade de um salto de programa é 0,1. Para simplificar, considere que todas as instruções sejam do tamanho de 2 bytes.
a. Qual fração dos ciclos do barramento de busca de instrução é desperdiçada?
b. Repita para fila de instrução de tamanho de 8 bytes.

14.7. Considere o diagrama de tempo da Figura 14.10. Suponha que exista apenas um pipeline de dois estágios (busca e execução). Redesenhe o diagrama para mostrar quantas unidades de tempo são necessárias agora para quatro instruções.

14.8. Suponha um pipeline com quatro estágios: busca da instrução (FI), decodificação de instrução e cálculo dos endereços (DE), busca dos operandos (FO) e execução (EX). Desenhe um diagrama semelhante à Figura 14.10 para uma sequência de 7 instruções em que a terceira instrução é um desvio que é tomado e em que não haja dependências de dados.

14.9. Um processador de pipeline tem uma taxa de clock de 2,5 GHz e executa um programa com 1,5 milhão de instruções. O pipeline possui cinco estágios e as instruções são enviadas numa taxa de uma por ciclo de clock. Ignore penalidades por causa das instruções de desvio e execuções fora de ordem.
a. Qual a diferença de velocidade desse processador para esse programa em comparação com um processador sem pipeline, fazendo a mesma suposição usada na Seção 14.4?
b. Qual o rendimento (em MIPS) do processador com pipeline?

14.10. Um processador sem pipeline tem uma taxa de clock de 2,5 GHz e um CPI (ciclos por instrução) médio de 4. Uma atualização no processador introduz um pipeline de cinco estágios. Contudo, por causa dos atrasos internos do pipeline, a taxa de clock do novo processador deve ser reduzida para 2 GHz.
  a. Qual o aumento de velocidade obtido para um programa típico?
  b. Qual a taxa em MIPS para cada processador?

14.11. Considere uma sequência de instruções de tamanho *n* que está sendo executada pelo pipeline de instruções. Seja *p* a probabilidade de encontrar um desvio condicional ou incondicional e seja *q* a probabilidade de a execução da instrução de desvio I causar um salto para um endereço não consecutivo. Suponha que cada salto desses requer que o pipeline seja esvaziado, destruindo todo o processamento das instruções, quando I sai do último estágio. Revise as equações 14.1 e 14.2 para levar essas probabilidades em conta.

14.12. Uma limitação da abordagem de múltiplos fluxos para lidar com desvios em um pipeline é que desvios adicionais serão encontrados antes que o primeiro desvio seja resolvido. Sugira mais duas limitações ou efeitos adversos.

14.13. Considere os diagramas de estado da Figura 14.28.
  a. Descreva o comportamento de cada um deles.
  b. Compare-os com o diagrama de estado de previsão de desvios da Seção 14.4. Discuta os méritos relativos de cada uma das três abordagens de previsão de desvios.

14.14. Máquinas Motorola 680x0 incluem a instrução Decremento e Desvio de Acordo com Condição, a qual tem a seguinte forma:

```
DBcc Dn, displacement
```

em que cc é uma das condições testáveis, Dn é um registrador de uso geral, e deslocamento (*displacement*) especifica o endereço alvo relativo ao endereço atual. A instrução pode ser definida da seguinte forma:

```
if (cc = False)
then begin
    Dn: = (Dn) -1;
    if Dn ≠ -1 then PC: = (PC) + displacement end
else PC: = (PC) + 2;
```

Figura 14.28

Dois diagramas de estado de previsão de desvios.

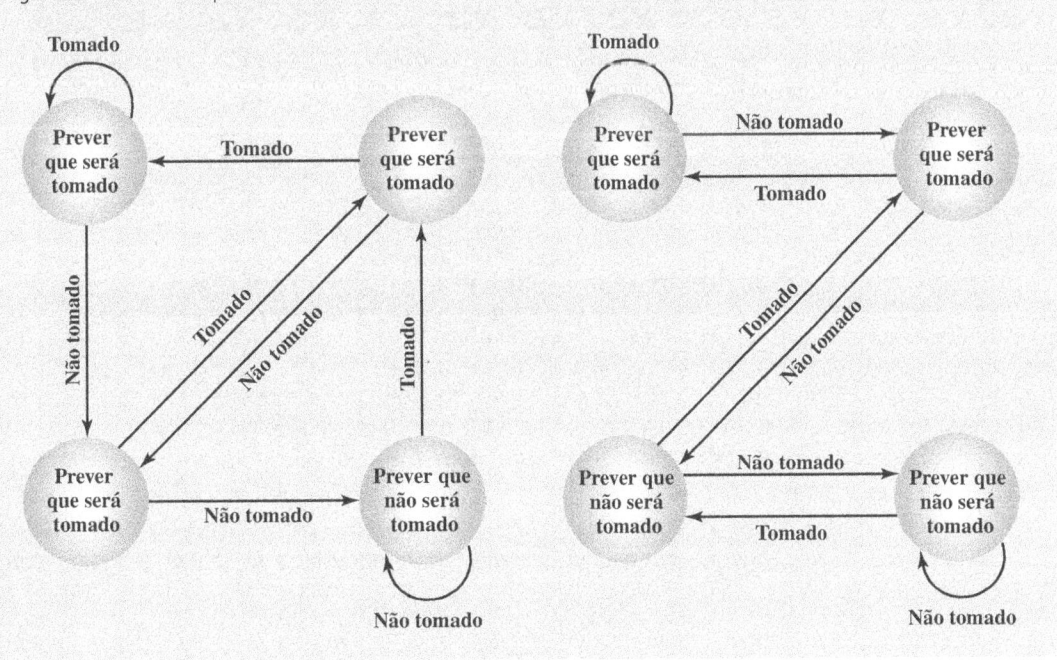

Quando a instrução é executada, a condição é primeiro testada para determinar se a condição de término para o loop é satisfeita. Se for, nenhuma operação é executada e a execução continua na próxima instrução da sequência. Se a condição for falsa, o registrador de dados específico é decrementado e verificado para ver se é menor que zero. Se for menor que zero, o loop é terminado e a execução continua na próxima instrução da sequência. Caso contrário, o programa desvia para a posição especificada. Considere agora o seguinte fragmento de um programa em linguagem de montagem:

```
AGAIN    CMPM.L  (A0)+, (A1)+
         DBNE    D1, AGAIN
         NOP
```

Duas *strings* endereçadas por A0 e A1 são comparadas pela igualdade; os ponteiros de *string* são incrementados em cada referência. D1 inicialmente contém o número de palavras grandes (4 bytes) para serem comparadas.

  a. O conteúdo inicial dos registradores é A0 = $00004000, A1 = $00005000 e D1 = $000000FF ($ indica notação hexadecimal). A memória entre $4000 e $6000 é preenchida com palavras $AAAA. Se o programa acima mencionado for executado, especifique o número de vezes que o loop DBNE é executado e o conteúdo dos três registradores quando a instrução NOP é alcançada.
  b. Repita (a), mas suponha agora que memória entre $4000 e $4FEE é preenchida com $0000 e entre $5000 e $6000 é preenchida com $AAA.

14.15. Redesenhe a Figura 14.19c, supondo que o desvio condicional não seja tomado.

14.16. A Tabela 14.5 sumariza estatísticas de MacDougall (1984) com respeito ao comportamento de desvios para várias classes de aplicações. Com exceção do tipo 1, para comportamento de desvios, não há diferença notável entre as classes de aplicações. Determine a fração de todos os desvios que vão para o endereço alvo do desvio para o ambiente científico. Repita para ambientes comerciais e de sistemas.

Tabela 14.5

Comportamento de desvios em exemplos de aplicações.

Ocorrências de classes de desvios:			
Tipo 1: Desvio	72,5%		
Tipo 2: Controle de loop	9,8%		
Tipo 3: Chamada de procedimento, retorno	17,7%		
Desvio tipo 1: para onde vai	Científico	Comercial	Sistemas
Incondicional — 100% vai para o alvo	20%	40%	35%
Condicional — foi para o alvo	43,2%	24,3%	32,5%
Condicional — não foi para o alvo (inline)	36,8%	35,7%	32,5%
Desvio tipo 2 (todos os ambientes)			
Vai para o alvo	91%		
Não vai para o alvo	9%		
Desvio tipo 3			
100% vai para o alvo			

14.17. O pipelining pode ser aplicado dentro da ALU para acelerar operações de ponto flutuante. Considere o caso de adição e subtração de ponto flutuante. Em termos simplificados, o pipeline poderia ter quatro estágios: (1) Comparar expoentes; (2) Escolher o expoente e alinhar os coeficientes; (3) Adicionar ou subtrair coeficientes; (4) Normalizar os resultados. O pipeline pode ser considerado como tendo duas *threads* paralelas, uma tratando dos expoentes e outra tratando dos coeficientes, e poderia começar desta forma:

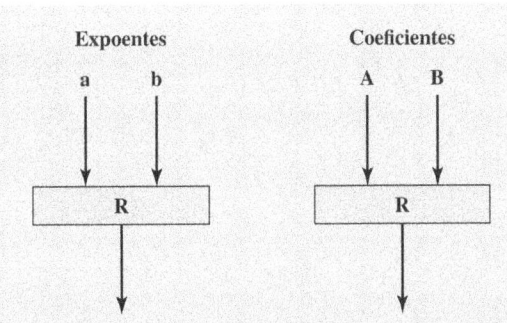

Nessa figura, as caixas nomeadas R se referem a um conjunto de registradores usados para guardar resultados temporários. Complete o diagrama de blocos que mostra a estrutura do pipeline em nível mais alto.

COMPUTADORES COM CONJUNTO REDUZIDO DE INSTRUÇÕES

15.1 Características da execução de instruções
Operações
Operandos ß
Chamadas de procedimento
Implicações

15.2 O uso de um grande banco de registradores
Janelas de registradores
Variáveis globais
Grande banco de registradores *versus* cache

15.3 Otimização de registradores baseada em compiladores

15.4 Arquitetura com conjunto reduzido de instruções
Por que CISC
Características de arquiteturas com conjunto reduzido de instruções
Características CISC *versus* RISC

15.5 Pipeline no RISC
Pipeline com instruções regulares
Otimização de pipeline

15.6 MIPS R4000
Conjunto de instruções
Pipeline de instruções

15.7 SPARC
Conjunto de registradores do SPARC
Conjunto de instruções
Formato de instruções

15.8 Controvérsia de RISC *versus* CISC

15.9 Termos-chave, questões de revisão e problemas

OBJETIVOS DE APRENDIZAGEM

Após ler este capítulo, você será capaz de:
- Proporcionar uma visão geral dos resultados de pesquisa sobre as características de execução de instruções que motivaram o desenvolvimento da abordagem RISC.
- Resumir as características-chave das máquinas RISC.
- Entender as implicações de projeto e desempenho ao usar um grande banco de registradores.
- Compreender o uso de otimização de registradores baseada em compilador para melhorar o desempenho.
- Discutir a implicação de uma arquitetura RISC para projeto e desempenho de pipeline.
- Listar e explicar as abordagens-chave para a otimização de pipeline em uma máquina RISC.

Desde o desenvolvimento de computadores que armazenavam programas nos anos 1950, houve consideravelmente poucas inovações verdadeiras nas áreas de organização e arquitetura de computadores. A seguir, temos alguns dos maiores avanços desde o nascimento do computador:

- **Conceito de família:** introduzido pela IBM com seu System/360 em 1964, seguido logo depois por DEC com seu PDP-8. O conceito de família separa a arquitetura de uma máquina da sua implementação. Um conjunto de computadores é oferecido, com características de preço/desempenho diferentes e que apresentam a mesma arquitetura ao usuário. As diferenças em preço e desempenho se devem às diferentes implementações da mesma arquitetura.
- **Unidade de controle microprogramada:** sugerida por Wilkes em 1951 e introduzida pela IBM na linha S/360 em 1964. A microprogramação facilita a tarefa de projetar e implementar a unidade de controle e fornece suporte para o conceito de família.
- **Memória cache:** introduzida pela primeira vez comercialmente no S/360 Model 85 da IBM em 1968. A inserção desse elemento na hierarquia de memória melhora o desempenho de modo considerável.
- **Pipeline:** uma forma de introduzir paralelismo na natureza essencialmente sequencial de um programa de instruções de máquina. São exemplos: pipeline de instruções e processamento vetorial.
- **Múltiplos processadores:** essa categoria cobre um número de organizações e objetivos diferentes.
- **Arquitetura de computadores com conjunto reduzido de instruções (RISC):** esse é o foco deste capítulo.

Quando apareceu, a arquitetura RISC foi uma mudança considerável da tendência histórica na arquitetura de processadores. Uma análise da arquitetura RISC traz à tona muitas questões importantes da organização e arquitetura de computadores.

Embora os sistemas RISC tenham sido definidos e projetados de muitas maneiras diferentes e por grupos diferentes, aqui estão os principais elementos compartilhados pela maioria dos projetos:

- Um grande número de registradores de propósito geral e/ou o uso de tecnologia de compiladores para otimizar o uso de registradores.
- Um conjunto de instruções simples e limitado.
- Uma ênfase na otimização do pipeline de instruções.

A Tabela 15.1 compara vários sistemas RISC e não RISC.

Começamos este capítulo com um breve resumo de alguns resultados dos conjuntos de instruções e depois analisamos cada um dos três tópicos que acabamos de mencionar. Segue, depois, uma descrição de dois dos projetos RISC mais bem documentados.

15.1 CARACTERÍSTICAS DA EXECUÇÃO DE INSTRUÇÕES

Uma das formas mais visíveis da evolução associada a computadores são as linguagens de programação. À medida que o preço do hardware caiu, o custo relativo do software aumentou. Com isso, a carência crônica de programadores elevou os custos de software em termos absolutos. Dessa maneira, o principal custo no ciclo de vida de um sistema é o software, não o hardware. Somado ao custo, e à inconveniência, está o elemento da falta de confiabilidade: isso é comum nos programas, tanto nos sistemas como nas aplicações, pois continuam a apresentar novas falhas depois de anos de operação.

A resposta dos pesquisadores e da indústria foi desenvolver linguagens de programação de alto nível ainda mais poderosas e complexas. Essas **linguagens de alto nível** (HLLs — *High Level Languages*): (1) permitem que o programador represente os algoritmos de forma mais concisa; (2) possibilitam que o compilador cuide dos detalhes que não são importantes na representação do programador de algoritmos; e (3) muitas vezes suportam com naturalidade o uso de programação estruturada ou modelagem orientada a objetos.

Infelizmente, essa solução trouxe outro problema, conhecido como *diferença semântica*: a diferença entre operações oferecidas em linguagens de alto nível e aquelas oferecidas na arquitetura do computador. Alguns sintomas dessa diferença supostamente incluem: ineficiências da execução, tamanho excessivo do programa de máquina e complexidade dos compiladores. Os projetistas responderam com arquiteturas voltadas para acabar com essa diferença. Os principais recursos incluem grandes conjuntos de instruções, dúzias de modos de endereçamento e várias instruções das linguagens de alto nível implementadas no hardware. Um exemplo desse último é a instrução de máquina CASE no VAX. Tais conjuntos de instruções complexos têm a intenção de:

Tabela 15.1
Características de alguns processadores CISC, RISC e superescalares.

Característica	Computadores com conjunto complexo de instruções (CISC)			Computadores com conjunto reduzido de instruções (RISC)	
	IBM 370/168	VAX 11/780	Intel 80486	SPARC	MIPS R4000
Ano de desenvolvimento	1973	1978	1989	1987	1991
Número de instruções	208	303	235	69	94
Tamanho da instrução (bytes)	2–6	2–57	1–11	4	4
Modos de endereçamento	4	22	11	1	1
Número de registradores de uso geral	16	16	8	40–520	32
Tamanho de memória de controle (kbits)	420	480	246	—	—
Tamanho de cache (kB)	64	64	8	32	128

Característica	Superescalares		
	PowerPC	Ultra SPARC	MIPS R10000
Ano de desenvolvimento	1993	1996	1996
Número de instruções	225		
Tamanho da instrução (bytes)	4	4	4
Modos de endereçamento	2	1	1
Número de registradores de uso geral	32	40–520	32
Tamanho de memória de controle (kbits)	—	—	—
Tamanho de cache (kB)	16–32	32	64

- Facilitar a tarefa do programador de compiladores.
- Melhorar a eficiência da execução, porque sequências complexas de operações podem ser implementadas no microcódigo.
- Fornecer suporte para linguagens de programação de alto nível ainda mais complexas e sofisticadas.

Enquanto isso, um número de estudos foi feito durante anos para determinar as características e os padrões de execução das instruções de máquina geradas a partir de programas em linguagens de alto nível. Os resultados desses estudos inspiraram alguns pesquisadores a procurar por uma abordagem diferente: mais precisamente, tornar a arquitetura que suporta linguagens de alto nível mais simples, em vez de mais complexa.

Para entender a linha de raciocínio dos defensores do RISC, começamos com uma breve revisão das características da execução de instruções. Os aspectos de interesse computacional são:

- **Operações efetuadas:** estas determinam as funções a serem efetuadas pelo processador e a sua interação com a memória.

- **Operandos usados:** os tipos de operandos e a frequência do seu uso determinam a organização da memória para armazená-los e os modos de endereçamento para acessá-los.
- **Sequência da execução:** isso determina a organização e o controle do pipeline.

No restante desta seção, resumimos os resultados de uma série de estudos sobre programas em linguagens de alto nível. Todos os resultados são baseados em medições dinâmicas. Isto é, as medições são coletadas executando o programa e contando o número de vezes que algum recurso apareceu ou que alguma propriedade permaneceu verdadeira. Ao contrário disso, medições estáticas apenas fazem essas contagens no código-fonte de um programa. Elas não dão nenhuma informação útil sobre desempenho, porque elas não são avaliadas em relação ao número de vezes que cada instrução é executada.

Operações

Uma série de estudos foi feita para analisar o comportamento dos programas em linguagens de programação de alto nível. A Tabela 4.8, discutida no Capítulo 4, inclui os principais resultados de vários estudos. Há uma coerência bastante boa nos resultados dessa mistura de linguagens e aplicações. Instruções de atribuição predominam, sugerindo que a simples movimentação de dados é de alta importância. Há também uma preponderância de instruções condicionais (IF, LOOP). Essas instruções são implementadas na linguagem de máquina com algum tipo de instrução de comparação e desvio. Isso sugere que o mecanismo de controle sequencial do conjunto de instruções é importante.

Esses resultados são instrutivos para os projetistas das instruções de máquina, indicando que tipo de instruções ocorre com mais frequência e, por isso, deveriam ser suportadas de uma maneira "otimizada". Contudo, tais resultados não revelam quais instruções usam mais tempo de execução de um programa típico. Isto é, nós queremos responder à pergunta: Dado um programa compilado na linguagem de máquina, quais instruções na linguagem de origem causam a execução da maioria das instruções na linguagem de máquina?

Para chegar a esse nível de informações, os programas de Patterson (PATTERSON E SEQUIN, 1982a), descritos no Apêndice 4A, foram compilados em VAX, PDP11 e Motorola 68000 para determinar o número médio de instruções de máquina e as referências à memória por tipo de instrução. A segunda e a terceira colunas da Tabela 15.2 mostram a frequência relativa de ocorrência de várias instruções de linguagens de programação de alto nível em uma série de programas; os dados foram obtidos observando as ocorrências nos programas em execução, em vez de observar apenas o número de vezes que as instruções ocorrem no código-fonte. Tais estatísticas são de frequência dinâmica. Para obter os dados nas colunas quatro e cinco (avaliação das instruções de máquina), cada valor na segunda e terceira coluna é multiplicado pelo número de instruções de máquina produzidas pelo compilador. Esses resultados são então normalizados para que as colunas quatro e cinco mostrem a frequência relativa da ocorrência, com peso sendo atribuído pelo número de instruções de máquina por cada instrução da linguagem de programação de alto nível. De forma semelhante, a sexta e a sétima coluna são obtidas multiplicando-se a frequência de ocorrência de cada tipo de instrução pelo número relativo de referências de memória causadas por cada instrução. Os dados da coluna 4 até a coluna 7 mostram medidas que correspondem ao tempo que realmente foi gasto com a execução de vários tipos de instrução. Os resultados sugerem

Tabela 15.2

Frequência dinâmica relativa ponderada das linguagens de programação de alto nível (PATTERSON E SEQUIN, 1982a).

	Ocorrência dinâmica		Instruções de máquina ponderada		Referências à memória ponderada	
	Pascal	C	Pascal	C	Pascal	C
ATRIBUIÇÃO	45%	38%	13%	13%	14%	15%
LOOP	5%	3%	42%	32%	33%	26%
CHAMADA	15%	12%	31%	33%	44%	45%
IF	29%	43%	11%	21%	7%	13%
GOTO	—	3%	—	—	—	—
OUTRO	6%	1%	3%	1%	2%	1%

que a chamada/o retorno do procedimento é a operação que consome mais tempo em programas típicos das linguagens de programação de alto nível.

Deve estar claro para o leitor o significado da Tabela 15.2. Ela indica a relação de vários tipos de instrução em uma linguagem de programação de alto nível quando essa linguagem é compilada para uma arquitetura com um conjunto de instruções atual. Algumas outras arquiteturas poderiam produzir resultados diferentes. Contudo, esse estudo produz resultados que são representativos para arquiteturas atuais de **computadores com conjunto complexo de instruções (CISC)**. Dessa maneira, esses resultados podem fornecer um guia para aqueles que estão procurando as maneiras mais eficientes para suportar linguagens de programação de alto nível.

Operandos

Muito menos trabalho foi feito sobre a ocorrência de tipos de operandos, apesar da importância deste tópico. Diversos aspectos são significativos.

O estudo de Patterson e Sequin (1982a) analisou também a frequência dinâmica de ocorrência de classes de variáveis (Tabela 15.3). Os resultados, consistentes entre programas C e Pascal, mostram que a maioria das referências é de variáveis escalares simples. Além disso, mais de 80% dos escalares eram variáveis locais (para o procedimento). Além disso, cada referência para arrays/estruturas requer uma referência prévia para o seu índice ou ponteiro, que é novamente um escalar local. Dessa maneira, existe uma predominância de referências para escalares, e estas são altamente localizadas.

O estudo de Patterson analisou o comportamento dinâmico dos programas em linguagens de programação de alto nível, independentemente da arquitetura subjacente. Conforme discutido antes, é necessário lidar com arquiteturas atuais para examinar o comportamento dos programas mais a fundo. Um estudo (LUNDE, 1977) analisou as instruções do DEC-10 dinamicamente e concluiu que cada instrução referencia em média 0,5 operando na memória e 1,4 registrador. Resultados semelhantes são reportados por Huck (1983) para programas C, Pascal e FORTRAN no S/370, PDP-11 e no VAX. É claro que esses números dependem muito tanto da arquitetura como do compilador, mas eles ilustram, sim, a frequência de acesso a operandos.

Esses últimos estudos sugerem a importância de uma arquitetura que leve por si só a um acesso rápido aos operandos, porque essa operação é efetuada com muita frequência. O estudo de Patterson sugere que o principal candidato para otimização é o mecanismo para armazenar e acessar variáveis locais escalares.

Chamadas de procedimento

Vimos que as chamadas e os retornos de procedimento são um aspecto dos programas em alto nível. A evidência (Tabela 15.2) sugere que essas são as operações que consomem mais tempo em programas compilados de alto nível. Dessa maneira, será vantajoso considerar as maneiras para implementar essas operações de forma eficiente. Dois aspectos são significativos: o número de parâmetros e variáveis com os quais um procedimento lida e a profundidade de aninhamento.

O estudo de Tanenbaum (1978) concluiu que, para 98% de procedimentos chamados dinamicamente, foram passados menos do que seis argumentos e que 92% deles usaram menos do que seis variáveis locais escalares. Resultados semelhantes foram reportados pela equipe RISC de Berkeley (KATEVENIS, 1983), como mostrado na Tabela 15.4. Esses resultados mostram que o número de palavras necessárias por ativação de procedimento não é grande. Os estudos reportados anteriormente indicaram que uma grande parte das referências

Tabela 15.3

Porcentagem dinâmica de operandos.

	Pascal	C	Média
Constante inteira	16%	23%	20%
Variável escalar	58%	53%	55%
Array/estrutura	26%	24%	25%

Tabela 15.4

Argumentos de procedimentos e variáveis escalares locais.

Porcentagem de chamadas de procedimento executadas com:	Compiladores, interpretadores e editores de texto	Pequenos programas não numéricos
> 3 argumentos	0–7%	0–5%
> 5 argumentos	0–3%	0%
> 8 palavras de argumentos e escalares locais	1–20%	0–6%
> 12 palavras de argumentos e escalares locais	1–6%	0–3%

de operandos é para variáveis locais escalares. Esses estudos mostram que essas referências são, na verdade, resumidas a poucas variáveis.

O mesmo grupo de Berkeley analisou também o padrão de chamadas e retornos de procedimentos em programas de alto nível. Eles concluíram que é raro haver uma grande sequência ininterrupta de chamadas de procedimento seguida pela sequência de retornos correspondente. Em vez disso, eles concluíram que um programa permanece confinado a uma janela relativamente estreita de profundidade de chamadas de procedimentos. Isso é ilustrado na Figura 4.21, que foi discutida no Capítulo 4. Esses resultados reforçam a conclusão de que referências de operandos são altamente localizadas.

Implicações

Vários grupos analisaram resultados como os que acabamos de reportar e concluíram que a tentativa de criar uma arquitetura com um conjunto de instruções parecido com as linguagens de programação de alto nível não é a estratégia de projeto mais eficaz. Em vez disso, as linguagens de programação de alto nível podem ser mais bem suportadas com otimização de desempenho de recursos de programas típicos, escritos em linguagem de alto nível, que consomem mais tempo.

Generalizando a partir do trabalho de uma série de pesquisadores, surgem três elementos que caracterizam as arquiteturas RISC. Em primeiro lugar, o uso de um grande número de registradores ou o uso de um compilador para otimizar o uso de registradores. A intenção disso é otimizar referências a operandos. Os estudos que acabamos de discutir mostram que existem várias referências para cada instrução de linguagem de alto nível e que existe uma grande proporção de instruções de movimentação (atribuições). Isso, com a localidade e a predominância de referências escalares, sugere que o desempenho pode ser melhorado com redução de referências à memória, à custa de mais referências a registradores. Por causa da localidade dessas referências, um conjunto expandido de registradores parece prático.

Segundo, uma atenção cuidadosa precisa ser dedicada ao projeto de pipelines de instruções. Por causa da alta proporção de instruções de desvio e chamadas de procedimentos, um pipeline de instruções direto será ineficiente. Isso é notório pela grande proporção de instruções que são lidas, mas nunca são executadas.

Por fim, um conjunto de instruções que consiste em primitivas de alto desempenho é indicado. As instruções devem ter custos previsíveis (medidos em tempo de execução, tamanho de código e também em dissipação de energia) e ser compatíveis com uma implementação de alto desempenho (que harmoniza com um custo de tempo de execução previsível).

15.2 O USO DE UM GRANDE BANCO DE REGISTRADORES

Os resultados apresentados na Seção 15.1 mostram a conveniência de acesso rápido a operandos. Vimos que existe uma grande proporção de instruções de atribuição em programas de alto nível e muitas delas são do tipo simples A ← B. Também há um número significativo de acessos a operandos por instrução de um programa de alto nível. Se juntarmos esses resultados com o fato de a maioria dos acessos ser para escalares locais, então podemos sugerir forte dependência do armazenamento em registradores.

A razão pela qual o armazenamento em registradores é indicado é que esse é o dispositivo de armazenamento mais rápido disponível, mais rápido que a memória principal e que a cache. O banco de registradores é fisicamente pequeno — fica no mesmo chip que a ALU e a unidade de controle — e emprega endereços bem menores do que os endereços para memória e cache. Desse modo, é preciso uma estratégia que possibilite que operandos acessados mais frequentemente sejam guardados em registradores, minimizando operações registrador-memória.

Duas abordagens básicas são possíveis, uma baseada em software e outra baseada em hardware. A abordagem em software depende do compilador para maximizar o uso de registradores. O compilador tentará alocar registradores para aquelas variáveis que serão mais usadas em um determinado período. Essa abordagem requer o uso de algoritmos sofisticados para análise de programas. A abordagem de hardware é simplesmente usar mais registradores para que mais variáveis possam ser guardadas em registradores por mais tempo.

Nesta seção discutiremos a abordagem de hardware. Essa abordagem foi utilizada primeiro pelo grupo RISC de Berkeley (PATTERSON, 1982a); foi usada no primeiro produto RISC comercial, Pyramid (RAGAKELLEY; CLARK, 1983); e é, atualmente, usada na popular arquitetura **SPARC**.

Janelas de registradores

Em face disso, o uso de um conjunto grande de registradores deveria diminuir a necessidade de acessar a memória. A tarefa de projeto é organizar os registradores de tal maneira que esse objetivo seja alcançado.

Como a maioria das referências de operandos é para escalares locais, a abordagem óbvia é armazená-los em registradores, com talvez alguns registradores reservados para variáveis globais. O problema é que a definição do que é *local* muda a cada chamada e retorno de procedimento, operações estas que ocorrem frequentemente. A cada chamada, variáveis locais precisam ser salvas dos registradores para a memória, para que os registradores possam ser reutilizados pelo programa chamado. Além disso, parâmetros precisam ser passados. No retorno, as variáveis do procedimento de chamada devem ser restauradas (carregadas de volta em registradores) e os resultados devem ser passados de volta para o procedimento de chamada.

A solução é baseada em outros dois resultados vistos na Seção 15.1. Primeiro, um procedimento típico emprega apenas alguns parâmetros passados e variáveis locais (Tabela 15.4). Segundo, a profundidade da ativação do procedimento flutua dentro de um intervalo relativamente estreito (Figura 4.21). Para explorar essas propriedades, vários conjuntos pequenos de registradores são usados, sendo cada um atribuído a um procedimento diferente. Uma chamada de procedimento direciona automaticamente o processador para usar uma janela de registradores diferentes e de tamanho fixo, em vez de salvar os registradores na memória. Janelas para procedimentos adjacentes são sobrepostas para permitir passagem de parâmetros.

O conceito é ilustrado na Figura 15.1. A qualquer momento, apenas uma janela de registradores é visível e endereçável, como se fosse o único conjunto de registradores (por exemplo, endereços de 0 até $N - 1$). A janela é dividida em três áreas de tamanho fixo. *Registradores de parâmetros* guardam parâmetros passados a partir do procedimento que chamou o procedimento atual e guardam os resultados a serem passados de volta. *Registradores locais* são usados para variáveis locais, conforme atribuído pelo compilador. *Registradores temporários* são usados para trocar parâmetros e resultados com o próximo nível abaixo (procedimentos chamados pelo procedimento atual). Os registradores temporários em um nível são fisicamente os mesmos que os registradores de parâmetro no próximo nível abaixo. Essa sobreposição permite que os parâmetros sejam passados sem o movimento real de dados. Tenha em mente que, exceto para sobreposição, os registradores em dois níveis diferentes são fisicamente distintos. Isto é, os registradores de parâmetros e os registradores locais no nível J são separados dos registradores locais e de parâmetros do nível $J + 1$.

Para poder lidar com qualquer padrão possível de chamadas e retornos, o número de **janelas de registradores** teria de ser ilimitado. Em vez disso, as janelas de registradores podem ser usadas para guardar algumas ativações de procedimentos mais recentes. Ativações mais antigas têm de ser salvas em memória e restauradas depois, quando a profundidade de aninhamento diminui. Dessa maneira, a verdadeira organização do banco de registradores é como um buffer circular de janelas sobrepostas. Dois exemplos importantes dessa abordagem são a arquitetura SPARC da Sun, descritas na Seção 15.7, e a arquitetura IA-64 usada no processador Itanium da Intel.

Figura 15.1
Sobreposição das janelas de registradores.

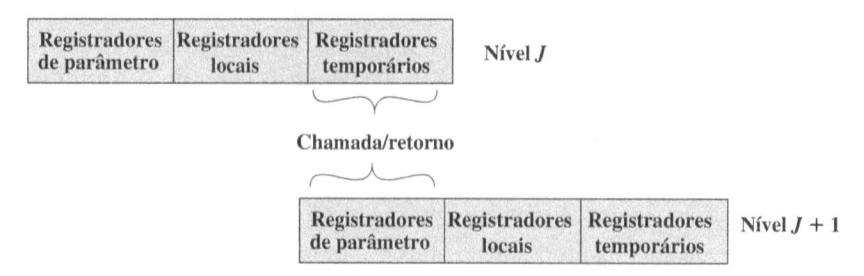

| Registradores de parâmetro | Registradores locais | Registradores temporários | Nível J |

Chamada/retorno

| Registradores de parâmetro | Registradores locais | Registradores temporários | Nível $J + 1$ |

A organização circular é mostrada na Figura 15.2, que ilustra um buffer circular de seis janelas. O buffer é preenchido até uma profundidade de 4 (A chama B; B chama C; C chama D) com o procedimento D estando ativo. O ponteiro da janela atual (CWP — do inglês, *Current-Window Pointer*) aponta para a janela do procedimento atualmente ativo. Registradores referenciados por uma instrução de máquina são deslocados por esse ponteiro para determinar o registrador físico atual. O ponteiro da janela salva (SWP — do inglês, *Saved-Window Pointer*) identifica a janela mais recentemente salva na memória. Se o procedimento D agora chamar procedimento E, os argumentos para E são armazenados nos registradores temporários de D (sobreposição entre w3 e w4) e o CWP é avançado por uma janela.

Figura 15.2
Organização do buffer circular de janelas sobrepostas.

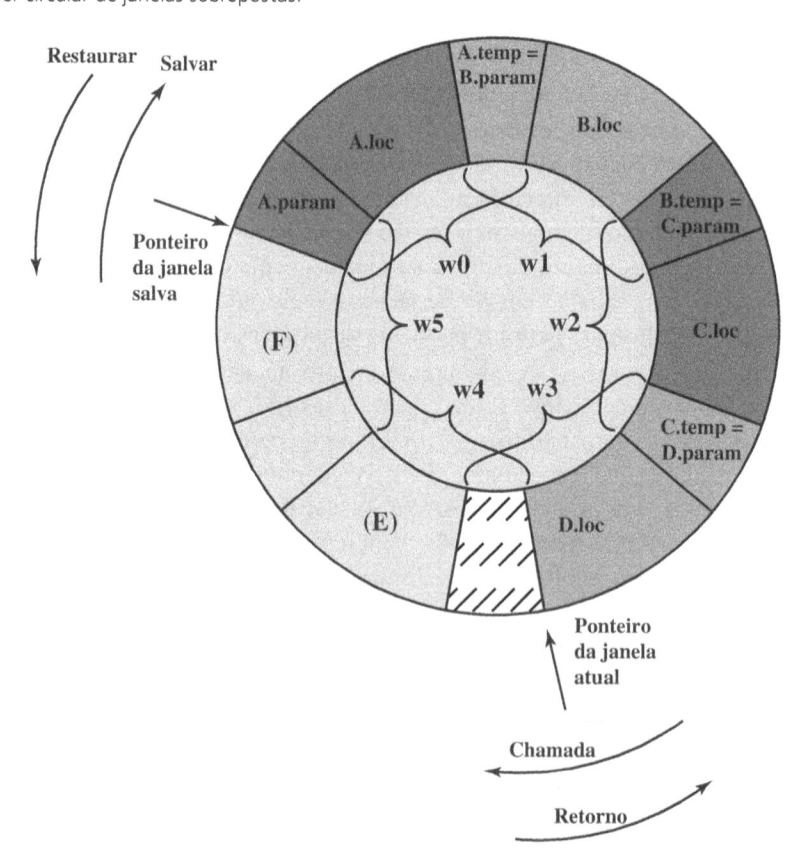

Se o procedimento E então fizer uma chamada para o procedimento F, a chamada não poderá ser feita com o *status* atual do buffer. Isso acontece porque a janela F sobrepõe a janela A. Se F começar a carregar seus registradores temporários, preparatórios para uma chamada, ele vai sobrescrever registradores de parâmetros de A (A.in). Dessa maneira, quando o CWP é incrementado (módulo 6) e se torna igual ao SWP, ocorre uma interrupção e a janela A é salva. Apenas duas primeiras partes (A.in e A.loc) precisam ser salvas. Depois, o SWP é incrementado e o chamado para F procede. Uma interrupção semelhante acontece nos retornos. Por exemplo, subsequente à chamada F, quando B retorna para A, o CWP é decrementado e se torna igual ao SWP. Isso causa uma interrupção que resulta na restauração da janela A.

Com base no que foi visto, pode-se concluir que um banco de registradores com N janelas pode guardar apenas $N - 1$ ativações de procedimentos. O valor de N não precisa ser grande. Conforme mencionado no Apêndice 4A, um estudo (TAMIR; SEQUIN, 1983) concluiu que, com 8 janelas, salvar ou restaurar torna-se necessário em apenas 1% de chamadas ou retornos. Os computadores RISC de Berkeley usam 8 janelas com 16 registradores cada uma. Os computadores Pyramid possuem 16 janelas de 32 registradores cada uma.

Variáveis globais

O esquema de janelas que acabamos de descrever oferece uma organização eficiente para armazenar variáveis em registradores. Contudo, esse esquema não atende à necessidade de armazenar variáveis globais, aquelas acessadas por mais de um procedimento. Duas opções são sugeridas por si só. Primeiro, às variáveis declaradas como globais, em uma linguagem de alto nível, podem ser atribuídas posições de memória pelo compilador e todas as instruções de máquina que referenciam essas variáveis usarão operandos referenciados em memória. Isso é bem direto, do ponto de vista de hardware e de software (compilador). Contudo, para variáveis globais acessadas frequentemente, esse esquema é ineficiente.

Uma alternativa é incorporar um conjunto de registradores globais no processador. Esses registradores seriam em número fixo e estariam disponíveis para todos os procedimentos. Um esquema uniforme de numeração pode ser usado para simplificar o formato da instrução. Por exemplo, referências para registradores de 0 a 7 poderiam se referir a registradores globais únicos e referências para registradores de 8 a 31 poderiam ser o deslocamento para se referir a registradores físicos na janela atual. Existe uma sobrecarga no hardware para acomodar a divisão no endereçamento de registradores. Além disso, o compilador precisa decidir que variáveis globais devem ser atribuídas aos registradores.

Grande banco de registradores *versus* cache

O banco de registradores, organizado em janelas, age como um pequeno buffer para guardar um subconjunto de variáveis que têm mais probabilidade de ser bastante usadas. Desse ponto de vista, o banco de registradores age como uma memória cache, embora seja uma memória muito mais rápida. A questão que aparece nesse ponto é se seria mais simples e melhor usar uma cache ou um banco de registradores pequeno e tradicional.

A Tabela 15.5 compara características das duas abordagens. O banco de registradores baseado em janelas guarda todas as variáveis locais escalares (exceto em raros casos de sobrecarga da janela) das $N - 1$ ativações de procedimentos mais recentes. A cache guarda uma seleção de variáveis escalares recentemente usadas. O banco de registradores deveria economizar tempo, porque todas as variáveis locais escalares são mantidas. Por outro lado, a cache pode fazer uso mais eficiente do espaço, porque ela reage dinamicamente a situações. Além disso, a cache geralmente trata todas as referências de memória da mesma forma, incluindo instruções e outros tipos de dados. Dessa maneira, salvamentos nessas outras áreas são possíveis com uso de cache e não são possíveis com um banco de registradores.

Um banco de registradores pode fazer uso ineficiente de espaço, porque nem todos os procedimentos vão precisar do espaço inteiro da janela dedicado somente para eles. Por outro lado, a cache sofre de outro tipo de ineficiência: os dados são lidos da cache em blocos. Enquanto o banco de registradores contém apenas as variáveis em uso, a cache lê um bloco de dados do qual uma parte menor ou até maior não será usada.

A cache é capaz de lidar bem com variáveis globais e locais. Existem normalmente muitos escalares globais, mas apenas alguns deles são muito usados (KATEVENIS, 1983). A cache descobrirá dinamicamente essas variáveis e vai guardá-las. Se um banco de registradores baseado em janelas for acrescido de registradores globais, ele também pode guardar alguns escalares globais. Contudo, quando os módulos de programa são compilados em separado, é impossível para o compilador atribuir valores globais aos registradores; o ligador deve apresentar sua tarefa.

Tabela 15.5
Características do grande banco de registradores e organizações de cache.

Grandes bancos de registradores	Cache
Todas variáveis locais escalares	Variáveis locais recentemente usadas
Variáveis individuais	Blocos de memória
Variáveis globais assinaladas pelo compilador	Variáveis globais recentemente usadas
Salvar/restaurar baseados na profundidade de aninhamento do procedimento	Salvar/restaurar baseado em algoritmos de atualização da cache
Endereçamento de registrador	Endereçamento de memória
Múltiplos operandos endereçados e acessados em um ciclo	Um operando endereçado e acessado por ciclo

Com banco de registradores, o movimento de dados entre registradores e memória é determinado pela profundidade de aninhamento do procedimento. Como essa profundidade normalmente se encontra dentro de um intervalo pequeno, o uso da memória é relativamente raro. A maioria das memórias cache possui tamanho pequeno. Dessa maneira, existe o perigo de que outros dados ou instruções concorram pela permanência na cache.

Com base na discussão até agora, a escolha entre um grande banco de registradores baseado em janelas e uma cache não está totalmente clara. Contudo, existe uma característica pela qual a abordagem de registrador é claramente superior e que sugere que um sistema baseado em cache será sensivelmente mais lento. Essa distinção aparece na quantidade de *overhead* de endereçamento experienciada pelas duas abordagens.

A Figura 15.3 ilustra a diferença. Para referenciar um escalar local em um banco de registradores baseado em janelas, um número de registrador virtual e um número de janela são usados. Esses podem passar por um decodificador relativamente simples para selecionar um dos registradores físicos. Para referenciar uma posição de memória na cache, um endereço de memória de tamanho completo deve ser gerado. A complexidade dessa operação depende do modo de endereçamento. Em uma cache associativa por conjunto, uma parte do endereço é usada para ler um número de palavras e rótulos iguais ao tamanho do conjunto. Outra parte do endereço é comparada com as marcações e uma das palavras que foram lidas é selecionada. Deve estar claro que, mesmo se a cache fosse tão rápida quanto o banco de registradores, o tempo de acesso seria consideravelmente maior. Assim, do ponto de vista de desempenho, o banco de registradores baseado em janelas é superior para escalares locais. Outras melhorias de desempenho podem ser alcançadas com a adição de uma cache apenas para instruções.

15.3 OTIMIZAÇÃO DE REGISTRADORES BASEADA EM COMPILADORES

Vamos supor agora que apenas um número pequeno (16 a 32, por exemplo) de registradores esteja disponível na máquina RISC alvo. Nesse caso, o uso otimizado de registradores é de responsabilidade do compilador. Um programa escrito em uma linguagem de alto nível não possui, obviamente, nenhuma referência explícita a registradores (apesar da palavra reservada *register* na linguagem C). Em vez disso, as grandezas do programa são referenciadas simbolicamente. O objetivo do compilador é guardar os operandos nos registradores durante o máximo de operações possível, em vez de usar memória, e minimizar operações de carregar-e-armazenar.

Em geral, a abordagem usada é a seguinte. Cada dado do programa que é candidato a residir em um registrador é atribuído um registrador simbólico ou virtual. O compilador, então, mapeia o número ilimitado de registradores simbólicos para um número fixo de registradores reais. Registradores simbólicos cujo uso não se sobrepõe podem compartilhar o mesmo registrador real. Se, em uma determinada parte do programa, houver mais dados para tratar do que registradores reais, então alguns dos dados são atribuídos a posições de memória. As instruções load/store (carregar/armazenar) são usadas para posicionar os dados nos registradores temporariamente para operações computacionais.

Figura 15.3
Referenciando um escalar.

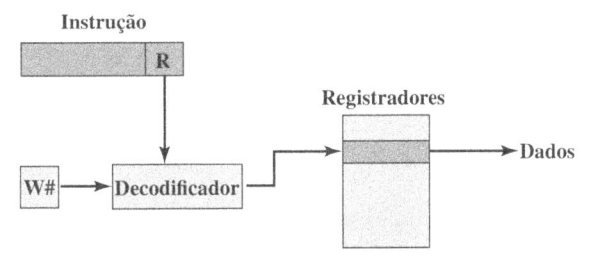

(a) Banco de registradores baseado em janelas

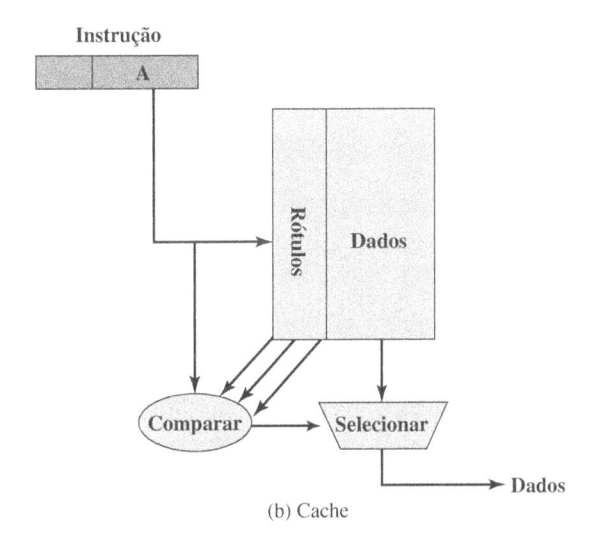

(b) Cache

A essência da tarefa de otimização é decidir quais dados devem ser atribuídos aos registradores em qualquer ponto do programa. A técnica mais comumente usada em compiladores RISC é conhecida como coloração de grafos, uma técnica emprestada da disciplina de topologia (CHAITIN, 1982, CHOW et al., 1986, COUTANT; HAMMOND; KELLEY, 1986, CHOW; HENNESSY, 1990).

O problema de coloração de grafos é este: dado um grafo que consiste em nós e arestas, atribuir cores para nós de tal forma que nós adjacentes tenham cores diferentes e que sejam usadas menos cores possíveis. Esse problema é adaptado ao problema do compilador da seguinte maneira. Primeiro, o programa é analisado para construir um grafo de interferência entre registradores. Os nós do grafo são registradores simbólicos. Se dois registradores simbólicos estão "vivos" durante o mesmo fragmento do programa, então eles são unidos por uma linha para demonstrar uma interferência. Uma tentativa é feita então para colorir o grafo com n cores, em que n é o número de registradores. Nós que compartilham a mesma cor podem ser atribuídos ao mesmo registrador. Se esse processo não for completado totalmente, então esses nós que não podem ser coloridos devem ser colocados em memória, e cargas e armazenamentos devem ser usados para criar espaço para os dados quando eles forem necessários.

A Figura 15.4 é um exemplo simples do processo. Suponha um programa com seis registradores simbólicos para ser compilado em três registradores reais. A Figura 15.4a mostra a sequência de tempo de uso ativo de cada registrador simbólico. Linhas horizontais pontilhadas indicam execuções sucessivas de instruções. A Figura 15.4b mostra o grafo de interferência de registradores (sombreamentos e listras são usados no lugar de cores). Uma coloração possível com três cores é mostrada. Como os registradores A e D não interferem, o compilador pode atribuir ambos ao registrador físico R1. De forma semelhante, registradores simbólicos C e E podem ser atribuídos ao registrador R3. Um registrador simbólico, F, é deixado sem cor e deve ser tratado com leitura e escrita em memória.

Figura 15.4
Abordagem de coloração de grafos.

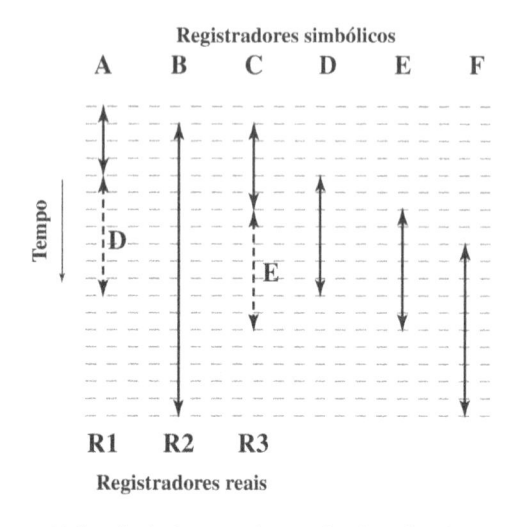

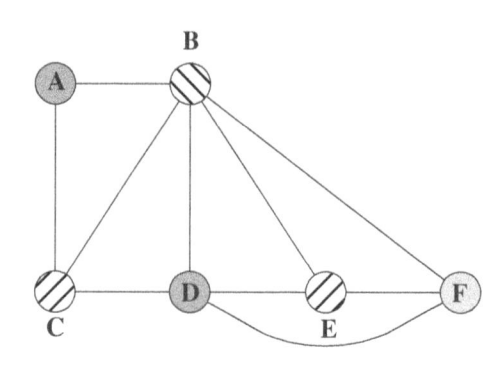

(a) Sequência de tempo do uso ativo de registradores

(b) Grafo de interferência de registradores

Em geral, há um compromisso entre o uso de um conjunto grande de registradores e a otimização de registradores baseada em compiladores. Por exemplo, Bradlee, Eggers e Henry (1991a) relatam em um estudo que modelaram uma arquitetura RISC com recursos similares do Motorola 88000 e do MIPS R2000. Os pesquisadores variaram o número de registradores de 16 a 128 e consideraram o uso tanto de registradores de uso geral como de registradores divididos entre uso para inteiro e para ponto flutuante. Esse estudo mostrou que, mesmo com uma simples otimização de registradores, há um benefício pequeno no uso de mais de 64 registradores. Com técnicas de otimização de registradores razoavelmente sofisticadas, há apenas uma melhoria mínima com mais de 32 registradores. Por fim, eles observaram que, com um número pequeno de registradores (por exemplo, 16), uma máquina com uma organização de registradores compartilhada executa mais rapidamente do que uma com organização dividida. Conclusões semelhantes podem ser tiradas da obra de Huguet e Lang (1991), que relatam um estudo preocupado, em primeiro lugar, com a otimização de um número pequeno de registradores em vez de comparar conjuntos de registradores grandes com esforços de otimização.

15.4 ARQUITETURA COM CONJUNTO REDUZIDO DE INSTRUÇÕES

Nesta seção, analisamos algumas características gerais e as motivações de uma arquitetura com conjunto reduzido de instruções. Exemplos específicos serão vistos mais à frente neste capítulo. Começamos com uma discussão sobre motivações para arquitetura atuais com conjuntos de instruções complexas.

Por que CISC

Observamos a tendência para conjuntos de instruções mais ricos, o que inclui um número maior de instruções e instruções mais complexas. Dois motivos principais motivaram essa tendência: um desejo para simplificar compiladores e um desejo para melhorar o desempenho. Fundamentando essas duas motivações estava a mudança para linguagens de programação de alto nível por parte dos programadores; projetistas tentaram projetar máquinas que oferecessem melhor suporte para linguagens de programação de alto nível.

Não é o intuito deste capítulo afirmar que os projetistas CISC tomaram a direção errada. Na verdade, como a tecnologia continua evoluindo e como as arquiteturas existem dentro de um espectro de categorias muito grande, uma avaliação definitiva provavelmente nunca existirá. Por isso, os comentários que seguem têm apenas a intenção de identificar algumas falhas na abordagem CISC e de fornecer algum entendimento da motivação dos adeptos da abordagem RISC.

O primeiro motivo citado, a simplificação do compilador, parece óbvio, mas não é. A tarefa do programador de compilador é gerar boas sequências (rápidas, pequenas, rápidas e pequenas) de instruções de máquina para cada instrução de uma linguagem de alto nível (por exemplo, o compilador visualiza instruções de linguagem de alto nível no contexto das instruções de linguagem de alto nível adjacentes). Se houver instruções de máquina que se assemelhem às instruções da linguagem de alto nível, essa tarefa será simplificada. Essa motivação foi discutida pelos pesquisadores RISC (HENNESSY et al., 1982, RADIN, 1983, PATTERSON; PIEPHO, 1982b). Eles concluíram que instruções de máquina complexas são muitas vezes difíceis de serem exploradas porque o compilador precisa encontrar os casos em que essa construção se encaixa perfeitamente. A tarefa de otimizar o código gerado para minimizar o tamanho do código, reduzir o total de execução de instruções e melhorar o pipeline é muito mais difícil com um conjunto de instruções complexo. Uma prova disso são os estudos citados anteriormente neste capítulo que indicam que a maioria das instruções em um programa compilado são as relativamente simples.

Outro motivo importante citado é a expectativa de que um CISC produza programas menores e mais rápidos. Vamos analisar os dois aspectos dessa afirmação: que os programas serão menores e que executarão mais rapidamente.

Existem duas vantagens de programas menores. Como o programa ocupa menos memória, há uma economia nesse recurso. Com a memória hoje em dia ficando cada vez mais em conta, a vantagem potencial não é mais atraente. Mais importante, programas menores devem melhorar o desempenho e isso vai acontecer de três maneiras. Primeiro, menos instruções significam menos bytes de instruções para serem obtidos. Segundo, em um ambiente de paginação, programas menores ocupam menos páginas, reduzindo falhas de página. Terceiro, mais instruções cabem na(s) cache(s).

O problema com essa linha de raciocínio é que está longe de ser certo que um programa CISC será menor que um programa RISC correspondente. Em muitos casos, o programa CISC expresso na linguagem de máquina simbólica pode ser mais *curto* (ou seja, menos instruções), porém o número de bits de memória ocupados pode não ser notavelmente *menor*. A Tabela 15.6 mostra os resultados de três estudos que compararam o tamanho de programas em C compilados em uma variedade de máquinas, incluindo o RISC I, que possui uma arquitetura de conjunto reduzido de instruções. Observe que há pouca ou nenhuma economia ao se usar um CISC no lugar de um RISC. É também interessante observar que o VAX, que tinha um conjunto de instruções muito mais complexo do que o PDP-11, obtém muito pouca economia em relação a este último. Esses resultados foram confirmados pelos pesquisadores da IBM (RADIN, 1983), que concluíram que o IBM 801 (um RISC) produzia um código que era 0,9 vez o tamanho do código de um IBM S/370. O estudo utilizou uma série de programas em PL/I.

Há várias razões para esses resultados tão surpreendentes. Nós já observamos que os compiladores CISC tendem a favorecer instruções mais simples, de tal forma que a concisão de instruções complexas raramente entram em jogo. Além disso, como existem mais instruções em um CISC, opcodes maiores são necessários, produzindo instruções maiores. Por fim, o RISC tende a favorecer referências ao registrador no lugar da memória, e o primeiro requer menos bits. Um exemplo desse último efeito será discutido em breve.

Então, a expectativa de que um CISC produza programas menores, com devidas vantagens, pode não se realizar. O segundo fator da motivação pelos conjuntos de instruções mais complexos era que a execução da instrução seria mais rápida. Parece fazer sentido que uma operação complexa da linguagem de alto nível vai executar mais rapidamente uma única instrução de máquina em vez de uma série de instruções mais primitivas. Contudo, por causa da tendência do uso dessas instruções mais simples, isso pode não ser verdade.

Tabela 15.6

Tamanho de código relativo a RISC I.

	11 programas em C (PATTERSON; SEQUIN, 1982a)	12 programas em C (KATEVENIS, 1983)	5 programas em C (HEATH, 1984)
RISC I	1,0	1,0	1,0
VAX-11/780	0,8	0,67	
M68000	0,9		0,9
Z8002	1,2		1,12
PDP-11/70	0,9	0,71	

A unidade de controle inteira deve ser feita de forma mais complexa e/ou o controle de armazenamento do microprograma deve ser maior para acomodar um conjunto de instruções mais rico. Cada fator desses aumenta o tempo de execução de instruções simples.

Na verdade, alguns pesquisadores concluíram que a aceleração da execução de funções complexas se deve não muito ao poderio das instruções de máquina complexas, mas sim à sua permanência em memórias de controles de alta velocidade (RADIN, 1983). Na realidade, a memória de controle age como uma cache de instruções. Dessa maneira, o projetista de hardware está em posição de tentar determinar que sub-rotinas ou funções serão usadas mais frequentemente e atribuí-las à memória do controle, implementando-as no microcódigo. Os resultados foram menos que encorajadores. Nos sistemas S/390, instruções como *Translate and Extended--Precision-Floating-Point-Divide* residem em memórias de alta velocidade, enquanto a sequência envolvida em definir a chamada do procedimento ou iniciar o tratamento de uma interrupção está na memória principal mais lenta.

Assim, não está nem um pouco claro que uma tendência pelo aumento na complexidade dos conjuntos de instruções seja apropriada. Isso levou vários grupos a seguirem o caminho oposto.

Características de arquiteturas com conjunto reduzido de instruções

Embora várias abordagens para arquitetura com conjunto reduzido de instruções tenham sido implementadas, algumas características são comuns a todas elas:

- Uma instrução por ciclo.
- Operações registrador para registrador.
- Modos de endereçamento simples.
- Formatos de instruções simples.

Aqui faremos uma breve discussão sobre essas características. Exemplos específicos são explorados mais à frente neste capítulo.

A primeira característica relacionada é que há uma **instrução de máquina por ciclo de máquina**. Um *ciclo de máquina* é definido como o tempo necessário para obter dois operandos dos registradores, executar uma operação da ALU e armazenar o resultado em um registrador. Assim, as instruções de máquina RISC não deveriam ser mais complicadas do que as microinstruções em máquinas CISC (discutidas na Parte IV). Com instruções simples de ciclo único, há pouca ou nenhuma necessidade de microcódigo; as instruções de máquina podem ser embutidas no hardware. Tais instruções deveriam executar mais rapidamente do que instruções de máquina comparáveis em outras máquinas, porque não é necessário acessar um microprograma de controle durante a execução da instrução.

A segunda característica é que a maioria das operações deve ser **registrador para registrador**, com apenas operações simples LOAD e STORE (CARREGAR e ARMAZENAR) acessando a memória. Esse recurso de projeto simplifica o conjunto de instruções e, portanto, também a unidade de controle. Por exemplo, uma instrução RISC pode incluir apenas uma ou duas instruções ADD (por exemplo, adição inteira, adição com *carry*); o VAX possui 25 instruções ADD diferentes. Outro benefício é que uma arquitetura dessas encoraja a otimização do uso de registradores, para que os operandos frequentemente acessados permaneçam em armazenamentos de alta velocidade.

Essa ênfase em operações registrador para registrador é comum em projetos RISC. Máquinas CISC atuais não só fornecem tais instruções, mas também incluem operações memória para memória e operações mistas registrador/memória. Tentativas de comparar essas abordagens foram feitas em 1970, antes do surgimento do RISC. A Figura 15.5a ilustra a abordagem. Arquiteturas hipotéticas evoluíram em tamanho de programas e no número de bits de tráfego de memória. Resultados como este levaram um pesquisador a sugerir que futuras arquiteturas não deveriam conter nenhum registrador (MYERS, 1978). Alguém poderia se perguntar o que ele teria pensado naquela época da máquina RISC Pyramid, que tinha não menos do que 528 registradores!

O que faltava nesses estudos era o reconhecimento do acesso frequente a um número pequeno de escalares locais e que, com um grande banco de registradores ou um compilador otimizado, a maioria dos operandos poderia ser mantida nos registradores por longos períodos. Dessa maneira, a Figura 15.5b poderia ser uma comparação mais justa.

A terceira característica é o uso de **modos de endereçamento simples**. Quase todas as instruções RISC usam endereçamento simples de registradores. Vários modos adicionais, tais como deslocamento relativo a PC,

Figura 15.5
Duas comparações das abordagens registrador para registrador e memória para memória.

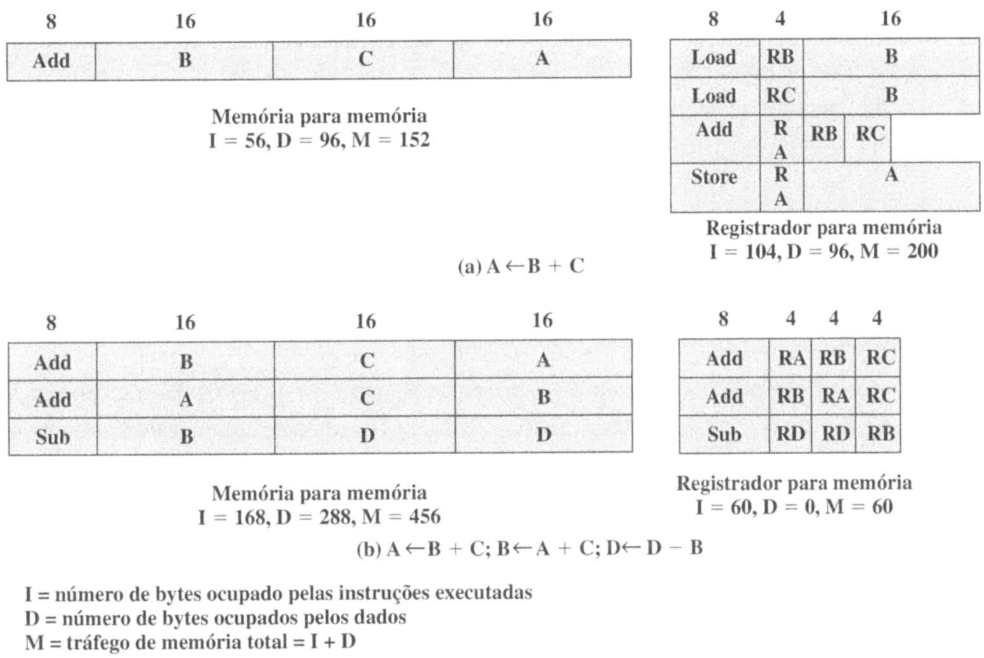

8	16	16	16
Add	B	C	A

Memória para memória
I = 56, D = 96, M = 152

8	4	16
Load	RB	B
Load	RC	B
Add	RA	RB RC
Store	RA	A

Registrador para memória
I = 104, D = 96, M = 200

(a) A ← B + C

8	16	16	16
Add	B	C	A
Add	A	C	B
Sub	B	D	D

Memória para memória
I = 168, D = 288, M = 456

8	4	4	4
Add	RA	RB	RC
Add	RB	RA	RC
Sub	RD	RD	RB

Registrador para memória
I = 60, D = 0, M = 60

(b) A ← B + C; B ← A + C; D ← D − B

I = número de bytes ocupado pelas instruções executadas
D = número de bytes ocupados pelos dados
M = tráfego de memória total = I + D

podem ser incluídos. Outros modos mais complexos podem ser sintetizados pelo software a partir dos mais simples. De novo, esse recurso de projeto simplifica o conjunto de instruções e a unidade de controle.

A característica comum final é o uso de **formatos de instruções simples**. Em geral, apenas um ou alguns poucos formatos são usados. O tamanho da instrução é fixo e ajustado dentro do limite da palavra. A posição de campos, sobretudo o opcode, é fixa. Esse recurso tem uma série de benefícios. Com campos fixos, a decodificação de opcode e o acesso a registradores de operandos podem ocorrer ao mesmo tempo. Formatos simples simplificam a unidade de controle. A leitura de instruções é otimizada, porque são obtidas unidades do tamanho da palavra. Esse ajuste a limites da palavra significa também que uma única instrução não ultrapassa os limites da página.

Consideradas juntas, essas características podem ser avaliadas para determinar os benefícios potenciais de desempenho da abordagem RISC. Certa quantidade de "evidência circunstancial" pode ser demonstrada. Primeiro, compiladores com otimização mais eficientes podem ser desenvolvidos. Com instruções mais primitivas, existem mais oportunidades para mover funções fora dos loops de repetição, reorganizar o código visando à eficiência, maximizando o uso de registradores e assim por diante. É até possível computar partes das instruções complexas em tempo de compilação. Por exemplo, a instrução Mover Caracteres (MVC) do S/390 move uma cadeia de caracteres de uma posição para outra. Cada vez que ela é executada, a movimentação vai depender do tamanho da cadeia, se e em qual direção as posições se sobrepõem e quais são as características do alinhamento. Na maioria dos casos, todas essas situações serão conhecidas em tempo de compilação. Dessa maneira, o compilador poderia produzir uma sequência otimizada de instruções primitivas para essa função.

Um segundo ponto já observado é que a maioria das instruções geradas por um compilador é relativamente simples. Parece razoável que uma unidade de controle construída especialmente para essas instruções, com uso de pouco ou nenhum microcódigo, possa executá-las mais rapidamente do que um CISC comparável.

Um terceiro ponto tem a ver com o uso de pipeline de instruções. Os pesquisadores RISC acharam que a técnica de pipeline de instruções pode ser aplicada muito mais eficientemente com um conjunto reduzido de instruções. Nós analisaremos esse ponto em mais detalhes daqui a pouco.

Um último ponto, e de certa forma menos significativo, indica que os processadores RISC respondem melhor às interrupções, porque estas são verificadas entre operações elementares. As arquiteturas com instruções complexas restringem interrupções aos limites da instrução ou precisam definir pontos de interrupção especiais e implementar mecanismos para reiniciar a instrução.

As vantagens para um desempenho melhorado estão do lado da arquitetura de conjunto reduzido de instruções, mas talvez alguém ainda poderia ter um argumento para o CISC. Um número de estudos tem sido feito, mas não em máquinas de tecnologia e potência comparáveis. Além disso, a maioria desses estudos não tentou separar os efeitos de um conjunto reduzido de instruções dos efeitos de um grande banco de registradores. A "prova circunstancial", contudo, é sugestiva.

Características CISC versus RISC

Depois do entusiasmo inicial pelas máquinas RISC, houve um entendimento crescente de que:

(1) o projeto RISC pode se beneficiar da inclusão de alguns recursos CISC; e

(2) o projeto CISC pode se beneficiar da inclusão de alguns recursos RISC.

O resultado é que os projetos RISC mais recentes, notavelmente o PowerPC, não são mais "puramente" RISC, e os projetos CISC mais recentes, notavelmente o Pentium II e últimos modelos do Pentium, incorporam de fato algumas características RISC.

Uma comparação interessante em Mashey (1995) fornece algum esclarecimento sobre essa questão. A Tabela 15.7 mostra uma série de processadores e os compara por uma série de características. Para os propósitos dessa comparação, os seguintes itens são considerados típicos de um RISC clássico:

1. Um tamanho único de instrução.
2. O tamanho é normalmente de 4 bytes.
3. Um número menor de modos de endereçamento, normalmente menos de cinco. Esse parâmetro é difícil de determinar. Na Tabela 15.7, modos literais e de registradores não são contados e formatos diferentes com tamanhos de *offset* diferentes são contados separadamente.
4. Nenhum endereçamento indireto que requer um acesso à memória para obter o endereço de um operando na memória.
5. Nenhuma operação que combina load/store com aritmética (por exemplo, adicionar da memória, adicionar para memória).
6. Não mais do que um operando endereçado em memória por instrução.
7. Não suporta alinhamento arbitrário de dados para operações de load/store.
8. Número máximo de usos da unidade de gerenciamento de memória (MMU — do inglês, *Memory Management Unit*) para um endereço de dados em uma instrução.
9. Número de bits para especificadores de registradores para inteiros igual a cinco ou mais. Isso significa que ao menos 32 registradores para inteiros podem ser explicitamente referenciados em um momento.
10. Número de bits para especificadores de registradores para ponto flutuante igual a quatro ou mais. Isso significa que ao menos 16 registradores para ponto flutuante podem ser referenciados explicitamente em um momento.

Os itens de 1 a 3 são uma indicação da complexidade de decodificação da instrução. Os itens 4 a 8 sugerem a facilidade ou dificuldade de pipeline, especialmente na presença de requisitos da memória virtual. Os itens 9 e 10 são relacionados à habilidade para obter um bom aproveitamento dos compiladores.

Os primeiros oito processadores da tabela são claramente arquiteturas RISC, os próximos 5 são claramente CISC e os dois últimos são processadores muitas vezes pensados como RISC que possuem muitas características CISC.

15.5 PIPELINE NO RISC

Pipeline com instruções regulares

Conforme discutimos na Seção 14.4, o pipeline de instruções é frequentemente usado para melhorar o desempenho. Vamos reconsiderar isso dentro do contexto de uma arquitetura RISC. A maioria das instruções é do tipo registrador para registrador e o ciclo de instruções possui os dois estágios a seguir:

Tabela 15.7

Características de alguns processadores.

Processador	Número de tamanho das instruções	Tamanho máximo da instrução em bytes	Número de modos de endereçamento	Endereçamento indireto	Load/store combinada com aritmética	Número máximo de operandos de memória	Endereçamento desalinhado permitido	Número máximo de usos da MMU	Número de bits para especificadores de registradores inteiros	Número de bits para especificadores de registradores de ponto flutuante
AMD29000	1	4	1	não	não	1	não	1	8	3[a]
MIPS R2000	1	4	1	não	não	1	não	1	5	4
SPARC	1	4	2	não	não	1	não	1	5	4
MC88000	1	4	3	não	não	1	não	1	5	4
HP PA	1	4	10[a]	não	não	1	não	1	5	4
IBM RT/PC	2[a]	4	1	não	não	1	não	1	4[a]	3[a]
IBM RS/6000	1	4	7	não	não	1	sim	1	5	5
Intel i860	1	4	4	não	não	1	não	1	5	4
IBM 3090	4	8	2[b]	não[b]	sim	2	sim	4	4	2
Intel 80486	12	12	15	não[b]	sim	2	sim	4	3	3
NSC 32016	21	21	23	sim	sim	2	sim	4	3	3
MC68040	11	22	44	sim	sim	2	sim	8	4	3
VAX	56	56	22	sim	sim	6	sim	24	4	0
Clipper	4[a]	8[a]	9[a]	não	não	1	0	2	4[a]	3[a]
Intel 80960	2[a]	8[a]	9[a]	não	não	1	sim[a]	—	5	3[a]

Notas:
[a] RISC que não está conforme a essa característica.
[b] CISC que não está conforme a essa característica.

- I: busca da instrução.
- E: execução. Efetua uma operação da ALU com entrada e saída de registradores.

Para operações de carregar e armazenar, três estágios são necessários:

- I: busca da instrução.
- E: execução. Calcula endereço de memória.
- D: memória. Operação registrador para memória ou memória para registrador.

A Figura 15.6a ilustra o tempo de uma sequência de instruções sem pipeline. Claramente, este é um processo com muito desperdício. Até um pipeline muito simples pode substancialmente melhorar o desempenho. A Figura 15.6b mostra um esquema de pipeline de dois estágios, em que os estágios I e E de duas instruções diferentes são efetuados simultaneamente. Os dois estágios do pipeline são um de busca da instrução e um de execução/memória que executa uma instrução, incluindo operações registrador para memória e memória para registrador. Dessa forma, podemos observar que o estágio de busca de instrução da segunda instrução pode ser executado em paralelo com a primeira parte do estágio execução/memória. Contudo, o estágio execução/memória da segunda instrução deve ser atrasado até que a primeira instrução esvazie o segundo estágio do pipeline. Esse esquema pode aumentar em até duas vezes a taxa de execução de um esquema em série. Dois problemas impedem que a aceleração máxima seja alcançada. Primeiro, supomos que uma memória de acesso único é usada e que apenas um acesso à memória é possível por estágio. Isso requer a adição de um estágio de espera em algumas instruções. Segundo, uma instrução de desvio interrompe o fluxo sequencial da execução. Para acomodar isso com o uso menor de circuitos, uma instrução NOOP pode ser inserida no fluxo das instruções pelo compilador ou pelo montador *assembler*.

O pipeline pode ainda ser melhorado permitindo dois acessos à memória por estágio. Isso produz a sequência mostrada na Figura 15.6c. Agora, até três instruções podem ser sobrepostas e a melhoria é um fator de 3. Novamente, uma instrução de desvio faz com que a aceleração não atinja o máximo possível. Além disso, observe que as dependências de dados são afetadas. Se uma instrução precisa de um operando que é alterado por uma instrução anterior, um atraso é necessário. De novo, isso pode ser conseguido com um NOOP.

O pipeline discutido até agora funciona melhor se os três estágios forem de duração aproximadamente igual. Como o estágio E normalmente envolve uma operação da ALU, ele pode ser mais demorado. Nesse caso, podemos dividi-lo em dois subestágios:

- E_1: leitura do banco de registradores.
- E_2: operação da ALU e escrita em registrador.

Figura 15.6

Os efeitos de pipeline.

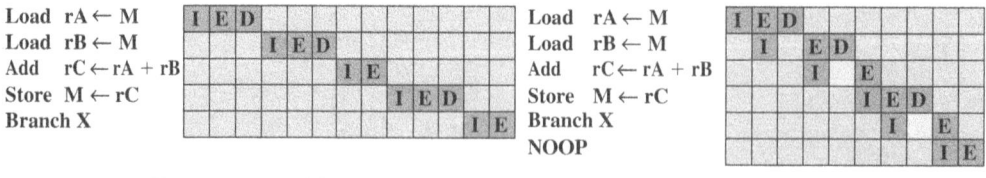

(a) Execução sequencial

(b) Temporização do pipeline em dois estágios

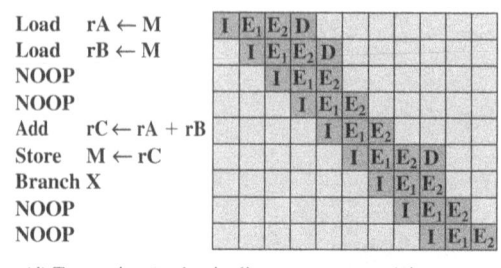

(c) Temporização do pipeline em três estágios

(d) Temporização do pipeline em quatro estágios

Por causa da simplicidade e regularidade de um conjunto de instruções RISC, o projeto de três ou quatro estágios é facilmente alcançado. A Figura 15.6d mostra o resultado com um pipeline de quatro estágios. Até quatro instruções podem estar em curso ao mesmo tempo e o potencial máximo do aumento da velocidade é um fator de 4.

Observe novamente que há o uso de NOOPs por causa dos atrasos de desvios e dados.

Otimização de pipeline

Por causa da natureza simples e regular das instruções RISC, é mais fácil para um projetista de hardware implementar um pipeline simples e rápido. Há poucas variações na duração da execução de instruções e o pipeline pode ser ajustado para refletir isso. Contudo, vimos que as dependências de dados e os desvios reduzem a taxa de execução total.

DESVIO ATRASADO Para compensar essas dependências, técnicas de reorganização de código foram desenvolvidas. Primeiro, vamos considerar as instruções de desvio. O **desvio atrasado** (*delayed branch*), uma maneira de aumentar a eficiência do pipeline, faz uso de um desvio que não tem efeito até depois da execução da instrução seguinte (por isso o termo *atrasado*). A posição da instrução imediatamente depois do desvio é referida como slot de atraso (*delay slot*). Esse procedimento estranho é ilustrado na Tabela 15.8. Na coluna chamada de "desvio normal" podemos ver uma instrução normal em linguagem de máquina. Depois que a linha 102 é executada, a próxima instrução a ser executada é 105. Para regularizar o pipeline, um NOOP é inserido depois desse desvio. Contudo, um melhor desempenho é alcançado se as instruções nas linhas 101 e 102 forem trocadas.

A Figura 15.7 mostra o resultado. A Figura 15.7a mostra a abordagem tradicional do pipeline, do tipo que foi discutido no Capítulo 14 (para um exemplo, veja as figuras 14.11 e 14.12). A instrução JUMP é lida no tempo 4. No tempo 5, ela é executada ao mesmo tempo em que a instrução 103 (instrução ADD) é lida. Como ocorre um JUMP, que atualiza o contador de programas, o pipeline precisa ser esvaziado com relação à instrução 103; no tempo 6, a instrução 105, que é o alvo do JUMP, é carregada. A Figura 15.7b mostra o mesmo pipeline tratado por uma organização RISC típica. O tempo é o mesmo. Todavia, por causa da inserção da instrução NOOP, nós não precisamos de circuitos para esvaziar o pipeline; o NOOP simplesmente é executado sem nenhum efeito. A Figura 15.7c mostra o uso do desvio atrasado. A instrução JUMP é lida no tempo 2, antes da instrução ADD, que é obtida no tempo 3. Observe, no entanto, que a instrução ADD é lida antes de a execução da instrução JUMP ter a chance de alterar o contador de programa. Por isso, durante o tempo 4, a instrução ADD é executada ao mesmo tempo que a instrução 105 é lida. Dessa maneira, as semânticas originais do programa são mantidas, mas um ciclo de *clock* a menos é necessário para execução.

Essa troca de instruções funciona com sucesso para desvios incondicionais, chamadas e retornos. Para desvios condicionais, esse procedimento não pode ser aplicado cegamente. Se a condição testada para o desvio pode ser alterada pela instrução imediatamente anterior, então o compilador não deve fazer a troca, mas sim inserir uma instrução NOOP. Caso contrário, o compilador pode procurar inserir uma instrução útil depois do desvio. A experiência com os sistemas RISC de Berkeley e o IBM 801 é que a maioria das instruções de desvio condicional pode ser otimizada dessa maneira (PATTERSON; SEQUIN, 1982a, RADIN, 1983).

Tabela 15.8

Desvio normal e atrasado.

Endereço	Desvio normal		Desvio atrasado		Desvio atrasado otimizado	
100	LOAD	X, rA	LOAD	X, rA	LOAD	X, rA
101	ADD	1, rA	ADD	1, rA	JUMP	105
102	JUMP	105	JUMP	106	ADD	1, rA
103	ADD	rA, rB	NOOP		ADD	rA, rB
104	SUB	rC, rB	ADD	rA, rB	SUB	rC, rB
105	STORE	rA, Z	SUB	rC, rB	STORE	rA, Z
106			STORE	rA, Z		

Figura 15.7
Uso do desvio atrasado.

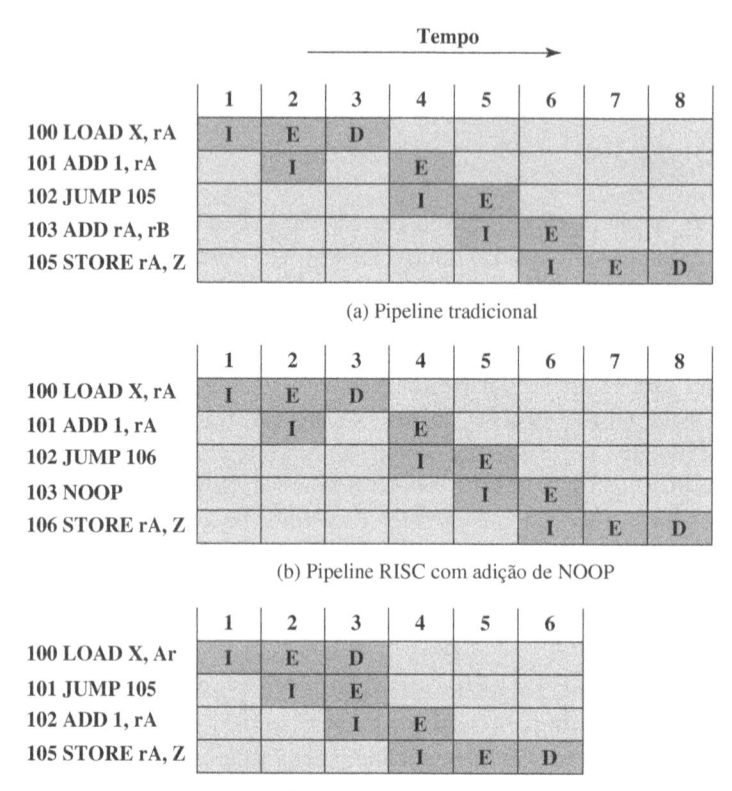

	1	2	3	4	5	6	7	8
100 LOAD X, rA	I	E	D					
101 ADD 1, rA		I		E				
102 JUMP 105				I	E			
103 ADD rA, rB					I	E		
105 STORE rA, Z						I	E	D

(a) Pipeline tradicional

	1	2	3	4	5	6	7	8
100 LOAD X, rA	I	E	D					
101 ADD 1, rA		I		E				
102 JUMP 106				I	E			
103 NOOP					I	E		
106 STORE rA, Z						I	E	D

(b) Pipeline RISC com adição de NOOP

	1	2	3	4	5	6
100 LOAD X, Ar	I	E	D			
101 JUMP 105		I	E			
102 ADD 1, rA			I	E		
105 STORE rA, Z				I	E	D

(c) Instruções invertidas

LOAD ATRASADO Uma tática semelhante, chamada **load atrasado** (*delayed load*), pode ser usada em instruções LOAD. Em instruções LOAD, o registrador que é o alvo do carregamento é bloqueado pelo processador. O processador então continua a execução do fluxo de instruções até que alcance uma instrução que precisa desse registrador, ponto no qual ele fica ocioso até que a leitura esteja completada. Se o compilador puder rearranjar as instruções para que um trabalho útil possa ser feito enquanto ocorre leitura dentro do pipeline, a eficiência será aumentada.

DESDOBRAMENTO DE LOOP Outra técnica de compiladores para melhorar o paralelismo de instruções é o **desdobramento de loop** (*loop unrolling*) (BACON; GRAHAM; SHARP, 1994). Desdobrar replica o corpo de um loop em um número de vezes chamado de fator de desdobramento (u) e faz a iteração pelo passo u em vez de pelo passo 1.

Desdobrar pode melhorar o desempenho:

- Reduzindo a sobrecarga do loop.
- Aumentando o paralelismo de instruções, ao melhorar o desempenho do pipeline.
- Melhorando a localidade de registradores, cache de dados ou TLB.

A Figura 15.8 ilustra todas essas três melhorias em um único exemplo. A sobrecarga do loop é cortada pela metade porque duas iterações são executadas antes do teste, e o desvio é feito no topo do loop. O paralelismo de instruções aumenta, porque a segunda atribuição pode ser efetuada enquanto os resultados da primeira estão sendo armazenados, e as variáveis do loop estão sendo atualizadas. Se os elementos do array são atribuídos a registradores, o posicionamento dos registradores vai melhorar, porque a[i] e a[$i + 1$] são usados duas vezes no corpo do loop, reduzindo o número de leituras por iteração de três para dois.

Como uma observação final, podemos destacar que o projeto do pipeline de instruções não deve ser usado de maneira isolada de outras técnicas de otimização aplicadas ao sistema. Por exemplo, Bradlee, Eggers e Henry (1991b) mostram que o escalonamento de instruções para o pipeline e a alocação dinâmica de registradores devem ser considerados juntos para alcançar a melhor eficiência.

Figura 15.8
Uso do desvio atrasado.

```
do i=2, n-1
      a[i] = a[i] + a[i-1] * a[i+1]
end do
```

(a) Loop original

```
do i=2, n-2, 2
      a[i]   = a[i]   + a[i-1] * a[i+1]
      a[i+1] = a[i+1] + a[i]   * a[i+2]
end do

if (mod(n-2, 2) = i) then
      a[n-1] = a[n-1] + a[n-2] * a[n]
end if
```

(b) Loop desdobrado duas vezes

15.6 MIPS R4000

Um dos primeiros chips RISC disponível comercialmente foi desenvolvido pela MIPS Technology Inc. O sistema foi inspirado por um sistema experimental, que também usava o nome MIPS, desenvolvido em Standford (HENNESSY, 1984). Nesta seção, analisamos o MIPS R4000. Ele possui substancialmente a mesma arquitetura e o mesmo conjunto de instruções de projetos MIPS anteriores: R2000 e R3000. A diferença mais significativa é que o R4000 usa 64 em vez de 32 bits para os caminhos de dados internos e externos, endereços, registradores e ALU.

O uso de 64 bits possui uma série de vantagens em relação a uma arquitetura de 32 bits. Ele permite um espaço de endereçamento maior — grande o suficiente para um sistema operacional mapear mais do que um terabyte de arquivos diretamente para a memória virtual, facilitando o acesso. Com 1 TB e discos maiores, comuns hoje em dia, o espaço de endereçamento de 4 GB de uma máquina de 32 bits torna-se limitado. Além disso, a capacidade de 64 bits permite ao R4000 processar dados como números de ponto flutuante de precisão dupla IEEE e cadeias de caracteres de até oito caracteres em uma única ação.

O chip do processador R4000 é particionado em duas seções, uma contendo CPU e outra contendo um coprocessador para gerenciamento de memória. O processador possui uma arquitetura muito simples. A intenção foi projetar um sistema no qual a lógica de execução de instruções fosse a mais simples possível, deixando espaço disponível para lógica de melhoria de desempenho (por exemplo, a unidade de gerenciamento de memória).

O processador suporta 32 registradores de 64 bits. Ele também possui uma cache de alta velocidade de 128 kB, sendo metade para instruções e metade para dados. A cache relativamente grande (IBM 3090 fornece cache de 128 a 256 kB) possibilita que o sistema guarde grandes conjuntos de códigos de programa e de dados locais para o processador, desocupando o barramento da memória principal e evitando a necessidade de um grande banco de registradores pela lógica de janelas.

Conjunto de instruções

Todas as instruções de série MIPS R são codificadas em um formato de palavra de 32 bits. Todas as operações de dados são de registrador para registrador; as únicas referências de memória são as operações puramente de load/store.

O R4000 não faz uso de códigos condicionais. Se uma instrução gera uma condição, os flags correspondentes são armazenados em um registrador de uso geral. Isso evita a necessidade de uma lógica especial para lidar com códigos condicionais, porque eles afetam o mecanismo de pipeline e a reordenação de instruções pelo compilador. Em vez disso, os mecanismos já implementados para lidar com dependências de valores de registradores são empregados. Além disso, as condições mapeadas para os bancos de registradores são sujeitas às mesmas otimizações em tempo de compilação de alocações e reúso que outros valores armazenados nos registradores.

Como acontece com a maioria das máquinas RISC, o MIPS usa um tamanho único da instrução de 32 bits. Esse tamanho único de instrução simplifica a leitura e a decodificação da instrução e simplifica também a interação da leitura de instrução com a unidade de gerenciamento da memória virtual (isto é, as instruções não ultrapassam os limites da palavra ou da página). Os três formatos de instrução (Figura 15.9) compartilham formatação comum de opcodes e referências a registradores, simplificando a decodificação das instruções. O efeito das instruções mais complexas pode ser sintetizado em tempo de compilação.

Apenas o modo de endereçamento de memória mais simples e mais frequentemente usado é implementado no hardware. Todas as referências de memória consistem em um *offset* de 16 bits e um registrador de 32 bits. Por exemplo, a instrução "carregar palavra" (*load word* — lw) tem o formato de

```
lw r2, 128(r3)   /* carrega uma palavra no registrador 2 do
                    offset 128 a partir do endereço armazenado no registrador 3
```

Cada um dos 32 registradores de uso geral pode ser usado como registrador base. Um registrador, r0, sempre contém 0.

O compilador faz uso de múltiplas instruções de máquina para sintetizar modos de endereçamento típicos em máquinas convencionais. Aqui está um exemplo de Chow et al. (1987), que usa a instrução lui (carregar superior imediato na parte superior — em inglês, *load upper immediate*). Essa instrução carrega a metade superior de um registrador com um valor imediato de 16 bits, definindo a metade inferior igual a zero. Considere uma instrução da linguagem de montagem que usa um argumento imediato de 32 bits:

```
lw r2, #imm(r4)  /* carrega palavra no registrador usando um offset imediato #imm de 32 bits
                 /* offset do endereço no registrador 4 para registrador 2
```

Essa instrução pode ser compilada para as seguintes instruções MIPS:

```
lui r1, #imm-hi        /* em que #imm-hi são os 16 bits de ordem mais alta de #imm
addu r1, r1, r4        /* adiciona #imm-hi sem sinal com r4 e coloca em r1
lw r2, #imm-lo(r1)     /* em que #imm-lo são os 16 bits de ordem mais baixa de #imm
```

Figura 15.9

Uso do desvio atrasado.

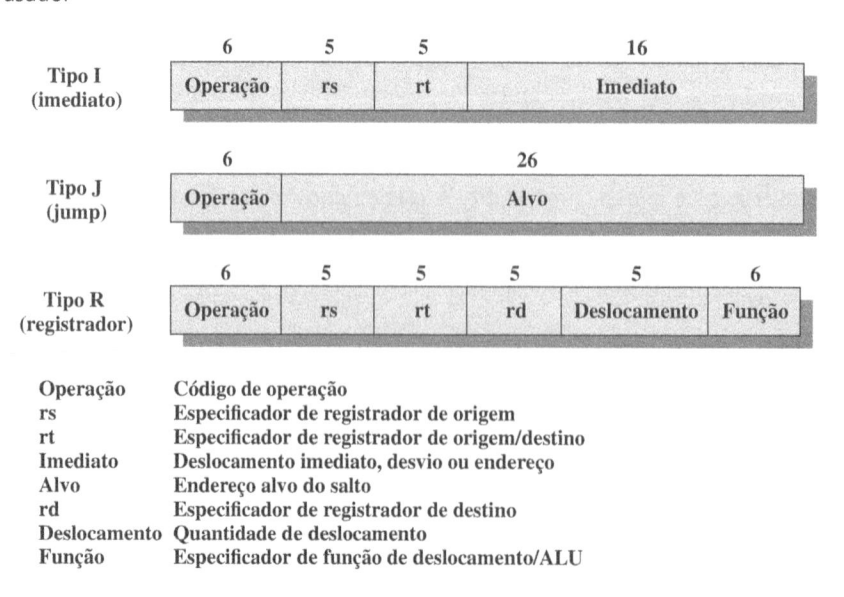

	6	5	5	16		
Tipo I (imediato)	Operação	rs	rt	Imediato		

	6	26				
Tipo J (jump)	Operação	Alvo				

	6	5	5	5	5	6
Tipo R (registrador)	Operação	rs	rt	rd	Deslocamento	Função

Operação	Código de operação
rs	Especificador de registrador de origem
rt	Especificador de registrador de origem/destino
Imediato	Deslocamento imediato, desvio ou endereço
Alvo	Endereço alvo do salto
rd	Especificador de registrador de destino
Deslocamento	Quantidade de deslocamento
Função	Especificador de função de deslocamento/ALU

Pipeline de instruções

Com a sua arquitetura simplificada de instruções, o MIPS pode alcançar uma eficiência grande em seu pipeline. É instrutivo analisar a evolução do pipeline do MIPS, porque ela ilustra a evolução do pipeline no RISC de um modo geral.

Os primeiros sistemas RISC experimentais e a primeira geração de processadores RISC comerciais alcançam velocidades de execução que se aproximam de uma instrução por um ciclo de *clock* do sistema. Para melhorar esse desempenho, duas classes de processadores evoluíram para oferecer a execução de múltiplas instruções por ciclo de *clock*: arquiteturas superescalares e superpipeline. Uma arquitetura superescalar basicamente replica cada um dos estágios do pipeline para que duas ou mais instruções no mesmo estágio do pipeline possam ser processadas simultaneamente. Uma arquitetura superpipeline é aquela que usa estágios do pipeline cada vez mais minuciosos. Com mais estágios, mais instruções podem estar no pipeline ao mesmo tempo, aumentando o paralelismo.

Ambas as abordagens possuem limitações. Com pipeline superescalar, as dependências entre as instruções em diferentes pipelines podem tornar o sistema mais lento. Além disso, um aumento de lógica é necessário para coordenar essas dependências. Com superpipeline, existe um *overhead* associado com a transferência de instruções de um estágio para outro.

O Capítulo 16 é dedicado a um estudo de arquiteturas superescalares. O MIPS R4000 é um bom exemplo de uma arquitetura RISC com superpipeline.

A Figura 15.10a mostra o pipeline de instruções do R3000. No R3000, o pipeline avança uma vez por ciclo de *clock*. O compilador MIPS é capaz de reordenar instruções para preencher os slots de atraso com código de 70% a 90% do tempo. Todas as instruções seguem a mesma sequência dos cinco estágios do pipeline:

- Busca de instrução.
- Busca dos operandos origens no banco de registradores.
- Operação da ALU ou geração de endereço dos operandos de dados.
- Referência a dados de memória.
- Atualização (*write back*) do banco de registradores.

Conforme ilustrado na Figura 15.10a, não há apenas um paralelismo por causa do pipeline, mas também um paralelismo dentro da execução de uma única instrução. Um ciclo de *clock* de 60 ns é dividido em dois estágios

Figura 15.10
Melhoria do pipeline do R3000.

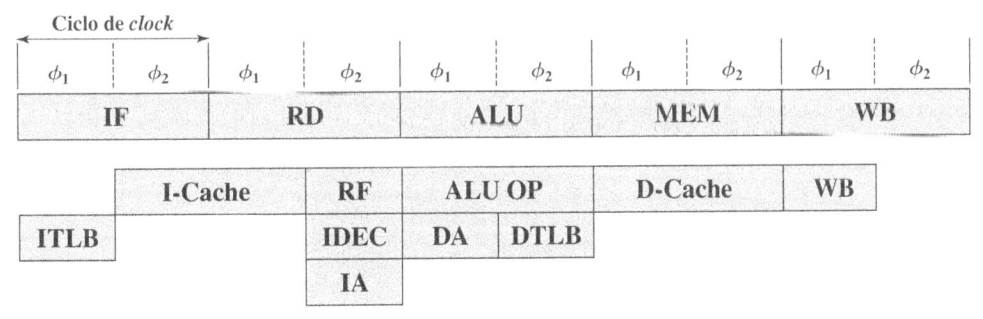

(a) Pipeline do R3000 detalhado

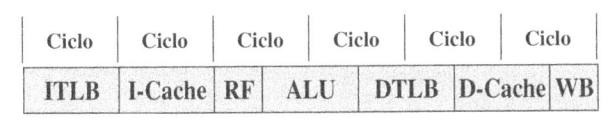

(b) Pipeline do R3000 modificado com latências reduzidas

(c) Pipeline do R3000 otimizado com acesso paralelo a TLB e cache

IF	= Busca da instrução
RD	= Leitura
MEM	= Acesso à memória
WB	= Atualização
I-Cache	= Acesso à cache de instruções
RF	= Busca do operando do registrador
D-Cache	= Acesso à cache de dados
ITLB	= Tradução do endereço da instrução
IDEC	= Decodificação da instrução
IA	= Cálculo do endereço da instrução
DA	= Cálculo do endereço virtual de dados
DTLB	= Tradução do endereço de dados
TC	= Verificação do rótulo de cache de dados

de 30 ns. Instruções externas e operações de acesso a dados da cache requerem, cada uma, 60 ns, assim como as principais operações internas (OP, DA, IA). A decodificação de uma instrução é uma operação mais simples, requerendo apenas um único estágio de 30 ns, sobreposta com busca no registrador na mesma instrução. O cálculo de um endereço para uma instrução de desvio também sobrepõe a decodificação da instrução e a leitura do registrador, de tal forma que um desvio na instrução *i* pode endereçar o acesso à ICACHE da instrução *i* + 2. De maneira semelhante, uma leitura na instrução *i* obtém os dados que são usados imediatamente por OP da instrução *i* + 1, enquanto um resultado de ALU/deslocamento passa diretamente pela instrução *i* + 1 sem nenhum atraso. Esse acoplamento justo entre instruções torna o pipeline altamente eficiente.

Analisando em mais detalhes, cada ciclo de *clock* é dividido em estágios separados denotados como $\phi1$ e $\phi2$. As funções efetuadas em cada estágio são resumidas na Tabela 15.9.

O R4000 incorpora uma série de avanços técnicos em relação ao R3000. O uso de uma tecnologia mais avançada permite que o tempo do ciclo de *clock* seja diminuído pela metade, para 30 ns, e que o tempo de acesso ao banco de registradores seja diminuído pela metade. Além disso, há uma densidade maior no chip, o que possibilita que a cache de instruções e a de dados sejam incorporadas nele. Antes de analisar o pipeline final do R4000, vamos considerar como o pipeline do R3000 pode ser modificado para melhorar o desempenho usando a tecnologia do R4000.

A Figura 15.10b mostra o primeiro passo. Lembre-se de que os ciclos dessa figura são metade dos da Figura 15.10a. Como não estão no mesmo chip, os estágios de cache de instrução e de dados demoram apenas metade do tempo; então eles ainda ocupam apenas um ciclo de *clock*. Novamente, por causa do aumento da velocidade de acesso ao banco de registradores, leituras e escritas de registradores ainda ocupam apenas metade de um ciclo de *clock*.

Como as caches do R4000 estão no chip, a tradução do endereço virtual para físico pode atrasar o acesso à cache. Esse atraso é reduzido com a implementação de caches indexadas virtualmente e usando o acesso à cache e tradução de endereços em paralelo. A Figura 15.10c mostra o pipeline otimizado do R3000 com suas melhorias. Por causa da compressão de eventos, a verificação do rótulo (*tag*) da cache de dados é feita separadamente no próximo ciclo depois do acesso à cache. Essa verificação determina se o item de dados está na cache.

Tabela 15.9
Estágios do pipeline do R3000.

Estágio do pipeline	Fase	Função
IF	$\phi1$	Usando a TLB, traduz um endereço virtual da instrução para um endereço físico (depois da decisão do desvio)
IF	$\phi2$	Envia o endereço físico para o endereço da instrução
RD	$\phi1$	Retorna instrução da cache de instruções Compara rótulos e validade da instrução lida
RD	$\phi2$	Decodifica instrução Lê banco de registradores Se for desvio, calcula endereço do alvo do desvio
ALU	$\phi1 + \phi2$	Se for uma operação registrador para registrador, a operação aritmética ou lógica é executada
ALU	$\phi1$	Se for um desvio, decide se o desvio deve ou não ser tomado Se for uma referência de memória (carregar ou armazenar), calcula o endereço virtual dos dados
ALU	$\phi2$	Se for uma referência de memória, traduz endereço virtual dos dados para endereço físico usando TLB
MEM	$\phi1$	Se for uma referência de memória, envia endereço físico para cache
MEM	$\phi2$	Se for uma referência de memória, retorna os dados da cache de dados e verifica as marcações
WB	$\phi1$	Escreve no banco de registradores

Em um sistema com superpipeline, o hardware existente é usado várias vezes por ciclo, inserindo registradores de pipeline para dividir cada estágio. Essencialmente, cada estágio de superpipeline opera em um múltiplo da frequência base do *clock*, em que o múltiplo depende do grau do superpipeline. A tecnologia do R4000 tem a velocidade e a densidade para permitir superpipeline de grau 2. A Figura 15.11a mostra o pipeline do R3000 otimizado usando esse superpipeline. Observe que isso é essencialmente a mesma estrutura dinâmica da Figura 15.10c.

Outras melhorias podem ser feitas. Para o R4000, foi projetado um somador maior e mais especializado. Isso torna possível executar operações da ALU com o dobro da velocidade. Outras melhorias permitem a execução de leituras e gravações com o dobro da velocidade. O pipeline resultante é mostrado na Figura 15.11b.

O R4000 possui oito estágios de pipeline, o que significa que no máximo oito instruções podem estar no pipeline ao mesmo tempo. O pipeline avança numa taxa de dois estágios por ciclo de *clock*. Os oito estágios do pipeline são:

- **Busca da instrução — primeira metade:** endereço virtual é apresentado à cache de instruções e à TLB.
- **Busca da instrução — segunda metade:** cache de instrução retorna a instrução e TLB gera endereço físico.
- **Banco de registradores:** três atividades ocorrem em paralelo:
  - A instrução é decodificada e a verificação de condições de bloqueios é feita (ou seja, essa instrução depende do resultado de uma instrução anterior).
  - Verificação do rótulo de cache de instruções é feita.
  - Operandos são obtidos do banco de registradores.
- **Execução de instrução:** uma das três atividades pode ocorrer:
  - Se a instrução é uma operação registrador para registrador, a ALU executa a operação aritmética ou lógica.
  - Se a instrução é load ou store, o endereço virtual de dados é calculado.
  - Se a instrução é um desvio, o endereço virtual do alvo do desvio é calculado e as condições de desvio são verificadas.
- **Primeira cache de dados:** endereço virtual é apresentado à cache de dados e à TLB.
- **Segunda cache de dados:** TLB gera o endereço físico e a cache de dados retorna a instrução.
- **Verificação de rótulos:** rótulos da cache são verificadas para leitura e escrita.
- **Atualização:** o banco de registradores é atualizado com o resultado da instrução.

Figura 15.11

Superpipeline teórico do R3000 e superpipeline real do R4000.

(a) Implementação de superpipeline do pipeline otimizado do R3000

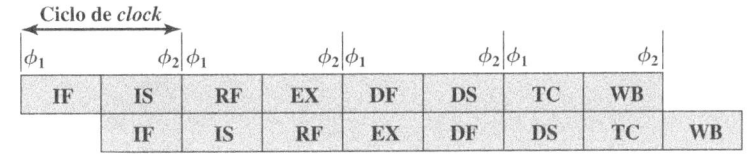

(b) Pipeline do R4000

IF = busca de instrução – primeira metade
IS = busca de instrução – segunda metade
RF = busca de operandos do registrador
EX = execução de instrução
IC = cache de instrução
DC = cache de dados
DF = cache de dados – primeira metade
DS = cache de dados – segunda metade
TC = verificação do rótulo
WB = atualização do banco de registradores

15.7 SPARC

A arquitetura SPARC (arquitetura de processador escalável — do inglês, *Scalable Processor Architecture*) refere-se a uma arquitetura definida pela Sun Microsystems. A Sun desenvolveu a sua própria implementação do SPARC, mas também licencia a arquitetura para outros fabricantes para produzirem máquinas compatíveis com SPARC. A arquitetura SPARC é inspirada na máquina RISC I de Berkeley e o seu conjunto de instruções e a sua organização de registradores são baseados no modelo RISC de Berkeley.

Conjunto de registradores do SPARC

Assim como acontece com o RISC de Berkeley, a SPARC também faz uso de janelas de registradores. Cada janela consiste em 24 registradores, e o número total de janelas depende da implementação e varia de 2 a 32 janelas. A Figura 15.12 ilustra uma implementação que suporta 8 janelas, usando um total de 136 registradores físicos; conforme indica a discussão na Seção 15.2, este parece ser um número razoável de janelas. Registradores físicos de 0 a 7 são registradores globais compartilhados por todos os procedimentos.

Cada procedimento enxerga os registradores lógicos de 0 a 31. Os registradores lógicos de 24 a 31, referenciados como *ins*, são compartilhados com o procedimento-pai; e os registradores lógicos de 8 a 15, referenciados como *outs*, são compartilhados com qualquer procedimento-filho. Essas duas partes se sobrepõem com outras janelas. Os registradores lógicos de 16 a 23, conhecidos como *locais*, não são compartilhados e não se sobrepõem a outras janelas. Novamente, como indica a discussão na Seção 14.1, a disponibilidade de 8 registradores para passagem de parâmetros deveria ser adequada na maioria dos casos (como exemplo, veja a Tabela 15.4).

Figura 15.12

Layout das janelas de registradores SPARC com três procedimentos.

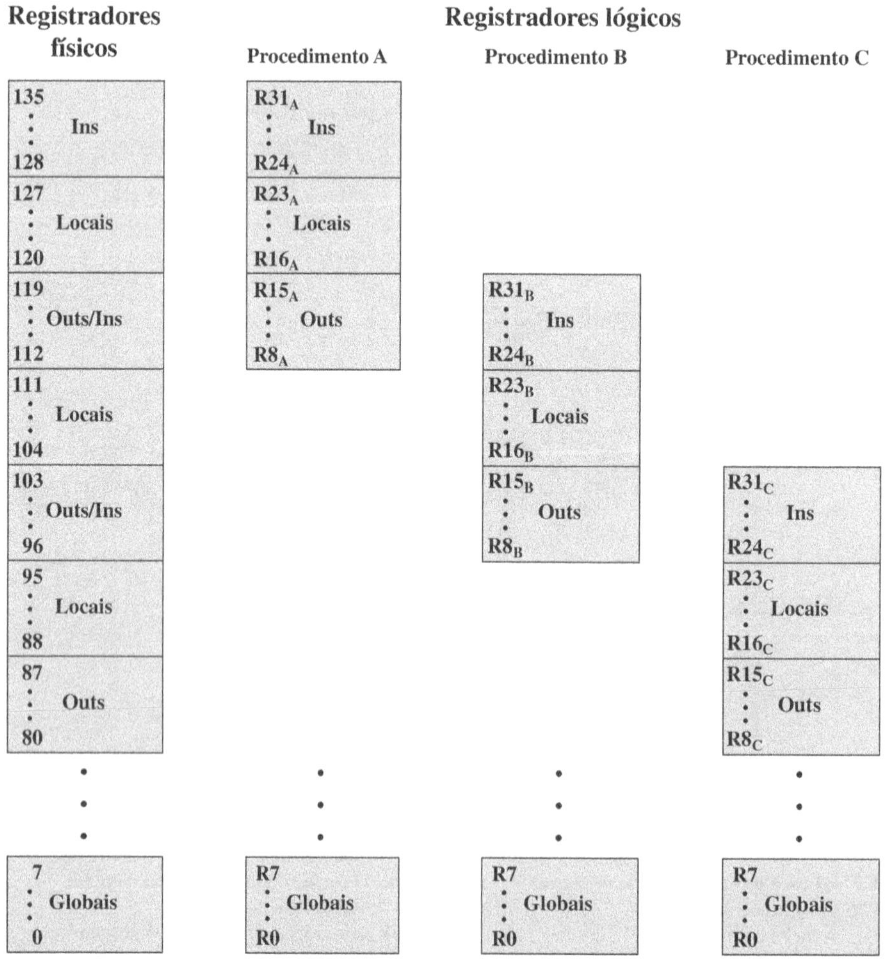

A Figura 15.13 é outra visão de sobreposição de registradores. O procedimento que faz a chamada coloca quaisquer parâmetros a serem passados em seus registradores *outs*; o procedimento chamado trata esses mesmos registradores como seus registradores *ins*. O processador mantém um ponteiro da janela atual (CWP — *Current Window Pointer*), localizado no registrador de estado do processador (PSR — *Processor Status Register*), que aponta para a janela do procedimento atualmente em execução. A máscara da janela inválida (WIM — *Window Invalid Mask*), também no PSR, indica quais janelas estão inválidas.

Com a arquitetura SPARC de registradores, normalmente não é necessário salvar e restaurar registradores para uma chamada de procedimento. O compilador é simplificado, porque ele precisa se preocupar apenas com a alocação de registradores locais para um procedimento de uma maneira eficiente e não precisa se preocupar com a alocação de registradores entre procedimentos.

Conjunto de instruções

A maioria das instruções referencia apenas operandos de registradores. Instruções registrador para registrador possuem três operandos e podem ser expressas desta forma:

$$R_d \rightarrow R_{S1} \text{ op } S2$$

em que R_d e R_{S1} são referências de registradores; S2 pode se referir ou a um registrador ou a um operando imediato de 13 bits. Registrador zero (R_0) é definido no hardware com o valor 0. Essa forma é bem adaptada a programas típicos que possuem uma grande proporção de escalares e constantes locais.

As operações da ALU disponíveis podem ser agrupadas da seguinte forma:

- Adição de inteiros (com ou sem *carry*).
- Subtração de inteiros (com ou sem *carry*).
- Operadores booleanos bit a bit AND, OR, XOR e suas negações.
- Deslocamento lógico à esquerda, lógico à direita ou aritmético à direita.

Figura 15.13
Janelas com oito registradores formando uma pilha circular no SPARC.

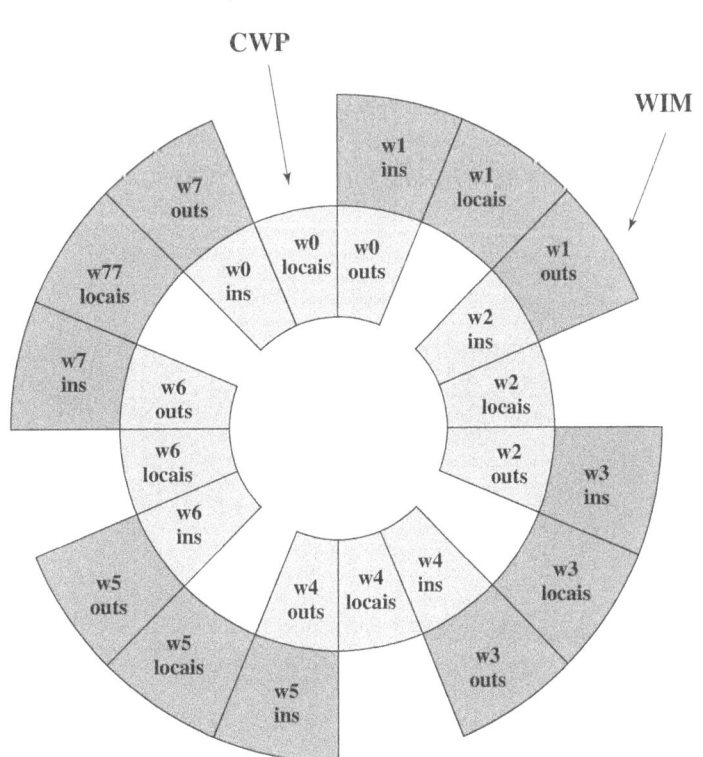

Todas essas instruções, exceto os deslocamentos, podem opcionalmente definir quatro códigos condicionais (ZERO, NEGATIVO, OVERFLOW, CARRY). Inteiros com sinal são representados na forma de complemento de dois com 32 bits.

Apenas instruções simples de carregar e armazenar referenciam a memória. Existem instruções diferentes de carregar e armazenar para palavra (32 bits), palavras duplas, meias palavras e bytes. Para os dois últimos casos, existem instruções para carregar essas grandezas como números com ou sem sinal. Números com sinal são estendidos para preencher o registrador de destino de 32 bits. Números sem sinal são completados com zeros.

O único modo de endereçamento disponível, além do modo de registrador, é o modo por deslocamento. Isto é, o endereço efetivo (EA) de um operando consiste em um deslocamento a partir de um endereço contido em um registrador:

$$EA = (R_{S1}) + S2$$
$$\text{ou } EA = (R_{S1}) + (R_{S2})$$

Dependendo se o segundo operando for um imediato ou uma referência a um registrador. Para executar um load ou store, um estágio extra é adicionado ao ciclo de instrução. Durante o segundo estágio, o endereço da memória é calculado usando a ALU; o load ou store ocorre no terceiro estágio. Esse modo de endereçamento único é bem versátil e pode ser usado para sintetizar outros modos de endereçamento, conforme indicado na Tabela 15.10.

É instrutivo comparar a capacidade de endereçamento do SPARC com a do MIPS. O MIPS faz uso de um *offset* de 16 bits, comparado com o *offset* de 13 bits do SPARC. Por outro lado, o MIPS não permite que um endereço seja construído a partir dos conteúdos de dois registradores.

Formato de instruções

Assim como o MIPS R4000, o SPARC usa um conjunto simples de formatos da instrução de 32 bits (Figura 15.14). Todas as instruções começam com um opcode de 2 bits. Para a maioria das instruções, isso é estendido com bits de opcode adicionais em outros lugares do formato. Para a instrução de Chamada (*Call*), um operando de 30 bits é estendido com dois bits 0 para a direita para formar um endereço relativo ao PC de 32 bits na forma de complemento de dois. As instruções são alinhadas dentro de um limite de 32 bits para que essa forma de endereçamento seja suficiente.

A instrução de Desvio inclui um campo condicional de 4 bits, que corresponde ao padrão de 4 bits de código de condição, para que qualquer combinação de condições possa ser testada. O endereço relativo ao PC de 22 bits é estendido com dois zeros para a direita para formar um endereço de 24 bits em complemento de dois. Um recurso incomum da instrução Desvio é o bit de anulação. Quando o bit de anulação é igual a zero, a instrução depois do desvio é sempre executada, independentemente se o desvio é tomado. Esta é a típica operação de atraso de desvio encontrada em muitas máquinas RISC e descrita na Seção 15.5 (veja a Figura 15.7). Contudo,

Tabela 15.10

Sintetizando outros modos de endereçamento com modos de endereçamento do SPARC.

Tipo de instrução	Modo de endereçamento	Algoritmo	Equivalente do SPARC
Registrador para registrador	Imediato	Operando = A	S2
Carregar, armazenar	Direto	EA = A	$R_0 + S_2$
Registrador para registrador	Registrador	EA = R	R_{S1}, S_{S2}
Carregar, armazenar	Indireto por registrador	EA = (R)	$R_{S1} + 0$
Carregar, armazenar	Deslocamento	EA = (R) + A	$R_{S1} + S2$

Obs.: S2 = pode ser um operando registrador ou um operando imediato de 13 bits.

Figura 15.14
Formatos da instrução SPARC.

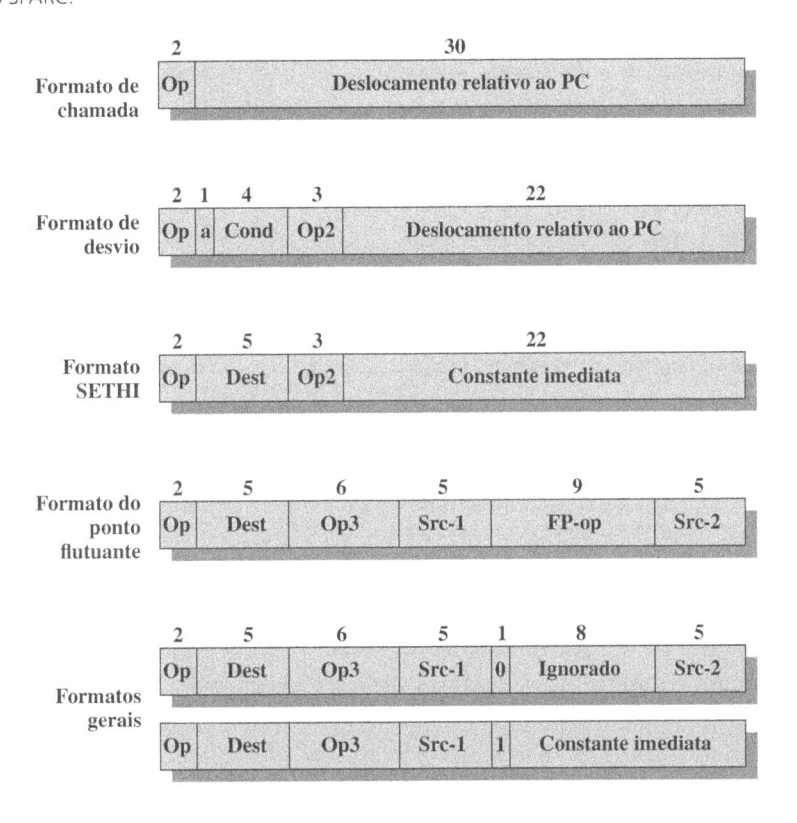

	2	30
Formato de chamada	Op	Deslocamento relativo ao PC

	2	1	4	3	22
Formato de desvio	Op	a	Cond	Op2	Deslocamento relativo ao PC

	2	5	3	22
Formato SETHI	Op	Dest	Op2	Constante imediata

	2	5	6	5	9	5
Formato do ponto flutuante	Op	Dest	Op3	Src-1	FP-op	Src-2

	2	5	6	5	1	8	5
Formatos gerais	Op	Dest	Op3	Src-1	0	Ignorado	Src-2
	Op	Dest	Op3	Src-1	1	Constante imediata	

quando o bit de anulação é igual a um, a instrução depois do desvio só é executada se o desvio for tomado. O processador suprime o efeito dessa instrução mesmo que ela já esteja no pipeline. Esse bit de anulação é útil porque torna mais fácil para o compilador preencher o *slot* de atraso que segue um desvio condicional. A instrução que é alvo do desvio sempre pode ser colocada no *slot* de atraso, porque se o desvio não for tomado a instrução pode ser anulada. Essa técnica é desejável porque os desvios condicionais geralmente são tomados mais da metade das vezes.

A instrução SETHI é uma instrução especial usada para carregar ou armazenar um valor de 32 bits. Esse recurso é necessário para formar constantes de dados grandes; por exemplo, pode ser usado para formar um grande deslocamento para instrução de load ou store. A instrução SETHI define os 22 bits de ordem mais alta de um registrador com seu operando imediato de 22 bits e os 10 bits de ordem mais baixa com zeros. Uma constante imediata de até 13 bits pode ser especificada em um dos formatos gerais e tal instrução pode ser usada para preencher os 10 bits restantes do registrador. Uma instrução de load ou store também pode ser usada para alcançar um modo de endereçamento direto. Para carregar um valor da posição K na memória, poderíamos usar as seguintes instruções SPARC:

```
sethi   %hi(K), %r8           ;carrega 22 bits de ordem mais alta do endereço da posição
                              ;K para o registrador r8
Ld      [%r8 + %lo(K)], %r8   ;carrega conteúdo da posição K em r8
```

As macros %hi e %lo são usadas para definir operandos imediatos que consistem em bits de endereço apropriado de uma posição. Esse uso de SETHI é semelhante ao uso da instrução lui no MIPS.

O formato de ponto flutuante é usado para operações de ponto flutuante. Dois registradores de origem e um de destino são definidos.

Por fim, todas as outras operações, incluindo carregar, armazenar, operações aritméticas e lógicas usam um dos dois últimos formatos mostrados na Figura 15.14. Um dos formatos usa dois registradores de origem e um registrador de destino, enquanto outro usa um registrador de origem, um operando de 13 bits imediato e um registrador de destino.

15.8 CONTROVÉRSIA DE RISC *VERSUS* CISC

Durante muitos anos, a tendência geral na arquitetura e organização de computadores foi aumentar a complexidade do processador: mais instruções, mais modos de endereçamento, mais registradores especializados e assim por diante. O movimento RISC representa uma quebra fundamental com a filosofia por trás dessa tendência. Naturalmente, o aparecimento de sistemas RISC e a publicação de artigos pelos seus proponentes exaltando as virtudes de RISC levaram a uma reação por parte daqueles envolvidos no projeto de arquiteturas CISC.

O trabalho que foi feito avaliando os méritos da abordagem RISC pode ser agrupado em duas categorias:

▶ **Quantitativa:** tenta comparar o tamanho do programa e a velocidade de execução dos programas em máquinas RISC e CISC que usam tecnologias comparáveis.

▶ **Qualitativa:** analisa questões como suporte para linguagem de alto nível e uso otimizado do estado atual de VLSI.

A maior parte do trabalho em avaliações quantitativas foi feito por aqueles que trabalham em sistemas RISC (PATTERSON; SEQUIN, 1982b, HEATH, 1984, PATTERSON, 1984), e foi, em grande parte, favorável à abordagem RISC. Outros analisaram a questão e não ficaram convencidos (COLWELL et al., 1985a, FLYNN; MITCHELL; MULDER, 1987, DAVIDSON; VAUGHAN, 1987). Existem vários problemas ao se tentar fazer tais comparações (SERLIN, 1986):

▶ Não existem pares de máquinas RISC e CISC que sejam comparáveis em custo de ciclo de vida, nível de tecnologia, sofisticação do compilador, suporte de sistema operacional e assim por diante.

▶ Não existe nenhum conjunto de programas de teste definitivo. Os desempenhos variam com o programa.

▶ É difícil separar os efeitos de hardware dos efeitos provenientes da capacidade em escrever compiladores.

▶ A maioria das análises comparativas sobre RISC foram feitas em máquinas "brinquedos" em vez de produtos comerciais. Além disso, a maioria das máquinas comercialmente disponíveis possui propagandas que as destacam como uma mistura de características RISC e CISC. Dessa maneira, uma comparação justa com uma máquina comercial real CISC (por exemplo, VAX, Pentium) é difícil.

A avaliação qualitativa é, quase que por definição, subjetiva. Vários pesquisadores voltaram a sua atenção para tal avaliação (COLWELL et al., 1985a, WALLICH, 1985), mas os resultados são, na melhor das hipóteses, ambíguos e certamente sujeitos à replica (PATTERSON, 1985b) e, é claro, à tréplica (COLWELL et al., 1985b).

Em anos mais recentes, a controvérsia RISC *versus* CISC sumiu quase que totalmente. Isso aconteceu porque houve uma convergência gradual das tecnologias. Com o aumento da densidade dos chips e da velocidade do hardware, os sistemas RISC se tornaram mais complexos. Ao mesmo tempo, em um esforço para obter o máximo desempenho, os modelos CISC focaram em questões tradicionalmente associadas com RISC, como um aumento no número de registradores de uso geral e mais ênfase no projeto do pipeline de instruções.

15.9 TERMOS-CHAVE, QUESTÕES DE REVISÃO E PROBLEMAS

Banco de registradores, 463	Desdobramento de loop, 476	Linguagem de alto nível (HLL), 458
Computador com conjunto de instruções complexo (CISC), 461	Desvio atrasado, 475	Load atrasado, 476
Computador com conjunto reduzido de instruções (RISC), 458	Janela de registradores, 463	SPARC, 482

QUESTÕES DE REVISÃO

15.1. Quais são algumas das características peculiares típicas da organização RISC?

15.2. Explique brevemente duas abordagens básicas para minimizar operações registrador-memória em máquinas RISC.

15.3. Se um buffer circular de registradores for usado para tratar variáveis locais para procedimentos aninhados, descreva duas abordagens para lidar com variáveis globais.

15.4. Quais são algumas características típicas de uma arquitetura de conjunto de instruções RISC?

15.5. O que é um desvio atrasado?

PROBLEMAS

15.1. Considerando o padrão chamada-retorno da Figura 4.21, quantos *overflows* e *underflows* (dos quais cada um causa um salvar/restaurar do registrador) vão ocorrer com um tamanho de janela de:
   c. 5?
   d. 8?
   e. 16?

15.2. Na discussão sobre a Figura 15.2, foi afirmado que apenas as duas primeiras partes de uma janela são salvas ou restauradas. Por que não é necessário salvar os registradores temporários?

15.3. Desejamos determinar o tempo de execução para um certo programa usando vários esquemas de pipeline discutidos na Seção 15.5. Seja
   ▶ N = número de instruções executadas.
   ▶ D = número de acessos à memória.
   ▶ J = número de instruções de salto.

   Para o esquema sequencial simples (Figura 15.6a), o tempo de execução é de $2N + D$ estágios.
   Desenvolva fórmulas para pipeline de dois, três e quatro estágios.

15.4. Reorganize a sequência de código da Figura 15.6d para reduzir o número de NOOPs.

15.5. Considere o seguinte pedaço de código em uma linguagem de alto nível:

>   for I in 1…100 loop
>   S ← S + Q(I). VAL
>   end loop;

Suponha que Q seja um array de registros de 32 bits e o campo VAL está nos 4 primeiros bytes de cada registro. Usando código x86, podemos compilar esse pedaço de programa a seguir:

```
        MOV     ECX,1           ;usa registrador ECX para guardar I
LP:     IMUL    EAX, ECX, 32    ;obtém offset em EAX
        MOV     EBX, Q[EAX]     ;carrega campo VAL
        ADD     S, EBX          ;adiciona para S
        INC     ECX             ;incrementa I
        CMP     ECX, 101        :compara com 101
        JNE     LP              ;loop até I = 100
```

Esse programa faz uso da instrução IMUL, que multiplica o segundo operando pelo valor imediato no terceiro operando e coloca o resultado no primeiro operando (veja o Problema 10.13). Um defensor de RISC gostaria de demonstrar que um compilador inteligente pode eliminar instruções complexas desnecessárias como IMUL. Forneça a demonstração reescrevendo o programa x86 acima sem o uso da instrução IMUL.

15.6. Considere o seguinte loop:

$$S := 0;$$
$$\text{for } K:=1 \text{ to } 100 \text{ do}$$
$$S:=S - K;$$

Uma tradução direta disso para uma linguagem de montagem genérica ficaria parecida com algo assim:

```
        LD      R1, 0           ;guarda valor de S em R1
        LD      R2,1            ;guarda valor de K em R2
LP      SUB     R1, R1, R2      ;S:=S - K
        BEQ     R2, 100, EXIT   ;feito se K = 100
        ADD     R2, R2, 1       ;senão incrementa K
        JMP     LP              ;de volta para o início do loop
```

Um compilador para uma máquina RISC irá introduzir encaixes de atraso nesse código para que o processador possa empregar o mecanismo de desvio atrasado. A instrução JMP é fácil de lidar, porque está sempre seguida da instrução SUB; portanto, podemos simplesmente guardar uma cópia da instrução SUB em um *delay slot* depois de JMP. A instrução BEQ representa uma dificuldade. Não podemos deixar o código como está, porque a instrução ADD seria então executada muitas vezes a mais. Portanto, uma instrução NOP é necessária. Mostre o código resultante.

15.7. Uma máquina RISC pode fazer mapeamento de registradores simbólicos para registradores reais e também o rearranjo de instruções para eficiência do pipeline. Uma questão interessante surge relacionada à ordem em que essas duas instruções deveriam ser feitas. Considere o seguinte pedaço de programa:

```
        LD      SR1, A          ;carregar A no registrador simbólico 1
        LD      SR2, B          ;carregar B no registrador simbólico 2
        ADD     SR3, SR1, SR2   ;adicionar conteúdo de SR1 e SR2 e armazenar SR3
        LD      SR4, C
        LD      SR5, D
        ADD     SR6, SR4, SR5
```

a. Faça primeiro o mapeamento de registradores e depois qualquer reordenação possível de instruções. Quantos registradores de máquinas são usados? Houve alguma melhoria do pipeline?

b. Começando com o programa original, faça agora a reordenação de instruções e depois qualquer mapeamento possível. Quantos registradores de máquinas são usados? Houve alguma melhoria do pipeline?

15.8. Adicione entradas para os seguintes processadores na Tabela 15.7:

a. Pentium II.

b. ARM.

15.9. Em muitos casos, instruções de máquinas comuns que não estão listadas como parte do conjunto de instruções do MIPS podem ser sintetizadas com uma única instrução MIPS. Mostre isso para o seguinte:

a. Mover de registrador para registrador.

b. Incrementar, decrementar.

c. Complementar.

d. Negar.

e. Esvaziar.

15.10. Uma implementação SPARC possui K janelas de registradores. Qual é o número N de registradores físicos?

15.11. O SPARC não possui uma série de instruções comumente usadas em máquinas CISC. Algumas delas são facilmente simuladas usando o registrador R0, que é sempre definido como 0, ou um operando constante. Essas instruções simuladas são chamadas de pseudoinstruções e são reconhecidas pelo compilador SPARC. Mostre como simular as seguintes pseudoinstruções, cada uma com uma única instrução SPARC. Em todas elas, src e dst se referem a registradores. (*Dica*: um armazenamento em R0 não tem nenhum efeito.)

    a. MOV src, dst   **d.** NOT dst   **g.** DEC dst

    b. COMPARE src1, src2   **e.** NEG dst   **h.** CLR dst

    c. TEST src1   **f.** INC dst   **i.** NOP

15.12. Considere o seguinte pedaço de código:

    if K > 10

        L := K + 1

    else

        L := K − 1

Uma tradução direta deste comando para o montador SPARC poderia ficar da seguinte forma:

```
      sethi   %hi(K), %r8          ;carrega 22 bits de ordem mais alta do
                                   ;endereço da posição K no registrador r8
      ld      [%r8 + %lo(K)], %r8  ;carrega conteúdo da posição K em r8
      cmp     %r8, 10              ;compara conteúdo de r8 com 10
      ble     L1                   ;desvio se (r8) ≤ 10
      nop
      sethi   %hi(K), %r9
      ld      [%r9 + %lo(K)], %r9  ;carrega conteúdo da posição K em r9
      inc     %r9                  ;adiciona 1 para (r9)
      sethi   %hi(L), %r10
      st      %r9, [%r10 + %lo(L)] ;armazena (r9) na posição L
      b       L2
      nop
L1:   sethi   %hi(K), %r11
      ld      [%r11 + %lo(K)], %r12 ;carrega conteúdo da posição K em r12
      dec     %r12                 ;subtrai 1 de (r12)
      sethi   %hi(L), %r13
      st      %r12, [%r13 + %lo(L)] ;armazena (r12) na posição L
L2:
```

O código contém um nop depois de cada instrução de desvio para permitir operação de desvio atrasado.

    a. Otimizações comuns de compiladores, que nada têm a ver com máquinas RISC, são em geral eficientes em efetuar duas transformações no código acima mencionado. Observe que duas leituras são desnecessárias e que duas escritas podem ser combinadas se a escrita for movida para um lugar diferente no código. Mostre o programa após fazer essas duas alterações.

    b. Agora é possível fazer algumas otimizações específicas do SPARC. Nop depois de ble pode ser substituído movendo outra instrução para esse *slot* de atraso e definindo o bit de anulação na instrução ble (expresso como ble,a L1). Mostre o programa depois dessa mudança.

    c. Existem agora duas instruções desnecessárias. Remova-as e mostre o programa resultante.

PARALELISMO EM NÍVEL DE INSTRUÇÕES E PROCESSADORES SUPERESCALARES

16.1 Visão geral
   Superescalar *versus* superpipeline
   Limitações

16.2 Aspectos de projeto
   Paralelismo em nível de instruções e paralelismo de máquina
   Política sobre emissão de instruções
   Renomeação de registradores
   Paralelismo de máquina
   Previsão de desvio
   Execução superescalar
   Implementação superescalar

16.3 Microarquitetura Intel Core
   Front end
   Lógica de execução fora de ordem
   Unidades de execução de inteiros e de pontos flutuantes

16.4 ARM Cortex-A8
   Unidade de busca de instruções
   Unidade de decodificação de instruções
   Unidade de execução de inteiros
   Pipeline SIMD e de ponto flutuante

16.5 ARM Cortex-M3
   Estrutura de pipeline
   Lidando com desvios

16.6 Termos-chave, questões de revisão e problemas

OBJETIVOS DE APRENDIZAGEM

Após ler este capítulo, você será capaz de:

- Explicar a diferença entre abordagens superescalares e de superpipelines.
- Definir o paralelismo em nível de instrução.
- Discutir dependências e conflitos de recursos como limitações ao paralelismo em nível de instrução.
- Apresentar uma visão geral sobre as questões de projeto envolvidas no paralelismo em nível de instrução.
- Comparar e contrastar as técnicas para melhorar o desempenho de pipeline em máquinas RISC e máquinas superescalares.

Uma implementação superescalar de uma arquitetura de processador é aquela em que as instruções comuns — como aritméticas de inteiros e de pontos flutuantes, **carregamento** do valor da memória em um registrador, **armazenamento** do valor de um registrador na memória e desvios condicionais — podem ser iniciadas simultaneamente e executadas de modo independente. Tais implementações levantam uma série de questões complexas de projeto relacionadas ao pipeline de instruções.

O projeto superescalar chegou à cena pouco depois da arquitetura RISC. Apesar de a arquitetura do conjunto de instruções simplificada de uma máquina RISC levar, por si só, a técnicas superescalares, a abordagem superescalar pode ser usada tanto nas arquiteturas RISC como nas CISC.

Considerando que o período de espera para a chegada de máquinas RISC comerciais desde o início da verdadeira pesquisa RISC com o IBM 801 e o RISC I de Berkeley foi de sete ou oito anos, as primeiras máquinas superescalares se tornaram disponíveis comercialmente dentro de apenas um ou dois anos depois de inventado o termo **superescalar**. A abordagem superescalar se tornou agora o método padrão para implementação de microprocessadores de alto desempenho.

Neste capítulo, começamos com uma introdução à abordagem superescalar, confrontando-a com superpipeline. A seguir, apresentamos as principais questões de projeto associadas com a implementação superescalar. Depois, analisamos vários exemplos importantes da arquitetura superescalar.

16.1 VISÃO GERAL

O termo *superescalar*, criado em 1987 (AGERWALA; COCKE, 1987), refere-se a uma máquina que é projetada para melhorar o desempenho da execução de instruções escalares. Na maioria das aplicações, a maior parte das operações é de grandezas escalares. Consequentemente, a abordagem superescalar representa o próximo passo na evolução de processadores de uso geral e de alto desempenho.

A essência da abordagem superescalar é a habilidade de executar instruções independente e concorrentemente em pipelines diferentes. O conceito pode ser ainda mais explorado permitindo que as instruções sejam executadas em uma ordem diferente da ordem do programa. A Figura 16.1 compara, em termos gerais, as abordagens escalares e superescalares. Na organização escalar tradicional, há uma unidade funcional em um pipeline único para operações inteiras e um para operações de ponto flutuante. O paralelismo é obtido ao habilitar as múltiplas instruções para estarem em diferentes estágios do pipeline de uma vez. Na organização superescalar, existem múltiplas unidades funcionais, nas quais cada uma é implementada com um pipeline. Cada unidade funcional individual proporciona um grau de paralelismo em virtude de sua estrutura com pipeline. O uso de unidades funcionais múltiplas possibilita que o processador execute fluxos de instruções em paralelo, um fluxo em cada pipeline. É responsabilidade do hardware, em conjunto com o compilador, assegurar que a execução em paralelo não viole o propósito do programa.

Muitos pesquisadores investigaram processadores do tipo superescalar e suas pesquisas indicam que algum grau de melhoria de desempenho é possível. A Tabela 16.1 apresenta as vantagens de desempenho reportadas nas pesquisas. As diferenças em resultados surgem das diferenças tanto no hardware da máquina simulada quanto das aplicações simuladas.

Tabela 16.1

Acelerações reportadas das máquinas do tipo superescalar.

Referência	Aceleração
TJADEN; FLYNN, 1970	1,8
KUCK; PARKER; SAMEH, 1977	8
WEISS; SMITH, 1984	1,58
ACOSTA; KJELSTRUP; TORNG, 1986	2,7
SOHI, 1990	1,8
SMITH; JOHNSON; HOROWITZ, 1989	2,3
JOUPPI, 1989b	2,2
LEE; KWOK; BRIGGS, 1991	7

Figura 16.1

Organização superescalar comparada com organização escalar normal.

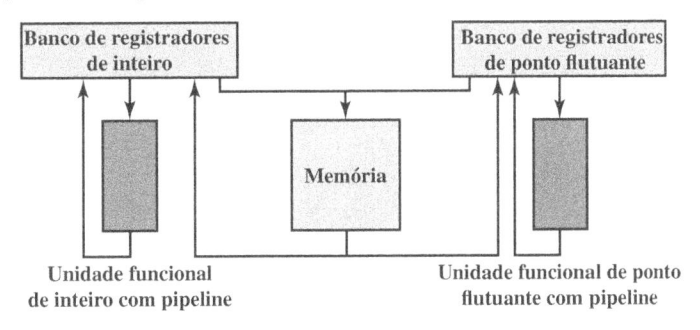

(a) Organização escalar

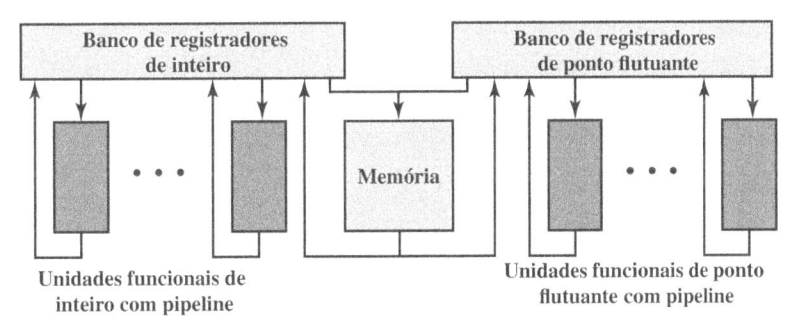

(b) Organização superescalar

Superescalar *versus* superpipeline

Uma abordagem alternativa para alcançar melhor desempenho é conhecida como *superpipeline*, termo criado em 1988 (JOUPPI). O superpipeline explora o fato de que muitos estágios de pipeline executam tarefas que requerem menos do que metade de um ciclo de *clock*. Desse modo, a velocidade interna de *clock* dobrada possibilita o desempenho de duas tarefas em um ciclo de *clock* externo. Vimos um exemplo dessa abordagem com o MIPS R4000.

A Figura 16.2 compara as duas abordagens. A parte superior do diagrama ilustra um pipeline comum, usado como base para comparação. O pipeline base consegue iniciar uma instrução por ciclo de *clock* e pode executar um estágio de pipeline por ciclo de *clock*. O pipeline tem quatro estágios: busca de instrução, decodificação da operação, execução de operação e atualização (*write back*) do resultado. O estágio de execução é preenchido com linhas cruzadas para facilitar a compreensão. Observe que, embora várias instruções estejam sendo executadas simultaneamente, apenas uma está no seu estágio de execução em um determinado tempo.

A próxima parte do diagrama mostra uma implementação de **superpipeline** capaz de executar dois estágios de pipeline por ciclo de *clock*. Uma forma alternativa de analisar isso é que as funções executadas em cada estágio podem ser divididas em duas partes que não se sobrepõem e cada uma pode ser executada na metade de ciclo de *clock*. Uma implementação de superpipeline que se comporta dessa forma é considerada como de nível 2. Finalmente, a parte mais baixa do diagrama mostra uma implementação superescalar capaz de executar duas instâncias de cada estágio em paralelo. Implementações de superpipeline e superescalares de níveis mais altos também são possíveis.

Tanto a implementação de superpipeline como a superescalar ilustradas na Figura 16.2 possuem o mesmo número de instruções executando ao mesmo tempo em um determinado estado. O processador com superpipeline fica para trás do processador superescalar no início do programa e a cada alvo de desvio.

Limitações

A abordagem superescalar depende da habilidade de executar múltiplas instruções em paralelo. O termo *paralelismo em nível de instruções* refere-se ao grau em que, em média, as instruções de um programa podem ser executadas em paralelo. Uma combinação de otimização baseada em compilador e técnicas de hardware pode ser usada para maximizar o paralelismo em nível de instruções. Antes de analisar as técnicas

Figura 16.2

Comparação das abordagens superescalar e superpipeline.

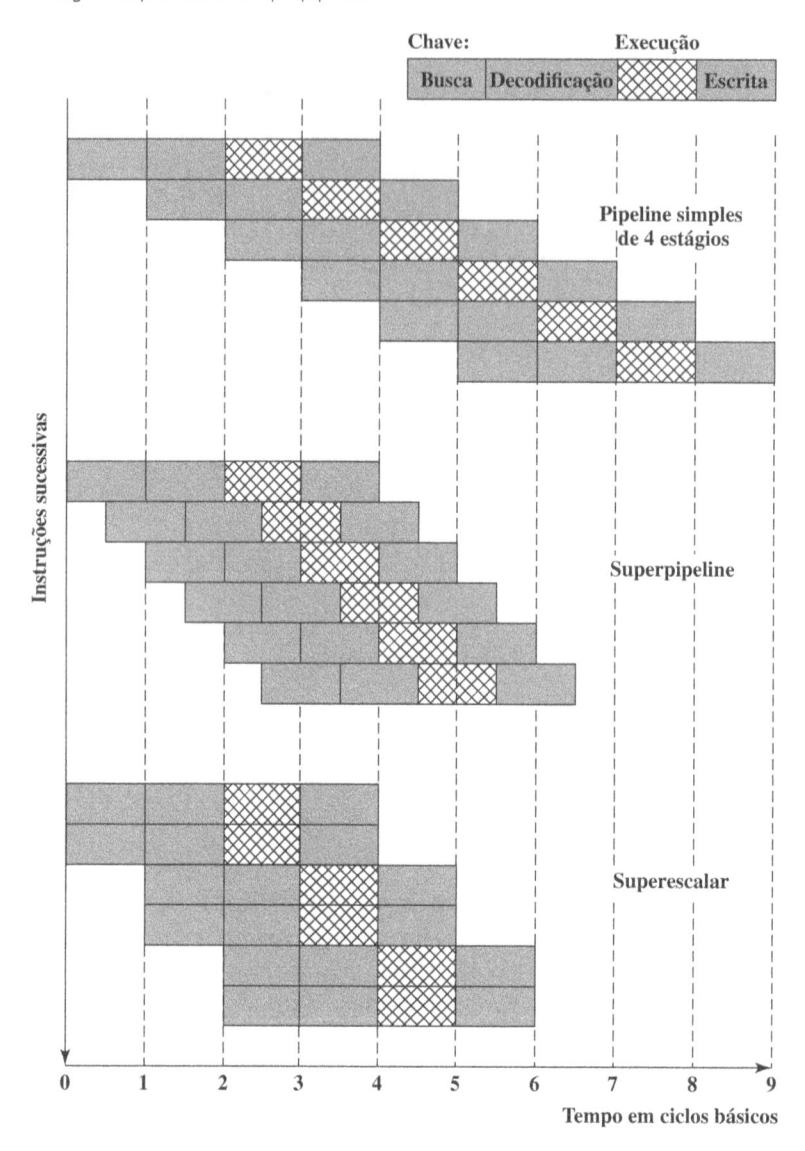

de projeto usadas em máquinas superescalares para aumentar o paralelismo em nível de instruções, precisamos olhar as limitações fundamentais do paralelismo com as quais o sistema deve lidar. Johnson (1991) apresenta cinco limitações:

- Dependência verdadeira de dados.
- Dependência procedural.
- Conflitos de recursos.
- Dependência de saída.
- Antidependência.

Analisamos as primeiras três dessas limitações no restante desta seção. Uma discussão sobre as duas últimas precisa aguardar o desenrolar da próxima seção.

DEPENDÊNCIA VERDADEIRA DE DADOS   Considere a seguinte sequência:[1]

```
ADD EAX, ECX    ;carrega o registrador EAX com o conteúdo de ECX mais o conteúdo de EAX
MOV EBX, EAX    ;carrega EBX com conteúdo de EAX
```

---

[1] Para a linguagem de montagem Intel x86, o símbolo ";" (ponto e vírgula) inicia um campo de comentário.

A segunda instrução pode ser obtida e decodificada, mas não pode ser executada até que a primeira seja executada.

O motivo é que a segunda instrução precisa de dados produzidos pela primeira. Essa situação é conhecida como **dependência verdadeira de dados** — também chamada de **dependência de fluxo** ou de **dependência de leitura após escrita (RAW — do inglês, *Read After Write*)**.

A Figura 16.3 ilustra essa **dependência** em uma máquina superescalar de nível 2. Sem dependências, duas instruções podem ser obtidas e executadas em paralelo. Se houver uma dependência de dados entre a primeira e a segunda instrução, então a segunda é atrasada por tantos ciclos de *clock* quantos forem necessários para remover a dependência. Em geral, qualquer instrução tem de ser atrasada até que todos os seus valores de entrada tenham sido produzidos.

Em um pipeline simples, como o mostrado na parte superior da Figura 16.2, a sequência de instruções acima mencionada não causaria nenhum atraso. Contudo, considere o seguinte, em que uma das leituras ocorre na memória em vez de um registrador:

```
MOV EAX, eff     ;carrega o registrador EAX com conteúdo do endereço de memória efetivo eff
MOV EBX, EAX     ;carrega EBX com conteúdo de EAX
```

Um processador RISC típico leva dois ou mais ciclos para executar uma leitura de memória quando a leitura é um acesso à cache. Pode levar dezenas ou até centenas de ciclos para uma falha de cache em todos os níveis de cache por causa do atraso de um acesso à memória fora do chip. Uma maneira de compensar esse atraso

Figura 16.3

Efeito de dependências.

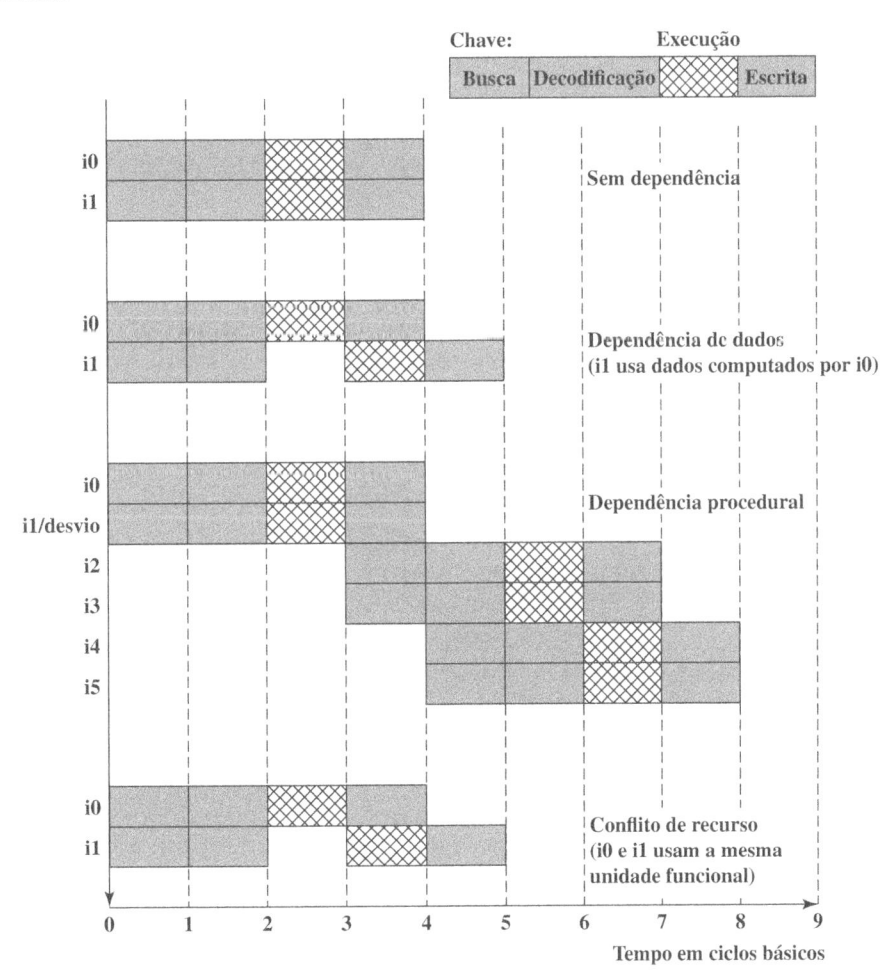

é o compilador reordenar as instruções para que uma ou mais instruções subsequentes que não dependem da leitura de memória possam seguir pelo pipeline. Esse esquema é menos eficiente no caso de um pipeline superescalar: as instruções independentes executadas durante a leitura provavelmente serão executadas no primeiro ciclo da leitura, deixando o processador sem fazer nada até que a leitura termine.

DEPENDÊNCIAS PROCEDURAIS Conforme discutimos no Capítulo 14, a presença de desvios em uma sequência de instruções complica a operação do pipeline. As instruções que vêm depois de um desvio (tomado ou não) possuem uma **dependência procedural** com o desvio e não podem ser executadas até que este seja executado. A Figura 16.3 ilustra o efeito de um desvio em um pipeline superescalar de nível 2.

Como já vimos, esse tipo de dependência procedural afeta também um pipeline escalar. A consequência para um pipeline superescalar é mais grave, porque uma oportunidade de magnitude maior é perdida com cada atraso.

Se as instruções de tamanho variável forem usadas, então outro tipo de dependência procedural surge. Como nenhum tamanho de instrução particular é conhecido, ela deve ser pelo menos parcialmente decodificada antes que a próxima possa ser obtida. Isso previne a busca simultânea em um pipeline superescalar. Esta é uma das razões por que as técnicas superescalares são mais prontamente aplicáveis para uma arquitetura RISC, ou uma parecida com RISC, com seu tamanho fixo de instruções.

CONFLITO DE RECURSOS Um **conflito de recurso** é uma concorrência de duas ou mais instruções pelo mesmo recurso e ao mesmo tempo. Exemplos de recursos incluem memória, cache, barramentos, entradas para banco de registradores e unidades funcionais (por exemplo, somador da ALU).

Em termos de pipeline, um conflito de recurso mostra o comportamento parecido de uma dependência de dados (Figura 16.3). No entanto, há algumas diferenças. Para começar, os conflitos de recursos podem ser evitados com a duplicação de recursos, considerando que uma dependência de dados verdadeira não pode ser eliminada. Além disso, quando uma operação leva muito tempo para se completar, os conflitos de recursos podem ser minimizados pelo pipeline na unidade funcional apropriada.

16.2 ASPECTOS DE PROJETO

Paralelismo em nível de instruções e paralelismo de máquina

Jouppi e Wall (1989a) fazem uma distinção importante entre dois conceitos relacionados: paralelismo em nível de instruções e paralelismo de máquina. O **paralelismo em nível de instrução** existe quando as instruções de uma sequência são independentes e, assim, podem ser executadas em paralelo por sobreposição.

Como um exemplo do conceito de paralelismo, considere dois pedaços de código a seguir (JOUPPI, 1989b):

```
Load  R1 ← R2          Add   R3 ← R3, "1"
Add   R3 ← R3, "1"     Add   R4 ← R3, R2
Add   R4 ← R4, R2      Store [R4] ← R0
```

As três instruções à esquerda são independentes e, na teoria, todas poderiam ser executadas em paralelo. Ao contrário disso, as três instruções à direita não podem ser executadas em paralelo porque a segunda instrução usa o resultado da primeira e a terceira usa o resultado da segunda.

O grau do paralelismo em nível de instruções é determinado pela frequência da dependência verdadeira de dados e das dependências procedurais no código. Esses fatores, por sua vez, são dependentes da arquitetura do conjunto de instruções e da aplicação. O paralelismo em nível de instruções é também determinado pelo que Jouppi e Wall (1989a) denominam como latência da operação: o tempo até que o resultado de uma operação esteja disponível para uso como um operando em uma instrução subsequente. A latência determina quanto atraso uma dependência de dados ou procedural vai causar.

O **paralelismo de máquina** é uma medida da habilidade do processador para obter vantagem do paralelismo em nível de instruções. Ele é determinado pelo número de instruções que podem ser obtidas e executadas ao mesmo tempo (o número de pipelines paralelos) e pela velocidade e sofisticação dos mecanismos que o processador usa para localizar instruções independentes.

O paralelismo em nível de instruções e o de máquina são fatores importantes para melhorar o desempenho. Um programa pode não ter paralelismo em nível de instruções suficiente para obter a vantagem total do paralelismo de máquina. O uso de uma arquitetura com conjunto de instruções de tamanho fixo, como no RISC, melhora o paralelismo em nível de instruções. Por outro lado, o paralelismo de máquina limitado irá limitar o desempenho, não se importando com a natureza do programa.

Política sobre emissão de instruções

Conforme mencionado, o paralelismo de máquina não é simplesmente uma questão de ter múltiplas instâncias de cada estágio do pipeline. O processador também deve ser capaz de identificar o paralelismo em nível de máquina e orquestrar a busca, a decodificação e a execução de instruções em paralelo. Johnson (1991) usa o termo **emissão da instrução (*instruction issue*)** para se referir ao processo de iniciação da execução da instrução em unidades funcionais do processador e o termo **política de emissão de instruções** para se referir ao protocolo usado para a emissão de instruções. Em geral, podemos dizer que a emissão da instrução ocorre quando a instrução é movida do estágio de decodificação para o primeiro estágio de execução do pipeline.

Essencialmente, o processador está tentando olhar para a frente do ponto atual de execução para localizar instruções que podem ser trazidas para o pipeline e executadas. Três tipos de ordenação são importantes nessa consideração:

- A ordem em que as instruções são lidas.
- A ordem em que as instruções são executadas.
- A ordem em que as instruções atualizam o conteúdo dos registradores e as posições de memória.

Quanto mais sofisticado for o processador, menos ele estará sujeito a esta estrita relação entre essas ordens. Para otimizar a utilização de vários elementos do pipeline, o processador precisa alterar uma ou mais dessas ordens respeitando a ordem a ser encontrada em uma execução estritamente sequencial. Uma restrição do processador é que o resultado tem de ser correto. Desse modo, o processador deve acomodar várias dependências e conflitos discutidos anteriormente.

Em termos gerais, podemos agrupar políticas de emissão de instruções superescalares nas seguintes categorias:

- Emissão em ordem com conclusão em ordem.
- Emissão em ordem com conclusão fora de ordem.
- Emissão fora de ordem com conclusão fora de ordem.

EMISSÃO EM ORDEM COM CONCLUSÃO EM ORDEM A política mais simples de emissão de instruções é a ordem exata que seria alcançada pela execução sequencial (**emissão em ordem**) e pela escrita de resultados na mesma ordem (**conclusão em ordem**). Nem mesmo pipelines escalares seguem uma política tão simplista. Contudo, é útil considerar essa política como uma base de comparação para abordagens mais sofisticadas.

A Figura 16.4a mostra um exemplo dessa política. Supomos um pipeline superescalar capaz de obter e decodificar duas instruções ao mesmo tempo, com três unidades funcionais (por exemplo, duas aritméticas de inteiros e uma aritmética de ponto flutuante) e duas instâncias do estágio de atualização do pipeline. O exemplo considera as seguintes restrições em um fragmento de código de seis instruções:

- I1 requer dois ciclos para executar.
- I3 e I4 competem pela mesma unidade funcional.
- I5 depende do valor produzido por I4.
- I5 e I6 competem pela mesma unidade funcional.

Duas instruções são obtidas ao mesmo tempo e passadas para a unidade de decodificação. Como as instruções são obtidas em pares, as duas próximas instruções precisam esperar até que o par de estágios de decodificação do pipeline esteja limpo. Para garantir a **conclusão** em ordem, quando ocorre um conflito por uma unidade funcional ou quando uma unidade funcional requer mais do que um ciclo para gerar um resultado, a emissão da instrução para temporariamente.

Nesse exemplo, o tempo gasto desde a decodificação da primeira instrução até a escrita dos últimos resultados é de oito ciclos.

EMISSÃO EM ORDEM COM CONCLUSÃO FORA DE ORDEM A **conclusão fora de ordem** é usada em processadores RISC escalares para melhorar o desempenho das instruções que requerem múltiplos ciclos. A Figura

16.4b ilustra seu uso em um processador superescalar. A instrução I2 tem permissão para concluir antes da I1. Isso permite que a I3 seja completada antes, resultando na economia de um ciclo.

Com conclusão fora de ordem, qualquer número de instruções pode estar no estágio de execução em qualquer tempo até o nível máximo do paralelismo da máquina através de todas as unidades funcionais. A emissão de instruções é parada por um conflito de recurso, uma dependência de dados ou uma dependência procedural.

Além das limitações acima mencionadas, aparece uma nova dependência, que chamamos anteriormente de **dependência de saída** — também chamada de **dependência de escrita após escrita (WAW — do inglês,** *Write After Write***)**. O seguinte pedaço de código ilustra essa dependência (op representa qualquer operação):

$$
\begin{aligned}
&\text{I1: } R3 \leftarrow R3 \text{ op } R5 \\
&\text{I2: } R4 \leftarrow R3 + 1 \\
&\text{I3: } R3 \leftarrow R5 + 1 \\
&\text{I4: } R7 \leftarrow R3 \text{ op } R4
\end{aligned}
$$

A instrução I2 não pode executar antes da instrução I1, porque ela precisa do resultado no registrador R3 produzido por I1; este é um exemplo de uma dependência verdadeira de dados, conforme descrito na Seção 16.1. De forma semelhante, I4 precisa esperar pela I3 porque ela usa um resultado produzido por I3. E sobre o relacionamento entre I1 e I3? Aqui não há dependência, conforme definimos. No entanto, se I3 conclui a execução depois de I1, então o valor errado do conteúdo de R3 será obtido para execução de I4. Consequentemente, I3 deve completar depois de I1 para produzir os valores de saída corretos. Para garantir isso, a emissão da terceira

Figura 16.4

Políticas de emissão e conclusão de instruções superescalares.

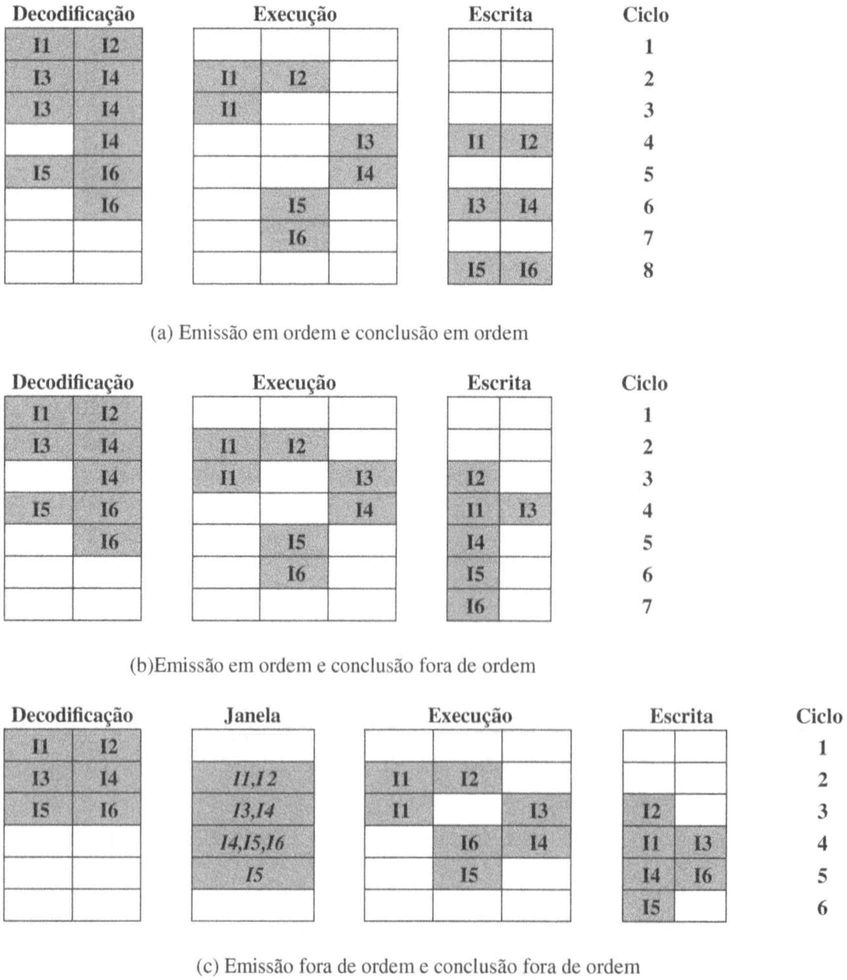

(a) Emissão em ordem e conclusão em ordem

(b) Emissão em ordem e conclusão fora de ordem

(c) Emissão fora de ordem e conclusão fora de ordem

instrução deve ser parada se o seu resultado pode ser sobrescrito posteriormente por uma instrução mais antiga que leva mais tempo para completar.

A conclusão fora de ordem requer uma lógica de emissão de instruções mais complexa do que a conclusão em ordem. Além disso, é mais difícil lidar com interrupções e exceções de instruções. Quando uma interrupção ocorre, a execução da instrução atual é suspensa, para ser continuada depois. O processador deve garantir que a continuação leve em conta que, no momento da interrupção, as instruções à frente da instrução que causou a interrupção já devem ter sido completadas.

EMISSÃO FORA DE ORDEM COM CONCLUSÃO FORA DE ORDEM Com emissão em ordem, o processador vai apenas decodificar as instruções até o ponto de uma dependência ou conflito. Nenhuma instrução adicional é decodificada até que o conflito seja resolvido. Como resultado, o processador não pode procurar à frente do ponto de conflito pelas instruções subsequentes que podem ser independentes daquelas que já estão no pipeline e que podem ser utilmente introduzidas no pipeline.

Para permitir **emissão fora de ordem**, é necessário separar os estágios de decodificação e execução do pipeline. Isso é feito com um buffer conhecido como **janela de instruções**. Com essa organização, depois que o processador termina de decodificar uma instrução, ela é colocada na janela de instruções. Enquanto esse buffer não estiver cheio, o processador pode continuar a obter e decodificar novas instruções. Quando uma unidade funcional se torna disponível no estágio de execução, uma instrução da janela de instruções pode ser emitida para o estágio de execução. Qualquer instrução pode ser emitida considerando que (1) ela precisa de uma unidade funcional particular que esteja disponível e (2) nenhum conflito ou dependência bloqueie essa instrução. A Figura 16.5 sugere essa organização.

O resultado dessa organização é que o processador tem a capacidade de olhar para a frente, o que permite que ele identifique instruções independentes que podem ser trazidas para o estágio de execução. As instruções são emitidas a partir da janela de instruções sem se preocupar com a ordem do programa original. Assim como antes, a única restrição é que a execução do programa se comporte corretamente.

A Figura 16.4c ilustra essa política. Durante cada um dos três primeiros ciclos, duas instruções são obtidas para o estágio de decodificação. Durante cada ciclo, sujeito à restrição do tamanho do buffer, duas instruções são movidas do estágio de decodificação para a janela de instruções. Neste exemplo, é possível emitir a instrução I6 na frente de I5 (lembre-se de que I5 depende de I4, mas I6 não). Desse modo, um ciclo é economizado no estágio de execução e no de atualização, e a economia total, se comparada à Figura 16.4b, é de um ciclo.

A janela de instruções é apresentada na Figura 16.4c para ilustrar o seu papel. Contudo, essa janela não é um estágio adicional do pipeline. Uma instrução estando na janela simplesmente significa que o processador tem informação suficiente sobre essa instrução para decidir quando ela pode ser emitida.

A política de emissão fora de ordem e conclusão fora de ordem é sujeita às mesmas restrições descritas anteriormente. Uma instrução não pode ser emitida se violar uma dependência ou um conflito. A diferença é que mais instruções estão disponíveis para emissão, reduzindo a probabilidade de que um estágio do pipeline tenha de parar. Além disso, surge uma nova dependência que anteriormente chamamos de **antidependência** — também

Figura 16.5

Organização para emissão fora de ordem e conclusão fora de ordem.

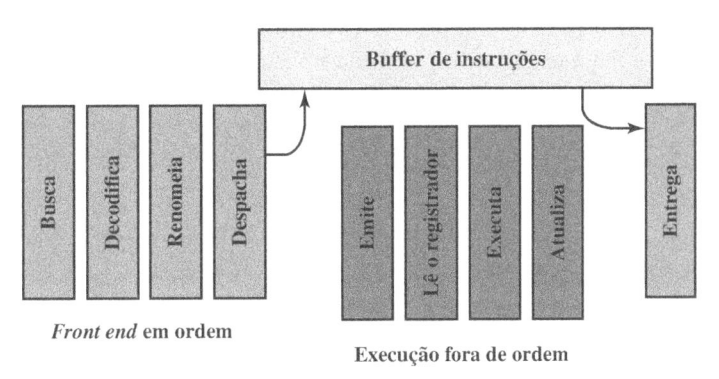

chamada de **dependência escrever após ler (WAR — do inglês,** *Write After Read*). O pedaço de código considerado anteriormente ilustra essa dependência:

$$
\begin{aligned}
&\text{I1:} \quad \text{R3} \leftarrow \text{R3 op R5} \\
&\text{I2:} \quad \text{R4} \leftarrow \text{R3} + 1 \\
&\text{I3:} \quad \text{R3} \leftarrow \text{R5} + 1 \\
&\text{I4:} \quad \text{R7} \leftarrow \text{R3 op R4}
\end{aligned}
$$

A instrução I3 não pode completar a execução antes de a instrução I2 começar a executar e obter os seus operandos. Isso é assim porque I3 atualiza o registrador R3, que é o operando de origem para I2. O termo *antidependência* é usado porque a restrição é semelhante àquela da dependência verdadeira de dados, só que inversa: em vez de a primeira instrução produzir um valor que é usado pela segunda, a segunda instrução destrói o valor que é usado pela primeira instrução.

Uma técnica comum, usada para suportar conclusão fora de ordem, é o buffer de reordenação. Trata-se de um armazenamento temporário para resultados completados fora de ordem que depois são colocados no banco de registradores na ordem do programa. Um conceito relacionado é o algoritmo de Tomasulo. O Apêndice I (disponível em inglês na Sala Virtual) analisa esses conceitos.

Renomeação de registradores

Quando a emissão de instruções fora de ordem e/ou conclusão de instruções fora de ordem são permitidas, nós vimos que aumenta a possibilidade de dependências WAW e WAR. Essas dependências diferem das dependências de dados RAW e dos conflitos de recursos que refletem o fluxo de dados através de um programa e sequência da execução. As dependências WAW e WAR, por outro lado, surgem porque os valores nos registradores podem não refletir mais a sequência de valores definida pelo fluxo do programa.

Quando as instruções são emitidas e completadas na sequência, é possível especificar o conteúdo de cada registrador em cada ponto da execução. Quando as técnicas fora de ordem são usadas, os valores nos registradores não podem ser totalmente conhecidos em cada momento apenas considerando a sequência de instruções definida pelo programa. Na verdade, os valores estão em conflito pelo uso de registradores e o processador precisa resolver esses conflitos parando ocasionalmente um estágio do pipeline.

As antidependências e dependências de saída são exemplos de conflitos de armazenamento. Múltiplas instruções competem pelo uso de mesmas posições de registradores, gerando restrições de pipeline que retardam o desempenho. O problema se torna mais sério quando técnicas de otimização de registradores são usadas (conforme discutido no Capítulo 15), porque essas técnicas de compilação tentam aumentar o uso de registradores, maximizando dessa forma o número de conflitos de armazenamento.

Uma maneira de enfrentar esses tipos de conflitos de armazenamento é baseada em uma solução tradicional de conflitos de recursos: duplicação de recursos. Nesse contexto, a técnica é conhecida como **renomeação de registradores**. Basicamente, registradores são alocados dinamicamente pelo hardware do processador e são associados com os valores usados pelas instruções em vários pontos do tempo. Quando um novo valor de registrador é criado (por exemplo, quando uma instrução que tem um registrador como um operando de destino é executado), um novo registrador é alocado para esse valor. As instruções subsequentes que acessam esse valor como operando de origem nesse registrador têm de passar pelo processo de renomeação: as referências de registradores nessas instruções precisam ser revisadas para que se refiram ao registrador que contém o valor necessário. Desse modo, a mesma referência do registrador original em várias instruções diferentes pode se referir a registradores reais diferentes, se valores diferentes são pretendidos.

Vamos considerar como a renomeação de registradores poderia ser usada no pedaço de código que estávamos analisando:

$$
\begin{aligned}
&\text{I1:} \quad \text{R3b} \leftarrow \text{R3a op R5a} \\
&\text{I2:} \quad \text{R4b} \leftarrow \text{R3b} + 1 \\
&\text{I3:} \quad \text{R3c} \leftarrow \text{R5a} + 1 \\
&\text{I4:} \quad \text{R7b} \leftarrow \text{R3c op R4b}
\end{aligned}
$$

A referência de registrador sem a subscrição diz respeito à referência lógica de registrador encontrada na instrução. A referência de registrador com subscrição se refere a um registrador de hardware alocado para guardar um novo valor. Quando uma nova alocação é feita para um registrador lógico em particular, as referências das instruções subsequentes para esse registrador lógico com um operando de origem são feitas para se referir ao registrador de hardware alocado mais recentemente (recente em termos de sequência de instruções do programa).

Nesse exemplo, a criação do registrador R3c na instrução I3 evita a dependência WAR da segunda instrução e a WAW na primeira instrução, e isso não interfere no valor correto acessado por I4. O resultado é que I3 pode ser emitida imediatamente; sem renomeação, I3 não pode ser emitida até que a primeira instrução seja completada e a segunda instrução emitida.

Uma alternativa para renomeação de registradores é o *scoreboarding*. Basicamente, *scoreboarding* é uma técnica de contabilidade que permite que as instruções sejam executadas sempre quando não são dependentes das instruções anteriores e que nenhum *hazard* estrutural esteja presente. Veja uma discussão sobre o assunto no Apêndice N (disponível em inglês na Sala Virtual).

Paralelismo de máquina

Analisamos anteriormente três técnicas de hardware que podem ser usadas em um processador superescalar para melhorar o desempenho: duplicação de recursos, emissão fora de ordem e renomeação. Um estudo que esclarece a relação entre essas técnicas foi reportado por Smith, Johnson e Horowitz (1989). O estudo usa uma simulação que modelou uma máquina com características do MIPS R2000, acrescida de vários recursos superescalares. Uma série de diferentes sequências de programa foi simulada.

A Figura 16.6 mostra os resultados. Em cada um dos gráficos, o eixo vertical corresponde ao aceleramento (*speed up*) médio da máquina superescalar em relação à máquina escalar. O eixo horizontal mostra os resultados para quatro organizações alternativas de processadores. A máquina base não duplica nenhuma das unidades funcionais, mas pode emitir instruções fora de ordem. A segunda configuração duplica a unidade funcional de carga/armazenamento (load/store) que acessa a cache de dados. A terceira configuração duplica a ALU e a quarta organização duplica ambos carga/armazenamento e ALU. Em cada gráfico, os resultados são mostrados para tamanhos das janelas de instruções de 8, 16 e 32 instruções, o que define a quantidade de análise antecipada que o processador consegue fazer. A diferença entre os dois gráficos é que, no segundo, a renomeação de registradores é permitida. Isso equivale a dizer que o primeiro gráfico representa uma máquina limitada por todas as dependências, enquanto o segundo corresponde a uma máquina limitada apenas por dependências verdadeiras.

Figura 16.6

Acelerações de várias organizações de máquinas sem dependências procedurais.

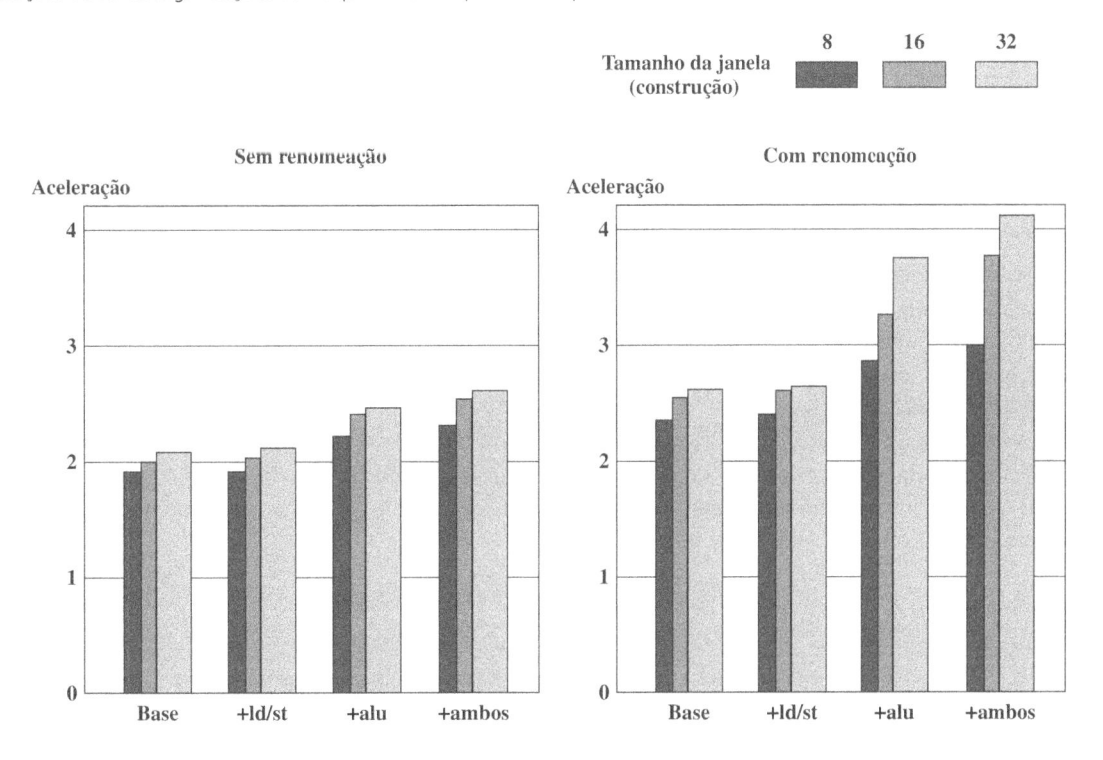

Os dois gráficos combinados produzem algumas conclusões importantes. A primeira é que provavelmente não vale a pena adicionar unidades funcionais sem renomeação de registradores. Existe uma pequena melhoria de desempenho, mas ao custo do aumento da complexidade do hardware. Com a renomeação de registradores, que elimina antidependências e dependências de saída, ganhos notáveis são alcançados ao se adicionarem mais unidades funcionais. Observe, no entanto, que há uma diferença significativa na quantidade de ganhos obtidos entre usar uma janela de instruções de 8 *versus* uma janela de instruções maior. Isso indica que, se o tamanho da janela de instruções for pequeno demais, as dependências de dados vão evitar a utilização eficiente de unidades funcionais extras; o processador deve ser capaz de procurar muito à frente para localizar instruções independentes para utilizar o hardware mais completamente.

Previsão de desvio

Qualquer máquina de alto desempenho com pipeline deve ter algum tipo de tratamento para lidar com desvios. Por exemplo, o Intel 80486 tratava o problema tanto obtendo a próxima instrução sequencial depois de um desvio quanto obtendo especulativamente a instrução alvo do desvio. Contudo, como há dois estágios de pipeline entre a leitura e a execução, essa estratégia provoca um atraso de dois ciclos quando o desvio é tomado.

Com a chegada das máquinas RISC, a estratégia de desvio atrasado (*delayed branch*) foi explorada. Isso permite ao processador calcular o resultado de instruções de desvio condicional antes que qualquer instrução que não seria utilizada tenha busca antecipada. Com esse método, o processador sempre executa a única instrução que vem imediatamente depois do desvio. Isso mantém o pipeline cheio enquanto o processador obtém um novo fluxo de instruções.

Com o desenvolvimento de máquinas superescalares, a estratégia de desvio atrasado tem menos apelo. O motivo é que múltiplas instruções precisam ser executadas no slot de atraso (*delay slot*), trazendo vários problemas relacionados com as dependências das instruções. Desse modo, as máquinas superescalares retornaram às técnicas de previsão de desvios pré-RISC. Algumas, como PowerPC 601, usam uma técnica estática simples de **previsão de desvio**. Os processadores mais sofisticados, como PowerPC 620 e Pentium 4, usam previsão de desvios dinâmica baseada na análise do histórico de desvios.

Execução superescalar

Estamos em uma posição agora em que podemos fornecer uma visão de execução superescalar de programas; isso é ilustrado na Figura 16.7. O programa a ser executado consiste em uma sequência linear de instruções. Esse é o programa estático conforme escrito pelo programador ou gerado pelo compilador. O processo de obter instrução, o que inclui a previsão de desvio, é usado para formar um fluxo dinâmico de instruções. Esse fluxo é examinado para dependências e o processador pode remover as dependências artificiais. O processador então despacha as instruções para uma janela de execução. Nessa janela, as instruções não formam mais um fluxo sequencial, mas são estruturadas de acordo com suas dependências verdadeiras de dados. O processador efetua o estágio de execução de cada instrução numa ordem determinada pelas dependências verdadeiras de dados e pela disponibilidade de recursos de hardware. Finalmente, as instruções são conceitualmente colocadas de volta na ordem sequencial e seus resultados são reordenados.

O passo final mencionado no parágrafo anterior é conhecido como **concluir**, ou **retirar**, a instrução. Esse passo é necessário pelo seguinte motivo: por causa do uso de pipelines múltiplos e paralelos, as instruções podem completar em uma ordem diferente daquela mostrada no programa estático. Além disso, o uso da previsão de desvio e da execução especulativa significa que algumas instruções podem completar a execução e depois têm de ser abandonadas porque o desvio que elas representam não foi tomado. Portanto, os armazenamentos permanentes e os registradores visíveis ao programa não podem ser atualizados imediatamente quando as instruções completam a execução. Os resultados precisam ser guardados em algum tipo de armazenamento temporário que possa ser usado pelas instruções dependentes e depois são tornados permanentes quando for determinado que o modelo sequencial já tenha executado a instrução.

Implementação superescalar

Com base nessa discussão, podemos fazer alguns comentários gerais sobre o hardware do processador necessário para abordagem superescalar. Smith e Sohi (1995) listam os seguintes elementos-chave:

Figura 16.7

Ilustração conceitual de processamento superescalar.

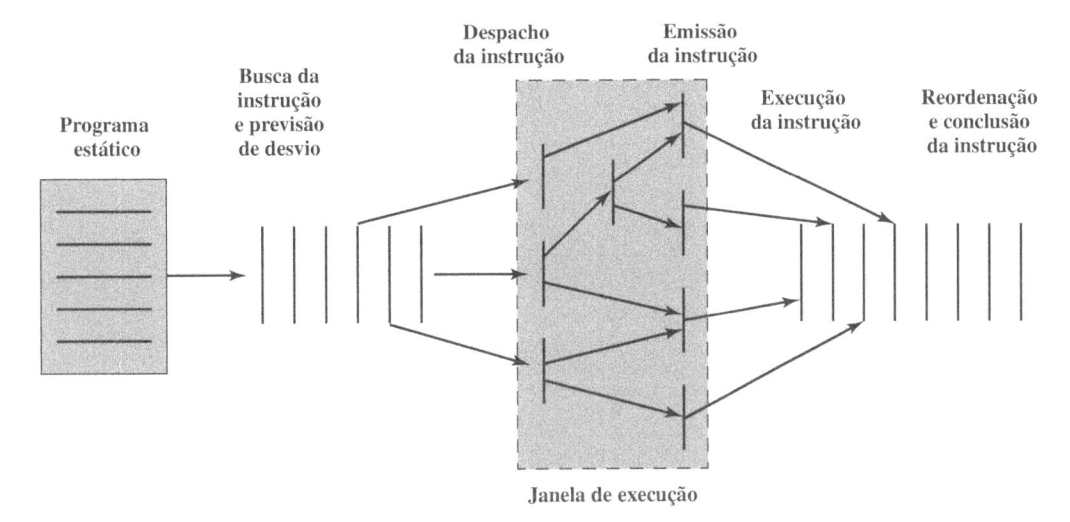

- As estratégias de busca de instrução que buscam simultaneamente várias instruções, frequentemente pela previsão dos resultados, e além da busca, dos desvios condicionais. Essas funções requerem o uso de múltiplos estágios de busca e decodificação e lógica de previsão de desvios.
- Lógica para determinar dependências verdadeiras envolvendo valores de registradores e mecanismos para transferir esses valores para onde eles forem necessários durante a execução.
- Mecanismo para iniciar, ou emitir, múltiplas instruções em paralelo.
- Recursos para execução paralela de múltiplas instruções, incluindo múltiplas unidades funcionais de pipeline e hierarquias de memória capazes de atender simultaneamente várias referências de memória.
- Mecanismos para concluir o estado do processo na ordem correta.

16.3 MICROARQUITETURA INTEL CORE

Embora o conceito de projeto superescalar seja geralmente associado à arquitetura RISC, os mesmos princípios superescalares podem ser aplicados a uma máquina CISC. Talvez o exemplo mais notável disso seja a arquitetura Intel x86. A evolução de conceitos superescalares na linha Intel é interessante para ser observada. O 386 é uma máquina CISC tradicional sem pipeline. O 486 introduz o primeiro processador x86 com pipeline, reduzindo a latência média de operações de inteiros de dois a quatro ciclos para um ciclo, mas é ainda limitada a executar uma única instrução a cada ciclo, sem elementos superescalares. O Pentium original tinha um componente superescalar modesto, consistindo no uso de duas unidades de execução de inteiros. O Pentium Pro introduziu um projeto superescalar com execução fora de ordem. Modelos x86 subsequentes refinaram e melhoraram o projeto superescalar.

A Figura 16.8 mostra a versão atual da arquitetura x86 com pipeline. A Intel chama a arquitetura com pipeline de *microarquitetura*. A microarquitetura constitui e implementa a arquitetura do conjunto de instruções de máquina. A microarquitetura é chamada de Intel Core Microarchitecture. É implementada em cada *core* de processador nas famílias Intel Core 2 e Intel Xeon. Há também uma Enhanced Intel Core Microarchitecture, que é uma microarquitetura melhorada. Uma diferença-chave entre as duas microarquiteturas é que a microarquitetura melhorada do Intel Core proporciona um terceiro nível de cache.

A Tabela 16.2 mostra alguns parâmetros e características de desempenho da arquitetura de cache. Todas as caches usam uma política de atualização *write back*. Quando uma instrução lê dados em um local de memória, o processador procura uma linha de cache que contenha esses dados nas caches e na memória principal na ordem a seguir:

1. Cache de dados L1 do *core* de iniciação.
2. Cache de dados L1 de outros *cores* e cache L2.
3. Sistema de memória.

A linha de cache é tomada a partir da cache de dados L1 de um outro *core* somente se estiver modificada, ignorando a disponibilidade da linha de cache ou de estados na cache L2. A Tabela 16.2b mostra as características de buscar os quatro primeiros bytes de locais diferentes a partir do cluster de memória. A coluna de latência proporciona uma estimativa da latência de acesso. Contudo, a latência real pode variar conforme o load da cache, componentes de memória e outros parâmetros.

Figura 16.8
Microarquitetura Intel Core.

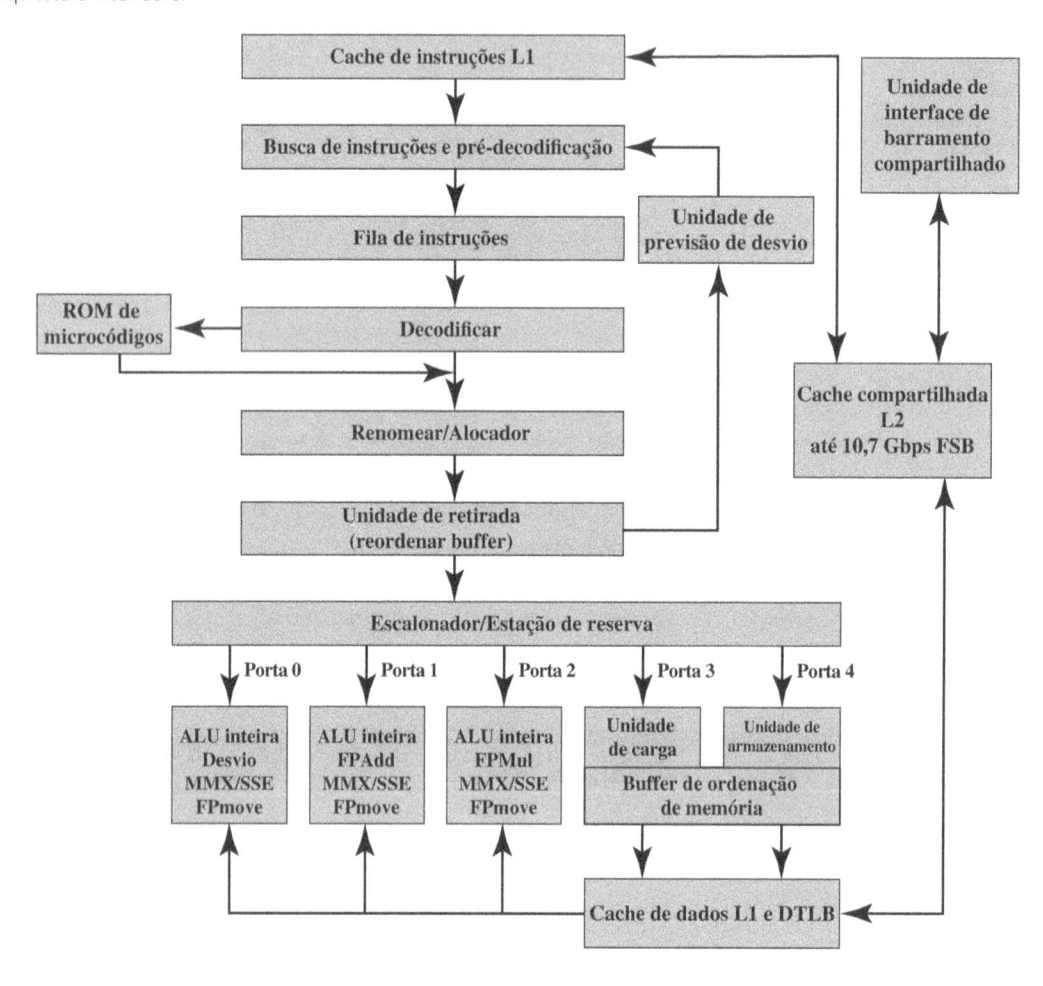

Tabela 16.2
Parâmetros de cache/memória e desempenho dos processadores com base na microarquitetura Intel Core.

(a) Parâmetros de cache				
Nível de cache	Capacidade	Associatividade (formas)	Tamanho da linha (bytes)	Política de atualização
L1 dados	32 kB	8	64	Write back
L1 instruções	32 kB	8	N/A	N/A
L2 (compartilhada)[1]	2, 4 MB	8 ou 16	64	Write back
L2 (compartilhada)[2]	3, 6 MB	12 ou 24	64	Write back
L3 (compartilhada)[2]	8, 12, 16 MB	15	64	Write back

Obs.:
1. Intel Core Microarchitecture
2. Enhanced Intel Core Microarchitecture

(b) Desempenho de carga/armazenamento (load/store)				
Localidade de dados	Carga		Armazenamento	
	Latência	Taxa de transferência	Latência	Taxa de transferência
Cache de dados L1	3 ciclos de *clock*	1 ciclo de *clock*	2 ciclos de *clock*	3 ciclos de *clock*
Cache de dados L1 de outro *core* no estado modificado	14 ciclos de *clock* + 5,5 ciclos de barramento	14 ciclos de *clock* + 5,5 ciclos de barramento	14 ciclos de *clock* + 5,5 ciclos de barramento	N/A
Controle de pipeline da cache L2	14	3	14	3
Memória	14 ciclos de *clock* + 5,5 ciclos de barramento + latência de memória	Depende do protocolo de leitura de barramento	14 ciclos de *clock* + 5,5 ciclos de barramento + latência de memória	Depende do protocolo de leitura de barramento

O pipeline da microarquitetura Intel Core contém:

- Um *front end* de emissão em ordem que busca fluxo de instruções a partir da memória, com quatro decodificadores de instruções para o *core* de execução fora de ordem. Cada instrução é traduzida em uma ou mais instruções RISC com tamanho fixo, conhecida como **micro-operações** ou **micro-ops**.
- Um *core* de execução superescalar fora de ordem que pode emitir até seis micro-ops por ciclo e reordenar micro-ops para executar assim que as fontes estiverem prontas e os recursos de execução disponíveis.
- Uma unidade de retirada em ordem que assegure que os resultados de execução dos micro-ops sejam processados e o estado da arquitetura e o conjunto do registrador do processador atualizados de acordo com a ordem do programa original.

Com efeito, a microarquitetura Intel Core implementa uma arquitetura de conjunto de instruções CISC na microarquitetura RISC. Os micro-ops internos RISC passam por um pipeline com ao menos 14 estágios; em alguns casos, o micro-op exige múltiplos estágios de execução, resultando em um pipeline ainda maior. Isso contrasta com um pipeline de cinco estágios (Figura 14.21) usado por processadores Intel x86 anteriores e no Pentium.

Front end

O *front end* precisa fornecer instruções decodificadas (micro-ops) e sustentar o fluxo para um mecanismo fora de ordem com amplitude de seis emissões. Consiste em três componentes principais: unidade de previsão de desvio (BPU — do inglês, *Branch Prediction Unit*), busca de instruções e unidade de pré-decodificação, além de fila de instrução e unidade de decodificação.

UNIDADE DE PREVISÃO DE DESVIO Essa unidade ajuda a unidade de busca de instruções a localizar a instrução mais provável pela previsão de diversos tipos de desvio: condicional, indireto, direto, chamada e retorno. O BPU usa um hardware dedicado para cada tipo de desvio. A previsão de desvio habilita o processador a começar a executar instruções muito antes de o resultado do desvio ser decidido.

A microarquitetura usa uma estratégia de previsão de desvio dinâmico com base no histórico de execuções recentes de instruções de desvio. Um buffer de alvo de desvio (BTB — do inglês, *Branch Target Buffer*) é mantido, com informação da cache acerca das instruções de desvio recentemente encontradas. Quando uma instrução de desvio é encontrada no fluxo de instruções, o BTB é verificado. Se uma entrada já existe no BTB, então a unidade de instrução é guiada pela informação do histórico para aquela entrada ao determinar se prevê que o desvio seja considerado. Se um desvio é previsto, então o endereço do destino do desvio associado com essa entrada é usado para fazer a busca antecipada da instrução alvo de desvio.

Uma vez executada a instrução, a parte do histórico da entrada apropriada é atualizada a fim de refletir o resultado da instrução de desvio. Se essa instrução não for representada no BTB, então o endereço da instrução é carregado dentro de uma entrada no BTB; se for preciso, uma entrada mais antiga será deletada.

A descrição dos parágrafos precedentes se enquadra, em termos gerais, à estratégia de previsão de desvio usada no modelo original do Pentium e também aos modelos posteriores, inclusive os modelos Intel atuais. Todavia, no caso do Pentium, um esquema de histórico de 2 bits relativamente simples é usado. Os modelos posteriores têm um pipeline muito maior (14 estágios para a microarquitetura Intel Core comparada com os cinco estágios para o Pentium) e, portanto, a penalidade para a imprevisibilidade é maior. Assim, os modelos posteriores usam um esquema de previsão mais elaborado com mais bits de histórico para diminuir a taxa de imprevisibilidade.

Desvios condicionais que não possuem um histórico em BTB são previstos usando um algoritmo estático de previsão, de acordo com as seguintes regras:

- Para endereços de desvio que não são relativos a IP, prever que será tomado se o desvio for um retorno e em outros casos prever que não será tomado.
- Para desvios condicionais relativos a IP para trás, prever que será tomado. Essa regra reflete o comportamento típico de loops.
- Para desvios condicionais relativos a IP para a frente, prever que não será tomado.

BUSCA DE INSTRUÇÕES E UNIDADE DE PRÉ-DECODIFICAÇÃO A unidade de busca de instruções inclui o ITLB (*Instruction Translation Lookaside Buffer*) — um buscador antecipado de instrução —, a cache de instruções e a lógica de pré-decodificação.

A busca de instruções é desempenhada a partir da cache de instruções. Quando acontece uma perda de cache L1, o *front end* em ordem alimenta novas instruções na cache L1 a partir da cache L2, 64 bytes por vez. Como padrão, as instruções são buscadas em sequência, de modo que cada busca de linha de cache L2 inclua a instrução a ser buscada. A previsão de desvio por meio da unidade de previsão de desvio pode alterar essa operação de busca sequencial. O ITLB traduz o endereço de IP linear dado em endereço físico necessário para o acesso da cache L2. A previsão de desvio estático no *front end* é usada para determinar quais instruções buscar em seguida.

A unidade de pré-decodificação aceita os 16 bytes a partir da cache de instruções ou buffers de busca antecipada e executa as seguintes tarefas:

- Determina a extensão das instruções.
- Decodifica todos os prefixos associados com instruções.
- Marca diversas propriedades de instruções para os decodificadores (por exemplo, "é desvio").

A unidade de pré-decodificação pode escrever até seis instruções por ciclo na fila de instruções. Se uma busca contiver mais que seis instruções, o pré-decodificador continua a decodificar até seis instruções por ciclo até que todas as instruções na busca estejam escritas na fila de instruções. As buscas subsequentes só podem inserir a pré-decodificação depois que a busca atual esteja completa.

FILA DE INSTRUÇÕES E UNIDADE DE DECODIFICAÇÃO As instruções lidas são colocadas em uma fila de instruções. A partir daí, a unidade de decodificação escaneia os bytes, a fim de determinar os limites de instruções; essa é uma operação necessária por causa da extensão variável das instruções x86. O decodificador traduz cada instrução de máquina dentro de um dos quatro micro-ops, cada um é uma instrução RISC de 118 bits. Observe por comparação que a maioria das máquinas RISC tem uma extensão de instrução de apenas 32 bits. Um tamanho maior de micro-op é necessário para acomodar as instruções x86 mais complexas. Todavia, os micro-ops são mais fáceis de ser manejados que as instruções originais das quais eles derivam.

Poucas instruções requerem mais que quatro micro-ops. Essas instruções são transferidas para a ROM de microcódigos, que contém as séries de micro-ops (cinco ou mais) associadas à instrução de máquina complexa. Por exemplo, uma instrução de *string* pode ser traduzida em uma sequência de micro-ops repetitiva e muito maior (mesmo centenas). Dessa maneira, a ROM de microcódigos é uma unidade de controle microprogramada discutida na Parte VI.

A sequência de micro-op resultante é entregue ao módulo de renomeação/alocação.

Lógica de execução fora de ordem

Essa parte do processador reordena as micro-ops para permitir que elas sejam executadas assim que seus operandos de entrada estiverem prontos.

ALOCAÇÃO O estágio de alocação aloca os recursos necessários para execução. Ele desempenha as seguintes funções:

- Se um recurso necessário, como um registrador, está indisponível para uma das três micro-ops que estão chegando ao alocador durante o ciclo de *clock*, o alocador para o pipeline.
- O alocador aloca uma entrada no buffer de reordenação (ROB — do inglês, *Re-Order Buffer*), que acompanha o *status* da conclusão de uma das 126 micro-ops que podem estar em processamento a qualquer momento.[2]
- O alocador aloca um dos 128 registradores de inteiro ou de ponto flutuante para o valor dos dados resultantes da micro-op e possivelmente um carregamento do buffer ou um armazenamento no buffer usado para acompanhar uma das 48 leituras ou 24 escritas no pipeline de máquina.
- O alocador aloca uma entrada em uma das duas filas de micro-ops na frente do escalonador de instruções.

O ROB é um buffer circular que pode guardar até 126 micro-ops e também contém 128 registradores físicos. Cada entrada do buffer consiste nos campos a seguir:

- **Estado:** indica se a micro-op está escalonada para execução, se foi despachada para execução ou se completou a execução e está pronta para ser retirada.
- **Endereço de memória:** o endereço da instrução Pentium que gerou a micro-op.
- **Micro-op:** a operação atual.
- **Registrador de apelido (*alias register*):** se a micro-op referencia um dos 16 registradores da arquitetura, essa entrada redireciona tal referência para um dos 128 registradores de hardware.

As micro-ops entram no ROB na ordem. Elas são, então, despachadas do ROB para unidade de despacho/execução fora de ordem. O critério para despacho é que a unidade de execução apropriada e todos os itens de dados requeridos para essa micro-op estejam disponíveis. Finalmente, as micro-ops são retiradas do ROB na ordem. Para conseguir a retirada em ordem, as micro-ops são retiradas em ordem das mais antigas primeiro depois que cada micro-op foi definida como pronta para retirada.

RENOMEAÇÃO DE REGISTRADORES O estágio de renomeação remapeia as referências a 16 registradores da arquitetura (8 registradores de ponto flutuante mais EAX, EBX, ECX, EDX, ESI, EDI, EBP e ESP) para um conjunto de 128 registradores físicos. O estágio remove falsas dependências causadas por um número limitado de registradores da arquitetura enquanto preserva as dependências de dados verdadeiras (leituras após escritas).

FILAS DE MICRO OPS Depois da alocação de recursos e renomeação de registradores, as micro-ops são colocadas em uma das duas filas de micro-ops, onde são mantidas até que haja espaço nos escalonadores. Uma das duas filas é para operações de memória (leituras e escritas) e a outra é para micro-ops que não envolvem referências de memória. Cada fila obedece à regra FIFO (primeiro a entrar, primeiro a sair), mas nenhuma ordem é mantida entre as filas. Isto é, uma micro-op pode ser lida a partir de uma fila fora de ordem em relação às micro-ops da outra fila. Isso oferece uma flexibilidade maior para escalonadores.

ESCALONAMENTO DE DESPACHO DE MICRO-OPS Os escalonadores são responsáveis por obter micro-ops a partir das filas de micro-ops e despachá-las para execução. Cada escalonador procura por micro-ops cujo *status* indica que possui todos os seus operandos. Se a unidade de execução requerida por essa micro-op estiver disponível, então o escalonador obtém a micro-op e despacha-a para a unidade de execução apropriada. Até seis micro-ops podem ser despachadas em um ciclo. Se mais de uma micro-op estiver disponível para uma determinada unidade de execução, então o escalonador as despacha na sequência da fila. Este é um tipo de regra FIFO que favorece a execução em ordem, porém, nesse ponto, o fluxo de instrução foi tão rearranjado por dependências e desvios que está substancialmente fora de ordem.

---

[2] Veja Apêndice N para uma discussão sobre buffers de reordenação.

Quatro portas ligam os escalonadores às unidades de execução. A porta 0 é usada para instruções de inteiros e as de ponto flutuante, com exceção de operações de inteiros simples e de tratamento de falhas de previsão de desvios, os quais são alocados para a Porta 1. Além disso, as unidades de execução MMX são alocadas entre essas duas portas. As portas restantes são para carregamento da memória e armazenamento na memória.

Unidades de execução de inteiros e de pontos flutuantes

Os bancos de registradores de inteiros e de ponto flutuante são a origem das operações pendentes para unidades de execução. Estas obtêm valores a partir dos bancos de registradores, assim como a partir da cache de dados L1. Um estágio separado do pipeline é usado para calcular os flags (por exemplo, zero, negativo); esses são normalmente a entrada para uma instrução de desvio.

Um estágio de pipeline subsequente efetua a verificação de desvios. Essa função compara o resultado atual do desvio com a previsão. Se a previsão de desvio falhar, então há micro-ops em vários estágios do processamento que precisam ser removidas do pipeline. O destino do desvio apropriado é então enviado para o previsor de desvios durante o estágio de drive, que reinicia o pipeline inteiro a partir do novo endereço do alvo.

16.4 ARM CORTEX-A8

Implementações recentes da arquitetura ARM viram a introdução de técnicas superescalares para o pipeline de instruções. Nesta seção, focamos no ARM Cortex-A8, que oferece um bom exemplo de um projeto RISC superescalar.

O Cortex-A8 é um processador da família ARM, referido como processador de aplicação. Um processador de aplicações ARM é um processador embarcado que executa sistemas operacionais complexos para aplicações sem fio, de eletrônica de consumo e de imagens. O Cortex-A8 tem por alvo uma grande variedade de aplicações móveis e de consumo, incluindo telefones móveis, sintonizadores de TV (*set-top boxes*), consoles de jogos e navegação de automóveis/sistemas de entretenimento.

A Figura 16.9 mostra uma visão lógica da arquitetura do Cortex-A8, enfatizando o fluxo das instruções dentro das unidades funcionais. O fluxo principal das instruções se dá por meio de três unidades funcionais que implementam um pipeline duplo de 13 estágios e com emissão em ordem. Os projetistas de Cortex decidiram usar emissão em ordem para manter a potência adicional reduzida ao mínimo. Emissões fora de ordem e retirada podem necessitar de uma lógica maior que consome potência extra.

A Figura 16.10 mostra os detalhes do pipeline principal do Cortex-A8. Existe uma unidade separada para SIMD (única-instrução-múltiplos-dados) que implementa um pipeline de 10 estágios.

Unidade de busca de instruções

A unidade de busca de instruções prevê o fluxo de instruções, obtém instruções da cache L1 de instruções e coloca as instruções obtidas em um buffer para serem consumidas pelo pipeline de decodificação. A unidade de leitura de instruções inclui também a cache L1 de instruções. Como pode haver vários desvios não resolvidos no pipeline, as leituras das instruções são especulativas, o que significa que não há garantia de que elas serão executadas. Um desvio ou uma instrução excepcional no fluxo de código pode causar o esvaziamento do pipeline, descartando instruções lidas. A unidade de busca das instruções pode ler até quatro instruções por ciclo e passa pelos seguintes estágios:

F0: a unidade de geração de endereços (AGU — do inglês, *Address Generation Unit*) gera um novo endereço virtual. Normalmente, esse endereço é o próximo endereço na sequência do endereço obtido anteriormente. O endereço também pode ser um endereço do alvo do desvio fornecido por uma previsão de desvio para uma instrução anterior. F0 não é contado como parte do pipeline de 13 estágios, porque os processadores ARM têm tradicionalmente definido como primeiro estágio o acesso à cache de instruções.

F1: o endereço calculado é usado para obter instruções da cache de instruções L1. Em paralelo, a leitura do endereço é usada para acessar o array de previsões de desvio para determinar se a próxima leitura de endereço deve ser baseada em uma previsão de desvio.

Figura 16.9
Diagrama de blocos da arquitetura do ARM Cortex-A8.

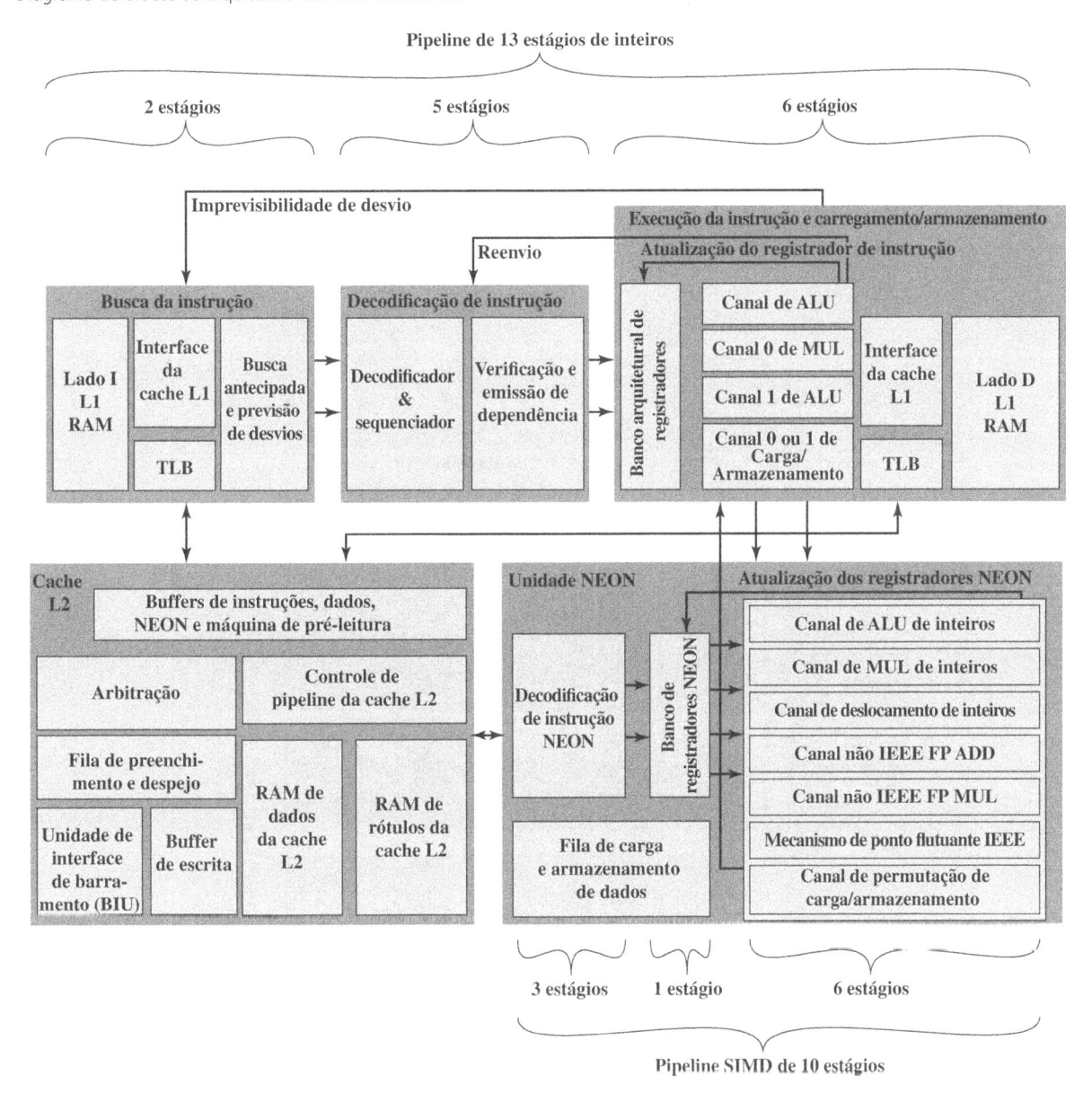

F3: dados da instrução são colocados na fila de instruções. Se uma instrução resultar em previsão de desvio, o novo endereço alvo é enviado para a unidade de geração de endereços.

Para minimizar as penalidades de desvios normalmente associadas com um pipeline mais longo, o processador Cortex-A8 implementa um previsor de desvios com histórico global de dois níveis, consistindo no buffer de alvos de desvios (BTB) e buffer de histórico global (GHB). Essas estruturas de dados são acessadas em paralelo com a busca das instruções. O BTB indica se a leitura do endereço atual vai ou não retornar uma instrução de desvio e o endereço do seu alvo de desvio. Ele contém 512 entradas. Em um passo apenas no BTB, um desvio é previsto e GHB é acessado. O GHB consiste em 4.096 números de 2 bits que codificam a força e a informação da direção de desvios. Ele é indexado por um histórico de 10 bits da direção dos dez últimos desvios encontrados e 4 bits do PC. Além do previsor dinâmico de desvios, uma pilha de retorno é usada para prever os endereços de retorno das sub-rotinas. A pilha de retorno tem oito entradas de 32 bits que armazenam o valor do registrador de ligação em r14 e o estado ARM ou Thumb da função que fez a chamada. Quando é feita uma previsão de que uma instrução do tipo retorno será tomada, a pilha de retorno fornece o último endereço e o estado empilhado.

Figura 16.10

Pipeline de inteiros do ARM Cortex-A8.

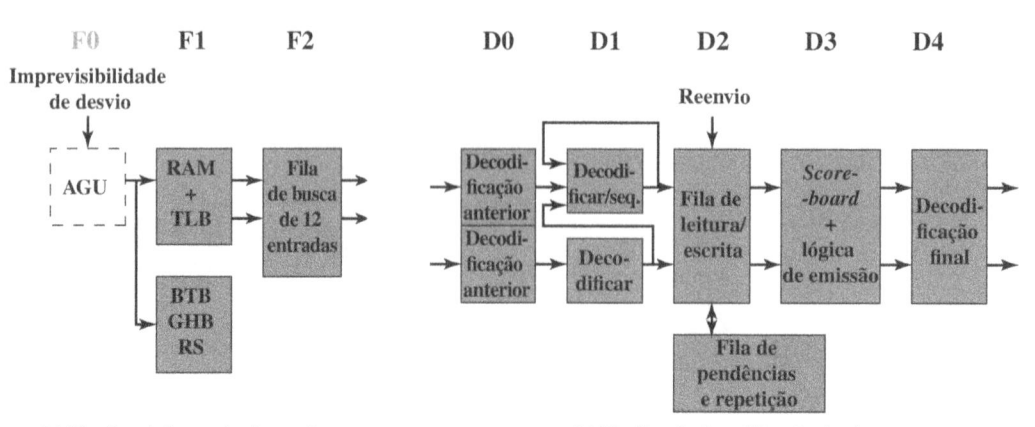

(a) Pipeline de busca das instruções

(b) Pipeline de decodificação das instruções

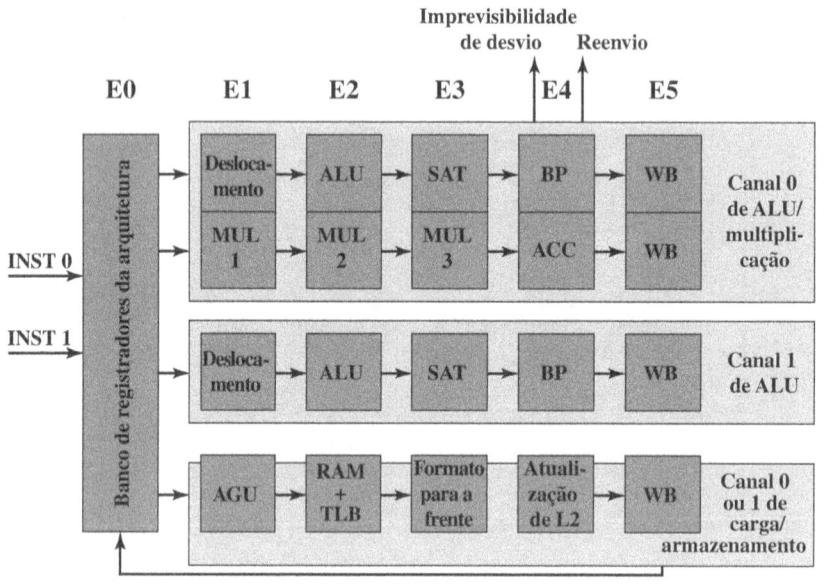

(c) Pipeline de execução e carga/armazenamento das instruções

A unidade de busca das instruções pode obter e enfileirar até 12 instruções. Ela emite duas instruções para a unidade de decodificação por vez. A fila possibilita que a unidade de leitura de instruções faça pré-leitura do restante do pipeline de inteiros e crie uma reserva de instruções prontas para decodificação.

Unidade de decodificação de instruções

A unidade de decodificação de instruções decodifica e sequencia todas as instruções ARM e Thumb. Ela possui uma estrutura de pipeline dupla, chamada de *canal0* e *canal1*, para que duas instruções possam passar pela unidade ao mesmo tempo. Quando duas instruções são emitidas a partir do pipeline de decodificação de instruções, o canal0 sempre conterá a instrução mais antiga na ordem do programa. Isso significa que, se a instrução no canal0 não puder ser emitida, então a instrução no canal1 não será emitida. Todas as instruções emitidas são processadas na ordem pelo pipeline de execução, com resultados sendo atualizados no banco de registradores ao final do pipeline de execução. Essa emissão e retirada em ordem das instruções previne *hazards* do tipo WAR e mantém o controle de *hazards* do tipo WAW e a recuperação das condições de esvaziamento. Desse modo, a preocupação principal do pipeline de decodificação de instruções é a prevenção de *hazards* RAW.

Cada instrução passa por cinco estágios de processamento:

D0: instruções Thumb são descompactadas em instruções ARM de 32 bits. Uma função de decodificação preliminar é efetuada.

D1: a função de decodificação de instruções é finalizada.

D2: esse estágio escreve e lê instruções da estrutura de fila pendente/reenvio.

D3: esse estágio contém a lógica de agendamento de instruções. Um *scoreboard* prevê a disponibilidade de registradores usando técnicas de agendamento estáticas.[3] A verificação de *hazards* é feita também nesse estágio.

D4: efetua a decodificação final para todos os sinais de controle requeridos pelas unidades de execução de inteiros e de carga/armazenamento.

Nos dois primeiros estágios são determinados o tipo de instrução, os operandos origem e destino e as necessidades de recursos para a instrução. Algumas instruções normalmente pouco usadas são referidas como instruções de multiciclo. O estágio D1 quebra essas instruções em múltiplos opcodes de instrução, que são sequenciados individualmente pelo pipeline de execução.

A fila pendente serve para dois propósitos. Primeiro, ela previne que um sinal de parada de D3 circule pelo resto do pipeline. Segundo, ao colocar as instruções em um buffer, sempre deve haver duas instruções disponíveis para o pipeline duplo. Quando apenas uma instrução é emitida, a fila pendente possibilita que duas instruções prossigam pelo pipeline juntas, mesmo que originalmente tenham sido enviadas da unidade de leitura em ciclos diferentes.

A operação de reenvio é projetada para lidar com os efeitos do sistema de memória sobre o tempo da instrução. As instruções são agendadas estaticamente no estágio D3 com base numa previsão de quando o operando origem estará disponível. Qualquer atraso do sistema de memória pode resultar em um atraso mínimo de 8 ciclos. Esse atraso mínimo de 8 ciclos é equilibrado com o número mínimo de ciclos possíveis para receber dados da cache L2, caso ocorra alguma falha na leitura de L1. A Tabela 16.3 mostra os casos mais comuns que podem resultar em um reenvio de instruções por causa de uma parada no sistema de memória.

Para lidar com esses atrasos, um mecanismo de recuperação é usado para esvaziar todas as instruções subsequentes no pipeline de execução e reemiti-las (reenvio). Para suportar reenvios, as instruções são copiadas para a fila de reenvio antes de serem enviadas e removidas, conforme os seus resultados são atualizados e retirados. Se um sinal de reenvio for emitido, as instruções enviadas são recuperadas a partir da fila de reenvio e se reinserem no pipeline.

A unidade de execução envia duas instruções em paralelo para a unidade de execução, a não ser que encontre uma restrição de emissão. A Tabela 16.4 mostra os casos mais comuns de restrições.

Unidade de execução de inteiros

A unidade de execução de instruções consiste em dois pipelines de unidades lógicas aritméticas (ALU) simétricos, um gerador de endereços para ler e armazenar instruções e um pipeline de multiplicação. Os pipelines de execução efetuam também a atualização nos registradores. A unidade de execução de instruções:

Tabela 16.3

Efeitos do sistema de memória de Cortex-A8 sobre tempos de instruções.

Evento de repetição	Atraso	Descrição
Falha na leitura de dados	8 ciclos	1. Uma falha na leitura da instrução na cache de dados L1. 2. Uma requisição é feita então para a cache de dados L2. 3. Se a falha ocorrer também na cache de dados L2, então ocorre uma segunda repetição. O número de ciclos de atraso depende do tempo do sistema de memória externo. O tempo mínimo necessário para receber a palavra crítica no caso de uma falha de cache L2 é de aproximadamente 25 ciclos, mas pode ser bem maior por causa das latências da memória L3.
Falha de dados TLB	24 ciclos	1. Uma passada pela tabela em razão de uma falha na TLB da L1 causa um atraso de 24 ciclos, supondo que as entradas da tabela de tradução sejam encontradas na cache L2. 2. Se as entradas da tabela de tradução não estiverem presentes na cache L2, o número de ciclos de atraso depende do tempo do sistema de memória externo.

(Continua)

---

3 Veja o Apêndice N para uma discussão sobre *scoreboarding*.

(Continuação)

Buffer de armazenamento cheio	8 ciclos mais a latência para liberar buffer	1. Uma falha no armazenamento da instrução não resulta em nenhuma parada, a não ser que o buffer de armazenamento esteja cheio. 2. No caso de um buffer de armazenamento cheio, o atraso é de no mínimo 8 ciclos. O atraso pode ser maior se demorar mais para liberar algumas entradas do buffer de armazenamento
Requisição de leitura ou escrita não alinhada	8 ciclos	1. Se o endereço de uma instrução de leitura não é alinhado e o acesso total não está contido dentro de um limite de 128 bits, há uma penalidade de 8 ciclos. 2. Se o endereço de uma instrução de escrita não é alinhado e o acesso total não está contido dentro de um limite de 64 bits, há uma penalidade de 8 ciclos.

▶ Executa todas as operações de inteiros da ALU e de multiplicação, incluindo geração de flags.
▶ Gera os endereços virtuais para carga e armazenamento e o valor base de atualização, quando necessário.
▶ Fornece dados formatados para armazenamento e encaminha os dados e flags para a frente.
▶ Processa desvios e outras mudanças do fluxo de instruções e avalia os códigos condicionais das instruções.

Para instruções da ALU, cada pipeline pode ser usado, consistindo nos seguintes estágios:

E0: acessar o banco de registradores. Até seis registradores podem ser lidos a partir do banco de registradores para duas instruções.

E1: o registrador de deslocamento (Figura 14.25) efetua a sua função, se necessário.

E2: a unidade de ALU (Figura 14.25) efetua a sua função.

E3: se necessário, esse estágio completa saturação aritmética usada por algumas instruções ARM de processamento de dados.

E4: qualquer alteração no fluxo de controle, incluindo falhas na previsão de desvios, exceções e reenvios do sistema de memória são priorizados e processados.

E5: resultados das instruções ARM são atualizados no banco de registradores.

Tabela 16.4
Restrições de emissão dupla do Cortex-A8.

Tipo de restrição	Descrição	Exemplo	Ciclo	Restrição

Hazard de recursos para carga/armazenamento (LS)	Existe apenas um pipeline de LS. Apenas uma instrução de LS pode ser emitida por ciclo. Ela pode estar no pipeline 0 ou pipeline 1.	LDR r5, [r6]
		STR r7, [r8]
		MOV r9, r10
			1
			2
			2
				Esperar pela unidade LS
				Envio duplo possível

Hazard de recursos de multiplicação	Existe apenas um pipeline de multiplicação e está disponível apenas no pipeline 0.	ADD r1, r2, r3
		MUL r4, r5, r6
		MUL r7, r8, r9
			1
			2
			3
				Esperar pelo pipeline 0
				Esperar pela unidade de multiplicação

Hazard de recursos de desvio	Pode haver apenas um desvio por ciclo. Ele pode estar no pipeline 0 ou no pipeline 1. Um desvio é qualquer instrução que altera o PC.	BX r1 BEQ 0x1000 ADD r1, r2, r3	1 2 2	Esperar por desvio Emissão dupla possível

Hazard de saída de dados	Instruções com o mesmo destino não podem ser emitidas no mesmo ciclo. Isso pode acontecer com o código condicional.	MOVEQ r1, r2
		MOVNE r1, r3
		LDR r5, [r6]
			1
			2
			2
				Esperar por causa da dependência de saída
				Emissão dupla possível

(Continua)

(Continuação)

Hazard de dados origem	Instruções não podem ser emitidas se os seus dados não estão disponíveis. Veja as tabelas de escalonamento para origem dos requisitos e os resultados dos estágios.	ADD r1, r2, r3
		ADD r4, r1, r6
		LDR r7, [r4]
			1
			2
			4
				Esperar por r1
				Esperar dois ciclos por r4

Instruções multiciclo	Instruções multiciclo devem emitir no pipeline 0 e podem fazer emissão dupla apenas na sua última iteração	MOV r1, r2
		LDM r3, {r4-r7}
		LDM (ciclo 2)
		LDM (ciclo 3)
		ADD r8, r9, r10
			1
			2
			3
			4
			4
				Esperar por pipeline 0, transferir r4
				Transferir r5, r6
				Transferir r7
				Emissão dupla possível na última transferência

As instruções que invocam a unidade de multiplicação (Figura 14.25) são encaminhadas para canal0; a operação de multiplicação é feita nos estágios E1 até E3 e a operação de acumulação da multiplicação é feita no estágio E4.

Pipeline de carga/armazenamento ocorre em paralelo ao pipeline de inteiros. Os estágios são os seguintes:

E1: o endereço de memória é gerado a partir do registrador base e indexador.

E2: o endereço é aplicado a arrays da cache.

E3: no caso de uma carga, os dados são retornados e formatados para serem encaminhados para a unidade ALU ou MUL. No caso de um armazenamento, os dados são formatados e prontos para serem escritos na cache.

E4: atualiza a cache L2, se necessário.

E5: resultados das instruções ARM são atualizados no banco de registradores.

A Tabela 16.5 mostra um pedaço de código como exemplo e indica como o processador poderia escaloná-lo.

Tabela 16.5
Exemplo de sequência de envio duplo de instruções para o pipeline de inteiros no Cortex-A8.

Ciclo	Contador de programa	Instrução	Descrição de tempo
1	0x00000ed0	BX r14	Emissão dupla no pipeline 0
1	0x00000cc4	CMP r0,#0	Emissão dupla no pipeline 1
2	0x00000ee8	MOV r3,#3	Emissão dupla no pipeline 0
2	0x00000eec	MOV r0,#0	Emissão dupla no pipeline 1
3	0x00000ef0	STREQ r3,[r1,#0]	Emissão dupla no pipeline 0, r3 não necessário até E3
3	0x00000ef4	CMP r2,#4	Emissão dupla no pipeline 1
4	0x00000ef8	LDRLS pc,[pc,r2,LSL #2]	Emissão única no pipeline 0, + 1 ciclo para carregar para o PC, nenhum ciclo extra para deslocamento desde LSL #2
5	0x00000f2c	MOV r0,#1	Emissão dupla com segunda iteração de load no pipeline 1
6	0x00000f30	B {pc} + 8	#0xf38 emissão dupla no pipeline 0
6	0x00000f38	STR r0,[r1,#0]	Emissão dupla no pipeline 1
7	0x00000f3c	LDR pc,[r13],#4	Emissão única no pipeline 0, + 1 ciclo para carregar para o PC
8	0x0000017c	ADD r2,r4,#0xc	Emissão dupla com segunda iteração de load no pipeline 1
9	0x00000180	LDR r0,[r6,#4]	Emissão dupla no pipeline 0
9	0x00000184	MOV r1,#0xa	Emissão dupla no pipeline 1
12	0x00000188	LDR r0,[r0,#0]	Emissão única no pipeline 0: r0 produzido em E3, requerido em E1, então + 2 ciclos de atraso
13	0x0000018c	STR r0,[r4,#0]	Emissão única no pipeline 0 por causa de *hazard* de recurso de carga/armazenamento, nenhum atraso extra para r0 desde que seja produzido em E3 e consumido em E3

(Continua)

(Continuação)

14	0x00000190	LDR r0,[r4,#0xc]	Emissão única no pipeline 0 por causa de *hazard* de recursos de carga/armazenamento
15	0x00000194	LDMFD r13!,{r4-r6,r14}	Cargas múltiplas: leituras de r4 no primeiro ciclo, r5 e r6 no segundo ciclo, r14 no terceiro ciclo, 3 ciclos no total
17	0x00000198	B {pc} + 0xda8	#0xf40 emissão dupla no pipeline 1 com terceiro ciclo de LDM
18	0x00000f40	ADD r0,r0,#2 ARM	Emissão única no pipeline 0
19	0x00000f44	ADD r0,r1,r0 ARM	Emissão única no pipeline 0, nenhuma emissão dupla por causa do perigo em r0 produzido em E2 e requerido em E2

Pipeline SIMD e de ponto flutuante

Todas as instruções SIMD e de ponto flutuante passam pelo pipeline de inteiros e são processadas em um pipeline separado de 10 estágios (Figura 16.11). Esta unidade, conhecida como unidade NEON, trata as instruções SIMD empacotadas e fornece dois tipos de suporte para ponto flutuante. Se implementado, um coprocessador vetorial de ponto flutuante (VFP) efetua uma operação de ponto flutuante de acordo com o padrão IEEE 754. Se o coprocessador não estiver presente, então pipelines separados de multiplicação e adição implementam as operações de ponto flutuante.

16.5 ARM CORTEX-M3

A seção anterior abordou a organização de pipeline bastante complexa do Cortex-A8, um processador de aplicação. Como uma comparação útil, esta seção examina a organização do pipeline consideravelmente simples do Cortex-M3. A série Cortex-M é projetada para o domínio de microcontroladores. Como tal, os processadores Cortex-M precisam ser o mais simples e eficiente possível.

A Figura 16.12 oferece uma visão geral do diagrama de bloco do processador Cortex-M3. Esta figura proporciona mais detalhes do que os mostrados na Figura 1.16. Os elementos-chave incluem:

Figura 16.11
Pipeline NEON e de ponto flutuante do ARM Cortex-A8.

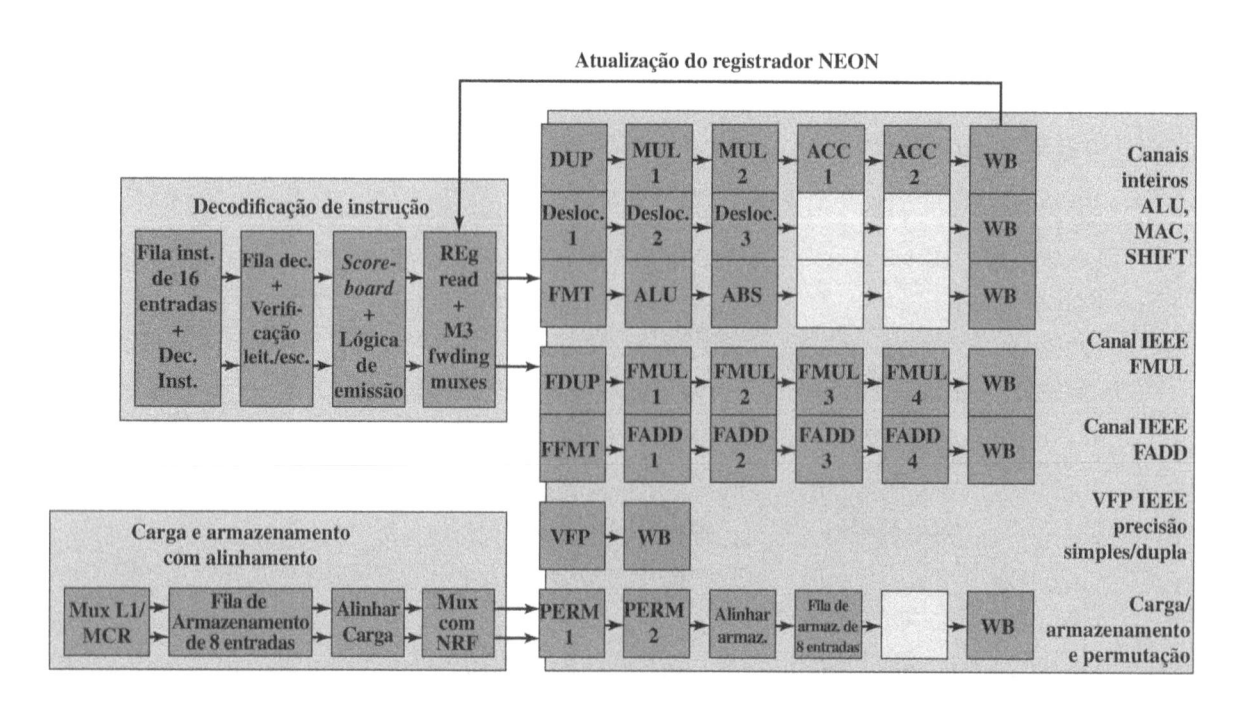

- ▶ *Core* do processador: inclui um pipeline de três estágios, um banco de registradores e uma interface de memória.
- ▶ **Unidade de proteção de memória:** protege os dados usados pelo sistema operacional a partir das aplicações do usuário, separando as tarefas de processamento ao desabilitar o acesso às regiões da memória, permitindo que elas sejam definidas como somente leitura e detectando acessos de memória não esperados que podem potencialmente parar o sistema.
- ▶ **Controlador de interrupção por vetor aninhado (CIVA):** proporciona habilidades de manuseio de interrupção configurável ao processador. Facilita a exceção de baixa latência e o manuseio de interrupção, além de controlar o gerenciamento de energia.
- ▶ **Controlador de interrupção por aviso:** proporciona habilidades de manuseio de interrupção configurável ao processador. Facilita a exceção de baixa latência e o manuseio de interrupção, além de controlar o gerenciamento de energia.
- ▶ **Unidade de campo de flash e ponto de parada:** implementa pontos de parada e campo de flash.
- ▶ **Ponto de verificação de dados e rastreamento (DWT — do inglês,** *Data Watchpoint and Trace*): implementa pontos de verificação, rastreamento de dados e perfil de sistema.
- ▶ **Visualizador de fio serial:** pode exportar um fluxo de mensagens geradas pelo software, rastreamento de dados e informações de perfil por meio de um único pino.
- ▶ **Porta de acesso ao depurador:** proporciona uma interface para o acesso de depuração externo ao processador.
- ▶ **Macrocélula de rastreamento embarcado:** é uma fonte de rastreamento dirigida por aplicação que suporta a depuração de estilo printf( ) para rastrear o sistema operacional e eventos de aplicação, além de gerar informação de diagnóstico do sistema.
- ▶ **Matriz de barramento:** conecta as interfaces do *core* e de depuração aos barramentos externos no microcontrolador.

Figura 16.12

Diagrama de bloco ARM Cortex-M3.

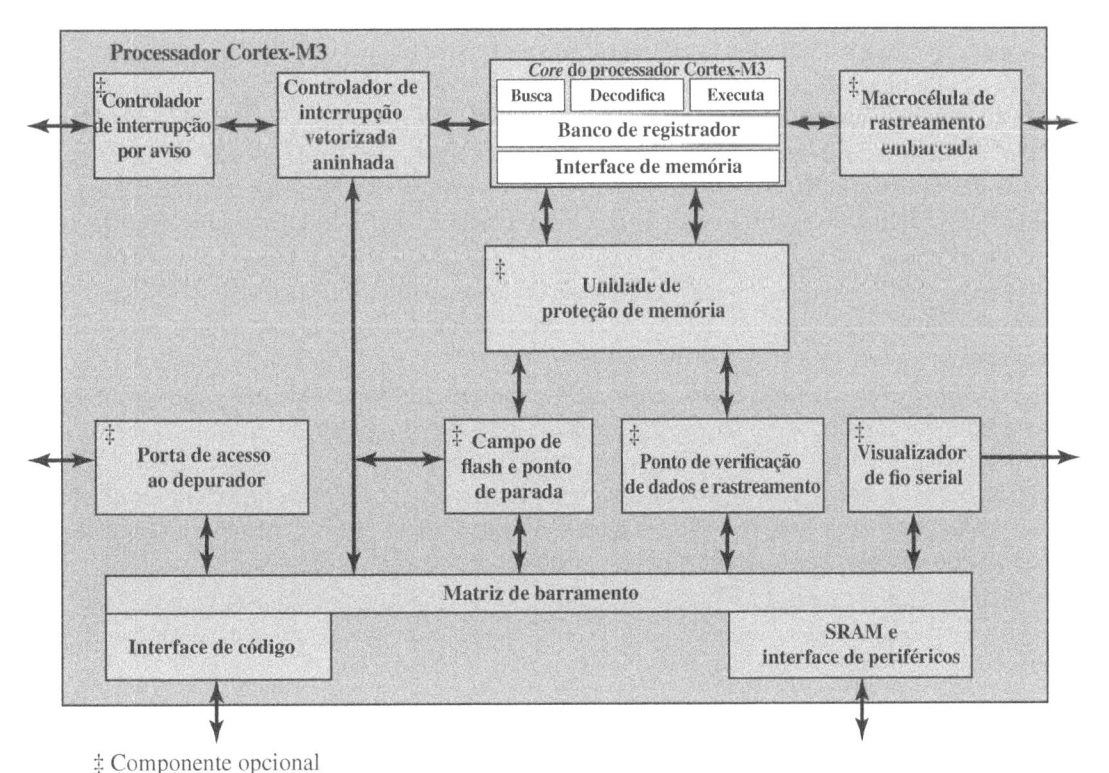

Estrutura de pipeline

O pipeline Cortex-M3 tem três estágios (Figura 16.12). Eles serão examinados. Durante o estágio de busca, uma palavra de 32 bits é buscada por vezes e carregada em um buffer de 3 palavras.

A palavra de 32 bits consiste em:

- duas instruções Thumb;
- uma instrução de Thumb-2 alinhada por palavra; ou
- a meia-palavra inferior ou superior de uma instrução Thumb-2 alinhada por meia-palavra com:
  - uma instrução Thumb; ou
  - uma meia-palavra inferior/superior e uma instrução Thumb-2 alinhada por meia-palavra.

Todos os endereços de busca a partir do *core* são palavras alinhadas. Se uma instrução Thumb-2 é uma meia-palavra alinhada, duas buscas são necessárias para buscar a instrução Thumb-2. Contudo, o buffer de busca antecipada de três entradas assegura que um ciclo de parada seja necessário apenas para a instrução Thumb-2 de meia-palavra lida.

Esse estágio de decodificação apresenta três funções-chave:

- **Decodificação de instrução e leitura de registrador:** decodifica instruções Thumb e Thumb-2.
- **Geração de endereço:** a unidade de geração de endereço (AGU) cria endereços da memória principal para a unidade de carga/armazenamento.
- **Desvio:** apresenta desvio baseado no deslocamento imediato em instrução de desvio ou um retorno baseado nos conteúdos do registrador de ligação (registrador R14).

Por fim, existe um estágio de execução único para a execução de instrução, que inclui ALU, carga/armazenamento e instruções de desvio.

Lidando com desvios

Para manter o processador tão simples quanto possível, o processador Cortex-M3 não usa a previsão de desvio, mas, em vez disso, técnicas simples de adiantamento e especulação de desvio, definidas como segue:

- **Adiantamento de desvio:** o termo *adiantamento* se refere a apresentar um endereço de instrução a ser buscado na memória. O processador adianta certos tipos de desvio, pelos quais a transação da memória do desvio é apresentada, ao menos um ciclo antes do que quando o opcode atinge a execução. O adiantamento de desvio aumenta o desempenho do *core*, pois os desvios constituem parte significativa das aplicações de controladores embarcados. Os desvios afetados são relativos ao PC com deslocamento imediato ou usam o registrador de ligação (LR — do inglês, *Link Register*) como registrador alvo.
- **Especulação de desvio:** para desvios condicionais, o endereço de instrução é apresentado de modo especulativo, de modo que a instrução seja buscada a partir da memória antes que se saiba se a instrução será executada.

O processador Cortex-M3 faz a busca antecipada da instrução à frente da execução, por meio do buffer de busca. Também faz a busca antecipada de modo especulativo a partir do endereço de alvo de desvio. Especulativamente, quando uma instrução de desvio condicional é encontrada, o estágio de decodificação também inclui uma busca de instrução especulativa que pode levar à execução mais rápida. O processador busca a instrução de destino de desvio durante o estágio de decodificação em si. Depois, durante o estágio de execução, o desvio é resolvido e se conhece qual instrução está para ser executada em seguida.

Se o desvio não estiver para ser tomado, a instrução sequencial seguinte já está disponível. Se o desvio estiver para ser tomado, a instrução de desvio fica disponível ao mesmo tempo em que a decisão é feita, restringindo o tempo ocioso a somente um ciclo.

A Figura 16.13 esclarece a maneira em que os desvios são manipulados, o que pode ser descrito da seguinte forma:

1. O estágio de decodificação adianta endereços a partir dos desvios incondicionais e adianta, de modo especulativo, endereços a partir dos desvios condicionais quando é possível calcular o endereço.

Figura 16.13
Pipeline de ARM Cortex-M3.

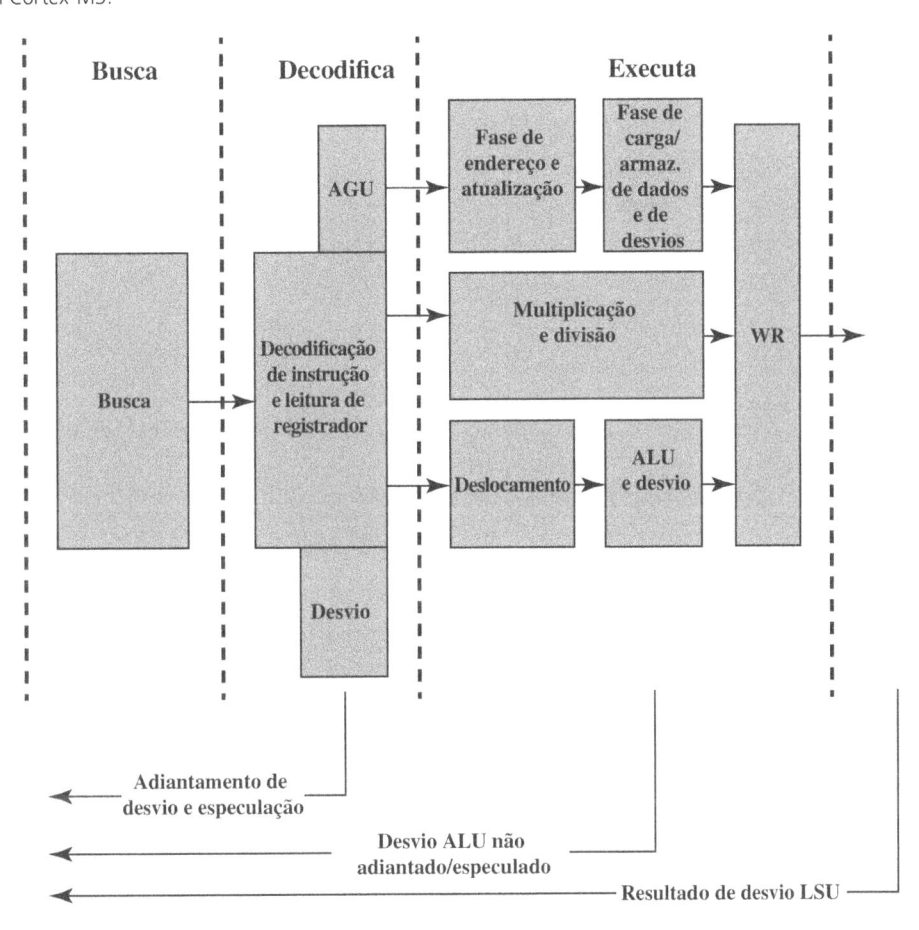

```
Busca → Decodifica → Executa

Busca → Decodificação de instrução e leitura de registrador
  ├→ AGU → Fase de endereço e atualização → Fase de carga/armaz. de dados e de desvios → WR
  ├→ Multiplicação e divisão → WR
  ├→ Deslocamento → ALU e desvio
  └→ Desvio
```

← Adiantamento de desvio e especulação
← Desvio ALU não adiantado/especulado
← Resultado de desvio LSU

AGU = unidade de geração de endereço

2. Se a ALU determina que um ramo não é tomado, essa informação é retroalimentada a fim de esvaziar a cache de instrução.
3. A instrução de carga ao contador do programa resulta em um endereço de programa a ser adiantado pela busca.

Como se pode ver, a maneira como os desvios são manejados é consideravelmente mais simples para o Cortex-M do que para o Cortex-A, exigindo menos lógica de processador e processamento.

16.6 TERMOS-CHAVE, QUESTÕES DE REVISÃO E PROBLEMAS

Antidependência, 499	Dependência de leitura-escrita, 495	Micro-operações (micro-ops), 505
Concluir, 502	Dependência de saída, 498	Paralelismo de máquinas, 496
Conclusão em ordem, 497	Dependência procedural, 496	Paralelismo em nível de instrução, 496
Conclusão fora de ordem, 497	Dependência verdadeira de dados, 495	Previsão de desvios, 502
Conflito de recursos, 496	Emissão de instruções, 497	Renomeação de registradores, 500
Dependência de escrita-escrita, 498	Emissão em ordem, 497	Retirar, 502
Dependência de escrita-leitura, 500	Emissão fora de ordem, 499	Superescalar, 492
Dependência de fluxo, 495	Janela de instruções, 499	Superpipeline, 493

QUESTÕES DE REVISÃO

16.1 Quais são as características essenciais da abordagem superescalar para o projeto de processadores?
16.2 Qual é a diferença entre a abordagem superescalar e a do superpipeline?
16.3 O que é paralelismo em nível de instruções?
16.4 Defina brevemente os seguintes itens:

- Dependência verdadeira de dados.
- Dependência procedural.
- Conflitos de recursos.
- Dependência de saída.
- Antidependência.

16.5 Qual é a diferença entre paralelismo em nível de instruções e paralelismo de máquina?
16.6 Enumere e defina brevemente três tipos de políticas de emissão de instruções superescalares.
16.7 Qual é o propósito de uma janela de instruções?
16.8 O que é a renomeação de registradores e qual é o seu propósito?
16.9 Quais são os elementos-chave da organização de um processador superescalar?

PROBLEMAS

16.1 Quando a conclusão fora de ordem é usada em um processador superescalar, a continuação da execução após um processamento interrompido é complicada, porque condições excepcionais podem ter sido detectadas como uma instrução que produziu seus resultados fora de ordem. O programa não pode ser reiniciado na instrução que segue a instrução de exceção, porque instruções subsequentes já se completaram, e, fazendo isso, essas instruções executariam duas vezes. Sugira um mecanismo ou mecanismos para lidar com essa situação.

16.2 Considere a seguinte sequência de instruções, em que a sintaxe consiste em um opcode seguido por um registrador de destino, seguido por um ou dois registradores de origem:

```
0 ADD   R3, R1, R2      4 SRL   R7, R0, 8       8 LOAD  R6, [R5]
1 LOAD  R6, R3]         5 OR    R2, R4, R7      9 SUB   R2, R1, R6
2 AND   R7, R5, 3       6 SUB   R5, R3, R4     10 AND   R3, R7, 15
3 ADD   R1, R6, R7      7 ADD   R0, R1, 10
```

Suponha o uso de um pipeline de quatro estágios: busca, decodificação/emissão, execução e atualização. Suponha que todos os estágios do pipeline ocupem um ciclo de *clock*, exceto o estágio de execução. Para instruções lógicas e aritméticas de inteiros simples, o estágio de execução ocupa um ciclo, mas para carregar da memória cinco ciclos são consumidos no estágio de execução.

Se temos um pipeline escalar simples, mas que permita execução fora de ordem, podemos construir a seguinte tabela para execução das sete primeiras instruções:

Instrução	Busca	Decodificação	Execução	Atualização
0	0	1	2	3
1	1	2	4	9
2	2	3	5	6
3	3	4	10	11
4	4	5	6	7
5	5	6	8	10
6	6	7	9	12

As entradas abaixo do pipeline de quatro estágios indicam o ciclo de *clock* em que cada instrução inicia cada fase. Nesse programa, a segunda instrução ADD (instrução 3) depende da instrução LOAD (instrução 1) para um dos seus operandos, r6. Como a instrução LOAD ocupa cinco ciclos de *clock*, e a lógica de emissão encontra a instrução ADD dependente depois de dois ciclos, a lógica de emissão deve atrasar a instrução ADD para três ciclos de *clock*. Com a capacidade fora de ordem, o processador pode parar a instrução 3 no ciclo de *clock* 4 e depois continuar para enviar as três instruções independentes a seguir, as quais entram em execução em ciclos 6, 8 e 9. O LOAD termina a execução no ciclo 9 e então o ADD dependente pode ser enviado para execução no ciclo 10.

  d. Complete a tabela anterior.
  e. Refaça a tabela supondo que não há capacidade fora de ordem. Quais são as economias usando a capacidade?
  f. Refaça a tabela supondo uma implementação superescalar que pode tratar duas instruções ao mesmo tempo em cada estágio.

16.3 Considere o seguinte programa na linguagem de montagem:

```
I1: Move R3, R7        /R3 ← (R7)/
I2: Load R8, (R3)      /R8 ← Memory (R3)/
I3: Add R3, R3, 4      /R3 ← (R3) + 4/
I4: Load R9, (R3)      /R9 ← Memory (R3)/
I5: BLE R8, R9, L3     /Branch if (R9) > (R8)/
```

Esse programa inclui dependências WAW, RAW e WAR. Mostre-as.

16.4 a. Identifique as dependências RAW, WAR e WAW na sequência de instruções a seguir:

```
I1: R1 =    100
I2:R1  =    R2 + R4
I3:R2  =    R4 − 25
I4: R4 =    R1 + R3
I5: R1 =    R1 + 30
```

  g. Renomeie os registradores da parte (a) para prevenir problemas de dependência. Identifique referências para valores iniciais de registradores usando subscrição "a" para referência de registrador.

16.5 Considere a sequência de execução "emissão em ordem/conclusão em ordem", mostrada na Figura 16.14.
  a. Identifique o motivo mais provável por que I2 poderia não entrar no estágio de execução até o quarto ciclo. A "emissão em ordem/conclusão fora de ordem" ou a "emissão fora de ordem/conclusão fora de ordem" consertará isso? Se sim, como?
  b. Identifique o motivo pelo qual I6 não poderia entrar no estágio de escrita até o nono ciclo. A "emissão em ordem/conclusão fora de ordem" ou "emissão fora de ordem/conclusão fora de ordem" consertará isso? Se sim, como?

16.6 A Figura 16.15 mostra um exemplo de organização de um processador superescalar. O processador pode emitir duas instruções por ciclo se não houver conflito de recursos e problemas de dependência de dados. Existem essencialmente dois pipelines com quatro estágios de processamento (busca, decodificação, execução e armazenamento). Cada pipeline possui a sua própria unidade de busca, decodificação e armazenamento. Quatro unidades funcionais (multiplicador, somador, unidade lógica e unidade de leitura) estão disponíveis para uso no estágio de execução e são compartilhadas pelos dois pipelines de uma maneira dinâmica. As duas unidades de escrita podem ser usadas dinamicamente pelos dois pipelines, dependendo da disponibilidade em um determinado ciclo. Existe uma janela de análise antecipada com sua própria lógica de leitura e decodificação. Essa janela é usada para análise antecipada de instruções para emissão de instruções fora de ordem.

Considere o seguinte programa a ser executado nesse processador:

```
I1: Load R1, A  /R1 ← Memory (A)/
I2: Add  R2, R1 /R2 ← (R2) + R(1)/
I3: Add  R3, R4 /R3 ← (R3) + R(4)/
I4: Mul  R4, R5 /R4 ← (R4) + R(5)/
I5: Comp R6     /R6 ← (R6)/
I6: Mul  R6, R7 /R6 ← (R6) × R(7)/
```

a. Quais dependências existem no programa?

b. Mostre a atividade do pipeline para esse programa no processador da Figura 16.15 usando políticas de emissão em ordem e conclusão em ordem e usando uma apresentação semelhante à Figura 16.2.

c. Repita para emissão em ordem com conclusão fora de ordem.

d. Repita para emissão fora de ordem com conclusão fora de ordem.

16.7 A Figura 16.16 é de um artigo sobre projeto superescalar. Explique as três partes da figura e defina w, x, y e z.

16.8 O algoritmo dinâmico de previsão de desvio de Yeh, usado no Pentium 4, é um algoritmo de previsão de desvio de dois níveis. O primeiro nível é o histórico dos últimos *n* desvios. O segundo nível é o comportamento das últimas *s* ocorrências desse padrão único dos últimos *n* desvios.

Para cada instrução de desvio condicional em um programa, há uma entrada em uma Tabela de Histórico de Desvios (BHT — do inglês, *Branch History Table*). Cada entrada consiste em *n* bits correspondendo a *n* últimas execuções da instrução de desvio, com um 1 se o desvio foi tomado e 0 se não foi tomado. Cada entrada em BHT é indexada em uma Tabela de Padrões (PT — do inglês, *Pattern Table*) que possui 2n entradas, uma para cada padrão possível de *n* bits. Cada entrada de PT consiste em *s* bits, que são usados na previsão de desvios, conforme descrito no Capítulo 14 (por exemplo, Figura 16.19). Quando um desvio condicional é encontrado durante leitura e decodificação de instrução, o endereço da instrução é usado para obter a entrada em BHT apropriada, que mostra o histórico recente da instrução. Depois, a entrada BHT é usada para obter a entrada PT apropriada para previsão de desvio. Depois que o desvio é executado, a entrada BHT é atualizada e depois a entrada PT apropriada é atualizada.

a. Testando o desempenho desse esquema, Yeh tentou cinco esquemas diferentes de previsão, ilustrados na Figura 16.17. Identifique quais três esquemas que correspondem àqueles mostrados nas figuras 14.19 e 14.28. Descreva os dois esquemas restantes.

b. Com esse algoritmo, a previsão não é baseada apenas no histórico recente dessa instrução de desvio em particular. Em vez disso, ela é baseada no histórico recente de todos os padrões de desvios que correspondem ao padrão de *n* bits na entrada em BHT para essa instrução. Sugira uma base lógica para tal estratégia.

Figura 16.14

Uma sequência de execução de emissão em ordem, conclusão em ordem.

Decodificação		Execução			Escrita		Ciclo
I1	I2						1
	I2			I1			2
	I2			I1			3
I3	I4		I2				4
I5	I6		I4	I3	I1	I2	5
I5	I6	I5		I3			6
		I5	I6		I3	I4	7
							8
					I5	I6	9

CAPÍTULO 16 ▸ Paralelismo em nível de instruções e processadores superescalares

Figura 16.15
Um processador superescalar com pipeline duplo.

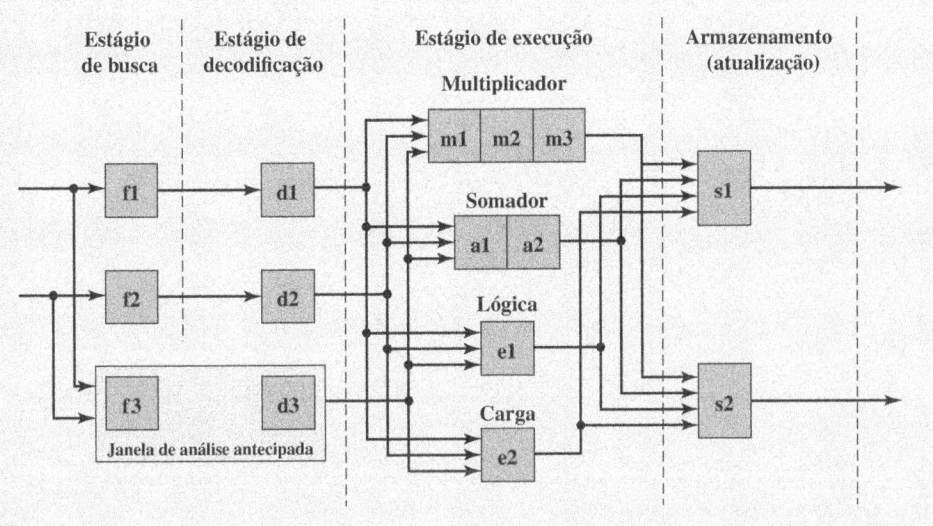

Figura 16.16
Figura para o Problema 16.7.

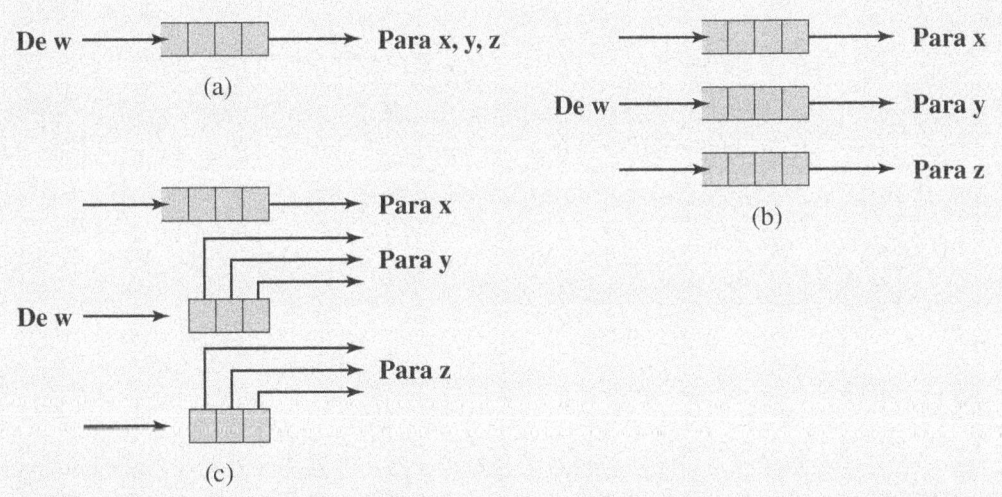

Figura 16.17
Figura para o Problema 16.8.

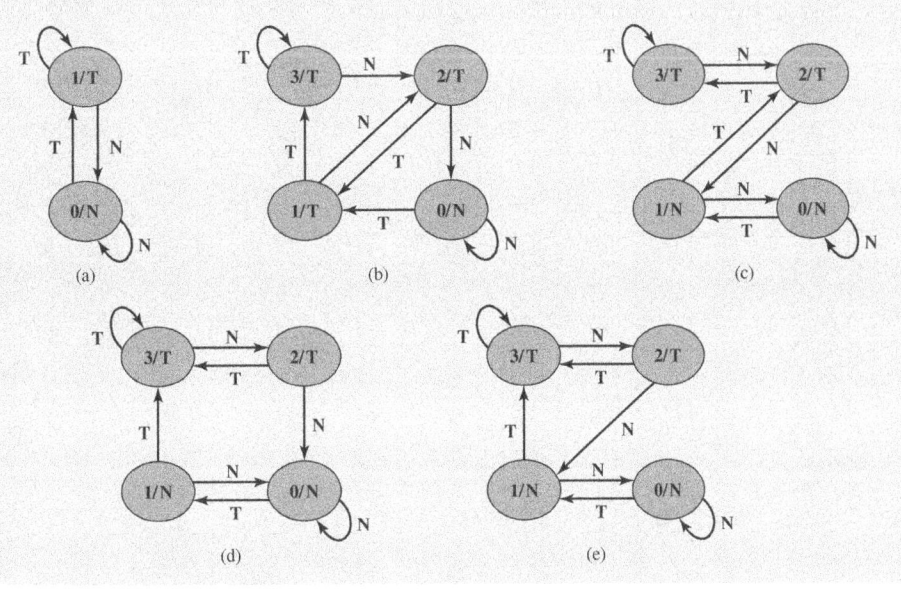

PROCESSAMENTO PARALELO

17.1 ORGANIZAÇÕES DE MÚLTIPLOS PROCESSADORES
   Tipos de sistemas de processadores paralelos
   Organizações paralelas
17.2 MULTIPROCESSADORES SIMÉTRICOS
   Organização
   Considerações sobre projeto dos sistemas operacionais para multiprocessadores
17.3 COERÊNCIA DE CACHE E PROTOCOLO MESI
   Soluções por software
   Soluções por hardware
   O protocolo MESI
17.4 *MULTITHREADING* E CHIPS MULTIPROCESSADORES
   Multithreading implícito e explícito
   Abordagens para *multithreading* explícito
17.5 *CLUSTERS*
   Configurações de *cluster*
   Questões sobre projeto dos sistemas operacionais
   Arquitetura de um *cluster* computacional
   Servidores *blade*
   Clusters comparados a SMP
17.6 ACESSO NÃO UNIFORME À MEMÓRIA
   Motivação
   Organização
   Prós e contras de NUMA
17.7 COMPUTAÇÃO EM NUVEM
   Elementos da computação em nuvem
   Arquitetura de referência em computação em nuvem
17.8 TERMOS-CHAVE, QUESTÕES DE REVISÃO E PROBLEMAS

OBJETIVOS DE APRENDIZAGEM

Após ler este capítulo, você será capaz de:

▶ Resumir os tipos de organizações de processadores paralelos.
▶ Apresentar uma visão geral das características do projeto de multiprocessadores simétricos.
▶ Compreender a questão da coerência de cache em sistemas de múltiplos processadores.
▶ Explicar as características básicas do protocolo MESI.
▶ Explicar a diferença entre *multithreading* implícito e explícito.
▶ Resumir as questões de projeto básicas para *clusters*.
▶ Explicar o conceito de acesso de memória não uniforme.
▶ Apresentar uma visão geral dos conceitos de computação em nuvem (*cloud computing*).

Tradicionalmente, o computador tem sido visto como uma máquina sequencial. A maioria das linguagens de programação de computadores requer que o programador especifique algoritmos como sequências de instruções. Os processadores executam programas executando as instruções de máquina em sequência e uma por vez. Cada instrução é executada em uma sequência de operações (obter instrução, obter operandos, executar operação, armazenar resultados).

Essa visão do computador nunca foi totalmente verdadeira. Em nível de micro-operações, vários sinais de controle são gerados ao mesmo tempo. O pipeline de instruções, pelo menos quando há sobreposição de operações de leitura e execução, está presente há muito tempo. Ambos são exemplos de desempenho de funções em paralelo. Essa abordagem é aprofundada com a organização superescalar, que explora paralelismo em nível de instruções. Em uma máquina superescalar, existem várias unidades de execução dentro de um único processador e estas podem executar várias instruções de um mesmo programa em paralelo.

À medida que a tecnologia computacional evoluiu e o custo de hardware computacional baixou, os projetistas procuraram mais e mais oportunidades de paralelismo, normalmente para melhorar o desempenho e, em alguns casos, para aumentar a disponibilidade. Após uma introdução, este capítulo avalia algumas das abordagens mais promissoras para a organização paralela. Primeiro, analisamos multiprocessadores simétricos (SMP), um dos primeiros e ainda mais comuns exemplos da organização paralela. Em uma organização SMP, vários processadores compartilham uma memória comum. Essa organização levanta a questão da coerência de cache, para a qual é dedicada uma seção separada. A seguir, o capítulo analisa os processadores *multithread* e chips multiprocessadores. Depois descrevemos os *clusters*, que consistem em vários computadores independentes organizados de forma cooperativa. *Clusters* tornaram-se muito comuns para suportar cargas de trabalho que estão além da capacidade de um único SMP. Outra abordagem para uso de vários processadores que analisamos são máquinas de acesso não uniforme à memória (NUMA — do inglês, *NonUniform Memory Access*). A abordagem NUMA é relativamente nova e ainda não aprovada no mercado, mas é frequentemente considerada como uma alternativa para a abordagem SMP ou a do *cluster*. Por fim, este capítulo analisa a arquitetura da computação em nuvem.

17.1 ORGANIZAÇÕES DE MÚLTIPLOS PROCESSADORES

Tipos de sistemas de processadores paralelos

Uma taxonomia introduzida inicialmente por Flynn (FLYNN, 1972) é ainda a maneira mais comum de categorizar sistemas com capacidade de processamento paralelo. Flynn propôs as seguintes categorias de sistemas computacionais:

- **Instrução única, único fluxo de dado (SISD — do inglês,** *Single Instruction, Single Data*)**: um processador único executa uma única sequência de instruções para operar os dados armazenados em uma única memória. Uniprocessadores enquadram-se nessa categoria.
- **Instrução única, múltiplos fluxos de dados (SIMD — do inglês,** *Single Instruction, Multiple Data*)**: uma única instrução de máquina controla a execução simultânea de uma série de elementos de processamento em operações básicas. Cada elemento de processamento possui uma memória de dados associada, então cada instrução é executada em um conjunto diferente de dados por processadores diferentes. Processadores de vetores e matrizes se enquadram nessa categoria e são discutidos na Seção 18.7.
- **Múltiplas instruções, único fluxo de dado (MISD — do inglês,** *Multiple Instruction, Single Data*)**: uma sequência de dados é transmitida para um conjunto de processadores, em que cada um executa uma sequência de instruções diferente. Essa estrutura não é implementada comercialmente.
- **Múltiplas instruções, múltiplos fluxos de dados (MIMD — do inglês,** *Multiple Instruction, Multiple Data*)**: um conjunto de processadores que executam sequências de instruções diferentes simultaneamente em diferentes conjuntos de dados. SMPs, *clusters* e sistemas NUMA enquadram-se nessa categoria.

Com a organização MIMD, os processadores são de uso geral; cada um é capaz de processar todas as instruções necessárias para efetuar transformação de dados apropriada. MIMDs podem ser ainda subdivididos pelos meios de comunicação do processador (Figura 17.1). Se os processadores compartilham uma memória

Figura 17.1

Uma taxonomia de arquiteturas de processadores paralelos.

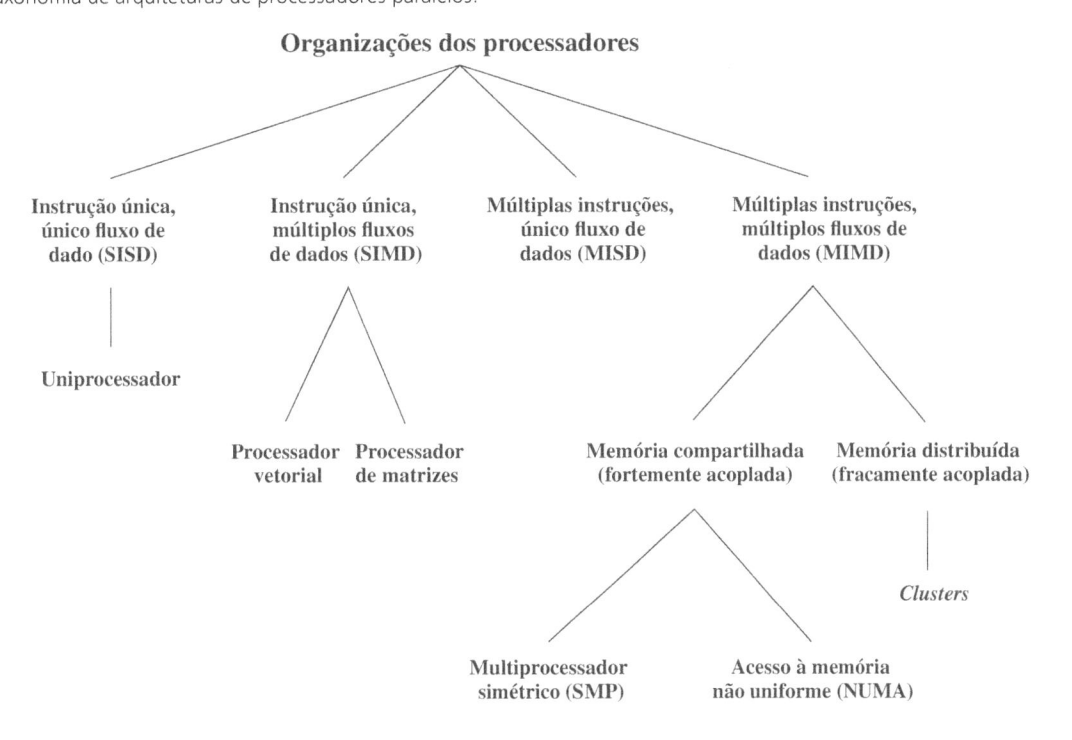

```
                    Organizações dos processadores
        ┌──────────────┬──────────────┬──────────────┐
   Instrução única,  Instrução única,  Múltiplas instruções,  Múltiplas instruções,
   único fluxo de    múltiplos fluxos   único fluxo de        múltiplos fluxos de
   dado (SISD)       de dados (SIMD)    dados (MISD)          dados (MIMD)
        │              ┌───┴───┐                          ┌───────┴───────┐
   Uniprocessador  Processador Processador          Memória compartilhada  Memória distribuída
                   vetorial    de matrizes         (fortemente acoplada)  (fracamente acoplada)
                                                     ┌────┴────┐                │
                                                                             Clusters
                                              Multiprocessador  Acesso à memória
                                              simétrico (SMP)   não uniforme (NUMA)
```

comum, então cada processador acessa programas", e dados armazenados na memória compartilhada e os processadores se comunicam uns com os outros por meio dessa memória. A forma mais comum desse sistema é conhecida como **multiprocessador simétrico (SMP)**, que examinaremos na Seção 17.2. Em um SMP, múltiplos processadores compartilham uma única memória ou um conjunto de memória por um barramento compartilhado ou algum outro mecanismo de interconexão; um recurso diferenciado é que o tempo de acesso à memória de qualquer região de memória é aproximadamente o mesmo para cada processador. Um desenvolvimento mais recente é a organização de **acesso não uniforme à memória (NUMA)**, que é descrita na Seção 17.5. Como o próprio nome sugere, o tempo de acesso à memória de diferentes regiões da memória pode diferir para um processador NUMA.

Um conjunto de uniprocessadores independentes ou SMPs pode ser interconectado para formar um *cluster*. A comunicação entre os computadores é feita por caminhos fixos ou por alguma facilidade de rede.

Organizações paralelas

A Figura 17.2 ilustra a organização geral da taxonomia da Figura 17.1. A Figura 17.2a mostra a estrutura de um SISD. Existe um tipo de unidade de controle (UC) que fornece um fluxo de instruções (IS — do inglês, *Instruction Stream*) para a unidade de processamento (PU — do inglês, *Processing Unit*). A unidade de processamento opera em cima de um único fluxo de dados (DS — do inglês, *Data Stream*) de uma unidade de memória (MU — do inglês, *Memory Unit*). Com o SIMD, ainda há uma única unidade de controle, alimentando agora um único fluxo de instruções para várias PUs. Cada PU pode ter a sua própria memória dedicada (Figura 17.2b) ou pode haver uma memória compartilhada. Por fim, com o MIMD, há várias unidades de controle, cada uma alimentando um fluxo de instruções separado para a sua própria PU. O MIMD pode ser um multiprocessador de memória compartilhada (Figura 17.2c) ou um computador de memória distribuída (Figura 17.2d).

As questões de projeto relativas aos SMPs, *clusters* e NUMA são complexas e envolvem questões relativas à organização física, às estruturas de interconexão, à comunicação entre processadores, ao projeto de sistemas operacionais e às técnicas de software aplicativo. O nosso foco aqui é, em primeiro lugar, a organização, apesar de analisarmos brevemente as questões sobre projeto de sistemas operacionais.

Figura 17.2
Organizações alternativas de computadores.

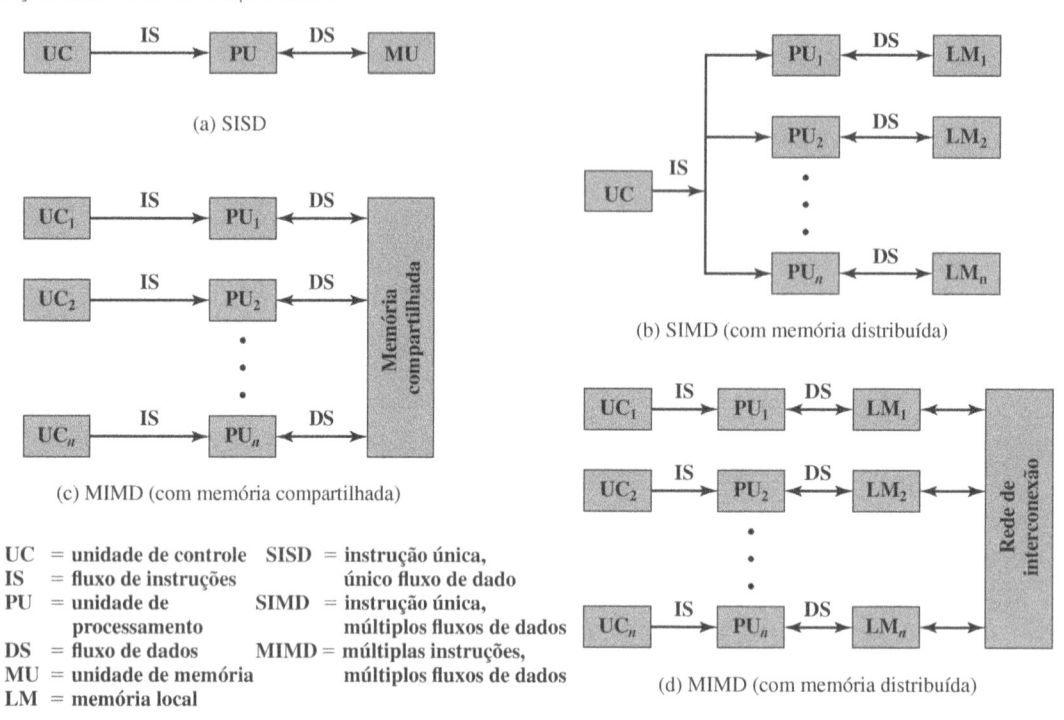

(a) SISD

(b) SIMD (com memória distribuída)

(c) MIMD (com memória compartilhada)

(d) MIMD (com memória distribuída)

UC = unidade de controle
IS = fluxo de instruções
PU = unidade de processamento
DS = fluxo de dados
MU = unidade de memória
LM = memória local
SISD = instrução única, único fluxo de dado
SIMD = instrução única, múltiplos fluxos de dados
MIMD = múltiplas instruções, múltiplos fluxos de dados

17.2 MULTIPROCESSADORES SIMÉTRICOS

Até recentemente, quase todos os computadores pessoais e a maioria das estações de trabalho continham um único microprocessador de uso geral. À medida que a demanda por desempenho tem aumentado e o custo dos microprocessadores continua a baixar, os fabricantes têm introduzido sistemas com uma organização SMP. O termo *SMP* refere-se a uma arquitetura de hardware computacional e também ao comportamento do sistema operacional que reflete essa arquitetura. Um SMP pode ser definido como um sistema de computação independente com as seguintes características:

1. Há dois ou mais processadores semelhantes de capacidade comparável.
2. Esses processadores compartilham a mesma memória principal e os recursos de E/S, e são interconectados por um barramento ou algum outro esquema de conexão interna, de tal forma que o tempo de acesso à memória é aproximadamente igual para cada processador.
3. Todos os processadores compartilham acesso aos dispositivos de E/S, ou pelos mesmos canais ou por canais diferentes que fornecem caminhos para o mesmo dispositivo.
4. Todos os processadores desempenham as mesmas funções (daí o termo *simétrico*).
5. O sistema é controlado por um sistema operacional integrado que fornece interação entre os processadores e seus programas em nível de trabalhos, tarefas, arquivos ou elementos de dados.

Os itens de 1 a 4 são autoexplicativos. O item 5 ilustra um dos contrastes com um sistema com multiprocessamento fracamente acoplado, como um *cluster*. No último, a unidade física de interação é normalmente uma mensagem ou um arquivo completo. Em um SMP, elementos individuais de dados podem constituir o nível de interação e pode haver um alto grau de cooperação entre processos.

O sistema operacional de um SMP faz o agendamento de processos ou *threads* por meio de todos os processadores. Uma organização SMP possui um número de vantagens potenciais em relação a uma organização de uniprocessador, incluindo o seguinte:

▶ **Desempenho:** se o trabalho a ser feito por um computador pode ser organizado de tal forma que algumas partes do trabalho possam ser feitas em paralelo, então um sistema com vários processadores vai atingir um desempenho melhor do que um com um único processador do mesmo tipo (Figura 17.3).

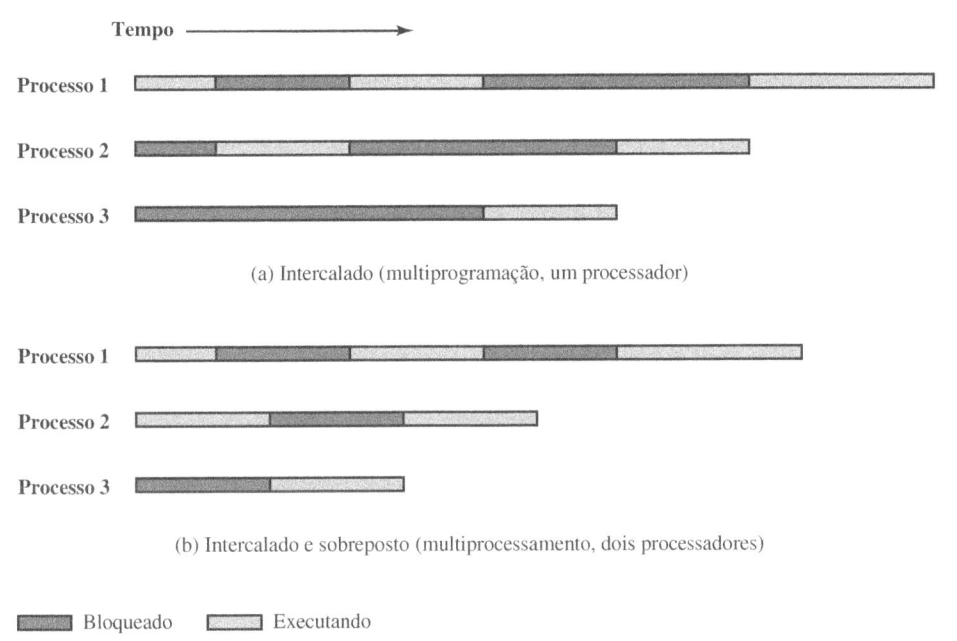

Figura 17.3

Multiprogramação e multiprocessamento.

(a) Intercalado (multiprogramação, um processador)

(b) Intercalado e sobreposto (multiprocessamento, dois processadores)

■ Bloqueado   ■ Executando

- **Disponibilidade:** em um multiprocessador simétrico, como todos os processadores podem efetuar as mesmas funções, a falha de um único processador não trava a máquina. Em vez disso, o sistema pode continuar a funcionar com desempenho reduzido.
- **Crescimento incremental:** o usuário pode melhorar o desempenho de um sistema acrescentando um processador adicional.
- **Escalabilidade:** fornecedores podem oferecer uma série de produtos com diferentes preços e características de desempenho com base no número de processadores configurado no sistema.

É importante observar que esses benefícios são potenciais e não garantidos. O sistema operacional deve fornecer ferramentas e funções para explorar o paralelismo em um sistema SMP.

Um recurso atraente de um SMP é que a existência de vários processadores é transparente ao usuário. O sistema operacional toma conta do escalonamento de *threads* ou processos em processadores individuais e da sincronização entre processadores.

Organização

A Figura 17.4 ilustra, em termos gerais, a organização de um sistema multiprocessador. Existem dois ou mais processadores. Cada um é autossuficiente, incluindo uma unidade de controle, uma ALU, registradores e, em geral, um ou mais níveis de cache. Cada processador possui acesso à memória principal compartilhada e aos dispositivos de E/S por meio de alguma forma de mecanismo de interconexão. Os processadores podem comunicar-se uns com outros pela memória (mensagens e informações de estado são colocadas em áreas comuns da memória). Os processadores também podem trocar sinais diretamente. A memória é muitas vezes organizada de tal forma que vários acessos simultâneos a blocos de memória separados sejam possíveis. Em algumas configurações, cada processador pode ter a sua própria memória principal e seus próprios canais de E/S, além dos recursos compartilhados.

A organização mais comum para computadores pessoais, estações de trabalho e servidores é o barramento de tempo compartilhado. O barramento de tempo compartilhado é o mecanismo mais simples para construir um sistema multiprocessador (Figura 17.5). As estruturas e as interfaces são basicamente as mesmas para um sistema de um processador único que usa um barramento de interconexão. O barramento consiste em linhas de controle, de endereço e de dados. Para facilitar transferências DMA pelos processadores de E/S, os seguintes recursos são fornecidos:

Figura 17.4

Diagrama de blocos genérico de um multiprocessador fortemente acoplado.

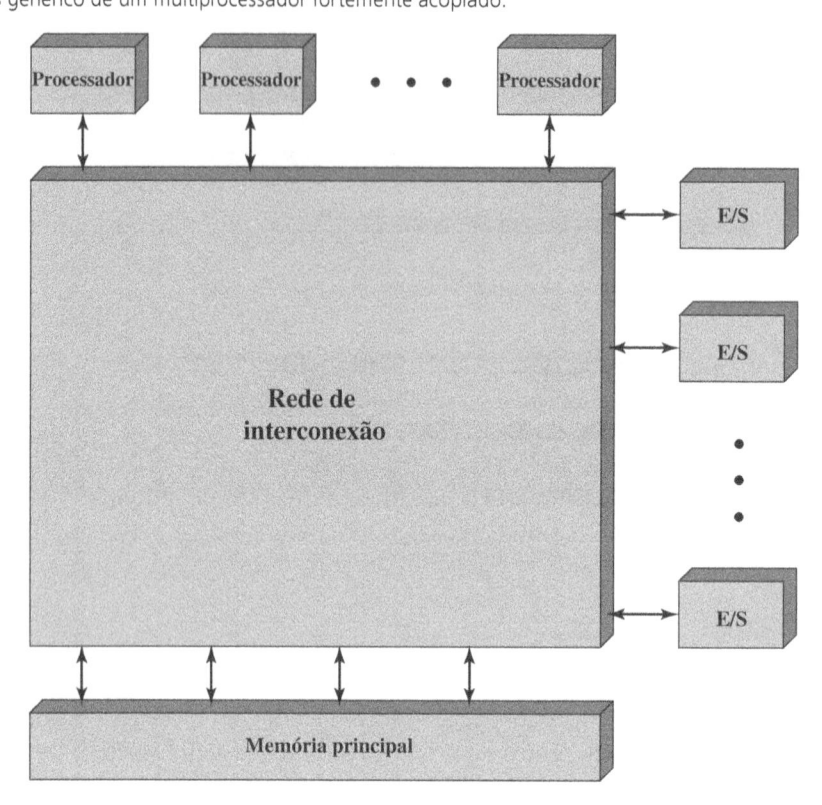

Figura 17.5

Organização de um multiprocessador simétrico.

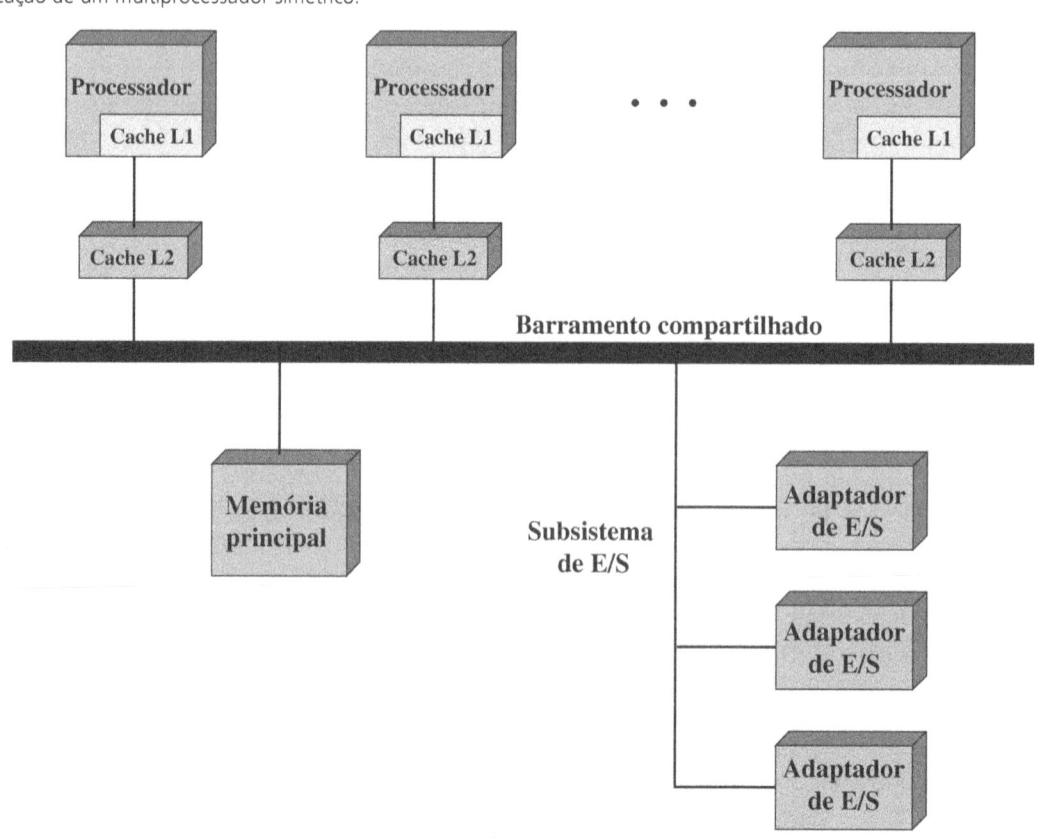

- **Endereçamento:** deve ser possível distinguir os módulos no barramento para determinar a origem e o destino dos dados.
- **Arbitração:** qualquer módulo de E/S pode funcionar temporariamente como "mestre". Um mecanismo é fornecido para arbitrar requisições concorrentes para o controle do barramento, usando algum tipo de esquema de prioridade.
- **Tempo compartilhado:** quando um módulo está controlando o barramento, outros módulos são bloqueados e devem, se necessário, suspender a operação até que o acesso ao barramento seja possível.

Esses recursos de uniprocessadores são utilizáveis diretamente em uma organização SMP. Nesse último caso, existem agora múltiplos processadores, assim como múltiplos processadores de E/S, tentando obter o acesso a um ou mais módulos de memória pelo barramento.

A organização de barramento possui vários recursos atraentes:

- **Simplicidade:** esta é a abordagem mais simples para a organização de multiprocessadores. A interface física e a lógica de endereçamento, a arbitração e o tempo compartilhado de cada processador permanecem os mesmos, como em um sistema de um único processador.
- **Flexibilidade:** normalmente é fácil expandir o sistema anexando mais processadores ao barramento.
- **Confiabilidade:** o barramento é basicamente um meio passivo, e uma falha de qualquer dispositivo conectado não deve causar uma falha do sistema todo.

A principal desvantagem da organização do barramento é o desempenho. Todas as referências à memória passam pelo barramento comum. Dessa maneira, o tempo de ciclo do barramento limita a velocidade do sistema. Para melhorar o desempenho, é desejável equipar cada processador com uma memória cache. Isso deverá diminuir bastante o número de acessos ao barramento. Em geral, as estações de trabalho e computadores pessoais SMP possuem dois níveis de cache, a cache L1 interna (no mesmo chip do processador) e a cache L2 interna ou externa. Alguns processadores, hoje em dia, usam também uma cache L3.

O uso da cache introduz algumas novas considerações sobre projeto. Como cada cache local contém uma imagem de uma parte da memória, se uma palavra é alterada em uma cache, isso poderá, de uma maneira concebível, invalidar essa palavra em outra cache. Para prevenir isso, outros processadores devem ser avisados que ocorreu uma atualização. Esse problema é conhecido como problema de *coerência de cache* e é normalmente resolvido pelo hardware, em vez de ser solucionado pelo sistema operacional. Discutimos essa questão na Seção 17.4.

Considerações sobre projeto dos sistemas operacionais para multiprocessadores

Um sistema operacional SMP gerencia processadores e outros recursos computacionais para que o usuário perceba um único sistema operacional controlando os recursos do sistema. Na verdade, tal configuração deveria aparecer como um sistema multiprogramado de um único processador. Tanto em SMP como em uniprocessadores, vários trabalhos ou processos podem estar ativos ao mesmo tempo e é responsabilidade do sistema operacional escalonar a sua execução e alocar recursos. O usuário pode construir aplicações que usam vários processos ou vários *threads* dentro do processo sem se preocupar se um processador único ou vários processadores estarão disponíveis. Assim, um sistema operacional para multiprocessadores deve fornecer toda a funcionalidade de um sistema multiprogramado mais os recursos adicionais para acomodar múltiplos processadores. Temos, dentre as principais questões de projeto:

- **Processos concorrentes simultâneos:** rotinas do SO precisam ser reentrantes para permitir que vários processadores executem o mesmo código do SO simultaneamente. Com múltiplos processadores executando as mesmas ou diferentes partes do SO, as tabelas do SO e as estruturas de gerenciamento devem ser gerenciadas apropriadamente para evitar *deadlock* ou operações inválidas.
- **Escalonamento:** qualquer processador pode efetuar escalonamento, portanto os conflitos devem ser evitados. O escalonador deve atribuir processos prontos para processadores disponíveis.
- **Sincronização:** com múltiplos processos ativos tendo acesso potencial a espaços da memória compartilhada ou a recursos de E/S compartilhados, cuidados devem ser tomados para fornecer uma sincronização eficiente. A sincronização é um recurso que reforça a exclusão mútua e a ordenação de eventos.

- **Gerenciamento de memória:** o gerenciamento de memória em um multiprocessador precisa lidar com todas as questões encontradas em máquinas de um único processador, conforme discutido no Capítulo 8. Além disso, o sistema operacional precisa explorar o paralelismo disponível no hardware, tais como memórias com múltiplas portas para alcançar o melhor desempenho. Os mecanismos de paginação em diferentes processadores devem ser coordenados para reforçar a consistência, quando vários processadores compartilham uma página ou um segmento para decidir sobre a substituição de página.
- **Confiabilidade e tolerância a falhas:** o sistema operacional deve proporcionar uma degradação sutil perante uma falha do processador. O escalonador e outras partes do sistema operacional devem reconhecer a perda de um processador e reestruturar as tabelas de gerenciamento apropriadamente.

17.3 COERÊNCIA DE CACHE E PROTOCOLO MESI

Nos atuais sistemas com multiprocessadores, é comum haver um ou dois níveis de cache associados a cada processador. Essa organização é essencial para alcançar um desempenho razoável. No entanto, isso cria um problema conhecido como problema de *coerência de cache*. Em essência, o problema é: várias cópias do mesmo dado podem existir em caches diferentes simultaneamente e, se for permitido aos processadores atualizar as suas próprias cópias livremente, isso pode resultar em uma imagem inconsistente da memória. No Capítulo 4, definimos duas políticas comuns de escrita:

- *Write back*: operações de escrita são feitas normalmente apenas na cache. A memória principal é atualizada apenas quando a linha da cache correspondente é retirada da cache.
- *Write through*: todas as operações de gravação são feitas para a memória principal e também para a cache, assegurando que a memória principal seja sempre válida.

É claro que uma política *write back* pode resultar em inconsistência. Se duas caches contêm a mesma linha, e a linha é atualizada em uma cache, a outra cache terá um valor inválido sem saber. Leituras subsequentes dessa linha inválida produzem resultados inválidos. Mesmo com a política *write through*, inconsistências podem ocorrer, a não ser que outras caches monitorem o tráfego de memória ou recebam alguma notificação direta sobre a atualização.

Nesta seção, analisamos brevemente várias abordagens para o problema de coerência de cache e depois focamos na abordagem que é a mais usada: protocolo MESI (do inglês, *Modified/Exclusive/Shared/Invalid*). A versão do protocolo é usada em ambas as arquiteturas x86.

Para qualquer protocolo de coerência de cache, o objetivo é deixar que variáveis locais recém-usadas cheguem à cache apropriada e permaneçam aí durante várias leituras e escritas, enquanto o protocolo é usado para manter a consistência das variáveis compartilhadas que podem estar em várias caches ao mesmo tempo. Abordagens para coerência de cache geralmente têm sido divididas em abordagens por hardware e por software. Algumas implementações adotam uma estratégia que envolve tanto elementos de software quanto de hardware. Mesmo assim, a classificação em abordagens por software e por hardware ainda é instrutiva e comumente usada ao analisar as estratégias de coerência de cache.

Soluções por software

Esquemas de coerência de cache resolvidos por software tentam evitar a necessidade de hardware adicional (circuitos e lógicas), contando com o compilador e o sistema operacional para lidar com o problema. Abordagens de software são atraentes porque a sobrecarga de detectar problemas potenciais é transferida do tempo de execução para o tempo de compilação e a complexidade de projeto é transferida do hardware para o software. Por outro lado, abordagens de software em tempo de compilação geralmente devem tomar decisões conservadoras, levando à utilização ineficiente da cache.

Os mecanismos de coerência baseados em compiladores efetuam uma análise do código para determinar que itens de dados podem se tornar problemas se armazenados na cache; eles ainda marcam esses itens de maneira adequada. O sistema operacional ou hardware, então, evitam que esses itens indevidos sejam colocados em cache.

A abordagem mais simples é evitar que quaisquer variáveis de dados compartilhadas sejam colocadas na cache. Isso é conservador demais, porque uma estrutura de dados pode ser usada exclusivamente durante alguns períodos e pode ser efetivamente usada somente para leitura durante outros períodos. A coerência de cache se torna um problema apenas durante os períodos nos quais pelo menos um processo pode atualizar a variável e pelo menos um outro processo pode acessar a variável.

Abordagens mais eficientes analisam o código para determinar períodos seguros para variáveis compartilhadas. O compilador, então, insere instruções no código gerado para reforçar coerência de cache durante os períodos críticos. Uma série de técnicas tem sido desenvolvida para realizar a análise e para controlar os resultados; veja análises de Lilja (1993) e Stenstrom (1990).

Soluções por hardware

Soluções baseadas em hardware são geralmente conhecidas como protocolos de coerência de cache. Essas soluções fornecem reconhecimento dinâmico em tempo de execução de condições de inconsistência potenciais. Como o problema é tratado apenas quando aparece de fato, há um uso mais eficiente da cache, o que leva a um desempenho melhor se comparado com a abordagem de software. Além disso, essas abordagens são transparentes ao programador e ao compilador, reduzindo o trabalho no desenvolvimento de software.

Esquemas de hardware diferem em uma série de particularidades, incluindo onde a informação sobre o estado das linhas de dados é mantida, como essa informação é organizada, onde a coerência é controlada e os mecanismos de controle. Os esquemas por hardware costumam ser separados em duas categorias: **protocolos de diretório** e **protocolos de monitoração (*snoopy protocols*)**.

PROTOCOLOS DE DIRETÓRIO Protocolos de diretório coletam e mantêm a informação sobre onde as cópias das linhas residem. Em geral, há um controlador centralizado que é parte do controlador da memória principal e um diretório que é guardado na memória principal. O diretório contém a informação do estado global sobre o conteúdo de várias caches locais. Quando um controlador de cache individual faz uma requisição, o controlador centralizado verifica e emite comandos necessários para a transferência de dados entre a memória e as caches e entre as caches. Ele é responsável também por guardar a informação de estado atualizada; portanto, cada ação local que pode afetar o estado global de uma linha deve ser relatada para o controlador central.

Em geral, o controlador mantém a informação sobre quais processadores têm uma cópia de quais linhas. Antes que um processador possa escrever em uma cópia local de uma linha, ele deve requisitar o acesso exclusivo para a linha ao controlador. Antes de conceder esse acesso exclusivo, o controlador envia uma mensagem para todos os processadores com uma cópia da cache dessa linha, forçando cada processador a invalidar a sua cópia. Depois de receber o reconhecimento de volta de cada processador, o controlador concede acesso exclusivo para o processador requisitante. Quando outro processador tenta ler uma linha que está exclusivamente concedida para outro processador, ele envia uma notificação de falha para o controlador. O controlador, então, emite um comando para o processador, que guarda essa linha para que o processador a escreva de volta na memória principal. A linha agora pode ser compartilhada para leitura pelo processador original e pelo processador requisitante.

Esquemas de diretório têm a desvantagem de um gargalo central e de uma sobrecarga de comunicação entre os vários controladores de cache e o controlador central. No entanto, eles são eficientes em sistemas de grande escala que envolvem vários barramentos ou algum outro esquema complexo de interconexão.

PROTOCOLOS DE MONITORAÇÃO Protocolos de monitoração distribuem a responsabilidade de manter a coerência de cache entre todos os controladores de cache em um multiprocessador. Uma cache deve reconhecer quando uma linha que ela guarda é compartilhada com outras caches. Quando uma ação de atualização é feita em uma linha compartilhada na cache, ela deve ser anunciada para todas as outras caches por meio de um mecanismo de difusão.

Protocolos de monitoração encaixam-se com perfeição em um multiprocessador baseado em barramento, porque o barramento compartilhado fornece um meio simples para difusão e monitoramento. Contudo, como um dos objetivos do uso de caches locais é evitar acessos ao barramento, deve-se tomar cuidado para que o tráfego de barramento aumentado pela difusão e pela monitoração não anule os ganhos do uso de caches locais.

Duas abordagens básicas para protocolo de monitoração foram exploradas: *write invalidate* e *write update* (ou *write broadcast*). Com um protocolo de *write invalidate*, pode haver vários leitores, mas apenas um escritor ao mesmo tempo. Inicialmente, uma linha pode ser compartilhada entre várias caches para propósitos de leitura. Quando uma das caches deseja escrever na linha, ela primeiro emite um aviso que invalida essa linha em outras caches, tornando a linha exclusiva para a cache que estará escrevendo. Uma vez que a linha se torna exclusiva, o processador proprietário pode fazer as escritas locais e baratas até que algum outro processador solicite a mesma linha.

Em um protocolo de *write update*, pode haver vários escritores como também vários leitores. Quando um processador deseja atualizar uma linha compartilhada, a palavra a ser atualizada é distribuída para todas as outras e as caches que contêm essa linha podem atualizá-la.

Nenhum desses dois protocolos é superior ao outro em todas as situações. O desempenho depende do número de caches locais e do padrão de leituras e escritas de memória. Alguns sistemas implementam protocolos adaptáveis que implementam ambos os mecanismos, *write invalidate* e *write update*.

A abordagem *write invalidate* é a mais usada em sistemas comerciais com multiprocessadores, como a arquitetura x86. Ela marca o estado de cada linha de cache (usando dois bits extras na marcação da cache) como modificada, exclusiva, compartilhada ou inválida. Por essa razão, o protocolo *write invalidate* é chamado de MESI. No restante desta seção, analisamos o seu uso entre caches locais por meio de um multiprocessador. Para simplicidade da apresentação, não analisamos os mecanismos envolvidos em coordenação entre os níveis 1 e 2 localmente, assim como o tempo de coordenação pela distribuição nos multiprocessadores. Isso não adicionaria nenhum princípio novo, porém complicaria muito a discussão.

O protocolo MESI

Para fornecer a consistência de cache em um SMP, a cache de dados muitas vezes suporta um protocolo conhecido como MESI. Para o MESI, a cache de dados inclui dois bits de estado para cada tag, para que cada linha possa estar em um dos quatro estados:

- **Modificada:** a linha na cache foi modificada (diferente da memória principal) e está disponível apenas nessa cache.
- **Exclusiva:** a linha na cache é a mesma da memória principal e não está presente em nenhuma outra cache.
- **Compartilhada:** a linha na cache é a mesma da memória principal e pode estar presente em outra cache.
- **Inválida:** a linha na cache não contém dados válidos.

A Tabela 17.1 resume o significado dos quatro estados. A Figura 17.6 mostra um diagrama de estado para o protocolo MESI. Tenha em mente que cada linha de cache tem os seus próprios bits de estado e, portanto, a sua própria instância do diagrama de estado. A Figura 17.6a mostra as transições que ocorrem por causa das ações iniciadas pelo processador associado a essa cache. A Figura 17.6b mostra as transições que ocorrem por causa dos eventos que são monitorados no barramento comum. Essa apresentação de diagramas de estado separados para ações de iniciar processador e iniciar barramento ajuda a esclarecer a lógica do protocolo MESI. A qualquer momento, a linha da cache está em um estado único. Se o próximo evento vem do processador associado, então a transição é ditada pela Figura 17.6a, e, se o próximo evento vem do barramento, a transição é ditada pela Figura 17.6b. Vamos analisar essas transições em mais detalhes.

Tabela 17.1
Estado das linhas da cache MESI.

	M Modificada	E Exclusiva	S (*shared*) Compartilhada	I Inválida
Essa linha da cache está válida?	Sim	Sim	Sim	Não
A cópia da memória está...	desatualizada	válida	válida	—
Há cópias em outras caches?	Não	Não	Talvez	Talvez
Uma escrita nessa linha...	não vai para o barramento	não vai para o barramento	vai para o barramento e atualiza a cache	vai diretamente para o barramento

Figura 17.6
Diagrama de transição do estado do protocolo MESI.

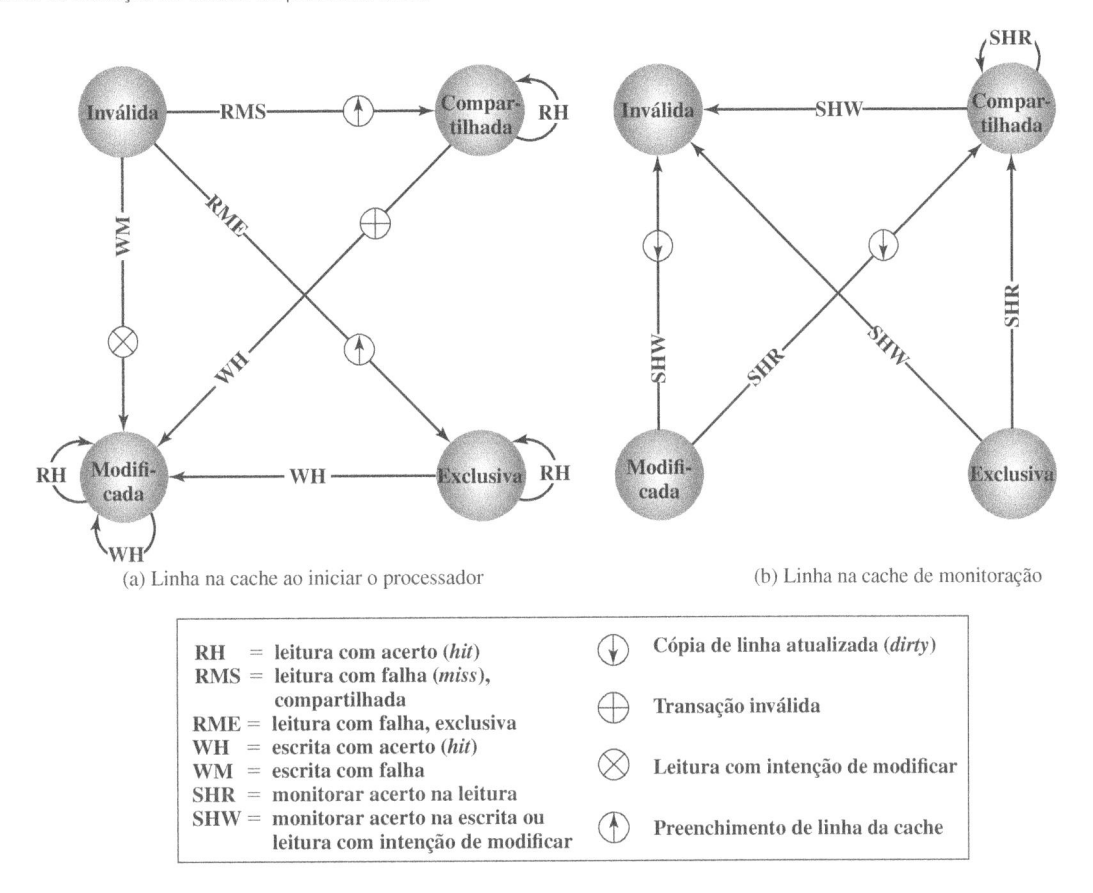

(a) Linha na cache ao iniciar o processador

(b) Linha na cache de monitoração

RH   = leitura com acerto (*hit*)
RMS = leitura com falha (*miss*), compartilhada
RME = leitura com falha, exclusiva
WH   = escrita com acerto (*hit*)
WM   = escrita com falha
SHR = monitorar acerto na leitura
SHW = monitorar acerto na escrita ou leitura com intenção de modificar

↓ Cópia de linha atualizada (*dirty*)
⊕ Transação inválida
⊗ Leitura com intenção de modificar
↑ Preenchimento de linha da cache

LEITURA COM FALHA (*READ MISS*) Quando ocorre uma falha de leitura em uma cache local, o processador inicia uma leitura de memória para ler a linha da memória principal que contém o endereço que está faltando. O processador inscre um sinal no barramento que avisa todos os outros processadores/unidades de cache para monitorarem a transação. Há vários desfechos possíveis:

▶ Se outra cache possui uma cópia limpa (não modificada desde a leitura da memória) da linha no estado exclusivo, ela retorna um sinal indicando que compartilha essa linha. O processador que respondeu passa o estado da sua cópia de exclusiva para compartilhada e o processador que iniciou lê a linha da memória principal e passa a linha na sua cache de inválida para compartilhada.

▶ Se uma ou mais caches têm uma cópia limpa da linha no estado compartilhado, cada uma delas sinaliza que compartilha essa linha. O processador que iniciou lê a linha e passa-a na sua cache de inválida para compartilhada.

▶ Se outra cache tem uma cópia modificada da linha, então essa cache bloqueia a leitura de memória e fornece a linha para a cache que requisitou por meio do barramento compartilhado. A cache que respondeu muda, então, a sua linha de modificada para compartilhada[1]. A linha enviada para a cache requisitante é também recebida e processada pelo controlador de memória, que guarda o bloco na memória.

▶ Se nenhuma outra cache tem uma cópia da linha (limpa ou modificada), então nenhum sinal é retornado. O processador que iniciou lê a linha e passa-a na sua cache de inválida para exclusiva.

---

1 Em algumas implementações, a cache com a linha modificada sinaliza o processador que iniciou para tentar novamente. Enquanto isso, o processador com a cópia modificada segura o barramento, escreve a linha modificada de volta na memória principal e passa a linha na sua cache de modificada para compartilhada. Subsequentemente, o processador requisitante tenta novamente e descobre que um ou mais processadores possuem uma cópia limpa da linha no estado compartilhado, conforme descrito no ponto anterior.

LEITURA COM ACERTO (*READ HIT*) Quando uma leitura com acerto ocorre em uma linha que está atualmente na cache local, o processador simplesmente lê o item requerido. Não há mudança de estado: o estado permanece modificado, compartilhado ou exclusivo.

ESCRITA COM FALHA (*WRITE MISS*) Quando ocorre uma escrita com falha na cache local, o processador inicia uma leitura de memória para ler a linha da memória principal contendo o endereço que falhou. Para esse propósito, o processador emite um sinal no barramento que significa leitura com intenção de modificar (RWITM — do inglês, *Read-With-Intent-To-Modify*). Quando a linha é carregada, ela é imediatamente marcada como modificada. Em relação a outras caches, dois cenários possíveis antecedem o carregar da linha de dados.

Primeiro, alguma outra cache pode ter uma cópia modificada dessa linha (estado = modificado). Nesse caso, o processador alertado sinaliza ao processador iniciante que outro processador tem uma cópia modificada da linha. O processador que iniciou entrega o barramento e espera. O outro processador obtém acesso ao barramento, escreve a linha de cache modificada de volta na memória principal e passa o estado da linha de cache para inválida (porque o processador que iniciou vai modificar essa linha).

Subsequentemente, o processador que iniciou emite novamente um sinal RWITM para o barramento e depois lê a linha da memória principal, modifica a linha na cache e marca a linha para estado modificado.

O segundo cenário é quando nenhuma outra cache possui uma cópia modificada da linha requisitada. Nesse caso, nenhum sinal é retornado e o processador que iniciou continua a ler a linha e a modificá-la. Enquanto isso, se uma ou mais caches possuem uma cópia limpa da linha no estado compartilhado, cada cache invalida a sua cópia da linha, e, se uma cache tiver uma cópia limpa da linha no estado exclusivo, ela invalida a sua cópia da linha.

ESCRITA COM ACERTO (*WRITE HIT*) Quando ocorre uma escrita com sucesso em uma linha que está atualmente na cache local, o efeito depende do estado atual dessa linha na cache local:

- **Compartilhada:** antes de efetuar a atualização, o processador deve obter a propriedade exclusiva da linha. O processador sinaliza a sua intenção no barramento. Todo processador que tem uma cópia compartilhada da linha na sua cache passa-a de compartilhada para inválida. O processador que iniciou então efetua a atualização e passa a sua cópia da linha de compartilhada para modificada.
- **Exclusiva:** o processador já possui o controle exclusivo dessa linha, então ele simplesmente efetua a atualização e passa a sua cópia da linha de exclusiva para modificada.
- **Modificada:** o processador já possui o controle exclusivo dessa linha e a linha está marcada como modificada, então ele simplesmente efetua a atualização.

CONSISTÊNCIA DE CACHE L1-L2 Até agora descrevemos protocolos de coerência de cache em termos de atividade cooperativa entre caches conectadas ao mesmo barramento ou outro recurso de interconexão de SMP. Em geral, essas caches são caches L2 e cada processador possui também uma cache L1 que não se conecta diretamente ao barramento e, portanto, não pode fazer parte de um protocolo de monitoração. Dessa maneira, algum esquema é necessário para manter a integridade de dados entre ambos os níveis de cache e entre todas as caches na configuração SMP.

A estratégia é estender o protocolo MESI (ou qualquer protocolo de coerência de cache) para caches L1. Assim, cada linha na cache L1 inclui bits para indicar o estado. Basicamente, o objetivo é o seguinte: para cada linha que está presente na cache L2 e na sua cache L1 correspondente, o estado da linha L1 deve seguir o estado da linha L2. Uma forma simples de fazer isso é adotar a política *write through* na cache L1; nesse caso, a escrita direta é para a cache L2 e não para a memória. A política *write through* de L1 força qualquer modificação em uma linha L1 para a cache L2 e assim a torna visível para outras caches L2. O uso da política *write through* de L1 requer que o conteúdo de L1 seja um subconjunto do conteúdo L2. Isso, por sua vez, sugere que a associatividade da cache L2 seja igual ou maior que a associatividade de L1. A política *write through* de L1 é usada no IBM S/390 SMP.

Se a cache L1 tem uma política *write back*, a relação entre as duas caches é mais complexa. Existem várias abordagens para manter a coerência, um tópico que foge do nosso escopo.

17.4 *MULTITHREADING* E CHIPS MULTIPROCESSADORES

A medida mais importante de desempenho para um processador é a taxa em que ele executa as instruções. Isso pode ser expresso como:

$$\text{Taxa MIPS} = f \times IPC$$

em que f é a frequência de *clock* do processador, em MHz, e *IPC* (instruções por ciclo) é o número médio de instruções executadas por ciclo. De acordo com isso, os projetistas têm perseguido o objetivo de aumentar o desempenho em duas frentes: aumento de frequência de *clock* e aumento de número de instruções executadas ou, mais apropriadamente, o número de instruções completadas durante um ciclo do processador. Conforme vimos em capítulos anteriores, os projetistas aumentaram o número de instruções por ciclo usando um pipeline de instruções e pipelines múltiplos paralelos de instruções em uma arquitetura superescalar. Com projetos de pipeline e pipelines múltiplos, o principal problema é maximizar a utilização de cada estágio do pipeline. Para melhorar o rendimento, os projetistas criaram mecanismos cada vez mais complexos, como executar algumas instruções em uma ordem diferente da forma que ocorrem no fluxo de instruções e começar a execução de instruções que podem nunca ser necessárias. Mas como foi discutido na Seção 2.2, essa abordagem pode estar alcançando o limite por causa da complexidade e dos problemas de consumo de energia.

Uma abordagem alternativa, a qual permite um grau mais alto de paralelismo em nível de instruções, sem aumentar a complexidade dos circuitos ou o consumo de energia, é chamada de *multithreading*. Basicamente, o fluxo de instruções é dividido em vários fluxos menores, conhecidos como *threads*, de modo que cada *thread* possa ser executado em paralelo.

A variedade de projetos específicos de *multithreading* realizada nos sistemas comerciais e nos experimentais é muito grande. Nesta seção, fazemos uma breve análise dos principais conceitos.

Multithreading implícito e explícito

O conceito de *thread* usado na discussão sobre processadores *multithread* pode ou não ser o mesmo que o conceito de *threads* de software em sistemas operacionais multiprogramados. Será útil definir os termos rapidamente:

- **Processo:** uma instância de um programa executando em um computador. Um processo engloba duas características principais:
    - **Posse do recurso:** um processo inclui um espaço de endereço virtual para guardar a imagem do processo; a imagem do processo é a coleção de programa, dados, pilhas e atributos que definem o processo. De tempos em tempos, um processador pode obter a posse ou o controle de recursos, como memória principal, canais de E/S, dispositivos de E/S e arquivos.
    - **Escalonamento/execução:** a execução de um processo segue um caminho de execução (traço) através de um ou mais programas. Essa execução pode ser intercalada com a de outros processos. Dessa maneira, um processo possui um estado de execução (Executando, Pronto etc.) e uma prioridade de despacho, e é a entidade que é escalonada e despachada pelo sistema operacional.
- **Troca de processos:** uma operação que troca o processador de um processo para outro, salvando todos os dados de controle do processador, registradores e outras informações do primeiro e substituindo-as com informações de processo do segundo.[2]
- ***Thread*:** uma unidade de trabalho dentro de um processo que pode ser despachada. Ela inclui um contexto de processador (o qual inclui o contador de programa e o ponteiro de pilha) e sua própria área de dados para uma pilha (para possibilitar desvio de sub-rotinas). Um *thread* é executado sequencialmente e pode ser interrompido para que o processador possa se dedicar a outro *thread*.
- **Troca de *thread*:** o ato de trocar o controle do processador de um *thread* para outro dentro do mesmo processo. Em geral, esse tipo de troca é muito menos custoso do que uma troca de processo.

Desse modo, um *thread* preocupa-se com escalonamento e execução, enquanto um processo se preocupa com escalonamento/execução e posse de recursos. Vários *threads* dentro de um processo compartilham os mesmos recursos. É por isso que uma troca de *thread* consome bem menos tempo do que uma troca de processo. Os sistemas operacionais tradicionais, como versões anteriores do Unix, não suportavam *threads*. A maioria

---

[2] O termo *troca de contexto* (*context switch*) é frequentemente encontrado na literatura e nos livros-texto sobre SO. Infelizmente, embora a maior parte da literatura use esse termo para se referir ao que é chamado aqui de troca de processo, outras fontes o usam para se referir à troca de *thread*. Para evitar ambiguidade, o termo não é usado neste livro.

dos sistemas operacionais modernos, como Linux, outras versões de Unix e Windows, suporta *threads*. Uma distinção é feita entre *threads* em nível de usuário, que são visíveis para o programa da aplicação, e *threads* em nível de núcleo, que são visíveis apenas para o sistema operacional. Ambas podem ser referidas como *threads* explícitos, definidos em software.

Todos os processadores comerciais e a maioria de processadores experimentais até hoje têm usado *multithreading* explícito. Esses sistemas executam instruções de diferentes *threads* explícitos de forma concorrente, ou com intercalação de instruções de diferentes *threads* em pipelines compartilhados ou com execução paralela em pipelines paralelos. *Multithreading* implícito refere-se à execução concorrente de múltiplos *threads* extraídos de um único programa sequencial. Esses *threads* implícitos podem ser definidos estaticamente pelo compilador ou dinamicamente pelo hardware. No restante desta seção, consideramos *multithreading* explícito.

Abordagens para *multithreading* explícito

Um processador *multithread* deve permitir no mínimo um contador de programa separado para cada *thread* de execução a ser executado concorrentemente. Os projetos diferem em quantidade e tipo de hardware adicional usado para suportar a execução de *threads* concorrentes. Em geral, a busca de instruções ocorre na base do *thread*. O processador trata cada *thread* separadamente e pode usar uma série de técnicas para otimizar a execução de um *thread*, incluindo previsão de desvio, renomeação de registradores e técnicas superescalares. Dessa forma, alcança-se paralelismo em nível de *threads*, o que pode proporcionar melhor desempenho quando casado com paralelismo em nível de instruções.

Em termos gerais, existem quatro abordagens principais para *multithreading*:

- ▶ **Multithreading intercalado:** isso é conhecido também como **multithreading de granularidade fina**. O processador lida com dois ou mais contextos de *thread* ao mesmo tempo, trocando de um *thread* para outro a cada ciclo de *clock*. Se um *thread* é bloqueado por causa das dependências de dados ou latências de memória, ele é pulado e um *thread* pronto é executado.
- ▶ **Multithreading bloqueado:** isso é conhecido também como **multithreading de granularidade grossa**. As instruções de um *thread* são executadas sucessivamente até que ocorra um evento que possa causar um atraso, como uma falha de cache. Esse evento induz uma troca para outro *thread*. Essa abordagem é eficiente em um processador em ordem que iria parar o pipeline num evento de atraso como uma falha de cache.
- ▶ **Multithreading simultâneo (SMT):** instruções são enviadas simultaneamente a partir de múltiplos *threads* para unidades de execução de um processador superescalar. Isso combina a capacidade de envio de instruções superescalares com o uso de múltiplos contextos de *threads*.
- ▶ **Chip multiprocessador:** nesse caso, o processador inteiro é replicado em um único chip e cada processador lida com *threads* separados. A vantagem dessa abordagem é que a área de lógica disponível em um chip é usada eficientemente sem depender da sempre crescente complexidade no projeto do pipeline. Isso é conhecido como multicore; analisamos esse tópico separadamente no Capítulo 18.

Para as duas primeiras abordagens, instruções de diferentes *threads* não são executadas simultaneamente. Em vez disso, o processador é capaz de trocar rapidamente de um *thread* para outro, usando um conjunto de registradores diferente e outra informação de contexto. Isso resulta em uma utilização melhor dos recursos de execução do processador e evita uma penalidade grande por causa das falhas de cache e outros eventos de latência. A abordagem SMT envolve a verdadeira execução simultânea de instruções de diferentes *threads*, usando recursos de execução replicados. Chips multiprocessadores possibilitam também execução simultânea de instruções de diferentes *threads*.

A Figura 17.7 (baseada em UNGERER; RUBIC; SILC, 2002) ilustra algumas arquiteturas de pipeline possíveis, que envolvem *multithreading*, e as compara com as abordagens que não usam *multithreading*. Cada linha horizontal representa uma janela (ou janelas) de envio em potencial para um ciclo de execução único; ou seja, a largura de cada linha corresponde ao número máximo de instruções que podem ser emitidas em um único ciclo de *clock*. A dimensão vertical representa a sequência de tempo de ciclos de *clock*.[3] Uma janela vazia (sombreado) representa uma janela de execução não usada em um pipeline. Um no-op (*no operation*) é indicado por um N.

---

[3] Janelas de emissão são as posições das quais as instruções podem ser enviadas em um dado ciclo de *clock*. Lembre-se de que no Capítulo 16 vimos que o envio de instrução é o processo de inicializar a execução da instrução em unidades funcionais do processador. Isso ocorre quando uma instrução se move do estágio de decodificação do pipeline para o primeiro estágio de execução do pipeline.

Figura 17.7
Abordagens para execução de múltiplos *threads*.

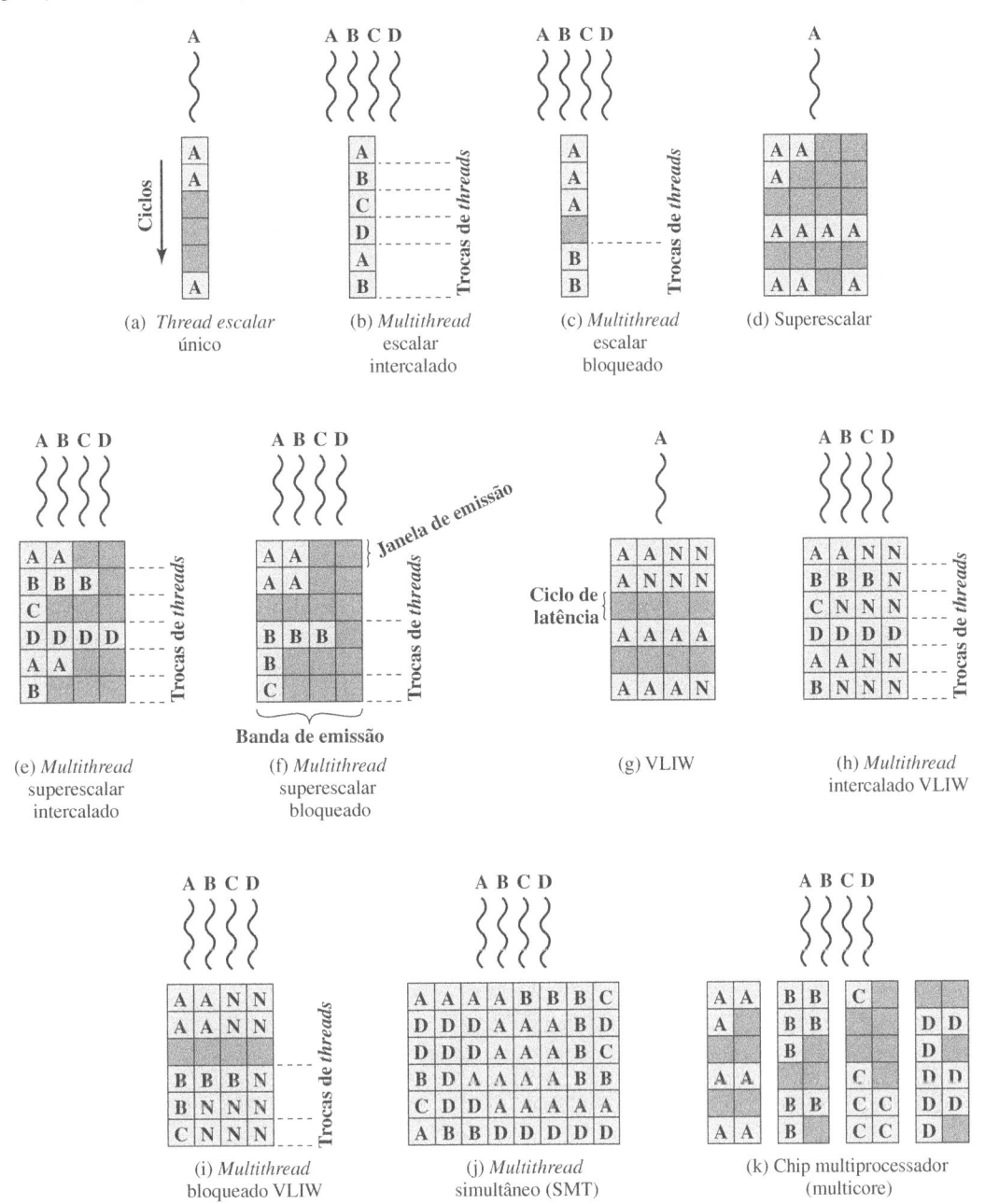

(a) *Thread* escalar único
(b) *Multithread* escalar intercalado
(c) *Multithread* escalar bloqueado
(d) Superescalar
(e) *Multithread* superescalar intercalado
(f) *Multithread* superescalar bloqueado
(g) VLIW
(h) *Multithread* intercalado VLIW
(i) *Multithread* bloqueado VLIW
(j) *Multithread* simultâneo (SMT)
(k) Chip multiprocessador (multicore)

As três primeiras ilustrações na Figura 17.7 mostram abordagens diferentes com um processador escalar (isto é, emissão única):

- **Thread escalar único:** este é o pipeline simples encontrado em máquinas RISC e CISC tradicionais, sem *multithreading*.
- **Multithread escalar intercalado:** esta é a abordagem de *multithreading* mais fácil de ser implementada. Ao trocar de um *thread* para outro em cada ciclo de *clock*, os estágios do pipeline podem ser mantidos totalmente ocupados, ou quase totalmente ocupados. O hardware deve ser capaz de trocar de um contexto de um *thread* para outro entre os ciclos.
- **Multithread escalar bloqueado:** nesse caso, um único *thread* é executado até que ocorra um evento de atraso que pararia o pipeline, momento em que o processador troca para outro *thread*.

A Figura 17.7c mostra uma situação na qual o tempo para executar uma troca de *thread* é de um ciclo, enquanto a Figura 17.7b mostra que a troca de *thread* ocorre em zero ciclo.

No caso de *multithread* intercalado, assume-se que não há dependências de dados ou controle entre *threads*, o que simplifica o projeto do pipeline e deveria, portanto, permitir a troca de *thread* sem nenhum atraso. No entanto, dependendo do projeto e da implementação específica, *multithread* de bloqueio pode requerer um ciclo de *clock* para efetuar a troca de *thread*, conforme ilustrado na Figura 17.7. Isso é verdade se a instrução obtida dispara a troca de *thread* e deve ser descartada do pipeline (UNGERER; RUBIC; SILC, 2003).

Embora o *multithread* intercalado pareça oferecer uma melhor utilização do processador do que o *multithread* de bloqueio, ele consegue isso sacrificando o desempenho de *thread* único. Vários *threads* competem pelos recursos de cache, o que eleva a probabilidade de uma falha de cache para um determinado *thread*.

Mais oportunidades para execução paralela estão disponíveis se o processador puder enviar várias instruções por ciclo. As figuras 17.7d a 17.7i ilustram um número de variações entre processadores que possuem hardware para enviar quatro instruções por ciclo. Em todos esses casos, apenas as instruções de um único *thread* são emitidas em um único ciclo. As seguintes alternativas são ilustradas:

- **Superescalar:** esta é a abordagem superescalar básica sem nenhum *multithread*. Até há relativamente pouco tempo, esta era a abordagem mais poderosa para permitir paralelismo dentro de um processador. Observe que, durante alguns ciclos, nem todas as janelas de envio são usadas. Durante esses ciclos, menos que o número máximo de instruções é usado; chamamos isso de *perda horizontal*. Ao longo de outros ciclos de instrução, nenhuma janela de envio é usada; estes são os ciclos quando nenhuma instrução pode ser enviada; chamamos isso de *perda vertical*.
- *Multithread* **superescalar intercalado:** durante cada ciclo são emitidas tantas instruções quantas forem possíveis a partir de um único *thread*. Com essa técnica, atrasos potenciais por causa das trocas de *threads* são eliminados, conforme discutido anteriormente. No entanto, o número de instruções enviado em qualquer ciclo ainda é limitado pelas dependências que existem dentro de qualquer *thread*.
- *Multithread* **superescalar bloqueado:** novamente, as instruções de apenas um *thread* podem ser emitidas durante qualquer ciclo e o *multithread* bloqueado é usado.
- **Palavra de instrução muito longa (VLIW — do inglês,** *Very Long Instruction Word***):** uma arquitetura VLIW, como IA-64, coloca várias instruções em uma única palavra. Em geral, uma VLIW é construída pelo compilador, que coloca operações que podem ser executadas em paralelo na mesma palavra. Em uma máquina VLIW simples (Figura 17.7g), se não for possível preencher a palavra completamente com instruções a serem emitidas em paralelo, no-ops são usados.
- *Multithread* **intercalado VLIW:** essa abordagem deveria fornecer eficácia semelhante àquela provida por *multithreading* intercalado em uma arquitetura superescalar.
- *Multithread* **bloqueado VLIW:** essa abordagem deveria fornecer eficácia semelhante àquela provida por *multithread* bloqueado em uma arquitetura superescalar.

Duas últimas abordagens ilustradas na Figura 17.7 possibilitam execução paralela e simultânea de vários *threads*:

- *Multithreading* **simultâneo (SMT):** a Figura 17.7j mostra um sistema capaz de emitir 8 instruções ao mesmo tempo. Se um *thread* possui um alto grau de paralelismo em nível de instruções, ele pode, em alguns ciclos, ser capaz de preencher todas as janelas horizontais. Em outros ciclos, instruções de dois ou mais *threads* podem ser enviadas. Se *threads* suficientes estão ativos, em geral seria possível enviar um número máximo de instruções em cada ciclo, fornecendo um nível alto de eficiência.
- **Chip multiprocessador (multicore):** a Figura 17.7k mostra um chip que contém quatro processadores, cada um tendo um processador superescalar de envio duplo. A cada processador é atribuído um *thread*, a partir do qual ele pode enviar até duas instruções por ciclo. Discutiremos computadores multicore no Capítulo 18.

Comparando as figuras 17.7j e 17.7k, vemos que um chip multicore com a mesma capacidade de envio de instruções de um SMT não pode alcançar o mesmo grau de paralelismo em nível de instruções. Isso ocorre porque o chip multicore não é capaz de esconder as latências pelo envio de instruções de outros *threads*. Por outro lado, o chip multicore deve ter um desempenho melhor que um processador superescalar com a mesma capacidade de envio de instruções, porque as perdas horizontais serão maiores para o processador superescalar. Além disso, é possível usar *multithread* dentro de cada processador em um chip multicore, e isso é feito em algumas máquinas atuais.

17.5 CLUSTERS

Um recurso importante e relativamente recente no projeto de computadores é o agrupamento de computadores (*clustering*). O agrupamento de computadores é uma alternativa para multiprocessamento simétrico como uma abordagem para fornecer alto desempenho e disponibilidade e é bastante atraente para aplicações de servidores. Podemos definir um *cluster* como um grupo de computadores completos interconectados trabalhando juntos, como um recurso computacional unificado que pode criar a ilusão de ser uma única máquina. O termo *computador completo* significa um sistema que pode funcionar por si só, à parte do *cluster*; na literatura, cada computador em um *cluster* normalmente é chamado de um *nó*.

Brewer (1997) lista quatro benefícios que podem ser conseguidos com o agrupamento de computadores. Estes podem ser pensados também como objetivos ou requisitos de projeto:

- **Escalabilidade absoluta:** é possível criar *clusters* grandes que ultrapassam em muito o poder de máquinas maiores que trabalham sozinhas. Um *cluster* pode ter dezenas, centenas ou até milhares de máquinas, cada uma sendo um multiprocessador.
- **Escalabilidade incremental:** um *cluster* é configurado de tal forma que é possível adicionar novos sistemas ao *cluster* em incrementos pequenos. Assim, um usuário pode começar com um sistema modesto e expandi-lo conforme a necessidade, sem ter de fazer uma atualização grande, na qual um sistema existente pequeno é substituído por um sistema maior.
- **Alta disponibilidade:** como cada nó no *cluster* é um computador independente, a falha de um nó não significa a perda do serviço. Em muitos produtos, a tolerância a falhas é tratada automaticamente por software.
- **Preço/desempenho superior:** usando a ideia de blocos básicos, é possível montar um *cluster* com poder computacional igual ou maior do que uma única máquina de grande porte, com custo bem menor.

Configurações de *cluster*

Na literatura, os *clusters* são classificados de várias maneiras diferentes. Talvez a classificação mais simples seja baseada no fato de os computadores em um *cluster* compartilharem acesso aos mesmos discos. A Figura 17.8a mostra um *cluster* de dois nós em que a única interconexão é feita por uma ligação de alta velocidade, que pode ser usada para troca de mensagens para coordenar as atividades do *cluster*. A ligação pode ser uma LAN compartilhada com outros computadores que não fazem parte do *cluster* ou a ligação pode ser um recurso de interconexão dedicado. No último caso, um ou mais computadores no *cluster* terão a ligação para uma LAN ou WAN, para que haja uma conexão entre o *cluster* servidor e sistemas clientes remotos. Observe que, na figura, cada computador é ilustrado como um multiprocessador. Isso não é necessário, porém aumenta tanto o desempenho como a disponibilidade.

Na classificação simples mostrada na Figura 17.8, outra alternativa é um *cluster* com disco compartilhado. Nesse caso, geralmente ainda há uma ligação de mensagens entre os nós. Além disso, existe um subsistema de discos que é diretamente ligado a vários computadores dentro do *cluster*. Nessa figura, um subsistema de discos comum é um sistema RAID. O uso de RAID ou de alguma outra tecnologia de discos redundante é comum em *clusters*, para que a alta disponibilidade conseguida com a presença de vários computadores não seja comprometida com um disco compartilhado como um ponto único de falha.

Uma ideia mais clara das possibilidades de opções de *clusters* pode ser obtida ao se analisarem alternativas funcionais. A Tabela 17.2 fornece uma classificação útil de acordo com linhas funcionais, que analisamos agora.

Um método comum e mais antigo, conhecido como **secundário passivo (*passive standby*)**, resume-se a ter um computador lidando com toda a carga de processamento enquanto outro permanece inativo, pronto para assumir em caso de uma falha do primário. Para coordenar as máquinas, o sistema ativo, ou primário, envia periodicamente uma mensagem de reconhecimento para a máquina secundária. Se essas mensagens pararem de chegar, a máquina secundária supõe que o servidor primário falhou e começa a operar. Essa abordagem aumenta a disponibilidade, porém não melhora o desempenho. Além disso, se a única informação trocada entre os dois sistemas é a mensagem de reconhecimento e se os dois sistemas não compartilham discos comuns, então o computador secundário oferece um *backup* funcional, porém não tem acesso aos bancos de dados gerenciados pelo primário.

O secundário passivo geralmente não é considerado um *cluster*. O termo *cluster* é reservado para vários computadores interconectados, em que todos efetuam processamento ativamente enquanto mantêm a imagem

Figura 17.8
Configurações de *clusters*.

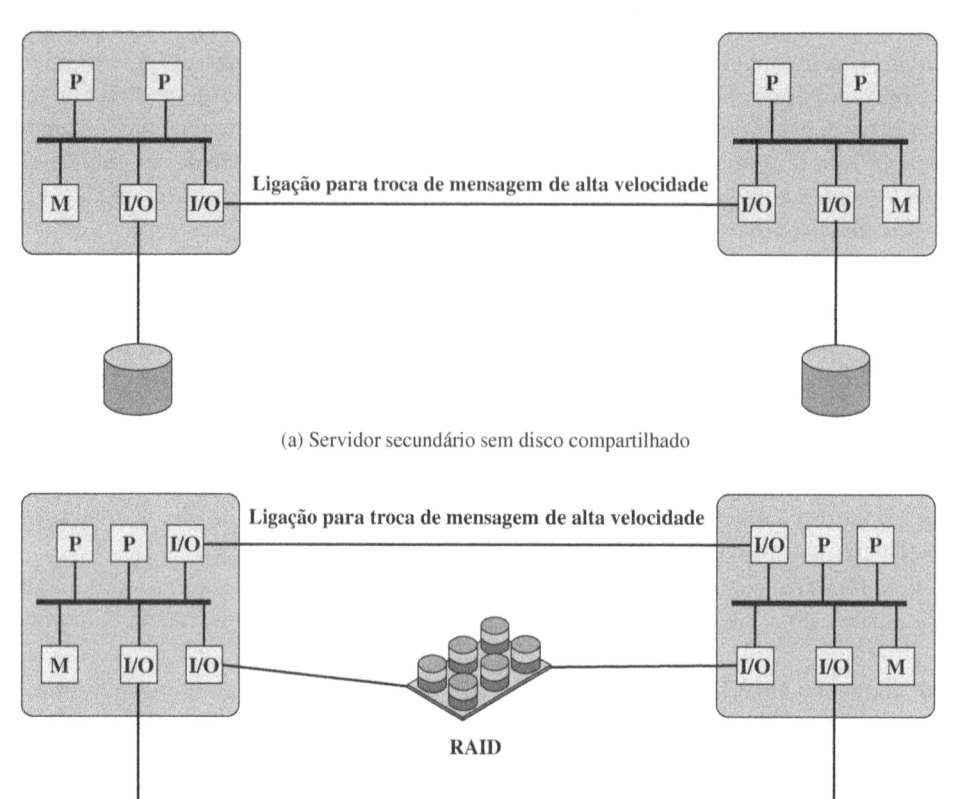

(a) Servidor secundário sem disco compartilhado

(b) Disco compartilhado

Tabela 17.2
Métodos de *clustering*: benefícios e limitações.

Método de clustering	Descrição	Benefícios	Limitações
Secundário passivo (*passive standby*)	Um servidor secundário assume em caso de falha do servidor primário.	Fácil de implementar.	Custo alto porque o servidor secundário está indisponível para outras tarefas de processamento.
Secundário ativo	O servidor secundário é usado também para tarefas de processamento.	Custo reduzido porque servidores secundários podem ser usados para processamento.	Complexidade aumentada.
Servidores separados	Possuem seus próprios discos. Dados são copiados continuamente do servidor primário para o secundário.	Alta disponibilidade.	Grande sobrecarga de rede e servidores por causa das operações de cópia.
Servidores conectados aos discos	Servidores são ligados aos mesmos discos, mas cada servidor possui seus discos. Se um servidor falha, seus discos são assumidos por outro servidor.	Carga de rede e servidores reduzida por causa da eliminação das operações de cópia.	Costuma requerer espelhamento de discos ou tecnologia RAID para compensar o risco da falha de disco.
Servidores que compartilham discos	Vários servidores compartilham simultaneamente o acesso a discos.	Baixa carga de rede e servidores. Risco reduzido de inatividade causada por falha de disco.	Requer software de gerenciamento de bloqueio. Normalmente usado com tecnologia de espelhamento ou RAID.

de um sistema único para o mundo externo. O termo **secundário ativo (*active standby*)** é frequentemente usado para se referir a essa configuração. Três classificações de *clusters* podem ser identificadas: servidores separados, sem compartilhamento e memória compartilhada.

Em uma abordagem para *clusters*, cada computador é um **servidor separado** com seus próprios discos e não há discos compartilhados entre os sistemas (Figura 17.8a). Esse arranjo fornece alto desempenho e disponibilidade. Nesse caso, algum tipo de software de gerenciamento ou escalonamento é necessário para atribuir as requisições vindas dos clientes aos servidores, para que a carga seja balanceada e uma taxa alta de utilização seja alcançada. É desejável que haja a capacidade de ter tolerância a falhas, o que significa que, se um computador falha ao executar uma aplicação, outro computador no *cluster* pode assumir e completar a aplicação. Para que isso aconteça, os dados devem ser constantemente copiados entre os sistemas para que cada um tenha acesso aos dados atuais dos outros sistemas. A sobrecarga dessa troca de dados garante a alta disponibilidade a custo de uma penalidade de desempenho.

Para reduzir a sobrecarga de comunicação, a maioria dos *clusters* consiste agora em servidores conectados a discos comuns (Figura 17.8b). Em uma variação dessa abordagem, chamada de **sem compartilhamento**, os discos comuns são particionados em volumes e cada volume é propriedade de um único computador. Se esse computador falha, o *cluster* deve ser reconfigurado para que algum outro computador tenha posse dos volumes do computador que falhou.

É possível também fazer com que vários computadores compartilhem os mesmos discos ao mesmo tempo (chamada abordagem de **disco compartilhado**), para que cada computador tenha acesso a todos os volumes de todos os discos. Essa abordagem requer o uso de algum tipo de recurso de bloqueio para garantir que os dados possam ser acessados apenas por um computador por vez.

Questões sobre projeto dos sistemas operacionais

O aproveitamento completo de uma configuração de um hardware de *cluster* requer alguns aprimoramentos nos sistemas operacionais voltados para sistemas únicos.

GERENCIAMENTO DE FALHAS A maneira que o *cluster* gerencia as falhas depende do método de agrupamento de computadores usado (Tabela 17.2). Em geral, duas abordagens podem ser usadas para lidar com falhas: *clusters* de alta disponibilidade e *clusters* com tolerância a falhas. Um *cluster* com alta disponibilidade fornece uma alta probabilidade de que todos os recursos estejam em funcionamento. Caso ocorra uma falha, como um desligamento de sistema ou a perda de um volume de disco, então as consultas em progresso são perdidas. Qualquer consulta perdida, se tentada novamente, será executada por um computador diferente no *cluster*. No entanto, o sistema operacional do *cluster* não dá garantia alguma sobre o estado de transações executadas parcialmente. Isso deve ser tratado em nível de aplicação.

Um *cluster* com tolerância a falhas garante que todos os recursos estejam sempre disponíveis. Isso é alcançado com o uso de discos compartilhados redundantes e mecanismos para retornar às transações não encerradas e encerrar transações completadas.

A função de trocar as aplicações e os recursos de dados de um sistema que falhou para um sistema alternativo no *cluster* é conhecida como ***failover* (recuperação de falhas)**. Uma função relacionada é a restauração de aplicações e recursos de dados para o sistema original quando o mesmo for consertado; isso é chamado de ***failback* (retorno da falha)**. O *failback* pode ser automatizado, mas isso é desejável apenas se o problema é corrigido realmente e é pouco provável que ocorra novamente. Caso contrário, o *failback* automático pode fazer com que os recursos que falharam sejam passados entre os computadores para lá e para cá, resultando em problemas de desempenho e restauração.

BALANCEAMENTO DE CARGA Um *cluster* requer uma capacidade eficiente para balancear a carga entre os computadores disponíveis. Isso inclui o requisito de que o *cluster* seja incrementalmente escalável. Quando um novo computador é adicionado ao *cluster*, o recurso de balanceamento de carga deve automaticamente incluir esse computador no agendamento de aplicações. Os mecanismos de *middleware* precisam reconhecer que serviços podem aparecer em diferentes membros do *cluster* e muitos podem migrar de um membro para outro.

COMPUTAÇÃO PARALELA Em alguns casos, o uso eficiente de um *cluster* requer executar software de uma única aplicação em paralelo. Kapp (2000) lista três abordagens gerais para o problema:

- **Compilação paralela:** uma compilação paralela determina, em tempo de compilação, quais partes de uma aplicação podem ser executadas em paralelo. Elas são então separadas para serem atribuídas a diferentes computadores no *cluster*. O desempenho depende da natureza do problema e de quão bem o compilador é projetado. Em geral, tais compiladores são difíceis de desenvolver.
- **Aplicações paralelas:** nessa abordagem, o programador escreve a aplicação desde o começo para ser executada em um *cluster* e utiliza passagem de mensagens para mover dados, conforme necessário, entre os nós do *cluster*. Isso coloca uma grande responsabilidade no programador, mas pode ser a melhor abordagem para explorar os *clusters* para algumas aplicações.
- **Computação paramétrica:** essa abordagem pode ser usada se a essência da aplicação for um algoritmo ou um programa que deva ser executado um grande número de vezes, cada vez com um conjunto diferente de condições iniciais ou parâmetros. Um bom exemplo é um modelo de simulação, que vai executar um grande número de cenários e depois desenvolver resumos estatísticos dos resultados. Para que essa abordagem seja eficiente, ferramentas de processamento paramétrico são necessárias para organizar, executar e gerenciar os trabalhos de uma forma eficiente.

Arquitetura de um *cluster* computacional

A Figura 17.9 mostra uma típica arquitetura de um *cluster*. Os computadores individuais são conectados por alguma LAN de alta velocidade ou um hardware de comutação. Cada computador é capaz de operar independentemente. Além disso, uma camada intermediária de software é instalada em cada computador para possibilitar a operação do *cluster*. O *middleware* do *cluster* fornece uma imagem unificada do sistema para o usuário, conhecida como imagem de sistema único. O *middleware* é responsável também por fornecer alta disponibilidade pelo balanceamento de carga e respostas a falhas em componentes individuais. Hwang et al.(1999) listam estes como os serviços e as funções desejáveis para um *middleware* de *cluster*:

- **Ponto de entrada único:** o usuário efetua logon no *cluster* em vez de fazê-lo em um computador individual.
- **Hierarquia única de arquivos:** o usuário vê uma hierarquia única de diretórios de arquivos abaixo do mesmo diretório raiz.
- **Ponto de controle único:** há uma estação de trabalho padrão usada para gerenciamento e controle do *cluster*.
- **Rede virtual única:** qualquer nó pode acessar qualquer outro ponto no *cluster*, mesmo que a configuração atual do *cluster* consista em múltiplas redes interconectadas. Há uma operação de rede virtual única.
- **Espaço único de memória:** memória compartilhada distribuída possibilita que os programas compartilhem variáveis.

Figura 17.9

Arquitetura de um *cluster* computacional (BUYYA, 1999).

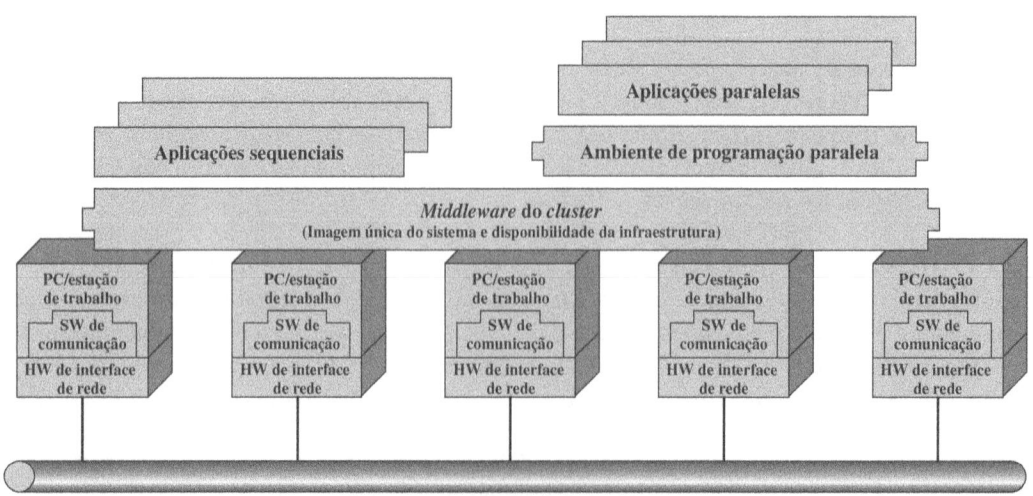

- **Sistema único de gerenciamento de trabalhos:** com um agendador de trabalhos do *cluster*, um usuário pode submeter um trabalho sem especificar qual computador executará o trabalho.
- **Interface de usuário única:** uma interface gráfica comum suporta todos os usuários, independentemente da estação de trabalho da qual acessaram o *cluster*.
- **Espaço de E/S único:** qualquer nó pode acessar remotamente qualquer periférico de E/S ou dispositivo de disco sem conhecer a sua localização física.
- **Espaço único de processos:** um esquema uniforme de identificação de processos é usado. Um processo em qualquer nó pode criar ou se comunicar com qualquer outro processo em um nó remoto.
- **Pontos de verificação:** essa função periodicamente salva o estado dos processos e os resultados computacionais intermediários para permitir recuperação em caso de falhas.
- **Migração de processos:** essa função habilita o balanceamento de carga.

Os quatro últimos itens da lista anterior aprimoram a disponibilidade do *cluster*. Os itens restantes se preocupam em fornecer uma imagem única do sistema.

Retornando à Figura 17.9, um *cluster* incluirá também ferramentas de software para habilitar a execução eficiente de programas que são capazes de efetuar execução paralela.

Servidores *blade*

Uma implementação comum da abordagem de *clusters* é o servidor *blade*. Um servidor *blade* é uma arquitetura de servidor que hospeda múltiplos módulos servidores ("*blades*") em um chassi único. Ele é usado amplamente em centro de armazenamento de dados para economizar espaço e melhorar o gerenciamento de sistemas. Independentes ou montados no rack, os chassis fornecem fonte de energia e cada *blade* possui processador, memória e disco rígido próprio.

Um exemplo de aplicação é mostrado na Figura 17.10. A tendência em grandes centros de armazenamento de dados, com vários bancos de servidores *blade*, é a implementação de portas de 10 Gbps em servidores individuais para lidar com grande tráfego de multimídia fornecidos por esses servidores. Tais arranjos estressam os comutadores Ethernet necessários para interconectar grande número de servidores. Uma taxa de 100 Gbps

Figura 17.10

Exemplo de configuração de Ethernet de 100 Gbps para um servidor *blade* grande.

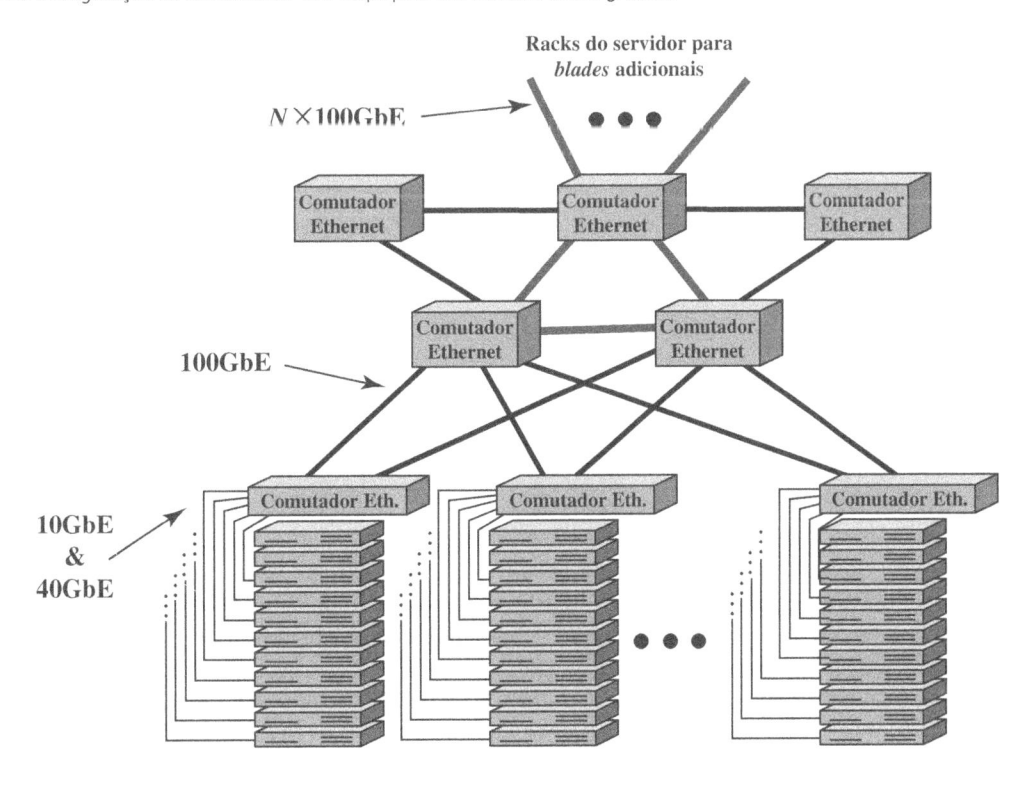

proporciona uma banda larga necessária para lidar com uma grande carga de tráfego. Comutadores Ethernet de 100 Gbps são implementados em ligações comutadas dentro do centro de armazenamento de dados, assim como para proporcionar uma interligação de grande alcance para redes corporativas que interligam prédios, *campi* etc.

Clusters comparados a SMP

Tanto *clusters* quanto multiprocessadores simétricos fornecem uma configuração com múltiplos processadores para suportar aplicações com grande demanda. As duas soluções estão disponíveis comercialmente, apesar dos esquemas SMP estarem presentes há mais tempo.

A principal força da abordagem SMP é que um SMP é mais fácil de gerenciar e configurar do que um *cluster*. O SMP é muito mais próximo ao modelo original de processador único, para o qual quase todas as aplicações são escritas. A principal alteração requerida quando se muda de um processador único para SMP é com relação à função de escalonamento. Outro benefício de SMP é que ele geralmente ocupa menos espaço físico e consome menos energia do que um *cluster* comparável. Um último benefício importante é que os produtos SMP estão bem estabelecidos e são estáveis.

No entanto, com o decorrer do tempo, as vantagens da abordagem de *cluster* provavelmente resultarão na dominação de *clusters* no mercado de servidores de alto desempenho. *Clusters* são muito superiores a SMPs em termos de escalabilidade incremental e absoluta. Eles são superiores também em termos de disponibilidade, porque todos os componentes podem se tornar altamente redundantes.

17.6 ACESSO NÃO UNIFORME À MEMÓRIA

Em termos de produtos comerciais, as duas abordagens comuns para fornecer sistemas com vários processadores para suportar aplicações são SMPs e *clusters*. Por alguns anos, outra abordagem, conhecida como acesso não uniforme à memória (NUMA), foi assunto de pesquisa, e produtos comerciais NUMA estão disponíveis agora.

Antes de prosseguir, devemos definir alguns termos encontrados frequentemente na literatura sobre NUMA:

- **Acesso uniforme à memória (UMA — do inglês,** *Uniform Memory Access*): todos os processadores têm acesso a todas as partes da memória principal usando leituras e escritas. O tempo de acesso à memória de um processador para todas as regiões da memória é o mesmo. Os tempos de acesso de processadores diferentes são os mesmos. A organização SMP discutida nas seções 17.2 e 17.3 é UMA.
- **Acesso não uniforme à memória (NUMA):** todos os processadores têm acesso a todas as partes da memória principal usando leituras e escritas. O tempo de acesso à memória de um processador difere dependendo de qual região da memória está sendo acessada. Isso é verdade para todos os processadores; no entanto, para processadores diferentes, as regiões de memória mais lentas e mais rápidas diferem.
- **NUMA com coerência de cache (CC-NUMA):** um sistema NUMA no qual a coerência de cache é mantida entre caches de vários processadores.

Um sistema NUMA sem coerência de cache é mais ou menos equivalente a um *cluster*. Os produtos comerciais que receberam muita atenção recentemente são sistemas CC-NUMA, que são bastante diferentes de SMPs e *clusters*. Em geral, mas infelizmente nem sempre, tais sistemas são referidos na literatura comercial como sistemas CC-NUMA. Esta seção dedica-se apenas a esses sistemas.

Motivação

Com um sistema SMP, há um limite prático do número de processadores que podem ser usados. Um esquema de cache eficiente reduz o tráfego de barramento entre qualquer um dos processadores e a memória principal. À medida que aumenta o número de processadores, esse tráfego de barramento também aumenta. Além disso, o barramento é usado para trocar sinais de coerência de cache, o que piora ainda mais a situação. Em algum ponto, o barramento torna-se um gargalo de desempenho. A degradação do desempenho parece limitar o número de processadores em uma configuração SMP para algo em torno de 16 até 64 processadores. Por exemplo, o Power Challenge SMP da Silicon Graphics é limitado a 64 processadores R10000 em um sistema único; além desse número, o desempenho degrada substancialmente.

O limite de processadores em um SMP é uma das principais motivações por trás do desenvolvimento de sistemas *cluster*. No entanto, em um *cluster*, cada nó possui sua memória principal privada, as aplicações não enxergam uma memória global maior. Na prática, a coerência é mantida em software em vez de em hardware. Essa granularidade da memória afeta o desempenho e, para alcançar o desempenho máximo, o software deve ser adaptado para esse ambiente. NUMA é uma abordagem para alcançar multiprocessamento em grande escala e, ao mesmo tempo, manter as características de SMP.

O objetivo com a abordagem NUMA é manter uma memória transparente através do sistema, permitindo ao mesmo tempo vários nós multiprocessadores, cada um com seu próprio barramento ou outro sistema de interconexão interna.

Organização

A Figura 17.11 ilustra uma típica organização CC-NUMA. Existem vários nós independentes e cada um, na prática, é uma organização SMP. Dessa forma, cada nó contém vários processadores, cada um com suas próprias caches L1 e L2, mais a memória principal. O nó é o bloco básico de uma organização CC-NUMA. Por exemplo, cada nó do Silicon Graphics Origin inclui dois processadores MIPS R10000; cada nó Sequent NUMA-Q inclui quatro processadores Pentium II. Os nós são interconectados por algum recurso de comunicação, que pode ser um comutador, um anel ou algum outro recurso de rede.

Figura 17.11

Organização CC-NUMA.

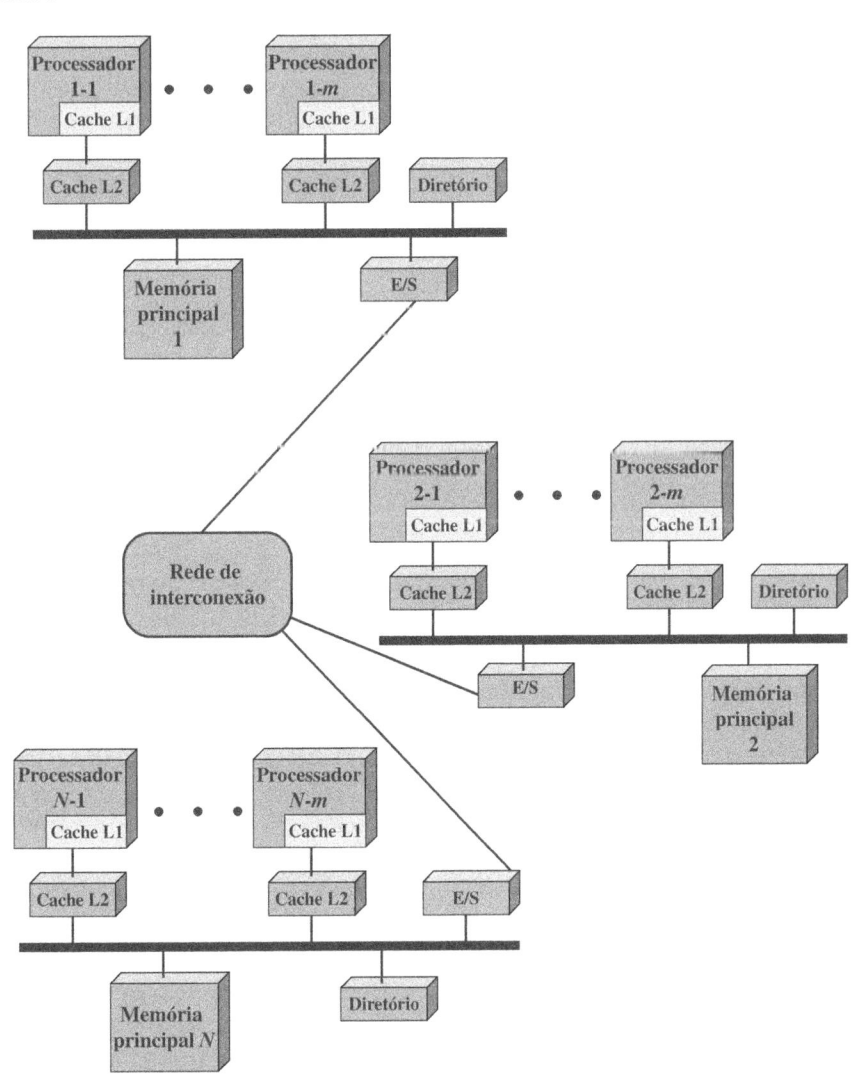

Cada nó no sistema CC-NUMA inclui alguma memória principal. No entanto, do ponto de vista dos processadores, existe apenas uma única memória endereçável, em que cada posição possui um endereço único no sistema inteiro. Quando um processador inicia um acesso à memória, se a posição de memória requisitada não estiver na cache do processador, então a cache L2 inicia uma operação de leitura. Se a linha desejada estiver na parte local da memória principal, a linha é obtida pelo barramento local. Se a linha desejada estiver numa parte remota da memória principal, então uma requisição automática é enviada para obter essa linha pela rede de interconexão, entregá-la ao barramento local e depois entregá-la à cache requisitante nesse barramento. Toda essa atividade é automática e transparente ao processador e sua cache.

Nessa configuração, a coerência de cache é uma preocupação central. Embora as implementações sejam diferentes nos detalhes, em termos gerais podemos dizer que cada nó deve manter algum tipo de diretório que lhe dá uma indicação da posição de várias partes da memória e também a informação sobre o estado da cache. Para ver como esse esquema funciona, temos um exemplo retirado da obra de Pfister (1998). Suponha que o processador 3 no nó 2 (P2-3) requisite uma posição de memória 798, que está na memória do nó 1. Ocorre a seguinte sequência:

1. P2-3 emite uma requisição de leitura no barramento de monitoração do nó 2 para a posição 798.
2. O diretório no nó 2 vê a requisição e reconhece que a posição está no nó 1.
3. O diretório do nó 2 envia uma requisição para o nó 1, que é pega pelo diretório desse nó.
4. O diretório do nó 1, agindo como substituto de P2-3, requisita o conteúdo de 798, como se fosse um processador.
5. A memória principal do nó 1 responde colocando os dados requisitados no barramento.
6. O diretório do nó 1 pega os dados do barramento.
7. O valor é transferido de volta para o diretório do nó 2.
8. O diretório do nó 2 coloca os dados de volta no barramento do nó 2, agindo como substituto para a memória que o guardava originalmente.
9. O valor é apanhado e colocado na cache do P2-3 e entregue ao P2-3.

A sequência anterior explica como os dados são lidos de uma memória remota usando mecanismos de hardware que tornam a transação transparente ao processador. No topo desses mecanismos, algum tipo de protocolo de coerência de cache é necessário. Vários sistemas diferem nos detalhes de como isso é feito exatamente. Fazemos aqui apenas algumas considerações gerais. Primeiro, como parte da sequência anterior, o diretório do nó 1 guarda um registro de que alguma cache remota possui uma cópia da linha contendo a posição 798. Depois, deve haver algum protocolo cooperativo para cuidar das modificações. Por exemplo, se a modificação é feita em uma cache, esse fato pode ser enviado via difusão para outros nós. O diretório de cada nó que recebe essa difusão pode então determinar se alguma cache local possui essa linha e, se sim, faz com que seja excluída. Se a posição de memória atual está no nó que recebeu a notificação de difusão, então o diretório do nó precisa manter uma entrada indicando que essa linha de memória está inválida e permanece assim até que ocorra uma escrita para atualização. Se outro processador (local ou remoto) solicita a linha inválida, então o diretório local deve forçar uma escrita para atualizar a memória antes de fornecer os dados.

Prós e contras de NUMA

A principal vantagem de um sistema CC-NUMA é que ele pode permitir desempenho eficiente em níveis mais altos de paralelismo do que SMP, sem requerer maiores mudanças no software. Com vários nós NUMA, o tráfego do barramento de qualquer nó individual está limitado a uma demanda com a qual o barramento pode lidar. No entanto, se muitos dos acessos à memória forem para nós remotos, o desempenho começa a degradar. Há uma razão para acreditar que essa queda de desempenho possa ser evitada. Primeiro, o uso de caches L1 e L2 é projetado para minimizar todos os acessos à memória, incluindo os remotos. Se uma boa parte do software tiver uma boa localidade temporal, então acessos remotos à memória não devem ser excessivos. Segundo, se o software tiver uma boa localidade espacial e se a memória virtual estiver em uso, então os dados necessários para uma aplicação residirão em um número limitado de páginas frequentemente usadas que podem ser carregadas inicialmente na memória local da aplicação em execução. Os projetistas do Sequent reportaram que tal localidade espacial aparece, sim, em aplicações representativas (LOVETT; CLAPP, 1996). Finalmente, o esquema de memória virtual pode ser aprimorado ao incluir no sistema operacional um mecanismo de migração de página que move uma página da memória virtual para um nó que a está usando frequentemente; os projetistas da Silicon Graphics reportaram sucesso com essa abordagem (WHITNEY et al., 1997).

Mesmo que a diminuição do desempenho por causa do acesso remoto seja tratada, existem duas outras desvantagens para a abordagem CC-NUMA (PFISTER, 1998). Primeiro, o CC-NUMA não se parece transparentemente como um SMP; alterações de software serão necessárias para mover um sistema operacional e as aplicações de um sistema SMP para um CC-NUMA. Isso inclui alocação de página, alocação de processos e balanceamento de carga pelo sistema operacional. Uma segunda preocupação é em relação à disponibilidade. Esta é uma questão complexa e depende da implementação exata do sistema CC-NUMA; encontramos uma leitura interessante em Pfister (1998).

17.7 COMPUTAÇÃO EM NUVEM

A computação em nuvem foi apresentada no Capítulo 1, no qual os três modelos de serviço foram discutidos. Aqui, apresentaremos mais detalhes.

Elementos da computação em nuvem

A NIST SP-800-145 (*The NIST Definition of Cloud Computing*) especifica que a **computação em nuvem** é composta por cinco características essenciais, três modelos de serviço e quatro modelos de desenvolvimento. A Figura 17.12 ilustra a relação entre esses conceitos. As características essenciais da computação em nuvem incluem:

- **Acesso abrangente à rede:** as capacidades estão disponíveis na rede e são acessadas por meio de mecanismos padrão que promovem o uso por plataformas heterogêneas *thin* ou *thick client* (por exemplo, telefones celulares, laptops e tablets), bem como outros serviços de software tradicionais ou baseados na nuvem.
- **Elasticidade rápida:** a computação em nuvem possibilita a capacidade de expandir e reduzir recursos de acordo com sua necessidade de serviço específica. Por exemplo, você pode precisar de um grande número de recursos de servidor para a duração de uma tarefa específica. Pode-se então liberar esses recursos até a conclusão da tarefa.

Figura 17.12
Elementos de computação em nuvem.

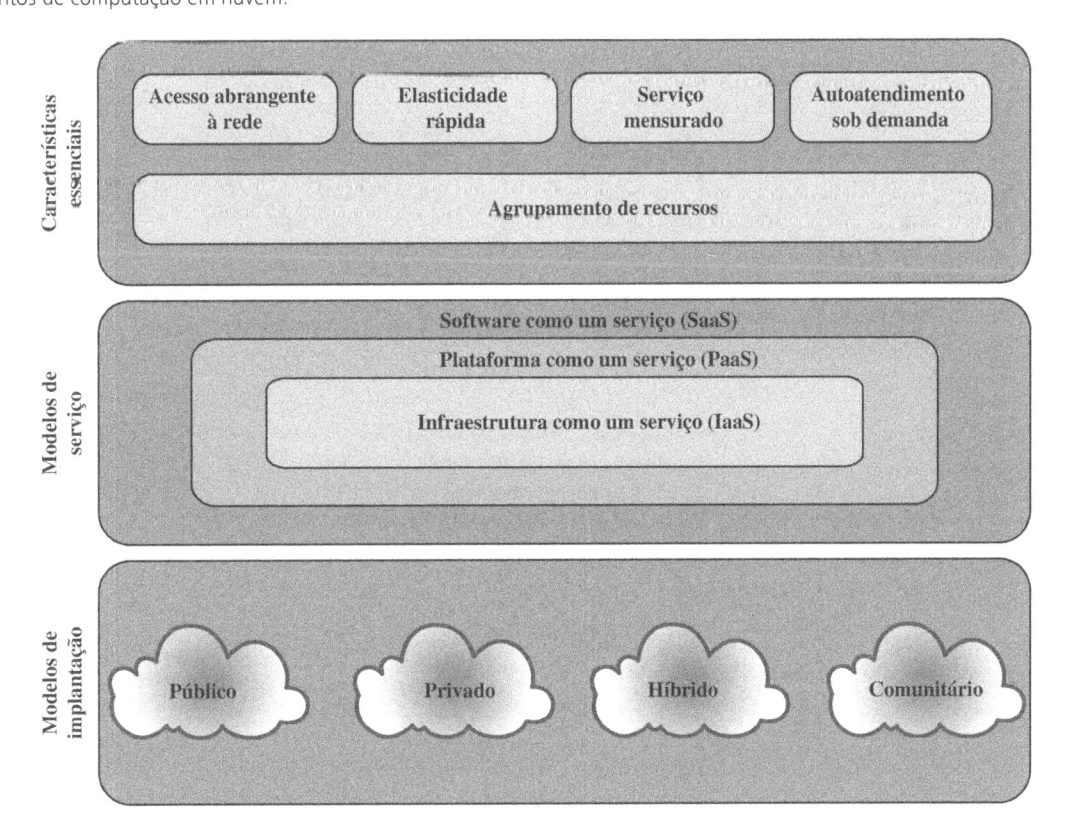

- **Serviço mensurado:** o sistema de nuvem controla e otimiza automaticamente o uso de recursos pelo nivelamento de uma capacidade de medição em algum nível de abstração apropriado ao tipo e serviço (por exemplo, armazenamento, processamento, banda larga e contas ativas de usuário). O uso de recursos pode ser monitorado, controlado e relatado, proporcionando transparência tanto ao provedor quanto ao consumidor do serviço utilizado.
- **Autoatendimento sob demanda:** um consumidor pode provisionar unilateralmente as capacidades de computação, como tempo de atendimento e armazenamento em rede, conforme for automaticamente preciso, sem requerer uma interação humana com cada provedor de atendimento. Por conta de o atendimento ser sob demanda, os recursos não são partes permanentes de sua infraestrutura de TI.
- **Agrupamento de recursos:** os recursos do provedor são agrupados para servir consumidores múltiplos usando um modelo multilocatário, com recursos físicos diferentes e virtuais dinamicamente atribuídos e não atribuídos de acordo com a demanda do consumidor. Há um grau de uma independência local em que o consumidor geralmente não tem controle ou conhecimento sobre o local exato dos recursos proporcionados, mas pode ser apto a especificar o local em um nível mais alto de abstração (por exemplo, país, estado ou *datacenter*). Os exemplos de recursos incluem armazenamento, processamento, memória, banda larga de rede e máquinas virtuais. Mesmo as nuvens privadas tendem a agrupar recursos entre diferentes partes da mesma organização.

A NIST define três **modelos de serviço**, que podem ser vistos como alternativas de serviços agrupados (Figura 17.13). Isso foi definido no Capítulo 1, e pode ser brevemente resumido do seguinte modo:

- **Software como um serviço (SaaS):** proporciona serviço aos consumidores na forma de software, especificamente um software de aplicação, executando e sendo acessível na nuvem.
- **Plataforma como um serviço (PaaS):** proporciona serviço para consumidores na forma de uma plataforma em que as aplicações do consumidor possam ser executadas.
- **Infraestrutura como um serviço (IaaS):** fornece acesso ao consumidor à infraestrutura de base da nuvem.

Figura 17.13
Modelos de serviço da nuvem.

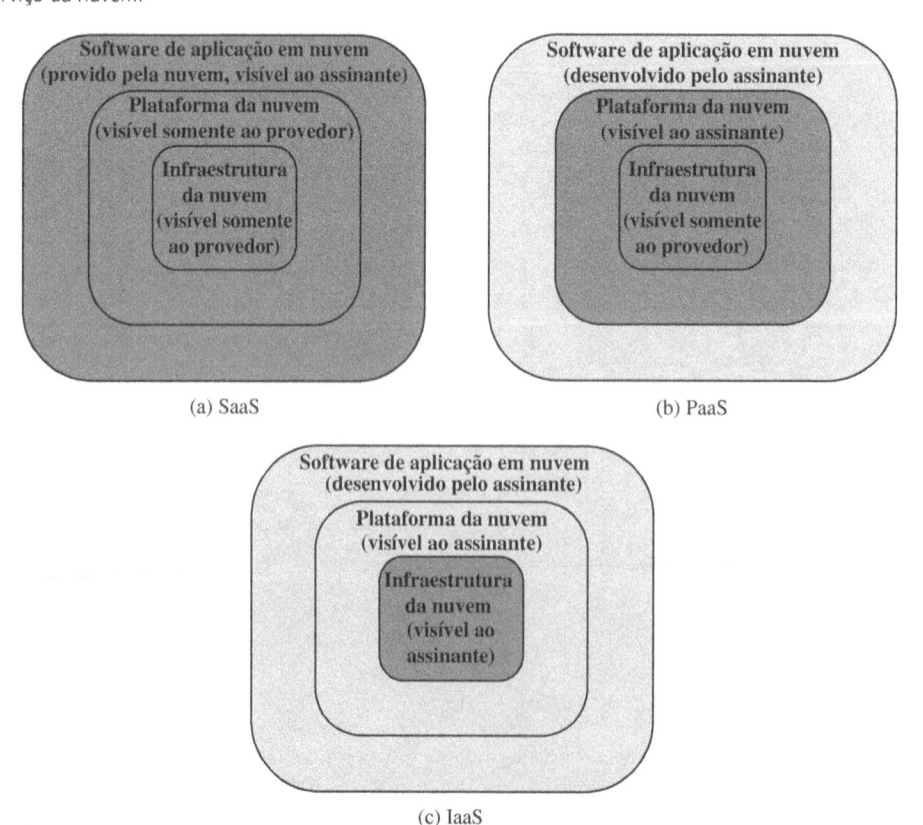

(a) SaaS
- Software de aplicação em nuvem (provido pela nuvem, visível ao assinante)
- Plataforma da nuvem (visível somente ao provedor)
- Infraestrutura da nuvem (visível somente ao provedor)

(b) PaaS
- Software de aplicação em nuvem (desenvolvido pelo assinante)
- Plataforma da nuvem (visível ao assinante)
- Infraestrutura da nuvem (visível somente ao provedor)

(c) IaaS
- Software de aplicação em nuvem (desenvolvido pelo assinante)
- Plataforma da nuvem (visível ao assinante)
- Infraestrutura da nuvem (visível ao assinante)

A NIST define quatro modelos de implantação.

- **Nuvem pública:** a infraestrutura da nuvem fica disponível ao público geral ou ao grupo da grande indústria, além de ser de propriedade da organização que vende serviços em nuvem. O provedor de nuvem é responsável tanto pela infraestrutura da nuvem como pelo controle de dados e pelas operações dentro dela. A principal vantagem da nuvem pública é o custo. A organização que assina paga somente pelos serviços e recursos de que precisa e pode ajustá-los conforme for preciso. Ademais, o assinante reduz bastante a despesa geral de gerenciamento. A preocupação principal é com a segurança. Todavia, existe uma série de nuvens públicas que demonstraram um forte controle de segurança e, de fato, tais provedores podem ter mais recursos e expertise para dedicar à segurança que estaria disponível na nuvem privada.
- **Nuvem privada:** uma nuvem privada é uma infraestrutura de nuvem implementada dentro de um ambiente de TI interno da organização. A organização pode escolher administrar a nuvem por si ou contratar a função de gerenciamento terceirizada. Além disso, os servidores da nuvem e os dispositivos de armazenamento podem existir dentro ou fora da instalação. O motivo fundamental para optar por uma nuvem privada é a segurança. A infraestrutura da nuvem privada oferece controles mais rigorosos sobre a localização geográfica do armazenamento de dados e outros aspectos de segurança.
- **Nuvem comunitária:** uma nuvem comunitária compartilha características das nuvens públicas e privadas. Como uma nuvem privada, uma nuvem comunitária não está aberta a qualquer assinante. Como uma nuvem pública, os recursos da nuvem são compartilhados entre uma série de organizações independentes. As organizações que compartilham a nuvem comunitária têm requisitos similares e, em geral, uma necessidade de trocar dados umas com as outras. Um exemplo de um segmento que está explorando o conceito de nuvem comunitária é o ramo da assistência médica. Uma nuvem comunitária pode ser implementada para obedecer a privacidade governamental e outras regulações. Os participantes da comunidade podem trocar dados de um modo controlado. A infraestrutura da nuvem pode ser gerenciada pelas organizações participantes ou por um terceiro e pode existir dentro ou fora da instalação. Nesse modelo de implantação, os custos são divididos entre menos usuários do que com a nuvem pública (porém mais do que com a nuvem privada), então apenas alguns dos potenciais aspectos de economia de custo da computação em nuvem são alcançados.
- **Nuvem híbrida:** a infraestrutura da nuvem é uma composição de duas ou mais nuvens (privada, comunitária ou pública) que permanecem como entidades únicas, mas são acopladas pela tecnologia padronizada ou de propriedade que possibilita a portabilidade de dados e aplicações (por exemplo, expansão da nuvem para o balanceamento de cargas entre as nuvens). Com uma solução de nuvem híbrida, a informação sensível pode ser colocada em uma área privada da nuvem, e os dados menos sensíveis podem ganhar vantagem de custo-benefício da nuvem pública.

A Figura 17.14 apresenta o contexto típico do serviço de nuvem. Uma empresa mantém estações de trabalho dentro de uma LAN corporativa ou um conjunto de LANs, que é conectada por um roteador por meio de uma rede ou da internet ao provedor de serviço de nuvem. O provedor de serviço de nuvem mantém uma extensa coleção de servidores, que são administrados com uma série de gerenciamentos de rede, redundância e ferramentas de segurança. Nesta figura, a infraestrutura da nuvem é mostrada como uma coleção de servidores *blade*, que é uma arquitetura comum.

Arquitetura de referência em computação em nuvem

A NIST SP 500-292 (*NIST Cloud Computing Reference Architecture*) estabelece uma arquitetura de referência, descrita do seguinte modo:

> A arquitetura de referência em computação em nuvem da NIST tem como foco os requisitos de "o quê" os serviços de nuvem proporcionam, não "como" desenvolvem soluções e implementações. A arquitetura de referência tem por objetivo facilitar a compreensão das complexidades operacionais na computação em nuvem. Isso não representa a arquitetura de um sistema de computação em nuvem específico; em vez disso, é uma ferramenta para descrever, discutir e desenvolver uma arquitetura específica do sistema, que use uma estrutura comum de referência.

A NIST desenvolveu a arquitetura de referência com os seguintes objetivos em mente:

- Ilustrar e entender os diversos serviços de nuvem no contexto de um modelo conceitual e geral da computação em nuvem.

Figura 17.14
Contexto da computação em nuvem.

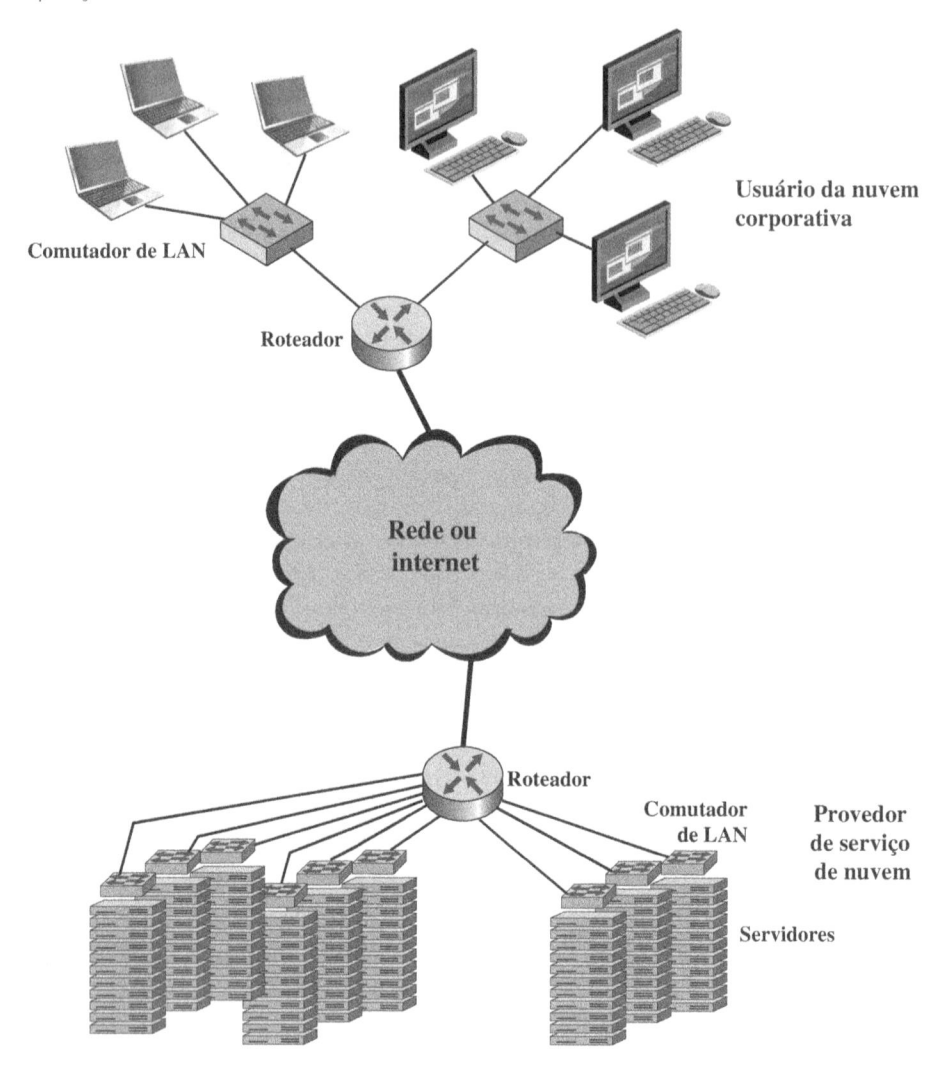

- Fornecer uma referência técnica para os consumidores entenderem, discutirem, categorizarem e compararem os serviços de nuvem.
- Facilitar a análise de candidatos a padrões para segurança, interoperabilidade, bem como portabilidade e implementações de referência.

A arquitetura de referência, descrita na Figura 17.15, define os cinco maiores atores em termos de papéis e responsabilidades:

- **Consumidor de nuvem:** indivíduo ou organização que mantém uma relação de negócio com provedores da nuvem e usa seus serviços.
- **Provedor de nuvem (CP — do inglês, *Cloud Provider*):** indivíduo, organização ou entidade responsável por tornar um serviço disponível às partes interessadas.
- **Auditor de nuvem:** alguém que pode conduzir avaliação independente dos serviços de nuvem, operações do sistema de informação e desempenho, além de segurança da implementação da nuvem.
- **Agente de nuvem:** entidade que administra o uso, o desempenho e a entrega dos serviços de nuvem, além de negociar as relações entre CPs e consumidores da nuvem.
- **Operador de nuvem:** intermediário que proporciona conectividade e transporte dos serviços de nuvem dos CPs para os consumidores da nuvem.

Figura 17.15
Arquitetura de referência de computação em nuvem NIST.

Os papéis do consumidor e do provedor da nuvem já foram discutidos. Para resumir, um **provedor de nuvem** pode fornecer um ou mais serviços de nuvem para atender os requisitos de TI e de negócios dos **consumidores da nuvem**. Para cada um dos três modelos de serviço (SaaS, PaaS, IaaS), o CP proporciona o armazenamento e as facilidades de processamento necessárias para apoiar esse modelo de serviço, junto à interface da nuvem para os consumidores de serviço de nuvem. Para SaaS, o CP implanta, configura, mantém e atualiza a operação das aplicações de software na infraestrutura de nuvem, de modo que os serviços são providos em níveis de serviço esperados para os consumidores da nuvem. O consumidor de SaaS pode ser organizações que proporcionam a seus membros acessos aos aplicativos de software, usuários finais que usam diretamente aplicativos de software ou administradores de aplicativo de software que configuram os aplicativos para usuários finais.

Para PaaS, o CP gerencia a infraestrutura computacional para a plataforma e executa o software de nuvem que proporciona os componentes da plataforma, como pilha de execução de software de tempo de execução, base de dados e outros componentes de *middleware*. Os consumidores da nuvem da PaaS podem empregar as ferramentas e os recursos de execução fornecidos pelo CP para desenvolver, testar, implantar e administrar os aplicativos hospedados no ambiente da nuvem.

Para IaaS, o CP adquire os recursos de computação física inerentes ao serviço, incluindo os servidores, as redes, o armazenamento e a infraestrutura de hospedeiro. O consumidor de nuvem do IaaS, por outro lado, usa esses recursos de computação, como computador virtual, para suas necessidades computacionais básicas.

O **operador de nuvem** é uma facilidade de rede que proporciona conectividade e transporte dos serviços de nuvem entre consumidores de nuvem e CPs. Em geral, um CP vai estabelecer os acordos de níveis de serviço — SLAs (em inglês, *Service Level Agreements*) — com um operador de nuvem para proporcionar serviços compatíveis com o nível de SLAs oferecido aos consumidores da nuvem, e podem requerer que um operador de nuvem forneça conexões dedicadas e seguras entre consumidores de nuvem e CPs.

Um **agente de nuvem** é usado quando os serviços de nuvem são muito complexos para um consumidor de nuvem administrar com facilidade. Um agente de nuvem pode oferecer três áreas de suporte:

- **Intermediação de serviço:** são serviços que adicionam valor, como gerenciamento de identidade, relatório de desempenho e aumento da segurança.
- **Agregação de serviço:** o agente combina diversos serviços de nuvem para atender às necessidades dos consumidores não endereçadas especificamente por um único CP ou ainda otimiza o desempenho ou diminui o custo.
- **Arbitragem de serviço:** é semelhante à agregação de serviço, exceto porque os serviços agregados não são fixos. A arbitragem de serviços significa que um agente tem a flexibilidade de escolher os serviços a partir de diversas agências. O agente de nuvem, por exemplo, pode usar um serviço de pontuação de crédito para medir e selecionar uma agência com melhor pontuação.

Um **auditor de nuvem** pode analisar os serviços proporcionados por um CP em termos de controle de segurança, impacto da privacidade, desempenho, e assim por diante. O auditor é uma entidade independente que pode assegurar que o CP está em conformidade com uma série de padrões.

17.8 TERMOS-CHAVE, QUESTÕES DE REVISÃO E PROBLEMAS

Acesso não uniforme à memória (NUMA), 544	Failback, 541	Operador de nuvem, 551
Acesso uniforme à memória (UMA), 544	Failover, 541	Plataforma como um serviço (PaaS), 548
Agente de nuvem, 551	Infraestrutura como um serviço (IaaS), 548	Protocolo de diretório, 531
Agregação de serviço, 551	Intermediação de serviço, 551	Protocolo de monitoração, 531
Arbitragem de serviço, 551	Multiprocessador, 524	Protocolo MESI, 532
Auditor de nuvem, 552	Multiprocessador simétrico (SMP), 525	Provedor de nuvem, 550
Cluster, 539	Nuvem comunitária, 549	Secundário ativo, 541
Coerência de cache, 530	Nuvem híbrida, 549	Secundário passivo, 539
Computação em nuvem, 547	Nuvem privada, 549	Software como um serviço (SaaS), 548
Consumidor de nuvem, 550	Nuvem pública, 549	Uniprocessador, 524

QUESTÕES DE REVISÃO

17.1. Relacione e defina brevemente três tipos de organização de sistemas computacionais.
17.2. Quais são as principais características de um SMP?
17.3. Quais são algumas vantagens potenciais de um SMP em comparação com um uniprocessador?
17.4. Quais são algumas das principais questões a respeito de projeto de um sistema operacional para um SMP?
17.5. Qual é a diferença entre esquemas de coerência de cache por software e por hardware?
17.6. Qual é o significado de cada um dos quatro estados no protocolo MESI?
17.7 Quais são alguns dos principais benefícios de *clusters*?
17.8 Qual é a diferença entre *failover* e *failback*?
17.9 Quais são as diferenças entre UMA, NUMA e CC-NUMA?
17.10 O que é a arquitetura de referência em computação em nuvem?

PROBLEMAS

17.1. Seja α a porcentagem do código do programa que pode ser executada simultaneamente por n processadores em um sistema de computação. Suponha que o código restante deva ser executado sequencialmente por um único processador. Cada processador tem uma taxa de execução de x MIPS.
  c. Derive uma expressão para a taxa MIPS efetiva quando usado o sistema para execução exclusiva desse programa, em termos de n, α e x.
  d. Se $n = 16$ e $x = 4$ MIPS, determine o valor de α que produzirá um desempenho de sistema de 40 MIPS.
17.2. Um multiprocessador com oito processadores possui 20 unidades de fitas ligadas a ele. Há um grande número de trabalhos submetidos ao sistema, em que cada um deles requer um máximo de quatro unidades de fitas para completar a execução. Suponha que cada trabalho inicie a execução com apenas três unidades de fitas por um período longo antes de requerer a quarta fita por um período curto próximo do fim da operação. Suponha também um fornecimento infinito desses trabalhos.

a. Suponha que o escalonador do SO não iniciará um trabalho sem que haja quatro unidades de fitas disponíveis. Quando um trabalho é iniciado, quatro unidades são atribuídas imediatamente e não são liberadas até que o trabalho termine. Qual é o número máximo de trabalhos que podem estar em progresso ao mesmo tempo? Quais são os números mínimo e máximo de unidades de fita que podem estar ociosos como resultado dessa estratégia?

b. Sugira uma política alternativa para melhorar a utilização da unidade de fita e, ao mesmo tempo, evitar *deadlock* do sistema. Qual é o número máximo de trabalhos que podem estar em progresso ao mesmo tempo? Quais são os limites do número de fitas ociosas?

17.3. Você consegue ver algum problema com a abordagem de cache escrever-uma-vez (*write once*) em multiprocessadores baseados em barramento? Se sim, sugira uma solução.

17.4. Considere uma situação em que dois processadores em uma configuração SMP, ao longo do tempo, requerem acesso à mesma linha de dados da memória principal. Ambos possuem cache e usam protocolo MESI. Inicialmente, as duas caches possuem uma cópia inválida da linha. A Figura 17.16 ilustra a consequência de uma leitura da linha x pelo processador P1. Se este for o começo da sequência de acessos, desenhe as figuras subsequentes para a seguinte sequência:

8. P2 lê x.
9. P1 escreve em x (para ficar mais claro, marque a linha na cache do P1 como x').
10. P1 escreve em x (marque a linha na cache do P1 como x").
11. P2 lê x.

17.5. A Figura 17.17 mostra um diagrama de estados de dois protocolos possíveis para a coerência de cache. Deduza e explique cada protocolo e compare-os com o protocolo MESI.

17.6. Considere um SMP com caches L1 e L2 usando protocolo MESI. Conforme explicado na Seção 17.3, um dos quatro estados é associado com cada linha da cache L2. Todos os quatro estados também são necessários para cada linha da cache L1? Se sim, por quê? Se não, explique quais estados podem ser excluídos.

17.7. Uma versão anterior do mainframe da IBM, S/390 G4, usava três níveis de cache. Assim como no z990, apenas o primeiro nível estava no chip do processador, chamado de unidade de processamento (PU). A cache L2 também era parecida com a do z990. Uma cache L3 estava em um chip separado que agia como um controlador de memória e estava interposto entre as caches L2 e os cartões de memória. A Tabela 17.3 mostra o desempenho de uma disposição de cache em três níveis para o IBM S/390. O propósito desse problema é determinar se a inclusão de um terceiro nível de cache vale a pena. Determine

Figura 17.16

Exemplo de protocolo MESI: processador 1 lê a linha x.

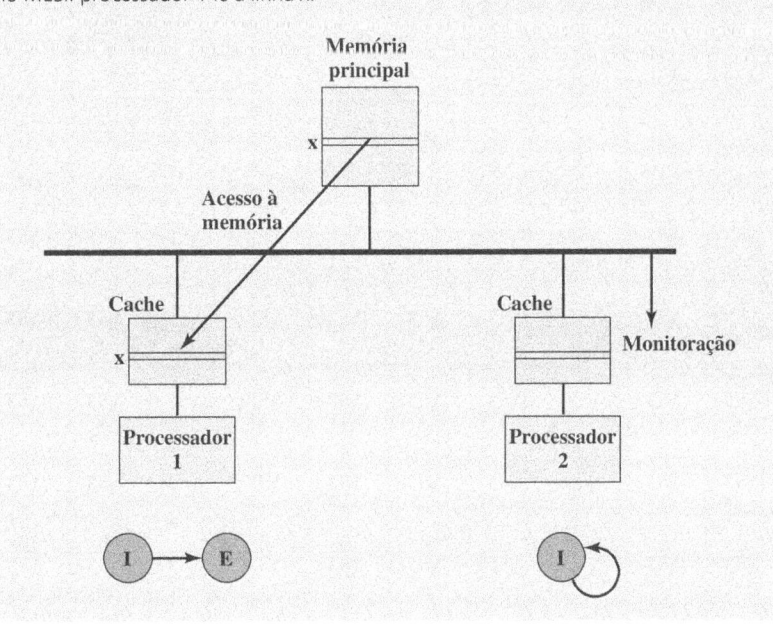

a penalidade de acesso (número médio de ciclos de CPU) para um sistema com apenas uma cache L1 e normalize esse valor para 1.0. Determine então a penalidade de acesso normalizado quando caches L1 e L2 são usadas e a penalidade de acesso quando todas as três caches são usadas. Observe a quantidade de melhoria em cada caso e dê a sua opinião sobre o valor da cache L3.

17.8. **a.** Considere um uniprocessador com caches separadas de dados e instruções, com taxa de acertos H_d e H_i, respectivamente. O tempo de acesso do processador à cache é de c ciclos de *clock*, e o tempo de transferência para um bloco entre memória e cache é de b ciclos de *clock*. Seja f_i a fração de acessos à memória que são para as instruções e seja f_d a fração de linhas que devem ser atualizadas (*dirty line*) na cache de dados entre as linhas substituídas. Suponha a política *write back* e determine o tempo efetivo de acesso à memória em termos dos parâmetros que acabamos de definir.

b. Suponha agora um SMP baseado em barramento em que cada processador tem características da parte (a). Cada processador deve lidar com invalidação de cache além das leituras e escritas de memória. Isso afeta o tempo efetivo de acesso à memória. Seja f_{inv} a fração de referências de dados que fazem com que sinais de invalidação sejam enviados para outras caches de dados. Para o processador enviar sinais, são necessários t ciclos de *clock* para completar a operação da invalidação. Outros processadores não são envolvidos na operação da invalidação. Determine o tempo efetivo de acesso à memória.

17.9. Qual alternativa organizacional é sugerida por cada uma das ilustrações na Figura 17.18?

17.10. Na Figura 17.7, alguns dos diagramas mostram linhas horizontais preenchidas parcialmente. Em outros casos, há linhas totalmente vazias. Isso representa dois tipos diferentes de perda da eficiência. Explique.

Figura 17.17
Dois protocolos de coerência de cache.

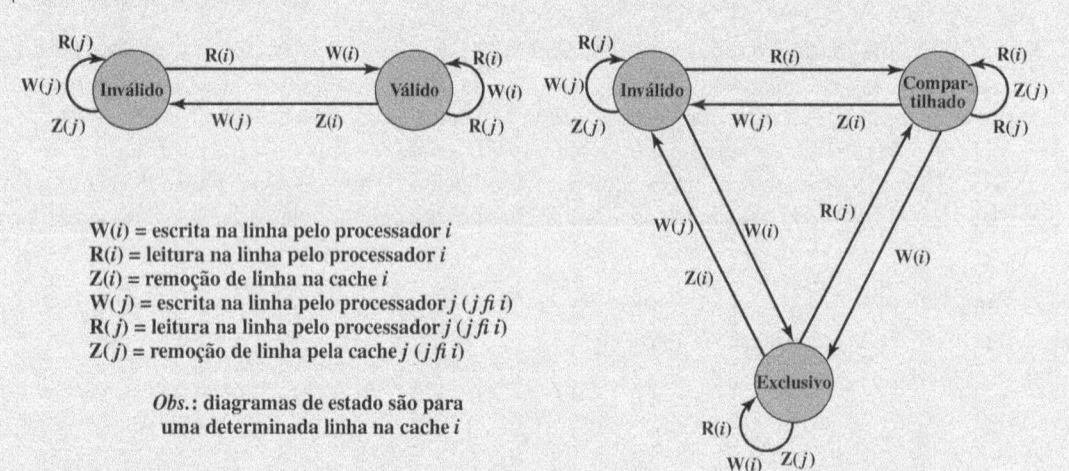

$W(i)$ = escrita na linha pelo processador i
$R(i)$ = leitura na linha pelo processador i
$Z(i)$ = remoção de linha na cache i
$W(j)$ = escrita na linha pelo processador j ($j \neq i$)
$R(j)$ = leitura na linha pelo processador j ($j \neq i$)
$Z(j)$ = remoção de linha pela cache j ($j \neq i$)

Obs.: diagramas de estado são para uma determinada linha na cache i

Tabela 17.3
Taxa típica de acerto de cache na configuração S/390 SMP (MAK et al., 1997).

Subsistema de memória	Penalidade de acesso (ciclos de PU)	Tamanho de cache	Taxa de acerto (%)
Cache L1	1	32 kB	89
Cache L2	5	256 kB	5
Cache L3	14	2 MB	3
Memória	32	8 GB	3

Figura 17.18
Diagrama para o Problema 17.9.

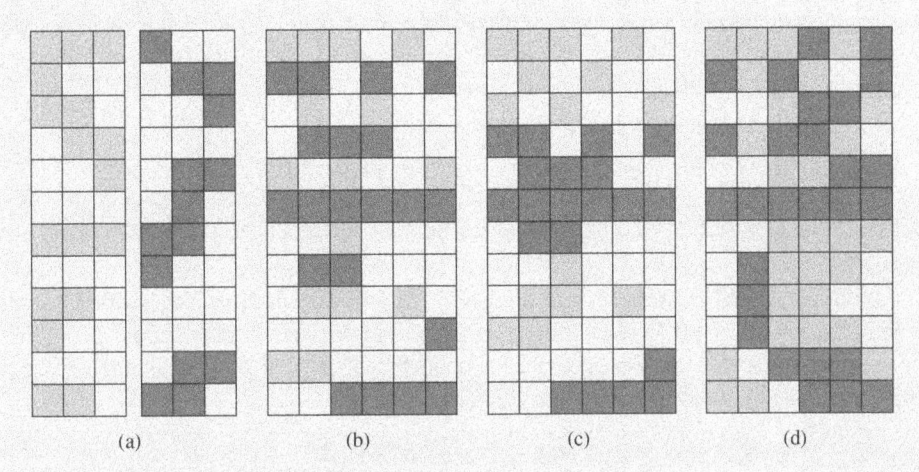

(a)　　(b)　　(c)　　(d)

17.11. Considere o desenho do pipeline na Figura 14.13b, o qual é redesenhado na Figura 17.19a, em que os estágios de busca e decodificação são ignorados, para representar a execução do *thread* A.

A Figura 17.19b ilustra a execução do *thread* B separada. Em ambos os casos, um processador com pipeline simples é usado.

  a. Mostre um diagrama de envio de instruções, semelhante à Figura 17.7a, para cada um dos dois *threads*.
  b. Suponha que dois *threads* estão para ser executados em paralelo em um chip multiprocessador, em que cada um dos dois processadores do chip usa um pipeline simples. Mostre um diagrama de emissão de instruções semelhante à Figura 17.7k. Mostre também um diagrama de execução de pipeline no estilo da Figura 17.19.
  c. Suponha uma arquitetura superescalar de envio dupla. Repita a parte (b) para uma implementação superescalar *multithread* intercalado, supondo que não haja nenhuma dependência de dados.

Obs.: não há uma resposta única; você precisa fazer suposições a respeito de latências e prioridades.

Figura 17.19
Dois *threads* de execução.

Ciclo

(a)

	CO	FO	EI	WO
1	A1			
2	A2	A1		
3	A3	A2	A1	
4	A4	A3	A2	A1
5	A5	A4	A3	A2
6				A3
7				
8	A15			
9	A16	A15		
10		A16	A15	
11			A16	A15
12				A16

(b)

	CO	FO	EI	WO
1	B1			
2	B2	B1		
3	B3	B2	B1	
4	B4	B3	B2	B1
5			B3	B2
6				B3
7	B5	B4		
8	B6	B5	B4	
9	B7	B6	B5	B4
10		B7	B6	B5
11			B7	B6
12				B7

d. Repita a parte (c) para uma implementação superescalar *multithread* bloqueado.

e. Repita para uma arquitetura SMT com quatro envios.

17.12. Uma aplicação é executada em um *cluster* de nove computadores. Um programa que mede desempenho levou um tempo *T* nesse *cluster*. Depois foi descoberto que 25% de *T* foi o tempo durante o qual a aplicação estava executando simultaneamente em todos os nove computadores. No tempo restante, a aplicação teve de executar em um único computador.

a. Calcule o aumento efetivo de velocidade sob a condição anterior quando comparado à execução do programa em um único computador. Calcule também α, a porcentagem de código que foi paralelizada (programada ou compilada de tal forma que utilize o modo *cluster*) no programa anterior.

b. Suponha que somos capazes de usar efetivamente 17 computadores em vez de 9 na parte paralelizada do código. Calcule o aumento de velocidade efetivo que é alcançado.

17.13. O seguinte programa FORTRAN está para ser executado em um computador e uma versão paralelizada está para ser executada em um *cluster* de 32 computadores.

```
L1:            DO 10 I = 1, 1024
L2:                SUM(I) = 0
L3:                DO 20 J = 1,I
L4:      20            SUM(I) = SUM(I) + I
L5:      10    CONTINUE
```

Suponha que as linhas 2 e 4 levem, cada uma, dois ciclos de máquina, incluindo todas as atividades do processador e acesso à memória. Ignore a sobrecarga causada pelo controle do software sobre loops (linhas 1, 3, 5) e todas as outras sobrecargas do sistema e os conflitos de recursos.

a. Qual é o tempo total de execução (em número de ciclos de máquina) do programa em um único computador?

b. Divida as iterações do loop I entre 32 computadores da seguinte forma: computador 1 executa as primeiras 32 iterações (I = 1 até 32), processador 2 executa as próximas 32 alterações, e assim por diante. Quais são os fatores de aumento de velocidade e tempo de execução quando comparado com a parte (a)? (Observe que a carga computacional, ditada pelo loop J, não está equilibrada entre os computadores.)

c. Explique como modificar o paralelismo para facilitar uma execução paralela balanceada de toda a carga computacional através de 32 computadores. Uma carga balanceada significa aqui que um número igual de adições é atribuído para cada computador com respeito a ambos os loops.

d. Qual é o tempo mínimo de execução resultante da execução paralela em 32 computadores? Qual é o aumento de velocidade resultante em relação a um único computador?

17.14. Considere duas versões de um programa para somar dois vetores:

```
L1:         DO 10 I = 1, N              DOALL K = 1, M
L2:            A(I) = B(I) + C(I)           DO 10 I = L(K − 1)+1,   KL
L3: 10      CONTINUE                            A(I) = B(I)+C(I)
L4:         SUM = 0                    10 CONTINUE
L5:         DO 20 J = 1, N                SUM(K) = 0
L6:            SUM = SUM + A(J)           DO 20 J = 1, L
L7: 20      CONTINUE                         SUM(K) = SUM(K) + A(L(K-1)+J)
                                       20 CONTINUE
                                          ENDALL
```

a. O programa da esquerda executa em um uniprocessador. Suponha que cada linha de código L2, L4 e L6 leve um ciclo de *clock* do processador para executar. Para simplificar, ignore o tempo necessário para outras linhas de código. Inicialmente, todas as matrizes já estão carregadas na memória principal e o pequeno pedaço do programa está na cache de instruções. Quantos ciclos de *clock* são necessários para executar esse programa?

b. O programa da direita é escrito para executar em um multiprocessador com M processadores. Particionamos as operações de iteração em seções M com $L = N/M$ elementos por seção. DOALL declara que todas as seções M são executadas em paralelo. O resultado desse programa é produzir M somas parciais. Suponha que k ciclos de *clock* são necessários para cada operação de comunicação entre processadores através da memória compartilhada e que, por isso, a adição de cada soma parcial requer k ciclos. Uma árvore binária de soma de l níveis pode juntar todas as somas parciais, em que $l = \log_2 M$. Quantos ciclos são necessários para produzir a soma final?

c. Suponha $N = 2^{20}$ elementos na matriz e $M = 256$. Qual é o aumento de velocidade obtido com uso do multiprocessador? Suponha $k = 200$. Qual é a porcentagem do aceleramento teórico de velocidade de um fator de 256?

COMPUTADORES MULTICORE

18.1 QUESTÕES SOBRE DESEMPENHO DO HARDWARE
Aumento no paralelismo e na complexidade
Consumo de energia

18.2 QUESTÕES SOBRE DESEMPENHO DO SOFTWARE
Software em multicore
Exemplo de aplicação: software de jogo da Valve

18.3 ORGANIZAÇÃO MULTICORE
Níveis de cache
Multithreading simultâneo

18.4 ORGANIZAÇÃO MULTICORE HETEROGÊNEA
Arquiteturas de conjunto de instruções diferentes
Arquiteturas de conjunto de instruções equivalentes
Coerência de cache e o modelo MOESI

18.5 INTEL CORE i7-990X

18.6 ARM CORTEX-A15 MPCORE
Tratamento de interrupção
Coerência de cache
Coerência de cache L2

18.7 MAINFRAME DO zENTERPRISE EC12 DA IBM
Organização
Estrutura de cache

18.8 TERMOS-CHAVE, QUESTÕES DE REVISÃO E PROBLEMAS

OBJETIVOS DE APRENDIZAGEM

Após ler este capítulo, você será capaz de:

▶ Compreender as questões de desempenho do hardware que direcionaram o movimento para os computadores multicore.
▶ Entender as questões de desempenho do software colocadas pelo uso dos computadores multicore com *multithread*.
▶ Apresentar uma visão geral das duas abordagens principais para a organização multicore heterogênea.
▶ Ter uma introdução do uso da organização multicore em sistemas embarcados, PCs, servidores e mainframes.

Um **processador multicore**, também conhecido como **chip multiprocessador**, combina duas ou mais unidades de processador (chamadas de *cores*) em uma peça única de silício (chamada de pastilha — *die*, em inglês). Em geral, cada *core* consiste em todos os componentes de um processador independente, como registradores, unidade lógica e aritmética (ALU), hardware de pipeline e unidade de controle, mais caches L1 de dados e de instruções. Além de vários *cores*, os chips multicore atuais incluem também cache L2 e, em alguns casos, cache L3. Os processadores multicore com maiores taxas de integração, chamados de sistemas no chip (SoCs, em inglês, *Systems on Chip*), também incluem memória e controladores de periféricos.

Este capítulo proporciona uma visão geral de sistemas multicore. Começamos com uma análise sobre fatores de desempenho do hardware que levaram ao desenvolvimento de computadores multicore e os desafios do software de explorar o poder de um sistema multicore. A seguir, analisamos a organização multicore. Por fim, examinamos três exemplos de produtos multicore, que cobrem computadores pessoais (PCs), sistemas de estação de trabalho (Intel), sistemas embarcados (ARM) e mainframes (IBM).

18.1 QUESTÕES SOBRE DESEMPENHO DO HARDWARE

Como já foi discutido no Capítulo 2, os sistemas com microprocessadores tiveram, por décadas, um crescimento contínuo no desempenho de execução. Esse aumento é devido a uma série de fatores, inclusive aumento na frequência de *clock*, aumento na densidade de transistores e nos refinamentos na organização do processador no chip.

Aumento no paralelismo e na complexidade

As mudanças organizacionais no projeto dos processadores se concentraram, em primeiro lugar, no aumento do paralelismo em nível de instruções (ILP — do inglês, *Instruction-Level Parallelism*), para que mais trabalho possa ser feito em cada ciclo de *clock*. Essas mudanças incluem, em ordem cronológica (Figura 18.1):

- **Pipeline**: instruções individuais são executadas por um pipeline de estágios, de tal forma que, durante a execução de uma instrução em um estágio do pipeline, outra instrução é executada em outro estágio do pipeline.
- **Superescalar**: vários pipelines são construídos pela replicação de recursos de execução. Isso possibilita a execução paralela de instruções em pipelines paralelos, assim que os *hazards* são evitados.
- *Multithreading* **simultâneo (SMT)**: bancos de registradores são expandidos, de modo que vários *threads* possam compartilhar o uso dos recursos do pipeline.

Para cada uma dessas inovações, os projetistas tentaram, ao longo dos anos, aumentar o desempenho do sistema acrescentando complexidade. No caso do uso de pipeline, pipelines simples de três estágios foram substituídos pelos de cinco estágios. O *core* "Prescott" do Pentium 4 da Intel tem 31 estágios para algumas instruções.

Há um limite prático para até onde essa tendência pode ser levada porque, com mais estágios, há necessidade de mais lógica, mais interconexões e mais sinais de controle.

Com a organização superescalar, aumentos de desempenho podem ser alcançados ao se aumentar o número de pipelines paralelos. De novo, o retorno diminui à medida que o número de pipelines aumenta. Mais lógica é necessária para gerenciar os *hazards* e para organizar os recursos de instruções. Eventualmente, um único *thread* de execução alcança o ponto onde os *hazards* e as dependências de recursos impedem o uso total dos vários pipelines disponíveis. Além disso, o código binário compilado raramente expõe um ILP suficiente para obter vantagem de mais do que cerca de seis pipelines paralelos.

Esse mesmo ponto da diminuição de retornos acontece com o SMT, à medida que a complexidade de gerenciar vários *threads* por meio de um conjunto de pipelines limita o número de *threads* e o número de pipelines que podem ser usados de modo efetivo. A vantagem do SMT reside no fato de que os dois (ou mais) fluxos do programa podem ser pesquisados para o ILP disponível.

Há um conjunto de problemas relatado que trata de questões relacionadas ao projeto e à fabricação de chips de computadores. O aumento na complexidade para lidar com todas as questões de lógica relacionadas com pipelines muitos longos, vários pipelines superescalares e vários bancos de registradores SMT significa que uma grande área do chip é ocupada com lógica de coordenação e transferência de sinais. Isso aumenta a dificuldade de projeto, a fabricação e a depuração de chips. O difícil e crescente desafio de engenharia relacionado à lógica do processador é uma das razões do aumento de uma parte do chip dedicada à lógica de memória mais simples. Questões de energia, discutidas a seguir, dão outra razão.

Figura 18.1

Organizações alternativas de chip.

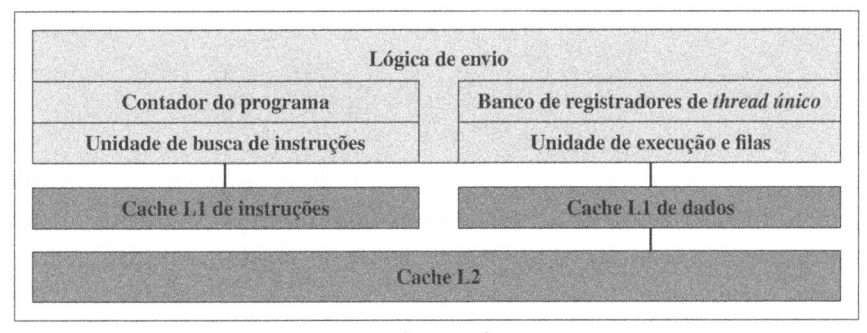

(a) Superescalar

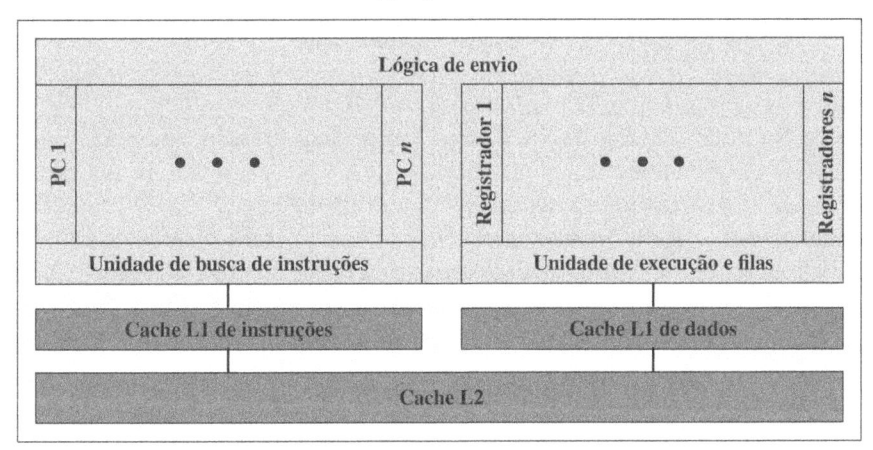

(b) *Multithreading* simultâneo

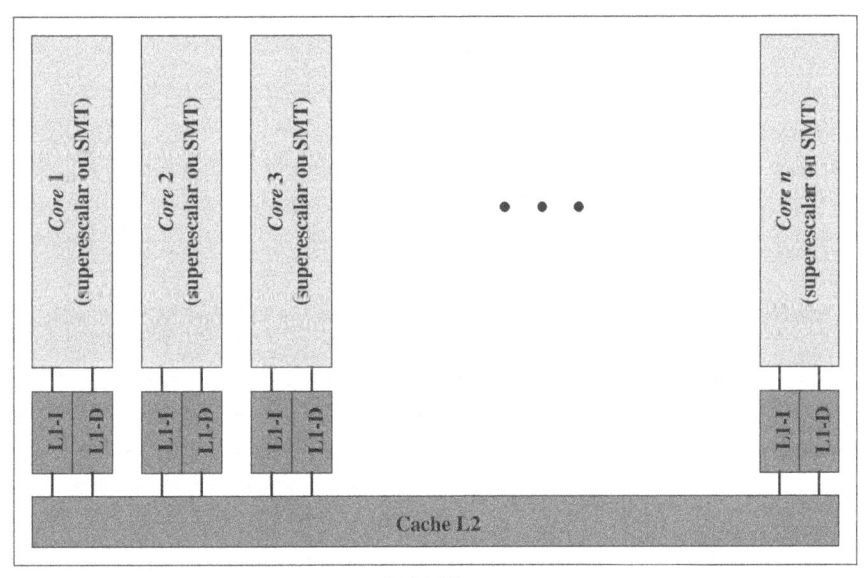

(c) Multicore

Consumo de energia

Para manter a tendência de desempenho mais alto, com o aumento do número de transistores por chip, os projetistas recorreram aos projetos de processadores mais elaborados (pipeline, superescalar, SMT) e às altas frequências de *clock*. Infelizmente, requisitos de energia cresceram exponencialmente à medida que aumentaram a densidade e a frequência de *clock* do chip. Isso é mostrado na Figura 2.2.

Figura 18.2

Considerações sobre energia e memória.

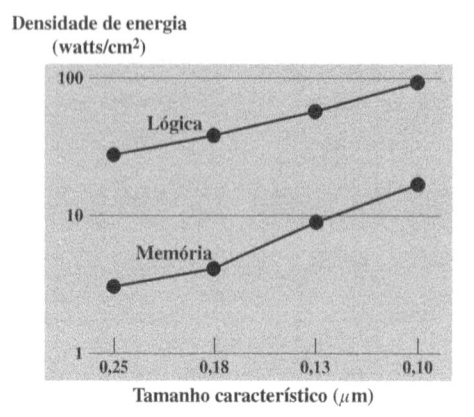

Uma maneira de controlar a densidade de energia é usar mais área do chip para a memória cache. Os transistores de memória são menores e têm uma densidade de energia em ordem de magnitude menor do que os da lógica (veja Figura 18.2). Conforme a densidade do transistor aumentou, a porcentagem da área de chip dedicada à memória cresceu, e agora frequentemente consiste em metade da área do chip. Mesmo assim, há ainda uma quantidade considerável da área do chip dedicada à lógica do processamento.

Como usar todos esses transistores lógicos é um ponto-chave do projeto. Conforme discutido anteriormente nesta seção, existe um limite para o uso efetivo de tais técnicas como superescalar e SMT. Em termos gerais, a experiência das décadas recentes foi definida por uma regra conhecida como **regra de Pollack** (POLLACK, 1999), que diz que o aumento de desempenho é diretamente proporcional à raiz quadrada do aumento de complexidade. Em outras palavras, se você dobrar a lógica em um *core* do processador, ele apresenta apenas 40% a mais de desempenho. A princípio, o uso de vários *cores* tem o potencial para fornecer um aumento de desempenho quase linear com o aumento no número de *cores* — mas somente para um software que possa tirar vantagem disso.

As considerações sobre energia são outro motivo para seguir em direção a uma organização multicore. Como o chip tem tanta quantidade de memória cache, torna-se improvável que um único *thread* de execução possa efetivamente usar toda essa memória. Mesmo com SMT, o *multithreading* é feito de forma relativamente limitada e não pode, portanto, explorar totalmente uma cache gigantesca, enquanto um número de *threads* ou processos relativamente independentes tem maior oportunidade de obter total vantagem da memória cache.

18.2 QUESTÕES SOBRE DESEMPENHO DO SOFTWARE

Uma análise mais detalhada sobre as questões de desempenho do software relacionadas à organização multicore está além do nosso escopo. Nesta seção, primeiro fornecemos uma visão geral dessas questões e depois analisamos um exemplo de uma aplicação projetada para explorar capacidades multicore.

Software em multicore

Os benefícios potenciais de desempenho de uma organização multicore dependem da habilidade de explorar efetivamente os recursos paralelos disponíveis para a aplicação. Vamos focar primeiro em uma única aplicação executando em um sistema multicore. Lembre-se do Capítulo 2 de que a lei de Amdahl afirma que:

$$\text{Aumento de velocidade} = \frac{\text{tempo para executar o programa em um único processador}}{\text{tempo para executar o programa em } N \text{ processadores paralelos}}$$

$$= \frac{1}{(1-f) + \dfrac{f}{N}} \tag{18.1}$$

A lei supõe um programa no qual uma fração (1 – *f*) do tempo de execução envolve o código que é inerentemente serial e uma fração *f* que envolve um código infinitamente paralelizável com nenhuma sobrecarga de escalonamento.

Essa lei surge para tornar mais atraente a possibilidade de uma organização multicore. Mas, como mostra a Figura 18.3a, até uma quantidade pequena de código serial tem um impacto evidente. Se apenas 10% do código for inerentemente serial (*f* = 0,9), executar o programa em um sistema multicore com 8 processadores produz um ganho de desempenho de um fator de apenas 4,7. Além disso, o software normalmente provoca sobrecarga como o resultado de comunicação e a distribuição de trabalho para vários processadores e sobrecarga de coerência de cache. Isso resulta em uma curva na qual o desempenho alcança picos e depois começa a degradar por causa do aumento da sobrecarga de uso de vários processadores (por exemplo, coordenação e gerenciamento do SO). A Figura 18.3b (McDOUGALL, 2005) mostra um exemplo representativo.

No entanto, engenheiros de software resolveram esse problema e existem várias aplicações em que é possível explorar efetivamente um sistema multicore. McDougall (2005) analisa a eficiência de sistemas multicore em um conjunto de aplicações de banco de dados em que foi dedicada especial atenção em reduzir a fração serial dentro de arquiteturas de hardware, sistemas operacionais, middleware e softwares de aplicação de banco de dados. A Figura 18.4 apresenta o resultado. Conforme mostra esse exemplo, os sistemas de gerenciamento

Figura 18.3
Efeito do desempenho de múltiplos *cores*.

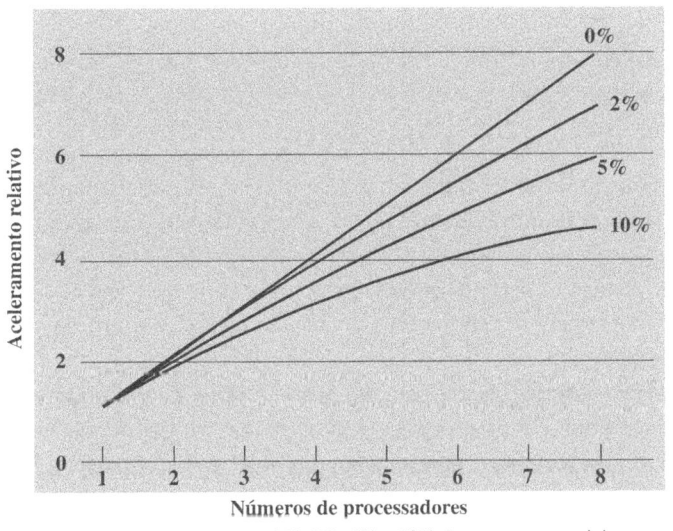

(a) Aceleramento com 0%, 2%, 5% e 10% de partes sequenciais

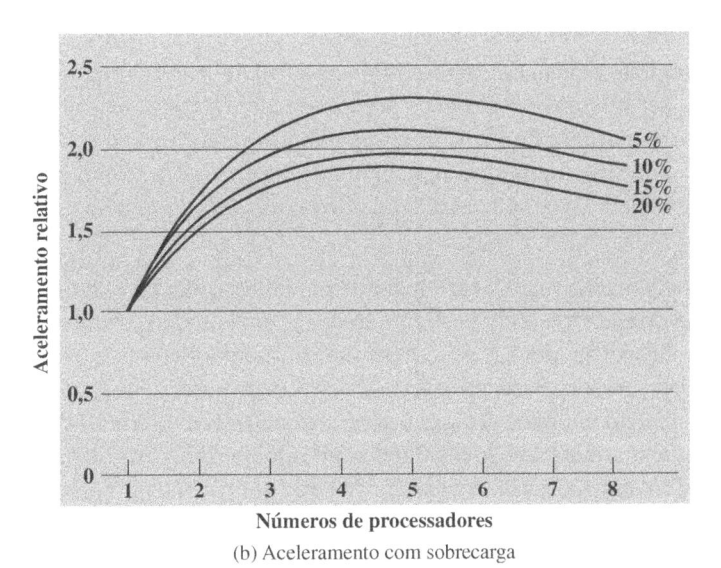

(b) Aceleramento com sobrecarga

Figura 18.4

Dimensionamento de trabalhos de bancos de dados em hardware com vários processadores.

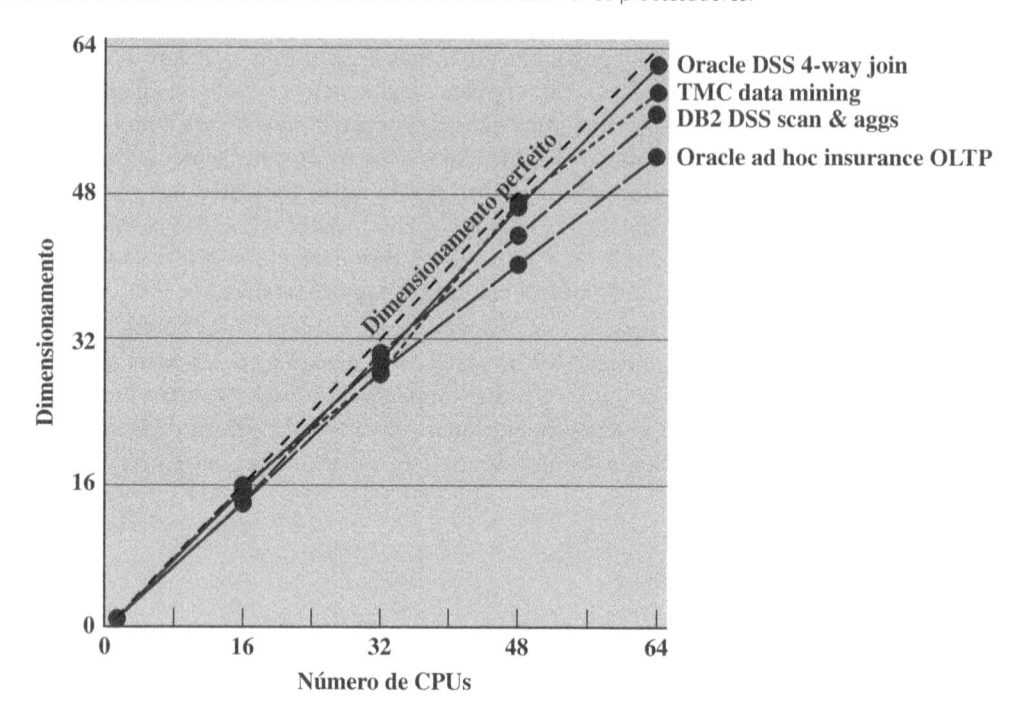

de banco de dados e aplicações de banco de dados são uma área em que os sistemas multicore podem ser usados eficientemente. Vários tipos de servidores também podem usar eficientemente uma organização multicore paralela, porque os servidores normalmente lidam com numerosas transações em paralelo, relativamente independentes.

Além do software de propósito geral para servidores, uma série de tipos de aplicações se beneficia diretamente da habilidade de dimensionar rendimento de acordo com o número de *cores*. McDougall e Laudon (2006) listam os seguintes exemplos:

- **Aplicações *multithread* nativas (paralelismo em nível de *thread*)**: aplicações *multithread* são caracterizadas por ter um pequeno número de processos com alto nível de paralelização.
- **Aplicações com múltiplos processos (paralelismo em nível de processos)**: aplicações com múltiplos processos são caracterizadas pela presença de muitos processos de *thread* única.
- **Aplicações Java**: aplicações Java aceitam *threads* de uma maneira natural. Não apenas a linguagem Java facilita muito aplicações *multithread*, mas a Máquina Virtual Java (*Java Virtual Machine*) é um processo *multithread* que permite o escalonamento e o gerenciamento de memória para aplicações Java.
- **Aplicações com múltiplas instâncias (paralelismo em nível de aplicação)**: mesmo que uma aplicação individual não possa ser dimensionada para obter vantagem de um número grande de *threads*, ainda é possível se beneficiar da arquitetura multicore executando várias instâncias da aplicação em paralelo. Se várias instâncias de aplicação requerem algum grau de isolamento, a tecnologia de virtualização (para o hardware do sistema operacional) pode ser usada para fornecer a cada uma delas o seu próprio ambiente separado e seguro.

Antes de dar um exemplo, elaboramos um tópico de paralelismo em nível de *thread* apresentando o conceito de **granularidade de *thread***, que pode ser definido como uma unidade mínima de trabalho que pode ser paralelizada de modo benéfico. Em geral, quanto mais fina a granularidade que o sistema permite, menos restrito é para o programador paralelizar um programa. Como consequência, os sistemas de granularidade mais fina possibilitam a paralelização em mais situações do que aqueles com granularidade mais grossa. A escolha da granularidade alvo de uma arquitetura envolve um equilíbrio inerente. Por outro lado, os sistemas com granulação mais fina são preferíveis por causa da flexibilidade que oferecem ao programador. Ainda assim, quanto mais fina a granularidade de *thread*, uma parte mais significativa da execução é tomada pela sobrecarga do sistema de *thread*.

Exemplo de aplicação: software de jogo da Valve

A Valve é uma empresa de entretenimento e tecnologia que desenvolveu uma série de jogos populares, assim como o motor Source, um dos motores de jogos disponíveis mais usados. Source é um motor de animação usado pela Valve para seus jogos e licenciado para outros desenvolvedores de jogos.

Nos últimos anos, a Valve reprogramou o software do motor Source para usar *multithreading* a fim de explorar a capacidade dos chips de processadores multicore da Intel e AMD (REIMER, 2006). O código revisado do motor Source fornece suporte mais poderoso para jogos da Valve, como Half Life 2.

Da perspectiva da Valve, as opções de granularidade de *threads* são definidas a seguir (HARRIS, 2006):

> ▶ ***Threads* de granularidade grossa**: módulos individuais, chamados de sistemas, são atribuídos a processadores individuais. No caso do motor Source, isso significaria colocar renderização em um processador, IA (inteligência artificial) em outro, física em outro, e assim por diante. Isso é bem direto. Basicamente, cada módulo maior é um único *thread* e a coordenação principal envolve sincronizar todos os *threads* com um *thread* da linha de tempo.
> ▶ ***Threads* de granularidade fina**: muitas tarefas semelhantes ou idênticas são espalhadas por vários processadores. Por exemplo, um loop que faz iteração sobre uma matriz de dados pode ser dividido em um número de loops menores em *threads* individuais que podem ser agendadas em paralelo.
> ▶ ***Thread* híbrida**: isso envolve o uso seletivo de *threads* de granularidade fina para alguns sistemas e *threads* únicas para outros sistemas.

A Valve concluiu que, por meio da granularidade grossa, poderia alcançar até o dobro do desempenho em dois processadores quando comparado com a execução em um único processador. Mas esse ganho de desempenho apenas poderia ser alcançado com casos artificiais. Para jogos do mundo real, a melhoria estava na ordem de um fator de 1,2. A empresa também constatou que o uso efetivo de granularidade fina era difícil. O tempo por unidade de trabalho pode ser variável, e gerenciar a linha de tempo de resultados e consequências envolvia programação complexa.

Além disso, a Valve concluiu que uma abordagem de *thread* híbrida era a mais promissora e seria mais bem dimensionada à medida que sistemas multicore com 8 ou 16 processadores se tornassem disponíveis. Ela identificou sistemas que operam com muita eficiência, sendo permanentemente atribuídos a um único processador. Um exemplo é a mixagem de som, que tem pouca interação do usuário, não é restringida pela configuração do quadro das janelas e funciona em seu próprio conjunto de dados. Outros módulos, como renderização de cenas, podem ser organizados em um número de *threads* para que o módulo possa executar em um único processador, mas que possa alcançar desempenho melhor quando é espalhado por mais e mais processadores.

A Figura 18.5 ilustra a estrutura de *threads* para o módulo de renderização. Nessa estrutura hierárquica, *threads* de níveis mais altos geram *threads* de níveis mais baixos conforme necessário. O módulo de renderização depende de uma parte importante do motor Source: a lista mundial, que é um banco de dados que representa os elementos visuais no mundo dos jogos. A primeira tarefa é determinar quais são as áreas do mundo que precisam ser renderizadas. A próxima tarefa é determinar quais objetos estão em cena conforme vistos de vários ângulos. Depois vem o trabalho intensivo do processador. O módulo de renderização tem que trabalhar a renderização de cada objeto de vários pontos de vista, como visão do jogador, visão dos monitores de TV e o ponto de vista dos reflexos na água.

Alguns dos principais elementos da estratégia de *thread* para o módulo de renderização estão relacionados por Leonard (2007) e incluem:

> ▶ Construção de listas de renderização de cenas para várias cenas em paralelo (por exemplo, o mundo e o seu reflexo na água).
> ▶ Sobreposição de simulação dos gráficos.
> ▶ Transformação óssea do personagem computacional para todos os personagens em todas as cenas em paralelo.
> ▶ Permissão de que vários *threads* desenhem em paralelo.

Os projetistas descobriram que simplesmente bloquear os principais bancos de dados, como a lista mundial, para um *thread* era ineficiente demais. Em mais de 95% do tempo, um *thread* está tentando ler de um conjunto de dados e apenas 5% do tempo, no máximo, é gasto escrevendo no conjunto de dados. Assim, um mecanismo de concorrência conhecido como modelo escritor-único-múltiplos-leitores funciona de modo eficaz.

Figura 18.5

Threading híbrido para módulo de renderização.

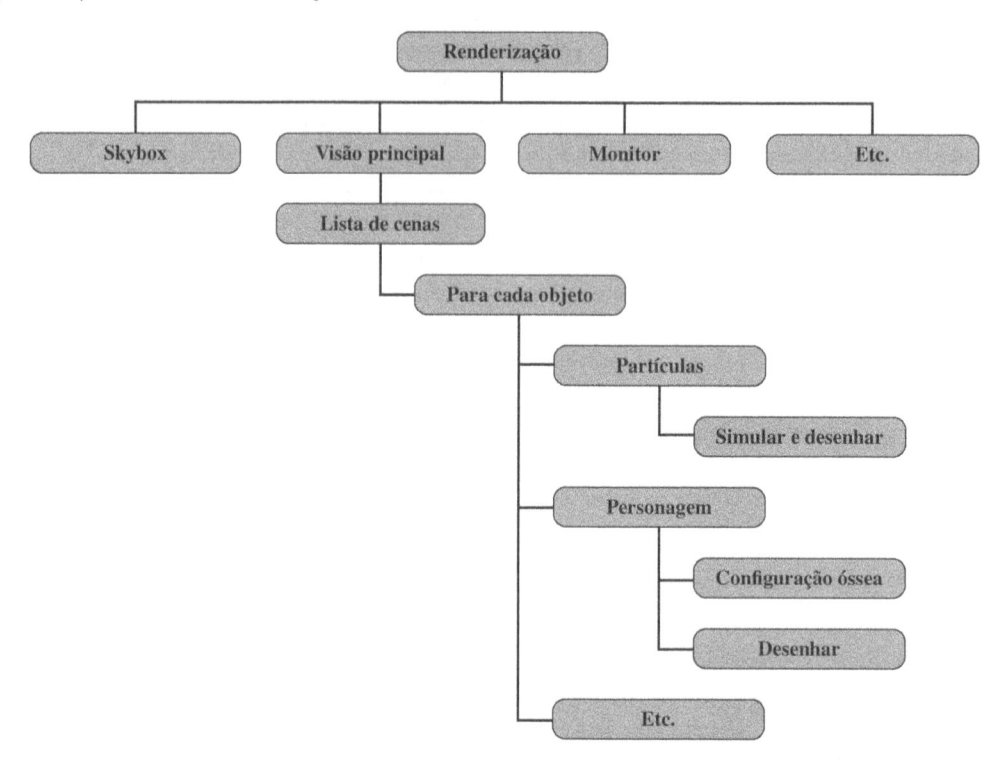

18.3 ORGANIZAÇÃO MULTICORE

No nível mais alto de descrição, as principais variáveis em uma organização multicore são as seguintes:

- Número de *cores* processadores no chip.
- Número de níveis da memória cache.
- Quantidade de memória cache que é compartilhada.
- Se o *multithreading* simultâneo (SMT) é empregado.
- Tipos de *cores*.

Exploraremos todas, menos a última dessas considerações nesta seção, deixando uma discussão dos tipos de *cores* para a próxima seção.

Níveis de cache

A Figura 18.6 mostra quatro organizações gerais para sistemas multicore. A Figura 18.6a é uma organização encontrada em alguns computadores com chips multicores anteriores e encontra-se ainda nos chips embutidos. Nessa organização, a única cache no chip é L1, com cada *core* tendo a sua cache L1 dedicada. Quase invariavelmente, a cache L1 é dividida em caches de dados e instruções, enquanto as caches L2 e de nível mais alto são unificadas. Um exemplo dessa organização é ARM11 MPCore.

A organização da Figura 18.6b é também uma em que não há compartilhamento da cache no chip. Nesse caso, há bastante área disponível no chip para permitir a cache L2. Um exemplo dessa organização é o AMD Opteron. A Figura 18.6c mostra uma alocação semelhante de espaço do chip para memória, porém com uso de cache L2 compartilhada. O Core Duo da Intel tem essa organização. Finalmente, à medida que a quantidade de memória cache disponível no chip continua a crescer, as considerações sobre desempenho ditam a divisão de uma cache L3 separada e compartilhada, com caches L1 e L2 dedicadas para cada *core* do processador. O Core i7 da Intel é um exemplo dessa organização.

O uso de uma cache L2 compartilhada no chip tem várias vantagens em relação à dependência exclusiva das caches dedicadas:

1. Interferência construtiva pode reduzir as taxas gerais de falhas. Ou seja, se um *thread* em um *core* acessa uma posição da memória principal, isso traz a linha contendo a posição referenciada para a cache compartilhada. Se um *thread* em outro *core* acessar logo depois o mesmo bloco de memória, as posições de memória já estarão disponíveis na cache compartilhada no chip.
2. Uma vantagem relacionada a isso é que os dados compartilhados por vários *cores* não são replicados em nível de cache compartilhada.
3. Com algoritmos adequados de substituição de linhas, a quantidade de cache compartilhada alocada para cada *core* é dinâmica, para que os *threads* que têm menos espaço (maiores conjuntos de trabalho) possam utilizar mais cache.
4. A comunicação entre processadores é fácil de implementar por meio das posições de memória compartilhadas.
5. O uso de uma cache L2 compartilhada confina o problema de coerência de cache para o nível da cache L1, o que pode acarretar algumas vantagens adicionais para o desempenho.

Uma vantagem potencial em se ter apenas caches L2 dedicadas no chip é que cada *core* usufrui de um acesso mais rápido à sua cache L2 privada. Isso é vantajoso para *threads* que têm forte localidade.

À medida que a quantidade de memória disponível e o número de *cores* crescem, o uso de uma cache L3 compartilhada combinada com caches L2 dedicadas por *core* tende a proporcionar um desempenho melhor do que simplesmente uma cache L2 massivamente compartilhada ou caches L2 dedicadas muito grandes sem a cache L3 no chip. Um exemplo dessa última disposição é o processador Xeon E5-2600/4600 (Figura 7.1)

Não está mostrada a disposição em que L1s são locais a cada *core*, L2s são compartilhadas entre 2 e 4 *cores*, e L3 é global ao longo de todos os *cores*. Essa disposição tende a se tornar mais comum com o passar do tempo.

Figura 18.6
Alternativas de organizações multicore.

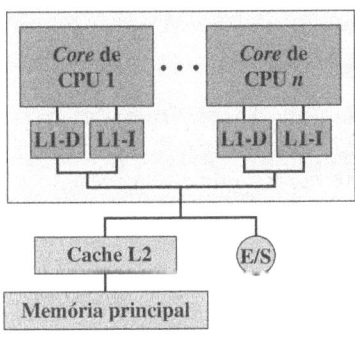

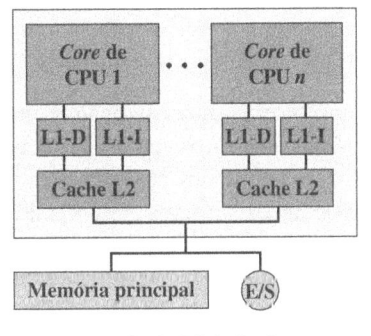

(a) Cache L1 dedicada

(b) Cache L2 dedicada

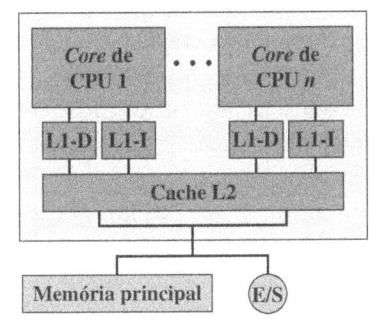

(c) Cache L2 compartilhada

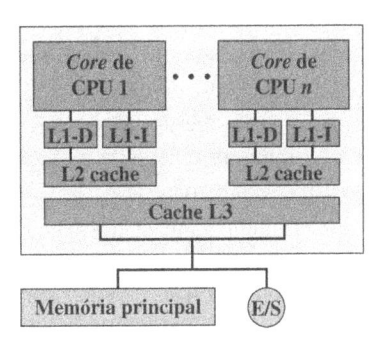

(d) Cache L3 compartilhada

Multithreading simultâneo

Uma outra decisão de projeto organizacional em um sistema multicore é se os *cores* individuais vão implementar ***multithreading* simultâneo (SMT)**. Por exemplo, o Intel Core Duo utiliza *cores* superescalares puros, ao passo que o Intel Core i7 faz uso de *cores* SMT. O SMT tem o efeito de ampliar o número de *threads* em nível de hardware que o sistema multicore suporta. Assim, um sistema multicore com quatro *cores* e o SMT que suporta quatro *threads* simultâneos em cada *core* parecem os mesmos em nível de aplicação, como um sistema multicore com 16 *cores*. Conforme o software é desenvolvido para explorar mais completamente os recursos paralelos, uma abordagem SMT parece ser mais atrativa do que uma abordagem puramente superescalar.

18.4 ORGANIZAÇÃO MULTICORE HETEROGÊNEA

A busca por otimizar o uso real do silício em um chip processador não tem fim. À medida que a velocidade de *clock* e a densidade lógica aumentam, os projetistas devem balancear alguns elementos de projeto na tentativa de maximizar o desempenho e minimizar o consumo de potência. Já examinamos uma série dessas abordagens, inclusive:

1. Aumento da porcentagem de chip dedicada à memória cache.
2. Aumento do número de níveis da memória cache.
3. Mudança do tamanho (aumento e diminuição) e componentes funcionais do pipeline de instruções.
4. Emprego de *multithreading* simultâneo.
5. Uso de múltiplos *cores*.

Um caso típico para o uso de múltiplos *cores* é um chip com *cores* múltiplos idênticos, conhecido como **organização multicore homogênea**. Para atingir melhores resultados, em termos de desempenho e/ou consumo de potência, uma escolha cada vez mais popular é a **organização multicore heterogênea**, que se refere ao chip processador que inclui mais do que um tipo de *core*. Nesta seção, consideramos duas abordagens para a organização multicore heterogênea.

Arquiteturas de conjunto de instruções diferentes

A abordagem que recebeu mais atenção da indústria é o uso de *cores* que têm ISAs distintas. Em geral, isso envolve misturar os *cores* convencionais, chamados nesse contexto de CPUs, com *cores* especializados para certos tipos de dados ou aplicações. Mais frequentemente, os *cores* complementares são otimizados para lidar com processamento de dados vetoriais e matriciais.

MULTICORE CPU/GPU A tendência mais proeminente em termos de projeto multicore heterogêneo é o uso tanto de CPUs como de unidades de processamento gráfico (GPUs) no mesmo chip. As GPUs são discutidas em detalhes no capítulo a seguir. Resumidamente, as GPUs são caracterizadas pela capacidade de suportar milhares de *threads* de execução paralelos. Desse modo, as GPUs são bem adaptadas para as aplicações que processam grandes quantidades de dados vetoriais e matriciais. Inicialmente visando à melhoria do desempenho de aplicações gráficas, graças aos modelos de programação *easy-to-adopt*, como a CUDA (*Compute Unified Device Architecture*), esses novos processadores estão cada vez mais sendo aplicados a fim de melhorar o desempenho das aplicações de uso geral e científicas, que envolvem um grande número de operações repetitivas nos dados estruturados.

Para lidar com a diversidade das aplicações-alvo no ambiente de computação atual, o multicore que contém tanto GPUs como CPUs tem o potencial de melhorar o desempenho. Uma mistura heterogênea, todavia, apresenta questões de coordenação e correção.

A Figura 18.7 mostra uma organização típica de processador multicore. Múltiplas CPUs e GPUs compartilham recursos no chip, como cache de último nível (LLC), rede de interconexão e controladores de memória. Mais crítica é a maneira como políticas de gerenciamento de cache proporcionam compartilhamento efetivo da LLC. As diferenças na sensibilidade da cache e na taxa de acesso de memória entre as CPUs e as GPUs criam desafios significativos para o compartilhamento eficiente da LLC.

A Tabela 18.1 ilustra o benefício potencial de desempenho ao combinar CPUs e GPUs para aplicações científicas. Essa tabela mostra os parâmetros básicos de operação de um chip AMD, o A10 5800K (ALTSCHULER,

Figura 18.7
Elementos de chip multicore heterogêneo.

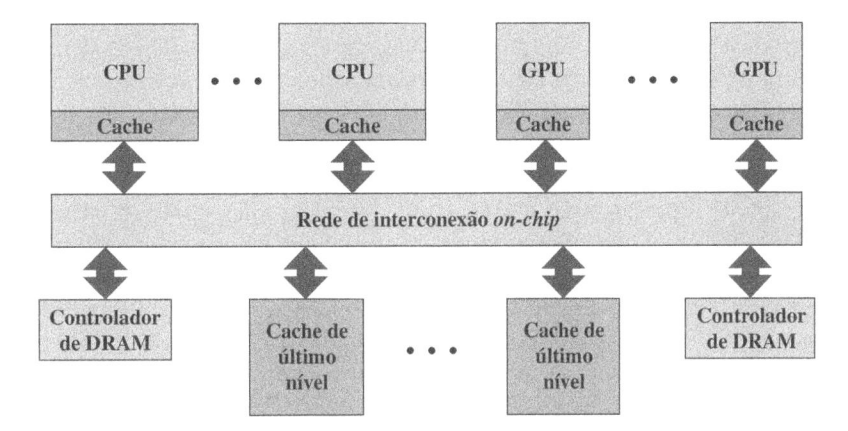

Tabela 18.1
Parâmetros operacionais do processador multicore heterogêneo AMD 5100K.

	CPU	GPU
Frequência de *clock* (GHz)	3,8	0,8
Cores	4	384
FLOPS/*core*	8	2
GFLOPS	121,6	614,4

FLOPS = operações de ponto flutuante por segundo.

FLOPS/*core* = número de operações paralelas de ponto flutuante que podem ser executadas.

2012). Para cálculos de ponto flutuante, o desempenho da CPU em 121,6 GFLOPS é diminuto perto da GPU, que oferece 614 GFLOPS para aplicações que podem utilizar o recurso de modo eficaz.

Sejam aplicações específicas ou processamento gráfico tradicional, a chave para a alavancagem dos processadores GPU adicionados é considerar o tempo necessário para transferir um bloco de dados para a GPU, processá-lo e então retornar os resultados para o *thread* de aplicação principal. Nas implementações anteriores de chips que incorporam GPUs, a memória física é particionada entre a CPU e a GPU. Se um *thread* de aplicação estiver sendo executado em uma CPU que demanda processamento de uma GPU, a CPU copia explicitamente os dados para a memória da GPU. A GPU completa a computação e então copia o resultado de volta para a memória da CPU. Questões de coerência de cache entre as caches de memória da CPU e da GPU não surgem porque a memória está particionada. Por outro lado, o manuseio físico dos dados para a frente e para trás resulta em uma penalidade de desempenho.

Uma série de pesquisas e esforços de desenvolvimento estão em andamento para melhorar o desempenho sobre o que foi descrito no parágrafo anterior, e a mais notável é a iniciativa da Heterogeneous System Architecture Foundation (HSA). As características-chave da abordagem da HSA incluem:

1. Todo o espaço de memória virtual está visível tanto para a CPU como para a GPU. Tanto a CPU como a GPU podem acessar e alocar qualquer localização no espaço de memória virtual do sistema.
2. O sistema de memória virtual insere páginas na memória principal física, conforme necessário.
3. A política de coerência de memória assegura que as caches da CPU e da GPU tenham uma visão atualizada dos dados.
4. Uma interface de programação unificada que habilita os usuários a explorar as capacidades paralelas das GPUs dentro de programas que também dependem da execução na CPU.

O objetivo geral é permitir que os programadores escrevam aplicações que explorem o potencial serial das CPUs e o potencial de processamento paralelo das GPUs perfeitamente com a coordenação eficiente do SO e o nível de hardware. Como mencionado, essa é uma área em curso de pesquisa e desenvolvimento.

MULTICORE CPU/DSP Outro exemplo comum de um chip multicore heterogêneo é a mistura de CPUs e processadores digitais de sinais (DSPs — do inglês, *Digital Signal Processors*). Um DSP proporciona sequências de instrução ultrarrápidas (mover e adicionar; multiplicar e adicionar), que costumam ser usadas em aplicações de processamento digital de sinais com utilização intensiva da matemática. Os DSPs são usados para processar dados analógicos a partir de fontes como som, satélites de acompanhamento das condições climáticas e monitores de terremotos. Os sinais são convertidos em dados digitais e analisados com o uso de diversos algoritmos, como a Transformada Rápida de Fourier (*Fast Fourier Transform*). Os *cores* DSP são amplamente usados em uma série de dispositivos, inclusive telefones celulares, placas de som, máquinas de fax, modems, discos rígidos e TVs digitais.

Como um bom exemplo representativo, a Figura 18.8 apresenta uma versão da plataforma K2H SoC da Texas Instruments (TI) (TEXAS..., 2012). Esse processador multicore heterogêneo entrega soluções de processamento com eficiência energética para aplicações de ponta de imagens. A TI lista um desempenho que fornece até 352 GMACS, 198 GFLOPS e 19.600 MIPS. GMACS significa giga (bilhões de) operações de multiplicar — acumular por segundo, uma medida comum de desempenho de DSP. As aplicações-alvo para esses sistemas incluem automação industrial, vigilância por vídeo, sistemas de inspeção de ponta, impressoras e scanners industriais, além de detecção de falsificação de moedas.

O chip TI inclui quatro *cores* ARM Cortex-A15 e oito *cores* TI C66x DSP.

Figura 18.8
Chip multicore heterogêneo Texas Instruments 66AK2H12.

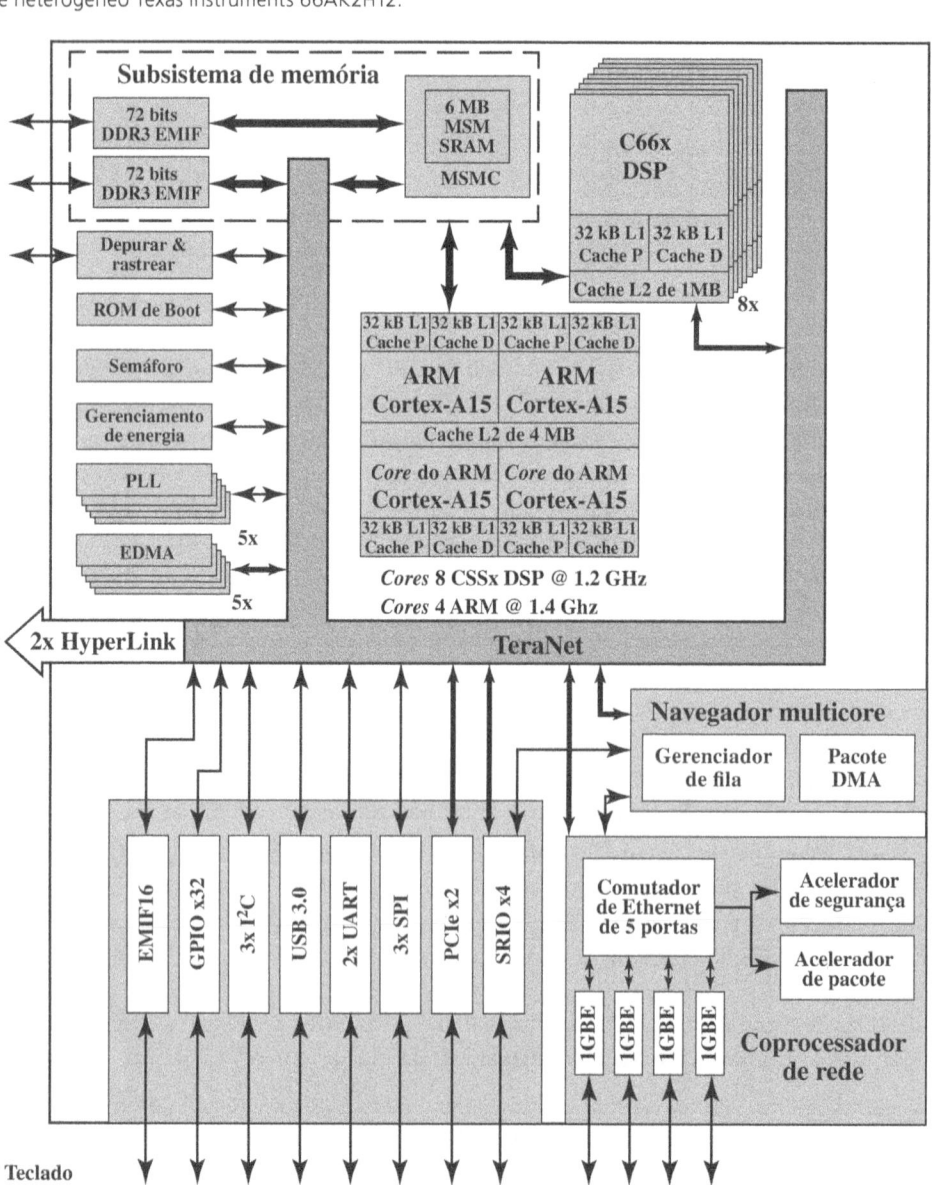

Cada *core* DSP contém 32 kB de cache de dados L1 e 32 kB de cache de programa (instruções) L1. Além disso, cada DSP tem 1 MB de memória SRAM dedicada que pode ser configurada totalmente como uma cache L2, totalmente como a memória principal ou uma mistura das duas. A parte configurada com as funções de memória principal é uma memória principal "local", chamada simplesmente de *SRAM*. Essa memória principal local pode ser usada por dados temporários, evitando a necessidade de tráfego entre a cache e a memória fora do chip. A cache L2 de cada um dos oito *cores* DSP é dedicada, em vez de compartilhada, com outros *cores* do DSP. Isso é típico de uma organização multicore de DSP: cada DSP funciona como um bloco separado de dados em paralelo, de modo que haja uma pequena necessidade de compartilhar dados.

Cada *core* da CPU ARM Cortex-A15 tem caches de dados e de programa L1 de 32 kB, e os quatro *cores* compartilham uma cache L2 de 4 MB.

A memória multicore compartilhada (MSM) de 6 MB está sempre configurada totalmente como SRAM. Ou seja, comporta-se mais como uma memória principal que como uma cache. Pode ser configurada para alimentar diretamente a cache L1 do DSP e as caches da CPU ou ainda alimentar a cache L2 do DSP e as caches da CPU. Essa decisão de configuração depende do perfil de aplicação esperado. O controlador de memória multicore compartilhada (MSMC) gerencia o tráfego entre os *cores* ARM, DSP, DMA, outros periféricos mestres e a interface de memória externa (EMIF). MSMC controla o acesso a MSM, que está disponível para todos os *cores* e periféricos mestres no dispositivo.

Arquiteturas de conjunto de instruções equivalentes

Outra abordagem recente à organização multicore heterogênea é o uso de diversos *cores* que têm ISAs equivalentes, mas variam no desempenho ou na eficiência de energia. O principal exemplo disso é a arquitetura big.Little da ARM, examinada nesta seção.

A Figura 18.9 ilustra essa arquitetura. Essa figura mostra um chip processador multicore que contém dois *cores* Cortex-A15 de alto desempenho, e ainda dois *cores* Cortex-A7 de baixo desempenho e baixo consumo de energia. Os *cores* A7 lidam com menos tarefas de computação intensas, como processamento de fundo, tocar música, enviar mensagens e fazer chamadas telefônicas. Os *cores* A15 são invocados por tarefas de alta intensidade, como para vídeo, jogos e navegação.

A arquitetura big.Little visa o mercado de smartphones e tablets. Esses são dispositivos cujas demandas dos usuários com relação ao desempenho estão aumentando a uma taxa muito mais rápida do que com relação à capacidade das baterias ou a economia de energia a partir dos avanços do processo de semicondutores. Esse padrão de uso para smartphones e tablets é bastante dinâmico. Períodos de tarefas intensas de processamento, como jogar e navegar na internet, são alternados com períodos geralmente mais longos de tarefas de menor intensidade de processamento, como textos, e-mails e áudios. A arquitetura big.Little obtém vantagem dessa variação no desempenho exigido. O A15 é projetado para o máximo desempenho dentro da disponibilidade de energia dos dispositivos móveis. O processador A7 é projetado para a máxima eficiência e desempenho suficientemente alto para direcionar tudo, exceto os períodos mais intensos de trabalho.

Figura 18.9

Componentes de chip big.Little.

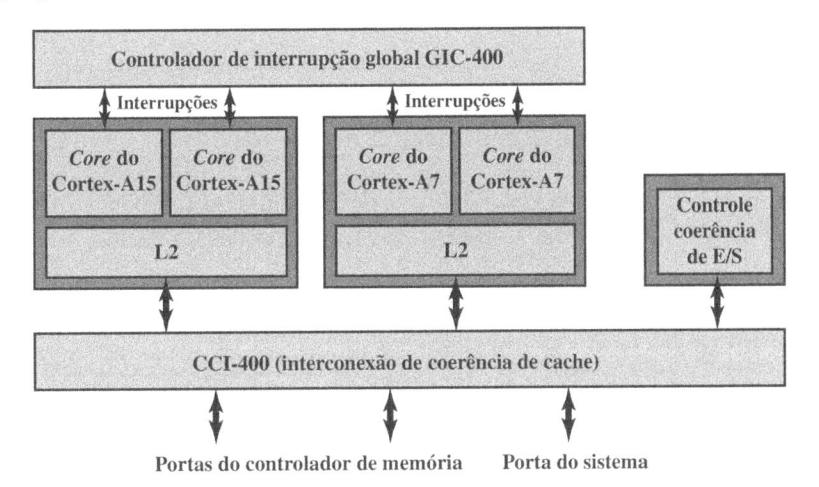

CARACTERÍSTICAS DO A7 E DO A15 O A7 é de longe mais simples e menos potente que o A15. Porém sua simplicidade requer muito menos transistores do que a complexidade do A15 — e menos transistores requerem menos energia para serem operados. As diferenças entre os *cores* A7 e A15 são vistas mais claramente ao examinar os pipelines de instrução, como mostrado na Figura 18.10.

O A7 é uma CPU em ordem com um tamanho de pipeline de 8 a 10 estágios. Tem uma fila única para todas as suas unidades de execução, e duas instruções podem ser enviadas a suas cinco unidades de execução por ciclo de *clock*. O A15, por outro lado, é um processador fora de ordem com um tamanho de pipeline de 15 a 24 estágios. Cada uma dessas oito filas de execução tem suas próprias filas de multiestágio, e três instruções podem ser processadas por ciclo de *clock*.

A energia consumida pela execução de uma instrução está parcialmente relacionada ao número de estágios de pipeline que ela deve transversalizar. Portanto, uma diferença significativa no consumo de energia entre o Cortex-A15 e o Cortex-A7 vem da complexidade distinta dos pipelines. Sobre o conjunto de referências, o Cortex-A15 entrega praticamente o dobro do desempenho do Cortex-A7 por unidade de MHz, e o Cortex-A7 é quase três vezes mais eficiente em termos de energia que o Cortex-A15 na execução da mesma carga de trabalho (JEFF, 2012). A relação de desempenho é ilustrada na Figura 18.11 (STEVENS, 2013).

Figura 18.10

Pipelines do Cortex A-7 e A-15.

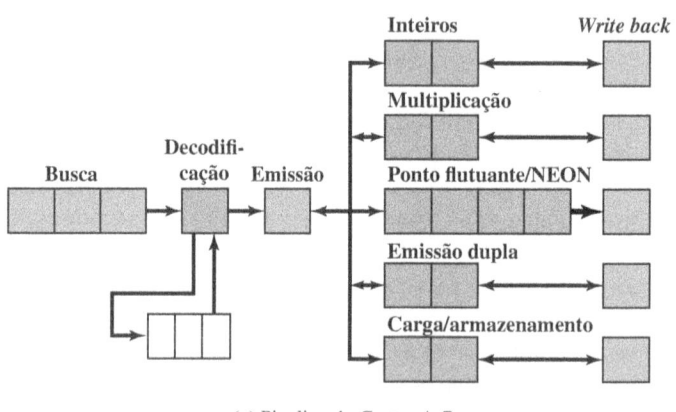

(a) Pipeline do Cortex A-7

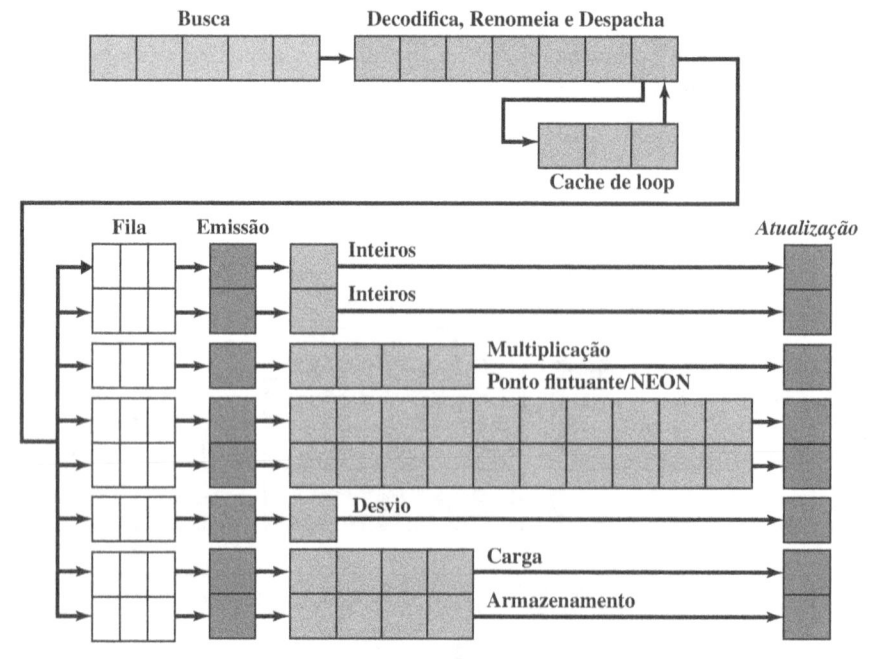

(b) Pipeline do Cortex A-15

Figura 18.11

Comparação de desempenho entre o Cortex-A7 e o A15.

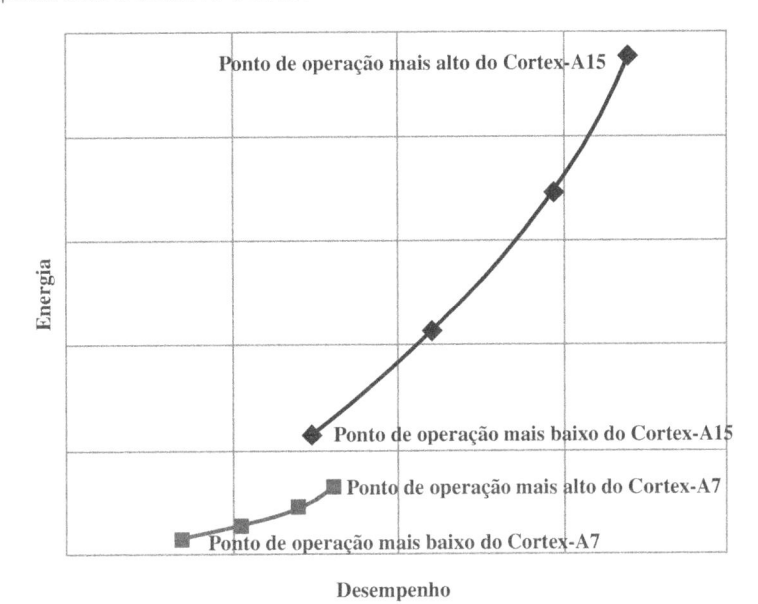

[Gráfico: Energia (eixo vertical) × Desempenho (eixo horizontal). Curva mostrando: Ponto de operação mais baixo do Cortex-A7, Ponto de operação mais alto do Cortex-A7, Ponto de operação mais baixo do Cortex-A15, Ponto de operação mais alto do Cortex-A15.]

MODELOS DE PROCESSAMENTO DE SOFTWARE A arquitetura big.Little pode ser configurada para usar dois modelos de processamento de software: migração e multiprocessamento (MP). Os modelos de software diferem entre si principalmente pelo modo que eles alocam trabalho para os *cores* big ou Little durante a execução de um volume de trabalho.

No modelo de migração, os *cores* big e Little estão pareados. Para o escalonador do *core* do SO, cada par big/Little está visível como um único *core*. O software de gerenciamento de energia é responsável pela migração de contextos de software entre os dois *cores*. Esse modelo é uma extensão natural para a voltagem dinâmica e dimensionamento de frequência (DVFS) operando pontos fornecidos pelas plataformas móveis atuais, a fim de permitir que o SO combine o desempenho da plataforma com o desempenho exigido pela aplicação. Nos SoCs de smartphones atuais, os drivers DVFS, como o cpu_freq, amostram o desempenho do SO em intervalos regulares e frequentes, e o DVFS governante decide se move para um ponto operacional mais alto ou mais baixo ou se permanece no ponto de operação corrente. Como mostrado na Figura 18.11, tanto o A7 como o A15 podem ser executados em quatro pontos de operação distintos. O software DVFS pode efetivamente ativar um dos pontos de operação na curva, estabelecer uma frequência de *clock* de CPU específica e um nível de voltagem.

Esses pontos operacionais afetam a voltagem e a frequência de um *cluster* de CPU única; no entanto, em um sistema big.Little, existem *clusters* de duas CPUs com voltagem independente e domínios de frequência. Isso permite que o *cluster* big aja com uma extensão lógica dos pontos de operação do DVFS fornecidos pelo *cluster* do processador Little. Em um sistema big.Little, sob o modo de migração de controle, quando o Cortex-A7 está sendo executado, o driver DVFS pode levar o desempenho da CPU do *cluster* a níveis mais altos. Uma vez que o Cortex-A7 esteja no ponto de operação mais alto, se for necessário mais desempenho, uma migração de tarefa pode ser invocada, selecionando o SO e as aplicações e movendo-os para o Cortex-A15. Nos SoCs dos smartphones, os drivers DVFS, como cpu_freq, amostram o desempenho do SO em intervalos regulares e frequentes, e o DVFS governante decide se move-se para o ponto de operação mais alto ou mais baixo ou se permanece no ponto de operação corrente.

O modelo de migração é simples, mas requer que uma das CPUs em cada par esteja sempre ociosa. O modelo MP permite que qualquer combinação entre os *cores* A15 e A7 seja ligada e executada de modo simultâneo. Se um processador big precisa ser ligado, isso é determinado pelas exigências de desempenho das tarefas que estiverem sendo executadas. Se existem tarefas difíceis, então um processador big pode ser ligado para executá-las. Tarefas de baixa demanda podem ser executadas em um processador Little. Por fim, quaisquer processadores que não estejam sendo usados podem ser desligados. Isso assegura que os *cores*, big ou Little, estejam ativos só quando necessário, e que o *core* apropriado seja usado para executar qualquer volume de trabalho que surgir.

O modelo MP é, de algum modo, mais complicado de se implementar, mas é o mais eficiente dos recursos. Ele atribui tarefas de modo apropriado e permite que mais *cores* estejam executando de maneira simultânea quando a demanda garante isso.

Coerência de cache e o modelo MOESI

Em geral, um processador multicore heterogêneo vai apresentar uma cache L2 dedicada atribuída aos tipos diferentes de processadores. Vemos isso na representação geral de um esquema de CPU/GPU da Figura 18.7. Por conta de a CPU e a GPU estarem engajadas em algumas tarefas diferentes, faz sentido que cada uma tenha sua própria cache L2, compartilhada entre as CPUs similares. Também vemos isso na arquitetura big.Little (Figura 18.9), em que os *cores* A7 compartilham uma cache L2 e os *cores* A15 compartilham uma cache L2 separada.

Quando há múltiplas caches, existe a necessidade de um esquema de coerência de cache para evitar o acesso de dados inválidos. A coerência de cache pode ser tratada com técnicas baseadas em software. No caso em que a cache contém um dado obsoleto, uma cópia armazenada em cache pode ser invalidada e relida a partir da memória quando for novamente preciso. Quando a memória contiver dados obsoletos em razão da atualização da cache que contém dados alterados, a cache deve ser limpa ao forçar a atualização da memória. Quaisquer outras cópias armazenadas em cache que possam existir em outras caches devem ser invalidadas. Essa sobrecarga de software consome muito mais recursos em um chip SoC, levando ao uso de implementações de coerência de cache em hardware, especialmente em processadores multicore heterogêneos.

Conforme descrito no Capítulo 17, existem duas abordagens principais para a coerência de cache implementada em hardware: protocolos de diretório e protocolos de monitoração. A ARM desenvolveu uma capacidade de coerência em hardware chamada de ACE (do inglês, **A**dvanced Extensible Interface **C**oherence **E**xtensions — extensões de coerência de interface extensíveis avançadas) que podem ser configuradas para implementar a abordagem de diretório ou a de monitoração, ou ainda uma combinação de ambas. A ACE foi desenvolvida para suportar uma ampla gama de controladores de coerência com capacidades diferentes. A ACE suporta coerência entre diferentes processadores, como os processadores Cortex-A15 e Cortex-A7, possibilitando a tecnologia big.Little da ARM. Ele suporta a coerência de E/S para controladores não cache, suporta controladores com diferentes tamanhos de linha de cache, modelos de estado de cache interna diferentes e controladores com caches de *write back* ou *write through*. Outro exemplo: a ACE é implementada no controlador de memória do subsistema de memória (MSMC) no chip TI SoC da Figura 18.8. O MSMC suporta a coerência de cache em hardware entre as cache L1/L2 do ARM CorePac e os periféricos EDMA/E/S para espaços compartilhados SRAM e DDR. Esse recurso permite o compartilhamento de espaços de dados MSMC, SRAM e DDR desses controladores no chip, sem ter de usar a técnica de manutenção de software de cache explícita.

A ACE faz uso de um modelo de cache de cinco estados. Em cada cache, cada linha é Válida ou Inválida. Se uma linha for Válida, ela pode estar em um dos quatro estágios, definidos por quatro dimensões. Uma linha pode conter dados que são Compartilhados ou Únicos. Uma linha Compartilhada contém dados da região da memória externa (principal), que é potencialmente compartilhável. Uma linha Única contém dados a partir da região da memória, que é dedicada ao *core* que pertence a essa cache. E a linha é Limpa ou Modificada, geralmente significando que a memória contém os últimos dados mais atualizados e a linha de cache é meramente uma cópia da memória, ou, se está Modificada, então a linha da cache contém os últimos dados mais atualizados e deve ser feita a atualização para a memória em algum estágio. A única exceção à descrição anterior é quando várias caches compartilham uma linha e sua modificação. Nesse caso, todas as caches devem conter o último valor de dados em todas as vezes, mas somente uma pode estar no estado Compartilhada/Modificada, enquanto as outras são mantidas no estado Compartilhada/Limpa. O estado Compartilhada/Modificada é então usado para indicar qual cache tem a responsabilidade de escrever os dados de volta na memória, e a Compartilhada/Limpa significa mais precisamente que os dados são compartilhados, mas não existe necessidade de escrever de volta na memória.

O estado ACE corresponde ao modelo de coerência de cache com cinco estados, conhecido como MOESI (Figura 18.12). A Tabela 18.2 compara o modelo MOESI com o modelo MESI descrito no Capítulo 17.

Figura 18.12
Estados de fila de cache ARM ACE.

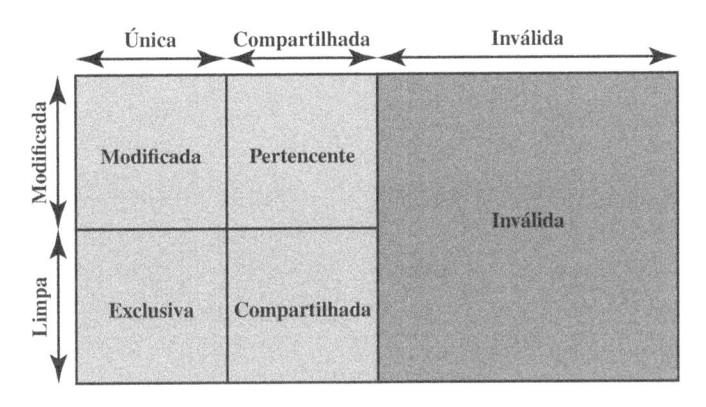

Tabela 18.2
Comparação de estados nos protocolos de monitoração.

	(a) MESI			
	Modificada	Exclusiva	Compartilhada	Inválida
Limpa/Modificada	Modificada	Limpa	Limpa	N/A
Única?	Sim	Sim	Não	N/A
Pode escrever?	Sim	Sim	Não	N/A
Pode encaminhar?	Sim	Sim	Sim	N/A
Comentários	Deve fazer atualização para compartilhar ou substituir	Transições para M na escrita	Compartilhada implica limpeza, pode encaminhar	Não pode ler

	(b) MOESI				
	Modificada	Pertencente	Exclusiva	Compartilhada	Inválida
Limpa/Modificada	Modificada	Modificada	Limpa	Ambas	N/A
Única?	Sim	Sim	Sim	Não	N/A
Pode escrever?	Sim	Sim	Sim	Não	N/A
Pode encaminhar?	Sim	Sim	Sim	Não	N/A
Comentários	Pode compartilhar sem atualizar	Deve atualizar para transição	Transições para M na escrita	Compartilhada, pode estar modificada ou limpa	Não pode ler

18.5 INTEL CORE i7-990X

A Intel apresentou uma série de produtos multicore nos anos recentes. Nesta seção, abordaremos o Intel Core i7-990X.

A estrutura geral do Intel Core i7-990X é mostrada na Figura 18.13. Cada *core* tem sua própria **cache L2 dedicada** e seis *cores* compartilham uma **cache L3** de 12 MB. Um mecanismo que a Intel utiliza para tornar suas caches mais efetivas é a busca antecipada, em que o hardware examina os padrões de acesso de memória e tenta preencher as caches de modo especulativo com dados que podem ser solicitados em breve.

Figura 18.13

Diagrama de bloco Intel Core i7-990X.

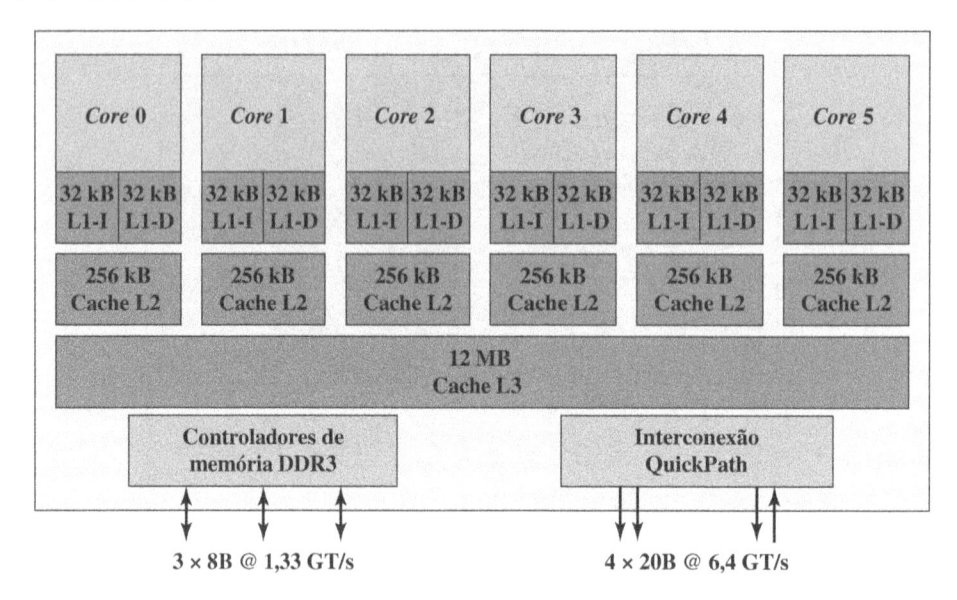

O chip Core i7-990X suporta duas formas de comunicações externas a outros chips. O **controlador de memória DDR3** traz o controlador de memória para a memória principal[1] no chip. A interface suporta três canais que têm 8 bytes de largura para uma largura de barramento total de 192 bits, para uma taxa de dados agregada de até 32 GB/s. Com um controlador de memória no chip, o Front Side Bus é eliminado.

A **QuickPath Interconnect (QPI)** é uma especificação de interconexão elétrica baseada na ligação ponto a ponto de coerência de cache, para processadores e chipsets da Intel. Ela permite comunicações de alta velocidade entre os chips processadores conectados. O link QPI opera a 6,4 GT/s (transferências por segundo). A 16 bits por transferência, que adiciona até 12,8 GB/s, e desde que os links QPI envolvam pares bidirecionais dedicados, o total da largura de banda é 25,6 GB/s. A Seção 3.5 oferece mais detalhes sobre QPI.

18.6 ARM CORTEX-A15 MPCORE

Já vimos dois exemplos de processadores multicore heterogêneo que usam *cores* ARM, na Seção 18.4: a arquitetura big.Little, que utiliza uma combinação dos *cores* ARM Cortex-A7 e Cortex-A15; e a arquitetura SoC DSP da Texas Instruments, que combina *cores* Cortex-A15 com *cores* TI DSP. Nesta seção, apresentamos o chip multiprocessador Cortex-A15 MPCore, que é um processador multicore homogêneo que faz uso de diversos *cores* A15. O A15 MPCore é um chip de alto desempenho que visa às aplicações que incluem computação móvel, servidores domésticos de ponta e infraestrutura sem fio.

A Figura 18.14 apresenta um diagrama de bloco do Cortex-A15 MPCore. Os elementos-chave do sistema são:

- **Controlador de interrupção genérico (GIC)**: lida com a detecção de interrupção e priorização de interrupção. O GIC distribui as interrupções aos *cores* individuais.
- **Interface e unidade de depuração**: a unidade de depuração permite que um hospedeiro de depuração externo: pare a execução do programa; examine e altere o estado do processador e do coprocessador; examine e altere a memória e o estado periférico de entrada/saída; e reinicie o processador.
- **Timer genérico**: cada *core* tem seu próprio timer privado que pode gerar interrupções.
- **Rastreamento**: apoia o monitoramento de desempenho e as ferramentas de rastreamento do programa.
- *Core*: um *core* ARM Cortex-15.
- **Cache L1**: cada *core* tem sua própria cache de dados L1 dedicada e a cache de instruções L1.

---

1 A memória RAM síncrona DDR é discutida no Capítulo 5.

Figura 18.14
Diagrama de bloco de chip ARM Cortex-A15 MPCore.

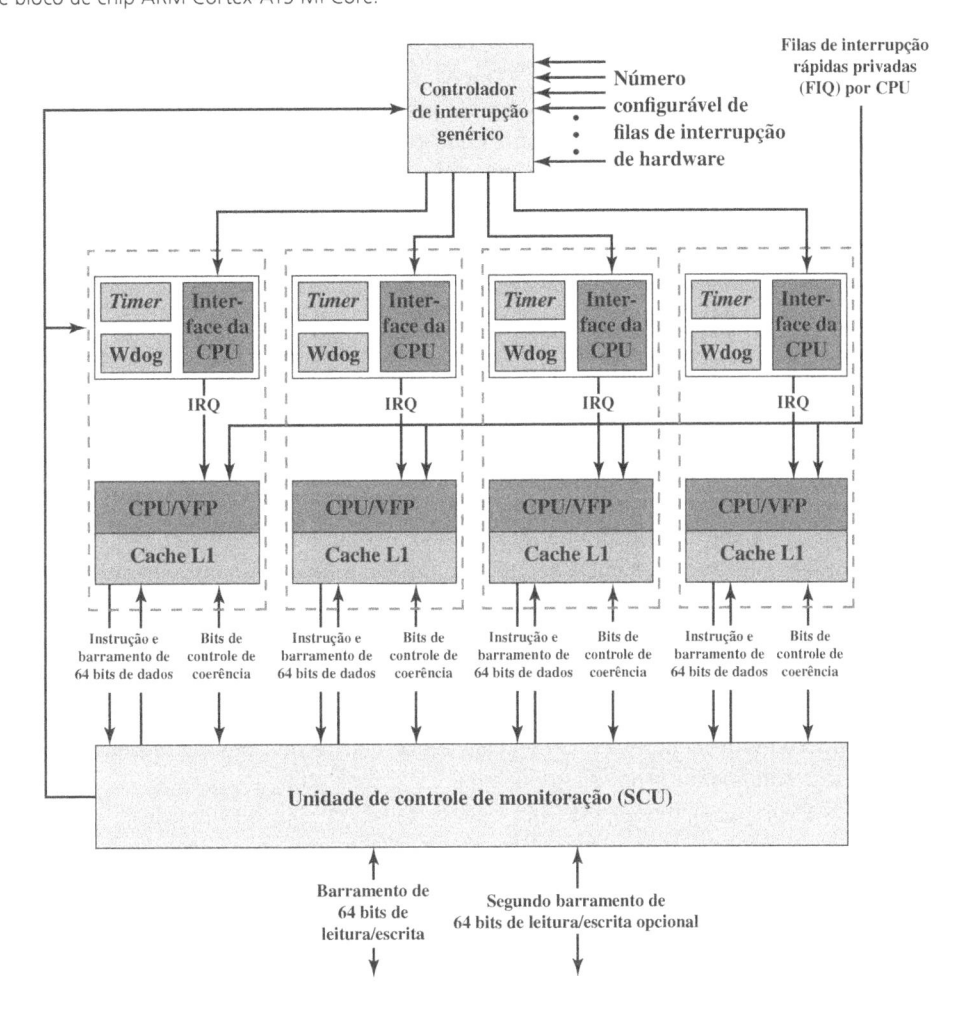

- **Cache L2**: o sistema de memória compartilhada L2 atende a L1 de instruções e as falhas de cache de dados de cada *core*.
- **Unidade de Controle de Monitoração (SCU — do inglês, *Snoop Control Unit*)**: responsável por manter a coerência entre as caches L1/L2.

Tratamento de interrupção

O GIC coleta interrupções a partir de um grande número de fontes. Ele proporciona:

- Mascaramento de interrupções.
- Priorização de interrupções.
- Distribuição das interrupções para o *core* A15 alvo.
- Rastreamento do estado de interrupção.
- Geração de interrupções por software.

O GIC é uma unidade funcional única que é colocada no sistema junto aos *cores* A15. Isso possibilita que o número de interrupções suportado pelo sistema seja independente do projeto do *core* A15. O GIC é mapeado pela memória; ou seja, os registradores de controle para o GIC são definidos com relação ao endereço base da memória principal. O GIC é acessado pelos *cores* A15 usando uma interface privada por meio da SCU.

O GIC foi desenvolvido para satisfazer suas exigências funcionais:

- Proporciona um meio de rotear o pedido de interrupção para uma CPU única ou para várias, conforme a necessidade.

- Oferece um meio de comunicação interprocessador, de modo que um *thread* em uma CPU pode causar uma atividade em um *thread* em outra CPU.

Como um exemplo que faz uso de ambas as exigências, considere uma aplicação feita com *multithread* que tenha *threads* sendo executados em diversos processadores. Suponha que a aplicação aloca alguma memória virtual. Para manter a consistência, o sistema operacional deve atualizar as tabelas de tradução da memória em todos os processadores. O SO pode atualizar as tabelas no processador em que a alocação da memória virtual estiver, e então emitir uma interrupção para todos os outros processadores que executam a aplicação. Os outros processadores podem então usar o ID da interrupção para determinar que eles precisam atualizar suas tabelas de tradução de memória.

O GIC pode rotear uma interrupção para uma ou mais CPUs das três maneiras a seguir:

- Uma interrupção pode ser direcionada para somente um processador específico.
- Uma interrupção pode ser direcionada para um grupo definido de processadores. O MPCore visualiza o primeiro processador para aceitar a interrupção, geralmente o menos carregado, como sendo o melhor posicionado para lidar com a interrupção.
- Uma interrupção pode ser direcionada para todos os processadores.

Do ponto de vista da execução de software em uma CPU em particular, o SO pode gerar uma interrupção para todas, menos de si ou para si, ou ainda especificar outras CPUs. Para a comunicação entre os *threads* executados em diferentes CPUs, o mecanismo de interrupção é geralmente combinado com a memória compartilhada para passar a mensagem. Dessa maneira, quando um *thread* é parado por uma interrupção de comunicação interprocessador, ele lê a partir do bloco apropriado da memória compartilhada para recuperar uma mensagem a partir do *thread* que gerou a interrupção. Um total de 16 ID de interrupção por CPU está disponível para a comunicação interprocessador.

Do ponto de vista de um *core* A15, uma interrupção pode ser:

- **Inativa**: a interrupção inativa é aquela que não está declarada, ou que, em um ambiente de multiprocessamento, tenha sido totalmente processada por uma CPU, mas pode ainda estar Pendente ou Ativa em alguma das CPUs alvo, e desse modo pode não estar clara na fonte de interrupção.
- **Pendente**: uma interrupção Pendente é aquela que está declarada e para a qual o processamento não foi iniciado na CPU.
- **Ativa**: uma interrupção Ativa é aquela que foi iniciada naquela CPU, mas o processamento não está completo. Uma interrupção Ativa pode ser pré-esvaziada quando uma nova interrupção de prioridade mais alta interrompe o processamento da interrupção do *core* A15.

As interrupções vêm das seguintes fontes:

- **Interrupções interprocessador (IPIs)**: cada CPU tem interrupções privadas, ID0-ID15, que só podem ser ativadas pelo software. A prioridade de uma IPI depende da CPU que a recebe, não da que a envia.
- *Timer* **privado e/ou interrupções** *watchdog*: interrompem os IDs 29 e 30.
- **Linha FIQ legado**: no modo IRQ legado, o pin FIQ legado, em uma base por CPU, ignora a lógica do Distribuidor de Interrupção e direciona diretamente o pedido de interrupção dentro da CPU.
- **Interrupções de hardware**: as interrupções de hardware são desencadeadas por eventos programáveis associados às linhas de entrada da interrupção associada. As CPUs podem suportar até 224 linhas de entrada de interrupção. As interrupções de hardware começam em ID32.

A Figura 18.15 apresenta um diagrama de bloco de GIC. O GIC é configurável para suportar entre 0 e 255 entradas de interrupção de hardware. O GIC mantém uma lista de interrupções, mostrando sua prioridade e seu estado. O Distribuidor de Interrupção transmite a cada Interface de CPU a interrupção mais alta Pendente para tal interface. Ele recebe de volta a informação de que a interrupção foi reconhecida, e pode então mudar o estado da interrupção correspondente. A Interface da CPU também transmite a informação de Fim da Interrupção (EOI — do inglês, *End of Interrupt*), o que possibilita que o Distribuidor de Interrupção atualize o estado da interrupção de Ativa para Inativa.

Coerência de cache

A Unidade de Controle de Monitoração (SCU — do inglês, *Snoop Control Unit*) do MPCore é desenvolvida para resolver a maioria dos pontos de gargalos tradicionais relacionados com o acesso aos dados compartilhados e com a limitação de escalabilidade apresentada no tráfego de coerência.

Figura 18.15

Diagrama de bloco de controlador de interrupção genérico.

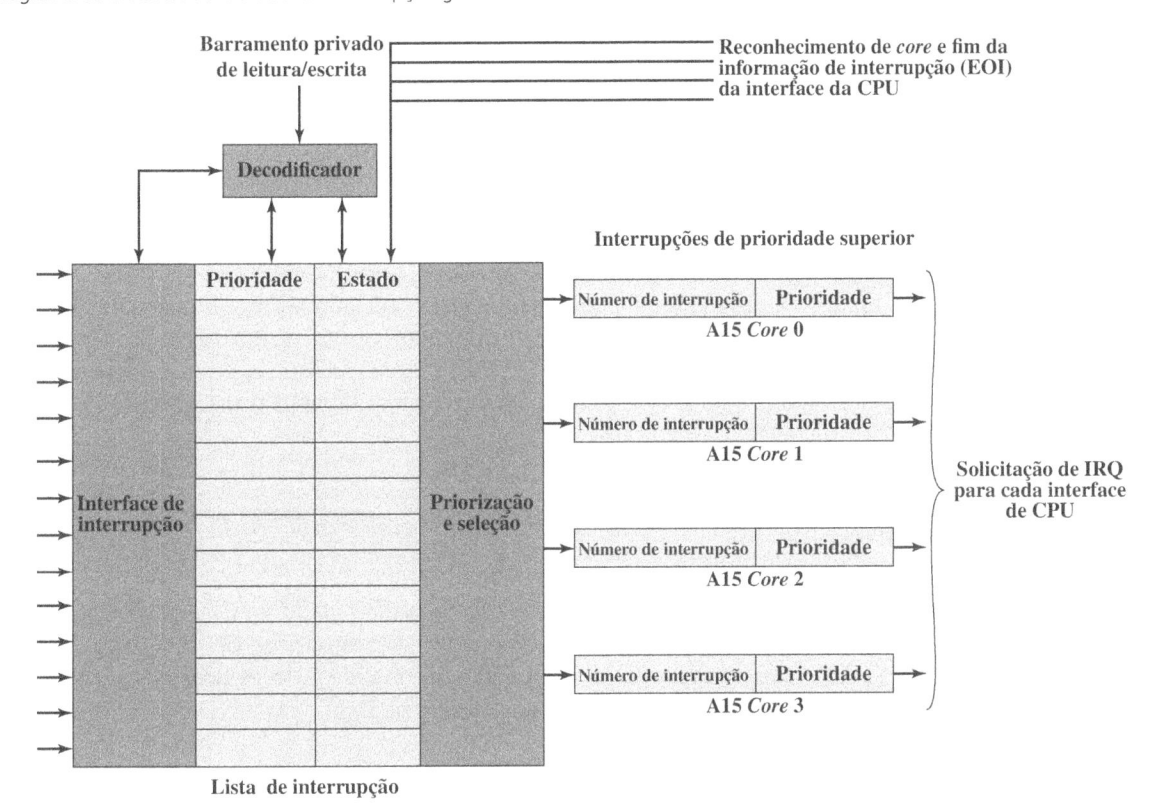

COERÊNCIA DE CACHE L1 O esquema de coerência de cache L1 é baseado no protocolo MESI, descrito no Capítulo 17. A SCU monitora as operações com dados compartilhados para otimizar a migração de estado MESI. A SCU apresenta três tipos de otimização: intervenção direta de dados, RAMs de rótulos (*tags*) duplicados e linhas migratórias.

A **intervenção direta de dados (DDI — do inglês,** *Direct Data Intervention***)** permite copiar dados limpos a partir de uma cache de dados L1 da CPU para outra cache de dados L1 da CPU sem acessar a memória externa. Isso reduz a atividade de leitura após leitura da cache Nível 1 para a cache Nível 2. Desse modo, uma falha de cache L1 local é resolvida em uma cache L1 remota em vez do acesso à cache L2 compartilhada.

Lembre-se de que o local da memória principal de cada linha dentro de uma cache é identificado por um rótulo para tal linha. Os rótulos podem ser implementados como um bloco separado de RAM da mesma extensão que o número de linhas da cache. Na SCU, **RAMs de rótulos duplicados** são versões duplicadas das RAMs de rótulo L1 usadas pela SCU para checar a disponibilidade antes de enviar comandos de coerência às CPUs relevantes. Os comandos de coerência são enviados somente para as CPUs que devem atualizar sua cache de dados coerentes. Isso reduz o consumo de potência e o impacto do desempenho a partir da monitoração e manipulação de cada cache de processador em cada atualização de memória. Ter um rótulo de dados disponível localmente deixa a SCU limitar as manipulações de cache aos processadores que têm filas de cache em comum.

O recurso de **filas migratórias** permite mover os dados modificados a partir de uma CPU para outra sem gravar na L2 e ler os dados de volta na memória externa. A operação pode ser descrita do seguinte modo. Em um protocolo MESI típico, um processador tem uma linha modificada e um outro processador tenta ler essa linha; as seguintes ações ocorrem:

1. Os conteúdos da linha são transferidos da linha modificada ao processador que iniciou a leitura.
2. Os conteúdos da linha são escritos de volta na memória principal.
3. A linha é colocada no estado compartilhado em ambas as caches.

Coerência de cache L2

A SCU usa protocolos híbridos MESI e MOESI para manter a coerência entre as caches individuais de dados L1 e a cache L2. O sistema de memória L2 contém um array de rótulos de monitoração que é uma cópia duplicada de cada um dos diretórios de cache de dados L1. O array de rótulos de monitoração reduz a quantidade de tráfego de monitoração entre o sistema de memória L2 e o sistema de memória L1. Qualquer fila que resida no array de rótulo de monitoração no estado Modificado/Exclusivo pertence ao sistema de memória L1. Qualquer acesso que vai contra uma linha nesse estado deve ser servido pelo sistema de memória L1 e passa ao sistema de memória L2. Se a linha estiver inválida ou em um estado compartilhado no array de rótulo de monitoração, então a cache L2 pode suprir os dados. A SCU contém buffers que podem lidar com transferências diretas de cache a cache entre *cores* sem ler ou escrever quaisquer dados em ACE. As linhas podem migrar para trás e para a frente sem nenhuma mudança no estado MOESI da linha na cache L2. As transações compartilháveis em ACP também são coerentes, de modo que os arrays de rótulos de monitoração são enfileirados como resultado das transações de ACP. Para leituras em que as linhas compartilháveis residem em uma das caches de dados L1 no estado Modificado/Exclusivo, a linha é transferida do sistema de memória L1 para o sistema de memória L2 e volta ao ACP.

18.7 MAINFRAME DO zENTERPRISE EC12 DA IBM

Nesta seção, voltaremos nossa atenção à organização de um computador mainframe que usa chips de processadores multicore. O exemplo utilizado será o computador mainframe zEnterprise EC12 da IBM (SHUM; SUSABA; JACOBI, 2013, DOBO13), que começou a ser vendido no final de 2010. A Seção 7.8 oferece uma visão geral sobre o EC12, bem como uma discussão sobre sua estrutura de E/S.

Organização

O principal bloco básico do mainframe é o módulo multichip (MCM — do inglês, *Multichip Module*). O MCM é um substrato vitrocerâmico de 103 camadas (de 96 × 96 mm), que contém oito chips e 7.356 conexões. O número total de transistores é acima de 23 bilhões. O MCM se conecta dentro de uma placa que é parte do sistema de acondicionamento *book* da IBM. O *book* em si é conectado na placa do sistema intermediário para permitir a interconectividade entre os diversos *books*.

Os componentes-chave de um MCM são mostrados na Figura 18.16:

- **Unidade do processador (PU)**: existem seis chips processadores PU de 5,5 GHz, cada qual contendo quatro *cores* de processador e mais três níveis de cache. As PUs têm conexões externas para a memória principal via unidade de controle de memória e para a E/S por meio dos adaptadores de canais hospedeiros. Desse modo, cada MCM inclui 24 *cores*.
- **Controle de armazenamento (CA)**: os dois chips de CA contêm um nível adicional de cache mais uma lógica de interconexão para conectar os outros três MCMs.

O *core* microprocessador estabelece um pipeline superescalar longo, fora de ordem, que pode decodificar três instruções por ciclo de *clock* (< 0,18 ns) e executar até sete operações por ciclo. Um caminho de execução de instrução é previsto por uma direção de desvio e por uma lógica de previsão de alvo. Cada *core* inclui duas unidades inteiras, duas unidades de leitura/escrita, uma unidade de ponto flutuante binário e uma unidade de ponto flutuante decimal.

Estrutura de cache

O EC12 incorpora uma estrutura de cache de quatro níveis. Analisaremos cada nível por vez (Figura 18.17).

Cada *core* tem uma **cache L1** dedicada de 160 kB, dividida em uma cache de dados de 96 kB e uma cache de instruções de 64 kB. A cache L1 é projetada com uma cache *write through* para a L2, ou seja, dados alterados são também armazenados em um próximo nível da memória. Essas caches são associativas por conjunto de 8 vias.

Cada *core* tem também uma L2 dedicada de 2 MB, dividida igualmente em cache de dados de 1 MB e cache de instruções de 1 MB. As caches L2 são *write through* para a L3, e associativa por conjunto de 8 vias.

Cada chip da unidade de processador de 4 *cores* inclui uma **cache L3** compartilhada para todos os seis *cores*. Como as caches L1 e L2 são *write through*, a cache L3 deve processar cada armazenamento gerado pelos seis *cores* em seu chip. Esse recurso mantém a disponibilidade de dados durante uma falha do *core*. A cache L3

Figura 18.16
Estrutura do processador nó EC12 da IBM.

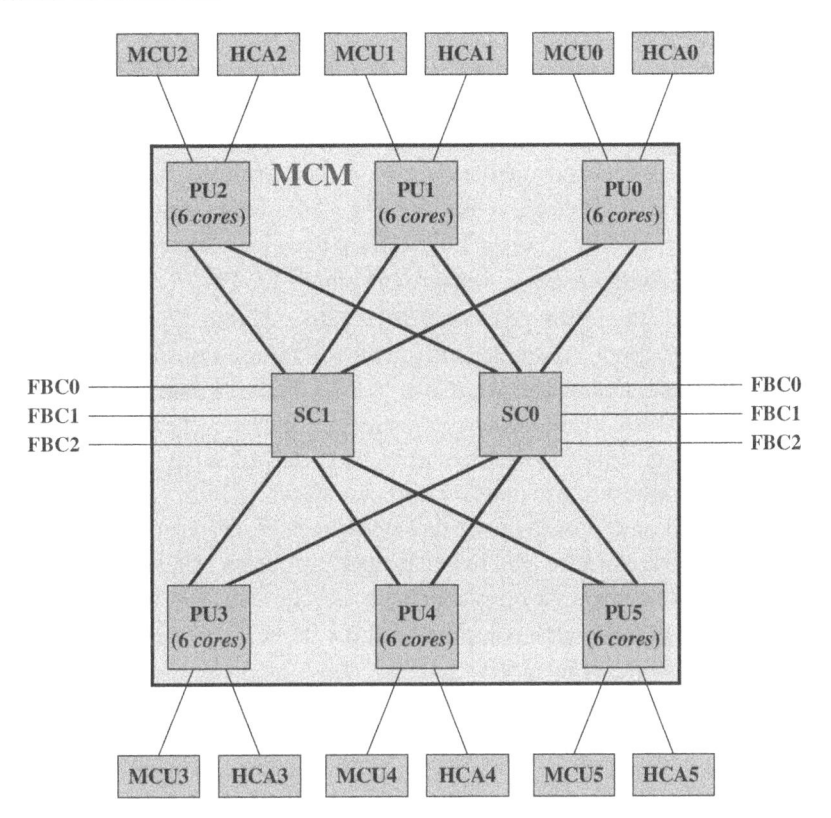

FBC = conectividade de *book* em malha
HCA = adaptador de canal de hospedeiro
MCM = módulo multichip

MCU = unidade de controle de memória
PU = unidade de processador
SC = controle de armazenamento

Figura 18.17
Hierarquia de cache EC12 da IBM.

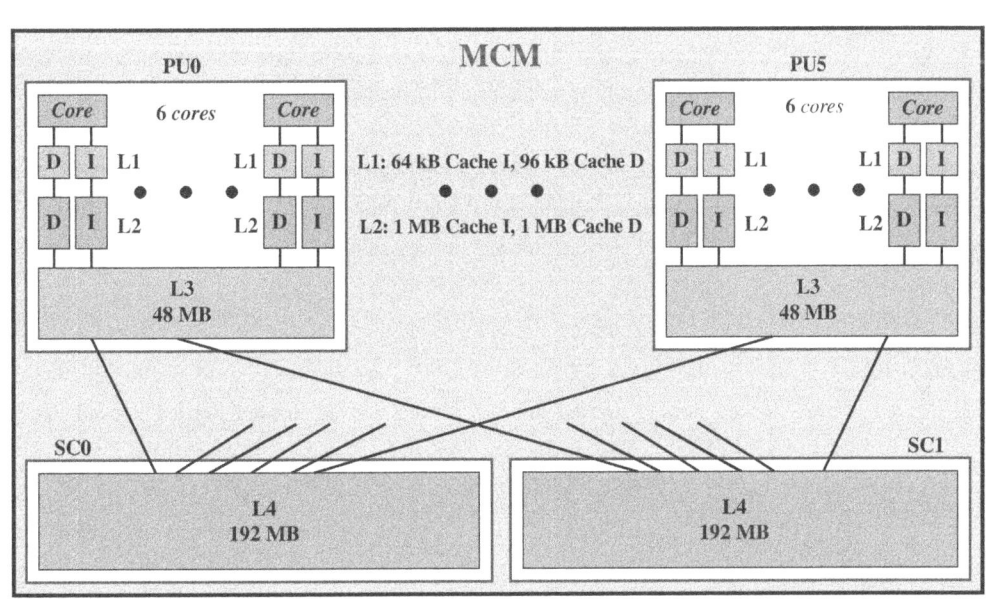

é associativa por conjunto de 12 vias. O EC12 implementa DRAM (eDRAM) embutida como memória cache L3 no chip. Enquanto essa memória eDRAM é mais lenta do que a RAM estática (SRAM) normalmente usada para implementar memória cache, é possível colocar muito mais dela em uma determinada área. Para alguns volumes de trabalho, ter mais memória perto do *core* é mais importante do que ter memória rápida.

Por fim, todas as 6 PUs em um MCM compartilham uma **cache L4** de 160 MB, que é dividida em uma cache de 92 MB em cada chip do CA. A principal motivação para incorporar uma cache de nível 4 é que a velocidade de *clock* muito alta dos *cores* dos processadores resulta em uma disparidade significativa com a velocidade da memória principal. A quarta camada de cache é necessária para manter os *cores* sendo executados de modo eficaz. As caches grandes L3 e L4 compartilhadas são adaptadas para os volumes de processos por transação, que exibem um alto grau de compartilhamento de dados e troca de tarefas. A cache L4 é associativa por conjunto de 24 vias. O chip CA, que hospeda a cache L4, também age como um comutador *cross-point* para o tráfego de L4 para L4 até os três *books*[2] remotos pelos três barramentos de dados bidimensionais. A cache L4 é a administradora da coerência, significando que todas as buscas de memória devem estar na cache L4 antes que os dados possam ser usados pelo processador.

Todas as quatro caches usam um tamanho de linha de 256 bytes.

O EC12 é um estudo interessante de compromissos de projeto e da dificuldade de explorar os poderosos e cada vez maiores processadores disponíveis na tecnologia atual. A grande cache L4 atende à necessidade de acessar a memória principal a um mínimo necessário. No entanto, a distância para a cache L4 fora do chip custa uma série de ciclos de instrução. Dessa maneira, a área no chip dedicada à cache é tão grande quanto possível, mesmo a ponto de ter menos *cores* do que o possível no chip. As caches L1 são pequenas, para minimizar a distância a partir do *core* e assegurar que o acesso pode ocorrer em um ciclo. Cada cache L2 é dedicada a um único *core*, em uma tentativa de maximizar a quantidade de dados submetidos à cache que podem ser acessados sem recorrer a uma cache compartilhada. A cache L3 é compartilhada por todos os quatro *cores* em um chip e é tão grande quanto possível, a fim de minimizar a necessidade de ir à cache L4.

Como todos os *books* do zEnterprise 196 compartilham o volume de trabalho, as caches L4 nos quatro *books* formam um único agrupamento da memória cache L4. Desse modo, acessar a L4 significa não somente ficar fora do chip, mas talvez fora do *book*, aumentando mais o atraso em razão do acesso. Isso significa que existem distâncias relativamente grandes entre as caches de nível mais alto nos processadores e o conteúdo da cache L4. Ainda assim, acessar os dados da cache L4 em outro *book* é mais rápido do que acessar a DRAM em outro *book*, é por isso que as caches L4 funcionam desse modo.

Para superar os atrasos que são inerentes ao projeto do *book* e para poupar ciclos a fim de acessar o conteúdo L4 fora do *book*, os projetistas tentam manter as instruções e os dados o mais próximo possível dos *cores*, ao direcionar o máximo de trabalho possível de um dado volume de trabalho de uma partição lógica para os *cores* localizados no mesmo *book* que a cache L4. Isso se consegue pelo escalonador/administrador de recursos do sistema e o despachante do z/SO trabalhando em conjunto, para manter tanto trabalho quanto possível dentro dos limites de quanto menos *core* e menos espaço da cache L4 (que é melhor dentro de um limite do *book*) for possível para atingir sem afetar o *throughput* e os tempos de resposta. Prevenir que o escalonador/administrador e o despachante atribuam volume de trabalho a processadores em que eles possam funcionar de modo menos eficiente contribui para superar a latência no projeto do processador de alta frequência, como o EC12.

18.8 TERMOS-CHAVE, QUESTÕES DE REVISÃO E PROBLEMAS

Chip multiprocessador, 560	Organização multicore homogênea, 568	Superescalar, 560
Granularidade de *thread*, 564	Pipeline, 560	*Thread* de granularidade fina, 565
Lei de Amdahl, 562	Processador multicore, 560	*Thread* de granularidade grossa, 565
Multithreading simultâneo (SMT), 568	Protocolo MOESI, 574	*Thread* híbrida (SMT), 565
Organização multicore heterogênea, 568	Regra de Pollack, 562	

---

2 Lembre-se de que no Capítulo 7 discutimos que o *book* EC12 consiste em um MCM, cartões de memória e conexões de cadeia de E/S.

QUESTÕES DE REVISÃO

18.1. Resuma a diferença entre pipeline simples de instruções, superescalar e *multithreading* simultâneo.

18.2. Dê várias razões para a escolha dos projetistas para migrar para uma organização multicore em vez de aumentar o paralelismo dentro de um único processador.

18.3. Por que há uma tendência para se aumentar a fração da área do chip para memória cache?

18.4. Relacione alguns exemplos de aplicações que se beneficiam diretamente da habilidade de aumentar *throughput* com número de *cores*.

18.5. No nível mais alto, quais são as principais variáveis de projeto em uma organização multicore?

18.6. Relacione algumas vantagens de cache L2 compartilhada entre *cores* em comparação com caches L2 separadas dedicadas para cada *core*.

PROBLEMAS

18.1. Considere o seguinte problema. Um projetista tem um chip disponível e decide qual fração dele será dedicada para memória cache (L1, L2, L3). O restante do chip pode ser dedicado para um complexo superescalar único e/ou *core* SMT. Defina os seguintes parâmetros:

- n = número máximo de *cores* que podem ser contidos no chip.
- k = número atual de *cores* implementados (1 ... k ... n, em que = n/k é um inteiro).
- perf(r) = desempenho sequencial obtido com uso de recursos equivalentes para r *cores* para formar um processador único, em que perf(1) = 1.
- f = fração do software que é paralelizável por vários *cores*.

Assim, se construirmos um chip com n *cores*, esperamos que cada *core* forneça desempenho sequencial de 1 e que, para n *cores*, seja capaz de explorar o paralelismo até um nível de n *threads* paralelos. De maneira semelhante, se o chip tiver k *cores*, então cada *core* deveria demonstrar um desempenho de perf(r) e o chip seria capaz de explorar paralelismo até um nível de k *threads* paralelos. É possível modificar a lei de Amdahl (Equação 18.1) para refletir essa situação do seguinte modo:

$$\text{Aceleramento} = \frac{1}{\frac{1-f}{\text{perf}(r)} + \frac{t \times r}{\text{perf}(r) \times n}}$$

a. Justifique essa modificação da lei de Amdahl.

b. Usando a regra de Pollack, estabelecemos perf(r) = $\sqrt{r}$. Seja n = 16. Queremos desenhar o aceleramento como uma função de r para f = 0,5; f = 0,9; f = 0,975; f = 0,99; f = 0,999. Que conclusões você pode tirar?

c. Repita a parte (b) para n = 256.

18.2. O manual de referência técnica para o Cortex-A15 diz que o GIC é mapeado em memória. Isto é, os *cores* processadores usam E/S mapeada em memória para se comunicar com GIC. Lembre-se do Capítulo 7 de que, com E/S mapeada em memória, há um espaço de endereço único para posições de memória e dispositivos de E/S. O processador trata o estado e os registradores de dados dos módulos de E/S como posições de memória e usa as mesmas instruções de máquina para acessar memória e dispositivos E/S. Com base nessa informação, qual caminho através do diagrama de blocos da Figura 18.15 é usado para o processador de *core* se comunicar com GIC?

18.3. Nessa questão, analisamos o desempenho do seguinte programa C em uma arquitetura com *multithread*. Deve-se supor que os arrays A, B e C não se sobrepõem na memória.

```
for (i=0; i<328; i++) {
    A[i] = A[i]*B[i];
    C[i] = C[i]+A[i];
}
```

- Nossa máquina é um processador de emissão única, em ordem. Comuta para um *thread* diferente a cada ciclo usando escalonamento *round robin* fixo. Cada um dos N *threads* executa uma instrução em cada N ciclos. Alocamos o código aos *threads*, de modo que cada *thread* execute cada iteração N do código C original.
- Instruções de inteiros levam 1 ciclo para serem executadas, instruções de ponto flutuante levam 4 ciclos e instruções de memória levam 3 ciclos. Todas as unidades de execução estão totalmente em pipeline. Se uma instrução não pode emitir porque seus dados não estão ainda disponíveis, ela insere uma bolha dentro do pipeline e tenta de novo depois dos ciclos I.
- A seguir é apresentado o programa no código de montagem para essa máquina para um *thread* único que execute um loop completo.

```
loop: ld  f1, 0 (r1)      ;f1 = A[i]
      ld  f2, 0 (r2)      ;f2 = B[i]
      fmul f4, f2, f1     ;f4 = f1*f2
      st  f4 0(r1)        ;A[i] = f4
      ld  f3, 0(r3)       ;f3 = C[i]
      fadd f5, f4, f3     ;f5 = f4 + f3
      st  f5 0(r3)        ;C[i] = f5
      add r1, r1, 4       ;i++
      add r2, r2, 4
      add r3, r3, 4
      add r4, r4, -1
      bnez r4, loop       ;loop
```

a. Alocamos o código de montagem do loop para as *N threads*, de modo que cada *thread* execute cada iteração *N* do loop original. Escreva o código de montagem que um dos *N threads* pode executar nesta máquina com *multithreading*.

b. Qual é o número mínimo de *threads* de que essa máquina precisa para permanecer completamente utilizada emitindo uma instrução a cada ciclo para nosso programa?

c. Podemos atingir o desempenho de pico executando esse programa usando menos *threads* ao rearranjar as instruções? Explique brevemente.

d. Qual será o desempenho de pico em flops/ciclo para esse programa?

18.4. Para o protocolo MOESI, considere qualquer par de caches. Use a matriz a seguir para indicar quais estados são permitidos para uma determinada fila de cache; use X para as proibidas e √ para as permitidas.

	M	O	E	S	I
M					
O					
E					
S					
I					

18.5. Desenhe um diagrama de transição de estado, inclusive rótulos nas transições, para o protocolo MOESI, similar ao da Figura 17.6.

18.6. Nos protocolos de coerência de cache de diretório, como aqueles baseados em MESI ou MOESI, a transição silenciosa é uma em que uma linha de cache transita de um estado para outro sem relatar essa mudança ao controlador central.

a. Para cada estado no protocolo MESI, indique para quais estados-alvo, se houver algum, é possível uma transição silenciosa.

b. Repita o mesmo procedimento para o protocolo MOESI.

UNIDADES DE PROCESSAMENTO GRÁFICO DE USO GERAL

Contribuição de
Peter Zeno
Candidato a Ph.D., Universidade de Bridgeport

19.1 Noções básicas sobre a CUDA
19.2 GPU *versus* CPU
   Diferenças básicas entre as arquiteturas de CPU e GPU
   Desempenho e desempenho por comparação de watt
19.3 Visão geral da arquitetura de uma GPU
   Arquitetura básica de uma GPU
   Layout do chip completo
   Detalhes da arquitetura do multiprocessador de *streaming*
   A importância de conhecer e programar seus tipos de memória
19.4 GPU Gen8 da Intel
19.5 Quando usar uma GPU como um coprocessador
19.6 Termos-chave e questões de revisão

OBJETIVOS DE APRENDIZAGEM

Após ler este capítulo, você será capaz de:
- Apresentar uma visão geral sobre a CUDA.
- Entender a diferença entre uma GPU e uma CPU.
- Descrever os elementos básicos de uma arquitetura GPU típica.
- Discutir sobre quando usar uma GPU como um coprocessador.

A **unidade de processamento gráfico (GPU)** é desenvolvida especificamente para ser otimizada em renderização gráfica tridimensional (3D) rápida e para processamento de vídeo. GPUs podem ser encontradas em quase todas as estações de trabalho atuais, laptops, tablets e smartphones (OWENS, 2008). A GPU vem em vários tamanhos. As maiores unidades têm de várias centenas a milhares de *cores* de processador paralelo em um circuito integrado único (IC — do inglês, *Integrated Circuit*). Elas podem ser encontradas como placas de coprocessador separado, geralmente baseadas em PCIe, em estações de trabalho, em sistemas de jogos e mesmo em supercomputadores (SLAVICI, 2012). As menores GPUs são encontradas em sistemas embarcados, como tablets e smartphones, em que a GPU é composta de um número de um dígito de *cores*, e são geralmente combinados com uma série de *cores* convencionais, conhecidos como **unidades de processamento central (CPUs)** no mesmo IC de silício.

Nos últimos anos, a GPU encontrou seu caminho nos ambientes de programação massivamente paralelos para uma grande variedade de aplicações, como bioinformática, dinâmica molecular, exploração de petróleo e gases, finanças computacionais, processamento de áudio e de sinal, modelagem estatística, visão computacional e imagens médicas. É daqui que é derivado o termo **computação de uso geral usando uma GPU (GPGPU)**. As principais razões para a migração de aplicações altamente paralelizáveis para a GPU são: o advento das linguagens de GPGPU amigáveis ao programador (como a CUDA, da NVIDIA, e a OpenCL, da Khronos Group) e algumas leves modificações para a arquitetura da GPU para facilitar a computação de uso geral (SANDERS; KANDROT, 2010) — daqui em diante referida como arquitetura de GPGPU —, em conjunto com o baixo custo e o alto desempenho das GPUs. Por exemplo, por cerca de US$ 200, é possível comprar uma GPU com 960 *cores* de processadores paralelos para sua estação de trabalho (por exemplo, a GeForce GTX 660, da NVIDIA).

Começamos este capítulo com uma visão geral do modelo da CUDA, que é primordial para a compreensão do projeto e do uso das GPUs. A seguir, este capítulo contrasta GPUs e CPUs e, em seguida, é feita uma análise detalhada da arquitetura da GPU. Então, examinamos a GPU da Intel e, por fim, o capítulo discute quando usar uma GPU como um coprocessador.

19.1 NOÇÕES BÁSICAS SOBRE A CUDA

A **CUDA (do inglês,** *Compute Unified Device Architecture***)** é uma plataforma de computação paralela e de modelo de programação criada pela NVIDIA e implementada pelas unidades de processamento gráfico (GPUs) que elas produzem. Para descrever de modo adequado a arquitetura de uma GPGPU, os termos e conceitos do software da CUDA precisam ser abordados primeiro. Esta certamente não é uma introdução abrangente da linguagem de programação da CUDA, em particular, já que o foco do capítulo e do livro é na arquitetura de computadores. Todavia, é difícil descrever a parte do hardware do sistema de uma GPGPU sem primeiro definir o fundamento da terminologia de software da CUDA e sua estrutura de programação. Esses conceitos vão se estender ao domínio da arquitetura de GPU/GPGPU.

A CUDA C é uma linguagem baseada em C/C++. Um programa em CUDA pode ser dividido em três seções gerais: (1) o código a ser executado pelo *host* (CPU); (2) o código a ser executado pelo dispositivo (GPU); e (3) o código relacionado à transferência de dados entre o *host* e o dispositivo. O código a ser executado no *host* com certeza é um código serial que não pode, ou não vale a pena, ser paralelizado. O código de dados paralelos pode ser executado em uma GPU chamada de **kernel**, ao passo que um *thread* é uma instância única dessa função de kernel. O kernel geralmente terá poucos, ou nenhum, comandos de desvio. Os comandos de desvio no kernel resultam em execuções seriais dos *threads* no hardware da GPU. Mais detalhes sobre isso serão expostos na Seção 19.3.

O programador define o número de *threads* a ser executado quando uma função de kernel é chamada. O número total de *threads* definido é geralmente em milhares, para maximizar os ***cores* de processador de GPU** (também conhecidos como ***cores* CUDA**), bem como para maximizar o aceleramento disponível. Além disso, o programador especifica como esses *threads* devem ser agregados. Para ser mais específico, os *threads* serão agregados de modo uniforme nos **blocos** (também conhecidos como **blocos de *thread***), e o número de blocos por execução de kernel é chamado de **rede (*grid*)** — ver Figura 19.1. A Tabela 19.1 proporciona um resumo dos termos da CUDA já definidos.

Figura 19.1
Relação entre *threads*, blocos e uma rede.

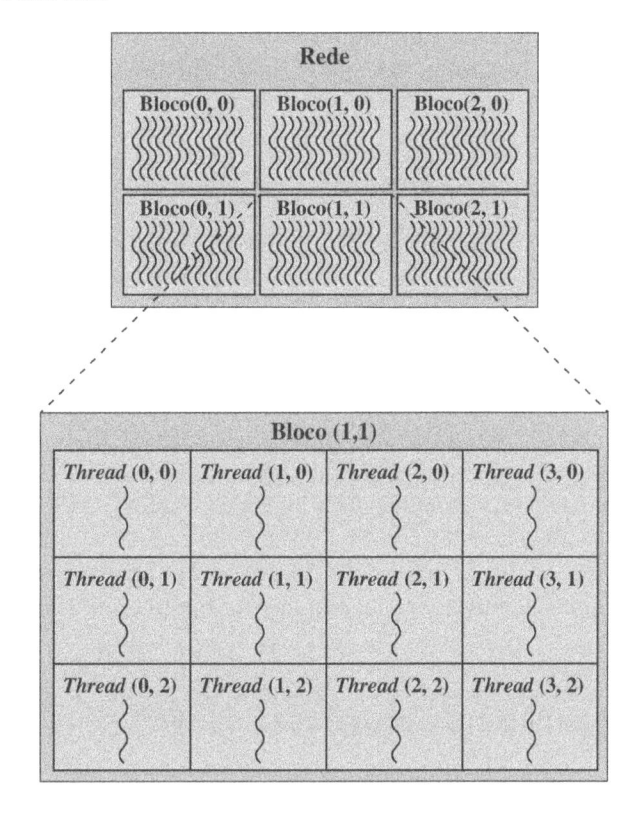

```
                    Rede
    ┌──────────┬──────────┬──────────┐
    │ Bloco(0,0)│ Bloco(1,0)│ Bloco(2,0)│
    ├──────────┼──────────┼──────────┤
    │ Bloco(0,1)│ Bloco(1,1)│ Bloco(2,1)│
    └──────────┴──────────┴──────────┘
```

Bloco (1,1)

Thread (0,0)	Thread (1,0)	Thread (2,0)	Thread (3,0)
Thread (0,1)	Thread (1,1)	Thread (2,1)	Thread (3,1)
Thread (0,2)	Thread (1,2)	Thread (2,2)	Thread (3,2)

Tabela 19.1
Termos da CUDA para mapeamento de equivalência de componentes de hardware de GPU.

Termo de CUDA	Definição	Componente equivalente de hardware de GPU
Kernel	Código paralelo na forma de uma função a ser executada na GPU	Não se aplica
Thread	Uma instância do kernel na GPU	*Core* processador de uma GPU/CUDA
Bloco	Um grupo de *threads* atribuído a um MS em particular	Multiprocessador de CUDA (MS)
Rede	A GPU	GPU

A Figura 19.1 ilustra uma **rede** bidimensional de blocos de *thread* bidimensionais. Tanto a grade como as dimensões de bloco podem ser unidimensionais, bidimensionais ou tridimensionais. Elas não precisam ter as mesmas dimensões. Por exemplo, a rede pode ser estabelecida para uma dimensão, e o bloco de *thread* pode ser definido para três dimensões. No entanto, como será visto brevemente, essa configuração não pode utilizar por completo os processadores da GPU, porque um bloco é atribuído para apenas um dos muitos **multiprocessadores de *streaming* (MS)** da GPU. Um bloco nunca é dividido em MSs. Assim, todos menos um conjunto de *cores* processadores de GPU vão estar ociosos, enquanto um MS está sustentando toda a carga de processamento. Além disso, existe um número máximo de *thread* que um MS pode aceitar. Se esse número for superado, então o código não vai compilar. Portanto, cabe ao programador usar a especificação da GPU a ser usada, e distribuir a carga tão uniformemente quanto possível. No mínimo, o número de blocos de *thread* a serem executados deve ser pelo menos o número de MSs na GPU. Todavia, encontrar uma configuração ideal pode ser um processo desencorajador e que consome muito tempo.

19.2 GPU *VERSUS* CPU

Esta seção compara as arquiteturas complementares da GPU e da CPU. Como a GPU e a CPU estão ortogonalmente otimizadas uma para a outra, sua combinação em um sistema de GPGPU proporciona custo superior e ganhos de desempenho para certas aplicações em comparação com uma abordagem de CPU pura.

Diferenças básicas entre as arquiteturas de CPU e GPU

Pelo fato de a GPU e a CPU serem desenvolvidas e otimizadas para dois tipos significativamente diferentes de aplicações, suas arquiteturas diferem de modo significativo. Isso pode ser visto ao comparar uma quantidade relativa de área da pastilha (número de transistores) que é dedicada à cache, à lógica de controle e à lógica de processamento para dois tipos de tecnologias de processador (ver Figura 19.2). Na CPU, como discutido no Capítulo 18, a lógica de controle e a memória cache constituem a maior parte da CPU. Isso é esperado de uma arquitetura que está sintonizada para processar o código sequencial tão rápido quanto possível. Por outro lado, uma GPU usa uma arquitetura SIMD massivamente paralela (única instrução e múltiplos dados) para executar, sobretudo, operações matemáticas. Sendo assim, uma GPU não necessita das mesmas capacidades complexas da lógica de controle da CPU (ou seja, execução fora de ordem, previsão de desvio, *hazard* de dados etc.). Tampouco requer grandes quantidades de memória cache. As GPUs simplesmente executam os mesmos *threads* de código em grandes quantidades de dados e estão aptas a esconder a latência da memória ao administrar a execução de mais *threads* do que os *cores* processadores disponíveis.

Desempenho e desempenho por comparação de watt

O mercado de videogame incitou a necessidade sempre crescente de realismo gráfico em tempo real. Isso se traduz em mais *cores* de processadores de GPU paralelos com grande capacidade de ponto flutuante. Como resultado, a GPU é projetada para maximizar o número de operações de ponto flutuante por segundo (FLOPs) que pode ser executado. Além disso, as mais novas arquiteturas NVIDIA, como as arquiteturas Kepler e Maxwell, focaram no aumento do desempenho por razão de watt (FLOPs/watt) sobre as arquiteturas de GPU, ao diminuir a potência requerida por cada *core* processador de GPU. Isso foi realizado por Kepler, ao diminuir o *clock* do processador enquanto aumentava o número de transistores on-chip (seguindo a lei de Moore), o que permitiu um ganho de rede positivo de 3 vezes o desempenho por watt sobre a arquitetura de Fermi. Além disso, a arquitetura de Maxwell aumentou a eficiência de execução. Essa tendência de aumentar os FLOPs que uma GPU pode executar *versus* a de uma CPU multicore diverge a uma taxa exponencial — ver Figura 19.3 (NVIDIA, 2014) —, criando assim um grande hiato de desempenho. Algo semelhante pode ser dito acerca do desempenho por gap de watt entre essas duas diferentes tecnologias de processamento.

Figura 19.2

Dedicação de transistores/área de silício de uma CPU *versus* uma GPU.

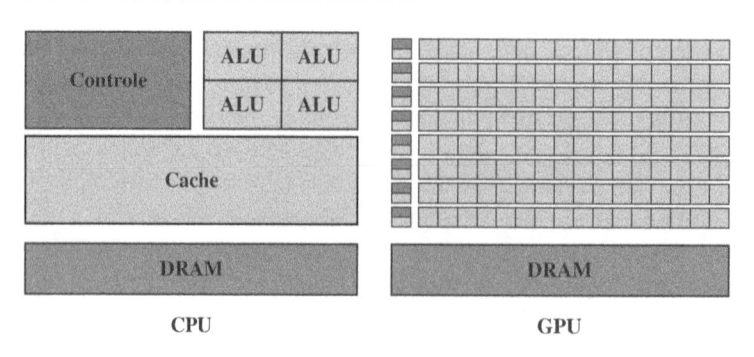

19.3 VISÃO GERAL DA ARQUITETURA DE UMA GPU

A evolução histórica da arquitetura de uma GPU pode ser dividida em três fases ou eras principais. A primeira fase cobriria os anos iniciais da arquitetura da GPU (do início da década de 1980 ao final da década de 1990), em que a GPU foi composta por estágios especializados de processamento não programável e fixo (por exemplo, vertex, raster, shader etc.). Além disso, os avanços contínuos da tecnologia durante esse período, permitindo uma diminuição significativa de tamanho e custo dos sistemas gráficos, trouxeram por sua vez os processadores gráficos ao PC de meados ao final da década de 1990. A segunda fase abrangeria a modificação iterativa da arquitetura resultante da GPU, fase 1, de um pipeline de hardware especializado e fixo para um processador totalmente programável (aproximadamente do início a meados da década de 2000). A modificação final e geral apresentada pela NVIDIA em 2006 facilitou o uso de sua nova linguagem de GPGPU, a CUDA. A terceira fase começa onde a segunda parou, e abrange como a arquitetura GPU/GPGPU torna um coprocessador SIMD altamente paralelizado e acessível a fim de acelerar os tempos de execução de alguns programas não relacionados a gráficos; e também como uma linguagem GPGPU (CUDA, no caso) mapeia essa arquitetura. O foco deste capítulo segue a terceira fase, também conhecida como *era da GPU*.

A primeira GPU da NVIDIA com suporte de hardware à GPGPU foi a GeForce 8800 GTX. A fim de permitir que a GPU seja usada pelos programadores para aplicações de computação paralela de uso geral, uma hierarquia verdadeira de cache e uma memória compartilhada acessível ao usuário foram adicionadas. Além disso, conjuntos de *cores* processadores de GPU programáveis são igualmente divididos em MSs escaláveis. O benefício de uma arquitetura dessas é uma escalabilidade dos *cores* processadores de GPU, assim como MSs de novas gerações ou de modelos diferentes de GPUs, sem requerer modificação de linguagem da programação CUDA.

Figura 19.3

Operações de ponto flutuante por segundo para CPU e GPU.

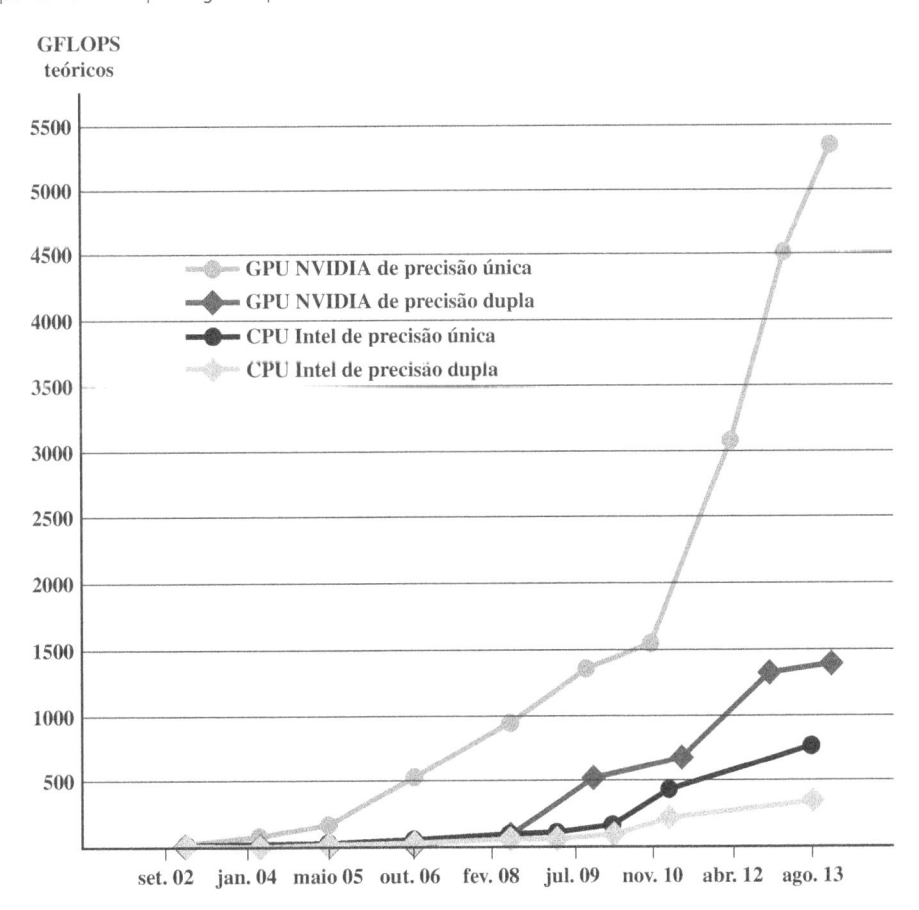

Arquitetura básica de uma GPU

Como já foi dito, a NVIDIA progrediu por várias gerações de tecnologias de processamento de GPU (ou seja, Tesla, Fermi, Kepler e Maxwell), cada qual tendo uma diferença pequena a moderada em sua microarquitetura sobre suas predecessoras. A convenção de denominação para o MS foi levemente modificada para as mais novas gerações das tecnologias de GPU, como SMX para Kepler e SMM para Maxwell. Isso ajuda a dar significado a uma mudança relativamente expressiva para a arquitetura MS de sua predecessora (também ajuda com o marketing promocional de novos produtos). Dito isso, a partir da perspectiva de programação em CUDA, todas essas tecnologias de processamento ainda têm arquiteturas idênticas de alto nível. Para o restante deste capítulo, vamos usar a arquitetura Fermi da NVIDIA como exemplo de arquitetura básica. A arquitetura Fermi foi escolhida em razão da sua alta representatividade de arquitetura de GPU e pelo seu baixo número de *core*/MS CUDA, o que simplifica o mapeamento entre o hardware de GPU e o software CUDA. Esse exemplo de arquitetura é composto por 16 MSs, em que cada MS contém um grupo de 32 *cores* CUDA. Portanto, a GPU tem um total de 16 MSs × 32 *cores*/MS CUDA, ou 512 *cores* CUDA.

Projeto de chip completo

A Figura 19.4 ilustra o projeto geral da GPU da arquitetura Fermi da NVIDIA. Como pode ser visto nesta figura, a cache L2 está localizada de forma centralizada em relação aos 16 MSs (8 MSs acima e abaixo). Cada MS é representado por duas colunas adjacentes e 16 linhas de retângulos (*cores* processadores de GPU), junto a uma coluna de 16 unidades de carga/armazenamento e uma coluna de 4 unidades de funções especiais (SFUs — do inglês, *Special Function Units*). Um exemplo mais detalhado do módulo MS é mostrado na Figura 19.5 (NVIDIA, 2009). Os retângulos da parte de cima e de baixo dos MSs na Figura 19.4 são onde os registradores e a memória compartilhada/L1 estão localizados. Cada uma das seis interfaces DRAM E/S tem uma interface de memória de 64 bits (o circuito de interface da DRAM é mostrado nos retângulos em cinza claro na parte mais à esquerda e à direita). Assim, coletivamente, existe uma interface de 384 bits para a interface da DRAM GDDR5 (taxa de dados duplos para gráficos, uma memória DDR projetada especificamente para o processamento gráfico) da GPU, permitindo um suporte de até um total de 6 GB da memória off-chip do MS (ou seja, global, constante, textura e local). Mais detalhes acerca desses tipos de diferentes memórias serão discutidos na próxima seção. Também, ilustrada na Figura 19.4 está a interface do *host*, que pode ser encontrada no lado esquerdo do layout da GPU. A interface do *host* permite a conectividade PCIe entre a GPU e a CPU. Por último, o escalonador global GigaThread, localizado próximo da interface do *host*, é responsável pela distribuição dos blocos de *thread* para os escalonadores *warp* do MS (ver Figura 19.5).

Figura 19.4

Arquitetura Fermi da NVIDIA.

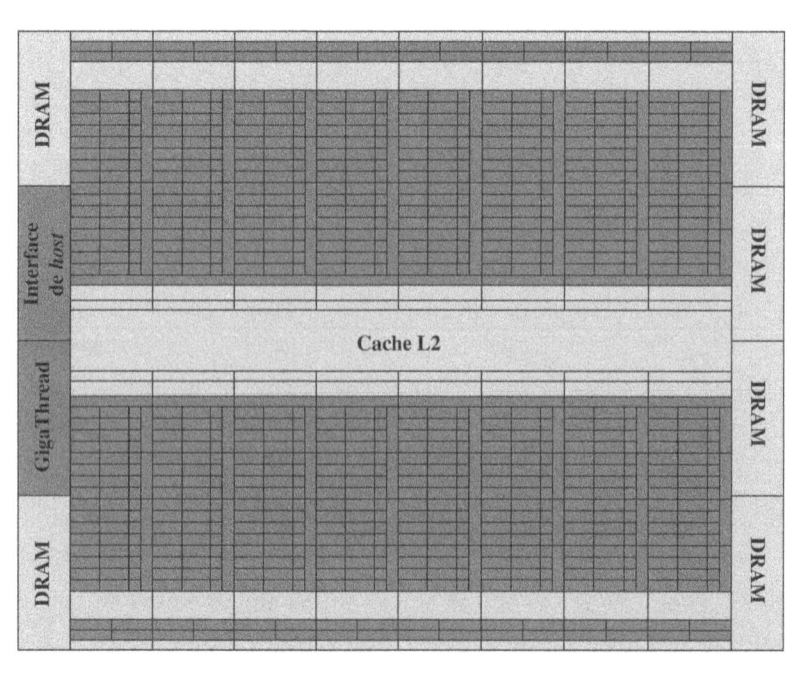

Figura 19.5
Arquitetura MS única.

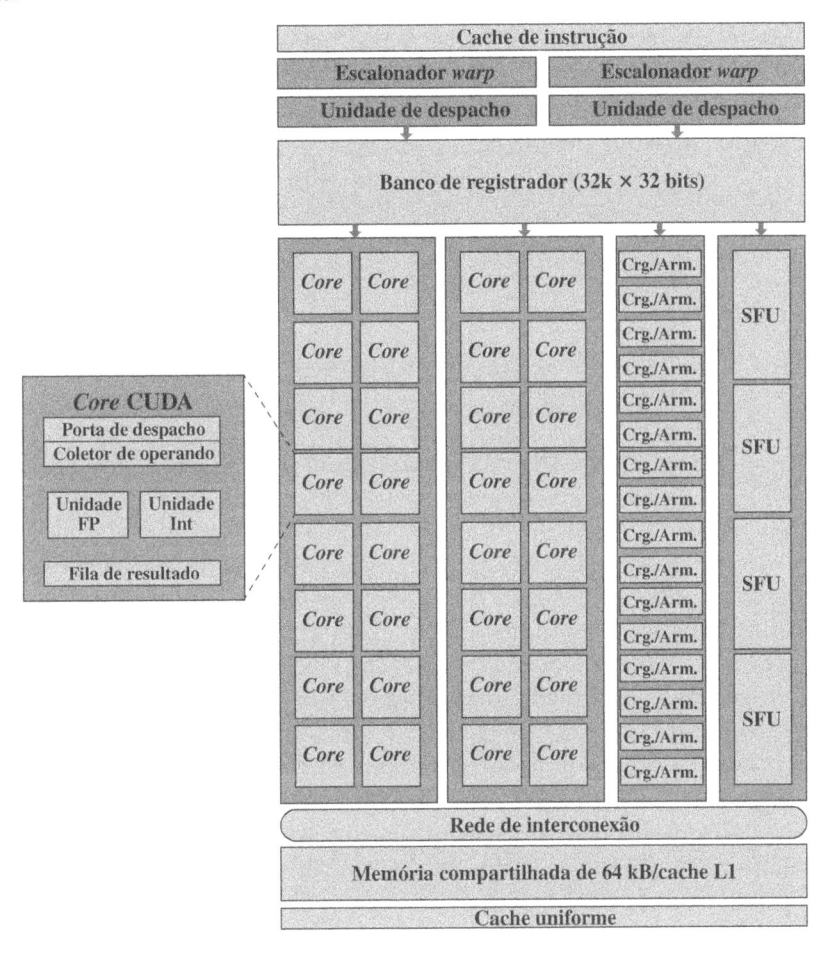

Detalhes da arquitetura do multiprocessador de *streaming*

O lado direito da Figura 19.5 detalha a arquitetura Fermi da NVIDIA em seus componentes básicos para um único MS. Esses componentes são:

- *Cores* de processadores de GPU (total de 32 *cores* CUDA).
- Escalonador *warp* e porta de despacho.
- Dezesseis unidades de carga/armazenamento.
- Quatro SFUs.
- Registradores 32k × 32 bits.
- Memória compartilhada e cache L1 (64 kB no total).

ESCALONADOR *WARP* DUPLO Como já abordado, a unidade do escalonador global GigaThread no chip da GPU distribui os blocos de *thread* para os MSs. O escalonador de *warp* duplo vai então separar cada bloco de *thread* que está processando em **warps**, que são agrupamentos de 32 *threads* que começam no mesmo endereço inicial e seus IDs de *thread* são consecutivos. Uma vez que um *warp* é emitido, cada *thread* terá seu próprio contador de endereço de instrução e conjunto de registradores. Isso permite desvios e execução independente de cada *thread* no SM.

A GPU é mais eficiente quando está processando tantos *warps* quanto possível para manter os *cores* CUDA utilizados ao máximo. Como ilustrado na Figura 19.6, a utilização máxima de hardware do MS vai ocorrer quando os escalonadores *warp* duplos e unidades de despacho de instruções estão aptos a emitir dois *warps* a cada dois ciclos (arquitetura Fermi). Como explicado a seguir, *hazards* estruturais são o principal fator para que um MS seja incapaz de atingir essa taxa de processamento máximo, enquanto a latência de acesso à memória off-chip pode ser mais facilmente escondida.

Figura 19.6

Exemplo de execução de escalonadores de *warp* duplos e unidades de despacho de instrução.

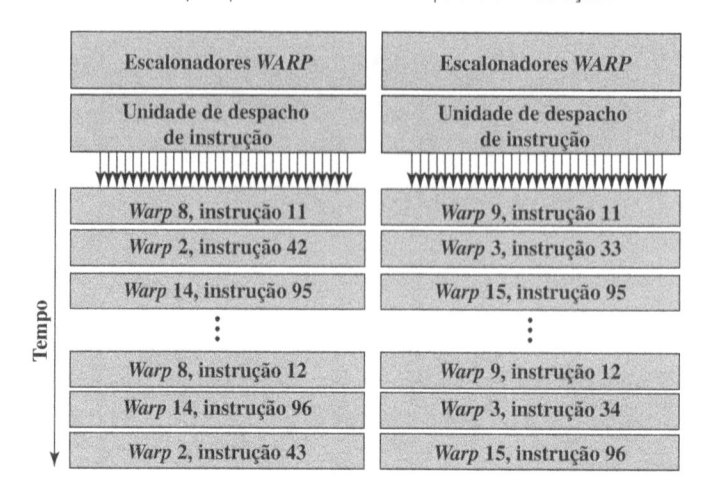

Escalonadores *WARP*	Escalonadores *WARP*
Unidade de despacho de instrução	Unidade de despacho de instrução
Warp 8, instrução 11	*Warp* 9, instrução 11
Warp 2, instrução 42	*Warp* 3, instrução 33
Warp 14, instrução 95	*Warp* 15, instrução 95
⋮	⋮
Warp 8, instrução 12	*Warp* 9, instrução 12
Warp 14, instrução 96	*Warp* 3, instrução 34
Warp 2, instrução 43	*Warp* 15, instrução 96

(Tempo ↓)

Cada coluna dividida de 16 *cores* CUDA (×2), 16 unidades de carga/armazenamento e 4 SFUs (ver Figura 19.5) são eleitas para serem atribuídas à metade de um *warp* (16 *threads*) para processar a partir de cada duas unidades de escalonador/despachante por ciclo de *clock*, dado que a coluna do componente não está experimentando um *hazard* estrutural. *Hazards* estruturais são causados por SFUs limitadas, multiplicações de precisão dupla e desvios. No entanto, os escalonadores *warp* têm um *scoreboard* embutido para rastrear os *warps* que estão disponíveis para execução, bem como os *hazards* estruturais. Isso permite que o MS funcione com *hazards* estruturais e ajude a esconder a latência de acesso à memória off-chip o máximo possível.

Sendo assim, é importante que o programador defina que o tamanho do bloco de *thread* seja maior que o número total de *cores* CUDA em um MS, mas menor do que o máximo de *threads* permitidos por bloco, e certifique-se de que o tamanho de bloco de *thread* (nas dimensões *x* e/ou *y*) seja múltiplo de 32 (tamanho de *warp*) para atingir uma utilização perto do ideal dos MSs.

CORES CUDA Como mencionado na seção *Noções básicas sobre a CUDA*, os *cores* processadores de GPU da NVIDIA são também chamados de *cores* CUDA (ver Figura 19.5). Como também foi definido antes, e como pode ser visto na Figura 19.4, existe um total de 32 *cores* CUDA dedicados a cada MS na arquitetura Fermi. Cada *core* CUDA tem dois pipelines ou caminhos de dados separados: uma unidade pipeline de inteiro (INT) e uma unidade de pipeline de ponto flutuante (PF) — ver Figura 19.5. Apenas um desses caminhos de dados pode ser usado durante um único período de *clock*. A unidade INT comporta 32 bits, 64 bits e precisão estendida para operações de inteiros e lógicas bit a bit. A unidade PF pode apresentar uma operação de PF de precisão única, ao passo que uma operação de PF de precisão dupla requer dois *cores* CUDA. Portanto, *threads* que apresentam somente operações de PF de precisão dupla vão levar duas vezes mais tempo para ser executadas em comparação com um *thread* de PF de precisão única. Esse impacto de desempenho da aritmética de PF de precisão dupla é tratado na arquitetura Kepler pela inclusão de unidades de precisão dupla dedicadas em cada MS, bem como uma maior quantidade de unidades de precisão única. Felizmente, o gerenciamento de operações de precisão única e dupla de PF em nível de *thread* é escondido do programador de CUDA. Contudo, o programador deve estar atento ao impacto do desempenho potencial que pode ser incorrido entre o uso de dois tipos de precisão com base na GPU utilizada.

A arquitetura Fermi adicionou uma melhoria à unidade de PF do *core* CUDA sobre suas predecessoras. Ela se aprimorou do padrão de aritmética de ponto flutuante IEEE 754-1985 para o padrão IEEE 754-2008. Isso foi realizado pela melhoria da precisão da instrução de multiplicação-adição (MAD — do inglês, *Multiply--Add*) por meio de uma instrução integrada de multiplicação-adição (FMA — do inglês, *Fused Multiply-Add*). A instrução FMA é válida tanto para a aritmética de precisão única como a dupla. A arquitetura Fermi apresenta somente um único arredondamento no final da instrução FMA. Não somente a precisão do resultado é melhorada, mas também a execução da instrução FMA é comprimida dentro de um único ciclo de *clock* do processador. De tal modo, operações de FMA de precisões únicas de 32 bits e de precisões duplas de 16 bits podem ocorrer em um único processador ou em um ciclo de *clock* por MS.

UNIDADES DE FUNÇÃO ESPECIAIS Cada MS tem quatro SFUs. A SFU apresenta operações transcendentais, como cosseno, seno, recíproca e raiz quadrada, em apenas um ciclo de *clock*. Uma vez que há somente 4 SFUs em um MS e 32 *threads* paralelos de uma única instrução em um *warp*, leva-se 8 ciclos de *clock* para completar um *warp* que requer as SFUs. Todavia, os processadores CUDA, junto às unidades de carga e armazenamento, podem ainda ser utilizados ao mesmo tempo.

UNIDADES DE CARGA E ARMAZENAMENTO Cada uma das 16 unidades de carga e armazenamento do MS calcula a fonte e o endereço de destino para um único *thread* por ciclo de *clock*. Os endereços são para a cache ou a DRAM a partir dos quais os *threads* querem ler ou escrever dados.

REGISTRADORES, MEMÓRIA COMPARTILHADA E CACHE L1 Como mostrado na Figura 19.5, cada MS tem seu próprio conjunto (on-chip) dedicado de registradores e de memória compartilhada/bloco de cache L1. As memórias on-chip são descritas a seguir, com detalhes e benefícios para essas baixas latências.

Embora a arquitetura Fermi tenha números expressivos de registradores de 32k × 32 bits por MS, cada *thread* tem um máximo de registradores de 64 × 32 bits alocados em si, como definido pela capacidade de computação CUDA versão 2.x, que é função do número máximo de *warps* ativos permitidos por MS, bem como o número de registradores por MS. Como mostrado na Tabela 19.2, os registradores, com a memória compartilhada, têm os tempos de acesso mais rápidos, de somente vários nanossegundos (ns). Se houver alguma transferência de registradores temporários para memória (*register spilling*), os dados vão se mover primeiro para a cache L1 antes de serem enviados para a cache L2 e depois para a grande latência de acesso à memória local (ver Figura 19.7a). O uso da cache L1 ajuda a prevenir a ocorrência de *hazards* de leitura/escrita de dados. A vida útil dos dados nos registradores atribuídos ao *thread* é, portanto, somente o quanto durar o *thread*.

A memória compartilhada e endereçável on-chip dedicada aos *cores* processadores de GPU de um MS é uma configuração única quando comparada aos microprocessadores multicore contemporâneos, como a CPU. Essas arquiteturas contemporâneas, como foi discutido no Capítulo 18 e mostrado na Figura 18.6, têm uma cache L1 on-chip dedicada e um conjunto de registradores por *core*. No entanto, elas geralmente não têm memória endereçável on-chip. Em vez disso, o hardware de gerenciamento de memória dedicada regula a movimentação de dados entre a cache e a memória principal sem o controle do programador. Isso é significativamente diferente da arquitetura de GPU (ver Figura 19.5).

Como discutido no início deste capítulo, a memória compartilhada foi adicionada à arquitetura de GPU especificamente para auxiliar nas aplicações de GPGPU. Otimizar o uso de memória compartilhada pode aumentar significativamente o aceleramento e o desempenho de uma aplicação de GPGPU ao eliminar acessos de longa latência desnecessários para a memória off-chip. Apesar de a memória compartilhada ser pequena

Tabela 19.2
Atributos de hierarquia de memória das GPUs.

Tipo de memória	Tempos de acesso relativo	Tipo de acesso	Escopo	Vida útil dos dados
Registradores	O mais rápido. On-chip	L/E	*Thread* única	*Thread*
Compartilhada	Rápido. On-chip	L/E	Todas as *threads* em um bloco	Bloco
Local	Entre 100 e 150 vezes mais lento que a compartilhada e o registrador. Off-chip	L/E	*Thread* única	*Thread*
Global	Entre 100 e 150 vezes mais lento que a compartilhada e o registrador. Off-chip.	L/E	Todas as *threads* e host	Aplicação
Constante	Entre 100 e 150 vezes mais lento que a compartilhada e o registrador. Off-chip	L	Todas as *threads* e host	Aplicação
Textura	Entre 100 e 150 vezes mais lento que a compartilhada e o registrador. Off-chip	L	Todas as *threads* e host	Aplicação

Figura 19.7

Arquitetura de memória Fermi.

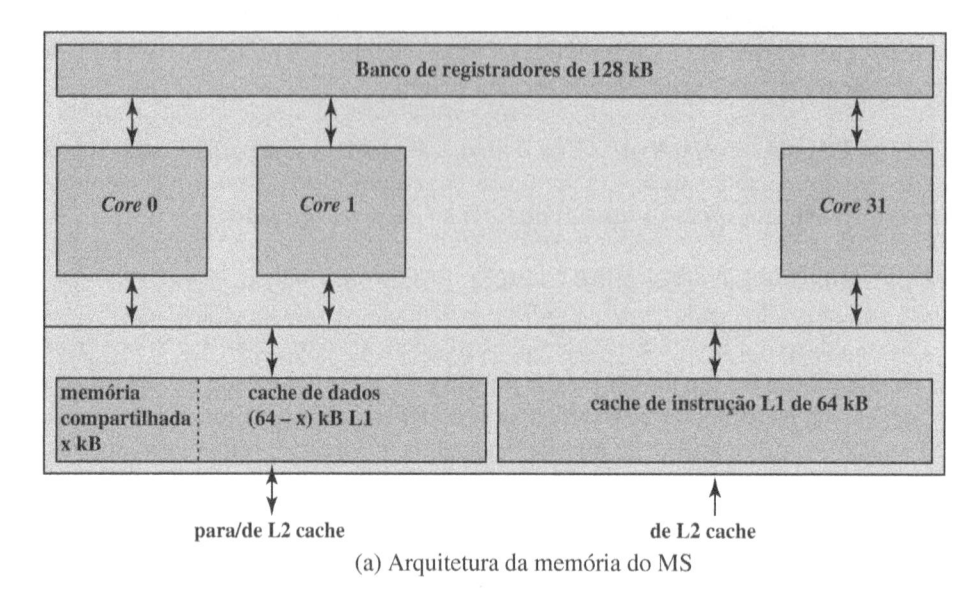

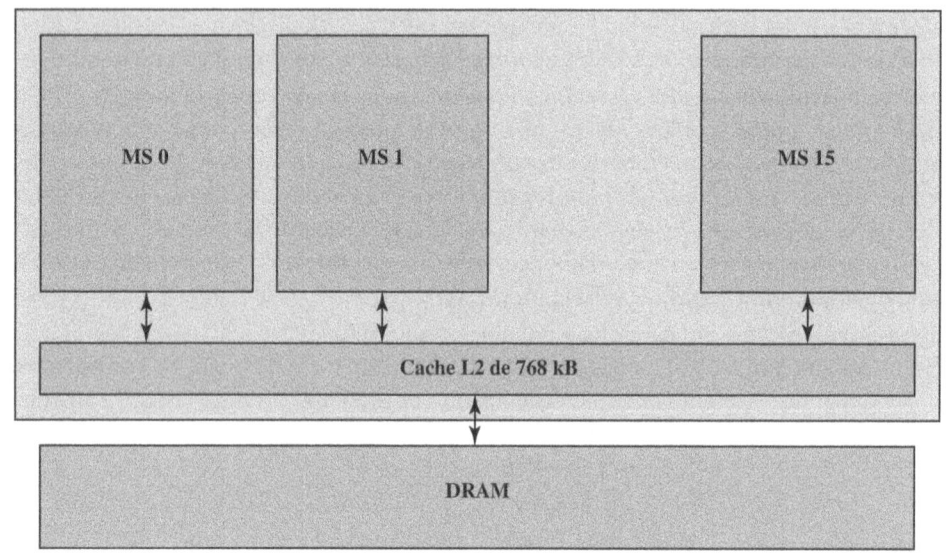

(a) Arquitetura da memória do MS

- Banco de registradores de 128 kB
- Core 0, Core 1, ..., Core 31
- memória compartilhada x kB
- cache de dados (64 – x) kB L1
- cache de instrução L1 de 64 kB
- para/de L2 cache
- de L2 cache

(b) Arquitetura completa da memória

- MS 0, MS 1, ..., MS 15
- Cache L2 de 768 kB
- DRAM

em tamanho para cada MS (48 kB em configuração máxima), ela tem latência de acesso muito baixa, de 100 a 150 vezes menor do que a memória global (ver Tabela 19.2). Assim, existem três formas principais em que a memória compartilhada pode acelerar as tarefas de processamento paralelo: (1) uso repetido e múltiplo de dados de memória compartilhada por todos os *threads* de um bloco (por exemplo, blocos de dados usados por uma multiplicação de matriz por matriz); (2) *threads* selecionados de um bloco (com base em IDs específicos) são usados para transferir dados a partir da memória global para uma memória compartilhada, de modo que as leituras e escritas redundantes para os mesmos locais de memória são removidas; e (3) o usuário pode otimizar acessos de dados para a memória global para se certificar de que os acessos são coalescentes, quando possível. Todos esses pontos também são úteis para reduzir os problemas de restrições de banda larga de memória off-chip. A vida útil de dados de uma memória compartilhada de MS dura enquanto durarem os blocos de *thread* que estão sendo processados nela. Então, uma vez que todos os *threads* do bloco estiverem completos, os dados na memória compartilhada de MS não são mais válidos.

Embora o uso de memória compartilhada ofereça tempos de execução ideais, em algumas aplicações os acessos de memória não são conhecidos durante a fase de programação. É aí que ter mais cache L1 disponível (configuração máxima de 48 kB) vai proporcionar os resultados ideais. Além disso, a cache L1 ajuda a prevenir transferência de registradores (*register spills*) para a memória, em vez de ir direto para a memória DRAM local (off-chip). A hierarquia de cache de dois níveis — cache L1 única por MS, e no chip, cache L2 compartilhada — oferece os mesmos benefícios que aquelas encontradas em microprocessadores multicore convencionais.

A importância de conhecer e programar seus tipos de memória

É importante para o programador entender as nuances de várias memórias de uma GPU, particularmente os tamanhos disponíveis para cada tipo de memória, seus tempos de acesso relativos e as limitações de acessibilidade, para permitir o desenvolvimento de código eficiente e correto usando CUDA. Como se pode ver na Seção 19.1, no início deste capítulo, nas memórias em nível de MS já discutidas e na terminologia e nos parâmetros listados na Tabela 19.2, uma abordagem muito diferente é exigida para a programação de GPGPU da que é exigida para o desenvolvimento de programas focado em uma CPU, em que o hardware de armazenamento de dados específico usado (outro além de E/S de arquivo) é escondido do programador.

Por exemplo, com a arquitetura de GPU, cada *thread* atribuído a um *core* CUDA tem seu próprio conjunto de registradores, de modo que um *thread* não pode acessar outros registradores de *thread*, seja no mesmo MS ou não. O único modo em que *threads* dentro de um MS em particular podem cooperar entre si (via compartilhamento de dados) é por meio de memória compartilhada (ver Figura 19.8). Isso geralmente é realizado pelo programador ao atribuir somente certos *threads* a um MS para escrever em locais específicos de sua memória compartilhada, prevenindo assim *hazards* de escrita ou ciclos desperdiçados (por exemplo, algumas *threads* lendo os mesmos dados a partir da memória global e escrevendo-os nos mesmos endereços da memória compartilhada). Antes que seja permitido que todos os *threads* de um MS em particular leiam a partir da memória compartilhada que tenha acabado de ser escrita, a sincronização de todos os *threads* desse MS precisa ser feita a fim de prevenir um *hazard* de dados de leitura depois da escrita (RAW — do inglês, *Read-After-Write*)[1].

Figura 19.8

Representação CUDA de uma arquitetura básica de uma GPU.

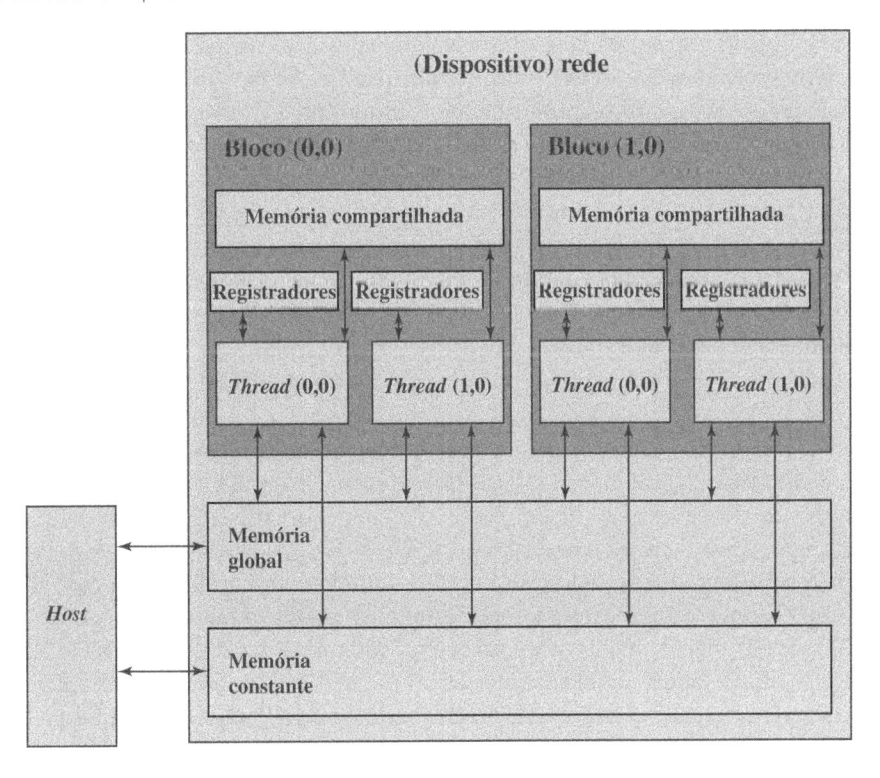

---

[1] Veja o Capítulo 16 para uma discussão sobre *hazards* RAW.

19.4 GPU GEN8 DA INTEL

Como outro exemplo de uma arquitetura de GPGPU, esta seção proporciona uma visão geral da arquitetura do processador gráfico Gen8 (INTEL..., 2014, PEDDLE, 2014).

O bloco básico fundamental da arquitetura Gen8 é a unidade de execução (UE) mostrada na Figura 19.9. A UE consiste em uma arquitetura de *multithreading* simultâneo (SMT — do inglês, *Simultaneous Multithreading*) com sete *threads*. Lembre-se de que, como discutido nos capítulos 17 e 18, em uma arquitetura SMT, os bancos registradores são expandidos de modo que múltiplos *threads* podem compartilhar o uso de recursos de pipeline. A UE tem sete *threads* e é implementada como uma arquitetura pipeline superescalar. Cada *thread* inclui 128 registradores de uso geral. Dentro de cada UE, as unidades de computação primária são duas unidades de ponto flutuante SIMD que suportam tanto a computação de ponto flutuante como a de inteiros. Cada UPF do SIMD pode executar ambas instruções de adição e multiplicação simultâneas de ponto flutuante a cada ciclo. Há também uma unidade de desvio dedicada a instruções de desvio e uma unidade de envio para as operações de memória.

Cada registrador armazena 32 bytes, acessíveis como um vetor de 8 elementos de SIMD de elementos de dados de 32 bits. Assim, cada *thread* Gen8 tem 4 kB de banco de registradores de uso geral (GRF — do inglês, *General-purpose Register File*), para um total de 28 kB de GRF por UE. Modos de endereçamento flexíveis possibilitam que os registradores sejam endereçados juntos para construir efetivamente registradores maiores ou mesmo para representar estruturas de bloco de dados retangular em passos.[2] O estado arquitetural por *thread* é mantido em um banco de registrador separado, com arquitetura dedicada (ARF — do inglês, *Architecture Register File*).

A UE pode enviar até quatro instruções diferentes simultaneamente a partir de *threads* distintos. O árbitro de *thread* despacha cada instrução para uma das quatro unidades funcionais para execução.

As UEs são organizadas em *subslices* (Figura 19.10), que podem conter até oito UEs. Cada *subslice* contém sua própria unidade de despacho de *thread* local e seu própoio suporte a caches de instruções. De tal modo, um único *subslice* tem recursos de hardware dedicados e bancos de registradores para um total de 56 *threads* simultâneos.

Um *subslice* também inclui uma unidade chamada de coletor de amostra, com suas próprias caches L1 e L2. A amostra é usada para classificar as superfícies de textura e imagem. O coletor de amostra inclui lógica para suportar a descompressão dinâmica dos formatos de blocos comprimidos de textura. O coletor de amostra também inclui lógica de função fixa, que permite a conversão do endereço de coordenadas de imagem (u, v) e direcionar os modos de fixação, como espelho, envoltório, borda e fixador. A amostra suporta uma variedade de modos de filtro de amostragem, como ponto, bilinear, trilinear e anisotrópico. A porta de dados proporciona operações de leitura/escrita eficientes para tentar ganhar vantagem do tamanho da linha de cache para consolidar as operações de leitura de *threads* distintos. Para criar variantes de produto, os *subslices* podem ser dispostos em clusters chamados de *slice* (Figura 19.11). Atualmente, até três *subslices* podem ser organizados dentro de um único *slice* para um total de 24 UEs. Além dos *subslices*, o *slice* inclui lógica para o roteamento de despacho de *thread*, outra função lógica para otimizar o processamento de dados gráficos, uma cache L3 compartilhada e uma estrutura local menor compartilhada. A última é visível (memória endereçável) às UEs e é útil para compartilhar variáveis temporárias.

Para aumentar o desempenho, uma técnica conhecida como **banco de cache** é usada para a cache de dados L3 compartilhada. Para obter grande largura de banda, a cache é dividida em módulos de memória equalizados, chamados de bancos, que podem ser acessados simultaneamente. Qualquer pedido de leitura ou escrita de memória feito de n endereços que caia em n bancos de memória distintos pode, portanto, ser servido simultaneamente, rendendo uma largura de banda geral que é n vezes mais alta que a largura de banda de um módulo único. No entanto, se dois endereços de um pedido de memória caírem no mesmo banco de memória, há um conflito de banco e o acesso tem de ser serializado. O hardware divide um pedido de memória com conflitos de banco em quantos pedidos separados livres de conflitos forem necessários, diminuindo a taxa de transferência por um fator igual ao número de pedidos de memória separados. Se o número de pedidos separados de memória for n, diz-se que o pedido de memória inicial causa conflitos de bancos de dados em n. Para obter o máximo desempenho, é, portanto, fundamental entender como os endereços de memória são mapeados para os bancos de memória a fim de escalonar os pedidos de memória, de modo a limitar os conflitos de banco.

---

2 O termo *em passos* se refere à sequência de leituras e escritas de memória para os endereços, cada uma separada da última por um intervalo constante chamado de *tamanho do passo*. As referências em passos são muitas vezes geradas por loops por meio de um array, e (se os dados forem grandes o suficiente, aquele tempo de acesso é significativo) pode valer a pena sintonizar para um local melhor ao inverter os loops duplos ou desenrolar parcialmente o loop externo do loop aninhado.

Figura 19.9
Unidade de execução Gen8 da Intel.

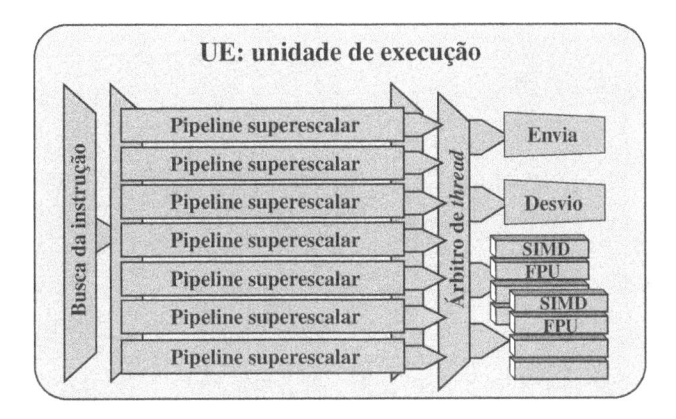

Figura 19.10
Subslice do Gen8 da Intel.

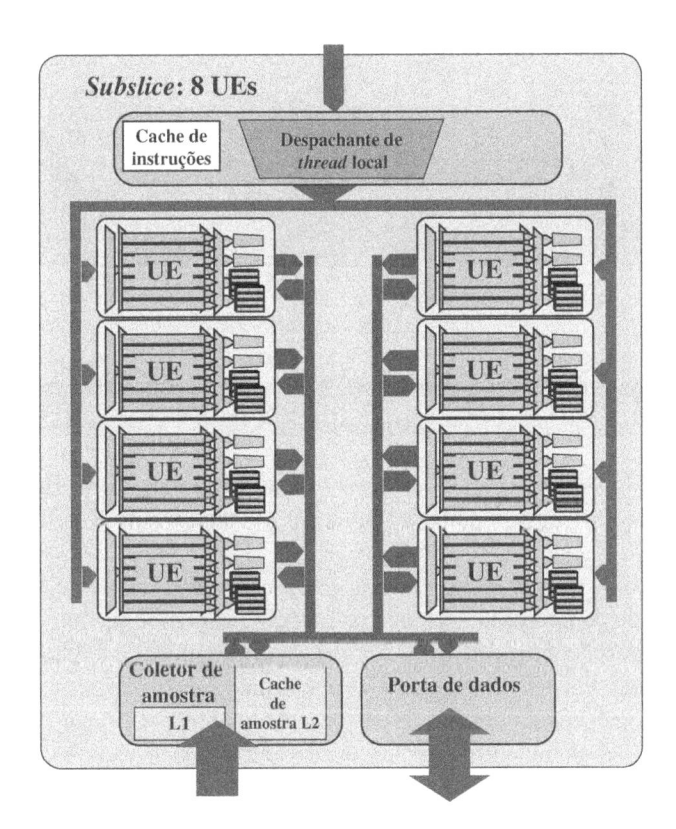

Por fim, um arquiteto de produto SoC pode criar famílias de produto ou um produto específico dentro de uma família ao colocar um único *slice* ou diversos *slices* em um chip SoC. Essas funções são combinadas com a lógica adicional da parte frontal para gerenciar o comando de submissão, bem como a lógica de função fixa, para suportar a renderização em 3D e os pipelines de mídia. Além disso, o Gen8 completo computa as interfaces da arquitetura ao restante dos componentes SoC por meio da unidade dedicada chamada de interface de tecnologia gráfica (GTI — do inglês, *Graphics Technology Interface*).

Um exemplo desses SoCs é o processador Intel Core M com o Intel HD Graphics 5300 Gen8 (Figura 19.12). Além da parte de GPU, o chip contém diversos *cores* de CPU, uma cache LLC e um sistema de agente. O sistema de agente inclui os controladores para a memória DRAM, para monitores de vídeo e para dispositivos de PCIe. O Processador Gráfico Gen8, CPUs, cache LLC e os sistemas de agentes estão interconectados com uma estrutura em forma de anel, como visto no caso do processador Xeon (Figura 7.16).

Figura 19.11

Slice do Gen8 da Intel.

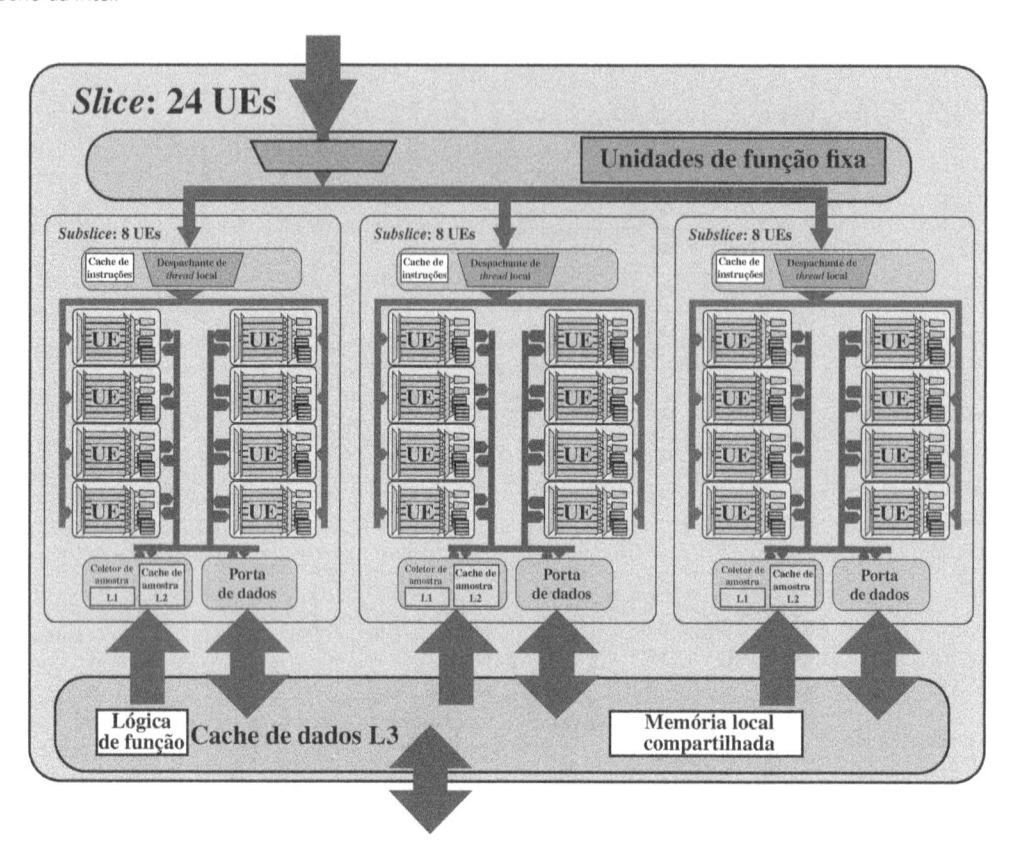

19.5 QUANDO USAR UMA GPU COMO UM COPROCESSADOR

Finalizamos este capítulo com uma breve discussão sobre as aplicações de GPGPU candidatas, a partir de uma perspectiva de projeto de software, bem como algumas ferramentas de software relacionadas a fim de ajudar nesse processo.

O que diferencia um programa que se beneficiaria da execução de uma parte de seu código em uma GPU (portanto, uma plataforma de computação heterogênea) de um programa que não se beneficiaria? Como tem sido mostrado e discutido neste capítulo, a GPU é formada por centenas e milhares de *cores* processadores e tem uma arquitetura SIMD. Portanto, programas que têm uma ou mais partes altamente paralelizáveis de código, que podem ser replicadas em milhares de *threads* compactos para funcionar com conjuntos grandes de dados em concorrência, são os melhores candidatos a acelerar seu tempo de execução em um sistema de GPGPU. Aqui, um *thread* compacto é definido como um exemplo de um fragmento massivamente paralelizável e relativamente pequeno de código, que não tem um desvio ou tem um desvio muito pequeno. Em geral, o código original serial está na forma de uma grande iteração *for*, ou alguns loops *for* embarcados, que apresentam cálculos em equações que não têm dependência de dados entre as iterações (por exemplo, aritmética de matriz). Além disso, quando se modela inicialmente todo o programa com ferramentas similares à linha de comando GNU, com base no gprof ou no modelo visual do nvprof da NVIDIA (qualquer modelo é executado de preferência contra dados representativos típicos), a(s) seção(ões) a ser(em) paralelizada(s) deve(m) constituir uma porcentagem justa do tempo de execução total do programa. Essa exigência vai tanto maximizar o aceleramento que pode ser obtido (lei de Amdahl) como minimizar o impacto que o tempo de transferência de dados entre a CPU e a GPU vai ter no aceleramento geral.

Uma vez que um segmento de código massivamente paralelizável seja identificado, ele precisa então ser convertido a partir do código serial em código paralelo ou em um kernel CUDA. Se um compilador que permite a paralelização estiver disponível e puder fazer automaticamente essa conversão sem intervenção do usuário e também proporcionar uma solução correta e perto do ideal, então se pouparia bastante tempo, dinheiro e

Figura 19.12
SoC do processador Intel Core M.

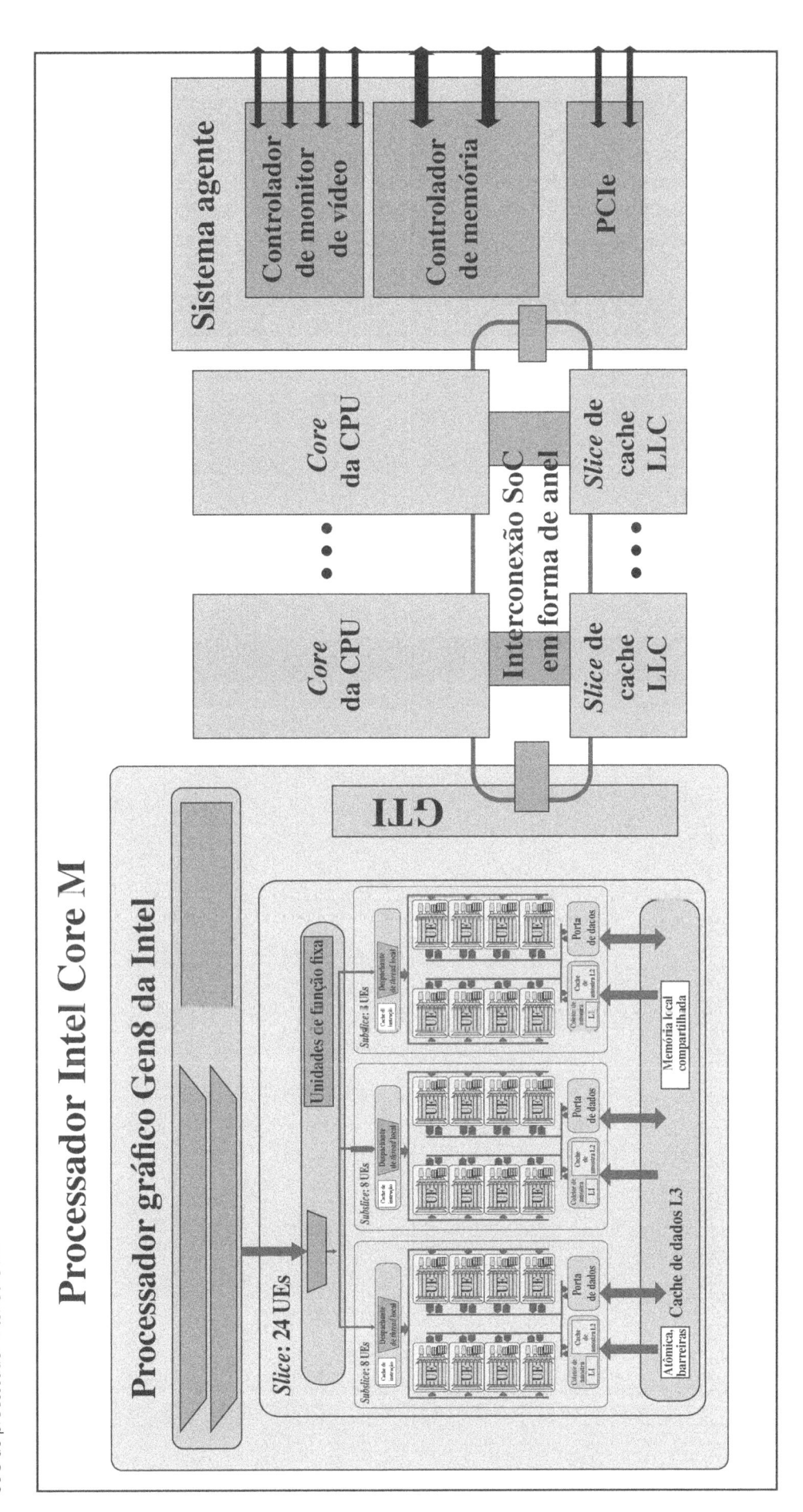

esforços. É pena que uma ferramenta dessas não exista ainda. Isso deixa duas opções: (1) converter o código por meio de planejamento complexo e programação em CUDA, OpenCL ou similar; ou (2) usar um compilador de linguagem com diretivas, como OpenACC, hiCUDA ou similar. Embora usar um compilador de linguagem com diretivas para dispor de "dicas" paralelizáveis no código para o compilador possa poupar tempo de programação, ainda é um processo iterativo e o tempo de execução ideal obtido ainda não está garantido. Contudo, esse método tem experimentado um interesse crescente ao longo dos últimos anos, e a mais nova versão do compilador CUDA suporta a linguagem OpenACC. Ainda, um programa em CUDA codificado, bem planejado e desenvolvido vai quase sempre fornecer os melhores tempos de execução no prazo.

19.6 TERMOS-CHAVE E QUESTÕES DE REVISÃO

Banco de cache, 596	*Core* processador de GPU, 587	*Thread*, 586
Bloco, 586	CUDA, 586	Unidade de processamento central (CPU), 586
Bloco de *thread*, 586	Kernel, 586	Unidade de processamento gráfico (GPU), 586
Computação de uso geral usando uma GPU (GPGPU), 586	Multiprocessadores de *streaming* (MSs), 587	Warp, 591
Core CUDA, 586	Rede, 586	

QUESTÕES DE REVISÃO

19.7. Defina CUDA.
19.8. Aponte as diferenças básicas entre as arquiteturas de CPU e GPU.
19.9. Quais são as diferenças entre kernel, *thread* e bloco?
19.10. Defina *warp*.
19.11. O que são as unidades de funções especiais?

OPERAÇÃO DA UNIDADE DE CONTROLE

20.1 Micro-operações
Ciclo de busca
Ciclo indireto
Ciclo de interrupção
Ciclo de execução
Ciclo de instrução

20.2 Controle do processador
Requisitos funcionais
Sinais de controle
Exemplo de sinais de controle
Organização interna do processador
Intel 8085

20.3 Implementação em hardware
Entradas da unidade de controle
Lógica da unidade de controle

20.4 Termos-chave, questões de revisão e problemas

OBJETIVOS DE APRENDIZAGEM

Após ler este capítulo, você será capaz de:

- Explicar o conceito de micro-operações e definir as principais fases do ciclo de instrução em termos de micro-operações.
- Discutir como as micro-operações são organizadas para controlar um processador.
- Compreender a organização da unidade de controle por hardware.

No Capítulo 12, destacamos que um conjunto de instruções de máquina nos leva à definição de um processador. Se conhecermos o conjunto de instruções de máquina — inclusive o efeito de cada opcode e os modos de endereçamento — e o conjunto de registradores visíveis ao usuário, então saberemos as funções que o processador poderá executar. Este não é o cenário completo. É preciso conhecer as interfaces externas, em geral por meio de um barramento, e como as interrupções são tratadas. Com essa linha de raciocínio, surge a seguinte lista de itens necessários para especificar o funcionamento de um processador:

1. Operações (opcodes).
2. Modos de endereçamento.
3. Registradores.
4. Interface com os módulos de E/S.
5. Interface com o módulo de memória.
6. Interrupções.

Essa lista, embora generalizada, é bastante completa. Os itens de 1 até 3 são definidos pelo conjunto de instruções. Os itens 4 e 5 são normalmente definidos ao se especificar o barramento do sistema. E o item 6 é definido parcialmente pelo barramento do sistema e parcialmente pelo tipo de suporte que o processador oferece ao sistema operacional.

Essa lista de seis itens pode ser denominada como uma lista dos requisitos funcionais para um processador. Eles determinam o que um processador tem de fazer. Foi isso o que nos ocupou nas partes II e IV deste livro. Agora nos voltamos para a questão de como essas funções são executadas ou, mais especificamente, como os vários elementos do processador são controlados para disponibilizar essas funções. Assim chegamos à discussão sobre a unidade de controle, que controla a operação do processador.

20.1 MICRO-OPERAÇÕES

Vimos que a operação de um computador, ao executar um programa, consiste em uma sequência de ciclos de instrução, com uma instrução de máquina por ciclo. É claro que é preciso lembrar que essa sequência de ciclos de instruções não é necessariamente a mesma que a *sequência da escrita* das instruções no programa por causa da existência de instruções de desvio. Aqui nos referimos à *sequência* de instruções *em tempo* de execução.

Vimos também que cada ciclo de instrução é feito de um número de pequenas unidades. Uma subdivisão conveniente considera os ciclos de *busca*, *indireto*, *de execução* e *de interrupção*, e apenas os ciclos de busca e execução ocorrem sempre.

Todavia, para projetar uma unidade de controle, é preciso detalhar ainda mais a descrição. Na nossa discussão sobre pipeline, no Capítulo 14, começamos a ver que uma decomposição maior é possível. De fato, veremos que cada um dos ciclos menores envolve uma série de passos, em que cada um deles envolve os registradores do processador. Iremos nos referir a esses passos como *micro-operações*. O prefixo *micro* refere-se ao fato de que cada passo é muito simples e realiza muito pouco. A Figura 20.1 ilustra a relação entre vários conceitos que estivemos discutindo. Para resumir, a execução de um programa consiste na execução sequencial de instruções. Cada instrução é executada durante um ciclo de instrução feito de subciclos menores (por exemplo, de busca, indireto, de execução, de interrupção). A execução de cada subciclo envolve uma ou mais operações mais curtas, ou seja, micro-operações.

As micro-operações são operações funcionais, ou atômicas, de um processador. Nesta seção, analisamos as micro-operações para obter um entendimento sobre como os eventos de um ciclo de instrução podem ser descritos como uma sequência dessas micro-operações. Um exemplo simples será usado. No restante deste capítulo, mostramos como o conceito de micro-operações serve como uma orientação para projetar uma unidade de controle.

Figura 20.1
Elementos que constituem uma execução de programa.

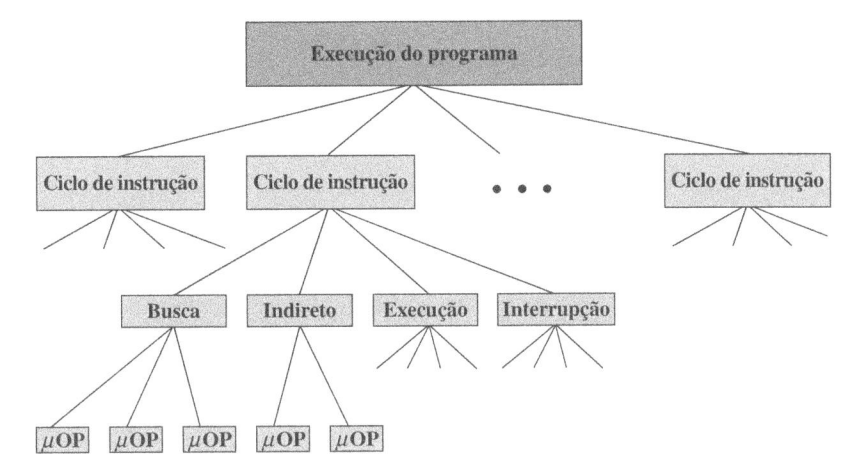

Ciclo de busca

Começamos com a análise do ciclo de busca, que ocorre no início de cada ciclo de instrução e faz com que uma instrução seja obtida da memória. Para propósitos dessa discussão, assumimos a organização ilustrada na Figura 14.6. Quatro registradores estão envolvidos:

- **Registrador de endereço de memória (MAR):** conectado às linhas de endereço do barramento do sistema. Ele especifica o endereço na memória para uma operação de leitura ou escrita.
- **Registrador de buffer de memória (MBR):** conectado às linhas de dados do barramento do sistema. Ele contém o valor a ser guardado na memória ou o último valor lido da memória.
- **Contador de programa (PC):** guarda o endereço da próxima instrução a ser lida.
- **Registrador de instrução (IR):** guarda a última instrução lida.

Vamos olhar a sequência de eventos do ciclo de busca do ponto de vista dos seus efeitos nos registradores do processador. Um exemplo aparece na Figura 20.2. No início do ciclo de busca, o endereço da próxima instrução a ser executada está no contador de programa (PC); nesse caso, o endereço é 1100100. O primeiro passo é mover esse endereço para o registrador de endereço de memória (MAR), porque este é o único registrador conectado às linhas de endereços do barramento do sistema. O segundo passo é trazer a instrução. O endereço desejado (no MAR) é colocado no barramento de endereços, a unidade de controle emite um comando READ no barramento de controle e o resultado aparece no barramento de dados e é copiado para o registrador de buffer de memória (MBR). É necessário também incrementar o PC pelo tamanho da instrução para se preparar para a próxima instrução. Como essas duas ações (ler da memória e incrementar o PC) não interferem uma com a outra, é possível executá-las em simultâneo para economizar tempo. O terceiro passo é mover o conteúdo de MBR para o registrador de instrução (IR). Isso libera o MBR para uso durante um possível ciclo indireto.

Desse modo, o simples ciclo de busca na prática consiste em três passos e quatro micro-operações. Cada micro-operação envolve movimentação de dados para dentro ou fora de um registrador. Enquanto essas movimentações não interferem umas nas outras, várias delas podem ocorrer durante um passo, economizando tempo. Simbolicamente, é possível escrever essa sequência de eventos da seguinte forma:

$$
\begin{aligned}
t_1: \text{MAR} &\leftarrow (\text{PC}) \\
t_2: \text{MBR} &\leftarrow \text{Memória} \\
\text{PC} &\leftarrow (\text{PC}) + I \\
t_3: \text{IR} &\leftarrow (\text{MBR})
\end{aligned}
$$

Figura 20.2

Sequência de eventos, ciclo de busca.

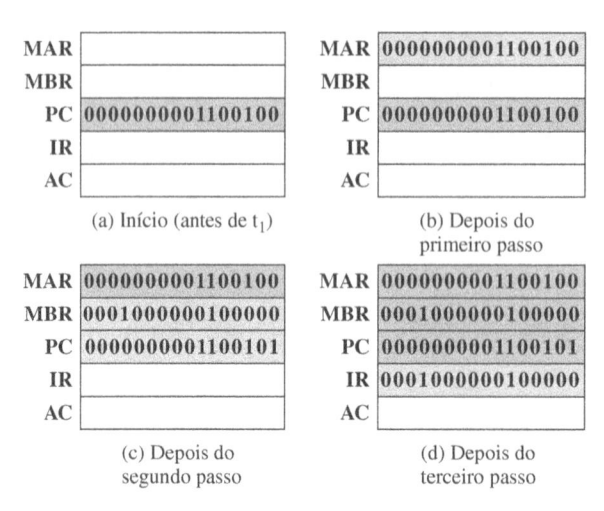

MAR	
MBR	
PC	0000000001100100
IR	
AC	

(a) Início (antes de t_1)

MAR	0000000001100100
MBR	
PC	0000000001100100
IR	
AC	

(b) Depois do primeiro passo

MAR	0000000001100100
MBR	0001000000100000
PC	0000000001100101
IR	
AC	

(c) Depois do segundo passo

MAR	0000000001100100
MBR	0001000000100000
PC	0000000001100101
IR	0001000000100000
AC	

(d) Depois do terceiro passo

em que *I* é o tamanho da instrução. É necessário fazer vários comentários sobre essa sequência. Supõe-se que um *clock* está disponível para propósitos de temporização e que ele emite pulsos de *clock* em intervalos regulares. Cada pulso de *clock* define uma unidade de tempo. De tal modo, todas as unidades de tempo são de duração igual. Cada micro-operação pode ser efetuada dentro do tempo de uma única unidade de tempo. A notação (t_1, t_2, t_3) representa unidades de tempo sucessivas.

Dessa forma temos:

▸ **Primeira unidade de tempo:** move conteúdo de PC para MAR.
▸ **Segunda unidade de tempo:** move conteúdo da posição de memória especificada por MAR para MBR. Incrementado por *I* o conteúdo de PC.
▸ **Terceira unidade de tempo:** move o conteúdo de MBR para IR.

Observe que a segunda e a terceira micro-operações ocorrem durante a segunda unidade de tempo. A terceira micro-operação poderia ser agrupada com a quarta sem afetar a operação de busca:

```
t1: MAR  ← (PC)
t2: MBR  ← Memória
t3: PC   ← (PC) + I
    IR   ← (MBR)
```

O agrupamento de micro-operações deve seguir duas regras simples:

1. A sequência apropriada de eventos deve ser seguida. Assim (MAR ← (PC)) deve preceder (MBR ← Memória), porque as operações de leitura de memória usam o endereço em MAR.
2. Conflitos devem ser evitados. Não se deve tentar ler e escrever no mesmo registrador em uma unidade de tempo, porque os resultados seriam imprevisíveis. Por exemplo, as micro-operações (MBR ← Memória) e (IR ← MBR) não devem ocorrer durante a mesma unidade de tempo.

Um último ponto que deve ser observado é relacionado com as micro-operações que envolvem uma adição. Para evitar a duplicidade de circuitos, essa adição poderia ser efetuada pela ALU. O uso da ALU pode envolver micro-operações adicionais, dependendo da funcionalidade da ALU e da organização do processador. Deixamos a discussão sobre esse ponto para mais à frente neste capítulo.

É útil comparar eventos descritos nesta e nas próximas subseções com a Figura 3.5. Apesar de as micro-operações serem ignoradas nessa figura, essa discussão mostra as micro-operações necessárias para efetuar os subciclos do ciclo de instrução.

Ciclo indireto

Uma vez lida a instrução, o próximo passo é buscar os operandos fontes. Continuando o nosso exemplo simples, imaginemos um formato de instrução com um endereço, com endereçamento direto e indireto permitido. Se a instrução especifica um endereço indireto, então um ciclo indireto deve preceder o ciclo de execução. O fluxo de dados difere um pouco do mostrado na Figura 14.7 e inclui as seguintes micro-operações:

t_1: MAR ← (IR(Endereço))
t_2: MBR ← Memória
t_3: IR(Endereço) ← (MBR(Endereço))

O campo de endereço da instrução é transferido para MAR. Este é então usado para obter o endereço do operando. Finalmente, o campo de endereço de IR é atualizado a partir de MBR, então agora ele contém um endereço direto em vez de um indireto.

O IR agora está no mesmo estado, como se o endereçamento indireto não tivesse sido usado, e está pronto para o ciclo de execução. Pularemos esse ciclo por um momento para analisar o ciclo de interrupção.

Ciclo de interrupção

Ao completar o ciclo de execução, um teste é feito para determinar se houve qualquer interrupção habilitada. Se sim, ocorre o ciclo de interrupção. A natureza desse ciclo varia muito de uma máquina para outra. Apresentamos uma sequência muito simples de eventos, conforme ilustrado na Figura 14.8. Temos:

t_1: MBR ← (PC)
t_2: MAR ← Endereço_Salvar
      PC ← Endereço_Rotina
t_3: Memória ← (MBR)

No primeiro passo, o conteúdo de PC é transferido para MBR, para que ele possa ser salvo para o retorno da interrupção. O MAR é então carregado com o endereço onde o conteúdo de PC deve ser salvo e o PC é carregado com o endereço do início da rotina do tratamento de interrupção. Essas duas ações podem cada qual ser uma micro-operação única. Contudo, como a maioria dos processadores fornece vários tipos e/ou níveis de interrupções, pode levar uma ou mais micro-operações adicionais para obter Endereço_Salvar e Endereço_Rotina antes que eles possam ser transferidos para MAR e PC, respectivamente. De qualquer forma, uma vez feito isso, o passo final é armazenar MBR, que contém o valor antigo de PC, em memória. O processador está pronto agora para começar o próximo ciclo de instrução.

Ciclo de execução

Os ciclos de busca, indireto e de interrupção são simples e previsíveis. Cada um deles envolve uma sequência pequena e fixa de micro-operações e, em cada caso, as mesmas micro-operações são repetidas a cada vez.

Isso não é verdade para o ciclo de execução. Por causa da variedade de opcodes, existe uma série de diferentes sequências de micro-operações que podem ocorrer. A unidade de controle examina o opcode e gera uma sequência de micro-operações com base no valor do opcode. Isso é chamado de *decodificação da instrução*.

Vamos considerar alguns exemplos hipotéticos. Primeiro, considere uma instrução de soma:

ADD R1, X

a qual adiciona o conteúdo da posição X ao registrador R1. A seguinte sequência de micro-operações pode ocorrer:

t_1: MAR ← (IR(endereço))
t_2: MBR ← Memória
t_3: R1 ← (R1) + (MBR)

Começamos com IR contendo a instrução ADD. No primeiro passo, a parte do endereço de IR é carregada em MAR. Então, a posição de memória referenciada é lida. Finalmente, os conteúdos de R1 e MBR são adicionados pela ALU. Novamente, este é um exemplo simplificado. Micro-operações adicionais podem ser necessárias para extrair a referência do registrador de IR e talvez para armazenar entradas e saídas da ALU em alguns registradores intermediários.

Vamos olhar dois exemplos mais complexos. Uma instrução comum é incrementar e pular se zero:

```
ISZ X
```

O conteúdo da posição X é incrementado por 1. Se o resultado for 0, a próxima instrução é pulada. Uma sequência possível de micro-operações é

```
t1: MAR     ← (IR(endereço))
t2: MBR     ← Memória
t3: MBR     ← (MBR) + 1
t4: Memória ← (MBR)
    Se ((MBR) = 0) então (PC ← (PC) + I)
```

Um novo recurso introduzido aqui é a ação condicional. O PC é incrementado se (MBR) = 0. Esse teste e essa ação podem ser implementados com uma micro-operação. Observe também que essa micro-operação pode ser efetuada durante a mesma unidade de tempo em que o valor atualizado em MBR está sendo armazenado de volta na memória.

Finalmente, considere uma instrução de chamada de sub-rotina. Considere como exemplo uma instrução de desviar-e-salvar-endereço (BSA — do inglês, *Branch-and-Save-Address*):

```
BSA X
```

O endereço da instrução que segue a instrução BSA é salvo na posição X e a execução continua na posição X + I. O endereço salvo será usado posteriormente para retorno. Esta é uma técnica simples para permitir chamadas de sub-rotinas. A seguinte micro-operação é suficiente:

```
t1: MAR     ← (IR(endereço))
    MBR     ← (PC)
t2: PC      ← (IR(endereço))
    Memória ← (MBR)
t3: PC      ← (PC) + I
```

O endereço em PC no início da instrução é o endereço da próxima instrução na sequência. Isso é salvo no endereço designado em IR. O endereço posterior é incrementado também para fornecer o endereço da instrução para o próximo ciclo de instrução.

Ciclo de instrução

Vimos que cada fase do ciclo de instrução pode ser decomposta em uma sequência de micro-operações elementares. No nosso exemplo, há uma sequência para cada ciclo de busca, indireto e de interrupção; e, para o ciclo de execução, há uma sequência de micro-operações para cada opcode.

Para completar o quadro, é necessário ligar as sequências de micro-operações e isso é feito na Figura 20.3. Supomos um novo registrador de 2 bits chamado de *código de ciclo de instrução* (ICC — do inglês, *Instruction Cycle Code*). O ICC define o estado do processador, ou seja, em qual parte do ciclo ele se encontra:

00: Busca
01: Indireto
10: Execução
11: Interrupção

Figura 20.3
Fluxograma do ciclo de instrução.

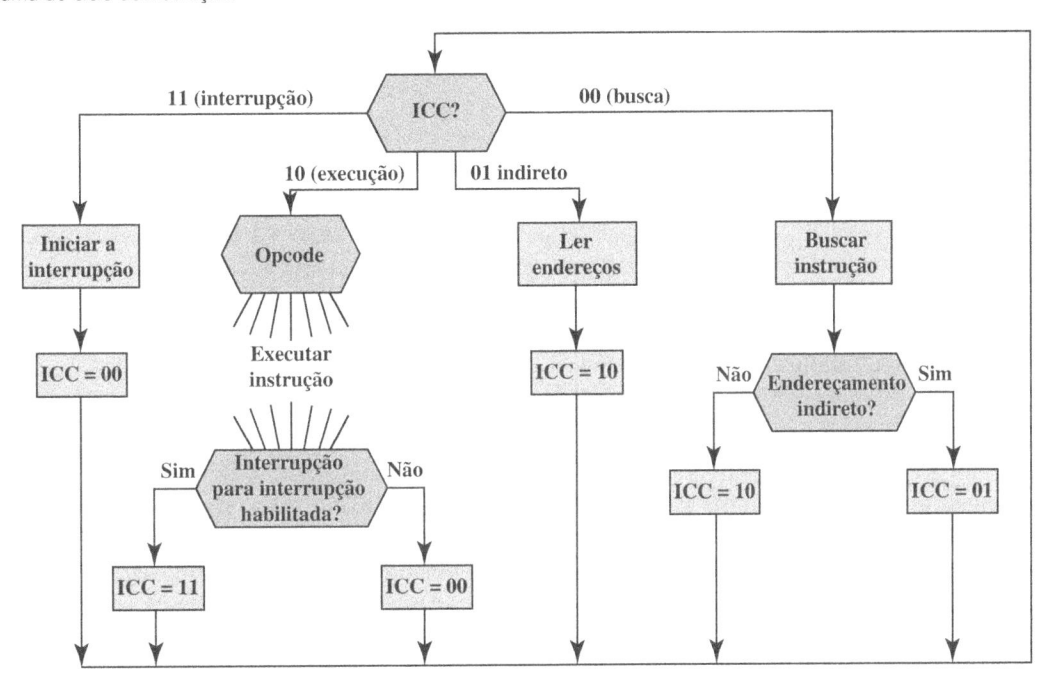

No fim de cada um dos quatro ciclos, o ICC é definido de maneira adequada. O ciclo indireto é sempre seguido de ciclo de execução. O ciclo de interrupção é sempre seguido do ciclo de busca (veja Figura 14.4). Tanto para o ciclo de busca como para o de execução, o próximo ciclo depende do estado do sistema.

De tal modo, o fluxograma da Figura 20.3 define a sequência completa de micro-operações, dependendo apenas da sequência de instruções e do padrão de interrupção. É claro que este é um exemplo simplificado. O fluxograma para um processador real seria mais complexo. De qualquer maneira, nós alcançamos o ponto em nossa discussão em que a operação do processador é definida como o desempenho de uma sequência de micro-operações. Agora é possível considerar como a unidade de controle faz com que essa sequência aconteça.

20.2 CONTROLE DO PROCESSADOR

Requisitos funcionais

Como resultado das nossas análises da seção anterior, decompusemos o comportamento ou o funcionamento do processador em operações básicas, chamadas de micro-operações. Ao reduzir a operação do processador para o seu nível mais básico, somos capazes de definir o que exatamente a unidade de controle deve fazer acontecer. Assim, é possível definir os *requisitos funcionais* para a unidade de controle: aquelas funções que a unidade de controle tem de executar. Uma definição desses requisitos funcionais é a base para o projeto e a implementação da unidade de controle.

Com a informação em mãos, o próximo processo de três passos leva a uma caracterização da unidade de controle:

1. Definir elementos básicos do processador.
2. Descrever as micro-operações que o processador executa.
3. Determinar as funções que a unidade de controle deve realizar para fazer com que as micro-operações sejam executadas.

Nós já fizemos os passos 1 e 2. Vamos resumir o resultado. Primeiro, os elementos funcionais básicos do processador são os seguintes:

- ALU.
- Registradores.
- Caminhos de dados internos.
- Caminhos de dados externos.
- Unidade de controle.

Alguma reflexão deverá convencê-lo de que essa lista está completa. A ALU é a essência funcional do computador. Os registradores são usados para armazenar os dados internamente ao processador. Alguns registradores contêm a informação de estado necessária para gerenciar o sequenciamento de instruções (por exemplo, uma palavra de estado de programa). Outros contêm os dados que vêm de ou vão para a ALU, a memória e os módulos de E/S. Caminhos de dados internos são usados para mover dados entre registradores e entre registrador e ALU. Caminhos de dados externos ligam os registradores com a memória e os módulos de E/S, muitas vezes por um barramento do sistema. A unidade de controle faz com que as operações ocorram dentro do processador.

A execução de um programa consiste em operações que envolvem esses elementos do processador. Conforme vimos, essas operações consistem em uma sequência de micro-operações. Depois de rever a Seção 20.1, o leitor deveria perceber que todas as micro-operações se enquadram em uma das categorias a seguir:

- Transferência de dados de um registrador para outro.
- Transferência de dados de um registrador para uma interface externa (por exemplo, barramento do sistema).
- Transferência de dados de uma interface externa para um registrador.
- Execução de uma operação aritmética ou lógica, usando registradores para entrada e saída.

Todas as micro-operações necessárias para efetuar um ciclo de instrução, incluindo todas as micro-operações para executar cada instrução dentro do conjunto de instruções, encaixam-se em uma dessas categorias.

Podemos agora ser mais explícitos sobre a maneira como funciona a unidade de controle. A unidade de controle desempenha duas tarefas básicas:

- **Sequenciamento:** a unidade de controle faz com que o processador siga uma série de micro-operações na sequência correta, com base no programa que está sendo executado.
- **Execução:** a unidade de controle faz cada micro-operação ser executada.

O que precede é uma descrição funcional sobre o que a unidade de controle faz. A chave para o funcionamento da unidade de controle é o uso de sinais de controle.

Sinais de controle

Definimos os elementos que formam o processador (ALU, registradores, caminhos de dados) e as micro-operações que são executadas. Para que a unidade de controle desempenhe a sua função, ela precisa ter entradas que lhe permitam determinar o estado do sistema e saídas que lhe permitam controlar o comportamento do sistema. Essas são as especificações externas da unidade de controle. Internamente, a unidade de controle precisa ter a lógica necessária para desempenhar as suas funções de sequenciamento e execução. Adiamos a discussão sobre a operação interna da unidade de controle para a Seção 20.3 e o Capítulo 21. O restante desta seção concentra-se na interação entre a unidade de controle e outros elementos do processador.

A Figura 20.4 é um modelo geral da unidade de controle, mostrando todas as suas entradas e saídas. As entradas são:

- ***Clock*:** é como a unidade de controle "marca o tempo". A unidade de controle faz uma micro-operação (ou um conjunto de micro-operações simultâneas) ser executada a cada pulso de *clock*. Isso às vezes é chamado de tempo de ciclo do processador ou tempo de ciclo do *clock*.
- **Registrador de instrução:** o opcode e o modo de endereçamento da instrução corrente são usados para determinar qual micro-operação executar durante o ciclo de execução.

Figura 20.4

Diagrama de bloco da unidade de controle.

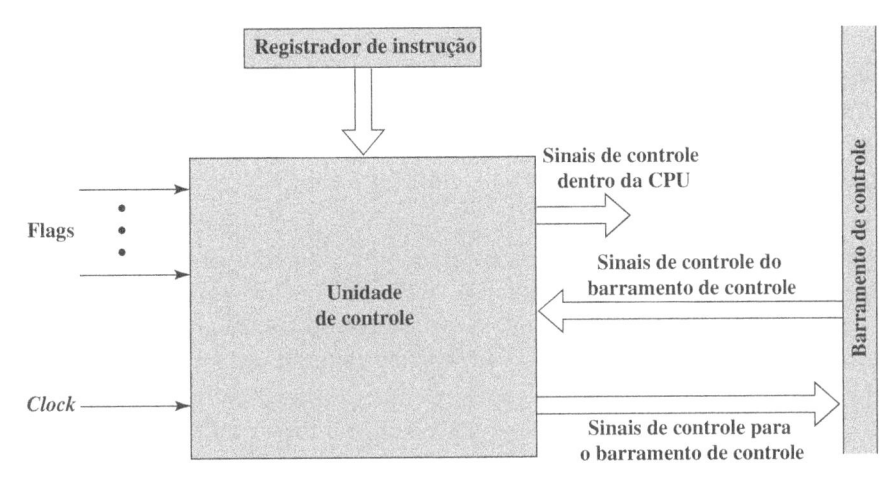

- **Flags:** estes são necessários para a unidade de controle determinar o estado do processador e das saídas das operações anteriores da ALU. Por exemplo, para a instrução incrementar-e-pular-se-zero (ISZ — do inglês, *Increment-and-Skip-if-Zero*), a unidade de controle vai incrementar o PC se o flag zero for definido.
- **Sinais de controle do barramento de controle:** barramento de controle é uma parte do barramento de sistema que fornece sinais para a unidade de controle.

As saídas são:

- **Sinais de controle dentro da CPU:** existem dois tipos: aqueles que fazem os dados serem movidos de um registrador para outro e aqueles que ativam as funções específicas da ALU.
- **Sinais de controle para o barramento de controle:** existem dois tipos também: sinais de controle para a memória e sinais de controle para os módulos de E/S.

Três tipos de sinais de controle são usados: os que ativam uma função da ALU, os que ativam um caminho de dados e os que são sinais para o barramento externo do sistema ou para outra interface externa. Todos esses sinais no final das contas são aplicados como entradas binárias para portas lógicas individuais.

Vamos considerar novamente o ciclo de busca para ver como a unidade de controle mantém o controle. A unidade de controle mantém a informação sobre onde está dentro do ciclo de instrução. Em um determinado ponto, ela sabe que o ciclo de busca será executado a seguir. O primeiro passo é transferir o conteúdo de PC para MAR. A unidade de controle faz isso ativando o sinal de controle que abre as portas lógicas entre os bits de PC e os bits de MAR. O próximo passo é ler uma palavra da memória para dentro de MBR e incrementar PC. A unidade de controle faz isso enviando os seguintes sinais de controle simultaneamente:

- Um sinal de controle que abre portas lógicas, permitindo que o conteúdo de MAR seja transferido para o barramento de endereços.
- Um sinal de controle de leitura de memória é colocado no barramento de controle.
- Um sinal de controle que abre as portas, permitindo que o conteúdo do caminho de dados seja armazenado em MBR.
- Sinais de controle para a lógica, que adicionam 1 ao conteúdo de PC e armazenam o resultado de volta em PC.

Depois disso, a unidade de controle envia um sinal de controle que abre portas lógicas entre MBR e IR.

Isso completa o ciclo de busca exceto por uma coisa: a unidade de controle precisa decidir se executa um ciclo indireto ou um ciclo de execução a seguir. Para decidir isso, ela examina IR para ver se uma referência indireta de memória é feita.

O ciclo indireto e o de interrupção funcionam de maneira semelhante. Para o ciclo de execução, a unidade de controle começa examinando o opcode e, com base nisso, decide qual sequência de micro-operações deve executar no ciclo de execução.

Exemplo de sinais de controle

Para ilustrar o funcionamento da unidade de controle, vamos analisar um exemplo simples. A Figura 20.5 ilustra o exemplo. Trata-se de um processador simples com um único acumulador (AC). Os caminhos de dados entre os elementos estão indicados. Os caminhos de controle para sinais que se originam da unidade de controle não são mostrados, porém as terminações dos sinais de controle são marcadas como C_i e indicadas por um círculo. A unidade de controle recebe entradas a partir do *clock*, do registrador de instrução e dos flags. A cada ciclo de *clock*, a unidade de controle lê todas as suas entradas e emite um conjunto de sinais de controle. Os sinais de controle vão para três destinos diferentes:

- **Caminhos de dados:** a unidade de controle controla o fluxo interno de dados. Por exemplo, durante a busca de instrução, o conteúdo do registrador do buffer de memória (MBR) é transferido para o registrador de instrução (IR). Para cada caminho a ser controlado, há uma chave (indicada por um círculo na figura). Um sinal de controle da unidade de controle abre as portas temporariamente para deixar os dados passarem.
- **ALU:** a unidade de controle controla a operação da ALU por meio de um conjunto de sinais de controle. Esses sinais ativam vários circuitos e portas lógicas dentro da ALU.
- **Barramento de sistema:** a unidade de controle envia sinais de controle para filas de controle do barramento de sistema (por exemplo, READ para leitura de memória).

A unidade de controle deve manter a informação sobre onde está dentro do ciclo de instrução. Usando esse conhecimento e lendo todas as suas entradas, a unidade de controle emite uma sequência de sinais de controle que fazem com que as micro-operações ocorram. Ela usa pulsos de *clock* para temporizar a sequência de eventos, permitindo um tempo entre eventos para os níveis de sinal se estabilizarem. A Tabela 20.1 indica os sinais de controle que são necessários para algumas sequências de micro-operações descritas anteriormente. Por simplicidade, os caminhos de dados e de controle para incrementar PC e para carregar endereços fixos em PC e MAR não são mostrados.

Vale a pena analisar a natureza mínima da unidade de controle. Ela é a máquina que faz funcionar todo o computador. E faz isso sabendo apenas as instruções a serem executadas e a natureza dos resultados das operações aritméticas e lógicas (por exemplo, positivo, *overflow* etc.). Ela nunca verifica os dados sendo processados ou os resultados produzidos, e ela controla tudo com poucos sinais de controle dentro do processador e no barramento de sistema.

Figura 20.5

Caminhos de dados e sinais de controle.

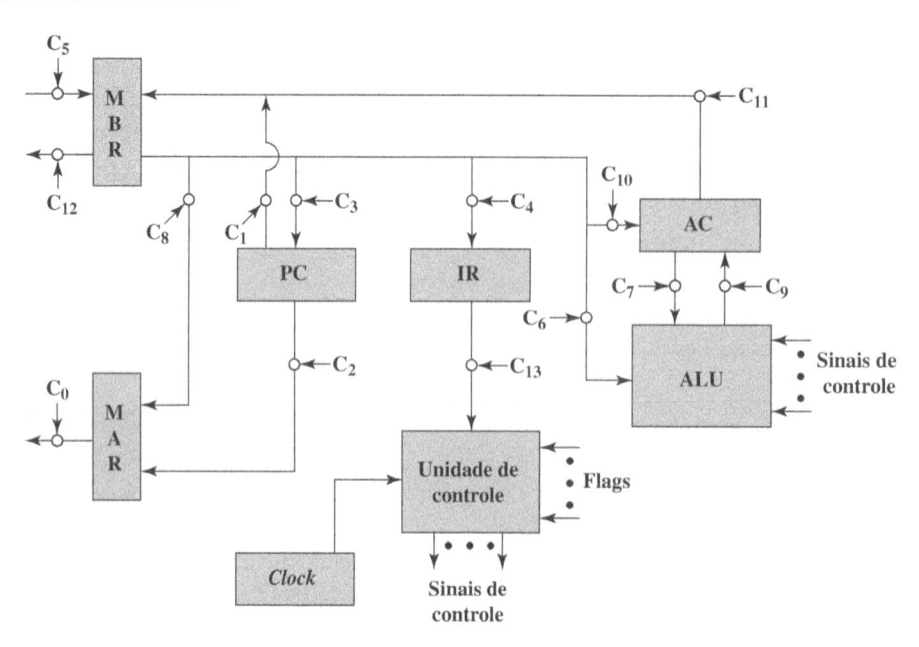

Tabela 20.1

Micro-operações e sinais de controle.

	Micro-operações	Sinais de controle ativos
Busca:	t_1: MAR ← (PC)	C_2
	t_2: MBR ← Memória PC ← (PC) + 1	C_5, C_R
	t_3: IR ← (MBR)	C_4
Indireto:	t_1: MAR ← (IR(Endereço))	C_8
	t_2: MBR ← Memória	C_5, C_R
	t_3: IR(Endereço) ← (MBR(Endereço))	C_4
Interrupção:	t_1: MBR ← (PC)	C_1
	t_2: MAR ← Endereço-salvar PC ← Endereço-rotina	
	t_3: Memória ← (MBR)	C_{12}, C_W

C_R = Sinal de controle de leitura para o barramento do sistema.
C_W = Sinal de controle de escrita para o barramento do sistema.

Organização interna do processador

A Figura 20.5 indica o uso de vários caminhos de dados. A complexidade desse tipo de organização deve ficar clara. Normalmente algum tipo de arranjo de barramento interno, como o sugerido na Figura 14.2, vai ser usado.

Usando um barramento interno do processador, a Figura 20.5 pode ser rearranjada conforme mostrado na Figura 20.6. Um único barramento interno conecta a ALU e todos os registradores do processador. Portas e sinais de controle são disponibilizados para a movimentação de dados do barramento para cada registrador e vice-versa. Sinais de controle adicionais controlam a transferência de dados para e do barramento do sistema (externo) e a operação da ALU.

Dois novos registradores, definidos como Y e Z, foram adicionados à organização. Estes são necessários para a correta operação da ALU. Quando uma operação que envolve dois operandos é executada, um deles pode ser obtido do barramento interno, mas outro tem de ser obtido de outra fonte. O AC pode ser usado para esse propósito, mas isso limita a flexibilidade do sistema e não funcionaria com um processador com vários registradores de propósito geral. O registrador Y permite armazenamento temporário para outra entrada. A ALU é um circuito combinatório (consulte o Capítulo 11) sem nenhum local de armazenamento interno. De tal modo, quando o sinal de controle ativa uma função da ALU, a entrada para a ALU é transformada em saída. Assim, a saída da ALU não pode ser conectada diretamente ao barramento, porque essa saída alimentaria de volta a entrada. O registrador Z permite o armazenamento temporário de saída. Com esse arranjo, uma operação para adicionar um valor da memória para AC teria os seguintes passos:

```
t1:  MAR ← (IR(endereço))
t2:  MBR ← Memória
t3:  Y   ← (MBR)
t4:  Z   ← (AC) + (Y)
t5:  AC  ← (Z)
```

Outras organizações são possíveis, mas em geral algum tipo de barramento interno ou conjunto de barramentos internos é usado. O uso de caminhos de dados comuns simplifica o layout de interconexão e o controle do processador. Outra razão prática para o uso de um barramento interno é para economizar espaço.

Figura 20.6

CPU com barramento interno.

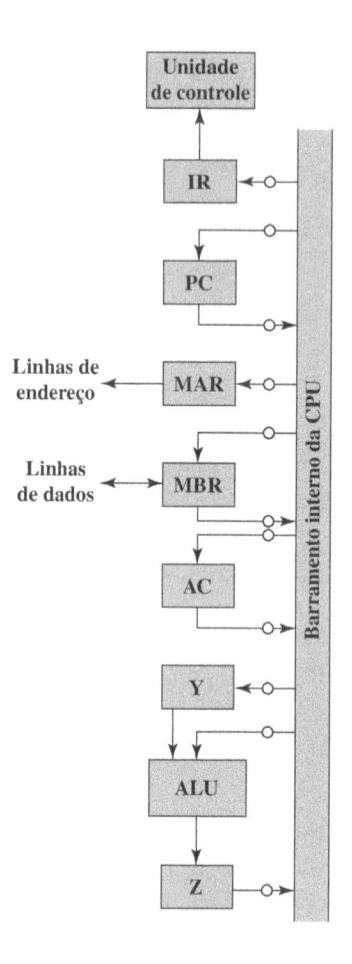

Intel 8085

Para ilustrar alguns dos conceitos introduzidos até agora neste capítulo, vamos analisar o Intel 8085. A sua organização é mostrada na Figura 20.7. Vários componentes-chave que podem não ser autoexplicativos são:

- ▶ *Latch* **incrementador/decrementador de endereço:** lógica que pode adicionar 1 a ou subtrair 1 do conteúdo do ponteiro de pilha ou contador de programa. Isso economiza tempo, evitando o uso da ALU para esse propósito.
- ▶ **Controle de interrupção:** esse módulo lida com múltiplos níveis de sinais de interrupção.
- ▶ **Controle E/S serial:** esse módulo é uma interface para os dispositivos que comunicam 1 bit por vez.

A Tabela 20.2 descreve os sinais externos para dentro e fora do 8085. Eles são ligados com o barramento do sistema externo. Esses sinais são a interface entre o processador 8085 e o restante do sistema (Figura 20.8).

A unidade de controle é identificada como tendo dois componentes chamados de: (1) decodificador de instrução e codificação de ciclo de máquina; e (2) temporização e controle. A discussão sobre o primeiro será feita na próxima seção. A essência da unidade de controle é o módulo de temporização e controle. Esse módulo inclui um relógio e aceita como entradas a instrução atual e alguns sinais de controle externos. As suas saídas consistem em sinais de controle para outros componentes do processador mais sinais de controle para o barramento de sistema externo.

A temporização das operações do processador é sincronizada pelo *clock* e controlada pela unidade de controle por meio de sinais de controle. Cada ciclo de instrução é dividido entre um e cinco *ciclos de máquina*; cada ciclo de máquina por sua vez é dividido em três a cinco *estados*. Cada estado dura um ciclo de *clock*. Durante um estado, o processador executa uma micro-operação ou um conjunto de micro-operações simultâneas, conforme determinado pelos sinais de controle.

Figura 20.7
Diagrama de bloco da CPU Intel 8085.

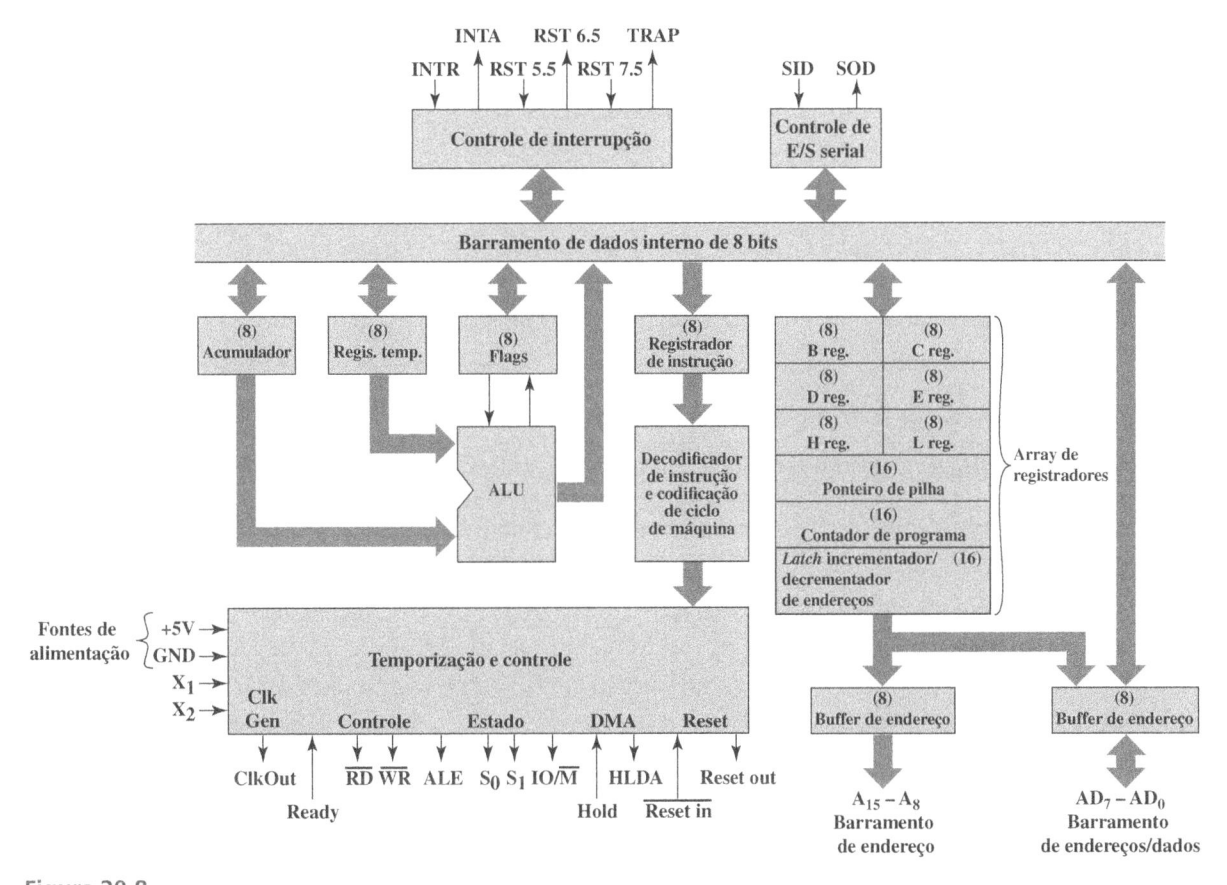

Figura 20.8
Configuração de pinos do Intel 8085.

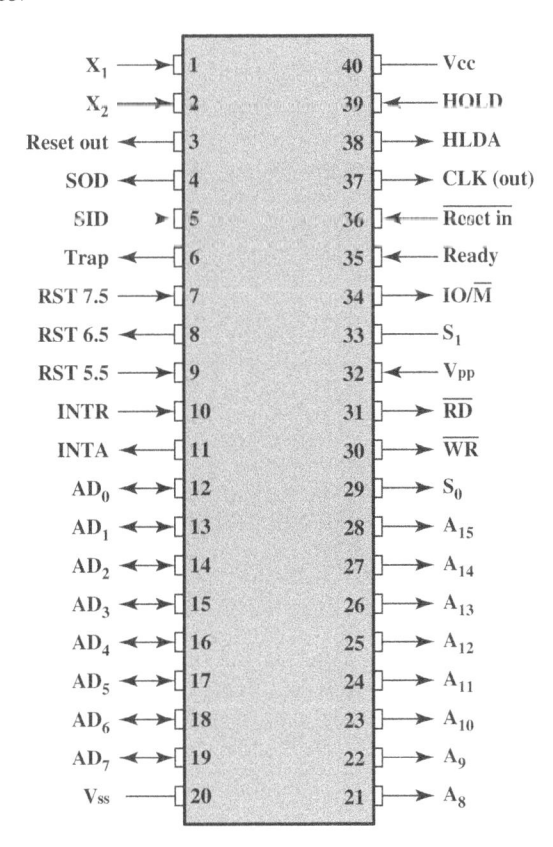

Tabela 20.2
Sinais externos do Intel 8085.

Sinais de endereços e dados

Endereços altos (A15-A8)

8 bits superiores de um endereço de 16 bits.

Endereço/Dados (AD7-AD0)

8 bits inferiores de um endereço de 16 bits ou 8 bits de dados. Essa multiplexação economiza pinos.

Dados de entrada serial (SID — do inglês, *Serial Input Data*)

Uma entrada de um único bit para acomodar dispositivos que transmitem serialmente (um bit por vez).

Dados de saída serial (SOD — do inglês, *Serial Output Data*)

Uma saída de um único bit para acomodar dispositivos que recebem serialmente.

Sinais de temporização e controle

CLK (OUT)

O *clock* do sistema. Sinal CLK vai para chips periféricos e sincroniza as suas temporizações.

X1, X2

Esses sinais vêm de um cristal externo ou outro dispositivo para controlar o gerador de *clock* interno.

Habilitar *Latch* de endereços (ALE — do inglês, *Address Latch Enable*)

Ocorre durante o primeiro estado do *clock* de um ciclo de máquina e faz com que os chips periféricos armazenem linhas de endereços. Isso permite que o módulo de endereço (por exemplo, memória, E/S) reconheça que está sendo endereçado.

Estado (S0, S1)

Sinais de controle usados para indicar se está ocorrendo uma operação de leitura ou escrita.

IO/M

Usado para habilitar módulo de E/S ou de memória para operações de leitura e escrita.

Controle de leitura (RD)

Indica que a memória ou o módulo de E/S selecionado está para ser lido e que o barramento de dados está disponível para transferência de dados.

Controle de escrita (WR)

Indica que o dado no barramento de dados está para ser escrito na posição de memória ou E/S selecionada.

Símbolos iniciados pela memória ou pela E/S

Espera (HOLD)

Requisita à CPU que abandone o controle e o uso do barramento externo de sistema. A CPU irá completar a execução da instrução atualmente em IR e depois irá entrar em um estado de espera durante o qual nenhum sinal é inserido pela CPU para os barramentos de controle, endereços ou dados. Durante o estado de espera, o barramento pode ser usado para operações DMA.

Reconhecimento de espera (HOLDA)

Esse sinal de controle da unidade de controle reconhece o sinal HOLD e indica que o barramento está disponível agora.

Pronto (READY)

Usado para sincronizar a CPU com dispositivos de memória ou E/S mais lentos. Quando um dispositivo endereçado envia um READY, a CPU pode proceder com uma operação de entrada (DBIN) ou saída (WR). Caso contrário, a CPU entra em um estado de espera até que o dispositivo esteja pronto.

Sinais relacionados com interrupções

TRAP

Interrupções de reinicialização (RST 7.5, 6.5, 5.5)

Requisição de interrupção (INTR)

Estas cinco linhas são usadas por um dispositivo externo para interromper a CPU, que não atenderá a requisição se estiver no estado de espera ou se a interrupção estiver desabilitada. Uma interrupção é atendida apenas na conclusão de uma instrução. As interrupções estão na ordem descendente de prioridade.

Reconhecimento de interrupção

Reconhece uma interrupção.

Inicialização da CPU

RESET IN

Faz o conteúdo de PC ser definido em zero. A CPU continua a execução na posição zero.

RESET OUT

Reconhece que a CPU foi reiniciada. O sinal pode ser usado para reiniciar o restante do sistema.

Voltagem e aterramento

VCC

Fonte de alimentação de +5 volts.

VSS

Aterramento elétrico.

O número de ciclos de máquina é fixo para uma determinada instrução, mas varia de uma instrução para outra. Os ciclos de máquina são definidos para serem equivalentes aos acessos ao barramento. De tal modo, o número de ciclos de máquina para uma instrução depende do número de vezes que o processador precisa se comunicar com dispositivos externos. Por exemplo, se uma instrução consiste em duas partes de 8 bits, então dois ciclos de máquina são necessários para buscar a instrução. Se essa instrução envolve uma operação de memória ou E/S de 1 byte, então um terceiro ciclo de máquina é necessário para a execução.

A Figura 20.9 mostra um exemplo de temporização do 8085, mostrando o valor dos sinais de controle externos. É claro que, ao mesmo tempo, a unidade de controle gera sinais de controle internos que controlam transferências de dados internas. O diagrama mostra o ciclo de instrução para uma instrução OUT. Três ciclos de máquina (M_1, M_2, M_3) são necessários. A instrução OUT é obtida durante o primeiro ciclo. O segundo ciclo de máquina obtém a segunda metade da instrução, a qual contém o número do dispositivo de E/S selecionado para saída. Durante o terceiro ciclo, o conteúdo de AC é escrito no dispositivo selecionado através do barramento de dados.

Figura 20.9
Diagrama de temporização para instrução OUT do Intel 8085.

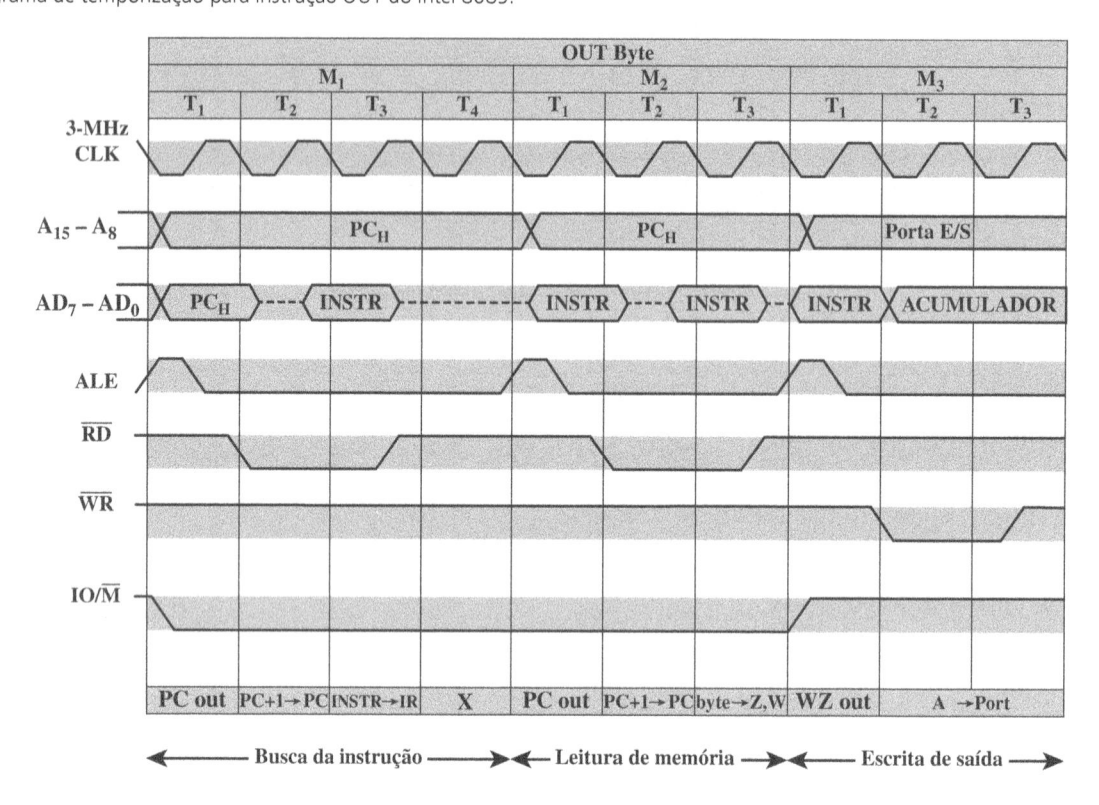

	OUT Byte		
	M_1	M_2	M_3
	T_1 T_2 T_3 T_4	T_1 T_2 T_3	T_1 T_2 T_3

Sinais: 3-MHz CLK; $A_{15}-A_8$ (PC_H, PC_H, Porta E/S); AD_7-AD_0 (PC_L, INSTR, INSTR, INSTR, INSTR, ACUMULADOR); ALE; $\overline{RD}$; $\overline{WR}$; IO/$\overline{M}$.

PC out | PC+1→PC INSTR→IR | X | PC out | PC+1→PC byte→Z,W | WZ out | A →Port

◄── Busca da instrução ──►◄── Leitura de memória ──►◄── Escrita de saída ──►

O pulso Habilitar *Latch* de Endereço (ALE — do inglês, *Address Latch Enable*) sinaliza o início de cada ciclo de máquina a partir da unidade de controle. Ele alerta os circuitos externos. Durante o estado de tempo T_1 do ciclo de máquina M_1, a unidade de controle define o sinal IO/M para indicar que se trata de uma operação de memória. Além disso, a unidade de controle faz com que o conteúdo de PC seja colocado no barramento de endereços (A_{15} até A_8) e no barramento de endereços/dados (AD_7 até AD_0). Na borda de descida do pulso ALE, os outros módulos no barramento armazenam o endereço.

Durante o estado de tempo T_2, o módulo de memória endereçado coloca o conteúdo da posição de memória endereçada no barramento de endereços/dados. A unidade de controle define o sinal de Controle de Leitura (RD) para indicar uma leitura, porém aguarda até T_3 para copiar dados do barramento. Isso dá tempo ao módulo de memória para colocar dados no barramento e nos níveis de sinal para se estabilizarem. O estado final, T_4, é o estado de *barramento ocioso* durante o qual o processador decodifica a instrução. Os ciclos de máquina restantes procedem de maneira semelhante.

20.3 IMPLEMENTAÇÃO EM HARDWARE

Discutimos a unidade de controle em termos de suas entradas, saídas e funções. Abordaremos agora o assunto sobre a implementação da unidade de controle. Uma ampla variedade de técnicas tem sido usada. A maioria se enquadra em uma das duas categorias:

- Implementação em hardware.
- Implementação microprogramada.

Em uma **implementação em hardware**, a unidade de controle é basicamente um circuito que implementa uma máquina de estado. Seus sinais lógicos de entrada são transformados em um conjunto de sinais lógicos de saída, que são os sinais de controle. Essa abordagem é analisada nesta seção. A implementação microprogramada é assunto do Capítulo 21.

Entradas da unidade de controle

A Figura 20.4 ilustra a unidade de controle da forma que a discutimos até agora. As principais entradas são o registrador de instrução, o *clock*, os flags e os sinais do barramento de controle. No caso dos flags e dos sinais do barramento de controle, cada bit individual normalmente possui algum significado (por exemplo, *overflow*). Contudo, duas outras entradas não são diretamente úteis para a unidade de controle.

Considere primeiro o registrador de instrução. A unidade de controle faz uso do opcode e vai efetuar diferentes ações (emitir uma combinação diferente de sinais de controle) para instruções diferentes. Para simplificar a lógica da unidade de controle, deveria haver uma única entrada lógica para cada opcode. Essa função pode ser executada por um *decodificador*, o qual recebe uma entrada codificada e produz uma única saída. Em geral, um decodificador terá n entradas binárias e 2^n saídas binárias. Cada um dos 2^n padrões diferentes de entrada ativará uma única saída. A Tabela 20.3 é um exemplo para $n = 4$. O decodificador de uma unidade de controle normalmente terá de ser mais complexo do que isso para poder lidar com opcodes de tamanhos variáveis. Um exemplo da lógica digital usada para implementar um decodificador é apresentado no Capítulo 11.

O *clock* da unidade de controle envia uma sequência repetitiva de pulsos. Isso é útil para medir a duração das micro-operações. Basicamente, o período dos pulsos de *clock* deve ser longo suficientemente para permitir a propagação de sinais pelos caminhos de dados e pelos circuitos do processador. No entanto, como já vimos, a unidade de controle envia diferentes sinais de controle em unidades diferentes de tempo dentro de um mesmo ciclo de instrução. Dessa forma, é necessário um contador como entrada para unidade de controle, com um sinal de controle diferente sendo usado para T_1, T_2, e assim por diante. Ao fim do ciclo de instrução, a unidade de controle deve reiniciar o contador para reiniciá-lo em T_1.

Com estes dois refinamentos, a unidade de controle pode ser ilustrada como na Figura 20.10.

Tabela 20.3
Um decodificador com quatro entradas e 16 saídas.

I1	0	0	0	0	0	0	0	0	1	1	1	1	1	1	1	1
I2	0	0	0	0	1	1	1	1	0	0	0	0	1	1	1	1
I3	0	0	1	1	0	0	1	1	0	0	1	1	0	0	1	1
I4	0	1	0	1	0	1	0	1	0	1	0	1	0	1	0	1
O1	0	0	0	0	0	0	0	0	0	0	0	0	0	0	0	1
O2	0	0	0	0	0	0	0	0	0	0	0	0	0	0	1	0
O3	0	0	0	0	0	0	0	0	0	0	0	0	0	1	0	0
O4	0	0	0	0	0	0	0	0	0	0	0	0	1	0	0	0
O5	0	0	0	0	0	0	0	0	0	0	0	1	0	0	0	0
O6	0	0	0	0	0	0	0	0	0	0	1	0	0	0	0	0
O7	0	0	0	0	0	0	0	0	0	1	0	0	0	0	0	0
O8	0	0	0	0	0	0	0	0	1	0	0	0	0	0	0	0
O9	0	0	0	0	0	0	1	0	0	0	0	0	0	0	0	0
O10	0	0	0	0	0	0	1	0	0	0	0	0	0	0	0	0
O11	0	0	0	0	0	1	0	0	0	0	0	0	0	0	0	0
O12	0	0	0	0	1	0	0	0	0	0	0	0	0	0	0	0
O13	0	0	0	1	0	0	0	0	0	0	0	0	0	0	0	0
O14	0	0	1	0	0	0	0	0	0	0	0	0	0	0	0	0
O15	0	1	0	0	0	0	0	0	0	0	0	0	0	0	0	0
O16	1	0	0	0	0	0	0	0	0	0	0	0	0	0	0	0

Figura 20.10

Unidade de controle com entradas decodificadas.

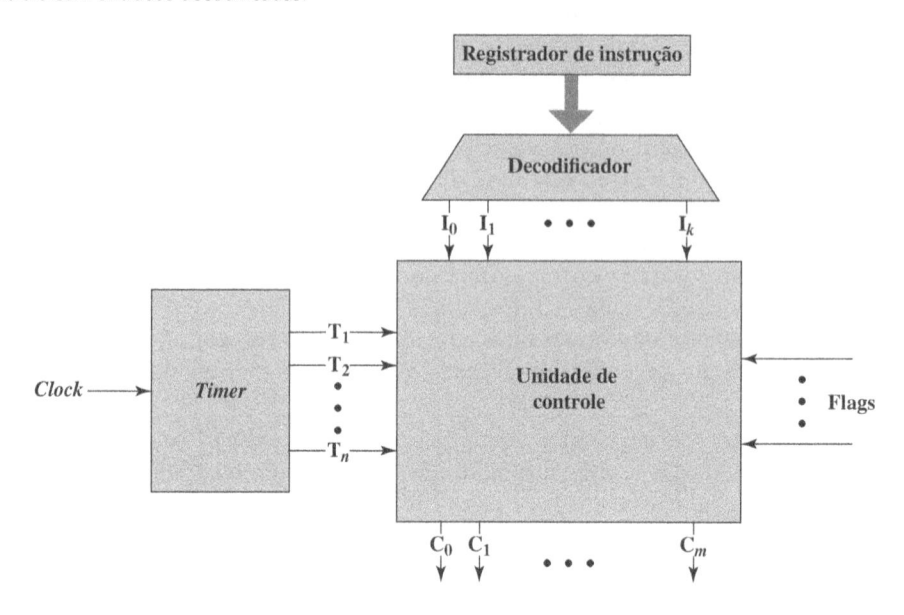

Lógica da unidade de controle

Para definir a implementação em hardware de uma unidade de controle, tudo o que resta é discutir a lógica interna da unidade de controle, que produz sinais de controle de saída como uma função de seus sinais de entrada.

Basicamente, o que deve ser feito para cada sinal de controle é derivar uma expressão booleana desse sinal como uma função das entradas. Isso é explicado melhor com um exemplo. Vamos considerar de novo nosso exemplo ilustrado na Figura 20.5. Vimos na Tabela 20.1 as sequências de micro-operações e sinais de controle necessários para controlar três das quatro fases do ciclo de instrução.

Vamos considerar um único sinal de controle, C_5. Esse sinal faz os dados serem lidos a partir do barramento de dados externos para MBR. É possível ver que ele é usado duas vezes na Tabela 20.1. Vamos definir dois novos sinais de controle P e Q, que possuem a seguinte interpretação:

$$PQ = 00 \quad \text{Ciclo de busca}$$
$$PQ = 01 \quad \text{Ciclo indireto}$$
$$PQ = 10 \quad \text{Ciclo de execução}$$
$$PQ = 11 \quad \text{Ciclo de interrupção}$$

Então, a seguinte expressão booleana define C_5:

$$C_5 = \overline{P} \bullet \overline{Q} \bullet T_2 + \overline{P} \bullet Q \bullet T_2$$

Ou seja, o sinal de controle C_5 será definido durante a segunda unidade de tempo do ciclo de busca e do ciclo indireto.

Essa expressão não está completa. C_5 é necessário também durante o ciclo de execução. Para nosso simples exemplo, vamos supor que existam apenas três instruções que leem da memória: LDA, ADD e AND. Agora definimos C_5 como

$$C_5 = \overline{P} \bullet \overline{Q} \bullet T_2 + \overline{P} \bullet Q \bullet T_2 + P \bullet \overline{Q} \bullet (\text{LDA} + \text{ADD} + \text{AND}) \bullet T_2$$

Esse mesmo processo poderia ser repetido para cada sinal de controle gerado pelo processador. O resultado seria um conjunto de equações booleanas que definem o comportamento da unidade de controle e do processador.

Para juntar tudo, a unidade de controle deve controlar o estado do ciclo de instrução. Conforme mencionamos, ao fim de cada subciclo (de busca, indireto, de execução, de interrupção), a unidade de controle emite um sinal que faz o *timer* reiniciar e gerar T_1. A unidade de controle precisa também definir os valores apropriados de P e Q para definir o próximo subciclo a ser executado.

O leitor deveria ser capaz de compreender que, em um processador moderno complexo, o número de equações booleanas necessário para definir a unidade de controle é muito grande. A tarefa de implementar um circuito combinatório que satisfaça todas essas equações se torna extremamente difícil. O resultado é que uma abordagem bem mais simples, conhecida como *microprogramação*, normalmente é usada. Esse é o assunto do próximo capítulo.

20.4 TERMOS-CHAVE, QUESTÕES DE REVISÃO E PROBLEMAS

Barramento de controle, 609
Caminho de controle, 610
Implementação em hardware, 616
Micro-operações, 602
Sinal de controle, 608
Unidade de controle, 602

QUESTÕES DE REVISÃO

20.1. Explique a diferença entre a sequência de escrita e a sequência de tempo de uma instrução.
20.2. Qual é a relação entre instruções e micro-operações?
20.3. Qual é a função geral de uma unidade de controle do processador?
20.4. Defina um processo em três passos que leva à caracterização da unidade de controle.
20.5. Quais tarefas básicas uma unidade de controle efetua?
20.6. Forneça uma lista típica de entradas e saídas de uma unidade de controle.
20.7. Relacione três tipos de sinais de controle.
20.8. Explique resumidamente o que significa uma implementação em hardware de uma unidade de controle.

PROBLEMAS

20.1. Sua ALU pode adicionar seus dois registradores de entrada e pode logicamente complementar os bits de cada um dos registradores de entrada, mas não pode subtrair. Números devem ser armazenados na representação de complemento de dois. Quais micro-operações a sua unidade de controle deve efetuar para fazer a subtração?

20.2. Mostre as micro-operações e os sinais de controle (da mesma forma como no Problema 20.1) para o processador da Figura 20.5 para as seguintes instruções:
- Carregar acumulador.
- Armazenar acumulador.
- Adicionar para acumulador.
- AND para acumulador.
- Salto.
- Salto se AC = 0.
- Complementar acumulador.

20.3. Suponha que os atrasos de propagação pelo barramento e pela ALU da Figura 20.6 sejam 20 e 100 ns, respectivamente. O tempo necessário para um registrador copiar dados do barramento é 10 ns. Qual é o tempo que deve ser permitido para:
a. Transferir dados de um registrador para outro?
b. Incrementar o contador de programa?

20.4. Escreva a sequência de micro-operações necessária para a estrutura de barramento da Figura 20.6 adicionar um número para AC quando o número for:
a. Um operando imediato.
b. Um operando de endereço direto.
c. Um operando de endereço indireto.

20.5. Uma pilha é implementada conforme mostrado na Figura 20.11 (ver a discussão sobre pilhas no Apêndice I, disponível em inglês na Sala Virtual). Mostre a sequência de micro-operações para:
   a. Tirar elemento da pilha.
   b. Colocar elemento na pilha.

Figura 20.11
Organização de pilha comum (completa/descendente).

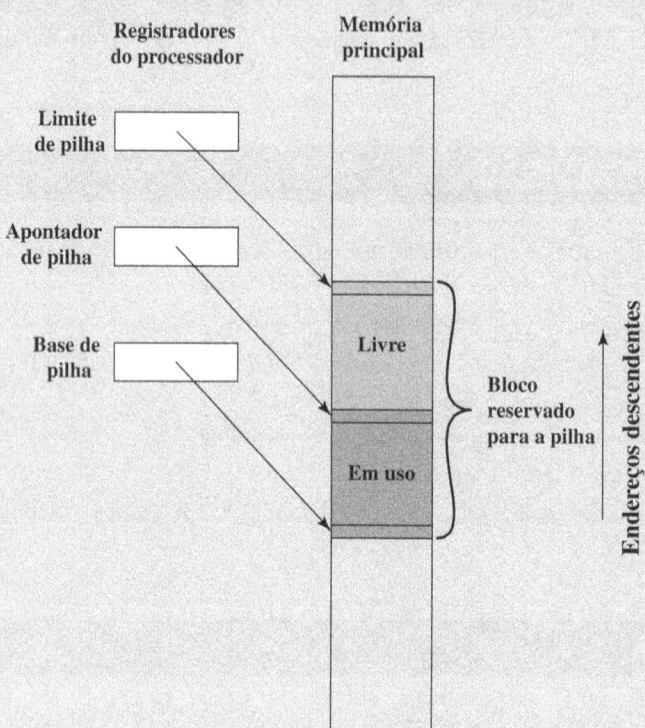

CONTROLE MICROPROGRAMADO

21.1 Conceitos básicos
   Microinstruções
   Unidade de controle microprogramada
   Controle de Wilkes
   Vantagens e desvantagens

21.2 Sequenciamento de microinstruções
   Considerações sobre projeto
   Técnicas de sequenciamento
   Geração de endereços
   Sequenciamento de microinstruções do LSI-11

21.3 Execução de microinstruções
   Taxonomia de microinstruções
   Codificação de microinstruções
   Execução de microinstruções no LSI-11
   Exocução de microinstruções no IBM 3033

21.4 TI 8800
   Formato da microinstrução
   Microssequenciador
   ALU com registradores

21.5 Termos-chave, questões de revisão e problemas

OBJETIVOS DE APRENDIZAGEM

Após ler este capítulo, você será capaz de:
- Apresentar um panorama sobre os conceitos básicos de controle microprogramado.
- Entender a diferença entre controle por hardware e controle microprogramado.
- Discutir as categorias básicas de técnicas de sequenciamento.
- Apresentar um panorama da taxonomia de microinstruções.

O termo *microprograma* foi criado por M. V. Wilkes no começo dos anos 1950 (WILKES, 1951). Ele propôs uma abordagem para o projeto de unidade de controle que era organizada e sistemática e evitava a complexidade de uma implementação por hardware. A ideia intrigou muitos pesquisadores, mas parecia inviável, pois iria requerer uma memória de controle rápida e relativamente cara.

O estado da arte da microprogramação foi analisado na revista *Datamation*, na sua edição de fevereiro de 1964. Nenhum sistema microprogramado estava em grande uso naquele tempo e um dos artigos de Hill (1964) resumiu a visão popular daquela época de que o futuro da microprogramação "é um tanto nebuloso. Nenhum dos grandes fabricantes mostrou interesse na técnica, embora aparentemente todos a tenham analisado".

Tal situação mudou consideravelmente poucos meses depois. O System/360 da IBM foi anunciado em abril e todos os modelos, exceto os maiores, eram microprogramados. Embora a série 360 tenha antecedido a disponibilidade da memória ROM semicondutora, as vantagens da microprogramação eram suficientemente atraentes para a IBM fazer esse movimento. A microprogramação se tornou uma técnica popular para implementar a unidade de controle dos processadores CISC. Nos últimos anos, a microprogramação começou a ser menos usada, mas permanece como uma ferramenta disponível para os projetistas de computadores. Por exemplo, conforme já vimos no Pentium 4, as instruções de máquina são convertidas em um formato parecido com RISC e a maioria delas é executada sem o uso de microprogramação. Contudo, algumas das instruções são executadas usando a microprogramação.

21.1 CONCEITOS BÁSICOS

Microinstruções

A unidade de controle parece um dispositivo razoavelmente simples. Ainda assim, implementar uma unidade de controle como uma interconexão de elementos lógicos básicos não é uma tarefa fácil. O projeto deve incluir uma lógica para sequenciamento por meio de micro-operações, para a execução de instruções, para a interpretação de opcodes e para a tomada de decisões baseadas em flags da ALU. É difícil projetar e testar tal peça de hardware. Além disso, o projeto é relativamente inflexível. Por exemplo, é difícil alterá-lo se alguém quiser adicionar uma nova instrução de máquina.

Uma alternativa usada em vários processadores CISC é implementar uma **unidade de controle microprogramada**.

Considere a Tabela 21.1. Além de usar os sinais de controle, cada micro-operação é descrita em notação simbólica. Essa notação suspeitamente se parece com uma linguagem de programação. De fato, é uma linguagem, conhecida como **linguagem de microprogramação**. Cada linha descreve um conjunto de micro-operações ocorrendo ao mesmo tempo e é conhecida como uma **microinstrução**. Uma sequência de instruções é conhecida como um **microprograma**, ou *firmware*. Este último termo reflete o fato de que um microprograma é uma ponte entre o hardware e o software. É mais fácil projetar um firmware do que um hardware, mas é mais difícil escrever um programa firmware do que um programa software.

Como podemos usar o conceito de microprogramação para implementar uma unidade de controle? Considere que, para cada micro-operação, tudo o que é permitido para a unidade de controle fazer é gerar um conjunto de sinais de controle. De tal maneira, para cada micro-operação, cada linha de controle que se origina da unidade de controle está ligada ou desligada. É claro que essa condição pode ser representada por um dígito binário para cada linha de controle. Desse modo, é possível construir uma *palavra de controle* em que cada bit represente uma linha de controle. Então, cada micro-operação seria representada por um padrão diferente de dígitos 1 e 0 na palavra de controle.

Suponha que façamos uma cadeia de uma sequência de palavras de controle para representar a sequência de micro-operações executada pela unidade de controle. A seguir, deve-se reconhecer que a sequência de micro-operações não é fixa. Às vezes temos um ciclo indireto, às vezes não. Vamos então colocar as nossas palavras de controle em uma memória em que cada palavra possui um endereço único. Adicionamos agora um campo de endereço para cada palavra de controle, indicando a posição da próxima palavra de controle a ser executada se uma determinada condição for verdadeira (por exemplo, se o bit indireto em uma referência de memória for 1). Além disso, adicionamos alguns bits para especificar a condição.

O resultado é conhecido como uma **microinstrução horizontal**, e um exemplo é mostrado na Figura 21.1a. O formato da microinstrução ou palavra de controle está descrito a seguir. Existe um bit para cada linha de controle interna do processador e um bit para cada linha de controle do barramento do sistema. Há um campo de condição indicando a condição em que deve haver um desvio e há um campo com o endereço da microinstrução a ser executada depois que um desvio é tomado. Tal microinstrução é interpretada como segue:

Tabela 21.1
Conjunto de instruções de máquina para o exemplo de Wilkes.

Ordem	Efeito da ordem
A n	$C(Acc) + C(n)$ para Acc_1
S n	$C(Acc) - C(n)$ para Acc_1
H n	$C(n)$ para Acc_2
V n	$C(Acc_2) \times C(n)$ para Acc, onde $C(n) \geq 0$
T n	$C(Acc_1)$ para n, 0 para Acc
U n	$C(Acc_1)$ para n
R n	$C(Acc) \times 2^{(n+1)}$ para Acc
L n	$C(Acc) \times 2^{n+1}$ para Acc
G n	IF $C(Acc) < 0$, transferir o controle para n; se $C(Acc) \geq 0$, ignorar (isto é, proceder serialmente)
I n	Ler próximo caractere do mecanismo de entrada para n
O n	Enviar $C(n)$ para mecanismo de saída

Notação: Acc = acumulador
Acc_1 = metade mais significativa do acumulador
Acc_2 = metade menos significativa do acumulador
n = localização de armazenamento n
$C(X)$ = conteúdo de X (X = registrador da localização de armazenamento)

Figura 21.1
Formatos típicos de microinstruções.

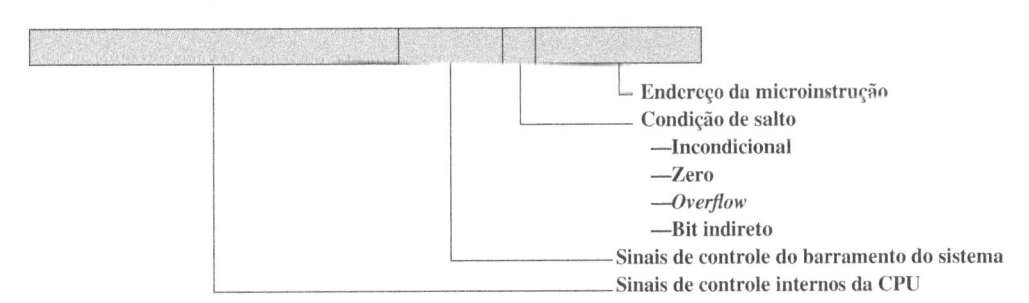

- Endereço da microinstrução
- Condição de salto
  - —Incondicional
  - —Zero
  - —*Overflow*
  - —Bit indireto
- Sinais de controle do barramento do sistema
- Sinais de controle internos da CPU

(a) Microinstrução horizontal

- Endereço da microinstrução
- Condição de salto
- Códigos de função

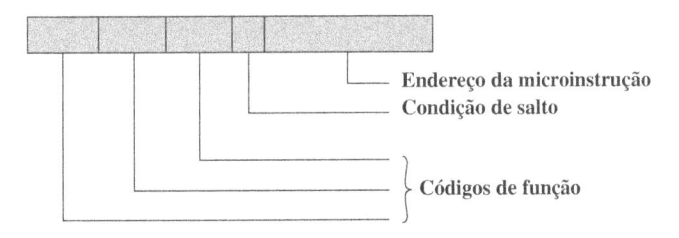

(b) Microinstrução vertical

1. Para executar essa microinstrução, ligar todas as linhas de controle indicadas por um bit 1; desligar todas as linhas de controle indicadas por um bit 0. Os sinais de controle resultantes farão com que uma ou mais micro-operações sejam executadas.
2. Se a condição indicada pelos bits de condição for falsa, executar a próxima microinstrução na sequência.
3. Se a condição indicada pelos bits de condição for verdadeira, a próxima microinstrução a ser executada é indicada no campo de endereço.

A Figura 21.2 mostra como essas palavras de controle ou microinstruções poderiam ser arranjadas em uma **memória de controle**. As microinstruções em cada rotina serão executadas sequencialmente. Cada rotina termina com uma instrução de desvio ou salto indicando para onde deve ir a seguir. Existe um ciclo de execução especial cujo único propósito é sinalizar que uma das rotinas de instrução de máquina (AND, ADD e outras) está para ser executada a seguir, dependendo do opcode atual.

A memória de controle da Figura 21.2 é uma descrição concisa da operação completa da unidade de controle. Ela define a sequência de micro-operações para serem executadas durante cada ciclo (de busca, indireto, de execução, de interrupção) e especifica o sequenciamento desses ciclos. Essa notação seria uma maneira útil para documentar o funcionamento de uma unidade de controle de um computador específico, mas ela é mais do que isso. Ela é também uma forma de implementar a unidade de controle.

Unidade de controle microprogramada

A memória de controle da Figura 21.2 contém um programa que descreve o comportamento da unidade de controle. Poderíamos implementar a unidade de controle simplesmente executando o programa.

A Figura 21.3 mostra os elementos-chave de tal implementação. O conjunto de microinstruções é armazenado na *memória de controle*. O *registrador de endereço de controle* contém o endereço da próxima microins-

Figura 21.2

Organização da memória de controle.

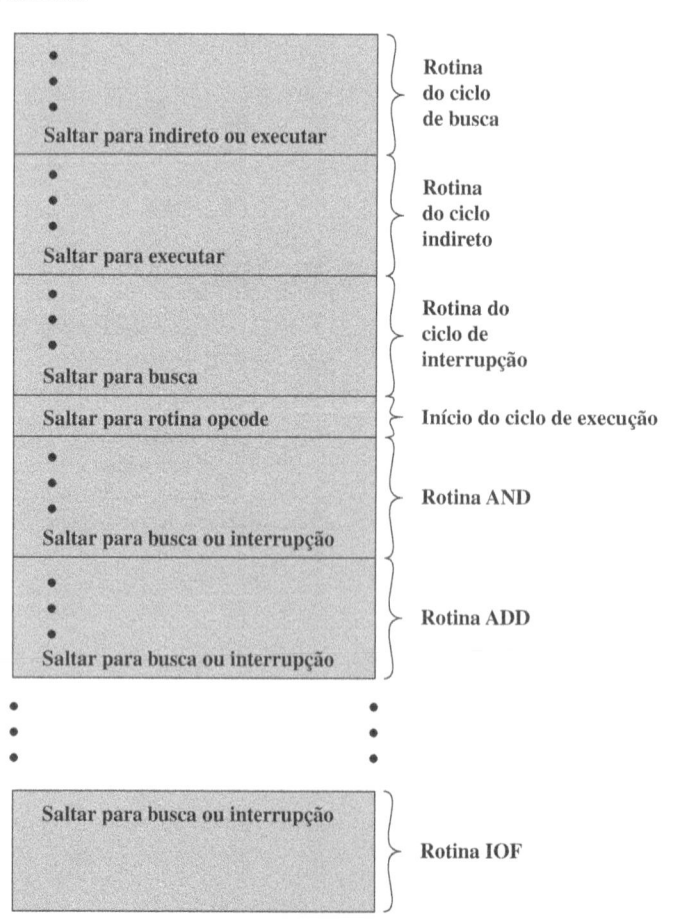

Figura 21.3
Microarquitetura da unidade de controle.

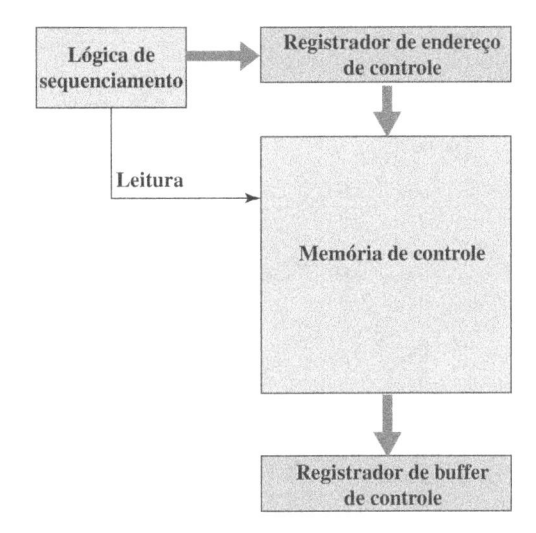

trução a ser lida. Quando uma microinstrução é lida a partir da memória de controle, ela é transferida para um *registrador de buffer de controle*. A parte esquerda desse registrador (ver Figura 21.1a) conecta-se às linhas de controle que saem da unidade de controle. Desse modo, *ler* uma microinstrução a partir da memória de controle é o mesmo que *executar* essa microinstrução. O terceiro elemento mostrado na figura é uma unidade de sequenciamento que carrega o registrador de endereço de controle e emite um comando de leitura.

Vamos analisar essa estrutura em mais detalhes, conforme ilustrado na Figura 21.4. Ao compará-la com a Figura 21.3, vemos que a unidade de controle ainda tem as mesmas entradas (IR, flags da ALU, *clock*) e saídas (sinais de controle). A unidade de controle funciona desta forma:

1. Para executar uma instrução, a unidade lógica de sequenciamento emite um comando READ para a memória de controle.
2. A palavra cujo endereço é especificado no registrador de endereço de controle é lida para dentro do registrador de buffer de controle.
3. O conteúdo do registrador de buffer de controle gera sinais de controle e a informação do próximo endereço para a unidade lógica de sequenciamento.
4. A unidade lógica de sequenciamento carrega um novo endereço no registrador de endereço de controle com base na informação do próximo endereço, a partir do registrador de buffer de controle e dos flags da ALU.

Tudo isso ocorre durante um pulso de *clock*.

O último passo mencionado precisa ser mais bem explicado. Na conclusão de cada microinstrução, a unidade lógica de sequenciamento carrega um novo endereço no registrador de endereço de controle. Dependendo do valor das flags da ALU e do registrador de buffer de controle, uma das três decisões é tomada:

- **Obter a próxima instrução:** adiciona 1 ao registrador de endereço de controle.
- **Saltar para uma nova rotina com base em uma microinstrução de salto:** carrega o campo de endereço do registrador de buffer de controle no registrador de endereço de controle.
- **Saltar para uma rotina de instrução de máquina:** carrega o registrador de endereço de controle com base no opcode que está em IR.

A Figura 21.4 mostra dois módulos chamados *decodificadores*. O decodificador superior traduz o opcode armazenado em IR para um endereço de controle de memória. O decodificador inferior não é usado para microinstruções horizontais, mas é usado para **microinstruções verticais** (Figura 21.1b). Como foi dito, em uma microinstrução horizontal cada bit no campo de controle se fixa a uma linha de controle. Em uma microinstrução vertical, um código é usado para cada ação a ser efetuada — por exemplo, MAR ← (PC) —, e o decodificador traduz esse código em sinais de controle individuais. A vantagem de microinstruções verticais é que elas são mais compactas (menos bits) do que as microinstruções horizontais, ao custo adicional de uma pequena quantidade de lógica e tempo de atraso.

Figura 21.4

Funcionamento da unidade de controle microprogramada.

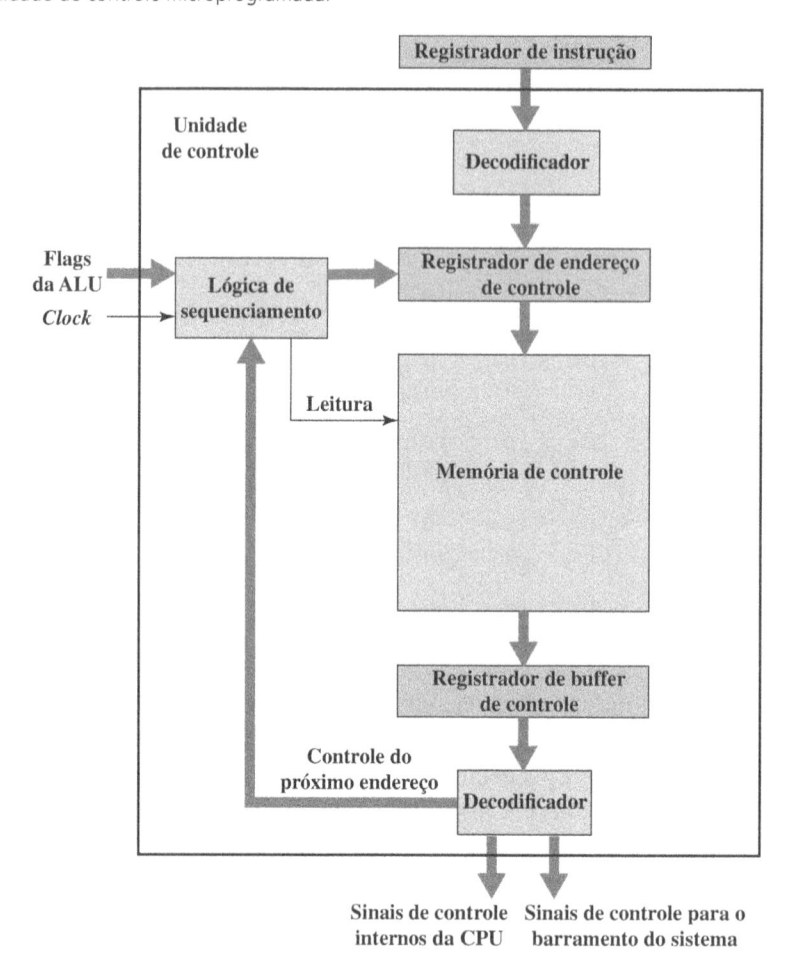

Controle de Wilkes

Conforme mencionamos antes, Wilkes (1951) foi o primeiro a propor o uso de uma unidade de controle microprogramada. Posteriormente, essa proposta foi elaborada para um projeto mais detalhado (WILKES; STRINGER, 1953). É interessante a análise dessa importante proposta.

A configuração proposta por Wilkes é ilustrada na Figura 21.5. O coração do sistema é uma matriz parcialmente preenchida com diodos. Durante um ciclo de máquina, uma linha da matriz é ativada com um pulso. Isso gera sinais naqueles pontos onde um diodo está presente (indicado por um ponto no diagrama). A primeira parte da linha gera sinais de controle que comandam a operação do processador. A segunda parte gera o endereço da linha a ser estimulada com um pulso no próximo ciclo de máquina. De tal maneira, cada linha da matriz é uma microinstrução e o layout da matriz é a memória de controle.

No início do ciclo, o endereço da linha a ser estimulada com um pulso é contido no Registrador I. Esse endereço é a entrada para o decodificador que, quando ativado por um pulso de *clock*, ativa uma linha da matriz. Dependendo dos sinais de controle, o opcode no registrador de instrução ou a segunda parte da linha pulsada é passada para o Registrador II durante o ciclo. O Registrador II é então chaveado para o Registrador I por um pulso de *clock*. Os pulsos de *clock* alternados são usados para ativar uma linha da matriz e para transferir do Registrador II para o Registrador I. O arranjo de dois registradores é necessário porque o decodificador é simplesmente um circuito combinatório; com apenas um registrador, a saída se tornaria entrada durante um ciclo, causando uma condição instável.

Esse esquema é muito parecido com a abordagem de microprogramação horizontal descrita anteriormente (Figura 21.1a). A principal diferença é: na descrição anterior, o registrador de endereço de controle poderia ser incrementado por 1 para obter a próxima instrução. No esquema de Wilkes, o próximo endereço é contido na

Figura 21.5
Unidade de controle microprogramada de Wilkes.

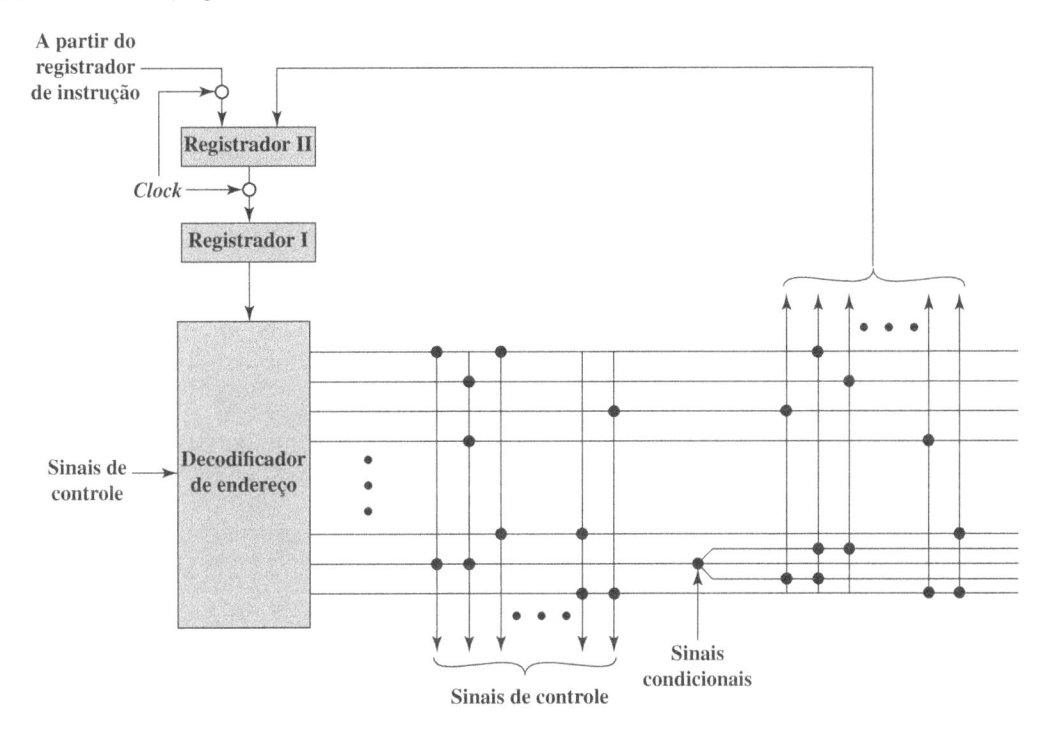

microinstrução. Para permitir desvios, uma linha deve conter duas partes do endereço controladas por um sinal condicional (por exemplo, flag), conforme mostrado na figura.

Tendo proposto esse esquema, Wilkes apresenta um exemplo do seu uso para implementar a unidade de controle de uma máquina simples. Esse exemplo, o primeiro projeto conhecido de um processador microprogramado, vale a pena ser repetido aqui porque ele ilustra muitos princípios modernos da microprogramação.

O processador da máquina hipotética inclui os seguintes registradores:

A	Multiplicando
B	Acumulador (metade menos significativa)
C	Acumulador (metade mais significativa)
D	Registrador de deslocamento

Além disso, existem três registradores e duas flags de 1 bit acessíveis apenas para a unidade de controle. Os registradores são:

E	Serve tanto como um registrador de endereço de memória (MAR) quanto como um registrador de armazenamento temporário
F	Contador do programa
G	Outro registrador temporário; usado para contagem

A Tabela 21.1 mostra o conjunto de instruções de máquina para esse exemplo. A Tabela 21.2 é o conjunto de microinstruções completo, expresso em forma simbólica, que implementa a unidade de controle. Dessa forma, um total de 38 microinstruções é tudo o que é necessário para definir o sistema completamente.

A primeira coluna cheia dá o endereço (número da linha) de cada microinstrução. Aqueles endereços correspondentes aos opcodes são rotulados. Assim, quando o opcode para a instrução de adição (A) é encontrado, a microinstrução na posição 5 é executada. As colunas 2 e 3 expressam as ações a serem tomadas pela ALU e pela unidade de controle, respectivamente. Cada expressão simbólica deve ser traduzida em um conjunto de sinais de controle (bits da microinstrução). As colunas 4 e 5 têm a ver com a configuração e o uso de duas flags (flip-flops). A coluna 4 especifica o sinal que estabelece a flag. Por exemplo, $(1)C_s$ significa que a flag número 1 é definida pelo bit de sinal do número no registrador C. Se a coluna 5 contém um identificador de flag, então as colunas 6 e 7 contêm dois endereços de microinstrução alternativos para serem utilizados. De outro modo, a coluna 6 especifica o endereço da próxima microinstrução a ser buscada.

As instruções de 0 a 4 constituem o ciclo de busca. A microinstrução 4 apresenta o opcode para um decodificador, que gera o endereço de uma microinstrução correspondendo à instrução de máquina a ser buscada. O leitor deve ser capaz de deduzir o funcionamento completo da unidade de controle a partir de um estudo cuidadoso da Tabela 21.2.

Tabela 21.2
Microinstruções do exemplo de Wilkes.

Notação: A, B, C,... simbolizam vários registradores da unidade aritmética e da unidade de controle de registradores. C a D indica que o chaveamento de circuitos conecta a saída do registrador C para a entrada do registrador D; (D + A) para C indica que o registrador de saída de A é conectado a uma entrada da unidade de adição (a saída de D é permanentemente conectada para outra entrada) e a saída do somador ao registrador C. Um símbolo numérico n entre aspas (por exemplo, "n") indica a origem cuja saída é o número n em unidades do dígito menos significativo.

		Unidade aritmética	Unidade de controle de registradores	Flip-flop condicional		Próxima microinstrução	
				Definir	Usar	0	1
	0		F para G e E			1	
	1		(G para "1") para F			2	
	2		Armazenamento para G			3	
	3		G para E			4	
	4		E para decodificar			—	
A	5	C para D				16	
S	6	C para D				17	
H	7	Armazenamento para B				0	
V	8	Armazenamento para A				27	
T	9	C para armazenamento				25	
U	10	C para armazenamento				0	
R	11	B para D	E para G			19	
L	12	C para D	E para G			22	
G	13		E para G	$(1)C_5$		18	
I	14	Entrada para armazenamento				0	
O	15	Armazenamento para saída				0	
	16	(D + armazenamento) para C				0	
	17	(D − armazenamento) para C				0	
	18				1	0	1
	19	D para B (R)*	(G − 1) para E			20	
	20	C para D		$(1)E_5$		21	
	21	D para C (R)			1	11	0
	22	D para C (L)†	(G − 1) para E			23	
	23	B para D		$(1)E_5$		24	
	24	D para B (L)			1	12	0

(Continua)

(Continuação)

25	"0" para B				26	
26	B para C				0	
27	"0" para C	"18" para E			28	
28	B para D	E para G	(1)B_1		29	
29	D para B (R)	(G – "1") para E			30	
30	C para D (R)		(2)E_5	1	31	32
31	D para C			2	28	33
32	(D + A) para C			2	28	33
33	B para D		(1)B_1		34	
34	D para B (R)				35	
35	C para D (R)			1	36	37
36	D para C				0	
37	(D – A) para C				0	

* Deslocamento para a direita. Os circuitos de comutação na unidade aritmética são arranjados de tal forma que o dígito menos significativo do registrador C seja colocado na parte mais significativa do registrador B durante as micro-operações de deslocamento para a direita e o dígito mais significativo do registrador C (dígito de sinal) é repetido (fazendo dessa forma a correção para números negativos).

† Deslocamento para a esquerda. Os circuitos de comutação são arranjados de forma semelhante para passar o dígito mais significativo do registrador B para o menos significativo do registrador C durante as micro-operações de deslocamento para a esquerda.

Vantagens e desvantagens

A principal vantagem do uso da microprogramação para implementar uma unidade de controle é que ela simplifica o projeto da unidade de controle. Assim a implementação fica mais barata e menos propensa a erros. Uma unidade de controle *por hardware* deve conter uma lógica complexa para sequenciamento por meio de várias micro-operações do ciclo de instrução. Por outro lado, tanto os decodificadores como a unidade de sequenciamento lógico de uma unidade de controle microprogramada têm uma lógica muito simples.

A principal desvantagem de uma unidade microprogramada é que ela será um pouco mais lenta do que uma unidade por hardware de tecnologia comparável. Apesar disso, a microprogramação é a técnica dominante para implementar unidades de controle em arquiteturas CISC puras, por causa da facilidade de sua implementação. Os processadores RISC, com seu formato de instrução mais simples, normalmente usam unidades de controle por hardware. Analisamos a seguir a abordagem de microprogramação em mais detalhes.

21.2 SEQUENCIAMENTO DE MICROINSTRUÇÕES

As duas tarefas básicas desempenhadas por uma unidade de controle microprogramada são as seguintes:

- **Sequenciamento de microinstruções:** obter a próxima microinstrução da memória de controle.
- **Execução de microinstruções:** gerar os sinais de controle necessários para executar a microinstrução.

Ao se projetar uma unidade de controle, essas tarefas devem ser consideradas juntas, porque ambas afetam o formato da microinstrução e a temporização da unidade de controle. Nesta seção, nos concentramos no sequenciamento e falamos o mínimo possível sobre questões de formato e temporização. Essas questões são analisadas em mais detalhes na próxima seção.

Considerações sobre projeto

Duas preocupações são envolvidas no projeto de uma técnica de sequenciamento de microinstruções: o tamanho da microinstrução e o tempo de geração do endereço. A primeira preocupação é óbvia; minimizar o tamanho da memória de controle reduz o custo desse componente. A segunda preocupação é simplesmente o desejo de executar as microinstruções o mais rapidamente possível.

Ao executar um microprograma, o endereço da próxima microinstrução a ser executada se encaixa em uma dessas categorias:

- Determinado pelo registrador de instrução.
- Próximo endereço sequencial.
- Lógica de desvio.

A primeira categoria ocorre apenas uma vez por ciclo de instrução, logo depois que uma instrução é obtida. A segunda categoria é a mais comum na maioria dos projetos. No entanto, o projeto não pode ser otimizado apenas para o acesso sequencial. Desvios condicionais e incondicionais são uma parte necessária de um microprograma. Além disso, as sequências de microinstruções tendem a ser curtas: uma de cada três ou quatro microinstruções poderia ser um desvio (SIEWIOREK; BELL; NEWELL, 1982). De tal maneira, é importante projetar técnicas compactas e eficientes para desvio de microinstruções.

Técnicas de sequenciamento

Com base na microinstrução corrente, nas flags de condição e no conteúdo do registrador de instrução, um endereço de memória de controle deve ser gerado para a próxima microinstrução. Uma ampla variedade de técnicas tem sido usada. É possível agrupá-las em três categorias gerais, conforme ilustrado nas figuras 21.6 a 21.8. Essas categorias são baseadas no formato da informação de endereço na microinstrução:

Figura 21.6

Lógica de controle de desvio: dois campos de endereço.

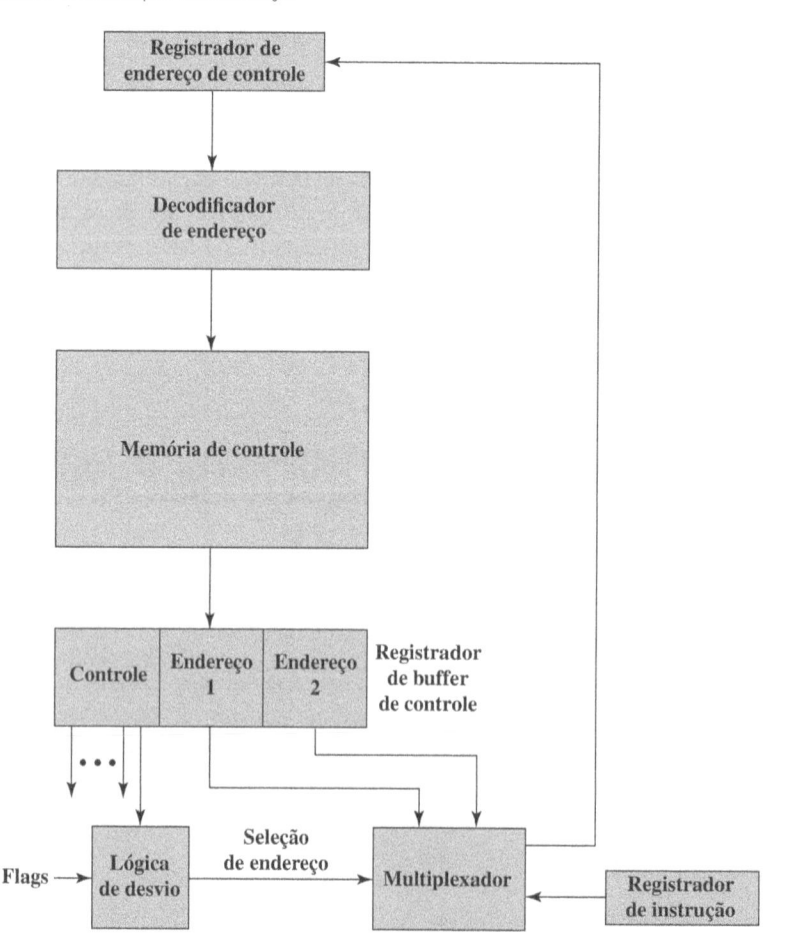

- Dois campos de endereço.
- Campo de endereço único.
- Formato variável.

A abordagem mais fácil é fornecer dois campos de endereço em cada microinstrução. A Figura 21.6 sugere como essa informação deve ser usada. Um multiplexador existente serve como destino para os campos de endereço e para o registrador de instrução. Com base em uma entrada de seleção de endereço, o multiplexador transmite o opcode ou um dos dois endereços para o registrador de endereço de controle (CAR — do inglês, *Control Address Register*). A seguir, o CAR é decodificado para produzir o endereço da próxima microinstrução. Os sinais de seleção de endereço são fornecidos por um módulo de lógica de desvio cuja entrada consiste em flags da unidade de controle mais os bits da parte de controle da microinstrução.

Embora a abordagem de dois endereços seja simples, ela requer mais bits dentro da microinstrução do que outras abordagens. Economias podem ser alcançadas com alguma lógica adicional. Uma abordagem comum é ter um campo de endereço único (Figura 21.7). Com essa abordagem, as opções para o próximo endereço são:

- Campo de endereço.
- Código do registrador de instrução.
- Próximo endereço sequencial.

Os sinais de seleção de endereço determinam qual opção está selecionada. Essa abordagem reduz o número de campos de endereço para 1. Observe, no entanto, que o campo de endereço muitas vezes não é usado. Desse modo, há alguma ineficiência no esquema de codificação da microinstrução.

Outra abordagem é fornecer dois formatos de instrução totalmente diferentes (Figura 21.8). Um bit define qual formato está sendo usado. Em um formato, os bits restantes são usados para ativar sinais de controle. No outro formato, alguns bits são dirigidos para o módulo de lógica de desvio e os bits restantes fornecem o endereço. Com o primeiro formato, o próximo endereço é o próximo endereço sequencial ou um endereço derivado a partir do registrador de instrução. Com o segundo formato, é especificado um desvio condicional ou um incondicional. Uma desvantagem dessa abordagem é que um ciclo inteiro é consumido com cada microinstrução

Figura 21.7
Lógica de controle de desvio: campo de endereço único.

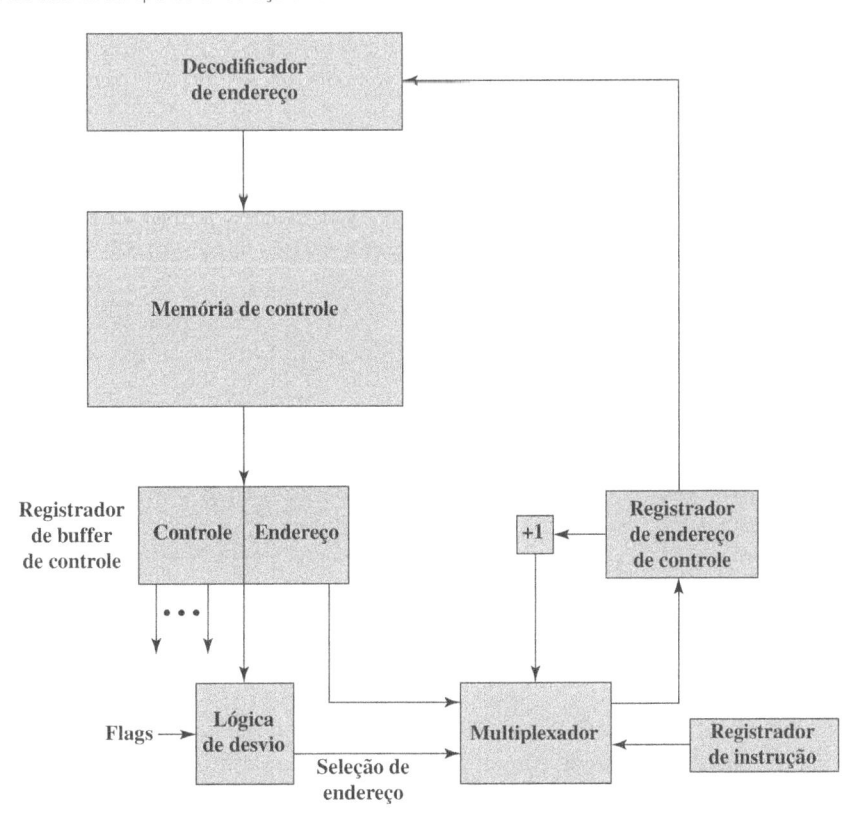

Figura 21.8
Lógica de controle de desvio: formato variável.

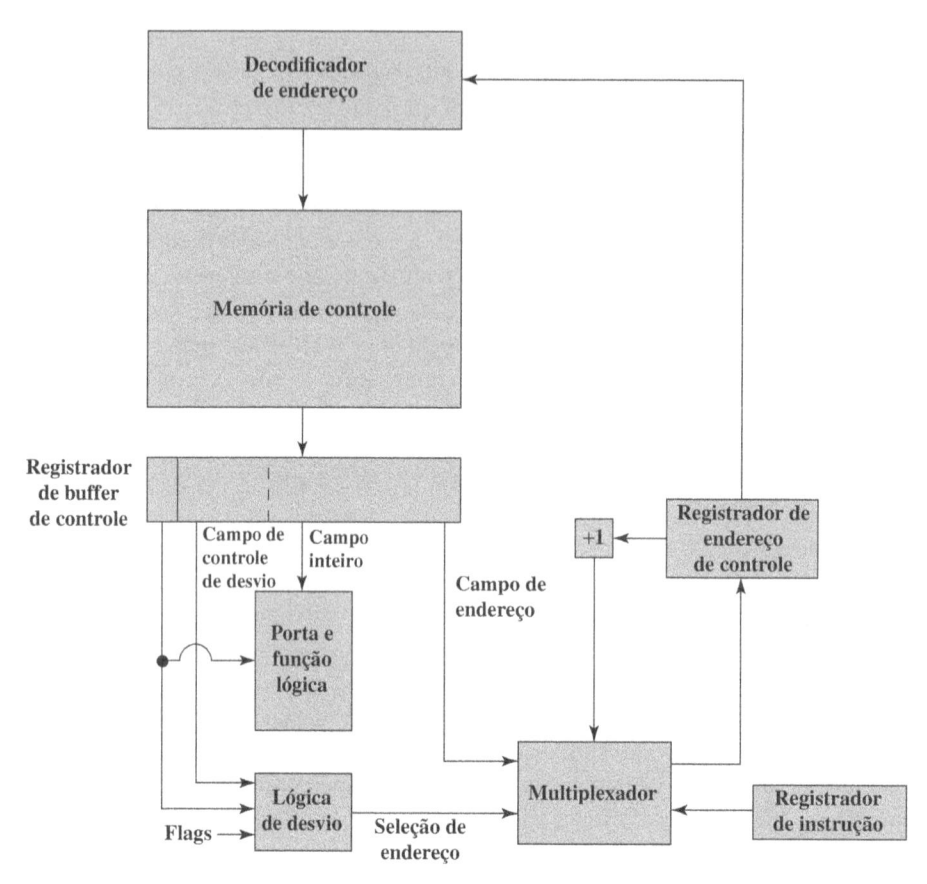

de desvio. Com outras abordagens, a geração de endereço ocorre como parte do mesmo ciclo da geração de sinais de controle, minimizando acessos à memória de controle.

As abordagens que acabamos de descrever são gerais. Implementações específicas muitas vezes vão envolver uma variação ou uma combinação dessas técnicas.

Geração de endereços

Analisamos o problema de sequenciamento do ponto de vista da consideração de formato e dos requisitos de lógica gerais. Outro ponto de vista é considerar várias maneiras em que o próximo endereço pode ser derivado ou computado.

A Tabela 21.3 apresenta diversas técnicas de geração de endereços. Elas podem ser divididas em técnicas explícitas, em que o endereço está disponível explicitamente na microinstrução, e técnicas implícitas, que requerem lógica adicional para gerar o endereço.

Nós lidamos basicamente com técnicas explícitas. Com a abordagem de dois campos, dois endereços alternativos estão disponíveis em cada microinstrução. Usando o campo de endereço único ou o formato variável, muitas instruções de desvio podem ser implementadas. Uma instrução de desvio condicional depende dos seguintes tipos de informação:

- Flags da ALU.
- Parte do opcode ou campo de modo de endereço da instrução de máquina.
- Partes do registrador selecionado, como o bit de sinal.
- Bits de estado dentro da unidade de controle.

Várias técnicas implícitas também são comumente usadas. Uma delas, o mapeamento, é necessária em quase todos os projetos. A parte opcode de uma instrução de máquina deve ser mapeada em um endereço de microinstrução. Isso ocorre apenas uma vez por ciclo de instrução.

Tabela 21.3
Técnicas de geração de endereço da microinstrução.

Explícita	Implícita
Dois campos	Mapeamento
Desvio incondicional	Adição
Desvio condicional	Controle residual

Figura 21.9
Registrador de endereço de controle do IBM 3033.

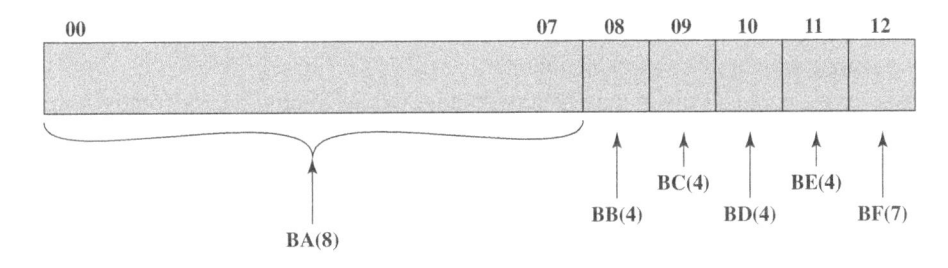

```
00                                    07  08  09  10  11  12
┌──────────────────────────────────────┬───┬───┬───┬───┬───┐
│                                      │   │   │   │   │   │
└──────────────────────────────────────┴───┴───┴───┴───┴───┘
                    ▲                    ▲   ▲   ▲   ▲   ▲
                    │                   BB(4) BC(4) BD(4) BE(4) BF(7)
                   BA(8)
```

Uma técnica implícita comum é a que envolve a combinação ou a adição de duas partes de um endereço para formar o endereço completo. Essa abordagem foi usada na família IBM S/360 (TUCKER, 1967) e também em muitos modelos S/370. Usaremos o IBM 3033 como exemplo.

O registrador de endereço de controle do IBM 3033 possui o tamanho de 13 bits e está ilustrado na Figura 21.9. Duas partes do endereço podem ser diferenciadas; 8 bits de ordem mais alta (00–07) normalmente não mudam de um ciclo de microinstrução para outro. Durante a execução de uma microinstrução, esses 8 bits são copiados diretamente de um campo de 8 bits da microinstrução (campo BA) para os 8 bits de ordem mais alta do registrador de endereço de controle. Isso define um bloco de 32 microinstruções na memória de controle. Os 5 bits restantes do registrador de endereço de controle são definidos para especificar o endereço da microinstrução a ser obtida. Cada um desses bits é determinado por um campo de 4 bits (exceto um que é um campo de 7 bits) na microinstrução atual; o campo especifica a condição para definir o bit correspondente. Por exemplo, um bit no registrador de endereço de controle pode ser definido para 1 ou 0, dependendo de o *carry* ter acontecido na última operação da ALU.

A abordagem final listada na Tabela 21.3 é chamada de *controle residual*. Essa abordagem envolve o uso de um endereço da microinstrução que foi salvo previamente em um armazenamento temporário dentro da unidade de controle. Por exemplo, alguns conjuntos de microinstruções incluem uma facilidade para sub-rotinas. Um registrador interno, ou uma pilha de registradores, é usado para guardar os endereços de retorno. Um exemplo dessa abordagem é usado no LSI-11, o qual será analisado a seguir.

Sequenciamento de microinstruções do LSI-11

O LSI-11 é uma versão de microcomputador de um PDP-11, com os componentes principais do sistema residindo em uma placa única. Ele é implementado usando uma unidade de controle microprogramada (SEBERN, 1976).

O LSI-11 faz uso de uma microinstrução de 22 bits e uma memória de controle de palavras de 2K e 22 bits. O endereço da próxima microinstrução é determinado em uma das cinco maneiras:

- **Próximo endereço sequencial:** na ausência de outras instruções, o registrador de endereço de controle da unidade de controle é incrementado por 1.
- **Mapeamento de opcode:** no começo de cada ciclo de instrução, o próximo endereço de microinstrução é determinado pelo opcode.
- **Facilidade de sub-rotina:** explicado a seguir.

▶ **Testes de interrupção:** certas microinstruções especificam um teste para interrupção. Se uma interrupção ocorre, isso determina o endereço da próxima microinstrução.
▶ **Desvio:** microinstruções de desvio condicionais e incondicionais são usadas.

Um mecanismo de sub-rotina de um nível é fornecido. Um bit em cada microinstrução é dedicado a essa tarefa. Quando o bit está definido com valor 1, um registrador de retorno de 11 bits é carregado com o conteúdo atualizado do registrador de endereço de controle. Uma microinstrução subsequente que especifica um retorno irá fazer com que o registrador de endereço de controle seja carregado a partir do registrador de retorno.

O retorno é uma forma de instrução de desvio incondicional. Outra forma de desvio incondicional faz com que os bits do registrador de endereço de controle sejam carregados a partir dos 11 bits da microinstrução. A instrução de desvio condicional faz uso de um código de teste de 4 bits dentro da microinstrução. Esse código especifica testes de vários códigos condicionais da ALU para determinar a decisão de desvio. Se a condição não for verdadeira, o próximo endereço sequencial é selecionado. Se for verdadeira, os 8 bits de ordem mais baixa do registrador de endereço de controle são carregados a partir dos 8 bits da microinstrução. Isso possibilita desvios dentro de uma página de memória de 256 palavras.

Como pode ser visto, o LSI-11 inclui uma facilidade de sequenciamento de endereços poderosa dentro da unidade de controle. Isso possibilita ao microprogramador uma flexibilidade considerável e pode facilitar a tarefa de microprogramação. Por outro lado, essa abordagem requer mais lógica de unidade de controle do que potencialidades mais simples.

21.3 EXECUÇÃO DE MICROINSTRUÇÕES

O ciclo de microinstrução é o evento básico em um processador microprogramado. Cada ciclo é feito de duas partes: busca e execução. A parte de busca é determinada pela geração de um endereço de microinstrução e tratamos disso na seção anterior. Esta seção trata da execução de uma microinstrução.

Lembre-se de que o efeito da execução de uma microinstrução é gerar sinais de controle. Alguns desses sinais de controle apontam para dentro do processador. Os sinais restantes vão para o barramento de controle externo ou para outras interfaces externas. Como uma função secundária, o endereço de uma microinstrução é determinado.

A descrição anterior sugere a organização de uma unidade de controle mostrada na Figura 21.10. Essa versão levemente revisada da Figura 21.4 é o foco desta seção. Os principais módulos nesse diagrama deveriam estar claros até agora. O módulo lógico de sequenciamento contém a lógica para efetuar as funções discutidas na seção anterior. Ele gera o endereço da próxima microinstrução, usando como entradas o registrador de instrução, as flags da ALU, o registrador de endereço de controle (para incrementar) e o registrador de buffer de controle. O último pode fornecer um endereço real, bits de controle ou ambos. O módulo é controlado por um *clock* que determina o tempo do ciclo da microinstrução.

O módulo lógico de controle gera sinais de controle em função de alguns bits da microinstrução. Deve estar claro que o formato e o conteúdo da microinstrução irão determinar a complexidade do módulo lógico de controle.

Taxonomia de microinstruções

As microinstruções podem ser classificadas de diversas maneiras. As distinções feitas comumente na literatura incluem:

▶ Vertical/horizontal.
▶ Empacotada/não empacotada.
▶ Microprogramação hard/soft.
▶ Codificação direta/indireta.

Todas elas têm a ver com o formato da microinstrução. Nenhum desses termos foi usado de forma consistente e precisa na literatura. No entanto, uma análise desses pares de termos serve para esclarecer as alternativas para projeto de microinstruções. Nos próximos parágrafos, analisamos primeiro a principal questão que forma a base de todos esses pares de características e depois analisamos os conceitos sugeridos por cada par.

Na proposta original de Wilkes (1951), cada bit de uma microinstrução produz diretamente um sinal de controle ou produz diretamente um bit do próximo endereço. Vimos na seção anterior que esquemas de sequen-

Figura 21.10

Organização da unidade de controle.

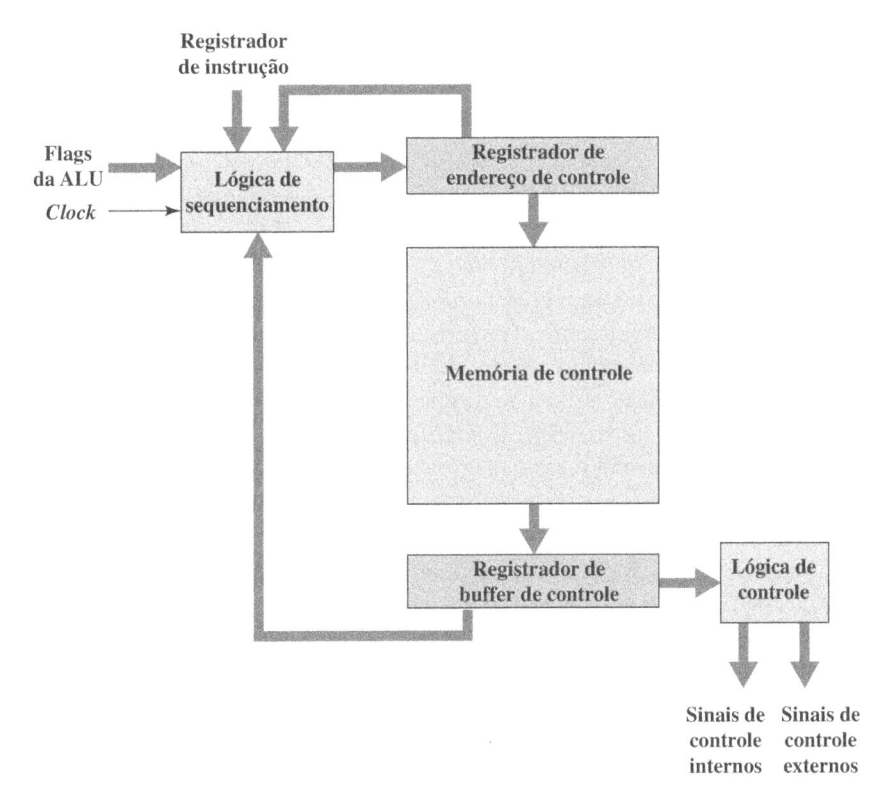

ciamento de endereços mais complexos usando menos bits de microinstrução são possíveis. Esses esquemas requerem um módulo lógico de sequenciamento mais complexo. Uma relação semelhante existe para a parte da microinstrução que diz respeito aos sinais de controle. Ao codificar a informação de controle e subsequentemente decodificando-a para produzir sinais de controle, os bits da palavra de controle podem ser economizados.

Como essa codificação pode ser feita? Para responder à questão, considere que existe um total de K diferentes sinais de controle internos e externos para serem conduzidos pela unidade de controle. No esquema de Wilkes, K bits da microinstrução seriam dedicados para esse propósito. Isso possibilita que todas as $2K$ combinações possíveis de sinais de controle sejam geradas durante qualquer ciclo de instrução. Porém, é possível fazer melhor que isso se observarmos que nem todas as combinações possíveis serão usadas. Os exemplos incluem o seguinte:

- Duas origens não podem ser chaveadas para o mesmo destino (por exemplo, C_2 e C_8 na Figura 21.5).
- Um registrador pode ser tanto fonte como destino (por exemplo, C_5 e C_{12} na Figura 21.5).
- Apenas um padrão de sinais de controle pode ser apresentado por vez à ALU.
- Apenas um padrão de sinais de controle pode ser apresentado por vez para o barramento de controle externo.

Então, para um dado processador, todas as possíveis combinações de sinais de controle permitidas poderiam ser listadas, dado algum número $Q < 2^K$ de possibilidades. Estas poderiam ser codificadas com no mínimo $\log_2 Q$ bits, com $(\log_2 Q) < K$. Esta seria a forma mais compacta de codificação que preserva todas as combinações permitidas de sinais de controle. Na prática, essa forma de codificação não é usada por dois motivos:

- É difícil de programar tanto quanto um esquema de decodificação (Wilkes) puro. Esse ponto é discutido logo a seguir.
- Ele requer um módulo lógico de controle complexo e, portanto, lento.

Em vez disso, alguns compromissos são adotados. Existem dois tipos deles:

- São usados mais bits do que estritamente necessário para codificar as combinações possíveis.
- Algumas combinações que são permitidas fisicamente não são possíveis de codificar.

O último tipo de compromisso tem o efeito de reduzir o número de bits. O resultado final, no entanto, é usar mais do que $\log_2 Q$ bits.

Na próxima subseção, vamos discutir técnicas de codificação específicas. O restante desta subseção trata dos efeitos da codificação e dos vários termos usados para descrevê-la.

Com base no que foi apresentado anteriormente, é possível ver que a parte do sinal de controle do formato da microinstrução falha em um espectro. Em uma extremidade, há um bit para cada sinal de controle; em outra extremidade, um formato altamente codificado é usado. A Tabela 21.4 mostra que outras características de uma unidade de controle microprogramada também falham em um espectro e que esses espectros são, em grande parte, determinados pelo espectro do grau de codificação.

O segundo par de itens na tabela é bastante óbvio. O esquema de Wilkes puro requer a maioria dos bits. Também deve estar claro que esse extremo representa a visão detalhada do hardware. Cada sinal de controle é controlável individualmente pelo microprogramador. A codificação é feita de maneira a agregar funções ou recursos, para que o microprogramador possa ver o processador de um nível mais alto e menos detalhado. Além disso, a codificação é desenvolvida para facilitar o trabalho de microprogramação. De novo, deve estar claro que a tarefa de entender e combinar o uso de todos os sinais de controle é difícil. Conforme mencionamos, uma das consequências comuns da codificação é prevenir o uso de algumas combinações que seriam permitidas de outra forma.

O parágrafo anterior discute o projeto da microinstrução do ponto de vista do microprogramador. Mas o nível de codificação pode ser visto também a partir dos seus efeitos de hardware. Com um formato puro não codificado, nenhuma ou pouca lógica é necessária; cada bit gera um sinal de controle particular. Conforme são usados os esquemas de codificação mais compactos e mais agregados, uma lógica de decodificação mais complexa é necessária. Isso, por sua vez, pode afetar o desempenho. Mais tempo é necessário para propagar sinais pelas portas do módulo lógico de controle mais complexo. De tal maneira, a execução das microinstruções codificadas pode levar mais tempo do que a execução das não codificadas.

Portanto, todas as características listadas na Tabela 21.4 estão dentro de um espectro de estratégias de projeto. Em geral, um projeto que segue o lado esquerdo do espectro tem a intenção de otimizar o desempenho da unidade de controle. Os projetos do lado direito são mais preocupados em otimizar o processo de microprogramação. Na verdade, os conjuntos de instruções próximos do lado direito do espectro se parecem muito com conjuntos de instruções de máquina. Um bom exemplo disso é o projeto do LSI-11, descrito anteriormente neste capítulo. Normalmente, quando o objetivo é simplesmente implementar uma unidade de controle, o projeto tenderá mais para o lado esquerdo do espectro. O projeto do IBM 3033, discutido agora, está nessa categoria. Conforme discutiremos depois, alguns sistemas possibilitam que vários usuários construam diferentes microprogramas usando a mesma facilidade de microinstruções. Nos últimos exemplos, o projeto estará mais próximo do lado direito do espectro.

Tabela 21.4

Espectro de microinstruções.

Características	
Não codificado	Altamente codificado
Muitos bits	Poucos bits
Visão detalhada de hardware	Visão agregada de hardware
Dificuldade de programar	Facilidade de programar
Concorrência totalmente explorada	Concorrência não totalmente explorada
Pequena ou nenhuma lógica de controle	Lógica de controle complexa
Execução rápida	Execução lenta
Desempenho otimizado	Programação otimizada
Terminologia	
Não empacotada	Empacotada
Horizontal	Vertical
Hard	Soft

É possível agora lidar com alguma terminologia introduzida anteriormente. A Tabela 21.4 indica como três desses pares de termos se relacionam com o espectro de microinstruções. Basicamente, todos esses pares descrevem a mesma coisa, porém enfatizam características de projeto diferentes.

O grau de empacotamento relaciona-se com o grau de identificação entre uma determinada tarefa de controle e bits específicos de microinstruções. À medida que os bits se tornam mais *empacotados*, certo número de bits contém mais informação. Assim, o empacotamento implica codificação. Os termos *horizontal* e *vertical* referem-se ao tamanho relativo da microinstrução. Siewiorek, Bell e Newell (1982) sugerem como regra que as microinstruções verticais possuam o tamanho no intervalo entre 16 e 40 bits e que as microinstruções horizontais possuam o tamanho no intervalo entre 40 e 100 bits. Os termos microprogramação *hard* e *soft* são usados para sugerir o grau de proximidade com os sinais de controle e layout de hardware subjacentes. Microprogramas hard são normalmente fixos e dedicados para a memória ROM. Microprogramas soft são mais mutáveis e são sugestivos da microprogramação do usuário.

O outro par de termos mencionado no início desta subseção refere-se à codificação direta *versus* a indireta, um assunto que analisaremos agora.

Codificação de microinstruções

Na prática, as unidades de controle microprogramadas não são projetadas usando um formato de microinstrução puramente horizontal ou não codificado. Pelo menos algum grau de codificação é usado para reduzir o tamanho da memória de controle e para simplificar a tarefa de microprogramação.

A técnica básica de codificação é ilustrada na Figura 21.11a. A microinstrução é organizada como um conjunto de campos. Cada campo contém um código que, depois de decodificado, ativa um ou mais sinais de controle.

Figura 21.11

Codificação da microinstrução.

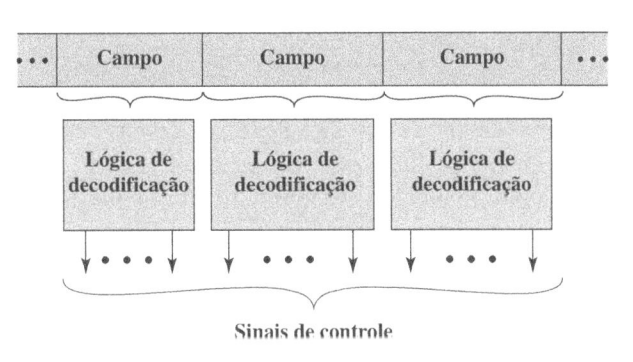

(a) Codificação direta

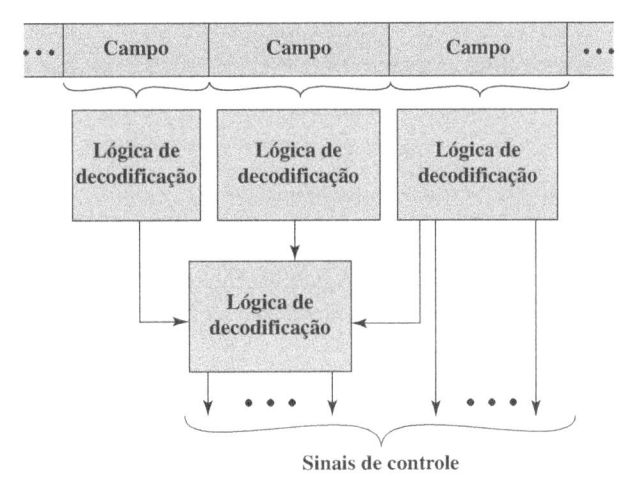

(b) Codificação indireta

Vamos considerar as implicações desse layout. Quando a microinstrução é executada, cada campo é decodificado e gera sinais de controle. De tal maneira, com N campos, N ações simultâneas são especificadas. Cada ação resulta na ativação de um ou mais sinais de controle. Geralmente, mas nem sempre, queremos projetar o formato de tal forma que cada sinal de controle seja ativado por não mais do que um campo. No entanto, é claro que deve ser possível para cada sinal de controle ser ativado por pelo menos um campo.

Considere agora um campo individual. Um campo que consiste em L bits pode conter um de 2^L códigos, cada um deles podendo ser codificado para um padrão de sinal de controle diferente. Como apenas um código pode aparecer em um campo ao mesmo tempo, os códigos são mutuamente exclusivos e, por isso, as ações que eles causam são mutuamente exclusivas.

O projeto de um formato de microinstrução codificado pode ser definido agora de forma simples:

- Organize o formato em campos independentes. Ou seja, cada campo ilustra um conjunto de ações (padrões de sinais de controle), de tal forma que ações de campos diferentes possam ocorrer simultaneamente.
- Defina cada campo, de tal forma que ações alternativas que podem ser especificadas pelo campo sejam mutuamente exclusivas. Ou seja, apenas uma das ações especificadas para um determinado campo pode ocorrer por vez.

Duas abordagens podem ser adotadas para organizar uma microinstrução codificada em campos: a funcional e a de recursos. O método de *codificação funcional* identifica funções dentro da máquina e define os campos pelo tipo de função. Por exemplo, se várias fontes podem ser usadas para transferir dados para o acumulador, um campo pode ser projetado para esse propósito, com cada código especificando uma fonte diferente. A *codificação de recursos* vê a máquina como um conjunto de recursos independentes e dedica um campo para cada um deles (por exemplo, E/S, memória, ALU).

Outro aspecto de codificação é se ela é direta ou indireta (Figura 21.11b). Com codificação indireta, um campo é usado para determinar a interpretação de outro campo. Por exemplo, considere uma ALU que é capaz de efetuar

Figura 21.12

Formatos de microinstrução alternativos para uma máquina simples.

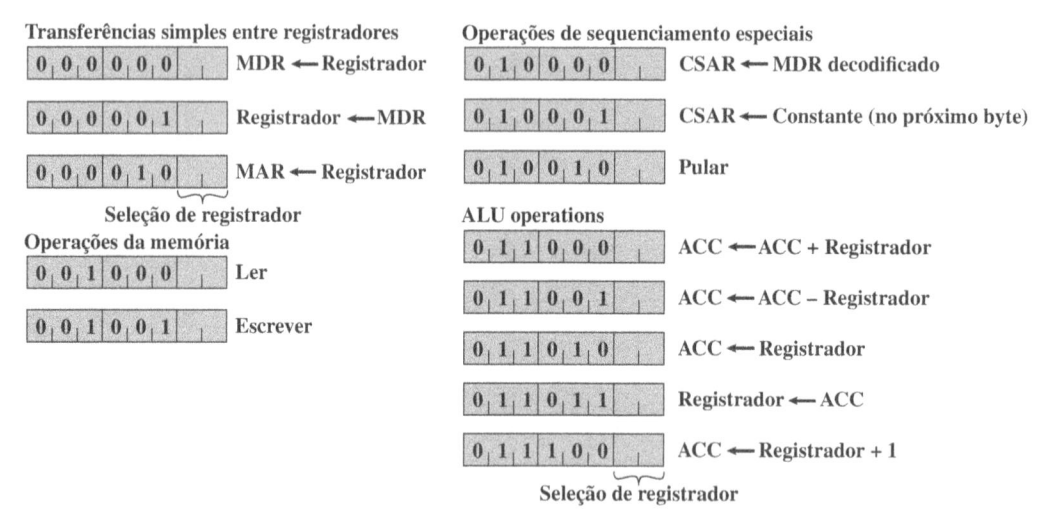

Transferências simples entre registradores
- 0 0 0 0 0 0 MDR ← Registrador
- 0 0 0 0 0 1 Registrador ← MDR
- 0 0 0 0 1 0 MAR ← Registrador

Seleção de registrador

Operações da memória
- 0 0 1 0 0 0 Ler
- 0 0 1 0 0 1 Escrever

Operações de sequenciamento especiais
- 0 1 0 0 0 0 CSAR ← MDR decodificado
- 0 1 0 0 0 1 CSAR ← Constante (no próximo byte)
- 0 1 0 0 1 0 Pular

ALU operations
- 0 1 1 0 0 0 ACC ← ACC + Registrador
- 0 1 1 0 0 1 ACC ← ACC − Registrador
- 0 1 1 0 1 0 ACC ← Registrador
- 0 1 1 0 1 1 Registrador ← ACC
- 0 1 1 1 0 0 ACC ← Registrador + 1

Seleção de registrador

(a) Formato vertical de microinstrução

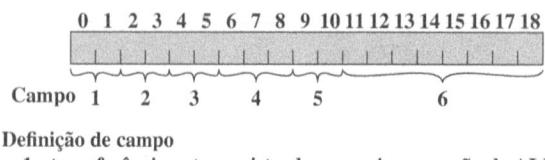

0 1 2 3 4 5 6 7 8 9 10 11 12 13 14 15 16 17 18

Campo 1 2 3 4 5 6

Definição de campo
1 - transferência entre registradores
2 - operação de memória
3 - operação de sequenciamento
4 - operação da ALU
5 - seleção de registrador
6 - constante

(b) Formato horizontal de microinstrução

oito operações aritméticas diferentes e oito operações de deslocamento diferentes. Um campo de 1 bit poderia ser usado para indicar se uma operação de deslocamento ou aritmética deve ser usada; um campo de 3 bits indicaria a operação. Essa técnica implica geralmente dois níveis de decodificação, aumentando os atrasos de propagação.

A Figura 21.12 é um exemplo simples desses conceitos. Suponha um processador com um acumulador único e vários registradores internos, como um contador de programa e um registrador temporário para entradas da ALU. A Figura 21.12a mostra um formato altamente vertical. Os três primeiros bits indicam o tipo de operação, os três próximos codificam a operação e os dois últimos selecionam um registrador interno. A Figura 21.12b é uma abordagem mais horizontal, embora codificação ainda seja usada. Nesse caso, funções diferentes aparecem em campos diferentes.

Execução de microinstruções no LSI-11

O LSI-11 (SEBERN, 1976) é um bom exemplo de uma abordagem de microinstrução vertical. Analisamos primeiro a organização da unidade de controle e depois o formato da microinstrução.

ORGANIZAÇÃO DA UNIDADE DE CONTROLE DO LSI-11 O LSI-11 é o primeiro membro da família PDP-11 que foi disponibilizado como um processador de placa única. A placa contém três chips LSI, um barramento interno conhecido como *barramento de microinstruções* (MIB) e alguma lógica adicional para interfaces.

A Figura 21.13 ilustra de uma forma simples a organização do processador LSI-11. Os três chips são chips de dados, controle e armazenamento de controle. O chip de dados contém uma ALU de 8 bits, 26 registradores de 8 bits e armazenamento para vários códigos condicionais. Dezesseis dos registradores são usados para implementar oito registradores de uso geral de 16 bits de PDP-11. Outros incluem uma palavra de estado de programa, registrador de endereço de memória (MAR) e registrador de buffer de memória. Como a ALU lida com apenas 8 bits ao mesmo tempo, duas passagens por ela são necessárias para implementar uma operação aritmética de 16 bits do PDP-11. Isso é controlado pelo microprograma.

O chip ou os chips de armazenamento de controle contêm a memória de controle com largura de 22 bits. O chip de controle contém a lógica para sequenciamento e execução de microinstruções. Ele contém o registrador de endereço de controle, registrador de controle de dados e uma cópia do registrador de instrução de máquina.

Figura 21.13
Diagrama de blocos simplificado do processador LSI-11.

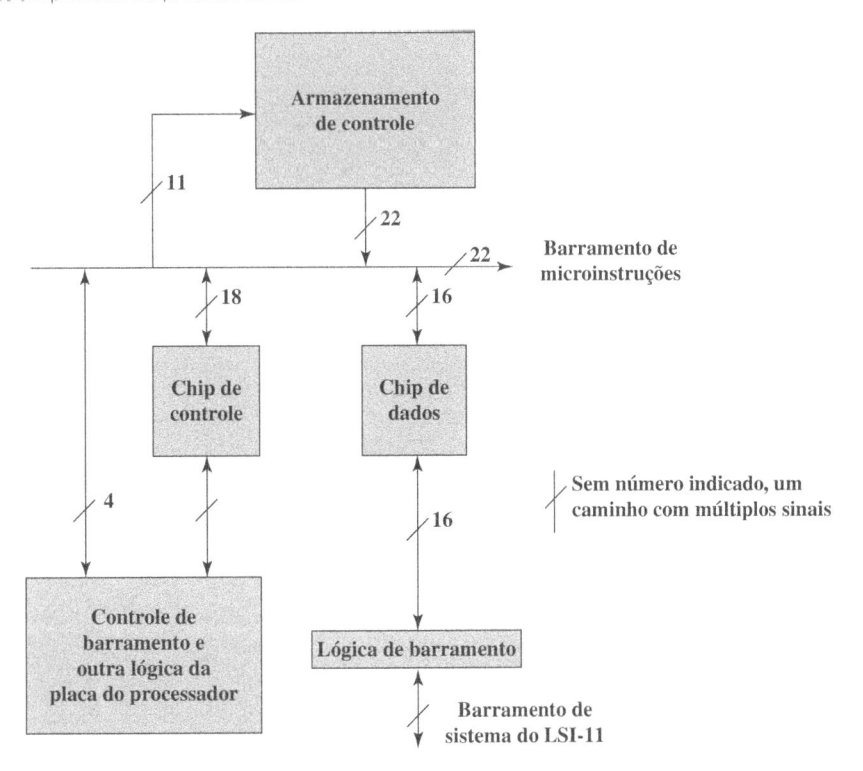

O MIB liga todos os componentes. Durante a leitura da microinstrução, o chip de controle gera um endereço de 11 bits em MIB. O armazenamento de controle é acessado, produzindo uma microinstrução de 22 bits que é colocada em MIB. Os 16 bits de ordem mais baixa vão para o chip de dados, enquanto os 18 bits de ordem baixa vão para o chip de controle. Os 4 bits de ordem mais alta controlam as funções especiais da placa do processador.

A Figura 21.14 fornece uma visão ainda mais simples, porém mais detalhada, da unidade de controle de LSI-11: a figura ignora limites individuais dos chips. O esquema de sequenciamento de endereços descrito na Seção 21.2 é implementado em dois módulos. O controle geral de sequência é fornecido pelo módulo de controle de sequência microprogramado, o qual é capaz de incrementar o registrador de endereço da microinstrução e efetuar desvios incondicionais. Outras formas de calcular o endereço são realizadas por um array de tradução separado. Este é um circuito combinacional que gera um endereço com base na microinstrução, na instrução de máquina, no contador de programa de microinstrução e em um registrador de interrupção.

O array de tradução atua nas seguintes situações:

- Quando o opcode é usado para determinar o início de uma microrrotina.
- Em tempos apropriados, bits de modo de endereço da microinstrução são testados para efetuar o endereçamento apropriado.
- Quando as condições de interrupção são testadas periodicamente.
- Quando as microinstruções de desvios condicionais são avaliadas.

FORMATO DA MICROINSTRUÇÃO DO LSI-11   O LSI-11 usa um formato extremamente vertical de microinstrução com tamanho de apenas 22 bits. O conjunto de microinstruções assemelha-se muito ao conjunto de instruções de máquina do PDP-11 que ele implementa. Esse projeto tem a intenção de otimizar o desempenho da unidade de controle dentro das restrições de um projeto vertical, facilmente programado. A Tabela 21.5 mostra algumas das microinstruções de LSI-11.

Figura 21.14

Organização da unidade de controle do LSI-11.

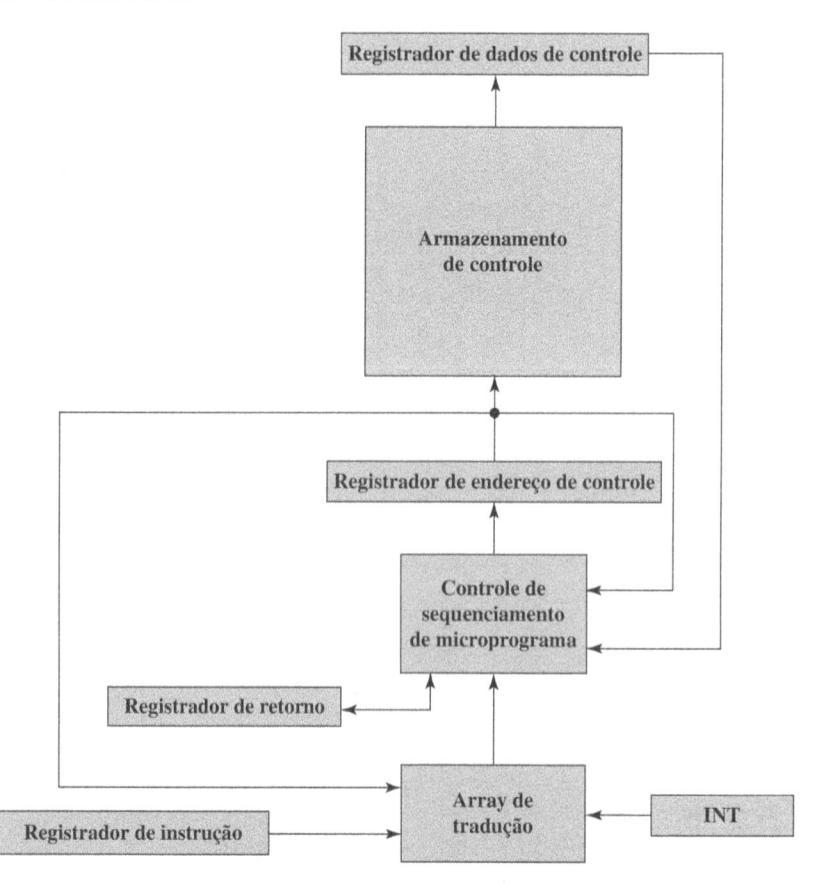

A Figura 21.15 mostra o formato da microinstrução LSI-11 de 22 bits. Os 4 bits de ordem mais alta controlam funções especiais da placa do processador. O bit de tradução habilita que o array de tradução verifique interrupções pendentes. O bit do registrador de leitura de retorno é usado no final de uma microrrotina para fazer com que o endereço da próxima microinstrução seja carregado a partir do registrador de retorno.

Os 16 bits restantes são usados para micro-operações altamente codificadas. O formato se parece com uma instrução de máquina, com um opcode de tamanho variável e um ou mais operandos.

Tabela 21.5
Algumas microinstruções do LSI-11.

Operações aritméticas	Operações gerais
Adicionar palavra (byte, literal)	MOV palavra (byte)
Testar palavra (byte, literal)	Salto
Incrementar palavra (byte) por 1	Retorno
Incrementar palavra (byte) por 2	Salto condicional
Negar palavra (byte)	Ativar (desativar) flags
Incrementar (decrementar) byte condicionalmente	Carregar G baixo
Adicionar palavra (byte) condicionalmente	MOV palavra (byte) condicionalmente
Adicionar palavra (byte) com *carry*	
Adicionar dígitos condicionalmente	**Operações de Entrada/Saída**
Subtrair palavra (byte)	Entrada palavra (byte)
Comparar palavra (byte, literal)	Entrada palavra de estado (byte)
Subtrair palavra (byte) com *carry*	Ler
Decrementar palavra (byte) por 1	Escrever
Operações lógicas	Ler (escrever) e incrementar palavra (byte) por 1
AND palavra (byte, literal)	Ler (escrever) e incrementar palavra (byte) por 2
Testar palavra (byte)	Reconhecimento de leitura (escrita)
OR palavra (byte)	Saída de palavra (byte, estado)
OR-exclusivo palavra (byte)	
Limpar (zerar) bits da palavra (byte)	
Deslocar palavra (byte) para direita (esquerda) com (sem) *carry*	
Complementar palavra (byte)	

Figura 21.15
Formato da microinstrução do LSI-11.

4	1	1	16
Funções especiais			Micro-operações codificadas

↑ Carregar registrador de retorno
↑ Traduzir

(a) Formato da microinstrução completa do LSI-11

5	11
Opcode	Endereço de salto

Formato da microinstrução de salto incondicional

4	8	4
Opcode	Valor literal	Registrador A

Formato da microinstrução literal

4	4	8
Opcode	Testar código	Endereço de salto

Formato da microinstrução de salto condicional

8	4	4
Opcode	Registrador B	Registrador A

Formato da microinstrução de salto de registrador

(b) Formato da parte codificada da microinstrução do LSI-11

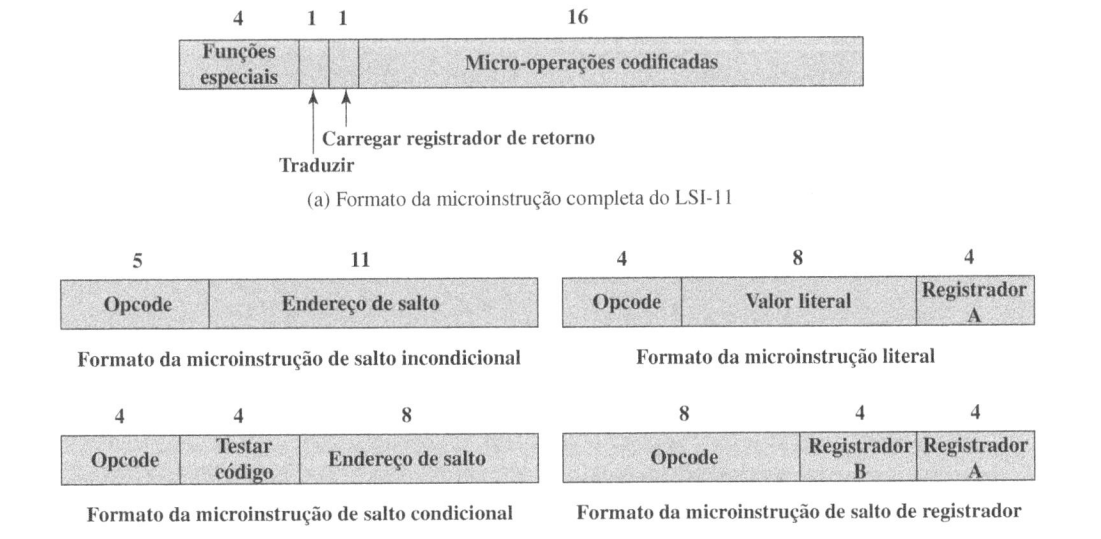

Execução de microinstruções no IBM 3033

A memória de controle padrão do IBM 3033 consiste em palavras de 4K. A primeira parte delas (0000--07FF) contém microinstruções de 108 bits, enquanto o restante (0800–0FFF) é usado para armazenar microinstruções de 126 bits. O formato é ilustrado na Figura 21.16.

Embora esse seja um formato bastante horizontal, a decodificação é extensivamente usada. Os campos-chave desse formato são resumidos na Tabela 21.6.

A ALU opera com entradas provenientes de quatro registradores dedicados e não visíveis ao usuário, A, B, C e D. O formato da microinstrução contém campos para: carregar esses registradores a partir dos registradores visíveis ao usuário, efetuar uma função da ALU e especificar um registrador visível ao usuário para armazenar o resultado. Há também campos para carregar e armazenar dados entre registradores e memória.

O mecanismo de sequenciamento para o IBM 3033 foi discutido na Seção 21.2.

Figura 21.16
Formato da microinstrução do IBM 3033.

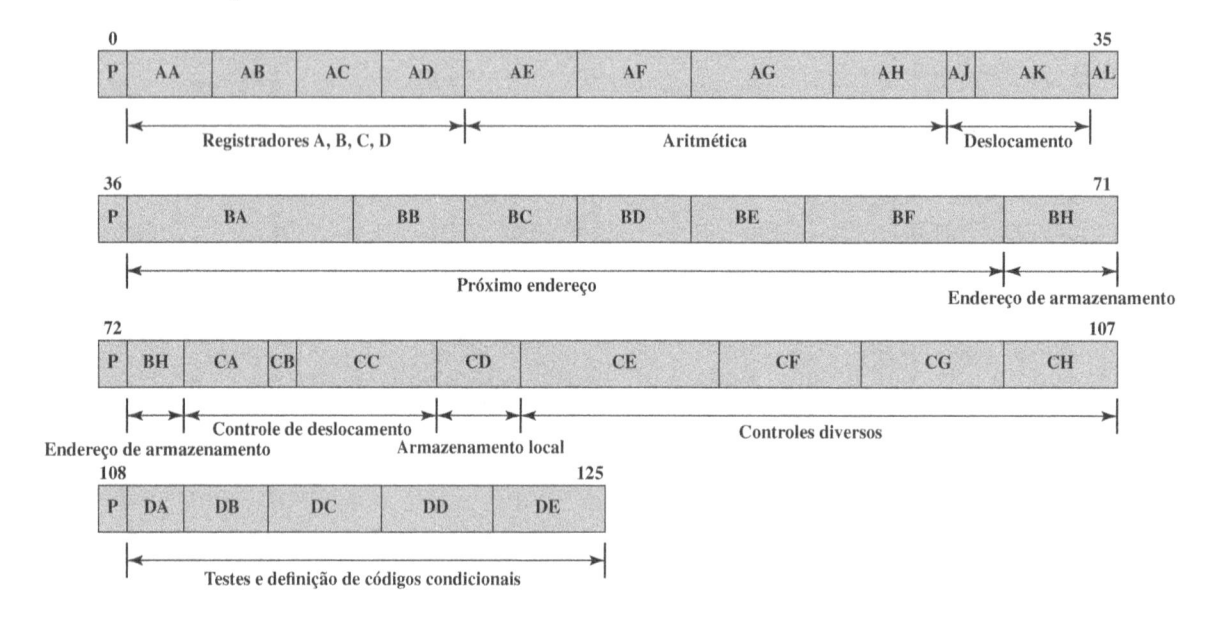

Tabela 21.6
Campos de controle da microinstrução do IBM 3033.

	Campos de controle de ALU
AA(3)	Carrega registrador A a partir de um dos registradores de dados
AB(3)	Carrega registrador B a partir de um dos registradores de dados
AC(3)	Carrega registrador C a partir de um dos registradores de dados
AD(3)	Carrega registrador D a partir de um dos registradores de dados
AE(4)	Direciona bits especificados de A para ALU
AF(4)	Direciona bits especificados de B para ALU
AG(5)	Especifica operação aritmética da ALU para entrada A
AH(4)	Especifica operação aritmética da ALU para entrada B
AJ(1)	Especifica entrada D ou B para ALU do lado B
AK(4)	Direciona saída aritmética para o deslocador
CA(3)	Carrega registrador F
CB(1)	Ativa deslocador

(Continua)

(Continuação)

CC(5)	Especifica funções lógicas e de *carry*
CE(7)	Especifica a quantidade de deslocamento
Campos para sequenciamento e desvios	
AL(1)	Termina operação e executa desvio
BA(8)	Ativa bits de ordem mais alta (00–07) do registrador de endereço de controle
BB(4)	Especifica a condição para ativar o bit 8 do registrador de endereço de controle
BC(4)	Especifica a condição para ativar o bit 9 do registrador de endereço de controle
BD(4)	Especifica a condição para ativar o bit 10 do registrador de endereço de controle
BE(4)	Especifica a condição para ativar o bit 11 do registrador de endereço de controle
BF(7)	Especifica a condição para ativar o bit 12 do registrador de endereço de controle

21.4 TI 8800

A Texas Instruments 8800 Software Development Board (SDB) é uma placa de computador de 32 bits microprogramável. O sistema possui um armazenamento de controle que pode ser escrito, implementado em RAM em vez de ROM. Tal sistema não alcança a velocidade ou a densidade de um sistema microprogramado com um armazenamento de controle ROM. No entanto, ele é útil para desenvolver protótipos e para fins educacionais.

O 8800 SDB consiste nos componentes a seguir (Figura 21.17):

Figura 21.17
Diagrama de blocos do TI 8800.

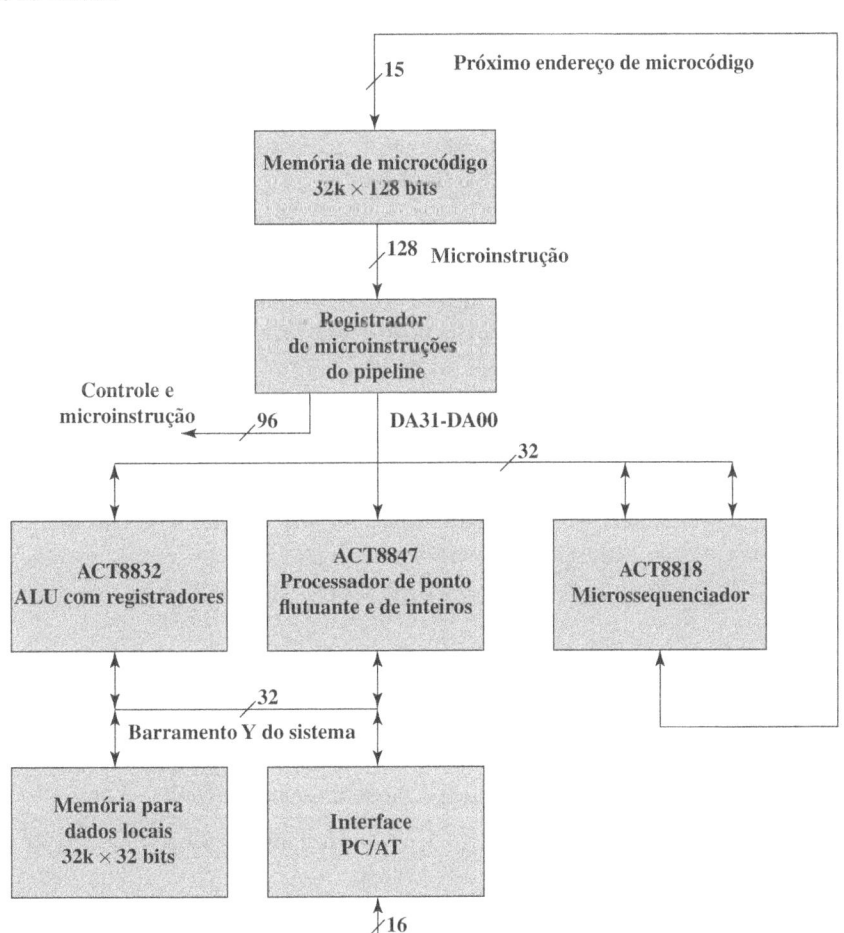

- Memória de microcódigo.
- Microssequenciador.
- ALU de 32 bits.
- Processador de ponto flutuante e de inteiros.
- Memória de dados locais.

Dois barramentos ligam os componentes internos do sistema. O barramento DA fornece dados a partir do campo de dados da microinstrução para a ALU, para o processador de ponto flutuante ou para o microssequenciador. No último caso, os dados consistem em um endereço para ser usado por uma instrução de desvio. O barramento também pode ser usado pela ALU ou pelo microssequenciador a fim de fornecer dados para outros componentes. O barramento Y do sistema conecta a ALU e o processador de ponto flutuante com a memória local e com os módulos externos por meio de uma interface PC.

A placa se encaixa em um computador compatível com padrão IBM PC. O computador fornece uma plataforma adequada para a montagem e depuração do microcódigo.

Formato da microinstrução

O formato da microinstrução do 8800 consiste em 128 bits separados em 30 campos funcionais, conforme indicado na Tabela 21.7. Cada campo consiste em um ou mais bits e os campos são agrupados em cinco principais categorias:

- Controle da placa.
- Chip processador 8847 de ponto flutuante e de inteiros.
- ALU com registradores 8832.
- Microssequenciador 8818.
- Campo de dados WCS.

Conforme indicado na Figura 21.17, os 32 bits do campo de dados WCS são alimentados no barramento DA para serem fornecidos como dados para a ALU, o processador de ponto flutuante ou o microssequenciador. Outros 96 bits (campos 1-27) da microinstrução são sinais de controle alimentados diretamente para o módulo apropriado. Para simplificar, essas outras conexões não são mostradas na Figura 21.17.

Os primeiros seis campos tratam das operações que pertencem ao controle da placa, em vez de controlar um componente individual. As operações de controle incluem:

- Selecionar códigos condicionais para controle do sequenciador. O primeiro bit do campo 1 indica se a flag de condição deve ser definida para 1 ou 0 e os 4 bits restantes indicam qual flag deve ser definida.
- Enviar uma requisição de E/S para PC/AT.
- Habilitar operações de leitura/escrita em memória de dados locais.
- Determinar a unidade que detém o controle do barramento Y do sistema. Um dos quatro dispositivos anexos ao barramento (Figura 21.17) é selecionado.

Os últimos 32 bits são o campo de dados que contém a informação específica para uma determinada microinstrução.

Os campos restantes da microinstrução são discutidos melhor dentro do contexto do dispositivo que eles controlam. No restante desta seção, analisamos o microssequenciador e a ALU com registradores. A unidade de ponto flutuante não introduz nenhum conceito novo e é omitida.

Microssequenciador

A função principal do microssequenciador 8818 é gerar o endereço da próxima microinstrução para o microprograma. Esse endereço de 15 bits é fornecido para memória do microcódigo (Figura 21.17).

O próximo endereço pode ser selecionado a partir de uma das cinco origens:

1. O registrador contador de microprograma (MPC), usado para instruções de repetição (reutilizar o mesmo endereço) e continuação (incrementar endereço por 1).

Tabela 21.7
Formato da microinstrução de TI 8800.

Número do campo	Número de bits	Descrição
Controle de placa		
1	5	Seleciona entrada do código condicional
2	1	Habilita/desabilita sinal externo de requisição de E/S
3	2	Habilita/desabilita operações de leitura/escrita na memória local de dados
4	1	Carrega estado/não carrega estado
5	2	Determina a unidade que tem controle do barramento Y
6	2	Determina a unidade que tem controle do barramento DA
Chip 8847 processador de ponto flutuante e de inteiros		
7	1	Controle do registrador C: usar, não usar *clock*
8	1	Seleciona bits mais ou menos significativos para o barramento Y
9	1	Fonte de dados do registrador C: ALU, multiplexador
10	4	Seleciona modo IEEE ou FAST para ALU e MUL
11	8	Seleciona fontes para operandos de dados: registradores RA, registradores RB, registrador P, registrador 5, registrador C
12	1	Controle do registrador RB: usar, não usar *clock*
13	1	Controle do registrador RA: usar, não usar *clock*
14	2	Confirmação da fonte de dados
15	2	Habilita/desabilita registradores do pipeline
16	11	Função da ALU 8847
ALU registrada 8832		
17	2	Habilita/desabilita saída de dados para registrador selecionado: metade mais significativa, metade menos significativa
18	2	Seleciona fonte de dados do banco de registradores: barramento DA, barramento DB, ALU MUX saída Y, barramento Y do sistema
19	3	Modificador de instrução de deslocamento
20	1	*Carry in*: forçar, não forçar
21	2	Define modo de configuração da ALU: 32, 16 ou 8 bits.
22	2	Seleciona entrada para multiplexador S: arquivo de registradores, barramento DB, registrador MQ
23	1	Seleciona entrada para multiplexador R: arquivo de registradores, barramento DA
24	6	Seleciona registrador no banco C para escrita
25	6	Seleciona registrador no banco B para leitura
26	6	Seleciona registrador no banco A para escrita
27	8	Função da ALU
Microssequenciador 8818		
28	12	Sinais de controle de entrada para 8818
Campo de dados WCS		
29	16	Bits mais significativos do campo de dados de armazenamento de controle
30	16	Bits menos significativos do campo de dados de armazenamento de controle

2. A pilha, que suporta chamadas de sub-rotinas do microprograma, assim como loops iterativos e retornos de interrupções.
3. Portas DRA e DRB que fornecem dois caminhos adicionais a partir do hardware externo, pelos quais os endereços do microprograma podem ser gerados. Essas duas portas são conectadas aos 16 bits mais e menos significativos do barramento DA, respectivamente. Isso possibilita que o microssequenciador obtenha o endereço da próxima instrução a partir do campo de dados WCS da microinstrução atual ou a partir de um resultado calculado pela ALU.
4. Registradores contadores RCA e RCB, os quais podem ser usados para armazenamento de endereços adicionais.
5. Uma entrada externa para porta bidirecional Y para suportar interrupções externas.

A Figura 21.18 é um diagrama de blocos lógico do 8818. O dispositivo consiste nos seguintes grupos funcionais principais:

- Um contador de microprograma (MPC) de 16 bits consistindo em um registrador e um incrementador.
- Dois registradores contadores, RCA e RCB, para controle de loops e de iterações, armazenar endereços dos desvios e conduzir dispositivos externos.
- Uma pilha de 65 palavras de 16 bits que possibilita chamadas de sub-rotinas dos programas e interrupções.

Figura 21.18

Microssequenciador TI 8818.

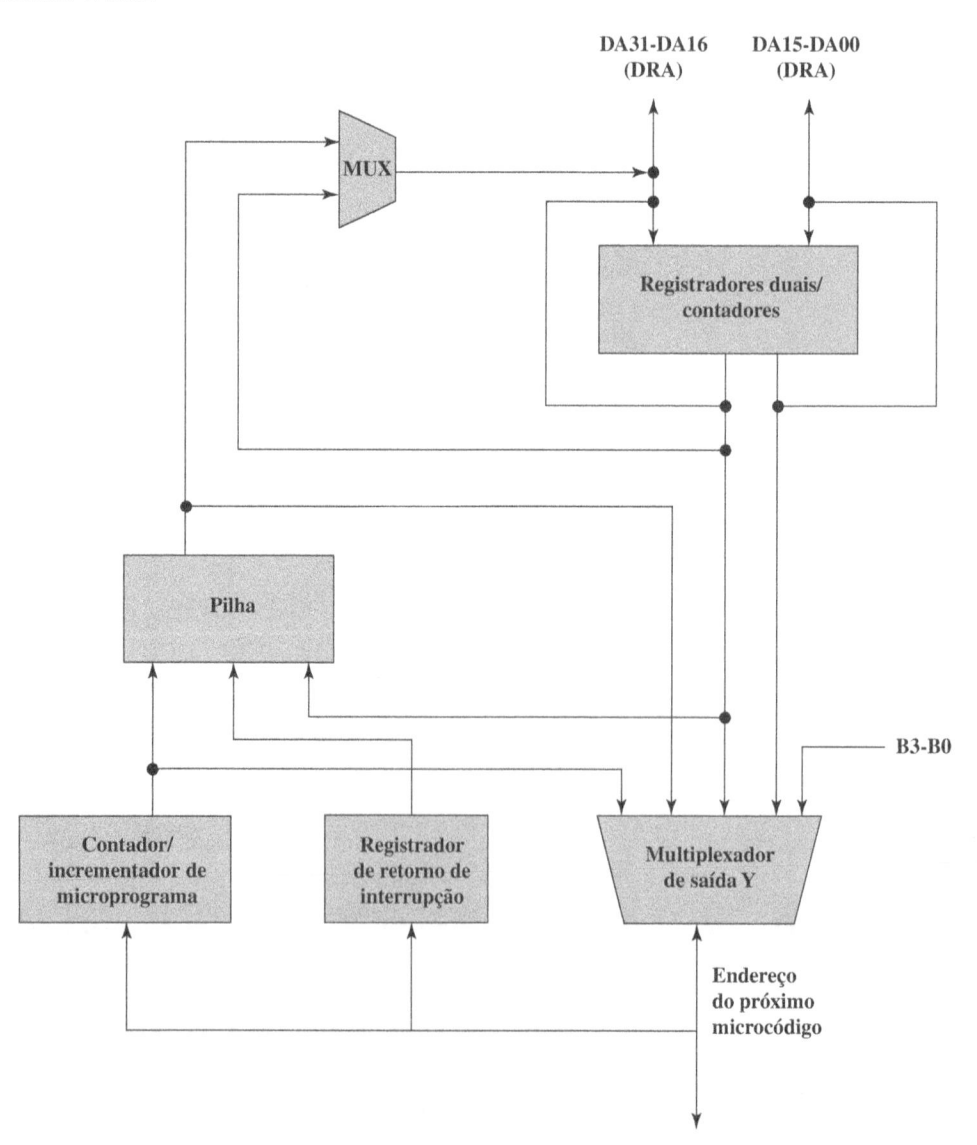

- Um registrador de retorno de interrupção e uma saída Y possibilitam o processamento de interrupções em nível de microinstruções.
- Um multiplexador de saída Y pelo qual o próximo endereço pode ser selecionado de MPC, RCA, RCB, barramentos externos DRA e DRB ou pilha.

REGISTRADORES/CONTADORES Os registradores RCA e RCB podem ser carregados do barramento DA, a partir da microinstrução corrente ou a partir da saída da ALU. Os valores podem ser usados como contadores para controlar o fluxo de execução e podem ser decrementados automaticamente quando acessados. Os valores podem ser usados também como endereços das microinstruções para serem fornecidos ao multiplexador de saída Y. O controle independente de ambos os registradores durante um único ciclo de microinstrução é suportado, exceto o decremento simultâneo de ambos os registradores.

PILHA A pilha possibilita diversos níveis de chamadas aninhadas ou de interrupções e pode ser usada para suportar desvios e loops. Tenha em mente que essas operações se referem à unidade de controle, não ao processador como um todo, e que os endereços envolvidos são os das microinstruções na memória de controle.

Seis operações de pilha são possíveis:

1. Limpar, que define o ponteiro da pilha para zero, esvaziando a pilha.
2. Desempilhar (POP), que decrementa o ponteiro da pilha.
3. Empilhar (PUSH), que coloca o conteúdo do MPC, registrador de retorno da interrupção, ou do barramento DRA na pilha e incrementa o ponteiro da pilha.
4. Ler, que torna o endereço indicado pelo ponteiro de leitura disponível no multiplexador de saída Y.
5. Manter, que faz o endereço do ponteiro da pilha permanecer inalterado.
6. Carregar ponteiro da pilha, que carrega os sete bits menos significativos do DRA no ponteiro da pilha.

CONTROLE DO MICROSSEQUENCIADOR O microssequenciador é controlado principalmente pelo campo de 12 bits da microinstrução corrente, campo 28 (Tabela 21.7). Esse campo consiste nos seguintes subcampos:

- **OSEL (1 bit):** seleciona saída. Determina qual valor será colocado na saída do multiplexador que alimenta o barramento DRA (canto superior esquerdo da Figura 21.18). A saída é selecionada para vir da pilha ou do registrador RCA. O DRA então serve como entrada para o multiplexador de saída Y ou para o registrador RCA.
- **SELDR (1 bit):** seleciona o barramento DR. Se definido para 1, esse bit seleciona o barramento DA externo como entrada para os barramentos DRA/DRB. Se definido para 0, seleciona a saída do multiplexador DRA para o barramento DRA (controlado por OSEL) e conteúdo de RCB para o barramento DRB.
- **ZEROIN (1 bit):** usado para indicar um desvio condicional. O comportamento do microssequenciador dependerá então do código condicional selecionado no campo 1 (Tabela 21.7).
- **RC2–RC0 (3 bits):** controles de registradores. Esses bits determinam a mudança no conteúdo dos registradores RCA e RCB. Cada registrador pode permanecer o mesmo, ser decrementado ou ser carregado a partir dos barramentos DRA/DRB.
- **S2–S0 (3 bits):** controles da pilha. Esses bits determinam qual operação de pilha será executada.
- **MUX2–MUX0:** controles da saída. Esses bits, juntos com o código condicional, quando usado, controlam o multiplexador de saída Y e, portanto, o endereço da próxima microinstrução. O multiplexador pode selecionar as suas saídas a partir da pilha, DRA, DRB ou MPC.

Esses bits podem ser definidos individualmente pelo programador. No entanto, normalmente isso não é feito. Em vez disso, os programadores usam mnemônicos que equivalem aos padrões de bits que seriam necessários normalmente. A Tabela 21.8 lista 15 mnemônicos para o campo 28. Um montador de microcódigo os converte em padrões de bits apropriados.

Como um exemplo, a instrução INC88181 é usada para fazer com que a próxima microinstrução na sequência seja selecionada, se o código condicional selecionado atualmente for 1. A partir da Tabela 21.8, temos

$$\text{INC88181} = 000000111110$$

o que é decodificado diretamente para

- **OSEL = 0:** seleciona RCA como saída de DRA saída de MUX; nesse caso, a seleção é irrelevante.
- **SELDR = 0:** conforme definido anteriormente; novamente, isso é irrelevante para essa instrução.

Tabela 21.8
Bits da microinstrução do microssequenciador TI 8818 (Campo 28).

Mnemônica	Valor	Descrição
RST8818	000000000110	Instrução de reinicialização (RESET)
BRA88181	011000111000	Instrução de desvio DRA
BRA88180	010000111110	Instrução de desvio DRA
INC88181	000000111110	Instrução de continuação
INC88180	001000001000	Instrução de continuação
CAL88181	010000110000	Salta para sub-rotina no endereço especificado por DRA
CAL88180	010000101110	Salta para sub-rotina no endereço especificado por DRA
RET8818	000000011010	Retorno de sub-rotina
PUSH8818	000000110111	Empilha endereço de retorno da interrupção na pilha
POP8818	100000010000	Retorno de interrupção
LOADDRA	000010111110	Carrega contador DRA do barramento DA
LOADDRB	000110111110	Carrega contador DRB do barramento DA
LOADDRAB	000110111100	Carrega DRA/DRB
DECRDRA	010001111100	Decrementa contador DRA e desvia se não for zero
DECRDRB	010101111100	Decrementa contador DRB e desvia se não for zero

- **ZEROIN = 0:** combinado com o valor para MUX, indica que nenhum desvio deve ser tomado.
- **R = 000:** retém o valor atual de RA e RC.
- **S = 111:** retém o estado atual da pilha.
- **MUX = 110:** escolhe MPC quando código condicional = 1, DRA quando código condicional = 0.

ALU com registradores

O 8832 é uma ALU de 32 bits com 64 registradores que pode ser configurada para operar como quatro ALUs de 8 bits, duas ALUs de 16 bits ou uma única ALU de 32 bits.

Ela é controlada pelos 39 bits que constituem os campos de 17 a 27 da microinstrução (Tabela 21.7); estes são fornecidos para a ALU como sinais de controle. Além disso, conforme indicado na Figura 21.17, o 8832 possui conexões externas com o barramento DA de 32 bits e o barramento Y do sistema de 32 bits. As entradas do DA podem ser fornecidas simultaneamente como dados de entrada para o banco de registradores de 64 palavras e para o módulo lógico da ALU. A entrada do barramento Y do sistema é fornecida para o módulo lógico da ALU. Os resultados das operações da ALU e de deslocamento são saídas para o barramento DA ou para o barramento Y do sistema. Os resultados podem ser também alimentados de volta para o banco interno de registradores.

Três portas com endereço de 6 bits possibilitam que uma leitura de dois operandos e uma escrita de um operando sejam executadas dentro do banco de registradores simultaneamente. Um deslocador MQ e um registrador MQ podem também ser configurados para funcionar independentemente para implementar operações de deslocamento de precisão dupla de 8, 16 e 32 bits.

Os campos de 17 até 26 de cada microinstrução controlam o caminho em que os dados fluem dentro do 8832 e entre o 8832 e o ambiente externo. Os campos estão descritos a seguir:

17. **Habilitar escrita.** Esses dois bits especificam escrita de 32 bits, 16 bits mais significativos, 16 bits menos significativos ou não escrevem no banco de registradores. O registrador de destino é definido pelo campo 24.
18. **Selecionar origem de dados do banco de registradores.** Se uma escrita está para ocorrer no banco de registradores, esses dois bits especificam a origem: barramento DA, barramento DB, saída da ALU ou barramento Y do sistema.

19. **Modificador da instrução de deslocamento.** Especifica opções relacionadas ao fornecimento de bits finais de preenchimento e bits de leitura que são deslocados durante as instruções de deslocamento.
20. **Carry in.** Esse bit indica se um bit é passado na ALU para essa operação.
21. **Modo de configuração da ALU.** O 8832 pode ser configurado para operar como uma ALU de 32 bits, duas ALUs de 16 bits ou quatro ALUs de 8 bits.
22. **Entrada S.** Entradas do módulo lógico da ALU são fornecidas por dois multiplexadores internos conhecidos como multiplexadores S e R. Esse campo seleciona a entrada para ser fornecida pelo multiplexador S: banco de registradores, barramento DB ou registrador MQ. O registrador de origem é definido pelo campo 25.
23. **Entrada R.** Seleciona a entrada para ser fornecida pelo multiplexador R: banco de registradores ou barramento DA.
24. **Registrador destino.** Endereço ou registrador no banco de registradores para ser usado como operando de destino.
25. **Registrador de origem.** Endereço ou registrador no banco de registradores para ser usado como operando de origem, fornecido pelo multiplexador S.
26. **Registrador de origem.** Endereço ou registrador no arquivo de registradores para ser usado como operando de origem, fornecido pelo multiplexador R.

Por fim, o campo 27 é um opcode de 8 bits que especifica a função aritmética ou lógica a ser executada pela ALU. A Tabela 21.9 lista operações diferentes que podem ser executadas.

Como um exemplo de codificação usada para especificar campos de 17 até 27, considere a instrução para adicionar o conteúdo do registrador 1 com o conteúdo do registrador 2 e colocar o resultado no registrador 3. A instrução simbólica é

```
CONT11 [17], WELH, SELRYFYMX, [24], R3, R2, R1, PASS + ADD
```

O montador traduzirá isso em padrão de bits apropriado. Os componentes individuais da instrução podem ser descritos a seguir:

- CONT11 é a instrução NOP básica.
- Campo [17] é alterado para WELH (habilitar escrita, baixa e alta), para que seja feita uma escrita em um registrador de 32 bits.
- Campo [18] é alterado para SELRFYMX para selecionar o retorno da ALU MUX saída Y.
- Campo [24] é alterado para definir o registrador R3 como registrador destino.
- Campo [25] é alterado para definir o registrador R2 como um dos registradores de origem.
- Campo [26] é alterado para definir o registrador R1 como um dos registradores de origem.
- Campo [27] é alterado para especificar uma operação ADD da ALU. A instrução do deslocador de ALU é PASS; assim, a saída de ALU não é deslocada pelo deslocador.

Vários comentários podem ser feitos a respeito da notação simbólica. Não é necessário especificar o número do campo para campos consecutivos. Ou seja,

```
CONT11 [17],WELH,[18],SELRFYMX
```

pode ser escrito como

```
CONT11 [17],WELH,SELRFYMX
```

porque SELRFYMX está no campo 18.

As instruções da ALU do Grupo 1 da Tabela 21.9 devem ser sempre usadas em conjunto com o Grupo 2. As instruções de ALU do Grupo 3 até 5 não devem ser usadas com o Grupo 2.

Tabela 21.9
Campo de instrução da ALU 8832 registrada (Campo 27).

Grupo 1		Função
ADD	H#01	R + S + Cn
SUBR	H#02	(NOT R) + S + Cn
SUBS	H#03	R = (NOT S) + Cn
INSC	H#04	S + Cn
INCNS	H#05	(NOT S) + Cn
INCR	H#06	R + Cn
INCNR	H#07	(NOT R) + Cn
XOR	H#09	R XOR S
AND	H#0A	R AND S
OR	H#0B	R OR S
NAND	H#0C	R NAND S
NOR	H#0D	R NOR S
ANDNR	H#0E	(NOT R) AND S
Grupo 2		**Função**
SRA	H#00	Deslocamento aritmético à direita com precisão única
SRAD	H#10	Deslocamento aritmético à direita com precisão dupla
SRL	H#20	Deslocamento lógico à direita com precisão única
SRLD	H#30	Deslocamento lógico à direita com precisão dupla
SLA	H#40	Deslocamento aritmético à esquerda com precisão única
SLAD	H#50	Deslocamento aritmético à esquerda com precisão dupla
SLC	H#60	Deslocamento circular à esquerda com precisão única
SLCD	H#70	Deslocamento circular à esquerda com precisão dupla
SRC	H#80	Deslocamento circular à direita com precisão única
SRCD	H#90	Deslocamento circular à direita com precisão dupla
MQSRA	H#A0	Deslocamento aritmético à direita do registrador MQ
MQSRL	H#B0	Deslocamento lógico à direita do registrador MQ
MQSLL	H#C0	Deslocamento lógico à esquerda do registrador MQ
MQSLC	H#D0	Deslocamento circular à esquerda do registrador MQ
LOADMQ	H#E0	Carregar registrador MQ
PASS	H#F0	Passar ALU para Y (sem operação de deslocamento)
Grupo 3		**Função**
SET1	H#08	Definir bit em 1
SET0	H#18	Definir bit em 0
TB1	H#28	Testar se bit é igual a 1
TB0	H#38	Testar se bit é igual a 0
ABS	H#48	Valor absoluto
SMTC	H#58	Sinal e magnitude/complemento de dois
ADDI	H#68	Adicionar imediato
SUBI	H#78	Subtrair imediato
BADD	H#88	Adicionar byte R para S
BSUBS	H#98	Subtrair byte S de R

(Continua)

(Continuação)

BSUBR	H#A8	Subtrair byte R de S
BINCS	H#B8	Incrementar byte S
BINCNS	H#C8	Incrementar o negativo do byte S
BXOR	H#D8	XOR de byte R e S
BAND	H#E8	AND de byte R e S
BOR	H#F8	OR de byte R e S
Grupo 4		**Função**
CRC	H#00	Acumular caractere com redundância cíclica
SEL	H#10	Selecionar S ou R
SNORM	H#20	Normalizar tamanho simples
DNORM	H#30	Normalizar tamanho duplo
DIVRF	H#40	Ajustar resto de divisão
SDIVQF	H#50	Ajustar quociente de divisão com sinal
SMULI	H#60	Iterar multiplicação com sinal
SMULT	H#70	Terminar multiplicação com sinal
SDIVIN	H#80	Inicializar divisão com sinal
SDIVIS	H#90	Começar divisão com sinal
SDIVI	H#A0	Iterar divisão com sinal
UDIVIS	H#B0	Iniciar divisão sem sinal
UDIVI	H#C0	Iterar divisão sem sinal
UMULI	H#D0	Iterar multiplicação sem sinal
SDIVIT	H#E0	Terminar divisão com sinal
UDIVIT	H#F0	Terminar divisão sem sinal
Grupo 5		**Função**
LOADFF	H#0F	Carregar divisão/flip-flops BCD
CLR	H#1F	Limpar
DUMPFF	H#5F	Saída divisão/flip-flops BCD
BCDBIN	H#7F	BCD para binário
EX3BC	H#8F	Correção de excesso-3 byte
EX3C	H#9F	Correção de excesso-3 palavra
SDIVO	H#AF	Teste de *overflow* de divisão com sinal
BINEX3	H#DF	Binário para excesso-3
NOP32	H#FF	Nenhuma operação

21.5 TERMOS-CHAVE, QUESTÕES DE REVISÃO E PROBLEMAS

Codificação de microinstruções, 637
Microinstrução horizontal, 623
Microprogramação soft, 637
Execução de microinstruções, 634
Microinstrução não empacotada, 637
Palavra de controle, 622
Firmware, 622
Microinstrução vertical, 625
Sequenciamento de microinstruções, 629
Linguagem de microprogramação, 622
Microinstruções, 622
Unidade de controle microprogramada, 622
Memória de controle, 624
Microprograma, 622
Microinstrução empacotada, 637
Microprogramação hard, 637

QUESTÕES DE REVISÃO

21.1. Qual é a diferença entre uma implementação por hardware e uma implementação microprogramada de uma unidade de controle?
21.2. Como é interpretada uma microinstrução horizontal?
21.3. Qual é o propósito de uma memória de controle?
21.4. Qual é a sequência típica na execução de uma microinstrução horizontal?
21.5. Qual é a diferença entre microinstruções horizontais e verticais?
21.6. Quais são as tarefas básicas executadas por uma unidade de controle microprogramada?
21.7. Qual é a diferença entre microinstruções empacotadas e não empacotadas?
21.8. Qual é a diferença entre microprogramação hard e soft?
21.9. Qual é a diferença entre codificação funcional e de recursos?
21.10. Enumere algumas aplicações comuns da microprogramação.

PROBLEMAS

21.1. Descreva a implementação da instrução múltipla na máquina hipotética projetada por Wilkes. Use narrativa e um fluxograma.

21.2. Suponha um conjunto de microinstruções que inclui uma microinstrução com a seguinte forma simbólica:

$$\text{IF } (AC_0 = 1) \text{ THEN CAR} \leftarrow (C_{0\text{-}6}) \text{ ELSE CAR} \leftarrow (CAR) + 1$$

em que AC_0 é o bit de sinal do acumulador e C_{0-6} são os primeiros sete bits da microinstrução. Usando essa microinstrução, escreva um microprograma que implemente uma instrução de máquina Branch Register Minus (BRM) que desvia se AC for negativo. Suponha que os bits de C_1 até C_n da microinstrução especifiquem um conjunto paralelo de micro-operações. Expresse o programa simbolicamente.

21.3. Um processador simples possui quatro fases principais para o seu ciclo de instrução: de busca, indireto, de execução e de interrupção. Duas flags de 1 bit definem a fase atual em uma implementação por hardware.
   a. Por que essas flags são necessárias?
   b. Por que elas não são necessárias em uma unidade de controle microprogramada?

21.4. Considere a unidade de controle da Figura 21.7. Suponha que a memória de controle tenha um tamanho de 24 bits. A parte de controle do formato da microinstrução é dividida em dois campos. Um campo de micro-operação de 13 bits especifica as micro-operações a serem efetuadas. Um campo de seleção de endereço especifica uma condição, com base em flags, que causará um desvio de microinstrução. Existem oito flags.
   a. Quantos bits há no campo de seleção de endereço?
   b. Quantos bits há no campo de endereço?
   c. Qual é o tamanho da memória de controle?

21.5. Como pode ser feito o desvio incondicional sob circunstâncias do problema anterior? Como o desvio pode ser evitado? (Ou seja, descreva uma microinstrução que não especifique nenhum desvio, condicional ou incondicional.)

21.6. Queremos fornecer 8 palavras de controle para cada rotina de instrução de máquina. Os opcodes da instrução de máquina têm 5 bits e a memória de controle possui 1.024 palavras. Sugira um mapeamento do registrador de instrução para o registrador de endereço de controle.

21.7. Um formato de microinstrução codificado é usado. Mostre como um campo de micro-operação de 9 bits pode ser dividido em subcampos para especificar 46 ações diferentes.

21.8. Um processador tem 16 registradores, uma ALU com 16 funções lógicas e 16 aritméticas e um deslocador com 8 operações, todos conectados por um barramento interno do processador. Projete um formato de microinstrução para especificar várias micro-operações para o processador.

APÊNDICE A

PROJETOS PARA ENSINAR ARQUITETURA E ORGANIZAÇÃO DE COMPUTADORES

- A.1 Simulações interativas
- A.2 Projetos de pesquisa
- A.3 Projetos de simulação
  SimpleScalar
  SMPCache
- A.4 Projetos com linguagem de montagem
- A.5 Atividades de leitura/relatórios
- A.6 Atividades de escrita
- A.7 Banco de exercícios

Muitos professores acreditam que as pesquisas ou os projetos de implementação sejam cruciais para o claro entendimento dos conceitos da arquitetura e organização de computadores. Sem os projetos, pode ser difícil para os estudantes compreenderem alguns conceitos básicos e as interações entre os componentes. Os projetos reforçam os conceitos introduzidos no livro, dão aos estudantes uma compreensão melhor do trabalho interno dos processadores e dos sistemas computacionais e podem motivar os estudantes e dar-lhes a confiança de que dominaram a matéria.

Neste livro, tentei apresentar os conceitos da arquitetura e organização de computadores da forma mais clara possível e forneci vários problemas para trabalhos de casa, a fim de reforçar esses conceitos. Muitos professores desejarão complementar este material com projetos. Este apêndice oferece uma orientação para esse objetivo e descreve alguns materiais de suporte, disponíveis na Sala Virtual, que cobrem seis tipos de projetos e outros exercícios para estudantes:

- Simulações interativas.
- Projetos de pesquisa.
- Projetos de simulação.
- Projetos com linguagem de montagem.
- Atividades de leitura/relatórios.
- Atividades de escrita.
- Banco de exercícios.

A.1 SIMULAÇÕES INTERATIVAS

As simulações interativas fornecem uma ferramenta poderosa para o entendimento dos recursos de um projeto complexo de um sistema computacional moderno. Os estudantes de hoje querem ser capazes de visualizar vários mecanismos dos sistemas computacionais complexos nas telas dos seus próprios computadores. Um total de duzentas simulações é usado para ilustrar as funções principais e os algoritmos na organização e arquitetura de computadores. A Tabela A.1 lista as simulações por capítulo. Os links de acesso a essas simulações estão disponíveis na Sala Virtual.

Como as simulações possibilitam que o usuário defina condições iniciais, elas podem servir como base para as tarefas dos estudantes. O manual de projetos, disponível na Sala Virtual, oferece um conjunto de tarefas para cada simulação interativa.

As simulações interativas foram desenvolvidas sob a direção do professor Israel Koren, do departamento de engenharia elétrica e de computação da *University of Massachusetts*. Aswin Sreedhar, também da *University of Massachusetts*, desenvolveu atividades de simulação interativa.

Tabela A.1
Arquitetura e organização de computadores — simulações interativas por capítulo.

Capítulo 4 — Memória cache	
Simulador de cache	Emula caches pequenas com base em um simples modelo de cache inserido pelo usuário e mostra o conteúdo da cache no final do ciclo simulado, baseado na sequência de inserção de uma escrita feita pelo usuário, ou gerada de modo aleatório, se selecionada.
Análise de tempo da cache	Demonstra a média do tempo de acesso à memória para os parâmetros de cache que você especificar.
Demonstrador de cache multitarefa	Modela a cache em um sistema que suporta multitarefa.
Simulador de cache vítima seletiva	Compara três políticas de cache diferentes.
Capítulo 5 — Memória interna	
Simulador de memória intercalada	Demonstra o efeito de memória intercalada.
Capítulo 6 — Memória externa	
RAID	Determina a eficiência e a confiabilidade de armazenamento.

Capítulo 7 — Entrada/saída	
Ferramenta de projeto de sistema de E/S	Avalia custos e desempenhos comparativos de diferentes sistemas de E/S.

Capítulo 8 — Suporte do sistema operacional	
Algoritmos de substituição de página	Compara LRU, FIFO e Optimal.
Mais algoritmos de substituição de página	Compara várias políticas.

Capítulo 14 — Estrutura e função do processador	
Analisador de tabela de reserva	Avalia tabelas de reserva, que é um meio de representar o modelo do fluxo de um sistema pipeline.
Previsão de desvio	Demonstra três diferentes esquemas de previsão de desvio.
Buffer de alvo de desvio	Simulador que combina preditor de desvio/buffer de alvo de desvio.

Capítulo 15 — Computadores com conjunto reduzido de instruções	
Cinco estágios do pipeline MIPS	Simula o pipeline.
Desdobramento de loop	Simula a técnica de desdobramento do loop para explorar o paralelismo em nível de instruções.

Capítulo 16 — Paralelismo em nível de instruções e processadores superescalares	
Pipeline com escalonamento estático *versus* dinâmico	Uma simulação mais complexa do pipeline MIPS.
Simulador de reordenação de buffer	Simula reordenação de instruções em um pipeline RISC.
Técnica para simulador de *scoreboarding* dinâmico	Simulação de uma técnica de escalonamento de instruções usada em um número de processadores.
Algoritmo de Tomasulo	Simulação de outra técnica de escalonamento de instruções.
Simulação alternativa do algoritmo de Tomasulo	Outra simulação do algoritmo de Tomasulo.

Capítulo 17 — Processamento paralelo	
Simulação de processamento vetorial	Demonstra a execução de instruções de processamento vetorial

A.2 PROJETOS DE PESQUISA

Uma forma eficiente de reforçar os conceitos básicos do curso e de ensinar aos alunos habilidades de pesquisa é atribuir-lhes um projeto de pesquisa. Tal projeto pode envolver uma pesquisa de literatura da área, assim como uma pesquisa pela internet dos produtos dos fabricantes, atividades nos laboratórios de pesquisa e esforços para padronização. Os projetos podem ser desenvolvidos em grupos ou, para projetos menores, individualmente. Em todo caso, o melhor é requerer algum tipo de proposta de projeto logo cedo, para que o professor tenha tempo de avaliar a adequação da proposta quanto ao assunto e ao nível de esforço. O material dos estudantes para projetos de pesquisa deve conter:

- Um formato para a proposta.
- Um formato para o relatório final.
- Uma agenda com prazos intermediários e finais.
- Uma lista de possíveis assuntos do projeto.

Os estudantes podem selecionar um dos assuntos relacionados ou inventar seus próprios projetos similares. O manual de projetos, disponível na Sala Virtual, oferece uma sugestão de formato para a proposta e o relatório final, assim como uma lista de tópicos de pesquisa possíveis.

A.3 PROJETOS DE SIMULAÇÃO

Uma maneira excelente de compreender a operação interna do processador e de estudar e apreciar algumas compensações de projeto e implicações de desempenho é simular os principais elementos do processador. Duas ferramentas úteis para esse propósito são o SimpleScalar e o SMPCache.

Comparada à implementação de hardware real, a simulação oferece duas vantagens para uso educacional e de pesquisa:

- Com a simulação, fica fácil modificar vários elementos de uma organização, variar as características de desempenho de vários componentes e depois analisar os efeitos de tais modificações.
- A simulação oferece uma coleção de estatísticas detalhadas de desempenho, que pode ser usada para entender as relações de desempenho.

SimpleScalar

O SimpleScalar (BURGER; AUSTIN, 1997, MANJIKIAN, 2001a, MANJIKIAN, 2001b) é um conjunto de ferramentas que pode ser usado para simular programas reais em uma gama de processadores e sistemas modernos. O conjunto de ferramentas inclui compilador, montador, ligador e ferramentas de simulação e visualização. O SimpleScalar proporciona simuladores de processadores que vão de um simulador funcional extremamente rápido a uma emissão fora de ordem detalhada, simulador de processador superescalar que dá suporte a caches sem bloqueio e execução especulativa. Uma arquitetura de conjunto de instruções e os parâmetros organizacionais podem ser modificados para criar uma variedade de experimentos.

O manual de projetos, disponível na Sala Virtual, contém uma breve introdução ao SimpleScalar e oferece algumas sugestões para tarefas de projeto.

O SimpleScalar é um pacote de software portátil que executa na maioria de plataformas UNIX. O software SimpleScalar pode ser baixado no site do SimpleScalar. Está disponível sem custo para uso não comercial.

SMPCache

O SMPCache é um simulador orientado a rastreamento para análise e ensino de sistemas de memória cache em multiprocessadores simétricos (RODRIGUEZ; PEREZ; PULIDO, 2001). A simulação é baseada em um modelo construído de acordo com os princípios básicos de arquitetura desses sistemas. O simulador possui uma interface gráfica completa e amigável. Alguns dos parâmetros que podem ser estudados com o simulador são: localidade do programa, influência do número de processadores, protocolos de coerência de cache, esquemas para arbitração do barramento, mapeamento, políticas de substituição, tamanho da cache (blocos na cache), número de conjuntos de cache (para conjuntos de caches associativas) e número de palavras por bloco (tamanho do bloco de memória).

O manual de projetos contém uma introdução concisa ao SMPCache com algumas sugestões para tarefas de projeto.

O SMPCache é um pacote de software portável que é executado em sistemas PC com Windows. O software SMPCache pode ser baixado pelo site da SMPCache. Está disponível sem custo para uso não comercial.

A.4 PROJETOS COM LINGUAGEM DE MONTAGEM

A programação na linguagem de montagem é usada para ensinar aos alunos os componentes de hardware de baixo nível e os fundamentos da arquitetura computacional. O CodeBlue é um programa simplificado para linguagem de montagem desenvolvido pela Academia da Força Aérea Norte-Americana. O objetivo do trabalho foi desenvolver e ensinar os conceitos da linguagem de montagem usando um simulador visual que permita que os estudantes aprendam em uma única aula. Os desenvolvedores quiseram também que os alunos achassem a linguagem motivadora e divertida de se usar. A linguagem CodeBlue é muito mais simples do que a maioria dos conjuntos de instruções de arquitetura simplificados, como o SC123. Mesmo assim, ela permite que alunos desenvolvam programas de montagem interessantes que competem em torneios, de forma semelhante ao simulador SPIMbot, que é muito mais complexo. Mais importante, por meio da programação com CodeBlue, os estudantes aprendem os conceitos básicos da arquitetura computacional, como coexistência de instruções e dados em memória, implementação da estrutura de controle e modos de endereçamento.

Para fornecer uma base para projetos, os desenvolvedores construíram um ambiente visual de desenvolvimento que permite que alunos criem um programa, vejam a sua representação em memória, passem pela execução do programa e simulem uma batalha de programas que competem em um ambiente de memória visual.

Os projetos podem ser construídos em cima do conceito de um torneio de *Core War*. Este é um jogo de programação introduzido para o público no começo dos anos 1980 e que foi popular durante um período de mais ou menos 15 anos. Ele possui quatro componentes principais: um array de memória de 8.000 endereços, uma linguagem de montagem simplificada Redcode, um programa executável chamado MARS (um acrônimo para *Memory Array Redcode Simulator* — Simulador Redcode para Array de Memória) e o conjunto de programas de batalha que competem. Dois programas de batalha são inseridos no array de memória em posições aleatórias; nenhum programa sabe onde o outro está. O MARS executa os programas em uma versão simples de tempo compartilhado. Os dois programas se alternam: uma única instrução do primeiro programa é executada, depois uma do segundo, e assim por diante. O que um programa de batalha faz durante os ciclos de execução a ele atribuídos depende inteiramente do programador. O objetivo é destruir o outro programa, arruinando as suas instruções. O ambiente CodeBlue substitui CodeBlue para Redcode e fornece a sua própria interface interativa de execução.

O manual de projetos, disponível na Sala Virtual, inclui o ambiente CodeBlue, um manual de usuário para estudantes, sugestões de tarefas e outros materiais de suporte.

A.5 ATIVIDADES DE LEITURA/RELATÓRIOS

Outra maneira excelente para reforçar os conceitos do curso e dar aos estudantes a experiência em pesquisa é atribuir a tarefa de leitura e a análise de artigos acadêmicos. A Sala Virtual disponibiliza uma lista de recomendação de leitura e sugestões de artigos organizadas por capítulo.

A.6 ATIVIDADES DE ESCRITA

Atividades de escrita podem ter um efeito multiplicador eficiente no processo de aprendizagem em uma disciplina técnica como arquitetura e organização de computadores. Adeptos do movimento *Writing Across the Curriculum* (WAC — <http://wac.colostate.edu/>) reportam benefícios substanciais de atividades de escrita para facilitar a aprendizagem. Elas levam ao pensamento mais detalhado e completo sobre um dado assunto. Além disso, atividades de escrita ajudam a superar a tendência dos alunos de seguir um assunto com o mínimo de engajamento pessoal, apenas aprendendo fatos e técnicas de resolução de problemas sem obter um entendimento profundo da questão.

A Sala Virtual contém uma série de sugestões para tarefas de escrita organizadas por capítulo.

A.7 BANCO DE EXERCÍCIOS

Um banco de exercícios para o livro está disponível na Sala Virtual. Para cada capítulo, o banco de exercícios tem questões de verdadeiro/falso, de múltipla escolha e de preencher lacunas. Os exercícios são um modo eficaz de avaliar a compreensão do estudante sobre a matéria.

APÊNDICE B

LINGUAGEM DE MONTAGEM E ASSUNTOS RELACIONADOS

B.1 Linguagem de montagem
Elementos da linguagem de montagem
Tipos de sentenças da linguagem de montagem
Exemplo: programa do máximo divisor comum

B.2 Montadores
Montador de dois passos
Montador de um passo
Exemplo: programa de números primos

B.3 Carregamento e ligação
Relocação
Carregamento
Ligação

B.4 Termos-chave, questões de revisão e problemas

O tópico sobre a linguagem de montagem foi introduzido brevemente no Capítulo 13. Este apêndice fornece mais detalhes e cobre também uma série de assuntos relacionados. Há várias razões para estudar a linguagem de programação de montagem (quando comparada com uma linguagem de programação de alto nível), incluindo o seguinte:

1. Ela esclarece a execução de instruções.
2. Ela mostra como os dados são representados na memória.
3. Ela mostra como um programa interage com o sistema operacional, o processador e o sistema de E/S.
4. Ela esclarece como um programa acessa dispositivos externos.
5. Entender programadores de linguagem de montagem faz com que os alunos se tornem programadores melhores de linguagens de programação de alto nível (HLL), dando-lhes uma ideia melhor da linguagem alvo para a qual a HLL deve ser traduzida.

Começamos este apêndice com um estudo de elementos básicos de uma linguagem de montagem, usando arquitetura x86 para nossos exemplos.[1] A seguir, analisamos a operação do montador. Isso é seguido por uma discussão de ligadores e carregadores.

A Tabela B.1 define alguns dos principais termos usados neste apêndice.

B.1 LINGUAGEM DE MONTAGEM

A linguagem de montagem (assembly) é uma linguagem de programação que está a um passo de distância da linguagem de máquina. Em geral, cada instrução da linguagem de montagem é traduzida em uma instrução de máquina pelo montador. A linguagem de montagem é dependente do hardware, com uma linguagem de montagem diferente para cada tipo de processador. Em particular, as instruções da linguagem de montagem devem fazer referência aos registradores específicos do processador, incluir todos os opcodes deste e refletir o tamanho em bits de vários registradores do processador e dos operandos da linguagem de máquina. Portanto, um programador de linguagem de montagem deve compreender a arquitetura do computador.

Programadores raramente usam linguagem de montagem para aplicações ou até programas de sistemas. Linguagens de programação de alto nível fornecem capacidades expressivas de concisões que facilitam consideravelmente as tarefas de programação. As desvantagens de se usar uma linguagem de montagem em vez de HLL são (FOG, 2008):

1. **Tempo de desenvolvimento.** Escrever código em linguagem de montagem leva muito mais tempo do que escrever em uma linguagem de alto nível.
2. **Confiabilidade e segurança.** É fácil cometer erros no código em linguagem de montagem. O montador não verifica se as convenções de chamada e convenções para salvar registradores são obedecidas. Ninguém verifica se o número de instruções PUSH e POP é o mesmo em todos os desvios e caminhos possíveis. Existem tantas possibilidades para erros escondidos no código em linguagem de montagem que isso afeta a confiabilidade e a segurança do projeto, a não ser que se tenha uma abordagem muito sistemática para testes e verificações.
3. **Depuração e verificação.** O código em linguagem de montagem é mais difícil de depurar e verificar, porque há mais possibilidades para erros do que em um código de alto nível.
4. **Manutenção.** O código em linguagem de montagem é mais difícil de modificar e manter, porque a linguagem permite código "espaguete" não estruturado e todo tipo de truques que são difíceis de serem entendidos por outras pessoas. Documentação minuciosa e um estilo de programação consistente são necessários.
5. **Portabilidade.** O código em linguagem de montagem é específico para uma plataforma. Portar para uma plataforma diferente é difícil.
6. **Código de sistemas pode usar funções intrínsecas em vez de linguagem de montagem.** Os melhores compiladores modernos para C++ possuem funções intrínsecas para acessar registradores de controle do sistema e outras instruções do sistema. O código em linguagem de montagem não é mais necessário para drivers de dispositivos e outros códigos do sistema, quando funções intrínsecas estão disponíveis.

---

1 Existe uma série de montadores para a arquitetura x86. Nossos exemplos usam o NASM (Montador Netwide), um montador de acesso aberto. Uma cópia do manual do NASM está disponível em inglês na Sala Virtual.

Tabela B.1

Termos-chave para este apêndice.

Montador

Um programa que traduz a linguagem de montagem para código de máquina.

Linguagem de montagem

Uma representação simbólica da linguagem de máquina de um processador específico, acrescida de tipos de instruções adicionais que facilitam a escrita do programa e que fornecem instruções para o montador.

Compilador

Um programa que converte outro programa de alguma linguagem fonte (ou linguagem de programação) para linguagem de máquina (código objeto). Alguns compiladores geram saída em linguagem de montagem que é então convertida para linguagem de máquina por um montador diferente. Um compilador se distingue de um montador pelo fato de que cada instrução de entrada, em geral, não corresponde a uma única instrução de máquina ou uma sequência fixa de instruções. Um compilador pode suportar recursos como alocação automática de variáveis, expressões aritméticas arbitrárias, estruturas de controle de loops como FOR e WHILE, escopo de variável, operações de entrada/saída, funções de alto nível e portabilidade de código fonte.

Código executável

O código de máquina gerado por um processador de linguagem de código fonte como um montador ou um compilador. É software em uma forma que pode ser executada no computador.

Conjunto de instruções

O conjunto de todas as instruções possíveis para um determinado computador, isto é, conjunto de instruções de linguagem de máquina que um determinado processador entende.

Ligador

Um programa utilitário que combina um ou mais arquivos contendo código objeto de módulos de programa compilados separadamente para um arquivo único contendo código carregável ou executável.

Carregador

Uma rotina de programa que carrega um programa executável na memória para execução.

Linguagem de máquina ou código de máquina

Representação binária de um programa de computador que é lido e interpretado de fato pelo computador. Um programa em código de máquina consiste em uma sequência de instruções de máquina (possivelmente intercaladas com dados). Instruções são cadeias binárias que podem ser todas do mesmo tamanho (por exemplo, uma palavra de 32 bits para muitos microprocessadores RISC modernos) ou de tamanhos diferentes.

Código objeto

Representação, em linguagem de máquina, do código fonte de programação. O código objeto é criado por um compilador ou montador e é transformado em código executável pelo ligador.

7. **Código da aplicação pode usar funções intrínsecas ou classes vetoriais em vez de linguagem de montagem.** Os melhores compiladores modernos para C++ possuem funções intrínsecas para operações vetoriais e outras instruções especiais que antes requeriam programação em linguagem de montagem.
8. **Compiladores melhoraram muito nos últimos anos.** Os melhores compiladores atualmente são muito bons. É necessário ter muita competência e experiência para otimizar melhor do que o melhor compilador C++.

Mesmo assim, ainda existem algumas vantagens para o uso ocasional de linguagem de montagem, incluindo o seguinte (FOG, 2008):

1. **Depuração e verificação.** Analisar código em linguagem de montagem gerado pelo compilador ou olhar a janela de montagem em um depurador é útil para localizar erros e verificar a qualidade da otimização feita pelo compilador para um determinado pedaço de código.
2. **Desenvolver compiladores.** Entender técnicas de codificação em linguagem de montagem é necessário para criar compiladores, depuradores e outras ferramentas de desenvolvimento.
3. **Sistemas embarcados.** Sistemas embarcados pequenos possuem menos recursos do que PCs e mainframes. A programação em linguagem de montagem pode ser necessária para otimizar o código em velocidade ou em tamanho em sistemas embarcados pequenos.

4. **Drivers para hardware e códigos de sistemas.** Acessar hardware, registradores de controle do sistema etc. às vezes pode ser difícil ou impossível com código de alto nível.
5. **Acessar instruções que não são acessíveis a partir das linguagens de alto nível.** Certas instruções em linguagem de montagem não possuem um equivalente na linguagem de alto nível.
6. **Código que se modifica por si.** O código que se modifica por si em geral não é lucrativo, porque interfere em um código eficiente para uso de cache. No entanto, ele pode ser vantajoso, por exemplo, para incluir um pequeno compilador em programas matemáticos, em que uma função definida pelo usuário precisa ser calculada várias vezes.
7. **Otimizar o tamanho do código.** O espaço de armazenamento e a memória são tão baratos hoje em dia que não vale a pena usar linguagem de montagem para reduzir o tamanho do código. No entanto, o tamanho da cache ainda é um recurso crítico que pode se tornar útil em alguns casos e otimizar o tamanho de um pedaço de código para que caiba dentro da cache de código.
8. **Otimizar velocidade do código.** Compiladores C++ modernos geralmente otimizam o código muito bem na maioria dos casos. Mas ainda há situações nas quais os compiladores são fracos e aumentos significativos de velocidade podem ser alcançados por meio de uma cuidadosa programação em linguagem de montagem.
9. **Bibliotecas de funções.** O benefício total de otimizar código é maior em bibliotecas de funções que são usadas por muitos programadores.
10. **Tornar bibliotecas de funções compatíveis com vários compiladores e sistemas operacionais.** É possível criar funções de biblioteca com várias entradas que sejam compatíveis com diferentes compiladores e diferentes sistemas operacionais. Isso requer programação em linguagem de montagem.

Os termos *linguagem de montagem* e *linguagem de máquina* às vezes são usados, erroneamente, como sinônimos. A linguagem de máquina consiste em instruções executadas diretamente pelo processador. Cada instrução de linguagem de máquina é uma cadeia binária contendo um opcode, referências a operandos e talvez outros bits relacionados à execução, como flags. Por conveniência, em vez de escrever uma instrução com uma cadeia de bits, ela pode ser escrita simbolicamente, com nomes para opcodes e registradores. Uma linguagem de montagem faz uso muito maior de nomes simbólicos, incluindo atribuição de nomes a posições específicas da memória principal e posições específicas das instruções. Ela inclui também instruções que não são executadas diretamente, mas servem como instruções para o montador que produz código de máquina a partir de um programa na linguagem de montagem.

Elementos da linguagem de montagem

Uma sentença em uma linguagem de montagem típica tem a forma mostrada na Figura B.1. Ela consiste em quatro elementos: rótulo, mnemônico, operando e comentário.

RÓTULO Se um rótulo está presente, o montador define o rótulo como equivalente ao endereço no qual o primeiro byte do código objeto gerado para essa instrução será carregado. O programador pode usar o rótulo subsequentemente como um endereço ou como dado no campo de endereço de outra instrução. O montador substitui o rótulo com o valor atribuído quando cria o programa objeto. Rótulos são usados com mais frequência em instruções de desvio.

Como um exemplo, aqui está uma parte de um programa:

```
L2:   SUB   EAX, EDX    ;subtrai conteúdo do registrador EDX do conteúdo
                        ;de EAX e armazena o resultado em EAX
      JG    L2          ;salta para L2 se o resultado da subtração for
                        ;positivo
```

O programa continuará no loop de volta para posição L2, até que o resultado seja zero ou negativo. Desse modo, quando a instrução JG é executada, se o resultado é positivo, o processador coloca o endereço equivalente ao rótulo L2 no contador de programa.

Motivos para usar um rótulo incluem:

1. Um rótulo torna uma posição do programa mais fácil de localizar e lembrar.
2. O rótulo pode ser facilmente movido para corrigir um programa. O montador automaticamente mudará o endereço em todas as instruções que usam o rótulo quando o programa for remontado.
3. O programador não precisa calcular endereços de memória relativos ou absolutos, mas apenas usa rótulos conforme necessário.

MNEMÔNICO O mnemônico é o nome da operação ou função da sentença da linguagem de montagem. Conforme discutido a seguir, uma sentença pode corresponder a uma instrução de máquina, uma diretiva do montador ou uma macro. No caso de uma instrução de máquina, um mnemônico é o nome simbólico associado com um determinado opcode.

A Tabela 12.8 mostra o mnemônico, ou nome da instrução, de muitas instruções x86. O Apêndice A de Carter (2006) lista as instruções do x86, junto aos operandos para cada uma e o efeito da instrução sobre os códigos de condição. O Apêndice B do manual do NASM (THE NASM..., 2012) fornece uma descrição mais detalhada de cada instrução x86. Ambos os documentos estão disponíveis em inglês na Sala Virtual.

OPERANDO(S) Uma sentença da linguagem de montagem inclui zero ou mais operandos. Cada operando identifica um valor imediato, um registrador ou uma posição de memória. Em geral, a linguagem de montagem fornece convenções para distinguir entre os três tipos de referências de operandos, assim como convenções para indicar o modo de endereçamento.

Para a arquitetura x86, um comando da linguagem de montagem pode referir-se ao operando registrador pelo nome. A Figura B.2 ilustra os registradores de propósito geral do x86 com seu nome simbólico e sua codificação em bits. O montador vai traduzir o nome simbólico em um identificador binário do registrador.

Figura B.1
Estrutura de uma sentença da linguagem de montagem.

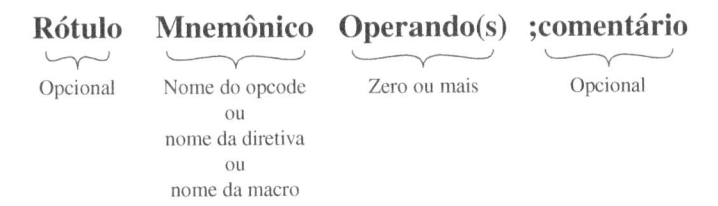

Rótulo   **Mnemônico**   **Operando(s)**   **;comentário**

Opcional   Nome do opcode ou nome da diretiva ou nome da macro   Zero ou mais   Opcional

Figura B.2
Registradores para execução de programas do Intel x86.

Registradores de uso geral

31			0	16 bits	32 bits
	AH	AL		AX	EAX (000)
	BH	BL		BX	EBX (011)
	CH	CL		CX	ECX (001)
	DH	DL		DX	EDX (010)
					ESI (110)
					EDI (111)
					EBP (101)
					ESP (100)

Registradores de segmento

15   0

CS
DS
SS
ES
FS
GS

Conforme discutido na Seção 13.2, a arquitetura x86 possui um conjunto rico de modos de endereçamento, cada um tendo que ser expresso simbolicamente na linguagem de montagem. Aqui citamos alguns dos exemplos mais comuns. Para **endereçamento por registrador**, o nome do registrador é usado na instrução. Por exemplo, MOV ECX, EBX copia o conteúdo do registrador EBX para o registrador ECX. O endereçamento imediato indica que o valor é codificado dentro da instrução. Por exemplo, MOV EAX, 100H copia o valor hexadecimal 100 no registrador EAX. O valor imediato pode ser expresso como um número binário com sufixo B ou um número decimal sem sufixo. Assim, as sentenças equivalentes à anterior são MOV EAX, 100000000B e MOV EAX, 256. O **endereçamento direto** refere-se a uma posição de memória e é expresso como um deslocamento a partir do registrador de segmento DS. Isso é explicado melhor com um exemplo. Suponha que o registrador de segmentos de dados de 16 bits DS contenha o valor 1000H. Então, ocorre a seguinte sequência:

```
MOV AX, 1234H
MOV [3518H], AX
```

Primeiro, o registrador AX de 16 bits é inicializado com 1234H. Depois, na linha dois, o conteúdo de AX é movido para endereço lógico DS:3518H. Esse endereço é formado deslocando o conteúdo de DS de 4 bits para a esquerda e adicionando 3518H para formar o endereço lógico 13518H de 32 bits.

COMENTÁRIO Todas as linguagens de montagem permitem colocar comentários dentro do programa. Um comentário pode ocorrer do lado direito de um comando em linguagem de montagem ou pode ocupar uma linha de texto inteira. Nos dois casos, o comentário começa com um caractere especial que sinaliza para o montador que o restante da linha é um comentário e deve ser ignorado pelo montador. Em geral, as linguagens de montagem para arquitetura x86 usam ponto e vírgula (;) como caractere especial.

Tipos de sentenças da linguagem de montagem

As sentenças da linguagem de montagem podem ser de um dos quatro tipos: instrução, diretiva, definição de macro e comentário. Uma sentença comentário é simplesmente uma sentença que consiste inteiramente em um comentário. Outros tipos são descritos brevemente nesta seção.

INSTRUÇÕES Muitas das sentenças sem comentário em um programa da linguagem de montagem são representações simbólicas de instruções de linguagem de máquina. Quase que invariavelmente, há um relacionamento de um para um entre uma instrução da linguagem de montagem e uma instrução de máquina. O montador resolve quaisquer referências simbólicas e traduz instruções da linguagem de montagem em cadeias binárias que representam uma instrução de máquina.

DIRETIVAS Diretivas, também chamadas de **pseudoinstruções**, são sentenças da linguagem de montagem que não são diretamente traduzidas para instruções da linguagem de máquina. Em vez disso, as diretivas são instruções para o montador executar ações específicas durante o processo de montagem. Os exemplos incluem o seguinte:

- Definir constantes.
- Designar áreas da memória para armazenar dados.
- Inicializar áreas da memória.
- Colocar tabelas ou outros dados fixos na memória.
- Permitir referências para outros programas.

A Tabela B.2 lista algumas diretivas do NASM. Como um exemplo, considere a seguinte sequência de sentenças:

Tabela B.2

Algumas diretivas da linguagem de montagem do NASM.

(a) Letras para diretivas RESx e Dx

Unidade	Letra
byte	B
palavra (2 bytes)	W
palavra dupla (4 bytes)	D
palavra quádrupla (8 bytes)	Q
dez bytes	T

(b) Diretivas

Nome	Descrição	Exemplo
DB, DW, DD, DQ, DT	Inicializa posições	L6 DD 1A92H ; palavra dupla em L6 inicializada com 1A92H
RESB, RESW, RESD, RESQ, REST	Reserva posições não inicializadas	BUFFER RESB 64 ; reserva 64 bytes começando em BUFFER
INCBIN	Inclui arquivo binário na saída	INCBIN "file.dat" ; inclui este arquivo
EQU	Define um símbolo para um dado valor constante	MSGLEN EQU 25 ; constante MSGLEN equivale ao decimal 25
TIMES	Repete instruções várias vezes	ZEROBUF TIMES 64 DB 0 ; inicializa buffer com 64 bytes para todos os zeros

```
L2  DB   "A"        ; byte inicializado para código ASCII de A (65)
    MOV  AL, [L1]   ; copiar byte que está em L1 para AL
    MOV  EAX, L1    ; armazenar endereço do byte que está em L1 em EAX
    MOV  [L1], AH   ; copiar conteúdo de AH dentro do byte que está em L1
```

Se um rótulo direto é usado, ele é interpretado como endereço (ou offset) de dados. Se o rótulo é colocado dentro de colchetes, ele é interpretado como dado no endereço.

DEFINIÇÕES DE MACRO A definição de macro é semelhante a de uma sub-rotina de várias formas. Uma sub-rotina é uma seção do programa que é escrita, uma vez que pode ser usada várias vezes, chamando a sub-rotina a partir de qualquer ponto do programa. Quando o programa é compilado ou montado, a sub-rotina é carregada apenas uma vez. Uma chamada da sub-rotina transfere o controle para a sub-rotina e uma instrução da sub-rotina retorna o controle para o ponto de chamada. De forma semelhante, uma definição de macro é uma seção de código que o programador escreve uma vez e pode depois usar várias vezes. A principal diferença é que, quando o montador encontra uma chamada de macro, ele a substitui pela macro em si. O processo é chamado de **expansão da macro**. Então, se uma macro é definida em um programa da linguagem de montagem e é chamada 10 vezes, então 10 instâncias da macro irão aparecer no código montado. Basicamente, sub-rotinas são tratadas pelo hardware em tempo de execução, enquanto as macros são tratadas pelo montador em tempo de montagem. As macros fornecem a mesma vantagem que as sub-rotinas em termos de programação modular, mas sem a sobrecarga em tempo de execução de chamada e retorno de uma sub-rotina. O custo disso é que a abordagem de macro usa mais espaço no código objeto.

No NASM e em muitos outros montadores, uma distinção é feita entre uma macro de uma única linha e uma macro de várias linhas. No NASM, macros de linha única são definidas usando diretiva %DEFINE. Aqui está um exemplo em que várias macros de única linha são expandidas. Primeiro definimos duas macros:

```
%DEFINE B(X) = 2*X
%DEFINE A(X) = 1 + B(X)
```

Em algum ponto do programa da linguagem de montagem, aparecem as seguintes sentenças:

```
MOV AX, A(8)
```

O montador expande essa sentença para:

```
MOV AX, 1+2*8
```

o que é montado para uma instrução de máquina para mover o valor imediato 17 para o registrador AX.

Macros de várias linhas são definidas usando o mnemônico %MACRO. Aqui está o exemplo de uma definição de macro de várias linhas:

```
%MACRO PROLOGUE 1
    PUSH EBP            ; coloca conteúdo de EBP na pilha
                        ; apontada por ESP e
                        ; decrementa conteúdo de ESP em 4
    MOV EBP, ESP        ; copia conteúdo de ESP para EBP
    SUB ESP, %1         ; subtrai o valor do primeiro parâmetro de ESP
```

O número 1 depois do nome da macro na linha %MACRO define o número de parâmetros que a macro espera receber. O uso de %1 dentro da definição da macro refere-se ao primeiro parâmetro da chamada da macro.

A chamada da macro

```
                MYFUNC: PROLOGUE 12
```

expande para as seguintes linhas de código:

```
                MYFUNC: PUSH    EBP
                        MOV     EBP, ESP
                        SUB     ESP, 12
```

Exemplo: programa do máximo divisor comum

Como um exemplo de uso da linguagem de montagem, analisamos um programa para calcular o máximo divisor comum de dois números inteiros. Definimos o máximo divisor comum dos inteiros a e b da seguinte forma:

$$\text{mdc}(a, b) = \max[k, \text{ tal que } k \text{ divide } a \text{ e } k \text{ divide } b]$$

em que dizemos que k divide a se não houver resto. O algoritmo de Euclides para o máximo divisor comum é baseado no seguinte teorema. Para quaisquer inteiros positivos a e b,

$$\text{mdc}(a, b) = \text{mdc}(b, a \bmod b)$$

Aqui está um programa na linguagem C que implementa o algoritmo de Euclides:

```c
unsigned int mdc (unsigned int a, unsigned int b)
{
    if (a == 0 && b == 0)
        b = 1;
    else if (b == 0)
        b = a;
    else if (a != 0)
        while (a != b)
            if (a < b)
                b -= a;
            else
                a -= b;
    return b;
}
```

A Figura B.3 mostra duas versões na linguagem de montagem do programa anterior. O programa à esquerda foi feito por um compilador C; o programa à direita foi programado à mão. O último usa uma série de truques de programação para produzir uma implementação mais compacta e eficiente.

B.2 MONTADORES

O **montador** (assembler) é um software utilitário que recebe como entrada um programa em linguagem de montagem (assembly) e produz um código objeto como saída. O código objeto é um arquivo binário. O montador enxerga esse arquivo como um bloco de memória iniciando na posição relativa 0.

Existem duas abordagens gerais para os montadores: montador de dois passos e montador de um passo.

Figura B.3
Programas de montagem para o máximo divisor comum.

mcd:	mov	ebx,eax	mcd:	neg	eax
	mov	eax,edx		je	L3
	test	ebx,ebx	L1:	neg	eax
	jne	L1		xchg	eax,edx
	test	edx,edx	L2:	sub	eax,edx
	jne	L1		jg	L2
	mov	eax,1		jne	L1
	ret		L3:	add	eax,edx
L1:	test	eax,eax		jne	L4
	jne	L2		inc	eax
	mov	eax,ebx	L4:	ret	
	ret				
L2:	test	ebx,ebx			
	je	L5			
L3:	cmp	ebx,eax			
	je	L5			
	jae	L4			
	sub	eax,ebx			
	jmp	L3			
L4:	sub	ebx,eax			
	jmp	L3			
L5:	ret				

(a) Programa compilado   (b) Escrito diretamente na linguagem de montagem

Montador de dois passos

Analisamos primeiro o montador de dois passos, que é mais comum e um pouco mais fácil de entender. O montador faz duas passagens pelo código fonte (Figura B.4):

PRIMEIRO PASSO No primeiro passo, o montador se preocupa apenas com definições dos rótulos. O primeiro passo é usado para construir uma **tabela de símbolos** que contém uma lista de todos os rótulos e seus valores de **contador de posição** (LC — do inglês, *Location Counter*) associados. O primeiro byte do código objeto terá o valor 0 como LC. O primeiro passo examina cada sentença em linguagem de montagem. Embora o montador ainda não esteja pronto para traduzir as instruções, ele tem que examinar cada instrução suficientemente para determinar o tamanho da instrução de máquina correspondente e, portanto, em quanto incrementar o LC. Isso pode requerer não apenas a análise do opcode, mas também a análise dos operandos e dos modos de endereçamento.

Diretivas como DQ e REST (veja Tabela B.2) fazem o contador de posição ser ajustado de acordo com a quantidade de armazenamento necessário.

Quando o montador encontra uma sentença com um rótulo, ele coloca o rótulo na tabela de símbolos, junto ao valor corrente de LC. O montador continua até que tenha lido todas as sentenças da linguagem de montagem.

SEGUNDO PASSO O segundo passo lê o programa novamente desde o começo. Cada instrução é traduzida no código binário de máquina apropriado. A tradução envolve as seguintes operações:

1. Traduzir mnemônico em opcode binário.
2. Usar o opcode para determinar o formato da instrução, a posição e o tamanho de vários campos na instrução.
3. Traduzir o nome de cada operando para o registrador ou código de memória apropriado.
4. Traduzir cada valor imediato em um *string* binário.
5. Traduzir quaisquer referências a rótulos em valores de LC apropriados usando a tabela de símbolos.
6. Definir quaisquer outros bits necessários dentro da instrução, incluindo indicadores do modo de endereçamento, bits de códigos condicionais e assim por diante.

Um exemplo simples, usando linguagem de montagem ARM, é mostrado na Figura B.5. A instrução da linguagem de montagem ARM ADDS r3, r3, #19 é traduzida para instrução binária de máquina 1110 0010 0101 0011 0011 0000 0001 0011.

PASSO ZERO A maioria das linguagens de montagem inclui a capacidade de definir macros. Quando elas estão presentes, há um passo adicional que o montador deve fazer antes do primeiro passo. Em geral, a linguagem de montagem requer que todas as definições de macro apareçam no início do programa.

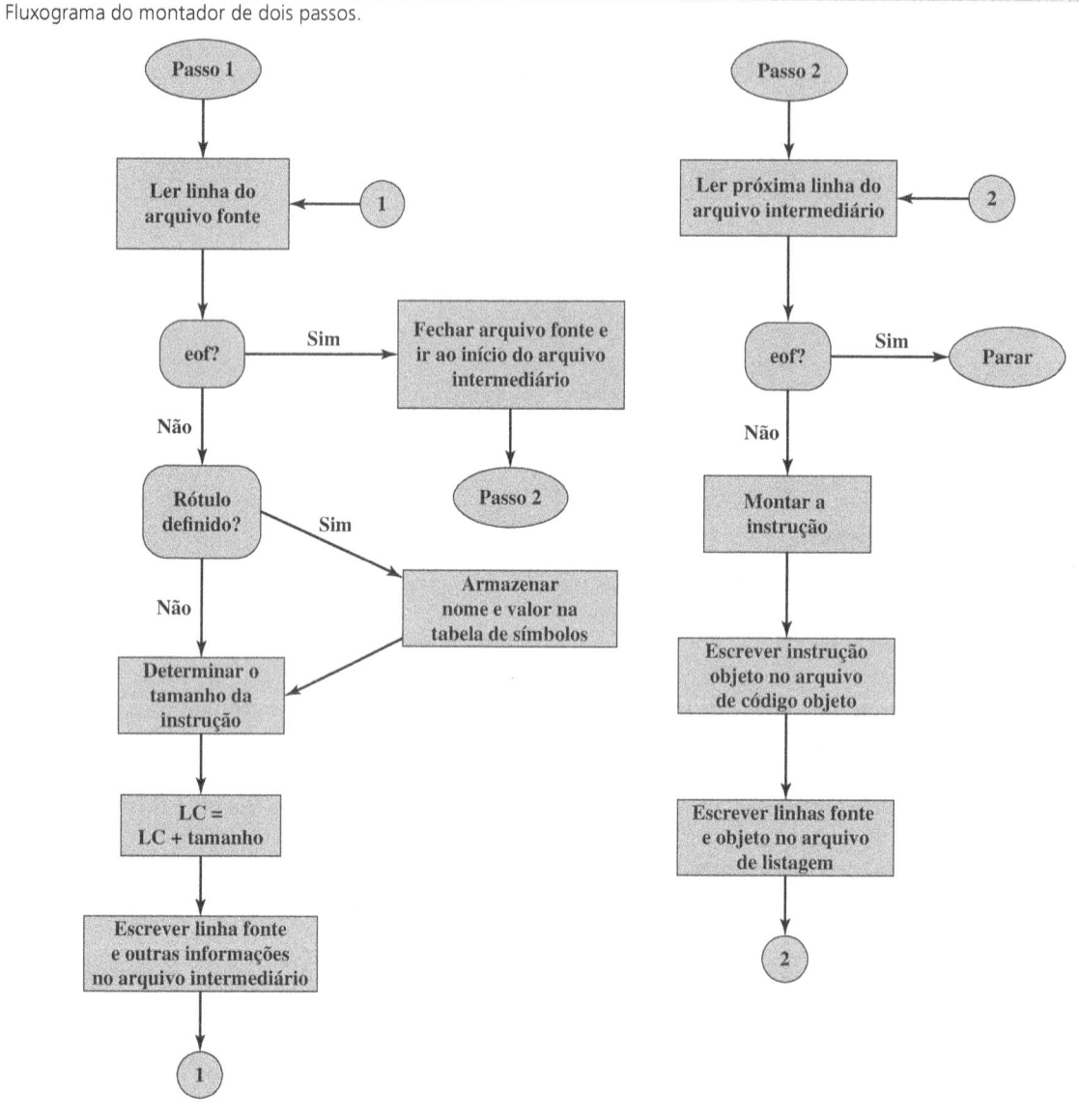

Figura B.4
Fluxograma do montador de dois passos.

Figura B.5
Traduzindo uma instrução em linguagem de montagem do ARM para uma instrução binária de máquina.

O montador inicia esse "passo zero" lendo todas as definições de macro. Uma vez reconhecidas todas as macros, o montador vai pelo código fonte e as expande, com seus parâmetros associados, sempre que uma chamada de macro é encontrada. O passo de processamento de macros gera uma nova versão do código fonte com todas as expansões das macros no devido lugar e todas as definições de macro removidas.

Montador de um passo

É possível implementar um montador que faz uma única passagem pelo código fonte (sem contar o passo para processar macros). A principal dificuldade em tentar montar um programa em uma única passagem envolve referências futuras a rótulos. Os operandos das instruções podem ser símbolos que ainda não foram definidos no programa fonte. Portanto, o montador não sabe qual endereço relativo inserir na instrução traduzida.

Basicamente, o processo para resolver referências futuras funciona do seguinte modo. Quando o montador encontra um operando da instrução que é um símbolo ainda não definido:

1. Deixa o campo do operando da instrução vazio (tudo zero) na instrução binária montada.
2. Insere o símbolo usado como um operando na tabela de símbolos. A entrada da tabela é marcada para indicar que o símbolo não está definido.
3. Adiciona o endereço do campo de operando da instrução que se refere ao símbolo indefinido a uma lista de referências futuras associadas com a entrada na tabela de símbolos.

Quando a definição de símbolo é encontrada de tal forma que o valor LC possa ser associado a ele, o montador insere o valor LC na entrada adequada dentro da tabela de símbolos. Se há uma lista de referência futura associada com o símbolo, então o montador insere o endereço apropriado em qualquer instrução gerada previamente que esteja na lista de referência futura.

Exemplo: programa de números primos

Analisamos agora um exemplo que inclui diretivas. Esse exemplo analisa um programa que acha números primos. Lembre que os números primos são divisíveis apenas por 1 e por si mesmos. Não há uma fórmula para fazer isso. O método básico usado por esse programa é localizar fatores de todos os números ímpares abaixo de um dado limite. Se nenhum fator puder ser encontrado para um número ímpar, então ele é um número primo. A Figura B.6 mostra o algoritmo básico escrito em C. A Figura B.7 mostra o mesmo algoritmo escrito na linguagem de montagem NASM.

Figura B.6
Programa C para verificar os números primos.

```
unsigned guess;                         /* valor corrente para primo */
unsigned factor;                        /* fator possível para o valor */
unsigned limit;                         /* encontrar primos até este valor */
printf ("Encontrar primos até : ");
scanf("%u", &limit);
printf ("2\n");                         /* tratar dois primeiros primos como */
printf ("3\n");                         /* caso especial */
guess = 5;                              /* valor inicial */
while (guess < = limit) {               /* procurar por um fator da suposição */
    factor = 3;
    while (factor * factor < guess && guess% factor != 0)
    factor + = 2;
    if (guess % factor != 0)
        printf ("%d\n", guess);
    guess += 2;                         /* analisar apenas números ímpares */
}
```

Figura B.7

Programa em linguagem de montagem para verificar números primos.

```
%include "asm_io.inc"
segment .data
Message db "Find primes up to: ", 0

segment .bss
Limit resd 1                            ; encontra os primos até este limite
Guess resd 1                            ; valor corrente para o primo

segment .text
    global _asm_main
_asm_main:
    enter 0,0                           ; rotina de inicialização
    pusha

    mov eax, Message
    call print_string
    call read_int                       ; scanf("%u", & limit);
    mov [Limit], eax
    mov eax, 2                          ; printf("2\n");
    call print_int
    call print_nl
    mov eax, 3                          ; printf("3\n");
    call print_int
    call print_nl

    mov dword [Guess], 5                ; Guess = 5;
while_limit:                            ; while (Guess <= Limit)
    mov eax, [Guess]
    cmp eax, [Limit]
    jnbe end_while_limit                ; usar jnbe pois são números sem sinal

    mov ebx, 3                          ; ebx é o fator = 3;
while_factor:
    mov eax,ebx
    mul eax                             ; edx:eax = eax*eax
    jo end_while_factor                 ; se a resposta não couber apenas e eax
    cmp eax, [Guess]
    jnb end_while_factor                ; if !(factor*factor < guess)
    mov eax,[Guess]
    mov edx,0
    div ebx                             ; edx = edx:eax% ebx
    cmp edx, 0
    je end_while_factor                 ; if !(guess% factor != 0)

    add ebx,2; factor += 2;
    jmp while_factor
end_while_factor:
    je end_if                           ; if !(guess% factor != 0)
    mov eax,[Guess]                     ; printf("%u\n")
    call print_int
    call print_nl
end_if:
    add dword [Guess], 2                ; guess += 2
    jmp while_limit
end_while_limit:

    popa
    mov eax,0                           ; retorna para C
    leave
    ret
```

B.3 CARREGAMENTO E LIGAÇÃO

O primeiro passo na criação de um processo ativo é carregar o programa na memória principal e criar uma imagem de processo (Figura B.8). A Figura B.9 ilustra um cenário típico para a maioria dos sistemas. A aplicação consiste em uma série de módulos compilados ou montados na forma de código objeto. Estes são ligados para resolver quaisquer referências entre módulos. Ao mesmo tempo, referências às rotinas de biblioteca são resolvidas. As rotinas de biblioteca, por sua vez, podem ser incorporadas no programa ou referenciadas como código compartilhado que deve ser fornecido pelo sistema operacional em tempo de execução. Nesta seção resumimos os principais recursos dos ligadores e carregadores. Primeiro será discutido o conceito de relocação. Depois, para esclarecer a apresentação, será descrita a tarefa de carregamento quando um único módulo de programa está envolvido; nenhuma ligação é necessária. Depois, pode-se analisar ligação e carregamento de funções como um todo.

Relocação

Em um sistema multiprogramado, a memória principal disponível em geral é compartilhada entre uma série de processos. Muitas vezes, não é possível que o programador saiba de antemão quais outros processos estarão residentes na memória principal no momento da execução do seu programa. Além disso, gostaríamos de poder transferir processos ativos para dentro e para fora da memória principal para maximizar a utilização do processador, fornecendo um conjunto grande de processos prontos para executar. Uma vez que o processo esteja sendo transferido para o disco, seria muito limitante declarar que, quando fosse transferido de volta, ele devesse ser colocado na mesma região da memória principal como antes. Em vez disso, podemos ter de **relocar** o processo para uma área diferente da memória.

Desse modo, não conseguimos saber de antemão onde o programa será colocado e temos de permitir que o programa possa ser movido dentro da memória principal por causa das transferências. Esses fatos trazem à tona algumas preocupações técnicas relacionadas com endereçamento, conforme ilustrado na Figura B.10. Ela ilustra uma imagem de processo. Para simplificar, vamos supor que a imagem de um processo esteja ocupando uma região contínua da memória principal. Claramente, o sistema operacional terá de saber a posição

Figura B.8
Função de carregamento.

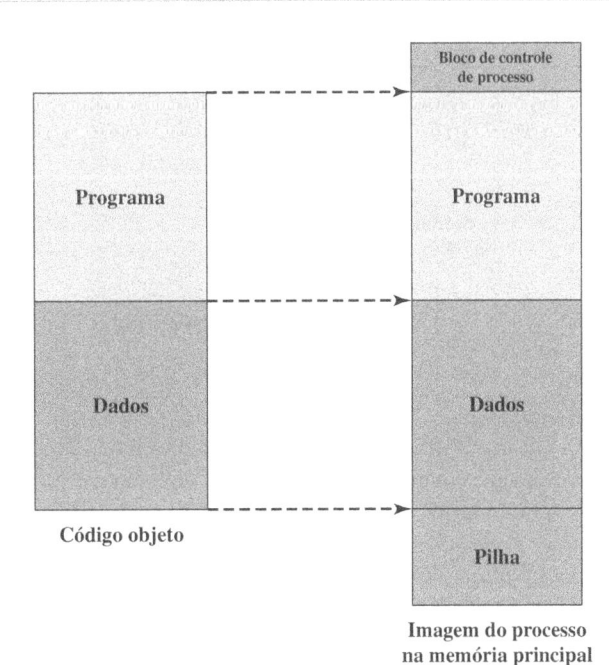

Figura B.9
Cenário de ligação e carregamento.

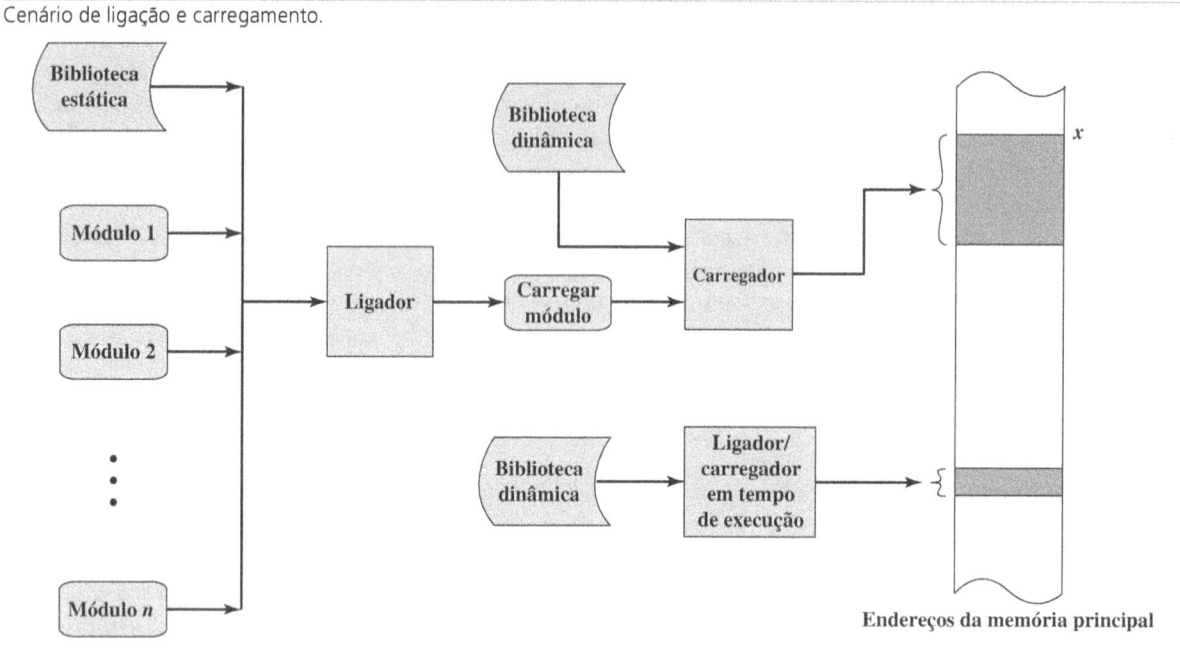

Figura B.10
Requisitos de endereçamento para um processo.

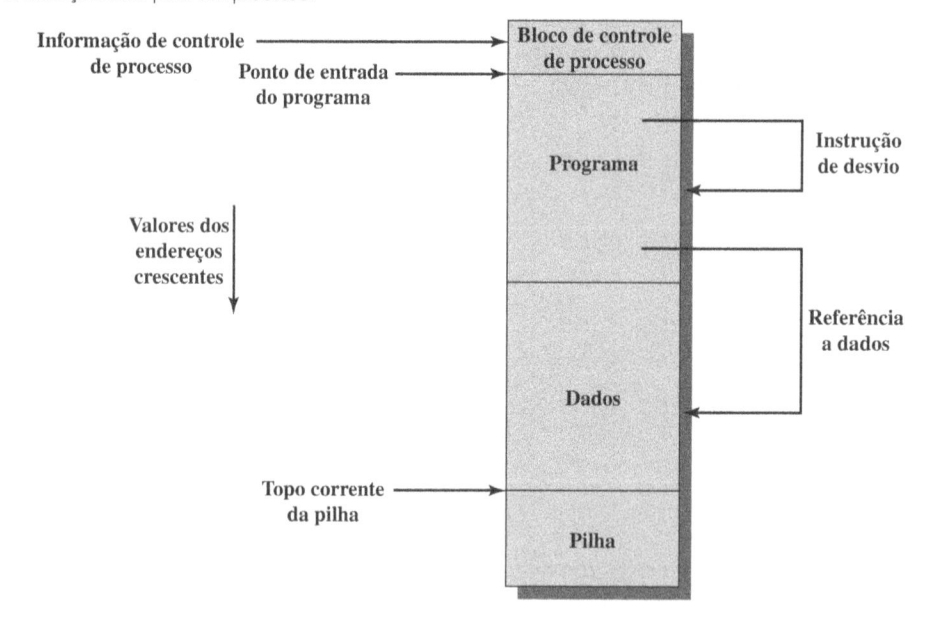

da informação de controle do processo e da pilha de execução, assim como o ponto de entrada para começar a execução do programa para esse processo. Como o sistema operacional está gerenciando a memória e é responsável por trazer esse processo para a memória principal, é fácil chegar até esses endereços. Ademais, o processador precisa lidar com referências de memória dentro do programa. As instruções de desvio contêm um endereço, a fim de referenciar a instrução a ser executada a seguir. As instruções de referência a dados contêm o endereço do byte ou da palavra de dados referenciados. De algum modo, o hardware do processador e o software do sistema operacional devem ser capazes de traduzir as referências de memória encontradas no código do programa para endereços físicos de memória reais, refletindo a posição atual do programa na memória principal.

Carregamento

Na Figura B.9, o carregador coloca o módulo na memória principal, iniciando na posição x. Ao carregar o programa, o requisito de endereçamento ilustrado na Figura B.10 deve ser satisfeito. Em geral, três abordagens podem ser consideradas:

- Carregamento absoluto.
- Carregamento relocável.
- Carregamento dinâmico em tempo de execução.

CARREGAMENTO ABSOLUTO Um carregador absoluto requer que um dado módulo sempre seja carregado na mesma posição da memória principal. Assim, no módulo carregável apresentado ao carregador, todas as referências de endereço devem ser para endereços específicos, ou absolutos, da memória principal. Por exemplo, se x na Figura B.9 for posição 1024, então a primeira palavra em um módulo a ser carregado destinado para essa região da memória tem endereço 1024.

A atribuição de valores de endereço específicos para referências de memória dentro de um programa pode ser feita pelo programador ou em tempo de compilação ou execução (Tabela B.3a). Existem várias desvantagens para a última abordagem. Em primeiro lugar, todo programador teria que saber a estratégia de atribuição pretendida para colocar módulos na memória principal. Em segundo lugar, se forem feitas para o programa quaisquer modificações que envolvam inclusão ou exclusão no corpo do módulo, então todos os endereços terão de ser alterados. Em consequência, é preferível permitir que as referências de memória dentro dos programas sejam expressas simbolicamente e depois resolver essas referências simbólicas em tempo de compilação ou montagem. Isso é mostrado na Figura B.11. Toda referência para uma instrução ou item de dados é representada inicialmente por um símbolo. Ao preparar o módulo para entrar em um carregador absoluto, o montador ou o compilador converterá todas essas referências para endereços específicos (nesse exemplo, para um módulo para ser carregado iniciando na posição 1024), conforme mostrado na Figura B.11b.

Tabela B.3
Vinculação de endereços.

(a) Carregador

Tempo de vinculação	Função
Tempo de programação	Todos os endereços físicos reais são especificados diretamente pelo programador dentro do próprio programa.
Tempo de compilação ou montagem	O programa contém referências de endereços simbólicas e estas são convertidas para endereços físicos reais pelo compilador ou montador.
Tempo de carregamento	O compilador ou o montador produz endereços relativos, que são traduzidos pelo carregador para endereços absolutos em tempo de carregamento do programa.
Tempo de execução	O programa carregado retém endereços relativos. Estes são convertidos dinamicamente para endereços absolutos pelo hardware do processador.

(b) Ligador

Tempo de ligação	Função
Tempo de programação	Nenhuma referência a programas externos ou dados é permitida. O programador deve colocar no programa o código fonte para todos os subprogramas que são referenciados.
Tempo de compilação ou montagem	O montador deve obter o código fonte de cada sub-rotina que é referenciada e montá-la como uma unidade.
Criação do módulo a ser carregado	Todos os módulos objetos foram montados usando endereços relativos. Esses módulos são ligados entre si e todas as referências são refeitas com relação à origem do último módulo.
Tempo de carregamento	Referências externas não são resolvidas até que o módulo esteja para ser carregado na memória principal. Nesse momento, os módulos de ligação dinâmica referenciados são acrescidos ao módulo a ser carregado e o pacote inteiro é carregado na memória principal ou virtual.
Tempo de execução	Referências externas não são resolvidas até que a chamada externa seja executada pelo processador. Nesse momento, o processo é interrompido e o módulo desejado é ligado ao programa que fez a chamada.

Figura B.11

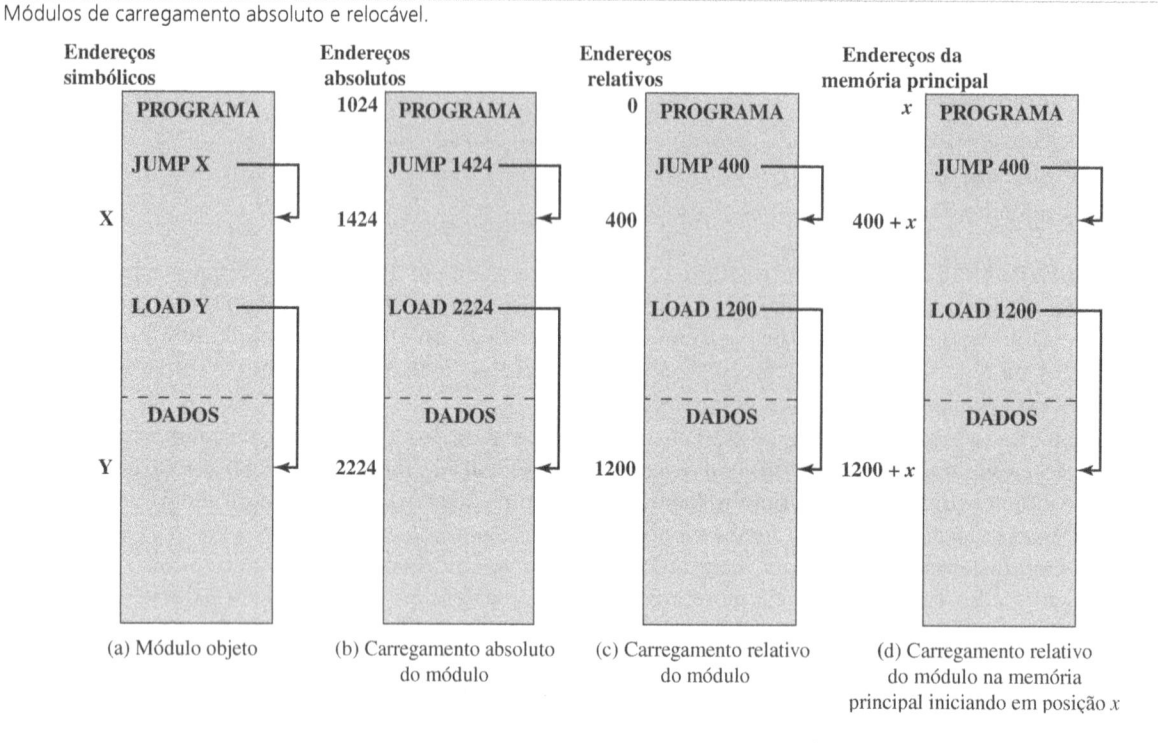

Módulos de carregamento absoluto e relocável.

	Endereços simbólicos	Endereços absolutos	Endereços relativos	Endereços da memória principal
		1024	0	x
	PROGRAMA	PROGRAMA	PROGRAMA	PROGRAMA
	JUMP X	JUMP 1424	JUMP 400	JUMP 400
	X	1424	400	$400 + x$
	LOAD Y	LOAD 2224	LOAD 1200	LOAD 1200
	DADOS	DADOS	DADOS	DADOS
	Y	2224	1200	$1200 + x$
	(a) Módulo objeto	(b) Carregamento absoluto do módulo	(c) Carregamento relativo do módulo	(d) Carregamento relativo do módulo na memória principal iniciando em posição x

CARREGAMENTO RELOCÁVEL A desvantagem de ligar referências de memória a endereços específicos antes do carregamento é que o módulo resultante a ser carregado pode ser colocado em apenas uma região da memória principal. No entanto, quando muitos programas compartilham a memória principal, pode não ser desejável decidir antecipadamente em qual região da memória um determinado módulo deve ser carregado. É melhor tomar essa decisão em tempo de carregamento. Precisamos, assim, de um módulo que pode ser alocado em qualquer lugar da memória principal.

Para satisfazer esse novo requisito, o montador ou compilador produz não os endereços reais da memória principal (endereços absolutos), e sim os endereços relativos a algum ponto conhecido, como o início do programa. Essa técnica é ilustrada na Figura B.11c. Ao início do módulo carregável é atribuído o endereço relativo 0, e todas as outras referências de memória dentro do módulo são expressas com relação ao início do módulo.

Com todas as referências de memória expressas no formato relativo, torna-se fácil para o carregador colocar o módulo na posição desejada. Se o módulo for carregado começando na posição x, então o carregador deve simplesmente adicionar x para cada referência de memória, à medida que carrega o módulo na memória. Para ajudar nessa tarefa, o módulo carregável deve incluir informação que diz ao carregador onde estão as referências de memória e como devem ser interpretadas (em geral serão relativas à origem do programa, mas também possivelmente relativas a algum outro ponto no programa, como por exemplo a posição atual). Esse conjunto de informações é preparado pelo compilador ou montador e costuma ser chamado de dicionário de relocação.

CARREGAMENTO DINÂMICO EM TEMPO DE EXECUÇÃO Carregadores relocáveis são comuns e fornecem benefícios óbvios se comparados aos carregadores absolutos. No entanto, em um ambiente de multiprogramação, até naquele que não depende da memória virtual, o esquema de carregamento relocável é inadequado. Já mencionamos a necessidade de transferir imagens de processo para dentro e para fora da memória principal para maximizar a utilização do processador. Para maximizar a utilização da memória principal, gostaríamos de ser capazes de transferir a imagem do processo de volta para posições diferentes em tempos diferentes. Assim, uma vez carregado, um programa pode ser transferido para o disco e depois ser transferido de volta para uma posição diferente. Isso seria impossível se as referências de memória tivessem sido ligadas a endereços absolutos no momento do carregamento inicial.

A alternativa é adiar o cálculo de um endereço absoluto até que seja realmente necessário em tempo de execução. Para esse propósito, o módulo é carregado na memória principal com todas as referências de memória na forma relativa (Figura B.11c). O endereço absoluto não é calculado até que uma instrução seja executada. Para garantir que essa funcionalidade não prejudique o desempenho, ela deve ser executada por um hardware especial do processador em vez do software. Esse hardware é descrito no Capítulo 8.

O cálculo dinâmico de endereços fornece flexibilidade completa. Um programa pode ser carregado em qualquer região da memória principal. Subsequentemente, a execução do programa pode ser interrompida e o programa pode ser transferido para fora da memória principal, para depois ser transferido de volta para uma posição diferente.

Ligação

A função de um ligador é receber como entrada uma coleção de módulos de objeto e produzir um módulo carregável, consistindo em um conjunto integrado de módulos de programa e dados para ser passado para o carregador. Em cada módulo objeto pode haver referências de endereços para posições em outros módulos. Cada referência dessas apenas pode ser expressa simbolicamente em um módulo objeto não ligado. O ligador cria um único módulo carregável, que é uma junção contínua de todos os módulos objeto. Cada referência intramódulo deve ser mudada a partir do endereço simbólico para uma referência a uma posição dentro do módulo de carregamento geral. Por exemplo, o módulo A na Figura B.12a contém uma chamada de um procedimento do módulo B. Quando esses módulos são combinados no módulo carregável, essa referência simbólica para o módulo B é alterada para uma referência específica na posição do ponto de entrada de B dentro do módulo carregável.

EDITOR DE LIGAÇÃO A natureza dessa ligação de endereços vai depender do tipo de módulo carregável a ser criado e de quando a ligação ocorre (Tabela B.3b). Se, como acontece normalmente, um módulo carregável relocável for desejado, então a ligação é em geral feita da seguinte maneira. Cada módulo objeto compilado ou montado é criado com referências relativas ao início do módulo objeto. Todos esses módulos são reunidos em um único módulo carregável relocável com todas as referências relativas à origem do módulo carregável. Esse módulo pode ser usado como entrada para carregamento relocável ou carregamento dinâmico em tempo de execução.

Um ligador que produz um módulo carregável relocável muitas vezes é referido como um editor de ligação. A Figura B.12 ilustra a função do editor de ligação.

LIGAÇÃO DINÂMICA Como acontece com o carregamento, é possível adiar algumas funções de ligação. O termo *ligação dinâmica* é usado para se referir à prática de adiar a ligação de alguns módulos externos até depois de o módulo carregável ter sido criado. Dessa forma, o módulo carregável contém referências não resolvidas para outros programas. Essas referências podem ser resolvidas em tempo de carregamento ou em tempo de execução.

Com a **ligação dinâmica em tempo de carregamento** (envolvendo biblioteca dinâmica inferior na Figura B.9), ocorrem os passos seguintes. O módulo de carregamento (módulo de aplicação) a ser carregado é lido na memória. Qualquer referência para um módulo externo (módulo alvo) faz com que o carregador localize o módulo alvo, carregue-o e altere a referência para um endereço na memória relativa ao início do módulo da aplicação. Existem várias vantagens para essa abordagem quando comparada ao que podemos chamar de ligação estática:

▶ Torna-se mais fácil incorporar versões alteradas ou atualizadas do módulo alvo, o que pode ser um utilitário do sistema operacional ou alguma outra rotina de propósito geral. Com ligação estática, uma mudança em um módulo de suporte como esse iria requerer a religação do módulo da aplicação inteiro. Não apenas isso é ineficiente, mas pode ser impossível em algumas circunstâncias. Por exemplo, no campo de computadores pessoais, a maioria dos softwares comerciais é distribuída na forma de módulo carregável; versões fonte e objeto não são fornecidas.

▶ Ter código alvo em um arquivo de ligação dinâmico cria o caminho para compartilhamento automático de código. O sistema operacional pode reconhecer que mais do que uma aplicação está usando o mesmo código alvo, porque ela carregou e ligou esse código. Ele pode usar essa informação para carregar uma única cópia do código alvo e ligá-lo para ambas as aplicações, em vez de ter de carregar uma cópia para cada aplicação.

Figura B.12

Função de ligação.

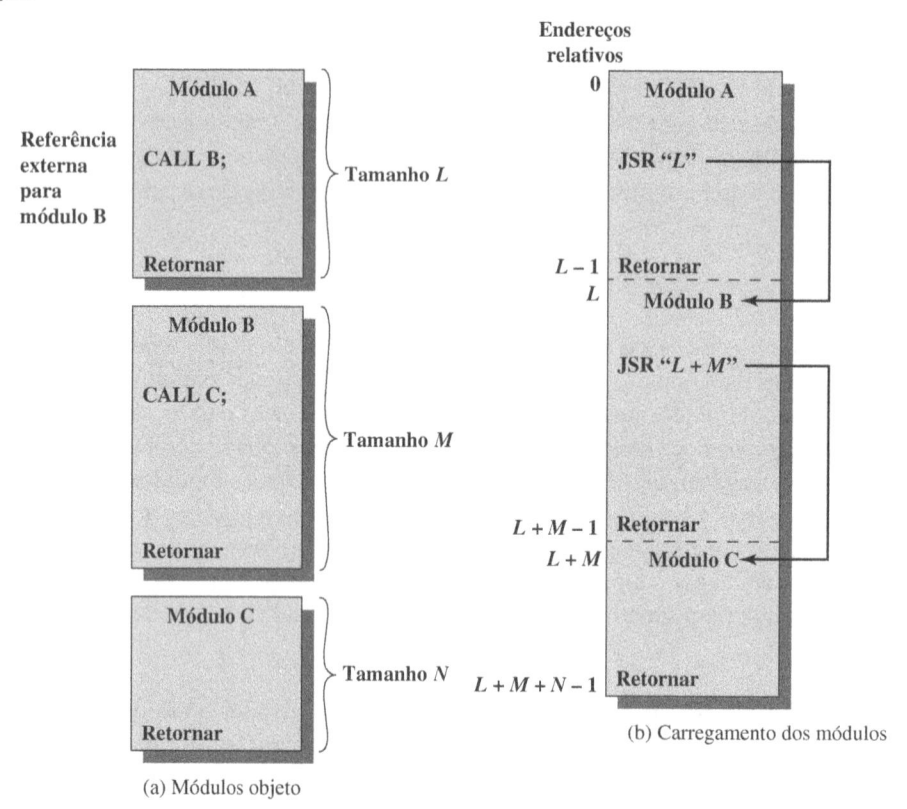

```
                        Módulo A                          Endereços
                                                          relativos
      Referência                                    0  ┌──────────────┐
      externa      CALL B;                             │   Módulo A   │
      para                      } Tamanho L            │              │
      módulo B                                         │   JSR "L"    │──┐
                                                       │              │  │
                    Retornar                      L-1  │   Retornar   │  │
                                                    L  ├──────────────┤◄─┘
                    Módulo B                           │   Módulo B   │
                                                       │              │
                    CALL C;                            │  JSR "L+M"   │──┐
                              } Tamanho M              │              │  │
                                                 L+M-1 │   Retornar   │  │
                    Retornar                       L+M ├──────────────┤◄─┘
                                                       │   Módulo C   │
                    Módulo C                           │              │
                                                       │              │
                              } Tamanho N    L+M+N-1   │   Retornar   │
                                                       └──────────────┘
                    Retornar                           (b) Carregamento dos módulos
        (a) Módulos objeto
```

▶ Torna-se mais fácil para desenvolvedores independentes de software estender as funcionalidades de um sistema amplamente usado como Linux. Um desenvolvedor pode aparecer com uma nova função que pode ser útil para uma variedade de aplicações e distribuí-la como um módulo de ligação dinâmica.

Com a **ligação dinâmica em tempo de execução** (envolvendo biblioteca dinâmica inferior na Figura B.9), algumas ligações são adiadas até o momento da execução. Referências externas para módulos alvos permanecem no programa carregado. Quando uma chamada é feita para um módulo ausente, o sistema operacional localiza o módulo, carrega-o e liga-o com o módulo que fez a chamada. Tais módulos em geral são compartilhados. No ambiente Windows, esses módulos são chamados de bibliotecas de ligação dinâmica (DLL — do inglês, *Dynamic--Link Libraries*). Assim, se um processo já está fazendo uso de um módulo compartilhado ligado dinamicamente, então o módulo está na memória principal e um novo processo pode simplesmente ligar o módulo já carregado.

O uso de DLL pode levar a um problema em geral chamado de **inferno de DLL** (*DLL hell*). Isso ocorre se dois ou mais processos estão compartilhando um módulo DLL, porém esperam versões diferentes do módulo. Por exemplo, uma aplicação ou uma função do sistema pode ser reinstalada e trazer consigo uma versão mais antiga de um arquivo DLL.

Vimos que carregamento dinâmico permite que um módulo carregável inteiro seja movido; no entanto, a estrutura do módulo é estática, permanecendo inalterada durante a execução do processo e de uma execução para outra. Contudo, em alguns casos, não é possível determinar antes da execução quais módulos objeto serão necessários. Essa situação é comum em aplicações com processamento transacional, como um sistema de reservas aéreas ou uma aplicação bancária. A natureza da transação dita quais módulos de programa são necessários, e eles são carregados conforme necessário e ligados ao programa principal. A vantagem do uso de tal ligação dinâmica é que não é necessário alocar memória para unidades do programa a não ser que essas unidades sejam referenciadas. Essa capacidade é usada para suportar sistemas de segmentação.

Um aprimoramento adicional é possível: uma aplicação não precisa saber os nomes de todos os módulos ou pontos de entrada que podem ser chamados. Por exemplo, um programa gráfico pode ser escrito para trabalhar com uma variedade de plotters, cada um é controlado por um driver diferente. A aplicação pode aprender o nome do plotter que está instalado atualmente no sistema a partir de outro processo ou procurando por ele em um arquivo de configuração. Isso permite ao usuário da aplicação instalar um novo plotter que não existia no tempo em que a aplicação foi escrita.

B.4 TERMOS-CHAVE, QUESTÕES DE REVISÃO E PROBLEMAS

Carregamento, 673	Ligação dinâmica em tempo de carregamento, 675	Montador, 666
Comentário, 664	Ligação dinâmica em tempo de execução, 676	Montador de dois passos, 667
Diretiva, 664	Ligador dinâmico, 675	Montador de um passo, 669
Editor de ligação, 675	Linguagem de montagem, 660	Operando, 663
Instrução, 664	Macro, 665	Relocação, 671
Ligação, 675	Mnemônico, 663	Rótulo, 662

QUESTÕES DE REVISÃO

B.1. Relacione alguns motivos por que vale a pena estudar programação em linguagem de montagem.
B.2. O que é uma linguagem de montagem?
B.3. Relacione algumas desvantagens da linguagem de montagem quando comparada a linguagens de alto nível.
B.4. Relacione algumas vantagens da linguagem de montagem quando comparada a linguagens de alto nível.
B.5. Quais são os elementos típicos de uma sentença da linguagem de montagem?
B.6. Relacione e defina brevemente quatro tipos diferentes de sentenças da linguagem de montagem.
B.7. Qual é a diferença entre um montador de um passo e um montador de dois passos?

PROBLEMAS

B.1. *Core War* é um jogo de programação introduzido para o público no começo dos anos 1980 (DEWDNEY, 1984), que foi popular por um período de mais ou menos 15 anos. O *Core War* possui quatro componentes principais: uma matriz de memória de 8.000 endereços, uma linguagem de montagem simplificada chamada Redcode, um programa executável chamado MARS (um acrônimo para *Memory Array Redcode Simulator* — Simulador de Matriz de Memória Redcode) e um conjunto de programas de batalha que competem. Dois programas de batalha são inseridos na matriz de memória em posições escolhidas aleatoriamente; nenhum programa sabe onde está o outro. O MARS executa os programas em uma versão simples de tempo compartilhado. Dois programas se alternam: uma única instrução do primeiro programa é executada, depois uma única instrução do segundo e assim por diante. O que um programa de batalha faz durante os seus ciclos de execução depende completamente do programador. O objetivo é destruir o outro programa arruinando suas instruções. Nesse problema e em vários seguintes, usamos uma linguagem ainda mais simples, chamada de CodeBlue, para explorar alguns conceitos do *Core War*.

O CodeBlue contém apenas cinco comandos de linguagem de montagem e usa três modos de endereçamento (Tabela B.4). Para a última posição da memória, o endereço relativo +1 se refere à primeira posição da memória. Por exemplo, `ADD #4, 6` adiciona 4 para o conteúdo da posição relativa 6 e armazena o resultado na posição 6; `JUMP @5` transfere a execução para o endereço de memória contido na posição cinco slots depois da instrução `JUMP` atual.

O programa Imp tem uma única instrução `COPY 0, 1`. O que ele faz?

a. O programa Dwarf é a seguinte sequência de instruções:

```
                    ADD  #4, 3
                    COPY 2, @2
                    JUMP -2
                    DATA 0
```

O que ele faz?

    b. Reescreva Dwarf usando símbolos para que ele se pareça mais com um programa típico de linguagem de montagem.

B.2. O que acontece se fizermos Imp e Dwarf brigarem?

B.3. Escreva um programa de "bombardeamento" em CodeBlue que zera toda a memória (com a possível exceção das posições do programa).

B.4. Como o programa a seguir se sairia contra Imp?

B.5. **a.** Qual é o valor da flag C de estado depois da seguinte sequência:

```
                    mov al, 3
                    add al, 4
```

    b. Qual é o valor da flag C de estado depois da seguinte sequência:

```
                    mov al, 3
                    sub al, 4
```

B.6. Considere a seguinte instrução NASM:

```
                    cmp vleft, vright
```

Para inteiros com sinal, existem três flags de estado que são relevantes. Se vleft = vright, então ZF é definida em 1. Se vleft > vright, ZF é definida em 0 e SF = OF. Se vleft < vright, ZF é definida em 0 e SF ≠ OF. Por que SF = OF se vleft > vright?

Tabela B.4

Linguagem de montagem CodeBlue.

(a) Conjunto de instruções

Formato	Significado
DATA <value>	<value> definido na posição atual
COPY A, B	copia origem A para o destino B
ADD A, B	adiciona A e B, colocando resultado em B
JUMP A	Transfere execução para A
JUMPZ A, B	Se B = 0, transfere para A

(b) Modos de endereçamento

Modo	Formato	Significado
Literal	# seguido de valor	Este é um modo imediato, o valor do operando está na instrução.
Relativo	Valor	O valor representa um deslocamento da posição atual, a qual contém o operando.
Indireto	@ seguido de valor	O valor representa um deslocamento da posição atual; a posição no deslocamento contém o endereço relativo da posição que contém o operando.

```
Loop COPY #0, -1
     JUMP -1
```

Dica: Lembre-se de que a execução de instruções se alterna entre dois programas opostos.

B.7. Considere o seguinte fragmento de código NASM:

```
mov al, 0
cmp al, al
je next
```

Escreva um programa equivalente de uma única instrução.

B.8. Considere o seguinte programa em C:

```
/*um simples programa C para encontrar média de 3 inteiros*/
main ()
{ int media;
  int i1 = 20;
  int i2 = 13;
  int i3 = 82;
  media = (i1 + i2 + i3)/3;
}
```

Escreva uma versão NASM desse programa.

B.9. Considere o seguinte fragmento de código em C:

```
if (EAX == 0) EBX = 1
else EBX = 2;
```

Escreva um fragmento de código NASM equivalente.

B.10. As diretivas de inicialização de dados podem ser usadas para inicializar várias posições. Por exemplo,

```
db 0x55,0x56,0x57
```

reserva três bytes e inicializa seus valores.

O NASM suporta o símbolo especial $ para permitir que cálculos envolvam a posição de montagem corrente, ou seja, $ avalia até a posição de montagem no início da linha que contém a expressão. Tendo em mente os dois fatos anteriores, considere a seguinte sequência de diretivas:

```
message db 'hello, world'
msglen equ $-message
```

Qual é o valor atribuído ao símbolo msglen?

B.11. Suponha três variáveis simbólicas V1, V2 e V3 que contêm valores inteiros. Escreva um fragmento de código NASM que move o menor valor inteiro para ax. Use apenas as instruções **mov**, **cmp** e **jbe**.

B.12. Descreva o efeito dessa instrução: **cmp eax**, 1. Suponha que uma instrução imediatamente anterior tenha atualizado o conteúdo de eax.

B.13. A instrução **xchg** pode ser usada para trocar os conteudos de dois registradores. Suponha que o conjunto de instruções x86 não suporte essa instrução.

   a. Implemente **xchg ax, bx** usando apenas instruções push e pop.

   b. Implemente **xchg ax, bx** usando apenas instrução **xor** (não envolva outros registradores).

B.14. No seguinte programa, suponha que a, b, x, y sejam símbolos para posições da memória principal. O que o programa faz? Você pode responder à pergunta escrevendo a lógica equivalente em C.

```
         mov    eax,a
         mov    ebx,b
         xor    eax,x
         xor    ebx,y
         ou     eax,ebx
         jnz    L2
L1:                      ;sequência de instruções
         jmp    L3
L2:                      ;outra sequência de instruções
L3:
```

B.15. A Seção B.1 inclui um programa C que calcula o máximo divisor comum de dois inteiros.

a. Descreva o algoritmo em palavras e mostre como o programa implementa a abordagem do algoritmo de Euclides para calcular o máximo divisor comum.
b. Adicione comentários para o programa em linguagem de máquina da Figura B.3a para deixar claro que ele implementa a mesma lógica que o programa C.
c. Repita a parte (b) para o programa da Figura B.3b.

B.16. a. Um montador de dois passos pode lidar com símbolos futuros e, por isso, uma instrução pode usar um símbolo futuro como um operando. Isso nem sempre é verdadeiro para diretivas. A diretiva EQU, por exemplo, não pode usar um símbolo futuro. A diretiva "A EQU B + 1" é fácil de executar se B for definido previamente, porém é impossível se B for um símbolo futuro. Qual é a razão disso?
b. Sugira uma maneira para o montador eliminar essa limitação de tal forma que qualquer linha de código fonte possa usar símbolos futuros.

B.17. Considere uma diretiva com símbolo MAX que possui a seguinte forma: símbolo MAX lista de expressões

O rótulo é obrigatório e possui o valor da maior expressão no campo de operando. Exemplo:

```
MSGLEN MAX A, B, C  ;onde A, B, C são símbolos definidos
```

Como MAX é executado pelo montador e em que passo?

REFERÊNCIAS

Abreviações: ACM — Association for Computing Machinery
IEEE — Institute of Electrical and Electronics Engineers
NIST — National Institute of Standards and Technology

ACOSTA, R.; KJELSTRUP, J; TORNG, H. "An Instruction Issue Approach to Enhancing Performance in Multiple Functional Unit Processors". *IEEE Transactions on Computers*, v. C-35, n. 9, set. 1986.

AGARWAL, A. *Analysis of Cache Performance for Operating Systems and Multiprogramming*. Boston: Kluwer Academic Publishers, 1989.

AGERWALA, T.; COCKE, J. *High Performance Reduced Instruction Set Processors*. Technical Report RC12434 (#55845). Yorktown, NY: IBM Thomas J. Watson Research Center, jan. 1987.

ALLAN, G. "DDR4 Bank Groups in Embedded Applications". *Chip Design*, 26 ago. 2013. Disponível em: <http://chipdesignmag.com/display.php?articleId=5297>. Acesso em: 21 ago. 2017.

ALTSCHULER, F.; GALLMEIER, J. "Heterogeneous System Architecture: Multicore Image Processing Use a Mix of CPU and GPU Elements". *Embedded Computing Design*, 6 dez. 2012. Disponível em: <http://www.embedded-computing.com/embedded-computing-design/heterogeneous-system-architecture-multicore-image-processing-using-a-mix-of-cpu-and-gpu-elements>. Acesso em: 21 ago. 2017.

AMDAHL, G. "Validity of the Single-Processor Approach to Achieving Large-Scale Computing Capability". *Proceedings of the AFIPS Conference*, 1967.

AMDAHL, G. "Computer Architecture and Amdahl's Law". *Computer*, v. 46, n. 12, dez. 2013.

ANDERSON, D., SPARACIO, F.; TOMASULO, F. "The IBM System/360 Model 91: Machine Philosophy and Instruction Handling". *IBM Journal of Research and Development*, v. 11, n. 1, jan. 1967.

ANDERSON, S. et al. "The IBM System/360 Model 91: Floating-Point Execution Unit". *IBM Journal of Research and Development*, v. 11, n. 1, jan. 1967.

ANTHES, G. "What's Next for the x86?" *ComputerWorld*, 16 jun. 2008. Disponível em: <http://www.computerworld.com/article/2552026/computer-hardware/what-s-next-for-the-x86-.html>. Acesso em: 21 ago. 2017.

ARORA, M. et al. "Redefining the Role of the CPU in the Era of CPU-GPU Integration". *IEEE Micro*, v. 32, n. 6, nov./dez. 2012.

ATKINS, M. "PC Software Performance Tuning". *IEEE Computer*, v. 29, n. 8, ago. 1996.

AZIMI, M.; PRASAD, B.; BHAT, K. "Two Level Cache Architectures". *Proceedings, COMPCON '92*, fev. 1992.

BACON, F.; GRAHAM, S.; SHARP, O. "Compiler Transformations for High-Performance Computing". *ACM Computing Surveys*, v. 26, n. 4, dez. 1994.

BAILEY, D. "RISC Microprocessors and Scientific Computing" *Proceedings, Supercomputing '93*, 1993.

BELL, C. et al. "A New Architecture for Minicomputers – The DEC PDP-11". *Proceedings, Spring Joint Computer Conference*, 1970.

BELL, C.; NEWELL, A. *Computer Structures: Readings and Examples*. Nova York: McGraw-Hill, 1971.

BELL, C.; MUDGE, J.; McNAMARA, J. *Computer Engineering: A DEC View of Hardware Systems Design*. Bedford, MA: Digital Press, 1978a.

BELL, C.; NEWELL, A.; SIEWIOREK, D. "Structural Levels of the PDP-8". In: BELL, C.; MUDGE, J.; McNAMARA, J. [Orgs.]. *Computer Engineering: A DEC View of Hardware Systems Design*. Bedford, MA: Digital Press, 1978b, p. 209-228.

BELL, C. et al. "The Evolution of the DEC System-10". *Communications of the ACM*, v. 21, n. 1, jan. 1978c.

BENHAM, J. "A Geometric Approach to Presenting Computer Representations of Integers". *SIGCSE Bulletin*, v. 24, n. 4, dez. 1992.

BOOTH, A. "A Signed Binary Multiplication Technique". *The Quarterly Journal of Mechanics and Applied Mathematics*, v. 4, n. 2, 1951.

BORKAR, S. "Getting Gigascale Chips: Challenges and Opportunities in Continuing Moore's Law". *ACM Queue*, v. 1, n. 7, out. 2003.

BRADLEE, D.; EGGERS, S.; HENRY, R. "The Effect on RISC Performance of Register Set Size and Structure versus Code Generation Strategy" *Proceedings, 18th Annual International Symposium On Computer Architecture*, maio 1991a.

BRADLEE, D.; EGGERS, S.; HENRY, R. "Integrating Register Allocation and Instruction Scheduling for RISCs". *Proceedings, 4th International Conference on Architectural Support for Programming Languages and Operating Systems*, abr. 1991b.

BREWER, E. "Clustering: Multiply and Conquer". *Data Communications*, jul. 1997.

BURGER, D.; AUSTIN, T. "The SimpleScalar Tool Set, Version 2.0". *Computer Architecture News*, v. 25, n. 3, jun. 1997.

BURKS, A.; GOLDSTINE, H.; VON NEUMANN, J. *Preliminary Discussion of the Logical Design of an Electronic Computer Instrument.* Relatório preparado pelo U.S. Army Ordnance Department, 1946. Reimpresso em BELL, C. et al., *Computer Structures: Readings and Examples.* Nova York: McGraw-Hill, 1971.

BUYYA, R. *High Performance Cluster Computing: Architectures and Systems.* Upper Saddle River, NJ: Prentice Hall, 1999.

CANTIN, J.; HILL, H. "Cache Performance for Selected SPEC CPU2000 Benchmarks". *Computer Architecture News*, v. 29, n. 4, set. 2001.

CARTER, P. *PC Assembly Language*, 2006. Disponível em : <http://pacman128.github.io/pcasm/>. Acesso em: 23 ago. 2017.

CEKLEOV, M.; DUBOIS, M. "Virtual-Address Caches, Part 1: Problems and Solutions in Uniprocessors". *IEEE Micro*, v. 17, n. 5, set./out. 1997.

CHAITIN, G. "Register Allocation and Spilling via Graph Coloring." *Proceedings, SIGPLAN Symposium on Compiler Construction*, jun. 1982.

CHOW, F. et al. "Engineering a RISC Compiler System". *Proceedings, COMPCON Spring '86*, mar. 1986.

CHOW, F. et al. "How Many Addressing Modes Are Enough?" *Proceedings, 2nd International Conference on Architectural Support for Programming Languages and Operating Systems*, out. 1987.

CHOW, F.; HENNESSY, J. "The Priority-based Coloring Approach to Register Allocation". *ACM Transactions on Programming Languages*, v. 12, n. 4, out. 1990.

CITRON, D.; HURANI, A.; GNADREY, A. "The Harmonic or Geometric Mean: Does it Really Matter?" *Computer Architecture News*, v. 34, n. 4, set. 2006.

CLARK, D.; EMER, J. "Performance of the VAX-11/780 Translation Buffer: Simulation and Measurement". *ACM Transactions on Computer Systems*, v. 3, n. 1, fev. 1985.

COHEN, D. "On Holy Wars and a Plea for Peace". *Computer*, v. 14, n. 10, out. 1981.

COOK, R.; DANDE, N. "An Experiment to Improve Operand Addressing". *Proceedings, Symposium on Architecture Support for Programming Languages and Operating Systems*, mar. 1982.

COLWELL, R. et al. "Instructions Set and Beyond: Computers, Complexity, and Controversy". *Computer*, v. 18, n. 9, set. 1985a.

COLWELL, R. et al. "More Controversy About 'Computers, Complexity, and Controversy'". *Computer*, dez. 1985b.

COONEN, J. "Underflow and Denormalized Num bers". *IEEE Computer*, mar. 1981.

COUTANT, D.; HAMMOND, C.; KELLEY, J. "Compilers for the New Generation of Hewlett-Packard Computers". *Proceedings, COMPCON Spring '86*, mar. 1986.

CRAGON, H. "An Evaluation of Code Space Requirements and Performance of Various Architectures". *Computer Architecture News*, v. 7, n. 5, fev. 1979.

CRAWFORD, J. "The i486 CPU: Executing Instructions in One Clock Cycle." *IEEE Micro*, v. 10, n. 1, fev. 1990.

CURRAN, B., et al. "The zEnterprise 196 System and Microprocessor". *IEEE Micro*, v. 31, n. 2, mar./abr. 2011.

DATTATREYA, G. "A Systematic Approach to Teaching Binary Arithmetic in a First Course". *IEEE Transactions on Education*, v. 36, n. 1, fev. 1993.

DAVIDSON, J.; VAUGHAN, R. "The Effect of Instruction Set Complexity on Program Size and Memory Performance". *Proceedings, 2nd International Conference on Architectural Support for Programming Languages and Operating Systems*, out. 1987.

DENNING, P. "The Working Set Model for Program Behavior." *Communications of the ACM*, v. 11, n. 5, maio 1968.

DeROSA, J., LEVY, H. "An Evaluation of Branch Architectures". *Proceedings, 14th Annual International Symposium on Computer Architecture*, jun. 1987.

DEWAR, R.; SMOSNA, M. *Microprocessors: A Programmer's View.* Nova York: McGraw-Hill, 1990.

DEWDNEY, A. "In the Game Called Core War Hostile Programs Engage in a Battle of Bits". *Scientific American*, v. 250, n. 5, maio 1984.

DOBOS, I., et al. *IBM zEnterprise EC12 Technical Guide.* IBM Redbook SG24-8049-01, dez. 2013.

DOWD, K.; SEVERANCE, C. *High Performance Computing.* Sebastopol, CA: O'Reilly, 1998.

EISCHEN, C. "RAID 6 Covers More Bases". *Network World*, 9 abr. 2007.

EL-AYAT, K.; AGARWAL, R. "The Intel 80386 – Architecture and Implementation". *IEEE Micro*, v. 5, n. 6, dez. 1985.

FATAHALIAN, K.; HOUSTON, M. "A Closer Look at GPUs." *Communications of the ACM*, v. 51, n. 10, out. 2008.

FEITELSON, D. *Workload Modeling for Computer Systems Performance Evaluation.* Cambridge: Cambridge University Press, 2015.

FLEMING, P.; WALLACE, J. "How Not to Lie with Statistics: The Correct Way to Summarize Benchmark Results". *Communications of the ACM*, v. 29, n. 3, mar. 1986.

FLYNN, M. "Some Computer Organizations and Their Effectiveness". *IEEE Transactions on Computers*, v. 21, n. 9, set. 1972.

FLYNN, M.; MITCHELL, C.; MULDER, J. "And Now a Case for More Complex Instruction Sets". *Computer*, v. 20, n. 9, set. 1987.

FOG, A. *Optimizing Subroutines in Assembly Language: An Optimization Guide for x86 Platforms.* Copenhagen University College of Engineering, 2008. Disponível em: <http://www.agner.org/optimize/optimizing_assembly.pdf>. Acesso em: 22 ago. 2017.

FRAILEY, D. "Word Length of a Computer Architecture: Definitions and Applications". *Computer Architecture News*, v. 11, n. 2, jun. 1983.

GENUA, P. *A Cache Primer.* Application Note AN2663. Freescale Semiconductor, Inc., 2004.

GHAI, S.; JOYNER, J.; JOHN, L. *Investigating the Effectiveness of a Third Level Cache.* Technical Report TR-980501-01. Austin: Laboratory for Computer Architecture, University of Texas at Austin, 1998.

GIBBS, W. "A Split at the Core". *Scientific American*, v. 291, n. 5, nov. 2004.

GIFFORD, D.; SPECTOR, A. "Case Study: IBM's System/360-370 Architecture". *Communications of the ACM*, v. 30, n. 4, abr. 1987.

GILADI, R.; AHITUV, N. "SPEC as a Performance Evaluation Measure". *Computer*, v. 28, n. 8, ago. 1995.

GOERING, R. "Keynote: New Memory Technologies Challenge NAND Flash and DRAM". *Cadence Industry Insight Blogs*, 22 ago. 2012. Disponível em: <https://community.cadence.com/cadence_blogs_8/b/ii/archive/2012/08/22/keynote-new-memory-technologies-challenge-nand-flash-and-dram>. Acesso em: 22 ago. 2017.

GOLDSTINE, H.; POMERENE, J.; SMITH, C. *Final Progress Report on the Physical Realization of an Electronic Computing Instrument.* Princeton: The Institute for Advanced Study Electronic Computer Project, 1954.

GSOEDL, J. "Solid State: New Frontier in Storage". *Storage*, jul. 2008.

GUSTAFSON, J. "Reevaluating Amdahl's Law". *Communications of the ACM*, v. 31, n. 5, maio 1988.

HANDY, J. *The Cache Memory Book.* San Diego: Academic Press, 1998.

HARRIS, W. "Multi-Core in the Source Engine". *Bit-tech.net*, 2 nov. 2006. Disponível em: <http://www.bit-tech.net/reviews/gaming/pc/Multi_core_in_the_Source_Engin/1/>. Acesso em: 22 ago. 2017.

HAYES, J. *Computer Architecture and Organization.* Nova York: McGraw-Hill, 1998.

HEATH, J. "Re-Evaluation of RISC I". *Computer Architecture News*, v. 12, n. 1, mar. 1984.

HENNING, J. "SPEC CPU Suite Growth: An Historical Perspective". *Computer Architecture News*, v. 35, n. 1, mar. 2007.

HENNESSY, J.; PATTERSON, D. *Computer Architecture: A Quantitative Approach.* Waltham, MA: Morgan Kaufman, 2012.

HENNESSY, J. et al. "Hardware/Software Tradeoffs for Increased Performance". *Proceedings, Symposium on Architectural Support for Programming Languages and Operating Systems*, mar. 1982.

HENNESSY, J. "VLSI Processor Architecture". *IEEE Transactions on Computers*, v. 33, n. 12, dez. 1984.

HILL, R. "Stored Logic Programming and Applications". *Datamation*, fev. 1964.

HILL, M. "Evaluating Associativity in CPU Caches". *IEEE Transactions on Computers*, v. 38, n. 12, dez. 1989.

HUCK, T. *Comparative Analysis of Computer Architectures.* Technical Report 83-243. Stanford University, maio 1983.

HUGGAHALLI, R.; IYER, R.; TETRICK, S. "Direct Cache Access for High Bandwidth Network I/O". *Proceedings, 32nd Annual International Symposium on Computer Architecture*, jun. 2005.

HUGUET, M.; LANG, T. "Architectural Support for Reduced Register Saving/Restoring in Single-Window Register Files". *ACM Transactions on Computer Systems*, v. 9, n. 1, fev. 1991.

HWANG, K. *Advanced Computer Architecture.* Nova York: McGraw-Hill, 1993.

HWANG, K, et al. "Designing SSI Clusters with Hierarchical Checkpointing and Single I/O Space". *IEEE Concurrency*, v. 7, n. 1, jan./mar. 1999.

INTEL CORP. *Pentium Pro and Pentium II Processors and Related Products.* Aurora, CO, 1998.

INTEL RESEARCH AND DEVELOPMENT. *Architecting the Era of Tera.* Intel White Paper, fev. 2004.

INTEL CORP. *Integrated Network Acceleration Features of Intel I/O Acceleration Technology and Microsoft Windows Server 2008.* Intel White Paper, fev. 2004.

INTEL CORP. *Intel Data Direct I/O Technology (Intel DDIO): A Primer.* Intel White Paper, fev. 2012.

INTEL CORP. *The Computer Architecture of Intel Processor Graphics Gen8.* Intel White Paper, set. 2014.

INTERNATIONAL TECHNOLOGY ROADMAP FOR SEMICONDUCTORS. *International Technology Roadmap for Semiconductors, 2013 Edition*, 2014. Disponível em: <http://www.itrs2.net/2013-itrs.html>. Acesso em: 22 ago. 2017.

JACOB, B.; MUDGE, T. "Notes on Calculating Computer Performance". Tech Report CSE-TR-231-95. *University of Michigan*, mar. 1995.

JACOB, B.; NG, S.; WANG, D. *Memory Systems: Cache, DRAM, Disk*. Boston: Morgan Kaufmann, 2008.

JAIN, R. *The Art of Computer System Performance Analysis*. Nova York: Wiley, 1991.

JAMES, D. "Multiplexed Buses: The Endian Wars Continue". *IEEE Micro*, v. 10, n. 3, jun. 1990.

JEFF, B. *Advances in big.LITTLE Technology for Power and Energy Savings*. ARM White Paper, set. 2012.

JOHNSON, M. *Superscalar Microprocessor Design*. Englewood Cliffs, NJ: Prentice Hall, 1991.

JOHN, L. "More on finding a Single Number to indicate Overall Performance of a Benchmark Suite". *Computer Architecture News*, v. 32, n. 1, mar. 2004.

JOUPPI, N. "Superscalar versus Superpipelined Machines". *Computer Architecture News*, v. 16, n. 3, jun. 1988.

JOUPPI, N.; WALL, D. "Available Instruction-Level Parallelism for Superscalar and Superpipelined Machines". *Proceedings, 3rd International Conference on Architectural Support for Programming Languages and Operating Systems*, abr. 1989a.

JOUPPI, N. "The Nonuniform Distribution of Instruction-Level and Machine Parallelism and its Effect on Performance". *IEEE Transactions on Computers*, v. 38, n. 12, dez. 1989b.

KAPP, C. "Managing Cluster Computers". *Dr. Dobb's Journal*, jul. 2000.

KATEVENIS, M. *Reduced Instruction Set Computer Architectures for VLSI*. 1983. Tese de doutorado. Computer Science Department, University of California at Berkeley, out. 1983. Reimpresso pelo MIT Press, Cambridge, MA, 1985.

KATZ, R.; GIBSON, G.; PATTERSON, D. "Disk System Architecture for High Performance Computing". *Proceedings of the IEEE*, dez. 1989.

KNUTH, D. "An Empirical Study of FORTRAN Programs". *Software Practice and Experience*, v. 1, 1971.

KUCK, D.; PARKER, D.; SAMEH, A. "An Analysis of Rounding Methods in Floating-Point Arithmetic". *IEEE Transactions on Computers*, v. 26, n. 7, jul. 1977.

KULRURSAY, E. et al. "Evaluating STT-RAM as an Energy-Efficient Main Memory Alternative". *IEEE International Symposium on Performance Analysis of Systems and Software (ISPASS)*, 2013.

KUMAR, A.; HUGGAHALLI, R. "Impact of Cache Coherence Protocols on the Processing of Network Traffic." *40th IEEE/ACM International Symposium on Microarchitecture*, 2007.

LEE, R.; KWOK, A.; BRIGGS, F. "The Floating Point Performance of a Superscalar

SPARC Processor". *Proceedings, 4th International Conference on Architectural Support for Programming Languages and Operating Systems*, abr. 1991.

LEE, B. et al. "Phase-Change Technology and the Future of Main Memory". *IEEE Micro*, v. 30, n. 1, jan./fev. 2010.

LEAN, E.; MACCABE, A. "Reducing Memory Bandwidth for Chip-Multiprocessors using Cache Injection." *15th IEEE Symposium on High-Performance Interconnects*, ago. 2007.

LEONARD, T. "Dragged Kicking and Screaming: Source Multicore." *Proceedings, Game Developers Conference 2007*, mar. 2007.

LILJA, D. "Reducing the Branch Penalty in Pipelined Processors". *Computer*, v. 21, n. 7, jul. 1988.

LILJA, D. "Cache Coherence in Large-Scale Shared-Memory Multiprocessors: Issues and Comparisons". *ACM Computing Surveys*, v. 25, n. 3, set. 1993.

LILJA, D. *Measuring Computer Performance: A Practitioner's Guide*. Cambridge: Cambridge University Press, 2000.

LITTLE, J. "A Proof for the Queuing Formula: $L = \lambda W$". *Operations Research*, v. 9, n. 3, maio/jun. 1961.

LITTLE, J. "Little's Law as Viewed on its 50th Anniversary". *Operations Research*, v. 59, n. 3, maio/jun. 2011.

LOVETT, T.; CLAPP, R. "Implementation and Performance of a CC-NUMA System". *Proceedings, 23rd Annual International Symposium on Computer Architecture*, maio 1996.

LUNDE, A. "Empirical Evaluation of Some Features of Instruction Set Processor Architectures". *Communications of the ACM*, v. 20, n. 3, mar. 1977.

MacDOUGALL, M. "Instruction-level Program and Process Modeling". *IEEE Computer*, v. 17, n. 7, jul. 1984.

MANJIKIAN, N. "More Enhancements of the SimpleScalar Tool Set". *Computer Architecture News*, v. 29, n. 4, set. 2001a.

MANJIKIAN, N. "Multiprocessor Enhancements of the SimpleScalar Tool Set". *Computer Architecture News*, v. 29, n. 1, mar. 2001b.

MASHEY, J. "War of the Benchmark Means: Time for a Truce". *Computer Architecture News*, v. 32, n. 4, set. 2004.

MASHEY, J. "CISC vs. RISC (or what is RISC really)". *USENET Comp.arch Newsgroup*, artigo 46782, fev. 1995.

MAK, P. et al. "Shared-Cache Clusters in a System with a Fully Shared Memory". *IBM Journal of Research and Development*, v. 41, n. 4.5, jul./set. 1997.

MAYBERRY, W.; EFLAND, G. "Cache Boosts Multiprocessor Performance". *Computer Design*, nov. 1984.

McDOUGALL, R. "Extreme Software Scaling". *Queue*, v. 3, n. 7, set. 2005.

McDOUGALL, R.; LAUDON, J. "Multi-Core Microprocessors are Here". *;login*, v. 31, n. 5, out. 2006.

McMAHON, F., "L.L.N.L Fortran Kernels Test". *Source*, out. 1993. Disponível em: <www.netlib.org/benchmark/livermore>. Acesso em: 22 ago. 2017.

MOORE, G. "Cramming More Components Onto Integrated Circuits". *Electronics Magazine*, 19 abr. 1965. Reimpresso em *Proceedings of the IEEE*, jan. 1998.

MORRIS, M. "Kiviat Graphs – Conventions and Figures of Merit". *ACM SIGMETRICS Performance Evaluation Review*, v. 3, n. 3, out. 1974.

MORSE, S.; POHLMAN, W.; RAVENEL, B. "The Intel 8086 Microprocessor: A 16-bit Evolution of the 8080". *Computer*, v. 11, n. 6, jun. 1978.

MYERS, G. "The Evaluation of Expressions in a Storage-to-Storage Architecture". *Computer Architecture News*, v. 6, n. 9, jun. 1978.

NASM DEVELOPMENT TEAM. NASM – The Netwide Assembler. Disponível em: <http://nasm.us/>. Acesso em: 22 ago. 2017.

NOVITSKY, J.; AZIMI, M.; GHAZNAVI, R. "Optimizing Systems Performance Based on Pentium Processors." *Proceedings, COMPCON '92*, fev. 1993.

NVIDIA. *NVIDIA's Next Generation CUDA Compute Architecture: Fermi*. NVIDIA White Paper, ago. 2009. Disponível em: <https://www.nvidia.com/content/PDF/fermi_white_papers/NVIDIA_Fermi_Compute_Architecture_Whitepaper.pdf>. Acesso em: 22 ago. 2017.

NVIDIA. *CUDA C Programming Guide*. NVIDIA Documentation, 2014.

OWENS, J. et al. "GPU Computing". *Proceedings of the IEEE*, maio 2008.

PADEGS, A. "System/360 and Beyond". *IBM Journal of Research and Development*, v. 25, n. 5, set. 1981.

PARHAMI, B. *Computer Arithmetic: Algorithms and Hardware Design*. Oxford: Oxford University Press, 2010.

PATTERSON, D.; SEQUIN, C. "A VLSI RISC". *Computer*, v. 15, n. 9, set. 1982a.

PATTERSON, D.; PIEPHO, R. "Assessing RISCs in High-Level Language Support". *IEEE Micro*, v. 2, n. 4, nov. 1982b.

PATTERSON, D. "RISC Watch." *Computer Architecture News*, v. 12, n. 1, mar. 1984.

PATTERSON, D. "Reduced Instruction Set Computers". *Communications of the ACM*. v. 28, n. 1, jan. 1985a.

PATTERSON, D.; HENNESSY, J. "Response to 'Computers, Complexity, and Controversy'". *Computer*, November 1985b.

PATTERSON, D.; GIBSON, G.; KATZ, R. "A Case for Redundant Arrays of Inexpensive Disks (RAID)". *Proceedings, ACM SIGMOD Conference of Management of Data*, jun. 1988.

PEDDIE, J. "Inside Intel's Gen 8 GPU". *EE Times*, 22 set. 2014. Disponível em: <http://www.eetimes.com/author.asp?doc_id=1324011>. Acesso em: 22 ago. 2017.

PEIR, J.; HSU, W.; SMITH, A. "Functional Implementation Techniques for CPU Cache Memories". *IEEE Transactions on Computers*, v. 48, n. 2, fev. 1999.

PELEG, A.; WILKIE, S.; WEISER, U. "Intel MMX for Multimedia PCs". *Communications of the ACM*, v. 40, n. 1, jan. 1997.

PFISTER, G. *In Search of Clusters*. Upper Saddle River, NJ: Prentice Hall, 1998.

PHANSLKAR, A.; JOSHI, A.; JOHN, L. "Analysis of Redundancy and Application Balance in the SPEC CPU2006 Benchmark Suite". *ACM International Symposium on Computer Architecture, ISCA'07*, 2007.

POLLACK, F. "New Microarchitecture Challenges in the Coming Generations of CMOS Process Technologies". *Proceedings of the 32nd Annual ACM/IEEE International Symposium on Microarchitecture*, 1999.

PRESSEL, D. "Fundamental Limitations on the Use of Prefetching and Stream Buffers for Scientific Applications." *Proceedings, ACM Symposium on Applied Computing*, mar. 2001.

PROPHET, G. "Use GPUs to Boost Acceleration". *EDN Network*, 2 dez. 2010. Disponível em: <http://www.edn.com/electronics-products/other/4363861/Use-GPUs-to-boost-acceleration>. Acesso em: 22 ago. 2017.

PRZYBYLSKI, S.; HOROWITZ, M.; HENNESSY, J. "Performance Trade-offs in Cache Design". *Proceedings, 15th Annual International Symposium on Computer Architecture*, jun. 1988.

PRZYBYLSKI, S. "The Performance Impact of Block Size and Fetch Strategies." *Proceedings, 17th Annual International Symposium on Computer Architecture*, maio 1990.

RADIN, G. "The 801 Minicomputer". *IBM Journal of Research and Development*, maio 1983.

RAGAN-KELLEY, R.; CLARK, R. "Applying RISC Theory to a Large Computer". *Computer Design*, nov. 1983.

RAOUX, S. et al. "Phase-Change Random Access Memory: A Scalable Technology". *IBM Journal of Research and Development*, v. 52, n. 4.5, jul./set. 2008.

RECHES, S.; WEISS, S. "Implementation and Analysis of Path History in Dynamic Branch Prediction Schemes". *IEEE Transactions on Computers*, v. 47, n. 8, ago. 1998.

REDDI, S.; FEUSTEL, E. "A Conceptual Framework for Computer Architecture". *Computing Surveys*, v. 8, n. 2, jun. 1976.

REIMER, J. "Valve Goes Multicore." *Ars Technica*, 5 nov. 2006. Disponível em: <https://arstechnica.com/gaming/2006/11/valve-multicore/>. Acesso em: 22 ago. 2017.

ROBIN, P. "Experiment with Linux and ARM Thumb-2 ISA". *Embedded Linux Conference*, 2007.

RODRIGUEZ, M., PEREZ, J.; PULIDO, J. "An Educational Tool for Testing Caches on Symmetric Multiprocessors". *Microprocessors and Microsystems*, v. 25, n. 4, jun. 2001.

SANDERS, J.; KANDROT, E. *CUDA by Example: An Introduction to General-Purpose GPU Programming.* Reading, MA: Addison-Wesley Professional, 2010.

SATYANARAYANAN, M., BHANDARKAR, D. "Design Trade-Offs in VAX-11 Translation Buffer Organization". *Computer*, v. 14, n. 12, dez. 1981.

SEBERN, M. "A Minicomputer-compatible Microcomputer System: The DEC LSI-11". *Proceedings of the IEEE*, jun. 1976.

SERLIN, O. "MIPS, Dhrystones, and Other Tales". *Datamation*, v. 32, n. 11, 1 jun. 1986.

SHANNON, C. "Symbolic Analysis of Relay and Switching Circuits". *AIEE Transactions*, v. 57, 1938.

SHARMA, A. *Advanced Semiconductor Memories: Architectures, Designs, and Applications.* New York: IEEE Press, 2003.

SHUM, C.; SUSABA, F.; JACOBI, C. "IBM zEC12: The Third-Generation High- Frequency Mainframe Microprocessor". *IEEE Micro*, v. 33, n. 2, mar./abr. 2013.

SIEWIOREK, D.; BELL, C.; NEWELL, A. *Computer Structures: Principles and Examples.* Nova York: McGraw-Hill, 1982.

SIMON, H. *The Sciences of the Artificial.* Cambridge, MA: MIT Press, 1996.

SLAVICI, V., et al. "Adapting Irregular Computations to Large CPU-GPU Clusters in the MADNESS Framework". *IEEE International Conference on Cluster Computing*, 2012.

SMITH, A. "Cache Memories." *ACM Computing Surveys*, set. 1982.

SMITH, A. "Line (Block) Size Choice for CPU Cache Memories". *IEEE Transactions on Communications*, v. 36, n. 9, set. 1987.

SMITH, J. "Characterizing Computer Performance with a Single Number". *Communications of the ACM*, v. 3, n. 10, out. 1988.

SMITH, M.; JOHNSON, M.; HOROWITZ, M. "Limits on Multiple Instruction Issue". *Proceedings, Third International Conference on Architectural Support for Programming Languages and Operating Systems*, abr. 1989.

SMITH, J.; SOHI, G. "The Microarchitecture of Superscalar Processors." *Proceedings of the IEEE*, dez. 1995.

SOHI, G. "Instruction Issue Logic for High-Performance Interruptable, Multiple Functional Unit, Pipelined Computers". *IEEE Transactions on Computers*, v. 39, n. 3, mar. 1990.

STALLINGS, W. "Gigabit Wi-Fi". *Internet Protocol Journal*, set. 2014a.

STALLINGS, W. "Gigabit Ethernet". *Internet Protocol Journal*, set. 2014b.

STALLINGS, W. *Operating Systems, Internals and Design Principles, Eighth Edition.* Upper Saddle River, NJ: Pearson, 2015.

STENSTROM, P. "A Survey of Cache Coherence Schemes of Multiprocessors". *Computer*, v. 23, n. 6, jun. 1990.

STEVENS, W. "The Structure of System/360, Part II: System Implementation". *IBM Systems Journal*, v. 3, n. 2, 1964. Reimpresso em SIEWIOREK, D. et al. *Computer Structures: Principles and Examples.* Nova York: McGraw-Hill, 1982.

STEVENS, A. *Introduction to AMBS 4 ACE and big.Little Processing Technology.* ARM White Paper, 2013.

STRECKER, W. "VAX-11/780: A Virtual Address Extension to the DEC PDP-11 Family". *Proceedings, National Computer Conference*, 1978.

STRECKER, W. "Transient Behavior of Cache Memories". *ACM Transactions on Computer Systems*, v. 1, n. 4, nov. 1983.

STRITTER, E.; GUNTER, T. "A Microprocessor Architecture for a Changing World: The Motorola 68000". *Computer*, v. 12, n. 2, fev. 1979.

TAMIR, Y.; SEQUIN, C. "Strategies for Managing the Register File in RISC". *IEEE Transactions on Computers*, v. 32, n. 11, nov. 1983.

TANENBAUM, A. "Implications of Structured Programming for Machine Architecture". *Communications of the ACM*, v. 21, n. 3, mar. 1978.

TEXAS INSTRUMENTS. *66AK2H12/06 Multicore DSP+ARM KeyStone II System-on-Chip (SoC)*. Data Manual SPRS866, nov. 2012.

TJADEN, G.; FLYNN, M. "Detection and Parallel Execution of Independent Instructions". *IEEE Transactions on Computers*, v. 19, n. 10, out. 1970.

TOONG, H.; GUPTA, A. "An Architectural Comparison of Contemporary 16-Bit Microprocessors". *IEEE Micro*, v. 1, n. 2, maio 1981.

TUCKER, S. "Microprogram Control for System/360". *IBM Systems Journal*, v. 6, n. 4, 1967.

UNGERER, T.; RUBIC, B.; SILC, J. "Multithreaded Processors". *The Computer Journal*, n. 3, 2002.

UNGERER, T.; RUBIC, B.; SILC, J. "A Survey of Processors with Explicit Multithreading". *ACM Computing Surveys*, v. 35, n. 1, mar. 2003.

VANCE, A. "99% of the World's Mobile Devices Contain an ARM Chip". *Businessweek*, 10 fev. 2014.

VON NEUMANN, J. *First Draft of a Report on the EDVAC*. Filadélfia: Moore School, University of Pennsylvania, 1945. Reimpresso nos *IEEE Annals on the History of Computing*, n. 4, 1993.

VRANESIC, Z., Thurber, K. "Teaching Computer Structures". *Computer*, v. 13, n. 6, jun. 1980.

WALLICH, P. "Toward Simpler, Faster Computers". *IEEE Spectrum*, v. 22, n. 8, ago. 1985.

WANG, G.; TAFTI, D. "Performance Enhancement on Microprocessors with Hierarchical Memory Systems for Solving Large Sparse Linear Systems". *International Journal of Supercomputing Applications*, v. 13, 1999.

WEICKER, R. "An Overview of Common Benchmarks". *Computer*, v. 23, n. 12, dez. 1990.

WEINBERG, G. *An Introduction to General Systems Thinking*. Nova York: Wiley, 1975.

WEISS, S.; SMITH, J. "Instruction Issue Logic in Pipelined Supercomputers". *IEEE Transactions on Computers*, v. 33, n. 11, nov. 1984.

WHITNEY, S., et al. "The SGI Origin Software Environment and Application Performance". *Proceedings, COMPCON Spring '97*, fev. 1997.

WILKES, M. "The Best Way to Design an Automatic Calculating Machine". *Proceedings, Manchester University Computer Inaugural Conference*, jul. 1951.

WILKES, M.; STRINGER, J. "Microprogramming and the Design of the Control Circuits in an Electronic Digital Computer". *Proceedings of the Cambridge PhilosophicalSociety*, abr. 1953. Reimpresso em SIEWIOREK, D. et al. A. *Computer Structures: Principles and Examples*. Nova York: McGraw-Hill, 1982.

WILLIAMS, F.; STEVEN, G. "Address and Data Register Separation on the M68000 Family". *Computer Architecture News*, v. 18, n. 2, jun. 1990.

YEH, T.; PATT, N. "Two-Level Adapting Training Branch Prediction". *Proceedings, 24th Annual International Symposium on Microarchitecture*, 1991.

ZHOU, P. et al. "A Durable and Energy Efficient Main Memory Using Phase Change Memory Technology". *ACM International Symposium on Computer Architecture, ISCA'09*, 2009.

ACRÔNIMOS

ACM	Association for Computing Machinery
ALU	Unidade lógica aritmética (*Arithmetic Logic Unit*)
ANSI	American National Standards Institute
ASCII	American Standards Code for Information Interchange
BCD	Decimal Codificado Binário (*Binary Coded Decimal*)
CD	*Compact Disk*
CD-ROM	Disco compacto apenas para leitura (*Compact Disk Read-Only Memory*)
CISC	Computador com conjunto complexo de instruções (*Complex Instruction Set Computer*)
CPU	Unidade central de processamento (*Central Processing Unit*)
DMA	Acesso direto à memória (*Direct Memory Access*)
DRAM	Memória de acesso aleatório e dinâmico (*Dynamic Random-Access Memory*)
DVD	*Digital Versatile Disk*
E/S	Entrada/saída
EEPROM	Memória somente de leitura programável e apagável eletronicamente (*Electrically Erasable Programmable Read-Only Memory*)
EPIC	Computação de instrução explicitamente paralela (*Explicitly Parallel Instruction Computing*)
EPROM	Memória somente de leitura programável e apagável (*Erasable Programmable Read-Only Memory*)
HLL	Linguagem de alto nível (*High-Level Language*)
IAR	Registrador de endereço de instrução (*Instruction Address Register*)
IC	Circuito integrado (*Integrated Circuit*)
IEEE	Institute of Electrical and Electronics Engineers
ILP	Paralelismo em nível de instrução (*Instruction-Level Parallelism*)
IR	Registrador de instrução (*Instruction Register*)
LRU	Usado menos recentemente (*Least Recently Used*)
LSI	Integração em grande escala (*Large-Scale Integration*)
MAR	Registrador de endereço de memória (*Memory Address Register*)
MBR	Registrador de buffer de memória (*Memory Buffer Register*)
MESI	Modificado-Exclusivo-Compartilhado-Inválido (*Modify-Exclusive-Shared-Invalid*)
MIC	Muitos *cores* integrados (*Many Integrated Cores*)
MMU	Unidade de gerenciamento de memória (*Memory Management Unit*)
MSI	Integração em média escala (*Medium-Scale Integration*)
NUMA	Acesso não uniforme à memória (*Nonuniform Memory Access*)
PC	Contador de programa (*Program Counter*)
PCB	Bloco de controle de processo (*Process Control Block*)
PCI	*Peripheral Component Interconnect*
PROM	Memória somente de leitura programável (*Programmable Read-Only Memory*)
PSW	Palavra de estado do programa (*Program Status Word*)
RAID	Array redundante de discos independentes (*Redundant Array of Independent Disks*)
RALU	Registrador/unidade aritmética-lógica (*Register/Arithmetic-Logic Unit*)
RAM	Memória de acesso aleatório (*Random-Access Memory*)
RISC	Computador com conjunto de instruções reduzido (*Reduced Instruction Set Computer*)
ROM	Memória somente de leitura (*Read-Only Memory*)
SCSI	*Small Computer System Interface*
SMP	Multiprocessadores simétricos (*Symmetric Multiprocessors*)
SO	Sistema operacional
SRAM	Memória de acesso aleatório estática (*Static Random-Access Memory*)
SSI	Integração de pequena escala (*Small-Scale Integration*)
ULSI	Integração em escala ultragrande (*Ultra Large-Scale Integration*)
VLIW	Palavra de instrução muito longa (*Very Long Instruction Word*)
VLSI	Integração em escala muito grande (*Very Large-Scale Integration*)

ÍNDICE

A

Abordagem
  de memória não cacheável, 121
  de monitoramento de barramento, 121
  de superpipeline, 493-494
  e transparência do hardware, 121
Abordagens em *clustering* servidor, 541
ACE (Extensões de coerência de interface extensível avançadas), 574
Aceleramento de um sistema (*speedup*), 43-45, 562-563
Acerto de cache, 105-108, 122
Acerto/falha de leitura, 533-534
Acesso
  aleatório, 101
  associativo, 101
  direto, 101
  sequencial, 101
  uniforme à memória (UMA), 544
Acesso de memória não uniforme com coerência de cache (CC-NUMA), 544
  organização, 545-546
  vantagens e desvantagens, 546-547
Acesso direto à cache (DCA), 214-220
  estratégias, 218
  questões de desempenho e benefícios, 217-218
Acesso direto à memória (DMA), 81
  comparação de DDIO com, 219
  controlador de DMA flutuante, 213
  DMA 8237, uso de barramento de sistema, 213
  E/S programada e controlada por interrupção, 219-210
  função, 210-212
  pontos de interrupção durante um ciclo de instrução, 211
  registradores de comando de controle do Intel 8237, 213-214
  SMP, 529
  usando cache de último nível compartilhada, 255-257
Acorn RISC Machine (ARM), 28. *Ver também* Arquitetura ARM
Acumulador (AC), 12, 71, 355
Adaptador de canal do host (HCA), 226
Adição, 287-289
  binária, 333
  complemento de dois, 287-288
  regra de *overflow*, 287
Álgebra booleana, 318-319, 335
  funções NAND, 318
  identidades básicas da, 319
  operação AND, 318
  operação NOT, 318
  operação OR, 318
  operação ou-exclusivo (XOR), 318
  operadores booleanos, 319
Algoritmo
  de Booth, 292-295
  de substituição, memória cache, 120
  "primeiro a entrar, primeiro a sair" (FIFO), 120
  Usado menos frequentemente (LFU), 108, 120
  Usado menos recentemente (LRU), 108, 120, 253
Amdahl, Gene, 43
American Standard Code for Information Interchange (ASCII), 196, 358

Análise de fluxo de dados, 39
Antidependência, 434, 499-500
Aplicações
  Java, 564
  paralelas, 541
Arbitração distribuída, 96-97
Aritmética de infinito, 311
Aritmética de ponto flutuante, 305-312, 361, 492, 497, 592
  adição, 306-307
  arredondar para mais, 310
  arredondar para o mais próximo, 310
  arredondar para zero, 310-311
  considerações de precisão, 309-311
  divisão, 308
  menos infinito, 310
  multiplicação, 308
  normalização, 308
  overflow de exponente, 305
  overflow de significando, 306
  padrão IEEE para a aritmética binária, 311-312
  subtração, 306-307
  underflow de exponente, 305
  underflow de significando, 306
Aritmética de saturação, 375
Armazenamento de dados, 3, 17, 33, 34, 102, 139, 223, 354
  instruções de máquina, 353
Arquitetura ARM, 28-32
  acesso desalinhado, 361
  conjunto de instruções, 28
  estados de linha de cache ACE, 574
  evolução, 28
  instrução SETEND, 361
  instruções de acesso ao registrador de estado, 378
  instruções de carga e armazenamento, 376
  instruções de desvio, 377
  instruções de processamento de dados, 377
  instruções de, 355
  instruções extensão, 378
  instruções múltiplas, 377
  instruções paralelas de adição e subtração, 377-378
  produtos, 29-32
  suporte *endian*, 361
  tipos de dados, 359-361
  uso de códigos de condição em, 378
  verificação de alinhamento, 361
  VLSI, 28
Arquitetura
  de Von Neumann, 68-69
  do computador, 2
  IA-64, 420
  VAX, 254
Arquitetura do conjunto de instruções (ISA), 2, 47, 235, 410, 568, 571
  ARM, 28, 408
  Thumb-2, 28, 409
Arquitetura Intel Gen8, 596-598
  módulos de memória, 596
  multithreading simultâneo (SMT) arquitetura, 596
  registradores, 596
  subslices, 596
  unidade de execução (EU), 596
  unidades de ponto flutuante SIMD, 596

Arquitetura Intel x86, 23-24
    algoritmo estático de previsão, 506
    banco de registradores de inteiro e de ponto flutuante, 508
    buffer de alvo de desvio (BTB), 505
    buffer de reordenação (ROB), 507
    conjunto de instruções, 23
    core de microprocessador de série, 24
    escalonamento de despacho de micro-ops, 507
    estágio de alocação, 507
    evolução de, 22, 23
    filas de micro-op, 507
    front end, 505-506
    hazards de dados, 433-434
    Instruction Translation Lookaside Buffer (ITLB), 506
    lógica de execução fora de ordem, 507-508
    microarquitetura, 503-508
    microprocessador 80286, 23
    microprocessador 80386, 23
    microprocessador 80486, 23
    microprocessador 8080, 23
    microprocessador 8086, 23
    microprocessador da série Pentium, 23
    organização dos registradores, 440-444
    parâmetros de cache/memória, 504
    pipeline, 505
    processamento de interrupções, 444-446
    registradores de controle, 442-444
    registradores de hardware, 507
    renomeação de registradores, 507
    tipos de dados, 359-360
    unidade de busca de instrução, 506
    unidade de decodificação, 506-507
    unidade de despacho, 507
    unidade de fila de instruções, 506-507
    unidade de pré-decodificação, 506
    unidade de previsão de desvio, 505-506
Array de porta programável por campo (FPGA), 346-348
        bloco lógico, 347
        blocos de E/S, 347
        estrutura, 347
Array lógico programável (PLA), 345-347
Arredondamento, 309-311
Arredondamento, padrões IEEE, 309
ATA serial (*Serial Advanced Technology Attachment*), 222
Atraso resistivo-capacitivo (RC), 41
Atraso rotacional (latência), discos magnéticos, 169
Auditor de nuvem, 550-552
Autoindexação, 394

B

Balanceamento de carga, *clusters*, 541
Balanço de desempenho de memória lógica, 39-40
Banco de memória, 145
Banco de registradores, pipeline de instruções, 463-466
Barramento (*Peripheral Component Interconnect – PCI*), 87
    de dados, 83
    de endereço, 83
    de microinstrução (MIB), 639
    de sistema, 4, 83
    interno do processador, 419
    serial FireWire, 222
    serial universal (USB), 222
Base, 260

Baseado em dígitos, 272
Bell Labs, 15
Benchmarks da Standard Performance Evaluation Corporation (SPEC)
    benchmarks de inteiro, 56, 59
    benchmarks de ponto flutuante, 57-58
    SPEC CPU2006, 56-58
    SPECint_base2006, 59
    SPECint_rate_base2006, 59
    SPECint_rate2006, 59
    SPECint2006, 59
    SPECjbb2013 (Java Business Benchmark), 56
    SPECjvm2008, 56
    SPECsfs2008, 56
    SPECviewperf, 56
    SPECvirt_sc2013, 56
    SPECwpc, 56
BFU (unidade de ponto flutuante binário), 9
Bit(s)
    de atualização (uso), 120
    de guarda, 309
    de modo virtual (VM), 442
    de paridade, 146
    de sinal, 281
    de uso, 120
Blocos, 101, 586
    algoritmo de Booth, 294-295
    cache, 134
    controle de processo, 422
    E/S, 347
    fita, 187
    lógicos, 347
    m, 105, 111
    memória, 109, 113, 116-118, 528
    pacote de protocolo, 217
    SDRAMs, 151
    SPLD, 345
    thread, 586-587, 591
Blocos de *thread*, 586
Blocos lógicos, 346, 347
Blu-ray DVD, 183, 186
British Broadcasting Corporation (BBC), 28
Buffer de alvo de desvio (BTB), 436, 437, 505
Buffer de histórico global (GHB), 509
Buffer de loops, pipeline, 435-436
Buffering de dados, módulo de E/S, 197
Buffers, 69
Busca
    antecipada de instrução (busca sobreposta), 427
    sobreposta, pipeline, 427
Byte SYNCH, 167
Byte, 94

C

Cache, 5
    banco de, 596
    Cortex-R, 29
    de dados, 126
    de instrução, Pentium 4, 124
    falhas (*miss*), 108, 121, 126, 217-218, 219, 262, 495, 506, 536, 538, 577, 579
    física, 109
    injeção, 218
    L1, 105
    L2, 105

ÍNDICE

L3, 105
lógica, 109
Cache dividida, 123
memória, 122
Cache do Pentium 4, 124-126
cache de instrução, 125
lógica de execução fora-de-ordem, 125
modos de operação, 126
política *write-back*, 126
subsistema de memória, 126
unidade de busca/decodificação, 124
unidades de execução, 125
Cálculo de endereço de instrução, 73
Camada
de ligação, 87, 94
de transação, 92-93
física, 86-87
Campos de endereço virtual, 258
Canais de E/S, 220-222
arquitetura, 221
canal multiplexador, 221
canal seletor, 221
características de, 221
E/S de zEnterprise EC12 da IBM, 224-227
função, 220-221
multiplexador de bloco, 222
multiplexador de byte, 221
Canal
de dados, 15
multiplexador, 221
seletor, 221
Capacitores, 17
Características físicas de armazenamento de dados, 102
Carga atrasada, pipeline, 476-477
Carregador de nuvem, 550-551
Carry lookahead, 336
CD-ROM, 183
CD-RW, 183
Célula de memória, 17
Chips, 5-6, 17
alta velocidade, 41
ARM, 28
armazenamento de controle, 639
big.Little, 571
circuito integrado, 17, 20
controlador de E/S, 6
DDR, 152
de microprocessador, 26
de processador Intel Quad-Core Xeon, 7-8
dois *cores*, 42
integração em escala ultragrande (ULSI), 20
LSI, 639
memória DRAM, 145
memória semicondutora, 141-143
memória, 6, 7, 21, 38-39, 142-143
microcontrolador, 26
multicore, 84, 226, 534-538, 560, 565, 566, 568, 580
pacote EPROM de, 143-144
processador Quad-Core Xeon da Intel, 7
PU, 580
quatro *cores*, 42
RAM, 332
Chipset Intel 3420, 7
Chipset, PCI Express, 88
Ciclo de busca, 12, 70, 72, 76, 77, 400, 424-426, 603-604

bits de dados buscados, 146
micro-operações (micro-ops), 602-603
Ciclo(s)
de *clock* (barramento), 46
de máquina, 612
indireto, 605
por instrução (CPI) para um programa, 47
Ciclo de execução, 70, 72, 77
micro-operações (micro-ops), 605-606
Ciclo de instrução, 70
armazenamento do operando (os), 73
atividades de execução de busca e instrução, 424
busca de instrução (if), 73
busca do operando (of), 73
cálculo de endereço de instrução (iac), 73
cálculo de endereço do operando (oac), 73
ciclo de busca, 424-426
ciclo de execução, 426
decodificação de operação da instrução (iod), 73
estágio de interrupção, 424
indireta, 391-395
interrupções e, 74-80
operação dos dados (do), 73
Circuito combinatório
circuitos sequenciais, 337-344
decodificadores, 332-333
definido, 322
equações booleanas, 322-323
memória somente de leitura (ROM), 333
multiplexadores, 330-331
símbolos gráficos, 322
tabela verdade de, 322
Circuito integrado (IC), 5, 16-19
padrão, 17
Circuitos sequenciais, 337-344
contadores, 342-344
flip-flops, 337-340
registradores, 341
Clusters, 524, 539-544
abordagem chamada de sem compartilhamento, 541
abordagem de disco compartilhado, 541
arquitetura de computadores, 542-543
balanceamento de carga, 541
benefícios e limitações, 539, 540
comparado ao SMP, 544
computação paralela, 541-542
configurações, 539-541
disco compartilhado, 539
imagem de sistema único, 542
projeto de sistema operacional, 541-542
secundário ativo, 540
serviços e funções middleware, 542
servidor, 539
servidores *blade*, 543-544
servidores separados, 541
stand-by passivo, 539
Codificação
de recurso, 638
funcional, 638
Código de ciclo de instrução (ICC), 606
Código de correção de único erro (SEC), 149
Código de correção de único erro, código de detecção de duplo erro (SEC-DED), 149
Código de Hamming, 146
Códigos de condição, 420, 634, 644
arquitetura ARM, 375-378

máquina baseadas em RISC, 478
palavra de estado de programa (PSW), 423
registrador de EFLAGS, 440
vantagens e desvantagens, 421
x86 da Intel, 372-374
Códigos de correção de erro, 146
Coerência de cache, 530-532
abordagem *write invalidate*, 532
computadores multicore, 574
políticas de escrita, 530
protocolo de *write updates*, 532
protocolos de diretório, 531
protocolos de monitoração, 531-532
software, 530-531
soluções baseadas em *hardware*, 531
Coerência de cache de *hardware*, 534
Comando de E/S, 199-200
Compactação, memória de E/S, 250
Compatível
com versões anteriores, 24
com versões superiores, 421
Compilação paralela, 541
Complexo root, 88
Componente
de estado sólido, 15, 17
de E/S, 69
discretos, 17
Computação de alta performance (HPC), 108
Computação de uso geral usando uma GPU (GPGPU), 43, 586
Computação em nuvem, 32-34
acesso abrangente da rede, 547
agentes, 550-551
agrupamento de recursos, 548
armazenamento, 33
arquitetura de referência, 549-552
autoatendimento sob demanda, 548
características essenciais da, 547
computação, 32
elasticidade rápida, 547
elementos, 547-550
infraestrutura como um serviço (IaaS), 34
modelos de implantação, 549
modelos de serviço (SaaS, PaaS, IaaS), 548, 551
nuvem comunitária, 549
nuvem híbrida, 549
nuvem privada, 549
nuvem pública, 549
plataforma como um serviço (PaaS), 34
rede, 32
serviço medido, 548
software como um serviço (SaaS), 34
Computação paramétrica, 542
Computador
digital, 17
em um chip, 26
Computador com conjunto reduzido de instruções (RISC), 2, 23, 458
arquitetura, 468-472
avaliação qualitativa, 486
avaliação quantitativa, 486
banco de registradores baseado em janela, 466-467
banco de registradores grande, 465-466
cache, 465-466
características, 459
chamadas de procedimento, 461-462

clássico, 472
conjunto de instruções complexo, 458-459
elementos de projeto, 458
estudo de Berkeley, 461-462, 482
execução de instruções, 458-462
formato de instrução simples, 471
instruções condicionais, 460
janelas de registrador, 463-465
linguagem de alto nível (HLL) e, 458, 460-462, 465
linha de raciocínio de, 459
modos de endereçamento simples, 470
operações registrador para registrador, 470-471
operações, 460-461
operandos, 461
otimização de registradores baseada em compilador, 466-468
pipeline, 472-477
referenciando um escalar local, 466-467
uma instrução de máquina por ciclo de máquina, 470
variáveis globais, 465
vs. projeto de CISC, 472, 486
Computador de processador único, 3-5
barramento de sistema, 4
estrutura interna de, 7
memória principal, 4
processador, 3
registradores, 5
sistema de interconexão, 4
unidade central de processamento (CPU), 4
unidade lógica e aritmética (ALU), 5
Computadores
arquitetura de conjunto de instruções (ISA), 2
arquitetura, 2
comerciais, 9
compatibilidade geração a geração de, 2
componentes, 68-70
conceito de família, 458
elementos fundamentais de, 9
estrutura e função, 3-9
estruturas de interconexão, 81-82
função, 70-81
gerações, 15
história de, 9-22
instrução, função de execução e busca, 70-74
organização, 2
Computadores com conjunto de complexo de instruções (CISC), 23, 461
característica, 459
motivações para arquitetura, 468-470
vs. projeto de RISC, 472, 486
Computadores de segunda geração, 14-15
CPU, 15
canal de dados, 15
multiplexador escalona, 16
Computadores mainframe, 19, 38
Computadores multicore, 6-7
arquiteturas de conjunto de instruções equivalente, 571-574
coerência de cache, 574-575
consumo de energia, 561-562
controlador de memória do subsistema de memória (MSMC), 574
controlador de memória multicore compartilhada (MSMC), 571
cores, 5, 7
desempenho de hardware, 559-562
desempenho do software, 562-566

ÍNDICE

interface de memória externa (EMIF), 571
lógica de instrução, 68
lógica de load/store, 6
memória cache, 5
memória compartilhada multicore (MSM), 571
modelo MOESI, 574
níveis de cache, 566-567
organização multicore heterogênea, 568-575
organização multicore homogênea, 568
organização, 566-568
placa de circuito impresso (PCI), 7
placa-mãe, 5-7
processador, 5-7
processadores de sinal digital (DSPs), 570-571
unidade de processamento central (CPU5), 568-571
unidade de processamento gráfico (GPUs), 568-569
unidade lógica e aritmética (ALU), 10
visão simplificada dos componentes, 5
Computador IAS, 9
cálculo de endereços, 12
ciclo de busca, 12
ciclo de execução, 12
ciclo de instrução, 12
código de operação da instrução (*opcode*), 11, 12, 14
controle lógico, 11
equipamento de entrada/saída (E/S), 10
estrutura de, 10
fluxograma de, 13
grupos de instrução, 12-14
instrução de saltos condicionais, 12
instrução de saltos incondicionais, 12
locais de armazenamento, 12
memória da, 11, 12-13
primeira proposta de von Neumann, 11-12
registradores, 12
transferência de dados, 12
unidade de controle, 10, 12
unidade lógica e aritmética (ALU), 10, 12
Computador mainframe IBM zEnterprise EC12, 7
controle de armazenamento (CA), 580
DRAM (eDRAM) embutida com memória cache, 581
estrutura de cache, 580-582
estrutura do processador nó, 581
módulo multichip (MCM), 580
organização, 580
unidade do processador (PU), 580
Comunicação de dispositivo, Módulos de E/S, 197
Comunicações de dados, 3
Comutação de magnetização induzida pela polarização da corrente, 157
Comutador, 88
Conceito
de família, 458
de programa armazenado, 9
Concentrador de entrada e saída (IOH), 84
Concluir (retirar) a instrução, 502
Conclusão em ordem, 497
Conflito de recurso, paralelismo, 496
Conjunto de cache, 116
Conjunto de instruções Thumb, ARM, 408-409
Conjuntos de instruções. *Ver* Modo de endereçamento
Constantes imediatas, ARM, 408
Consumidores da nuvem, 551
Consumo de energia, 561-562
Contador de pulso, 342-344

Contador do programa (PC), 12, 71, 245, 330-331, 421, 425, 426, 604
Contador síncrono, 342-344
Contadores, 342-344
ondulação, 342
síncrono, 342-343
Software Development Board (SDB), Texas Instruments 8800, 643
Controlador de interrupção Intel 82C59A, 205-206
Interrupt Acknowledge (INTA) de, 205
Interrupt Request (INTR) de, 205
responsabilidade de, 205
Controlador de memória integrada (IMC), 215
Controlador de vetor de interrupção aninhados (NVIC), 30
Controladores de cache, 121, 531
armazenamento de massa, 29
disco, 87
drive de disco, 196
E/S, 88, 100, 198, 199, 220
fanouts, 226
interface de rede, 88
memória e periférico, 560, 568-569
microcontroladores, 26, 156
Controladores de E/S, 88, 100, 198, 221
Controle, 71
acesso, 266
controle de armazenamento (CA), 580
de barramento, 121
de bit de escrita transparente em nível de página (PWT), 444
de L2, 9
de Wilkes, 626-629, 635
e temporização, 196-197
instruções de máquina, 353
interrupção, 612
linhas, 82-83
lógica, 11
módulos de E/S, 195, 196-197
COP (coprocessador dedicado), 9
Core Cortex-A15 de ARM, 570-572
consumo de energia, 572
estados de linha de cache ACE, 574
pipelines, 572
Cortex-A15 MPCore da ARM, 576-580
coerência de cache L1, 579
coerência de cache L2, 580
coerência de cache, 578-580
controlador de interrupção genérica (GIC), 576
core, 576
diagrama de bloco de, 576-577
interface de CPU, 578
interface e unidade de depuração, 576
interrupção ativa, 578
interrupção inativa, 578
interrupção pendente, 578
interrupções de hardware, 578
interrupções de interprocessador (IPIs), 578
intervenção direta de dados (DDI), 579
linha FIQ legado, 578
linhas migratórias, 579
RAMs de tag duplicadas, 579
rastreamento de programa, 576
timer genérico, 576
timer privado e/ou interrupção *watchdog*, 578
tratamento de interrupção, 577-578
unidade de controle de monitoração (SCU), 577, 578-579

Core Cortex-A7 da ARM, 571-574
  consumo de energia, 572
  estados de linha de cache ACE, 574
  pipelines, 572
Correção de erro, 182-183
  memória semicondutora, 145-149
Corretor de nuvem, 550-551
Cortex-A e Cortex-A50, 29
Cortex-A8 da ARM, 508-514
  buffer de alvo de desvio (BTB), 509
  buffer de histórico global (GHB), 509
  efeitos de sistema de memória em tempo de instrução, 511-512
  emissão em ordem, 508
  fila de instruções, diagrama de bloco, 509
  instruções de ponto flutuante e SIMD, 514
  pipeline de carga/armazenamento, 512-513
  pipeline de inteiro, 510
  restrições de emissão dupla, 512-513
  unidade de busca de instruções, 508-510
  unidade de decodificação de instrução, 510-511
  unidade de execução de inteiro, 511-514
  unidade de geração de endereço (AGU), 508
Cortex-M3 da ARM, 514-517
  adiantamento de desvio, 516
  controlador de interrupção de vetor aninhado (CIVA), 515
  controlador de interrupção por aviso (NVIC), 515
  especulação de desvio, 516
  estágio de decodificação, 516
  estrutura de pipeline, 516-517
  instrução Thumb-2, 516
  lidando com desvios, 516-517
  macrocélula de rastreamento embarcado, 515
  matriz de barramento, 515
  núcleo do processador, 515
  pipeline, 517
  ponto de verificação de dados rastreamento (DWT), 515
  porta de acesso de depuração, 515
  unidade de campo de flash e ponto de parada, 515
  unidade de proteção de memória, 515
  visualizador de fio serial, 515
Cortex-R, 29
CRAY C90, 101
CUDA (Compute Unified Device Architecture), 586-588
  core CUDA/quantidadade de SM, 594
  cores, 586, 591, 592
  linguagem de programação, 586
CUDA da NVIDIA, 586

D

Dados strips, 177
DDR SDRAM, 153-154
  configuração de pinos, 144
  DRAM síncrona (SDRAM), 150-152
DEC P DP- 8, 20
  IBM system/360, 19-20
  microeletrônica, 16-19
Decimal codificado em binário (BCD), 326
Decodificadores, 332-333, 508
  como demultiplexador, 332, 333
Densidade de potência, 41
Dependência
  de dados verdadeiros (fluxo), paralelismo, 493-496
  de fluxo, 495

de saída, 434, 494, 498
procedural, paralelismo, 496
Desabilitar
  a cache em nível de página (PCD), 444
  cache (CD), 443
Desdobramento de loop, pipeline, 476
Desempenho de disco
  com paridade intervalada por bit (nível 3 de RAID), 177
  de paridade de nível de bloco (nível 4 de RAID), 177-178
  de paridade distribuída em nível de disco (nível 5 de RAID), 178
  de redundância dupla (nível 6 de RAID), 178
  não redundante (RAID nível 0), 172
  redundante via código de Hamming (RAID nível 2), 176
  striped (RAID nível 0), 172-175
Desempenho de sistema computacional
  balanço de desempenho, 39-40
  benchmarks de SPEC, 56-61
  calculando um valor médio, 48-55
  computação de uso geral em GPUs (GPGPU), 42-43
  lei de Amdahl, 43-45
  lei de Little, 45-46
  multicore integrado (MIC), 42-43
  princípios de benchmark, 55-56
  processadores múltiplos, 38-39
  projeto visando o, 38-41
  seguindo melhorias em arquitetura e organização de chip, 41-42
  taxa de execução de instrução, 47-48
  unidade de processamento gráfico (GPUs), 43
  velocidade de clock, 46
  velocidade de microprocessador, 38-39
Deslocamento
  aritmético, 293, 366
  lógico, 365
Despachante, 244
Desvio atrasado, pipeline, 475
Desvios
  abordagem do histórico, 436-437, 439
  atrasado, 439, 475-476
  buffer de loops para, 435-436
  busca antecipada de alvo de desvio, 435
  como correlacionado, 439
  desvio de loop, 439
  estágio de busca da instruções, 437-438
  estratégias dinâmicas, 436
  fluxo múltiplo para, 435
  hazard de controle (hazard de desvio), 434
  instruções condicionais, 434-439
  microinstruções, 633
  pipeline e, 434-439
  previsão, 436-439, 502, 505-506
  processador Cortex-M3, 516-517
  tabela de histórico, 437
Detecção de erro, módulos de E/S, 197
Detecção de posição rotacional (RPS), 169
DFU (unidade de ponto flutuante decimal), 9
Diagramas de estado, ciclos de instruções, 352
Diferença semântica, 458
Digital Equipment Corporation (DEC), computadores de série PDP, 20
Dígito(s)
  mais significativo, 272
  menos significativo, 272
  hexadecimais, 276

Diretivas, 600
Disco compacto (CD), 182-185
    CD gravável (CD-R), 185
    CD regravável (CD-RW), 185
    CD-ROM (disco compacto de memória somente de leitura), 183-185
    Disco ótico de CD-R, 185
Disco(s)
    com cabeça fixa, 167
    de cabeça móvel, 167
    de dupla faces, 167
    de mudança de fase, 185
    de única face, 168
    grande e caro (SLEP), 171
    não removível, 167
    ópticos de alta definição (HD DVD), 186-187
    ópticos de alta definição, 186-187
    removível, 167
    rígido, 167, 168
Disco magnético
    atraso rotacional, 169, 170
    características físicas, 167-168
    cilindro, 167
    detecção de posição rotacional (RPS), 169
    discos de dupla face, 167
    discos de única face, 167
    diversos pratos, 167
    gravação em múltiplas zonas (MZR), 166
    lacunas, 165
    leitura magnética e mecanismos de gravação, 164-165
    organização e formatação de dados, 165-167
    organização sequencial, 170
    parâmetros de desempenho, 169-171
    rígido mais antigos, 165
    tempo de acesso, 169
    tempo de busca, 168, 169
    tempo de transferência, 170
    temporização, 169
Disco versátil digital (DVD), 183, 185-186
Dispositivo de acesso
    direto, 188
    sequencial, 188
Dispositivo lógico programável (PLD), 346-347
    array de porta programável por campo, 346-347
    array lógico programável (PLA), 345-346
    PLD simples (SPLD), 346
    PLDs complexos (CPLDs), 346
    terminologia, 345
Dispositivos
    de comunicação, 195
    inteligíveis à máquina, 195
    inteligíveis ao ser humano, 195
    periféricos (externos), E/S, 197
Dispositivos de E/S
    disposição de teclado/monitor, 209
    dispositivos inteligíveis à máquina, 195
    dispositivos inteligíveis ao ser humano, 195
    drive de disco, 196
    externo, 195-196
Disquete magnético (contato), 164, 168
Disquete, 168
Distribuição multivia, 86
Diversos pratos, drives de discos, 167
Dividendo, 296
Divisão, 295-298
    complemento de dois, 297
    fluxograma para divisão binária sem sinal, 296
    resto parcial, 295-297
Divisor, 295
Documentação SPEC
    benchmark, 58
    máquina de referência, 58
    métrica de base de, 58
    métrica de pico, 58
    métrica de taxa, 58
    métrica de velocidade, 58
    sistema em teste, 58
DRAM de taxa de dados duplos (DDR RAM), 152-153
DRAM síncrona (SDRAM), 150-151
Drive de disco, E/S, 196
Drive, processador Pentium 4, 440
Drives de disco rígido (HDDs), 180
    parâmetros, 169
Drives de estado sólido (SSDs), 15, 156, 180-182
    comparado a HDD, 180
    organização, 180-182
    questões práticas, 182
Drives de fita linear aberta (LTO), 188
DVD, 183
DVD-R, 183
DVD-RW, 183

E

E/S controlada por interrupção, 201-209
    arbitração de barramento, 205
    aspectos de projeto, 203-205
    configuração de *daisy chain*, 205
    de interrupção Intel 82C59A, 205-206
    múltiplas linhas de interrupção, 204
    processamento de interrupção, 202-203
    programa de tratamento de interrupção, 202
    verificação por software, 205
E/S de dados diretos, 215
    comparação de DMA com, 219
    entrada de pacote, 218-220
    estratégia de *write-back*, 219
    estratégia de *write-through*, 219
    estratégia, 220
    manuseio de protocolo TCP/IP, 220
    operação de escrita em cache, 219
    saída de pacote, 220
E/S, 81, 196-198
E/S programada
    comandos, 199, 200
    E/S dirigida por interrupção e, 201-209
    E/S mapeada na memória, 200-201
    independente, 200
    instruções, 200-201
    mapeada na memória, 200
    técnicas, 198
    visão geral de, 199
EDVAC (Computador Variável Discreto Eletrônico), 9
Embedded Microprocessor Benchmark Consortium (EEMBC) benchmark, 410
Emissão da instrução, 497
Emissão em ordem, 497-499
    processo de entrada/saída (E/S), 4
Emissão fora de ordem, 499-500
Emulação (EM), 443
Encadeamento, 255
Endereçamento

de deslocamento, ARM, 397
de instruções de processamento de dados, 399
de load/store, ARM, 398-399
de pilha, 395
de registrador, 392-393, 470-471
direto, 392, 403
indexado, 422
indireto, 392
indireto de registrador, 393
múltiplo de load/store, ARM, 399
por Registrador base, 394
relativo, 394
relativo ao PC, 394
Endereçamento de deslocamento, 393-395
modo, 397
Endereço
absoluto, 411
base, 251
direto, 395
efetivo (EA), 390, 392
físico, 251
lógico, 251
relativo, 252
Entradas da unidade de controle, 617-618
Erro numérico (NE), 443
Erros não permanentes, 145
Escalabilidade
absoluta, 539
de banco de dados, 527
incremental, 539
Escalar em *thread* único, 537
Escalonamento, 243-247
de curto prazo, 244
de longo prazo, 243
de médio prazo, 243
ESCON (Enterprise Systems Connection), 227
Escrita após escrita ou dependência (WAW), 434
Escrita após leitura ou antidependência (WAR), 434
Escrita com falha, 534
Espaço de endereçamento, 257-258
Espectro de microinstrução, 636, 637
Estado de um processo, 244-245
Estratégia de *threading*
granulação fina, 565
granulação grossa, 565
híbrida, 565
multithreading simultâneo (SMT), 568
threading do jogo Valve, 565-566
Estrutura de barramento PDP-8, memória principal, 20
Estrutura *Little endian*, 386
Estruturas de interconexão, 81-82
interconexão de barramento, 82-84
ponto a ponto, 82, 84-88
Estruturas de interconexão ponto a ponto, 20, 82, 84-88
camada de ligação QPI, 87
camada de protocolo QPI, 87
camada de roteamento QPI, 87
camada física QPI, 104-87
Estruturas, memória de E/S, 227
Ethernet Gigabit, 88
Ethernet, 223-224
Evolução de cache da Intel, 124
Exceções, interrupções e, 445, 450
Execução. *Ver também* Programa de execução
ciclo da instrução, 424

de cargas e armazenamentos em microprocessador MIPS R4000, 481
especulativa, 39
fora-de-ordem, 507-508
instrução e busca, 70
instrução RISC, 458-462
microinstrução IBM 3033, 633, 642-643
microinstrução LSI-11, 639-641
microprogramação, 634-643
multithreading, 535
programa de E/S, 74, 75
superescalar, 39, 502-503
taxa de execução de instrução, 47-48
Execução de microinstrução
IBM 3033, 633, 642-643
no LSI-11, 639-641
Execução de programa
ciclo de busca, 70, 72
ciclo de execução, 70
ciclo de instrução, 70, 71, 73
exemplo, 72
instrução a ser buscada, execução de, 71
interrupções, 74-80
programa de E/S, 74, 75
Expansão da extensão de bit, 282
Extended Binary Coded Decimal Interchange Code (EBCDIC), 358, 367
Extensão de sinal, 284

F

Fabricantes de equipamento original (OEMs), 20
Failback, 541
Failover, 541
Falha, 108, 114
de cache, 108
permanente, 145
Falta de página, 253
Família de processador Intel x86
exceção e tabela de vetores de interrupção, 445
exceções, 445
organização dos registradores, 440-444
processamento de interrupção, 444-446
rotina de tratamento de interrupções, 445-446
Fanouts, 226
Fator de aceleração, 432-433
Fila
bloco de controle de processo, 244-245
curto prazo, 244
de E/S, 246
diagrama de fila do escalonamento de processador, 247
estados de processo, 244-245
fila de curto prazo, 246
intermediária, 248
longo prazo, 243
médio prazo, 243
sistema de tempo compartilhado (*time-sharing system*), 243
técnicas, 245-247
Filas, 45
arquitetura de protocolo de camada, 84
camada de ligação QPI, 87-88
camada de protocolo QPI, 88
camada de roteamento QPI, 87
camada física QPI, 86-87
conexões diretas múltiplas, 84
função de controle de erro, 87

função de controle de fluxo, 87
Interconexão QuickPath (QPI), 84-88
interface física, 86
migratórias, 579
operações de E/S, 224
sinalização diferencial, 86
transferência de dados em pacotes, 84
transmissão balanceada, 86
uso em computador multicore, 84
Firmware, 87, 182, 622
Fita magnética, 187-189
Flag de direção (DF), 442
Flag de identificação (ID), 442
Flag de privilégio de E/S (IOPL), 442
Flag de reinício (RF –*Resume Flag*), 442
Flag de tarefa aninhada (NT), 442
Flag de *trap* (TF), 441
Flag para habilitar interrupção (VIF), 442
Flag para habilitar interrupção (IF), 442
Flag, organização dos registradores, 448-449
Flags de estado, 373
Flags. *Ver* Códigos de condição
Flip-flops, 337-340
　básico, 340
　D, 339, 340
　J-K, 340, 342
　sensível à borda, 342
　S-R em clock, 338-339
Flip-flops S-R com *clock*, 337-340
Flit, 85
Fluxo de dados, ciclos de instruções, 424-426
Forçar, sinal, 320
Formatando dados, discos magnéticos, 165-167
Formato de disco Winchester, 167
Formatos de instrução. *Ver também* Linguagem de montagem
　alocação de bits, 400-403
　ARM, 408-410
　arquiteturas com conjunto reduzido de instruções, 470-472
　bits de endereçamento, 400-401
　conjuntos de registradores, 401
　endereço de operando, 400
　extensão, 400
　granularidade do endereço, 401
　instrução If-Then (IT), 410
　instrução JUMP, 475
　instrução Mover Caracteres do S/390 (MVC), 471
　instrução NOOP, 474
　instrução SETHI, 485
　instruções ADD, 470
　instruções de tamanho variável, 403-405
　instruções do DEC-10, 461
　instruções Thumb de 32 bits, 410
　Intel x86, 406-408
　intervalo de endereços, 401
　linguagens de alto nível (HLLs), 458, 460-462, 465
　microprocessador MIPS R4000, 477-478
　PDP-10, 402-403
　PDP-11, 404
　PDP-8, 401-402
　programas de Patterson, 460
　registrador *versus* memória, 401
　SPARC (Scalable Processor Architecture), 484-485
　tamanho de transferência de memória, 401

várias instruções por ciclo, 538
VAX, 405-407, 458, 459, 460, 461
Formato de instrução do ARM, 408-410
　conjunto de instruções Thumb, 408-409
　conjunto de instruções Thumb-2, 409-410
　constantes imediatas, 408
Formato de instrução do Intel x86, 406-408
　byte de ModR/M, 407
　byte SIB, 407
　campo de deslocamento, 407
　campo opcode, 407
　prefixos de instrução, 407
　seleção do segmento, 407
　tamanho do endereço, 407
　tamanho do operando, 407
Formato de microinstrução codificado, 637-639
Formatos de instruções de tamanho variável, 403-406
Frações, 274-276
Frames de página, 251
Front end, processador Pentium 4, 505-506
Função de armazenamento de dados de curto prazo, 3
Função de controle de erro, 87
Função de controle de fluxo, 85, 87, 89, 94
Função de E/S, 81
Função de *hashing*, 254
Função de mapeamento de memória cache, 110-120
　associativa por conjunto, 116-120
　associativo, 114-116
　direto, 111-114
　mapeamento associativo em conjunto com *k* linhas, 116-117
Funções, 234-236
Funções booleanas, implementação de simplificação algébrica, 323
　forma canônica, 324
　forma em soma de produtos (SOP), 322, 323
　mapas Karnaugh, 323-327
　método, 327-329
　portas NAND e NOR, 329
　Quine-McCluskey
　regras para simplificação, 325
　três combinações, 322
FXU (unidade de ponto fixo), 9

G

George, Boole, 318
Gerenciamento de falha, *clusters*, 541
Gerenciamento de memória
　ARM, 262-266
　compactação, 250
　endereço base, 251
　endereço físico, 251
　endereço lógico, 251
　estruturas de página, 251
　fila intermediária e, 248
　Intel x86, 257-260
　memória virtual, 253-255
　paginação, 251-252, 260-261
　particionamento, 249-251
　procedimento com desperdício de tempo, 250
　segmentação, 256-257
　SMP, 526, 529
　tabela de página, 252
　translation lookaside buffer (TLB), 255-256
　troca de processo, 247-248

Gerenciamento de memória ARM, 262-266
  controle de acesso, 266
  formatos, 264-266
  organização de memória, 262
  parâmetros, 266
  registrador de controle de acesso ao domínio, 266
  tradução de endereço de memória virtual, 263-264
  translation lookaside buffer (TLB), 262
Gerenciamento de memória Intel x86, 257-261
  endereços lógicos em, 257
  espaço de memória linear de 4 GB, 261
  espaços de endereços, 257
  indicador de tabela (TI), 258
  memória não paginada não segmentada, 257
  memória não paginada segmentada, 257
  memória paginada não segmentada, 257
  memória paginada segmentada, 257
  memória virtual em, 258
  nível de privilégio e atributo de acesso, 258
  nível de privilégio requisitado (RPL), 258
  número de segmento, 258
  parâmetros, 260
  projeto do SO e implementação, 258
Granularidade de *threading*, 564
Gravação
  em múltiplas zonas (MZR), 166, 183
  em serial, 187
  em serpentina, 187
  paralela, 187
Gravável (CD-R), 185
Grupo de interesse especial, PCI Special Interest Group (PCI SIG), 88
Grupos de banco, 152-153

H
Habilitação de proteção (PE), 442
Hamming, Richard, 146
Hazard de controle (hazard de desvio), pipeline, 434
Hazard de recurso (hazard estrutural), pipeline, 432-433
Hazards de controle, pipeline, 434
Hazards de dados, pipeline, 433-434
Heterogeneous System Architecture Foundation (HSA), 569
Hexadecimal, 276-277
Hierarquia de memória, 102-105

I
IBM 3033, fluxo do pipeline de, 435
IBM 360/91, fluxos de pipeline de, 435
IBM 370/168, fluxos de pipeline de, 435
IBM 7094, 15, 16
  configuração, 15
  registrador de backup de instrução, 15
I-cache, 9
IDU (unidade de decodificação de instrução), 8
IFU (unidade de busca de instrução), 8
Imagem de sistema único, 543
Implementação em hardware, 616-619
Implementação microprogramada, 5
Impressoras, 195
Indexação, 394-395
InfiniBand, 223, 226-227
Infinito, interpretação de IEEE, 311

Infraestrutura como um serviço (IaaS), 34, 548
Instr-L2, 9
Instrução
  de salto, 368
  do computador, 352
  If-Then (IT), 410
  múltipla, fluxo de dados múltiplos (MIMD), 524
  única, múltiplos fluxos de dados (SIMD), 524
  única, único fluxo de dados (SISD), 524
Instruções
  aritméticas, 354, 358, 365
  de chamada/retorno, 372
  de desvio condicional, 368
  de desvio incondicional, 410
  de memória, 354
  de modificação de endereço, 12
  de salto, 369
  de teste, 354
  de zero endereço, 355
  lógicas (booleanas), 354
  privilegiadas, 239
  Thumb de 32 bits, 410
Instruções de máquina. *Ver também* Ciclo de instrução; Formatos de instrução
  arquitetura ARM, 355
  computador com conjunto de instruções reduzido (RISC), 357
  elementos de, 352-353
  endereços, 355-356
  instrução de desvio condicional, 368
  instrução de desvio incondicional, 368
  instrução de incrementar e pular se for zero (ISZ), 369
  instrução em BASIC, 354
  instrução SETEND, 361
  instruções aritméticas, 354
  instruções de controle de sistema, 368
  instruções de conversão, 367
  instruções de desvio, 368-369
  instruções de E/S, 354
  instruções de entrada/saída, 368
  instruções de memória, 354
  instruções de MMX, 374-375
  instruções de múltiplos endereços, 356
  instruções de salto, 369
  instruções de teste, 354
  instruções de transferência de controle, 368-371
  instruções de transferência de dados, 364
  instruções de zero endereço, 356
  instruções lógicas (booleanas), 354
  linguagem de alto nível, 354
  operações (opcode), 352
  operandos de fonte e resultado, 352
  operandos, 357-359
  pilhas e, 356
  projeto de conjunto de instruções, 356
  referência a operando de resultado, 352
  referência a operando fonte, 352
  referência de próxima instrução, 352
  registrador de instrução (IR), 353
  representação simbólica, 353
Integração em escala muito grande (VLSI), 20
integração em escala ultragrande (ULSI), 20
Integração em grande escala (LSI), 20
Integração em pequena escala (SSI), 17, 344
Inteiros, 274
  adição, 287-289
  byte empacotado e byte de, empacotadas, 360

com sinal, 361, 484
divisão, 295-298
em sinal-magnitude, 281
não negativo, 281, 361
negação, 285-286
palavra empacotada e palavra de, empacotada, 360
palavras duplas empacotadas e palavras duplas de, empacotadas, 360
ponto fixo, 285
ponto flutuante de precisão simples empacotado e ponto flutuante de precisão dupla empacotado, 360
quatro palavras empacotadas e quatro palavras de, empacotadas, 360
regra de overflow, 287
representação em complemento de dois, 281-283, 285, 291-295
sem sinal, 281
separador de raiz, 280
subtração, 287-289
tamanho do intervalo, 284-285
Intel 80386
modos de interrupção de, 205-206
módulo de E/S múltiplos de, 205
organizações de registradores visível ao usuário, 422
Intel 8085, 612-616
ciclos de máquina, 615
configuração de pinos do, 613
controle de E/S de serial, 612
controle de interrupção, 612
diagrama de bloco da CPU, 613
instrução OUT, 615-616
latch incrementador/decrementador de endereço, 612
pulso de Habilitar Latch de Endereço (ALE), 616
sinais externos do, 614
unidade de controle, 615
Intel 8237A
controlador DMA, 212-214
registradores DMA, 214
Intel Core i7-990X, 575-576
Intel HD Graphics 5300 Gen8, 597
Interconexão
de barramento, 82-83
de sistema (barramento), 4
Interface
de ICode, 31
de periférico programável, 206-209
Interface de periféricos programável Intel 8255A
arquitetura e operação, 206-209
layout dos pinos, 206-207
modos de operação e configurações, 208-209
teclado/monitor de vídeo, 209
Interface de programação de aplicação (API), 34
Interface de tecnologia gráfica (GTI), 597
Interface de usuário/computador, SO, 234-235
interfaces em série, 31
International Reference Alphabet (IRA), 196, 359
Internet das coisas (IoT), 25-26
Interrupções, 74-80
ciclo de instrução e, 75-78
ciclo, 76, 426, 606
classes, 74
desabilitada, 79
fluxo de programa de controle sem e com, 75
habilitada, 79, 605
linhas de controle, 84
múltiplas, 78-81

ponto de vista do programa do usuário, 76
processamento de interrupção aninhado, 80
processamento de interrupção sequencial, 80
tratamento, 76
IPC (instruções por ciclo), 535
ISU (Unidade de Sequência de Instrução – *Instruction Sequence Unit*, 8

J
Janela de instrução, 499
Janela de registradores, 463-465
Janelas, 15
JEDEC Solid State Technology Association, 152
Junção túnel magnética (MTJ), 157

K
Kernel (núcleo), 236

L
L2 de dados, 9
Lacunas
discos magnéticos, 165
entre registro, 187
intertrilhas, 165
Largura de barramento, 21-22
Latch S-R, 337-339
com NOR, 338
Lei de Amdahl, 43-45, 562
Lei de Little, 45
Lei de Moore, 18, 38, 42, 588
consequências da, 18-19
Leitura após escrita ou dependência verdadeira, 434
Ligações, InfiniBand, 223
Ligar, 33, 237, 404
Linguagem de controle de job (JCL), 238
Linguagem de microprogramação, 622
Linguagem de montagem, 452, 354, 410-412. *Ver também* Formatos de instrução
instrução BASIC, 410-411
programa simbólico em, 411
pseudoinstruções, 411
Linha(s)
de cache, 109
de controle, 83
de dados (barramento), 83
de endereço, 83
de sinal, PCI, 81
múltiplas linhas de interrupção, E/S, 204
Linux, 15
Lista de *pushdown*, 395
Lista último a entrar, primeiro a sair (LIFO), 395
Localidade
de referência, 103, 105, 132
espacial, 134
Localização temporal, 134
Lógica
de depuração, 31
de unidade de controle, 618-619
Lógica de array programável (PAL), 345
Lógica digital
álgebra booleana, 318-320
circuitos combinacionais, 322-337
circuitos sequenciais, 337-344

dispositivo de lógica programável (PLD), 344-347
portas, 320-322
LSU (unidade de load/store – *Load/Store Unit*), 9

M
Mantissa, 299
Mapas de Karnaugh, 324-327
Mapeamento associativo por conjunto, 116-120
Mapeamento associativo, 114-116
Máquina Virtual Java, 564
Máquinas de acesso de memória não uniforme (NUMA), 524, 525, 544-547
   desvantagens, 547
   motivação, 544-545
   organização, 545-546
   pedidos de processador 3 no nó 2 (P2-3), 546
Máquinas RISC avançadas. *Ver* Arquitetura ARM
Máquinas Von Neumann, 11
Máscara, 365
   de alinhamento (AM), 443
Mecanismos de escrita, discos magnéticos, 164-165
Mecanismos de leitura, discos magnéticos, 165
Média
   aritmética, 50, 52
   funcional, 49
   geométrica, 49, 52-55
   harmônica, 49, 51-52
Medidas métricas
   de taxa, 58, 60
   de velocidade, 58
Memória, 83. *Ver também* Memória cache
   acesso aleatório, 101
   acesso associativo, 101
   acesso direto, 101
   acesso sequencial, 101
   associativa, 101
   auxiliar, 104
   bancos de, 145
   capacidade, 100
   características, 100-102
   conceitos para interno, 100-101
   dois níveis, 132-136
   estruturas de interconexão, 81-82
   hierarquia, 102-105
   intercalada, 145
   linhas de controle, 83
   localidade de referência, 103
   memória somente de leitura (ROM), 102
   método de unidades de acesso, 101-102
   não cacheável, 121
   não volátil, 102, 104
   parâmetros de desempenho, 101
   principalmente de leitura, 141
   real, 253
   secundária (auxiliar), 104, 124
   tempo de acesso (latência), 101
   tempo de ciclo de, 101
   tipos de transação PCIe e TLP, 92-94
   tipos físicos de, 102
   transferências de interconexão, 82
   unidade "natural" de organização de, 101
   unidade de transferência, 101
   volátil, 26, 102
Memória cache, 105-124, 458
   algoritmos de substituição, 120

computação de alto desempenho (HPC), 108
dividida, 123
endereço virtual, 109
endereços, 108-109
estrutura de, 105-106
física, 108-109
função de mapeamento, 110
linhas, 105
lógica, 109
multinível, 121-124
número de caches, 122-124
operação de leitura, 105-107
política de escrita, 120-121
tag, 105
tamanho da linha, 105, 121-122
tamanhos, 109-110
unificada, 123-124
virtual, 108, 109
Memória cache de dois níveis, 131-136
   características de, 132
   frequência dinâmica relativa de operações de linguagem de alto nível, 133
   localidade, 132-134
   operação de, 134
   parâmetros de desempenho, 134-136
Memória de acesso aleatório (RAM), 138
Memória de *core* magnético, 21
Memória externa, 32, 100-101, 104, 153, 156
   disco magnético, 164-171
   drives de estado sólido (SSDs), 180-182
   fita magnética, 187-189
   RAID, 171-180
   sistemas de disco óptico, 182-187
Memória flash, 141, 153-156
   NAND, 154-156, 157, 181
   NOR, 154-157
   operação, 154
Memória óptica, 164
   características, 187
   disco compacto (CD), 182-186
   discos ópticos de alta definição, 186-187
Memória semicondutora, 20-21, 138, 174
   arranjo físico das células no array, 141
   correção de erro em, 145-149
   encapsulamento do chip, 143-144
   escolhas entre velocidade, capacidade e custo, 141
   linhas de endereço, 142
   lógica de chip, 141-143
   memória de acesso aleatório 138
   memória flash, 141
   memória intercalada, 145
   memória principalmente de leitura, 141
   memória somente de leitura (ROM), 140-141
   memória somente de leitura programável e apagável (EPROM), 141, 144
   memória somente de leitura programável e apagável eletricamente (EEPROM), 141
   módulo de entrada/saída, 144
   organização, 138
   pinos, habilitar escritar (WE) e habilitar saída (OE), 142, 144
   RAM dinâmica (DRAM), 138-139
   RAM estática (SRAM), 139-140
   ROM programável (PROM), 140, 141
   SRAM *versus* DRAM, 140
   tipos, 138
Memória somente de leitura (ROM), 102, 140-141, 392

Leitura com intenção de modificar (RWITM), 534
tabela verdade para, 334
Memória somente de leitura programável e apagável (EPROM), 141, 144
Memória somente leitura apagável eletronicamente (EEPROM), 141
Memória virtual e cache de disco, 132
Memória virtual, 243-255, 422
  falta de página, 253
  paginação por demanda, 253
  substituição de página, 253
  tabela de página, 253-254
  thrashing, 253
Metalização, 17
Método de *clustering* secundário ativo, 540
Método de *clustering* stand-by passive, 540
Método Quine-McCluskey, 327-330
Microarquitetura Intel Core, 504, 505
Microcomputadores, 2, 20,
Microeletrônica, 16-19
  armazenamento de dados, 17
  desenvolvimento de, 17-19
  movimentação de dados, 17
  processamento de dados, 17
  unidade de controle, 17
Micro-operações (micro-ops), 126, 602-606
  ciclo de busca, 603-604
  ciclo de execução, 605-606
  ciclo de instrução, 606
  ciclo de interrupção, 605
  ciclo indireto, 605
  conjunto de instrução, 606-607
  regras, 604
  sequenciamento, 608
  unidades de tempo, 604
Microprocessador Core i7 EE 4960X, 24
Microprocessador MIPS R4000, 477-481
  aumentando o pipeline, 479
  chip particionado, 477
  conjunto de instruções, 477-478
  execução de cargas e armazenamentos, 480
  pipeline de instruções, 479-481
Microprocessadores, 21-23
Microprocessadores Intel
  década de 1970, 21, 22
  década de 1980, 22
  década de 1990, 22
  processador Core M, 599
  recentes, 22
Microprogramação, 619, 622
  codificação, 637-639
  considerações sobre projeto, 629-630
  controle de Wilkes, 626-629
  desvantagens, 629
  execução de microinstrução LSI-11, 634-637
  execução, 634-643
  facilidade de sub-rotina, 634
  hard, 637
  horizontal, 637
  mapeamento de opcode, 634
  microinstruções, 622-624
  próximo endereço sequencial, 634
  sequenciamento de microinstrução LSI-11, 633-634
  soft, 637
  taxonomia, 634-637
  técnicas de geração de endereço, 632-633
  técnicas de sequenciamento, 630-632
  testes de interrupção, 634
  unidade de controle microprogramada, 624-626
  vantagens, 629
  vertical, 637
Minuendo, 287
MMX (tarefa multimídia)
  instruções, 374-375, 376
  registradores, 444
Mnemônico, 353, 647
Modo de endereçamento ARM, 397-400, 447
  carga e armazenamento, 398-399
  endereçamento múltiplo de carga e armazenamento, 399
  instrução de desvio, 399
  instruções de processamento de dados, 399
  métodos de indexação, 398
  modo de aborto, 448
  modo de interrupção, 448
  modo de interrupção rápida, 448
  modo de sistema, 448
  modo de supervisor, 448
  modo do usuário, 448
  modo indefinido, 448
  modos de exceção, 448
  modos privilegiados, 448
  pós-indexação, 399
  pré-indexação, 398
  valor de deslocamento, 397-398
Modo
  de endereçamento imediato, 391
  de interrupção de máscara especial, 205
  de interrupção por rotação, 205
  de interrupção totalmente aninhada, 205
  imediato, 391
Modos de endereçamento, 390-395
  ARM, 397-400, 447-448
  autoindexação, 394
  básico, 391
  campo de modo, 390
  deslocamento, 393-395
  direto, 391-392
  endereço efetivo (EA), 390
  imediato, 390-391
  indexação, 394-395
  indireto por registradores, 393
  indireto, 391-392
  Intel x86, 395-397
  MIPS R4000, 477-478
  pilha, 395
  pós-indexação, 394-395
  pré-indexação, 395
  registrador base, 394
  registrador, 392-393
  relativo ao PC, 394
  relativo, 393
  SPARC, 484
Modos de endereçamento Intel x86, 395-397
  endereçamento relativo, 397
  modo base com deslocamento, 397
  modo base com índice e deslocamento 397
  modo base com índice escalado e deslocamento, 397
  modo base, 397
  modo com índice escalado e deslocamento, 397
  modo de cálculo, 396
  modo imediato, 395
  modo operando em registrador, 396
  modo por deslocamento, 397

registradores de segmento para, 395
Módulo de macrocélula de traço embutido (ETM), 31
Módulos de E/S, 609
   array de porta programável por campo, 346
   buffering de dados, 196, 197
   comunicação com o dispositivo, 197
   comunicação com o processador, 196
   decodificação de comando, 197
   detecção de erro, 197
   estrutura, 197-198
   estruturas de interconexão, 82
   função de controle, 196, 197-198
   funções ou requisitos para, 196-198
   informação de estado, 197
   instruções de máquina, 353
   interface entre, e o dispositivo externo, 196
   ligações de QPI, 84
   linhas de controle, 83
   memória semicondutora, 145
   operação ler-escrever, 120
   reconhecimento de endereço, 197
   registradores e, 422
   solicitações de E/S em esquemas RAID, 177
   temporização, 169, 196-197
   tipos de transação PCIe TLP, 92
   transdutor, papel do, 196
   transferência de dados, 197
   transferências de interconexão, 81
Módulos de memória, 69, 70, 71
Monitor (OS de lote simples), 237
Monitor do coprocessador (MP), 443
Monitor residente, 237-238
Montador, 647, 649
Montagem de pacote TLP, 93-94
   campo de cabeçalho, 94
   campo de dados, 94
   campo opcional CRC ponta a ponta, 94
Moore, Gordon, 18
Movimentação de dados, 3
Muitos *cores* integrados (MIC), 43
Múltiplas instruções, único fluxo de dados (MISD), 524
Múltiplas linhas de interrupção, E/S, 204
Multiplexador, 16
   de bloco, 222
   de byte, 221
Multiplexadores, 330-331
   4 para 1, 330-331
   em circuitos digitais para controlar sinais e rotear dados, 330
   uso de portas AND, OR e NOT, 330
Multiplicação, 289-295
   algoritmo de Booth, 292-295
   complemento de dois, 291-295
   deslocamento aritmético, 293
   fluxograma para a, binária sem sinal, 291
   implementação de hardware da, binária sem sinal, 290
   inteiros sem sinal, 281
Múltiplos fluxos, pipeline, 435
Multiprocessadores de streaming (SMs), 587
Multiprocessadores simétricos (SMPs), 524, 526-530
   canais de memória e E/S, 527
   características, 526
   confiabilidade e tolerância de falha, 530
   crescimento incremental, 527
   desempenho, 526

   disponibilidade, 527
   escalabilidade, 527
   escalonamento, 529
   existência de vários processadores, 527
   gerenciamento de memória, 530
   organização de barramento, 529
   processos concorrentes simultâneos, 529
   sincronização, 529
   sistema operacional de, 526-530
   transferências de DMA, 527
Multithread escalar intercalado, 537
Multithread VLIW bloqueado, 538
Multithreading, 535-538
   bloqueado, 536-538
   de granulidade fina, 536
   de granulidade grossa, 536
   escalonamento/execução, 535
   implícito e explícito, 535-536
   intercalado, 536-538
   intercalado VLIW, 538
   posse de recurso, 535
   principais conceitos, 535-536
   processo, 535
   simultâneo (SMT), 536, 536-538, 568
   superescalar bloqueado, 538
   superescalar intercalado, 538
   threads, 535
   troca de processo, 535
   troca de *thread*, 535

N
N + 2 discos, 178
NaN sinalizador, 311
NaNs Silenciosos e Sinalizadores, 311
NaNs, padrões IEEE, 311-314
Negação, inteiros, 285-286
Neumann, John von, 11, 68
Nibble, 276
NIST SP 500-292 (NIST Cloud Computing Reference Architecture), 549-550
NIST SP-800-145, 32
Not Write Through (NW), 443
Notação de ponto flutuante, 298-305
   base, 298
   com números binários, 298-300
   de arquitetura do IBM S/390, 301
   número normalizado, 299
   overflow negativo, 299
   overflow positivo, 300
   padrão do IEEE para a representação binária, 301-305
   princípios, 298-301
   representação polarizada, 299
   significando, 299
   sinal do, 298
   underflow negativo, 300
   underflow positivo, 300
   valor do exponente, 298
Notação hexadecimal, 276-277
Números normalizados, 55
Números subnormais, 311-312
Nuvem
   comunitária, 549
   híbrida, 549
   privada, 549
   pública, 549

O
Omnibus, 20
OpenCL do Khronos Group, 586
Operação bloqueada, 92
Operação de complemento de dois de inteiros, 282-283, 285, 291-295
Operação de rotação (deslocamento cíclico), 367
Operação NOT, 365
Operações
  AND, 365
  aritméticas, 364, 366
  de controle de sistema, 368
  de pilha, 399, 404
  de ponto flutuante por segundo (FLOPs), 588
  de transferência de controle, 368
  lógicas (opcode), 364
  registrador para registrador, 471
  XOR, 365
Operações (opcode), 362-372
  ações do processador para diversos, 363
  AND, 365, 366
  aritméticas básicas, 364
  aritméticas unárias, 355
  arquitetura ARM, 376-378
  conjunto de instruções comuns, 362-363
  controle do sistema, 368
  conversão, 367
  deslocamento rotação ou cíclico, 367
  entrada/saída, 368
  instruções de chamada de procedimento, 370-372
  lógica, 365-367
  NOT, 365
  operação de deslocamento aritmético, 366
  operações de transferência de dados do EAS/390 da IBM, 364
  procedimento reentrante, 371
  procedimentos aninhados, 370
  tipos de operação, 372-375
  topo de pilha, 371
  transferência de controle, 368-372
  transferência de dados, 364
  XOR, 365
Operandos, 357-359
  de caracteres, 358, 400
  dados lógicos, 358-359
  decimal empacotado, 357-358
  números, 357-358
  visão orientada a bits, 358
Ordenação
  de bit, *endian*, 388
  de byte, *endian*, 385
Organização
  de cache associativa em conjunto como *k* vias, 116-118
  de computador, 2
  de registrador, 419-423
  sequencial, discos magnéticos, 170
Organização de processador, 418-419
  campos e *flags* comuns, 422
  elementos funcionais de, 608
  requisitos, 418
Organizações de registradores de microprocessadores, 422-423
Organizações paralelas, 524-526
Ortogonalidade, 402-403
Otimização de registradores baseado em compiladores, 466-468

Overflow, 287
  de expoente, 305
  negativo, 299
  positivo, 300

P
Pacote de dados, 89
Padrões de interface externa, 263-264
Padrões do Institute of Electrical and Eletronics Engineers (IEEE)
  1394 para FireWire, 222
  802.3 para ethernet, 224
  802.3, 224
  números de ponto flutuante de precisão dupla, 477
  números subnormais 754, 311
  padrão de aritmética de ponto flutuante 754-1985, 592
  para arredondamento, 309
  para uma aritmética de ponto flutuante binário, 311-312
  representações de ponto flutuante, 360
  Wi-Fi 802.11, 224
Paginação, 251-252, 256-257, 443
  demanda, 253-255
  memória virtual, 132
  x86, 261, 395
Páginas, 251
Palavra(s), 11
  agrupadas, 375
  de estado do programa (PSW), 422
  de instrução muito longa (VLIW), 538
  de memória, 71, 83, 138, 145, 422
  de síndrome, 146
Paralelismo, 492
  computadores multicore, 559-561
  conflito de recurso e, 496
  de máquina, 496-497, 501-502
  dependência procedural e, 496
  dependência verdadeira de dados e, 493-494
  em nível de aplicação, 564
  em nível de processo, 564
  limitações fundamentais para, 493-495
  nível de instrução, 493, 496-497
  nível de máquina, 497, 501-502
  nível de *thread*, 564, 565
Parâmetros, discos magnéticos, 169-171
Partição, gerenciamento de memória de E/S, 249-251
Partições com tamanho variável, 249
Partições de tamanho fixo, 249
Pascal, 133
PCI Express (PCIe), 84, 88-94, 180, 226, 597
  arquitetura de protocolo, 89
  bloco de conjunto solicitado, 91
  camada de transação (TL), 92-94
  camada física, 90-91
  categoria terminal legado, 89
  ciclos de configuração tipo 0 e tipo 1, 93
  complexo root, 88
  dispositivo ou controlador de E/S, 88
  dispositivos que implementam, 88-89
  distribuição multivia, 90
  espaços de endereço e tipos de transação, 92-94
  gaveta de E/S, 226
  montagem de pacote TLP, 94-95
  pacotes de camada de ligação de dados, 94
  processamento de pacotes de camada de transação, 94
PCI Special Interest Group (SIG), 88
PDP-11 processador, 72

Perda
  horizontal, 538
  vertical, 538
Período do *clock*, 46
Phit (unidade física), 85
Pipeline, 39. *Ver também* Pipeline de instruções
Pipeline de instruções, 427-440, 458, 492, 508, 535, 572
  arquitetura Intel x86, 503
  atraso de desvio, 439, 475-476
  bolha de pipeline, 433
  buffer de loop, 435-436
  busca antecipada do alvo do desvio, 435
  com instruções regulares, 472-475
  conjunto de instruções reduzido (RISC), 472-477
  desdobramento de loop, 476-477
  estratégia do, 427-431
  hazard de controle (hazard de desvio), 434
  hazard de dados, 433-434
  hazards de recursos, 433
  lidando com desvios condicionais, 434-439
  load atrasado, 476
  medidas de desempenho de pipeline, 431-432
  microprocessador MIPS R4000, 477-481
  múltiplos fluxos, 435
  otimização de, 475-477
  previsão de desvio, 436-439
Pipeline Intel 80486
  códigos de condição em, 439
  decodificação, 439
  ciclo de execução, 439
  ciclo de busca, 439
  estágio *write-back*, 439
Pistas, discos compactos, 183
Pit, 183
Placa de circuito impresso (PCI), 7
Placa de desenvolvimento de software (SDB), Texas Instruments 8800, 643-651
  ALU com registradores, 648-651
  ambiente externo, 648-649
  bits de microinstrução de microssequenciador, 648
  campo de instrução da ALU 8832 registrada, 650-651
  componentes, 644
  contadores, 646
  diagrama de bloco, 646
  formato de microinstrução, 644-645
  microssequenciador, 644-648
  operações de controle, 644
  operações de pilha, 647
  registradores, 647
  subcampos, 647
Placa-mãe, 7
Placas de expansão, 5
Plataforma como um serviço (PaaS), 33, 548
Plataforma do controlador de memória (MCH), 215-217
Plataforma K2H SoC, Texas Instruments (TI), 570
PLD simples (SPLD), 345
PLDs complexos (CPLDs), 345, 346
Policarbonatos, 183
Política de escrita, memória cache, 120-121
Ponteiro de pilha, 420
Ponteiros de segmento, 420
Porta
  AND, 330
  de acesso ao depurador (DAP), 31
  NAND, 320- 321, 329

NOR, 319
OR, 320
Portas lógicas, 17, 320-322
  atraso de, 320
  conjuntos funcionalmente completos de, 321
  GeForce 8800 GTX, 589
  NAND, 321
  NOR, 321
Pós-indexação, 394-395
Prato, 164, 168
Predição de desvio, 39
Pré-indexação, 395
Primeira geração de computadores. *Ver* Computador IAS
Procedimento reentrantes, 371
Processador
  com superpipeline, 493-494
  dedicado, 26
  de E/S, 198
  de vetores, 524
Processador 296-MHz UltraSPARC II, 58
Processador ARM, 446-451
  características, 446
  organização do processador, 447-448
  processamento de interrupções, 450-451
  registradores, 448-450
Processadores
  de aplicação, 26
  década de 1970, 22
  década de 1980, 22
  década de 1990, 22
  estruturas de interconexão, 82
  multicore, 6, 8, 560
  produto de somas (POS), 323
  tempos real, 24
  transferências de interconexão, 81
Processadores de Intel Multicore Xeon
  estratégias de acesso direto à cache, 218
  multicore, 215
  E5-2600/4600, 215-217
Processadores de série Cortex-M, 29-32
  barramento de 32 bits, 32
  barramento periférico, 32
  controlador de vetor de interrupção aninhado (NVIC), 31
  core, 31
  de macrocélula de traço embutido (ETM), 31
  gerenciamento de *clock*, 31
  gerenciamento de energia, 32
  interface de ICode, 31
  interfaces analógicas, 31
  interfaces em série, 31
  lógica de depuração, 31
  matriz de barramento, 31
  memória, 31
  porta de acesso ao depurador (DAP), 31
  portas de E/S paralelas, 31
  segurança, 32
  SRAM & interface periférica, 31
  temporizada por gatilhos, 31
  unidade de proteção de memória, 31
Processamento de dados, 3, 17, 71, 354, 358, 377, 512, 568
  ARM, 447
  endereçamento de instruções, 399
  instruções de máquina, 353
  modelo de carga/armazenamento de, 447
Processamento múltiplos paralelos, 535

Processamento paralelo
  acesso de memória não uniforme (NUMA), 544-547
  chip multiprocessador, 536
  clusters, 539-544
  coerência de cache, 530-534
  computação em nuvem, 547-552
  instrução múltipla, fluxo de dados múltiplos (MIMD), 524, 526
  instrução múltipla, fluxo de dados simples (MISD), 524
  instrução simples, fluxo de dados múltiplos (SIMD), 525, 526
  instrução simples, fluxo de dados simples (SISD), 524
  multiprocessadores simétricos (SMP), 526-530
  multithreading, 534-538
  organizações de múltiplos processadores, 524-526
  políticas de escrita, 530
  protocolo MESI (modificado/exclusivo/compartilhado/inválido), 532-534
Processo
  bloco de controle, 244
  bloco, 88, 418, 477
  escalonamento, 243-247
  estados, 244-245
  multithreading, 535-539
  posse do recurso, 535
  troca, 535
Produto parcial, 289
Programa de E/S de
  execução de, 74, 75
  tempo solicitado por, 77
Programa de tarefa, 237-239
Programa *hardwired*, 68
Programação, 68
  em C, 133
  estruturada (SAL), 133
  no hardware, 69
Programas
  de *benchmark*, 55
  de Patterson, 460
  FORTRAN, 133, 238, 461
  utilitários, 235
Projeto
  de formato de instruções VAX, 405-406, 407, 458-459
  de formato do instrução PDP-10, 402-403
  de SO multiprocessador, considerações SMP para, 240
  do formato de instrução PDP-11, 404
  do formato de instrução PDP-8401-402
Proteção
  de escrita (WP), 443
  de memória, OS, 239
Protocolo(s)
  de diretório, 531
  de monitoração, coerência de cache, 531-532
  write invalidate, 532
Protocolo MESI (Modified/Exclusive/Shared/Invalid), 530-534
  consistência de cache L1-L2, 534
  diagrama de transição de estado, 53
  escrita com acerto, 533, 534
  escrita com falha, 534
  estado das linhas, 532
  leitura com acerto, 533, 534
  leitura com falha, 533, 534
  leitura com intenção de modificar (RWITM), 533
Provedor da nuvem, 550-551
Pseudoinstrução, 411

Q
QPI ponto a ponto, 215
Quociente-multiplicador (MQ), 12

R
RAID (Array redundante de discos independentes – *Redundant Array of Independent Disks*), 164, 171-180
  comparação, 180
  RAID nível 0, 172-175
  RAID nível 1, 176
  RAID nível 2, 176-177
  RAID nível 3, 177
  RAID nível 4, 177-178
  RAID nível 5, 178
  RAID nível 6, 178
RAM de mudança de fase (PCRAM), 157
  operação SET e RESET, 157
RAM de torque de transferência de rotação (STT-RAM), 157
RAM dinâmica (DRAM), 122, 139, 142-143
RAM estática (SRAM), 29, 31, 122, 139-140
RAM magnética (MRAM), 157
RAM resistiva (ReRAM), 156, 157
Razão de acerto, 114, 116, 118
Registrador(es), 341, 418
  ARM, 448-450
  computador com conjunto de instruções reduzido (RISC), 462, 470-471
  controle e estado, 419, 421-422, 441, 442-444
  dados, 419
  dados de 16 bits, 423
  de controle e de estado, 421-422
  de deslocamento, 341
  de endereço, 420
  de uso geral, 392-393, 397, 420, 440-441, 449
  dos microprocessadores MC68000, 422
  EFLAGS e RFLAGS, 440-442
  EFLAGS, processadores Intel x86, 441-442
  em controle de operações de E/S, 422
  endereço, 420
  especialmente para a unidade de ponto flutuante, 440
  estado do programa, 449
  indexadores, 394-395, 422
  índice, 420
  Intel x86, 440-446
  MMX, 444
  numérico, 440
  organizações de registradores de microprocessadores, 422-423
  palavra de rótulo, 441
  paralelo, 341
  projeto de conjunto de instrução, 356
Registrador de buffer de E/S (I/OBR), 69
Registrador de buffer de instrução (IBR), 12
Registrador de buffer de memória (RBM), 421-422, 424, 426
Registrador de endereço de E/S (I/OAR), 69
Registrador de endereço de memória (MAR), 421-422, 424
Registrador de estado do programa atual (CPSR), 448-450
Registrador de estado do programa salvo (SPSR), 448-450
Registrador de instrução (IR), 421
  segmento, 440
  Software Development Board (SDB), Texas

Instruments 8800, 643
unidade de processamento gráfico (GPU), 592-595
uso geral, 419-420, 440-441, 450
visíveis ao usuário, 419-421
visível ao usuário, 419-421, 423
visível em software, 449 de controle, 442-444
Registrador de instruções (IR), 12, 72, 421, 424, 603
Registradores de estado do programa corrente (CPSR), ARM, 449
Registro de buffer de memória (MBR), 12, 69, 421-422, 424, 603-604, 605-606
Registro de endereço de memória (MAR), 12, 69, 421-422, 424, 603-604
Registros físicos, 187
Regra de Pollack, 562
Renomeação de registrador, 500-501
Representação
  decimal empacotada, 358-359
  em ponto fixo, 285
  em sinal-magnitude do sinal, 221
  polarizada, 299
Resto parcial, 295-298
Retirada, 508-511
Retorno de procedimento, 372
Rotina de serviço de interrupção (ISR), 79
Roubo de ciclo, 210
RU (unidade de recuperação), 9

S
Salto
  condicional, 373
  incondicional, 641
Segmentação, processador Pentium II, 256-257
Semicondutores, 104, 153, 180
Sensor magnetorresistivo (MR), 165
Sequenciamento, 629-634
  de geração de endereço, 632-633
Servidores *blade*, 543-544
Setores, discos magnéticos, 165
Shannon, Claude, 318
Significando, 306
  overflow, 306
  underflow, 306
Silício, 17
Símbolo gráfico, 320, 322
Sinais de controle, 608-609
Sinais de estado, E/S, 195-196
Sinalização diferencial de baixa voltagem (LVDS), 86
Sistema
  binário, 273
  de fita linear aberta (LTO), 189
  de memória EAS/390, 368
  decimal, 272
  em lote, 237
  IBM 801, 469
Sistema IBM System/360, 19-20
  ALU, 19
  CPU, 19
  terceira geração de computadores, 20
Sistema numérico
  conversão entre binário e decimal, 274-276
  dígito base, 272
  dígito mais significativo, 272

dígito menos significativo, 272
frações, 274-276
inteiros, 274
nibble, 276
notação hexadecimal, 276-277
separador de raiz, 280
sistema binário, 273
sistema decimal, 272
sistema numérico posicional, 273
Sistema operacional (SO), 422
  de tempo compartilhado, 241-242
  E/S dirigida por interrupção ou operações de DMA, 241-242
  escalonamento, 237, 243-247
  funções, 234-236
  gerenciamento de memória, 241
  instruções privilegiadas, 239
  interativo, 237
  interrupções, 239
  timer, 239
  lote Multiprogramados, 239-241
  lote simples, 237-239
  multiprocessadores simétricos (SMPs), 526-530
  objetivos, 234-236
  proteção de memória, 239
  sistema em lote, 237
  SO Multics, 243
  tempo de preparação, 237
  tipos de, 237-242
  uniprogramação, 241
Sistemas embarcados, 24-25
  organização, 24-25
  profundamente, 27
  sistema operacional (SO), 26
Sistemas fortemente embarcados, 27
Sistemas operacionais de compartilhamento de tempo (SO), 250-251
Slot de atraso, 475
Small Computer System Interface (SCSI), 222
Software, 15, 68
  barramento de sistema, 4
  de driver de E/S, 181
  de sistema, 15
  estrutura interna de, 7
  memória principal, 4
  processador, 3
  registradores, 5
  sistema de interconexão, 4
  unidade central de processamento (CPU), 4
  unidade lógica e aritmética (ALU), 5
Software como um serviço (SaaS), 34, 548
Solicitação *big-endian*, 385
Soma de produtos (SOP), 322
Somador binário, 288
Somador de múltiplos bits, 335-336
Somadores, 334-337
  4-bit, 335
  implementação de um, 336
  múltiplos bits, 335-336
  único par de bits, 335
Soquetes seriais ATA (SATA), 7
SPARC (Arquitetura de processador escalável), 463
  conjunto de instruções, 483-484
  conjunto de registradores, 482-484
  endereço efetivo (EA) de um operando, 484
  formato de instrução, 484-485

instrução de desvio, 484-485
layout das janelas de registradores, 482
máscara da janela inválida (WIM), 483
modos de endereçamento, 484
operações ALU, 484
ponteiro de janela atual (CWP), 483
registrador de estado do processador (PSR), 483
Sun SPARC, 385
UltraSPARC, 58, 254
Standard Performance Evaluation Corporation (SPEC), 56. *Ver também* Documentação SPEC
Stripe, 172, 177, 178
Substituição de página, 253
Substrato, 164
Subtração, 287-289
complemento de dois, 287-289
regra, 287
Subtraendo, 287
Superescalar, 8, 23, 41, 123, 403, 538
acelerações reportadas, 492
características de alguns processadores, 459
concluir ou retirar a instrução, 502
dependência em, 494-496
estágio de busca de instruções, 502
execução superescalar de programas, 502
execução, 39
implementação, 502
organização, 493
paralelismo de máquina em, 496-497, 501-502
paralelismo em nível de instrução em, 496-497
política de emissão de instruções, 497-500
previsão de desvio, 502
realização em ordem, 497
realização fora-de-ordem, 497-500
renomeação de registradores, 500, 501
técnicas de pipeline e escalonamento, 126, 476
tipos de ordenação, 497
visão geral, 492-496
vs. superpipeline, 493-494
SuperSpeed, 222

T

Tabela
característica, 338
de consulta, 347
de excitação, 344
de página invertida, 255
de páginas, 252, 253-255
Tabela verdade, 318, 322, 342
64 bits, 334
adição binária, 343
para memória somente de leitura (ROM), 334
Tags, memória cache, 116
Taxa
de execução de instrução, 47-48
de transferência, 58, 101
do *clock*, 46
dupla de dados, 152
Taxa de milhões de instruções por segundo (MIPS), 48
Taxa de milhões de operações de ponto flutuante por segundo (MFLOPS), 48
Teclado monitor, E/S, 195
Técnica
daisy chain de E/S, 205
de arbitração de barramento, E/S, 205
de *hashing*, 255

de mapeamento direto, 111-114
de pesquisa de software, E/S, 204
de *write back*, 108, 121, 219, 439, 479, 481
de *write through*, 120, 219, 530
Tecnologia(s)
de RAM não volátil, 156, 158
pessoal, 26
sensor/atuador, 26
Tecnologia da informação (TI), 32
Tecnologia de memória aleatória de acesso dinâmico (DRAM), 84
Tecnologia operacional (TO), 26
Tempo de acesso (latência), 101
Tempo de busca, discos magnéticos, 169
Tempo de ciclo (ciclo de *clock*), 46-47, 448, 479, 529
instrução, 15, 427, 429, 608
pipeline, 431-432
processador, 47
memória, 15, 47, 101
Tempo de configuração, eficiência de sistema operacional (SO), 237-238
Tempo de transferência, discos magnéticos, 169-170
Temporização
disco magnético, 170
efeitos de sistema de memória em instrução, 511-512
módulos de E/S, 170, 196-197
Teorema de DeMorgan, 319, 321, 329
Terceira geração de computadores, 16-20
Terminais de monitor de vídeo (VDTs), 195
TESTI/O, 205
interrupções vetoradas, 205
Thrashing, 114, 253
Thread, 535-586
Threading
de granulação grossa, 565
do jogo Valve, 565-566
híbrido, 566
Threads de granularidade fina, 565
Thunderbolt, 222, 223
TinyOS, 26
Tipo de extensão (ET), 443
Tipos de dados
arquitetura ARM, 361
arquitetura x86 da Intel, 359-360
IEEE 754
padrão, 361
SIMD agrupada, 360
Tipos de operação Intel x86
flags de estado e códigos de condição, 373-374
gerenciamento de memória, 373
instruções CALL/RETURN, 372-373
instruções MMX, 374-378
instruções SIMD, 374-378
Tipos físicos da memória, 101
Transdutor, E/S, 195
Transferência de dados, 364
agrupados, 86
computador IAS, 12
instruções, 364
módulos de E/S, 195
Transferência entre E/S e memória, 81
Transferências de interconexão
E/S para ou de memória, 81
E/S para processador, 81

memória para processador, 81
processador para E/S, 81
processador para memória, 81
Transistores, 14-15
Translation lookaside buffer (TLB), 255-256
Transmissão balanceada, 86
Trilhas, discos magnéticos, 165
Troca de processo, gerenciamento de memória de E/S, 247-248
Troca de tarefa (TS), 443
Trocas de dados, 541
Turing, Alan, 11

U
Ultra Enterprise 2, 58
Underflow, 300, 305
    gradual, 311
    negativo, 300
    positivo, 300
Unidade de busca de instrução, 418, 424, 508
    execução de, 71
    processador Cortex-A8, 509
Unidade de controle (CU), 4, 5, 418
    ciclo de busca, 603-604
    ciclo de execução, 605-606
    ciclo de instrução, 706-707
    ciclo de interrupção, 605
    ciclo indireto, 605
    computador IAS, 9, 11
    de processador, 607-616
    descrição, 608
    entradas e saídas, 608-609
    implementação por hardware, 616-619
    micro-operações, 602-607
    organização de processador interno e, 611-612
    requisito funcional, 607-608
    sinais de controle, 608-609
Unidade de controle de monitoração (SCU), 577
Unidade de decodificação de instruções, processador Cortex-A8, 509-510
Unidade de gerenciamento de memória (MMU), 29, 108, 263, 390
    Cortex-A e Cortex-A50, 29
    Cortex-R, 29
Unidade de processamento central (CPU), 69, 586
    com barramento de sistema, 418
    computador de processador único, 3
    computador multicore, 5, 568-571
    de microcomputador de uso geral, 21
    desempenho e desempenho por watt, 588
    em computadores de segunda geração, 15
    estrutura interna, 419
    Intel 8085, 613
    interconexão, 5
    memória e, 69
    processadores e canais de E/S, 220-221
    vs. GPU, 588
Unidade de Proteção de Memória (MPU), 29
Unidade de transferência, 101
Unidade de vetor de ponto flutuante (VFP), 514
Unidade lógica e aritmética (ALU), 418, 422, 463
    adição, 287-289
    ARM Cortex-A8 da ARM, 511-512
    arquitetura SPARC, 483
    computador de processador único, 5

computador IAS, 9, 11, 12
divisão, 295-298
entradas e saídas, 280
execução de microinstrução IBM 3033, 643
inteiros, 281-298
multiplicação, 289-295
notação em ponto flutuante, 298-304
operandos para, 280
processador multicore, 6
subtração, 287-289
SYSTEMIBM/360, 19
valores de flag, 280
Software Development Board (SDB), Texas Instruments 8800, 643-644
Unidades de controle microprogramada, 458, 624-626
Unidades de processamento gráfico (GPUs), 43, 586
    arquitetura do multiprocessador de streaming, 591-595
    atributos de hierarquia de memória, 593
    cache L1, 593-595
    computadores multicore, 568-571
    cores CUDA, 591-592
    cores de processador, 586
    de arquitetura Gen8, 596-598
    desempenho e desempenho por comparação de watt, 588
    dimensões de grade e bloco, 587
    escalonador de *warp* duplo, 591-592
    Fermi, 590
    GDDR5 (taxa de dados duplos para gráficos), 590
    hazard de dados de leitura depois da escrita (RAW), 595
    mapeamento de equivalência de componentes de hardware, 587
    memória compartilhada, 593-595
    multiprocessadores de streaming (MS), 587
    NVIDIA, 589-590
    operações de ponto flutuante por segundo para, 588
    pipeline de unidade de ponto flutuante (FP), 592
    registradores, 593-595
    tipos de memória, 595
    unidade pipeline de inteiro (INT), 592
    unidades de carga e armazenamento, 593
    unidades de função especial (SFU), 590, 593
    usando como um coprocessador, 598-600
    visão geral de arquitetura, 586-596
    vs. CPU, 588
Unidades endereçáveis, 101
Uniprocessadores, 524-526, 529
Uniprogramação, sistemas operacionais (SO), 237
Utilitários SO, 234

V
Valor de expoente, 298
Valores escalares, 385
Válvulas, desenvolvimento de, 9-14
Variáveis locais, 372
Velocidade angular constante (CAV), 166-183
Velocidade de *clock*, 46
Velocidade linear constante (CLV), 166-184
Verificação de alinhamento (AC), 442
Verificação de redundância cíclica (CRC), 87
Vetor, 205
Via, 86
Vírgula de raiz, 273, 280
Visão de organização, processador Pentium 4, 440

W
Wafer, silício, 17
Warps, 591
Watchdog, 591
Wi-Fi, 224

X
Xeon E5-2600/4600, 215- 217
XU (unidade de tradução), 9

Z
zEnterprise EC12 da IBM, 226
   área de sistema de hardware (HSA), 225
   caminho de canal, 225
   estrutura do canal, 224-225
   estruturas de E/S-vista frontal, 226
   frame Z, 226
   organização de sistema de E/S, 226-227
   partições lógicas, 225
   processador de assistência de sistema (SAP), 224
   subcanais, 225
   subsistemas de canais (CSS), 224
Zonas, definidas, 166

CRÉDITOS

p. 226: Figura 7.20: Frames de E/S do zEC12 da IBM — vista frontal. Reimpressa com permissão. IBM zEnterprise EC12 Technical Guide, SG24-8049. <http://www.redbooks.ibm.com/abstracts/sg248049.html?>

p. 540: Figura 17.8: Configurações de *clusters*. Baseada em BUYYA, R. *High Performance Cluster Computing*: Architectures and Systems. Upper Saddle River, NJ: Prentice Hall, 1999.

p. 570: Figura 18.8: Chip multicore heterogêneo Texas Instruments 66AK2H12. Cortesia de Texas Instruments.

p. 589: Figura 19.3: Operações de ponto flutuante por segundo para CPU e GPU. Cortesia de NVIDIA Corporation.

p. 591: Figura 19.5: Arquitetura MS única. Cortesia de NVIDIA Corporation.

p. 598: Figura 19.11: *Slice* do Gen8 da Intel. Adaptada de INTEL CORP. *The Computer Architecture of Intel Processor Graphics Gen8*. Intel White Paper, set. 2014.

SOBRE O AUTOR

O **Dr. William Stallings** é autor de 17 livros didáticos e, contando edições revisadas, tem mais de 40 livros publicados sobre segurança, rede e arquitetura de computadores. Em mais de 30 anos no campo, ele foi contribuinte técnico, gerente técnico e executivo de várias empresas de alta tecnologia. Atualmente, ele é um consultor independente, cujos clientes incluem fabricantes e clientes de computadores e redes, empresas de desenvolvimento de software e instituições de pesquisa governamentais de ponta. Ele recebeu 13 vezes o prêmio de melhor livro-texto de ciência da computação do ano da *Text and Academic Authors Association*.

Ele criou e mantém o *Computer Science Student Resource Site* em <ComputerScienceStudent.com>. Esse site oferece documentos e links sobre assuntos de interesse geral aos alunos (e profissionais) de ciência da computação. Ele é membro da redação do *Cryptologia*, um jornal dedicado aos diversos aspectos que envolvem a criptologia.

O Dr. Stallings possui PhD pelo M.I.T. em ciência da computação e B.S. pela *University of Notre Dame* em engenharia elétrica.